中国刑事诉讼法学研究会
年会文集 2020 年卷

刑事诉讼制度与理论的新发展

主　编　卞建林　闫喜春

中国人民公安大学出版社
·北京·

图书在版编目（CIP）数据

刑事诉讼制度与理论的新发展/卞建林，闫喜春主编.—北京：中国人民公安大学出版社，2021.8

ISBN 978-7-5653-4328-5

Ⅰ.①刑… Ⅱ.①卞…②闫… Ⅲ.①刑事诉讼—司法制度—研究—中国 Ⅳ.①D925.210.4

中国版本图书馆 CIP 数据核字（2021）第 172265 号

刑事诉讼制度与理论的新发展
主　编　卞建林　闫喜春

出版发行：	中国人民公安大学出版社
地　　址：	北京市西城区木樨地南里
邮政编码：	100038
经　　销：	新华书店
印　　刷：	北京市科星印刷有限责任公司
版　　次：	2021 年 9 月第 1 版
印　　次：	2021 年 9 月第 1 次
印　　张：	40
开　　本：	787 毫米×1092 毫米　1/16
字　　数：	950 千字
书　　号：	ISBN 978-7-5653-4328-5
定　　价：	140.00 元
网　　址：	www.cppsup.com.cn　www.porclub.com.cn
电子邮箱：	zbs@cppsup.com　zbs@cppsu.edu.cn

营销中心电话：010-83903991
读者服务部电话（门市）：010-83903257
警官读者俱乐部电话（网购、邮购）：010-83901775
法律图书分社电话：010-83905745

本社图书出现印装质量问题，由本社负责退换
版权所有　侵权必究

编辑委员会

顾　问　张　耕　刘家琛　陈光中
主　任　卞建林　闫喜春
委　员（按姓氏笔画顺序排列）
　　　　　王敏远　左卫民　龙宗智　叶　青
　　　　　刘万奇　孙茂利　孙　谦　孙长永
　　　　　汪建成　汪海燕　宋英辉　李寿伟
　　　　　何　伟　陈卫东　顾永忠　姚　莉
　　　　　张述元　谢佑平　谭世贵　熊选国
秘　书　罗海敏　程　雷

前　言

2020年10月17日至18日上午，中国刑事诉讼法学研究会2020年年会在山西省太原市召开。本次会议由本研究会主办，山西省法学会、山西大学共同承办。年会的总议题是"刑事诉讼制度与理论的新发展"。来自全国各地300余位从事刑事诉讼法理论研究和司法实务工作的专家、学者及媒体代表参加了会议。

在年会期间，参会代表提交的论文已印刷成册供与会代表交流研讨。会后，按照本研究会出版年会论文集的要求，由作者本人及研究会秘书处对已提交的论文进行了修改、编辑。本论文集还收录了中国法学会副会长王其江的讲话；中国刑事诉讼法学研究会会长卞建林，山西省委常委、政法委书记商黎光，山西大学党委书记王仰麟在开幕式上的致辞；最高人民法院副院长李少平、最高人民检察院副检察长陈国庆所作的专题报告。会后由两位年轻学者撰写的本届年会综述也收录其中。

由于时间、篇幅及人力的原因，编辑工作难免存在疏漏之处，恳望作者、读者批评指正。

本论文集的出版得到"中国法学会研究会支持计划"的资助以及中国人民公安大学出版社的大力支持，在此深表谢意。

中国刑事诉讼法学研究会
2021年8月12日

目 录

在中国刑事诉讼法学研究会2020年年会上的讲话 …………………… 王其江（1）
中国刑事诉讼法学研究会2020年年会开幕式致辞 …………………… 卞建林（4）
在中国刑事诉讼法学研究会2020年年会上的致辞 …………………… 商黎光（6）
在中国刑事诉讼法学研究会2020年年会上的致辞 …………………… 王仰麟（8）
完善刑事审判程序　推进刑事诉讼法治
　　——在中国刑事诉讼法学研究会2020年年会上的发言 …………… 李少平（9）
新时代刑事检察工作的几个问题
　　——在中国刑事诉讼法学研究会2020年年会上的发言 …………… 陈国庆（14）
刑事诉讼制度与理论的新发展
　　——中国刑事诉讼法学研究会2020年年会综述 ……………… 张　璐　罗海敏（23）

第一部分　刑事诉讼认罪认罚从宽制度的完善

量刑建议精准化的障碍与路径：基于小店区人民检察院的分析 ………… 白国华（43）
认罪认罚若干实践问题探析 ………………………………………… 曾粤兴　曾钜中（51）
认罪认罚案件量刑建议问题研究 …………………………………………… 陈　实（57）
职务犯罪调查阶段适用认罪认罚从宽制度的理论立场 ………………… 桂梦美（64）
"从宽"系谱中认罪认罚从宽的位序关系
　　——基于从宽实体的展开 ……………………………………………… 郭　华（71）
未成年犯罪人认罪认罚问题研究 …………………………………… 郭志远　夏军营（77）
认罪认罚从宽制度中的量刑建议：确定刑抑或是幅度刑 ……………… 韩　旭（85）
认罪认罚案件二审全面审查原则的反思与重构 …………………… 何　挺　杨　涛（92）
论量刑协商中被告人上诉权的类型化研究
　　——以"反悔型上诉权"为视角 …………………………… 洪　浩　赵晏民（99）
认罪认罚从宽中进行无罪辩护的悖论分析 ……………………………… 黄　豹（106）
控辩平等现代内涵视域下的认罪认罚从宽制度 …………………… 冀祥德　刘潇雨（111）
共同犯罪案件认罪认罚问题实证研究 ……………………………… 揭　萍　吴逸涵（118）
认罪认罚从宽制度下的辩护形态 …………………………………… 李　辞　王　静（126）
认罪认罚从宽制度的实践问题与完善 ……………………………… 李　智　孟静涛（133）
从余金平案看两种量刑建议的混同与界分 ………………………… 梁玉霞　曾迈捷（138）
监察诉讼衔接视角下认罪认罚从宽的制度整合 ………………………… 林艺芳（145）

真的违反上诉不加刑原则吗？
　　——评余金平案二审改判加刑 ………………………………… 刘计划（152）
认罪认罚案件的证明对象探析 ………………………………………… 刘　铭（159）
认罪认罚从宽制度再解读
　　——以刑事诉讼各方参与人为视角 ………………… 陆咏歌　王永雷（165）
论认罪认罚从宽制度中检察官"禁止违反承诺原则" …………… 马明亮（172）
认罪认罚从宽案件的上诉问题探析
　　——从姜某某贩卖毒品一案谈起 …………………… 彭海青　王　祎（179）
认罪认罚从宽制度中的同意理论 ……………………… 宋志军　毛泽金（186）
论认罪认罚中的诉审关系 ……………………………………………… 孙　记（192）
认罪认罚案件量刑建议问题研究
　　——以江西省432例裁判文书为分析对象 ………… 王满生　付励恒（198）
认罪认罚从宽制度的新发展 …………………………… 王敏远　杨　帆（208）
职务犯罪案件认罪认罚何以从宽 ……………………… 卫跃宁　王春永（215）
认罪认罚案件合理限制被告人上诉权探究 …………… 魏　虹　许亚超（221）
论认罪认罚自愿性的审查及保障机制 ………………… 谢安平　周　博（228）
认罪认罚从宽制度实施问题研究 ……………………… 谢丽珍　应　俊（235）
认罪认罚从宽中的量刑建议：制度创新与困境破解 …………… 谢小剑（243）
认罪认罚从宽案件二审制度重塑 ……………………………………… 徐　阳（250）
律师参与保障认罪认罚自愿性的困惑与化解 ………… 薛颖文　杨　阳（256）
认罚内涵再辨析 ………………………………………… 闫召华　邱祖芳（263）
认罪认罚案件中被追诉人的上诉权问题研究 ………… 杨建广　谭雨菲（270）
认罪认罚案件中的辩护意见 …………………………… 杨开湘　张　丽（277）
认罪认罚从宽制度在监察案件中的适用 …………………………… 杨文革（284）
轻罪刑事政策下认罪认罚从宽制度的司法适用程序问题研究 …… 叶　青　韩东成（290）
认罪认罚中被害人权利保障视野下的利益冲突与平衡 ………… 尹茂国（296）
认罪认罚案件量刑建议"合意协商"充分性保障机制 ……… 张月满（303）
刑事诉讼认罪认罚从宽制度的完善
　　——辩护律师如何在认罪认罚案件中有效行使辩护权 ……… 张云环　侯凤梅（309）
认罪认罚案件量刑建议研究 ………………………………………… 陈卫东（317）
认罪认罚案件中选择性不起诉的法律规制 ………………………… 周长军（326）
完善认罪认罚案件中确定刑量刑建议合理性之措施
　　——以重新审视该量刑建议性质为视角 …………… 左德起　郭沙沙（333）
认罪认罚从宽中被害人定位的误区与辨正 ………………………… 李　哲（340）

第二部分　信息时代的刑事证据制度

鉴真规则及其借鉴 …………………………………………………… 陈邦达（349）
区块链司法存证的实践逻辑与法律规制 …………………………… 胡　铭（356）

涉案财产价格认定应当纳入司法鉴定制度 …………………………………… 顾永忠（363）
浅析奸淫幼女案件中推定规则的适用 ………………………… 李传学　孙文红（369）
深度伪造向司法诉讼领域渗透的法治隐忧与规范路径 ………… 李　蓉　黄小龙（376）
我国刑事诉讼电子证据的审查 …………………………………………… 梁雅丽（384）
人工智能技术介入刑事司法研究
　　——以刑事证据的审查判断为视角 …………………………… 刘少军　王晶晶（392）
论鉴定意见解释与评价中的困境与对策 ………………………………… 马秀娟（399）
对我国电子数据取证规则的反思 ………………………………… 奚　玮　杨　柳（405）
论初查中收集电子数据的证据能力 ……………………………………… 谢登科（412）
信息时代电子数据取证程序的反思与重构
　　——兼评《公安机关办理刑事案件电子数据取证规则》
　　　　　　　　　　　　　　　　　　　　　…………………… 徐宗新　陈沛文（419）

第三部分　民营经济保护与刑事诉讼

迈向回应型刑事扣押制度
　　——以涉民营企业案件为分析对象 …………………………… 顾亚慧　张品泽（429）
审慎采取强制措施：保护民营企业家负责人相关规范解读 ……………… 陆而启（436）
民营经济保护与刑事诉讼制度
　　——建立更完备的刑事诉讼制度，为民营企业的健康发展保驾护航 … 宋维强（443）
论涉刑事诉讼民营企业的商业信誉保护 ………………………… 王晓霞　余雁泽（450）
在刑事诉讼中加强民营经济保护的思考 ………………………………… 熊秋红（457）
规范对民营企业家刑事立案的制度设置 ………………………………… 张泽涛（464）

第四部分　其他理论热点问题

"刑事合议"：基本范畴、实践之维与应然向度 ………………………… 步洋洋（473）
论司法工作人员相关职务犯罪侦查工作机制之构建 …………………… 程相鹏（479）
我国证据辩护的实践困境及其完善路径 ………………………… 郐占川　赵廷振（484）
我国辩护律师伪证罪的追诉机制之问题与对策 ………………………… 郭　恒（490）
我国刑事缺席审判程序中的送达研究
　　——以被告人在境外为切入点 ………………………………… 韩　红　钟达玮（497）
打击"套路贷"与防治"套路借" …………………………………………… 胡志风（504）
刑事庭前会议制度实施状况实证研究 …………………………………… 贾志强（511）
监察证据与刑事诉讼证据的衔接机制 …………………………… 姜保忠　姜新平（520）
监察机关不宜对律师进行监察调查 ……………………………………… 兰跃军（526）
司法责任制的刑事诉讼制度回应 ………………………………… 李　麒　王　玉（532）
检察机关和监察机关管辖职务犯罪案件适法冲突及解决 ……………… 刘用军（538）

监察法与刑事诉讼法衔接的实践困惑与立法建议
　　——基于辩护律师职业与责任的理性思考 ………………………… 汪少鹏（545）
刑罚执行若干问题探析 ……………………………………………………… 魏　彤（552）
刑事被告人庭前阅卷权应当得到保障 ……………………………………… 徐红亮（559）
罪数论与一事不再理原则的关系 ………………………………… 杨杰辉　俞　泱（565）
论监检衔接的三重样态 ……………………………………………………… 姚显森（572）
问题与出路：刑事案件律师辩护全覆盖 ………………………… 余文青　桂　林（579）
监察留置与刑事强制措施衔接问题之检视 ……………………… 詹建红　张瑞斌（585）
航班延误险"薅羊毛"案件引发的思考 …………………… 张剑秋　张宏伟　张　晶（592）
刑事附带民事公益诉讼若干问题研究 …………………………… 张　曙　施佳美（599）
审判中心主义视野下监察法与刑事诉讼法证据衔接制度研究 …… 张永进　范亚龙（606）
刑事远程视频庭审及其界限 ………………………………………………… 郑未媚（614）
信息时代重大刑事案件追诉时效的若干思考
　　——以"皋陶方案"展开 ………………………………………………… 周凯东（621）

在中国刑事诉讼法学研究会 2020 年年会上的讲话

中国法学会党组成员、副会长　王其江

各位专家学者，同志们、朋友们：

今天，中国刑事诉讼法学研究会 2020 年年会在历史文化名城太原召开，这是我国刑事诉讼法学界一年一度的盛会。受陈训秋书记委托，我代表中国法学会对年会的召开表示热烈的祝贺！向出席年会的各位专家学者致以诚挚的问候！向本次年会承办单位，以及长期关心支持中国法学会和中国刑事诉讼法学研究会工作的有关部门和同志表示衷心感谢！

刑事诉讼法在中国特色社会主义法律体系中具有举足轻重的地位，人民群众看司法首先看刑事司法。习近平总书记多次强调，司法是社会公平正义的最后一道防线。刑事诉讼法作为一部捍卫社会公平正义、维护国家安全与社会稳定和人权保障的基本法律，自 1979 年党中央决定恢复法制建设以来，作为国家率先颁布实施的七部法律之一，刑事诉讼法就承担起法治振兴的重要历史使命。40 多年来，在建设法治中国的历史进程中，刑事诉讼法总能与时俱进、不断应对中国社会持续向前发展所带来的各种挑战，为中国国力发生奇迹般的历史性跨越提供了坚强的制度保障。党的十八大以来，中央新一轮司法改革中许多重点改革事项的落地生根最终都反映在刑事诉讼法的修订上，这足以说明刑事诉讼法的发展与完善对于推进法治中国建设、实现社会治理能力与治理体系现代化具有不可替代的作用。

中国刑事诉讼法学研究会是我国刑事诉讼法学法律界的全国性法学社团，在中国法学会所属研究会中地位突出、成绩显著。过去一年，在以卞建林同志为会长的常务理事会带领下，研究会坚持以习近平新时代中国特色社会主义思想为指导，深入学习研究宣传贯彻习近平总书记关于全面依法治国的重要论述，增强"四个意识"，坚定"四个自信"，做到"两个维护"，围绕我国刑事诉讼法领域的重大理论和实践问题，组织开展课题研究、学术研讨、智库研究和社会服务，取得了许多新突破、新进展、新成绩。特别是研究会组织多位专家集中攻关，高质量完成了中国法学会委托的课题任务，对习近平总书记关于司法体制改革的思想进行了系统研究；与最高人民检察院合作召开"国家治理现代化与认罪认罚从宽制度理论与实践研讨会"；研究会多位专家学者参与了香港特别行政区维护国家安全法制定的研究论证工作；在举国上下团结一心抗击新冠肺炎疫情的斗争中，研究会积极响应，勇于担当，发挥专业优势，在建言献策、提供抗疫法律服务方面发挥了重要作用。中国法学会对刑事诉讼法学研究会这一年的工作予以充分肯定。

2020 年是全面建成小康社会和"十三五"规划收官之年。2021 年我们将进入"十四五"时期，开启全面建设社会主义现代化国家新征程。进入新发展阶段，贯彻新发展理念，构建新发展格局，需要解决的问题会越来越多样、越来越复杂。这就迫切需要广大法学法律工作者肩负起历史责任，面向全面依法治国总目标、面向经济社会发展主战场、面向国家重大需求，推进法治理论创新和实践创新，更好地发挥法治固根本、稳预期、利长远的保障作用。在此背景下，刑事诉讼法学研究会克服疫情影响召开年会，认真学习习近平总书记关于司法体制改革的重要论述，围绕"刑事诉讼认罪认罚从宽制度的完善""信息时代的刑事证据制度""民营经济保护与刑事诉讼"等议题深入开展研讨，具有很强的现实意义，充分体现了研究会和广大刑事诉讼法学法律工作者心系国家、服务大局、勇于担当的情怀。相信在大家的共同努力下，年会一定能够取得丰硕的成果。

借此机会，我对研究会工作提几点希望，供大家参考。

第一，加强党的领导，强化对广大刑事诉讼法学法律工作者的政治引领。刑事诉讼法学研究会作为全国性的法学研究学术团体，是党和政府联系广大刑事诉讼法学法律工作者的桥梁纽带，是繁荣刑事诉讼法学研究、培养刑事诉讼法学人才、服务刑事诉讼法治建设的主阵地和主力军。团结带领全国刑事诉讼法理论与实务工作者，始终坚持法学研究正确的政治方向是研究会的首要任务。研究会要加强思想建设，坚持不懈推进理论武装，团结带领广大刑事诉讼法学法律工作者，深入学习贯彻习近平新时代中国特色社会主义思想，坚定不移走中国特色社会主义法治道路，发展中国特色社会主义法治理论，坚持和完善中国特色社会主义司法制度。要深刻认识到我国的司法制度是党领导人民在长期实践中建立和发展起来的，与我国国情和我国社会主义制度相适应、相配套，扎根本国土壤，汲取充沛养分，因此才最可靠也最管用。我们要学习借鉴世界上优秀的法治文明成果，但必须坚持以我为主、为我所用，认真鉴别、合理吸收，不能照搬照抄。在这次年会上研究会还将进行党支部换届。希望刑事诉讼法学研究会新一届党支部切实发挥战斗堡垒作用，将坚持党的全面领导贯彻到研究会各项工作中，教育引导广大会员提高政治能力，善于从政治上认识和处理问题，自觉在党和国家工作大局下想问题、做工作，不断提高政治敏锐性和政治鉴别力，努力造就一支政治立场坚定、理论功底深厚、熟悉中国国情的人才队伍。

第二，服务党和国家工作大局，为全面建设社会主义现代化国家营造良好的法治环境。党的十九届五中全会召开在即，会议的一个重要议程就是研究制定国民经济和社会发展第十四个五年规划及2035年远景目标。习近平总书记在经济社会领域专家座谈会上发表重要讲话指出，进入新发展阶段，国内外环境的深刻变化既带来一系列新机遇，也带来一系列新挑战，是危机并存、危中有机、危可转机。我们要辩证认识和把握国内外大势，统筹中华民族伟大复兴战略全局和世界百年未有之大变局，深刻认识我国社会主要矛盾发展变化带来的新特征新要求，深刻认识错综复杂的国际环境带来的新矛盾新挑战，增强机遇意识和风险意识，准确识变、科学应变、主动求变，勇于开顶风船，善于转危为机，努力实现更高质量、更有效率、更加公平、更可持续、更为安全的发展。进入新发展阶段，法治在国家治理中的地位更加凸显，必须最大限度地发挥法治固根本、稳预期、利长远的保障作用，为全面建设社会主义现代化国家营造良好的法治环境。在当前疫情防控常态化背景下，法治环境建设的重点就是保护市场主体，坚持各种所有制经济依法平等保护，营造公开公平公正的法治化营商环境，保障高质量发展。刑事诉讼法学研究会要加强问题意识，从完善刑事诉讼制度、完善刑事程序法治的角度加强研究，为保护民营企业及经营者合法权益，营造法治化、便利化、可预期的营商环境积极建言献策，切实为党分忧、为民谋利。

第三，立足中国实践，发展中国特色社会主义程序法治理论。法学研究繁荣发展最深厚的动因基础来自对社会实践的积极回应。我国刑事诉讼法于1979年制定，经过1996年、

2012年、2018年三次修订，中国特色社会主义刑事诉讼制度不断完善。进入新发展阶段，面对国内外发展环境的深刻变化，面对人民群众日益增长的美好生活需要，面对新一轮科技革命和产业变革迅猛发展，刑事诉讼法律制度和刑事程序法治理论还需要不断与时俱进、发展创新。刑事诉讼法学研究要对改革开放以来，尤其是党的十八大以来司法体制改革的鲜活经验进行归纳提炼，对复杂的社会现实进行深入分析，作出科学总结，实现理论提升。要总结新中国成立70多年来社会主义程序法治建设的成功经验，发展符合中国实际、具有中国特色、体现社会发展规律的社会主义程序法治理论体系。在理论联系实际方面，刑事诉讼法学研究会具有天然的优势，研究会与法律实务部门联系广泛，很多会员来自全国各地公检法机关、律师事务所，这是开展刑事诉讼法学研究得天独厚的良好基础。在今后的工作中，研究会应当围绕刑事程序法治建设重心，在加强基础理论研究的同时，不断创新研究思路，注重从实践中提出的鲜活问题出发，针对实践需求开展理论研究，积极促进理论成果的转化和应用，力争在基础理论研究和应用对策研究两个方面都取得新的进展。要特别关注青年人才的成长，研究会组织的青年优秀科研成果评奖是一种很好的形式，要继续办好这类活动，发挥研究会的平台优势，不断创新机制，提高组织学术活动的质量，把更多有志于从事刑事诉讼法学研究的青年人才团结凝聚到研究会队伍中来，真正发挥"国家队"的作用。

同志们，新的时代赋予法学法律工作者新的使命。刑事诉讼法学研究会要将广大理事、会员更加紧密地团结在以习近平同志为核心的党中央周围，不忘初心、牢记使命，扎实工作、奋发有为，坚定不移走中国特色社会主义法治道路，发展中国特色社会主义法治理论，为全面依法治国、建设法治中国作出更大的贡献！

预祝年会取得圆满成功！谢谢大家！

中国刑事诉讼法学研究会 2020 年年会开幕式致辞

中国刑事诉讼法学研究会会长　卞建林

尊敬的各位领导、各位代表，同志们：

大家上午好。在这金风送爽、丹桂飘香的美好时节，在全国人民喜迎党的十九届五中全会召开之际，中国刑事诉讼法学研究会 2020 年年会在具有 2500 多年历史的文化名城——山西省省会太原市隆重召开。

本次年会的任务是以习近平总书记全面依法治国新理念新思想新战略为指导，紧密联系我国刑事诉讼法治建设的实际，围绕"刑事诉讼制度与理论的新发展"这一主题，认真开展研讨，深化理论研究，推动学术创新，为发展完善中国特色社会主义刑事诉讼法律制度和理论作出贡献。

中国法学会领导对年会的举办十分重视，法学会党组成员、副会长王其江同志事先认真听取了研究会关于年会筹备工作的汇报并作出指示，又亲自莅临会议指导。年会的顺利召开得到中央政法机关大力支持，最高人民法院党组成员、副院长李少平同志，最高人民检察院党组成员、副检察长陈国庆同志等领导亲自与会，并将在开幕式后作专题报告。

本次年会由中国刑事诉讼法学研究会与山西省法学会、山西大学共同举办。山西省委领导对年会的举办高度重视和大力支持，省委常委、政法委书记商黎光同志出席会议并将发表讲话。山西省法学会、山西大学为年会的召开做了大量周密细致的筹备工作。在此我谨代表刑事诉讼法学研究会向与会的各位领导、代表，新闻媒体和出版界的朋友们表示热烈的欢迎，向为年会顺利召开付出辛勤劳动的所有人员表示衷心的感谢！

山西大学是一所具有 118 年悠久历史的著名高校，其前身为创建于 1902 年的山西大学堂，其文脉可上溯至明代三立书院及清代晋阳书院和令德书院。早期的山西大学堂中西合璧、文理并重，学科门类齐全，办学理念先进，是我国近代高等教育重要的发祥地之一。山西大学的法学教育同样历史悠久，法学院创始于 1906 年，初名法科法律学门，属山西大学堂早期的文、法、工三科之一。1931 年山西大学堂更名为山西大学，法学院为山西大学规模最大、毕业生人数最多的学院，曾培养出毕善功、刘少白、梅汝璈等众多海内外著名的法学先驱。改革开放以来，法学院于 1980 年复建，发展至今已成为具有法学一级学科博士学位授予权的法学人才培养重镇、中央政法委和教育部联合确定的卓越法律人才培养教育基地以及山西省法治建设发展的重要智库。

党的十八大以来，以习近平同志为核心的党中央在统筹推进"五位一体"总体布局、协调推进"四个全面"战略布局中，把全面推进依法治国、全面深化改革纳入党和国家各项改革的总体部署，统筹协调，整体推进。习近平总书记指出："法律是治国之重器，法治是国家治理体系和治理能力的重要依托。全面推进依法治国，是解决党和国家事业发展面临的一系列重大问题，解放和增强社会活力、促进社会公平正义、维护社会和谐稳定、确保党和国家长治久安的根本要求。"刑事诉讼活动是全面推进依法治国的重要内容，刑事诉讼制度是国家治理体系的基本构成，是维护社会和谐稳定、确保国家长治久安、实现人民安居乐业的可靠保证。站在进一步深化和推进全面依法治国、建设法治国家的关键节点，我们要认真学习领会、深入贯彻落实习近平总书记关于依法治国和司法改革的系列重要论述，加强对刑事诉讼制度的研究，促进刑事诉讼理论的发展。在此背景下，本次年会的主题确定为"刑事诉讼制度与理论的新发展"，下设四个分议题，即"习近平总书记关于司法体制改革的重要论述""刑事诉讼认罪认罚从宽制度的完善""信息时代的刑事证据制度""民营经济保护与刑事诉讼"。与会专家学者对此研究热情高涨，围绕总议题和分议题共提交了近 100 篇论文。我们期待大家在年会上能够围绕新时代刑事诉讼制度和理论的新发展积极开展研讨，为发展完善中国特色刑事诉讼制度和理论，为研究解决司法实践中突出存在的问题而建言献策，贡献才智。

需要强调的是，今年的年会是在新冠疫情防控常态化的背景下召开的，特别是会议全部采取线下进行是经研究会慎重研究、中国法学会特别批准的。国庆长假后山东青岛发生的疫情变化再一次给人们敲响警钟，任何麻痹松懈都将造成严重后果。我们希望全体与会代表能够按照国家和会议举办地关于疫情防控的要求，加强防护，服从安排，全力配合，做好疫情防控工作。

再次对各位领导和嘉宾与会表示感谢，预祝本次年会取得圆满成功，谢谢大家！

在中国刑事诉讼法学研究会 2020 年年会上的致辞

山西省委常委、政法委书记 商黎光

尊敬的各位领导、各位来宾，同志们：

大家上午好！今天，全国刑事诉讼法学界名家汇聚、济济一堂，相聚在龙城太原，隆重举行一年一度的学术盛会，在此我谨代表山西省委和山西省委政法委对本次年会的召开表示热烈祝贺！对来自全国各地的刑事诉讼法学界的嘉宾朋友们表示热烈欢迎！

山西地处华北腹地，因居太行山之西而得名，全省面积 15.67 万平方公里，下辖 11 个地级市，117 个县市区，常住人口约 3700 万。山西是中华民族的重要发祥地之一，历史悠久，人文荟萃，有文字记载的历史达 3000 年之久。三晋的法律文化作为山西历史文化的一个重要的组成部分，产生了不少法学家和思想家。其中，中华法律的创始人皋陶就曾生活在我省洪洞县。山西还是重要的革命老区，是八路军总部及三大主力师、中共中央北方局的所在地，为中华民族的独立解放和新中国成立作出过重大贡献。可以说，山西既有表里山河的自然状态，又有积淀丰厚的历史文化底蕴。山西国保单位就有 531 处，在全国国保单位是最多的。山西还有蕴藏丰富的矿产资源。自新中国成立以来，山西累计产煤 190 亿吨，为全国经济建设作出了重大贡献。近年来，以习近平同志为核心的党中央高度重视山西发展，习近平总书记在不到三年的时间里两次来到山西视察工作，对我们提出在转型发展上率先蹚出一条新路的殷切期望。

山西省委牢牢把握历史机遇，提出了"四为四高两同步"的总体要求，推动各项工作呈现稳中有进、蓬勃发展的大好局面。特别是在高质量转型发展方面，传统产业改造升级步伐加快，14 个战略型新兴产业集群竞相发力，新基建、新技术、新材料、新装备、新产品、新业态，抢先布局，能源革命综合改革试点、国资国企改革、地方金融机构改革取得了积极成效，企业投资项目承诺制改革走在了全国前列。2017 年至 2019 年，我省 GDP 平均增速高于全国。2020 年上半年，全省地区生产总值和固定资产投资、规模以上工业增加值等多项主要经济指标高于全国平均水平。

高质量转型发展离不开良好的法治环境。全省政法系统在中央政法委和省委坚强领导下，不断深化平安山西、法治山西建设。司法责任制改革、涉法涉诉改革、以审判为中心的刑事诉讼制度改革等多项工作也进入了全国第一方阵，连续七年被评为全国平安建设工作优秀省，为经济社会发展提供了有力的法治保障。山西省法学会作为政法战线的重要组成部分，近年来在中国法学会的支持指导下，围绕法学理论研究、服务法治实践、推动法学交流、培养法律人才等方面做了大量工作。特别是换届以来，省法学会不断加强各级法学会的组织建设，大力开展法律服务工作，完成了多项有价值的研究课题，开展了多轮高质量的学术研讨活动，提出了许多具有参考价值的意见建议，为服务全省高质量转型发展贡献了重要力量。山西大学作为一所具有118年办学历史的综合性大学，是山西省法学教育重镇，拥有山西唯一的法学一级学科博士点，法学专业获准国家级和省级一流本科专业建设。近年来，山西大学实现了跨越式发展，办学实力不断增强，山西省委已经决定对山西大学以及其他五所大学进行重点培养，向"双一流"更高的台阶迈进。

中国刑事诉讼法学研究会2020年年会选择在山西太原召开，由山西省法学会和山西大学共同承办，这既是对我们工作的肯定，也是进一步的激励和鞭策。山西省法学会和山西大学将珍惜这次难得的机遇，深入学习各位专家学者的深厚法学功底、先进法学理念，不断加强理论界与山西政法实务界的交流互动，研究解决刑事法治实践中的重点和难点问题，为更好地完善中国特色社会主义刑事诉讼制度，加快推进国家治理体系和治理能力现代化贡献力量。同时，也希望中国法学会和刑事诉讼法学研究会一如既往地关心支持山西政法和法学研究工作，加强工作指导，多提宝贵意见，推动平安山西、法治山西建设不断迈出新的步伐。

最后再次向与会各位领导和来宾致以诚挚的敬意！预祝大会取得圆满成功！谢谢大家！

在中国刑事诉讼法学研究会 2020 年年会上的致辞

山西大学党委书记　王仰麟

尊敬的各位领导、各位专家、各位来宾：

大家上午好！在这个金风送爽的美好季节，我们相约龙城太原，相聚山西大学隆重举办中国刑事诉讼法学研究会 2020 年年会。在此，我谨代表山西大学对这次年会的召开表示祝贺！向各位领导、专家和来宾的到来表示诚挚的欢迎！

山西大学是一所有着 118 年办学历史的学府，学校前身是创建于 1902 年的山西大学堂，曾是中国近代创办最早的三所国立大学之一，与京师大学堂、北洋大学堂共同开创了中国近代高等教育的先河。近年来，山西省委、省政府和教育部高度重视山西大学的发展，部省合建、率先发展、北大支持等多项政策叠加，推动山西大学改革发展取得一系列成绩，学校综合实力排名显著提升，也为山西省经济社会发展作出了积极的贡献。

山西大学法学院始建于 1906 年，是山西大学堂早期文、法、工三科之一，历史悠久，底蕴深厚，毕善功、刘少白、冀贡泉、梅汝璈、杜任之等著名的法学先驱都曾在此任教或者学习。近年来法学学科学也取得了长足的发展，被中央政法委和教育部确定为卓越法律人才培养教育基地，成为国家知识产权培训基地和山西省地方立法研究咨询基地。具有法学一级学科博士学位点，获批国家一流本科专业建设点，已经成为山西省法律人才的培养基地。在刑事诉讼法研究方面，承担了多项国家社科基金、部级课题研究项目，成为山西大学法学研究的重要方向。

中国刑事诉讼法学研究会是中国法学会成立最早的部门法学研究会之一，多年来积极开展卓有成效的法学研究、学术交流、书刊编订、国际合作和咨询服务，大力促进刑事诉讼法学的繁荣与刑事诉讼法的完善，为我国刑事诉讼法治的发展与进步作出了重要贡献，为繁荣国家刑事诉讼学术研究、推动刑事诉讼学科建设以及服务刑事立法司法作出了重要贡献。

今天，山西大学有幸承办此次年会，充分体现了中国刑事诉讼法学研究会对我校的信任，对我校法学教育和法律研究的肯定，我们深感荣幸。在此，我谨代表学校向多年来对山西大学法律学科建设、人才培养和科研创新提供支持与帮助的各位领导、专家表示由衷的敬意和感谢。同时借此机会希望各位与会的领导、专家、来宾积极为我们的学科发展把脉问诊、传经送宝。相信在各位的指导和帮助下，必将对我校法律学科的发展和法学研究起到巨大的推动作用。

最后，预祝年会取得圆满成功！祝愿各位领导、专家、来宾在与会期间工作顺利、身体健康！谢谢大家！

完善刑事审判程序　推进刑事诉讼法治

——在中国刑事诉讼法学研究会2020年年会上的发言

最高人民法院党组成员、副院长　李少平

尊敬的各位专家、各位领导，同志们：

非常荣幸受邀参加中国刑事诉讼法学研究会2020年年会暨党员代表大会。首先，我谨代表最高人民法院对会议的隆重召开表示热烈的祝贺！向长期以来关心、支持人民法院刑事审判工作的刑诉法理论界、实务界各位同仁表达最诚挚的谢意！

人民法院高度重视理论研究和司法实践的互动交融。在2019年10月召开的第七次全国刑事审判工作会议上，周强院长强调指出："做好新时代刑事审判工作，必须坚持刑事司法实践和理论研究相互融合、相互促进，从实践中来到实践中去，以理论指导实践，以实践推动理论繁荣。"刑事诉讼法学研究会年会是刑事诉讼理论研究与司法实务沟通交流的重要会议，是刑事诉讼法学专家关注司法实务动态、研究司法实务问题、加强对司法实务指导的重要平台。本次年会以"刑事诉讼制度与理论的新发展"为总议题，对于系统总结近年来我国刑事诉讼领域的改革经验和成果，深化刑事诉讼理论研究，进一步健全完善刑事诉讼制度机制具有重大意义。借此机会，我就正在起草的，与修改后刑事诉讼法相配套的司法解释稿相关情况做一简要介绍。

2018年10月26日，第十三届全国人大常委会第六次会议通过了《关于修改〈中华人民共和国刑事诉讼法〉的决定》，这是继1996年和2012年刑事诉讼法修改后，对中国特色刑事诉讼制度的又一次重要改革与完善。为确保法律统一、准确、有效实施，我院同步开展了修改2012年最高人民法院《关于适用〈中华人民共和国刑事诉讼法〉的解释》（以下简称《2012年解释》）的工作。本次司法解释修改汇聚了全国法院的刑事审判经验，反映了社会各界的法治智慧；特别是在专家论证阶段，十余位刑诉法专家参与论证，贡献了宝贵的意见建议。2020年7月21日至29日，最高人民法院审判委员会刑事专业委员会第375次至第381次会议审议并原则性通过了解释稿，要求就若干重大问题进一步提请审委会全会审议。新刑诉法解释将于近期正式对外发布，预计共27章、将近650条，与《2012年解释》相比增加3章（第十二章"认罪认罚案件的审理"、第十四章"速裁程序"、第二十四章"缺席审判程序"），增加约100条，进行实质修改的条文共200余条。由于时间关系，我重点向大家介绍四个方面的内容。

一、强化诉讼权利保障，切实维护当事人程序权利

强化诉讼权利保障，是人权保障原则在刑事诉讼领域的具体体现，是新刑诉法解释起

草贯穿始终的一条主线。新刑诉法解释在辩护制度、审判程序等方面对加强诉讼权利保障作了更加明确、更为严格的规定。具体而言：

一是强化了辩护权保障。辩护权是诉讼权利的核心。新刑诉法解释针对指定辩护和委托辩护并存的情形，明确规定应当赋予被告人选择权，尊重被告人的选择。针对律师助理参加庭审问题，新刑诉法解释明确规定经人民法院准许，律师可以带一名助理参加庭审，从事相关辅助工作。为了切实有效行使辩护权，新刑诉法解释规定，对作为证据材料向人民法院移送的讯问录音录像，辩护律师申请查阅的，人民法院应当准许。

二是强化了质证权保障。新刑诉法解释重申了同案同审的诉讼原则，要求分案审理应当以有利于保障庭审质量和效率为原则，强调分案审理不得影响当事人质证权等诉讼权利的行使。特别是在审理过程中，必要时可以传唤分案审理的共同犯罪或者关联犯罪案件的被告人等到庭对质。对于分案起诉的共同犯罪或者关联犯罪案件，人民法院经审查认为，合并审理更有利于查明案件事实、保障诉讼权利、准确定罪量刑的，可以并案审理。

三是强化了被告单位的诉权保障。被告单位诉讼代表人的确定是单位犯罪审理程序的关键。针对司法实践中诉讼代表人确定难的现实问题，新刑诉法解释适度扩大了诉讼代表人的确定范围：以内部人员作为第一选择，包括被告单位的法定代表人、实际控制人或者主要负责人，以及被告单位的其他负责人或者职工；以外部人员作为第二选择，在难以确定诉讼代表人的情况下，可以由被告单位委托律师等单位以外的人员作为诉讼代表人。

四是强化了申诉权保障。按照人民法院"五五改革纲要"提出的"规范刑事申诉案件立案审查标准"的要求，新刑诉法解释进一步完善了审判监督程序的相关规定，以裁判生效 2 年为界，明确规定对在判决、裁定发生法律效力后 2 年内提出的申诉应当立案审查；对在判决、裁定发生法律效力 2 年后提出的申诉，经初步审查，认为判决、裁定可能存在错误且有改判必要的，也应当立案审查。

五是强化了特别程序的诉权保障。合适成年人制度是国家刑事司法制度对未成年人诉权的一种特殊保护。为落实这一制度要求，新刑诉法解释规定讯问未成年人，其法定代理人或者合适成年人不在场的，对其供述应当依法予以排除。为最大限度地保障强制医疗案件被申请人或者被告人的诉讼权利，新刑诉法解释在法律规定通知法定代理人到场的基础上进一步明确，法定代理人经通知未到场的，可以通知其他近亲属到场。

二、坚持证据裁判规则，确保实现程序正义

证据是刑事诉讼的基石，对于保证案件质量，正确定罪量刑，实现司法公正具有关键作用。新刑诉法解释进一步完善了证据审查与认定的相关规定，严格落实证据裁判规则的要求。具体而言：

一是强化了证据的全案移送规则。全案移送证据材料是刑事诉讼的基本规则，近些年纠正的冤错案件进一步诠释了这一规则的重要性。安徽"于英生案"，侦查机关没有随案移送现场发现的第三人的血指纹。后经继续侦查，发现该第三人的血指纹即为真凶的血指纹。新刑诉法解释规定人民法院应当审查证明被告人有罪、无罪、罪重、罪轻的证据材料是否全部随案移送；未随案移送的，应当通知在指定时间内移送，未予移送的，人民法院应当根据在案证据对案件事实作出认定。

二是强化了讯问录音录像的移送规则。为有效落实调取讯问录音录像的规定，新刑诉法解释明确规定，对于依法应当对讯问进行录音录像的案件，相关录音录像未随案移送的，人民法院可以视情通知在指定时间内移送；未予移送，导致不能排除以非法方法收集证据的情形的，对有关证据应当依法排除；导致有关证据的真实性无法确认的，不得作为定案的根据。

三是明确了监察调查证据的审查规则。根据监察法第33条的规定，新刑诉法解释明确监察机关依法收集的证据材料在刑事诉讼中可以作为证据使用；对于监察机关收集的证据的审查判断适用刑事审判关于证据的要求和标准。

四是完善了境外证据的审查判断规则。为进一步规范涉外刑事案件的审理，新刑诉法解释规定对来自境外的证据材料，人民检察院应当随案移送有关材料来源、提供人、提取人、提取时间等情况的说明；对于当事人及其辩护人、诉讼代理人提供来自境外的证据材料的，一般应当经过公证、认证程序。

五是细化了电子数据的审查判断规则。当前，利用互联网、人工智能等高科技手段实施的信息网络犯罪层出不穷，电子数据的审查判断是刑事审判面临的新任务。新刑诉法解释进一步细化了电子数据的审查判断规则，要求围绕电子数据的真实性、完整性、合法性、关联性进行审查判断，对无法保证真实的电子数据依法予以排除。

六是完善了技术侦查、调查证据的审查判断规则。新刑诉法解释设专节对技术侦查、调查证据的审查与认定作出专门规定，强化证据的随案移送规则，规定作为证据使用的技术侦查、调查材料应当随案移送；对于技术侦查、调查证据材料，除根据相关证据材料所属的证据种类进行审查外，还应当着重审查使用技术侦查、调查措施是否符合法律规定；对于经人民法院通知仍未移送相关技术侦查、调查证据材料的，人民法院应当根据在案证据对案件事实作出认定。此外，在新刑诉法解释起草过程中，关于技术侦查、调查证据材料当庭调查与庭外核实的关系问题，即庭外核实究竟是对当庭调查的补充还是替代，尚存在不同认识，亟待刑诉法理论界加强研究和指导。

三、规范涉案财物处理，进一步推动庭审实质化

过去，在刑事审判中一定程度上存在重定罪量刑、轻涉案财物处理的现象。在推进以审判为中心的刑事诉讼制度改革和加强产权保护的时代背景之下，新刑诉法解释要求审判程序对定罪量刑和涉案财物处置并重，切实发挥庭审在查明事实、认定证据、保护诉权、公正裁判中的决定性作用。具体而言：

一是强化了对涉案财物的庭前审查。在立案审查阶段，不仅要审查与定罪量刑有关的证据材料，而且要审查涉案财物是否随案移送并列明权属情况，以及是否就处理提供相关证据材料。在庭前会议中，不仅可以就与审判相关的程序性事项听取控辩双方的意见，而且可以就涉案财物的权属情况和处理建议听取意见。

二是强化了对涉案财物的调查审理。在法庭调查时，不仅要对与定罪量刑有关的事实进行调查，而且要对涉案财物的权属情况和处理进行调查，由公诉人说明情况、出示证据、提出处理建议，并听取被告人、辩护人等诉讼参与人的意见；不仅要听取控辩双方的意见，而且应当听取提出异议的案外人的意见，必要时通知案外人出庭。在法庭辩论时，不仅要

就定罪量刑的事实、证据、适用法律等问题进行法庭辩论，而且要就涉案财物处理的相关问题进行辩论。

三是强化了对涉案财物的裁判处理。在作出裁判时，不仅要处理定罪量刑问题，而且要对涉案财物作出处理。特别是针对个别案件中存在的漏判涉案财物处理的问题，新刑诉法解释规定可以在二审期间发回原审人民法院重新审判，由原审人民法院依法作出处理；判决生效后发现的，由原审人民法院对涉案财物及其孳息依法另行作出处理。

此外，在新刑诉法解释起草过程中，在涉案财物处理方面还存在一些重大争议问题，如对涉众型犯罪案件和其他涉案财物情况复杂的案件可否设立相对独立的对物之诉，在对被告人定罪判刑后另行对涉案财物作出处理；善意取得制度能否适用于刑事涉案财物。由于争议较大，新刑诉法解释暂时回避了这些问题，留待理论界深化研究和司法实务继续探索。

四、完善缺席审判程序，落实刑事诉讼法修改精神

适应新时代反腐败和国际追逃追赃工作的需要，建立刑事缺席审判制度是2018年刑事诉讼法修改的重要内容之一。新刑诉法解释根据修改后刑事诉讼法的规定，增设专章对缺席审判程序的有关问题作了规定。具体而言：

一是细化了审查处理规则。刑事诉讼法明确要求人民法院对提起公诉的缺席审判程序案件，审查是否符合缺席审判程序适用条件。基于此，新刑诉法解释明确了重点审查的内容，并规定符合缺席审判程序适用条件，属于本院管辖，且材料齐全的，应当受理；不符合缺席审判程序适用条件或者材料不全且不能补送的应当退回。

二是强化了对被告人的权利保障。新刑诉法解释明确人民法院立案后，应当将传票和起诉书副本送达被告人，传票应当载明被告人到案期限以及不按要求到案的法律后果等事项；强化了被告人的辩护权保障，规定被告人可以自行委托辩护人，也可以由近亲属代为委托辩护人，没有委托辩护人的，人民法院应当通知法律援助机构指派律师为被告人提供辩护。

三是强化了对被告人近亲属的权利保障。基于最大限度地维护缺席审判程序被告人权益的考虑，新刑诉法解释强化了对被告人近亲属的诉讼权利保障，明确要求将起诉书副本送达被告人近亲属，允许被告人近亲属申请参加诉讼，其参加诉讼的，可以发表意见。

四是规范了适用缺席审判程序案件的审理。新刑诉法解释明确对适用缺席审判程序案件的审理，参照适用公诉案件第一审普通程序的有关规定；作出有罪判决的，应当达到证据确实、充分的证明标准；审理缺席审判案件，可以对违法所得及其他涉案财产一并作出处理。

五是规范了中止审理和被告人死亡案件的缺席审判程序。2018年刑事诉讼法针对较长时间中止审理的案件和被告人死亡案件设立了缺席审判程序。根据司法适用中反映出的问题，新刑诉法解释进一步明确了具体规则，将中止审理案件的缺席审判严格限制为被告人缺乏受审能力的情形，防止作其他泛化解释，更不允许将被告人因身体残疾不便到庭参加诉讼理解为"患有严重疾病无法出庭"；明确被告人死亡案件的缺席审判，既适用于确认被告人无罪的情形，也适用于证据不足、不能认定被告人有罪的情形；明确再审程序中的缺

席审判既适用于确认被告人无罪或者证据不足、不能认定被告人有罪的情形，也适用于被告人虽然构成犯罪但是原判量刑畸重的情形。

各位专家、各位领导，同志们，中国特色社会主义进入新时代，刑事审判工作也面临前所未有的机遇和挑战。面对新形势、新要求，各级人民法院将严格贯彻执行刑法、刑事诉讼法，坚持实体公正与程序公正并重，依法审理各类刑事案件，深入推进刑事司法改革，不断提升新时代刑事审判工作能力和水平，为推动平安中国、法治中国建设，推进国家治理体系和治理能力现代化提供更为有力的司法服务与保障。也请各位专家继续关心、指导、支持人民法院的刑事审判工作，加大对刑事司法实务问题的关注和研究力度，为加强新时代刑事审判工作、促进司法公正贡献更多智力支持和理论指导。

最后，预祝会议圆满成功！谢谢大家！

新时代刑事检察工作的几个问题

——在中国刑事诉讼法学研究会 2020 年年会上的发言

最高人民检察院党组成员、副检察长　陈国庆

尊敬的王其江会长，各位专家学者、同志们：

大家上午好！

很高兴在这金秋时节和大家相聚太原，共同参加中国刑事诉讼法学研究会2020年年会。今年受到突如其来的疫情的影响，此次年会的召开更显得十分不易，这是全国人民在党中央的坚强领导下同心抗疫的结果。首先，我代表最高人民检察院对此次年会的召开表示热烈的祝贺，也借此机会向长期以来关心和支持检察工作的部门和同志们表示衷心的感谢！张军检察长对此次会议非常重视，安排我参会并和大家进行交流。下面，我就新时代刑事检察工作的新发展谈些看法，和大家共同交流。

改革开放40多年来，我国社会治安持续稳定，经济持续快速发展，在以习近平同志为核心的党中央坚强领导下，创造了世所罕见的"两大奇迹"。在我国社会全方面发展进步的同时，我国刑事犯罪的结构与态势以及社会时代背景与要求都发生了深刻变化。严重暴力犯罪大幅下降，轻微刑事犯罪大幅攀升，判处3年有期徒刑以下轻刑案件占到80%。中国特色社会主义刑事司法制度的重大完善——认罪认罚从宽制度，目前适用率稳定在80%以上，对化解矛盾、减少对抗、消弭戾气、促进和谐发挥了重大作用。党的十九届四中全会提出了推进国家治理体系和治理能力现代化的新要求，新时代人民群众也在民主、法治、公平、正义、安全等方面有不断提升的新需求。为主动适应新时代新要求，检察机关始终结合当前刑事司法的深刻变化，认真思考其对刑事检察工作的影响，研究刑事检察工作如何主动跟进、积极应对，更好地服务大局，顺应人民群众对刑事司法现代化和法治文明进步的新期待，落实党中央一系列重大决策部署。

一、新时代刑事检察工作的新理念

检察机关认真贯彻党中央工作部署，结合司法和检察工作实际，把习近平总书记全面依法治国新理念新思想新战略融入检察工作，提出了一系列贯彻落实的具体要求、主张，有力推动了检察工作的全面、健康发展。

一是讲政治，顾大局，充分运用政治自觉、法治自觉和检察自觉履行法定职责。旗帜鲜明地讲政治，坚持党的领导，服务大局是开展一切检察工作的前提和根本要求。检察机关应当把讲政治融入具体检察工作中，检察工作是政治性极强的业务工作，又是业务性极强的政治工作，要通过卓有成效的法律监督巩固党的执政地位、维护国家政治安全、促

社会发展与和谐稳定。

二是更好地贯彻党的宽严相济刑事政策。坚持对危害国家安全犯罪和严重暴力犯罪依法严厉惩处，对一般及轻微犯罪坚持少捕慎诉，严格把关，能不捕的不捕，能不诉的不诉。注重刑事政策在刑事检察实践中的运用，对轻罪、过失犯罪、认罪认罚等案件，没有社会危险性的，坚持不捕；转变单纯国家追诉主义和起诉法定主义，强化案件社会危害性、刑事可罚性评价，健全刑罚轻缓化处理机制。

三是充分运用检察职能促进国家和社会治理现代化。要把化解矛盾纠纷、减少社会对抗、犯罪损害修复等贯穿司法办案的始终，坚持治罪与治理并重。在用好认罪认罚从宽制度，坚持国家起诉主义和起诉法定主义的前提下，合理汲取协商性司法和起诉便宜主义因素，运用听取意见制度，加强与被告人、辩护律师、被害人沟通工作，化解矛盾，促进和谐，促进国家和社会治理现代化。

四是强化诉讼监督，维护司法公正，在办案中监督，在监督中办案，实现双赢多赢共赢。检察机关与其他执法司法机关只是分工不同，检察机关应以双赢多赢共赢的法律监督新理念，从构建监督者与被监督者良性互动关系出发，加强沟通，赢得被监督者的支持与配合，赢得社会的信任和尊重。

五是在办案过程中追求法理情相结合，防止机械司法，在更高层次上取得政治效果、法律效果、社会效果的统一。政治效果是检察办案的总方向，社会效果是检察办案的落脚点，法律效果是检察办案的基本要求。摒弃就案办案、机械办案，坚持以人民为中心，以人民对司法的新需求为引领，始终把"三个效果"贯穿办案始终。

六是以追求极致的精神不断提高办案质量。检察机关要遵循司法规律和诉讼原则，从立法精神和立法目的出发解释法律；从法治进步的方向、法治现代化的方向适用法律；要站在国家法治大局的角度，站在推动国家法治进步的角度，以追求极致的精神办理案件，做负责任的维护公平正义的法治引领者。

二、合理降低逮捕羁押率，推动国家治理现代化

当前，我国刑事诉讼中提请逮捕案件批捕率近80%，审前羁押人数超过60%，每年有上百万人在羁押状态下候审，审前羁押比例较高。其中轻罪案件占比高，2017年至2019年，捕后判处3年有期徒刑以下刑罚人数占全部判处刑罚人数的72.1%。逮捕作为限制人身自由最严厉的强制措施，本应主要适用于罪行较重、社会危险性较大的犯罪嫌疑人，大量轻罪人员被羁押显然不符合逮捕措施的制度定位，也反映出相当一部分案件的犯罪嫌疑人是可以不予逮捕的。较高的审前羁押率不仅与强制措施适用的比例性原则和最低限度原则等诉讼法理不符，与司法谦抑的精神不符，而且实践弊端也很明显。从羁押成本看，每年百余万人被羁押候审，导致羁押场所拥挤，运行成本居高不下。从罪犯改造看，容易导致"交叉感染"，不利于主观恶性小的轻罪涉案人员改造回归，还容易引起嫌疑人及亲属的怨怼情绪，扩大社会对立面，不利于社会和谐。从司法工作看，犯罪嫌疑人被关押后便于获取口供、突破案件，造成一些司法人员对口供的过分依赖，不利于提升获取客观证据的能力，且过于依赖口供还容易造成冤假错案，审前羁押也容易导致"关多久判多久"的问题。

当然，形成我国高逮捕羁押率有其特定的时代背景原因。改革开放初期，为保障社会稳定和经济发展，在平安建设上注重社会管控，在刑事诉讼上也强调以打击来维护社会稳定，加之当时科技条件有限，犯罪嫌疑人一旦逃跑再次抓捕归案难度很大，因此导致了"以羁押为原则"的刑事司法惯性，我国审前羁押率曾一度高达94%。不可否认，逮捕确实对当时打击犯罪、保障社会稳定发挥了重要作用，但不得不看到，这种办案方式存在对羁押质量、羁押合理性的忽视。随着社会的不断进步，法治理念与公民权利意识明显增强，人民群众除了关注犯罪嫌疑人"坐牢"对不对，也同样关注羁押适当不适当，这是我国法治进步在社会层面的体现。司法机关对新时代人民的法治需求不能忽视，这就对我们提出了更高要求，要求检察机关行使逮捕权时要保持克制。

基于较高逮捕羁押率带来的系列问题，为适应我国社会主要矛盾变化，应转变"构罪即捕"的理念，牢固树立"少捕慎押"的司法理念，减少不必要的逮捕，合理降低逮捕羁押率，推动取保候审等非羁押性强制措施作为保障诉讼的主要方式，促进司法文明和社会和谐，推进诉讼制度和犯罪治理的现代化。一方面，坚持对危害国家安全、严重暴力、涉黑涉恶等少数严重犯罪严厉打击，该捕即捕，保持高压震慑态势。另一方面，依法从严控制适用逮捕措施。加大对逮捕社会危险性的审查，加强对不同类型案件社会危险性标准的完善，对轻刑犯罪、过失犯罪、未成年人犯罪等案件应"以非羁押为原则，羁押为例外"。要注重考虑认罪认罚情节，对认罪认罚后人身危险性不大的一般可不予逮捕。相应地，要完善取保候审制度，扩大取保候审的适用。丰富完善取保候审保证方式；改变嫌疑人脱保违法成本低的问题，增加脱保后量刑上的加重体现，增加保证人责任承担；推广电子手环等监控设备的应用；完善边控、上缴护照等相关出行限制。加强对羁押必要性的审查，符合条件的，及时变更强制措施。通过对轻罪案件的审慎逮捕、宽缓处置，完善取保候审等非羁押性强制措施的适用，减小"犯罪打击面"，最大限度地保障经济平稳运行、保障社会和谐稳定、保障人民安居乐业，促进国家治理体系现代化。

张军检察长在2020年"两会"报告中列举了20年来我国严重暴力犯罪的变化情况，8类严重暴力犯罪占比相较于20年前大幅下降。杀人、抢劫、重伤害等暴力犯罪已不再是刑事犯罪的主流。轻罪案件呈现快速攀升，目前3年以下轻刑率已近80%，加之被告人认罪认罚案件已超80%等因素，决定了对多数案件逮捕的必要性和紧迫性已经大大减弱。我国刑事犯罪结构态势和司法追诉方式发生了深刻变化，降低逮捕羁押的时机已经到来。不仅如此，法治进步、侦查技术水平提升、社会治理快速发展也为"少捕慎押"创造了良好、可能的条件。从宪法到刑事诉讼法，不断完善细化"尊重和保障人权"的相关制度，为"少捕慎押"、人权司法保障提供良好法治保障。公安机关侦查能力大幅提升，利用信息化手段、刑事技术手段侦查已经成为公安机关办案的主要方式，有效降低了对口供的依赖度和对逮捕措施的需求。实名制推广、路面监控、手机定位、移动支付等现代科技的广泛应用，使人们的衣食住行无不在网络的可监控、可追踪之下，社会治理发生了翻天覆地的变化，为取保候审增加了安全系数。

三、依法履职，确保认罪认罚从宽制度正确适用

（一）关于对认罪认罚案件提出确定刑量刑建议的问题

提出量刑建议是认罪认罚从宽制度的重要环节，也是控辩协商的重要内容。在检察机关提出以确定刑量刑建议为主的做法上有不同的观点。通过一年多的司法实践来看，2019年1月至2020年8月，量刑建议采纳率为87.7%。其中，提出确定刑量刑建议率从27.3%上升至76%；庭审对确定刑量刑建议采纳率为89.9%，高于幅度刑量刑建议采纳率4.3个百分点；确定刑量刑建议案件上诉率为2.56%，抗诉率为0.6%，分别低于幅度刑量刑建议3.16个百分点和0.19个百分点，确定刑量刑建议采纳率更高，上诉率、抗诉率更低。律师以及被告人更希望得到确定刑量刑建议，以得到稳定的司法预期。确定刑量刑建议得到了越来越多的接受和认可，质效更高。

一方面，确定刑量刑建议是控辩合意最充分的体现，满足了被告人的刑罚预期，有利于制度稳定适用。在认罪认罚案件中，量刑建议虽然由检察机关提出，但不再是检察机关基于单方的控诉立场而提出的刑罚请求，而是基于控辩双方对案件事实及量刑情节的共识，在量刑协商的基础上，融合了被告人、律师、被害方等各方意见形成的定罪量刑的合意，是代表控辩双方共同行使"求刑权"。对于一些不常见、复杂的疑难案件，我们还鼓励检察官主动征求法官意见，经过这些程序，最终才形成凝结了诉讼多方合意的量刑建议。司法机关给予的量刑优惠只有明确、具体，才具有协商的前提和基础，这既增加了协商达成的可能性，更增强了认罪认罚适用的稳定性，控辩充分协商的结果必然是确定的刑罚。法律的重要特性就是人们对行为有明确的预期和确定性。被告人认罪认罚后，非常希望得到明确的从宽承诺，确定刑量刑建议符合被告人的这种期待。其不仅是检察机关公诉职能的体现，更是给予被告人最明确的司法保障。

另一方面，认罪认罚案件在审前阶段基本可以解决定罪量刑的争点，具有提出确定刑量刑建议的可能。有的观点认为，案件事实、证据复杂易变，幅度刑建议为可能变化的定罪量刑提供了空间。当然，对于新类型、不常见案件，量刑情节复杂的重罪案件等，我们允许提出幅度刑量刑建议，并且鼓励探索这些案件的量刑规律，积累经验。但对于绝大多数认罪认罚案件来说，被告人明确地认罪认罚并供述了具体、详细的犯罪事实，口供稳定，证据充分，不少案件都适用了简化甚至省略法庭调查和法庭辩论的速裁和简易程序审理，提起公诉后发生变化的可能性较小，提出确定刑量刑建议完全可行。即使证据发生变化或被告人反悔，也有调整量刑建议或诉讼程序转换等法律程序予以保障。

还应当看到的是，确定刑量刑建议基础上的速审速判实现了诉讼分流、程序简化。能够减轻巨大案件量给法官带来的诉讼压力，使法官有精力聚焦在重大疑难复杂案件和不认罪案件的审理中，实现司法资源优化、诉讼效率提升的制度初衷。

（二）量刑建议明显不当拟不采纳应以检察机关调整量刑建议为前提

刑事诉讼法第201条第2款规定："人民法院经审理认为量刑建议明显不当，或者被告人、辩护人对量刑建议提出异议的，人民检察院可以调整量刑建议。人民检察院不调整量

刑建议或者调整量刑建议后仍然明显不当的，人民法院应当依法作出判决"。在实践中，对于法院认为量刑建议明显不当拟不采纳的，是否应当告知检察院，以检察机关先进行量刑建议调整为前提，有不同理解，对第 201 条的解读出现了分歧。为了厘清认识分歧，统一司法适用，"两高三部"《关于适用认罪认罚从宽制度的指导意见》第 41 条对此进行了明确，"人民法院经审理，认为量刑建议明显不当，或者被告人、辩护人对量刑建议有异议且有理有据的，人民法院应当告知人民检察院，人民检察院可以调整量刑建议"。这样规定后，这个问题就十分明确了，也就是说，人民检察院有一个前置的调整程序，只有人民检察院不调整或者调整后仍然明显不当的，人民法院才依法作出判决，但不能未经检察机关调整而径行判决。

法律之所以要规定检察机关调整的前置程序：一是基于对控辩双方主体地位的尊重。量刑建议是控辩协商的结果，如果法官拟不予采纳，控辩双方的意见都可能落空，此时法官就应当通知检察机关，说明明显不当的理由和依据，让控辩双方根据法官的意见再行协商一次，进行调整，调整结果仍明显不当的，再予判决。这既是对控辩主体地位的尊重，也是法官对量刑建议提出意见的环节和途径。二是有利于认罪认罚从宽制度的稳定适用。如果有了检察机关调整量刑建议这个前置程序，控辩双方可以重新达成量刑合意，检察机关也可以在听取被告方意见后进行调整，这样对新的判决结果，被告人是有预期的、能接受的，不容易反悔、上诉，有利于矛盾化解、节约诉讼资源和制度的稳定适用。三是有利于司法公信力的建立。检察机关在量刑协商时代表国家司法机关向被告人作出了从宽的具体承诺，若被法院直接否定，被告人将认为司法机关失信，对整体司法公信力产生不信任。

（三）被告人上诉权的保障与检察机关抗诉权的行使

在认罪认罚案件中，检察机关抗诉权的行使成为关注的焦点，特别是针对被告人反悔上诉和量刑建议无明显不当而法院不采纳两种情形的抗诉看法不一。

一是关于法院采纳检察机关从宽建议作出一审判决后，被告人无正当理由上诉的如何处理。

犯罪嫌疑人或者被告人认罪认罚后反悔上诉，检察机关能否抗诉是认罪认罚从宽制度适用中不得不面对的"特殊的制度困扰"。这就涉及如何认识和看待上诉权和检察机关抗诉权。

其一，在认罪认罚案件中，犯罪嫌疑人、被告人有权反悔和撤回认罪认罚的承诺。上诉权是被告人的基本诉讼权利，也是认罪认罚从宽制度可持续发展和良好运行的保证。一般而言，在认罪认罚从宽制度下，犯罪嫌疑人、被告人自愿认罪认罚并签署具结书，实质上是在个人与检察机关之间达成的合意。根据契约精神，控辩双方均应当受协议内容的约束，有义务配合推动协议的履行。但这种约束对控辩双方来讲，其效力并不一样，对代表公权一方的检察机关的约束远大于对被告人个体的约束。检察机关原则上不得撤销协议的内容，除非被告人首先不履行其具结承诺的内容，或者据以签署具结的犯罪事实、情节等发生重大变化；而被告人在法院判决前均可反悔。被告人在法院审理程序终结前可以随时撤销具结书，而检察机关只有在证明被告人违反协商协议时，方可提出撤销协议的申请。法院判决后，被告人发现自己系基于错误认识而认罪认罚的，可以依法提出上诉，或者向人民法院和人民检察院申诉。

其二，针对反悔上诉提出抗诉的理由和目的。首先需要明确的是，并非对所有被告人反悔上诉情形，检察机关都会提出抗诉。从实践情况看，2019年适用认罪认罚从宽制度的案件，被告人上诉率为3.5%，其中绝大多数系仅以量刑过重而提出上诉，而抗诉率仅为0.3%。可以看出，检察机关抗诉的数量远远少于上诉的数量，抗诉权的行使是克制的、审慎的。在现阶段，检察机关提出抗诉针对的重点情形是检察机关提出量刑建议，法院采纳后被告人无正当理由或者仅以量刑过重为由上诉。因为对被告人从宽处理的重要原因之一就是被告人认罪认罚给节约司法资源和提高司法效率都带来好处。其无正当理由上诉这一行为违背了具结，使得被告人的具结是一种"虚假认罚"，带来了"不当得利"，而且引起了本不必要的二审程序，浪费了司法资源，应恢复到不认罪认罚至少是不认罚的追诉状态。从本质上讲，被告人无正当理由的上诉既与立法创制认罪认罚从宽制度的初衷相悖，更不是司法机关积极实施这一制度所期待的诉讼效应。检察机关提出抗诉绝非仅仅为了加重少数上诉人的刑罚，而是通过抗诉的方式引导被告人形成尊重认罪认罚具结和承诺的自觉，从而减少无谓的上诉和不必要的二审程序，助推认罪认罚从宽制度的良性运行。当然，对检察机关提出幅度刑量刑建议，法院在幅度中限或者上限量刑后，对被告人上诉的则不宜抗诉。

二是对量刑建议无明显不当而法院不采纳，检察机关提出抗诉如何认识。

关于检察机关认为法院未采纳量刑建议错误而提出抗诉的问题，可以从以下两个方面看：第一，认罪认罚案件，法院对定罪量刑的最终决定权与检察机关抗诉权并不冲突。法院对是否采纳检察机关量刑建议拥有最终的决定权，这是依法行使裁判权。而对检察机关而言，法律赋予检察机关抗诉权，目的就是对确有错误的判决裁定予以监督、给予救济。若检察机关认为法院未采纳量刑建议作出的判决确有错误时，依法提出抗诉，也是在依法履职。比如，前不久热炒的余某某交通肇事一案，检法两机关对于量刑上的判断存在缓刑与实刑之别，检察机关提出抗诉不但无可非议，而且是其职责使然。因此，无论是法院对量刑的最终裁判，还是检察机关针对判决的抗诉，均是在法律的框架内进行的，恰恰体现了分工负责、互相配合、互相制约的原则精神。第二，所谓检察机关是否存在意气用事而提出抗诉，实际上与法官是否存在意气用事而不采纳检察机关确定刑量刑建议是同一类型问题。这两种情况均是对检法两家共同推进这项制度付出努力的忽视。无论是检察机关抗诉，还是法院不采纳量刑建议，均是在法律的框架内从有利于这项制度的正确推进角度出发，依法履行职权。司法实践中，公检法在对一些问题的把握上确实可能存在不一致的现象，但这些差异和不一致随着时间的推进都会得到妥善的解决和统一。比如量刑问题，检法两家出现分歧很正常，同一合议庭成员之间对量刑问题意见也未必都一致。实际上，随着制度的深化适用，关于量刑方面的分歧逐步得到解决，许多地方检法机关联合推出了量刑细则，"两高"也正致力于常见罪名量刑指导意见的完善。从实践情况看，2019年适用认罪认罚从宽制度的案件，法院采纳量刑建议率为85%，被告人上诉率为3.5%，而抗诉率仅为0.3%。从这三个数据也可以看出，无论是对被告人的上诉还是法院对量刑的最终决定权，检察机关均予以尊重。

四、关于刑事抗诉与上诉不加刑问题

对于被告人认为原判处刑过重提出上诉,人民检察院同样认为原审裁判适用法律不当、量刑过重,支持被告人的上诉,提出抗重判之诉时,受不受上诉不加刑原则的约束?二审判决能否加重被告人的刑罚?

刑事诉讼法第237条规定:"第二审人民法院审理被告人或者他的法定代理人、辩护人、近亲属上诉的案件,不得加重被告人的刑罚。第二审人民法院发回原审人民法院重新审判的案件,除有新的犯罪事实,人民检察院补充起诉的以外,原审人民法院也不得加重被告人的刑罚。人民检察院提出抗诉或者自诉人提出上诉的,不受前款规定的限制。"可以看到,刑事诉讼法在这里将"人民检察院提出抗诉"与"自诉人提出上诉"并列,认为和自诉人认为原判过轻的上诉案件一样,检察机关抗轻判之诉的案件,可以不受"上诉不加刑"的限制,这是显而易见的立法本意,也是公认的诉讼原则,被统称为"上诉不加刑"原则。在检察机关对一审处刑过重提出的抗诉与被告人上诉请求判处轻刑一致时,二审法院显然应当受到上诉不加刑原则的制约,若加重判罚则严重违背了刑事诉讼法上诉不加刑原则。

(一)检察机关认为一审判决处刑过重提出抗诉而二审法院加重被告人的刑罚,将严重影响检察机关秉持客观公正的立场履行法律监督职责

检察机关基于法律监督的职能和客观公正的定位,既可以对量刑畸重的判决提出抗诉,也可以对量刑畸轻的判决提出抗诉。若对量刑畸重的判决提出抗诉二审法院可以加重刑罚,势必会对检察机关维护客观公正的立场产生阻却效应,导致检察机关明明发现一审判决量刑过重,但因担心可能加重被告人的刑罚而瞻前顾后,难免影响其依法履职、依法监督。若这种情况下允许法官加重判罚,势必将检察机关限定在单纯追诉机关的立场和单纯追求重判的角色,不仅与宪法规定的我国检察机关法律监督的定位和检察官法规定的秉持客观公正的立场不符,也将直接损害司法公正。

认为刑事诉讼法没有对抗轻判之诉还是抗重判之诉作出区分,进而否定抗重判之诉不加刑的观点,机械地理解了我国刑事诉讼法的规定。以往司法实践中检察机关多以抗轻判之诉为主,少有抗重判之诉的案件。随着我国法治建设的不断发展进步,中国特色社会主义法治建设进入新时代,检察机关更加注重法律监督职能的全面、充分发挥,不仅对判轻的案件要依法抗诉,而且对判重的案件也必须依法提起抗诉,这也完全符合我国刑事诉讼法相关规定的法治原则。全国人大法工委刑法室在刑事诉讼法释义中对上诉不加刑条款的立法本意予以释明:人民检察院认为第一审判决确有错误,处刑过重而提出抗诉的,第二审人民法院经过审理也不应当加重被告人的刑罚。若抗重判之诉也可径行加重刑罚,必然会使检察机关裹足不前,不仅会使法律监督职能履行缺位,无法切实维护当事人的合法权益和司法公正,更难以让人民群众在每一个司法案件中感受到公平正义。

（二）检察机关认为一审判决处刑过重提出抗诉而二审法院加重被告人的刑罚，剥夺了被告人对二审重判的申辩、上诉权利

当抗诉与上诉利益反向时，二审中被告人及其辩护人可以有针对性地进行辩护，充分维护其合法权利；而当抗诉与上诉利益同向时，被告人没有对二审有可能还要加重的刑罚享有知悉和辩护的机会。当检察机关以一审判重、为依法维护被告人合法权利而抗诉时，与上诉人的要求一致，此时若二审直接加重刑罚，无异于当事人上诉后直接加重刑罚。特别是在一些案件中，被告人由于对法律规定不了解，或出于自己的考虑，对一审判决不提出上诉，而检察机关秉持客观公正立场对认为不当的重判单独抗诉的情况下，将会出现被告人在已经接受一审判决后，反而莫名被二审法院径行加重刑罚且立即生效的情况，丧失了正常程序中的救济途径。检察机关原本为维护被告人合法权利的履职行为，反而成为法院进一步加重被告人刑罚的依据。这必然违背刑事诉讼基本原理，也显然不是我国刑事诉讼法规定的"抗诉加重刑罚不受限制"的立法本意。这既不合法，也不合情理。

法律规范的抽象和概括性决定了法律规范有不尽清晰明确之处，因而需要解释是正常现象。如何解释并正确适用法律往往体现了司法的价值引领和导向。司法人员应从立法精神和立法目的出发解释法律，从法治进步的价值取向上解读法律。坚守司法良知、运用司法智慧，立足我国法治建设的发展，形成符合社会发展规律，积极和进步的法治引领、导向。

五、检察机关介入侦查相关问题

2015年，"探索建立重大、疑难案件侦查机关听取检察机关意见和建议的制度"写入"贯彻十八届四中全会决定深化司法体制改革实施方案"，中央层面再次确认了建立、完善这项制度。近年来，检察机关介入侦查的案件数、介入比例逐年上升。自2018年至2020年6月，全国检察机关提前介入引导公安机关侦查共87721件次，每年案件数同比上升30%以上，介入比例也从2018年的1.2%上升到2020年的3.7%。检察机关介入侦查引导取证，从20世纪80年代到今天，经过40年的实践运行，在一线办案中发挥了积极作用，为及时、有力打击各种刑事犯罪活动、履行法律监督职责提供了机制保障。

一是在重大、疑难案件办理中发挥积极作用。在涉国家安全和政治安全犯罪、涉众型经济犯罪、涉黑涉恶犯罪、网络诈骗犯罪等重大疑难复杂案件，以及重大暴力犯罪案件和其他有重大影响的案件办理中，提前介入的比例明显高于普通刑事案件。在扫黑除恶专项斗争中，全国检察机关办理的涉黑涉恶案件提前介入比例高达28%。郭声琨书记在全国扫黑除恶专项斗争推进会上专门对福建、江西等地通过涉黑涉恶案件做实提前介入，提高办案质量和效率予以充分肯定。今年，最高人民检察院已明确要求各级检察机关对涉黑案件"一律提前介入"。此外，在今年上半年的涉疫情防控犯罪案件办理中，检察机关提前介入比例更是超过90%，有效发挥了特殊时期统一执法司法标准、及时准确打击犯罪、确保案件办理质效的作用。二是满足侦查办案需要，体现检察机关对侦查工作的支持配合。从近三年的数据看，由公安机关邀请提前介入案件的比例保持在70%以上。许多重大案件是侦查部门启动介入引导机制的。今年1月，公安部与最高人民检察院会签下发了《关于建立完善刑事案件应急处置协调机制的通知》，对介入侦查引导取证制度再次提出了明确要求。三是避免不必要的退延，有效提升侦查取证质量。通过介入侦查引导取证，提升侦查取证质量，推动了审查起诉环节"二退三延"比例的降低。比如，今年以来黑龙江检察机关介入侦查引导取证的案件，延期率、一退率、二退率相较于平均比例分别低 22.18、13.59、4.27 个百分点，重罪案件介入后的延期率、一退率、二退率更是分别低了 40.84、24.69、10.94 个百分点。

在取得明显成效的同时，这项机制在实践运行、制度设计上还存在一些亟待健全完善的问题。比如，顶层设计缺位。对于介入的案件范围、程序、形式等，缺少统一规范，未能在法律层面实现制度化、规范化，也导致了各地推进这项工作时存在不平衡的问题。再如，监督职能不足。一些地方把检察机关介入侦查引导取证定位为公诉权向侦查阶段的延伸，忽略了侦查监督职能，检察机关规范、纠正侦查取证行为的职能发挥不充分，"办案中监督、监督中办案"的理念落实不到位等。

2019 年 5 月，中共中央《关于加强新时代公安工作的意见》再次将"建立重大、疑难案件听取检察机关意见建议制度"作为一项改革任务予以明确。这一方面是对长期司法实践中行之有效地介入侦查做法的再次肯定和推广；另一方面说明司法实践的迫切需要一直未能在制度设计上得到满足。我们将在总结实践的基础上，加强与公安机关的沟通协调，共同推进制度完善。

六、关于 2020 年情况的补充说明

从 2020 年 1 月至 9 月的数据看，逮捕、起诉数量均呈现下降趋势。全国检察机关共受理逮捕 452902 件 697862 人，同比分别下降 37.1%、35.8%，呈现大幅下降；不捕率有所增加，不捕率为 22.2%，同比增加 0.1 个百分点。与此同时，起诉人数也呈现下降趋势，检察机关审查后共决定起诉 765842 件 1106202 人，同比分别下降 17.3 和 15.1 个百分点；不起诉 173068 人，同比上升 40.1%，不起诉率为 13.5%，同比增加 4.9 个百分点，不起诉率大幅上升，持续走高。其中，情节轻微不起诉占比明显增加，占不起诉总人数的 81.7%，同比增加 4.9 个百分点。捕诉一体化改革后，有同志担心的起诉数量会增多的情况不仅没有出现，不起诉数量反而空前增多。这与检察机关积极适用认罪认罚从宽制度，更加敢于适用不起诉决定有关，公开审查力度加大，依法重质，已经显效！

刑事诉讼制度与理论的新发展

——中国刑事诉讼法学研究会 2020 年年会综述

张 璐 罗海敏[*]

2020 年 10 月 17 日至 18 日,中国刑事诉讼法学研究会 2020 年年会在山西省太原市召开。来自法学理论界、实务界及新闻媒体的 300 余名代表以"刑事诉讼制度与理论的新发展"为主题,围绕"习近平总书记关于司法体制改革的重要论述""刑事诉讼认罪认罚从宽制度的完善""信息时代的刑事证据制度""民营经济保护与刑事诉讼"等议题展开了深入探讨,现总结如下:

一、习近平总书记关于司法体制改革的重要论述

卞建林会长以"习近平司法改革的新理念新思想新战略"为题做大会主题报告。报告提出,在进一步深化和推进全面依法治国、建设法治中国的关键节点,有必要以科学态度对习近平总书记党的十八大以来关于司法改革的系列重要论述进行深入学习,进一步概括凝练习近平司法改革思想的基本内容,以期为全面推进依法治国,实现建设法治国家、法治政府、法治社会的目标提供司法指南和行动指引。报告将习近平司法改革思想具有的理论内涵和时代特征总结为以下四个方面:

首先,习近平司法改革思想的统领是创新性。表现在:其一,提出司法改革新理念,包括高度重视司法改革,准确评价现行司法制度与科学界定司法的价值和功能;其二,阐述司法改革新思想,明确我国现阶段的司法改革属于司法体制改革,并对司法的体制性改革进行了充分深刻的论述;其三,制定司法改革新战略,强调司法改革的社会主义方向,指明司法改革的总目标是建设公正高效权威的社会主义司法制度。

其次,习近平司法改革思想的核心要义是以人民性为根本。可以从三个方面进行理解:(1)着力提升司法公信力,司法体制改革着力于完善司法管理体制和司法权力运行机制,规范司法行为,加强对司法活动的监督,努力实现让人民群众在每一个司法案件中都能感受到公平正义的美好愿景;(2)强调司法为民便民本质,将包括司法改革在内的全面深化改革作为实现公平正义、维护人民福祉的出发点和落脚点;(3)落实尊重和保障人权理念,具体体现在废止劳动教养制度、健全刑事错案预防纠正机制、完善法律援助制度、严格排除非法证据等方面。

再次,习近平司法改革思想的体系构成以科学性为内涵。指导司法改革着重围绕以下方面展开:第一,打造实现司法公正的责任主体,将完善司法责任制作为司法改革的重要

---

[*] 张璐,中国政法大学诉讼法学研究院讲师;罗海敏,中国政法大学诉讼法学研究院副教授。

任务，真正使法官、检察官成为行使司法职权、履行司法职能的主体。第二，构建实现司法公正的配套机制，主要体现在推动省级以下地方法院、检察院人财物统一管理体制改革，建立领导干部干预司法活动、插手具体案件处理的记录、通报和责任追究制度，以及组建知识产权法院、设立巡回法庭等方面。第三，完善实现司法公正的诉讼制度，包括推进以审判为中心的诉讼制度改革，完善刑事诉讼认罪认罚从宽制度，深化民事诉讼程序繁简分流改革试点，全面加强行政诉讼法的实施等。第四，强化实现司法公正的民主监督，通过建立"阳光司法"工作机制与完善人民陪审员制度、人民监督员制度等举措，保障司法权的行使接受社会监督、舆论监督，推进社会主义司法民主的实现。第五，推进实现司法公正的廉洁建设，通过不断深入推进监察体制改革，不断强化法检机构内部监督，切实防范审判、检察环节滋生司法腐败，确保审判权、检察权依法正确行使。第六，加强实现司法公正的队伍建设，通过加强思想学习与纪律教育，健全纪律执行机制，提高干警本领，确保更好地履行政法工作各项任务。

最后，习近平司法改革的行动指引以实践性为导向。各项改革举措立足于中国实际，强化问题意识，不断向纵深发展，取得显著成效：第一，司法责任制改革全面落实，员额制改革、严格法官检察官遴选标准和程序、确立法官检察官办案主体地位、完善专业法官会议与检察官联席会议等一系列措施全面展开并不断推进。第二，以审判为中心的改革有序推进，相关指导意见及具体实施规程的制定与落实，对完善审判程序和解决庭审虚化、非法证据排除难等具体问题提供了有效支撑和指引。第三，司法人权保障理念逐步增强，刑事司法诸多原则不断得到重申，辩护制度获得重大发展，被害人诉讼权利及保障制度不断完善。第四，繁简分流程序改革渐次展开，认罪认罚从宽制度得到确认与完善，刑事诉讼形成普通程序、简易程序与速裁程序并存的格局，极大提升了司法效率。第五，民行诉讼制度改革持续发力，在立案登记制、公益诉讼、行政诉讼制度改革、行政诉讼证据规则完善、诉讼科技化等领域取得重要进展。第六，刑民执行体制改革不断完善，"审执分离"、合理界定审判权与执行权、科学设置执行机构等问题在改革中不断得到妥善解决。

在分组讨论中，有学者从司法体制改革是全面推进依法治国的重要保障，司法体制改革要坚持党的领导、强调顶层设计，司法体制改革要依法进行、于法有据，司法体制改革要稳步推进、试点先行，以及司法体制改革要分清主次矛盾、牵住司法责任制的"牛鼻子"五个方面对习近平司法体制改革思想进行了系统阐述。还有学者提出应主要从科学内涵、时代价值、改革成效三个方面对关于习近平总书记司法公开和民主监督的思想进行阐释：首先，要强调建立阳光司法机制，接受社会监督，深化司法体制改革；其次，要注意凸显人民主体地位，加强司法公开的力度，改革民主监督的方式；最后，要注重完善民主监督，完善人民陪审员制度、人民监督员制度，以及相关司法制度。

还有学者在会议论文中提出，党的十九大后提出的政法领域改革是在司法改革取得伟大成绩基础上的新目标，代表着我国法治领域改革迈入了新阶段。以习近平重要论述为指引深化政法领域改革，应明确四方面的目标与重点：其一，加强和完善党对政法工作的领导；其二，深化司法体制综合配套改革；其三，探索扫黑除恶长效机制；其四，开展全国政法队伍教育整顿。学者认为，未来的政法领域改革将以加快推进执法司法制约监督体系改革和建设为重心，不断向纵深推进。

二、刑事诉讼认罪认罚从宽制度的完善

随着 2018 年刑事诉讼法的修改与 2019 年"两高三部"《关于适用认罪认罚从宽制度的指导意见》(以下简称《指导意见》)的发布,认罪认罚从宽制度取得了新的发展,部分问题得到较大程度缓解,但仍有许多问题亟待解决,如何完善认罪认罚从宽制度也成为本次会议讨论的焦点问题之一。

(一) 认罪认罚从宽的理论与制度基础

有学者在报告中提出,认罪认罚从宽制度的意义体现在:一是从"宽"的一面对宽严相济、坦白从宽、抗拒从严的刑事政策的制度化、体系化,并从司法层面适应了轻刑化、刑罚和缓的当代刑罚发展趋势;二是塑造了一种新的刑事诉讼模式,即从对抗到合意式的诉讼模式,降低了刑事诉讼的对抗性,提高了刑事诉讼效率、节约了司法资源;三是通过一定程度的矛盾化解和轻刑化,提高了国家治理水平。

在分组讨论中,有学者指出,认罪认罚从宽制度是一项重要的司法制度创新,是被追诉人的一项重要权利保障制度,实现 80% 的适用率既有法律依据,也有现实可行性。也有学者对于该制度实施的理论准备表示了担忧,认为当前学界和实践部门在很多问题上尚未达成共识,如相对于传统普通程序,对与认罪认罚从宽制度相适应的证据制度、无罪推定原则的适用、证明标准是否需要作出相应调整等问题的研究尚不充分,因此,在推进认罪认罚从宽制度的改革的同时,应当关注该制度所带来的影响,需要展开对我国刑事诉讼模式变化的理论创新研究。

有学者指出《指导意见》在遵循刑事诉讼法基本精神的基础上,在一些方面实际超越了立法相关规定,是我国认罪认罚从宽制度的新发展:其一,进一步明确了该制度的要求、范围等内容,明确其及时有效惩治犯罪、加强人权司法保障、优化司法资源配置、提高诉讼效率、化解社会矛盾纠纷、促进社会和谐稳定的六方面积极意义;明确贯彻宽严相济刑事政策,坚持罪责相适应原则、证据裁判原则、公检法三机关配合制约原则;明确该制度的适用范围与"认罪""认罚""从宽"的含义等,将有助于促使该制度的统一实施。其二,通过提出"有效法律帮助"的要求,明确职权部门、值班律师、辩护人等的职责,规定证据开示制度,以及规定对被害人的权利保护等,强化了认罪认罚从宽制度中的权利保障。其三,细化各职能部门的职权,包括审查起诉阶段的量刑建议、法院对案件真实与公正的职责等规定,使认罪认罚从宽制度更具可操作性。

还有学者关注到认罪认罚从宽制度实施后对诉审关系带来的影响,认为认罪认罚从宽制度的展开必然带来法院和检察院关系的变化调整,主要集中在检察机关和法院的定位问题上。在控审分离原则下,以审判为中心的诉讼制度和认罪认罚从宽制度两项改革的推进过程存在混乱状况,需要继续完善认罪认罚从宽制度中的辩护制度,强化检察官的客观义务,进一步保障认罪程序的正当性,以保障被追诉人的合法权益。还有学者针对有关"认罪认罚从宽制度与以审判为中心的诉讼制度的一致性"的观点指出,将两种截然不同的审判方式进行混同过于牵强,不如明确二者的差异性,并在此基础上充分认识到认罪认罚案件适用的速裁程序、简易程序或普通程序"简易审"在查清事实和证据等方面手段与作用

的有限性，以及法院履行其审判职责的特殊性，重视程序转换问题，即在审理认罪认罚案件过程中，发现有被告人的行为不构成犯罪或不应追究刑事责任的以及被告人违背意愿认罪认罚或否认指控的犯罪事实情形的，应立即转为普通程序，按照庭审实质化的要求进行法庭审判。

另外有会议论文对"认罚"的相关问题进行了辨析，认为对"认罚"之"罚"应作广义的处罚理解，包括刑罚、非刑罚以及非处罚的处理方法；"认罚"之"认"是单方面、无条件的，尽管在此过程中可能存在被追诉人与专门机关的互动，但并不属于协商机制。有鉴于此，不应将量刑建议中的听取意见机制视为协商，检察机关在听取意见后对量刑建议的调整是根据事实与法律进行的矫偏，与辩诉交易存在本质差异。此外，"认罚"内涵中还包括"悔罪"，而"退赔退赃""赔偿损失"则是悔罪的支撑性表现，"拒不赔偿""拒不道歉"等则是否定性表现，公安司法人员须从这两个角度进行综合权衡，判断被追诉人是否真诚悔罪、成立"认罚"。在认罚是否包含同意适用简化程序问题上，学者认为二者分属对实体的态度和程序选择权两个范畴，应当分开评价，即被追诉人不同意适用速裁程序或简易程序，不影响认罚的成立。关于认罚后的反悔问题，则应明确反悔是被追诉人的基本权利，具结书不是协议书，其效力与双务合同的拘束力不同，应区分不同情况建立应对机制。

（二）辩护相关问题

认罪认罚从宽案件中的被追诉人辩护权保障问题也是本次年会的讨论热点。有实务界代表认为在认罪认罚案件中实现庭审实质化所要求的辩护实质化，就需要辩护律师的有效参与，也要求法院在裁判中应当对辩护观点予以充分回应。有学者提出，我国刑事诉讼中存在控辩关系失衡的问题，辩护律师在认罪认罚案件中不可能展开有效辩护而主要承担一种"见证"功能，导致认罪认罚无法产生真正的合意。而要真正实现控辩合意，应以律师参与为前提、以有效辩护为保障。一些学者还指出，由于有关控辩协商程序机制缺位且协商范围模糊，加之值班律师角色定位的局限性导致其难以为被追诉人在认罪认罚方面提供更为有效的帮助等问题，刑事诉讼法有关"听取辩护意见"的制度处于虚置状态，辩护律师的意见很难受到重视。对此，首先需要树立控辩平等理念，提高认罪案件中辩护人的地位。在制度层面，应实现：（1）确认认罪认罚控辩协商机制，明确检察机关应当听取辩护意见，未采纳辩护意见的，应当说明理由；由检察机关主导与辩护律师或值班律师进行协商，作出起诉意见和量刑建议。（2）明确控辩协商的范围，根据"有限协商原则"，在现行规定的量刑协商和程序选择基础上，适当扩展到刑法第36条和第37条的内容和程序意义上的诉讼权利。（3）完善值班律师角色定位及权利保障，确认值班律师的辩护人身份，保障其法定的调查取证权，明确值班律师意见等同于辩护律师意见，并完善值班律师待遇机制，保障值班律师有效参与案件并实现其应有价值。（4）推进控辩协商的实质化，强调检察机关在审查起诉环节应充分重视和尊重被追诉人、辩护人的辩护意见或值班律师意见，量刑建议必须在充分听取辩方意见的基础上，经沟通、交流、协商后最终形成。

在具体的辩护方式方面，有会议论文提出，在认罪认罚从宽制度下，辩护模式由对抗式转变为协商式。在协商式辩护模式中，律师辩护应在评判被追诉人认罪认罚自愿性与协商性的基础上，集中于量刑与强制措施两个方面，而辩护重心也由审判阶段前移至审查起诉阶段，并且需要注意进行全方位辩护，要全力争取裁量不起诉处分、重视轻罪辩护，以及以适度的程序辩护推动实体辩护。也有学者指出，当前律师参与保障认罪认罚的自愿性出现了一些问题，如由于缺乏控辩平等协商的制度基础，理想的"平等协商"设置在实践中演变为检察机关单方面的"职权式协商"；侦查阶段律师介入不足，律师在侦查机关讯问犯罪嫌疑人时不享有在场权；值班律师法律帮助形式化，实际充当了公安司法机关"权力配合者的角色"等。对此，建议从以下方面进行完善：（1）构建"检律合作"的控辩平等协商机制，保障律师能够实质参与到认罪认罚的程序之中，提升被追诉人的协商能力；（2）赋予律师讯问在场权，更好地发挥保障认罪认罚自愿性的作用，并且可以考虑尝试值班远程视频在场形式，有效解决其在时间与空间上的冲突问题，也可提高办案效率；（3）明确值班律师的辩护人地位，保障其不致沦为诉讼权力机关的附庸，调动其工作积极性。

有关被追诉人及其辩护律师在认罪认罚案件中能否进行无罪辩护的问题存在较大争议。有学者指出，由于辩护律师在认罪认罚从宽制度的实际运行中仅起到了见证人的作用，实际无法展开实质辩护和有效辩护，且司法机关比较排斥辩护律师在认罪认罚案件中提出无罪辩护。也有学者认为，辩护律师在认罪认罚案件中可以展开无罪辩护，即在实践中，只要被追诉人对实施的行为做如实供述，自愿签署认罪认罚具结书，就应从宽处理，有关该行为在法律上如何评价则需要经过审判环节作出专业判断，属于审判机关和辩护律师职责范围；与法院拥有独立裁判权一样，律师在刑事诉讼中具有独立的法律地位，可以对法律适用提出独立的辩护意见，不受认罪认罚具结书的影响；而根据刑法中"被告人对行为性质的辩解不影响自首的认定"的逻辑，律师的"无罪辩护"是对行为性质的专业判断和表达，不应成为影响对被告人从宽处理的理由。

（三）量刑建议问题

量刑建议是认罪认罚从宽制度实践中的核心问题，本次会议就精准刑量刑建议及其效力等问题进行了热烈讨论。

有学者对认罪认罚从宽中量刑建议的特殊功能进行了总结：其功能目标是激励犯罪嫌疑人认罪认罚，提高诉讼效率；其主要功能是赋予被追诉人更大的量刑参与权，保障认罪认罚的正当性；其次要功能是以量刑协商规范量刑，保障量刑的公正合理性与辩方的接受性，消除庭审中对量刑的诉辩对抗；其附带功能是使量刑实施权从法院转移到检察院，凸显检察院在诉讼中的主导地位。还有学者指出，认罪认罚从宽制度之下的量刑建议在逻辑上产生了诸多转换，包括：（1）由控方单方意志变为控辩双方合意；（2）由幅度刑量刑建议变为精准刑量刑建议；（3）由裁判参考变为制约裁判。虽然立法要求认罪认罚案件的量刑建议须经被追诉人同意，但这种控辩合意只是制度设计拟制化的状态条件，在具体程序机制构建上存在弱协商性问题，而在实践中更进一步异化为不与协商、不能协商与虚化协商，这不仅有违立法要求，更会危及认罪认罚从宽制度的功能实现。因此，必须从以下方面构建程序化的协商机制：（1）规范量刑协商启动程序，除检察机关依职权提出量刑建议协商外，还应赋予辩方对量刑协商的程序启动权；（2）规范量刑协议协商主体，明确辩护人或值班律师的主体地位和主体顺位；（3）规范量刑建议的协商过程，明确权利告知、具体协商程序等内容；（4）明确检察机关为说服辩方认罪认罚可以采取一定的压力手段，但应通过辩护人或值班律师参与协商以及增强量刑建议的透明度来规范检方对辩方的压力策略。还有学者提出，现行量刑协商不充分的原因主要是检察官在量刑问题上掌握着绝对主导权而得不到来自嫌疑人、律师的有效制约，对此需要对相关决定性因素加以注意，如检察官对案件事实和情节及对应的量刑指南的准确把握，被告人的知情权和选择权的保障，律师全面有效的法律帮助，以及检法量刑沟通机制的完善等。

另外，还有学者指出，现行量刑建议的形成机制存在不少问题，如控辩双方达成合意的量刑建议容易存在偏误，检察机关量刑建议与审判机关量刑的一致性如何保障等，对此需要有针对性地加以完善：首先，应细化量刑规范，尽量将量刑的自由裁量权限缩至较小的范围内，以统一检察院、法院对量刑事项的认识；其次，应积极应用人工智能、大数据等辅助量刑的信息手段，辅助检察人员调整量刑建议；再次，应尊重被害人在认罪认罚量刑建议中的参与权；最后，应强化犯罪嫌疑人在审前阶段获得辩护的权利。

针对《指导意见》第33条规定的"以确定刑为原则，以幅度刑为例外"的量刑建议模式，有学者总结了其在实践中遭遇困难和阻力的原因：其一，确定刑量刑建议侵蚀了审判权，压缩了法官的裁判权而被法官抵制；其二，认罪认罚从宽制度中律师辩护职能被贬低，实践中委托律师辩护的案件数量下降，导致律师界产生危机感，遭到律师反对；其三，因短期内检察官难以适应且刑事诉讼的动态性决定了量刑建议难以精准化，检察官提出精准刑量刑建议的积极性也普遍不高；其四，实践中存在的检察官在审前与法官就量刑问题进行沟通的情况，强化了法检配合，使得刑事诉讼法规定的"分工负责、相互制约"的关系形同虚设，也使得法官中立地位丧失，扭曲了正常的刑事诉讼结构，而法检沟通协调会给被追诉人造成压迫，其认罪认罚的自愿性将难以保障。

但有学者认为精准刑量刑建议是在充分尊重辩护权的基础上提出的，体现出辩护权对公诉权的制约，也是行使公诉权的内在要求，并不构成对审判权的侵犯；或者认为确定刑量刑建议是犯罪嫌疑人自愿认罪认罚的重要前提，是降低被告人上诉率的必要条件，是简化审判程序、提高审判效率的坚实基础。还有学者提出，对确定刑量刑建议实质上是控辩审三方关系的问题，刑事诉讼中控辩审三方围绕被指控的犯罪是否成立、应否判处刑罚以及应当判处何种刑罚，分别发挥指控、辩护与裁判职能，三者相互制约、相互影响，共同促进刑事诉讼的顺利进行，实现查明真相与适用法律的刑事诉讼目的，因此，在认罪认罚案件中提出精准刑量刑建议合乎刑事诉讼控辩审关系的基本规律，是刑事诉讼科学性、合理性与正当性的体现。另有学者总结，《指导意见》要求检察机关提出精准刑量刑建议主要基于以下考量：（1）可以给被追诉人明确的心理预期，有助于其在认罪的基础上"认罚"并减少上诉现象；（2）可以省却法官的工作负担，减少在量刑事宜上的工作量，真正实现"简案快办"的"繁简分流"的诉讼目标；（3）可以提升检察官的量刑技术，克服长期存在的检察官"重定罪、轻量刑"的问题；（4）能够体现检察官的主导地位，是其发挥主导作用的最重要方式。

但不少学者认为，在认罪认罚案件中，检察官不宜提出确定刑量刑建议，而应以幅度刑量刑建议为原则，确定刑量刑建议为例外，这样更为符合法官和检察官的职能定位，减少法官对求刑权侵犯审判权的担忧，给辩护律师预留一定的辩护空间，使被追诉人获得公正审判的机会。还有学者提出以"幅度刑量刑为主，确定刑量刑为辅"的主要理由在于：（1）检察官尚不具备提出确定刑的能力；（2）检察机关提出以幅度刑为主的量刑建议，法官在其间量刑，可有助于形成量刑上的分权机制，正确量刑；(3) 有助于检察机关吸收法官的量刑经验等。也有学者认为，对不同类型的认罪认罚案件，检察机关提出量刑建议的形式应有所不同：对简单、轻微案件，可能的宣告刑在 3 年有期徒刑以下的，出于公正与效率的价值权衡，检察机关适宜提出确定刑量刑建议，但除建议判处死刑、无期徒刑外，其他案件则需以幅度刑量刑为原则。同时，有学者也认为随着量刑指导意见及智能辅助系统的运用，绝大部分案件量刑幅度都可以被限制在一个较小的区间，而在精细化的量刑指南出台后，量刑幅度范围将进一步限缩，甚至可以逐步走向确定刑量刑建议，这对明确犯罪嫌疑人、被告人的刑罚预期，促进认罪认罚从宽制度适用的稳定性将起到重要作用。还有学者则建议重新定义认罪认罚案件量刑建议精准化，将其限于从宽意义上的量刑减让，而非绝对意义上的确定刑，即由检察机关根据案件性质、罪行严重程度和危害后果，犯罪嫌疑人、被告人认罪认罚的诉讼阶段及对查明案件事实的价值和意义，综合考量提出精准化的量刑减让建议，而最终的确定刑则由法院在采纳量刑协议达成的基准刑减让的具体方案基础上裁判作出。

在对刑事诉讼法第 201 条的认识问题上，有学者认为，法院一般应当采纳检察机关量刑建议的规定是立法上的重大失误，这样规定是将法官作为刑事追诉的一环，违背了法官公平公正的法律角色职能。有学者认为，量刑建议在本质上是请求法院作出量刑裁判的权力，赋予其约束法院裁判的效力，可能会剥夺法院审判权，使得整个刑事诉讼中心转移到起诉阶段。还有学者认为，对于量刑建议法律效力的分析应当立足于其法律性质——量刑建议在性质上仅是检察院就量刑问题所提出的建议，不应当具有约束法院裁判的效力。另外，有会议论文提出：首先，从世界范围看，量刑建议并非检方的当然权力，即使是允许检方提出量刑建议的国家，其也不可能具有司法制约力；其次，量刑建议效力的法定化将削弱法官对量刑的自由裁量；最后，量刑建议效力的法定化将造成量刑的去审理化。因此，量刑建议的效力不宜强行立法，但可以考虑采用非法定化的模式实现：(1) 将量刑规范的效力明确于司法规范性文件，使其具有一定的约束力；(2) 强化对量刑建议的司法说理，包括检方对所提量刑建议的说理与法院对不采纳量刑建议的说理；(3) 强化诉权对法院量刑裁判的约束，对法院应采纳而未采纳量刑建议的，辩方可提出上诉，检察机关可依法抗诉或依法提出检察建议。此外，对不适当的量刑建议，出于对控辩合意的尊重，法院对一定偏差范围内的量刑建议应保持必要克制。

但也有学者认为刑事诉讼法第 201 条的规定是保障检察机关与被告人一方进行协商的基础，但同时认为检察机关提出的量刑建议要尊重法官的独立审判权，不能严格限制，要留有一定的余地；法官也要给予检察官所提出的量刑建议足够的尊重，这是认罪认罚从宽制度的生命力所在。还有学者提出立法"一般应当采纳"的规定一方面昭示了国家法律对检察机关与被告方进行协商量刑的许可；另一方面明确尊重合意不等于"照单全收"，因此法院事实上保有对案件事实与证据是否适当的最终审查权。还有学者提出对此进行理解应坚持两个基本原则：其一，肯定法院在定罪量刑中的最终裁量权；其二，明确现代刑事诉讼中法官的自由裁量权并非任意裁量权，而要受到严格限制，包括不能突破法律规定的限度、不能将审判与控诉职能相混淆而作出比指控更重的裁决以及应尊重控辩双方意见将裁断建立在控辩双方对事实认识和法律适用意见的基础之上。

还有观点认为，检察机关提出确定刑量刑建议、审判机关一般应当接受量刑建议是出于司法效率的考量,且其本身并不违反协商性司法的内在理路,甚至系属发展协商性司法的应然要求。学界对刑事诉讼法第 201 条的批评源于协商性司法与刑事诉讼"第三范式"下诉讼权力结构以及相关诉讼原则的冲突。因此,探讨的量刑建议的若干问题关键不在于该微观制度本身,而产生于认罪认罚从宽制度整体乃至刑事诉讼之宏观制度内部。从总体上看,全面推进协商性司法建设、赋予检察机关定罪量刑的决定权限,调整既有刑事诉讼原则,为时过早,应贯彻渐进改革思路,通过借鉴域外相似制度,总结各地司法机关办案经验,逐渐完善量刑建议等制度内容与运行机制,稳妥推动认罪认罚从宽制度与刑事诉讼整体制度的共同进步。

在对立法条文的具体理解上,有学者提出,对刑事诉讼法第 201 条第 2 款"明显不当"的归类,唯一合理的方案是将其理解为本条第 1 款中五种除外情形之一的"其他可能影响公正审判的情形";而"其他可能影响公正审判的情形",除量刑建议明显不当,主要指"被告人的行为不构成犯罪或者不应当追究其刑事责任""被告人违背意愿认罪认罚""被告人否认指控的犯罪事实"及"起诉指控的罪名与审理认定的罪名不一致"之外的动摇认罪认罚事实基础的其他事项。另外,针对立法对"明显不当"的具体含义和情形未予以明示的问题,有学者建议可参考相关司法解释中的表述,解释为"适用的刑种、刑期与所犯罪行严重不相适应,或不符合刑法总则规定的量刑原则和刑法分则规定的法定刑"。此外,有学者认为刑事诉讼法第 201 条第 2 款规定的意图是要维护"明显不当"的量刑建议的效力,防止裁判者以不当为由拒绝采纳。但在量刑建议明显不当时仍对裁判形成拘束,不仅削弱了裁判系属效力,而且可能有损裁判权的中立地位,甚至可能有损实体正义。因此,应当修改为当量刑建议明显不当时,法院应直接作出裁判,而不必再经检方调整进行补救。

(四) 上诉相关问题

本次会议中,围绕余金平案,与会代表还就认罪认罚案件的上诉与二审问题展开热烈讨论。

有学者认为该案二审判决并没有与现代诉讼法理冲突,也不违反现行法中的上诉不加刑原则,当前的争议是我国刑事诉讼制度改革发展正在面临的守正与革新的冲突,该案二审判决是守正,是对法律的"忠实"遵守,符合传统诉讼法理,而被质疑的根源在于立法滞后于诉讼理念的革新,应着眼于未来避免再出现类似案件而启动修法,推动上诉不加刑原则的完善。也有观点认为,余金平案二审中出现了争议对立双方由检察院与被告人转变为检察院和一审法院的错位分歧的诉讼格局,且二审法院仅从形式意义上理解上诉不加刑原则的例外,在检察机关为原审被告人利益而提出抗诉的前提下仍加重刑罚,使得二审的救济功能荡然无存,也表明我国上诉不加刑原则在为被告人提供救济和实现刑罚精准性方面还缺少必要的统合。

有学者还认为,二审制度在上诉审查、裁判规则等方面没有针对认罪认罚从宽制度作出回应,导致控辩裁三方各行其是,难免出现滥用权力(利)、诉讼角色错位等现象,需要进行重塑:其一,应当针对认罪认罚案件实行有因上诉,进行上诉审查,通过合理增加被告人上诉成本,防止其滥用诉权对认罪认罚效力稳定性的破坏,在维护认罪认罚合意效力与保护被告人权利之间形成妥当平衡;其二,对认罪认罚案件二审进行有限审查与深度审查,一方面应明确二审法院在诉因和抗诉理由范围内进行审查;另一方面应主要对认罪认罚是否在法定幅度内适用法律以及适用法律的妥当性进行深度审查，此外还要确立认罪认罚案件二审不加刑原则，通过二审最大限度地维护一审中控辩双方认罪认罚合意的效力。

在上诉权问题上，有学者指出，我国的权利型上诉模式造成认罪认罚案件中被告人通过行使上诉权来拖延一审判决的生效、规避刑罚执行的现象，导致上诉救济功能的异化，应进行一定限制，如对适用速裁程序、部分简易程序审理的案件应合理限制被告人上诉，而对重罪案件及以普通程序审理的轻罪案件则不予限制。还有学者认为对认罪认罚案件是否应当限制被告人上诉权问题的讨论，实质是如何维持公正与效率的平衡问题。为推动认罪认罚从宽制度改革，首先应当对被告人的上诉权进行一定限制，主要构想为限制适用速裁程序审理的案件被告人上诉，而保留适用简易程序与普通程序审理的案件被告人的上诉权，并通过构建二审法院上诉审查制度，将二审程序更集中地用于发现和纠正一审中出现的错误上。另外可以通过其他手段，避免被告人及其律师提出的"技术性上诉"，如将被告人故意"技术性上诉"记录在案，纳入影响其减刑、假释的综合考核之中等。但反对观点认为，在认罪认罚从宽制度下仍应全面保留被追诉人的上诉权。一方面，上诉权是被追诉人享有的法定救济性权利，不应因其认罪认罚而受到限制，而赋予被追诉人上诉权是防止冤假错案、实现司法公正的有效途径，具有实践价值，且对被追诉人的上诉权进行限制有违实质正义；另一方面，目前认罪认罚上诉率尚处于较低水平，限制或剥夺上诉权对进一步降低诉讼成本的意义不大。另外，对以上诉理由对被追诉人的上诉权加以限制或以案件适用的程序区分被追诉人是否享有上诉权等建议，学者认为相关限制不仅违反现行法律规定，且能否实现理想效果也是存疑的。而多数学者认同可以通过其他方式规制被追诉人滥用上诉权的情况：（1）前期预防，即通过完善值班律师制度、落实控辩协商程序、发挥一审判决前撤回认罪认罚的过滤功能、衔接看守所与监狱的监管待遇、实行留所服刑申请制等措施，保障被追诉人的权利、给予其充分有效的帮助及充分表达的机会使争议尽量在一审结束前得到解决，打消被追诉人进行"技术性上诉"等无正当理由上诉的念头，减少上诉的发生；（2）后期制约，如构建上诉审查机制，审核上诉理由并对上诉理由明显不当的予以直接驳回、限缩审查范围、简化二审程序、使恶意上诉者承担不利后果等。

还有学者提出，即使保留认罪认罚案件的二审程序，也应在程序设计中体现对控辩合意和诉讼效率的追求。（1）学者认为二审全面审查原则的既有问题在认罪认罚从宽制度实施后被进一步放大并产生了新问题，如基于新制度的协商性和效率导向特征，二审全面审查的必要性值得商榷；（2）因二审法院需要进行全面审查而无法对上诉作出及时迅速处理，实际上催生了"技术性上诉"现象；（3）全面审查原则在规范与实践层面已出现松动迹象；（4）全面审查存在侵犯被告人程序利益的可能性，即因二审裁判范围不受限制，可能过度介入甚至以二审终审裁判强行改变控辩双方在一审程序中形成的协商结果，严重削弱认罪认罚从宽制度适用中认罪认罚与从宽结果之间的关联性和可预期性，进而影响被告人经认罪认罚可能获得的程序利益。有学者提出，认罪认罚案件二审程序应以有限审查为原则：被告人或检察机关提出上诉或抗诉，必须有具体的上诉或抗诉理由；二审法院上诉审查围绕上诉抗诉理由展开，为兼顾公平正义，对部分事项可依职权进行补充审查；对共同犯罪或一人犯数罪案件，如只有部分被告人提出上诉或只对个别行为上诉，或检察机关只对部分被告人或个别行为提出抗诉的，二审法院审查范围应限于此部分内容。在有限审查原则指导下，再行构建事后审查制与复审制并行的二审程序，并对应直接审理与间接审理相结合的二元审理方式,由此,一方面可增强二审审理的针对性,保障控辩协商效力,符合诉讼经济原则;另一方面有助于推动认罪认罚案件上诉审构造的多元建构,在二审层面解决认罪认罚从宽制度与职权主义诉讼模式之间的矛盾。

(五) 特殊案件的认罪认罚问题

对认罪认罚从宽制度在监察案件中的适用,有学者认为,与普通刑事案件相比,对职务犯罪适用认罪认罚从宽制度存在不同的理论立场,监察机关的理论逻辑更重视政治正当性、惩前毖后治病救人、人权思想和实体从宽四个方面,因此比检察机关更加严格、慎重,需要集体研究决定。也有学者指出,监察法与刑事诉讼法的规定存在明显差别,如被调查人认罪认罚不要求自愿性;被调查人除认罪认罚外还需具备额外的特殊情形;监察机关对认罪认罚的被调查人有提出"从宽处罚的建议"的权力,而公安机关对该制度的运用权力则非常有限;监察调查阶段被调查人不享有获得律师协助的权利等。有学者在调研中也发现,监察调查程序中认罪认罚从宽制度实施状况存在以下特征:(1) 留置措施对促使被调查人认罪认罚具有重要作用;(2) 监察调查中适用认罪认罚从宽制度时,监察机关与被调查人之间存在广泛的协商"交易",除承诺刑罚上的从宽、向检察机关提出从宽处罚的建议外,还包括罪数的"交易"和追究对象的"交易";(3) 在贿赂案件中,认罪认罚的行贿人常被作为污点证人来指控和证实受贿人的犯罪事实;(4) 检察机关提前介入监察调查阶段和监检法三机关协调办案的现象非常普遍。对此,有学者指出,监察机关根据监察法对认罪认罚从宽制度的适用,最终要经过刑事诉讼法的检验,因此实现二者间的协调,尤其是在证据运用上需要注意:第一,要注意充分收集口供以外的证据,尤其是客观证据;第二,要注意保障证据收集的合法性;第三,要在确保监察机关独立行使职权的同时,尊重人民检察院和人民法院独立行使检察权和审判权。

也有学者对监察程序与刑事诉讼程序在适用认罪认罚从宽制度的衔接问题上进行了研究。首先,二者在适用前提上的差异性,即两法对"认罪认罚"的内涵规定存在区别,监察法中提出的"认罪"是否包括对行为犯罪属性的认可,"认罚"是否包括案件移送审查起诉后的刑事诉讼处置及相应的民事救济措施尚不明确。其次,在其他适用条件上,监察法规定除认罪认罚外,还应具备包括自首、坦白、退赃、立功等一项或多项情节,明显严于刑事诉讼法的规定。另外在实践中,监察机关的认罪认罚从宽建议无论是越过审查起诉阶段直接进入审判审查,还是由被告人在审查起诉阶段再次认罪以进行"转化",均存在一定问题,且两种程序在权利保障机制上的差异更进一步加深了衔接上的断裂性。因此,需要从多方面重新整合监察程序与刑事诉讼程序认罪认罚从宽制度:(1) 明确监察法中的"认罪认罚"内涵;(2) 构建检察机关对监察程序中的认罪认罚相关材料的证据审查机制;(3) 加强监察程序被调查人权利保障机制,明确监察机关应进行权利告知;(4) 规范监察程序与刑事诉讼程序认罪认罚从宽制度的衔接机制,发挥检察机关的法律监督功能,对此类案件进行必要的形式审查,确认认罪认罚的自愿性与事实基础,之后按照普通认罪认罚案件的要求提出指控的罪名和相应的量刑建议。

还有学者指出,当前有关认罪认罚从宽制度的规定忽视了犯罪主体的差异性,如与未成年人犯罪相关的内容即非常少见。认罪认罚从宽制度不仅是一项改革措施,也代表了刑事诉讼的未来发展方向,需要进行完整、系统、科学的制度构建。基于未成年犯罪人的特殊性,有必要对未成年人适用认罪认罚从宽制度进行探讨,以促进认罪认罚从宽制度的规范化运行。有学者认为,由于未成年人在犯罪原因、天然心理、认知能力及赔付能力方面都存在特殊性,在适用认罪认罚从宽制度时应特殊对待,包括:(1)将法律援助律师辩护作为最低辩护标准,以更为妥当地保护未成年人的合法权益;(2)设置特殊陪护制度,由未成年人自主选择在场陪同人员,确保诉讼监护人在场权的全程性、贯穿认罪认罚程序的始终,并建立侵犯在场权的程序性制裁机制;(3)在程序选择方面,结合未成年人的实际诉讼行为能力,对程序适用进一步细化,以自主辨认能力为标准,对16-18周岁的犯罪人可适用简易程序;对14-16周岁的犯罪人可适用普通程序简化审。此外,在审理模式方面,既要承继既有的未成年人特殊审理制度,又要创新符合认罪认罚从宽制度情境下的审理方式。

三、信息时代的刑事证据制度

本次会议中,参会代表在证据制度方面主要围绕电子数据的取证、审查与使用,大数据等信息技术的运用以及司法鉴定制度的完善等内容展开讨论。

(一) 电子数据问题

随着科技的发展,信息网络开始改变人类的日常生活方式,相应地,绝大多数犯罪行为也呈现出互联网化的特征,诉讼证明方式也正在发生深刻变革,电子数据成为新时代的"证据之王"。有学者在论文中指出,现行电子数据取证规则坚持原始存储介质优先原则,过分重视原始存储介质的扣押、封存,已与电子数据证据的特点和发展趋势不相适应,且因涉及公民财产权保障问题,可能引发程序正当争议,建议调整为"以提起电子数据为原则,以扣押存储介质为补充,以打印、拍照、录像等方式固定为例外",明确取证的方向和重心,并完善相应的取证规范,健全补正与补充方式。

还有学者提出,2016年"两高一部"《关于办理刑事案件收集提取和审查判断电子数据若干问题的规定》明确初查过程中收集、提取的电子数据可以作为证据使用,但未阐明初查电子证据具有证据能力的具体情形以及审查认定规范,可能存在被误读和滥用的风险。对此,该学者主张根据取证行为进行区分,明确规定初查中采取任意性侦查措施收集的电子数据可在刑事诉讼中使用,而以强制性侦查措施收集的电子数据则不得在刑事诉讼中使用。在审查认定中,应注重根据初查电子数据的特征进行实质性的合法性审查,以"重大权益干预"为标准,重点审查取证行为属于任意性侦查还是强制性侦查,以有效遏制侦查机关在初查阶段的权力滥用现象,促进我国电子数据侦查行为体系的规范化、法治化。

在讨论中,有学者指出,现有电子数据取证规则存在电子数据取证程序缺乏与刑事诉讼法的必要衔接、网络在线提取程序与网络远程勘验程序混同、网络技术侦查措施的适用前提及审批程序不明等问题,导致实践中出现存在因侦查权滥用而侵害被追诉人和第三人合法权益的情况,需要进行规则重构,主要着力点在于:(1)以访问权为导向,加强电子数据取证行为与刑事诉讼法的衔接;(2)重新划分远程勘验与在线提取程序界限;(3)明确网络技术侦查措施的适用条件及审批程序。

在电子数据审查方面,与会代表多认为当前只有少量的诉讼规则和司法解释作为依据,尚未制定统一明确的标准，没有形成规范化体系，有必要充分借鉴域外先进经验，结合我国的发展现状与特点，制定具有针对性、可行性、可操作性的电子证据审查规则。有学者指出，近年来深度伪造技术泛化适用，各种深度伪造的视频、音频等虚假信息给司法事实认定的真实性带来巨大挑战，既有立法规范已不足以应对，需要探寻新的解决方案或路径，而其中的关键在于完善电子证据原件真实性审查机制。首先，在电子证据"原件"标准选择方面，应采纳系统记录完整性识别准则。其次，在电子证据"原件"真实性审查方面，应满足"双重印证"的要求，即电子证据与案件其他证据的外部印证与电子证据系统内部的自身协调、统一。最后，对电子证据存在系统环境的安全性、可靠性审查方面，应借鉴最高人民法院《关于民事诉讼证据的若干规定》的内容，强化对电子数据存在的系统环境是否安全、可靠，系统运行状态是否正常，即系统是否具备有效的数据监测手段等进行综合判断。此外，还应注重源头治理，强化技术规制，以解决深伪作品的识别难题。

（二）信息技术的运用

有会议论文提出，随着互联网技术的发展，犯罪也出现了较高技术含量与较大隐蔽性等新特征，为适应新挑战，必须构建新型侦查方式，对技术侦查措施进行改革与完善。在"互联网+"背景下，为有效打击网络犯罪，应做到：（1）将网络犯罪纳入技术侦查措施的适用范围，在立法中予以确认；（2）进一步细化技术侦查的适用条件，明确对所有可以适用技术侦查措施的案件，只有在采取其他方法难以收集证据的情况下才能采用技术侦查措施；（3）确立技术侦查措施的司法审查原则，规定技术侦查措施的适用由检察机关进行审查批准，并逐步过渡到由法院进行审查的司法审查机制，更好地实现发现案件事实、惩罚犯罪和人权保障之间的适度平衡。

还有论文对区块链司法存证问题进行了探讨，指出区块链存证是电子数据证据保全方面的创新，其最大的优势在于保障电子数据的真实性，也因此能够保障法庭审判免予纠缠于真实性问题，进而能够显著提高司法效率。但同时区块链存证的司法运用除成本高昂问题外，目前还未完全解决信任问题，应用场景也较为有限，还有可能带来不利影响。对此，应秉持开放、中立的态度，既不应盲目进入、盲目相信，也不应排斥新技术的应用并提高电子数据的认定标准，而应在深化电子数据的来源和内容的完整性、技术的安全性、方法的可靠性、形成的合法性的基础上综合认定电子数据的证据效力。

还有学者提出，人工智能介入刑事司法，从短期看能够缓解"案多人少"的矛盾，提高诉讼效率；从长期看，更能够将司法裁判引向"同案同判"，促进司法公正的实现，因而具有广阔的应用前景。但同时也需要注意到，在地位界定问题上，现有理论，不管是"人工智能辅助司法"还是"人工智能与司法相互补充"均存在逻辑不能自洽之处。对此，应当严格限制人工智能技术辅助司法的范围，在需要运用人类情感、价值衡量等主观判断性事务方面更需要严格把控该技术的引入。而在刑事证据领域，人工智能技术的应用主要出现在证据指引、证据校验与证据分析三个方面，对此需要进一步划定其适用领域，可以明确：其一，该技术可适用的前提为证据审查判断规则的算法化，即其所遵循的规则主要是以相关法律规范为蓝本，融合专家经验的、能够被算法执行操作的可量化的规则；其二，在无法实现算法化的实质领域，如存在无法使人工智能理解操作的情形以及当下尚无定论的争议性情形，应当禁止适用；其三，人工智能技术可运用于单个证据收集、固定、程序等方面的形式判断与多个证据的形式性判断环节。

(三) 司法鉴定制度

有学者在会议论文中对是否将涉案财产价格认定纳入司法鉴定制度体系进行了探讨。该文章指出,"价格认定结论书"除与"鉴定意见"具有相似性外,不属于七类证据,但因司法实践中大量经济类、财产性刑事案件需要对涉案财产进行价格鉴定并对定罪量刑产生直接影响,故而不得将其从刑事诉讼证据种类中完全排除。有鉴于此,应当按照"鉴定意见"的基本特征对其进行改革完善,进而根据全国人民代表大会常务委员会《关于司法鉴定管理问题的决定》的规定纳入司法鉴定登记管理事项,具体建议包括:(1) 保持现行价格认定机构隶属关系不变,但在涉案财产价格认定业务上应接受司法行政部门的登记管理;(2) 价格认定机构及价格认定人员应具备开展涉案财产价格鉴定工作的相应条件,取得司法行政部门颁发的资质证书、执业证书,并向社会公告;(3) 价格认定机构及价格认定人员应按照《司法鉴定程序通则》等相关规定开展涉案财产价格鉴定工作。

还有学者认为,诉讼中对鉴定意见关注的焦点不止于鉴定实验的结果,而常常取决于对其进行的解释与评价。由于人类认识的相对性,鉴定意见自身存在的不确定性,以及科学与鉴定技术发展的局限性,对鉴定意见的解释与评价存在误认风险。此外,对鉴定意见进行解释和评价本身也存在诸多困难,如鉴定意见的文字表述中因程度的把握或可能的歧义存在理解上的困难,将根据鉴定意见得出的事实转化为法律评断需要进行准确合理的解读,对鉴定意见的证明价值评估存在困难等。因此,合理解释与评价鉴定意见需要做到:其一,对单个鉴定意见进行全面审查,包括鉴定过程的依据、标准和方法,鉴定意见结果的明确性与合理性,以及鉴定意见推导过程的适恰性;其二,对鉴定意见与案件中的其他证据进行整体评估,通过证据之间的整合与综合比较分析,判断相互之间能否协调和能否印证;其三,对鉴定意见进行价值判断,明确鉴定意见必须具有一定的价值才能产生证据效力,具有相应的证明力;其四,接受认知上的容错空间,明确由于形成过程的复杂性、意见的推导性以及解读的困难性,必须正视鉴定意见使用中存在事实误认的风险。

四、民营经济保护与刑事诉讼

民营经济的发展离不开公平、稳定的法治环境,但长期以来,司法实践中混淆正常民事纠纷和刑事犯罪、公安机关违法插手经济案件的情况常有发生,企业自身法治意识淡薄、轻视法律风险管控也导致相关犯罪高发,而随着犯罪圈的扩张,企业家面临的刑事追诉的风险也在增加。有鉴于此,如何提高法治化水平,为民营企业健康发展保驾护航,成为刑事诉讼法学领域研究的一个重点。在本次会议中,有学者提出,为民营企业提供良好的刑事法治环境,在刑事实体法领域应坚持谦抑性原则,明确刑法只能作为纠纷解决的最后手段;在刑事程序法领域应贯彻比例原则,对被追诉企业家采取人身强制措施、对民营企业财产进行处分必须慎重,不能过度。此外,还应倡导企业法务全覆盖和合规机制建设以防范刑事风险。一些学者还指出,当前最突出的问题是刑事法相关规定的不平等,对此需要树立刑事诉讼中平等保护同所有制经济的观念,通过完善立法和司法,加强对民营经济的保护。在具体制度层面,与会代表也提出了各自的看法。

(一) 立案制度

有学者提出，民营企业家被错误定罪、错误查封、错误处置，源头就是在于公安机关的刑事立案。因此，刑事立案环节才是企业家刑事风险的源头。

有观点认为，从现行立法规定和司法实践情况看，立案管辖主要存在以下问题：其一，犯罪地泛化，只要与犯罪行为存在连结点，均被视为犯罪地；其二，将犯罪地与替代地混同，违反"以犯罪地为主，以居住地为辅"的原则；其三，对立法关于"更为适宜"的规定理解模糊，加剧实践中"争管辖"或"推管辖"现象。对此，可以采取的对策包括：第一，根据实害联系原则，对"犯罪地"进行限定；第二，明确主要犯罪地的确定原则，在数个犯罪中将取证更为便利的地区作为主要犯罪地；第三，明确替代地的定位，只有在无法确定犯罪地或犯罪地不宜管辖时才能由替代地管辖；第四，完善管辖争议制度，规范指定管辖前的协商制度；第五，明确侦查管辖应服从于审判管辖；第六，完善管辖异议制度；第七，完善刑民交叉案件的处理机制等。

还有学者在总结报告中指出，当前公安机关对民营企业经济纠纷错误进行刑事立案，主观动因一方面在于民营企业的经济纠纷基本属于刑民交叉案件，由于认识上的模糊性和片面性，容易导致公安机关将其作为刑事犯罪予以立案；另一方面在于相关事件往往是涉众型，既有合法民间借贷也有刑事不法，公安机关难以将所有案情一一厘清。此外，部分公安机关机械执法，未能准确把握相关刑事司法政策也是成因之一。而在制度层面，由于公安机关对涉民营企业的经济纠纷与违法犯罪活动享有较大的立案裁量权，相关司法解释赋予了公安机关对民营企业纠纷过多的立案管辖权，"先刑后民"的思维惯性，检察机关监督手段和权能的相对弱化，都导致了实践中公安机关违规对民营企业家进行刑事立案现象的发生。要规范刑事立案制度，需要从以下方面入手：（1）规范公安机关立案裁量权，填补操作上的漏洞；（2）适当调整"先刑后民"原则，明确对涉民营企业家案件一般进行"先民后刑"处理；（3）实现公安机关与检察机关网络办案平台互联，保障检察机关能够及时、全面了解对民营企业家刑事立案的基本信息，及时有效发挥立案监督权；（4）健全检察机关的提前介入及同步立案和侦查监督机制；（5）赋予犯罪嫌疑人一方刑事立案管辖异议权，通过权利救济的方式纠正公安机关违规立案的情况。

(二) 强制措施

在民营企业家涉罪案件中，如对其采取拘留、逮捕等限制人身自由的强制措施，将对企业家本人、民营企业以及与该企业相关的第三方主体甚至企业职工产生重大不利影响。对此，有学者认为，要通过建构公开听证程序、保障辩护律师参与、保障被追诉人活动有效救济等措施强化审查逮捕程序和羁押必要性审查制度在控制和降低羁押率方面的制度性功能。

还有学者提出，对被追诉企业家的人身自由应尽量采取羁押替代措施，包括取保候审、监视居住等方式，以尽可能减少对企业正常经营的负面影响。

在分组讨论中，有代表提出在未来的立法修改中，应当增加刑事诉讼经济原则，明确诉讼程序不仅要追求正义，还要对经济进行考量，将逮捕羁押的成本、监所的投入以及企业家被羁押后企业的成本等纳入审查范围。

(三) 涉案财物处置

有会议论文指出，司法实践中对涉案财物的处置存在以下问题：(1) 侦查阶段查控和处分涉案财物不受司法审查监督，侦查机关处置权过大；(2) 涉案财物的移送和保管不规范；(3) 审判程序不完善；(4) 执行程序混乱；(5) 当事人、利害关系人救济途径不畅等。对此需要通过加强检察机关对侦查机关涉案财物处置的监督、建立独立统一的涉案财物管理中心以及由专门机构和人员进行规范化管理、坚持以判决生效后才能处理涉案财物为原则、注意保护利害关系人的利益、严格区分违法所得与合法财产、完善审判和执行程序、规范拍卖变卖等制度，防止对涉案财物的不当处置。

还有学者提出，应当对涉案财物的范围、数额、程序等进行严格控制，防止过度。在立法和司法解释层面，需要具体列举措施以弱化强制性措施的附带损害。如对企业办公所用计算机的查封，可允许在不毁灭、伪造证据的前提下在查封前导出营业数据，保障企业正常经营；对正在投入生产运营和用于科技创新、产品研发的设备、资金和技术资料等，原则上不予查封、扣押、冻结，可采取拍照、复制等方式提取证据；赋予企业有效的救济途径作为配套措施。此外，有学者还建议在条件成熟时构建"对物之诉"程序，引入中立法官对涉案财物采取强制性措施进行审查。

另外有会议论文提出，刑事扣押制度必须对满足民营企业发展的社会需求有所回应，在目的导向方面应以民营企业财产权保护为价值基础；在立场方面应以回应民营企业发展现实需求为核心；在具体方式方面应以扩大权利主体参与为主要途径。回应型刑事扣押制度的建构与完善需要做到：第一，重整与细化扣押规范，限缩扣押裁量权；第二，明确救济程序，事后救济与事中救济并举；第三，强化涉案财物检察监督，增强刑事扣押制度理性。

(四) 民营企业刑事合规

近年来，企业合规逐渐成为各界讨论的热门话题。

有学者在报告中提出，企业合规是一个跨学科的问题，涉及行政法、公司法、刑法、刑事诉讼法等不同部门法，而我国刑事诉讼法对合规的激励作用主要体现在强制性措施与程序分流两个方面。在强制性措施方面，因为其在适用上的"厉"和"易"的特征，对被追诉自然人和单位的威慑力较大，因此可以在我国发挥激励企业合规的作用。其具体步骤包括：第一，将合规作为决定采取强制性措施必须考虑的因素；第二，明确合规在适用强制性措施时的具体"优惠"。在程序分流方面，不起诉和暂缓起诉都可以对企业合规产生激励作用，也是国外较为普遍的做法。尽管我国目前尚未建立企业合规的程序分流激励机制，但已经具备相关的制度基础和实践基础，如我国刑事诉讼法规定了比较完善的不起诉体系，其中酌定不起诉和附条件不起诉都可以为合规不起诉提供制度支撑。而认罪认罚从宽制度也为暂缓起诉提供了法律和制度上的依据，随着该制度的落实，可以将不起诉协议和暂缓起诉协议融入其中，在不同的诉讼阶段进行适用。此外，当前一些地区的检察机关进行的一些有益探索也为企业合规的本土化提供了经验和素材。

其他观点也认为，当前我国的企业合规还有很大的局限性，需要通过增加相关规定予以完善。而附条件不起诉在程序上为企业提供了另外一种有罪免罚的出路。尽管 2012 年刑事诉讼法修改时仅在未成年人犯罪案件中设立了附条件不起诉，但可以考虑将其扩展到企业家犯罪与其他犯罪的处理中。

五、其他理论热点问题

本次会议中，参会代表还就监察制度、司法责任制以及司法改革中的其他问题进行了讨论。

在监察制度方面，有学者认为在监察对象问题上，应明确限定为国家机关公职人员，而大部分律师不是公职人员，故而不宜对刑事辩护律师实行监察调查。实践中对监察法第15条进行了扩大解释，将涉嫌行贿犯罪或者共同职务犯罪的律师纳入监察对象而立案调查，不符合我国监察制度原理和监察法的立法目的。同时，有学者还建议对律师涉嫌职务犯罪或者共同职务犯罪可以由公安机关立案调查，且公安机关侦查应实行异地管辖原则。

针对检察机关和监察机关管辖职务犯罪案件适用法律不同导致的冲突问题，有学者认为主要存在于撤案上的差异、认罪认罚上的差异和适用不起诉上的差异三个方面，而两法冲突的原因在于我国当下重点治标的反腐政策，职务犯罪的社会危害性更大的判断，以及检察机关监督职能的特殊性。因此，有学者提出，解决两法冲突的方案在于惩治犯罪理念的调整、法治反腐机制的建立和实现监察法与刑事诉讼法的统一。

在监察法与刑事诉讼法的衔接问题上，有学者对证据衔接制度进行了研究，认为主要存在证据衔接的一般规则缺失、证据审查存在制度盲点、非法证据排除规则程序空转三类问题，未来需要从完善证据衔接的一般规则、推进监察调查证据的实质化审查、完善录音录像资料留存备查制度，以及健全职务犯罪领域非法证据排除规则等方面进行改革。还有学者指出，基于"权威高效"的设计初衷，监察程序呈现高度封闭化的特征，进而导致监察留置与刑事强制措施衔接上的三重困境：其一，先行拘留措施的工具属性；其二，退回补充侦查时强制措施适用的争议；其三，羁押必要性审查失灵。对此，需要通过实现监察程序法治化进行破解，而具体路径包括职务犯罪案件刑事立案的专门化、调查程序强制措施的体系化、引入羁押必要性审查等。另外还有律师代表提出，目前两法均缺失监察留置阶段律师辩护与代理的规定，被调查人辩护权明显减弱，建议参考刑事诉讼中律师介入侦查阶段的时间点，增加规定监察委员会第一次讯问或采取刑事留置措施之时起允许律师介入，帮助被调查人行使陈述、申辩权。

在司法责任制问题上，有学者认为该制度落实难的根源在于特殊的时代背景、特定的办案理念、司法权力运行体制的不足、责任主体难以确定等。为此，第一，需要完善证据制度，侦查机关要依法收集证据，严禁刑讯逼供和以威胁、引诱、欺骗以及其他非法方法取得证据；检察机关要进一步细化证据审查和适用规则，以制度形式确定权力清单，明确权力权限，法院要在证据审查和适用方面实现以审判为中心和庭审实质化。第二，要明确推进以审判为中心是司法责任制度落实的核心内容。第三，要强化庭审，让控辩双方实现对抗，举证质证和非法证据排除在开庭审理中得以充分体现。第四，要强化律师辩护，以倒逼司法权力行使的规范化。第五，要推动数据共享监督等方式实现，利用大数据平台促进司法公正。

在分组讨论中，还有学者对司法改革的总体情况进行了探讨，指出当前司法改革中存在一些值得反思的现象与问题，包括：（1）当前司法改革较多，但部分改革落实不足，尤其是以审判为中心的司法改革方面，证人出庭问题没有实质好转，确定刑量刑建议等相关改革也没有考虑以审判为中心的问题。对此，应当把既有改革真正落实，真正发挥审判对侦查和起诉的引领作用。（2）各项改革之间的关系有待进一步反思和厘清，尽量降低彼此间的负向影响，包括认罪认罚从宽制度与以审判为中心之间的关系，刑事附带民事公益诉讼案件中惩罚性赔偿与认罚从宽之间的关系等。（3）改革探索过程中不能忽视权力制衡。司法改革可能带来刑事诉讼权力配置上的结构性变化，原有的权力制衡机制可能无法完全适应改革后的权力配置情况，应有针对性地作出调整。例如，在认罪认罚从宽制度实施过程中，应关注到检察人员违法违纪大幅上升的现象，有必要加强监督制约。（4）推进改革的具体方式值得反思并有待改变。例如，认罪认罚从宽制度实施中出现过度考核问题，包括：对适用率的人为追求，为了扩大而扩大，硬性做被告人工作，高适用率以制度隐患为代价，开庭时间比谁更短，以及适用范围比谁更宽等。还有会议论文指出，当前基层司法改革面临四大挑战，需要加以回应：其一，人案矛盾，主要表现为案多人少与办案能力不足两方面问题，需要通过充实办案力量、优化司法资源等一系列方案与举措加以解决。其二，差异化难题，即因区域、城乡、领域和个体等差异对改革命题与方案提出的多元化、科学化、实效化需求，对此需要强调司法改革整体规划要在对全国基层司法实际情况充分把握的基础上对改革的命题、方案和效果进行科学定位、预测和评估，同时要坚持试点改革方法，不断探索解决问题、适应需求、符合规律的司法经验和改革路径。其三，创新力不足，要实现基层司法改革向纵深推进，一方面必须充分认识并认真对待基层实践中蕴藏着诸多司法智慧与真知；另一方面要警惕过度行政化、形式化、政绩化而挫伤改革创新的动力。其四，公信力挑战，可着力从强化审判中立性、庭审实质化、司法公开性、程序刚性、裁判专业性等方面回应挑战，满足人民群众不断增长的司法需求。

也有会议论文针对新冠肺炎疫情期间对刑事案件采取远程视频方式进行庭审的相关问题进行了探讨。文章指出，疫情期间运用远程视频方式处理刑事案件的情况主要是减刑假释案件、讯问被告人、宣告判决、特定的证人和被害人、适用速裁和简易程序审理的案件以及妨害疫情防控案件。但自该庭审方式实施以来，一直存在正当性争议，即是否符合司法亲历性、是否符合直接言词原则等。因此，需要通过构建完善的具体操作规则来达到公正的目的：第一，必须注重司法亲历性，清醒认识到视频庭审与传统庭审在交流方式、举证形式等方面的不同；第二，应限定远程视频庭审适用的范围，目前宜适用于事实清楚、没有争议的案件；第三，视频庭审方式由法院根据具体情况决定，但要以被告人同意为前提；第四，视频庭审要以成熟的信息技术为保障；第五，应通过实践探索构建完备的程序和技术构造确保符合直接言词原则。

此外，还有代表呼吁应关注律师办案出现的新风险问题。例如，有学者认为对律师卷入"套路贷"等现象，应当研究认定律师为共犯的具体标准，还可以考虑设立"隔离墙"制度或者豁免制度。

关于正当防卫问题，有学者认为在司法实践中正当防卫作为阻却违法性事由很难证明，可以考虑在正当防卫事由的证明中引入被害人品格证据。还有学者指出，在逮捕制度的实践运行中，"构罪即捕"现象已有很大缓解，但存在对"社会危险性"要件审查弱化的现象，需要加以关注。

第一部分

刑事诉讼认罪认罚从宽制度的完善

量刑建议精准化的障碍与路径：
基于小店区人民检察院的分析

白国华[*]

量刑建议精准化的提出意味着在认罪认罚案件中对检察机关的量刑建议提出了更高的标准。与量刑建议规范化相比，量刑建议精准化有着更加明显的制度优势。在司法实践中，这一制度的运行效果如何，有待考察。检察机关提出精准量刑建议的难点是什么，量刑建议精准化如何能实现从制度优势到司法治理效能的有效转化？本文将对上述问题做一探讨。

一、量刑建议精准化的运行效果：
以太原市小店区人民检察院为样本的实证考察

小店区人民检察院的案件量是太原市人民检察院的1/4，太原市检察院的案件量又是山西省人民检察院的1/5。从某种程度上说，小店区人民检察院是山西省全省检察系统办案情况的"晴雨表"。所以，以小店区人民检察院为样本来实证考察量刑建议精准化的运行效果具有一定的代表性。

但是，如何确定考察的内容呢？首先需要对量刑建议精准化进行界定。从字面含义来看，"精准"包含了精细、准确的意思，精细是对内容的要求，准确是对结果的考量。因此，量刑建议精准化应当从形式和实质两方面进行界定。从形式上看，量刑建议精准化要求检察机关在提出量刑建议时，不能仅提出幅度刑量刑建议，一般应当提出确定刑量刑建议，即对犯罪嫌疑人适用的主刑、附加刑的刑种、刑期、刑罚执行方式以及涉案财物的处理等提出明确的、确定的建议。从实质上看，量刑建议精准化还应当关注量刑的效果，可从两个方面进行判断，一是法院对量刑建议的采纳程度；二是被告人一方对量刑建议的可接受程度。

基于此，以下将从认罪认罚从宽制度的适用情况、确定刑量刑建议的提出情况、律师帮助情况、确定刑量刑建议的采纳情况四个方面对小店区人民检察院量刑建议精准化的运行效果进行考察分析。考虑到小店区人民检察院关于认罪认罚从宽制度的相关统计是从2019年6月开始较为准确，所以，本文以2020年为界限，分别选取了2020年前后7个月的数据，即2019年6-12月，2020年1-7月。

---

[*] 白国华，山西财经大学法学院讲师，法学博士。

（一）量刑建议精准化的整体情况

1. 认罪认罚从宽制度的适用情况

2019 年 6-12 月，小店区人民检察院一审公诉案件审结 817 件 1178 人，适用认罪认罚案件审结 535 件 700 人，认罪认罚适用率为 59%①（见表 1）。

表 1　小店区人民检察院认罪认罚从宽制度的适用情况

（2019 年 6-12 月）

单位：人

一审公诉案件审结	适用认罪认罚案件审结	认罪认罚适用率
1178	700	59%

2020 年 1-7 月，小店区人民检察院一审公诉案件审结 579 件 755 人，适用认罪认罚案件审结 537 件 658 人，认罪认罚适用率为 87%（见表 2）。

表 2　小店区人民检察院认罪认罚从宽制度的适用情况

（2020 年 1-7 月）

单位：人

一审公诉案件审结	适用认罪认罚案件审结	认罪认罚适用率
755	658	87%

2. 确定刑量刑建议的提出情况

2019 年 6-12 月，小店区人民检察院提出量刑建议 446 人，确定刑量刑建议 22 人，幅度刑量刑建议 424 人，确定刑量刑建议提出率为 5%（见表 3）。

表 3　小店区人民检察院提出量刑建议情况

（2019 年 6-12 月）

单位：人

合计	幅度刑量刑建议	确定刑量刑建议
446	424	22

2020 年 1-7 月，小店区人民检察院提出量刑建议 453 人，确定刑量刑建议 129 人，幅度刑量刑建议 324 人，确定刑量刑建议提出率为 28.5%（见表 4）。

---

① 认罪认罚适用率为认罪认罚适用人数占同期一审公诉案件审结人数的百分比。

表 4　小店区人民检察院提出量刑建议情况

（2020 年 1-7 月）

单位：人

合计	幅度刑量刑建议	确定刑量刑建议
453	324	129

3. 律师帮助情况

2019 年 6-12 月，小店区人民检察院受理认罪认罚案件犯罪嫌疑人 702 人，有律师帮助的 664 人，其中，有值班律师帮助的 589 人，指定辩护的 2 人，自行委托辩护律师的 73 人。律师参与率为 94%，值班律师参与率为 84%（见表 5）。

表 5　小店区人民检察院认罪认罚案件的律师帮助情况

（2019 年 6-12 月）

单位：人

合计	值班律师	指定辩护	自行委托
664	589	2	73

2020 年 1-7 月，小店区人民检察院受理认罪认罚案件犯罪嫌疑人 658 人，有律师帮助的 573 人，其中，有值班律师帮助的 503 人，指定辩护的 2 人，自行委托辩护律师的 68 人。律师参与率为 87%，值班律师参与率为 76.4%（见表 6）。

表 6　小店区人民检察院认罪认罚案件的律师帮助情况

（2020 年 1-7 月）

单位：人

合计	值班律师	指定辩护	自行委托
573	503	2	68

4. 确定刑量刑建议的采纳情况

2019 年 6-12 月，小店区人民法院采纳量刑建议 362 人，其中采纳幅度刑量刑建议 342 人，采纳确定刑量刑建议 20 人。确定刑量刑建议采纳率为 5.5%（见表 7）。

表 7　小店区人民法院采纳量刑建议情况

（2019 年 6-12 月）

单位：人

合计	幅度刑量刑建议	确定刑量刑建议
362	342	20

2020年1-7月，小店区人民法院采纳量刑建议387人，其中采纳幅度刑量刑建议278人，采纳确定刑量刑建议109人。确定刑量刑建议采纳率为28.2%（见表8）。

表8 小店区人民法院采纳量刑建议情况

（2020年1-7月）

单位：人

合计	幅度刑量刑建议	确定刑量刑建议
387	278	109

（二）一个基本的评价

2020年以来，小店区人民检察院的认罪认罚适用率、确定刑量刑建议提出率、确定刑量刑建议采纳率均有大幅提升。其中，认罪认罚适用率从59%提高到87%，确定刑量刑建议提出率从5%提高到28.5%，确定刑量刑建议采纳率从5.5%提高到28.2%。

这表明，基层人民检察院对近九成的一审公诉案件都适用了认罪认罚从宽制度，但只对不到三成的认罪认罚案件提出了确定刑量刑建议，而只要检察机关提出确定刑量刑建议，法院的采纳率还是很高的。

二、量刑建议精准化的主要障碍：确定刑量刑建议的提出

2020年5月，小店区人民检察院被确定为山西省检察院开展检察官业绩考评的试点院，"确定刑量刑建议提出率"被纳入检察官业务考评范围。① 但前述统计数据显示，2020年1-7月小店区人民检察院"确定刑量刑建议提出率"并不高，只有28.5%，成为量刑建议精准化的主要"瓶颈"。

为什么在考评"风向标""指挥棒"的指引下，基层检察机关依然难以提出确定刑量刑建议？

（一）理念层面：检察官不愿意提出确定刑量刑建议

理念问题成为制约量刑建议精准化发展的重要因素。

在认罪认罚从宽制度实施之前，检察机关的主要职责是指控犯罪，检察官擅长围绕事实认定进行证据审查和法律分析，缺少量刑方面的实践经验，提出的量刑建议往往比较宽泛。以南京为例，2014-2018年全市检察机关提出确定刑量刑建议占比不到1%，2016年之前还不到0.3%，公诉人量刑建议能力没有得到充分锻炼。②

2018年以来，检察机关在实施认罪认罚从宽制度的过程中，前期主要以提出幅度刑量

---

① 2020年5月，最高人民检察院印发《关于开展检察官业绩考评工作的若干规定》及《检察官业绩考评指标及计分规则》规定，将"确定刑量刑建议提出率""确定刑量刑建议采纳率"纳入检察官业务考评范围，并建议省级院可以按照条线或者案件类型研究合理区间，高于合理区间的加分。目前，山西省也在积极根据最高人民检察院的工作要求和部署进行考评机制的完善工作，小店区人民检察院被确定为山西省试点院。

② 谢健、黄志坚、聂婷婷：《认罪认罚从宽中量刑建议精准化的路径探索》，载《中国检察官》2020年第2期。

刑建议为主，检察官也大多满足于提出幅度刑。量刑建议精准化提出以后，检察官普遍对提出确定刑量刑建议有畏难情绪，还没有养成精准量刑的思维方式。此外，量刑建议精准化还要求检察官改变传统的完全控方立场，坚守客观公正立场，确保量刑建议的提出全面客观、有理有据。这对于很多检察官而言也是一种艰难的转变。

加之认罪认罚案件中的量刑建议一改以往检察官单方意思表示的办案模式，需要检察官与犯罪嫌疑人、辩护律师进行平等充分协商，以达成量刑合意。但部分检察官仍未完全转变理念，难以"放低姿态""放下身段"与犯罪嫌疑人、辩护律师平等协商，检察官主导且强势提出量刑方案，辩护律师只能被动地表示"同意"或"不同意"。对于没有经过充分协商的量刑建议，在审查起诉阶段越确定，在审判阶段越容易被提出异议。所以，检察官更倾向于提出幅度刑量刑建议，以降低在审判阶段其量刑建议被提出异议的风险。

（二）制度层面：确定刑量刑建议的依据不足

精准量刑在我国的司法实践中一直是个难题。即使是专司审判的法院，也面临着统一裁判标准、实现"同案同判"的挑战。

近年来，最高人民法院和部分地区的高级人民法院陆续出台了量刑指导意见及实施细则，对部分常见罪名规定了量刑标准，且只针对主刑规定了量刑幅度，其他大部分罪名，均没有明确量刑标准和量刑幅度，对于罚金等附加刑更没有具体指导意见。显然，这样的量刑指导意见并不能满足检察机关提出确定刑量刑建议的需要。

此外，我国不同地区的案件类型不同，办案人员和辩护律师的知识结构、认知水平不同，以及不同时期的刑事政策不同，都给检察官提出确定刑量刑建议带来实际困难。

（三）机制层面：量刑建议权的制约机制不完善

首先，检察系统的内部制约机制不完善。自2013年司法权运行机制改革以来，检察官独立办案得到充分凸显，绝大多数案件由承办检察官独立负责，不需要分管检察长、检察长的审核。即便是需要审核的不捕、不诉等案件，也大多只进行形式审核，不涉及实体内容的审查。再者，在案件压力大的检察机关，检察官没有精力对每一个案件进行严格把关，对于较为简单的认罪认罚案件，更多依赖检察官助理甚至书记员提出量刑建议，而书记员、检察官助理的办案能力又有所欠缺，就导致了量刑建议不够精准。①

其次，量刑建议的外部制约机制不完善。主要体现在检察官与律师、法院的沟通机制不畅通。实践中，检察官在做认罪认罚工作时往往是集中办理，工作相对机械化、不够精细，难以认真听取犯罪嫌疑人、辩护律师关于罪名、量刑建议的意见。在值班律师参与的案件中，由于值班律师的阅卷权等权利得不到保障，使得值班律师在定罪量刑方面难以提出有价值的意见。值班律师与其说是犯罪嫌疑人权益的保障者，不如说是公权力的见证者更为恰当。此外，法检两院沟通交流不畅，在量刑问题上存在分歧，检察官担心提出的量刑建议不被法院采纳。

---

① 由于小店区人民检察院检察官人均每年办案量170余件，更有甚者，最高者达到245件，在如此巨大的办案压力下，检察官会把更多精力放在重大疑难复杂、新型犯罪案件中，认罪认罚案件中的量刑建议也主要依靠检察官助理甚至书记员提出。

三、确定刑量刑建议的价值

(一) 确定刑量刑建议是犯罪嫌疑人自愿认罪认罚的重要前提

我国认罪认罚从宽制度是权力导向型的制度设计,其本质是在检察权的主导下、犯罪嫌疑人对检察官提出的拟指控罪名和量刑建议予以认可从而获得相应的量刑优惠。该制度存在的正当性基础在于保障犯罪嫌疑人自愿认罪认罚,即其能充分了解认罪认罚的法律后果,就认罪认罚充分发表意见,并与检察官达成一致。可见,控辩双方充分协商且形成合意是认罪认罚从宽制度的根基。确定刑量刑建议有助于检察官就具体的"量刑"内容向犯罪嫌疑人进行讲解,也有助于犯罪嫌疑人就拟"认罚"的内容与检察官进行意见交换,是保障犯罪嫌疑人认罪认罚自愿性的重要前提。

(二) 确定刑量刑建议是降低被告人上诉率的必要条件

在适用认罪认罚从宽制度的司法实践中,被告人上诉率高是其中一个需要完善和解决的问题。[①]

上诉权是被告人的法定权利。但在认罪认罚案件中,被告人先是通过认罪认罚享受了量刑优惠,后又提出上诉,表明其对一审判决中的定罪和量刑部分不予认可或完全不认可,违背了认罪认罚从宽制度的设计初衷。在当前检察机关的量刑建议主要以幅度刑量刑建议为主、一审法院一般采纳检察机关量刑建议的情况下,被告人上诉率高就意味着对检察机关幅度刑量刑建议的认可度不高。有学者认为,"确定刑量刑建议有助于达成控辩协商,并增强认罪认罚适用的稳定性"。[②] 量刑建议越精准,犯罪嫌疑人对将面临的法律后果越有明确的预期,其认罪认罚的主观愿望越强烈,量刑协商的结果越稳定。量刑建议幅度宽,犯罪嫌疑人的心理预期往往是量刑建议的下限或者判处缓刑,如果法院判处的刑罚不在其心理预期范围内,则可能"违约"上诉。[③]

(三) 确定刑量刑建议是简化审判程序、提高审判效率的坚实基础

认罪认罚从宽制度的价值导向是效率优先,通过认罪认罚来实现案件在审前阶段的繁简分流,从而优化审判阶段的司法配置,让"简者更简、繁者更繁"。

若量刑建议不明确、不具体,控辩审三方都可能对刑罚持有不同意见,被告人也想在审判阶段为自己争取更多利益,可能在庭审时提出更多辩解,从而导致庭审延时、程序回转甚至判决后上诉,造成司法资源的浪费。确定刑量刑建议可以提前解决控辩审三方对于量刑的争议,简化审判程序,提高审判效率。

---

① 认罪认罚从宽制度试点阶段,被告人上诉率为3.6%。但随着司法实践的深入,被告人上诉率有所提升。2019年,山西省适用认罪认罚从宽制度案件上诉率为6%,太原市为13%,小店区为16%。转引自吕华、李志一:《适用认罪认罚从宽案件上诉率高的原因及对策分析》,载《山西检察》2020年第2期。
② 陈国庆:《量刑建议的若干问题》,载《中国刑事法杂志》2019年第5期。
③ 参见臧德胜、杨妮:《论认罪认罚从宽制度中被告人上诉权的设置——以诉讼效益原则为依据》,载《人民司法(应用)》2018年第34期。

四、如何提出确定刑量刑建议

如前所述,提出确定刑量刑建议既是认罪认罚从宽制度的应有之义,也是落实认罪认罚从宽制度的重要举措。现在面临的现实难题是检察官如何才能精准地提出确定刑量刑建议,这其中有理念的问题,更有方法和机制的问题。理念的转变是缓慢的,但通过方法和机制的完善倒逼检察官理念的转变,不失为切实可行的解决之道。

(一) 完善量刑依据、构建量刑共识

确定刑量刑建议的提出需要控辩双方就量刑的具体内容达成共识,这就需要一个适用于认罪认罚案件的较为明确的量刑指南。我国刑法规定的法定刑是相对抽象的,不足以支撑量刑建议的精准化。最高人民法院和部分高级人民法院的量刑指导意见适用的案件范围较窄且未能将认罪认罚纳入量刑因素考虑。我们可以借鉴国外的量刑指南,完善认罪认罚案件中的量刑依据。世界范围内的量刑指引的制定方式大致有两种模式:第一种是联合制定模式。比如,美国依据1984年量刑改革法设立了一个专门的量刑委员会,由审判、检察、刑罚执行等机关代表共同参与制定了联邦量刑指南。第二种是单独制定模式。比如,荷兰检察机关根据"北极星指引"计划单独发布了三四十个全国性的量化的、科学的量刑指引。这些指引虽然对法院没有强制约束力,但是由于它的标准化和科学性,法院很看重检察官依据其提出的量刑建议,80%多的案件的量刑都遵循了检察机关的量刑建议。① 量刑指引的内容大致分为针对自然人犯罪和针对单位犯罪两类。以美国为例,1987年联邦量刑指南主要适用于自然人犯罪,1991年又专门制定了针对企业的组织量刑指南,将合规计划纳入从宽处罚甚至不起诉、暂缓起诉的考量因素。

此外,我们还可以充分借助信息技术大数据分析等手段,做好认罪认罚案件量刑方面的数据统计工作,对案件进行海量积累,充分发挥先决案件的案例指导作用,确保同案同判。借助智慧检务,通过量刑辅助系统等科技手段提出量刑建议,为提升量刑建议的精度和准度提供科技支撑。

(二) 完善控辩双方的量刑协商机制

确定刑量刑建议的提出必须建立在控辩双方充分协商的基础之上,协商越有效、越充分,量刑建议就应越精准。现行的量刑协商不充分,主要是由于检察官在量刑问题上掌握的绝对主导权得不到来自犯罪嫌疑人、律师的有效制约。

完善控辩双方的量刑协商机制取决于以下因素:一是检察官对案件事实和情节以及对应的量刑指南的准确把握。检察官要基于客观义务,在量刑协商中坚持公平公正,确保量刑协商的有效性。二是保障被告人的知情权和选择权。要让被告人充分了解认罪认罚从宽制度及其相应程序的意义,在充分知悉的基础上让被告人作出慎重选择。三是律师提供全面而有效的法律帮助。被告人作为非专业人士,为防止量刑协商不充分以及违背真实意愿,就需要律师帮助的全面性和有效性。全面性是指律师帮助的全覆盖,凡是认罪认罚的被告

---

① 杨先德:《域外启示:认罪认罚从宽量刑建议精准化是大势所趋》,载《检察日报》2019年。

人都能获得律师帮助；有效性是指律师帮助不能流于形式。律师要负起责任，要有公益之心、正义之心，不能敷衍了事。同时，检察机关要充分保障律师的阅卷权、会见权等。

(三) 完善检法两院的量刑沟通机制

法院作为审判机关，量刑经验丰富，且拥有采纳或者不采纳量刑建议的最终权力，故加强检法两院在量刑建议问题上的沟通，听取法院的相关意见，对于检察官提高量刑建议的精准度至关重要。一方面，完善检法常态化沟通机制，通过案例研讨、联席会议等形式加强检法两院的业务交流，尽量就类案量刑达成共识，避免出现检法两院内部因承办人的不同出现类案量刑不一致的情况。另一方面，检察官在具体办理案件时及时听取法官意见建议。在提出确定刑量刑建议时与法官充分沟通，争取达成一致共识，对法官认为量刑建议明显不当建议调整的，应认真对待，确实不当的应虚心接受法官建议进行调整。

综上，对基层检察机关量刑建议精准化运行效果的实证考察显示，确定刑量刑建议的提出成为制约量刑建议精准化的主要障碍。确定刑量刑建议是犯罪嫌疑人自愿认罪认罚的重要前提，是降低被告人上诉率的必要条件，是简化审判程序、提高审判效率的坚实基础。完善量刑依据、构建量刑共识，完善控辩双方的量刑协商机制，完善检法两院的量刑沟通机制，是可以帮助检察官提出精准量刑建议的解决之道。

认罪认罚若干实践问题探析

曾粤兴 曾钜中[*]

认罪认罚从宽制度在实践中不断出现偏差,较为突出的问题有:不当限制该制度的适用范围;对可适用的范围不当增加严苛条件;口头一套、书面一套;用"从宽处理"引诱被调查人、被告人认罪却不兑现承诺;对速裁程序适用范围加以限制等。以下就七个问题略做探析。

一、适用范围是否应当有所限制

认罪认罚从宽制度是脱胎于英美诉辩交易的具有中国特色的制度,其目的是将"坦白从宽"的刑事政策进一步制度化,其功能是在程序上促进刑事诉讼的多元化处置机制,在实体上将"坦白从宽"落实在刑罚处罚的结果上;其效能是提高诉讼效率进而增进诉讼效益,实现司法资源的最优配置。简言之,就是构建一种以犯罪嫌疑人、被调查人、被告人认罪认罚为前提,以从宽处罚为结果的刑事妥协(退让)制度,尽管不能实行绝对化的从宽处置,但应以从宽处置为一般原则。换言之,既然它脱胎于诉辩交易,那么在形式上,就应有绝大多数的刑事案件进入包含速裁程序、简易程序、普通程序简易审的快速审理程序中,并且绝大多数的案件应当得到相应的从宽处置。在刑法原理上,这种制度有源于客观主义理论的主观恶性说和源于主观主义的人身危险性说的理论支撑。进言之,行为人认罪认罚表明其主观恶性和人身危险性的减弱,基于功利主义的刑罚理论,对其从宽处罚,是因为其犯罪后的表现已经提前体现出在未来的刑罚执行中得到教育、改造的刑罚效果,因此,有理由对其实行功利化的刑罚改造。所以,认罪认罚从宽制度的适用范围不应有任何差别化的限制。

然而,在实践中,有的地方仅将该制度适用于轻罪,要么是可能判处 3 年以下有期徒刑的轻罪,要么是法定最高刑为 3 年以下有期徒刑的轻罪;有的地方甚至明确将毒品犯罪、涉黑涉恶犯罪、严重危害国家安全的犯罪、严重暴力犯罪甚至严重腐败犯罪排除于该制度之外,理由是最高人民法院、最高人民检察院、公安部、国家安全部、司法部 2019 年 10 月 24 日发布的《关于适用认罪认罚从宽制度的指导意见》(以下简称《指导意见》)要求"对严重危害国家安全、公共安全犯罪,严重暴力犯罪,以及社会普遍关注的重大敏感案件,应当慎重把握从宽,避免案件处理明显违背人民群众的公平正义观念"。这是对《指导意见》的误读。

---

[*] 曾粤兴,北京理工大学法学院教授,博士生导师;曾钜中,莫纳什大学硕士,云南天外天律师事务所助理。

首先,《指导意见》在"适用范围"部分明确指出,"认罪认罚从宽制度没有适用罪名和可能判处刑罚的限定,所有刑事案件都可以适用,不能因罪轻、罪重或者罪名特殊等原因而剥夺犯罪嫌疑人、被告人自愿认罪认罚获得从宽处理的机会"。

其次,这种认识的错误之处在于将能否获得从宽处罚从认罪认罚从宽制度中割裂出来,作为与认罪认罚从宽制度并列的因素。应当肯定认罪认罚一般应得到也能得到相应的从宽处理,主要体现在从宽处罚结果上,但从宽处理与认罪认罚在制度设计上不具有逻辑上的充分必要关系,即认罪认罚并不必然或者说一律能够得到从宽处罚,获得从宽处理也不等于就是认罪认罚的结果。能获得从宽处罚与不能获得从宽处罚都是认罪认罚从宽制度的组成部分或者说要素内容。"可以"获得从宽处理而非必然获得从宽处理,正是该制度与诉辩交易的重大区别。①"认罪认罚从宽"是基于一般情形的习惯性概括,和"自首可以从宽"被简化为"自首从宽","坦白可以从宽"被简化为"坦白从宽"一样,并非逻辑严谨的书面表述,这是我们理解认罪认罚从宽制度应当注意的问题。

最后,这种认识的错误之处在于偷换概念,将"不能获得从宽处罚"偷换成"严重犯罪",从而将严重犯罪排除于该制度的适用范围之外。

综上所述,实践中出现的限制认罪认罚从宽制度适用范围的做法应当得到纠正,司法认识应当回归到"认罪认罚无禁区"上来。

二、具结后控方能否撤回具结书

检察机关在值班律师见证下,与被告人签署了认罪认罚具结书后,又以原先考虑的量刑建议偏轻为由,单方面撤回具结书的情形已经在郑州市上演。②

尽管认罪认罚具结书回避了"协议"字样,但其实质是控方在征询被害人意见的情况下,在辩护律师或者值班律师见证下与被告人协商的结果,不可否认,控方在其中居于主导地位,所以法律采用了具有权力色彩的"具结"一词。"具结"来自中国古代,本意是被告人向政府签署悔过自新文书,隐含了下对上的意思。然而,现代刑法中的"具结书"应当突出政府(广义)对被告人的妥协退让意思,从而将其当作被告人与作为政府代表的检察机关的协议,协议一旦签订,任何一方无正当理由不得反悔,否则对于单方反悔的检察机关而言即意味着缺乏诚信的政治伦理,对于单方反悔的被告人而言即表明缺乏诚信的社会伦理。那么,"经汇报认为量刑偏轻"是否属于正当理由呢?

答案是否定的。

第一,法无明文规定则不得行使公权力,这是法治的基本原理。刑事诉讼法也好,司法解释也罢,均未规定检察机关撤回具结书的内容。这不是也不应当被理解为立法疏漏,因为刑事诉讼法注意到了被告人反悔的情形,不可能失于对检察院反悔的关注,只能从法教义学角度作出禁止公权机关反悔的解释。

---

① 刑事诉讼法第 120 条第 2 款规定:"侦查人员在讯问犯罪嫌疑人的时候,应当告知犯罪嫌疑人享有的诉讼权利,如实供述自己罪行可以从宽处理和认罪认罚的法律规定。"

② 参见谢寅宗、毕雨梦:《河南一检察院撤回认罪认罚具结书:汇报后认为量刑偏轻》,澎湃新闻,2020 年 9 月 10 日。

第二，认罪认罚从宽制度贯穿刑事诉讼全过程，适用于侦查、起诉、审判各个阶段。① 尽管在审查起诉阶段，检察机关在认罪认罚过程中起到主导作用，但在整个诉讼过程中，以审判为中心的制度设计决定了法院才是最后的裁判机关，处于最终的主导地位。因此，检察机关只有量刑建议权而无最终裁判权。换言之，是否量刑偏轻抑或是偏重，判断权归属法院。正因为如此，刑事诉讼法才规定了必要的救济措施，即法院一般情况下应当尊重检察机关的量刑建议，但量刑建议显然属于不当的，法院有权自行裁量，但应当向检察机关作出说明或者建议检察院对量刑建议作出适当调整。

第三，无论哪一个机关代表公权力与行为人签署认罪认罚具结书都意味着公权力所蕴含的公信力必须得到保证，否则必然失信于公民和社会。一个政府倘若缺乏基本的诚信，则无法获得公民与社会的信任与拥戴。这既是政治伦理学的基本原理，也是法治的基本原理。商鞅"徙木立信"，揭示了古代法家对诚信治国的初步认识，刑事诉讼法之所以明确要求法院一般应当尊重检察机关的量刑建议，道理也在于此。质言之，公权力的行使必须严肃、严谨、严格。严肃是指认真对待，办事要让人感到敬畏，不能形同儿戏；严谨是指严密谨慎，防止疏漏；严格是指遵守制度或掌握标准认真而不放松。② 检察机关既然在审查起诉阶段处于主导地位，更应严肃、严谨、严格处理认罪认罚事务，一旦签署具结书，即表明认罪认罚"协议"已经达成，更需严格遵守，无论以任何法外理由撤回，都是执法不严肃、不严谨、不严格的表现，倘若真有疏漏，也应与法院沟通，由法院依法堵漏或通过裁判予以纠正。

三、仅对附加刑有异议，能否影响从宽处罚

该问题主要发生在腐败犯罪认罪认罚案件中，不排除其他配置有罚金刑、没收财产刑的案件也会出现这类问题的可能。

刑事诉讼法第176条第2款规定："犯罪嫌疑人认罪认罚的，人民检察院应当就主刑、附加刑、是否适用缓刑等提出量刑建议，并随案移送认罪认罚具结书等材料。"该规定已经明确附加刑和缓刑是量刑建议的组成部分。

根据最高人民法院、最高人民检察院《关于办理贪污贿赂刑事案件适用法律若干问题的解释》第19条规定，对贪污罪、受贿罪判处3年以下有期徒刑或者拘役的，应当并处10万元以上50万元以下的罚金；判处3年以上10年以下有期徒刑的，应当并处20万元以上犯罪数额2倍以下的罚金或者没收财产；判处10年以上有期徒刑或者无期徒刑的，应当并处50万元以上犯罪数额2倍以下的罚金或者没收财产。实践中，腐败犯罪金额越小，罚金比例越高；犯罪金额越大，罚金比例越低。③ 对判处10年以上有期徒刑的腐败犯罪，附加适用的罚金刑一般在200万元以上，有的还会附加适用没收个人全部财产，但有时没收财产的数额甚至低于同类案件罚金刑数额。但是，这类案件的特点是：案发后都被搜查过

---

① 《指导意见》第5条之规定。
② 中国社会科学院语言研究所词典编辑室编：《现代汉语词典》（第5版），商务印书馆2005年版。
③ 所谓"犯罪数额二倍以下罚金"，貌似颇有威慑力，但由于缺乏合理性和可操作性，所以看不到实际适用的案例。

（俗称"抄家"），在信息高度发达的今天，只要调查机关尽责，被调查人的财产状况几乎处于透明状态，企图隐瞒财产的努力难以得逞。一旦被调查人、被告人认罪认罚，必然会有积极退赃行为，追缴、退赔之后通常已经"囊中羞涩"①，因而会出现有的被告人向检察机关说明没有能力承担巨额罚金并要求减免的情况，而一旦出现这种情形，检察机关则会以被告人拒绝认罚为由，不与被告人签署具结书。由此引出"仅对附加刑有异议，能否影响从宽处罚"的问题。该问题的实质是认罪认罚是否需要考虑行为人承担附加刑的能力问题。

《指导意见》隐含了对被告人承担附加刑的能力的考察②。笔者认为，"实事求是"不仅是一种政治伦理规则，也是刑法、刑事诉讼法的立法原则。刑法第53条的规定即体现了"实事求是"的原则精神。③ 对于认可主刑建议，仅仅是如实说明自己的担责能力并提出异议的行为，不宜认定为"不认罚"的表现，从而拒绝与被告人签署具结书，应当根据被告人的实际履行能力作出实事求是的裁判。主要理由有二：

其一，主刑与附加刑的区别不仅仅在于主刑不能附加适用，更在于其所具有的能够剥夺被告人自由乃至生命的属性，决定了普遍适用性，因而具有"为主"的地位，而附加刑不具有普遍适用性，因而具有辅助的地位。辅助地位相对于为主地位而言可谓次要地位，因此，附加刑可视为次要性刑罚。被告人愿意接受检察机关所建议的主刑，足以表明其认罚的诚意，足以解决认罪认罚的主要问题，换言之，可视为基本符合认罪认罚的条件，纠缠于是否完全接受所建议的附加刑，实质上是抓住矛盾的次要方面不放，不尽合理。

其二，倘若被告人完全拒绝检察机关所建议的附加刑，当然不能认为基本符合刑事诉讼法第176条第2款的规定。被告人愿意接受罚金刑，只是希望能够得到合理的减免，不能视为无理取闹，相反，司法机关可能需要反思实践中的操作方式方法是否合理。④ 被告人一般不会在乎被剥夺政治权利的时间长短，因为剥夺政治权利不仅对于某些被告人而言无关痛痒，而且服刑期间实际上也无从行使政治权利。但是，关心自己的物质利益是人的本性，由此决定了被告人都会在意罚金刑或者没收财产刑的数额多少。刑法设置财产刑的目的在于抑制被告人追逐经济利益的动机和剥夺其再次犯罪的经济基础，然而财产刑的适用

---

① 当然，也不排除有的"老狐狸"隐藏很深的情况，但从逻辑上推论，认罪又隐瞒财产真实状况的概率应当很低。
② "认罚"考察的重点是犯罪嫌疑人、被告人的悔罪态度和悔罪表现，应当结合退赃退赔、赔偿损失、赔礼道歉等因素来考量。犯罪嫌疑人、被告人虽然表示"认罚"，却暗中串供，干扰证人作证，毁灭、伪造证据或者隐匿、转移财产，有赔偿能力而不赔偿损失，则不能适用认罪认罚从宽制度。
③ 该条第1款规定，对于不能全部缴纳罚金的，人民法院在任何时候发现被执行人有可以执行的财产，应当随时追缴。第2款规定："由于遭遇不能抗拒的灾祸等原因缴纳确实有困难的，经人民法院裁定，可以延期缴纳、酌情减少或者免除。"
④ 1. 云南省原副省长沈培平受贿1615万元，北京一中院处以有期徒刑12年，没收财产200万元；2. 安阳市处级干部王春安受贿1121万元，范县法院处以有期徒刑12年，罚金100万元；3. 河北省委原书记周本顺受贿4001万元，厦门中院处以有期徒刑15年，没收财产200万元；4. 昆明市原副市长谢新松受贿600万元，昆明中院处以有期徒刑10年，罚金100万元；5. 银川市委原党委常委夏夕云受贿2275万元，吴忠中院处以有期徒刑13年，罚金400万元；6. 云南省原省委副书记仇和索贿2433万元，贵阳中院处以有期徒刑14年6个月，没收财产200万元；7. 福建省原副省长徐刚受贿1977万元，合肥中院处以有期徒刑13年，罚金200万元；8. 原乐昌市委书记李维员受贿800万元，江门中院处以有期徒刑11年，没收财产10万元；9. 廊坊市原副市长ина双胜受贿1700万元，石家庄中院处以有期徒刑13年，没收财产50万元。以上案例来自中国裁判文书网。请注意：西部地区法院判决的罚金数额，普遍重于东部地区，甚至重于东部地区法院判决的没收财产数额。

容易超越必要的边界进入被告人所拥有的财产权范围，因此，财产刑的适用应当具有必要性与合理性，打掉被告人现实所拥有的经济基础，足以抑制其再犯动机的产生，这就是财产刑的最大边界。超越此边界，为被告人带来绝对的经济负担就具有明显的以恶制恶的属性，因而缺乏合理性。

四、口头建议缓刑但书面建议实刑，能否缓刑、能否反悔

尽管司法解释强调量刑建议的精准性，但实际上检察机关的业务熟悉程度和我国刑法大量罪名所配置的法定刑存在的超大幅度决定了短期之内量刑建议不可能"精准化"。在实践中，有的检察机关基于担责的考虑，会在口头上告知被告人及其辩护人"将向法院建议缓刑"，甚至会说明"已经与法院取得一致认识"，但具结书上却写明"建议处3年以上×年以下有期徒刑"，有的案件最终结论是缓刑，但有的却判了实刑。对于后者，被告人上诉能否获得缓刑？能否反悔？这是应当正视的问题。笔者认为，如果庭审前检察机关确实"已经与法院取得一致认识"的，法院判处实刑，实质上也是不诚信的表现，无论如何"甩锅"，都会牺牲司法机关的公信力；如果情况相反，则法院有权作出实事求是的判决。对于被告人来说，无论哪一种情况，都有权反悔，因为检察机关的口头承诺实际上已经影响到被告人的真实意愿；对于检察机关而言，应当提出抗诉请求，努力争取兑现承诺。

五、许诺"配合即可缓刑"未得兑现，被告人能否反悔

侦查或者调查机关常常以被调查人、犯罪嫌疑人"配合即可获得缓刑"为诱饵，诱使其认罪认罚。这一招数对于心中有鬼的行为人以及不在乎是否被贴上犯罪标签，只在乎实际上是否坐牢的被调查人、犯罪嫌疑人非常奏效。然而，有时侦查或者调查机关与检察机关沟通不畅，检察机关拒绝提出缓刑建议，有时虽然检察机关也能满足侦查或者调查机关的意愿，但法院拒绝。在这种情况下，如果行为人反悔而作出无罪辩解怎么办？原本同意提出缓刑建议的检察机关能否据此认为被告人态度恶劣而提出更重的量刑建议？

笔者认为，此时审查讯问时的录音录像资料甚至让侦查（调查）人员出庭作证（质证）就特别重要。如果能判断被告人陈述属实，那么应当认为被告人原先的认罪是诱供的结果，将其口供作为非法证据予以排除，如果其他证据不足以定罪，则法院应当作出无罪判决；如果其他证据足以定罪，检察机关也不宜提出更重的量刑建议，而由法院实事求是作出裁判为宜。

六、达到恢复性司法目的的案件可否速裁

恢复性司法，是指通过刑事诉讼活动，使被侵害的法益得到恢复。刑事和解制度是众所周知的恢复性司法制度，但环境刑事诉讼中的恢复性司法尚在探索之中。本文所谈的是污染环境或者破坏环境资源类案件，在案发后犯罪嫌疑人、被告人积极努力消除污染或者恢复林地、耕地原貌，实际上已经达到恢复性司法的目的或者效果的案件，能否适用速裁程序？

速裁程序，是修订后的刑事诉讼法新设立的审判程序，《指导意见》对适用速裁程序的

条件作出了较为具体的规定①，即认罪认罚+可能判处3年以下有期徒刑+事实清楚，证据确实充分+被告人选择。因此，该程序问题实际上又引出另一个实体问题：对此类案件的被告人能否处3年以下有期徒刑？

破坏环境资源类犯罪，多数配置3年以下有期徒刑、拘役或管制，情节严重的，配置3年至7年有期徒刑，一般配置有罚金刑，个别犯罪情节特别严重的，配置10年以上有期徒刑和罚金刑。一般来说，因为高昂的修复成本制约，犯罪嫌疑人、被告人有能力修复原状的，不会有犯罪情节特别严重情形，但可能有情节严重情形。而且，只要检察机关或者辩护律师悉心指导修复工作，势必留下现场勘验报告、被告人口供、证人证言、鉴定意见、修复申请、修复设计、修复验收等书证，使案件达到事实清楚，证据确实充分的程度。但由于恢复性司法理念尚待普及②，检察机关在处理此类案件时往往表现出"缩手缩脚"的状态，不敢提出3年以下有期徒刑的量刑建议，导致案件审理排除了速裁程序的适用可能。

笔者认为，为了充分实现刑事裁判的引导功能，对于此类案件应鼓励适用速裁程序，关联的问题是检察机关即使不敢作出不起诉决定，也应敢于提出与速裁程序相应幅度的量刑建议，甚至提出适用缓刑的建议；法院则应善于适用法律，依法作出最大限度的从宽判决，引导行为人尽可能在审判前恢复被侵害的法益状态。

七、不适于收押者，法院能否直接办理保外就医等手续

老年社会的来临，大比例的残疾人群体的存在导致刑事诉讼过程中出现一些新的情况，如：被告人中风偏瘫，生活不能自理；患有高血压、心脏病；肢体残疾缺乏自理能力等。此外，利用怀孕、哺乳之机犯罪（如毒品犯罪）的人员也在增多。这些人一旦犯罪，即面临看守所、监狱不愿或不敢收押的问题。30年前制定的《看守所条例》仅有原则性的模糊规定，《看守所法（征求意见稿）》对此虽有规定，但目前尚未通过。法律规范的滞后导致该问题的发生。实践中的做法是：如果被告人被判处实刑，则先收押，然后办理保外就医或其他监外执行手续。速度快的，收押的当天即可办理相关手续；速度慢的，可能一个月后才能出狱。笔者认为，基于人道主义立场，有必要尽快完善并颁布看守所法，及时修订完善监狱法，对上述两类被告人规定区别化处遇：对于身患严重疾病者，丧失生活自理能力者而言，倘若他们能够认罪认罚，意味着认罪悔罪，也不可能再实施危害社会的行为，更无可能实施串供、伪证等妨碍刑事诉讼的行为，对这一类被告人，明确规定法院可以直接办理保外就医手续；对于利用怀孕或者哺乳机会故意犯重罪特别是毒品犯罪者，也可办理监外执行手续，但待影响收押的条件丧失，即应收押执行。

---

① 《指导意见》第42条规定："基层人民法院管辖的可能判处三年有期徒刑以下刑罚的案件，案件事实清楚，证据确实、充分，被告人认罪认罚并同意适用速裁程序的，可以适用速裁程序，由审判员一人独任审判。人民检察院提起公诉时，可以建议人民法院适用速裁程序。"

② 甚至在某些环境刑法学者的著述中也看不到有此理念。比如，邓国良、石聚航所著的《生态犯罪的惩治与预防》关于生态犯罪的惩治理念部分，也只谈到零容忍、惩罚的及时性与不可避免性、提高违法成本三个理念。法律出版社2015年版，第209~213页。

认罪认罚案件量刑建议问题研究

陈 实*

所谓量刑建议,一般是指检察机关提起公诉过程中,在请求法院确认指控犯罪的基础上就被告人以刑罚方式承担刑事责任的相关问题向审判机关提出的司法意见。从1999年北京市东城区检察院提出首个量刑建议直至2018年认罪认罚从宽制度推出,虽然检察机关已推行多年,但因为在性质定位、内容形式以及司法效力等方面长期存有争议,量刑建议一直止步于司法解释和检察机关内部文件,未获得立法认可,且在司法实践中也一度遭遇困境。

认罪认罚从宽制度推行以来,量刑建议被设计为被追诉人认罪认罚的激励机制以及量刑从宽的实现机制,并被正式写入刑事诉讼法。量刑建议因此被历史性地赋予了重要意义,甚至被称为认罪认罚从宽制度功能的"基石"。[①] 有鉴于此,本文拟以产生方式、内容形式以及司法效力为线索,比较揭示认罪认罚从宽制度实施前后量刑建议的逻辑变化,并重点对认罪认罚案件中量刑建议产生方式的协商性、内容形式的精准化以及司法效力的正当性问题集中展开论述。

一、认罪认罚案件中量刑建议的逻辑转换

(一)控方单方意志变为控辩双方合意

量刑建议产生于检察机关的单方指控意志,这在过往量刑建议的司法实践和制度安排中都体现得十分明确。最早的量刑建议源自地方检察机关深化改进公诉工作而尝试"公诉人当庭发表量刑意见"。[②] 这清楚地表明了量刑建议是检察机关的一种单方指控诉求。2005年,最高检察机关组织实施量刑建议试点,量刑建议的提出开始变得灵活多样。2010年,最高检察机关制定的《人民检察院开展量刑建议工作的指导意见(试行)》(以下简称《量刑建议指导意见》)吸收了这些试点经验,并规定量刑建议提出方式有三种:一是制作单独的量刑建议书在提起公诉时附带提出;二是在公诉意见书中提出量刑建议;三是在法庭辩论阶段发表辩论意见时提出。然而,这三种方式由于辩方在庭前对检方量刑建议及其内容并不知晓,因而都属于检察机关的单方意志。随着认罪认罚从宽制度的实施,从

---

* 陈实,中南财经政法大学法学院副教授,诉讼法系主任,最高人民检察院基础理论研究基地研究人员。
① 刘卉:《量刑建议:承载认罪认罚从宽重要制度功能的"基石"》,载《检察日报》2019年6月10日第3版。
② 参见郭洪平:《公诉工作力求整体突破》,载《检察日报》2002年5月18日。

"两高三部"《关于在部分地区开展刑事案件认罪认罚从宽制度试点工作的办法》(以下简称《试点办法》)第1条、刑事诉讼法第15条及第174条的规定来看,认罪认罚案件中检察机关必须在庭前提出量刑建议且必须取得辩方的认可和同意,量刑建议已然从控方单方意志转为控辩双方合意。

(二) 幅度刑量刑建议变为精准刑量刑建议

一般认为,根据刑罚建议程度的不同,量刑建议的内容形式可分为概括性量刑建议、幅度刑量刑建议以及精准刑量刑建议。[①] 在量刑建议的早期实践中,公诉人主要是提出要求从宽或从严处罚被告人的意向并与辩方就量刑意见展开辩论,因而属于概括性量刑建议。[②] 2005年,最高检察机关制定《人民检察院开展量刑建议试点工作实施意见》并组织量刑建议试点。在试点过程中,各地检察机关开始尝试幅度刑量刑建议并涌现出若干典型样本。[③] 自2010年《量刑建议指导意见》发布之后,检察机关的量刑建议便多以幅度刑方式提出。然而在认罪认罚案件中,由于内容过于模糊的量刑建议难以体现量刑从宽并激励被追诉人认罪认罚,因此,2016年《试点办法》第11条明确了量刑建议的精准化方向,即检察机关在认罪认罚案件中可以提出相对明确的量刑幅度,也可以根据案件具体情况提出确定刑期的量刑建议。而2019年"两高三部"制定的《关于适用认罪认罚从宽制度的指导意见》(以下简称《指导意见》)则进一步要求人民检察院办理认罪认罚案件一般应当提出确定刑量刑建议。

(三) 无司法制约力变为有司法制约力

量刑建议在过去对法院一直仅具有参考作用,并无司法效力,这与量刑建议的产生逻辑及其检方的单方意志性不无关系。量刑建议脱胎于检察实践,由于缺乏规则指引,加之实践操作混乱以及理论上面临合法性和合理性长期受到质疑,致使其立法化一直难以实现。[④] 2005年和2010年前后,全国法院开展量刑程序规范化改革,量刑建议借由检察监督和裁判权制约之名获得一定的制度化发展。[⑤] 即便如此,量刑建议制度仍然未获得刑事诉讼法的承认,这也使得量刑建议当然不可能具有任何裁判拘束力。然而,认罪认罚从宽制度为量刑建议带来了立法化契机。根据刑事诉讼法第201条的规定,对于认罪认罚案件,人民法院依法作出判决时,除了五种法定的特殊情形以外,一般应当采纳人民检察院指控的罪名和量刑建议。这就意味着量刑建议不再是过往纯粹的单方指控意见,而是作为认罪认罚案件中向辩方承诺量刑减让,激励犯罪嫌疑人自愿认罪认罚的载体,实现了由裁判参考到制约裁判的逻辑转变。

---

① 参见王军、吕卫华:《关于量刑建议的若干问题》,载《国家检察官学院学报》2009年第5期。
② 参见李和仁:《量刑建议:摸索中的理论和实践——量刑建议研讨会综述》,载《人民检察》2001年第11期。
③ 参见李和仁、王渊:《量刑建议的未来之路》,载《检察日报》2009年9月2日。
④ 参见付磊:《量刑建议改革的回顾及展望》,载《国家检察官学院学报》2012年第5期。
⑤ 参见李玉萍:《中国法院的量刑程序改革》,载《法学家》2010年第2期。

二、认罪认罚案件中量刑建议的合意及其协商性

(一) 制度设计中量刑建议的弱协商性

认罪认罚案件中的量刑建议须经被追诉人同意,但是控辩合意只是制度设计拟制化的状态条件,量刑建议的产生和形成仍需具体的程序机制。从《试点办法》对认罪认罚案件中量刑建议制度设计来看,其协商性实际非常脆弱。第一,制度设计保障被追诉人获得有效法律帮助并非为了进行控辩协商,律师辩护和值班律师也都不是认罪认罚从宽制度中的专门设计。第二,检方就从宽处罚问题听取辩方意见不应视为控辩协商机制。因为在刑事诉讼法的审查起诉程序中原本就有检察机关应当听取犯罪嫌疑人及其辩护人意见的明确规定。这一审查起诉中的惯常性程序操作在以往也从未被当作一种控辩协商机制。① 第三,认罪认罚案件量刑建议的制度设计缺乏程序内核。综观认罪认罚案件的制度设计,量刑建议协商缺乏清晰而明确的程序性规则,尤其是对量刑建议的程序启动、控辩双方对量刑建议的交涉、反馈和调整等具体的程序性要素和结构几乎没有作出任何规定。

(二) 制度实践中量刑建议的去协商化

制度设计未能建构必要的程序内核,这使得认罪认罚案件量刑建议的协商缺乏清晰的规则指引,而检察机关在诉讼过程中又具有强势地位,控辩双方权利也不对等,这导致认罪认罚案件量刑建议基本上被检方主导,制度设计中量刑建议的弱协商性在制度实践中进一步表现为去协商化。一是不与协商的量刑建议。为鼓励控辩双方进行认罪认罚量刑协商,制度设计原则上未限制适用案件的类型和性质。但实践中多数地方检察机关对认罪认罚量刑协商要么是将认罪认罚量刑协商的适用案件范围限制在速裁程序案件或者轻罪案件当中,② 要么是限制部分认罪认罚案件的量刑建议协商。二是不能协商的量刑建议。最高检察机关对量刑建议提出了"规范化、精准化、智能化"的要求,③ 办案检察官只需对照计算公式按图索骥便能得出量刑建议,而无须与辩方进行协商。此外,各地推行的量刑建议辅助办案系统将公式化量刑建议体系进一步智能化,使得认罪认罚案件量刑建议不仅在形成过程中被去协商化,形成之后也不可协商。④ 三是虚化协商的量刑建议。从各地实践来看,检察机关常常利用自身优势主导协商过程,主要通过排挤律师参与控辩协商或者迫使辩方接受量刑建议这两种方式展开。综上,认罪认罚案件中的量刑建议协商在实践中异化为不与协商、不能协商和虚化协商,不仅有违制度设计对量刑协商形成的要求,更会危及整个认罪认罚从宽制度的功能实现。

---

① 也有从价值规范角度出发对此的分析。参见闫召华:《听取意见式司法的理性建构——以认罪认罚从宽制度为中心》,载《法制与社会发展》2018年第4期。
② 苗生明、周颖:《认罪认罚从宽制度适用的基本问题——〈关于适用认罪认罚从宽制度的指导意见〉的理解和适用》,载《中国刑事法杂志》2019年第6期。
③ 史兆琨:《陈国庆在全国检察机关"量刑建议精准化、规范化、智能化"网络培训班上强调深入推进量刑建议工作有效开展》,载《检察日报》2019年4月29日第1版。
④ 周新:《认罪认罚从宽制度试点的实践性反思》,载《当代法学》2018年第2期。

(三) 量刑建议的控辩协商及其程序化

从制度源头看，认罪认罚案件量刑建议的制度设计来源于速裁程序的改革经验，① 但速裁程序的案件类型远小于认罪认罚案件。但是随着认罪认罚案件适用类型的扩大，协商机制缺失对控辩量刑合意势必造成严重影响。认罪认罚案件量刑建议必须从以下四个方面构建程序化的协商机制。一是规范量刑协商的程序启动。除了检察机关依职权提出量刑建议协商以外，为保障被追诉人认罪认罚的权利，同时应当赋予辩方对于量刑协商的程序启动权。二是规范量刑建议的协商主体。实践中检方常常撇开辩护人和值班律师直接与犯罪嫌疑人进行量刑协商，之后再邀请律师到场见证认罪认罚具结。这无异于直接削弱了辩方量刑协商的能力，并给了检方主导协商过程和结果的可乘之机。因此，量刑建议协商必须通过明确辩护人或者值班律师的主体地位和主体顺位来规范量刑协商主体。三是规范量刑建议的协商过程。首先要告知权利和确认认罪认罚意愿。其次要共同确定量刑建议协商的日期。最后要进行量刑建议协商。四是规范检方对辩方的压力策略。检方说服辩方认罪认罚需要采取一定的压力手段，但过分运用压力策略，使犯罪嫌疑人因恐惧而认罪认罚则是不可接受的。因此，规范检方压力策略的思路有两点：一是辩护人和值班律师参与协商。二是增强量刑建议的透明度。

三、认罪认罚案件中量刑建议的精准化及其限度

(一) 认罪认罚案件量刑建议的精准化

根据 2016 年《试点办法》第 11 条以及 2019 年《指导意见》第 33 条之规定，制度设计对认罪认罚案件量刑建议的内容方式明确了三个方面：一是量刑建议的内容应当包括主刑、附加刑以及是否适用缓刑；二是量刑建议的方式包括相对确定的量刑建议和确定刑期的量刑建议；三是提出量刑建议的方式应当以确定刑期的量刑建议为主，以相对确定的量刑建议为辅。这就意味着在认罪认罚案件中，检察机关一般情况下应当提出确定刑期的主刑、明确的附加刑以及明确缓刑适用的量刑建议，这种包括了刑种、刑度和处刑方式的具体化量刑建议方式被最高检察机关称为"精准刑量刑建议"。② 然而，精准刑量刑建议的实现对于大多数在过去不擅于提出量刑建议或者只习惯于提出幅度刑量刑建议的检察机关及其办案人员而言并不十分容易。为了推进认罪认罚案件量刑建议的精准化，检察机关探索的路径主要有三种：一是制定量刑建议实施细则。二是量刑建议辅助系统开发应用。三是与法院进行量刑沟通协调。从认罪认罚案件司法实践来看，检察机关推进认罪认罚案件量刑建议精准化的举措也取得了一定的效果。③

---

① 最高人民法院院长周强就《关于授权在部分地区开展刑事案件认罪认罚从宽制度试点工作的决定（草案）》的说明。参见刘子阳：《落实宽严相济刑事政策，提升司法公正效率》，载《人民法院报》2016 年 8 月 30 日第 1 版。
② 参见苗生明：《认罪认罚量刑建议精准化的理解与把握》，载《检察日报》2019 年 7 月 29 日第 3 版。
③ 参见陈国庆：《量刑建议的若干问题》，载《中国刑事法杂志》2019 年第 5 期。

（二）精准刑量刑建议误入裁判权歧途

当前，精准刑量刑建议对于实现认罪认罚从宽的功能效果尚不明显，但其误入裁判权歧途的正当性风险却已十分显著。这一点从地方性量刑建议实施细则就可以看出，所谓精准刑量刑建议，其方法、步骤以及整个过程和法院的刑罚裁量活动几乎完全相同，唯一的区别就是前者叫量刑建议，而后者叫处刑判决。在刑事诉讼法第 201 条的刚性约束下，除了法定的例外情形以外，法院不采纳检方量刑建议的空间已是微乎其微。另外，除了地方性量刑建议指导性规范以外，检察机关推行的量刑建议精准化的其他举措同样在加剧量刑建议的裁判权化，如检察机关量刑建议辅助系统。智能化的量刑建议辅助系统与人工化提出精准刑量刑建议一样，都是对法院规范化量刑方式的套用模仿。另外，较之于指导性规范和办案辅助系统对于精准刑量刑建议裁判权化的隐秘性而言，所谓检法量刑沟通的举措则是对法院量刑裁判权的公然侵蚀。尤其是为了实现提出精准刑量刑建议的目标与法院进行的所谓"个案沟通"和"案前沟通"，违反审判中立、排除预断等一系列现代审判制度的基本原则，严重破坏诉审关系，明显背离庭审实质化的改革要求，对司法公信力势必产生不良的负面影响。

（三）认罪认罚量刑建议精准化的限度

认罪认罚案件中量刑建议具有承载控辩双方对量刑进行具体化和明确化协商的功能，但这并不意味着认罪认罚案件量刑建议的功能加载可以突破程序法基本价值规律。当前，精准刑量刑建议已误入裁判权歧途，有造成认罪认罚案件法院量刑裁判权空心化和形式化的巨大风险。因此，有必要重新审视认罪认罚案件量刑建议的内容方式，划定必要的边界和尺度。认罪认罚案件量刑建议精准化应当指向量刑减让的精准化，而非最终处刑的精准化。一方面，基于量刑建议在被追诉人认罪答辩以及控辩协商中的特殊功能作用，量刑建议的内容方式应当更为明确和具体化。另一方面，必须清楚地意识到认罪认罚案件中的量刑建议虽然经过了控辩协商，达成了控辩合意，但从性质上讲仍然是一种对量刑的请求，因此也必须恪守请求权的本分。首先，重新定义量刑建议精准化。认罪认罚案件中量刑建议的精准化应当限于从宽意义上的"量刑减让"，而非绝对意义上的"确定刑"。其次，检察机关应当根据案件性质、罪行严重程度和危害后果，犯罪嫌疑人、被告人认罪认罚的诉讼阶段以及对查明案件事实的价值和意义，综合考量提出精准化的量刑减让建议，而不能将所有案件的量刑建议都按认罪认罚的诉讼阶段简化为同一减让比例。最后，检察机关应当在量刑建议中提出量刑减让的具体幅度。至于最终的确定刑，则由法院在采纳量刑协议达成的基准刑减让的具体方案基础上裁判作出。

四、认罪认罚案件中量刑建议的效力及其正当性

（一）量刑建议制约裁判权的正当模式

根据《试点办法》第 20 条以及 2018 年刑事诉讼法第 201 条之规定，制度设计赋予量刑建议制约裁判权效力的逻辑十分明确。量刑建议是控辩双方对被追诉人认罪认罚以及量

刑减让的合意载体，具有协议的属性，出于对控辩合意的尊重和兑现协议的需要，裁判方理应受到一定约束，不能轻易拒绝量刑建议。然而，以直接立法模式赋予量刑建议司法制约力，其正当性值得商榷。首先，从世界范围来看，量刑建议本身并非世界各国刑事司法制度上规定的检方当然之权力。其次，量刑建议效力法定化削弱了法官对量刑的自由裁量。在认罪认罚案件中，量刑建议虽然具有控辩合意性，但其本质上也仍然是一种诉讼请求，仅能作为法官对量刑自由裁量的重要考量因素，但绝不应对裁判权直接产生制约效力。最后，量刑建议效力法定化造成量刑去审理化。赋予量刑建议裁判拘束力虽然直截了当地解决了认罪认罚案件量刑建议被法院采纳的问题，但这种法定义务模式与国际经验不符，理论上有重大缺陷，实践中也会产生弊端。量刑建议效力完全可以采用非法定化的模式予以实现，具体包括三个路径。一是将量刑建议效力明确于司法规范性文件。对于一些不适合法定化但又需要具有一定约束力的规则，应当选择以"指导意见"等司法政策文件或者效力更高的司法解释来体现，而不适宜强行立法。二是强化对量刑建议的司法说理。一方面要增强检方对所提出的量刑建议的说理；另一方面要增强法院对不采纳量刑建议的说理。三是强化诉权对法院量刑裁判的约束。如对量刑建议应采纳而未采纳，不采纳理由不成立的，一方面，辩方可以提出上诉；另一方面，符合抗诉条件的检察机关可以依法抗诉，不符合抗诉条件但属量刑不当的，可以依法提出检察建议。

（二）量刑建议明显不当时的审查处理

制度设计赋予了量刑建议司法拘束力，但难免会出现的情况是法院量刑裁判与量刑建议出现分歧。根据刑事诉讼法第201条第2款之规定，立法为保障量刑建议效力，设定了法院对不适当量刑建议的审查处理，但这种审查处理机制的正当性亦值得进一步讨论。首先需要明确的是不适当量刑建议的范围。在认罪认罚案件中，量刑建议难免会出现实体正义上的偏差。一方面是因为检方的量刑建议也是自由裁量的产物，因而势必会带有因人而异的主观性偏差；另一方面是因为认罪认罚案件中的量刑建议还必须取得辩方的认可，达到控辩合意。这种偏差当属正常现象。对此，法院出于对控辩合意的尊重，对一定偏差范围内的量刑建议应当保持必要的克制，无须寻求纠正。关键问题实际上在于对量刑建议偏差范围的合理限定。刑事诉讼法第201条第2款将量刑建议的偏差范围限定为"明显不当"。但对于"明显不当"的具体含义和情形，立法并未予以明示。对此，暂可借鉴司法解释中的类似表述，[①] 即"量刑明显不当"的含义解释："这里的明显不当，是指适用的刑种、刑期与所犯罪行严重不相适应，或者不符合刑法总则规定的量刑原则和刑法分则规定的法定刑。"[②] 其次需要讨论的是对明显不当量刑建议的处理。从刑事诉讼法第201条第2款规定来看，立法意图十分明显，即维护量刑建议的效力，防止裁判者以不当为由拒绝采纳。但当量刑建议明显不当仍得以对裁判形成拘束时，则超过了必要限度，其正当性值得商榷。因为这样不仅削弱了裁判系属效力，而且可能有损裁判权中立地位，甚至可能有损实体正义。因此，当量刑建议明显不当时，法院应当直接作出裁判，而不必再

[①] 参见最高人民法院《关于适用〈中华人民共和国刑事诉讼法〉的解释》第375条第2款和《人民检察院刑事诉讼规则》第591条第1款。

[②] 孙谦主编：《〈人民检察院刑事诉讼规则（试行）〉理解与适用》，中国检察出版社2012年版，第431页。

经检方调整补救。

(三) 控辩双方对量刑建议的调整变更

除了法院对量刑建议的分歧处理，根据刑事诉讼法第 201 条第 2 款之规定，立法还允许在庭审中对出现控辩分歧的量刑建议做调整变更。首先需要明确的是辩方能否对量刑建议提出庭审异议。我国认罪认罚案件司法实践有必要允许辩方在审判程序中对量刑建议提出异议，并对不当量刑建议做调整变更。一方面是因为庭审阶段可能出现一些新的影响量刑的事实或证据，导致之前达成的量刑建议不再完全适合，辩方因此可以提出异议。另一方面是因为认罪认罚案件的量刑建议完全被检方主导，控辩双方的协商性较弱，甚至不排除出现辩方为了争取获得从宽处罚而委曲求全认可量刑建议的情形。① 因此，为了保障被告人实体从宽的权利，也应当允许辩方对协商不充分的量刑建议提出异议。其次是量刑建议庭审异议的处理方式。在庭审中，因辩方提出异议而确需对量刑建议作出处理，应当先由控辩双方重新协商后由检方调整量刑建议，而不能由法院径行裁判，此为裁判权尊重控辩合意性之必要。检方如果同意辩方异议，当庭对量刑建议作出变更调整即可，而无须再经过控辩协商。再次是量刑建议庭审异议处理的程度标准。对法院而言，不能直接对异议量刑建议进行处理，只有检方不予调整或者调整后仍然明显不当时才能作出裁判。对辩方异议的量刑建议，不论检方调整与否，只要最终不属于明显不当，法院均不应介入。对检察机关而言，根据 2019 年《指导意见》第 41 条之规定，检方调整异议量刑建议的程度标准是"有理有据"，但此处的"有理有据"不应与"明显不当"等量视之。辩方只需要提出有正当而充分的理由说明量刑建议存在不当即可，是否足以使检方调整量刑建议则应由检察机关作出决定。最后是检察机关是否能在庭审中主动调整量刑建议。目前立法未赋予检察机关在庭审中主动调整量刑建议的权力。但是，在认罪认罚案件实践中已出现检方在庭审中主动调整变更量刑建议的现象。对此笔者认为，虽然立法未予以明示，但从有利于认罪认罚案件处理的角度，应当允许检方在庭审中主动调整变更量刑建议，但应仅限于从宽的调整，即有利于被告人的调整变更。

---

① 实践中这种情况较为多见，因此 2019 年《指导意见》第 33 条中规定检察机关提出量刑建议应当与辩方"尽量协商一致"。

职务犯罪调查阶段适用认罪认罚从宽制度的理论立场

桂梦美*

一、问题的提出：制度反腐"中国模式"的理论回应

党的十八届四中全会提出完善认罪认罚从宽制度。2018年3月20日，全国人大审议通过监察法，首次正式规定职务犯罪被调查人的认罪认罚从宽制度，赋予监察机关"从宽处罚建议权"。职务犯罪认罪认罚从宽包括两个阶段，即调查阶段和刑事诉讼阶段。作为反腐败工作的专责机构，监察委员会既是执纪机关又是执法机关，工作内容涉及违纪、违法、犯罪三个层面。监察法赋予监察机关监督、调查、处置的职责和谈话、讯问、搜查、留置等12项调查措施，用留置取代"双规"措施，展示依法反腐的决心和自信。根据现代法治精神，处置违纪违法人员应当坚持宽严相济原则，做到惩戒与教育相结合。①

党的十九届四中全会提出推进纪检监察工作规范化、法治化。依规依纪依法依制度反腐，是纪检监察工作新时代的底线标准。制度反腐"中国模式"不断深入推进，使制度优势充分转化为治理效能。反腐败实践证明并将继续证明，职务犯罪调查阶段认罪认罚从宽"中国模式"正当性制度逻辑与其生成的价值所在、理论逻辑、从宽处罚建议内涵等存在内生关联。制度管根本、管长远，制度的生命力在于执行。史学家黄仁宇曾经说制度研究的意义不在于发现和批判荒谬，而在于发掘和解释国家治理诸多现象背后稳定的制度逻辑与理论支撑。因此，本文将从宏观上回应职务犯罪认罪认罚从宽制度"中国模式"的理论立场，对于坚持和完善党和国家监督体系，推进国家反腐败治理体系和治理能力现代化具有重要的现实意义。

二、价值理论：认罪认罚从宽制度的时代基因

行使国家监察职能的监察委员会与党的纪律检查机关合署办公，是深化国家监察体制改革的重要制度安排，根本目的在于加强党对反腐败工作的统一领导，把执纪和执法贯通起来，有效破解反腐败机制不畅、资源力量分散的困境。但是，监察法中认罪认罚从宽制度的价值所在与理论逻辑不同于刑事法律制度。厚植党执政的政治基础，改善被调查人主体地位、治病救人以及增强反腐败威慑力等现实价值，对服务于反腐败中心大局无疑擦亮

---

* 桂梦美，西北政法大学公安学院副教授。
① 姜明安：《监察工作理论与实务》，中国法制出版社2018年版，第12页。

了更加人性的底色。

（一）价值所在

纪检监察机关提出从宽处罚建议体现了刑以弼教的中华法文化，与马克思主义刑罚观高度吻合，符合监察法加强法治教育和道德教育与弘扬中华优秀传统文化的精神。中华文化基于对人性的理解，提出了劝人向善、明德慎罚、教化人心的思想。马克思主义强调犯罪背后的社会经济原因，指出犯罪者仍然是人，可以通过教育等方式改造自身。我们始终强调坦白从宽、抗拒从严，强调惩前毖后、治病救人，这是中国特色社会主义法治理论的重要内容。

纪委监委是政治机关而不是司法行政机关，原因在于其既要惩处极少数不收敛不收手严重违纪甚至涉嫌犯罪的"坏人"，但更多的是帮助教育"好人"少犯错误或者是改正已有错误、以后不再犯错误，管住大多数。因此，必须把监督挺在前面，把党内监督和国家机关监督有机结合，既要巩固深化对党员干部的监督全覆盖，也要实现对所有行使公权力的公职人员全覆盖，通过全面强化监督，防止更多的"好人"逐步变成"坏人"。被调查人积极配合纪检监察机关调查工作，如实供述自己的职务犯罪事实，体现了其主观上真诚认罪悔罪的态度，也在客观上解决了取证困难、降低了调查成本、节约了调查资源，在移送检察机关时对其提出从宽处理意见，符合宽严相济的政策要求。

（二）理论立场

基于监察机关政治属性以及党的统一领导、全面覆盖、权威高效的监督体系，被调查人认罪认罚从宽制度最主要的理论逻辑在于政治正当性，惩前毖后、治病救人，人权思想和实体从宽四个方面。

1. 政治正当性

因文化背景与政治传统的差异性，作为具有历史性、脉络性概念的政治正当性，则有着不同理解。一般认为，正当性是国家治理体系产生和维持"现存的政治制度是对这个社会最为适合的政治制度的信念"的能力。① 传统观念上，正当性是指制度被评价以及被认为是正确的和合适的程度。深入开展反腐败工作，夺取反腐败斗争压倒性胜利，增强了人民群众对党的信心和信任，厚植党执政的政治基础，营造风清气正的良好政治生态。在现代性背景下，民众的认可成为现代政治的正当性基础。② 因此，人们相信现存制度正当性的标准是制度合适与否或者道德上合适。③ 监察法及其各项制度最根本的理论基础在于政治正当性。在理论上，政治生活是人权、个人权利的保证。④ 实现政治正当之路的逻辑法则，位于权利与权力的动态平衡。⑤

具体而言，不少高官职务犯罪因认罪悔罪、认罚不上诉而获得政治上的形式正义，但从实体从轻和程序从简而言却是刑事法律结构中的相对正义。其实，政治学上的正义包括

---

① Seymour Martin Lipset, Political Man (Garden City, N.Y.: Doubleday, 1960), p. 77.
② 周濂：《现代政治的正当性基础》，生活·读书·新知三联书店 2008 年版，第 237 页。
③ John H. Schaar, Legitimacy in the Moden State (New Brunswick, N.J.: Transaction Publishers, 1981), p. 24.
④ 《马克思恩格斯全集》（第 3 卷），人民出版社 2002 年版，第 286 页。
⑤ 王岩、陈绍辉：《政治正义的中国境界》，载《中国社会科学》2019 年第 3 期。

自然的正义和约定的正义。当正义规则在世界各地都同样有效而不依赖于我们是否接受时，它是自然的；当正义规则起初可以任意制定时，它就是约定的，即这种不被自然规定的正义属于法定或者约定的。西塞罗（Cicero，公元前106—前43年）曾说："宇宙服从于神，海洋和陆地服从于宇宙，人生则服从于最高的法。"党内法规与国家法律属于最高层次的法或文明规范，讲政治的基本境界就是对最高的法的服从。从最终裁判结果画面与数据分析上看，绝大多数职务犯罪被告人认罪认罚不上诉的最后陈述宣示政治正当性（权利与权力的平衡）。

2. 惩前毖后、治病救人

惩前毖后、治病救人是我们党从丰富的实践经验和深刻的历史教训中总结出来的。在1942年2月中央党校开学典礼上，毛泽东在《整顿党的作风》演说中提出"惩前毖后、治病救人"。意思是"要以科学的态度来分析批判过去的坏东西，以便使后来的工作慎重些，做得好些""但是我们揭发错误、批判缺点的目的，好像医生给病人治病一样，完全是为了救人，而不是为了把人整死"。① 毛泽东认为对于人的处理取慎重态度，既不含糊敷衍又不损害同志，这是我们党兴旺发达的标志之一。历史经验和优良传统证明，惩前毖后、治病救人的目的在于我们党严明法纪和团结同志。

惩是为了治，治是根本，惩治具有整体性。惩前毖后、治病救人体现党和政府对党员干部以及其他行使公权力的公职人员真正的关心和最大的爱护。把纪律和规矩挺在法律前面，坚持纪严于法和纪在法前，实现纪法分开，严管就是厚爱、治病为了救人。坚持惩前毖后、治病救人一以贯之：党的十一届五中全会通过的《关于党内政治生活的若干准则》、党的十二大修改的党章、2015年和2018年两次修订的《中国共产党纪律处分条例》以及2016年修订的《中国共产党党内监督条例》等，进一步明确了监督执纪"四种形态"是惩前毖后、治病救人理论的具体体现。作为最为严厉的"第四种形态"，被调查人认罪认罚从宽处理的实践是惩前毖后、治病救人理论的最好诠释。

3. 人权思想

人权思想是在自然法理论"平等人格"与"本性自由"观念的演化和融合中不断发展变化的，包括生命权、自由权、平等权、财产权和追求幸福权等内容。为了保障这些权利，才在人们中间建立政治。政治权力的正当性则来自人民的同意。人权思想是一种政治理念，其政治基础是人民主权原则。人权的作用和目的不仅在于使人们获得权利，而且在于使人们明确自我解放的目标和获得实现自我解放的手段。② 黑格尔曾经说，"人权不是天赋的而是历史地产生的。"③ 国家公权力的限制与防止滥用不仅是出于公共利益维护的需要，更是为了保护公民权利；相反，赋予和加强保护公民权利又会制约和监督国家公权力。

以人民为中心的人权思想是时代最伟大的声音。黑格尔曾说，"不要把罪犯看成单纯的客体，即司法的奴隶，而是把罪犯提高到一个自由的、自我决定的地位"。④ 人权的依据还在于其道德性，人的尊严具有最高价值。⑤ 我国宪法第33条规定，国家尊重和保障人权。

---

① 《毛泽东选集》（第三卷），人民出版社2009年版，第827页。
② 熊万鹏：《人权的哲学基础》，商务印书馆2013年版，第228页。
③ 《马克思恩格斯全集》（第2卷），人民出版社1957年版，第146页。
④ [德] 黑格尔：《法哲学原理》，范扬、张企泰译，商务印书馆1996年版，第45页。
⑤ 张恒山：《论人权的道德基础》，载《法学研究》1997年第6期。

监察法第5条规定，保障当事人的合法权益。由于监察措施对公民的人身、财产构成限制或剥夺，必须对被调查人的权利予以保障，实现惩治腐败与保障人权的结合。① 具体而言，认罪认罚从宽制度认可了被调查人在监察程序中的主体地位，自愿与纪检监察机关自由平等沟通，"看得见"的程序性权利获得保障。"每个人都生而自由平等"② 作为人类的自然法则，即自由平等，国家应当给予保证。敬畏天道，尊重法则，在平等对话的环境中，理性宽容对待惩治腐败与保障人权。

4. 实体从宽

实体从宽具有鲜明的时代性。早在1934年4月《中华苏维埃共和国惩治反革命条例》中就规定"真诚悔过、忠实报告、帮助肃反"等可以减轻处罚。③ 1940年12月，毛泽东同志在为中共中央起草的对党内的指示《论政策》一文中提出"对反对派中的动摇、胁从分子应有宽大的处理"。④ 1942年11月《中共中央关于宽大政策的解释》里说明了对"真正表示改悔者采取宽大政策"，随后于1943年8月《中共中央关于审查干部的决定》中进一步要求"对失足者处罚采取宽大政策"。⑤ 1952年4月《中华人民共和国惩治贪污条例》规定"自动坦白、真诚悔过并缴出所贪财物、检举他人贪污犯罪立功"等得从轻、减轻处罚，或者缓刑、免刑予以行政处分。⑥ 1979年7月"惩办与宽大相结合"被明确为制定《中华人民共和国刑法》的刑事政策根据，至1997年3月修订后的刑法中规定自首和立功的从宽处罚原则。2005年12月5日，时任中央政法委书记罗干同志在全国政法工作会议上正式提出"宽严相济"的刑事政策。⑦

由上可见，我们党从宽处理的精神体现在实体规则层面，核心是处罚从宽，而对于程序从简基本不予考虑。新时期，职务犯罪调查阶段认罪认罚从宽的制度逻辑亦是指向实体从宽，即从宽内容仅指实体从宽。现行党内规范性文件对违纪违法者的处置基本遵循的亦是实体处罚从宽之理念。监察法第5条规定"惩戒与教育相结合，宽严相济"，这里宽严相济的直接产物即认罪认罚从宽及其制度化。实体从宽体现了党的十八大以来监督执纪"四种形态"的思想和理念，同时也是从当前反腐败斗争形势依然严峻的实际出发作出的规定。⑧ 按照"四种形态"对违纪违法者进行处置，在监察实践中已形成从宽的、有温度的实体处理评价体系。显然，这种实体从宽具有正当性，尽管从宽处理的监察程序封闭、严苛和烦琐（包括谈话函询、线索处置、立案、审查调查、审理、专题会议、领导集体研究、同级党委和上级批准等环节）。

实体从宽正当通常具有两面性，即个人自愿遵守正当原则之动机的有条件性与社会正义要求对个人的无条件性。被调查人自愿选择认罪悔罪认罚，基于正当的一面其动机是获得利己的从宽处罚，"惟有行为主体才知道他表面上奉公守法的行为在多大程度上沾染了利

---

① 陈光中、兰哲：《监察制度改革的重大成就与完善期待》，载《行政法学研究》2018年第4期。
② 卢梭：《社会契约论》，何兆武译，商务印书馆2003年版，第9页。
③ 中共中央党史研究室：《中国共产党党史》（第一卷），中共党史出版社2018年版，第328页。
④ 《毛泽东选集》（第二卷），人民出版社2009年版，第767页。
⑤ 张希坡：《革命根据地法律文献选辑》（第三辑第1卷），中国人民大学出版社2018年版，第68页。
⑥ 中共中央党史研究室：《中国共产党的九十年》，中共党史出版社2019年版，第79页。
⑦ 卢建平：《刑事政策学》，中国人民大学出版社2007年版，第165页。
⑧ 中共中央纪律检查委员会、中华人民共和国国家监察委员会法规室：《中华人民共和国监察法释义》，中国方正出版社2018年版，第70页。

己的动机"。① 对社会正义而言，被调查人必须无条件接受刑事处罚。虽然这种实质意义上的从宽获得刑事处罚，但被调查人内心遭受的人生跌落痛苦是非常惨烈的。我国语境下的同理心正义，互利共赢的"化解纠纷"，证明从宽正当的两面性具有生活性、实践性。②

三、从宽建议：程序、效力与"四种形态"

根据监察法第31条、第32条规定，监察机关向检察院移送案件时可以一并提出从宽处罚的建议，这是认罪认罚从宽制度在反腐败案件中的具体运用。作此规定之目的，一是鼓励被调查人和涉案人员积极配合监察机关的调查工作，改过自新、将功折罪，争取宽大处理，体现了"惩前毖后、治病救人"的精神；二是为监察机关顺利查清案件提供有利条件，节省人力物力，提高反腐败工作效率，争取实现相对公平与正义的和谐统一。③

（一）从宽建议的程序

根据监察法第31条、第32条规定，无论是对涉嫌职务犯罪的被调查人提出从宽处罚建议，还是对职务违法犯罪的涉案人员提出的从宽处罚建议，都必须经过相同的决定和审批程序，即：（1）领导人员集体研究；（2）上一级监察机关批准；（3）移送人民检察院时提出。具体而言，满足从宽建议的前述条件后，还必须经过严格的法定程序。领导人员集体研究，是指包括监委主任、副主任、委员在内具有领导身份的人员，以集体专题会议的形式共同讨论并形成是否从宽的意见，不能由个别领导单独决定。上一级监察机关批准，是指经领导人员集体研究决定适用认罪认罚从宽后，还应当报请上一级监察机关最后决定是否同意。上一级监察机关批准后，监察机关决定移送司法机关时，被调查人或者涉案人员才可以获得从宽处罚建议。也就是说，即使上一级监察机关同意领导人员集体决定，但监察机关并未移送人民检察院时，则不产生"从宽处罚建议权"。由此可以看出，职务犯罪调查阶段认罪认罚从宽的适用程序比刑事诉讼中适用该制度的程序更为严苛。当然，在诉讼阶段侦查、审查起诉环节决定适用实体从宽时，也应当报请最高人民检察院核准。我们认为，职务犯罪调查阶段从宽建议，适用程序严苛，职权层级严明，监察集中行使，实现了监察制度"中国模式"构建党统一领导、全面覆盖、权威高效的监督体系之根本目的。

（二）从宽建议的效力

监察建议，是指"监察机关依法根据监督、调查结果，针对监察对象所在单位廉政建设和履行职责存在的问题等，向相关单位和人员就其职责范围内的事项提出的具有一定法律效力的建议"。④ 因此，监察建议的内容包括内部惩戒建议、纠正建议和整改建议等。⑤ 所以，从宽处罚建议属于工作建议而不属于监察建议，也不会产生监察法第62条所规定的

---

① 慈继伟：《正义的两面》，生活·读书·新知三联书店2019年版，第236页。
② 杜宴林：《司法公正与同理心正义》，载《中国社会科学》2017年第6期。
③ 江国华：《中国监察法学》，中国政法大学出版社2018年版，第245页。
④ 中共中央纪律检查委员会、中华人民共和国国家监察委员会法规室：《中华人民共和国监察法释义》，中国方正出版社2018年版，第207页。
⑤ 秦前红：《监察法学教程》，法律出版社2019年版，第364页。

法律责任①。这是因为如果从宽处罚的建议产生上述法律责任，即意味着检察院无法定情形而不采纳从宽处罚的建议，会遭到"由其主管部门、上级机关责令改正，对单位给予通报批评；对负有责任的领导人员和直接责任人员依法给予处理"的法律责任。其一，检察院在向法院提起公诉时，是否一并提出（检察机关）从宽处罚量刑建议，应当由检察院自行决定，故而作此规定将有碍检察院依照法律独立行使检察院之宪法原则的实现。② 其二，由于法院才是司法审判机关，犯罪嫌疑人最终能否受到从轻处罚、减轻处罚或者免除处罚，仍然需要接受法院司法审查的最终认定，③ 故而检察院是否接受监察机关的从宽处罚建议，对于最终法院的审判结果并不会产生直接影响。其三，只要犯罪嫌疑人确实符合从轻处罚、减轻处罚或者免除处罚的有关情节，检察院依法审查起诉及法院依法审判时，本身便会予以适当考虑。

所以，监察机关"从宽处罚建议"作为反腐败工作制度性安排，有其存在的重要价值与时代意义，但并不产生与监察建议相同的法律责任。鉴于职务犯罪调查阶段认罪认罚从宽制度运行的程式是"认罪认罚+情形+集体研究+上级批准+移送时提出"，其认定标准高于刑事诉讼法适用认罪认罚从宽制度的范式，运行程序更加严苛，故监察机关从宽建议给检察官或者法官造成强大的威慑力。

（三）"四种形态"转化

基于纪委监委日常监督制度的内在逻辑要求，运用"四种形态"处置及其内部转化，特别是"第四种形态"（开除党籍、开除公职并移送司法机关）向"第三种形态"（重处分、重大职务调整）或者其他形态转化，属于被调查人得到认罪认罚从宽处理的常见方式。简言之，违纪违法事实是定量的，但被调查人态度是变化的。也就是说，被调查人积极主动配合调查，认罪态度好，可以获得监察机关不向司法机关移送的从宽处理决定，即不完全运用或者不直接运用"第四种形态"进而选择适用其他三种形态。这里的不完全运用是指对涉嫌严重职务犯罪的被调查人，只是作出开除党籍、开除公职处置决定，而不移送司法机关进一步处理。所以，从宽处理与被调查人态度密切关联，"第四种形态"不完整适用或者向其他三种形态的转化是实体从宽处理的常见样态。这种"四种形态"内部转化的处置模式是当前职务犯罪案件从宽处理和进入诉讼阶段数量明显下降的根本原因。

四、结语

职务犯罪调查阶段适用认罪认罚从宽制度的专有理论立场还需要诸多相应的配套措施与实践检验。职务犯罪认罪认罚从宽制度的顶层设计是惩治职务犯罪和维护政治稳定的重要举措。改变"重实体、轻程序"这种政治文化产物，转向政治文化与法律文化相结合，努力做到监察价值与诉讼价值内生和谐一致，实现权力与权利的平衡，增强人们对反腐败

---

① 监察法第62条规定，有关单位拒不执行监察机关作出的处理决定，或者无正当理由拒不采纳监察建议的，由其主管部门、上级机关责令改正，对单位给予通报批评；对负有责任的领导人员和直接责任人员依法给予处理。
② 监察机关依法独立行使监察权意味着不得阻碍检察机关依法独立行使检察权和人民法院依法独立行使审判权。参见秦前红、石泽华：《论监察权的独立行使及其外部衔接》，载《法治现代化研究》2017年第6期。
③ 陈卫东：《认罪认罚从宽制度研究》，载《中国法学》2016年第2期。

压倒性态势的获得感、幸福感、安全感。坚持问题导向,对监察对象认罪认罚从宽的自愿性如何保障、刑事诉讼时效、律师介入提供法律帮助与权利救济、从宽建议监察文书规范等应当给予更多的理性认识,在政治正当性的现实基础上寻找合理方案。监察法中认罪认罚从宽的制度运行及其价值必须融入现有的法律体系中进行观察,需要同其他法律无缝衔接和配合,消弭法治反腐进程中存在的各种障碍,努力创造一套符合历史传统和现实国情并与党长期执政相适应的认罪认罚从宽制度"中国模式",实现依规治党和依法治国的有机统一。

"从宽"系谱中认罪认罚从宽的位序关系
——基于从宽实体的展开

郭 华[*]

我国认罪认罚从宽制度是在"宽严相济"刑事政策下展开的,将其与刑法中的自首、坦白、如实供述自己罪行以及缓刑、减刑、假释等实体规定置于相同的场景,必然会冲击原有从宽的位序结构体系。其兼具程序从宽和实体从宽的双重重任在实体从宽上如何与原有的实体"从宽"和平共处,这就需要将这种"嵌入式"的实体从宽与其他实体"从宽"作出调整,通过建立新的位序结构和适用上的顺序关系维护其他实体"从宽"原有的"尊严",不因其"嵌入"挤压其他实体"从宽"制度适用空间;同时应当树立认罪认罚从宽在整个从宽系谱中的应有地位,防止其他实体从宽对其地位的侵蚀以及适用上的抵制。无论是认罪认罚从宽制度的试点还是我国刑事诉讼法、相关司法解释抑或是理论研究,在认罪认罚的"从宽"不同实体法规定的其他从宽问题上基本达成了共识,然因这种不同的从宽未得到实体法上的回应,其从宽在适用方法上仅仅是比附其他从宽的实体做法,致使其在适用上从属于其他实体从宽,与将其作为基本制度的地位极不相称,在适用上不会有突破性的创新意蕴。目前,检察机关量刑建议与审判机关裁判间的紧张[①]尽管与求刑权与审判权配置有关,也与程序法规定的认罪认罚从宽的实体从宽与实体法规定的实体从宽在适用上的位序紊乱有关,导致认罪认罚从宽的从宽遇到实体反制而功能流失。对于后者,尤其需要在原有"从宽"系谱上对认罪认罚从宽与其他实体从宽制度的适用位序进行重新安排,确立认罪认罚实体"从宽"在从宽系谱中的位序关系,从而建立从宽适用的新的平衡位序结构。对此拟从以下方面进行探讨。

一、实体法与程序法在从宽系谱上对认罪认罚的实体从宽的回应性互动问题

目前,我国司法实践践行的在侦查、审查和审判中认罪认罚可以从宽幅度按照"30%、20%和10%"减让的做法,不是其独立的从宽减让情节,是依附于最高人民法院《关于常见犯罪的量刑指导意见》(法发〔2017〕7号)对自首、坦白、当庭自愿认罪、退赃退赔、赔偿被害人、取得被害人谅解、达成刑事和解等从宽的规定,这种比附在仅仅存在认罪认罚的情形下可能会发挥作用,当遇到实体法原有的从宽情节时则会出现叠床架屋的所谓

---

[*] 郭华,中央财经大学法学院教授。
[①] 北京市余金平交通肇事案,检察机关量刑建议为有期徒刑3年、缓刑4年,而一审法院被判处2年有期徒刑,余金平上诉和检察院抗诉后,二审法院改判其有期徒刑3年零6个月。该案引发了学界和司法机关等的争议。

"竞合"。这一"竞合"因各自构成要件的重合极易被其他实体法规定的从宽情节吸收，其叠加并用适用容易突破实体法的底线，衍生出从宽的重复性评价问题。如果彰显认罪认罚的从宽则会在一定程度上挤压其他实体从宽的空间。对认罪认罚的"从宽"与其他实体从宽在"从宽系谱"中需要重新作出从宽的位序排列，通过认罪认罚在实体从宽上的不同位序结构诱发其激励功能。

我国刑法对自首、立功、如实供述自己的罪行等量刑上的从宽均有相应规定。例如，刑法第67条、第276条之一第3款、第383条第2款、第390条第2款、第392第2款对自首、坦白情节及拒不支付劳动报酬罪、贪污罪、行贿罪、介绍贿赂罪规定了"从轻、减轻处罚或免除处罚"的情形。《刑法修正案（八）》在刑法第67条中又增加了"犯罪嫌疑人虽不具有前两款规定的自首情节，但是如实供述自己罪行的，可以从轻处罚；因其如实供述自己罪行，避免特别严重后果发生的，可以减轻处罚"。为了保障《刑法修正案（八）》得以实施，2012年修改的刑事诉讼法对此作出了回应。该法第118条第2款规定："侦查人员在讯问犯罪嫌疑人的时候，应当告知犯罪嫌疑人如实供述自己罪行可以从宽处理的法律规定。"2018年修改的刑事诉讼法第120条对此作出了回应，对侦查人员告知"如实供述自己罪行"并列增补了告知"认罪认罚的法律规定"。从"如实供述"与"认罪认罚"并列告知的规定来看，两者之间不具有包含关系，意味着在从宽上存在不同。由于刑事诉讼法的表述在"如实供述"上明确了"可以从宽"，而在"认罪认罚"上仅规定告知其"法律规定"，这种"法律规定"的"法律"不仅包括程序从宽，也应包括实体从宽，再次折射出两者在从宽上的差异。基于刑事诉讼法对刑法修正案作为实体法从宽的规定的回应，刑法也必须及时与认罪认罚从宽制度相衔接，为程序改革提供实体法支撑，防止量刑时面对"下不了手"的难办案件突破实体法的量刑限制，立法上需要考虑将认罪认罚作为法定从宽处罚情节予以总则化。① 由于刑法面对同一"宽严相济"刑事政策下的刑事诉讼法兼具实体从宽的规定未及时回应，从而填补刑事诉讼法为认罪认罚预留的"法律规定"的空间，进而维护实体法与程序法的有效衔接，纾解理论上众说纷纭和实践做法莫衷一是，特别是认罪认罚从宽的幅度能否"减轻"的困惑。无论是刑法对其是否作出回应，对于认罪认罚的实体从宽与自首、坦白等实体从宽在从宽适用上的位序均是一个无法绕开的问题。

二、认罪认罚从宽与其他实体从宽在从宽系谱中作为构成要件的问题

最高人民法院《关于处理自首和立功具体应用法律若干问题的解释》（法释〔1998〕8号）将"如实供述司法机关尚未掌握的罪行""可以酌情从轻"与"一般应当从轻处罚"的主体确定为犯罪嫌疑人、被告人和已宣判的罪犯。然而这一解释未被2011年2月25日第十一届全国人大常委会第十九次会议审议通过的《刑法修正案（八）》完全吸收，排除了"被告人和已宣判的罪犯"，仅限于"犯罪嫌疑人"。"在《刑法修正案（八）草案》征求意见的时候，就有意见认为，如实坦白从轻或者减轻处罚的适用对象不应仅限于犯罪嫌疑人，应扩大到'被告人'。但考虑到根据刑事诉讼法的规定，犯罪嫌疑人到审判阶段才被称为'被告人'，如果在犯罪嫌疑人侦查、审查起诉阶段都不如实坦白自己的罪行，进入审

---

① 参见周光权：《论刑法与认罪认罚从宽制度的衔接》，载《清华法学》2019年第3期。

判阶段在法庭上才如实坦白,实际意义已经不大,因此,没有采纳这个意见。"① 也就是说,如实供述的坦白"从宽"基于主体的犯罪嫌疑人限制仅适用于审前程序。我国刑事诉讼法第 15 条将"犯罪嫌疑人、被告人自愿如实供述自己的罪行"作为认罪认罚构成要件之一,而这一要件与刑事诉讼法第 120 条规定的犯罪嫌疑人"如实供述自己罪行可以从宽处理"的坦白构成要件不仅在主体上具有一致性,而且在发生环节的程序上也重合。犯罪嫌疑人在侦查阶段"自愿如实供述自己的罪行"可以从宽,就存在认罪认罚从宽与坦白从宽在适用前提的构成要件的重叠性,致使"如实供述自己罪行可以从宽处理"在从宽适用上转化为现实上的要件相同,这种基于同一事实的从宽是叠加并用还是择一适用抑或是采用吸收规则成为问题。如何在"如实供述罪行"这同一事实上确定"认罪认罚、自首和坦白"的从宽而不违反重复评价原则成为需要探讨的问题。这一问题不仅涉及"如实供述"同一事实在不同构成要件能否重复适用,其重复适用在从宽上是否存在重复评价问题,而且适用不当还会影响到犯罪嫌疑人"如实供述"法定从宽的实体权利。

最高人民法院《关于常见犯罪的量刑指导意见》在"常见量刑情节的适用"中规定:"对于自首情节,综合考虑自首的动机、时间、方式、罪行轻重、如实供述罪行的程度以及悔罪表现等情况,可以减少基准刑的 40% 以下;犯罪较轻的,可以减少基准刑的 40% 以上或者依法免除处罚。恶意利用自首规避法律制裁等不足以从宽处罚的除外。"而"对于坦白情节,综合考虑如实供述罪行的阶段、程度、罪行轻重以及悔罪程度等情况,确定从宽的幅度"。《关于适用认罪认罚从宽制度的指导意见》(以下简称《指导意见》)中规定:"早认罪优于晚认罪""认罪认罚的从宽幅度一般应当大于仅有坦白""对犯罪嫌疑人、被告人具有自首、坦白情节,同时认罪认罚的,应当在法定刑幅度内给予相对更大的从宽幅度。认罪认罚与自首、坦白不作重复评价"。当遇到"认罪认罚与自首、坦白"均存在时,对它们均含的"如实供述"能否分别作为其构成要件而分享,这种分享是否有违《指导意见》规定的认罪认罚与自首、坦白不作重复评价。"早认罪优于晚认罪""认罪认罚的从宽幅度一般应当大于仅有坦白""自首的价值高于坦白",对于认罪认罚与自首、坦白同时存在,对其从宽上的位序应当如何安排?《指导意见》规定的"不作重复评价"仅限于"从宽"适用,还是也限于同一"如实供述"作为认罪认罚与自首、坦白构成要件?有学者认为,自首、坦白的犯罪嫌疑人、被告人同时认罪认罚的,在量刑时既要按照自首、坦白的规定给予从宽,也要按照认罪认罚作为独立量刑情节,有利于被告人,并不违反禁止重复评价原则。② 按照此观点进行反向推论,重复评价仅限于认罪认罚与自首、坦白的构成要件,而"如实供述"又是从宽适用的基础事实,对其适用基础的影响必然会影响到从宽的适用。然而,实践中却存在对认罪,即"如实供述自己罪行"不作重复评价的做法。例如,2019 年 8 月 20 日发布的江苏省高级人民法院《关于办理认罪认罚刑事案件的指导意见》规定:"认罪认罚的被告人,同时具有自首、坦白情节的,对其从宽时不应重复评价'认罪'的情节,而应当根据自首、坦白情节的具体情况,结合'认罚'情节,综合确定从宽的限度和幅度。"然而从宽适用的前提不仅仅限于认罚,其构成要件恰恰包含认罪,"如实供述自己罪行"的认罪均是构成认罪认罚或者自首、坦白的要件。那么,"是否存在自首、坦白

---

① 参见段启俊、刘源吉:《〈刑法修正案(八)〉新增坦白制度的理解与适用》,载《法学杂志》2012 年第 7 期。
② 参见李勇:《认罪认罚与自首、坦白之界分》,载《检察日报》2019 年 2 月 15 日第 3 版。

之外的认罪？是认罪认罚与自首、坦白不作重复评价，还仅仅是认罪与自首、坦白不作重复评价？都是尚存较大争议、未能厘清界限的量刑情节细化定位问题"。① 基于认罪认罚中的"认罪"与自首、坦白的构成要件中均存在"如实供述自己的罪行"，如何避免在竞合或者重叠中违反重复评价原则，还需要厘清界限并对以下问题予以讨论："如实供述自己的罪行"是作为量刑评价的情节还是作为认罪认罚与自首、坦白的构成要件，如果作为构成要件，能否共享这一同一事实要件？如果共享这一事实要件是否存在理论及《指导意见》的重复评价问题？认罪认罚与自首、坦白并存的情况，其"从宽"的位序如何安排？

三、认罪认罚的从宽与实体法其他"从宽"在从宽系谱中的适用位序问题

从"禁止重复评价原则"出发，犯罪嫌疑人、被告人的"如实供述自己的罪行"均会涉及认罪认罚、自首、坦白的构成及其从宽的适用，理论上对于如何解决这些问题并非清晰。不仅如此，当定罪情节与量刑情节存在重合与交叉，禁止重复评价原则如何适用，是适用于定罪情节还是量刑情节依然存在分歧，目前多数学者的研究主要聚焦于量刑中，对于在量刑情节给予两次或者两次以上相同目的和属性的评价应当不被允许，而对于不同性质的"多次评价"应当允许。然而，"如实供述自己的罪行"作为认罪认罚与自首、坦白的要件主要涉及量刑评价，这些评价均是以从宽作为目标的，其目的和属性是相同的，否则《指导意见》规定并存给予"相对更大的从宽幅度"也就失去了基础。尽管认罪认罚与自首、坦白的深层结构和制度安排存在差异，因均将"如实供述自己的罪行"作为构成要件，在具体适用上还需要作出位序安排。虽然三者均是为了保障犯罪嫌疑人、被告人的基本权利，在从宽的价值选择上具有一致性，但因适用顺序不同或者位序的混乱会导致从宽的幅度或者程度存在差距，最终会影响不同制度本身的公正性，有可能使得有些制度的从宽打了折扣，不利于认罪认罚从宽制度的真正实现。

对认罪认罚与自首、坦白并存"从宽"的位序关系，有学者认为，"认罪认罚从宽应当是自首、坦白之外一个新的独立的量刑情节，当认罪认罚从宽和自首、坦白之间在量刑方面有重合和联系时，应在自首、坦白从轻或减轻的基础上依据刑事诉讼法第15条再给予适当从宽处罚"。② 也有学者认为，"对认罪认罚与自首、坦白相交叉和叠加的'认罪'部分，在把握具体从宽幅度时，不作重复评价"。③ 上述观点涉及自首、坦白、认罪认罚在认罪构成上的关系和从宽适用上的结构位序。我国刑法第67条第1款规定："犯罪以后自动投案，如实供述自己的罪行的，是自首……"第3款规定："犯罪嫌疑人虽不具有前两款规定的自首情节，但是如实供述自己罪行的，可以从轻处罚；因其如实供述自己罪行，避免特别严重后果发生的，可以减轻处罚。"自首的构成需要具备自动投案和如实供述自己的罪行两个要件，而坦白仅限于如实供述自己的罪行一个要件。根据刑事诉讼法第15条的规定，认罪认罚的构成需要三个要件，即"犯罪嫌疑人、被告人自愿如实供述自己的罪行，

---

① 黄京平：《认罪认罚情节的体系定位》，载《法制日报》2020年2月12日第3版。
② 参见樊崇义：《关于认罪认罚中量刑建议的几个问题》，载《检察日报》2019年7月15日第2版。
③ 参见苗生明、周颖：《〈关于适用认罪认罚从宽制度的指导意见〉的理解与适用》，载《人民检察》2020年第2期。

承认指控的犯罪事实，愿意接受处罚"。从上述的规定和要求可以发现，无论认罪认罚还是自首抑或是坦白，犯罪嫌疑人、被告人的"如实供述自己的罪行"均是其构成要件，且自首的"自动性"与认罪认罚的"自愿性"具有某种程度的交叉，坦白、自首、认罪认罚在构成要件上呈现出"阶梯式递增"特征。基于构成要件的复杂性和标准要求强度，其从宽的幅度也应当与之相适应，认罪认罚从宽的法定刑幅度应当大于自首、坦白，不仅可以从轻，更应当减轻，不得低于自首的从宽。这一问题需要在修改刑法时予以考虑。因为这属于实体法问题，在此不予赘述。当三者并存时，其从宽是否一律叠加呢？这还需要从从宽的要素上予以分析。"对于自首情节，综合考虑自首的动机、时间、方式、罪行轻重、如实供述罪行的程度以及悔罪表现等情况"，而坦白从宽需要"综合考虑如实供述罪行的阶段、程度、罪行轻重以及悔罪程度等情况"并限于审前程序"如实供述自己罪行的"。① 认罪认罚的"从宽处理既包括实体上从宽处罚，也包括程序上从简处理"。"应当依照刑法、刑事诉讼法的基本原则，根据犯罪的事实、性质、情节和对社会的危害程度，结合法定、酌定的量刑情节，综合考虑认罪认罚的具体情况，依法决定是否从宽、如何从宽。"② 自首的"时间、罪行轻重、如实供述罪行的程度以及悔罪表现等"与坦白的"阶段、程度、罪行轻重以及悔罪程度等"存在重叠，而与认罪认罚"阶段、确有悔罪表现以及罪行严重程度等"③ 三者在从宽要素上存在三处以上的重叠，致使认罪认罚和自首与坦白存在一定程序的包含关系。一般情况下，构成认罪认罚的从宽必然存在如实供述罪行的要件，其坦白的单一要件被认罪认罚吸收，这样就有可能造成坦白从宽失去独立存在的价值，这仅仅是在认罪认罚从宽具有较大从宽幅度的背景下的结论。但不构成认罪认罚，不影响坦白的独立存在。也可以说，坦白与认罪认罚同时存在时，其从宽可能存在重复评价问题，当然不否定实体法将认罪认罚作为独立于坦白的从宽情形。基于此，认定构成认罪认罚也就没有必要对坦白再予以认定，但在从宽的幅度上，认罪认罚应当裹含坦白，需要在从轻上设置大于坦白30%的从宽幅度，即比照"吸收犯"处罚原则作出反向要求，从宽幅度需要加大。由于构成认罪认罚并不必然构成自首，但认罪认罚与自首也存在被包含的因素，当其共存时，其从宽适用可比照"数罪并罚"原则作出"并宽"的选择，将认罪认罚作为独立于自首之外独立的量刑情节，充分体现认罪认罚从宽制度作为基本制度的独立价值。基于以上分析，对于《指导意见》规定的"认罪认罚与自首、坦白不作重复评价"需要审视，其重复评价重在从宽要素的评价上，而非简单的认罪认罚与自首、坦白本身，况且如实供述自己的罪行在三者构成要件不可能不重复，相反，相对从宽有利于犯罪嫌疑人、被告人，不宜限制重复评价。

余　论

认罪认罚从宽需要纳入"从宽"系谱中的位序，保障从宽优惠或者减让具有实质意义，

---

① 参见最高人民法院《关于常见犯罪的量刑指导意见》"三、常见量刑情节的适用"的第4、5项的规定，坦白还包括"如实供述司法机关尚未掌握的同种较重罪行"的情形和"因如实供述自己罪行，避免特别严重后果发生"的情形。
② 参见《指导意见》"三、认罪认罚后'从宽'的把握"第8项的规定。
③ 参见《指导意见》"三、认罪认罚后'从宽'的把握"第9项的规定。

体现"早认罪优于晚认罪"节约诉讼成本和提高诉讼效率的意涵。因为程序从简在一定程度上克减了被追诉人的诉讼权利,这种程序权利需要通过实体从宽予以弥补,否则会影响程序公平公正。认罪认罚从宽制度与刑事速裁程序、简易程序、普通程序以及特别程序的适用,不仅改变了这些原有程序的适用顺序,通过认罪认罚从宽作为基本制度改革其适用的逻辑结构,更为重要的是通过程序从宽以及程序法的从宽规定影响从宽的实体。在司法实践中需要将程序法的规定作为相对独立的量刑从轻情形,改变从宽仅仅依靠实体法的传统,拓宽刑法固守的"罪刑法定"的"程序法定"意涵。因为"如果实体不予从宽,所谓的程序从简就会损害被追诉人的权益",[①] "作为刑事诉讼法修改后的一项新的制度,认罪认罚从宽制度具有系统性",[②] 对传统的刑事诉讼程序或者制度必然带来一定的冲击,与被追诉人不认罪的案件相比较,其他程序需要按照认罪认罚从宽作为基本制度调整或者重建现代特色的合作式诉讼结构,通过程序选择来维护认罪认罚从宽制度的本有价值,体现其作为基本制度改革的政策立场和程序上的统领地位。

---

① 闵春雷:《认罪认罚从宽制度的适用困境及理论反思》,载《比较法研究》2019 年第 5 期。
② 王敏远:《认罪认罚从宽制度中的重点、难点问题》,载《人民司法(应用)》2019 年第 10 期。

未成年犯罪人认罪认罚问题研究

郭志远　夏军营*

一、引言

2018年，在经过两年的试点实验后，我国在制度层面将认罪认罚从宽确认为刑事诉讼的基本原则。在规范层面，"两院三部"先后颁布了《关于在部分地区开展刑事案件认罪认罚从宽制度试点工作的办法》（以下简称《试点办法》）以及《关于适用认罪认罚从宽制度的指导意见》（以下简称《指导意见》），这些规范与刑事诉讼法一起为认罪认罚从宽制度的推行提供了基本遵循。然而，三大规范在规定上忽视了犯罪主体的差异性。与未成年人认罪认罚相关的法条仅有七条，体现未成年人认罪认罚特殊性的内容也仅有两点。"由于认罪认罚从宽制度不仅是国家从顶层设计的层面进行的一项改革措施，也代表了刑事诉讼的未来发展方向，完整、系统、科学的认罪认罚从宽制度的构建对于在实践中保证该制度的顺利进行以及预设功能的充分发挥是十分必要的。"[①] 未成年犯罪人在犯罪原因、认知能力、处分能力等方面均与成年人存在差异，刑事司法对未成年人的处遇理念也有别于成年人。有鉴于此，本文拟对未成年人适用认罪认罚从宽制度进行探讨，以求对认罪认罚从宽制度的规范化运行有所裨益。

二、未成年人适用认罪认罚从宽制度的现状及其存在的问题

《试点办法》第2条规定，未成年犯罪嫌疑人、被告人的法定代理人、辩护人对未成年人认罪认罚有异议的，不适用认罪认罚从宽制度。这实际上是对认罪认罚从宽制度适用范围的反向限定，除此之外，对于未成年人认罪认罚问题，其他条文再无提及。2018年修改后的刑事诉讼法对于未成年人认罪认罚的规定共有两条：一是刑事诉讼法第174条，该条规定未成年犯罪嫌疑人的法定代理人、辩护人对未成年人认罪认罚有异议的，不需要签署认罪认罚具结书。区别于《试点办法》的内容，该条款是对刑事诉讼法第15条的细化，肯定了未成年人的自主认罪认罚权。二是刑事诉讼法第223条，该条款限定了未成年人适用认罪认罚的程序选择权，即"未成年人认罪认罚不适用速裁程序"。《指导意见》关于未成年人适用认罪认罚从宽制度的条款共有四条。其中，第56条不需要签署具结书以及第57

---

* 郭志远，安徽大学法学院教授、博士生导师；夏军营，安徽大学法学院博士研究生。
① 刘少军：《认罪认罚从宽制度中的被害人权利保护研究》，载《中国刑事法杂志》2017年第3期。

条不适用速裁程序分别是对刑事诉讼法第 174 条和第 223 条的重申，而第 55 条听取意见以及第 58 条法治教育均是对未成年人特别程序相关内容的重申。

理论界对认罪认罚从宽制度的研究主要集中在以下五个方面：第一，认罪认罚自愿性保障问题。通过规范解读、程序设计等一系列研究方法，构建有效可行的自愿性保证机制，保障认罪认罚程序运行的正当性。第二，认罪认罚反悔权保障问题。探索被追诉人能否反悔以及反悔之后的处理和权利保障问题。第三，认罪认罚证明标准的差异化问题。研究认罪认罚案件的证明标准能否降低以及如何进行差异化探索的问题。第四，值班律师制度的完善问题。对值班律师的角色定位进行理论探讨，以求为被追诉人认罪认罚提供有效的法律帮助。第五，认罪认罚的从宽量刑问题。研究被追诉人认罪认罚后的从宽幅度以及检察机关如何进行精准量刑问题，以保障被追诉人认罪认罚之后确实能得到合理的量刑优惠问题。

对上述未成年人适用认罪认罚从宽制度的立法规定以及学界对认罪认罚从宽制度的现有研究进行总结可以发现以下两个问题：

第一，现有规范对于未成年人适用认罪认罚从宽制度方面的规定较为简单粗陋，对于未成年人认罪认罚的特殊性关注不足。从条文的数量来看，三大有关认罪认罚从宽制度的法律规范，涉及"未成年人"字眼的条款加起来共计七个条款。就条文的内容来看，三大规范真正与未成年人认罪认罚有关的内容只有两点：未成年人认罪认罚可以不签署认罪认罚具结书与不适用速裁程序。

第二，当前学界对于未成年人适用认罪认罚从宽制度的研究不够重视。晚近学界对于认罪认罚从宽制度高度重视，并且产出了丰厚的理论成果，但这些研究几乎都是以成年人普通刑事案件为基准出发的，并没有关注到犯罪主体的差异性，关于未成年人适用认罪认罚从宽制度的文章寥寥无几。从实践状况看，自刑事诉讼法确立认罪认罚从宽制度以来，未成年人犯罪案件认罪认罚适用率超低。[①] 这也在一定程度上反映了理论对于司法实践的需求供给不足。

三、未成年人适用认罪认罚从宽制度的现实意义

根据刑事诉讼法第 15 条的规定，认罪认罚从宽并没有犯罪主体的限制，无论是成年犯罪人，还是未成年犯罪人，只要真诚悔罪，符合认罪认罚的要素，就能适用认罪认罚从宽制度。但是，在司法实践中，未成年人犯罪案件的认罪认罚适用率较低。对此，有学者指出实务部门存在以下问题：一是我国刑事法已经为未成年犯罪人铺设了从宽处遇条款，再对其适用认罪认罚从宽制度可能会导致罪刑严重失衡。[②] 二是未成年人在生理和心理上均尚未成熟，不具备完全的认知能力与处分能力，难以保障未成年犯罪人认罪认罚的自愿性与

[①] 笔者以无讼案例库为检索平台，区间限定为 2016 年至 2020 年，查询到未成年人犯罪案件总数共计 57637 份，在这其中对未成年人适用认罪认罚从宽制度的案件只有 327 份，未成年人认罪认罚的案件在未成年人犯罪案件中的占比不足 1%，这与普通案件的认罪认罚率相去甚远。

[②] 余丽：《对未成年犯适用认罪认罚从宽制度的必要性与可行性论证》，载《预防青少年犯罪研究》2017 年第 6 期。

真实性。① 三是实务部门担心认罪认罚从宽制度的效率主义特性会不利于未成年人的改造与帮教。② 然而，这些理由均不应当成为阻碍未成年人适用认罪认罚从宽制度的原因。无论是在理论上还是实践中，未成年人适用认罪认罚从宽制度都具有诸多现实意义。

（一）"国家亲权"刑事司法理念的必然要求

在过去，我国对于未成年人的犯罪预防主要建立在"自然亲权"理念基础之上。具言之，未成年人实施了犯罪行为，责任在于父母教育与家庭监管的不力。此时，对于未成年人犯罪的预防模式为"以犯罪为基础"的处罚模式。与"自然亲权"相对应，"国家亲权"认为国家才是儿童或者法律上无行为能力人的最高监护人。③ 对于未成年人犯罪，国家应当采取以"儿童利益"为基础的"矫治"模式。④

基于"国家亲权"理念，少年司法运作规律强调对未成年人的帮教而非惩罚，这就要求对于未成年犯罪人尽量采取宽缓的处理方式，帮助未成年人尽快地回归社会。认罪认罚从宽制度也体现了这一理念：一方面，认罪认罚从宽既包括实体法量刑的从宽也包括程序法处遇的从轻。程序的从轻就是指对于未成年犯罪人尽可能不拘留、不逮捕，降低羁押率；实体的从宽就是指对于未成年犯罪人比照基准刑进一步从宽量刑，可以避免刑罚过重带来的负面效应。另一方面，认罪认罚从宽制度强调的程序从简、从快也在客观上避免了诉讼延迟给未成年犯罪人带来的伤害。

（二）推进"审判中心主义"司法改革的应然之举

党的十八届四中全会通过的《关于全面推进依法治国若干重大问题的决定》提出要推进审判中心主义司法改革，审判中心主义反映到实践层面便是庭审实质化。⑤ 庭审实质化要求"事实证据调查在法庭，定罪量刑辩论在法庭，全面落实直接言词原则，严格执行非法证据排除制度"，这表明庭审实质化的推进受制于司法资源。有鉴于此，在"审判中心主义"提出两年之后，认罪认罚从宽制度配套而生，意在两点：第一，简单而又争议不大的案件通过认罪分流程序快速审理，尽可能减少这一类刑事案件对司法资源的占用；第二，将节省出来的司法资源投向重大、复杂、疑难而又有争议的案件，此类案件适用普通程序精审、细审，真正做到查明事实，妥善判决。

---

① 文治全：《浅谈未成年人犯罪认罪认罚的适用》，载《西部法制报》2019年12月14日。
② 史卫忠、王佳：《未成年人刑事案件适用认罪认罚从宽制度的思考》，载《人民检察》2017年第2期。
③ 姚建龙：《国家亲权理论与少年司法——以美国少年司法为中心的研究》，载《法学杂志》2008年第3期。
④ David S. Tanenhaus, "First Thing First: Juvenile Justice Reform In Historical Context", Texas Tech Law Review, 46 Tex. Tech L. Rev. 281.
⑤ 杨正万：《审判中心内涵再讨论——基于理论制度及实践视角》，载《云南民族大学学报》2020年第4期。

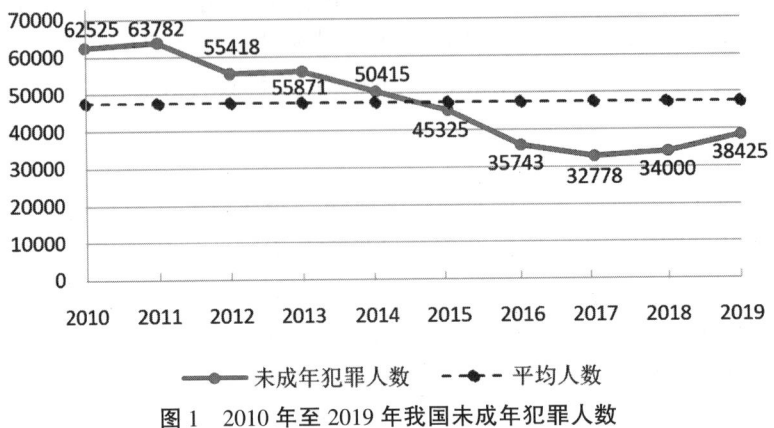

图1 2010年至2019年我国未成年犯罪人数

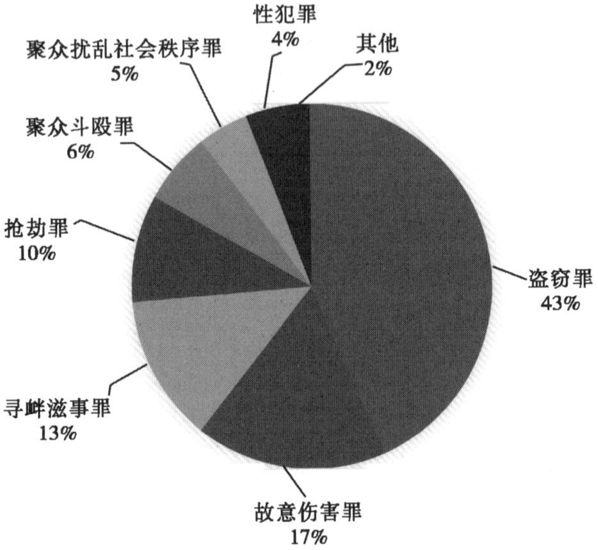

图2 近10年来我国未成年人犯罪类型

这种要求也反映在未成年人刑事司法层面，未成年人更应当适用认罪认罚从宽制度，理由有二：第一，当前我国未成年人犯罪形势依然严峻。根据国家统计局发布的《中国儿童发展纲要（2011-2020）》统计监测报告显示，我国未成年人犯罪案件整体上呈现出轻微的下降态势（见图1），但从体量上来看，近10年来未成年人犯罪形势仍然严峻（平均数量4万人）。而且，国家统计局没有划分数据统计的时间节点，此监测报告并不能代表实际发生的数量。以2018年为例，监测报告显示为34000件，而2019年《最高人民检察院工作报告》却显示2018年仅检察机关受理的未成年人案件的涉案人员就已经达到55051人，这足以表明未成年人犯罪数量远比监测报告显示的要多。第二，当前我国未成年人的犯罪多为轻微刑事案件（见图2）。近10年来我国未成年人犯罪案件多以数额较小的盗窃案、故意轻微伤害案、寻衅滋事案为主，这些案件多为"冲动型"犯罪，涉罪数额较小、犯罪情节轻微并且争议不大，更宜于适用认罪认罚从宽制度加以处理。

（三）降低刑事诉讼潜在风险的必由路径

随着互联网的快速发展和新型媒体的不断扩张，未成年人犯罪案件总是能在社会之中掀起轩然大波。社会公众对于未成年人犯罪案件空前关注，在2020年"两会"期间，有多名代表和委员提出要降低刑事责任年龄。① 在以往办理未成年人案件的刑事程序之中，存在对于被害人权利关注不足问题，带来的后果便是被害人不满公安司法机关作出的相应决定而不停地申诉、信访，被害人利用网络媒介试图借助舆论的力量向司法机关施加压力，甚至会引发围堵司法机关和攻击司法人员等更为严重的诉讼风险与社会问题。②

对未成年犯罪人适用认罪认罚从宽制度则可以很好地降低潜在的刑事诉讼风险，减少因被害人不满而带来的严重社会问题。这是因为认罪认罚从宽制度中的"从宽处理"具有两个理论依据：其一，被告人积极认罪认罚节省了国家的司法资源；其二，被告人认罪认罚本身就意味着人身危险性的降低。一方面，效率主义促使未成年人犯罪案件迅速办理，避免了二次伤害，客观上也有利于安抚被害一方的情绪，避免滋事与缠讼。另一方面，判断人身危险性的降低取决于被告人对被害人的赔偿的悔罪态度。从《认罪认罚从宽制度试点工作情况的中期报告》的数据来看，试点法院审结的侵犯公民人身权利案件中，达成和解谅解的占39.6%。检察机关抗诉率、附带民事诉讼原告人上诉率均不到0.1%，这从客观上反映了认罪认罚从宽制度在被害人权益保护问题上的优势。因此，对未成年人适用认罪认罚从宽制度是降低刑事诉讼风险的必由路径。

四、未成年人认罪认罚的特殊性及特殊对待理论

为进一步推进认罪认罚从宽制度的精细化实施，应当对未成年人犯罪群体的特殊性予以关注，并进行差异化对待，以期实现更好的法律效果与社会效果。与成年人相比，未成年人在犯罪原因、天然心理、认知能力以及赔付能力方面都存在特殊性。正因为如此，在适用认罪认罚从宽制度之时对未成年人进行特殊对待有着充分的理论基础。

1. 犯罪原因层面。未成年人犯罪的诱因很多，从表面上看是因为未成年人自身控制能力差，而追根溯源是由于原生家庭缺失，社会救助不足、关爱不足所导致的。③ 尤其是在当下，我国社会正处于转型时期，伴随由此出现的离婚狂潮问题、务工子女留守等问题，客观上影响了未成年人的成长环境，进而诱发未成年人犯罪。④ 世界各国刑事司法都设置了未成年人的特殊处遇程序，以便更好地帮助未成年人矫正，如法国的未成年人罪错分级制度、美国的独立少年法庭制度等。我国虽然没有建立独立的少年司法制度，但是2012年刑事诉讼法增加的未成年人特别程序尤其是附条件不起诉制度都鲜明地突出了对未成年人特殊处遇的色彩。认罪认罚从宽制度作为我国刑事司法探索的最新成果，自然也应当体现出对未成年人犯罪群体的特殊对待成分。

---

① 参见 https://tech.sina.com.cn/roll/2020-06-06/doc-iircuyvi6977122.shtml。
② 何剑、孔令南：《影响法官人身安全的成因与防范对策》，载《中国人民公安大学学报》2018年第4期。
③ 俞亮、吕点点：《法国罪错未成年人分级处遇制度及其借鉴》，载《国家检察官学院学报》2020年第2期。
④ 申艳晴、张黎：《社会转型期青少年违法犯罪问题探析》，载《继续教育研究》2008年第5期。

2. 天然心理层面。有学者对于认罪认罚从宽制度的潜在风险进行分析,并指出在认罪认罚程序之中,很可能出现被追诉人非自愿认罪以及虚假认罪的风险。① 虚假认罪中一个比较经典的类型就是基于"恐惧心理"产生的虚假认罪认罚。相对于成年人,这种类型的虚假认罪更容易发生在未成年人犯罪群体身上。就未成年人而言,一旦进入派出所、看守所、检察院、法院这些极其正式而又严肃的场所,加之对于司法职业人员的天然心理恐惧,很可能导致记忆的偏差,致使口供失真,进而诱发虚假认罪的风险。因此,这种与成年人在天然心理方面的差异也是应当对未成年人差别对待的理论依据。

3. 认知能力层面。传统理论之中对于未成年人适用轻刑的理由之一在于:刑罚的目的在于阻止犯罪人再次犯罪(特殊预防)以及告诫其他人不要犯罪(一般预防),未成年人更容易被矫正,因此,应对未成年人适用更为轻缓的刑罚。除此之外,相较于成年人,未成年人心智尚未成熟,对于自己的犯罪行为以及行为的后果缺乏认知能力,因此对其非难的程度不宜过于激烈。未成年人与成年人的认知能力的差异构筑了其在量刑上区别对待的基础。同样的,这一点也可以成为适用认罪认罚从宽制度时对未成年人特殊对待的理据。认罪认罚从宽制度运行的正当性在于保障被追诉人的自愿性。② 而认罪认罚的自愿性取决于认罪主体是否具有成熟的认知和处分能力。就此而言,未成年人认知能力的欠缺使得其参与辩诉谈判要比成年人付出更多的努力,这也是应对其差别对待的原因之一。③

4. 赔付能力层面。认罪认罚从宽制度的启动虽然不以被害人同意为必备要素,但是正因为如此,在"从宽环节"就格外关注被害人权利的保护。④《指导意见》第9条指出,对于从宽的把握要充分考虑到被追诉人的悔罪表现。而第7条关于"认罚"的把握中提到,被追诉人的悔罪态度和悔罪表现应当结合退赃退赔、赔偿损失,以及赔礼道歉等因素加以考量。与成年犯罪人不同,未成年犯罪人除赔礼道歉外,退赃退赔与赔偿损失一般以父母的所属财产为代价,此时很容易出现意见不一致。从这个层面考虑,未成年人适用认罪认罚从宽制度也应当区别于成年人。

五、未成年人适用认罪认罚从宽制度的特殊对待路径

由于未成年人与成年人在犯罪原因、天然心理、认知能力以及赔付能力方面的差异,所以在适用认罪认罚从宽制度之时应对未成年人特殊对待。对未成年人进行特殊对待是一个系统而宏大的工程,包含认罪认罚从宽制度的方方面面。但限于文章的篇幅,本文主要从未成年人适用认罪认罚从宽制度的辩护标准、陪护制度、程序选择以及审判方式等方面展开具体的论述。

(一) 未成年人认罪认罚的最低辩护标准

有学者认为,在未成年人认罪认罚程序之中引入强制辩护制度,即在未成年人认罪认

---

① 史立梅:《认罪认罚从宽程序中的潜在风险及其防范》,载《当代法学》2017年第5期。
② 杨帆:《认罪自愿性的边界与保障》,载《法学杂志》2019年第10期。
③ Aaron Wallace Meek, "Why Use A Hammer When A Scapel ? Suggestions For Fairer Juvenile Plea Bargaining In Kentucky", Kentucky Law Journal, 108 Ky. L. J. 713.
④ 尹茂国:《认罪认罚视野下被害人诉讼权利保障研究》,载《长白学刊》2019年第3期。

罚之时,国家应当为未成年人指定律师,若没有律师参与,则该诉讼活动应当获得否定性评价。①需要明确的是,当前我国认罪认罚程序面临的问题并不是缺乏律师参与,而是律师如何参与的问题。同理,对于未成年人适用认罪认罚从宽制度而言,关键在于采取何种律师辩护模式更能妥当地保护未成年人合法权益。

为保障认罪认罚从宽制度的顺利实施,立法者在刑事诉讼法之中专门为其配套了值班律师制度,大有将值班律师制度与认罪认罚从宽制度进行捆绑的意味。②但未成年人适用认罪认罚从宽制度不宜强制性与值班律师制度挂钩,而应当将法律援助律师辩护作为最低辩护标准。理由有三:第一,就值班律师制度本身而言,带有"中立主义色彩"的法律帮助人难以充分保障未成年人认罪认罚的自愿性和合法权益。第二,值班律师并不具备直接介入庭审的权利,中途更换律师,就无法保持刑事诉讼辩护人的一致性与连贯性,将对未成年人产生不利影响。第三,依据刑事诉讼法第278条规定,在办理未成年人犯罪案件的特别程序之中法律都已经为未成年人设定了最低限度的法律援助律师辩护,那么在高度追求效率主义的认罪认罚从宽程序之中当然不能降格适用更低一级的辩护标准——值班律师的法律帮助。

(二)未成年人认罪认罚的特殊陪护制度

为更好地鼓励未成年人认罪认罚,保障其诉讼权益,应根据认罪认罚从宽制度的特点与未成年犯罪主体的特殊性,对现有的法定代理人陪同和合适成年人在场制度进行适度调整。第一,赋予未成年人自主选择在场陪同人员的权利。③第二,"诉讼监护人"的在场权应当具有全程性,贯穿认罪认罚程序的始终。刑事诉讼法第281条虽然规定了在"讯问"和"审判"之时,法定代理人或合适成年人应当在场,但是这种规定既限定了"在场权"的适用阶段,也缺乏"在场权"的程序救济机制。另外,要建立侵犯"在场权"的程序性制裁机制。倘若在认罪认罚程序的关键节点,"诉讼监护人"未能在场,那么被追诉一方可以申请法院确认公安司法机关所作出的诉讼行为与法律文书无效。

(三)未成年人认罪认罚的程序选择与审理模式

依据刑事诉讼法第223条的规定,未成年人适用认罪认罚从宽制度不能适用速裁程序。这体现了立法者对于未成年人的照顾和考虑,防止过度地追求效率主义导致虚假认罪的诉讼风险。但该规定过于笼统,应结合未成年人的实际诉讼行为能力,对程序适用进一步细化。以自主辨认能力为标准,可对16周岁至18周岁的犯罪人适用简易程序。讯问可采取"是与否"的问答方式进行;举证与质证可采取"证据名称+证明事项"的方式打包进行,从而提升办案效率。对于14周岁至16周岁的犯罪人可适用普通程序简化审。讯问可采取"一问一答"的模式,举证与质证可采取"关键证据简要宣读+争议证据详细宣读"的方式,充分保障未成年人及其辩护人的辩论权。

另外,根据"教育、感化、挽救"的指导方针,还要增强未成年人审判方式的"人文

---

① 李艳霞、孙延杰:《未成年人认罪认罚案件量刑协商中的三个法律问题》,载《鲁东大学学报》2020年第1期。
② 林艺芳:《值班律师再审视:与认罪认罚从宽的捆绑与解绑》,载《湘潭大学学报》2020年第4期。
③ 为了与现有规定的法定代理人和合适成年人相区别,笔者将未成年人自主选择的在场人员称为"诉讼监护人"。

主义色彩"。一方面,要承继既有的未成年人特殊审理制度。例如,"圆桌会议""庭前沟通"以及"法庭教育",这些制度在我国司法实践中运行良久并且业已成熟与完备。另一方面,要继续创新符合认罪认罚从宽制度情境下的审理方式。例如,山东省济宁市历城区人民法院所创设的"席位革命",把未成年被告人的座位置于辩护人与监护人中间,不仅体现了控辩平等,还极大地缓和了未成年犯罪人的紧张心理。①

六、结 语

未成年犯罪人是刑事诉讼程序的重要参与主体,亦是刑事司法中最为特殊的主体。与未成年人相关的司法制度更能反映一个国家司法制度的文明程度与价值选择。在美国,未成年犯罪人参与辩诉协商程序的司法实践由来已久,但是由于制度设计本身的问题,通过辩诉交易处理未成年人犯罪案件的做法并没有发挥很好的矫正作用,反而增加了惯犯的意外效果。② 以此为鉴,我国认罪认罚从宽制度更应当在制度设计层面充分考虑未成年犯罪群体的特殊性,从而在效率主义与人权保障之间寻找到平衡点。作为一项跨越实体法与程序法两大向度而又极具复杂性的新制度,认罪认罚从宽制度远没有成熟和定型,对于认罪认罚从宽制度的探索也就不会尘埃落定。

---

① 参见 https://m.sohu.com/a/234860589_170817? strategyid=00014。
② Wendy N. Hess, "Kids Can Change: Reforming South DAKOTA'S Junile Transfer Law to Rehabilitate Chidren And Protect Public Safety", South Dakota Law Review, 59 S. D. L. Rev. 312.

认罪认罚从宽制度中的量刑建议：确定刑抑或是幅度刑

韩 旭[*]

量刑建议是认罪认罚从宽制度的核心，作为求刑权的量刑建议要求精准化，在实务中遭到抵制。量刑建议精准化又被称为确定刑量刑建议，是量刑建议精准化的具体体现，表现为刑种、刑期和刑罚执行方式的确定。确定刑量刑建议不仅因其侵蚀了审判权，压缩了法官的裁判空间而遇到顽强抵抗，而且因辩护职能被贬抑而为律师所反对，即便是主导该制度的检察官提出精准化量刑建议的积极性也普遍不高，精准化量刑比例仍然较低。虽然"两高三部"《关于适用认罪认罚从宽制度的指导意见》（以下简称《指导意见》）第33条第2款规定："办理认罪认罚案件，人民检察院一般应当提出确定刑量刑建议。对新类型、不常见犯罪案件，量刑情节复杂的重罪案件等，也可以提出幅度刑量刑建议……"这就确定了"以确定刑为原则，以幅度刑为例外"的量刑建议模式。为了推动该规定的落实，最高人民检察院和地方人民检察院将提出精准化量刑建议的比例纳入考核指标，并认为量刑建议精准化是贯彻落实认罪认罚从宽制度的关键所在。较高的指标要求和较大的期待让不少检察院望而生畏，默默忍受被"扣分"的考核结果。实践与初衷的背反促使我们思考如下四个问题：认罪认罚从宽制度实施中量刑建议的提出情况；要求一般应当提出确定刑量刑建议的可能优势；确定刑量刑建议的提出何以可能？认罪认罚从宽制度实施中量刑建议该如何提出？

一、认罪认罚从宽制度中量刑建议的效力

认罪认罚案件与非认罪认罚案件相比，检察机关提出的量刑建议对法院具有更强的约束力。虽然量刑建议具有求刑权的性质，但对审判权具有明显的制约作用。刑事诉讼法第201条第1款规定："对于认罪认罚案件，人民法院依法作出判决时，一般应当采纳人民检察院指控的罪名和量刑建议……""一般应当采纳"的规定使得法院以采纳量刑建议为原则，不采纳为例外。从实践情况看，人民法院采纳检察机关量刑建议的比例较高。2020年最高人民检察院工作报告显示：检察机关量刑建议采纳率为79.8%。据笔者调研，在一些地区量刑建议采纳率高达95%以上。"2018年修订的刑事诉讼法首次将量刑建议纳入法律，明确量刑建议在认罪认罚案件中具有一定的刚性效力，量刑建议的核心作用得到了广泛关注。"[①] 之所以认罪认罚案件中检察机关的量刑建议具有更强的效力，大概有以下三个方面

---

[*] 韩旭，四川大学法学院教授，博士生导师。
[①] 陈国庆：《量刑建议的若干问题》，载《中国刑事法杂志》2019年第5期。

的原因：一是量刑建议具有某种正当性。量刑建议是控辩双方合意的结果，且被载入认罪认罚具结书由犯罪嫌疑人签字确认。如果法院拒绝采纳该量刑建议，既是对控辩合意的不尊重，也会导致司法资源的浪费，控辩协商行为归于无效。如果法院加重了量刑建议中的"刑罚"，自然会引发被追诉人及其辩护人的不满，对调整后的量刑建议不予认可，导致认罪认罚从宽制度无法适用，同时法院也将处于"矛盾"的"风口浪尖"。二是对抗诉的担忧促使法院接受一些不合理的量刑建议。认罪认罚从宽制度自2018年10月入"法"以来，出现的现象是检察机关抗诉的案件中有相当比例是法院不采纳检察机关量刑建议的案件，即"在法院未采纳量刑建议依法作出判决但被告人未上诉的情况下，提起抗诉"。[①] 法院出于上述考虑，可能会对一些明知不合理的量刑建议"勉强"接受。三是法院裁判能力大幅下降。大多数适用速裁程序审理的认罪认罚案件，由于不再进行法庭调查和法庭辩论，量刑事实和量刑情节并未纳入审判的视野，法院对量刑的裁判"底气不足"，检察机关的量刑建议具有较强的支配力和影响力。有检察官坦言："对法官而言，确定刑量刑建议没有留下裁量幅度，且具有较强的约束力，很大程度上限制了法官的量刑裁量权。"[②]

二、确定刑量刑建议为何被提出

精准化量刑建议就是要求检察官尽可能提出确定刑的量刑建议。按照《指导意见》第33条规定，犯罪嫌疑人认罪认罚的，人民检察院应当就主刑、附加刑、是否适用缓刑等提出量刑建议。办理认罪认罚案件，人民检察院一般应当提出确定刑量刑建议。对新类型、不常见犯罪案件，量刑情节复杂的重罪案件等，也可以提出幅度刑量刑建议。之前，有关司法解释规定均是以检察机关提出幅度刑量刑建议为原则，确定刑量刑建议为例外。例如，2009年《人民法院量刑程序指导意见（试行）》中规定"检察机关的量刑建议应当是一个幅度"；2010年《人民检察院开展量刑建议工作的指导意见》中明确"检察机关提出量刑建议一般应当是一个相对明确的量刑幅度，只有当确有必要时，才可以提出确定的刑期"。2010年"两高三部"《关于规范量刑程序若干问题的意见（试行）》规定，对于公诉案件，人民检察院可以提出量刑建议。量刑建议一般应当具有一定的幅度。2012年《人民检察院刑事诉讼规则（试行）》提出，建议判处有期徒刑、管制、拘役的，可以具有一定的幅度，也可以提出具体确定的建议。[③] 为什么长期以来检察机关提出量刑建议均以幅度刑为主，实施认罪认罚从宽制度则要求原则上提出确定刑呢？这是研究量刑建议必须回答的问题。笔者试图分析其原因。

（一）确定刑量刑建议给被追诉人以明确的心理预期

检察官只有提出确定刑量刑建议，才能给被追诉人对未来可能判处的刑罚以较为明确的心理预期，确定刑带来的确定性有助于被追诉人在认罪基础上"认罚"。避免了幅度刑中被追诉人的心理预期可能是量刑下限而法院实际判处的刑罚可能是量刑建议上限所带来的

---

① 胡云腾：《我们应如何看待和实施认罪认罚从宽制度》，载《法制日报》2019年12月11日理论版。
② 李刚：《检察官视角下确定刑量刑建议实务问题探析》，载《中国刑事法杂志》2020年第1期。
③ 参见陈国庆：《量刑建议的若干问题》，载《中国刑事法杂志》2019年第5期。

心理落差以及在一审判决后的上诉问题。确定刑的建议更符合被追诉人对"罚"的期待，被追诉人之所以选择认罪认罚，就是想换取一个比较确定的刑罚预期，让从宽处理的激励变成现实，以避免庭审的不确定性和潜在风险。

（二）确定刑量刑建议可以省却法官的工作负担

在检察机关提出确定刑量刑建议时，法官只需对该量刑建议与事实、法律进行大致比对，看其是否符合"罪责刑相适应"的刑法基本原则，而无须像过去一样对影响量刑的各种情节进行细致考量，并计算出宣告刑。当量刑问题被提前确定时，的确可以减少法官在量刑事宜上的工作量，实现"简案快办"的"繁简分流"之诉讼目标。

（三）确定刑量刑建议可以提升检察官的量刑技术

量刑是一项"技术活"，需要经过培训和实践训练。长期以来，检察官"重定罪、轻量刑"的问题比较突出。从这一意义上讲，提出精准化量刑建议不啻是对检察官的挑战和考验。[①] 在笔者调研座谈中，法官普遍反映检察官提出的量刑建议不够准确，这也反映了目前检察官对新制度的不适。精准化量刑建议要求检察官克服"本领恐慌"，积极学习并掌握"量刑技术"。以此为契机，可以提升检察官的业务技能，促使其不断学习，积极参加培训，并利用量刑智能辅助系统，保障精准化量刑建议能够从容提出。

（四）检察官主导地位决定了精准化量刑建议的提出具有合理性

认罪认罚从宽制度是典型的以检察官主导责任为基础的诉讼制度。[②] 既然提出量刑建议是认罪认罚从宽制度的核心，那么作为鲜明体现检察官主导地位的一项制度，确定刑量刑建议乃是其主导地位的表征。[③] 可以说，精准化量刑建议是检察官主导地位和责任的题中应有之义。2019年以来，随着最高人民检察院对"检察机关主导责任"的强调，量刑建议的精准化趋势愈加明显，提出精准化量刑建议成为检察机关发挥主导作用的最重要方式。[④]

三、确定刑量刑建议何以可能

提出确定刑量刑建议的初衷是好的，但面临重重困难和阻力。仔细分析，主要有以下方面：

（一）因审判权被侵蚀而为法官所普遍反对

不可否认，精准化量刑建议的提出并实施加剧了法检两家之间的矛盾，在一定程度上限制了被告人获得程序救济的权利。关于检察机关提出精准化量刑建议是否侵蚀审判权问题，颇具争议。检察机关的同志大多认为，刑事诉讼法规定法官不同意量刑建议的，应当

---

① 参见韩旭：《认罪认罚从宽制度实施检察机关应注意避免的几种倾向》，载《法治研究》2020年第3期。
② 参见张军：《关于检察工作的若干问题》，载《国家检察官学院学报》2019年第5期。
③ 参见韩旭：《刑事诉讼中检察官主导责任的理论考察》，载《人民检察》2020年第5期。
④ 参见汪海燕：《认罪认罚从宽制度中的检察机关主导责任》，载《中国刑事法杂志》2019年第6期。

通知检察机关进行调整，不调整或者调整后仍不合适的，法院可以依法判决。据此认为，法院仍保留最终的审判权，检察机关的确定刑量刑建议并未割裂、侵蚀法院的审判权。在认罪认罚从宽制度实施中，检察官与法官之间的"摩擦"不可避免。目前法院同案不同判现象较为严重，认罪认罚从宽制度实施后检察官就类似案件提出不同量刑建议问题也比较突出——从宽幅度的把握忽高忽低，因不同地区、不同法官甚至同一法官在不同时期各异，影响了该制度的正确实施和检察机关的公信力。在法院目前尚难以做到精准化量刑的情况下，有什么理由要求检察官提出精准化量刑建议呢？事实上，2019年以来全国范围接近80%的量刑建议平均采纳率和有些地区高达96%的采纳率，确有审判权旁落、求刑权代替审判权之困。但无论是畸轻还是畸重，都属于一种个人判断，法官自由裁量权较大，实践中较难以把握。为此，应当予以量化，以便于实务操作。可考虑拟提出拘役量刑建议的，幅度不超过1个月；拟提出3年以下有期徒刑量刑建议的，幅度不超过3个月；拟提出3年以上10年以下量刑建议的，幅度不超过6个月；拟提出10年以上量刑建议的，幅度不超过1年。同时，将刑罚执行方式不当也作为"明显不当"的情形，如应当提出缓刑建议而没有提出或者不应当提出缓刑建议而提出。

（二）因辩护空间被压缩而被律师抵触

经笔者调研发现，认罪认罚从宽制度实施后，委托律师担任辩护人的案件数量下降，律师界产生了危机感。一方面，适用认罪认罚从宽制度的案件大多是事实清楚、证据确实充分的轻罪案件，被追诉人聘请律师辩护的动力大大减弱；另一方面，有的被追诉人对聘请律师辩护产生误解，认为聘请律师辩护可能会被公安司法机关视作"不认罪"或者缺乏"悔罪表现"。即便是有律师辩护的认罪认罚案件，在被追诉人认罪认罚，且对"从宽"幅度——未来刑罚可期的情况下，律师辩护的空间与之前相比被大大压缩。尽管被追诉人认罪认罚时律师仍可做无罪辩护，理论上并没有障碍。[①] 但是，无论是检察官还是法官对此均感到疑惑，甚至排斥无罪辩护或者量刑辩护的出现。基于自身经济利益的考虑，很多律师甚至认为，长此以往，辩护制度将会受到严重冲击，甚至可能被动摇。如果检察机关提出幅度刑量刑建议，辩护律师在量刑问题上仍有辩护空间，即说服法院采纳下限的量刑建议。但是，一旦检察机关提出精准化量刑建议，量刑辩护似乎难以展开。

（三）因扭曲刑事诉讼体制和认罪认罚从宽制度而被诟病

因各地检察机关均有提出精准化量刑建议的考核指标，为了完成指标，不少检察官在案件起诉之前就量刑问题口头征询法官意见。这种"审前沟通"行为必然强化法检两家之间的"配合"，从而使刑事诉讼法规定的"分工负责、相互制约"关系形同虚设。"审前沟通"不仅使法官的中立地位丧失殆尽，而且扭曲了正常的刑事诉讼结构。"配合有余、制约不足"下的高比例量刑建议采纳率是控审双方"协调"的结果，并不能说明量刑建议的准确性。对此，我们应有清醒的认识。同时，如果检察官提前与法官就量刑问题进行沟通，那么认罪认罚从宽制度就有一种压迫性力量，犯罪嫌疑人认罪认罚的自愿性将难以保障。如果犯罪嫌疑人不认罪认罚，检察官可能会威胁犯罪嫌疑人从重处罚。犯罪嫌疑人在审判

---

① 参见陈国庆：《认罪认罚从宽制度若干争议问题解析（下）》，载《法制日报》2020年5月13日第9版。

阶段将失去获得从宽处理的机会。

（四）因检察官短期内难以适应而内生动力不足

如前所述，检察官提出精准化量刑建议在制度实施初期明显不适。据笔者对法官调研了解到：检察官提出量刑建议并未经过详细的计算，在基准刑基础上对各种量刑情节进行"加减"计算，量刑建议缺乏明确的事实基础。部分检察官表示：较高的精准化量刑考核指标令人望而生"畏"，难以完成。一些检察官也认识到精准化量刑建议与审判权可能发生的冲突，与法官可能发生的"摩擦"，因而更愿意提出幅度刑。部分检察官提出，一些罪名不在常见犯罪量刑规范化意见之内，导致对基准刑如何设定，对不同的量刑情节如何增加或者减少刑罚心中无数，对提出精准化量刑建议感到畏难。"2018年刑事诉讼法允许检察机关在全部诉讼阶段、全部刑事案件中适用认罪认罚从宽制度。这种无诉讼阶段限制、无案件范围限制的规则不仅提高了检察机关拟定量刑建议的工作难度和工作负担，而且加剧了控、审两个权力主体之间的紧张关系。"①

（五）刑事诉讼的动态性决定了检察官量刑建议难以精准化

我们尊重司法规律，就要尊重刑事诉讼是一个动态发展过程的客观现实。在审查起诉阶段，犯罪嫌疑人可能未退赃退赔、赔偿损失、取得被害人谅解，但是到了审判阶段这些影响"从宽"的量刑情节部分或者全部具备。比如，犯罪嫌疑人在审查起诉阶段认罪悔罪，但是到了审判阶段却全面翻供，缓刑建议已经失去适用条件。被告人在庭审中的认罪悔罪态度是裁量刑罚影响法官心证的重要因素，所以需要结合庭审情况决定。过早提出精准刑，要么法院"被牵着鼻子"被动接受，要么需要通知检察机关调整量刑建议。检察机关之前提出的刑罚执行方式乃至刑罚都可能需要变更。在此情形下，即便检察官在审查起诉阶段提出精准化量刑建议，也难以为法官所采纳。

（六）"对抗型"司法理念根深蒂固

虽然认罪认罚从宽制度体现了"合作型"司法的理念和诉讼模式。但是，以控审分离、审判中立和法官保留原则为代表的"对抗型"司法理念根深蒂固，短期内难以在大众文化、司法心理方面培养出适应"协商型"司法的基因和根基。对控辩合意的尊重、审判权的部分让渡、检察官主导地位的确立在短期内难以为法官所接受。精准化量刑建议权仍然被作为求刑权看待，法官对裁判权的固守必然导致"权力之争"和"权力冲突"。这是精准化量刑建议难以为法官接受并遭遇顽强抵制的深层原因。在我国，认罪认罚从宽制度只是为认罪认罚案件的处理提供了一个通道，并没有改变刑事诉讼权力的配置关系。②

四、何去何从

鉴于精准化量刑建议在法理上的不合理性和在实践中遇到的来自法官、律师群体的阻

---

① 赵恒：《量刑建议精准化的理论透视》，载《法制与社会发展》2020年第2期。
② 参见胡云腾主编：《认罪认罚从宽制度的理解与适用》，人民法院出版社2018年版，第112页。

力，加之检察官并未完全掌握量刑技术。笔者认为，认罪认罚案件中检察官不宜提出确定刑量刑建议，应当以幅度刑量刑建议为原则，确定刑量刑建议为例外。具体思路如下：除了对《指导意见》规定的"新类型、不常见犯罪案件，量刑情节复杂的重罪案件"提出幅度刑量刑建议外，对可能判处1年以上有期徒刑的案件，检察官原则上应提出幅度刑量刑建议。对可能判处1年以下有期徒刑、拘役、管制和单处附加刑的案件，可以提出确定刑。如此安排既符合法官和检察官的职能定位，减少法官对求刑权侵犯审判权的担忧，也给律师预留了一定的辩护空间，从而使被追诉人获得公正审判的机会。而可能判处1年以下有期徒刑、拘役、管制和单处附加刑的案件属于"轻罪"案件，基于诉讼效率和减轻法官工作负荷的考量，检察官提出确定刑量刑建议较为合理。对"轻罪"案件，检察官提出确定刑量刑建议困难较小，也能实现相对精准，检察官在心理上更容易接受。区分轻罪与重罪，并分别适用不同的量刑建议，也许是未来认罪认罚从宽制度发展的路径。对于危险驾驶犯罪、盗窃犯罪、交通肇事犯罪、故意伤害犯罪等可适用精准化量刑建议，对可能判处5年以上有期徒刑的案件、数罪并罚案件等可考虑适用幅度刑量刑建议。既符合域外普遍的做法，在我国的实施中阻力也较小。同时，以幅度刑量刑建议为原则，可以减少法检两家在工作中的"摩擦"，提高认罪认罚案件的办理效率，符合认罪认罚从宽制度设立的目的。否则，庭外协调不仅会降低办案效率，也会增加检察官和法官的工作负担，被追诉人可能是在检察官、法官"联手"的情况下被迫认罪认罚，该制度实施的正当性将备受质疑。

我国的一些检察官也主张应区分案件的不同情况分别提出精准化量刑建议和幅度刑量刑建议。对于案情较为简单，影响定罪量刑的情节较少，已有较明确量刑指导意见的案件，如危险驾驶犯罪、盗窃犯罪等，可以提出精准化量刑建议。对可能判处3年有期徒刑以上刑罚的案件，可提出幅度在3个月至6个月的幅度刑量刑建议。① 杭州市检察机关在提出量刑建议时遵循以下原则：对于可能判处1年以下有期徒刑案件，量刑建议应当精准；对可能判处3年以上有期徒刑的案件，一般提出幅度刑量刑建议，区间幅度应为3个月至6个月；对可能判处10年有期徒刑以上的案件，一般提出幅度刑量刑建议，区间幅度应为1年至2年。② 如果以幅度刑量刑建议为原则，检察机关不宜提出过大幅度的量刑建议，以便于被追诉人有相对明确的心理预期，有利于"认罚"工作的开展。"为确保量刑适当的实体标准作为量刑建议采纳的唯一法定标准，量刑建议必须具有适当的弹性，应将量刑建议与最终量刑的差距限制在合法的范围内。"③ 可考虑拟判处1年以上3年以下有期徒刑的案件，量刑建议幅度不超过3个月；拟判处3年以上10年以下有期徒刑的案件，量刑建议幅度不超过6个月；拟判处10年以上有期徒刑的案件，量刑建议幅度不超过1年。2010年最高人民检察院公诉厅印发的《检察院开展量刑建议工作的指导意见（试行）》对检察机关提出量刑建议幅度作了限制，如建议判处管制的，幅度一般不超过3个月；建议判处拘役的，幅度一般不超过1个月；建议判处有期徒刑的，法定刑的幅度小于3年（含3年）的，建

---

① 参见鲍键、陈申骁：《认罪认罚从宽制度中量刑建议的精准化途径与方法——以杭州市检察机关的试点实践为基础》，载《法律适用》2019年第13期。

② 参见鲍键、陈申骁：《认罪认罚从宽制度中量刑建议的精准化途径与方法——以杭州市检察机关的试点实践为基础》，载《法律适用》2019年第13期。

③ 黄京平：《幅度刑量刑建议的相对合理性——〈刑事诉讼法〉第201条的刑法意涵》，载《法学杂志》2020年第6期。

议幅度一般不超过1年；法定刑的幅度大于3年小于5年（含5年）的，建议幅度一般不超过2年；法定刑的幅度大于5年的，建议幅度一般不超过3年。尽管如此，笔者认为《指导意见》效力层次有限，且已不适应认罪认罚从宽制度实施的需要，量刑建议幅度偏大。

无论是提出精准化量刑建议还是提出幅度刑量刑建议，检察官均要做好释法说理工作，说明据以提出量刑建议的理由，同时附上量刑建议的标准和计算依据，既可以节约审判资源，也可以为法官所接受，从而提高量刑建议采纳率。这也是检察机关履行指控犯罪证明责任的体现。

认罪认罚案件二审全面审查原则的反思与重构

何 挺 杨 涛[*]

目前认罪认罚案件的二审程序存在较多的争议。从司法实践的情况来看,认罪认罚案件上诉率并不高,一些研究者因此认为适用速裁程序审理的甚至所有认罪认罚案件应当一审终审。[①] 基于二审程序在权利救济与错误纠正方面的不可或缺性,大部分观点仍然认为不能彻底地取消此类案件的二审程序,但就是否应当对被告人的上诉权加以限制以及如何限制方面存在不同程度的分歧,出现不应限制、部分限制、上诉审查制等不同主张。从另一个方面来说,即使认罪认罚案件的二审程序予以保留,但认罪认罚案件毕竟不同于普通案件,认罪认罚从宽制度对控辩合意和诉讼效率的追求也应当体现在二审程序的设计之中。由于我国二审程序采用权利上诉制,与讨论哪些案件允许上诉相比,在我国的刑事诉讼体系中更为重要和更为现实的是认罪认罚案件二审程序如何具体开展的问题。首要的就是作为我国二审程序基本原则的全面审查原则。效率导向型的认罪认罚从宽制度与以牺牲诉讼效率、追求全面纠错和客观真实的全面审查原则似乎天然就存在矛盾。重构认罪认罚案件的二审程序,首先应当反思全面审查原则的适用与否。本文拟经由对全面审查原则在认罪认罚案件中的实践观察和理论反思,提出认罪认罚案件二审程序的有限审查原则,并以有限审查原则为指导探讨认罪认罚案件二审程序的具体构建。

一、全面审查原则在认罪认罚案件中的实践观察

根据二审法院审理的范围是否受到上诉或者抗诉请求的限制,一般将二审程序的审查原则区分为全面审查和有限审查。相对于有限审查,全面审查更有利于发现案件真实,理论上有助于全面发现一审的错误。但是,也有学者指出全面审查违反不告不理原则,背离司法权运作的基本规律。[②] 如果置之于认罪认罚从宽制度所带来的系统性改变的背景之下,可以发现,全面审查原则在普通案件中存在的争议问题进一步被放大,与此同时,还相应产生了新的问题。这些问题可以通过以下几个方面的司法实践观察予以呈现。

1. 认罪认罚案件以量刑上诉、抗诉为主。为研究认罪认罚案件上诉、抗诉理由的具体

---

[*] 何挺,北京师范大学刑事法律科学研究院教授,博士生导师;杨涛,北京师范大学刑事法律科学研究院硕士研究生。

[①] 黄伯青、王明森:《认罪认罚从宽的实践演绎与路径探寻》,载《法律适用》2017年第19期;李建明、陈春来:《认罪认罚案件速裁程序研究》,载《人民检察》2016年第7期。

[②] 陈卫东、李奋飞:《刑事二审"全面审查原则"的理性反思》,载《中国人民大学学报》2001年第2期;秦宗文:《刑事二审全面审查原则新探》,载《现代法学》2007年第3期。

类型，我们以威科先行法律信息库中的刑事案件为样本库，对裁判时间在 2019 年 1 月 1 日至 2019 年 12 月 31 日的刑事二审裁判文书进行检索，共检索到认罪认罚上诉、抗诉案件 8721 件。① 我们对 8721 件案件的上诉、抗诉理由进行了统计分析，发现上诉人和公诉机关仅以量刑异议为由提出的上诉、抗诉约为 5500 件，占比高达 63%。② 由此可见，在认罪认罚上诉、抗诉案件中，大多数案件控辩双方对一审法院的事实认定是没有异议的，存在异议的只是量刑等法律适用问题。对于这些仅对量刑存在异议的案件，基于认罪认罚从宽制度协商性和效率导向的特征，进入二审程序后，二审法院是否还有必要对事实问题重新进行全面审查，二审法院的审理范围是否应与传统的二审程序有所不同。

2. 全面审查是"技术性上诉"背后的重要因素。所谓"技术性上诉"，是指部分认罪认罚案件的被告人在提起上诉时并没有提出新的事实和证据，仅仅是以"量刑过重"为由提出上诉，其目的在于拖延诉讼周期，以期能够实现留所服刑的意图。造成这一现象的一个重要原因便是认罪认罚案件的二审程序仍要贯彻全面审查原则，二审法官无法对上诉作出及时迅速的处理，客观上导致二审程序诉讼周期的长度能够实现被告人留所服刑的目的。全面审查原则的存在增加了被告人通过上诉延长诉讼周期和未决羁押期限的可能性，而这又是建立在认罪认罚案件的二审程序进行了大量无意义的重复审查基础之上的。因此，对此类案件继续贯彻全面审查原则，毫无疑问已经背离了认罪认罚从宽制度的本意。

3. 全面审查原则已在规范与实践层面出现松动迹象。《关于适用认罪认罚从宽制度的指导意见》（以下简称《指导意见》）对速裁案件的二审程序作出了规定。其第 45 条规定，对于速裁案件提出上诉的，二审人民法院审查后，按照下列情形分别处理：（1）被告人以事实不清、证据不足为由提出上诉的，应当裁定撤销原判，发回原审人民法院适用普通程序重新审理，不再按认罪认罚案件从宽处罚；（2）被告人以量刑不当为由提出上诉的，原判量刑适当的，应当裁定驳回上诉，维持原判；原判量刑不当的，经审理后依法改判。依据该规定，对于速裁上诉案件，二审法院针对上诉人的上诉理由进行分类审查作出相应处理，不再要求对一审裁判认定事实和适用法律进行全面审查。可以认为，《指导意见》的这一规定使全面审查原则在规范层面出现松动迹象。上述规范层面的松动迹象也可以相应地在司法实践中观察到。笔者通过对威科先行数据库的检索，共发现 4 份直接援引该规定的二审裁判文书，其中有两起案件在中国庭审公开网上进行了直播，发现其庭审相当简短，分别为 36 分钟和 18 分钟。这两起案件被告人的上诉理由都有一条为原判认定事实错误，庭审重点审查被告人的上诉理由是否是其真实意思表示，是否对原审事实认定存在异议，未再就被告人未声明不服的部分进行全面审查。

4. 全面审查原则存在侵犯被告人程序利益的可能性。一方面，有可能侵犯被告人有关案件事实经过两级法院审理的权利，近期引起较多争议的余金平交通肇事案便是很好的例证。二审通过全面审查作出新的判决，涉及认定新的事实，被告人却无法再对二审新认定的事实提出上诉，导致新的事实经过一次审理就生效，侵犯了被告人的审级利益，克减了

---

① 检索日期为 2020 年 6 月 7 日。通过检索关键词"认罪认罚"可以筛选出所有涉及认罪认罚从宽的刑事二审案件，虽然检索结果中可能依然夹杂着一些非认罪认罚案件，但在一定程度上可以代表 2019 年认罪认罚案件上诉、抗诉的基本情况。

② 此处的统计分析主要借助威科先行数据库的高级检索功能，只能呈现认罪认罚案件上诉、抗诉理由的整体分布情况。限于篇幅，检索方式不再具体介绍。

被告人获得公正审判的权利。另一方面，全面审查原则的适用有可能削弱被告人对认罪认罚从宽的可预期性并进而影响被告人经由认罪认罚可能获得的程序利益。对于控辩双方仅就量刑问题提出上诉、抗诉的案件，二审法院的裁判范围如不受限制，就可能过度介入甚至以二审终审裁判强行改变控辩双方在一审程序中形成的协商结果，严重削弱认罪认罚从宽制度适用中认罪认罚与从宽结果之间的关联性和可预期性。

二、全面审查原则与认罪认罚从宽制度错位的理论反思

（一）功能定位：司法纠错与司法救济之辩

一般而言，刑事二审程序承载着两种功能，其一为救济功能，强调为当事人提供向上级法院寻求救济的机会；其二为纠错功能，强调通过上诉纠正下级法院的错误裁判，实现审级监督。纠错与救济功能在大部分情况下难以区分，但在特殊情况下仍会因各自有所侧重而呈现出一定的矛盾性。例如，二审法院的全面审查虽然在客观上有助于纠正下级法院作出的错误判决，但却可能忽略了上诉人的处分权，当全面审查所纠正的错误裁判结果不利于上诉人时，反而有可能让上诉人产生不公正感。[①]

认罪认罚案件二审程序应当采用何种审查原则，首先必须考虑认罪认罚案件二审程序的功能及其与普通案件的区别。认罪认罚案件二审程序的功能究竟如何界定，从当前关于认罪认罚案件上诉权的存废之争中便可窥见端倪。如前所述，在有关是否保留认罪认罚案件被告人上诉权的问题上，主流观点依然坚持不应限制认罪认罚案件被告人的上诉权，主要理由便是保障当事人的权利救济，为当事人提供至少一次救济的可能性，而非侧重于对一审裁判的全面纠错。[②] 事实上，基于认罪认罚从宽制度较大的裁量空间以及在运行过程中存在的一些隐忧，二审程序更应着重发挥其救济功能，为被告人在认罪认罚从宽程序中可能遇到的背离制度初衷并可能侵犯其权利的情形提供救济。

认罪认罚案件二审程序作为救济程序，二审法院应当有针对性地为当事人提供救济，其审理对象在范围上不应随意扩展，而应受上诉请求的限制，体现诉权以及控辩协商对裁判权的制约。在全面审查原则的指导下，认罪认罚案件的二审法院要对全部事实问题和法律问题一并进行重新审理，而无论上诉人及抗诉机关是否有异议，这无异于是对一审程序的简单重复，容易偏离上诉、抗诉请求，缺乏救济程序所应具备的针对性特征，不利于认罪认罚案件上诉人的权利救济。

（二）审判职能：积极主动与消极中立的冲突

全面审查原则的确立还与审判权在我国刑事诉讼中的职能定位密切相关。基于"实事求是，有错必纠"的理念和客观真实的证明标准，法官审理案件时可以依职权对案件进行积极主动的干预，全面审查原则便是在此基础之上确立起来的。但随着诉讼理念的转变，客观真实发现主义能否作为我国诉讼制度构建的理论基础受到了质疑，基于客观真实发现

---

① 王超：《刑事审级制度的多维视角》，法律出版社2016年版，第147页。
② 陈瑞华：《认罪认罚从宽制度的若干争议问题》，载《中国法学》2017年第1期。

主义构建的全面审查原则同样遭到质疑。有论者认为，全面审查原则破坏了司法权的中立性，违背了控审分离原理。①

上述问题在认罪认罚从宽制度中进一步凸显。我国认罪认罚从宽制度中，法官并不被允许参与控辩协商的过程，而是将其在认罪认罚从宽制度中定位为消极、被动的事后审查者，更强调其中立性与被动性。虽然在认罪认罚案件中，法院拥有最终决定权，但是作为协商结果的量刑建议，不再是检察机关单方的意志，而是控辩双方诉讼合意的表示，是带有司法公信力的承诺。② 在此背景下产生的协商结果具有重要的作用和地位，对于法院具有一定的拘束力，除非有影响公正审判的情形，原则上法院应当尊重控辩双方的协商合意，在控辩协商的范围内作出裁判。事实上，认罪认罚案件控辩协商程度较高，带有形式真实发现主义的特征，在这一实质性协商的过程中，被告人放弃了部分程序性权利。为被告人的程序利益考虑，审判机关不应过于积极主动地对控辩双方通过协商达成的协议随意否定，否则将导致控辩双方利益失衡，并威胁认罪认罚从宽制度的合作与协商属性这一根本。

认罪认罚案件二审程序中审判职能同样应当延续此种中立与被动的定位，避免过度的职权化。人民法院对控辩双方协商合意的尊重不应仅限于一审程序，即便控辩双方对一审判决的部分内容不服提出上诉或抗诉，二审法院仍应尊重控辩双方在一审阶段已经达成而并未提出异议的协商部分，将审查范围主要限于上诉、抗诉理由所涉部分。如此既能实现认罪认罚从宽制度设计的内部整体协调一致，同时亦能推进对我国刑事诉讼实质真实发现主义理念在新背景下的进一步反思与调整。因此，从审判职能在认罪认罚案件中的定位来说，全面审查原则已经格格不入。

（三）上诉审构造理论：复审制与事后审查制的选择

依据上诉审与原审的关系，刑事上诉审构造可以分为复审制、续审制以及事后审查制三种模式。复审制是指上诉审法院在上诉、抗诉范围内，就刑事第一审案件进行全面重新审查。续审制是指上诉审以一审的审理结果为基础，通过调查原审判决后新发现的事实、证据，进行裁判。事后审查制则以原审判决为审判对象，上诉审法院并不审理案件本身，而是审查原审判决是否存在上诉、抗诉理由中指出的不当事项。在案件处理方式上，因为复审制和续审制的上诉审法院都重新对案件作出了事实认定，故以自为判决为原则；事后审查制的上诉审法院经审查之后，如果发现原审事实认定错误，只能撤销原判，发回重审，对于法律适用错误的判决，上诉审法院则可以直接判决。③

一般认为，我国刑事诉讼的上诉审构造属于强化的复审制：既对一审审理的内容进行全面的审查，更重要的是审查的范围还可以不受上诉、抗诉主张的限制。这种强化的复审制实际上与全面审查原则相呼应，只有在实行复审制的二审程序中，方有践行全面审查原则的可能。在续审制和事后审查制下，由于上诉审法院并不需要完全重复第一审审理，便无全面审查适用的空间。

认罪认罚从宽制度的上诉审构造应为何种，同样深刻影响着其应采用何种审查原则。

---

① 刘根菊、封利强：《论刑事第二审程序的审判范围——以程序功能为视角》，载《时代法学》2008年第6期。
② 卞建林、陶加培：《认罪认罚从宽制度中的量刑建议》，载《国家检察官学院学报》2020年第1期。
③ 孙远：《论刑事上诉审构造》，载《法学家》2012年第4期。

考虑到被告人权利和司法效率，认罪认罚案件的上诉审构造不宜不加区别地继续全部采用复审制，对于适用速裁程序与简易程序的认罪认罚案件，其上诉审构造采用事后审查制可能更为适宜。一方面，事后审查制有助于避免技术性上诉等滥用上诉权的情形；另一方面，对于适用速裁程序与简易程序的认罪认罚案件，由于被告人已经认罪认罚，一审程序的庭审审查注定将程式化甚至形式化，缺乏对案件事实的实质审理。此类案件，在被告人以原审事实、证据认定有误为由提出上诉的情况下，若二审法院依照现行复审制的做法直接作出判决，则被告人将面临只经历了一次实质庭审程序便被定罪的风险。

因此，从刑事上诉审构造理论来分析，对于适用速裁程序与简易程序的认罪认罚案件，二审在构造上有必要改复审制为事后审查制。事实上，《指导意见》第45条对速裁案件二审程序的规定便已表现出认罪认罚案件二审在构造上转向事后审查制的趋势。与之相对应，与复审制"捆绑"的全面审查原则也必然随着认罪认罚案件上诉审构造的调整而改变。

三、认罪认罚案件二审审查原则的重构

可以认为，全面审查原则已经不适宜作为认罪认罚案件二审程序的指导原则，以有限审查原则代替全面审查原则已成当务之急，认罪认罚案件二审程序的上诉审构造和审理方式也必须在有限审查原则的指导下，根据上诉、抗诉的理由和一审所采用的程序进行调整和分类。

（一）有限审查原则的基本内涵与具体表现

有限审查原则是与全面审查原则相对应的刑事二审审查原则，结合认罪认罚从宽制度的特殊背景，可以将认罪认罚案件二审有限审查原则界定为：对于认罪认罚上诉案件，允许控辩双方仅就一审判决的部分内容提起上诉或抗诉，二审法院在审理认罪认罚案件时，应根据上诉、抗诉理由所提出不服的内容确定审查范围，原则上二审法院仅需依据上诉、抗诉理由对原审判决所涉及的相关事项进行有限的局部审查，无须对控辩双方无异议的部分进行重复性审查。认罪认罚案件二审有限审查原则主要表现为以下几个方面：

首先，认罪认罚案件被告人或检察机关提出上诉或抗诉时，必须有具体的上诉或抗诉理由，二审法院的上诉审查围绕上诉、抗诉理由展开，没有提出上诉、抗诉的事项一般不予审查。

其次，认罪认罚案件二审法院的审查范围由上诉、抗诉请求所涉内容和法院的职权审查事项两部分构成。有限审查原则下的二审法院的基本审查范围为上诉、抗诉请求所涉内容，但是为兼顾公平正义，对于部分法院若不依职权介入将有悖公平正义的事项，即使上诉、抗诉理由未提及，二审法院也应依职权进行审查，作为二审审查范围的补充性内容。

最后，对于适用认罪认罚从宽制度的共同犯罪案件或一人犯数罪案件，如果只有部分被告人提出上诉或上诉人只对个别行为上诉时，或者检察机关只对部分被告人提出抗诉或只对个别行为提出抗诉时，二审法院的审查范围应限于此部分内容。

（二）确立有限审查原则的必要性与价值

认罪认罚案件二审程序采用有限审查原则可以增强二审审理的针对性，保障控辩协商

的效力，体现认罪认罚从宽制度的特殊性和价值追求，减轻被告人诉累并增强当事人对判决结果及认罪认罚从宽制度的接受程度。采用有限审查原则还符合诉讼经济的原则，有利于减少二审法院不必要的重复审查，促进诉讼资源的合理分配，保障认罪认罚从宽制度效率价值的实现，促进繁简分流机制改革的深入推进。

确立二审有限审查原则对于完善认罪认罚从宽制度还具有重要的理论价值。一方面，有助于推动认罪认罚案件上诉审构造的多元建构。认罪认罚案件的一审程序和上诉、抗诉理由都呈现出复杂性和多样性的特点，然而，目前的二审程序和上诉审构造的方式较为单一，难以满足认罪认罚从宽制度司法实践对公正与效率的多元需求。① 因而有必要对目前的上诉审构造进行多元化改造，但在二审程序一律采用全面审查原则的情况下，事后审查制等多元化的二审程序没有任何存在的空间，采用有限审查原则可以为上诉审构造的多元建构提供前提。

另一方面，有助于在二审层面解决认罪认罚从宽制度与职权主义诉讼模式之间的矛盾。我国认罪认罚从宽制度虽然力图实现协商制度与职权主义诉讼模式的兼容，但是随着适用范围的扩大，二者依然不可避免地发生冲突。由于职权主义诉讼模式下法官的事实调查义务不可推卸，当法官审理认罪认罚案件时，容易陷入要么进行职权探知，改变控辩协商结果，要么尊重控辩协商结果但可能放弃对实质真实的追求的两难境地。② 破解这一困境的出路便在于二审程序转向有限审查原则，认罪认罚案件二审程序采用有限审查原则既可以最大限度地确保控辩协商结果的实现，又无损职权主义诉讼模式的内在逻辑。

（三）有限审查原则指导下的二审程序

1. 事后审查制和复审制并行的上诉审构造

如前所述，全面审查原则指导下的单一的复审制上诉构造导致二审程序出现繁简失当、轻重失衡等问题，而解决此问题的最佳途径便是在有限审查原则的前提下，变更认罪认罚案件的上诉审构造，构建多元构造的二审程序。应当根据上诉、抗诉理由及原审程序类型的不同，采用事后审查制和复审制并行的上诉审构造。在司法实务中，认罪认罚案件的上诉、抗诉理由纷繁复杂，可归结为四种主要类型，分别为法律适用错误与量刑不当、事实认定错误、违背意愿认罪认罚和诉讼程序违法。对于以法律适用错误或量刑不当、违背意愿认罪认罚和诉讼程序违法为由提出上诉或抗诉的案件，二审程序的审判对象应为原审判决，通过二审程序审查原审判决适用实体法及诉讼程序是否存在问题，其二审程序应以采用事后审查制为宜。

对于以事实认定错误为由提出上诉或抗诉的案件，其上诉审构造应当根据原审程序类型的不同有所差异，区分为两种情形：一方面，一审适用速裁程序与简易程序的认罪认罚案件，由于一审法院审查程式化，基于被告人的审级利益考虑，其二审应适用事后审查制；另一方面，一审适用普通程序的认罪认罚案件，虽也有对庭审程序的简化，但由于普通程序下法庭审理的基本框架并未改变，案件事实仍然经过一审程序的实质化审理，故而其二

---

① 牟绿叶：《我国刑事上诉制度多元化的建构路径——以认罪认罚案件为切入点》，载《法学研究》2020年第2期。

② 李倩：《德国认罪协商制度的历史嬗变和当代发展》，载《比较法研究》2020年第2期。

审程序应继续采用复审制,可以对案件事实重新进行审查。

2. 审理方式的相应调整

刑事二审程序的审理方式可以分为直接审理和间接审理两种。一直以来,直接审理原则被诉讼法学界奉为圭臬,对我国司法实践中存在大量案件二审不开庭审理的现象不乏批评之声。但是对于采用事后审查制的二审程序,直接审理却并非必要,相反,出于诉讼效率的考虑,事后审查制的二审程序应以间接审理为原则。[①] 原因在于直接言词原则所保障的是法官对于案件事实认定的亲历性,而在事后审查制中,法官并不进行事实认定,部分二审法官直接改判的案件又属于没有事实争议的案件。此种情形下原则上以间接审理便基本可以实现二审的功能。因此,基于复审制和事后审查制并行的上诉审构造,二审法院的审理方式也需要进行相应的调整,形成复审制对应直接审理和事后审查制原则上对应间接审理二元审理方式的格局。

---

① 孙远:《"分工负责、互相配合、互相制约"原则之教义学原理——以审判中心主义为视角》,载《中外法学》2017年第1期。

论量刑协商中被告人上诉权的类型化研究

——以"反悔型上诉权"为视角

洪 浩 赵晏民*

一、传统型上诉权在认罪认罚案件中的调适路径述评

（一）"传统型上诉权"的调适：不同立场的分析路径

在认罪认罚案件中，被告人上诉权如何调适，理论界与实务界存在三种方案：以"诉讼经济"为基本立场的限制上诉权路径[①]，以"权利本位"为基本立场的科以法官客观义务路径[②]，以规制权利滥用为基本立场的"反悔型抗诉"[③]。

（二）不同路径的分歧及澄清

三种路径或归为本体调适论，或赋予法官客观义务，抑或是赋予检察机关对被告人"虚假认罪"的判断权，最终形成了立场鲜明的智识贡献。但也可能存在一些商榷之处。

控方享有"认罪协议基础"的认定权可能导致价值平衡点的错位。"公正优先，兼顾效率"是刑事诉讼制度设计的指导性原则，被告人上诉权的权利内容及行使方式是否予以调整需首要考虑该调适方案能否体现"公正性"的优位性。对于认罪认罚案件，控辩双方间形成的"认罪协议基础"是否因被告人行使上诉权而有所影响是调适被告人上诉权的先决条件，无论是程序简化还是实体限制均需回应其无害于认罪认罚办案程序的"公正性"。第三种路径控方将被告人以量刑畸重为由上诉认定为被告人（"虚假悔罪"）不履行协议

---

* 洪浩，武汉大学教授，博士生导师，武汉大学诉讼制度与司法改革研究中心主任；赵晏民，武汉大学诉讼制度与司法改革研究中心助理研究人员。

① 陈卫东：《认罪认罚从宽制度研究》，载《中国法学》2016年第2期；樊崇义、徐歌旋：《认罪认罚从宽制度与辩诉交易制度的异同及其启示》，载《中州学刊》2017年第3期；何静：《认罪认罚案件中被追诉人的反悔权及其限度》，载《东南大学学报》（哲学社会科学版）2019年第4期；秦宗文：《认罪认罚案件被追诉人反悔问题研究》，载《内蒙古社会科学》2019年第3期。

② 陈瑞华：《认罪认罚从宽制度的若干争议问题》，载《中国法学》2017年第1期；郭烁：《二审上诉问题重述：以认罪认罚案件为例》，载《中国法学》2020年第3期。

③ 控方认为承认一审法院量刑是认罪协议的应有之义，被告人行使上诉权系不履行或不适当履行认罪协议的行为，应认定为"虚假认罪"而发动"反悔型抗诉"，消除认罪协议的效力。该观点多数集中于实务案例之中，主要体现在认罪认罚从宽案件中被告人提起上诉时，检察机关发动抗诉消除被告人上诉权之"上诉不加刑"。且在实务人员看来，被告人是否提起上诉是认定"被告人真诚悔罪"的重要组成部分，若其提起上诉则构成认罪协议失去效力，因此其有权以抗诉来行使控方反悔权。

义务不合理且不正当。第一，认罪认罚案件中被告人应当按照认罪协议"认罪""认罚"，既然被告人在一审程序中已经如实供述犯罪事实（认罪），并认可量刑建议的相关内容（认罚），其已经履行了认罪协议义务，检察机关以被告人上诉构成"虚假认罪"为由提起抗诉于法无据。第二，认罪协议的成立以检察院审查起诉时双方签署"认罪认罚具结书"为准，事后提起上诉应当认定为行使救济权利的正当行为，与控辩双方协商时的"合意"之达成不具有法律意义的关联性，固不能因此认为认罪协议的基础不成立。若检察机关认为被告人"虚假认罪认罚"，需要指出其在检察机关审查起诉阶段"虚假认罪认罚"的具体事实，并承担证明责任。第三，"抗诉制约上诉"于理论层面有违检察官的客观义务，在实践层面可能对被告人行使上诉权产生一定的威慑与吓阻效应，存在侵害被告人权利保障之虞。诚如有学者指出，我国认罪认罚案件中形成了一种职权性逻辑占主导的模式，应当回归被告人的权利本位逻辑，以合意性本质为中心去除控辩协商过程中的职权性逻辑。① 第四，控方行使抗诉权的动因乃基于其法律监督地位以纠正原审判决之错误，被告人发动上诉权并不意味着原审判决发生错误，控方并不能因此而认为原审判决发生错误，其只能基于所掌握的证据材料与案件信息作出判断，因此"抗诉制约上诉"所生成的抗诉权与上诉权的关联关系不具有正当性。

（三）原审判决作出后被告人仍应享有反悔权

影响"认罪协议基础"仅应成为被告人的专门性权利，二审程序构造及被告人上诉权的调整应当首先审查其是否影响"认罪协议基础"，是否影响司法公正的实现。若由控诉机关将被告人行使正当权利的行为直接推定为"认罪协议基础"不复存在而径行提起抗诉，认罪认罚案件办理程序的行政化色彩将更加浓郁，应有的司法化色彩更为式微。作为一项救济性权利，被告人上诉权影响"认罪协议基础"的路径为被告人撤回认罪协议使得认罪协议失去效力，除此之外的上诉类型均不影响"认罪协议基础"（具体内容见后文详述）。质言之，被告人上诉权中能否剥离出影响"认罪协议基础"的相关因素，其实是被告人影响"认罪协议基础"能否行使反悔权的问题。

有学者认为一审判决作出后不应赋予被告人反悔权，主要理由是：第一，在二审阶段反悔，势必增加二审的案件数量，背离了案件繁简分流的改革初衷；第二，一审程序已赋予其反悔权，故原审判决作出后无必要保留反悔权。② 笔者认为，原审判决作出后被告人反悔权之存废，不能因一审程序被告人反悔权之存续而直接得出原审判决作出后不应赋予被告人反悔权的结论，而是应该综合我国认罪认罚案件的实际审理流程考察一审程序中被告人反悔权是否得到了充分的保障。在认罪认罚具结书的形成过程中，检察机关与被告人的诉讼地位处于不对等状态，因此赋予被告人反悔权则是将平等对抗原则贯彻于认罪认罚案件处理程序，实现程序公正的重要体现。被告人反悔权对程序公正之影响主要体现在：（1）在认罪认罚案件中，检察机关虽应听取犯罪嫌疑人、被告人及辩护人的意见，但检察机关有权在辩护人不在场时单独听取犯罪嫌疑人、被告人意见，犯罪嫌疑人难以获得有效

---

① 杜磊：《认罪认罚从宽制度中的职权性逻辑和协商性逻辑》，载《中国法学》2020年第4期。
② 何静：《认罪认罚案件中被追诉人的反悔权及其限度》，载《东南大学学报》（哲学社会科学版）2019年第4期。

的法律帮助而难以与追诉方就法律能力处于平等地位，较难保证其明知其所作出的陈述所具有的法律意义，被告人反悔适用认罪认罚从宽制度能够保障认罪协议之被告人自愿性。（2）嫌疑人、辩护人及值班律师难以查阅案卷及其中的量刑信息，量刑信息的不对称难以形成对被告人具有公正性的协商方案，被告人在得知"量刑隐瞒"后撤回认罪协议，能够矫正协商程序的不正义。（3）认罪认罚案件未达到证明标准，检察机关通过量刑协商换取被告人的有罪供述最终达到证明被告人有罪的标准，致使本应被宣告无罪的被告人深陷囹圄，被告人撤回有罪供述是维护其合法刑事权益的重要权利通道，能够矫正不正义的协商程序所带来的结果不公正。（4）对认罪认罚案件的处理应恪守"法定法官原则"之约束，因此被告人"认罚"只能是一种临时性、抽象性的同意，其最终的量刑结论仍应由"中立超然之法院"作出。但实践中法院的司法审查流于形式，法院对于控辩双方所达成的量刑协议的审查也流于形式。① 此时，被告人在审查起诉阶段不明智、不自愿签订的认罪认罚具结书在审判阶段无法得到有效的纠正，赋予被告人反悔权则能够弥补司法审查虚化之程序不公正。

二、"反悔型上诉"的正当性基础

（一）被告人反悔权与被告人上诉权并非对立排斥关系

被告人上诉权的逻辑起点则是"完全的程序正义"，是形式与实质二分前提下对结果标准的侧重坚守。

美国作为英美法域之代表，其上诉审虽对原审判决极为尊重，但仍以结果公正为审查前提。因为诉讼经济原则之影响，美国刑事司法传统中法律审程序对于结果公正的强调更为突出。被告人上诉权不因辩诉交易而有所影响，在聆讯程序（arraignment）中做有罪答辩之被告对上诉权之放弃具有选择权，其有权就原审法院之量刑提起上诉。② 传统美国法律审之"有害错误"（证据轻微错误不影响判决结果亦得发回重审）之标准难以应对刑事犯罪轻刑化带来的案件数量激增，为维护刑事审判查明犯罪之根本目标，提升公民对司法程序的尊重与信心，美国逐渐建立起原审判决若无害于"判决结果"或被告人"显著权利"时无须发回重审的"无害错误法则"（harmless error rule）。③ 由于美国在侦查及审判中有无数严谨的规范来保护被告权利，因此"无害证据法则"的审查标准侧重于原审错误对"判决结果"的审查。美国法律审程序对结果公正的重视，亦可从美国刑事司法通过判例形式发展出的"影响结果"的审查标准，即"正确结果""极充分证据""重复证据""影响心证"四种分析方式中窥见一斑。

---

① 陈瑞华：《刑事诉讼的公力合作模式——量刑协商制度在中国的兴起》，载《法学论坛》2019年第4期。
② 郭烁：《二审上诉问题重述：以认罪认罚案件为例》，载《中国法学》2020年第3期。
③ 王兆鹏：《美国刑事诉讼法》，北京大学出版社2014年版，第687页。

德国作为欧陆法域之代表，科层制的司法体制造成初级法院刑事案件的智识威权有所减损，认罪协商案件的被告享有全面、彻底的上诉权。公正的上诉审程序除被视为补足一审判决公正性的重要途径，更被作为中央集权和监督地方司法官员的科层式管理工具。① 依据德国刑事诉讼法第312条及第333条的规定，狭义被告提起事实审上诉或法律审上诉需要说明上诉理由，但无范围上的限制。② 德国刑事诉讼法第317条规定，狭义被告未说明理由视为不服全部判决内容。③ 依据德国刑事诉讼法第328条第1款的规定，事实审范围限于上诉理由之范围。④ 总而言之，德国刑事案件的上诉审程序虽严格遵循"不告不理原则"，判决事项限于被告上诉声明，但被告有权通过事实审上诉程序主张对其有利的事实主张，充分发挥了纠错的功能，被告有权通过法律审上诉主张对其有利的程序事实，使得原审程序的合法性得到保障。

我国刑事诉讼根植于职权主义传统，当事人注意元素的吸收是诉讼制度科学化、民主化之考量。⑤ 随着两大法域的交融与本土理论的创新，刑事诉讼模式之再选择需重新予以考量。职权主义因社会利益优先之导向符合我国追求客观真实的司法传统，我国刑事诉讼模式之应然层面仍需坚守职权主义的路径。⑥ 被告人行使上诉权启动二审程序后，按照"完全程序正义"的运作逻辑，二审法官需对程序公正与结果公正进行双重审查。而被告人反悔权遵循"纯粹程序正义"的运作逻辑，以程序公正为一元目的但不排除结果公正的考量。被告人反悔权与被告人上诉权虽建构于不同的权利内容之上，但其以程序正义理论为建构起点使其共同地肯认程序公正与结果公正的理念追求，因此被告人上诉权与反悔权之间是一种中立关系。

(二)"反悔型上诉"的必要性

在权利型上诉的传统立法模式下，分离出"反悔型上诉"的子类型是认罪认罚从宽制度适用的结果。其既不涉及对我国"刑事二审终审"架构的宏观调整，又能够使得被告人反悔权与上诉权的周延融合，与现有上诉权的权利内容融洽衔接。

一方面，"反悔型上诉"具有解决"量刑减让之消除"与"上诉不加刑"冲突的可能性。若被告人以"量刑过重为由上诉"被视为行使反悔权，被告人以量刑畸重为由上诉的正当性考量需要侧重审查其是否超越反悔权的限度，是否构成滥用反悔权。若被告人行使上诉权符合反悔权的构成要件，依照"反悔权"的运作机理，案件重新处理时应当消除认罪认罚使被告人获取的量刑减让因素，此时应当重新启动刑事诉讼程序，原审判决视为自

---

① [美] 马丁·夏皮罗：《法院：比较法上和政治学上的分析》，张生等译，中国政法大学出版社2005年版，第56页。
② 德国刑事诉讼法第312条规定："不服刑事独任法官及参审法院之判决，得提起事实审上诉。"第333条规定："不服刑事法庭、参审法院之判决及联邦高等法院所作出之第一审判决，得提起事实审上诉。"参见连孟琦：《德国刑事诉讼法选译》，元照出版有限公司2016年版，第308页。
③ 德国刑事诉讼法第318条规定："事实审上诉得限于特定之上诉事项。未为限制或根本未提出上诉理由时，视为对判决内容全部声明不服。"参见连孟琦：《德国刑事诉讼法选译》，元照出版有限公司2016年版，第311页。
④ 德国刑事诉讼法第328条第1款规定："事实审上诉法院应在上诉有理由之范围内，撤销原判决，对该案件自为判决。"参见连孟琦：《德国刑事诉讼法选译》，元照出版有限公司2016年版，第315页。
⑤ 卞建林：《刑事诉讼模式的演化与流变——以海峡两岸刑事司法改革为线索》，载《政法论坛》2019年第1期。
⑥ 施鹏鹏：《为职权主义辩护》，载《中国法学》2014年第2期。

动撤销。而上诉不加刑原则之意旨在于二审判决之量刑不超过一审既有判决之量刑，但被告人上诉构成反悔将导致刑事诉讼程序一定程度的回流，上诉权之上诉不加刑与反悔权之否认"量刑减让"的内在冲突可以得到充分调适。若不符合"反悔权"的构成要件，则毋庸取消"量刑减让"因素，前述冲突亦不存在。若被告人行使上诉权构成不当反悔，则其反悔行为无效，不发生行使"反悔权"的法律效果，认罪协议的效力不因被告人不当反悔而无效，亦即认罪认罚从宽制度适用而产生的"量刑减让"效果不受影响。

另一方面，"反悔型上诉"具有保障被告人自愿性的现实可行性。在一审判决作出后，相较于由原审法院审查被告人行使反悔权的正当性，其向二审法院提出更为适宜。由二审法院审查认定"反悔型上诉"较原审法院审查判断更具公正性。认罪认罚案件经由原审法院审判时，审查重点为被告人认罪认罚的自愿性和认罪认罚具结书的真实性、合法性。原审判决的形成基础，即为其对认罪协议之"对抗基础上的合意"的判断，如果原审判决作出后被告人行使反悔权仍由原审法院判断，则因与原审判决相抵牾而面临权利虚置甚至失灵的风险。且二审法院本就肩负审级监督之功能期待，由其肩负被告人反悔权正当性的审查任务不存在法理障碍。

三、"反悔型上诉"之构成

（一）"反悔型上诉"的运行范式

关于被告人提起"反悔型上诉"及二审法院的司法审查，笔者认为应注意以下方面：一方面，被告人提起"反悔型上诉"需明确表示撤回认罪协议。被告人反悔权的确立初衷虽是保证被告人的合意真实，但若采取"默示"或"单纯沉默"方式推定被告人行使反悔权，则存在泛化"反悔型上诉"进而剥夺被告人所获取"量刑减让"等制度红利的风险。尽管被告人上诉权与被告人"二审加刑"或"二审减刑"不具有必然的逻辑关系，二审程序是否会对被告人量刑予以改判仍需仰赖二审法官调查核实以自由裁量，但案件在二审过程中必然会涉及认罪认罚从宽制度与上诉不加刑原则的调适问题，尤其是被告人行使上诉权若被认定为行使"反悔权"的情形。若肯认被告人以"默示"的方式行使反悔权，则被告人上诉则可能被二审法院认定为被告人以特定行为行使"反悔权"而剥夺被告人所获得的"量刑减让"及程序简化，尽管被告人作出该特定行为的内心真意并非行使"反悔权"。前述争议虽围绕被告人上诉权之正当性展开，但深层次的论争在于原审判决作出后被告人反悔权的认定问题。实践层面以认罪协议所形成的"量刑"之司法公信力，因被告人上诉而有所减损，行使控方反悔权即可予以佐证。

另一方面，"反悔型上诉"的构成要件应当限缩。若认定被告人行使反悔权是正当的，则应当消除认罪认罚从宽制度之适用所带来的实体影响与程序影响，先前的诉讼行为追溯性地失去效力，刑事诉讼程序回流至认罪认罚从宽制度适用前。可见，被告人反悔权所带来的程序倒流的法律后果将严重迟滞案件审理进程，严重违反诉讼经济之原则。如能确立明确清晰的判断标准，将能精准限缩反悔权之适用，并有助于被告人反悔权之保障。在法院审查方面，二审法院需着重审查以下要点：第一，被告人撤回认罪协议之声明是否系自愿。法院在接受被告人所提起的上诉状之前，必须先查清其撤回认罪协议的声明是否出于其内心真意，而非基于办案机关的欺诈、胁迫而存在意思表示的瑕疵。此外，还需审查被告人是否了解撤回认罪协议的法律后果。例如，被告人是否知道其因适用认罪认罚从宽制度而带来何种"量刑减让"与程序简化，如果其撤回认罪协议将意味着放弃上述优惠并可能加重刑事责任；又如，被告人是否知道其撤回认罪协议将使一审判决当然失去效力，其将重新卷入冗长的刑事诉讼程序之中；再如，被告人在该阶段是否聘任律师辩护。第二，调查被告人的认罪声明是否为自愿。因为认罪认罚从宽制度的正当性基础，即在于控辩双方成立"对抗基础上的合意"，所以二审法院需要审查在一审程序及审前程序中办案机关是否充分保障了被告人诉讼权利，被告人的认罪声明是否因控辩双方地位不对等而存在瑕疵。第三，调查被告人的认罪声明之自愿性是否有害于判决结果。我国认罪认罚从宽制度的适用建构于实质真实观念之上，认罪认罚案件的判决应当具有足够的事实基础予以支撑，案件的证明标准不因认罪认罚从宽制度之适用而有所降低。因此若被告人的认罪声明之自愿性不影响案件的实体审理结果，则被告人行使反悔权不具有正当性。

（二）"反悔型上诉"的法律后果

一般而言，被告人提起上诉一旦被认定为"反悔型上诉"，将引起刑事诉讼程序重启的法律效果。[①] 案件办理程序也将转为普通刑事案件程序，办案机关需要重复被告人反悔之前的工作。[②] 刑事诉讼程序重启后，需要直面"口供与其他证据""被告人反悔行为评价"等问题。[③] 但有时被告人行使反悔权无须辨别直接重启刑事诉讼程序，存在一定的粗疏性问题。在笔者看来，被告人行使"反悔型上诉"应当具有一定的限度，主要体现在证据审查、程序回流两个方面：其一，因适用认罪认罚从宽制度而收集的证据运用问题。判断证据是否具有证明能力，主要从合法性、关联性与客观性三个维度展开。在判断被告人反悔权之后，因被告人认罪获得的相关证据能否继续采用，应当按照证明能力规则予以重新审查，若认定相关证据具有证据能力，则可继续作为定案的根据，被告人行使反悔权不宜不经审查直接排除相关的证据。其二，程序回流的限度问题。被告人行使反悔权无须将办案程序回流至认罪协议签订之前，二审法院撤销原判发回重审后，一审法院可以适当运用"建议检察机关补充起诉""补充侦查"等制度，补足相关证据。

余 论

被告人行使反悔权应当明确表示撤回认罪协议，以"默示"或者"单纯的沉默"的声明方式可能加剧认罪认罚案件中被告人的不利地位，创设公权力侵蚀被告人意思自治的通道。由于被告人内心真意难以得到客观化解释，这无疑开启了不当限制被告人上诉权的阀门。因此，被告人以量刑过重为由上诉虽不属于"反悔型上诉"，但其作为被告人请求二审法院再次审查量刑问题妥当性的救济性权利不应剥夺。被告人"认罚"仅是对案件处理的

[①] 洪浩、方姚：《论我国刑事公诉案件中被追诉人的反悔权——以认罪认罚从宽制度自愿性保障机制为中心》，载《政法论坛》2018年第4期。

[②] 马明亮、张宏宇：《认罪认罚从宽制度中被追诉人反悔问题研究》，载《中国人民公安大学学报》2018年第4期。

[③] 秦宗文：《认罪认罚案件被追诉人反悔问题研究》，载《内蒙古社会科学》2019年第3期。

一种抽象性同意，其对"量刑建议"的同意仅是一种临时性同意，"量刑建议"与"裁判结果"之间不具有稳定的因果关系，因而"裁判结果"未必能够符合被告人的内心预期，被告人提出量刑异议型上诉可以弥合量刑建议不确定性的缺憾，确保原审量刑的妥当性。面临权利型上诉与被告人滥用上诉权的双重考量，需在程序建构方面就被告人以量刑过重为由对上诉方式和二审司法审查作出回应性调整。

认罪认罚从宽中进行无罪辩护的悖论分析

黄 豹*

2018年10月26日,第十三届全国人大常委会第六次会议通过的《关于修改〈中华人民共和国刑事诉讼法〉的决定》将已经试点多年的认罪认罚从宽制度正式写入刑事诉讼法的总则(基本原则)和分则(速裁程序),使我国多元化的诉讼格局开始形成。不过,在理论和实践中,认罪认罚从宽制度还有很多问题,值得深入研究和探讨。其中,犯罪嫌疑人、被告人以及律师在认罪认罚从宽中能否进行无罪辩护,存在较大的争议。

一、认罪认罚从宽中被追诉人依法享有辩护权

辩护权是刑事诉讼中被追诉人的最重要权利,是被追诉人各项诉讼权利的核心和基础。辩护是指刑事案件的被追诉人及其辩护人反驳对被追诉人的指控,提出有利于被追诉人的事实和理由,论证被追诉人无罪、罪轻或者应当减轻、免除处罚,维护被追诉人的程序性权利,以保障被追诉人合法权益的诉讼活动。辩护权是法律赋予犯罪嫌疑人、被告人的一项专属的诉讼权利,即犯罪嫌疑人、被告人针对指控进行辩解,以维护自己合法权益的一种诉讼权利,它在犯罪嫌疑人、被告人各项诉讼权利中居于核心地位。[1]萌芽于古罗马共和国时期的辩护制度,在近现代成为资产阶级革命和资产阶级民主制度的产物。

辩护权在联合国各类原则和标准中得到确认,也被各国宪法以及刑事程序法明确规定。第二次世界大战后,联合国在总结各国刑事司法制度改革经验的基础上,通过制定一系列国际性文件,确立了关于刑事司法方面的原则和标准。从内容看,除极少数涉及被害人在刑事司法中的人权保障外,绝大部分是受刑事追诉者在刑事司法中所享有的权利保障的标准。包括《世界人权宣言》第11条、《囚犯待遇最低限度标准规则》第93条、《公民权利和政治权利国际公约》第14条、《关于保护面对死刑的人的权利的保障措施》第5条等。[2]现代各国宪法和刑事程序法对辩护权也进行了明确的规定,如美国宪法修正案第6条、韩国宪法第12条、日本宪法第37条、俄罗斯联邦宪法第48条等;刑事程序法中对辩护权的规定更多,几乎成为各国刑事诉讼法的标配,缺乏辩护制度简直不能称为刑事诉讼法。

辩护权体现在我国宪法和刑事诉讼法的规定中,也是各类特别程序(包括认罪认罚从宽)必须坚持的基本权利。我国宪法第130条规定,被告人有权获得辩护。该条规定的内容也体现在我国刑事诉讼法的基本原则部分和第一编第四章"辩护与代理"中。宪法和刑

---

* 黄豹,法学博士,中南民族大学法学院教授,硕士生导师。研究方向:诉讼法学、司法制度。
[1] 陈光中主编:《刑事诉讼法》(第六版),北京大学出版社、高等教育出版社2016年版,第142页。
[2] 熊秋红:《刑事辩护论》,法律出版社1998年版,第63~65页。

事诉讼法规定的辩护权具有全程性和全面性。存在于刑事诉讼各个阶段,具有全程性;内容广泛,涵盖刑事案件的实体和程序两方面,具有全面性。① 这种具有全程性和全面性的辩护权当然也适用于各类特别程序和特别诉讼中,包括认罪认罚从宽中。2003年最高人民法院、最高人民检察院、司法部联合发布的《关于适用普通程序审理"被告人认罪案件"的若干意见(试行)》(以下简称《意见》)中虽然没有直接提及辩护权的保障,但多个条款均要求辩护人的参与或者同意;2016年全国人民代表大会常务委员会《关于授权最高人民法院、最高人民检察院在部分地区开展刑事案件认罪认罚从宽制度试点工作的决定》(以下简称《决定》)中明确规定"试点工作应当遵循刑法、刑事诉讼法的基本原则,保障犯罪嫌疑人、刑事被告人的辩护权和其他诉讼权利";2018年刑事诉讼法的修订中,认罪认罚从宽部分条款大量涉及辩护人的介入和意见。2019年10月"两院三部"通过的《关于适用认罪认罚从宽制度的指导意见》(以下简称《指导意见》)第四部分用了6个条款规定犯罪嫌疑人、被告人辩护权保障。

二、认罪认罚从宽中进行无罪辩护的理论悖论

不论是从宪法和刑事诉讼法的原则规定,还是从各类实施意见、指导意见的内容来看,认罪认罚从宽中犯罪嫌疑人、被告人依法享有辩护权,司法机关应当依法保障辩护权的行使,毋庸置疑。不过,认罪认罚从宽中的辩护权的行使与普通程序的辩护权的行使是否没有任何差异而完全一致呢?这个问题值得探讨,由此也引发了刑事司法实务中存在的认罪认罚从宽中犯罪嫌疑人、被告人以及其辩护人能否进行无罪辩护的争议。有学者认为,认罪不一定有罪,况且事实、证据能否定罪,律师依法当然可以做无罪辩护。② 还有学者认为,当在签署认罪认罚具结书时在场的律师与庭审中的辩护人并非同一人时,新任辩护人可以在法庭上做无罪辩护,这是对认罪认罚从宽制度的维护。③ 对以上观点,笔者不敢苟同。笔者以为,认罪认罚从宽中对辩护权的保障不意味着犯罪嫌疑人、被告人及其辩护人可以进行无罪辩护。在认罪认罚从宽中进行无罪辩护存在以下难以弥合的理论上的悖论。

首先,认罪认罚从宽中的无罪辩护有违该制度的本义和设立基础。认罪认罚从宽制度的本质含义是犯罪嫌疑人、被告人认罪认罚,然后司法机关给予从宽处理。所谓认罪,是指犯罪嫌疑人、被告人自愿如实供述自己的罪行,承认指控的犯罪事实。所谓认罚,是指明确表示愿意接受刑罚等处罚,特别是接受检察机关提出的包括主刑、附加刑以及是否适用缓刑等的具体的量刑建议。④《指导意见》中将"认罪"扩大理解为"承认指控的主要犯罪事实"。犯罪事实的存在和控辩双方对其的认可是开展认罪认罚从宽制度的前提,也是认罪认罚从宽制度存在的基础。从形式上看,被告人所做的让步是放弃无罪辩护,承认被指控的犯罪事实,同时愿意接受检察机关所提出的刑事处罚建议。但在实质上,被告人一旦选择认罪认罚,就放弃了包括无罪辩护权在内的一系列诉讼权利。而作为一种诉讼交换,检察机关则作出给予

---

① 陈卫东主编:《刑事诉讼法学》(第三版),高等教育出版社2019年版,第82页。
② 樊崇义:《认罪认罚从宽与无罪辩护》,载《人民法治》2019年第23期。
③ 王恩海:《认罪认罚后辩护人能否做无罪辩护?》,载《上海法治报》2020年8月19日B6版。
④ 陈卫东主编:《刑事诉讼法学》(第三版),高等教育出版社2019年版,第86页。

被告人实体上宽大处理、程序上从快进行的优惠。① 如果犯罪嫌疑人、被告人及其辩护人认为完全就没有犯罪行为发生或者发生的犯罪行为根本不是犯罪嫌疑人、被告人实施的,则是对前面的认罪基础上的量刑协商的彻底否定,是对已经进行的侦查工作、审查起诉工作的彻底否定,案件就完全没有进入认罪认罚从宽程序,该程序也没有存在的必要和可能。

其次,认罪认罚从宽中的无罪辩护有悖于诚实信用原则的基本精神。认罪认罚从宽制度是一种特殊的诉讼形式,有学者将其视为刑事诉讼第四范式(第一范式是弹劾式诉讼模式,第二范式是纠问式诉讼模式,第三范式是审问式诉讼模式与对抗式诉讼模式),是"放弃审判制度"大家族(以美国辩诉交易为主要代表的)中的一员。② 这种范式的最特殊之处在于个人意志的体现和协商、沟通精神的展露,在于对犯罪嫌疑人、被告人主动配合、真诚悔罪的鼓励和支持,其中体现了被追诉人一方特别是辩护人的沟通与协调功能。沟通与协调的基础就是沟通与协调参与各方的互信,是控辩双方基本信任的具体表现。在常规认罪认罚研究中,对侦查机关的讯问圈套、取证陷阱的关注较多,对检察机关量刑建议是否被采纳的探讨也较多。但对被追诉人一方的诚信问题,研究和探讨涉猎不多。一般认为,与公诉机关相比较,被追诉人处于弱势地位,无法对公诉机关形成强势制约。然而,如果被追诉人在侦查阶段、公诉阶段均认罪认罚,但到审判阶段又提出无罪的辩护意见,这就会使得整个案件陷入一个很尴尬的境地,让审判方左右为难:该如何处理无罪辩护意见呢? 如果在没有新的事实或者证据出现的情况下,被追诉方确实真实地提出了无罪辩护的意见,则意味着前期的认罪认罚是虚假的、强制的、被迫的,反之就应当考虑被追诉方的诚信问题。我国民法典第7条规定,民事主体从事民事活动,应当遵循诚信原则,秉持诚实,恪守承诺。刑事诉讼法中虽然没有明确提及诚信原则,但在规定认罪认罚从宽原则的条款中也要求犯罪嫌疑人、被告人"自愿如实"供述自己的罪行,审判机关在审判阶段也会对认罪认罚的自愿性、真实性、合法性等进行审查。如果被追诉人确实没有实施犯罪,则意味着侦查机关、公诉机关收集证据、认定事实存在重大问题;如果审前程序没有问题,则意味着被追诉人前后不一、左右摇摆,其观点的可靠性和稳定性当然会被审判机关质疑。

最后,认罪认罚从宽中的无罪辩护不符合该制度的设立目标和效率追求。认罪认罚从宽制度的设立目的就是提高刑事案件的整体效率,这一点在2018年刑事诉讼法修订以前颁布的各个认罪案件试点意见或者办法中可见一斑。2003年《意见》的第一句就明确了该意见的目标是"为提高审理刑事案件的质量和效率"。2014年全国人大常委会《关于授权最高人民法院、最高人民检察院在部分地区开展刑事案件速裁程序试点工作的决定》中也明确提及速裁试点的目标是"进一步完善刑事诉讼程序,合理配置司法资源,提高审理刑事案件的质量与效率……进一步简化刑事诉讼法规定的相关诉讼程序"。2016年《决定》继续肯定了以上的试点目的。2019年《指导意见》中更是肯定了认罪认罚从宽制度"推动刑事案件繁简分流、节约司法资源"的重要意义。认罪认罚从宽中的无罪辩护不符合以上意见或者决定的精神,是被追诉人滥用诉讼权利、滥用辩护权的表现形式。如果确定准备让自己或者当事人做无罪辩护,就不应当同意进入认罪认罚从宽程序,从而造成了不必要的

---

① 陈瑞华:《论量刑协商的性质和效力》,载《中外法学》2020年第5期。
② 熊秋红:《比较法视野下的认罪认罚从宽制度——兼论刑事诉讼"第四范式"》,载《比较法研究》2019年第5期。

诉讼资源浪费和诉讼时间的延迟。

三、认罪认罚从宽中辩护思路和辩护范围界定

认罪认罚从宽中的无罪辩护是一种辩护权泛化、绝对化的司法不良倾向。从立法规定和制度地位看，认罪认罚从宽是我国刑事诉讼法规定的一项基本诉讼原则和具体诉讼制度，这项原则和制度的内容当然不会也不应当与我国宪法和刑事诉讼法中"被告人有权获得辩护"的规定相违背。因此，绝对不能认为因犯罪嫌疑人、被告人选择认罪认罚就不能依法享有辩护权。从法律、司法解释规定的内容和精神看，认罪认罚从宽中的犯罪嫌疑人、被告人有权自行辩护，也有权委托辩护，这一点从2003年《意见》以及2016年《决定》等司法文件的规定中均可以得到相应的体现。从各国的法律规定来看，辩护权是一项不负有任何先决条件，没有"但书"限制的权利。辩护权不受犯罪嫌疑人、被告人认罪态度的限制，无论他们是否认罪、是否坦白交代，均不能作为限制其辩护权的理由。① 但是，这并不意味着认罪认罚从宽中的犯罪嫌疑人、被告人及其辩护人的辩护意见可以没有限制。正如有学者指出的那样，实践中要克服两种认识偏差，一种是认为既然认罪认罚，就不应对定罪量刑还有不同意见，否则就是推翻认罪认罚协议；另一种是认为认罪认罚不能限制自我辩护的权利，被追诉人仍然可以任意发表对案件处理的不同辩解意见。两种认识都有失偏颇，认罪认罚不否定、不排斥法定的自我辩护权，但接受了认罪认罚必然要放弃相当部分的自我辩护的权利，认罪认罚的过程就是允许自我辩护的诉讼过程，对达成的认罪认罚协议予以接受也就表明对主要犯罪事实、情节和处罚均无异议。② 认罪认罚从宽本来就是对传统普通诉讼程序的一个突破，实现了犯罪嫌疑人、被告人一定的程序选择权和结果交易权，选择认罪认罚与判决结果的从宽，是一个程序中前后位、必然连续的关系。过分强调犯罪嫌疑人、被告人依法享有无罪辩护的权利，其实是一种辩护权泛化、绝对化的司法不良倾向，是对权利保障和辩护权行使的误读与滥用。权利不是绝对的，权利也有边界；判决结果的从宽也不是"无缘无故的爱"，而是犯罪嫌疑人、被告人认罪认罚的当然后果，是权利义务对应、有条件的从宽。

认罪认罚中的辩护思路和辩护范围，必须有其特殊性和局限性。根据我国刑事诉讼法第37条的规定，辩护人的责任是根据事实和法律，提出犯罪嫌疑人、被告人无罪、罪轻或者减轻、免除其刑事责任的材料和意见，维护犯罪嫌疑人、被告人的诉讼权利和其他合法权益。从内容上看，辩护人的责任具体体现在三个方面：第一，从实体上为犯罪嫌疑人、被告人进行辩护，维护犯罪嫌疑人、被告人的合法权益；第二，从程序上为犯罪嫌疑人、被告人进行辩护，维护犯罪嫌疑人、被告人的合法权益；第三，为犯罪嫌疑人、被告人提供其他法律帮助。③ 在实体辩护方面，可以提出犯罪嫌疑人、被告人无罪、罪轻或者减轻、免除其刑事责任的材料和意见。但在认罪认罚程序中，由于犯罪嫌疑人、被告人已经选择"自愿如实供述自己的罪行"，即对指控的犯罪事实没有异议，因此辩护人在实体辩护中不

---

① 陈光中主编：《刑事诉讼法》（第六版），北京大学出版社、高等教育出版社2016年版，第142页。
② 曹坚：《认罪认罚中专业辩护与自我辩护的法律边界》，载《上海法治报》2020年7月1日B6版。
③ 陈卫东主编：《刑事诉讼法学》（第三版），高等教育出版社2019年版，第119~120页。

应当再进行无罪的辩护。如果犯罪嫌疑人、被告人认为自己确实无罪，辩护人认为犯罪嫌疑人、被告人确实没有实施犯罪行为，则根本就不应当进入认罪认罚程序中。认罪认罚从宽不是剥夺犯罪嫌疑人、被告人的无罪辩护权，而是犯罪嫌疑人、被告人如果选择认罪认罚从宽则意味着自愿放弃无罪辩护。根据2019年《指导意见》中"四、犯罪嫌疑人、被告人辩护权保障"部分内容可知，不论是值班律师的职责还是辩护人的职责，更多地体现在对犯罪嫌疑人、被告人程序权利的保障，如提供法律咨询、提出程序适用的建议、引导被追诉人申请法律援助、向司法机关提出案件处理意见等，基本上没有太多的实体性方面的辩护，特别是不存在无罪辩护的职责。

针对认罪认罚从宽程序中被追诉方进行无罪辩护的，人民法院应当及时进行有针对性的、差异性的处理。犯罪嫌疑人、被告人一旦签署认罪认罚具结书，即意味着控辩双方一致同意案件适用认罪认罚程序，这种认罪认罚具结书对控辩双方都应产生约束力。假如被告人当庭拒绝接受量刑建议，或者提出了与量刑建议不同的量刑辩护意见，即意味着被告人违反量刑协议，构成程序反悔。① 在刑事诉讼程序中，犯罪嫌疑人、被告人在自愿选择认罪认罚后又提出无罪辩护的意见，人民法院应当及时审查前期认罪认罚的自愿性和真实性，以及是否确实存在不构成犯罪或者不应当追究刑事责任的情形，根据不同情形做不同的处理：第一，如果认罪认罚不符合自愿性、真实性的原则，或者认罪认罚后又反悔的，人民法院应当及时转换程序，按照普通程序对案件进行审理；第二，如果有新的事实或者证据，确实能够证明被告人的行为不构成犯罪或者不应当追究刑事责任，人民法院应当按照刑事诉讼法第201条的规定依法作出无罪判决。认罪认罚符合自愿性、真实性原则，被告人的行为也确实构成犯罪、依法应当追究刑事责任，但犯罪嫌疑人、被告人及其辩护人仍然坚持无罪辩护的，人民法院应当视为对认罪认罚从宽程序的撤销和否定，改为普通程序审理并在具体量刑中不再考虑从宽因素。司法实务中，签署认罪认罚具结书时在场的律师与庭审中的辩护人为同一人，辩护人在法庭审理中不能再做无罪辩护；签署认罪认罚具结书时在场的律师与庭审中的辩护人并非同一人，如果辩护人在法庭审理中进行无罪辩护的，在确认其无罪辩护代表了犯罪嫌疑人、被告人的真实意愿的，人民法院应当视为被追诉人放弃了认罪认罚从宽的程序性协商。如果审前已经签署认罪认罚从宽具结书，被告人在庭审中也认罪认罚，但辩护人坚持要进行无罪辩护，怎么办？2017年福建省闽侯县罗某涉嫌行贿案中，在被告人与辩护律师均在场的情况下签署认罪认罚具结书，但辩护人后来在庭审中却坚持做无罪辩护，检察院决定撤回原来的量刑建议，重新提交新的更重的量刑建议。但该县法院认为，虽然辩护人坚持无罪辩护，但庭审中被告人不同意辩护人的无罪辩护且坚持自愿认罪认罚，应当视为认罪认罚具结书有效。出现这种情况是非常少见的，虽然辩护人具有独立的诉讼地位，但其辩护行为应当维护被告人的合法权益。如果不是确实有充足的事实或者证据证明被告人不构成犯罪或者不需要追究刑事责任，辩护人仅仅是以"无罪辩护"为噱头吸引法庭关注、妄图赢取更多减刑资本、获得被告人家属的青睐，则显然不是真正地为当事人的利益服务。出现这种情况，法庭应当让被告人与辩护人进行沟通，双方协商一个统一的辩护方向和策略。确实无法达成一致意见的，建议被告人更换辩护人；被告人不愿意更换辩护人的，将认罪认罚从宽程序转换为普通程序。

---

① 陈瑞华：《论量刑协商的性质和效力》，载《中外法学》2020年第5期。

控辩平等现代内涵视域下的认罪认罚从宽制度

冀祥德 刘潇雨*

一、控辩平等是建立认罪认罚从宽制度的前提和基础

控辩平等是现代法治的基本理论和基本理念，控辩平等的构建贯穿于我们追求犯罪控制与人权保障、实现实体正义与程序正义、坚持公正本位与兼顾效率的始终。当前，中国控辩关系呈现出从对抗向合作的新发展，我国在控辩合作理念的指引下，推动探索、建立认罪认罚从宽制度，这对于落实宽严相济的形势政策、准确及时惩罚犯罪、强化人权司法保障、节约司法资源有着重要意义。应当明确，无论是控辩对抗还是控辩合作，其前提条件都是控辩平等[①]。我国认罪认罚从宽制度作为控辩合作模式之一，同样必须以控辩平等的构建为前提和基础。

权力制衡是控辩平等立论的理论基础[②]，其主要功能在于对权力行使实施积极的限制。在认罪认罚从宽制度中，权力制衡体现在控、审权力形成制衡，防御权对控诉权形成制约。平等武装、平等保护、平等对抗、平等合作是控辩平等的现代内涵[③]，其中平等武装、平等保护致力于控辩平等的内在权力（利）设置，平等对抗、平等合作致力于控辩平等外在的权力（利）行使，四要素共同实现控辩平等的对立统一。

二、控辩协商是建立认罪认罚从宽制度的核心和关键

在世界刑事诉讼视域下，以控辩合作的方式解决大量事实清楚、证据确实充分的案件，实现"简者更简"，以节省司法资源、提高诉讼效率；同时，通过"繁者更繁"的诉讼程序完善，确保犯罪嫌疑人、被告人以及辩护人认为无罪案件的裁判公正乃是各国刑事司法制度改革均应遵循的诉讼规律。[④] 在我国，犯罪案件持续增加与司法资源短缺的矛盾、控方败诉风险逐渐增大的现实，引起理论界和实务界对构建中国控辩协商制度的研究与关注[⑤]。

---

* 冀祥德，中国社会科学院法学研究所研究员，博士生导师；刘潇雨，山东警察学院法律部助教。
① 冀祥德：《从对抗转向合作：中国控辩关系新发展》，载《中国司法》2011年第12期。
② 冀祥德：《论控辩平等之理论基础》，载《求是学刊》2009年第5期。
③ 冀祥德：《控辩平等之现代内涵解读》，载《政法论坛》2007年第6期。
④ 冀祥德：《刑事审判改革的基本立场：简者更简，繁者更繁》，载《人民司法》2006年第8期。
⑤ 冀祥德教授最早提出"控辩协商"的概念，并对在中国构建控辩协商制度进行了系统设计论证。参见冀祥德：《建立中国控辩协商制度研究》，北京大学出版社2006年版。

有学者认为，我国认罪认罚从宽制度的确立与此趋势相融合，确立了具有中国特色的控辩协商制度①。

控辩协商是建立认罪认罚从宽制度的核心和关键。有学者就构建中国控辩协商的程序作出详细设计②：控辩协商程序需要以证据开示、问罪程序为基础，并在控辩双方均同意适用协商程序后该程序方可启动；控辩协商过程强调犯罪嫌疑人、被告人及其辩护律师与控方在平等自愿的基础上就量刑问题进行协商，整个过程应充分保障犯罪嫌疑人、被告人的刑事诉讼主体地位；法庭审查阶段法官主要的任务是对协议进行司法审查，以保证协商的正当性。审查方法是法官对被告人进行直接询问、审核证据材料、充分听取辩护律师的意见；裁判结果根据不同的庭审情形分为接受该协议作出判决、控辩双方重新协商或程序转换、法官拒绝或被告人撤回协议三种结果。该学者同时对控辩协商监督机制作出设计：强调控辩协商制度必须与抗辩诉讼程序共同构建；对控辩审三方建立体制上的制约；需建立中立的法官制度，保障控辩协商的公正性。对控辩协商制度中被告人认罪自愿性保障机制作出设计：赋予并保障犯罪嫌疑人、被告人诉讼主体地位；赋予被告人更多的防御性权力；对司法人员进行监督。认罪认罚从宽制度宜参考上述路径构建和完善。

三、认罪认罚从宽制度中控辩失衡问题突出

（一）控审权力失衡

控审制衡关系在诉讼程序上主要表现为公诉权与审判权互相牵制，即一方面，在启动上审判权受制于公诉权；另一方面，公诉权要受到审判权的监督与控制③。认罪认罚从宽制度存在控方主导认罪认罚程序和审判程序弱化的问题。

1. 控方主导程序，控审关系错位

我国刑事诉讼法第 201 条对法官自由裁量权的限制、实践中部分人民检察院压制性操作方式导致检方话语权过大，检察官的控诉具有"类审判"功能④。我国刑事诉讼法第 201 条规定："对于认罪认罚案件，人民法院依法作出判决时，一般应当采纳人民检察院指控的罪名和量刑建议……"该条款是一把"双刃剑"。一方面，量刑建议是带有司法公信力的承诺，该条款从立法层面体现出对控辩合意的尊重，这是对犯罪嫌疑人、被告人合理预期的保护，是对司法公信力的维护；另一方面，该条款加剧了司法处断权在一定程度上从法院让渡于检察机关的可能⑤——绝大多数的控辩合意，特别是量刑建议直接为法院确认并生效。

2. 诉讼程序简化，审判程序弱化，"以审判为中心"异化

"以审判为中心"的诉讼制度改革核心在于庭审实质化，我国基本诉讼构造、诉讼关系并未通过"以审判为中心"的诉讼制度改革得到改变。庭审实质化的改革思路在于通过强

---

① 陈瑞华：《刑事诉讼的公力合作模式——良性协商制度在中国的兴起》，载《法学论坛》2019 年第 4 期。
② 冀祥德：《构建中国的控辩协商制度》，载《法律适用》2007 年第 8 期。
③ 牛金臣、张宁：《控审平衡视野下审判权的扩张与限制》，载《山东审判》2010 年第 6 期。
④ 龙宗智：《完善认罪认罚从宽制度的关键是控辩平等》，载《环球法律评论》2020 年第 2 期。
⑤ 龙宗智：《完善认罪认罚从宽制度的关键是控辩平等》，载《环球法律评论》2020 年第 2 期。

化常态诉讼程序中的证据开示、举证质证、非法证据排除规则、法庭辩论等程序性规则强化审理者的独立、中立地位，弱化检察机关超控诉方角色地位对司法独立的影响，实现控审权力制衡。但在认罪认罚程序中，我国证据开示制度仍处于初步探索阶段①；法庭调查和法庭辩论阶段被适当简化；查证、质证方式成为认罪认罚从宽案件庭审的主要方式②，且查证内容集中于认罪认罚的自愿性和认罪认罚具结书内容的真实性、合法性，审查方式则是在法庭上向被告人、律师发问，部分案件非法证据排除规则存在被突破的可能③。

（二）权利保障不足

1. 犯罪嫌疑人、被告人缺乏沉默权

认罪认罚从宽制度的实施以犯罪嫌疑人、被告人的自愿认罪为前提，故要求在侦查审讯中贯彻反对强迫自证其罪原则，我国刑事诉讼法第52条对该原则作出规定，但为获取口供的需要，我国并未确立沉默权，而同时规定犯罪嫌疑人有如实回答的义务。特有的侦查讯问制度与审前羁押制度造成认罪认罚诉讼程序中控方天生强大，辩方天生弱小；立法上对沉默权的漠视使被羁押的犯罪嫌疑人所处状况更为不利；犯罪嫌疑人处于羁押状态，在难以获得可供判断并作出理性判断的有效案件信息情况下，犯罪嫌疑人缺乏沉默的权利，更容易被迫接受侦控方的罪名指控和认罪认罚条件，控辩资源失衡进一步加剧。

2. 犯罪嫌疑人、被告人缺乏有效法律帮助

当下我国值班律师制度构建中存在的三重背离难题，限制了值班律师作用的发挥，进而影响被追诉人获得有效的法律帮助。具体而言，值班律师作为权利保障者和权力见证人的背离导致实践中值班律师从法律帮助者蜕变为诉讼权利行为合法性的"背书者"，"站台效应"明显④，有效法律帮助无从谈及；值班律师提供法律咨询、程序选择建议、申请变更强制措施、对案件提出法律意见的功能定位与会见权、阅卷权等诉讼权利缺失的背离导致实践中被追诉人难以通过值班律师获得有效的法律咨询建议，听取有效的法律意见；值班律师职责重、风险高与收益低的背离导致值班律师为被追诉人提供有效法律咨询的积极性不高，法律帮助的效果不尽如人意⑤。除此之外，辩护律师传统"三难"的问题⑥仍旧存在，值班律师与辩护律师、法律援助律师协调衔接存在不畅，"实践中，部分地区检察官和犯罪嫌疑人完成量刑协商后再通知律师到场见证具结过程，听取律师意见时，不就量刑内容与律师进行协商"⑦的现状普遍存在，辩护律师在场权缺失，以上问题导致认罪认罚从宽制度中犯罪嫌疑人、被告人防御权不足。

3. 犯罪嫌疑人、被告人缺乏知悉权

知悉权是指被追诉人有获知诉讼中与自己权益相关的各种信息，从而理性而有效地行

---

① 《关于适用认罪认罚从宽制度的指导意见》第29条规定，证据开示。人民检察院可以针对案件具体情况，探索证据开示制度，保障犯罪嫌疑人的知情权和认罪认罚的真实性及自愿性。
② 胡云腾：《去分歧凝共识确保认罪认罚从宽制度贯彻落实》，载《法制日报》2019年12月11日。
③ 龙宗智：《完善认罪认罚从宽制度的关键是控辩平等》，载《环球法律评论》2020年第2期。
④ 汪海燕：《三重悖理：认罪认罚从宽程序中值班律师制度的困境》，载《法学杂志》2019年第12期。
⑤ 汪海燕：《三重悖理：认罪认罚从宽程序中值班律师制度的困境》，载《法学杂志》2019年第12期。
⑥ 冀祥德：《刑事辩护三难问题与刑法修正案》，载《中国社会科学学报》2011年第5期。
⑦ 许世兰、陈思：《认罪认罚从宽制度的基层实践及思考》，载《认罪认罚从宽制度的理论与实践——第十三届国家高级检察官论坛论文集》。

使或处分自己权益的权利。被追诉人知悉权能否得到保障取决于追诉机关能否及时、充分履行告知义务，被追诉人及其法定代理人、辩护人能否享有获取案件证据信息的相关权利（包括阅卷权、调查取证权），证据开示制度能否确立。当前，我国法律和解释性文件规定的司法机关告知义务仅限于"告知犯罪嫌疑人享有的诉讼权利和认罪认罚的法律规定"[①]，而没有义务将其掌握的关于被追诉人的案件事实和证据信息予以告知；辩护律师在侦查阶段不享有阅卷权，故被追诉人在侦查阶段无法通过辩护人知悉案件证据信息；认罪认罚从宽制度中尚没有正式确立证据开示制度，犯罪嫌疑人、被告人案件知悉权难以实现。

四、控辩平等内涵视域下认罪认罚从宽制度的完善

（一）实现平等武装

1. 赋予犯罪嫌疑人、被告人沉默权

犯罪嫌疑人、被告人享有沉默权是其应对控方刑讯逼供的有效防御手段，也是犯罪嫌疑人、被告人自愿认罪认罚的保障机制。首先应在刑事诉讼法中明确规定我国犯罪嫌疑人、被告人享有沉默权，同时对沉默权作出一定限制，具体包括：对沉默权内容的限制。第一阶段，在立法上废除犯罪嫌疑人"应当如实回答"的规定，明确赋予犯罪嫌疑人、被告人沉默权，在此阶段，可先不规定侦控机关负有告知义务；第二阶段，待侦控机关对沉默权制度基本适应且侦查技术不断提高、配套措施逐渐健全时，规定侦控机关负有告知犯罪嫌疑人享有沉默权的义务，并规定未履行该义务的法律后果；第三阶段，规定侦控方不得对被追诉人行使沉默权作出不利评论。

2. 提供有效法律帮助

《关于适用认罪认罚从宽制度的指导意见》第10条首次提出"有效法律帮助"的要求。在认罪认罚从宽案件中，犯罪嫌疑人、被告人主要通过值班律师制度、辩护律师制度、法律援助制度获得法律帮助。对此，还需解决、完善如下问题：第一，完善值班律师制度。首先，明确值班律师履行的是辩护职能，为充实值班律师权利提供正当性基础。其次，充实值班律师的权利。促进值班律师的会见权和阅卷权从"纸面上的权利"变为"现实中的权利"[②]，赋予值班律师调查、核实、申请证据的权利，这是值班律师能够为犯罪嫌疑人、被告人提供有效法律咨询、提出有效法律意见的前提。再次，明确规定值班律师的讯问在场权，这是在封闭讯问环境下，平衡侦控方与犯罪嫌疑人诉讼地位不对等的必要举措。最

---

① 《关于适用认罪认罚从宽制度的指导意见》第22条第1款规定，权利告知和听取意见。公安机关在侦查过程中，应当告知犯罪嫌疑人享有的诉讼权利、如实供述罪行可以从宽处理和认罪认罚的法律规定，听取犯罪嫌疑人及其辩护人或者值班律师的意见，记录在案并随案移送。第26条规定，权利告知。案件移送审查起诉后，人民检察院应当告知犯罪嫌疑人享有的诉讼权利和认罪认罚的法律规定，保障犯罪嫌疑人的程序选择权。告知应当采取书面形式，必要时应当充分释明。

② 《关于适用认罪认罚从宽制度的指导意见》第12条第2款规定，值班律师可以会见犯罪嫌疑人、被告人，看守所应当为值班律师会见提供便利。……自人民检察院对案件审查起诉之日起，值班律师可以查阅卷材料，了解案情。人民法院、人民检察院应当为值班律师查阅案卷材料提供便利。由此可见，我国刑事诉讼法虽然没有赋予值班律师会见权和阅卷权，但是《关于适用认罪认罚从宽制度的指导意见》已经从解释性文件的角度承认了值班律师的会见权和阅卷权。

后，加强值班律师制度和辩护律师制度、法律援助律师制度的协调衔接。值班律师为被追诉人提供临时性、及时性救助的定性决定其与辩护律师、法律援助律师制度有着根本的区别，故严禁侦控机关以向被追诉人提供值班律师法律帮助的名义剥夺被追诉人聘请辩护律师的权利①，同时应该明确被追诉人聘请了辩护律师或被追诉人被指派法律援助律师的情况。

第二，解决刑事辩护传统"三难"问题，即会见难、阅卷难、调查取证难的痼疾。要保证被追诉人应当有充分的时间和便利选任聘请律师以及与所聘律师相联系，严禁因认罪认罚从宽案件办理时限精短而不当缩短犯罪嫌疑人、被告人选任聘请辩护律师的时限或剥夺其权利；宜尽快修改相关立法明确辩护律师自人民检察院对案件审查起诉之几日起，可以查阅、摘抄、复制本案相关材料以保证辩护律师行使阅卷权的及时性；应及时明确"本案所指控的犯罪事实的材料"同时包含有利于犯罪嫌疑人、被告人的材料，并规定人民检察院具有提供有利于犯罪嫌疑人、被告人材料的义务，明确违反该义务后的制裁措施；加快构建辩护律师讯问在场权制度，完善执业律师职业豁免制度。应该说，在认罪认罚从宽制度完善背景下，为实现平等武装，刑事辩护"三难"解决之道仍旧是一个常谈常新的问题。

3. 保障犯罪嫌疑人、被告人知悉权

证据开示使得犯罪嫌疑人、被告人能够从控方手中获得有利于己的证据材料，不仅对扭转控辩双方先天失衡起到重要作用，同时犯罪嫌疑人、被告人可以在律师帮助下通过证据开示而作出认罪决定，得以充分表明其认罪认罚的自愿性。在审查起诉阶段，探索建立证据开示制度，包括如下内容：第一，证据开示的方式。证据开示由程序法官主持，控辩双方可以互相查阅、摘抄、复制对方提供的证据材料。第二，开示范围。为弥补控辩双方诉讼地位的实质不平等，检察官负有全面开示的责任，范围包括其所收集到的有利于和不利于犯罪嫌疑人的各项证据。辩方负有有限开示责任，仅对可能直接导致犯罪嫌疑人无罪的证据材料予以开示。第三，不履行证据开示的结果。法官享有命令控辩双方对未开示的证据立即开示的权力，或规定未开示的证据无效。在实践中，已有部分地区将证据开示制度写入地方司法文件并进行有益探索，为其他地区的证据开示制度确立提供可供遵循和探讨的路径②。

（二）实现平等保护

1. 弱化检方主导，强化司法独立

从控辩平等理论实质看，应当考虑弱化直至取消检察机关的法律监督职能③。具体来

---

① 实践中，由于我国犯罪嫌疑人通常被排挤且讯问时没有律师在场权，侦控方比较容易获得嫌疑人的放弃聘请辩护律师声明。详见龙宗智：《完善认罪认罚从宽制度的关键是控辩平衡》，载《环球法律评论》2020年第2期；有学者就"值班律师和辩护律师的关系问题"提出观点指出，被追诉人聘请的辩护律师较值班律师具有优先权。详见王敏远：《认罪认罚从宽制度的新发展——〈关于适用认罪认罚从宽制度的指导意见〉解析》，载《国家检察官学院学报》2020年第3期。

② 例如，山东政法单位会签并于2019年10月下旬发布施行的《关于适用认罪认罚从宽制度办理刑事案件的实施细则（试行）》第33条规定："人民检察院可以针对案件具体情况，探索证据开示制度，在诉前与犯罪嫌疑人、辩护人或者值班律师沟通，将与案件指控事实相关的证据进行简化集中展示，增强犯罪嫌疑人对认罪认罚结果的预测性，保障犯罪嫌疑人的知情权和认罪认罚的真实性和自愿性。"

③ 冀祥德：《构建审判程序中的控辩平等》，载《人民司法》2008年第21期。

说,在立法尚未变动时,继续弱化检察机关法律监督职能,待条件成熟时彻底取消其诉讼监督职能,明确其诉讼当事人地位。弱化检察机关法律监督权力行使,对于审判者来说,得以克服基于控方兼具法律监督者的地位和检法特殊关系,有必要尽量减少对检察机关量刑建议不采纳、提异议的情形这一心理压力;对于被追诉人来说,得以克服与作为自己监督者的检察机关无法进行平等有效协商的心理障碍,实现平等、自愿、有效协商;对于检察官来说,得以减弱自己作为监督者的心理优势,避免压制性操作方式对被追诉人基本诉讼权利的克减。

2. 坚持控审分离,保障程序均等

程序均等原则对审判者的主观态度提出规范,要求审判者极力避免、克服先入为主的偏见,给予控辩双方平等对待。对此,严格坚持控审分离原则,改变现行实践中检察机关压制性操作方式妨碍司法工作的不良做法。在认罪认罚案件中检法机关除了要严格坚持"起诉状一本主义",防止裁判者审前了解案情,严格限制法官与检察官之间单方面接触等一般性规定外,还应特别注意认罪认罚从宽程序在共同犯罪案件中的谨慎适用:检察机关适用认罪认罚从宽程序,以案件确实构成犯罪为前提,故对于是否构成犯罪存在较大争议的共同犯罪案件,检察机关应该慎重适用认罪认罚从宽制度让部分被追诉人认罪,严禁检察机关以认罪认罚从宽来克服诉讼障碍,通过法院对共同犯罪部分被告人作出有罪判决的既判力,引导法院对共同犯罪中其他做无罪辩护的被告人作出有罪判决。

3. 建立以法官为主导的诉讼程序,实现公正审判

构建以法官为主导的诉讼程序的主要内容如下:第一,在审前程序中贯彻司法审查原则。法官对强制侦查措施特别是羁押措施的采用进行审查,审查过程中法官对控方和犯罪嫌疑人的利益给予平等的关注,对控制国家犯罪需要和保障被追诉人人权给予同等关注,在此基础上作出是否同意侦控方采用羁押措施的裁定。这将从源头上减少犯罪嫌疑人被不当羁押的可能,减少实践中协商性司法异变的情形。第二,在审查起诉阶段证据开示由程序法官主持,赋予程序法官强制控辩双方进行证据开示的权力。第三,强化法庭审查。法官除了对协议的作出是否出于被告人明知、明智和自愿进行审查外,还应对被告人的认罪是否具有事实基础进行审查,对控辩双方给予平等的诉讼机会、态度、条件和标准,注重听取被告人最后陈述和辩护律师的意见。第四,法官是救济程序是否启动的决定主体。法官有权对上诉理由和抗诉理由进行审查,并决定是否启动二审和再审。

(三) 实现平等对抗

认罪认罚案件开庭审理的内容与庭审实质化的内容和要求截然不同,将认罪认罚从宽的审判方式与庭审实质化强制联系到一起过于牵强①。相较于举证、质证、查证、质证极大削弱了控辩双方的对抗性质。要在认罪认罚诉讼程序中实现平等对抗,法官要充分重视《关于适用认罪认罚从宽制度的指导意见》第48条②规定的"程序转换"条款。经审查认

---

① 详见王敏远:《认罪认罚从宽制度的新发展——〈关于适用认罪认罚从宽制度的指导意见〉解析》,载《国家检察官学院学报》2020年第3期。

② 《关于适用认罪认罚从宽制度的指导意见》第48条规定,程序转换。人民法院在适用速裁程序审理过程中,发现有被告人的行为不构成犯罪或者不应当追究刑事责任、被告人违背意愿认罪认罚、被告人否认指控的犯罪事实情形的,应当转为普通程序审理。发现其他不宜适用速裁程序但符合简易程序适用条件的,应当转为简易程序重新审理。

为对符合"程序转换"的案件,及时转为普通程序,保证审判者在控辩双方平等对抗的基础上查清案件事实,以满足被追诉人获得庭审实质化的诉求;同时,宜通过立法将辩护律师做无罪辩护的情形纳入法定程序转换情形。

(四)实现平等合作

1. 确立无罪推定原则,确认犯罪嫌疑人、被告人诉讼主体地位

要实现控辩双方平等合作,就要赋予和确认犯罪嫌疑人、被告人诉讼主体地位。无罪推定原则不仅直接确立了"犯罪嫌疑人、被告人不等于犯罪人"的概念,明确了犯罪嫌疑人、被告人在刑事诉讼中的主体地位,它的另一重要发展表现在对定罪主体的严格限制和程序保障的日益严密上。首先,应在刑事诉讼法中明确无罪推定原则,从制度上保障无罪推定原则的构建;其次,修改刑事诉讼法中"有罪推定"的条款;最后,加强无罪推定原则配套措施的构建,包括赋予犯罪嫌疑人、被告人沉默权,进一步明确和巩固非法证据排除规则。

2. 构建诚信约束机制

就被告人上诉而言,与普通刑事案件被告人享有无限上诉权不同,认罪认罚从宽制度中的一审被告人因其认罪认罚获得了从宽,且普遍有律师为其提供法律帮助,故其不享有无限上诉权,提出上诉应当说明理由。提出上诉时,被告人宜对下列事项向法官说明理由:被告人认为自己的行为不构成犯罪或者不应当追究刑事责任的;违背意愿认罪认罚的;否认指控的犯罪事实的;对罪名有异议的;其他可能影响案件公正审判的情形。法官对上述理由进行审查并决定是否启动二审。就检察院抗诉而言,要避免"有错必纠"的老路,对抗诉作出如下限制:其一,必须损害了被告人的利益而且导致错误地适用了刑罚;其二,应当有充分的证据表明上述情形存在①。

五、结语

控辩平等是现代法治的基本理论和基本理念,贯穿于我们追求犯罪控制与人权保障、实现实体正义与程序正义、坚持公正本位与兼顾效率的始终;控辩协商是我国构建和谐社会语境与建立高效刑事司法制度下控辩关系发展的一种新型、理性、当然的模式。我国认罪认罚从宽制度的探索与构建以前者为基础,以后者为核心。站在世界刑事诉讼法治视野下,从控辩平等的应有内涵视域检视认罪认罚从宽制度,不难发现当前认罪认罚诉讼程序中控审失衡严重、权力保障不足,严重制约着认罪认罚从宽制度在惩罚犯罪、保障人权、提升效率中的作用。从平等武装、平等保护、平等对抗、平等合作角度完善认罪认罚从宽制度是实现制度初衷的基本路径遵循。

---

① 冀祥德:《构建我国救济程序中的控辩平等》,载《人民司法》2008年第21期。

共同犯罪案件认罪认罚问题实证研究

揭 萍 吴逸涵*

一、讨论的缘起

2018年认罪认罚从宽正式成为我国刑事诉讼的重要制度之一，2019年"两高三部"发布《关于适用认罪认罚从宽制度的指导意见》（以下简称《指导意见》）进一步推动这一制度在刑事诉讼中的全面适用。随着司法实践的不断推进，这一制度司法实践问题不断显现。在"囚徒困境"的作用下，认罪认罚从宽制度在共同犯罪案件中的适用变得更加复杂，原本控辩双方的协商转化为多方的博弈，由于程序不公正导致实体不公正的问题会暴露得更突出，甚至可能导致冤错案件的产生。这些问题的产生，一方面是由于司法实践的复杂性与多样性；另一方面透视出认罪认罚从宽制度本身仍不够完善，当然也和我国刑事诉讼基本理念的落实、其他相关制度的设计与实践有着密切关系。由于共同犯罪存在的普遍性以及此类案件适用认罪认罚的广泛性，这些问题不能很好地处理必将影响认罪认罚从宽的司法效果及制度价值。

二、现状观察：共同犯罪适用认罪认罚从宽需关注的问题

（一）相关数据统计

根据检索[①]，2019年11月1日至12月31日，浙江省各级法院一审共审理6449件刑事案件，其中共同犯罪案件827件；适用认罪认罚的各类案件共4337件，占一审案件总数的67.25%；共同犯罪适用认罪认罚的503件（包括全案被告人适用与部分被告人适用），占共同犯罪案件数的60.82%，占全省适用认罪认罚案件总数的11.60%，而这一时间段一审案件中单人犯罪案件的认罪认罚适用率为62.43%。

从总体来看，浙江省共同犯罪案件适用认罪认罚的比例略低于单人犯罪案件，但60.82%的适用率已超过全国诸多地区认罪认罚的总适用率。而相对于单人犯罪，即使是同样的罪名或相近的情节，共同犯罪的复杂性及刑事诉讼的多变性是客观存在的。

从案件类型来看，认罪认罚从宽制度在共同犯罪案件中的适用具有广泛性，503件案件

---

* 揭萍，浙江理工大学教授，法学博士；吴逸涵，浙江理工大学硕士研究生。
① 相关数据来自中国裁判文书网，检索日期：2020年4月7日。

共涉及61种罪名，其中适用比例最高的是开设赌场罪，占19.88%，其次是诈骗罪和盗窃罪，分别占13.72%和10.74%。一方面与这几种犯罪类型案件数量大且共同实施犯罪的比例较高有关系；另一方面体现了不同犯罪案件类型的适用条件与适用效果。

从区域适用来看，浙江省各地共同犯罪案件认罪认罚的适用率存在差异，见下表。

2019年11月1日至12月31日浙江省共同犯罪案件认罪认罚适用情况统计表①

地区	绍兴	杭州	宁波	台州	舟山	嘉兴	丽水	衢州	金华	温州	湖州
N1	165	127	90	97	27	31	38	39	156	37	20
N2	501	724	590	544	52	198	198	141	527	621	277
n	129	67	57	70	17	15	35	28	43	31	11
%A	78.18	52.76	63.33	72.16	62.96	48.39	92.11	71.79	27.56	83.78	55.00
%B	25.75	9.25	9.66	12.87	32.69	7.58	17.68	19.86	8.16	4.99	3.97

（二）典型案例

案例一：彭某、余某运输贩卖毒品案

本案一审判决后，被告人上诉，二审认定事实不清，撤销一审判决发回原审法院重新审理②。发回重审后一审认定：自2018年2月22日起，被告人彭某通过微信向付某辉（另案处理）求购甲基苯丙胺未果，请求被告人余某出面帮助其向付某辉购买，被告人余某同意。2018年2月27日上午，被告人彭某与被告人余某会合，随后被告人余某出面向付某辉购买甲基苯丙胺50克，双方商定每克人民币200元，共计人民币10000元。被告人彭某将人民币10000元交给被告人余某，被告人余某随后支付给付某辉。当日中午，被告人余某从付某辉处取得50克甲基苯丙胺，之后立即将毒品交给被告人彭某，并搭乘被告人彭某的车辆返回杭州。2018年2月28日中午，被告人彭某在与前来试毒的柴某会面时被抓获，被告人余某在酒店房间内被抓获。

本案需要关注的问题：

（1）审查起诉阶段，公诉人提出如果都认罪认罚，检察机关对两人的量刑建议均为10年有期徒刑。犯罪嫌疑人彭某签署了认罪认罚具结书，余某的辩护人不接受，认为本案定性错误，即便构成犯罪，余某也应认定为从犯，量刑建议明显不公平，余某本人也不同意认罪认罚。

（2）一审庭审时，彭某推翻审前供述，只承认自己确实运输毒品，但都是受余某指使，将责任完全推卸给余某（法官说，你这是认罪认罚的态度吗？要知道法庭是可以不认可认罪认罚的）；余某不认罪，律师做无罪辩护。一审判决彭某有期徒刑10年，余某有期徒刑12年。

---

① 数据来源于中国裁判文书网，N1代指该时间段这一地区共同犯罪案件数，N2代指该时间段这一地区认罪认罚案件总数，n代指该时间段这一地区共同犯罪适用认罪认罚从宽的案件数，%A=n/N1×100%，%B=n/N2×100%。

② 相关裁判文书分别是：（2018）浙0106刑初488号判决书、（2018）浙01刑终852号判决与（2018）浙0106刑初816号判决书。

(3) 二审开庭审理，彭某在庭上恢复侦查阶段供述，承认自己的责任，二审法庭认为事实不清，发回重审。公诉机关更换了检察官，又提出认罪认罚，量刑建议为彭某有期徒刑10年、余某有期徒刑9年，彭某、余某均签署了认罪认罚具结书。

(4) 发回重审一审，更换了法官，认罪认罚协商的量刑建议没有得到法官认可，原审法院经过重新审理后，判决彭某有期徒刑12年，余某有期徒刑11年。

案例二：轲某销售假药案

本案起诉书指控：自2015年年底起，被告人轲某通过其设立的某健康管理有限公司推出"远程医疗"服务，推广销售在老挝生产且未获批进口的索菲布韦、达卡他韦等药品。涉案期间，被告人轲某招募被告人陈某作为客户经理，安排被告人傅某、葛某、苏某等人为公司医药代表负责寻找患者推销上述药物，并给予销售返利，涉案金额761万余元。经杭州市市场监督管理局认定，涉案索菲布韦、达卡他韦等药品均应按假药论处。[①]

本案需要关注的问题：

(1) 在审查起诉阶段，被告人陈某和苏某两人签署了认罪认罚具结书，主犯轲某与从犯傅某、葛某均不认罪，三名被告人的律师在庭上均做无罪辩护。本案一审以普通程序开庭审理，由于案件事实与法律定性均存在争议，开庭时间持续了一天半，超过12个小时。对案件中不认罪的三名被告人，公诉人在法庭陈述中认为他们认罪态度恶劣，辩护人对此提出反对意见。

(2) 在庭审过程中，苏某在案件另三名不认罪认罚被告人的律师发问中无法自圆其说，一度推翻在审查起诉阶段的陈述，做无罪辩解，但在其辩护律师的逼问下，苏某最终选择以审前的供述为准。

(3) 案件中不认罪的三名被告人，公诉人在法庭陈述中认为他们认罪态度恶劣，辩护人对此提出反对意见。本案两名签署了认罪认罚具结书的被告人的辩护律师在庭审中基本上没有开展法庭质证，处于"陪审"状态，只在量刑辩护中对量刑情节证据进行了举证质证，发表了辩护意见。

(4) 陈某的辩护人在发表辩护意见时说："陈某是认罪认罚的，他的认罪是对自己行为的认知与承认，本案行为具体如何定性，还请法庭作出正确裁判。如果全案不构罪，那么希望法庭对陈某的判决不要受到其认罪认罚的影响。"

案例三：王某明寻衅滋事案

本案起诉书指控：(1) 2017年11月初，被告人王某明为谋取私利，指使护村队员被告人王某阳、王某伟（另案处理）对本村道路所有运送渣土车辆进行拦截，强拿硬要被害人金某仁四条硬盒中华香烟（经鉴定，价值人民币1600元），被告人王某明分得硬盒中华香烟两条，被告人王某阳、王某伟各分得硬盒中华香烟一条。(2) 2017年11月初，被告人王某阳伙同金某（另案处理）谈推泥的事情，经被告人王某明同意后，被告人王某阳强拿硬要被害人金某仁1万元钱。当天被告人王某明分得人民币4000元，被告人王某阳分得人民币6000元。

检察机关认为，被告人王某明、王某阳无正当理由，强拿硬要他人财物，以寻衅滋事罪追究其刑事责任。被告人王某阳到案后如实供述自己的犯罪事实，系坦白。

---

① 本案于2019年8月6日至7日在杭州市下城区法院开庭审理，笔者旁听。

本案需要关注的问题：

（1）王某阳在侦查阶段的供述前后不一，多次变化反复。审查起诉阶段，王某阳签署了认罪认罚具结书，一审庭审中，其供述又产生变化，与起诉书指控事实存在较大差异，提出第二节事实是在王某明的指使下实施的。

（2）王某明的辩护律师在法庭上对王某阳发问："你知道什么是寻衅滋事罪吗？什么是'强拿硬要'？什么样的行为构成寻衅滋事罪吗？"王某阳答："不知道。"律师说："那你为什么还认罪？"

（3）王某明的辩护律师庭前申请证人与被害人出庭，法官均未同意。①

三、囚徒困境：共同犯罪案件适用认罪认罚从宽的问题之源

1950年，美国兰德公司的两位科学家梅里尔·佛勒德与梅尔文·德莱歇提出了自博弈论问世以来影响最大也是最有争议的一种博弈——囚徒困境。单人犯罪案件中，利益主体相对简单、影响因素相对较少，认罪认罚协商机制软化了控方打击犯罪与被追诉人逃避处罚的直接冲突，控辩双方基于自己的立场和需求作出有利的选择，获得双赢效果。但在共同犯罪案件中，同案犯之间"合作"的概率极低，控辩双方的协商变成多方的动态博弈，趋利避害的本能导致相互背叛是常态，认罪认罚从宽制度的适用将被追诉人推向最典型的"囚徒困境"。

（一）对于司法机关来说，认罪认罚从宽制度成为一把"双刃剑"

从功利主义出发，对于刑事被追诉人确实构成犯罪、基本事实清楚、证据确实充分的案件，认罪认罚从宽制度的适用能产生强大、正面的积极效果。侦查人员、检察官利用认罪认罚从宽制度引导犯罪嫌疑人作出有罪供述，根据口供进一步完善证据体系，使案件能够顺利侦破，审查起诉工作相对简单、诉讼程序简化；而被追诉人获得程序及实体上的"从宽"。不可否认，认罪认罚从宽会成为侦查人员与检察官瓦解共同犯罪成员攻守同盟的最有利"武器"。司法人员有效地利用"囚徒困境"，只要一名或部分被告人选择认罪认罚从宽，就会成为案件侦破与指控的突破口，从而对全案事实的查清与证据的固定起到重要作用。

但是，司法人员必须清楚地认识到，"囚徒困境"将共同犯罪案件的每一个被追诉人推向不完全信息条件下的多方动态博弈，在追求自己利益最大化的驱动下，每个人随时存在委曲求全、推卸责任、歪曲事实甚至冤枉他人的"认罪"可能。案例一中，贩卖毒品的上下家均系被告人彭某联系或提出，购买毒品的动议与资金两个最关键因素也是来自彭某，而余某在本案中仅起到协助作用。彭某为了减轻自己的罪责，选择了认罪认罚并将部分责任推给不认罪认罚的余某，而公诉机关因为彭某的认罪认罚而模糊了两人的主从犯地位，甚至明显违反法律规定作出主从犯责任轻重倒置、严重不合理的量刑建议，导致裁判结果的不公正。

---

① 相关庭审情况参见中国庭审公开网，http://tingshen.court.gov.cn/live/10228950。

(二) 对于刑事被追诉人来说，在信息不对称的情况下作出不得已的选择

当案件定性存在争议时，如果检察官给出的量刑较轻，很多当事人会接受认罪认罚，律师也会考虑劝当事人认罪认罚。尤其是在长时间羁押的情形下，当事人对回归家庭、社会的渴望强烈，逐渐丧失与职权机关"对抗"的信心与意志。在很多时候，认罪认罚从宽是刑事被追诉人为了追求程序或实体上的"从宽"而作出的无奈选择，并非基于对指控事实和定性以及量刑的真心认可。共同犯罪中，由于多名犯罪嫌疑人或被告人在案件中的地位与作用不一样，每个人的需求与诉讼目的存在差异，在趋利避害的本能下每个人都会作出对自己有利的选择。而这样的不得已选择在整个诉讼情形发生变化时会带来一系列不利的连锁反应，其中最突出的就是被告人前后供述的反复甚至庭上的翻供。在上述三个典型案例中都存在接受认罪认罚的刑事被追诉人供述不稳定状态。有的是在侦查、审查起诉阶段前后供述不一致，有的是签署了认罪认罚具结书后在法庭上改变供述或翻供做罪轻或无罪辩解。

(三) 对于辩护律师来说，维护当事人权益陷入两难境地

在共同犯罪案件中，辩护律师业务素质、是否负责任会对案件程序走向、实体定罪量刑产生重大影响。很多时候，共同犯罪案件中的被告人各自聘请的律师能力参差不齐，工作态度、职业操守不一样，负责任的律师与不负责任的律师对待当事人认罪认罚会有完全不一样的态度，所带来的辩护效果及对程序、实体的影响会有很大区别。不负责、"走过场"的律师在检察官提出认罪认罚建议时，并不会从维护当事人权益出发，认真审查案件证据材料作出准确判断，而是一味地说服当事人"配合"检察官。一个或部分被追诉人的"认罪认罚"会成为司法机关侦破、起诉共同犯罪案件的"工具"，检察官会利用这一情势"施压"给不认罪认罚的犯罪嫌疑人及其辩护律师，导致负责任的辩护律师陷入两难境地。

四、权利保障：共同犯罪案件适用认罪认罚从宽的根本要求

任何刑事诉讼制度都不仅要实现追诉犯罪的目的，更必须坚守保障人权的基本功能。《指导意见》明确各级司法机关应当充分认识认罪认罚从宽制度对及时有效惩治犯罪、加强人权司法保障、优化司法资源配置、提高刑事诉讼效率、化解社会矛盾纠纷、促进社会和谐稳定六个方面的重要意义。司法人员必须认识到共同犯罪相对于单人犯罪的特殊性，准确定位认罪认罚从宽制度的制度作用，尤其要强调对刑事被追诉人的权利保障。

(一) 侦查人员应当客观全面收集、固定、移送证据

认罪认罚具结书的签署虽然在审查起诉阶段，但从司法实践来看，侦查阶段是犯罪嫌疑人"认罪"的主要环节。侦查阶段不仅可以适用认罪认罚从宽制度，而且可以进行认罪认罚从宽制度所包含的认罪协商①。多地关于认罪认罚从宽制度的指导意见均明确"认罪越早量刑从宽幅度越大"以及对于没有社会危险性的认罪认罚犯罪嫌疑人应当取保候审、监

---

① 朱孝清：《侦查阶段是否可以适用认罪认罚从宽制度》，载《中国刑事法杂志》2018年第1期。

视居住。在共同犯罪案件中，"囚徒困境"下的犯罪嫌疑人面对实体与程序"从宽"的双重"诱惑"，按照侦查人员及公诉人要求，作出"最有利于自己的供述"是人之常情；侦查人员对犯罪嫌疑人认罪阶段及态度的认定存在可操作性，为了完成各项侦查工作指标或双方出于利益交换，犯罪嫌疑人虚假"认罪"也会有一定的生存空间。在侦查程序与侦查权缺乏有效监督的情况下，犯罪嫌疑人的趋利本能与侦查人员的权力腐败都可能追求最大化利益，这也使得侦查阶段犯罪嫌疑人"认罪"的真实性受到挑战。

刑事诉讼法第52条规定，审判人员、检察人员、侦查人员必须依照法定程序，收集能够证实犯罪嫌疑人、被告人有罪或者无罪、犯罪情节轻重的各种证据。在共同犯罪案件中，侦查人员不能将认罪认罚作为让其中一个或部分犯罪人供述的"诱饵"，更不能对犯罪嫌疑人"认罪"偏听偏信，由供到证，导致整个案件的事实出现歪曲。"在认罪认罚案件中坚持法定证明标准，关键在于正确理解和严格执行口供补强规则。"[①] 对每一个犯罪嫌疑人在共同犯罪中所起的作用不能仅凭同案犯的供述来认定。

（二）检察官必须恪守客观公正义务

我国的认罪认罚从宽制度，审查起诉是关键环节，法律在赋予检察官权力的同时也对检察官恪守客观公正义务提出了更高的要求。检察官的起诉决定权使他们能决定人们是否需要对犯罪负责及在何种程度上对犯罪负责[②]。首先，检察官不能受认罪认罚情况的影响，应客观公正对待共同犯罪案件中的犯罪嫌疑人。案例二中，对于案件中不认罪的三名被告人，公诉人在法庭陈述中提出他们"认罪态度恶劣"，辩护人对此提出反对意见。该公诉人这一做法确实不妥当，不认罪认罚不等于认罪态度恶劣，很显然，其对认罪认罚从宽制度的认识存在偏差。其次，应当谨慎对待共同犯罪案件嫌疑人在侦查阶段的"认罪"。由于侦查活动的秘密性与侦查取证活动的单方面性，侦查人员与犯罪嫌疑人对案件信息的掌握是极不对等的，对案件性质的判断、证据材料的掌握、刑事责任的推测并不在同一个层次。最后，关注全案犯罪嫌疑人认罪或不认罪之间的关联性。共同案件中，并不只是涉及共同犯罪成员中某一个嫌疑人或被告人的认罪认罚的真实性和自愿性问题，而且特别要注意到这一认罪认罚行为与其他成员认罪认罚或不认罪认罚的关联性问题。如果被告人甲认罪认罚、被告人乙不认罪认罚，两个被告人之间作出不同选择的关联或关系要注意，客观审查共同犯罪成员作出不同选择的矛盾性及不同立场，尤其要重视做无罪辩护律师的辩护意见；在共同犯罪全案被告人都选择认罪认罚时，要注意到每一个共同犯罪成员认罪认罚内容的一致性。

（三）以审判为中心，强调庭审实质化

认罪认罚从宽与以审判为中心是一体化的制度，庭审实质化是落实审判中心主义的核心要求，也是认罪认罚从宽能够实现制度价值的关键。首先，审判程序选择要有利于被告人。共同犯罪案件，只要有一个被告人不认罪认罚，就必须按照以审判为中心的要求，适用普通程序，全案庭审实质化展开举证质证，对认罪认罚的被告人也要按照庭审实质化来

---

① 孙长永：《认罪认罚案件的证明标准》，载《法学研究》2018 年第 1 期。
② 转引自［美］道格拉斯·胡萨克：《过罪化及刑法的限制》，姜敏译，中国法制出版社 2015 年版，第 45 页。

审理，因为法庭上是要对质的。即便当事人选择认罪认罚，律师坚持做无罪辩护，也应当走普通程序。审判程序的适用要尊重辩护律师的意见，这是刑事辩护应有的原则。其次，保障证人出庭作证。案件重要证人不出庭，法庭调查、控辩质证则无法有效开展，同案犯的"认罪"必然成为影响法官认定事实与责任、适用法律的重要证据，这会造成极大的司法隐患。最后，坚持独立审判。在共同犯罪案件中，部分被告人认罪认罚的供述能否成为全案构成犯罪的重要证据？是否会影响法官对全案作出公正的裁判？是否会强化法官认定其他被告人都有罪？这些问题都是需要关注的。从证据效力来看，依照法律规定，在没有分案处理的情形下，同案犯的供述肯定不能成为证明同案其他被追诉人有罪的证人证言，只能作为被告人口供对待，应当遵循口供补强规则。但在司法实践中，往往会通过分案处理将同案犯的口供作为证人证言来使用，实际上这也是不合法的。

（四）坚持罪责刑相适应原则

从制度设计来看，认罪认罚从宽适用于所有犯罪，也包括共同犯罪，这一点是毫无疑问的。认罪认罚最终要落实到刑罚上的"从宽"，但是在法律框架之内的"从宽"。相对于单人犯罪，共同犯罪案件的"从宽"量刑不仅要求在考虑刑法总则刑罚规范的前提下不突破刑法分则中具体罪名的刑罚幅度，更要遵循刑法总则中关于共同犯罪刑事责任认定的系统规定，坚持罪责刑相适应、罪刑均衡的基本原则。

首先，共同犯罪的量刑应当追求精细化区分。对于共同犯罪，我国刑法将其分为犯罪集团及一般共同犯罪。对于主犯，区分了犯罪集团首要分子、犯罪集团首要分子以外的主犯、一般共同犯罪中起主要作用的犯罪分子等类型。其次，对主从犯的认定不能受认罪认罚情况的影响。刑法规定"组织、领导犯罪集团进行犯罪活动或者在共同犯罪中起主要作用的，是主犯"。笔者在研究中初步发现，适用认罪认罚的共同犯罪案件中不区分主从犯的现象相对普遍。因此，不能不考察案件本身的复杂性和违背罪刑相均衡的原则，而简单地根据行为人不认罪认罚的事实作出对其不利的刑罚裁量。①

（五）强调有效辩护权的保障

有效辩护权是司法公正体系中的主要内容与支柱之一，也是刑事司法中犯罪嫌疑人、被告人权利体系中的最重要的组成部分之一。② 认罪认罚从宽制度中的值班律师制度为我国实现刑事案件辩护全覆盖迈出了重要一步。《指导意见》第10条规定，人民法院、人民检察院、公安机关办理认罪认罚案件，应当保障犯罪嫌疑人、被告人获得有效法律帮助，确保其了解认罪认罚的性质和法律后果。这一规定首次在刑事诉讼制度层面明确了有效法律帮助的要求，这对于刑事被追诉人的权利保障有着重要意义。如前所述，共同犯罪案件中的刑事被追诉人在"囚徒困境"的作用下往往不能作出准确判断与最优选择。认罪认罚从宽必须以指控的真实性与被刑事追诉之人认罪认罚的自愿性为基础，对此，辩护律师负有守护神的职责。认罪认罚案件要突出保障律师独立辩护权，即便当事人在"囚徒困境"压力下或诉累的影响下出于功利主义作出认罪认罚从宽的选择，而法律规定认罪认罚协商及

---

① 陈伟：《毒品犯罪案件适用认罪认罚从宽制度状况研究》，载《法商研究》2019年第4期。
② 祁建建：《论有效辩护权——作为一种能够兑现的基本权利》，中国政法大学出版社2019年版，第4页。

具结书签署过程中律师必须在场并签字。在这种情况下,律师应当向检察官说明:在场与签字只是对当事人认罪认罚的见证,并不代表认可本案的事实认定或法律定性,在庭上仍可以坚持无罪辩护。当然,辩护律师也应当尊重当事人的态度与选择,使用警告性语言并阻止当事人庭上推翻其认罪认罚供述的做法并不可取。

认罪认罚从宽制度下的辩护形态

李 辞 王 静*

一、辩护模式：由对抗式转变为协商式

(一) 协商式辩护基础：自愿性与明智性

保障被追诉人认罪认罚的自愿性与明智性已成为多方共识，刑事诉讼法与新修订的《人民检察院刑事诉讼规则》（以下简称《高检规则》）均强调对认罪认罚自愿性与明智性的审查。《高检规则》第271条规定，在审查起诉阶段，对于犯罪嫌疑人在侦查阶段认罪认罚的案件，检察机关应当重点审查犯罪嫌疑人是否受到非法取证，并审查其认罪认罚时的认知能力与精神状态，以及是否理解认罪认罚的性质和可能导致的法律后果。其中，犯罪嫌疑人是否受到暴力、威胁、引诱，属于自愿性层面的审查；而对于犯罪嫌疑人认知能力的审查，则属于对认罪认罚明智性的审查。可见，立法机关与司法机关均关注到被追诉人认罪认罚的自愿性与明智性问题。在认罪认罚案件的辩护中，辩护人也应当优先评判被追诉人认罪认罚的自愿性与明智性，其后方可进入协商式辩护的思路与策略设计层面。

就认罪认罚的自愿性而言，辩护律师不仅要判断被追诉人的认罪认罚是否自愿，还要充分考虑其自愿的程度，并判断是否存在反悔的可能。除了了解被追诉人是否受到刑讯逼供、侦查活动是否合法、办案机关是否告知权利等常规性事项，辩护律师更应重视被追诉人的真实意愿。在当前的制度实践中，认罪认罚的提议通常是控诉机关先行提出，而此时犯罪嫌疑人往往是在没有律师在场的情况下独立面对侦查人员或检察官，在控辩力量明显不对等的情况下，犯罪嫌疑人很可能"迫于形势"而"自愿"认罪认罚，这对处于羁押状态下的犯罪嫌疑人尤甚。

一旦犯罪嫌疑人选择认罪认罚，由于顾忌反悔可能造成于己不利的后果，犯罪嫌疑人往往不会轻易表露反悔的意愿。有鉴于此，辩护律师需与被追诉人充分交流，打消其内心顾虑，而不能将自愿性的判断寄于形式，否则有违尽职精神。同时，一旦被追诉人在其后的诉讼程序中反悔，将可能对量刑辩护产生不可逆的不利影响。需要指出的是，除了常规的认罪认罚自愿性审查，律师还应关注到被追诉人是否存在"替人顶罪"的可能，这种情况在交通肇事案件中屡见不鲜。律师一旦发现被追诉人并非犯罪人，应当与被追诉人充分交流，建议其主动承认"顶包"事实，从本诉中"退场"。若被追诉人坚持"顶包"，基于

---

* 李辞，福州大学法学院副教授；王静，黑龙江大学法学院副教授。

"委托人利益最大化"原则与职业精神,笔者认为,律师应向办案机关说明情况,以为被追诉人争取最优刑事处遇。

相对于自愿性,对被追诉人认罪认罚明智性的保障更容易受到律师的忽视。认罪认罚的明智性包含两个层面,一为选择适用认罪认罚从宽制度的明智性;二为主动认罪认罚的明智性。为确保制度适用的明智性,辩护人应结合案情充分说明适用认罪认罚从宽制度的利弊,使得被追诉人对自己的程序选择坚定信心,这是辩护人与委托人形成"协同性辩护"①的基本前提。辩护人还应分析被追诉人主动认罪认罚的明智性,这种分析主要是建立在对控方证据材料进行审查的基础之上。根据刑事诉讼法的规定,自案件移送审查起诉之日起,辩护人便可查阅全案证据材料。辩护人接受委托或指派时,若犯罪嫌疑人尚未认罪认罚,辩护人应即时阅卷,分析证据能力与证明力,在检察机关提出认罪认罚协商动议之前为犯罪嫌疑人判断案件走向,以决定是否选择认罪认罚。申言之,辩护人应为犯罪嫌疑人提前预测量刑建议,并分析法院可能判处的刑罚。若检察院提出的量刑建议低于预期,那么辩方即可欣然接受;若量刑建议高于预期,那么辩方即可将自己的计算情况和盘托出,"打有准备之战"。

若辩护人介入案件时犯罪嫌疑人已作出认罪认罚的意思表示,辩护人同样应当及时进行证据分析,但这种情况下要综合判断证据的强度与反悔的后果,不宜轻易撤回认罪认罚表示。当然,若证据存在根本性问题,基于"委托人利益最大化"的职业立场,辩护人可就证据存在的问题与检察机关进行协商沟通,如此既保障了犯罪嫌疑人的利益,又在一定程度上避免了职业风险。

(二)协商式辩护的主要场域

尽管认罪认罚案件的辩护是以协商方式进行的,但辩护职能与控诉职能处于天然的对立状态,协商式辩护模式只是减弱了这种对立的程度,并未从根本上打破控辩间的对抗格局。对长期侧重于进行对抗式辩护的我国律师而言,需要学会以协商的方式进行控辩对抗,把握好对抗的尺度,通过沟通、对话达到辩护目的。应当明确的是,在证据相对充分的情况下,不宜对定罪与事实问题进行对抗。由于被追诉人已作出认罪认罚的意思表示,不论其本人是否反悔,辩护人都应谨慎考虑对罪状否认的后果,一旦撤回有罪答辩,势必破坏控辩协商的前提性基础,可能导致先前阶段的辩护成果付诸东流,控辩关系将由协商走向对抗,而由此造成办案人员"得而复失"的心理落差将为其后的辩护造成一定的阻碍,甚至使得早认罪认罚的量刑情节不复存在。

笔者认为,在认罪认罚案件中,律师辩护应集中于两个方面,即量刑与强制措施。即使是在被追诉人不认罪认罚案件中,量刑问题也是律师辩护的重要对象。而在认罪认罚案件中,相对于定罪问题,检察官对量刑问题的协商存在更大的裁量空间。被追诉人的认罪为律师的量刑协商提供了有利的外部氛围,律师应抓住有利时机为被追诉人争取量刑上的更大优惠,"拧干量刑建议的水分"。具言之,律师应与控方在确定基准刑的基础上,对被追诉人的所有量刑情节进行"同向相加,逆向相减",以初步确定宣告刑。②值得注意的

---

① 关于协同性辩护的理论与路径,详见陈瑞华:《论协同性辩护理论》,载《浙江工商大学学报》2018年第3期。
② 陈瑞华:《刑事辩护的艺术》,北京大学出版社2018年版,第273页。

是，律师在进行量刑测算时，既要全面提出自首、坦白等有利量刑情节，也不应回避前科、累犯等不利量刑情节，如此方能以"逆向相减"助推"同向相加"的实现。当然，如果根据有关量刑指导意见测算，被追诉人的宣告刑高于检察机关的量刑建议，律师就应放弃这种不切实际的量刑辩护，以免"过犹不及"。

在控方提出幅度刑量刑建议的情况下，辩护律师既要关注量刑幅度的起点，还要关注量刑幅度的上限。例如，检察机关提出2年至3年有期徒刑的量刑建议，如根据案情2年有期徒刑的宣告刑已无进一步降低的空间，辩护律师应着重针对3年有期徒刑的量刑建议上限进行辩护，尽量缩小量刑建议上限与下限的空间。近期的一些判例表明，当检察官提出幅度刑量刑建议时，法官往往倾向于在接近上限的区间内量刑。因此，辩护律师对于幅度刑量刑建议应充分考虑到审判阶段可能出现的情况，做好"最坏的打算"，不惜在量刑问题上与检察官"斤斤计较"。与其在审判阶段与法官直接对抗，不如把潜在的风险与冲突消弭于审查起诉阶段。

相对于量刑问题，对强制措施的协商从表面上看似乎不如量刑协商产生的效果直接，但实践经验却呈现出另一幅景象。笔者统计了某速裁程序试点地区①一家基层检察院自2015年至2019年5年间办理的所有审查逮捕与审查起诉的案件数据。在这5年间，该院对各类案件的起诉率达到93.3%，与全国均值大体相当。对采取了逮捕措施的犯罪嫌疑人，起诉率则高达99%以上。这表明被逮捕的犯罪嫌疑人获得不起诉的概率不足未被逮捕犯罪嫌疑人的1/6。② 同时，笔者走访了该检察院所在地法院，与该院刑庭五位审判人员进行座谈交流与问卷调查。五位法官均表示，如果被告人未被羁押，更有利于获得缓刑的判决。问卷调查结果亦显示，将强制措施适用情况作为缓刑考虑因素的结果为100%。由此管中窥豹，强制措施辩护的重要性丝毫不逊于实体辩护，甚至成为实体辩护的重要推动力。此外，表1显示，2015年至2019年5年间，不捕率逐年提升，这表示强制措施辩护的空间日益扩张。因此，在对量刑问题进行协商的同时，对强制措施的辩护可成为重要砝码抑或是替代方案，辩护律师应视案情行事。

表1　2015年至2019年某基层检察院有关办案数据统计表③

年份	起诉人数	不起诉人数	起诉率	批捕人数	未批捕人数	批捕率	捕后起诉率
2015	2082	233	89.9%	1540	124	92.5%	98.6%
2016	2564	166	93.9%	1632	152	91.5	99.4%
2017	2630	180	93.6%	1643	236	87.4%	99.0%
2018	2349	140	94.4%	1411	216	86.7%	99.4%

---

① 该地自2014年开始试点刑事速裁程序，自2016年开始又开展了认罪认罚从宽制度的试点，至今已积累了较丰富的实践经验。同时，该地在认罪认罚从宽制度的试点过程中推陈出新，探索出了一系列保障被追诉人认罪认罚自愿性与明智性的举措，部分内部办案规定被立法机关作为2018年刑事诉讼法修订时的重要参照。

② 当然，实践中部分被逮捕的犯罪嫌疑人涉案罪行较重或认罪态度不积极，其自然难以获得强制措施适用上的关照。

③ 由于当前检察机关的案件管理系统未针对具体罪名或可能判处的刑罚统计相应数据，表1呈现的是该检察院2015年至2019年的完整办案数据，其中部分犯罪嫌疑人本就不符合不起诉的条件。

续表

年份	起诉人数	不起诉人数	起诉率	批捕人数	未批捕人数	批捕率	捕后起诉率
2019	2395	146	94.3%	1410	256	84.6%	99.3%
总计	12020	865	93.3%	7636	984	88.6%	—

注：1. 捕后起诉率=捕后起诉人数/捕后审结人数，审结人数包含起诉与不起诉人数；
　　2. 捕后起诉率系案管系统分年度自动生成，故无法统计5年整体捕后起诉率

二、辩护重心：由审判阶段前移至审查起诉阶段

（一）实质上的重心前移

根据立法设计，对于认罪认罚案件，法庭审判的重心不再是事实认定与证据审查，而是以一种对审前活动进行确认的方式开展。① 同时，刑事诉讼法第201条规定，对于认罪认罚案件，法院"一般应当采纳"检察机关指控的罪名和量刑建议。尽管法庭依然要对认罪认罚协议进行审查，并享有最终裁决与确认权，但囿于立法明确要求法院应以采纳量刑建议为原则，这不可避免会影响法官对实体问题进行实质性审查的动力。有学者指出，在认罪认罚案件中，传统的法官裁判职能发生转变，法官角色由"裁判者"转向"审查者"。②

司法实践的情况印证了法官角色转变的理论预测。根据最高检发布的数据，自2016年11月开展认罪认罚从宽制度试点工作，直至2018年3月全国"两会"前，全国各级法院对检察机关量刑建议的采纳率为92.1%。③ 2019年1月至9月，在认罪认罚案件的审理中，全国法院对检察机关量刑建议的采纳率为81.6%。④ 根据近期部分地区检察机关发布的数据，2019年9月至12月，认罪认罚案件量刑建议的采纳率已基本达到98%以上。可以预见，在绝大多数认罪认罚案件中，审查起诉阶段将成为被追诉人的定罪与量刑的核心环节。认罪认罚案件从实质效果上看已不再"以审判为中心"，而是"以审前为中心"，或者说是"以审查起诉为中心"。

理论界与实务界同仁也普遍认为检察机关在认罪认罚案件中处于"主导地位"。⑤ 检察机关的这种主导地位不仅局限于审前阶段，而体现在整个刑事诉讼程序之中。⑥ 从理论上看，检察机关的主导与审判的中心地位并不冲突。所谓检察机关主导，是指检察机关主导认罪认罚从宽制度或其中某项程序的运作过程，并非由检察机关主导整个刑事诉讼。也就是说，检察机关主导并非人为安排或刻意为之，而是制度与程序运行过程中的一种自然选择。认罪认罚案件之所以由检察机关主导，是因为认罪认罚的大多数环节是在审查起诉阶

---

① 李奋飞：《论交涉性辩护》，载《政法论坛》2019年第4期。
② 王迎龙：《认罪认罚从宽制度实行中法官角色的转变》，载《人民法院报》2020年4月24日。
③ 数据来源：《2018年最高人民检察院工作报告》。
④ 《全国检察机关前九个月刑事案件认罪认罚从宽制度平均适用率超四成》，2019年10月24日报道。http://www.legaldaily.com.cn/zfzz/content/2019-10/24/content_8026778.htm，最后访问时间：2020年4月25日。
⑤ 樊崇义：《刑事诉讼模式的转型——评〈关于适用认罪认罚从宽制度的指导意见〉》，载《中国法律评论》2019年第6期；张军：《关于检察工作的若干问题》，载《国家检察官学院学报》2019年第5期。
⑥ 朱孝清：《认罪认罚从宽制度对刑事诉讼制度的影响》，载《检察日报》2020年4月2日。

段,由检察官主持进行的,如认罪认罚具结书的签署、裁量不起诉的作出、量刑建议的提起等。有学者一针见血地指出,"审判中心"是刑事诉讼的"应然要求",检察机关主导下的认罪认罚从宽制度则是刑事诉讼的"实然需要"。①

刑事辩护是以说服程序裁判者为目的而开展的活动,在认罪认罚案件中,既然检察官在绝大多数情况下成为实质上的裁判者,那么律师的辩护自然也应当围绕说服检察官而展开,辩护的重心也应从审判阶段前移至审查起诉阶段。质言之,认罪认罚案件的有效辩护必须在审查起诉阶段实现。

(二) 重心前移带来的辩护新空间

在认罪认罚案件诉讼重心前移的背景下,我国的公诉模式也发生了重大转型。其一,由于庭审大大简化,公诉工作的重心势必集中于审查起诉阶段;其二,从以往审判机关对案件质量负最终把关责任转为检察机关对案件质量负主要责任,因为对于认罪认罚案件,法院"一般应当采纳人民检察院指控的罪名和量刑建议";其三,从以往主要是检察机关单方审查起诉案件转为检察机关在审查起诉活动中必须充分听取辩方意见,形成"控辩协商式"审查起诉模式;其四,从以往检察机关办案主要重视定罪问题转为同样重视量刑问题,因为需在起诉时提出量刑建议并且主要是确定刑量刑建议。

在认罪认罚案件办案重心实质性前移与公诉模式转型的背景下,检察机关也加大了审查起诉的程序保障力度。新修订的《高检规则》第271条规定,对于犯罪嫌疑人在侦查阶段认罪认罚的案件,检察机关应当依职权审查认罪认罚的客观性、合法性与明智性。《高检规则》第269条规定,检察机关应当主动听取认罪认罚的犯罪嫌疑人及其辩护人对于定罪问题、量刑问题以及程序选择的意见。同时,《关于适用认罪认罚从宽制度的指导意见》规定,检察院应当就量刑建议问题与犯罪嫌疑人及其辩护人"尽量协商一致",这显然已超出单方面"听取意见"的程度。可见,相对于不认罪认罚案件,在认罪认罚案件中,辩护人与检察机关的交涉具备实质上的制度保障,这为审查起诉阶段辩护的开展创造了有利的外部环境。

在认罪认罚案件的审查起诉过程中,辩护不仅具有法制上的保障,还具备政策上的有利因素。上文已述及当前最高检对认罪认罚从宽制度的适用率存在政策上的指标要求,即要求全国的整体适用率达到70%以上。由于设区市一级检察院办理的一审刑事案件多为重罪案件,检察机关在适用认罪认罚从宽制度上或多或少存有顾虑,加之实践中犯罪嫌疑人不认罪的比例也大大高于基层一审案件,因而"分配"到基层检察机关的适用率将超过70%的要求,基层检察机关出于与同级院之间的业绩竞争等因素,也势必加大认罪认罚从宽制度的适用力度。笔者了解到,一些设区的市一级检察院明确要求,辖区内基层检察院审查起诉案件,以适用认罪认罚从宽制度为原则。

这一政策无疑为辩方增加了与检察机关协商的筹码,辩护人应充分研究本地检察机关关于认罪认罚案件的典型案例以及法院的近似判例,寻找有利辩点,在量刑协商过程中"火力全开",果断提出本方掌握的全部有利证据与辩护意见,切不可固守那种"把弹药留到法庭之上"的传统辩护思维,贻误认罪认罚案件的黄金辩护期。笔者认为,在认罪认罚

---

① 顾永忠:《一场未完成的讨论:关于"以审判为中心"的几个理论问题》,载《法治研究》2020年第1期。

案件中，律师应将审查起诉阶段当作控辩交锋的决战环节。

三、辩护思路：以协商为基础的全方位辩护

（一）全力争取裁量不起诉处分

在我国的司法实践中，相对于在审判阶段争取无罪判决，在审查起诉阶段获得无罪化处理，即不起诉的成功率要高出许多。① 根据表2的统计，自2012年至2018年7年，全国检察机关的不起诉适用率约为5.1%。其中，2017年与2018年的不起诉适用率显著提升，这在很大程度上归因于2016年年底开展的认罪认罚从宽制度试点工作。据最高检公布的信息，2019年1月至9月，认罪认罚案件的不起诉适用率为9.1%，这一数据佐证了2017年至2018年不起诉率上升与认罪认罚从宽制度的密切关系。由于最高检一再要求扩大不起诉适用率，可以预见，认罪认罚案件的不起诉辩护空间将进一步增加。因此，在认罪认罚案件的审查起诉阶段，律师应以获得不起诉处分为首要辩护目标。

表2 2012年至2018年全国检察机关不起诉情况统计表②

年份	起诉人数	不起诉人数	不起诉率
2018	1829816	136970	7.5%
2017	1818267	106109	5.8%
2016	1402463	26670	1.9%
2015	1390933	76565	5.5%
2014	1437899	75487	5.2%
2013	1324404	67812	5.1%
2012	1435182	49353	3.4%
合计	10638964	538966	5.1%

辩护律师应充分借助认罪认罚从宽的"制度红利"与"政策东风"，通过研读最高检以及本省、本市检察机关发布的典型案例、相关政策性文件乃至作出不起诉决定的近似案例，在控辩协商过程中不失时机地提出不起诉的处理意见。当然，由于犯罪嫌疑人已经认罪认罚，辩方基本失去了法定不起诉与证据不足不起诉的辩护空间，应将辩护重心置于获得酌定不起诉处分。至于酌定不起诉的适用，刑事诉讼法未明确规定具体适用条件，在公诉实务中一般掌握在可能判处3年有期徒刑以下刑罚的案件范围内，即以"三年以下宣告

---

① 《2019年最高人民法院工作报告》显示，2018年全年，全国各级法院共审结一审被告人142.9万人。其中，仅819人被判无罪，无罪判决率不足万分之三。需要说明的是，该年度819名被判处无罪的被告人中，有302名属于自诉案件被告人，公诉案件的无罪判决率显然还要低于这个数据。同期，全国检察机关的不起诉率为7.5%，为法院无罪判决率的近250倍。

② 该数据来源于《中国法律年鉴》（2013-2019年卷）与2013-2019年最高人民检察院工作报告。

刑"为适用条件。① 实际上，当前适用认罪认罚从宽制度的案件中，多数能纳入这一范围。平心而论，认罪认罚从宽制度从实际效果上扩张了获得裁量不起诉的辩护空间。

（二）重视轻罪辩护

根据刑事辩护的基本目标逻辑，当无罪辩护失去空间时，辩护策略将转向轻罪辩护。我国刑法确立了诸多具有包容关系的罪名，这为辩护人进行轻罪辩护提供了实体法上的前提条件。认罪认罚从宽制度以被追诉人自愿认罪为适用前提，基于忠实于委托人意志的考虑，律师本不宜做无罪辩护，更遑论我国刑事司法中无罪辩护的空间本就极其有限。从实效上看，在认罪认罚案件中，辩护律师在定罪问题上的辩护主要集中于轻罪辩护。近期的实践表明，认罪认罚从宽制度为轻罪辩护提供了新的空间。

在认罪认罚从宽案件的诉讼中，从控辩审三方立场出发，相对于无罪辩护，轻罪辩护的可接受程度大大提升。对辩方的意义自不待言，由于无罪辩护难以成功，将罪名由重罪辩为轻罪，从而获得量刑上的实惠不失为一种"性价比"更高的辩护策略选择。对作为控方的检察机关而言，只要被追诉人对指控的主要犯罪事实予以承认，即可适用认罪认罚从宽制度，对罪名的辩解不影响"认罪"的成立。那么，在定罪事实与证据并不具有显著优势的情况下，对罪名做一定程度的妥协，促成认罪认罚的实现，不失为一种"退而求其次"的选择。基于功利视角，这种罪名上的妥协对侦查机关与检察机关自身都不存在考评上的不利评价，承办检察官心理上并不存在太大的抗拒。对法院而言，"不告不理"的对象是"犯罪事实"，而非"起诉罪名"，刑事诉讼法也赋予了法院变更起诉指控罪名的权力，因而法院通常也不会排斥罪名辩护。有鉴于此，即使到了审判阶段，辩方依然不能放弃合理的轻罪辩护。

（三）以适度程序辩护推动实体辩护

在近年来的辩护实践中，中国的辩护律师开始重视程序辩护，近期便出现多起律师提出管辖权异议、申请审委会委员回避、申请二审开庭获成功的案例。然而，在一些案件中，律师在缺乏对辩护策略整体性规划的情况下漫无目的地"为程序辩护而程序辩护"，不仅收效甚微，还造成了控辩之间甚至审辩之间关系的紧张。应当明确的是，程序辩护的根本目的不是指出办案机关的程序违法之处，而是通过程序辩护推动实体辩护，为被追诉人获得定罪与量刑上的利益。

在认罪认罚案件的协商式辩护过程中，律师应把握好程序辩护的尺度，放弃那些对案件实体性处理不会产生实质性影响的程序辩护，以免分散裁判者的注意力，也避免轻易破坏控辩协商的氛围。在认罪认罚案件中，由于控辩双方对定罪事实问题通常不存在根本性分歧，程序辩护应重点围绕证据的资格与证明力展开。申言之，程序辩护有两个基本目标，一是破坏控方证明体系；二是降低控方证据强度。破坏证明体系可能导致罪名不成立或重罪辩为轻罪，根据辩护的目标逻辑，这是程序辩护的首要目标。当这一目标无法实现，律师应重点针对证据强度，即证明力进行程序辩护。需要强调的是，这里针对证据强度的辩护并非为了达到无罪化辩护的效果，而是以证明力之辩为筹码，促成控方在量刑上作出减让。

---

① 彭东、张寒玉：《检察机关不起诉工作实务》，中国检察出版社2005年版，第303页。

认罪认罚从宽制度的实践问题与完善

李 智 孟静涛[*]

认罪认罚从宽制度是"我国刑事诉讼领域的一场重大变革",[①] 也是党和国家推进治理体系和治理能力现代化在犯罪治理层面的战略发展和制度革新。[②] 认罪认罚从宽制度自2018年10月26日在修订的刑事诉讼法中正式确立,至今已近两载。制度正式实施以来,在落实宽严相济刑事政策、节约司法资源、化解社会矛盾等方面均取得显著成效。然而,任何一项新制度实施之初,一般都难以骤然达至理想状态。在实践中,一些体制机制性问题、工作习惯还不适应制度实践的需要。针对存在的主要问题,进行改革完善,有助于制度的准确实施并实现预期功能。

一、强化对认罪认罚自愿性的保障,确保司法公正

在美国辩诉交易的实际运作中,一个主要的弊端在于"剥夺了被告人获得有力辩护的利益,并对那些可能在庭审中被宣告无罪的人强加不应有的惩罚"。[③] 而在认罪认罚从宽制度的实践中,一旦犯罪嫌疑人、被告人认罪认罚,即意味着基本放弃了辩护权,失去了无罪辩护的机会。为防止犯罪嫌疑人、被告人在被胁迫或受利诱的情况下作出认罪认罚,避免发生冤假错案,同时减少诉讼反悔概率,强化对认罪认罚自愿性的审查,确保司法公正和提高司法效率就尤为重要。但实践中对认罪认罚自愿性的审查还存在以下问题:(1)法律后果告知不全面,出现重实体轻程序的现象。侧重于告知实体上的法律后果,即认罪后可能的定罪量刑,但对程序上的法律后果如采取较轻的强制措施、采用简化的审理程序等没有详细告知,导致被追诉人并未完全了解认罪认罚从宽制度,影响其自愿性的判断。(2)在审查起诉阶段检察机关确定量刑建议时,存在没有充分听取被告人及值班律师的意见、量刑协商不足的情况,甚至可能有被告人不同意量刑建议就不按认罪认罚案件移送起诉的情况,因而影响认罪认罚的自愿性。(3)在审判环节,有的法官对自愿性的审查往往仅限于例行公事的口头审查,不具备审查的实质意义,也有流于形式之嫌。

自愿性是适用认罪认罚从宽制度的前提,如果犯罪嫌疑人、被告人在非自愿或受到胁

---

[*] 李智,山西省高级人民法院刑一庭庭长,三级高级法官;孟静涛,山西省高级人民法院刑一庭审判员,四级高级法官。

[①] 张相军、周颖:《在试点成果基础上全面实行认罪认罚从宽制度》,载《人民检察》2019年第4期。

[②] 参见樊崇义、何东青:《刑事诉讼模式转型下的速裁程序》,载《国家检察官学院学报》2020年第3期。

[③] 参见[美]斯蒂芬·舒霍夫:《灾难性的辩诉交易制度》,郭烁译,载《中国刑事法杂志》2019年第6期。

迫的情况下认罪认罚，那么适用认罪认罚从宽制度不仅会严重侵害犯罪嫌疑人、被告人的诉讼权利，还容易造成冤假错案，损害司法权威。因此，在认罪认罚从宽制度适用过程中，首先应着力保障犯罪嫌疑人、被告人认罪认罚的自愿性，对自愿的真实性进行实质、有效的保障和审查。

第一，确保犯罪嫌疑人、被告人在诉讼全过程获得值班律师的有效帮助是自愿性保障的基础。在侦查阶段，值班律师除了向犯罪嫌疑人释明认罪认罚从宽制度的利弊及法律后果外，还应查明犯罪嫌疑人是否在此阶段受到胁迫、诱供而作出非自愿的认罪认罚表示；在审查起诉阶段，值班律师应关注检察机关是否存在违法要求犯罪嫌疑人认罪认罚的情形，与检察机关就案件事实、适用程序、量刑建议进行协商，签署具结书；在审判阶段，值班律师应关注法官是否对被告人进行权利告知，是否对自愿性当庭进行公开实质性审查。通过值班律师全过程的有效参与，能够更好地保障犯罪嫌疑人、被告人对认罪认罚从宽制度的知悉权，进而保障自愿的真实性。

第二，完善司法机关对自愿性的职权保障机制。在侦查阶段，侦查人员应严格履行全面告知义务，坚持"告知"与"释明"相结合的原则；在审查起诉阶段，检察机关在确定量刑建议时应充分听取犯罪嫌疑人及值班律师或辩护人的意见，通知值班律师或辩护人在场，真正实现控辩的协商性，确保犯罪嫌疑人在完全自愿的情况下签署认罪认罚具结书；在审判阶段，在庭审中应强化专门的自愿性审查环节，法官必须当庭告知被告人诉讼权利，详细释明认罪认罚的含义、条件和法律后果，核实侦查阶段和审查起诉阶段有无影响自愿性的情形等。

第三，保障程序回转的适用是被告人认罪认罚选择后的补救措施。如果被告人在审判阶段否定原来的有罪供述，或者不认可检察机关指控的罪名或量刑建议，法院应将案件转为普通程序，被告人不受原来认罪认罚表示的约束。允许撤回所认之"罪"与"罚"，并重新选择审判程序是保障认罪认罚自愿性的有效机制。如果被告人选择程序回转，撤回认罪认罚的意思表示，司法机关应向其详细说明撤回的法律效果，确保撤回的自愿性和理智性。

二、完善控辩协商机制，保障刑事处罚的公正性

有学者认为，"控辩协商是认罪认罚程序的本质内核"。[①] 在认罪认罚案件中，检察机关提出量刑建议，被告人同意量刑建议、签署认罪认罚具结书是制度适用之前提。"同意"不仅包括检察机关提出量刑建议，辩方直接完全同意，也包括检察机关提出量刑建议后，辩方提出意见，检察机关根据辩方意见调整量刑建议后，辩方同意调整后的建议。经过控辩协商的过程，才能体现出认罪认罚案件中被追诉人平等参与的诉讼主体地位，才能更好地实现诉讼权利保护。保障被告人对指控事实、适用法律和量刑建议都有发表意见权，协商的结果是控辩双方合意的结果，是认罪认罚自愿性的重要体现。但实践中，理念上可能仍然存在职权主义司法观念对认罪认罚从宽制度内含的控辩协商因素的否认，[②] 因而导致控

---

① 樊崇义：《认罪认罚从宽协商程序的独立地位与保障机制》，载《国家检察官学院学报》2018年第1期。
② 有学者概括为七个方面的特征，即职权启动、单方承诺、认罪认罚利益不确定、官方定价、认罪认罚利益范围有限、不降低证明标准以及程序的非独立性。参见闫召华：《听取意见式司法的理性建构——以认罪认罚从宽制度为中心》，载《法制与社会发展》2019年第4期。

辩双方协商可能并非完全充分。有时检察机关提出量刑意见后，只要被追诉人提出意见、没有同意量刑建议，即被认定为不认罚，不按照认罪认罚案件办理，这就可能导致被告人勉强同意量刑建议的情形，进而导致审判阶段被告人对量刑建议提出异议或提出上诉，认罪认罚从宽制度息诉服判的效果就难以更好地实现。

保证犯罪嫌疑人、被告人的诉讼主体地位，平等参与诉讼全过程，进一步完善控辩协商机制，既是程序正当性的体现，也是保障认罪认罚自愿性的重要环节。

第一，控辩协商机制应重点保障律师的有效参与。辩方要想获得平等的谈判能力，必须依赖律师提供的专业法律帮助。控辩协商是专业化的司法活动，律师参与能够弥补犯罪嫌疑人、被告人法律知识欠缺、协商能力不足的问题，可以更加详细全面地释明认罪认罚从宽制度程序上和实体上的法律后果，积极争取从轻情节，建议更有利的程序选择，与检察机关进行充分的量刑协商，为犯罪嫌疑人、被告人争取最大限度的从宽处理。同时，律师的有效参与可以避免因受到刑讯逼供、威胁、引诱以及不平等地位的心理强制因素等原因而出现非自愿认罪认罚的情形，防止冤假错案发生；在检察机关提出量刑建议时，可以避免出现犯罪嫌疑人、被告人为了获得从宽处理而不经协商勉强接受量刑建议的情况。

第二，协商内容不仅包括程序上的协商，还包括量刑上的协商。辩方可以协商争取较轻的强制措施以及较简便的诉讼程序，在符合非强制羁押措施或速裁程序的条件下，辩方可以主动提出建议，防止出现控方由于其他原因怠于变更强制措施和选择速裁程序的情况。在量刑协商方面，辩方可以全面提出犯罪嫌疑人、被告人的法定、酌定从轻、减轻处罚情节，最大限度地争取从宽处理，针对检察机关提出的量刑建议，可以提出异议，经过多次协商探讨，最终达到最大限度保障辩方权利的合意效果。

三、完善律师值班制度，保障被追诉人的诉权实现

律师值班制度对落实认罪认罚从宽制度具有重要意义，"不仅解决了认罪认罚推进过程中被追诉人没有律师帮助的问题，符合正当程序的要求，而且值班律师的参与能够有效保障认罪认罚从宽的自愿性，维护被追诉人的合法权益，也在很大程度上避免认罪认罚程序中冤错案件的发生"。① 尽管立法上明确了值班律师对认罪认罚案件的参与，但值班律师无论是事先参与，还是事中、事后参与，在实践中发挥的作用都较为有限，② 律师值班制度尚未完全发挥应有的作用，存在以下不足：（1）不同诉讼阶段值班律师的衔接不足。由于值班律师的工作具有即时性、短暂性的特点，同一犯罪嫌疑人、被告人在不同诉讼阶段通常由不同的值班律师为其提供法律帮助，值班律师从侦查阶段开始介入，提供帮助过程并未留下相对完善的书面材料，导致后一阶段的值班律师对前期工作不了解，需要另起炉灶，造成工作效率低下和资源浪费。（2）法律帮助的有效性不足。值班律师的功能定位为提供法律帮助，而非辩护，因此不享有辩护律师的核心权利。值班律师除详细介绍认罪认罚从宽制度外，只是根据犯罪嫌疑人、被告人的简单提问来解答其法律咨询，而有些犯罪嫌疑人、被告人怠于咨询，或者由于文化水平、法律知识有限，并不能提出对其有实质性意义

---

① 汪海燕：《三重悖离：认罪认罚从宽程序中值班律师制度的困境》，载《法学杂志》2019年第12期。
② 参见闵春雷：《回归权利：认罪认罚从宽制度的适用困境及理论反思》，载《法学杂志》2019年第12期。

的咨询,同时值班律师在认罪认罚协商过程中的参与较为被动,"基本上处于'见证人'和'认罪认罚辅助者'的地位",① 因此导致法律帮助的实质性不足。

律师值班制度对认罪认罚从宽制度的落实具有重要意义,能够有效保障认罪认罚自愿性、辩方诉讼权利和司法公正的实现。为更好发挥律师值班制度的作用,可以从以下方面加以完善:

第一,将每个阶段值班律师的工作结果通过书面形式固定并移送到下一诉讼阶段,下一阶段的值班律师就可以通过查阅书面材料有针对性地开展工作,提高效率,提供更加及时有效的法律帮助。

第二,提供更便利的会见、阅卷条件和程序保障,赋予值班律师准辩护人的地位。刑事诉讼法虽然规定为犯罪嫌疑人、被告人约见值班律师提供便利,但实践中还是会出现程序上、手续上的不畅通。保障会见权对于犯罪嫌疑人、被告人获得有效法律帮助具有显而易见的意义,值班律师对整个诉讼活动的参与需通过会见来实现,必须保障值班律师能够及时、便捷、多次会见犯罪嫌疑人、被告人。随着电子通讯的普及,也可以通过远程视频方式会见,以提升会见的便利性。阅卷是律师全面了解案情的主要方式之一,值班律师不享有阅卷权,必然导致其所掌握案件信息的局部性和片面性,导致提供法律咨询也缺少针对性和有效性,因此,赋予值班律师阅卷权也十分有必要。

四、推进认罪认罚案件的量刑规范化,统一量刑标准

量刑的规范化对于认罪认罚从宽制度的进一步完善起着至关重要的作用。以往,量刑规范化均是对法院刑罚裁量的要求,检察机关基本不涉及;而在认罪认罚案件中,检察机关需要提出量刑建议,可以提出相对明确的量刑幅度,也可以提出确定刑期的量刑建议。人民法院依法作出判决时,一般应当采纳人民检察院指控的罪名和量刑建议。有学者指出,认罪认罚从宽制度的相关法律规定"暗含了这样一种期待,即检察机关的量刑建议应当反映控辩双方关于量刑问题的共识,并能够转化为法院的最终裁判"。② 这就决定了量刑规范化的要求应前移到检察机关审查起诉时量刑建议的提出阶段。但是长期以来,检察机关不涉及量刑问题,检察官量刑经验不足,而且量刑规范化改革一直由最高人民法院主导,《关于常见犯罪的量刑指导意见》及其实施细则也是由最高人民法院及高级人民法院制定的。目前,《关于常见犯罪的量刑指导意见》及其实施细则对检察机关提出的量刑建议是否有约束力还存在不同意见,导致检察官在提出量刑建议时没有明确统一的依据,这就影响到量刑建议的精确性,进而影响认罪认罚从宽制度的适用效果。

为实现认罪认罚案件的量刑规范及量刑建议规范,检察机关和审判机关应统一量刑观念,制定统一适用的量刑指导意见及实施细则,对量刑方法、量刑情节等作出规范,明确适用标准,遵照统一的量刑规范化规定执行。同时,应对法官、检察官进行量刑规范化、量刑建议规范化的统一培训,量刑建议的提出应按照量刑规范化规定的方式和步骤进行,推动量刑规范化改革在认罪认罚从宽制度改革中的落实。在量刑从宽幅度方面,应当根据

---

① 陈瑞华:《刑事诉讼的公力合作模式——量刑协商制度在中国的兴起》,载《法学论坛》2019 年第 4 期。
② 胡云腾:《正确把握认罪认罚从宽 保证严格公正高效司法》,载《人民法院报》2019 年 10 月 24 日。

认罪认罚的不同阶段,明确给予不同的从宽幅度,作出更细致和精准的量刑规范,以便使犯罪嫌疑人、被告人更明确地获知其认罪认罚所享有的从宽优惠,激励其尽早如实供述犯罪事实,也可以有效减少检察机关量刑建议与法院自由裁量权之间的冲突。

五、落实程序从简、繁简分流,进一步提升制度适用率

落实认罪认罚从宽制度,实现繁简分流,对刑事司法资源的合理配置具有显而易见的意义。具言之,通过认罪认罚从宽制度对80%的刑事案件进行简化处理,才有可能集中资源和精力,真正通过庭审实质化,对20%的不认罪、不认罚案件以及重大疑难、社会影响大的案件精办精审。① 依照法律规定,认罪认罚从宽制度的适用范围本不受程序、审级范围的限制,但实践中主要是基层法院审理一审案件适用得较多,且多为判处轻刑、速裁程序案件,中级法院适用普通程序审理重罪案件适用极少。在实践中,由于适用速裁程序、简易程序的办案周期较短,为缓解审限内结案的考核压力,本应适用速裁或者简易程序的案件,有的法官因绩效考核的需要,转而选择适用普通程序。同时,认罪认罚从宽制度的设计初衷是节约司法资源、提高诉讼效率,强调快审,但由于案件数量大,要在较短时间内梳理清楚案情,并作出裁判,对法官要求很高,强度更大,且由于诉讼程序各个环节的简化,审判程序更多表现为形式上的审查,稍有不慎就可能出现差错,这就导致法官认定事实错误的风险增加。另外,终身追究的司法责任制度也对法官适用认罪认罚从宽制度的积极性、主动性造成影响,亦不利于制度的广泛适用。

刑事速裁和简易程序是落实认罪认罚从宽的重要程序载体。② 但在办案过程中,由于面对审限、诉讼监督、审判绩效考核等多重压力,导致节约司法资源、提高诉讼效率的效果并未得到明显体现,从而影响认罪认罚从宽制度的广泛适用。只有真正落实程序从简、繁简分流,才能更好发挥认罪认罚从宽制度的作用和优势。具体而言,可以采取以下措施:

第一,法律帮助集中实施。为缓解值班律师紧缺状况、节约司法资源,可以采取集中时间段的方式,由值班律师对可能适用认罪认罚从宽制度的犯罪嫌疑人进行集中制度解释说明、权利告知、法律后果阐释等法律帮助,检察官可以在值班律师在场情况下集中时间段签署认罪认罚具结书。

第二,建立信息化辅助工作机制。建立认罪认罚案件诉讼服务平台,集中办理送达、记录等辅助性工作,积极推进速裁程序信息化、标准化建设,增加案件管理系统统计、分析功能,全面提升审前判后的司法工作效率。③

第三,建议未来立法对部分案件可以实行书面审理,即对于可能判处6个月以下拘役的轻微犯罪的认罪认罚案件,适用速裁程序,签署认罪认罚具结书后,可以实行书面裁判,无须开庭。

---

① 参见顾永忠:《关于"完善认罪认罚从宽制度"的几个理论问题》,载《当代法学》2016年第6期。
② 参见樊崇义、何东青:《刑事诉讼模式转型下的速裁程序》,载《国家检察官学院学报》2020年第3期。
③ 信息化辅助工作机制是人民法院内部的工作机制。机制设想是通过法院的诉讼服务平台,由诉讼服务人员在审前批量完成案件基本信息登记,判后完成批量送达裁判文书、填写司法统计项目等工作,有助于进一步提升审判工作效率。

从余金平案看两种量刑建议的混同与界分

梁玉霞　曾迈捷[*]

一、余金平案有关量刑建议之检法冲突

（一）案情简要及检法的司法抗争

2019年12月，一则普通交通肇事案触碰认罪认罚从宽制度改革的若干"痛点"[①]。该案被告人余金平酒后驾驶机动车，车辆前部右侧撞到被害人宋某致其死亡，事后余金平离开现场。隔日凌晨5时许，余金平向公安机关自动投案。与此同时，余金平的家属向宋某的近亲属赔偿了160万元，并取得被害人近亲属的谅解。本案审理过程中，控辩双方与两级法院形成了观点上的对峙。

一方面，控辩双方就定罪量刑问题达成一致。在认定余金平自首、认罪认罚的基础上，双方签署认罪认罚具结书，检方提出有期徒刑3年、缓刑4年的量刑建议。

另一方面，两级法院均不采纳检察机关量刑建议。一审法院认定余金平有肇事逃逸情节、纪检干部身份、主观恶性较大，判处余金平有期徒刑实刑2年。在检方提起抗诉、被告提起上诉后，二审法院认定余金平"明知发生交通事故且撞人"，构成认罪认罚但不构成自首，有肇事逃逸情节，不予采纳抗诉意见和上诉请求，并改判加重为3年6个月有期徒刑。

因此，余金平案形成了一种与传统审判迥然不同的景象，诉辩双方由以往的对抗走向统一，但将矛头共同指向审判机关，开展新的"对抗"。检方基于余金平认罪认罚提出缓刑的量刑建议，但由于一审判决与量刑建议有较大出入，因此余金平上诉、检方抗诉。而二审法院非但无从轻处罚，反倒是直接否认了"不明知撞人"的事实而加重刑罚。从上述一波三折的诉讼过程中，我们亦可以窥见法检两机关对于量刑建议的不同立场，即检方认为其所提出的量刑建议，法院应当接受。法院则认为量刑建议只是公诉的内容之一，应当接受法院审判权的裁判约束。法检之间对于量刑建议的不同态度虽然是一个微观层面的问题，但无疑会直接影响认罪认罚从宽制度的有效推行。

---

[*] 梁玉霞，暨南大学法学院教授，法学博士，研究生导师；曾迈捷，暨南大学法学院刑法学2018级硕士研究生。
[①] 参见北京市第一中级人民法院（2019）京01刑终628号刑事判决书。

（二）检法冲突的症结：对量刑建议存在误读

从认罪认罚从宽改革高歌猛进的过程中，我们欣喜地看到，刑事诉讼从诉辩双方激烈对抗正逐步走向协商合作。协商型司法初见端倪。但是，对于随之而来的量刑建议制度的根本性变革——由一元量刑建议向如今的二元量刑建议转变，检法却并未做好恰如其分的定位与应对准备，致使诉讼对抗由诉辩之间向控审之间转移。在余金平案中，从表面上看是诉辩一致与法检矛盾，但是，其背后潜藏着法检对于认罪认罚从宽量刑建议的不同误读，这也是当前国内认罪认罚从宽改革广泛存在的弊病所在。

首先，检方未准确把握认罪认罚从宽量刑建议的制度精髓，没有合理把握诉辩协商的基础要件，对"认罪""认罚"认定标准的把握存在偏差。具体到余金平案中，检方似乎偏离了犯罪控诉者的立场，对本案极为重要的"明知发生了交通肇事""明知撞到了人"这样的关键事实和证据予以忽略，从而提出了缓刑的量刑建议。

其次，一审、二审法院都没有遵循对于认罪认罚从宽量刑建议"一般应当采纳"的规定，而是根据自己对事实和证据的审查认定直接作出了判决。一审判处2年实刑，二审改判有期徒刑3年6个月。这两个判决都超出了控辩双方的程序预期，成了典型的突袭裁判，引起舆论一片哗然。

因此，有必要对两种量刑建议从定性、机理、效力等角度予以界分，进而确定认罪认罚从宽量刑建议在制定、采纳方面的新要求。

二、量刑建议及其两种类型

（一）量刑建议的概念、分类

量刑建议，是指人民检察院对提起公诉的被告人，依法就其适用的刑罚种类、幅度及执行方式等向人民法院提出的建议。作为我国刑事司法经过数年的改革与摸索的产物，量刑建议具有充分保障被告人的合法权益、防止量刑权被滥用、合理衔接公诉权与审判权的效用。

量刑建议制度在中国一直处于动态的改革与发展过程当中。自从刑事诉讼法引入认罪认罚从宽制度，刑事诉讼程序有普通刑事程序和认罪认罚从宽程序之分野，相应地，量刑建议制度也需要体现两大程序的差别，而两种不同类别的量刑建议要素、机理、效力亦是泾渭分明。

（二）量刑建议的两种类型

1. 普通量刑建议。长期以来，我国刑事审判秉承定罪与量刑一体化的程序模式，这种模式在审判程序中一体化地既解决定罪问题，又解决量刑问题。针对量刑，由于没有独立的举证、质证、辩论程序，"重定罪、轻量刑"的弊病凸显，量刑权几乎完全丢给了法院。为了将定罪程序中的"诉辩对抗"引入量刑程序当中，检察系统开始实行量刑建议，以法庭上的辩论、对话的方式促使量刑过程真正公开、透明。因此，有学者将这种以量刑建议作为诉辩双方辩论对象的量刑改革称为"相对独立的量刑程序"①。

2. 认罪认罚从宽量刑建议。相较于传统的普通量刑建议,认罪认罚从宽量刑建议剔除了对抗的诉讼模式,而引入了"协商"的因素,并以"精准化"来固定协商结果,而且该结果对法院裁判有一般约束力。可以说,认罪认罚从宽量刑建议由封闭、混沌状态逐步迈向协商性、精准性。

当前学界对于认罪认罚从宽制度是否具有"协商性"存在较大争执,主张"法定从宽"而反对"协商从宽"的学者认为,"协商从宽"有辩诉交易具有的讨价还价"交易从宽"的嫌疑②。但本文认为,"协商"有两种不同范式,一种是"交易式协商",另一种是"依法定职权引导协商"③,后者正是我国所采取的模式,不能因为我国认罪认罚从宽制度没有交易性而否认协商性的存在。也正是基于认罪认罚的这种协商性,2018年刑事诉讼法、"两高三部"《关于适用认罪认罚从宽制度的指导意见》(以下简称《认罪认罚从宽指导意见》)规定了若干保障认罪认罚协商的自愿性和明智性的规定。当然,与辩诉交易的罪名、罪数交易不同的是,我国的"协商"仅限于在量刑层面上开展,而且受制于罪责刑相适应的幅度要求,而非如同美国辩诉交易一样的无下限量刑优惠。

三、两种量刑建议的不同机理和要素的比较

两种类型的量刑建议虽然文字表述类似,都属于"建议"的范畴,但在制度设计层面上,二者适用的案件类型不同,都属于不同系统下的微观运作程序。因此,亟须在要素、机理等诸多方面予以条分缕析,综合比较,才能够走出当前两种建议"混同"的困境。

(一)两种量刑建议的要素比较

普通量刑建议是检察机关直接向法院提出的公诉内容的一部分。根据《人民检察院开展量刑建议工作的指导意见(试行)》(以下简称《量刑建议指导意见》)第4条规定,只要事实清楚、证据确实充分、情节查明,检方就可以提出普通量刑建议。这种量刑建议并没有"控辩协商"的基底,而是一种授权性规范,是检察机关控诉犯罪的职能、职责。因此,从主体上看,这种建议只是发生在检法两个主体之间,是单纯的公权力对话。而庭审中,辩方可以针对普通量刑建议,提交量刑证据,强调对其有利的量刑情节,并对量刑建议的内容予以"反击"。从内容上看,《量刑建议指导意见》第2条规定,在综合考虑案件从重、从轻、减轻或者免除处罚等各种情节基础上,提出量刑建议。这种量刑建议既可以从宽也可以从严。由于没有"控辩协商"的基础,因此也没有量刑退让的要求。

认罪认罚从宽条件下的量刑建议是建立在诉辩协商一致的基础上形成的量刑建议。从主体上看,这种建议涉及的是控辩审三方之间的关系。它既"凝聚控辩双方乃至被害方多方意见的结果"④,也高效有序地衔接审查起诉程序和审判程序。在这种构造之下,与以往

---

① 陈瑞华:《刑事诉讼的前沿问题》,中国人民大学出版社2016年版,第744页。
② 熊秋红:《比较法视野下的认罪认罚从宽制度——兼论刑事诉讼"第四范式"》,载《比较法研究》2019年第5期。
③ 周光权:《论刑法与认罪认罚从宽制度的衔接》,载《清华法学》2019年第3期。
④ 陈国庆:《量刑建议的若干问题》,载《中国刑事法杂志》2019年第5期。

的地位不同的是，权利的构造变成"公诉权+辩护权"与"审判权"之间的对话。从内容上看，认罪认罚从宽量刑建议是在事实证据和法律规定的基础上，由控辩双方充分协商，各自退让而形成的，带有检察机关对被告方承诺的退让从宽因素，也是被告人用认罪认罚所换来的司法优待。这种量刑建议并非直接来自对案件事实证据和法律规定的判断，而是控方基于"诉辩协商"而作出的一定量刑退让的结果。

（二）两种量刑建议的不同机理比较

从本质上讲，两种量刑建议都属于公诉的内容，都体现对法院刑罚裁量权的制约，但两种量刑建议所体现的法治理念、立法精神的差异导致其对量刑权的监督进路不同。

普通量刑建议是检方单方面的"建议"，旨在通过"建议"的方式扭转法院"重定罪、轻量刑"的司法惯性①，蕴含对抗性司法的正义价值。而这种量刑建议通过补充完善刑事追诉的内容，将定罪和量刑都纳入刑事指控的范围，体现刑事追诉的完整性、严肃性，进而将原本专属于定罪范畴的对抗模式引入量刑当中。法官可以通过控辩双方的"平等武装"，更为客观地了解量刑事实，实现实体公正。但是，诉讼公正与效率之间往往存在难以协调的矛盾，实现量刑"对抗"通常需要占用较多的司法资源，且容易产生根本对立，不利于减少讼累、稳定社会。而且，在被告人放弃辩护的情况下，这种司法程序也丧失了其存在的意义。

认罪认罚从宽量刑建议是诉辩协商一致的量刑建议，旨在通过这种建议来"引导"法院合理量刑，进而提高诉讼效率。在当前"案多人少"的现状下，应当探索一种提升诉讼效率的新模式。而"诉辩协商"正是给效率的提升塑造了一个合适的底座。在检察机关与被告人认罪认罚从宽条件下的量刑建议，是我国长期以来"坦白从宽、抗拒从严"刑事政策的具体化，体现的是鼓励认罪认罚，让被告人以主体身份选择、参与诉辩协商，从而民主、高效、公正地惩治犯罪，教育改造犯罪人。由此可见，认罪认罚从宽量刑建议是通过庭前形成诉辩"合意"来限制、监督量刑权的行使，并实现"效率"的附随性目标。

但需要注意的是，"程序效率化并不是认罪认罚从宽制度的基本内核"②，相反，程序效率化对量刑建议公正性提出了更高的要求。如果量刑建议在公正性上出现偏差，那么会对之后的审判环节产生较大的负面影响。在余金平案件中，余金平的家属向宋某的近亲属一次性赔偿160万元，这虽然是一个难能可贵的"认罚"③之举，但一个基本事实是，综合现场道路环境、物证痕迹、被害人身体情况及现场视频、余金平自身情况来看，其对于撞人事实显然是明知的。而检方却选择性忽略"逃逸"事实的指控，进而引起法检干戈，案件经过上诉、抗诉，审理期限被极大延长。在当前动辄以分钟计时的认罪认罚从宽案件中，这已然与效率价值南辕北辙。因此，在认罪认罚从宽案件中，"效率优先"当以"公正为本"，二者应当是构成了认罪认罚从宽二元价值追求。

---

① 吴飞飞：《量刑建议功能的反思及其实现》，载《中国刑事法杂志》2011年第12期。
② 左卫民：《认罪认罚何以从宽：误区与正解——反思效率优先的改革主张》，载《法学研究》2017年第3期。
③ 根据《认罪认罚从宽指导意见》，认罚"应当结合退赃退赔、赔偿损失、赔礼道歉等因素来考量"，赔偿损失是认罚的一个考虑因素。

四、两种量刑建议对法院不同效力的比较

毋庸讳言,认罪认罚从宽案件中法官的量刑权将受到更大的限制,但这并非对审判权的压缩。相反,在效力转型的情境下,这种量刑建议对法检双方有观念上和技术上的新要求:一方面,应转变法院既往对待普通量刑建议的思维,以认罪认罚从宽量刑建议的视角观之;另一方面,需要确保检察机关诉辩协商规范化,量刑建议精准且公正。

(一) 普通量刑建议

普通量刑建议是法院裁判量刑的程序依据,但对于法院如何量刑,没有必然的约束力。法官完全可以根据其对事实证据和法律的理解独立作出量刑裁判。如果要求法院按照这样的量刑建议作出裁判,则是对法院独立审判权的损害和侵犯。所以,在这样的量刑建议中,检察官根本不需要提出精准化的量刑建议,只要提出粗略建议即可。精准化是无意义的,只能令法官反感和抗拒。

(二) 认罪认罚从宽量刑建议

认罪认罚从宽量刑建议对法院判决具有"一般应当采纳"的约束,但法院仍保有对量刑的最终决定权。法院无须担忧其"与审判为中心和庭审实质化的主旨相偏差甚至背离"①,但需要转变法院对待量刑建议的态度和技术。

一方面,"一般应当采纳"的规定昭示着国家法律给了检察机关与被告方进行协商量刑的许可,国家一旦承诺,就同样不得反悔。对于诉辩协商一致的认罪认罚从宽量刑建议,与普通量刑建议在诉讼证明对接上存在根本差异,倘若用圆形来表示两种不同的量刑证明系统②:对于普通量刑建议而言,控方证明系统与辩方证明系统存在"二圆相交"甚至"二圆并立"的图景③,裁判者心证系统无须与控方证明系统保持绝对重叠。而对于认罪认罚从宽量刑建议而言,诉辩协商一致意味着控方证明系统与辩方证明系统所形成的图景是"二圆重合",抗辩方并未跳出控方的证明系统。两种图景下的"精准化"旨趣不一,普通量刑建议的精准化是根据案件事实、证据和刑法关于定罪量刑及情节等综合评价所确定的最后定罪量刑的尺度。而与之不同的是,认罪认罚从宽量刑建议精准化,目的是确保法院裁判时能够不走样,严格按照控辩协议的定罪量刑标准执行,这个精准化未必是与案件事实和法律规定对应的适量化。基于司法被动原则的要求,裁判者要尽量克制不采纳的冲动,被动遵循"二圆重合"而形成控辩审"三圆重合"的局面,避免量刑建议精准化陷入掷地无声的尴尬境地。

---

① 刘杉彬、冯婧雯、王芳:《自由裁量权与检察院精准量刑建议的博弈与平衡——以四个基层法院的认罪认罚判决书为样本》,载《司法体制综合配套改革与刑事审判问题研究——全国法院第30届学术讨论会获奖论文集(下)》。

② 参见梁玉霞:《聚焦于法庭的叙事:诉讼证明三元系统对接——论裁判者心证自由的限度》,载《中外法学》2011年第6期。

③ 前者是双方在一部分量刑情节上达成一致,但仍然存在一定的争执;后者是辩方与控方在量刑问题上的根本对立,辩方完全不同意控方的量刑建议,而且运用证据证明其量刑主张。

另一方面，尊重合意并不意味着"照单全收"①。诉辩证明"二圆重合"有积极、消极之分，对于消极性"二圆重合"，也即被告方否认指控，或者量刑建议明显不当的，那么裁判者有必要对控方证明系统予以审核、推敲，而不是一味被教条绑架。有鉴于此，刑事诉讼法第201条第2款规定了"一般应当采纳"仍然要受到两方面的限制：第一，表现量刑建议"明显不当"的五种例外情形②，且检察院不调整或调整后仍然不当的，此处五种情形是对"明显不当"的枚举，这也就意味着法院事实上保有对案件事实与证据是否适当的最终审查权，法院仍然需要对案件的定罪量刑、证据能力和证明力等问题全面审查，以构筑案件实体正义的"最后一道防线"。本文支持二审法院的基本观点：以客观事实为基点，综合分析时间、地点、条件、行为人的表现、事后态度，判断余金平是否明知，而非单凭其供述作出裁判。第二，被告方有异议，检察院不调整或调整后仍然不当的，法院也可以不采纳。在实践中，被告方的异议通常源于量刑建议的形成欠缺自愿性和明智性。这也对法院裁判提出了新的要求，即重点关注被告人的认罪意愿。

五、走出困境："诉辩协商一致"的三个要件

在两种量刑建议中，存在问题最多、引起检法矛盾的是认罪认罚从宽量刑建议。因此，理顺此种量刑建议的相关要素和机理，方可解决现实问题。

"精准化"是认罪认罚从宽量刑建议的改革方向之一。"精准"二字恰恰能揭示"诉辩协商一致"的内涵——以量刑建议之"准"确保量刑减让之"精"，这也是协调检法矛盾的根本出路。因为把握量刑之"准"、维护审判公正性，有效惩治犯罪，是检法双方共同的价值追求。诚如余金平案，倘若检察机关能够把握好"明知"的要件并提出对应的量刑，那么之后的干戈想必也能自然化解。认罪认罚从宽语境下的"诉辩协商一致"是一个对接、互动、审查的精妙过程。根据刑事诉讼法第15条认罪认罚的定性，只有"诉辩协商一致"契合如下三大构成要件，才能够提出认罪认罚从宽量刑建议。

1. 自愿如实供述自己的罪行。"自愿"是公、检对被追诉人认罪意愿的充分尊重，既包括被追诉人主动供述，也包括侦查人员讯问时告知认罪认罚从宽法律规定之后的有罪供述。2018年刑事诉讼法增设了值班律师、听取意见等程序，是对自愿性的有效保障；"如实"是被追诉人认罪服法的态度，体现人身危险性降低，这种预防刑降低正是"从宽"量刑减让的实体法理论根基。"如实"也为检察机关提出了更高的"实质真实"的要求，对于被追诉人表面上似有供述，但事实上偏离案件事实的，不以"如实供述"论处。因此在证明标准问题上仍需达到"案件事实清楚，证据确实充分"，当然对于某些极其轻微的案件，基于效率的考虑，可以采取一定程度的形式标准。由"自愿"与"如实"两个层次可见，我国与美国辩诉交易不同，我国是"自愿如实"供述之后开展协商，而不是在证据不足时以协商为手段开展诱供，对于协商的切入方向检方应当有合理把握。这个要件也意味

---

① 胡云腾：《正确把握认罪认罚从宽　保证严格公正高效司法》，载《人民法院报》2019年10月24日第5版。
② 根据刑事诉讼法第201条的规定，这五种情形包括：（1）被告人的行为不构成犯罪或者不应当追究刑事责任的；（2）被告人违背意愿认罪认罚的；（3）被告人否认指控的犯罪事实的；（4）起诉指控的罪名与审理认定的罪名不一致的；（5）其他可能影响公正审判的情形。

着这种量刑建议并非适用于任何刑事案件，也就是说，只有被告方自愿供述、如实供述，才可以提出量刑优惠。

2. 承认指控的犯罪事实。学界对于"承认"是"认事实"还是"认罪名"存在较大争执，考虑到"定罪"是"量刑"的基础，所认之罚应当是在对既有犯罪事实构成何种罪名前提下确定的刑罚。① 如果只认事实而不认罪名（比如，只认构成盗窃的事实而不认可构成抢劫的罪名），那么会导致量刑建议存在较大偏差，更难以回应"精准化"的量刑建议改革目标。因此，在公、检机关结合供述的事实和已经查明的事实形成明确的罪名预判之后，充分听取意见，判断被追诉人是否承认指控，如果一概不承认，那么不能适用认罪认罚从宽的程序，如果部分不承认，则有考虑协商的余地。当然，采取"认罪名"的标准难免有损效率价值，但不排除适用简易程序，而且，对于部分供述情节，仍然有可能构成自首、坦白或者其他酌定量刑情节。

3. 认罚。"认罚"是指被追诉人接受司法机关提出的处罚方案。这种"处罚方案"不仅包括刑事处罚，而且包括其他性质的处罚措施，如退赃退赔②，学界将后者称为"广义认罚"。但有学者认为应当在认罪认罚的规定中对民事赔偿和解予以淡化③。这种观点有一定的道理，因为"认罚"强调的是"悔罪"而非"修复"。根据《认罪认罚从宽指导意见》第7条规定，认罪认罚从宽制度中的"认罚"，是指犯罪嫌疑人、被告人真诚悔罪，愿意接受处罚。退赃退赔情节仅仅能够作为"悔罪"的征表，而不能以此覆盖其他悔罪要素的判断，甚至代替"认罪"的判断。当然，这种退赃退赔的悔罪通常是量刑减让幅度的重要影响因素，虽然不能直接影响认罪认罚的定性，但可以在构成认罪的基础上作为从宽幅度定量的基准。

上述三大要件环环相扣，"自愿如实供述"是开启诉辩协商的基础，"认罪名"和"认罚"是"一致"的要求。当然，"协商"意味着不可能立竿见影，一蹴而就，在协商过程中，难免会出现被追诉人不稳定认罪、认罚的情形，此时应当强化释法义务，让被追诉人在权衡利弊的前提下作出抉择，而不应当以再度地量刑减让为砝码，否则这种协商将有交易之嫌。

对于凝聚共识的量刑建议，法院也需要充分尊重合意，调整既往裁判思路。法检双方勠力构建合理衔接体系，进而实现习近平总书记提出的"繁简分流、轻重分离、快慢分道"的美好愿景。

---

① 刘广三、李艳霞：《论认罪认罚从宽的立法完善》，载《山东大学学报》（哲学社会科学版）2017年第4期。
② 魏晓娜：《完善认罪认罚从宽制度：中国语境下的关键词展开》，载《法学研究》2016年第4期。
③ 左卫民：《认罪认罚何以从宽：误区与正解——反思效率优先的改革主张》，载《法学研究》2017年第3期。

监察诉讼衔接视角下认罪认罚从宽的制度整合

林艺芳*

认罪认罚从宽制度不仅存在于刑事诉讼过程中，也存在于国家监察程序中。根据监察法第31条的规定，在监察调查过程中，涉嫌职务犯罪的被调查人有权进行认罪认罚，并在符合特定条件的情况下接受从宽处罚的建议。然而，由于适用条件存在根本差异，监察程序中的认罪认罚从宽制度如果要与刑事诉讼程序中的认罪认罚从宽制度进行衔接，可能发生程序上的断裂问题。如何在现有体制下整合不同法律中的认罪认罚从宽制度是我国面临的重要难题。

一、适用前提的迥异性

（一）"认罪认罚"的内涵有所区别

在刑事诉讼程序中，认罪认罚是犯罪嫌疑人、被告人自愿供述或者承认有罪事实，认可自己行为的犯罪属性，并明确表示接受相应的刑事处置的表现。就认罪而言，根据刑事诉讼法的规定，是指"自愿如实供述自己的罪行，承认指控的犯罪事实"。在实践过程中，学界曾就"认罪"的内涵发生过争议，即犯罪嫌疑人、被告人除了供述与承认案件涉及的相关事实以外，有无必要认可其行为的犯罪属性。从立法语言的角度看，法条中使用了"罪行""犯罪事实"等带有倾向性的词语，而非更为中立的"行为""案件事实"等词语，表明犯罪嫌疑人、被告人在认罪的同时，还应当认识到自身行为已经触犯刑法的规定，应当根据刑事诉讼程序的要求承担相应的刑事责任。可见，判断认罪认罚从宽制度能否启动，关键在于犯罪嫌疑人、被告人对自身行为犯罪性质的认可。

就认罚而言，根据刑事诉讼法的规定，是指"愿意接受处罚"。立法没有进一步解释此处"处罚"的内涵。"处罚"是否包含带有刑事性质的实体结果、相应的程序处理、其他民事性质的手段等，在立法和试点过程中也曾引发争议。有专家认为，认罚仅要求犯罪嫌疑人、被告人对未来可能遭受的实体结果和可能适用的诉讼程序做概括性的意思表示即可。①但另有专家认为，认罚不能仅做概括性意思表示，犯罪嫌疑人、被告人应明确表示接受具体特定的实体性惩罚结果和程序处理方式。除此之外，还有专家认为应当将积极退赃

---

* 林艺芳，湘潭大学法学院副教授，博士生导师。
① 陈光中、马康：《认罪认罚从宽制度若干重要问题的探讨》，载《法学》2016年第8期。

退赔等民事救济措施也纳入认罚的范畴。① 对此，《关于适用认罪认罚从宽制度的指导意见》（以下简称《指导意见》）主张，"认罚"应表现为在侦查、审查起诉和审判等各个诉讼阶段对具体处理方式的认可，包括起诉或不起诉决定的接受、量刑建议的认可、具结书的签署、刑罚处的同意等。② 可见，"认罚"不能仅做概括性意思表示，而应包含某些具体的诉讼处理方案和相应的民事救济措施。

但是，在监察程序中，情况则有所不同。监察法第31条仅笼统地提出"认罪认罚"的概念，并未明确其具体内涵。因而，此处的"认罪"是否包含对其行为犯罪属性的认可，"认罚"是否包括案件移送审查起诉之后的刑事诉讼处置以及相应的民事救济措施，仍是悬而未决的问题。

（二）其他适用条件有所区别

在刑事诉讼程序中，根据刑事诉讼法第15条的规定，启动认罪认罚从宽制度仅需具备"认罪认罚"这一条件即可。不过，如果犯罪嫌疑人、被告人在认罪认罚的同时可能具备其他量刑情节，或者案件还存在其他情形的，那么犯罪嫌疑人、被告人可能在实体上享受更宽松或者更严格的从宽幅度，甚至不需要承担刑事责任。

然而，在国家监察程序中，根据监察法第31条的规定，启动认罪认罚从宽制度，除了存在认罪认罚这一前提以外，还应当具备如下情形之一：（1）自动投案，真诚悔罪悔过。这种情形构成自首的量刑情节，不过监察法对此规定更为严格，除了自动投案，还对其主观态度作出了限制，即要求真诚悔罪悔过。（2）积极配合调查工作，如实供述监察机关还未掌握的违法犯罪行为。这种情形对应的是坦白的量刑情节，监察法同样对此作出更严格的要求，除了如实供述，还积极配合调查工作。（3）积极退赃，减少损失。这也是量刑情节之一。对照刑法中的相关规定，监察法亦增加了"减少损失"的要求。（4）具有重大立功表现或者案件涉及国家重大利益等情形。前者显然属于立功这一量刑情节。只不过此处的立功仅限于"重大立功"。后者虽然并非刑法及相关规定中的常见量刑情节之一，但是其足以衡量犯罪行为的社会危害性，可能对被调查人的最终量刑产生影响，因此也应当属于量刑情节之一。

由此可见，就认罪认罚从宽制度的适用条件而言，监察法要求被调查人除了具备"认罪认罚"这一前提以外，还应当具备包括自首、坦白、退赃、立功等一项或多项量刑情节，要求明显严于刑事诉讼法的相关规定。

二、认罪认罚从宽在监察刑诉中程序衔接的断裂性

刑事诉讼法和监察法关于认罪认罚从宽制度适用前提的不同规定，决定了该制度在两种程序之间进行衔接和转化的过程中难免存在不协调之处，甚至出现程序的断裂性。

---

① 陈卫东：《认罪认罚从宽制度研究》，载《中国法学》2016年第2期。
② 苗生明：《认罪认罚从宽制度适用的基本问题》，载《中国刑事法杂志》2019年第6期。

(一) 监察认罪认罚从宽对刑事诉讼的影响

从现实角度看，监察调查结果往往能影响刑事诉讼程序的运行和案件的处理，监察机关作出的认罪认罚从宽建议往往通过各种途径对刑事诉讼程序产生影响。考察监察法实施以来职务犯罪案件的刑事裁判文书可知，监察机关的认罪认罚从宽建议可能通过以下途径对刑事诉讼程序产生影响：

1. 直接式

监察机关关于认罪认罚的材料直接由人民检察院转交给人民法院，并对人民法院的审判工作产生影响，人民检察院不再将其转化为刑事诉讼程序中的认罪认罚从宽制度。例如，在青海省海东市乐都区人民法院"李某某行贿案一审刑事判决书"中，法院判决的证据材料包括监察委员会建议对被调查人适用认罪认罚从宽的建议书、上级监察委员会同意对被调查人适用认罪认罚从宽的批复以及包含被调查人主动交代行贿事实的到案经过材料等。这些材料直接产生于监察程序中，未经人民检察院的"加工"即进入审判程序并得到人民法院的认可，对被告人的定罪量刑产生影响。同时，上述案件判决书中并不包含认罪认罚具结书等材料，说明被告人在审查起诉阶段没有重新进行认罪认罚。

2. 转化式

虽然被调查人在监察程序中进行了认罪认罚及其他相关行为，但是在案件移送刑事诉讼程序之后，人民检察院或者人民法院再次以刑事诉讼形式重新对犯罪嫌疑人、被告人适用认罪认罚从宽制度。例如，黑龙江省漠河市人民法院"被告人鲍某某行贿罪一审刑事判决书"显示，鲍某某在监察机关调查过程中，积极主动地交代了犯罪事实，进行了认罪认罚。另根据人民检察院提交的材料，鲍某某在审查起诉阶段"对自己所犯罪行认罪认罚，并签署认罪认罚具结书"。人民法院依法予以认可，并对其从轻处罚。再如，在陕西省宝鸡市中级人民法院"井某某受贿罪一审刑事判决书"中，监察机关提交的认罪认罚情况说明材料显示，井某某在监察程序中主动交代组织未掌握的违法事实，积极配合调查，深刻悔过，积极退赃，认罪态度好，监察机关依法建议从轻处罚。随后，在庭审过程中，井某某当庭认罪认罚，人民法院根据刑事诉讼法第15条关于认罪认罚从宽制度的规定对其予以从宽处罚。

就前一个案例而言，虽然被调查人已经在监察程序中作出了认罪认罚的有关表示，但是在案件移送审查起诉之后，人民检察院再次根据刑事诉讼法的规定对其是否认罪认罚进行审查，并要求其签署认罪认罚具结书等。实质上，具有监察属性的认罪认罚从宽制度转变为具有刑事诉讼属性的认罪认罚从宽制度，随后才对人民法院的定罪量刑产生影响。就后一个案例而言，一方面，人民检察院将监察机关作出的认罪认罚相关材料提交给人民法院；另一方面，由于被告人当庭认罪认罚，人民法院还根据立法规定，对其重新适用具有刑事诉讼性质的认罪认罚从宽制度，从而也实现了该制度性质的转变。

(二) 认罪认罚从宽制度在监察诉讼之间的程序断裂问题

虽然监察机关的认罪认罚相关材料可以通过不同途径对刑事诉讼程序及其最终定罪量刑结果产生影响，但是考察上述几种不同影响路径可以发现，认罪认罚从宽制度在不同程序之间的衔接并不顺畅，甚至发生了断裂，引发相应的不良后果。另外，刑事诉讼程序中的认罪认罚从宽制度还存在监察程序中并不具备的权利保障机制,这更加剧了程序的断裂性。

1. 直接式中的程序断裂问题

就直接式而言,这种做法越过了审查起诉程序,由监察程序直接过渡到刑事审判程序,从而出现程序的断裂。监察机关出具的认罪认罚相关材料没有经过人民检察院的转化而直接提交庭审,并作为定罪量刑依据,也因为程序的断裂性而显得过于唐突,不符合刑事证据规则。

一般而言,被调查人在监察程序中曾进行认罪认罚或者其他相关行为的情况是通过监察机关出具的"到案经过""建议书""情况说明"等文件形式呈现在法庭上。然而,这些文件可否以刑事证据的形式成为人民法院的裁判依据,如何适用于刑事诉讼程序中,则尚有疑惑。依据监察法第33条第1款规定,监察机关依法收集的证据材料"在刑事诉讼中可以作为证据使用"。但是,监察证据可以直接适用于刑事诉讼程序中,并不意味着监察证据可以直接作为人民法院定罪量刑的依据。这里就涉及监察证据的证据能力问题。"合法性"是判断监察证据是否具有证据能力的根本因素。一般而言,监察证据是监察机关依据监察调查程序所收集取得的。因此,衡量监察证据的合法性,应当仅考察监察调查程序是否严格符合监察法规定即可。但是,根据立法机关官方释义,监察证据"能否作为定案的根据,还需要根据刑事诉讼的其他规定进行审查判断"。[①] 然而,对比监察法和刑事诉讼法的规定,监察调查程序和刑事侦查程序二者虽然具有不少相似性,但是仍然在指导理念、具体措施、律师介入等方面存在根本差异。要求监察机关完全按照刑事诉讼法的规定落实调查程序,既不现实也不可行。因而,缺乏"合法性"的监察证据便难以在刑事审判中作为定罪量刑的依据。

2. 转化式中的程序断裂问题

就转化式而言,被告人实际上在同一案件中适用了两次认罪认罚从宽程序,一次是具有监察性质的认罪认罚从宽程序,另一次是具有刑事诉讼性质的认罪认罚从宽程序。人民检察院和人民法院对犯罪嫌疑人、被告人重新适用认罪认罚从宽制度的行为,究竟是"另起炉灶"还是"承上启下",具有不同适用条件的认罪认罚从宽制度能否在不同程序之间进行如此的性质转化,也是值得思考的问题。

首先,人民检察院和人民法院以刑事诉讼的方式对犯罪嫌疑人、被告人重新适用认罪认罚从宽制度,从表面上看似乎与监察程序中的认罪认罚从宽制度不存在必然的联系,是"另起炉灶"的行为。但是,正如前文所述,基于监察机关较高的政治地位、特定的监察对象及上级监察机关批复的影响力,人民检察院和人民法院无法忽视来自监察机关的认罪认罚从宽建议。以刑事诉讼形式重新适用认罪认罚从宽制度,实际上目的在于使被调查人的认罪认罚行为在刑事诉讼中获得程序方面的正当性,合法地对人民法院最终的定罪量刑产生影响。所以,追根究底,刑事诉讼程序中的认罪认罚从宽制度是对监察程序中的认罪认罚从宽制度的延续,是"承上启下"的关系。

然而,认罪认罚从宽制度能否在不同程序之间进行如此的程序转化呢?正如前文所述,

[①] 中共中央纪律检查委员会、中华人民共和国国家监察委员会法规室编:《〈中华人民共和国监察法〉释义》,中国方正出版社2018年版,第169页。

认罪认罚从宽制度的适用条件在监察程序和刑事诉讼程序中是不同的。在刑事诉讼程序中，犯罪嫌疑人、被告人适用认罪认罚从宽制度的前提条件是"认罪认罚"，即"自愿如实供述自己的罪行，承认指控的犯罪事实"。而在监察程序中，被调查人要适用认罪认罚从宽制度，除了进行"认罪认罚"以外，还应当具备四种情形之一。因此，在适用条件如此迥异的情况下，将具有监察性质的认罪认罚从宽制度转变为刑事诉讼性质，实际上仍存在一定的障碍。

3. 权利保障机制不同引发的程序断裂问题

刑事诉讼程序中的认罪认罚从宽制度还存在监察程序中并不具备的权利保障机制，这更加剧了程序断裂的情况，并容易引发相关问题：一是权利告知机制。办案机关在对犯罪嫌疑人、被告人适用认罪认罚从宽制度的过程中，应当对其进行必要的权利告知。二是律师帮助。当犯罪嫌疑人选择认罪认罚时，人民检察院应当听取辩护人或者值班律师的意见，并记录在案。犯罪嫌疑人还应当在辩护人或者值班律师在场的情况下签署认罪认罚的具结书，保障其认罪认罚的自愿性。三是签署具结书。犯罪嫌疑人自愿认罪，同意量刑建议和程序适用的，应当在辩护人或者值班律师在场的情况下签署认罪认罚具结书。

以上三大权利保障措施的核心目的在于保障犯罪嫌疑人、被告人认罪认罚行为的自愿性、真实性和合法性。但是，监察法中显然并未就上述内容作出规定。监察机关在对被调查人进行认罪认罚之前，并不需要对其进行必要的权利告知。监察法中回避了律师帮助的规定，实践中律师难以介入监察程序。 监察法中的认罪认罚从宽制度也未设置签署具结书环节。这更使得被调查人认罪认罚的自愿性无法得到认可，被调查人认罪认罚的具体内容也缺乏有效依据。上述情形都加深了监察程序中认罪认罚从宽制度与刑事诉讼程序中认罪认罚从宽制度之间的隔阂，使得不同程序之间出现难以弥合的沟渠。

三、监察刑诉认罪认罚从宽制度的重新整合路径

完善职务犯罪案件认罪认罚从宽制度，应当以国家监察体制和刑事诉讼程序的根本机理为出发点，既要顾及党内监督与法律监督的相互关系，又要符合刑事司法的基本逻辑，统一适用前提，弥合程序裂缝，使之成为监察机关和司法机关合力共治、事先预防和事后矫治共同作用的有效模式。具体而言：

（一）明确监察法中"认罪认罚"的内涵

为了实现监察程序和刑事诉讼程序的有效衔接，应尽量统一二者对"认罪认罚"的理解。借鉴刑事诉讼法的规定，"认罪"可以被解释为"自愿如实供述自己的罪行，承认涉嫌的犯罪事实"。同时，被调查人在主观上应当认可自身行为已经触犯了刑法规定，属于犯罪行为。与此相配套的是，监察机关应当对进入监察程序的案件适用更严格的分流机制，由案件管理部门进行初步过滤，由审查调查部门进行再次审查，由案件审理部门进行最终把握。通过层层筛选，准确认定被调查人的行为性质，以便准确及时地对涉嫌职务犯罪的被调查人适用认罪认罚从宽制度。

---

① 陈卫东：《职务犯罪监察调查程序若干问题研究》，载《政治与法律》2018年第1期。

"认罚"可以被解释为"愿意接受处罚"。并且,此处的"处罚"应当作广义理解,即不仅包括来自监察机关的处置,还包括后续刑事司法机关的处理;不仅包括实体上的惩罚,还包括程序上的要求。需要注意的是,由于被调查人仍处于监察程序中,无法对未来可能遭受的刑事司法处置作出准确预测,监察机关也难以提供关于刑事诉讼程序与刑事责任后果的精确建议,因而此时被调查人对于后续刑事司法处置仅需做概括性认可即可,不应对其有更高要求。

(二) 构建监察材料的诉讼证据审查机制

为了保障监察机关的认罪认罚从宽材料能正当地影响司法机关的定罪量刑,应当在刑事诉讼程序中构建监察材料的诉讼证据审查机制。当案件移送人民检察院审查起诉之后,监察机关应当将认罪认罚从宽的相关证据材料一并随案移送人民检察院。人民检察院应当在审查起诉过程中对上述材料进行初次审查。人民检察院决定对案件提起公诉,应当将上述材料随案移送人民法院。人民法院应当在审判过程中对上述材料进行再次审查。

人民检察院和人民法院审查认罪认罚相关证据材料的根本目的在于确认犯罪嫌疑人、被告人自愿认罪认罚具有一定的案件事实基础。这包含两方面的要求:一是监察证据的取证程序应符合立法的规定。随着监察程序取证规范化的不断完善,监察机关收集、获取证据的程序要求应当不断接近刑事诉讼的要求。只有当监察证据的取证过程不存在程序性瑕疵甚至违法情况时,该证据材料才能在刑事诉讼程序中取得证据能力,作为定罪量刑的依据。二是综合现有的监察证据,应当能够达到事实清楚、证据确实充分的刑事诉讼证明标准。根据《指导意见》的规定,办理认罪认罚案件,应当"坚持法定证明标准,侦查终结、提起公诉、作出有罪裁判应当做到犯罪事实清楚,证据确实、充分,防止因犯罪嫌疑人、被告人认罪而降低证据要求和证明标准"。该要求也应当适用于监察程序中。

(三) 加强监察程序被调查人权利保障机制

监察法中不乏保障被调查人合法权益的内容,如讯问时全程录音录像制度,保障被留置人员的饮食、休息和安全等,但是具体到认罪认罚从宽制度中,类似的权利保障规定却非常不足。借鉴刑事诉讼法,我国有必要从以下方面完善监察程序中被调查人的权利保障:

第一,在对被调查人进行正式调查之前以及确认被调查人涉嫌职务犯罪之后,监察机关应当对其进行权利告知,确保其清楚了解自身在调查过程中所享有的各项权利、认罪认罚的相关规定以及进行认罪认罚可能导致的实体效果和程序效果。第二,应当保障被调查人在认罪认罚的过程中享有适度的律师帮助权。被调查人可以寻求律师的帮助。在被调查人签署认罪认罚具结书或者其他重要法律文件时,律师有权在场并提供法律帮助。不过,出于监察程序的特殊属性,律师介入监察程序应当保持在必要的限度之内,应严格遵守相关执业伦理,不得实施其他可能干扰监察机关正常办案工作的行为。第三,被调查人自愿认罪,同意量刑建议和程序适用的,应当在律师在场的情况下签署认罪认罚具结书。具结书应详细写明被调查人认罪认罚的权利知悉、如实供述内容、自愿性声明等内容。该具结书应当与其他证据和材料一并随案移送至人民检察院和人民法院。

(四) 规范监察刑诉认罪认罚从宽程序的衔接机制

我国有必要通过协调监察机关、检察机关和人民法院三者之间的关系，进一步明确监察刑诉认罪认罚从宽的程序衔接机制。构建这一机制，重点在于解决以下疑问，即当适用认罪认罚从宽制度的监察案件移送审查起诉时，人民检察院应否对犯罪嫌疑人重新适用认罪认罚从宽程序，包括进行权利告知、听取律师意见、提出量刑建议、签署具结书等。

从现实角度看，人民检察院无须重复进行所有的认罪认罚从宽程序。取而代之，人民检察院应当发挥其法律监督功能，对此类案件进行必要的形式审查，确认犯罪嫌疑人认罪认罚是否出于自愿性、相关证据材料是否完备以及有关权利保障是否落实，并在此基础上对监察机关提供的材料予以认可。另外，监察机关提出的认罪认罚从宽建议往往并不包含具体的量刑要求。对此，人民检察院应当在审查之后，在现有证据材料的基础上，按照对普通认罪认罚案件的要求，提出指控的罪名和相应的量刑建议。人民检察院在提出量刑建议之前，应当充分听取犯罪嫌疑人、辩护人或者值班律师的意见，同时可以适当征询监察机关对于量刑的看法。

真的违反上诉不加刑原则吗？
——评余金平案二审改判加刑

刘计划*

核心观点

我国刑事诉讼法并未区分不利于被告人的抗诉与有利于被告人的抗诉，即使抗诉客观上有利于被告人，其目的也是保障法律的正确实施，不适用上诉不加刑原则，除非法律作出明文规定。对于余金平案，检察机关的抗诉理由为"一审程序违法"，仅为客观上有利于被告人。二审法院审判委员会决定加刑后至宣判前，检察机关不撤回抗诉，终致二审加刑无可挽回。由此可见，抗诉并非真正为被告人利益，二审加刑具有正当性，并不违背程序正义。

他山之石

在日本，检察官作为公共利益的代表人，负有请求正当适用法律的职责。上诉不加刑原则的适用前提是被告人上诉或者为了被告人利益上诉（提起主体为被告人的法定代理人、保佐人、原审的代理人、辩护人等），检察官上诉即使客观上有利于被告人，也不属于"为被告人利益提出的上诉"，上诉审法院改判不受上诉不加刑原则的限制。

《德国刑事诉讼法典》明确规定，检察官得为被告人利益上诉。仅由被告人，或者为了其利益由检察院或者其法定代理人提起上诉的，对于行为法律后果的刑罚种类及刑度上，不允许做不利于被告人的变更。

一、引子

"讨论的前提是认真研读原始文本。"诚哉斯言！对于刑事判决的评价，首先要从判决书出发，这是作出正确研判的基本保证。必要时，还要延伸到判决书之外，延伸至庭审，甚至延伸至案发前的某个时间节点。例如，法院进行案件评查时，绝不是仅审查裁判文书，还要审查庭审活动、卷宗归档、信息录入等。当然，对于公众而言，由于信息不对称，也就难以获知全景式信息进而作出准确判断。于是，难免作出本能式反应，贴个标签，下个结论，极可能有失偏颇、失之公允。

---

* 刘计划，中国人民大学法学院教授。

对于余金平案，也是如此。评判该案审判，仅仅捕捉几个关键词就进行批判是不严谨的。比如，有评论者一味强调，交通肇事系过失犯罪、被告人自首、认罪认罚、巨额赔偿获得谅解，判处缓刑有何不可？一审怎能"无视"认罪认罚从宽制度改革精神，拒不采纳检察机关提出的已经控辩双方"协商一致"的缓刑建议，而判处实刑，明显抵牾认罪认罚从宽制度的价值。二审岂能在被告人上诉、检察机关提出"有利于被告人"的抗诉，二者具有同质性，即均为被告人利益求轻的情况下改判加刑，违背"禁止不利益变更"底线，违反上诉不加刑原则。

于是乎，在没有亲历审判的情况下，不细读判决书，不了解案情（哪有完全相同的案件与被告人），罔顾法律规定与本土理论，简单套用某国规则，就开始口诛笔伐，群起攻之。

果真如此简单吗？想必非也。为了更深入地展开理性分析，需要回归个案，回归案件事实与证据，回归立法与理论，系统研判。

二、二审判决违反上诉不加刑原则吗？

本案在程序上引发的最大争议似乎也是法律上最大的争议，即二审判决是否违背所谓"禁止不利益变更原则"，是否违反上诉不加刑原则。笔者的观点是，二审判决难言与现代诉讼法理冲突，也并不违反现行法中的上诉不加刑原则。二审判决之所以引发争议，是因为中国刑事诉讼制度改革发展正面临着守正与革新的冲突。本案二审判决是守正，是对法律的"忠实"遵守，符合中国传统诉讼法理，且有其特殊背景与场域；而之所以被质疑，源于立法滞后于诉讼理念革新，同时人们被一种表象所遮蔽。

（一）立法解读

回答二审判决是否违反上诉不加刑原则，需要追根溯源，寻求立法原意与中国诉讼理论根据。

1. 立法规定

1979年刑事诉讼法第137条第1款规定："第二审人民法院审判被告人或者他的法定代理人、辩护人、近亲属上诉的案件，不得加重被告人的刑罚。"第2款规定："人民检察院提出抗诉或者自诉人提出上诉的，不受前款规定的限制。"由此，确立了中国式上诉不加刑原则及其例外。

至今，对于上诉不加刑原则条款，仅于2012年修改刑事诉讼法时修正一次，即于第226条第1款增加"第二审人民法院发回原审人民法院重新审判的案件，除有新的犯罪事实，人民检察院补充起诉的以外，原审人民法院也不得加重被告人的刑罚"的规定。此外，并无其他修正。

2. 立法解读

我国是成文法国家，对法律条文的解释，首先应当坚持严格的文义解释法。因此，对上诉不加刑原则条款的理解需要从文本出发，结合中国诉讼法理进行。

如何理解现行刑事诉讼法上诉不加刑原则条款，即第237条第2款抗诉不受限的规定？我们需要明确"抗诉"的含义。刑事诉讼法第228条规定，地方各级人民检察院认为本级人民法院第一审的判决、裁定确有错误的时候,应当向上一级人民法院提出抗诉。毫无疑问,第一审的判决、裁定"确有错误"存在两种情形,既包括检察机关认为有罪判无罪、重罪判轻罪或者量刑畸轻的情形,也包括检察机关认为无罪判有罪、轻罪判重罪或者量刑畸重的情形。检察机关提出抗诉,应当涵盖不利于被告人、有利于被告人等所有情形。这也是我国检察机关作为法律监督机关的应有之义。

1979年刑事诉讼法未对"抗诉"做不利于与有利于被告人的区分,而且历次刑事诉讼法修改,特别是2012年刑事诉讼法修改,曾对上诉不加刑原则进行补充,但也未触及这一问题。这应当解释为抗诉不受限的规定是没有变化的。

(二) 传统诉讼法理解读

刑事诉讼法之所以未区分"不利于被告人"与"有利于被告人"的抗诉,或源于中国检察机关的宪法地位及其在刑事诉讼中的监督职能。宪法第134条规定,人民检察院是国家的法律监督机关。刑事诉讼法第8条规定,人民检察院依法对刑事诉讼实行法律监督。而且,不同于域外的上下级法院关系,宪法第132条规定,上级人民法院监督下级人民法院的审判工作。据此,中国形成了不完全同于域外的诉讼理念与诉讼法理(德日亦有不同)。我国司法理念注重实质真实发现,注重实事求是、不枉不纵、罚当其罪、有错必究等实体价值,程序设计上亦如此。

该案二审改判,遭遇违反程序法理的质疑,由此引发了程序合法与程序法理之争、程序守正与法理革新之辩。毋庸讳言,中国形成了特有的诉讼法理,刑事诉讼有自身的运行逻辑。中国传统诉讼法理与域外"现代"诉讼法理不同之处不胜枚举。一如中国检察权既包括侦查、公诉,又有法律监督,被学者称为"既当运动员,又当裁判员",这与域外刑事诉讼中秉持审判中立、控辩平等的诉讼法理是否相同?二如抗诉被定性为监督,二审法庭上的检察官不再称"公诉人",而是"检察员",不就是为了"彰显"监督职能吗?在日本,检察官和被告人平等行使上诉权。那么,抗诉理论是否违反诉讼法理?三如人民法院、人民检察院、公安机关之间奉行分工负责、互相配合、互相制约关系原则,是否违反审判中立的基本法理?党的十八届四中全会决定提出推进以审判为中心的诉讼制度改革,是不是对刑事诉讼中公检法(宪法上为法检公)体制的结构重塑?四如我国行政诉讼中,作为被告的政府,与原告实行当事人平等原则。而在刑事诉讼中,何以未确立被告人与检察官同为当事人的平等原则?这是否违反现代诉讼法理?五如刑事诉讼法规定了二审与再审抗诉,是否违反禁止重复追诉的诉讼法理?

(三) 刑事诉讼法学界观点解读

刑事诉讼法学界对抗诉不受限的认识也充满争议,莫衷一是。打开陈卫东教授主编的由中国人民大学出版社2008年出版的《刑事诉讼法学研究》一书第596页,可以看到"学界对于控方为被告人利益上诉或者抗诉能否加刑等问题进行了探讨,意见尚不统一"的文字,这说明该问题在学理上仍存在争议。

(四) 刑法室释义解读

质疑二审判决违反上诉不加刑原则的评论者拿出2012年版《中华人民共和国刑事诉讼

法释义》中"人民检察院认为第一审判决确有错误,处刑过重而提出抗诉的,第二审人民法院经过审理也不应当加重被告人的刑罚"这一表述作为论据。这一表述源于全国人大常委会法制工作委员会刑法室编著的《中华人民共和国刑事诉讼法释义》对于1996年刑事诉讼法第190条的解读(见法律出版社1996年版,第224页)。

的确,释义虽然并非具有执行效力的立法解释,但著作主体具有权威性,有参考价值,更多地为学者进行理论研究时参考与引用。不过,2018年版《中华人民共和国刑事诉讼法释义》(法律出版社)已经删除了这一句(见第508页)。因此,不复作为论据。

为了实现对刑法室观点的完整理解,避免误读,这里引用2012年版《中华人民共和国刑事诉讼法释义》关于上诉不加刑原则第2款解释的全部内容(为了阅读方便,在每句前加了序号):"(1)第二款是对二审案件中不受上诉不加刑原则限制的两种情况的规定。(2)对于人民检察院提出抗诉的案件或者自诉人和他的法定代理人提出上诉的案件,不论被告人或者他的法定代理人、辩护人、近亲属是否同时提出上诉,均不受前款规定的上诉不加刑原则的限制。(3)第二审人民法院经过审理,对案件进行全面审查,如果认为原判决确属过轻,需要改判的,则可以作出比原判决重的刑罚。(4)这里所说的'人民检察院提出抗诉的案件',包括地方各级人民检察院认为本级人民法院第一审的判决确有错误,处刑过轻,提出抗诉的,以及被害人及其法定代理人不服地方各级人民法院第一审的判决,请求人民检察院提出抗诉,人民检察院经审查后提出抗诉的案件。(5)但人民检察院认为第一审判决确有错误,处刑过重而提出抗诉的,第二审人民法院经过审理也不应当加重被告人的刑罚。"

细读上述内容,或令人产生困惑。

首先,读第三句可知,二审实行全面审查,原判决确属过轻,需要改判的,可以作出比原判决重的刑罚。结合本案,二审推翻一审中对自首的认定,由此必须在3年以上7年以下有期徒刑量刑,原审判决适用法律错误,理应改判。

其次,第四句则继续释义,"人民检察院提出抗诉的案件"是指"地方各级人民检察院认为本级人民法院第一审的判决确有错误,处刑过轻,提出抗诉的案件"。这一表述石破天惊,很遗憾,未加分析与说明。

最后,似乎为了与第四句呼应,第五句强调"处刑过重而提出抗诉的","也不应当加重被告人的刑罚"。

然而,如前所述,2018年版《中华人民共和国刑事诉讼法释义》删除了第五句,似乎应理解为刑法室修正了原来的观点。果真如此,根据第四句,检察机关就不能对"第一审的判决确有错误,处刑过重"的案件提出抗诉(或考虑到被告人自会提出上诉)。那么,该案检察机关提出抗诉,还有法律依据吗?

分析至此,试想刑法室释义对于评判本案二审改判还有多少指导意义?

(五) 本案二审改判解读

在立法未对"抗诉"加以区分,诉讼法学界缺乏共识,刑法室释义不明且不具有法律效力,全国人大常委会未作立法解释的情况下,评论者挥舞"程序正义""诉讼法理"的大棒,对二审法院大加挞伐,这是严谨的态度、维护法治的精神吗?

刑事诉讼法第233条规定,第二审人民法院应当就第一审判决认定的事实和适用法律进行全面审查，不受上诉或者抗诉范围的限制。由此可以认为，我国刑事二审构造为复审制。那么，二审法院在依法重新认定事实的基础上适用法律，作出裁判，除非仅被告人一方上诉的外，可以加刑。

上诉不加刑原则法条第 1 款与第 2 款之间的关系，即又上诉又抗诉，以抗诉论。因此，笔者只需要回答，若二审法院改判加重，何以不受检察机关抗诉意见的限制。以日本刑事诉讼为例，只要检察官提出控诉（意同我国的二审抗诉），二审法院量刑上就不受"禁止不利益变更原则"的约束，可以自由量刑，检察官的量刑意见只是一种没有严格法律约束力的建议，和一审时的"求刑"一样，只是一种意思表示，不具有绝对的法律效力。原因是检察官作为公共利益的代表人，负有请求正当适用法律的职责，即上诉不加刑原则的适用前提是被告人上诉或者为了被告人利益提出了上诉（提起主体为被告人的法定代理人、保佐人、原审的代理人、辩护人等），检察官上诉即使客观上有利于被告人，也不属于"为被告人利益提出的上诉"，因此上诉审法院改判不受上诉不加刑原则的限制。

不可否认，如果本案二审维持原判，或许是各方最能接受的结果，预计也就不会引发此番激烈的争论。但是，法院自行对法律规定作限缩解释，是否导致法官释法，并将法官置于司法追责的风险之中？

（六）以保障法律正确实施为本质的抗诉在本案中的适用

分析至此，本案二审改判加重的合法性疑问能否消除？尽管它不是令所有人都满意的判决结果，能说它违法吗？甚至能说它是"机械司法"吗？

质疑者本着朴素的程序正义观念认为，被告人单方上诉，不得加刑；而检察机关同时提出有利于被告人的抗诉，何以会置被告人于不利境地？症结何在？回答这些疑问，需要回归本案进行分析。那么，本案有何蹊跷与特殊性呢？

虽然基于检察权作为法律监督的自我定位以及近年来对客观公正义务的提倡，检察机关应当坚持全面抗诉原则，但检察机关提出有利于被告人的二审抗诉极为罕见。那么，如何看待本案检察机关提出似乎有利于被告人的抗诉这一近乎"反常"的现象？莫非检察机关真的和被告人站在了一起，为被告人求轻、维护被告人的利益？几乎所有评论者都认为检察机关所提抗诉是有利于被告人的，甚至就是专为被告人利益而提起的。然而，这似乎只是表象。

如果结合提出抗诉的背景可以发现，检察机关可能另有动机。此次抗诉是在认罪认罚从宽制度实施背景下发生的，本质是对一审法院未采纳其量刑建议强烈"不满"，这从抗诉理由中不难看出。判决书记载，抗诉的主要理由是"本案不属于法定改判情形，一审法院改判属程序违法"（"改判"一词使用不当），"一审法院不采纳量刑建议的理由不能成立"。因此，检察机关抗的是一审"程序违法"，诉求是要求二审法院接受其量刑建议，而被告人上诉的理由是原判量刑过重，请求 2 年有期徒刑以下适用缓刑。可见，二者各有诉求，并不相同。

判决书显示，本案经二审法院审判委员会讨论决定。根据相关法律和意见，同级检察院检察长应当列席了审判委员会会议，从而知悉审判委员会所做的改判加刑决定。刑事诉讼法第 232 条第 2 款规定，上级人民检察院如果认为抗诉不当，可以向同级人民法院撤回抗诉。由此，检察机关可以在二审宣判前撤回抗诉，二审法院必然裁定准许，并再次召开审判委员会重新讨论作出决定。因受上诉不加刑原则限制,二审法院审判委员会必然不会加重被告人刑罚。

若检察机关仅为了维护被告人利益而抗诉,此时应当撤回抗诉。否则,被告人被加刑是不可逆转的。考虑到判决书洋洋万言(18000字),法官撰写完成需要时日,由此,审判委员会讨论决定后,至二审宣判,间隔时间应该不短,检察机关为何不考虑撤回抗诉?

结果,因检察机关未撤回抗诉,最终导致二审加刑无可挽回。所以,检察机关也需要反思。发展至此,检察机关抗诉的目的仅是维护被告人利益吗?或许其更多的是为了维护量刑建议的法律效力,进而提高量刑建议的采纳率。

值得商榷的是,只要法院作出超出控辩双方诉请的刑罚裁判就是履行控诉职能的观点可能存在认识误区,混淆了刑事诉讼与民事诉讼、刑事审判与民事审判的本质区别。

例如,嫌疑人甲不认罪,检察院对其以A罪名起诉,并提出判3缓4的量刑建议。一审法院可否判处A罪名成立,但判2缓2又能否判处被告人2年有期徒刑?如果检察机关以量刑建议未被采纳为由提出抗诉,二审法院是否有权维持A罪名有罪部分,但以不成立自首为据改判有期徒刑3年6个月?若被告人亦上诉,二审法院是否仍有权改判3年6个月?如果以上判决与改判都成立的话,那么认罪认罚从宽案件有无本质区别?或许是没有的。再者,余金平案是不是刑事诉讼法意义上的认罪认罚,也值得认真评估。

在德国,被害人不服检察官所做的不起诉处分,在接到不起诉处分通知后,有权向法院请求启动审判的救济程序,是为强制起诉程序。而根据诉讼系属理论,一旦提起指控,并且法院已经受理,检察院就不能撤回起诉。如果出席审判的检察官认为证据不足以定罪,他可以——而且必须要求法院宣告被告人无罪,但法院仍可对被告人定罪。上述两种情形下,显然不能解读为法官在行使控诉职能。

本案中,检察机关本着法律正确实施的目的而提起抗诉,二审法院基于审级监督,在对全案查清事实的基础上适用法律,符合宪法、法律赋予检察机关作为法律监督手段的抗诉的价值,符合上级法院监督下级法院审判工作的宪法原则。这难道不是检察机关法律监督职能与上级法院监督职能的应有之义吗?二审法院改判加刑,应该是其基于对中国检察权中抗诉本质以及审判监督权的认知而做的选择。因此,有其现实逻辑。

有评论者提出,该案应当发回重审。不过,一审判决已经认定构成自首,再发回重审,会有两种结果。若一审认定自首、维持2年有期徒刑,被告人会上诉;若不认定自首,被告人不是更要上诉?总之,发回的结果是还会回到二审。加之鉴于被告人始终否认事发时知悉撞人,二审基于这一事实,作出不构成完整自首的认定,并非事实不清或者证据不足的情形,不符合刑事诉讼法第236条第1款第3项关于发回重审的规定。至于一审、二审何以对构成自首有"分歧",读一审判决书或可知端倪。一审判决书中表述为"可认定为自首",一个"可"字有无想象空间?它或许体现了一审法庭对自首认定极为勉强之意,这才有检察机关建议判3年有期徒刑(缓刑),而一审法院竟减其1/3,仅判2年有期徒刑的判决结果。

(七)立法修改展望

我国是成文法国家,凡需要改变法律条文原意的,应当通过修改法律来确认。随着程序正义理论以及人权保障理论的兴起与发展,如果认为应当区分两种抗诉以完善上诉不加刑原则，那么就应当走修改刑事诉讼法的道路，作出明确的规定。一如《德国刑事诉讼法典》第331条确立"禁止不利变更"原则，其第1款明确规定："仅由被告人，或者为了其利益由检察院或者其法定代理人提起上诉的，对于行为法律后果的刑罚种类及刑度上，不允许做不利于被告人的变更。"

我国刑事诉讼法未采德国立法模式进行修改，即未明确区分不利于与有利于被告人两种情形，并明确检察机关可以为被告人利益抗诉且受上诉不加刑原则限制的情况下，说我国全面确立了"禁止不利益变更原则"是不严谨的。因为根据我国四部刑事诉讼法，仅在被告人单方上诉的情况下，才有"禁止不利益变更"，即不能加刑原则的适用。

余金平案已然终审生效，应当着眼于未来避免再出现类似案件而启动修法。如果借由余金平案的二审裁判能够推动上诉不加刑原则的完善，那么称其为"一份具有里程碑意义的判决书"并不为过。

三、认识与感悟

作为一名高校法学教师，笔者在学术研究中始终坚守批判精神，而对该案二审判决的分析，笔者则是从实定法与传统诉讼法理出发展开的。这是因为笔者对学术与司法有不同的理解。学术应当坚持批判精神，追求理论创新。司法则是要准确实施法律，依法审判案件，实现多元价值的协调与平衡。

关于余金平案二审改判，笔者经历了认识的三个阶段。第一个阶段，第一反应是其有违反上诉不加刑原则之嫌，二审维持原判为佳。第二个阶段，接下来则认为，二审改判虽不违法，但似乎违反实质意义上的上诉不加刑原则。鉴于法规范意义上难以界定违法，就用了"程序瑕疵"一词来定性。第三个阶段，总认为它有程序瑕疵，但又无法理解程序瑕疵是怎么产生的，怎么样才能消除，实在说不清楚。于是，就放弃了程序瑕疵说。为了解除内心的困惑，就开始反复求索探究，这才有前面的基本观点表达与分析论证。

笔者注意到，有不少二审判决的认同者做了多元评析（如一位律师评述"似错非错"），同样也是试图理解法官与法院，尝试明晰二审改判的法律依据与理论根据。该案二审毕竟不是一个法官的行为，而是合议庭评议后提交审判委员会集体讨论作出的决定。

对于该案，笔者采取的是二元模式。既维护生效裁判，又希望能够借此推进诉讼理论研究，实现诉讼法理革新，推动刑事诉讼立法的变革与完善。正是基于尊重司法的法治追求，笔者对本案二审判决尝试着去学习、去解读，当然这并非意味着笔者的理论观点与学术追求有任何变化。立法归立法，司法归司法，学术归学术，如果能通过良性互动，实现各得其所、互相促进、相得益彰，刑事法治就会早日实现！

认罪认罚案件的证明对象探析*

刘 铭**

一、引言：也从余金平交通肇事案说起

证据证明问题是认罪认罚从宽制度研究中的重要内容之一。认罪认罚案件多数适用简易程序、速裁程序，即便是适用普通程序，诉讼程序也因犯罪嫌疑人、被告人的合作有不同的侧重、诉讼期间也有不同程度的缩短，因而缩略的程序是否带来证明标准的降低成为理论和实践普遍关注的问题，既有研究也多聚焦于认罪认罚案件中证明标准的阐述和论证。证明标准确定问题是认罪认罚案件中独特且关键的证据证明问题无可厚非。然而，证明标准的明确首先涉及哪些内容的明确，也就是说，认罪认罚案件中的证明对象是应予首先讨论的基础性问题。

以近来热议的北京余金平交通肇事案①为例，该案二审判决书对于审理查明的事实进行了详尽的阐述，多数事实以分钟为单位、个别情节以秒为单位进行案件事实的分析、评述，特别是结合控辩量刑意见和一审法院量刑理由，给予量刑事实方面的细致回应。相对于一审庭审中简单的量刑情节法庭调查和一审判决书寥寥数语的量刑情节描述，在证明方面差别迥异，由此首先引发的疑问是：认罪认罚案件中包括量刑情节在内的证明对象有变化吗？不同证明对象的细致度需如何界定？证明对象的范围与控辩双方不争议的状况是否有关？在认罪认罚案件中证明对象可否进行层次划分，进而在证明先后次序、证明方法等方面根据不同的层次划分有所差异？

二、认罪认罚案件中证明对象的"颗粒度"

"颗粒度"是近年来比较流行的一个词语，与细致度相关，但是比细致度更为直观可感，并为摄影、化工、人工智能等多学科适用，本文也借此用语指称证明对象的类似内容。简要解释，颗粒度是指详尽和清晰的程度，颗粒度越细意味着细节越详尽，越有助于了解

---

* 本文系辽宁省哲学社会科学规划基金一般项目"认罪认罚从宽制度中的证明问题研究"（L18BFX008）的研究成果。

** 刘铭，中国刑事警察学院法律教研部副教授。

① 北京市门头沟区人民法院一审刑事判决书（2019）京 0109 刑初 138 号和北京市第一中级人民法院二审刑事判决书（2019）京 01 刑终字 628 号。另外，余金平交通肇事案一审庭审直播地址为 http://tingshen.court.gov.cn/live/7203599，一审庭审记录（全文）也可在网上方便查到。

事实的全貌；颗粒度越粗意味着细节越少，更多的是抽象概括。

仍以余金平案为例，对该案中犯罪行为人余金平是否明知事故发生时撞到"人"的具体证明对象，两审法院表现出"颗粒度"差异较大的法庭证据调查和事实认定状况。从庭审笔录看，一审法官已对被告人事故发生时是否不知撞到人存有疑问，对此也有简要的连续发问，法官问："刚才公诉人问你的时候，你觉得是撞到什么东西？你不知道是撞到人了吗？"被告人答："确实没有看到。当时是有感觉车是有振动，然后右眼滑过一个东西，但是确实没有看到。"法官追问："……再说你那个车撞成那样，前风挡坏了，前机器盖也大变形，你就没有意识到是撞到人了？你是觉得因为喝了酒撞了人，还是说就觉得没有撞到人？"被告人答："当时车就是到地库，一下车发现有血迹，才感觉撞到人。"即使被告人没有直接回应或解释法官的疑问，一审法官也并没有追问，此处该具体证明对象被模糊处理了。然而，二审法官对此则表现出完全不同的事实发现态度。针对抗诉机关主张无证据证实事故发生时明知撞人应依循遇疑有利于被告人原则、辩方主张事故发生时不知撞人到车库才发现的事实，二审法官结合现场监控录像、痕迹物证、案发环境情况、被害人身体状况和被撞后位置、行为人视力、感知和事故后校正行车方向等证据和事实细节，从法庭事实查明到具体分析评述，详细阐释了心证形成过程，认为有证据证明犯罪行为人余金平在事故发生时知道撞到人，进而不适用自首从宽处罚。也就是说，一审法院对事发时是否明知撞到人的量刑事实采取了粗颗粒度的认定态度，而二审法院则采取了细颗粒度的认定态度，产生了迥然不同的认定结果。随之而来的问题是，在控辩双方无争议的情况下，二审法官调整了量刑事实中某一环节的具体证明对象颗粒度是否适当？换句话说，证明对象颗粒度的调整是否有限度？对此仍要先回归认罪认罚案件证明对象的一般性问题的探讨，再有针对性地讨论证明对象的颗粒度问题。

三、认罪认罚案件中证明对象范围的调整

（一）认罪认罚案件中证明对象范围的变与不变

证据法学研究前辈周荣曾言，证据与证明对象是"箭"与"的"的关系。[1] 证明对象是证据指向的目标。学界在讨论证据证明问题时，证明对象的专门研讨较少，证据法学基础知识中一般有两种阐释证明对象范围的方式。其一，从静态内容展开，将证明对象进行分解，认为证明对象包含实体法事实和程序法事实两部分。以刑事证明对象为例，通说认为，刑事证明对象中的实体法事实是刑事证明对象的核心，主要包括犯罪构成要件事实、阻却违法性事实、阻却有责性事实、有关量刑情节的事实等，程序法事实是对刑事诉讼程序问题有法律意义的事实，如涉及管辖、回避等的事实。[2] 其二，以争议为核心，认为证明对象是一方当事人主张而另一方当事人否认的争执事实。例如，陈瑞华教授认为，刑事证明对象的基本特征之一是控辩双方对待证事实的存在是否有异议，有时控辩双方有无异议会影响待证事实向证明对象的转化。在申请方提出量刑意见或程序主张的案件中，控辩双

---

[1] 周荣：《证据法要论》，吴宏耀点校，中国政法大学出版社2012年版，第12页。
[2] 参见马工程：《刑事诉讼法学》（第三版），高等教育出版社2019年版，第170~171页。

方对这些主张所包含的待证事实一旦达成共识或者不持异议,该事实就可能不再转化为证明对象。① 此外,两种阐释方式都会提及司法认知、推定等免证事实的内容。

以上两种阐释方式都存在不足,前者虽然全面地展示了证明对象的涵盖范围,然而忽略了具体案件中实际的证明分布状况,静态、抽象有余而具体案件中指涉不明;后者虽然体现了具体案件中证明对象随控辩争议的动态调整,却更适宜对民事证明对象的描述而对刑事证明对象的特殊性考虑不足,因刑事证明受实体真实发现原则限制不能仅以控辩双方是否有争议为判断证明对象范围标准。具体到认罪认罚案件的证明对象,需注意与整体刑事证明对象的共性与个性关系,以及两种阐释方式对认罪认罚案件证明对象范围表述的影响。

首先,认罪认罚案件依旧属于刑事案件,因而从静态的证明对象覆盖范围而言,与通说中实体法事实和程序法事实都是证明对象的概括并无区分,这也是认罪认罚案件中证明对象范围最基本的不变内容。所不同的是,作为刑事诉讼中"协商性公力合作"② 模式的一种表现形态,认罪认罚案件中犯罪嫌疑人或被告人的合作在证据方面体现为犯罪嫌疑人、被告人供述对于案件主要事实的承认以及对于量刑基础事实的承认;在证明方面体现为围绕供述组织其他证据进行印证为主的证明活动,证明对象的焦点不在于定罪事实、程序法事实而在于量刑事实。因此,从静态证明对象范围的角度看,认罪认罚案件改变的内容是对证明对象侧重进行了调整,不再是聚焦于定罪事实或者取证程序合法与否的程序法事实,而是集中于对量刑事实的关注。周光权教授认为,在认罪认罚程序一路高歌猛进的过程中,更应对量刑的复杂性保持警醒,③ 这也正说明从证明对象的角度来看,量刑事实在认罪认罚程序中应受到重视。

其次,从以争议为核心的证明对象范围为进路,刑事证明对象基于探求实体真实的需要以及控方负证明责任的基本分配原则,实体法事实特别是其中的定罪事实并不以不争议而免除证据调查。因此,仅以争议事实为证明对象的说法在刑事案件证明对象中并不准确,刑事证明对象的范围依旧是前述静态覆盖的所有内容,争议事实对刑事证明对象范围的影响仅是不同类型刑事案件中或者各个具体刑事案件中证明对象侧重的变化。在认罪认罚案件中,控辩双方较为集中的争议之处是量刑事实,因而证明对象调整也在对量刑事实的侧重。需注意的是,认罪认罚案件中证明对象侧重的调整不以争议焦点的调整为唯一判断因素,还要考虑法官依职权的调查、审查功能的发挥,其原因既包括实体真实发现原则的施行,也包括法官对供述真实性的审查义务和整体量刑均衡的考虑。余金平案中即是如此,即使控辩双方对事故发生时行为人是否明知撞人无争议,但是法官需依职权探查,此时量刑事实仍为证明对象。

所谓证明对象侧重的变化,即是证明对象"颗粒度"的变化,认罪认罚案件中证明对象侧重于量刑事实即意味着认罪认罚案件中量刑事实将趋向于更细密的"颗粒度"。综上,证明对象的范围在认罪认罚案件中并没有发生根本性变化,实体法事实和程序法事实依旧

---

① 陈瑞华:《刑事证据法》(第三版),北京大学出版社2018年版,第415页。

② "协商性的公力合作"是指被告方与刑事追诉机构通过协商、妥协来决定被告人刑事责任的诉讼模式。参见陈瑞华:《刑事诉讼的前沿问题》(第五版)(上册),中国人民大学出版社2016年版,第441页;马明亮:《正义的妥协——协商性司法在中国的兴起》,载《中外法学》2004年第3期。

③ 周光权:《量刑何以更精准》,微信公众号"青苗法鸣"文章。

都是证明对象,仅是证明对象的侧重或者说具体证明对象的颗粒度会进行调整,如最典型的就是量刑事实得到空前的关注,量刑事实将依具体案件情况在诉讼证明中进行局部放大式发掘,即将证明对象颗粒度调向细密。

(二) 认罪认罚案件证明对象中量刑事实颗粒度的细密化

继续依静态刑事证明对象范围表述将量刑事实予以展开,量刑事实分为法定量刑情节和酌定量刑情节,还可分为不利于被追诉人的量刑情节和有利于被追诉人的量刑情节。法定量刑情节因量刑增减与否更为明确,量刑指导中也有具体的量刑幅度指导,相较于酌定量刑情节受到的关注度更高。所以,刑事案件中量刑事实的证明对象颗粒度分配是法定量刑情节细密于酌定量刑情节。而具体到认罪认罚案件中量刑事实颗粒度分配在遵从此共性的基础上,个性体现为酌定量刑情节也会随案件的特殊性产生颗粒度细化现象,形成在量刑事实方面"锱铢必较"的态势,特别是认罪认罚案件中上诉、抗诉案件对于量刑事实细节方面的放大分析更为明显。

以余金平案为例,一审判决中不予采纳量刑建议的主要理由是"主观恶性较大,判处缓刑不足以惩戒犯罪",而支持这些判定的酌定量刑事实依据是:第一,作为纪检干部未能严格要求自己;第二,交通肇事逃逸后,擦拭车身血迹、回现场观望后仍逃离,意图逃避法律追究。二审中,抗诉机关、被告人、辩护人分别就一审酌定量刑事实的认定进行了详细分析和反驳,二审法官除以一审判决中出现的酌定量刑事实为基础对量刑事实评价、量刑裁量进行说理之外,又紧密围绕涉及自首的量刑事实进行认证和评价,得出不构成自首的结论,并认为一审法院对酒后驾车的事实情节未予从重评价,因而二审判决对余金平的量刑比一审判决更重。本案中对于定罪事实法庭调查和判决文书认定说理文字不多,而对于酌定量刑事实以及自首相关事实的证明组织和认定说理较为细致,是认罪认罚案件中证明对象向量刑事实颗粒度精细化的典型例证。

继续前文第二部分的分析,量刑事实颗粒度的细密化是否有限度。余金平案多种量刑事实整体颗粒度细密化提升,其中最为凸显的是关于是否构成自首的量刑事实仅就"是否如实陈述主要犯罪事实"或者"是否明知撞人"一个环节在二审事实认定中给予了关注,相较于一审法院的做法二审法院在量刑事实调查、认定方面是否得当?局部事实细节的颗粒度细密化的边界为何?从诉讼证明公正和效率平衡的角度考量,首先,定罪事实的颗粒度应比量刑事实有更高的细密化程度,量刑事实的细密化程度再高也不能优于定罪事实颗粒度的一般细密化程度,否则就应被视为无必要或者过度的证明。其次,量刑事实一般以自由证明或者释明方式为已足,法庭应依既有证据为量刑事实认定,事实不清时做遇疑有利于被告人处理,不宜发起新的独立的证据收集活动。以此评析二审法院对"事故发生时是否明知撞人"的量刑事实认定过程,仍是在原有的证据基础上进行细致分析而推断行为人事发时的认知能力和认知程度,同时对量刑事实颗粒度细密化的调整并没有超过定罪事实。因此,二审量刑事实颗粒度细密化的提升并无不当,相反从重视量刑事实认定、保障量刑均衡的角度考虑是值得肯定的。

四、认罪认罚案件中证明对象的层次性

(一) 依证明样态的证明对象层次性划分

严格证明和自由证明是刑事证明领域研究者比较熟悉的证明划分,其划分标准主要考虑证据方法和证据调查程序的严格与否①。严格证明和自由证明的划分体现了证明对象的层次性,一般认为,定罪事实和倾向于加重被告人刑罚的量刑事实需严格证明,其他量刑事实和程序法事实除法律有特殊规定的自由证明即可。该种证明对象的层次性是在静态证明对象范围表述基础上进行的,因而也是静态式的证明对象层次划分。作为整体刑事案件证明的一部分,认罪认罚案件证明遵从此基本划分,但需结合具体案件的情境进行动态调整。

由于具体案件中证明对象会出现控辩双方争议或法官经审查产生疑问的情形,认罪认罚案件证明中将更为广泛地存在介于严格证明与自由证明之间的证明形态。日本学者平野龙一就曾提及"适当的证明",即在简易程序和量刑程序等程序中,如果有异议提出,那么法庭应允许当事人确认证据,并给予当事人争辩证据证明力的机会,这种证明即是介于严格证明和自由证明之间的"适当的证明"。② 在认罪认罚案件中,基于犯罪嫌疑人、被告人对于定罪事实和量刑事实的承认、适用简略程序的认可,通常定罪事实适当证明、量刑事实自由证明已足,但若遇有量刑事实颗粒度细密化调整的情况,就需在严格证明和自由证明方式之间采取适宜的证据调查严格程度。

综上,认罪认罚案件中证明对象的层次性在证明样态方面表现为,随着具体案件和庭审情境的不同将适用不同严格程度的证据资格要求和证据调查程序要求。首先,通常定罪事实和量刑事实以严格证明为之,但因认罪认罚案件属于公力协作模式,控辩双方就定罪量刑事实无争议,法官审查后也认为无疑问,则以略式的严格证明或者适当证明即可。若定罪事实有争议或法官通过审查对具结书、供述有疑问,则要恢复普通程序,以严格证明进行。若量刑事实(特别是具结书中作为量刑建议形成基础的量刑事实)有争议或有疑问,则证明对象颗粒度细密化要求提升,需以严格证明或"适当的证明"进行,余金平案二审即是例证。其次,若程序法事实有争议或有疑问,应区分不同情况对待。涉及供述非法取得、自愿性的争议或疑问,应恢复普通程序,以严格证明进行;其他争议则以"适当的证明"进行即可。若程序法事实无争议或疑问,则以"适当的证明"或自由证明进行。

(二) 依证明优先次序的证明对象层次性划分

认罪认罚案件中证明对象的层次性还表现为证明的优先次序设定。总体而言,如果证明对象的证据调查内容是可分割的,那么认罪认罚供述或具结书的合法性、自愿性应为证据调查程序的最优先位置;其次是主要定罪事实或认罪认罚具结真实性的调查;最后是量刑事实的调查。量刑事实的证据调查中,法定量刑事实应优先于酌定量刑事实调查,不利于被追诉人的量刑事实应优先于有利于被追诉人的量刑事实调查。

---

① 林钰雄:《严格证明与刑事证据》,法律出版社 2008 年版,第 7~8 页。
② 参见 [日] 田口守一:《刑事诉讼法》(第七版),张凌、于秀峰译,法律出版社 2019 年版,第 440 页。

被追诉人认罪认罚的自愿性是认罪认罚程序选择和证明模式选择的基础，因此，最先调查的证明对象应是认罪认罚（包括具结书、供述等）的合法性、自愿性，即如果被告人提出异议，与供述和具结书签署程序有关的程序性内容应优先审查，合法性、自愿性存在问题则应直接转换为非认罪认罚程序。

真实性是法官审查认罪认罚案件的法定内容之一，但是就认罪认罚程序适用而言，合法性、自愿性应优于真实性审查。因为相较于真实性审查，自愿性、程序合法性审查是更为重要的程序选择判断条件，也是更为便捷易行的审查对象，所以如果可分割，真实性应在自愿性、合法性审查通过之后进行。如果在认罪认罚真实性审查过程中，对主要定罪事实出现争议或者法官存疑，则应转换为非认罪认罚程序，以此来防范各种原因导致的虚假认罪。

在多数认罪认罚程序中，前述自愿性、合法性、真实性的证据调查通常是缩略式的，但是从刑事诉讼实体真实探求原则来说应属于广义的严格证明过程，仅是因不争执和认罪认罚程序中特殊保障制度的设置而略式化了，同时，可恢复为普通程序的严格证明是对认罪认罚案件略式证明的隐性保障。认罪认罚程序中相对更为常见的控辩争议或者法官疑问存在于量刑事实。[①] 若对量刑建议依据事实或其他量刑事实细节有争议而不影响认罪认罚程序适用的，可不必恢复为普通程序仍以认罪认罚程序进行。量刑事实的调查顺序以法定量刑事实优先于酌定量刑事实进行，主要是考虑法定量刑事实是影响量刑的必然因素，是控辩审三方关注的重点且通常应以严格证明或适当证明进行，而酌定量刑事实虽也受控辩审三方关注，但不涉及法律适用不当问题并多以自由证明进行，在证据法庭调查上应本着先重要后次要、先难后易的顺序进行。无论是在法定还是在酌定量刑事实的调查顺序内，还应以不利于被追诉人的量刑事实优先于有利于被追诉人的量刑事实顺序调查，主要理由同前，不利于追诉人的量刑事实通常要求比优势证明更高的证明标准和严格证明为之，而有利于被追诉人的量刑事实则以优势证明标准和自由证明为已足，应先重要后次要、先难后易。

五、结语

证明对象是证明概念体系中的基石性范畴之一，也是证明体系诸概念中的基础性概念。尽管相较于证明标准、证明责任等证明对象所涉理论内容较为简单，但是不能因此而使证明对象的研究空白或者过少，因为唯有在证明对象清晰的基点上才能更好地展开其他证明问题的分析和研讨。认罪认罚案件中证据证明的调整首先表现为证明对象的调整，本文希望能起到抛砖引玉之效，吸引更多研究者对于证明对象问题予以关注。

[①] 研究者对认罪认罚案件抗诉裁判文书的实证研究显示，抗诉事由占比最高的两项为被告人因量刑过重提出上诉检察院随之抗诉（35.3%）、一审法院认为量刑建议不当（16.7%），由此可见量刑事实是认罪认罚案件争议的核心。相关数据参见孙长永、冯科臻：《认罪认罚案件抗诉问题实证研究——基于102份裁判文书的分析》，载《西南政法大学学报》2020年第4期。

认罪认罚从宽制度再解读

——以刑事诉讼各方参与人为视角

陆咏歌　王永雷*

一、侦查机关对认罪认罚从宽制度没有主导权，该制度或将作为侦破案件的一种手段

我国刑事诉讼法第15条规定："犯罪嫌疑人、被告人自愿如实供述自己的罪行，承认指控的犯罪事实，愿意接受处罚的，可以依法从宽处理。"具体到侦查程序当中（本文所指侦查机关仅限于公安机关），2016年"两高三部"《关于在部分地区开展刑事案件认罪认罚从宽制度试点工作的办法》（以下简称《试点办法》）第8条已明确，在侦查过程中，犯罪嫌疑人自愿认罪认罚的，记录在案并附卷。对拟移送审查起诉的案件，侦查机关应当在起诉意见中写明犯罪嫌疑人自愿认罪认罚情况。

众所周知，刑事侦查阶段的主要任务是"收集证据、查明犯罪事实"，纵使有"重证据、轻口供"的诉讼原则，也不得不承认，口供在侦破案件中仍发挥着极其重要的作用。过去的侦查理念往往以强制手段取得犯罪嫌疑人口供较多，而实行认罪认罚从宽制度后，一些犯罪嫌疑人在诉讼程序前端即及时认罪，促使侦查机关及时破案。因此，认罪认罚从宽制度实际成为侦查机关破案的重要手段。

在实践中，由于侦查环节尚不存在指控犯罪、判处刑罚的问题，因而即使犯罪嫌疑人在律师的配合之下与侦查机关达成了某种一致，侦查机关也很难直接兑现其对犯罪嫌疑人的"承诺"①，也即"定罪量刑从宽"的实体从宽。可见，认罪认罚从宽这一制度在侦查阶段仅仅具有宣示意义，并不具有本质意义。当然，按照犯罪嫌疑人认罪认罚的阶段性，认罪认罚越早，最终体现的量刑幅度越大，但是最终体现该作用的仍旧掌控在检察机关、审判机关手中。所以从公安机关的角度讲认罪认罚从宽不免就成为其诱导或者诱惑犯罪嫌疑人如实供述的"工具"。当然，这个"工具"的使用是合法的，且可对提请逮捕的选择产

---

* 陆咏歌，金博大律师事务所主任；王永雷，金博大律师事务所律师。

① 2019年10月24日，最高人民法院、最高人民检察院、公安部、国家安全部、司法部发布并实施《关于适用认罪认罚从宽制度的指导意见》，其中第23条规定："公安机关在侦查阶段应当同步开展认罪教育工作，但不得强迫犯罪嫌疑人认罪，不得作出具体的从宽承诺……"

生影响①，但这项制度在公安机关的作用不宜过分夸大。

二、检察机关对认罪认罚从宽的适用起主导作用，但对部分重刑案件缺乏担当

2018年，我国刑事诉讼法第三次修改，其进一步明确了检察机关在认罪认罚从宽制度中的地位和作用，即检察机关在程序和实体两个层面的主导作用②。此外，对于一些特殊的案件，还赋予了检察机关以不起诉的方式结束案件的后续程序的权力③。在这一点上，笔者认为是以立法的方式赋予了检察机关部分的司法终结权。这能否被称为一种进步？目前而言尚不能得出确切的结论。但结合新中国成立以来检察机关的定位，笔者以为赋予检察机关"站着的法官"的权力是符合现实的。特别是一些学者援引国外的理论，要求将逮捕权赋予法院，而中国现有司法体制下检察机关的侦查权已被严重限缩④，而"捕诉合一"制度的推行，其实就是在行使国外法官决定是否逮捕的权限。从该角度考量，认可检察机关对一些案件的终结权并无不利之处。当然，若机械地认为司法终结权或者逮捕权必须由被称为法官的人员来执行，则属于形而上学的理解了。

参照笔者办理案件的情况，实践中针对不同类型案件，人民检察院对于适用认罪认罚从宽制度存在不同心态：对于可判处3年以下有期徒刑的案件，检察机关乐于适用并愿意给出精准量刑；对于可判处3-10年有期徒刑的案件，检察机关并不积极，因为量刑的幅度太大，精准性难以把握；而对于可能判处10年以上有期徒刑的，认罪认罚从宽则基本不予启动，从某种意义上说，检察机关甚至是排斥的。

在此当中，对于检察机关同意适用认罪认罚从宽制度的案件，需要讨论的是，在具结文书签署之时，犯罪嫌疑人"认罪"与"认罚"应达到何种程度才符合认罪认罚从宽制度的要求？比如，"认罪"是否必须认可检察机关待指控罪名，即在大部分事实无异议的情况下，对部分事实有没有协商的余地。再如，"认罚"中罚金的交纳最终是由人民法院收取，而由检察机关确定数额，是否适当？只愿意交纳罚金而不对被害人赔偿算不算认罚？这些问题不解决认罪认罚从宽这一制度的实行就会被大打折扣。

---

① 2019年10月24日，最高人民法院、最高人民检察院、公安部、国家安全部、司法部发布并实施《关于适用认罪认罚从宽制度的指导意见》，其中第20条规定："犯罪嫌疑人认罪认罚，公安机关认为罪行较轻、没有社会危险性的，应当不再提请人民检察院审查逮捕……"

② 检察机关在程序上的主导体现在"认罪认罚案件的启动""认罪认罚案件的程序选择""认罪认罚协商程序"等；检察机关在实体上的主导体现在"主导认罪""主导认罚""主导定罪与量刑"。曹东：《论检察机关在认罪认罚从宽制度中的主导作用》，载《中国刑事法杂志》2019年第3期。

③ 刑事诉讼法第182条第1款规定："犯罪嫌疑人自愿如实供述涉嫌犯罪的事实，有重大立功或者案件涉及国家重大利益的，经最高人民检察院核准，公安机关可以撤销案件，人民检察院可以作出不起诉决定，也可以对涉嫌数罪中的一项或者多项不起诉。"

④ 刑事诉讼法第19条规定，刑事案件的侦查由公安机关进行，法律另有规定的除外。人民检察院在对诉讼活动实行法律监督中发现的司法工作人员利用职权实施的非法拘禁、刑讯逼供、非法搜查等侵犯公民权利、损害司法公正的犯罪，可以由人民检察院立案侦查。对于公安机关管辖的国家机关工作人员利用职权实施的重大犯罪案件，需要由人民检察院直接受理的时候，经省级以上人民检察院决定，可以由人民检察院立案侦查。

笔者理解，在认罪认罚从宽制度的内涵当中，"认罪"[①]应当是"认事"，也即承认涉嫌的主要犯罪事实，而非要求犯罪嫌疑人认可全部涉案事实及指控之罪名，该观点类似于最高人民法院对于"自首"的认定[②]，即对于指控的个别事实若存在异议，仍然应当赋予犯罪嫌疑人辩解的权利，若犯罪嫌疑人对部分事实的辩解在不被认定的情况下，其之后又愿意认可检察机关指控之事实的，仍应认定其符合"认罪"或"自首"。至于"认罚"的内涵，应理解为犯罪嫌疑人愿意接受刑罚[③]，但应包括对被害人进行合理合法的赔偿。何为合理合法下文另述。

三、犯罪嫌疑人、被告人积极追求适用认罪认罚从宽，且更希望量刑精准

认罪认罚从宽制度的推行，在保障质量的前提下，追求诉讼过程的"从简从快"，在实现司法资源优化配置的同时，也在一定程度上导致了犯罪嫌疑人、被告人的"虚假认罪"的可能性。在实践当中，一些涉及轻罪或可能判处缓刑的犯罪嫌疑人，为了获取较轻处罚的结果，尽快逃离牢狱之灾，有意无意地受到他人或办案单位的影响，不敢据理力争自己本没有触犯的事实，在权衡利弊的情况下，会选择虚假认罪。对此，法律制度虽极尽周延，但仍难以完全规避。笔者认为，检察机关量刑建议的精准程度对犯罪嫌疑人至关重要，以下几个问题需要考量：

第一，量刑建议不应过于宽泛，否则将导致犯罪嫌疑人对最终量刑结果的不满而上诉。比如，对于公诉机关 1-2 年有期徒刑的量刑建议，犯罪嫌疑人认为可以判 1 年 3 个月，而人民法院最终判 1 年 9 个月，相差 6 个月，犯罪嫌疑人不服提起上诉，能不能认定犯罪嫌疑人是背信弃义，违背了认罪认罚具结书的内容呢？为了避免这种情况，检察机关作为代表国家指控公民犯罪的专门机构，应当给一个相对确定的量刑，而不至于与被告人所认知的程度严重背离，从而导致司法公信力受损。对此，笔者的建议是：对于判处 3 年以下的有期徒刑案件的量刑建议幅度不应超过 3 个月的差别。

第二，对于 3-10 年有期徒刑，以及 10 年以上有期徒刑案件的量刑建议，检察机关应当在犯罪嫌疑人的请求之下积极适用。根据我国刑事诉讼法第 15 条规定，即使是可判处 3 年以上有期徒刑的刑法意义上的重罪，犯罪嫌疑人仍然有认罪认罚获取从轻处罚的权利[④]，

[①] 2019 年 10 月 24 日，最高人民法院、最高人民检察院、公安部、国家安全部、司法部发布并实施《关于适用认罪认罚从宽制度的指导意见》，其中第 6 条规定："认罪认罚从宽制度中的'认罪'，是指犯罪嫌疑人、被告人自愿如实供述自己的罪行，对指控的犯罪事实没有异议。承认指控的主要犯罪事实，仅对个别事实情节提出异议，或者虽然对行为性质提出辩解但表示接受司法机关认定意见的，不影响'认罪'的认定……"

[②] 最高人民法院《关于被告人对行为性质的辩解是否影响自首成立问题的批复》（法释〔2004〕2 号）中指出："根据刑法第六十七条第一款和最高人民法院《关于处理自首和立功具体应用法律若干问题的解释》第一条的规定，犯罪以后自动投案，如实供述自己的罪行的，是自首。被告人对行为性质的辩解不影响自首的成立。"

[③] 2019 年 10 月 24 日，最高人民法院、最高人民检察院、公安部、国家安全部、司法部发布并实施《关于适用认罪认罚从宽制度的指导意见》，其中第 7 条第 1 款规定："认罪认罚从宽制度中的'认罚'，是指犯罪嫌疑人、被告人真诚悔罪，愿意接受处罚。'认罚'，在侦查阶段表现为表示愿意接受处罚；在审查起诉阶段表现为接受人民检察院拟作出的起诉或不起诉决定，认可人民检察院的量刑建议，签署认罪认罚具结书；在审判阶段表现为当庭确认自愿签署具结书，愿意接受刑罚处罚。"

[④] 刑事诉讼法第 15 条规定："犯罪嫌疑人、被告人自愿如实供述自己的罪行，承认指控的犯罪事实，愿意接受处罚的，可以依法从宽处理。"可见，我国认罪认罚从宽制度具有普适性。

检察机关对于犯罪嫌疑人积极认罪的态度不应视而不见。

第三，犯罪嫌疑人是否满足被害人赔偿的要求不应成为认罪认罚从宽的直接障碍。在犯罪嫌疑人已认罚的前提下，被害人进一步要求过高数额赔偿，严重超出了其所受侵害应当得到赔偿的范围，办案机关仍应当对犯罪嫌疑人坚持适用认罪认罚从宽制度，而不受被害人态度之影响。法律不为难合法之人，法律更不应该去为难那些愿意接受司法审查惩处的人，犯罪嫌疑人做错了事并愿意接受审判，尊重法律并积极赔偿。被害人请求过高的赔偿其实是对其法律权利的滥用，是基于合法目的的不法主张，不能一味纵容。毕竟认罪认罚从宽作为一项司法制度，其生命力在于司法机关对犯了错的人给予改过自新的态度的认可。

第四，认罪认罚应当对刑罚结果体现可观的影响。根据刑事诉讼法规定，认罪认罚是一项不依托于任何其他制度的单独量刑情节，而该制度在试行的过程当中，乃至在正式实施后，审判机关多将其作为其他量刑情节的补充。比如，"对于得到被害人谅解的，认罪认罚从从轻的角度给予适当放宽；比如有自首等减轻情节的，在减轻的幅度之内、幅度以下给予关照"，都没有将认罪认罚单独作为一个从轻减轻的情节。

笔者认为，若司法实践长期将认罪认罚从宽制度作为其他量刑情节的补充，则会使认罪认罚从宽这一独立司法制度被架空，原因在于：认罪会与坦白、自首重叠；认罚会与被告人对被害人赔偿而得到谅解重合。如果不是单独情节，只是补强，那么它就会被原有的制度、情节所吸收，起不到本质性的作用。

四、认罪认罚从宽制度中值班律师①、辩护律师②的价值

值班律师或者辩护律师作为帮助犯罪嫌疑人、被告人行使辩护权的一方，在认罪认罚从宽案件当中扮演着重要角色，然而所谓"重要角色"究竟应在法律层面如何定位？换言之，在认罪认罚具结书上签字的律师是仅具有见证的作用，还是同时兼顾辩护权？特别是当被告人对指控的事实予以认可，也愿意接受建议刑罚时，辩护律师却发现认定事实的证据是存在问题的，还能不能在这个过程当中对证据提出质疑，将事实的正确与否作为另一个关注的辩护方向？还是只要被告人认可，一律不加管制，只管签字。以上问题，暂无法律规定予以明确，实践中存在不少争议。

笔者认为，认罪认罚从宽制度能否落实不仅取决于当事人是否认可这项制度及该制度适用所产生的后果，还在于辩护律师是否可以产生一部分主导作用，易言之，辩护律师若持积极引导的态度，可能会促使该项制度的完成；而若律师对证据持有异议，并将证据的异议提供给被告人做决定的参考，则该项制度在具体案件当中的落实可能会存在实验之可能。由此，应当赋予辩护律师根据现有的证据提出与检察机关协商认定案件事实、量刑事实，包含自由刑、财产刑的余地。如果不准许其对事实进行协商，则该项制度将大打折扣，

---

① 刑事诉讼法第173条第2款规定："犯罪嫌疑人认罪认罚的，人民检察院应当告知其享有的诉讼权利和认罪认罚的法律规定，听取犯罪嫌疑人、辩护人或者值班律师、被害人及其诉讼代理人对下列事项的意见，并记录在案：……"

② 刑事诉讼法第174条第1款规定："犯罪嫌疑人自愿认罪，同意量刑建议和程序适用的，应当在辩护人或者值班律师在场的情况下签署认罪认罚具结书。"

如果允许对事实进行协商,在检察机关也认可该事实存有余地的情况下不予认定,则真正能够起到认罪认罚从宽继而导致案件快速处理的结果。

需要说明的是,对事实进行协商并不是置基本事实于不顾,而是对事实所采用的证据的证明力和证明效力提出质疑,继而导致所要认定的事实在证据层面不予认定。也基于此,检察机关的上级机关在考评之时不能将是否改变了起诉、是否改变了侦查起诉意见书当中的指控事实作为考核的标准,不能一旦改变事实就认为是对认罪认罚从宽制度的破坏,是一种放水。如果这种理念、这种考核的机制起作用,认罪认罚从宽制度将会受损。

五、认罪认罚从宽制度中不可忽视的被害人

在实践当中,被害人在其本人或者亲属遭受犯罪侵害之后,要么是坚持司法机关对被告人自由乃至生命的剥夺,要么是对其遭受的财产损失要求给予巨额赔偿,继而换得对被告人的谅解。因而,被害人的态度是否成为影响适用认罪认罚从宽制度的重要因素?笔者认为,认罪认罚从宽的"认罚"应当包含"认赔",即不但要接受指控的事实和罪名,还要接受司法机关判处的刑罚,同时要对被害人或其亲属给予经济上的补偿,也可以称为赔偿。即便如此,被害人始终不应成为认罪认罚从宽制度的核心,也更不能使其成为认罪认罚从宽制度落实的一个绊脚石①。

如前文所述,虽然被害人愿意对被告人予以谅解,但是其要求赔偿的数额高于法律所规定的被告人应当承担的赔偿数额数倍。例如,被害人遭受轻伤,且只花费几千元或上万元的医疗费用,却要求被告人赔偿20万元甚至100万元的数额,显然被害人此时从本质上是不想达成合意,从而达成"赔偿谅解"合同的。在此情况下,由于认罪认罚从宽制度在根本上解决的并非被害人的赔偿问题,因而不应让被害人的态度成为该制度落地的障碍。

当然,被害人在客观上遭受的损害理应得到赔偿,而被告人又有赔偿义务的,认罪认罚从宽的主导检察机关应当依照法律的规定计算出相应的数额,并要求被告人提供足额赔偿,而具体赔偿的数额可高于该计算的数额。

六、法院裁量权因检察院量刑建议过度精准化等 原因而被限缩,但仍应积极履行查明事实的职责

在实践中,因适用速裁程序或简易程序大大优化了审判效率,人民法院对于认罪认罚从宽制度的适用普遍是支持的,而在此期间,对于人民检察院普遍采取的过度精准的量刑建议②,人民法院是持异议态度的,究其原因,则是检察机关被赋予的量刑建议相对于法院的约束力,以至于检察机关开始有意识地追求所谓"精准化量刑建议",以进一步压缩了法

---

① 2019年10月24日,最高人民法院、最高人民检察院、公安部、国家安全部、司法部发布并实施《关于适用认罪认罚从宽制度的指导意见》,其中第18条规定:"被害人及其诉讼代理人不同意对认罪认罚的犯罪嫌疑人、被告人从宽处理的,不影响认罪认罚从宽制度的适用……"

② 检察机关行使公诉权,经历了从不提出量刑建议,到量刑规范化改革过程中开始提出量刑建议,再到提出确定刑量刑建议三个阶段。

院的量刑裁量权①。笔者认为，过度精准化的量刑确实是对法官自由裁量权的一种侵害，特别是对于可能判处3年以上刑罚的案件，检察机关量刑建议很难做到完全的"精准"，庭审中可能根据查明事实或认罪情况的变化发生变数。当然，2019年10月24日最高人民法院、最高人民检察院、公安部、国家安全部、司法部发布实施的《关于适用认罪认罚从宽制度的指导意见》第33条第2款规定："办理认罪认罚案件，人民检察院一般应当提出确定刑量刑建议。对新类型、不常见犯罪案件，量刑情节复杂的重罪案件等，也可以提出幅度刑量刑建议。提出量刑建议，应当说明理由和依据。"总体来讲，过多地限制法官量刑裁量权不利于案件的公正处理，同时一旦法官不采纳量刑建议，可能还会影响办案的社会效果。

同时，人民法院是否需要对认罪认罚的案件进行事实审查，通过庭审查明真相呢？一段时间以来，法官对于认罪认罚的案件核实的事实基本只有一个，就是被告人本人是否自愿认罪，以及具结书签署是否为真实意愿。在此基础上，只要被告人回答"是的"，就完成了庭审调查的主要工作，以至于是否再通过庭审、发问、将案件的事实呈现法庭，形成了"不发问为常态、发问走形式"的尴尬局面。对此，笔者认为，被告人的虚假认罪或将成为认罪认罚从宽制度中对法官裁量权甚至是职业生命造成侵害的重要因素，如果法官持一种只需要确认"认罪认罚的真实性"，而对涉案事实完全不予核实的态度，一旦本案出现虚假认罪导致翻案，轻则审判法官将被"追责"，重则将严重影响司法公信力。

此外，对于起诉意见书中列明而起诉书未指控的部分事实，法官是否还需要进行审查？一般来讲，对于未起诉事实，法院可以不予审查，但近期各地在对法官追责的过程当中，对于未及时发现起诉意见书中的错误也成为一种"追责"的理由。如果我们认定法官是有查证义务的，检察机关又不提供相应的文书供其甄别，其当如何审查？因此，还是要积极地发挥庭审查明事实的作用，既然认罪认罚，被告人就应当如实陈述，法庭也要具体去查证细节。

综上，笔者以为，认罪认罚从宽作为检察机关与被告人之间的一种"协议"，人民法院是见证者，是终局认可者，具有一票否决权，对于量刑建议不当的或者对量刑建议当中所支撑的事实查明不准确的，法官可以说明理由。同时，对于认罪认罚具结书签署的真实性核实，检察机关还应在向法院起诉之时提供相应的协商过程材料以兹证明，且无论被告人认罪认罚与否，人民法院都需要通过庭审对事实进行查证，特别是对于是否自首、是否立功、是否直接参与了犯罪事实、是否对犯罪事实的后果明确知晓等予以查明，还需要说明的是，在现有国情下，一概认为法院才是案件的终局裁定者似乎不妥。检察机关对于一些适用认罪认罚从宽制度的案件行使实体审查权继而给出确定的结论，由法院对此类案件给予审查，并非不可。

---

① 《试点办法》第11条规定："人民检察院向人民法院提起公诉的，应当在起诉书中写明被告人认罪认罚情况，提出量刑建议，并同时移送被告人的认罪认罚具结书等材料。量刑建议一般应当包括主刑、附加刑，并明确刑罚执行方式。可以提出相对明确的量刑幅度，也可以根据案件具体情况，提出确定刑期的量刑建议。建议判处财产刑的，一般应当提出确定的数额。"

结　语

认罪认罚从宽制度作为我国刑事司法制度中的"新事物",通过诚实地兑现"从宽"处理的承诺,换取被追诉人的自愿认罪认罚,降低了治理犯罪的成本和难度,同时可以化解社会冲突,修复社会关系。为了进一步发挥优越制度的生命力,我们应赋予这一制度使用各方的对应权限,使其大胆尝试,对于认罪认罚从宽制度当中具体的配套措施应尽快建立科学评价体系,并出台相应的配套措施,使用者有其法,判者有其权,从而真正使其成为深化刑事诉讼制度改革,构建科学刑事诉讼体系的一项伟大举措。

论认罪认罚从宽制度中检察官"禁止违反承诺原则"*

马明亮**

一、从检察院单方面撤回具结书第一案体会"禁止违反承诺原则"的意义

2018年10月26日实施的新刑事诉讼法（以下简称"新刑诉法"）不仅在第一编第一章中明确了刑事案件认罪认罚可以依法从宽处理的原则，① 而且在诉讼程序与强制措施等具体制度方面作出了相应的安排②。认罪认罚从宽制度是吸收了试点经验并在此基础上所形成的。③ 因为从2014年就开始探索并试行相关制度，涉及的重要法律文件就有两部：最高人民法院、最高人民检察院、公安部、司法部《关于在部分地区开展刑事案件速裁程序试点工作的办法》（法〔2014〕220号）和最高人民法院、最高人民检察院、公安部、国家安全部、司法部《关于在部分地区开展刑事案件认罪认罚从宽制度试点工作的办法》（法〔2016〕386号）。

然而，无论是新刑诉法还是两个试点办法，它们存在一个共同的制度性缺憾：检察官的违反承诺情形（比如调整量刑建议甚至撤回具结书）与法院的应对方式。④ 缺乏相关的审查、判断标准与程序，后续的程序反转、救济与制裁也付之阙如。长此以往，检察官的违反承诺会严重影响国家控诉机关的职业信誉与形象。这种担忧已经不是杞人忧天，因为

---

* 本文系国家社会科学基金一般项目"认罪认罚从宽制度中的协议破裂与程序反转研究"（项目批准号：18BFX074）阶段性成果。

** 马明亮，法学博士，中国人民公安大学法学院教授，博士生导师。

① 参见新刑诉法第15条规定，犯罪嫌疑人、被告人自愿如实供述自己的罪行，承认指控的犯罪事实，愿意接受处罚的，可以依法从宽处理。

② 比如新刑诉法规定，侦查人员在讯问犯罪嫌疑人的时候，应当告知犯罪嫌疑人享有的诉讼权利，如实供述自己罪行可以从宽处理的法律规定（第120条）；犯罪嫌疑人自愿认罪的，应当记录在案，随案移送，并在起诉意见书中写明有关情况（第162条）；人民检察院在审查起诉阶段就案件处理听取意见，犯罪嫌疑人认罪认罚的，签署认罪认罚具结书（第174条）；犯罪嫌疑人认罪认罚的，人民检察院应当就主刑、附加刑、是否适用缓刑等提出量刑建议，并随案移送认罪认罚具结书等材料（第176条）；被告人认罪认罚的，审判长应当告知被告人享有的诉讼权利和认罪认罚的法律规定，审查认罪认罚的自愿性和认罪认罚具结书内容的真实性、合法性（第190条）。新刑诉法还增加了速裁程序（第224~226条）。

③ 参见沈春耀：《关于〈刑事诉讼法〉修正草案的说明及修改意见报告》，载中国人大网，最后访问时间：2018年10月26日。

④ 这体现于新刑诉法第201条。被追诉人否认指控的犯罪事实，法院可以不采纳人民检察院指控的罪名和量刑建议；当人民法院经审理认为量刑建议明显不当，或者被告人、辩护人对量刑建议提出异议的，人民检察院可以调整量刑建议。如果人民检察院不调整量刑建议或者调整量刑建议后仍然明显不当的，人民法院应当依法作出判决。

实践中已经出现检察院单方面撤回认罪认罚具结书的国内第一案。

芦某某原系河南南浦化工有限公司员工，2019 年 8 月 23 日被郑州市公安局未来路分局刑事拘留，后移送郑州市金水区人民检察院审查起诉。其辩护律师于 9 月 8 日下午会见芦某某时得知，2019 年 12 月，该案审查起诉阶段，金水区人民检察院的检察官曾让芦某某认罪认罚。芦某某在郑州市第三看守所值班律师的见证下和检方签订认罪认罚具结书。在该具结书中，检察院承诺给芦某某的量刑建议为 1 年半到 2 年。然而，公诉人开庭时却撤销了该认罪认罚。根据一份庭审笔录显示，该案一审时，法庭曾询问芦某某："你对起诉书指控你的犯罪事实有无异议？"芦某某回答说："我认罪，在审查起诉阶段已经签订认罪认罚具结书。"法庭随即询问公诉人"是否对被告人进行讯问。"公诉人回答法庭称："关于芦某某签订认罪认罚具结书，是其签订具结书以后，我们将被告人的刑期汇报后认为被告人的刑期偏轻，故没有随卷移送认罪认罚具结书。"庭审笔录显示，由于检方单方撤回了芦某某的认罪认罚具结书，芦某某及其一审辩护律师在后续的庭审中做了无罪辩护，在未新增犯罪事实的情况下，2020 年 7 月 29 日，涉嫌寻衅滋事罪的芦某某被金水区人民法院一审判处有期徒刑 3 年 6 个月。芦某某不服，向郑州市中级人民法院提起上诉，目前该案尚在二审审理中。①

遗憾的是，目前关于检察院违反承诺的合理规制的研究体系性不足，制度细节也关注不够。本文致力于为我国后续的司法解释提供参考。

二、检察官不履约的"风险刺激因素"：检察权在认罪认罚程序中的扩张

新刑诉法修改后，检察裁量权得到丰富和扩充，部分固有的裁量权在认罪认罚从宽背景下也被赋予新的含义。

（一）法律文本中的检察权扩张

首先，赋予检察官认罪认罚的程序启动权。根据新刑诉法第 162 条第 2 款及第 176 条第 2 款，实际上侦查机关与检察机关均被赋予了认罪认罚程序的启动权，虽然学界目前对于侦查阶段是否能够适用认罪认罚从宽制度仍存在争议，但是检察阶段作为认罪认罚从宽制度关键的启动阶段毋庸置疑，最高人民法院刑一庭的一项调查研究显示，试点期间，北京地区检察机关建议启动的占比为 61%，侦查机关启动的占比为 35.6%，检察机关在程序启动上发挥主体作用明显。② 由此可见，认罪认罚案件的启动权已成为检察官的基本权力之一。

其次，检察官在认罪认罚协商程序中的实质权力分为三类：程序协商权、量刑协商权、选择性起诉权。起诉权，或称起诉裁量权，实质上作为检察裁量权的核心构成长期存在，早在我国 1979 年颁布的刑事诉讼法中便已出现，2018 年新刑诉法一方面赋予了起诉裁量权崭新的时代内涵；另一方面，也对检察机关起诉控告权进行了扩充。程序协商权与带有实

---

① 谢寅宗、毕雨梦：《河南一检察院撤回认罪认罚具结书：汇报后认为量刑偏轻》，澎湃新闻，最后访问时间：2020 年 9 月 13 日。

② 参见胡云腾：《认罪认罚从宽制度的理解与适用》，人民法院出版社 2018 年版，第 90 页。

体裁量性的量刑建议权被写入刑诉法。一方面，改动后的第 173 条体现了控辩双方对认罪认罚案件审理适用程序的协商；另一方面，新增的第 174 条及改动后的第 176 条体现了检察官在审查起诉阶段对案件实体问题的裁量、协商，新增的第 201 条中"一般应当采纳人民检察院指控的罪名和量刑建议"的表述更是彰显了认罪认罚案件中检察官自由裁量权对法官自由裁量权的制约与分割。

最后，为实现与监察工作的对接，新增的第 182 条又赋予检察机关特殊案件不起诉权，或将其称为选择性起诉权。关于本条，可以说既涉及了"自愿如实供述"的考察，又关乎"重大立功"或"国家重大利益"的认定。可以说，此类自由裁量情形适用前提与核准条件都极为苛刻，严肃性与重要性更是不言而喻。

（二）风险分析：报复性指控如何预防

权力的扩张必然伴随着风险的扩大，除了检察院单方面撤回具结书之外，还可能出现检方通过抗诉加重指控的情况。这在学理上可以称为报复性指控，即检察官出于对抗被追诉方的某种行为而进行的过度指控（如将一罪指控为数罪）、加重量刑指控等行为，这一概念同样引自美国辩诉交易制度中检察官的不端行为。在此，本文援引一份认罪认罚案件的二审判决书，对检察官的"报复性指控"行为进行实证分析。上诉人程某某（原审被告人）因犯盗窃罪，一审被重庆市合川区人民法院判处有期徒刑 10 个月，并处罚金 4000 元，收到判决后，程某某以原判量刑过重为由提起上诉，公诉机关则认为被告人以量刑过重为由上诉，否定了其自愿认罪认罚并签字具结的法律效力，故程某某已不具备认罪认罚从宽的条件，原判对其量刑不当，故提出抗诉，建议二审改判，重庆市第一中级人民法院二审采纳了抗诉意见，改判为有期徒刑 11 个月，并处罚金 4000 元。①

由上述案件可以看出，检察官基于自身裁量权提起抗诉本是合法的行为，但在当前法律未就认罪认罚案件被追诉人上诉权进行明确限制的情况下，检方运用自身享有的自由裁量权对认罪认罚后的上诉人进行带有"报复性"的加重指控行为，是否符合情理与法理，又是否构成对被追诉人正当诉讼权利的不当干预，这些问题目前尚无法一概而论。无论如何，检察官于认罪案件中已然出现"报复性指控"行为，虽然检方的此类做法从整体案件来看仍属个案，并非普遍现象，但这是一个值得警惕的开端，检察官自由裁量权的扩张就有可能发生报复性起诉这样的权力滥用现象，故在制度构建之初就应未雨绸缪。②

三、域外借鉴：基于警惕检察官滥用权力的制度设计

（一）英美法系：英美"程序滥用与惩戒"的法官事后监督模式

1. 美国辩诉交易中的检察官

辩诉交易给了检察官独特的裁量权，他可以选择答辩的罪数、决定量刑幅度，这些都

---

① 参见重庆市第一中级人民法院（2017）渝 01 刑终 685 号判决书。
② 参见赵旭光：《"认罪认罚从宽"应警惕报复性起诉》，载《法律科学》（《西北政法大学学报》）2018 年第 2 期。

不违反宪法关于权力分配的原则。① 再加上辩诉交易要求被告人放弃基本的宪法性权利,这共同使得检察官在整个辩诉交易过程中随时有滥用权力之风险。根据发生阶段可分为三类:一是认罪协议协商过程中的权力滥用,包括检察官的诱导、欺骗、威胁等。二是未达成认罪协议的报复性指控。三是达成认罪协议之后不履行承诺的行为。其中,第三类属于检察官反悔的情形,实践中的形式多种多样。

(1) 检察官反悔的情形

一般情况下,检察官不会背弃承诺,因为这将严重伤害辩诉交易制度,而该制度同时也会使检察官受益。但有学者研究表明,因为竞争性的、政治性的控诉职能决定了检察官往往会短视且放弃长远利益,从而背弃已经与被追诉人达成的协议。② 从法院的判例来看,控辩双方达成认罪答辩协议,检察官不履行承诺的理由有多种,如对事实或法律规定认识错误,同事之间相互指责或不配合,指责被追诉人不遵守承诺,偷换概念的文字游戏等,③可以归纳为如下几类:一是检察官撤回要约。美国第八巡回法院在约翰逊诉马布里(Johnson v. Mabry)一案中主张,一旦被告人接受了检察官所提出的认罪要约,那么检察官不能撤回该要约。④ 二是检察官变更控诉意见。比如提出或变相提出更重的控诉意见,⑤ 承诺更轻的控诉意见而不履行等。三是检察官达成答辩协议之后又做补充的、模糊的或者看起来前后矛盾的(不连贯的)陈述。大多数法院认为这属于检察官违反协定。⑥ 四是检察官违反承诺向法官披露相关信息。比如检察官在答辩协议中承诺不向量刑法官披露被告人的某些信息,但后来违反了该承诺。⑦ 五是检察官因为怠惰或其他原因,不履行答辩协议所约定的配合义务。比如,控辩双方以被告人配合检察官的控诉为前提达成了认罪协议,作为协议的组成部分,检察官承诺将被告人的合作情况告知量刑法官。但达成协议之后,检察官拒绝询问被告人执行任务的情况。⑧ 由于检察官的消极不作为,被告人的潜在合作行为无法进行,这也是一种违约。

(2) 检察官的违约责任与反转程序

从检察官的职能属性角度来看,其违约行为属于权力滥用,必须要承担不利的法律后果。首度明确检察官在辩诉交易中承担契约责任的是1971年的桑托贝洛诉纽约(Santobello v. New York)案。⑨ 该案中,最高法院认为,引起辩诉交易的检察官有责任去履行自己的承诺。

考虑到检察官的违约行为,影响甚巨,不仅影响被告人的预期利益,而且关乎被告人

---

① See Johnson v. State, 641 N. W. 2d 912 (Minn. 2002). and Bennett L. Gershman, *Prosecutorial Misconduct*, second edition, 2012 Thomson Reuters/West. pp. 296-297.

② See Dorothy Rablinowitz, *The Michael Nifong Scandal*, Wall St. J, Jan. 11. 2007. at A15.

③ See Michael D. Cicchini, *Broken Government Promises: A Contract-Based Approach to Enforcing Plea Bargains*, New Mexico Law Review, Winter. 2008.

④ See Johnson v. Mabry, 707 F. 2d 323 (8th Cir. 1983).

⑤ 比如,检察官提出比答辩协议约定更重的量刑意见,或者为了实现多重的(重复的)惩罚或控诉,把共同犯罪中的某个被告人分离到不可分割的子协议(sub-agreement)中。[See U. S. v. Minnesota Min. Mfg. Co, 551 F. 2d 1106, 77-1 u. s. Tax Cas. (CCH) P 9259, 39A. F. T R2d 77-1092 (8th Cir. 1977).]

⑥ See U. S. v. Fowler, 445 F. 3d 1035 (8th Cir. 2006).

⑦ See U. S. v. Gonzalez, 309 F. 3d 882, 59 Fed. R. Evid. Serv. 1448 (5th Cir. 2002).

⑧ See U. S. v. Ringling, 988 F. 2d 504 (4th Cir. 1993).

⑨ See Santobello v. New York, 404 US. 257, 92S. Ct. 495, 30L. Ed. 2d 427 (1971).

的正当程序权利、政府的荣誉、对刑事司法的公众信赖、司法的有效性。[①] 因此，在后来的实践中，检察官违约后的反转程序中，法院不再满足于"要求检察官履行承诺"这么空洞的原则，而是致力于保护被追诉人在认罪协商中的正当权益，恢复被破坏的正当程序。早期法院主要考虑的是检察官的违约会给被告人带来哪些司法不公正，后来又增加了一些考量因素：一是谁违背了协议？二是这种违背协议是故意还是疏忽大意？三是从签订协议之时到答辩协议进入法庭之间，外在客观情形是否发生变化？四是检察官后来是否又获得其他信息？五是被告人特殊的请求是什么？[②] 其背后的逻辑是：法院不再将检察官的不履约行为一棍子打死——视为不可饶恕的，而是思考有无可以原谅的事由，以及结合被告人的诉求能否再度找到各方满意的解决方案，实用主义哲学占了上风，详述如下：

反转程序：认定协议无效（允许被告人撤回有罪答辩）或者特殊执行。考虑到检察官违约的公共恶害之可能，法院反转程序主要表现为对检察权的制约。根据最高法院对桑托贝洛诉纽约一案的决定，如果检察官不遵守诺言，法院可以强制执行诺言（例如，驳回余下的指控），或者认定协议无效，允许被告人撤回有罪答辩。[③] 这意味着如果检察官违约，法院同时思考如何保护被告人免受其害，赋予被告人救济权。那么，该案所确定的强制执行如何实现？由于该案言语的模糊，导致实践中法院的具体处理方式差距较大，可以分为两类：一是特殊执行。如果认罪协议已经被法官采纳，即定罪、罪数方面没有问题，只是检察官违反量刑承诺的，法院更倾向于选择特殊执行（specific performance）。[④] 选择特殊执行量刑承诺，被告人可以申请更换法官，[⑤] 因为检察官提出新的控诉意见会影响法官的判断，进而影响被告人的协商预期利益。需要注意的是，整个检察官事务所都要受诺言约束。[⑥] 二是变更执行，即重新达成或修改认罪协议。如在麦卡米斯诉合众国（McAmis v. State）案中，国家未能对盗窃案按照控辩协商的结果进行判决，因此，通过新的量刑听证，要求国家遵守控辩协议，建议统一判处 5 年有期徒刑，缓期 2 年执行。[⑦] 至于法院到底是认定协议无效还是特殊执行，各州法院的做法不同，有的州法院认为两种方式都可以，法庭赋予被告人选择权。[⑧] 而有的州法庭只是赋予被告人撤回的权利，没有执行协议的权利，认为这才符合公平原则或合同法原则。[⑨]

[①] United States v. Van Thournout, 100 F. 3d 590, 594 (8th Cir. 1996) [quoting United States v. Harvey, 791 F. 2d 294, 300 (4th Cir. 1986)].

[②] State v. Blackwell, See State v. Blackwell, 135 N. C. App. 729, 522 S. E. 2d 313（1999）.

[③] 参见［美］爱伦·豪切斯泰勒·斯黛丽、南希·弗兰克：《美国刑事法院诉讼程序》，陈卫东、徐美君译，中国人民大学出版社 2002 年版，第 392 页。

[④] See U. S. v. Norris, 439 F. 3d 916 (8th Cir. 2006); U.S. v. Barnes, 278 F. 3d 644, 2002 FED App. 0039P (6th Cir. 2002).

[⑤] 如下列案件：State v. Fenin, 17 Neb. App. 348, 760 N. W. 2d 358 (2009); U. S. v. Griffin, 510 F. 3d 354 (2d Cir. 2007); U. S. v. Mosley, 505 F. 3d 804 (8th Cir. 2007); U. S. v. Yah, 500 F. 3d 698 (8th Cir. 2007); U. S. v. Rivera. 357 F. 3d 290 (3d Cir. 2004).

[⑥] 例如，如果一位检察官同意缓刑建议，而当案件送法院量刑时另一位同事被分派处理这个案子，这位同事可能不顾诺言而建议监禁刑罚或根本不作建议。参见［美］爱伦·豪切斯泰勒·斯黛丽、南希·弗兰克：《美国刑事法院诉讼程序》，陈卫东、徐美君译，中国人民大学出版社 2002 年版，第 392 页。

[⑦] See McAmis v. State, 317 P. 3d 49 (Idaho Ct. App. 2013).

[⑧] See U. S. v. Hallahan, 744 F. 3d 497 (7th Cir. 2014).

[⑨] See Mendoza v. State, 2016 WY 31, 368 P. 3d 886 (Wyo. 2016).

违约责任的豁免。检察官不履行答辩协议所约定的义务,并非都被法院认定协议无效或者特殊执行,并非检察官所有的违约情形都会赋予被告人救济权,有两类例外情形,可以称为"检察官违约责任之豁免":一是检察官的违约属于技术性错误。在州政府诉霍华德(State v. Howard)案中,法官阐明,如果仅是技术性、程序性违反协议,而不是实质性的,被告人没有救济权。① 二是被告人违约在先,检察官无须履行义务,也不存在违约问题。比如,在认罪答辩协商过程中,被告人隐瞒或者没有完全提供影响答辩结果的事实,导致协议无效。② 再如,在里克特诉亚当森(Ricketts v. Adamson)③ 案中,被告人违约导致检察官恢复最初的死刑谋杀指控,且不受"禁止双重危险"的保护。

2. 英国:检察官承诺之违反

在英国,法院将检察官承诺之违反(Breach of promise)视为程序滥用。法庭处理这种情况有两个思路:一是是否认定为程序滥用,法庭的重点是需要证明存在损害(prejudice);二是对检察官的背离承诺再行起诉,法庭的判断重点是是否侵犯了法庭的公正感,以及审讯被告人是否适当。检察官承诺的方式包括:承诺不起诉;承诺不提供证据;基于可接受答辩的承诺。除此之外,还有承诺不传唤某个证人;根据检察官规则再起诉;警察警告;皇家检察官控诉的可分性;暗示的承诺。④ 法庭在判断检察官是否违反承诺时,分四步进行。首先,判断是否存在承诺。其次,有证据证明违反了承诺。再次,违反承诺是否给被告人带来了明显的损害后果。最后,是否导致明显的不公正(unfairness),包括对被告人不公正;公众信念认为不公正;从司法的视角来看不公正。⑤

(二)大陆法系:德国的"协议签署与生效"的法官事先约束检察权模式

德国施行以法官为主导的刑事协商程序。20世纪70年代至90年代,德国司法系统案件负担增大,但立法机关的应对措施并非引入"辩诉交易",而是赋予检察官自由裁量权,使得检察官有权酌定对非重罪案件不起诉(通常需要嫌疑人支付罚款),或直接通过刑事处罚令处理;但随着刑事案件数量增加,犯罪问题日益"复杂"(尤其是白领犯罪),德国司法系统不堪重负,最终于2009年立法机构听取法院的建议,通过修改刑事诉讼法授权法院"辩诉交易",即允许对案件进行"讨论",以加快诉讼进程,其核心条款为第257c条,规定"法律允许法院在案件结果上与当事人达成谅解"。2013年,德国联邦宪法法院通过判决又进一步确立了刑事协商程序的合宪性。⑥

德国的刑事协商程序是由法官主导的,法官在协商中起积极作用,而非检察官,并且

---

① State v. Howard, 246 Wis. 2d 475, 2001 WI App 137, 630 N. W. 2d. 244(Ct. App. 2001).
② 比如,在哈姆林诉巴雷特(Hamlin v. Barrett)案中,被告人对检察官隐瞒了以前抢劫的犯罪记录,而该记录会直接剥夺被告人享有协商缓刑的资格。[See Hamlin v. Barrett, 335 So. 2d 898(Miss. 1976).] 再如,检察官发现被告人提供的信息是不符合要求的、不准确的,而这些信息同时是作为答辩基础的。检察官也不再受约束于答辩协议。[See U. S. v. Osborne, 931 F. 2d 1139(7th Cir. 1991).]
③ See Ricketts v. Adamson, 483 U. S. 1, 107 S. Ct. 2680, 97 L. Ed. 2d 1(1987).
④ Young, David, Abuse of process in criminal proceedings, Tottel Pub, 2003. p. 51.
⑤ Young, David, Abuse of process in criminal proceedings, Tottel Pub, 2003. pp. 76-77.
⑥ See Thomas Weigend; Jenia Iontcheva Turner, The Constitutionality of Negotiated Criminal Judgements in Germany, 15 German L. J. 81(2014).

德国刑事协商不同于美国,其并不包含对"指控的协商",[①] 所以检察官对刑事协商程序并不享有积极启动的权力,但检察官仍享有起诉裁量权及处罚令申请权;其次,在法官主导的量刑协商下,判决结果需要经过当事人的确认,故检察官在刑事协商程序中还享有对法官提出的量刑结果的任意否决权;最后,包括检察官与嫌疑人,享有对判决结果的上诉权及刑事协商中不得包含对"上诉豁免"的协商。因而,从检察官与德国刑事协商制度的关系来看,不论是检察裁量权,还是检察官本身对于刑事协商程序的影响程度都较小,远不及法官对量刑协商过程的主导。

(三) 通过比较分析的启示

我国未来的司法解释应当围绕检察官禁止违反承诺原则对检察权进行约束。域外的一些做法或许给我们一些有用的启示:一是美国检察官高度独立与检察权扩张,带来的检察不端行为与报复性指控行为,对于我国认罪认罚从宽制度来说是值得警惕的,应在认罪协商程序中积极构建检察裁量权的监督机制。二是做好风险防控。德国的做法相对于我国的认罪认罚从宽制度更为保守,但这种在立法、司法改革过程中注重风险控制,稳步推进的做法值得我国效仿。

[①] 高通:《德国刑事协商制度的新发展及其启示》,载《环球法律评论》2017年第3期。

认罪认罚从宽案件的上诉问题探析
——从姜某某贩卖毒品一案谈起

彭海青 王祎*

一、案情回顾和认罪认罚后上诉问题的引出

2019年3月13日,广州市中级人民法院对一起认罪认罚被告人提起上诉的案件公开宣判,引起热议,案件基本情况如下:广州市天河区人民检察院以犯罪嫌疑人姜某某贩卖毒品提起诉讼,姜某某如实供述自己的犯罪事实,天河区人民检察院依法决定对姜某某适用认罪认罚从宽制度,签署认罪认罚具结书,并将认罪认罚从宽的相关内容及权利义务告知姜某某,姜某某表示没有异议,天河区人民法院采纳该量刑建议,依法判处姜某有期徒刑9个月,并处罚金2000元。姜某某在收到一审判决后,以量刑过重为由提起上诉。天河区人民检察院认为在没有任何新证据的情况下,仅认为量刑过重而提起上诉的行为属于利用"上诉不加刑"原则,以认罪认罚行为换取较轻刑罚,认罪动机不纯,一审时对其作出的认罪认罚从宽量刑不再适用,应当改判更重的刑罚,因此依法提起抗诉。经审查后,广州市人民检察院依法支持天河区人民检察院提起的抗诉,广州市中级人民法院经审理认为抗诉意见及支持抗诉意见成立,应予以采纳。因此广州市中级人民法院对该案公开宣判,原审被告人姜某某犯贩卖毒品罪,判处有期徒刑1年3个月,并处罚金人民币1万元①。

本案引出了对以下三个问题的讨论,第一,被追诉人既已认罪认罚,法院作出从宽的生效判决,此时上诉是否意味被追诉人对认罪认罚反悔?第二,对于认罪认罚获得从宽的被追诉人提起的上诉,检察机关是否应当提起抗诉,请求对被追诉人不再适用认罪认罚从宽?第三,是否应当对认罪认罚被告人的上诉权进行限制,以保障认罪认罚后案件审理的效率?本文拟围绕这三个问题就认罪认罚从宽制度的上诉问题进行探讨。

二、上诉不等同于对认罪认罚"反悔"

通过阅读无讼案例网上的认罪认罚案件二审裁判发现,大部分认罪认罚被告人提出上诉的理由均为"一审量刑过重",这与认罪认罚具结书中对量刑建议的接受显然存在矛盾。

---

* 彭海青,北京理工大学法学院诉讼法所所长,教授;王祎,北京市丰台区人民法院,法官助理。
① 《天河区人民检察院成功抗诉广州市首宗"认罪认罚上诉"案件》(2019-4-2),http://guangzhouth.jcy.gov.cn/jiancha/tjdt/201904/b023c9a95a7d41d3bf10212bccc5e9dc.shtml,最后访问日期:2019年12月20日。

排除在一审事实认定和法律适用方面确有错误的情况，认罪认罚被告人提出上诉的原因主要有以下三种：第一，被追诉人对于认罪认罚从宽制度认识不足。例如在（2019）浙 07 刑终 787 号判决中，被告人称"未能充分理解检察院的量刑建议，认为法院经过审理会对量刑建议进行纠正，因而提起上诉"。被追诉人对量刑建议不满意，但是由于不理解制度而签署认罪认罚具结书。第二，被追诉人对检察机关提出的量刑幅度笼统地同意，对准确的量刑缺乏预见性。而检察机关提出的从宽建议多数为量刑幅度，司法实践中多数检察院会对有期徒刑和拘役提出建议量刑幅度，犯罪嫌疑人更期待量刑幅度中的下限。第三，存在"技术性上诉"，即被告人为了留所服刑、获得更多的量刑优惠等目的滥用上诉权。例如在（2019）苏 02 刑终 544 号中，被告人为了达到留所服刑的目的，提起上诉。还有一部分被告人认为在二审"上诉不加刑"原则的保障下，即使不能获得更多量刑从宽也不会损害其利益，因此以原判量刑过重为由提起上诉，期望能够在二审获得进一步的从宽，本文所讨论的姜某某贩卖毒品一案就属于这一情形。

上诉权与反悔权在功能上存在一定的交叉，二者都可从救济的角度保证被追诉人认罪认罚的自愿性，使被追诉人免予承受因非自愿作出的认罪认罚而被定罪的不利后果。但二者机制不同，上诉权已经超出反悔权的范围①。反悔权与上诉权提供的救济在实践中可以相互衔接，当一审法院采纳了检察机关提出的量刑建议，作出一审判决后，被告人不能再以行使反悔权为名义撤回认罪认罚，但在判决书生效前可以通过上诉来寻求救济。两者的区别还在于，认罪认罚从宽制度中的反悔权针对被追诉人本人作出的供述和对刑罚的接受，意在撤回认罪认罚并使程序恢复到认罪之前的状态；上诉针对案件审理中的程序问题、实体上出现的新事实和新证据、对判决结果的不服提出，旨在纠正案件审理中出现的错误，虽然法律未对上诉的理由进行限制，但此时已不能像审判前行使反悔权一样，可以无限制地任意反悔，因此如果没有出现影响案件事实认定的情形，则不应再允许被追诉人任意反悔。

三、不得以抗诉"对抗"上诉

面对认罪认罚案件被告人提出上诉的，有的检察机关将"抗诉"作为一种应对手段，当法院已经采纳量刑建议，如果被告人再以量刑过重为由提出上诉，检察机关则相应地提出抗诉。在 2019 年全国检察机关刑事检察工作会议和 2019 年检法同堂培训班上，最高人民检察院对一审判决后被告人上诉的处理给出了相对明确的指向和要求，即法院采纳检察机关的量刑意见之后，被告人无正当理由提起上诉的，检察机关应当提起抗诉②。从检察机关的角度来看，提起抗诉是基于两个方面的考虑，一是防止司法资源的浪费，二是为了惩罚抱有投机心理、非真诚认罪认罚的被告人，因而通过提起抗诉来引导被告人遵守认罪认罚具结书，使其他被告人在今后不再通过上诉的途径来企图获取更多量刑优惠③。不能否定

---

① 何静：《认罪认罚案件中被追诉人的反悔权及其限度》，载《东南大学学报》（哲学社会科学版）2019 年第 21 期。
② 苗生明、周颖：《认罪认罚从宽制度适用的基本问题——〈关于适用认罪认罚从宽制度的指导意见〉的理解和适用》，载《中国刑事法杂志》2019 年第 6 期。
③ 王洋：《认罪认罚从宽案件上诉问题研究》，载《中国政法大学学报》2019 年第 2 期。

检察机关将抗诉作为应对上诉的手段，会有效打击具有不正当企图提出上诉的被告人，但这样的手段缺乏正当性基础，不符合现行法律规定，应当禁止，更不能在全国推广适用。

第一，以被告人上诉为由提起抗诉缺少正当性基础。刑事诉讼法明确规定了检察院提起抗诉的情形，只有在认为一审法院的裁判确有错误时，检察机关才能抗诉，虽然"认为"代表了检察机关的主观标准，检察机关可以自行决定是否抗诉，但是从客观上来看，原判决是否有错误是以一审审理时的事实、证据和法律为判断标准的，如本文案例所述，在适用认罪认罚程序的一审过程中，案件事实清楚、法律适用无误，法院依法采纳检察机关提出的量刑建议，一审判决并无错误。

第二，检察机关不应享有反悔权。在认罪认罚程序中，检察机关处于绝对的优势地位，被追诉人则属于弱势的一方①。对于控辩双方达成的认罪认罚协议，只有被追诉人享有反悔权，检察机关无权反悔。有学者提出，要正确对待被告人的上诉权，面对被告人的"乱上诉"，不能通过检察机关的"乱抗诉"来应对，检察机关应当容忍被告人依法行使上诉权，并且将被告人这一行为作为监督自己办案是否公正的反馈方式②。如果检方享有反悔权，那就意味着即使被追诉人认罪认罚也未必最终获得从宽，这将减损被追诉人认罪认罚的积极性和自愿性。

第三，检察机关的抗诉行为影响程序正义。如果一旦被告人上诉面临的可能是加重刑罚处罚，这实质上违背了上诉权的性质，使被告人基于恐惧心理不敢提起上诉，不利于维护被告人的合法权益。检察机关利用抗诉加重对被告人的惩罚，表面上实现了认罪认罚具结书的目的，让不遵守"契约"的人失去利益，但是上诉权是法律赋予被告人的权利，在现行立法之下不能剥夺任何人的上诉权，检察机关抗诉加刑会突破"上诉不加刑"原则，会使认罪认罚承诺的自愿性难以得到保障。

第四，被追诉人提出上诉不能否认一审中认罪认罚的作用。被告人仅针对量刑提起上诉，意味着其并不否认事实与证据，在侦查、起诉和审判阶段，被追诉人的认罪认罚也不是无意义的，被告人已经履行了控辩契约的大部分内容，一审程序也已经简化为速裁程序，根据被追诉人之前的供述，其中涉及的证据已经被司法机关掌握，实际上还是便利于证明案件事实。根据"两高三部"《关于适用认罪认罚从宽制度的指导意见》（以下简称《指导意见》）规定，对于适用速裁程序的认罪认罚案件，二审程序中审查的是量刑是否适当问题，而未提及对于事实的审查，法院的审查是依赖于被告人所作出的认罪认罚的，有利于利用有限的司法资源认定犯罪事实。因此，在被追诉人仅针对量刑提出上诉时，不能因此否定其在一审中所起到的积极作用。

第五，与二审法院的处理办法相悖。《指导意见》第45条规定，速裁案件的二审程序中，被告人以量刑不当为由提出上诉的，原判量刑适当的，应当裁定驳回上诉，维持原判；原判量刑不当的，经审理后依法改判。该条规定对于本案中的情况，二审法院的处理办法作出了直接规定，表明了不能仅因被告人的上诉行为而撤销对其从宽量刑的态度，可见检察机关也不应将被告人的上诉行为作为抗诉的理由。

---

① 刘卉：《在落实认罪认罚从宽制度中承担好检察主导责任》，载《检察日报》2019年4月22日第3版。
② 胡云腾：《正确把握认罪认罚从宽，保证严格公正高效司法》（2019-10-24），http://www.court.gov.cn/zixun-xiangqing-193311.html，最后访问时间：2019年12月30日。

四、对于认罪认罚案件中被告人上诉问题的立法应对

依据现行法律，被告人的上诉权是绝对的、无须理由的，但针对本案中以量刑过重为由提起上诉这一情况，有学者提倡在认罪认罚程序中限制被追诉人的上诉权，理由为认罪认罚后上诉会降低诉讼效率①。讨论是否应当限制被告人的上诉权，其实质就是讨论如何维持公正与效率的平衡。公正是刑事诉讼法的价值内核，是法所追求的目标，在刑事诉讼价值中居于核心地位，效率以司法公正为前提，而效率能够提升公正的质量。公正与效率不是对立的，而应当是动态平衡的，在推动认罪认罚从宽制度改革进程中，也应当寻找公正与效率的衡平。

（一）对被告人上诉权的限制

当前我国法院每年受理的案件数量越来越多，在这样的诉讼背景下，在保证公正的前提下提升效率是必然选择，无限制地滥用上诉权毫无疑问会损害司法效率。在司法资源相对有限的情况下，应当将繁简分流落实到底，对上诉权进行一定的限制，但要明确当出现法定的情形时，任何人不得要求被告人放弃上诉权，以此来为认罪认罚被告人的自愿性和真实性提供兜底保障。

对被告人上诉权的限制，需要构建二审法院上诉审查制度。我国法律对刑事案件的上诉不要求说明理由，只要不服判决即可上诉，而设置上诉审查制度的前提在于认罪认罚案件被告人应当在上诉时详细说明理由。在适用速裁程序案件的被告人提出上诉以后，二审法院应当先行审查上诉理由及相应的线索，在初步核查符合法定上诉理由以后，再启动二审程序，这样有利于将二审程序更集中地用于发现和纠正一审中出现的错误。考虑到被告人出具证据的能力较弱，应当降低其证明门槛，具体而言，被告人提出上诉后，应当在上诉期限内向二审法院申请上诉，以书面或口头的形式提交申请，详细说明提出上诉的理由与事实，对于与作出不真实认罪认罚相关的人员、地点、时间、方式等信息提供相应的线索或材料。二审法院以书面审查的形式审查认罪认罚的事实、证据，在必要时，可以采取讯问被告人、听取公诉人意见、调取录像等方式。如果确实存在法定上诉事由，或者不能排除一审案件存在重大事实错误的可能性的，应当正式开庭审理。

限制上诉权的案件范围应当为适用速裁程序案件的被告人，保留适用简易程序与普通程序案件被告人的上诉权。有数据统计，我国受理的刑事一审案件中，轻刑案件占比逐年增大，量刑在3年以下有期徒刑的案件超过80%②。而适用速裁程序的案件自身特点为限制上诉权提供了条件。适用速裁程序的基础条件为可能判处3年有期徒刑以下刑罚的案件，案件事实清楚、证据确实、充分，在这种情况下案情争议较小，在对事实的判断、法律的适用上不易出现问题，不损害被追诉人的合法权利。而且速裁程序已经将不应当限制上诉权的群体排除在外，如被告人属于盲、聋、哑人，未成年人等弱势群体的，这样一来就解

---

① 陈卫东：《认罪认罚从宽制度研究》，载《中国法学》2016年第2期。
② 张春：《认罪认罚从宽制度若干问题研究——以犯罪轻刑化和庭审实质化为视角》，载《人民法治》2017年第1期。

除了限制上诉权范围时的后顾之忧。除此之外,被追诉人有程序选择权。根据刑事诉讼法规定,被追诉人只有认罪认罚才能适用速裁程序,其在签订具结书之前就应当对认罪认罚能够获得的优惠与需要放弃的权利有了充分的认知,被追诉人对于程序的适用有选择权,以被追诉人的自愿为前提,可以自愿决定是否同意限制上诉权。

在部分限制上诉权的基础上,应当保留享有绝对上诉权的理由。当被告人出于以下四种理由提出上诉的,应当允许:第一,案件存在实体性问题认定错误,可能影响定罪的。例如,出现新证据导致上诉人对案件事实有异议,可能被判处无罪或罪轻的。第二,被告人作出认罪认罚可能存在非自愿、不真实的,或者检察机关告知被追诉人认罪认罚的相关规定和法律后果时内容不够明确具体,应当认定具结书无效。第三,一审法院没有采纳检察机关指控的罪名或者量刑建议,被告人认为量刑偏重的。因为认罪认罚具结书具有契约的性质,当其中的"承诺"无法实现,具结书也就失去了对被告人的约束作用。第四,被告人提出一审法院严重违反法定程序,可能严重影响公正审判的。在限定了享有绝对上诉权之后,还应当考虑如何避免被告人滥用这些理由上诉,对此可以通过其他惩罚手段来避免被告人及其律师提出"技术性上诉",对此有学者提出,可以将被告人故意"技术性上诉"记录在案,与监狱管理机关建立犯罪人档案信息共享机制,纳入之后的监所考核影响其减刑、假释①。这样一种手段既能够对被告人产生规制作用,又无须限制被告人的权利,将"技术性上诉"的行为纳入对被告人的综合考核之中,在大数据共享平台运用范围十分广泛的当下也具有可行性。

(二)以制度保障被追诉人认罪认罚的自愿性和明智性

在合理限制认罪认罚被告人的上诉理由后,也要采取更加"治本"的方式,保障被追诉人在了解事实和法律上拥有与控诉机关平等的能力,以激励和惩戒措施来约束被追诉人的行为。

第一,要保障被追诉人认罪认罚的自愿性和明智性。使"协商"发挥实质作用,其中重要的一环即是值班律师。犯罪嫌疑人在值班律师的帮助下应当有权利、有能力对于量刑提出自己的意见,和检察机关协商出更加具体且可行的量刑建议,让犯罪嫌疑人清楚地了解自己可能将被判处的刑罚。一方面要扩大法律帮助的范围,提升值班律师提供帮助的质量,提供实质内容的告知,如与犯罪嫌疑人核实证据、犯罪嫌疑人被指控罪行有哪些构成要件、其行为是否符合罪名、认罪后可能接受的处罚、认罪后在程序上有何简化等,使犯罪嫌疑人有清醒的认识,帮助犯罪嫌疑人选择辩护策略,明智地决定是否认罪,争取对被追诉人最有利的法律后果。另一方面要赋予值班律师相应的权利,为值班律师提供更好地待遇水平和激励措施,保障值班律师享有与辩护人同等的地位,能够更好地保障被追诉人权利,让值班律师始终为被追诉人提供法律帮助,并能够出庭辩护。在犯罪嫌疑人签署认罪认罚具结书前,将指控其犯罪所依赖的全部证据向犯罪嫌疑人及其律师开示,尤其是能够证明犯罪嫌疑人无罪和罪轻的证据,赋予值班律师充分的取证自由,尤其是向证人取证的权利。

第二,要完善在认罪认罚从宽制度中的庭审实质化。由于缺少法庭调查和法庭辩论,

---

① 张驰:《刍议认罪认罚被告人上诉权》,载《江西警察学院学报》2019年第6期。

法官审查主要依靠庭前阅卷，无法获取有价值的信息，仅保留了听取辩护人意见和被告人的最后陈述意见，但是程序上的简化不能等同于法庭审查的形式化，法庭仍然需要对案件进行实质性的审查，严格要求作出有罪判决时达到证明标准，因此法庭在审判时，一方面，需要对公安机关、检察机关的全部证据材料进行审查，确保证据的真实性、合法性，并综合全案证据，确保认定的案件事实能够排除合理怀疑；另一方面，则要对被告人认罪认罚的自愿性和知悉程度进行核查，既要通过审查被追诉人认罪认罚过程中形成的材料，确认公安机关、检察机关履行告知义务，有律师提供了法律帮助①，也要以直接询问的方式确保被告人了解认罪认罚与适用速裁程序的法律后果，并强调说明被告人在一审判决作出前享有反悔权。通过在法庭上对案件进行实质性审查来把好被告人自愿认罪认罚的关键一环。除此之外，还要避免对法院的量刑建议采纳率有指标性的要求，为法院的庭审实质化提供良好的外部环境。

第三，公安机关、检察机关应充分告知认罪认罚之规定。《指导意见》中规定了公安机关和检察机关的告知义务，侦查机关应当告知犯罪嫌疑人认罪认罚的法律规定，移送审查起诉后，检察机关告知时还应当采取书面形式，必要时充分释明。《人民检察院刑事诉讼规则》第271条规定了在审查起诉阶段，检察院应当重点审查的内容，再次强调了犯罪嫌疑人的充分知悉情况。这些规定都要求告知不能走形式，要让犯罪嫌疑人对认罪认罚从宽制度有完整的认识。还需要对告知义务进行细化规定，形成统一的标准。首先，侦查机关、人民检察院在告知犯罪嫌疑人认罪认罚的法律规定时要保证应知尽知，并要坚持告知和释明相结合，除认罪认罚的规定外，还要充分告知犯罪嫌疑人所涉及案件的相关情况，尤其是与其案件相关的法律规定，向其解释清楚所享有的诉讼权利，重点是告知犯罪嫌疑人认罪认罚的法律后果和依法享有不被强迫自证其罪的权利，被追诉人可自主决定是否认罪认罚。其次，应当通过立法明确在告知不到位时的法律后果，即如果在签署认罪认罚具结书前，检察机关未履行全面告知的法定程序，应当认定该具结书无效，此时被追诉人的认罪认罚可撤回，也可提出上诉。最后，这些告知内容同样应当体现在具结书中。在具结书中明确载明认罪认罚后程序上的省略，如法庭调查和法庭辩论、上诉权受到的限制及提起上诉之后可能面临的后果，让被追诉人清楚地知道通过认罪认罚获得从宽需要付出的实体法和程序法上的权利限制，在具结书中表示自愿接受上诉权受到一定的限制。表明被追诉人知悉其享有的诉讼权利与需要履行的义务，明晰认罪认罚的法律规定，具备正常认知能力，明确并理解享有的诉讼权利和认罪认罚的法律规定，对指控的犯罪事实、罪名、量刑建议均无异议。

第四，要求检察机关进一步精准化量刑。量刑建议精准化不仅能够保障被追诉人的合法权利，让被追诉人对可能的刑罚有更加清晰的认识，进而保障其认罪认罚的自愿性，而且也体现了司法的权威性和严肃性。对于检察机关的精准量刑，首先应当明确的是这并非侵犯了法官的量刑权，量刑建议作为一种请求权，基于控审分离的原则，定罪权是法院的专属权利，最终确定量刑的审判权依然属于法院。但在认罪认罚从宽制度中，法院是否采

---

① 纪洋洋、韩召敬：《审判中心主义语境下认罪认罚从宽制度的完善》，载《淮海工学院学报》（人文社会科学版）2019年第17期。

纳量刑建议，关系到国家对司法契约的公信力和被追诉人的权利保障①，因此法官在实质性审查案件基本事实、被告人认罪认罚的自愿性、具结书内容的真实性和合法性后，认为检察机关指控的罪名准确，量刑建议在合理范围内的，应当采纳，以此来保证认罪认罚从宽制度的有效性。

量刑建议精准化更为重要的一点是要保证量刑建议的准确性。首先，要保证量刑建议的合法性，规范运用加重、从重、从轻、减轻等法定量刑情节。其次，要提高量刑建议的合理性。结合被追诉人的人身危险性、悔罪表现、犯罪原因等酌定情节综合考量。最后，检察机关需要注意其地位的居中，一方面，不能利用地位优势提出过重的量刑建议，要把认罪认罚从宽制度的实体从宽落到实处。另一方面，也不能为了获取犯罪嫌疑人的认罪认罚而迁就犯罪嫌疑人，提出过轻的量刑建议。为了提升检察机关量刑建议的准确性，检察机关应当加强与法院的沟通，共同研究有效的量刑基准和建议方式，同时也应当善于运用互联网量刑大数据的手段，获取相似案例的主刑、附加刑、是否缓刑等信息。

第五，禁止量刑建议被采纳后检察机关提起抗诉。检察机关务必保持克制，行使抗诉权应当针对事实错误、法律适用错误、可能影响公正审判或损害被告人权利的情形，而非针对被告人行使法定权利。针对目前司法实践中频繁出现的以抗诉对抗上诉的问题，法律应当明确禁止，除非一审判决存在刑事诉讼法第201条之规定情形，存在明显不当的，或者法院应当采纳而未采纳，未说明理由和依据的，检察机关有权提出抗诉。

---

① 杨立新：《认罪认罚从宽制度理解与适用》，载《国家检察官学院学报》2019年第1期。

认罪认罚从宽制度中的同意理论

宋志军 毛泽金*

一、问题的提出

"国家的合法性和公民的政治义务都依赖于公民的同意",这是洛克的同意理论的核心命题,通常被认为是同意的政府理论的主要渊源之一。在随后的几个世纪里,同意理论始终是政治哲学领域关键的基础理论问题。关于同意的问题,在其他学科中也受到了普遍的关注。在伦理学领域,同意的理论蕴含着自由、尊严和责任等公认的伦理价值,故无论是美德论、功利论还是义务论均在一定程度上表现出对同意理论的认可;在法学领域,同意的理论通常与公民对自身利益的处分密切相关,如刑法学领域的被害人同意包括合意与承诺两种情形,可以阻却行为的构成要件符合性或违法性。刑事诉讼领域也存在大量"同意"的现象,最为引人注目的当属犯罪嫌疑人、被告人在认罪认罚从宽制度适用过程中所进行的同意行为。刑事诉讼法第174条的规定展示了一个较为典型的"同意"的场景:犯罪嫌疑人自愿认罪,同意量刑建议和程序适用的,应当在辩护人或者值班律师在场的情况下签署认罪认罚具结书。有学者较早地认识到刑事诉讼中可能存在同意理论,该学者认为以"自愿""同意"以及"无异议"为主要表现形态的"被告人同意"现象,既可以成为被告人认罪认罚正当性的评价标准,也可以成为适用简易、速裁程序的必要条件,还可能成为"阻却"程序性制裁的法定事由。就理论贡献与司法适用的潜力而言,刑事诉讼中的"被告人同意"并不亚于刑法中的"被害人同意"。[①] 笔者认同该观点,刑事诉讼中的同意理论与其他学科中的同意理论有所区别,但大体上可以被概括为具备一定资格的刑事诉讼主体在排除暴力和强迫因素的基础之上,为实现特定的目的,在知情的情况下进行平等对话与协商,并自愿对自身现实利益进行限定或处分,明示或默许对方按照某种特定方式作出约定的行为。其实质在于刑事诉讼主体基于各自拥有的权力,通过协商性交换改变旧有的权力关系,建立新的权力关系,使得刑事诉讼主体的利益结构发生变动。本文将以此为基础,对认罪认罚从宽制度适用过程中的有关问题展开分析。

---

* 宋志军,西北政法大学刑事法学院副院长、教授;毛泽金,西北政法大学刑事法学院硕士研究生。
① 孔令勇:《被告人认罪认罚自愿性的界定及保障——基于"被告人同意理论"的分析》,载《法商研究》2019年第3期。

二、认罪认罚从宽：同意的一般范式

同意的行为需要具备一些前提或条件，如约翰·斯莫尔（John Kleinig）实际上给出了他所认为的同意所需的几个一般性条件：能力、自愿、知情和意向。[①] 笔者认为，在微观结构上研究同意的行为，这种认识总体上是正确的。但是，对"能力"的讨论更适合在同意的要素之中进行，所谓同意的要素，是指对同意的各个构成要素进行分析的过程，主要是同意的主体、客体与程式三个内容。在通常情形下，同意需要发生在这些一般性的条件之下且需要满足三个构成要素的要求。认罪认罚从宽制度的适用过程中存在着"同意"，以刑事诉讼法第174条为例，同意的主体是犯罪嫌疑人与检察机关，同意的客体是指控事实、量刑建议与程序适用，同意的程式是在辩护人或值班律师在场的情况下签署认罪认罚具结书。强调同意要素的意义在于需要将同意的主体、客体和程式限定在一定的范围之内。例如，我们认为认罪认罚的犯罪嫌疑人、被告人应当具备"同意能力"，这是对主体资格的限定；又如，认罪认罚的客体可以是不同审判程序的适用，但是绝不能将"省略审判程序"作为认罪认罚的客体；再如，在刑事诉讼法第174条规定的场域下，没有辩护人或值班律师在场情况下所签署的认罪认罚具结书在效力上是存在瑕疵的。当然，作为一种同意的认罪认罚还需要具备自愿、知情与意向三个前提，前述学者较早提出"被告人同意"的命题即是应用于被告人认罪认罚自愿性的界定与保障方面。而在知情的前提方面，通常认为关于诉讼权利的告知是为了确保犯罪嫌疑人、被告人知悉其正在进行重大利益的处分；"如实供述自己罪行可以从宽处理和认罪认罚的法律规定"同样是为了保障犯罪嫌疑人、被告人在作出同意行为时"知情"的前提。与前两者受到较多关注有所不同的是，人们往往不太重视"意向"这一前提。笔者认为从严格意义上来讲，同意接受者关于同意事项的描述与同意发出者关于同意事项的表示在内容上是同一的。一方面，同意接受者要满足同意发出者的心理预期；另一方面，同意发出者要符合同意接受者的基本要求。否则，这个同意很难说是完整、有效的。在认罪认罚从宽制度中，司法机关就应当满足被追诉人的心理预期（可以从宽）；被追诉人就应当满足认罪认罚的全部要求（如实供述、没有异议、真诚悔罪、愿受处罚等）。"意向"的前提将同意双方主体以客观的同意事项与主观的同意意思联结在了一起，其意义是如果客观事项与主观意思的联结不够紧密，同意就无法真正成立。例如，犯罪嫌疑人、被告人没有如实供述，那么无论其如何强调自己认罪认罚，司法官员也不会按照他的意思作出"认罪认罚从宽"的认定。

所谓同意的一般范式，表现在认罪认罚从宽制度的适用过程中是指这样一种情形：犯罪嫌疑人、被告人同意指控事实、量刑建议与程序适用，其就有可能在后续的诉讼进程中获得从宽的处理。与传统的刑事诉讼程序相比，认罪认罚从宽制度更加强调犯罪嫌疑人、被告人在程序中的参与，"参与"的要素在某种程度上与刑事司法的民主理论存在着联系。有学者认为，刑事司法民主是司法权属于人民的体现，是独立的司法机关通过体现民主精神的程序所进行的适度反映民意的审判活动，它以审判独立为基础，民众有权通过有效的

[①] John Kleinig. The Nature of Consent [A]. Frankling Mill and Alan Wertheimer. The Ethics of Consent [C]. Oxford University Press, 2010.

途径参与司法和有效地监督司法，这一过程强调程序公开、当事人参与、犯罪嫌疑人与被告人的人权保障、程序法定、司法审查等原则与制度以彰显程序本身的民主性。[①] 从这个定义中我们可以发现刑事司法民主实际上对两类主体在司法中的参与提出了要求：前者是民众参与，后者则是当事人参与。在认罪认罚从宽制度适用过程中，犯罪嫌疑人、被告人在程序中的参与程度较高，这种参与更加彰显出了刑事司法的民主底色，进而使刑事诉讼程序的正当属性得到了强化。此外，作为一种同意行为的认罪认罚意味着同意主体后续的诉讼活动会受到来自该行为的影响。通常人们会审慎地同意某事，并且会采取一系列的行动促成该事。例如，在犯罪嫌疑人、被告人认罪认罚之后，检察机关在提起指控时会采用经对方同意的量刑建议；犯罪嫌疑人、被告人在庭审时会作出与先前同意内容相同的陈述："认罪认罚，然后从宽"当然是认罪认罚从宽制度适用的一种理想状态，认罪认罚从宽制度的实践也大都与该范式相同。问题的关键在于，认罪认罚从宽制度中的同意内容是否必然会对法官的裁判活动进行限定？有学者认为，在被告人已经认罪认罚的情况下，无论是适用速裁程序，还是适用简易程序，抑或是适用普通程序，法庭审理的对象都与被告人不认罪认罚的情况有所差异。在被告人已经认罪认罚的情况下，无论是对事实认定，还是对证据采信，抑或是法律适用，控辩双方通常已经没有争议。而对于控辩双方没有争议的诉讼事项，如果法庭仍将其作为庭审的对象，不仅不利于实现司法资源的优化配置，而且也没有多少实际意义。即使将其作为庭审的对象，法庭通常也只需要进行形式化的确认。[②] 即便如此，认罪认罚从宽制度依然坚持着实质真实发现原则，有罪裁判依然需要达到"案件事实清楚，证据确实充分"的标准。作为一种同意行为的认罪认罚可以帮助法官认定案件事实，甚至在一定程度上改变认定案件事实的方式，但是同意的事实并不直接等同于法官的裁判事实。从这个角度而言，认罪认罚可能会对法官的裁判活动造成一定的影响，但绝不是"限定"。

三、自由的上诉权：原则抑或是例外

在同意理论看来，"无害"是一个对同意效力而言非常重要的要求。有学者认为"无害"是实现同意价值的条件之一。所谓"无害"是指在涉及"不可转让的权利"等情况时，寻求同意者所寻求之同意或同意者所欲同意之行为或事项，至少不构成对同意者自身权益方面的伤害或损失。[③] 笔者认为，应当从更加宽泛的意义上来理解无害。首先，无害自然包含有不对同意发出者"不可转让的权利"造成侵害的要求；但更为重要的是，无害的范围还应当扩张至同意接受者、同意以外的第三方乃至整个社会，如果同意将会对这些主体造成侵害，那么这种"同意"也很难为人们所接受，因为这将置人们于一种风险之中：个人或社会的利益可能因为两个主体的同意而受到损害。在认罪认罚从宽制度适用过程中，同样需要重视这种"无害"的要求。具体而言，即犯罪嫌疑人、被告人与检察机关之间的

---

① 胡铭：《刑事司法民主论》，中国人民公安大学出版社2007年版，第19页。
② 李奋飞：《论"确认式庭审"——以认罪认罚从宽制度的入法为契机》，载《国家检察官学院学报》2020年第3期。
③ 吕耀怀：《论同意的伦理价值》，载《上海师范大学学报》（哲学社会科学版）2016年第6期。

同意不能侵害法官的裁判权力。根据刑事诉讼法第 201 条的规定，"一般应当"条款下的法院拥有裁判权力，法院一般应当采纳检察院指控的罪名和量刑建议，事实上并不完全是因为受到先前同意内容的"限制"，而更是因为检察官的罪名指控和量刑建议正好落在了法官的裁判区间。换言之，法院在面对相同的事实和证据时，无论检察院提出的罪名指控以及量刑建议是罪名 A 刑期 X 年还是罪名 B 刑期 Y 年，如果落在法官的裁判区间之外，哪怕之前被追诉人已经表示同意，依然无法实现其最终的效果。事实上，正如有学者所言，在认罪认罚案件中，（法院）量刑裁判权的地位与作用没有根本变化。① 定罪的权力也是同样的。但需要注意的是，如果量刑建议是合理的，法院也应当尊重控辩双方所达成的合意。这也就意味着，在犯罪嫌疑人、被告人和检察机关之间作出的认罪认罚行为，其严格的拘束力只及于双方主体，而不会对同意之外的第三方产生严格的约束。按照同意理论的逻辑，对于同意之外的第三方并不要求其必须按照同意的约定行事。但是，人们普遍会承认同意的双方主体不得任意违反先前达成的合意。在同意理论看来，这实际上潜藏着一个责任伦理的问题。在认罪认罚从宽制度的适用过程中，这个问题的具体内容是，控辩双方应致力于确保审判结果与同意内容的一致性，最为基础性的责任是控辩双方不得随意违反同意的规定。例如，被追诉人在同意认罪之后，就不得在后续的程序中宣称自己无罪；检察院也不得在审判的过程中提出高于约定的量刑建议。盖因同意产生责任，为双方设定了道德义务——这种道德规范与法律规范的竞合就会使道德义务转变为法律义务。如果只有道德规范，尽管其不具备法律强制，但道德强制依然是存在的。这也就意味着，在认罪认罚之后，如果被追诉人没有正当理由而又表示不认罪的，尽管我们的法律没有规定这样是不可行的，从道德上评价这种行为，实际上是一种"道德不应该"，也违背了责任的伦理。更进一步而言，在裁判结果形成之后，如果裁判结果超出了控辩双方同意的范围，有能力的一方应当积极寻求救济，以保障同意内容的实现；否则，同意双方就获得了撤回同意的道德性。学界热议的浙江仙居蔡某危险驾驶一案②，法院一审判决超出了经控辩双方同意的量刑建议，控方采取抗诉方式保障裁判结果与同意内容的一致性，事实上就是控方为实现同意的责任价值而作出的努力。

如前所述，同意双方应当致力于实现同意的内容，但是在司法实践中却存在一些犯罪嫌疑人、被告人在判决作出后又提起上诉的情形。据此，学界形成了不同的观点，坚持不对被追诉人的上诉权进行任何限制（无因上诉）的有之，主张建立上诉审查（有因上诉）的亦有之。按照现行的法律文本对认罪认罚从宽制度进行解释，被追诉人的上诉权自然是不受任何限制的，但这似乎又与前述的同意理论产生了矛盾。同意理论要求认罪认罚的犯罪嫌疑人、被告人一旦接受检察机关提出的量刑建议，在后续的程序当中就应当保持一致。所以，有论者认为认罪认罚的犯罪嫌疑人、被告人在裁判结果与量刑建议一致的情形下提出上诉的行为是一种"反悔上诉"。事实上，这种观点具有一定合理性。但是，在讨论对犯罪嫌疑人、被告人的上诉权进行限制之前，首先应当清楚的是，作为同意的认罪认罚在一开始就并未将"上诉权"作为客体。这就意味着如果此时对被追诉人的上诉权进行限制，那么这一事项是没有被同意主体所明确知悉的，当然也就不具备正当性。事实上正如笔者前文所述，在法律没有明确规定的情形下，犯罪嫌疑人、被告人作出反悔上诉的行为只可

---

① 董坤：《认罪认罚案件量刑建议精准化研究》，载《检察日报》2020 年 8 月 18 日第 3 版。
② 范跃红等：《认罪认罚了，量刑从宽建议为何未采纳》，载《检察日报》2019 年 9 月 21 日第 1 版。

能在道德上评价其为"不应该"。有学者认为，之于上诉权问题，"职权调查原则"之下当事人不具有对诉讼标的的自由处分权，合逻辑的推论应当是：其一，大陆法系认罪协商程序中，"放弃上诉权"不得作为协商之内容；其二，对于虚假的认罪，即便出于被告人自愿，也应当得到纠正。① 笔者认为在当前阶段，坚持此种认识应当是合理的。在认罪认罚从宽制度的适用过程中，赋予犯罪嫌疑人、被告人以自由的上诉权应当被理解为一种原则，除非对认罪认罚从宽制度作出新的安排，否则犯罪嫌疑人、被告人的上诉权就不应受到限制。问题的关键在于尽管没有明确地将"上诉权"作为同意的内容，但是根据认罪认罚从宽的基本内涵，不难发现如果法院的裁判结果与量刑建议相符合，犯罪嫌疑人、被告人就应当按照具结书的内容接受这一裁判结果。按照同意理论的观点，同意蕴含着责任的伦理。认罪认罚作为一种同意的行为，乃是基于主体的选择，即是一种主体在自由意志的支配下开展的活动，这是责任产生的原因。责任包含两组关联，即人们对某种事实进而对造成这种事实的原因的评价。责任伦理便是对这种关系的伦理审视，即从伦理学的角度来审查上述这两种联系。② 因此，在认定某个行为的责任之前，需要先找出实施该行为的原因。就认罪认罚的被追诉人而言，其上诉的原因颇具复杂性，并非所有实施了上诉这一"反悔"行为的被追诉人都应当承担责任。其实，不仅是对于上诉行为，对于认罪认罚过程中的任何"反悔"行为都应当查明其原因。在同意理论看来，认罪认罚从宽制度中的上诉权受到一定的限制是可以理解的，这种对上诉权的限制就是被追诉人在作出认罪认罚行为后应当承担的责任。如果是作为控方的检察机关作出了"反悔"的行为，实际上也要承担相似的责任，如在日本的合意制度当中，检察官违反不起诉的合意而提起公诉时，公诉就将被驳回。

四、认罪认罚案件中反悔行为的应对

应当如何应对认罪认罚案件的反悔行为？笔者此处主要考虑的是发生在检察机关与被追诉人之间的情形，因为"量刑建议"的存在，这种情形具有了相当的复杂性。在这种状态之下，"反悔行为"可以是任意一方主体作出的。就检察机关而言，有学者经研究发现根据不同的诉讼阶段，一般有三种情形：（1）提起公诉之后、开庭之前，检察官认为量刑畸轻或畸重，通知法院不再适用认罪认罚程序并变更起诉书。（2）一审过程中，检察官主动调整量刑建议或申请撤销具结书、变更起诉。（3）一审结束后，检察官提起抗诉。在第三种情形中，主要是针对人民法院未采纳检察机关提出的量刑建议以及被追诉人利用上诉不加刑原则进行技术性上诉的现象。③ 可以发现，前两种情形都是检察机关单方面作出的，并且任意性较强——这与我国公诉权力行使的状况密切相关。而后一种情形则是出于外部的原因而作出的，正如该学者所述，现在检察机关因人民法院未采纳量刑建议而抗诉的情形越来越少见，即便是有，按照前文的理解，也应当被认定为检察机关为了保障同意的实现而作出的努力；至于"以抗诉对抗上诉"则被普遍认为是一种缺乏正当性的行为。就犯罪嫌疑人和被告人而言，"反悔"主要有以下几种类型：（1）认罪认罚不符合同意前提和要素

---

① 郭烁：《二审上诉问题重述：以认罪认罚案件为例》，载《中国法学》2020年第3期。
② 沈顺福：《论责任伦理的基础》，载《齐鲁学刊》2019年第5期。
③ 马明亮：《认罪认罚从宽制度中的协议破裂与程序反转研究》，载《法学家》2020年第2期。

的要求。(2) 裁判结果未达到认罪认罚具结书中关于量刑的合理预期。(3) 希望获得较认罪认罚具结书中更低的量刑。(4) 其他原因的反悔等。从诉讼的进程上看，又可分为具结之后庭审之前的反悔，庭审之后判决作出之前的反悔以及判决作出之后的反悔等。显然，前述认罪认罚被追诉人的上诉问题就发生在判决作出之后。对认罪认罚案件中被追诉人的心理预期进行考量，不难发现如果是因为裁判结果超出了量刑建议的范围，通常是较量刑建议更重，此时的被追诉人提起上诉是可以获得支持的。但是，如果裁判的结果并未超出量刑建议的范围，那么，除非是因为认罪认罚不符合同意前提和要素的要求，否则就不宜支持被追诉人的这种试图获得更低量刑的上诉。正如有学者所述，对于认罪认罚从宽案件一审裁判后的上诉问题，正确的做法不是检察院跟进抗诉，而应当借鉴国外的辩诉交易制度，通过立法完善这一制度。明确告知被告人自愿认罪认罚之后一般不得上诉。同时为了保障被告人的合法权益，严格设定允许上诉的例外情形。[①] 这种做法自然能够解决当前认罪认罚从宽制度实践中的问题。从同意理论的角度看，需要将"上诉权"作为控辩协商的客体，认罪认罚几乎就是意味着放弃上诉的权利，只是这种方案将对法律帮助的质量提出更高的要求。

而在判决作出之前，同样存在着"反悔"的情形。确立了合意制度的日本也面临着同样的问题。所谓的合意制度，是指如果被告人约定在他人的刑事案件方面对侦查和审判提供协助，检察官就约定给予被告人一定恩典。在合意程序中，合意的主体是检察官和犯罪嫌疑人及被告人，但双方达成合意需要辩护人的同意。犯罪嫌疑人及被告人在与辩护人商谈并判断利益得失之后，以书面形式达成合意，这是犯罪嫌疑人及被告人"自由作出合理的意思决定"。合意制度规定有确保合意履行以及从协议、合意程序中退出的程序。前者如检察官违反不起诉的合意而提起公诉时，公诉将被驳回；犯罪嫌疑人和被告人违反合意进行虚假供述的，将受到处罚。后者如合意的当事人违反合意的，合意的对方可以退出合意；检察官基于合意提出量刑建议，法院却宣告了较重的刑罚，被告人可以从合意中退出；犯罪嫌疑人及被告人的供述内容明显不真实时，检察官可以退出合意。[②] 据此我们可以发现，在日本合意制度当中，确保合意履行的程序主要是由合意主体之外的第三方采取相应的行动；合意的退出程序则主要是因为合意一方违背了合意，或合意未能实现，合意的对方所采取的终止合意的措施。借助诉因制度，可以实现对检察机关或被告人违反合意的处理。我国的情形则有所不同。笔者认为，在坚持实质真实发现主义的认罪认罚从宽制度之中，为了应对司法实践中存在的"反悔"情形，离不开法官职权的行使，现实的做法是，无论是检察机关还是被追诉人违反了先前的合意，都需要由中立的法官对行为作出处置。有学者主张，从审查起诉阶段至法院开庭审理之前，由于具结书尚未对法院产生实质约束力，被追诉人反悔所带来的消极后果有限，从保障诉权的视角来看，应允许被追诉人无条件、无须理由地撤回认罪供述，可以称之为"任意反悔权"。开庭审理之后，被告人反悔并要求撤回具结书的，则必须有正当理由，同时提供相应的线索和证据，经法官审查同意后才可撤回具结书，可以称之为"附带条件的反悔权"。[③] 这种观点大体上兼顾了我国的制度现实与同意的责任伦理，在现行的制度环境中不失为一种可行的做法。

---

① 张建伟：《协同型司法：认罪认罚从宽制度的诉讼类型分析》，载《环球法律评论》2020年第2期。
② [日] 田口守一：《刑事诉讼法》（第七版），张凌等译，法律出版社2019年版，第220页。
③ 马明亮：《认罪认罚从宽制度中的协议破裂与程序反转研究》，载《法学家》2020年第2期。

论认罪认罚中的诉审关系

孙 记[*]

一、问题的由来

2014年10月20日至23日，党的十八届四中全会在北京召开，这次会议报告中提出"推进以审判为中心的诉讼制度改革"，同时审议通过了《中共中央关于全面推进依法治国若干重大问题的决定》（以下简称《依法治国决定》）。也正是《依法治国决定》的第四部分——"保证司法公正，提高司法公信力"之"优化司法权力配置"中还提出"完善刑事诉讼中认罪认罚从宽制度"，与"推进严格司法"中的"推进以审判为中心的诉讼制度改革"一起，使刑事诉讼法担当起全面推进依法治国的功能，勾勒出刑事司法的未来发展方向。此后，两部分的试点工作有条不紊地展开，[①] 2018年刑事诉讼法修改，认罪认罚从宽制度的试点成就被吸收，认罪认罚从宽制度自此在刑事诉讼法的高度上获得全面推广。此后，修法后的司法解释陆续出台，[②] 与刑事诉讼法的规定一起，指导着认罪认罚的司法实务，对于规范认罪认罚从宽制度的适用起到了积极作用。随着认罪认罚从宽制度的全面展开，检察系统的力推[③]与对检察机关/检察官在认罪认罚（乃至在全部）案件中负主导责任的理论阐述，法院系统的回应，法检间围绕认罪认罚的理论初步形成争鸣态势，实务中也在少数案件上呈现检法冲突，尽管为数不多但是影响不可小觑，这就需要学术界在既往对认罪认罚从宽制度进行学理阐释的基础上，还要回应检法在认罪认罚从宽上的理论争议和实践问题。此情此景之下，诸多高质量的学术论文不断发表，认罪认罚从宽制度的研究成为近年来备受瞩目的学术热点问题，预计这一理论研究态势在今后会持续一段时期。本文认为，认罪认罚从宽制度作为"优化司法权力配置"的重要司法改革设计之一，是把握认罪认罚从宽制度与推进以审判为中心的刑事诉讼制度改革的关键，其中牵涉诉审关系，它

---

[*] 孙记，河北工业大学人文与法律学院教授。
[①] 全面人民代表大会常务委员会于2014年6月27日授权最高人民法院、最高人民检察院在18个城市开展速裁程序的试点工作；2016年9月，全面人民代表大会常务委员会在速裁程序试点的基础上授权上述城市开展认罪认罚从宽制度的试点工作。以《依法治国决定》为依据，2016年6月27日，中央深化改革领导小组第25次会议审议通过《关于推进以审判为中心的刑事诉讼制度改革的意见》；2016年8月，"两院三部"出台《关于推进以审判为中心的刑事诉讼制度改革的意见》。
[②] 2019年10月24日，最高人民法院、最高人民检察院、公安部、国家安全部、司法部联合发布《关于适用认罪认罚从宽制度的指导意见》；2019年12月30日，最高人民检察院公布《人民检察院刑事诉讼规则》；等等。
[③] 检察系统在办案中认罪认罚从宽案件的适用率为70%，量刑建议的采纳率被作为绩效考核的指标。

是认罪认罚理论研讨的原点,也是现实操作的支撑。

二、诉审关系的一般原理

从渊源上看,我国近代以来的刑事诉讼制度与大陆法系密不可分。按照大陆法系一脉的刑事诉讼演进史,诉审关系也经历着弹劾式之下的诉审分离、纠问式之下的诉审合一、职权主义诉讼之下诉审分离的否定之否定的辩证发展过程。抛开弹劾式之下的诉审分离不论,职权主义确立的关键便是控审实现分离,因为纠问式之下的诉审合一、书面审理、刑讯取供的存在,导致被追诉人成为客体、错案滋生,专制统治借助这种诉讼模式打击异己、迫害进步力量,于是反专制的启蒙运动首当其冲便是在理论上反对刑讯,倡导以理性、文明的行为进行诉讼。启蒙运动由观念传播到现实表达的标志性事件便是法国大革命的爆发,法国大革命后启蒙思想便通过宪法、法律予以体现。反专制中纠问式被否定的关键便是取消刑讯逼供,刑事诉讼模式的重塑中对弹劾式的起诉原则与纠问式的职权原则的积极因素予以保留,通过引入检察官制度,实现了起诉与审判的分离。诉审分离作为现代刑事诉讼的一个基本原则,对现代刑事诉讼理论与实践的影响是深远的。一般来说,诉审分离原则的重要内容有两点:一是组织机构上的独立,追诉机关和审判机关由不同的机构承担,二者彼此独立、互不隶属;二是职能承担上的分离,追诉职能由检察机关承担,审判由法院承担。就职能分离而言,二者相互制约:没有起诉就没有审判,审判以起诉为前提,审判的内容便是起诉的内容,起诉划定了审判的范围与边界,此为案件上的诉审同一;反过来,追诉犯罪的目的要想实现,必然意味着审判后认可追诉请求,判定起诉事实成立,法院判决一旦作出便形成既判力,具有强制执行力。

与诉审分离相对应,分两方面对追诉进行规范,一是检察机关负有客观义务,二是起诉法定主义。客观义务要求检察机关要客观、公正地起诉犯罪,要立足证据,要恪守程序,要对被追诉人负有诉讼关照义务,再加上辩护制度的存在,这就使检察机关的追诉行为要受到制约,各项行为的展开要符合法定标准。就起诉法定主义而言,对于犯罪行为一旦符合刑法规定的犯罪构成要件与处罚条件,便要提起公诉,没有自由裁量权。职权主义诉讼模式之下的控审分离嵌入刑事诉讼法典之中,体现在宪法的国家权力框架之中,裹挟于刑事诉讼的其他基本原则之中,这些原则主要有无罪推定原则、程序法定原则、法律保留原则、比例原则、法官比例原则等,这些原则的存在一方面对追诉权构成制约,防止追诉权被滥用;另一方面对被追诉人的基本权利予以保障。与此同时,起诉法定主义还要衔接一系列庭审原则,如直接言词原则、审判公开原则、审判独立原则等,这些原则的存在使被追诉人在庭审中能够享有公正审判权。正是这些原则、制度的存在,使现代刑事诉讼从立法到司法充分彰显理性、人道、文明。也正是在此意义上,现代职权主义的刑事诉讼也可以说是原则取向,这也是现代刑事法治的程序之维。此外,诉讼行为无效制度、辩护权保障等与控审分离原则、诉审关系构成了整个刑事诉讼制度,整个刑事诉讼牵一发而动全身的系统性使控审主体间相互牵制、相互制约,诉讼原则与制度与证据裁判原则、自由心证原则等一起使刑事诉讼能够在诉审分离的前提下实现公正。后来随着犯罪率的上升,新型犯罪的不断出现,案多人少矛盾的凸显,既往的刑事诉讼出现变化,轻微犯罪的非罪化处理,认罪协商渐渐成为刑事诉讼的新样态,刑事诉讼的契约化取向浮出水面,起诉便宜主义成为起诉法定主义的例外,并且势头越来越明显。

需要指出的是,认罪协商与起诉便宜主义之间具有内在的关联,被追诉人认罪的轻微刑事案件在公诉阶段可以做非罪化处理,检察机关可以作出不起诉决定,实现起诉前的程序分流,被追诉人一般要受到刑罚之外的处罚,即适用起诉替代措施,即"要求犯罪嫌疑人在一定期限内履行一定的负担或指示,如向慈善机构捐款或向被害人赔偿,检察官可以经犯罪嫌疑人同意时作出撤销案件、延缓起诉、中止起诉或者附条件不起诉的决定;要求犯罪嫌疑人参加正式或非正式的审前分流项目,如自愿毒品治疗、工作培训、和解等,视效果决定是否撤销案件;直接科处罚金、社区服务刑等监禁刑以外的刑事制裁"。① 就提起公诉的认罪案件而言,在审判程序上出现效率取向的简易程序、"替代审判程序"等。

三、认罪认罚中的诉审关系

总体来说,我国刑事诉讼的诉审关系与大陆法系存在着一定的差别。一方面,诉审分离原则的制度体现不彻底,在既往的刑事诉讼中检察机关的指控在少数案件中具有可变更性,在审判阶段检察机关可能申请延期审理而进行补充侦查,甚至不止一次,而且还通过司法解释之规定而补充起诉、追加起诉、变更起诉等,起诉请求的改变意味着审判对象的改变,一旦因起诉请求的改变而导致审判对象的变化,会使起诉对审判的制约作用变得松动、弹性化。诉审关系因审判对象的变动而变来变去。另一方面,按照检察机关的起诉请求,法院长期以来可以变更起诉罪名,在控辩主张之外认定犯罪,使起诉对审判的制约变得虚化。在审判过程之外,检察机关在起诉前有时候要与管辖法官或审判法官进行沟通,在罪名认定乃至量刑上达成共识,或者法院在开庭审理之后,在判决之前与公诉机关或公诉人进行协商,以免判决宣告后检察机关抗诉,这种案件处理方式的存在也使控审分离原则受到规避。不仅如此,由于侦查中心主义的存在,在一些重大、复杂案件中,基于立法的粗糙,刑事诉讼基本原则的制度体现不充分,会导致侦查绑架起诉、起诉绑架审判的现象,有时候还会出现错案。这就使诉审关系偏离现代刑事诉讼的轨道而出现严重扭曲。不仅如此,一审判决宣告后,有时候检察机关也基于事实本身及法律之外的因素,尤其是为了维护部门或者特定办案者的利益,按照法律规定进行抗诉等。这说明在我国既往的刑事诉讼中,尽管在很大程度上体现了控审分离,诉审关系存在必要的制约,但也存在有待完善之处。或者说我国认罪认罚从宽制度在刑事诉讼法中的引入,是在诉审关系存在有待完善之处的情况下展开的,这样认罪认罚中的诉审关系的理论澄清便相对复杂起来。它一方面要体现认罪认罚自身的特点,基于这种特点而对应的诉审关系新面向;另一方面基于既往诉审关系存在的不尽如人意之处,使新制度之下的诉审关系表述变得难以定性。

伴随着我国消解侦查中心主义,落实审判中心主义而推进以审判为中心的诉讼制度改革,实现庭审的实质化,进而使严重犯罪尤其是不认罪案件的审理更加体现程序公正,在程序公正的基础上实现实体公正。与此相对应,被追诉人认罪认罚案件,在 2018 年刑事诉讼法修改后,初步形成以审查起诉为重心、以诉辩协商为常态、以不起诉为分流的审前程序,使检察机关在认罪认罚中相较于法院裁判权变得更加重要,学术界也是在这一意义上

---

① 闫召华:《检察主导:认罪认罚从宽程序模式的构建》,载《现代法学》2020 年第 4 期。

强调检察机关的主导地位、主导作用，在一定程度上是对的，这使不告不理、无起诉便无审判的控审关系中检察机关对法院的制约作用更为突出，按照我国现阶段的诉审关系，法院对检察机关的制约作用是无从体现的。与此同时，恰恰因为在审查起诉阶段要在诉辩协商的基础上形成量刑建议，再加上检察机关根据案件的复杂程度、案件的性质、犯罪嫌疑人的认罪认罚可以主导庭审中的审判程序适用，也使检察机关的作用比既往诉讼关系中更为重要，这也是诉审关系中较既往不同之处。在检察机关提起公诉并且对审判程序的适用有决定权的情况下，再加上刑事诉讼法第 201 条规定法院"一般应当采纳"检察机关提出的量刑建议，这就使一审程序的诉审关系较之以往，检察机关的比较优势更为明显。一审较之以往的不同，再加上固有诉审关系中存在的模糊乃至偏颇之处，使由此而来的二审程序中的诉审关系也存在着不一样的地方。

这样，如何认识认罪认罚案件中的诉审关系，诉讼重心前移或检察机关的主导责任能否反映现实的诉审关系是值得深思的。本文认为，认罪认罚中的诉审关系与不认罪案件中的诉审关系或既往刑事诉讼中的诉审关系一样，尽管存在着上文分析制度层面的差别，但是整体上并没有背离诉审分离原则。或者说诉审分离原则恰恰是认罪认罚从宽制度的前提。首先，尽管近年来监察改革伴随着绝大多数自侦案件侦查权的剥离、检察人员的转隶，但是检察机关按照宪法规定行使检察权，检察机关与公安机关、法院在刑事诉讼中的分工负责原则没有关系，检察机关宪法定位的监督权没有改变，因而检察机关与法院在宪法定位上没有关系，这是探讨诉审分离原则的前提，也是分析诉审关系的前提。在认罪认罚从宽处理制度中，在以审查起诉为重心的审前程序中，一旦犯罪嫌疑人认罪认罚，并且罪行轻微适用酌定不起诉以及因特殊情况存在适用特殊不起诉，不需要进行审判，便谈不上诉审不分，与诉审分离原则并不矛盾。如果因听取律师意见、犯罪嫌疑人认罪认罚、达成量刑建议、签署具结书，尽管此时的检察机关在一定程度上承担裁判职能，存在着"检察官的法官化"[①]，但是量刑建议要经过法庭审查，要对认罪认罚的自愿性、明知性、明智性、真实性、合法性进行审查，对量刑建议存在不当的要通知检察机关进行调整，或者不予认定，实现速裁程序、简易程序的转化。当下学术界针对刑事诉讼法第 201 条"一般应当采纳"认为量刑建议对审判权具有一定的约束力，但是前述"五性"的认定仍然是裁判权的判断职能。可以说，如果没有裁判权对审前量刑建议的"采纳"，便没有对审前程序检察机关"量刑建议"的实现，量刑上对认罪的激励便无从体现，检察建议+裁判采纳恰恰体现检察职能与审判职能的分工，体现出控审分离原则。

现在认罪认罚从宽制度在量刑建议上呈现为诉辩协商，但是因为整个刑事诉讼制度如辩护制度不发达，委托辩护率较低、强制辩护范围的局限，值班律师制度虽然能够全覆盖，在看守所、法院有律师值班，犯罪嫌疑人、被告人可以约见值班律师，但是值班律师毕竟与辩护律师不同，没有阅卷权，虽然能够临时提供法律帮助，但是不能针对特定的犯罪嫌疑人、被告人进行跟进，再加上值班律师工作时间长、工作量大却工作报酬低，因主客观原因而投入到个案中对犯罪嫌疑人的法律帮助有限，使立法赋予的功能异化为在场见证人的作用，这就使因侦查中心主义因素的存在，导致无辜者虚假认罪、达成量刑建议的可能性并非不存在。在这种情况下，检察机关基于认罪认罚在审查起诉阶段的非罪化分流便背

---

① 闫召华：《检察主导：认罪认罚从宽程序模式的构建》，载《现代法学》2020 年第 4 期。

离了认罪认罚从宽制度设计的初衷。同样，庭审阶段虚假的认罪认罚也会使诉审关系存在张力：一方面会因为既有的侦查中心主义的惯性而使法院采纳虚假的量刑建议，或因法官负责审查而未能发现虚假认罪认罚从而出现错误；另一方面如果法官因对案件负责而对每一起案件都来自事实、证据而拒绝量刑建议，最终使符合"五性"的认罪认罚不能按照审前协商而获得量刑上的优惠，被告人最终便可能行使反悔权而引发程序逆转乃至引发二审上诉，使本该提高的诉讼效率却耗费更多的诉讼资源。

不仅如此，尽管我国法检系统在宪法之下、在案件管辖上存在法检在刑事案件办理上的良性互动，但也在局部存在检察权在认罪认罚案件上的权力膨胀，曲解检察机关在认罪认罚案件中的"主导作用"或"主导责任"，强势地扩展检察权，挤压法院的裁判权，对于法院附有合理理由的调整检察建议不予理睬，对于法院在幅度刑量刑建议内偏高一端的量刑予以抗诉。反过来，法院对于检察机关合理的量刑建议不予采纳，尤其是对精准刑量刑建议予以排斥，即"量刑建议受到部分法官的心理抵触和不愿配合的问题。其理由是，检察机关的量刑建议特别是'确定刑'量刑建议，侵犯了人民法院的独立审判权。不少法官因担心量刑权会由法院让渡给检察机关，而情绪性地排斥检察机关的量刑建议"。[①] 前述两种情形都会引发诉审冲突，一审的诉审冲突可能会延伸到二审程序，恶意抗诉或者二审法院的恶意改判均会导致被追诉人在认罪认罚从宽制度中的实体利益或程序利益受损，使被追诉人的权利受到侵害，这便背离了认罪认罚从宽制度设计的初衷，尤其是使"司法权的优化配置"成为泡影。

四、认罪认罚中诉审关系的优化

需要指出，认罪认罚中的诉审关系之优化是认罪认罚从宽制度完善的关键，它是认罪认罚从宽制度发展的重要组成部分，在今后我国刑事诉讼法的修改完善中应该做到如下方面：

首先，进一步完善认罪认罚从宽制度。需要指出，认罪认罚从宽制度的完善不是孤立的，它与推进以审判为中心的诉讼制度改革遥相呼应。就推进以审判为中心的诉讼制度改革而言，被追诉人的基本人权应该在刑事诉讼中获得充分的制度表达，无罪推定原则应该在具体制度中体现得较为彻底，沉默权制度应该落地，律师帮助权应该进一步完善，值班律师制度应该在既有的制度框架内进一步赋权，法律援助的范围应该在认罪认罚案件中全面推行，被追诉人针对一审不采纳量刑建议的判决享有附有"事由"的上诉权，等等。需要强调的是，认罪认罚从宽制度的切实实现，尤其是在量刑建议达成过程中和协商程序中，必然要以被追诉人获得充分基本权利的诉讼制度为支撑，只有被追诉人不认罪能够获得公正审判，被追诉人在基本权利获得保障的前提下，选择认罪认罚对应的"五性"才会有保障，也只有认罪认罚从宽制度的存在，不认罪案件的"精办"才有可能。离开"审判中心主义"支撑的"审查起诉为重心"的认罪认罚从宽制度便会存在异化的可能，或者存在检察权的滥用，或者存在裁判权的抵制。也就是说，认罪认罚从宽制度中的诉审关系的理顺，要在认罪认罚从宽制度与推进以审判为中心的诉讼制度改革中实现。

---

① 李奋飞：《以审查起诉为重心：认罪认罚从宽案件的程序格局》，载《环球法律评论》2020年第4期。

其次，检察机关客观义务的强化。一般认为，检察机关尽管在大陆法系呈现出"当事人化"的一面，但同时也存在"法律守护人"的一面，检察机关的客观义务便在制度上有所体现。我国今后刑事诉讼法的发展，检察权无论是在不认罪案件中的"庭审实质化"审判中还是认罪认罚后的"法官化"，都应该强化客观义务，全面地审查判断证据，特别要重视不利于犯罪嫌疑人的证据，要将有罪证据、罪重证据、罪轻证据对辩护一方全面开示，在诉讼中要对犯罪嫌疑人尽到关照义务，对法律赋予的告知义务要履行到位，对辩护律师或者值班律师履行职责要做好配合工作。因此说"认罪认罚从宽案件的'以审查起诉为重心'，除了因为可使司法资源得到更为合理的配置外，也是基于审查起诉处在承前启后的中间环节，更因为检察机关作为法律监督机关承担着客观义务尤其是诉讼关照义务。"① 检察机关只有在犯罪嫌疑人认罪认罚的案件中，尽到客观义务，确保认罪认罚的自愿性、明知性、明智性、合法性、真实性，才会达成有效的量刑建议，才会使法官采纳量刑建议没有后顾之忧，才会使法官认定的刑罚符合法律规定，才会取得法官对量刑建议的信任，使被告人真正实现认罪认罚在量刑上的优惠，才会减少不必要的程序转化或不必要的二审。

最后，法官要在能动性审查量刑建议后保持必要的谦抑。法官在审查量刑建议过程中既不能吹毛求疵也不能敷衍了事。尽管在认罪认罚案件中，法官的角色有所改变，但是裁判权对量刑建议予以认定后，被追诉人因认罪认罚而获得的量刑减让才能实现，因而法官对量刑建议的审查与非认罪认罚案件中法官的公正裁判具有同样的重要性，不能因为量刑建议是由检察机关在审查起诉阶段听取值班律师意见后在场见证下达成，便轻视庭审对量刑建议采纳中的权威性。具体而言，法院在庭审过程中一定要对量刑建议达成过程中的"五性"进行充分审查，无论是确定刑量刑建议还是幅度刑量刑建议，都应该对犯罪事实、证据进行核查，要在追求庭审效率的同时，确保量刑建议达成的自愿性、真实性、合法性。尤其是在我国刑事诉讼制度转型的关键节点，在认罪认罚从宽制度或公正审判要求的诉讼制度不尽完善的情况下，对于认罪认罚的虚假性要保持高度必要的警醒，对不当的量刑建议要敢于拒绝，并且要有理有据地要求检察机关进行调整，同时对合理的量刑建议要依法采纳。这就要求法官要适应认罪认罚从宽制度实施带来工作方式的变化，要做好认罪认罚从宽案件中对检察建议权的配合，同时对不当量刑建议或虚假的量刑建议要在审查后予以拒绝，充分发挥裁判权的权威作用。此时的裁判权的作用不可小觑，它是合法量刑建议的认定者，是虚假认罪者的保护人。总之，在认罪认罚后的庭审中，法官输送的仍旧是建立在公平正义基础上的量刑。

当然，二审程序的法官对于针对认罪认罚的上诉，要对在诉讼制度改革基础上有理由的上诉予以支持，对于一审已经获得量刑优惠的上诉要予以维持，对于检察机关因法院对幅度刑量刑建议的采纳背离检察机关的预期而进行的技术性抗诉也要依法维持原判。其中，最为关键的是，二审法院对上诉或抗诉案件的改判要谨慎。二审法院要本着实事求是的精神支持符合"五性"要求的量刑建议，要使量刑建议引发的争议在法律的轨道内，按照实体法与程序法的内在要求合理地解决。

---

① 李奋飞：《以审查起诉为重心：认罪认罚从宽案件的程序格局》，载《环球法律评论》2020年第4期。

认罪认罚案件量刑建议问题研究*
——以江西省 432 例裁判文书为分析对象

王满生 付励恒**

2016 年 11 月 16 日,"两高三部"印发了《关于在部分地区开展刑事案件认罪认罚从宽制度试点工作的办法》,认罪认罚从宽制度在北京、天津、上海等 18 个城市开始了为期两年的试点。2018 年 10 月,第十三届全国人大常委会第六次会议审议通过了《关于修改〈中华人民共和国刑事诉讼法〉的决定》,认罪认罚从宽制度正式确立。

在认罪认罚案件中,由于定罪问题实质上已无较大争议,量刑建议毫无疑问将会是审判程序的重点内容。在此背景下,量刑建议将成为解决案件的"牛鼻子",也是能否真正贯彻落实认罪认罚从宽制度的关键所在。本文拟以问题为导向,以江西认罪认罚案件中量刑建议为观察点,了解量刑建议在实践中的适用情况。

本文通过裁判文书网,以"认罪认罚从宽"为关键词,检索 2018 年 1 月至 2019 年 12 月底江西省认罪认罚案件一审裁判文书,共计 591 份,经过筛选,去除无效案例 159 份,有效案例共计 432 份。

一、样本基本情况

本文使用的样本全部来自江西省全省已公布在裁判文书网上的裁判文书,虽然已上网的裁判文书的数量和法院实际结案数存在一定差距,但还是可以把握江西省认罪认罚案件量刑建议适用的基本情况。

(一)量刑建议基本情况

根据统计数据表明,江西省全省上网案件的量刑建议采纳率明显高于量刑建议未被采纳率,高达 75.69%(见表 1)。细化分析显示,仅有 1 例法院部分采纳了检察机关的量刑建议的案件,该案法院认为"根据被告人吴某的犯罪事实、性质、情节及悔罪表现,公诉机关的量刑建议部分适当,但关于并处罚金的建议,与罪责刑不相符,庭审时建议公诉机关予以调整,但公诉机关不同意调整,故本院对并处罚金人民币 20 万元的建议不予采纳"[①]。检察机关提出明确的刑量刑建议,法院仅对量刑建议中的罚金刑不予采纳。此外宜

---

* 本文系 2020 年江西省社会科学基金重点项目"认罪认罚从宽制度实施的江西实践与程序创新"阶段性成果。
** 王满生,江西师范大学政法学院副教授;付励恒,南昌职业大学讲师。
① 参见江西省共青城市人民法院(2019)赣 0482 刑初 88 号一审刑事判决书。

春地区的量刑建议未采纳案件要高于量刑建议被采纳的案件，通过查找案例发现，在危险驾驶、交通肇事类案件中，检察机关给出的量刑建议都是实刑，但法院定刑时适用了缓刑，未采纳检察机关的量刑建议。此外，宜春地区量刑建议未被采纳案件有75件，占比58.60%，量刑建议采纳案件有53件，占比41.40%，量刑建议未被采纳率高于量刑建议采纳率，出现如此数据反差的原因是检察机关提出的是拘役、有期徒刑等实刑，法院未采纳检察机关量刑建议，对被告人宣告缓刑，由此造成量刑建议未被采纳率高于量刑建议采纳率。

表1　江西省全省及各市法院上网案件量刑建议采纳率

	量刑建议采纳案件	占比（%）	量刑建议部分采纳案件	占比（%）	量刑建议未采纳案件	占比（%）	小计
全省	327	75.69	1	0.23	104	24.07	432
南昌	17	94.44	0	0	1	5.56	18
九江	17	89.48	1	5.26	1	5.26	19
上饶	75	83.33	0	0	15	16.67	90
抚州	87	93.55	0	0	6	6.45	93
宜春	53	41.40	0	0	75	58.60	128
吉安	19	95	0	0	1	5	20
赣州	35	92.11	0	0	3	7.89	38
景德镇	0	0	0	0	0	0	0
萍乡	5	100	0	0	0	0	5
新余	0	0	0	0	0	0	0
鹰潭	19	90.48	0	0	2	9.52	21

从量刑建议的形式来看，全省仍以幅度刑量刑建议为主，确定刑量刑建议为辅，幅度刑量刑占比61.11%，精准量刑占比38.89%。细化分析显示，全省大部分地区还是以幅度刑量刑为主，仅南昌和赣州两个地区的量刑建议是以确定刑量刑建议为主，占比88.89%和97.37%（见表2）。

表2　江西省全省及各市法院上网案件检察院量刑建议情况表

	精准刑量刑案件	精准刑量刑率（%）	幅度刑量刑案件	幅度刑量刑率（%）	小计
全省	168	38.89	264	61.11	432
南昌	16	88.89	2	11.11	18
九江	11	57.89	8	42.11	19
上饶	44	48.89	46	51.11	90
抚州	33	35.48	60	64.52	93

续表

	精准刑量刑案件	精准刑量刑率（%）	幅度刑量刑案件	幅度刑量刑率（%）	小计
宜春	13	10.16	115	89.84	128
吉安	6	30	14	70	20
赣州	37	97.37	1	2.63	38
景德镇	0	0	0	0	0
萍乡	3	60	2	40	5
新余	0	0	0	0	0
鹰潭	5	23.81	16	76.19	21

从量刑建议内容来看，提出免予刑事处罚、单处罚金、管制、缓刑等非监禁刑量刑建议的有131件，适用率为30.32%；提出拘役量刑建议的有143件，适用率为33.1%；提出有期徒刑1年以下量刑建议的有95件，适用率为21.99%；提出有期徒刑1年至3年量刑建议的有48件，适用率为11.11%；提出有期徒刑3年以上量刑建议的有15件，适用率为3.47%。从以上数据看，提出非监禁刑及拘役的人数占比为63.42%，体现了认罪认罚从宽制度稳步落实，量刑建议从宽力度较大（见表3）。

表3 不同犯罪类型案件的量刑建议表

	免予刑事处罚	单处罚金	管制	缓刑	拘役6个月以下并适用缓刑	拘役6个月以下	有期徒刑1年以下并适用缓刑	有期徒刑1年以下	有期徒刑1年至3年并适用缓刑	有期徒刑1年至3年	有期徒刑3年以上并适用缓刑	有期徒刑3年以上
涉枪犯罪	0	0	0	0	2	1	0	3	2	0	0	0
交通肇事	0	0	0	1	3	1	25	9	2	4	0	1
危险驾驶	2	0	0	0	18	83	0	0	0	0	0	0
贪污贿赂	0	0	0	0	0	1	0	0	0	2	1	0
生产、销售伪劣商品	0	0	0	0	1	0	0	3	0	0	0	0
毒品犯罪	0	0	0	0	0	6	1	5	0	5	0	2
盗窃	0	2	1	0	3	18	0	22	0	9	0	1
抢劫	0	0	0	0	0	0	0	0	1	1	0	0
故意杀人	0	0	0	0	0	0	0	0	1	0	0	1
故意伤害	0	0	1	1	5	7	10	7	0	3	0	1
非法拘禁	0	0	0	0	0	1	0	1	0	0	0	0

续表

	免予刑事处罚	单处罚金	管制	缓刑	拘役6个月以下并适用缓刑	拘役6个月以下	有期徒刑1年以下并适用缓刑	有期徒刑1年以下	有期徒刑1年至3年并适用缓刑	有期徒刑1年至3年	有期徒刑3年以上并适用缓刑	有期徒刑3年以上
赌博、开设赌场	0	0	0	0	2	6	2	6	1	4	0	0
聚众斗殴、寻衅滋事、强迫交易	1	0	0	0	1	6	4	11	0	5	0	2
诈骗	0	0	0	0	2	2	2	6	1	3	0	2
组织、容留、介绍卖淫	0	0	0	0	0	0	1	8	0	3	0	1
其他	1	2	0	0	5	12	18	14	4	9	0	4
总计	4	4	2	2	43	143	63	95	12	48	1	15

（二）程序适用情况

从程序适用方面来看，简易程序的适用仍是大部分案件的选择，虽然2018年新修订的刑诉法增加了认罪认罚速裁程序，基层人民法院管辖的可能判处3年有期徒刑以下刑罚的案件，案件事实清楚，证据确实、充分，被告人认罪认罚并同意适用速裁程序的，可以适用速裁程序。但在司法实践中适用较少，样本案例中大部分案件是适用简易程序，仅有14例是适用速裁程序审理，占比3.24%（见表4）。可见简易程序和速裁程序之间存在一种嵌套的关系，有许多案件既可以适用简易程序，也可以适用速裁程序，速裁程序在案件繁简分流上的优势还未完全显现。从案件类型来看，对于故意杀人、贪污贿赂等重罪案件，以适用普通程序为主，对于危险驾驶、交通肇事等轻罪案件以适用简易程序为主（见表5）。

表4　江西省全省及各市法院上网案件程序适用情况表

	简易程序案件	普通程序案件	速裁程序案件	小计
全省	303	115	14	432
南昌	2	16	0	18
九江	14	4	1	19
上饶	72	17	1	90
抚州	50	40	3	93
宜春	122	3	3	128
吉安	14	5	1	20

续表

	简易程序案件	普通程序案件	速裁程序案件	小计
赣州	11	24	3	38
景德镇	0	0	0	0
萍乡	1	2	2	5
新余	0	0	0	0
鹰潭	0	4	0	4

表5 不同犯罪类型案件程序适用情况表

	简易程序案件	普通程序案件	速裁程序案件	小计
涉枪犯罪	7	1	0	8
交通肇事	31	12	3	46
危险驾驶	93	9	1	103
贪污贿赂	1	3	0	4
生产、销售伪劣商品	3	1	0	4
毒品犯罪	9	7	3	19
盗窃	45	10	1	56
抢劫	1	1	0	2
故意杀人	0	2	0	2
故意伤害	20	13	2	35
非法拘禁	0	2	0	2
赌博、开设赌场	15	6	0	21
聚众斗殴、寻衅滋事、强迫交易	20	10	0	30
诈骗	13	5	0	18
组织、容留、介绍卖淫	6	6	1	13
其他	39	27	3	69
总计	303	115	14	432

(三) 辩护情况

从认罪认罚案件辩护情况来看，全省上网案件委托辩护有88件，占比20.37%，指定辩护案件有28件，占比6.48%。总体看来，认罪认罚案件辩护率较低，在裁判文书中载明有值班律师参与的情况较少，对于认罪认罚过程的描述过于简单、模糊不清，值班律师的作用未受到重视（见表6）。

表6 江西省全省及各市法院上网案件辩护率

	委托辩护案件	占比（%）	指定辩护案件	占比（%）	无辩护律师案件	占比（%）	小计
全省	88	20.37	28	6.48	316	73.15	432
南昌	11	61.11	3	16.67	4	22.22	18
九江	4	21.05	12	63.16	3	15.79	19
上饶	26	28.89	12	13.33	52	57.78	90
抚州	14	15.05	0	0	79	84.95	93
宜春	5	3.91	0	0	123	96.09	128
吉安	12	60	1	5	7	35	20
赣州	12	31.58	0	0	26	68.42	38
景德镇	0	0	0	0	0	0	0
萍乡	2	40	0	0	3	60	5
新余	0	0	0	0	0	0	0
鹰潭	2	9.52	0	0	19	90.48	21

二、存在的问题

（一）值班律师作用甚微

作为参与认罪认罚案件的主要方式，值班律师的作用至关重要。根据新修订的刑事诉讼法之规定，值班律师的职能主要是为犯罪嫌疑人、被告人提供法律咨询、程序选择建议、申请变更强制措施、对案件处理提出意见等法律帮助。此外，犯罪嫌疑人、被告人自愿认罪，同意量刑建议和程序适用的，应当在辩护人或者值班律师在场的情况下签署认罪认罚具结书。在认罪认罚案件中，值班律师的参与是犯罪嫌疑人、被告人权利的重要保障，因为在认罪认罚之后，案件的审理简化，适用简易或速裁程序，被告人的权利难以得到真正的保障。

在样本案例中，仅有两个案例中提到有值班律师参与其中，宁都县人民法院审理的刘某明串通投标案和何某芳、温某林寻衅滋事案中表明"被告人刘某明及值班律师对公诉机关指控事实、罪名及量刑建议均无异议且签字具结"① "三被告人及辩护人、值班律师对公诉机关指控事实、罪名及量刑建议均无异议且签字具结"②，除此之外，其余案例均未显示有值班律师参与其中。样本案例表明，值班律师的设置在一定程度上"徒具形式"，有点像法院的陪审员"陪而不审"，仅是被告人签署认罪认罚具结书时的见证者，难以为犯罪嫌疑

---

① 参见江西省宁都县人民法院（2019）赣0730刑初288号一审刑事判决书。
② 参见江西省宁都县人民法院（2019）赣0730刑初331号一审刑事判决书。

人、被告人提供有效辩护。这就"很难避免控诉方在有的案件中,将认罪认罚作为克服诉讼障碍,实现有效定罪的一个工具,在少数案件中,认罪认罚从宽制度实已丧失其协商性司法的特质,而可能变异为一种'恃强凌弱'的'压制性司法'"。

(二) 量刑建议协商不足

认罪认罚从宽制度最显著的特点就在于打破了传统控辩对抗式的司法模式,引入了协商式司法模式,控辩双方就量刑进行协商、达成合意,形成量刑建议,"量刑建议是控辩双方协商的产物,是诉讼合意的表示"[①]。量刑协商是认罪认罚案件实施的重要环节,通过协商,确保量刑建议的公允性。但是在目前情况下,检察机关的量刑建议基本上是一个封闭的操作过程,因为检察机关掌握着案件诉讼信息、具有压制性国家权力,如果犯罪嫌疑人、被告人不同意协商司法条件,可能导致更为严重的法律后果,这足以对犯罪嫌疑人、被告人形成心理压制,造成非自愿的"认罪认罚"。

比如上饶市广丰区人民法院审理的谢某某故意伤害一案,被告人与公诉机关签署认罪认罚具结书,但在开庭时公诉机关认为"被告人在案发后主动投案,归案后又能如实供述犯罪事实,系自首,依法可以对其从轻处罚;被告人虽签署了认罪认罚具结书,但是到开庭时未对被害人进行赔偿,在适用认罪认罚从宽制度时应慎重,被告人认罪未认罚。故建议法庭对被告人谢某某定故意伤害罪,判处三年以下有期徒刑"。[②] 正是因为前期控辩双方对于量刑建议的协商不足,检察机关才会在认罪认罚具结书上已出具量刑建议的情况下,在法庭审理过程中却提出被告人认罪不认罚,未经协商便当庭修改量刑建议,这违背了认罪认罚从宽制度量刑协商的宗旨,使得认罪认罚从宽制度成为压制被告人的一种手段,未能脱离控辩对抗司法模式的桎梏。

(三) 量刑建议异议处理程序不当

新修订的刑事诉讼法以及2019年"两高三部"发布的《关于适用认罪认罚从宽制度的指导意见》(以下简称《指导意见》)中关于法院对量刑建议的采纳问题有明确的法律规定,刑事诉讼法第201条规定:"对于认罪认罚案件,人民法院依法作出判决时,一般应当采纳人民检察院指控的罪名和量刑建议……"《指导意见》第41条规定,人民法院经审理,认为量刑建议明显不当,或者被告人、辩护人对量刑建议有异议且有理有据的,人民检察院可以调整量刑建议。人民检察院不调整量刑建议或者调整后仍然明显不当的,人民法院应当依法作出判决。即当法院不采纳检察机关的量刑建议时首先应当向检察机关出具量刑建议不被采纳需要调整的通知,其次检察机关有调整与不调整的权力,只有当人民检察院不调整量刑建议或者调整后仍然明显不当,法院才能依法作出判决。简言之,法院不能在认为有明显不当和出现异议的情况下直接作出裁判。

样本案例中有多起案件法院认为检察机关作出的量刑建议不当,随后径行作出判决,比如江西省弋阳县人民法院审理的毕某亮污染环境一案中,法院认为"被告人毕某亮在公诉机关审查起诉过程中自愿签署认罪认罚具结书,适用认罪认罚从宽制度。公诉机关对被

---

① 卞建林、陶加培:《认罪认罚从宽制度中的量刑建议》,载《国家检察官学院学报》2020年第1期。
② 参见江西省上饶市广丰区人民法院(2019)赣1103刑初329号一审刑事判决书。

告人毕某亮提出的量刑建议不适当,不予采纳"。① 此外陈某菊污染环境案②、黄某连抢劫案③、郭某盗窃案④等案件法院都存在严重的程序违法。量刑建议作为体现控辩双方诉讼合意的法定载体,应当得到法院的尊重,在调整量刑建议的程序中亦是如此。

根据《人民检察院刑事诉讼规则》(以下简称《高检规则》)的规定,人民检察院依法对人民法院的审判活动是否合法实行监督。检察机关对审判活动实行法律监督的手段有两种:一是向法院提出纠正意见,《高检规则》第572条规定:"人民检察院在审判活动监督中,发现人民法院或者审判人员审理案件违反法律规定的诉讼程序,应当向人民法院提出纠正意见。"二是依法提起抗诉,《高检规则》第584条规定:"人民检察院认为同级人民法院第一审判决、裁定具有下列情形之一的,应当提出抗诉:……(六)人民法院在审理过程中严重违反法律规定的诉讼程序的……"对于法院出现未告知检察机关量刑建议并听取检察机关意见,直接作出判决的不当行为,可以纳入检察机关法律监督的范围,检察机关应向法院提出纠正意见或依法提起抗诉。

三、完善路径

(一) 量刑建议精准化

"两高三部"联合出台的《指导意见》提出,犯罪嫌疑人认罪认罚的,人民检察院应当就主刑、附加刑、是否适用缓刑等提出量刑建议。办理认罪认罚案件,一般应当提出确定刑量刑建议。"这一规定明确确定刑量刑建议在认罪认罚案件中的基础性地位。"⑤ 从《指导意见》可以看出,量刑建议应当以"确定刑量刑建议为主、幅度刑量刑建议为辅"。检察机关提出确定刑量刑建议对于认罪认罚从宽制度的实施有着重要意义。法院采纳量刑建议,尤其是对确定刑量刑建议的采纳并非意味着量刑裁判权的丧失,需要透过表面现象分析根本原因,法院之所以采纳检察机关的量刑建议的核心在于量刑建议符合罪刑法定原则和罪责刑相适应的原则,不存在不当之处,法院采纳也是情理之中。再者,认罪认罚的案件大多以交通肇事、危险驾驶、盗窃等轻罪案件为主,对于这类案件,2017年3月最高人民法院出台的《关于常见犯罪的量刑指导意见》以及同年5月出台的《关于常见犯罪的量刑指导意见(二)(试行)》已经涵盖,"检察机关和法院之间已经形成了一套成熟且共通的量刑规则和标准,出现明显量刑偏差的可能性不高"。⑥

量刑建议精准化是贯彻认罪认罚从宽制度的应有之义。认罪认罚从宽制度的核心内容就是量刑协商,确定刑量刑建议可以"增强量刑协商过程及结果的稳定性、权威性与延续性,进一步固化具结书的签署效力",可以"更好地激活认罪认罚从宽制度的'激励机

---

① 参见江西省弋阳县人民法院(2019)赣1126刑初138号一审刑事判决书。
② 参见江西省弋阳县人民法院(2019)赣1126刑初137号一审刑事判决书。
③ 参见江西省安义县人民法院(2019)赣0123刑初86号一审刑事判决书。
④ 参见江西省弋阳县人民法院(2019)赣1126刑初110号一审刑事判决书。
⑤ 李刚:《检察官视角下确定刑量刑建议实务问题探析》,载《中国刑事法杂志》2020年第1期。
⑥ 董坤:《认罪认罚案件量刑建议精准化研究》,载《检察日报》2020年8月18日第3版。

制',鼓励自愿认罪认罚"①。

(二) 完善量刑协商

检察机关充分听取意见,控辩双方充分协商是实施认罪认罚从宽制度的基础,也是发挥好认罪认罚从宽制度价值的关键所在。在司法实践中,认罪认罚更多的是由检察机关主导的,完善量刑协商,要从"制度完善""设施完善"和"信息对等"三方面着手。

首先,当前的量刑协商工作还比较粗放,相关制度规定比较原则,因此,有必要完善细化量刑协商的制度规范。一是要求办理认罪认罚案件必须经过量刑协商的过程,严禁未经协商就先行确定量刑建议的做法,禁止使用先打印好具结书的内容再"协商"。二是强化律师权利保障,检察机关应当允许并且鼓励值班律师与犯罪嫌疑人单独会见,并提供便利条件。

其次,应当加强硬件建设,使协商双方有地方"坐下来"、有条件"谈起来"、仪式感"强起来"。在办案区专门设立量刑协商办公室,采用圆桌会议的模式进行协商。有必要在看守所专设认罪认罚从宽讯问室,方便开展认罪协商和签署具结书。对于提供远程讯问开展远程具结的情况,也应当在远程讯问室设置律师专席,为协商提供便利。

最后,要让量刑协商"看得见""摸得着",使协商主体能够真正实现信息共同、平等协商。此外,也要让法官真正感知到量刑协商的过程,必须配套相应的量刑协商信息载体。要着力搭建"信息平台",一是协商应当在双方信息对等的情况下进行,犯罪嫌疑人、被告人应该对自己的犯罪情况有一个清楚的认识,承办检察官应当向犯罪嫌疑人、律师告知认定的犯罪事实、罪名,不得在犯罪嫌疑人、律师对认定事实、罪名不明的情况下进行量刑协商;检察官要向犯罪嫌疑人、律师充分解释量刑方法、依据以及从轻、减轻处罚的有关情况。二是量刑协商应该以看得见的方式进行,而不是关着门封闭讨论,量刑协商过程应当全程录音录像,并将录音录像封存作为证据移送法院,在庭审中让法官真正感知到量刑协商的程序,确保认罪认罚的真实性、自愿性。

(三) 检察机关积极履行法律监督职能

人民检察院是宪法规定的国家法律监督机关,这是检察制度现代化建设的基本坐标。检察机关履行法律监督权,主要指向公安机关的侦查活动、人民法院的审判活动和刑罚执行机关的活动。根据刑事诉讼法的相关规定,人民检察院发现人民法院审理案件违反法律规定的诉讼程序,有权向人民法院提出纠正意见;人民检察院对人民法院已经发生法律效力的判决、裁定,发现违反法律、法规规定的,有权按照审判监督程序提出抗诉。由此可见,检察机关行使法律监督权的方式有提出纠正意见或提起抗诉。

检察机关积极履行法律监督职能是量刑建议的重要保障。在认罪认罚案件中,当法院认为检察机关的量刑建议明显不当时,未告知检察机关调整量刑建议即径行作出判决,属于严重的程序性违法,可以纳入检察机关法律监督的范围。比如上饶市中级人民法院审理的张某明、吴某昀开设赌场一案二审,因一审法院未采纳检察机关量刑建议,未通知检察机关调整量刑建议直接裁判,检察机关依法提起抗诉,提出"弋阳县人民检察院对被告人

---

① 樊崇义:《关于认罪认罚中量刑建议的几个问题》,载《检察日报》2019年7月15日第2版。

张某明、吴某昀涉嫌犯开设赌场罪一案中,依法适用了认罪认罚从宽制度,两被告人认罪认罚并签署了认罪认罚具结书,同意弋阳县人民检察院量刑意见。而弋阳县人民法院在没有《中华人民共和国刑事诉讼法》第二百零一条规定的除外情形的情况下,未对弋阳县人民检察院提出量刑不当意见,亦未建议调整量刑建议的情况下,未采纳弋阳县人民检察院的量刑建议,判决对被告人张海明适用缓刑,该判决违反了《中华人民共和国刑事诉讼法》第二百零一条规定,属于适用法律不当"①,最终二审法院支持了检察机关的抗诉意见,采纳了检察机关的量刑建议。

当出现需要调整量刑建议情形时,法院应当履行告知职责,等待检察机关与被告人、辩护人或者值班律师再行协商提出新的量刑建议。若法院跳过此步骤或省略这一环节,将会严重削弱量刑建议的严肃性、有效性和公信力,最终妨碍认罪认罚从宽制度的实现。因此,检察机关应积极行使法律监督职能,保障量刑建议的正确实施。

---

① 参见江西省上饶市中级人民法院(2019)赣 11 刑终 177 号刑事二审判决书。

认罪认罚从宽制度的新发展

王敏远 杨 帆*

引 言

2019年10月，为了促进精准适用认罪认罚从宽制度，确保严格公正司法，最高人民法院、最高人民检察院会同公安部、国家安全部、司法部发布了《关于适用认罪认罚从宽制度的指导意见》（以下简称《指导意见》）。《指导意见》旨在使刑事诉讼法中粗疏的条文更加具体化并更具有可操作性，是"具有中国特色的关于刑事诉讼的司法解释"。作为具有一定程度"造法功能"的司法解释，[①]《指导意见》在遵循刑事诉讼法规定的基本精神的基础上，在一些方面实际上超越了我国刑事诉讼法关于认罪认罚从宽制度的规定，因此，可以视为我国认罪认罚从宽制度的新发展。

之所以说《指导意见》标志着认罪认罚从宽制度的新发展，是因为其对认罪认罚从宽制度有新的贡献，这主要体现在四个方面：一是进一步明确了认罪认罚从宽制度的要求、范围等；二是强化了认罪认罚从宽制度中的权利保障；三是细化了认罪认罚从宽制度中的职能部门的职权；四是填补了认罪认罚从宽制度中的若干程序规则。这四个方面将是我们认识认罪认罚从宽制度新发展的主要内容。限于篇幅，在此仅对其中部分问题进行探讨。

一、进一步明确了认罪认罚从宽制度的一些内容

认罪认罚从宽制度之所以在贯彻落实的过程中还有认识上的分歧，各地的执行亦参差不齐，[②]原因多且复杂。其中的一个原因是刑事诉讼法关于这项制度的很多规定不够明确。《指导意见》进一步明确了认罪认罚从宽制度的一些内容，可以促使这项制度的统一实施。

（一）进一步明确了认罪认罚从宽制度的重大意义

认罪认罚从宽是2018年修改后的刑事诉讼法新规定的一项重要制度，关于这项制度所

---

* 王敏远，浙江大学光华法学院教授，博士生导师；杨帆，浙江大学光华法学院博士研究生。

① 参见王敏远：《2012年刑事诉讼法修改后的司法解释研究》，载《国家检察官学院学报》2015年第1期。

② 2019年10月24日，在《指导意见》发布会上，最高人民检察院副检察长陈国庆通报：当年9月重庆、天津、江苏等省份检察机关认罪认罚从宽制度的平均适用率已经超过70%，但是当年前三季度全国检察机关办理刑事案件认罪认罚从宽制度平均适用率仅为40.1%，各地的差异明显。参见史兆琨：《检察机关提出确定刑量刑建议法院采纳率为81.6%》，载《检察日报》2019年10月25日第1版。

具有的重大意义,在发布《指导意见》的"通知"中指出,要站在推动国家治理体系和治理能力现代化的高度,充分认识这项制度对及时有效惩治犯罪、加强人权司法保障、优化司法资源配置、提高刑事诉讼效率、化解社会矛盾纠纷、促进社会和谐稳定的重要意义。揭示这六个方面的积极意义,旨在表明该制度不仅仅是为了提高诉讼效率、解决司法机关案多人少的问题,而是有更高的追求且具有更多方面的意义。

(二) 明确了认罪认罚从宽制度的四个基本原则

《指导意见》的第一部分明确了认罪认罚从宽制度的四个基本原则,即贯彻宽严相济刑事政策、坚持罪责刑相适应原则、坚持证据裁判原则、坚持公检法三机关配合制约原则。在明确列出的这四个原则中,既有刑事诉讼所特有的原则,如公检法三机关配合制约原则与证据裁判原则;也有超越刑事实体法和刑事程序法的原则,如宽严相济刑事政策;还有刑事实体法的罪责刑相适应原则。之所以将这四个原则在认罪认罚从宽制度中单独列明,笔者认为,主要是为了表明认罪认罚从宽制度虽然是刑事诉讼法中的制度,但该制度也是一项刑事一体化的制度,是将刑事政策、刑事实体法和刑事程序法融为一体的制度。因此,需要从刑事政策、刑事实体法、刑事程序法三个方面对该制度进行整体性的解读,对这个"刑事一体化"的制度不能仅限于其中的某个角度进行理解。当然,在认罪认罚从宽制度中,更需要重视的是刑事程序法的原则。因为尽管《指导意见》只列明了上述四项原则,但是,我们认为认罪认罚从宽制度作为我国刑事诉讼法中的一项制度,应当遵循我国刑事诉讼法所规定的基本原则,如无罪推定原则等。①

(三) 进一步明确了适用范围和条件、认罪认罚从宽的含义

关于认罪认罚从宽制度的适用范围和适用条件,以及认罪、认罚和从宽的含义,《指导意见》对其作了进一步明确规定。

1. 《指导意见》第5条进一步明确了认罪认罚从宽制度的适用范围,包括适用的诉讼阶段和适用案件这两个方面的范围。其一,《指导意见》第5条第1款明确了认罪认罚从宽制度适用的诉讼阶段,即认罪认罚从宽制度贯穿刑事诉讼全过程,适用于刑事案件办理的各个主要阶段。这与刑事诉讼法(第15条规定了认罪认罚从宽制度)的精神是一致的。这条规定解决了侦查阶段是否适用认罪认罚从宽的争议。其二,《指导意见》第5条第2款规定,所有的刑事案件都可以适用认罪认罚从宽制度,即认罪认罚从宽制度没有适用罪名以及可能判处刑罚轻重的限定。此条款明确了不能因为罪重或者罪名特殊等原因而剥夺被追诉人认罪认罚获得从宽处理的机会。

2. 揭示了认罪、认罚的含义。《指导意见》第6条与第7条分别从不同方面揭示了"认罪"的含义,并进一步揭示了"认罚"的含义。关于"认罪",《指导意见》在对其基本含义从正面予以明确的基础上,规定了几种特殊情况的认定,如对"认罪"的含义作了更加明确的规定,有利于促进实践中对"认罪"的相对宽松的认定。关于"认罚",《指导

---

① 我国刑事诉讼法第12条规定的"未经人民法院依法判决,对任何人都不得确定有罪",我们姑且将之称为"中国特色的无罪推定原则",虽然因为其中的"中国特色"太过突出,有人对此有不同认识,但学界普遍已将其视为无罪推定原则。

意见》第 7 条将"悔罪"规定为"认罚"的要件,即"认罪认罚从宽制度中的'认罚',是指犯罪嫌疑人、被告人真诚悔罪,愿意接受处罚"。

3. 关于从宽含义的规定。《指导意见》第 8 条与第 9 条从不同层面明确了对"从宽"的具体把握,并对认罪认罚从宽和坦白从宽的关系作了明确规定。对该项规定理解的重点在于,认罪认罚从宽的幅度一般应当大于仅有坦白或者虽认罪但不认罚的从宽幅度;如果是被追诉人既认罪认罚,又有坦白情节时,尤其是还有自首情节时,对其从宽的幅度应当更大,但是对这些不同情况不做重复评价。

(四) 进一步明确了认罪认罚从宽制度的其他内容

《指导意见》还进一步明确了认罪认罚从宽制度其他许多方面的规定与要求,其中关于证明标准和疑罪从无的要求特别重要。《指导意见》第 3 条规定,坚持法定证明标准,侦查终结、提起公诉、作出有罪裁判应当做到犯罪事实清楚,证据确实、充分,防止因犯罪嫌疑人、被告人认罪而降低证明要求和证明标准。对犯罪嫌疑人、被告人认罪认罚,但证据不足,不能认定其有罪的,依法作出撤销案件、不起诉决定或者宣告无罪。此前,在认罪认罚从宽制度试点期间,有的地方规定了认罪认罚从宽案件不同于刑事诉讼法的证明标准,即"主要犯罪事实清楚、主要证据确实充分的证明标准,或是在采用速裁程序、简易程序的认罪认罚案件中降低证明标准。①不论是学术界还是实务界,虽有对此的赞同意见,但也有人对此提出疑问:"在认罪认罚从宽案件中,证明标准是不是应该下降或者已经下降。"《指导意见》对此明确作出了回应。这个规定符合刑事诉讼法的规定,是预防认罪认罚从宽发生冤错案件的基本保障,同时,这也是我国认罪认罚从宽制度区别于辩诉交易等制度的一个重要原因。

二、强化了认罪认罚从宽制度中权利保障的规定

从认罪认罚从宽制度的设立宗旨来看,这项制度的目的并不仅仅是便于职权机关办案,而且也有助于进一步提升对权利的保障。认罪认罚从宽制度的成效与其中的权利保障的成效有着密不可分的关联。《指导意见》在诸多方面强化了认罪认罚从宽制度中的权利保障。

(一) 提出了"有效法律帮助"的要求

《指导意见》第 10 条首次提出了有效法律帮助的要求,即"人民法院、人民检察院、公安机关办理认罪认罚案件,应当保障犯罪嫌疑人、被告人获得有效法律帮助,确保其了解认罪认罚的性质和法律后果"。"有效法律帮助"是我国刑事诉讼法的规定中从未有过的内容。以往学术界对刑事辩护的讨论涉及有效辩护、无效辩护等方面的内容。②但在我国刑事诉讼的语境中,刑事辩护与刑事诉讼中的法律帮助是两个不同的概念。我们认为,这次

---

① 参见孙长永:《认罪认罚案件的证明标准》,载《法学研究》2018 年第 1 期。
② 例如,林劲松:《美国无效辩护制度及其借鉴意义》,载《华东政法大学学报》2006 年第 4 期;樊崇义、叶肖华:《从有效辩护原则看我国刑事辩护制度改革》,载《中国律师》2007 年第 10 期;吴纪奎:《对抗式刑事诉讼改革与有效辩护》,载《中国刑事法杂志》2011 年第 5 期;陈瑞华:《刑事诉讼中的有效辩护问题》,载《苏州大学学报》(哲学社会科学版) 2014 年第 5 期;等等。

从程序规范的意义上明确提出"有效法律帮助"的要求，为不断提升认罪认罚从宽制度中的刑事辩护奠定了基础，对于认罪认罚从宽制度中被刑事追诉者权益的保障具有重要意义。

（二）职权部门的保障责任

有效法律帮助的实现离不开职权部门的保障。为此，《指导意见》进一步提出了公检法司的保障责任，除了第10条第1款对此提出了原则性要求，还提出了诸多具体的保障内容。例如，刑事诉讼法对检察院和法院保障值班律师阅卷等了解案情的具体权利未予具体规定，刑事诉讼法第173条第3款只是规定检察院依照前两款规定听取值班律师意见的，应当提前为值班律师了解案件有关情况提供必要的便利。《指导意见》（第12条第2款）则对此作了具体规定，自检察院审查起诉之日起，值班律师可以查阅案卷材料、了解案情。法院与检察院应当为值班律师查阅案卷材料提供便利。这样的具体要求有利于强化权力保障。

（三）值班律师的职责

值班律师的职责是分析其在认罪认罚从宽制度中的地位和作用的基础，对此刑事诉讼法第36条提出了四个方面的职责。《指导意见》第12条对值班律师的职责从七个方面作了更加具体的规定。这一规定强化了值班律师的角色定位。在认罪认罚从宽制度试点期间和2018年刑事诉讼法修改之后，实务部门与学术界对于值班律师的定位问题的认识莫衷一是，较多观点认为应当把值班律师定位为认罪认罚从宽具结书的见证人。《指导意见》秉承刑事诉讼法的要求，明确了值班律师的职责不仅限于见证认罪认罚从宽的具结书的签署，同时还应该承担更多的责任。显然，《指导意见》第12条第2款所规定的值班律师可以查询案卷材料、了解案情，目的就是更有效地提供法律帮助。另外，《指导意见》第13条还规定了值班律师法律帮助的衔接，这使其职责不再仅限于看守所等特定场所，不再仅仅作为具结书的见证人，提供了程序保障。

（四）辩护人的职责

在我国的辩护律师与值班律师尚有界分的语境下，对辩护律师在认罪认罚从宽制度中的作用确实需要专门规定。为此，《指导意见》第15条对于辩护人的职责作了规定，辩护人的职责因此与刑事诉讼法的规定有共同的地方，同时也有一些新的要求、新的内容。比如就定罪量刑以及诉讼程序的适用向办案机关提出意见，就犯罪嫌疑人、被告人是否认罪认罚进行沟通等。需要注意的是，《指导意见》中的表述是"与被追诉人沟通是否认罪认罚"，其中的"沟通"以及"是否"这两个词的深意应予关注。显然，"沟通"比"说服"一词更加妥当；而"是否"一词则揭示了辩护人与犯罪嫌疑人、被告人就认罪认罚的"沟通"，存在两种可能。笔者认为，这不仅意味着辩护律师有提出意见与被追诉人一起参详的职责，而且预示了辩护律师的职责只是对被追诉人提出分析意见，至于是否认罪认罚，应由被追诉人自己确定。

（五）证据开示

辩护方知晓控方所掌握的事实与证据是进行有效辩护的基础，也是保障案件质量的基础，证据开示因此是现代刑事诉讼的一个基本制度。我国刑事诉讼法对证据开示未作专门的制度性规定。最高人民法院于 2017 年制定的《人民法院办理刑事案件庭前会议规程（试行）》第 19 条规定，庭前会议中，对于控辩双方决定在庭审中出示的证据，人民法院可以组织展示有关证据，听取控辩双方对在案证据的意见，梳理存在争议的证据。然而，认罪认罚从宽案件的办理重心在审查起诉阶段，这个阶段的证据开示的重要性和紧迫性因此而凸显，而之前的刑事诉讼规则又对此未作规定。《指导意见》第 29 条规定，人民检察院可以针对案件具体情况，探索证据开示制度，保障犯罪嫌疑人的知情权和认罪认罚的真实性及自愿性。这是保障被追诉人的知情权和认罪认罚的真实性和自愿性的探索性规定。

（六）加强了被害方权益的保障

刑事诉讼中的权利保障的重心虽然是被追诉者权利的保障，但被害人的权利保障也是其重要的内容，在认罪认罚从宽制度中，被害人的权利保障具有更多的特殊内容并具有更深的意义。关于认罪认罚从宽制度中被害人诉讼地位和诉讼权利的保障，刑事诉讼法已经作出了相应的规定，却不够细化。《指导意见》第五部分（第 16 条至第 18 条）对此专门作出规定，加强了对被害人的权利保护。

《指导意见》关于被害人的规定需要注意两个重点：一是应当充分听取被害方的意见。为了使被害方能够更好地表达意见，还规定了"符合司法救助条件的，应当积极协调办理"。二是被害人意见对认罪认罚从宽的程序与实体方面的有限作用。一方面，基于被害人对认罪认罚从宽的适用产生一定影响，对认罪认罚的案件，公检法应当积极促进当事人自愿达成和解，并将是否达成和解协议（调解协议）或者赔偿损失、取得被害方谅解作为从宽处罚的重要考虑因素；另一方面，被害人不同意对认罪认罚的被追诉之人从宽的，不影响认罪认罚从宽制度的适用，并应根据不同情况作出不同处理。

三、细化了认罪认罚从宽制度中职能部门的职权

认罪认罚从宽制度作为刑事诉讼中的一项新的制度，对职权机关在刑事诉讼中的职权以及办案方式产生了重大影响。虽然公检法等部门之间的关系并未因此而有根本的变化，但三机关的职权行使方式以及相互之间关系的具体内容却因此有相应的调整。《指导意见》对认罪认罚从宽制度中各职能部门的职权进行了进一步细化，使认罪认罚从宽制度因此更具有可操作性。

（一）审查起诉阶段的量刑建议

在认罪认罚从宽制度确立之前，检察院就已经开展了量刑建议工作，并曾为此作出了相应的规定（如 2010 年最高人民检察院制定的《人民检察院开展量刑建议工作的指导意见（试行）》）。在以往的实践中，检察院所提出的量刑建议既有幅度刑的量刑建议，也有确定刑的量刑建议。不论是哪种量刑建议，都改变了检察院在起诉工作中重视定罪请求而忽视求刑的传统，解决了量刑辩护的无的放矢问题。而在刑事诉讼法第 201 条规定之后，对确定刑的量刑建议问题，人们意见分歧明显。该条规定，对于认罪认罚案件，人民法院依法作出判决时，一般应当采纳人民检察院指控的罪名和量刑建议。有观点认为在认罪认罚

从宽案件中，检察院此时再提出确定刑的量刑建议就会导致对法院的自由裁量权的削弱。①

《指导意见》第33条规定，对于认罪认罚案件，人民检察院一般应当提出确定刑的量刑建议，从程序规制层面对此争议作出了回应。然而，在研究层面，仍有需要探讨的问题。其中，最重要的是，在"一般应当采纳"的规定之下，应该如何认识认罪认罚从宽案件中检察院的精准量刑建议，以及其对法官的自由裁量权的影响。

关于精准量刑建议对法官自由裁量权的影响问题，在此全面展开讨论是不现实的。关于这个问题，本文只是从原则层面进行简要的说明。笔者认为，对此应确定两个基本原则。其一，法院在定罪量刑中的最终裁量权应当肯定。因此，《指导意见》第40条规定，对于人民检察院提出的量刑建议，人民法院应当依法进行审查。这意味着法院首先应当依法定职责对检察院所提出的起诉进行审查，符合法律规定的，应当采纳。② 其二，在控审分离的现代刑事诉讼中，法官的自由裁量权并非任意裁量权，其定罪量刑的权力是受到严格限制的。其限制主要来自三个方面。一是法律的规定（包括先例），这意味着法官的裁量不能突破法律规定的限度，只是在法定幅度内的"自由裁量"而已；二是法官的职责，这意味着法官作为审判者，不能将其职责与控诉人相混淆，即禁止作出比指控更重的定罪量刑的裁决；三是应尊重控辩双方的意见，这意味着法官的裁断应当建立在控辩双方对事实认识和法律适用意见的基础之上，并非凭空作出自由判断的结果。尤其是在认罪认罚从宽案件中，检察院所提出的量刑建议实际是控辩双方合意的结果，法官对此更应尊重。

应当注意的是，关于检察院所提的量刑建议，《指导意见》对"精准量刑建议"提出了具体要求。其第33条第3款要求量刑建议应当说明理由和根据。该条还规定，对新类型、不常见犯罪案件，量刑情节复杂的重罪案件等，检察机关也可以提出幅度刑量刑建议。检察机关提出的量刑建议要有依据，而不能随心所欲，这与法院行使自由裁量权一样，都要依据案件情况、事实证据等方面的内容作出相关的判断、裁量。该条还规定，在量刑情节复杂的重罪案件中，检察院"也可以提出幅度刑量刑建议"。笔者认为，这并不意味着检察官此时应当放弃提出确定刑量刑建议，而是基于这类案件可能产生的社会影响，以及司法需要逐渐积累经验。因此，检察官对这类案件提出量刑建议时应当特别慎重。

（二）法院对案件真实与公正的职责

毫无疑问，法院在认罪认罚从宽制度中仍然承担审判职责，仍然需要对其审判的刑事案件的真实性与公正性负责。然而，以往的实践表明，法院在刑事诉讼中作为公平正义的最后一道防线的守护者，履行其防止和纠正冤错案件的职责并不容易，其原因虽然众多，但审判在刑事诉讼中的决定性作用和不具有实质性的审判方式是其中的重要原因。

我们认为，将两者如此混同过于牵强，也会产生问题。原因并不仅仅在于认罪认罚从

---

① 参见樊崇义：《关于认罪认罚从宽中量刑建议的几个问题》，载《检察日报》2019年7月15日第2版；陈国庆：《量刑建议的若干问题》，载《中国刑事法杂志》2019年第5期；杨宇冠、王洋：《认罪认罚案件量刑建议问题研究》，载《浙江工商大学学报》2019年第6期；潘申明：《论量刑建议模式的选择》，载《华东政法大学学报》2013年第6期。

② 正是在这个意义上，笔者主张刑事诉讼法第201条所规定的"一般应当采纳"既有法律语言的表达问题——创设了易引起歧义的新词，也有在审查与采纳之间顺序上存在需要解决的问题。即法院原本应当首先进行审查，只有经审查确定定罪量刑的建议符合法律规定之后才是"应当采纳"。参见王敏远：《认罪认罚从宽制度中的重点、难点问题》，载《人民司法》2019年第10期。

宽案件的审理方式绝大多数采用的是速裁程序与简易程序，即使采用普通程序，按照《指导意见》第47条的规定，对法庭调查与法庭辩论也予以了"适当简化"，因而与普通庭审方式完全不同；而且，根据刑事诉讼法第190条第2款的规定，对认罪认罚的案件，法庭审查的是"认罪认罚的自愿性和认罪认罚具结书内容的真实性、合法性"，《指导意见》第39条规定审查核实的方式则是在法庭就此向被告人、律师发问。这意味着认罪认罚从宽案件开庭审理的内容与庭审实质化的要求截然不同。

因此，与其对两种截然不同的审判方式一味强调其共性，不如明确肯定两者的差异，并在此基础上充分认识到法院在认罪认罚从宽案件中履行其审判职责的特殊性。不论是速裁程序审判还是简易程序审判抑或是普通程序"简易审"，都应在充分认识认罪认罚从宽案件的这些审理方式与实质化的庭审存在明显差异的基础上，肯定此时的庭审方式在查清事实和证据等方面手段与作用的有限性。只有这样法院才能在认罪认罚从宽案件的审判中积极探索其履行审判职责需要注意的特殊问题。笔者认为，法院应高度重视《指导意见》第48条所规定的"程序转换"。即在审理认罪认罚从宽案件的过程中，一旦发现有被告人的行为不构成犯罪或者不应当追究刑事责任，以及被告人违背意愿认罪认罚或者被告人否认指控的犯罪事实情形的，应当立即转为普通程序审理，按照庭审实质化的要求进行法庭审判。相对于将速裁程序等也视为实质化庭审，这会更有利于法院在认罪认罚从宽案件的审判中准确把握其职责。

职务犯罪案件认罪认罚何以从宽

卫跃宁　王春永[*]

随着 2019 年 10 月最高人民法院、最高人民检察院、公安部、国家安全部、司法部《关于适用认罪认罚从宽制度的指导意见》（以下简称《指导意见》）的出台，就一般刑事案件而言认罪认罚从宽制度的适用已经全面铺开，但职务犯罪案件认罪认罚从宽制度的运行现状却并不理想。要想在办理职务犯罪案件的过程中也能贯彻实施好认罪认罚从宽制度，就要特别注意处理好以下三个问题：一是正确处理监察法和刑法、刑事诉讼法的衔接问题；二是保障被调查人的合法权益；三是规范被调查人认罪认罚情况的记录及移送。

一、问题的提出

2018 年我国刑事诉讼法修改之后明确地规定了认罪认罚从宽制度，2019 年 10 月"两院三部"又联合出台了《指导意见》——毋庸置疑，一段时间以来，认罪认罚从宽制度如何才能得到正确有效的实施一直是理论界和司法实务界关注的热点问题，一方面学者们为此撰写了大量的学术论文进行研究；另一方面实务界也为此做了大量的工作进行实践探索，在这期间有过激烈的争论，但也达成了一定的共识。2020 年年初北京的余金平案则一度引起了轩然大波，学者们就一审人民法院能不能改变人民检察院的量刑建议、二审人民法院在既有上诉又有抗诉的情况下能不能加重被告人的刑罚以及余金平是否构成自首、应不应该被适用缓刑等问题展开了激烈的争论，一时间仁者见仁、智者见智，难分高下。学者们讨论得非常热闹，却让对这场讨论有所关注的人越看越糊涂，不知道究竟谁说的对，笔者也不禁由此产生了不少的困惑，为什么一个简简单单的交通肇事逃逸案件却引发了如此之大的争议，是我们国家关于办理认罪认罚案件的法律规定还不够完善，还是真的有人为的因素在暗中起作用，就余金平案的整个处理过程和结果来讲，实体上的公正抑或是程序上的公正究竟又能够在何种程度上得到实现？实体上的公正和程序上的公正哪个更重要？从一个不管怎么说也根本算不上足够重大的余金平案所引发的讨论来看，认罪认罚从宽制度要得到更好的实施，不管是从理论研究的层面来讲还是从司法实践的层面来讲，确实还存在不少问题要好好地加以研究解决。与此同时，笔者也注意到，虽然我国监察法第 31 条的规定也涉及职务犯罪案件被调查人认罪认罚的内容，但是和我国刑事诉讼法以及《指导意见》所规定的认罪认罚从宽制度却有所出入，并不完全保持一致——这就很明显地涉及法

---

[*] 卫跃宁，中国政法大学刑事司法学院教授，博士生导师；王春永，中国政法大学 2019 级诉讼法学专业博士研究生。

法衔接的问题，涉及职务犯罪案件究竟如何适用认罪认罚从宽制度的问题。笔者认为如果这样的问题不能够得到很好解决的话，会大大影响到职务犯罪案件办理的质量和效率问题。毫无疑问，职务犯罪案件尤其是贪污贿赂犯罪案件和一般的刑事案件相比较而言，被调查人、犯罪嫌疑人、被告人的"认罪"对于案件事实最终的认定往往起着更为重要甚至是决定性的作用。这也是因为认罪认罚从宽制度的适用高度契合了职务犯罪尤其是贪腐犯罪案件中较为独特的证据结构和特点，[①] 也正是从这种意义上来讲，在职务犯罪案件办理过程中用好用足认罪认罚从宽制度就显得尤为重要。

二、如何正确理解监察法中涉及认罪认罚的法律规定

经过两年的试点后我国刑事诉讼法正式确立了认罪认罚从宽制度，并且"两院三部"于2019年10月出台了《指导意见》。《指导意见》从以下方面就认罪认罚从宽制度的实施问题作出了明确的规定：（1）基本原则；（2）适用范围和适用条件；（3）认罪认罚后"从宽"的把握；（4）犯罪嫌疑人、被告人辩护权保障；（5）被害方权益保障；（6）强制措施的适用；（7）侦查机关的职责；（8）审查起诉阶段人民检察院的职责；（9）社会调查评估；（10）审判程序和人民法院的职责；（11）认罪认罚的反悔和撤回；（12）未成年人认罪认罚案件的办理。不难看出，如果说我国刑事诉讼法关于认罪认罚从宽制度的规定还是具有很强的概括性的话，《指导意见》作出的相应规定则更为详细、全面，从一定意义上来讲已经基本上可以满足司法实践的需要。以基本原则部分为例，《指导意见》明确规定适用认罪认罚从宽制度首先就是要贯彻宽严相济刑事政策，做到该宽则宽，当严则严，宽严相济，罚当其罪。其次要坚持罪责刑相适应原则，这就明确地告诉我们我国认罪认罚从宽制度和美国的所谓辩诉交易制度有着重大的区别，不会因为犯罪嫌疑人、被告人的认罪认罚出现量刑上的过分悬殊，而是仍然要"确保罚当其罪，避免罪刑失衡"。再次要坚持证据裁判原则，这也就意味着不管犯罪嫌疑人、被告人再怎么认罪认罚，只要案件本身证据不足，无论如何也不能对其定罪处罚。换言之，办理任何认罪认罚案件，任何时候都要坚持以事实为根据，以法律为准绳，坚持法定的证明标准。有不少人认为，在办理认罪认罚案件的过程中难免要降低相应的证据要求和证明标准，应该说这种观点是极其错误的，也是极其有害的。如果让这种观点大行其道，冤假错案的出现将更加难以避免，而认罪认罚从宽制度在实际运行过程中也难免不出问题。不可否认，由于犯罪嫌疑人、被告人的认罪认罚，大大降低了办案机关侦查取证、指控证明的难度，但绝对不是说也不能说因此连带降低了认罪认罚案件办理的证据要求和证明标准。最后还要坚持公检法三机关配合制约原则，笔者认为即便是办理认罪认罚案件也要坚持以审判为中心，人民法院在审判阶段对认罪认罚案件仍然要进行实质性审查，相应地，人民法院要采纳人民检察院的量刑建议案件本身必须做到事实清楚，证据确实、充分，指控的罪名准确，量刑建议适当，否则将不予采纳。

反观我国监察法有关职务犯罪案件认罪认罚从宽制度的规定则略显单薄，且过于原则，缺乏可操作性——更重要的是，相关规定和我国刑事诉讼法、《指导意见》的规定并没有很好地衔接起来，甚至本身就有相互矛盾之处，这无疑将会给职务犯罪案件认罪认罚从宽制

---

① 参见汪海燕：《职务犯罪案件认罪认罚从宽制度研究》，载《环球法律评论》2020年第2期。

度实施带来一定的困难。监察法第 31 条规定，涉嫌职务犯罪的被调查人主动认罪认罚，有下列情形之一的，监察机关经领导人员集体研究，并报上一级监察机关批准，可以在移送人民检察院时提出从宽处罚的建议：（1）自动投案，真诚悔罪悔过的；（2）积极配合调查工作，如实供述监察机关还未掌握的违法犯罪行为的；（3）积极退赃，减少损失的；（4）具有重大立功表现或者案件涉及国家重大利益等情形的。笔者认为，从该条规定的具体内容来看，还不能完全就看作是职务犯罪案件认罪认罚的法律规定，从严格意义上来讲该条主要涉及的是监察机关在何种情形下可以对被调查人在移送人民检察院时提出从宽处罚建议的规定。和我国刑事诉讼法第 15 条规定的认罪认罚有所不同，监察法第 31 条规定的认罪认罚必须是"主动"认罪认罚，其具体表现就是自动投案、真诚悔罪悔过、积极配合调查工作、如实供述监察机关还未掌握的违法犯罪行为，积极退赃、减少损失。这里需要特别注意的是，一则即便被调查人具有上述主动认罪认罚的情形，但是监察机关在移送人民检察院时却并未提出从宽处罚的建议，在这种情形下人民检察院和人民法院还能否按照我国刑事诉讼法的规定继续适用认罪认罚从宽制度？或者说人民检察院和人民法院要对其适用认罪认罚从宽制度的话是否必须以监察机关提出从宽处罚建议为前提？二则被调查人在监察机关调查阶段并没有"主动"认罪认罚，但是从调查阶段到审查起诉、审判阶段却一直能够做到自愿认罪，愿意接受司法机关处罚，或者被调查人在调查阶段并没有认罪认罚，但是却在随后的审查起诉、审判阶段认罪认罚，这时人民检察院和人民法院又能否按照我国刑事诉讼法的规定对其适用认罪认罚从宽制度？

正如有学者认为的那样，监察机关"在适用认罪认罚从宽制度时，无法单纯以监察法为依据，必须借助刑事诉讼法的相关规定进行监察实践"。事实上监察法第 5 条明确规定了"国家监察工作严格遵照宪法和法律，以事实为根据，以法律为准绳"的原则，这就意味着监察工作绝非"法外之地"，也不能只认监察法"一家之言"，我国刑法、刑事诉讼法中涉及的有关职务犯罪以及认罪认罚的法律规定，在办理职务犯罪认罪认罚案件时也要予以充分的考虑，做好法法衔接，否则又如何维护我国社会主义法制的统一呢？监察法第 5 条同时还规定了要"保障当事人的合法权益"的原则与"惩戒与教育相结合，宽严相济"的原则。笔者认为，一方面，鉴于职务犯罪案件调查所具有的特殊性，监察机关在调查过程中更要特别注意保障当事人的合法权益。比如就贿赂犯罪案件而言一般不会有什么犯罪现场，相应也就不会留下什么痕迹物证，也很少有证人和被害人可以提供相应的言词证据，在这种情况下顺利取得被调查人的供述对于查明案件的犯罪事实就显得尤为重要，但同时也可能意味着如果在这一过程中被调查人的合法权益并没有得到很好的保障的话，被调查人难免被采用刑讯逼供等非法方法逼取相应的供述，以至于造成冤假错案。另一方面，在办理职务犯罪案件过程中，如果被调查人认罪认罚、认罪悔罪自然也要依法推进从宽落实。我国刑事诉讼法已经将认罪认罚从宽作为一项基本原则、一项被追诉人所享有的非常重要的权利明确地加以了规定，职务犯罪案件自然也不能有所例外，考虑到职务犯罪案件调查的特殊性，实际上更应该加大力度推进认罪认罚从宽制度落实到位。

---

① 詹建红：《认罪认罚从宽制度在职务犯罪案件中的适用困境及其化解》，载《四川大学学报》（哲学社会科学版）2019 年第 2 期。

三、办理职务犯罪认罪认罚案件应该注意的几个问题

（一）正确处理监察法和刑法、刑事诉讼法的衔接问题

笔者认为，监察法第31条涉及的职务犯罪案件认罪认罚从宽的规定过于严苛，并且和我国刑法、刑事诉讼法的规定有一定的出入，结果导致职务犯罪案件适用认罪认罚从宽制度的过程中出现了一定的混乱和冲突。职务犯罪虽然具有一定的特殊性，但相关规定不应该也不至于和刑法、刑事诉讼法的规定相差过于悬殊。这可能也和监察法出台时认罪认罚从宽制度仍然处于试点摸索阶段不无关系，一则当时我国刑事诉讼法还尚未就认罪认罚从宽制度作出明确规定；二则理论界和实务界对这一制度的具体理解实际上还存在很多争议。但不管怎样，监察机关在办理职务犯罪认罪认罚案件时当然还要充分考虑到我国刑法和刑事诉讼法的相关规定。

我国刑法第67条第1款、第2款分别规定了一般自首和特别自首，在第3款明确规定"犯罪嫌疑人虽不具有前两款规定的自首情节，但是如实供述自己罪行的，可以从轻处罚；因其如实供述自己罪行，避免特别严重后果发生的，可以减轻处罚"。另外第383条（对犯贪污罪的处罚规定）第3款也明确规定，犯第1款罪，在提起公诉前如实供述自己罪行、真诚悔罪、积极退赃，避免、减少损害结果的发生，有第1项规定情形的，可以从轻、减轻或者免除处罚；有第2项、第3项规定情形的，可以从轻处罚。

我国刑事诉讼法第15条规定，犯罪嫌疑人、被告人自愿如实供述自己的罪行，承认指控的犯罪事实，愿意接受处罚的，可以依法从宽处理。第170条则规定，人民检察院对于监察机关移送起诉的案件，依照本法和监察法的有关规定进行审查。另外根据刑事诉讼法第173条、第174条的规定，犯罪嫌疑人认罪认罚的，人民检察院应当告知其享有的诉讼权利和认罪认罚的法律规定，听取犯罪嫌疑人、辩护人或者值班律师的意见并记录在案；犯罪嫌疑人自愿认罪，同意量刑建议和程序适用的，应当在辩护人或者值班律师在场的情况下签署认罪认罚具结书。与此同时，刑事诉讼法第176条规定，犯罪嫌疑人认罪认罚的，人民检察院应当就主刑、附加刑、是否适用缓刑等提出量刑建议，并随案移送认罪认罚具结书等材料。笔者认为从这些我国刑法、刑事诉讼法的规定来看，在办理职务犯罪认罪认罚案件的过程中以下几点是必须要予以明确的：一则职务犯罪案件中被调查人主动认罪认罚的可以从宽，没有"主动"但只要认罪认罚了理应也可以从宽，而主动认罪认罚的则应该有相对更大的从宽幅度。二则被调查人在调查阶段认罪认罚了的可以从宽，在调查阶段没有认罪认罚而在审查起诉、审判阶段认罪认罚了当然也可以从宽。三则监察机关在移送人民检察院时提出了从宽处罚建议的人民检察院、人民法院可以从宽，没有提出从宽处罚建议但被调查人从调查阶段到审查起诉、审判阶段一直认罪认罚的当然也可以从宽。如果认为只有被调查人在调查阶段主动认罪认罚了才可以从宽处理，实际上会对顺利查清职务犯罪案件带来不利的影响——被调查人可能不禁要问，在被动到案的情况下还要不要如实供述？这样的如实供述还有意义吗？如果要如实供述的话，被调查人又怎么知道哪些是监察机关还未掌握的违法犯罪行为呢？如实供述之后，监察机关不认账说这些都是其早已掌握的又该怎么办？另外，根据我国刑事诉讼法的具体规定来看，认罪认罚具结书应该是职

务犯罪案件到了审查起诉阶段以后，经过了人民检察院相应地告知诉讼权利和认罪认罚的法律规定、听取意见等法律程序后在辩护人或者值班律师在场的情况下由犯罪嫌疑人签署的，而不能是在调查阶段直接由被调查人签署。而且监察机关也无权提出具体的量刑建议，按照刑事诉讼法的规定就量刑问题和犯罪嫌疑人、辩护人或者值班律师展开充分协商并提出量刑建议的只能是人民检察院，因此实务中出现的在调查阶段被调查人已经直接签署了认罪认罚具结书的做法实际上是错误的。考虑到监察机关在移送人民检察院时提出从宽处罚建议可能带来的负面影响，在将来甚至可以逐步取消这一规定。正如有学者所认为的那样，办理职务犯罪认罪认罚案件以后还是应当坚持"司法主导、保障权利"①的原则，否则难免形成新的所谓"调查中心主义"，以至于过于注重打击职务犯罪而忽视了在这一过程中保障应该保障的人权问题。

（二）保障被调查人的合法权益

为充分保障侦查阶段犯罪嫌疑人的知悉权，刑事诉讼法第 120 条第 2 款明确规定，侦查人员在讯问犯罪嫌疑人的时候，应当告知犯罪嫌疑人享有的诉讼权利，如实供述自己罪行可以从宽处理和认罪认罚的法律规定。《指导意见》第 28 条也规定，对侦查阶段认罪认罚的案件，人民检察院应当重点审查的内容之一便是"侦查机关是否告知犯罪嫌疑人享有的诉讼权利，如实供述自己罪行可以从宽处理和认罪认罚的法律规定，并听取意见"。监察法第 5 条虽然也规定了"保障当事人的合法权益"的原则，但是监察法既没有许可辩护律师介入调查程序、规定值班律师制度，也没有规定监察机关有告知被调查人享有的权利以及认罪认罚从宽制度相关法律规定的职责。② 这种情形对被调查人来讲自然是非常不利的，也无法充分保障被调查人的合法权益，因此监察机关在办理职务犯罪案件时应该也借鉴刑事诉讼法中的相关规定，明确被调查人获得告知的权利，或者说要明确监察机关的告知义务。监察机关在调查过程中，应当告知被调查人享有的诉讼权利、如实供述罪行可以从宽处理和认罪认罚的法律规定。

（三）规范被调查人认罪认罚情况的记录及移送

我国刑事诉讼法第 162 条第 2 款规定，犯罪嫌疑人自愿认罪的，应当记录在案，随案移送，并在起诉意见书中写明有关情况。监察法第 31 条只是规定对于职务犯罪认罪认罚案件监察机关"可以在移送人民检察院时提出从宽处罚的建议"，而且"在实践中，监察机关更多是以《关于建议给予（涉嫌职务犯罪的被调查人姓名）从宽处理的函》的形式，向检察机关提出从宽处理的建议"③。很显然，监察法中并未明确规定被调查人自愿认罪的应当记录在案，随案移送，也并未明确规定要在起诉意见书中写明有关情况。在这种情形之下，如果监察机关在移送人民检察院时并没有提出从宽处罚的建议，人民检察院到底还要不要、能不能适用认罪认罚从宽制度可能就会存在一定的疑问，从而浪费宝贵的司法资源，

---

① 詹建红：《认罪认罚从宽制度在职务犯罪案件中的适用困境及其化解》，载《四川大学学报》（哲学社会科学版）2019 年第 2 期。
② 参见汪海燕：《职务犯罪案件认罪认罚从宽制度研究》，载《环球法律评论》2020 年第 2 期。
③ 詹建红：《认罪认罚从宽制度在职务犯罪案件中的适用困境及其化解》，载《四川大学学报》（哲学社会科学版）2019 年第 2 期。

最终影响到职务犯罪案件认罪认罚从宽制度的贯彻实施,影响到职务犯罪案件办理的质量和效果。也正是出于这样的原因,笔者认为监察机关在调查职务犯罪案件的过程中应该借鉴刑事诉讼法第 162 条第 2 款之规定,对于被调查人自愿认罪的,应当记录在案,随案移送,并在起诉意见书中写明有关情况。而且认罪认罚具结书一定是要在人民检察院的审查起诉阶段由犯罪嫌疑人来签署,否则就会和我国刑事诉讼法的有关规定相冲突。

余 论

认罪认罚从宽制度自从试点以来就争议不断,到 2018 年被正式规定在刑事诉讼法当中,甚至 2019 年《指导意见》出台后,不管是在理论界抑或是在司法实务界还是认为这一制度仍然存在各种各样的问题。在职务犯罪案件适用认罪认罚从宽制度的过程中则更是如此,比如说具体到职务犯罪案件认罪认罚量刑协商的问题,很多人可能要问——在职务犯罪案件适用认罪认罚从宽制度的过程中能开展所谓的量刑协商吗?协商的主体又应该是谁呢?是监察机关和被调查人协商,还是人民检察院和职务犯罪案件中的犯罪嫌疑人、辩护人或者值班律师协商?怎么协商?再如被调查人获得律师帮助的问题,一方面,"律师帮助作为认罪认罚从宽制度的必要保障,倘若将律师排除在监察调查之外,将造成监察案件适用认罪认罚从宽制度的重大障碍与瑕疵";① 另一方面,从监察法的规定来看既不允许辩护律师可以为被调查人提供相应的法律帮助,也并没有设置 2018 年刑事诉讼法修改后规定的值班律师制度。毋庸置疑,这种情形将很有可能使得被调查人处于非常不利的地位,为保障其应有的司法人权,从长远来看还是应该赋予被调查人在认罪认罚的过程中获得律师帮助的权利。只是考虑到目前严峻的反腐形势,可以先在监察机关调查阶段也设置相应的值班律师制度为被调查人提供法律帮助。借鉴我国刑事诉讼法的规定,值班律师当然也可以为被调查人提供相应的法律咨询、程序选择建议、申请变更强制措施、对案件处理提出意见等法律帮助。②

---

① 卞建林:《配合与制约:监察调查与刑事诉讼的衔接》,载《法商研究》2019 年第 1 期。
② 参见汪海燕:《职务犯罪案件认罪认罚从宽制度研究》,载《环球法律评论》2020 年第 2 期。

认罪认罚案件合理限制被告人上诉权探究

魏 虹 许亚超[*]

一、问题的提出：认罪认罚案件中上诉的救济功能异化

各国在赋予被告人上诉权问题上通常采用两种模式，即权利型上诉和裁量型上诉[①]。我国为了充分保障被告人的上诉权，一直都采用权利型上诉模式。正是因为上诉审程序启动的"便宜性"，缺乏一定的过滤机制，造成认罪认罚案件中有的被告人利用权利型上诉的优势，通过行使上诉权来拖延一审判决的生效，使得上诉权的行使逐步异化为规避刑罚执行的一种工具。

(一) 上诉救济功能异化的表现

笔者在 X 市 Y 区法院进行相应的调研，调研期间 Y 区法院共有 698 件认罪认罚案件，其中被告人上诉的案件有 37 件，上诉率为 5.3%。这 37 件上诉案件的二审结果如下：裁定驳回起诉、维持原判的有 15 件，维持原判率为 40.5%；被告人撤诉的案件有 21 件，撤回率为 56.8%；二审改判的仅有 1 件，改判率为 2.7%。有学者曾从某一试点城市抽取了 151 份二审裁判文书，其中被告人提起上诉的有 139 件，占总量的 92.05%。这 139 件上诉案件中，最终裁定驳回上诉、维持原判的有 91 件，维持原判率为 65.47%；被告人撤诉的案件有 41 件，撤回率为 29.50%；二审改判的仅有 7 件，改判率仅为 5.03%[②]。

从两份调研结果中可以看出，认罪认罚案件的二审结果呈现出高维持原判率、高撤回率、低改判率的特点。这间接地反映出在认罪认罚案件中，需要通过提起上诉来对被告人进行救济的案件并不多。

(二) 上诉权被异化的原因分析

1. 权利型上诉模式的缺陷

在二审终审制下，被告人行使上诉权的机会只有一次，救济机会的稀缺性迫使立法者不得不选择权利型上诉模式。但是，并不是所有的一审判决都是存在问题的，尤其是在认

---

[*] 魏虹，西北政法大学教授；许亚超，浙江省舟山市公安局经侦支队民警。
[①] 权利型上诉是被告人享有绝对的上诉权，只要被告人上诉，法院就必须裁判案件。裁量型上诉是被告人享有上诉的申请权，法院有权对上诉理由等进行初步审查，以决定是否启动正式的听审程序。
[②] 韩平静：《认罪认罚从宽制度下被告人上诉权探究》，载《中国检察官》2017 年第 11 期。

罪认罚案件中，从二审较高的维持原判率和撤回率可以看出，大部分的案件一审的判决结果并不存在问题。但是被告人具有趋利避害的本能，即使判决结果再公正，被告人也希望通过各种途径能够继续减轻处罚。鉴于"上诉不加刑"原则的存在，被告人即使提起上诉，也不会导致加重处罚的情形发生，这就让被告人产生了希望通过二审继续减轻一审法院判决结果的幻想。由于权利型上诉并不对被告人的上诉利益和上诉理由进行审查，这就势必会导致一些无上诉利益的案件也进入二审程序，造成司法资源的浪费。

2. 服刑方式的差异导致被告人乐于选择"留所服刑"

在我国，为了帮助被告人更好地回归社会，在判决生效后，大部分被告人都会从看守所等临时羁押场所转入监狱、少管所等服刑改造机构，接受专业的教育和改造。而留所服刑与送监执行相比，对短刑期犯而言具有极强的诱惑力。这是因为，第一，短刑期犯送监服刑后减刑的机会渺茫。我国刑法规定的减刑分为应当减刑和可以减刑，而应当减刑的条件极为苛刻，很少有服刑人员能够达到该标准，加之减刑手续较烦琐，容易出现减刑手续尚未办理完毕，犯人刑期却已届满的问题，从而导致监狱对短刑期犯的减刑工作不太重视，犯人也就很难得到减刑的机会。第二，留所服刑能够逃避高强度的劳动和学习。犯人在看守所服刑所承担的劳动、学习任务要比在监狱服刑的犯人少得多。第三，犯人自身性格原因也会影响其作出选择。部分服刑人员是因自身性格问题，不能很快地适应周边的环境。这类人经过长时间的审前羁押，逐渐熟悉了看守所同监室的"狱友"，也慢慢地适应了看守所的环境。但在判决生效后，如果剩余刑期在3个月以上，他们又会被移送到监狱等另一个陌生的地方。由于这类人对陌生场所不确定的生活充满了排斥，他们也会千方百计地通过各种途径来争取留所服刑。

二、认罪认罚案件保留并限制被告人上诉权的合理性

学界就认罪认罚案件被告人上诉权问题存在争议。有学者主张，适用速裁程序审理的认罪认罚案件应当实行一审终审，不应再允许被告人上诉，以免浪费国家司法资源。① 也有学者提出，上诉是被告人的一项基本权利，不能剥夺或限制。② 对认罪认罚被告人上诉权不应做任何限制。③ 还有学者提出，应赋予被告人有条件的上诉权或者限制被告人的上诉权。④ 笔者认为，虽然在认罪认罚案件中存在被告人滥用上诉权的情形，但从我国实践出发，在没有更好的举措取代上诉权的背景下，应保留并合理限制认罪认罚案件被告人的上诉权。

（一）认罪认罚案件仍需保留被告人的上诉权

1. 两审终审制下取消被告人上诉权不切实际

我国刑事诉讼法经过三次修正，都没有对审级制度进行改动，40多年的司法实践早已

---

① 参见陈卫东：《认罪认罚从宽制度研究》，载《中国法学》2016年第2期；汪建成：《以效率为价值导向的刑事速裁程序论纲》，载《政法论坛》2016年第1期。
② 参见朱孝清：《认罪认罚从宽制度中的几个理论问题》，载《法学杂志》2017年第9期。
③ 参见郭烁：《二审上诉问题重述：以认罪认罚案件为例》，载《中国法学》2020年第3期。
④ 参见熊秋红：《认罪认罚从宽的理论审视与制度完善》，载《法学》2016年第10期；孙长永：《比较法视野下认罪认罚案件被告人的上诉权》，载《比较法研究》2019年第3期。

适应了二审终审的模式，但它也的确存在一些不足。二审终审制相对于三审终审制最大的不足就是救济机会的稀缺性。表面上二审终审制要比三审终审制节约司法成本，但在缺少一次上诉救济机会的情况下，被告人还会通过申诉方式希望启动审判监督程序或者信访等非司法途径来寻求救济，整个社会因此所付出的总成本并没有减少，甚至还会更高。因此，盲目取消被告人的上诉权是不明智的选择。

2. 上诉是保障被告人行使反悔权的重要举措

在认罪认罚从宽制度下，一旦认罪认罚具结书的内容转化成一审判决，就意味着公诉机关与被告人之间的合意得到了法院的最终确认，被告人认罪认罚从宽的目的达到了，也就没有反悔的理由。但在实践中也确实存在非自愿性认罪认罚的现象。如果贸然采用一审终审，不仅是对被告人权利保障的失位，在客观上也加重了被告人的责任风险。由于认罪认罚具结书是被追诉人与检察机关达成的，但最终的定罪量刑权却属于法院，在定罪主体与协商主体不一致的情况下，法院在判决中如果没有采纳检察机关的量刑建议，而是加重对被告人的处罚，此时如果救济途径再不通畅的话，导致的最直接的后果必然是被告人不愿意选择适用风险更大的认罪认罚从宽程序。因此，保留被告人的上诉权仍是认罪认罚案件刑事救济程序不可或缺的一部分。

3. 上诉权的公共属性要求不得肆意剥夺被告人的上诉权

从表面上看，上诉权是被告人的权利，被告人行使该权利与否并不会冲撞到其他人的利益。但从更深层次来讲，上诉权不仅仅是一种私权利，更具有一定的公共属性。在认罪认罚从宽制度的运作中，虽然强调对公诉机关与被追诉人在定罪与量刑上的"合意"，但二者的"合意"并不应完全支配整个刑事司法活动。作为公力救济的刑事司法首先要遵循的是罪刑法定原则。如果在认罪认罚案件中，认罪认罚具结书的内容突破了罪刑法定原则的约束，特别是在值班律师工作失位、检察机关的量刑建议明显重于法律规定的情况下，如果不允许被告人上诉，除了对被告人自身的利益造成减损以外，还会导致上级法院因被告人上诉权的缺失而丧失纠正错案的机会，侵犯国家对正确处理刑事案件享有的利益。① 这就是上诉权的公共属性的重要表现。

4. 上诉具有统一法律适用的功能

在司法领域，上级法院对下级法院的指导与监督工作，最常规的方式就是通过二审程序来完成这一任务。从目前认罪认罚从宽制度的运行状况来看，司法实践中最难统一的是量刑标准。现阶段检察机关与审判机关并没有一个统一的认罪认罚案件量刑指导意见，检察机关在对认罪认罚的被告人提出量刑建议时一般参照最高人民法院《关于常见犯罪的量刑指导意见》或者各省、自治区、直辖市高级人民法院出台的地方性量刑指导意见。而其中最大的问题是这些指导意见的内容并没有涵盖所有的罪名，导致不同的司法机关对被告人的量刑减让幅度会出现不同程度上的差异。在这种情况下，迫切需要上级法院通过二审程序对差异化的判决尤其是量刑的差异进行统一。在这种需求下，如果单纯为了提高诉讼效率而剥夺被告人的上诉权，使得上级法院无法通过二审来统一某一地区的量刑标准，从而出现量刑上的失衡。

---

① 牟绿叶：《认罪认罚案件的二审程序——从上诉许可制展开分析》，载《中国刑事法杂志》2019年第3期。

(二) 认罪认罚案件应当合理限制被告人的上诉权

有学者提出，从发展方向看，对认罪认罚被告人的上诉权进行一定的限制乃是完善刑事诉讼中认罪认罚从宽制度的内在要求，也符合以审判为中心的刑事诉讼制度改革的趋势和刑事司法规律。① 笔者赞同这一观点，认为合理限制认罪认罚案件被告人的上诉权的必要性还体现在：

1. 符合认罪认罚从宽制度设立的价值目标

无论是辩诉交易、认罪协商还是中国式"认罪认罚从宽"制度，皆为因应"诉讼爆炸"之现实需要而来。② 这些制度的设置本意都是希望通过程序分流以实现提高诉讼效率、节约司法资源之目标。如果对认罪认罚被告人的上诉权不做限制而依然采用权利型上诉模式，不仅有违认罪认罚从宽制度设置的初衷，也会造成经过简易程序或速裁程序审理的案件又回转到普通程序。因此，对认罪认罚案件通过设置一定的程序来合理限制被告人的上诉权，在审前和一审程序充分保障权利、确保司法公正的基础上，要求被告人须依合理理由上诉，体现了对提高诉讼效率、合理配置资源等多元价值的追求。③

2. 认罪认罚案件被告人一般无正当上诉利益且理由单一

从学理上讲，诉讼需要有"诉的利益"。在实践中被告人的上诉利益分为两类：一类是确实对一审判决结果不服，希望通过二审程序来维护自身的合法权益，这样的上诉利益可以称之为"正当上诉利益"。另一类是被告人以提起上诉的方式来达成某些与一审判决无关的目的，比如为了"留所服刑"而提起的"技术性上诉"，这类上诉利益可以称之为"不当上诉利益"。应当说认罪认罚案件大部分被告人无正当的上诉利益。因为认罪认罚从宽制度在保障了被告人认罪认罚自愿性的基础上，采取控辩合作的模式，使得被告人能够参与到量刑协商之中。由此可见，认罪认罚的上诉案件呈现上诉理由较为单一的特点，间接地反映了被告人提起上诉的理由并不充分。

3. 滥用上诉权影响同案犯的合法利益

在共同犯罪中，由于被告人人数众多，在犯罪成员之间就容易出现利益的冲突，这其中以长刑期犯与短刑期犯之间的利益冲突最为明显。对于长刑期犯而言，更希望判决尽快生效，以便早日投监服刑，争取减刑的机会。而短刑期犯更希望留所服刑，很可能会通过提起上诉来拖延一审判决的生效时间。虽然上诉是每一位被告人的权利，但短刑期犯滥用上诉权的行为对长刑期犯来说是不公平的。一旦共同犯罪中有部分被告人提起上诉，其他未上诉的被告人也要一起承担一审判决不能生效的后果。如果说在个人犯罪中被告人滥用上诉权仅仅是司法机关与被告人之间存在利益冲突的话，那么在共同犯罪中还存在上诉被告人和未上诉被告人之间的利益冲突。在这种情况下，也就有必要对没有上诉利益的技术性上诉进行限制，因为这不仅节约了司法资源，更重要的是保障了其他没有滥用上诉权的被告人的合法权益。

---

① 孙长永：《比较法视野下认罪认罚案件被告人的上诉权》，载《比较法研究》2019 年第 3 期。
② 郭烁：《二审上诉问题重述：以认罪认罚案件为例》，载《中国法学》2020 年第 3 期。
③ 牟绿叶：《认罪认罚案件的二审程序——从上诉许可制展开分析》，载《中国刑事法杂志》2019 年第 3 期。

三、合理限制认罪认罚案件被告人上诉权之路径

（一）认罪认罚从宽制度中上诉权应分层处置

目前，学界对限制被告人上诉权的案件有两种观点，一是以案件所适用的审理程序来进行划分，在适用速裁程序审理的案件应当对被告人的上诉权进行限制。① 二是以案件的法定刑为界限进行划分，法定刑在3年以下的案件都应当限制被告人的上诉权。② 笔者认为，限制被告人上诉权不仅要考虑一审所采用的审判程序，也要充分考虑法定刑等诸多因素，而应建立分层处置方式。

1. 特殊案件不得限制被告人上诉

首先，认罪认罚的重罪案件不应限制被告人上诉。这是因为，一方面认罪认罚的重罪技术性上诉空间较小。重罪案件的审理周期和被告人的法定刑期都较长，这就断绝了被告人通过上诉来拖延判决生效时间，进而达到"留所服刑"的想法。另一方面被告人将会因其犯罪行为而较长时间失去人身自由，一旦误判，不仅会对其人身权利造成极大的危害，更会严重影响司法的公信力。其次，被告人认罪认罚但用普通程序审理的轻微刑事案件不应限制其上诉。在司法实践中，适用普通程序审理的认罪认罚案件数量较少，刻意限制该类案件被告人的上诉权并无太大价值。而且这类案件中限制被告人的上诉权对提高认罪认罚从宽制度在普通程序中的适用率会造成一定的阻碍。

2. 速裁程序、部分简易程序中应合理限制被告人上诉

对于适用速裁程序、简易程序（法定刑3年以下的）审理的认罪认罚案件，从公正与效率平衡的角度来说，需要对被告人的上诉权进行合理的限制。适用速裁程序、简易程序审理的案件本身就是一些事实清楚，证据确实、充分，被告人认罪的简易案件。这些案件无论是在实体法上的定罪量刑，还是在程序法上的程序合法，基本上不会出现大的问题。因此，只要法院的判决结果未超出检察机关量刑建议的范围，也没有新事实、新证据证明被告人无罪或罪轻，被告人就不应当提起上诉。而实践中被告人在一审宣判后，为了达到"留所服刑"的目的，提起的"技术性上诉"不在少数，这样做既是对司法资源的浪费，也是"认罚"不彻底的表现。

（二）构建上诉审查机制

域外经验表明，上诉理由审核制所体现的案件过滤原理能让上诉法院决定听审案件的类型、范围和数量，防止没有听审价值的案件过度消耗法官精力和司法资源。③ 在认罪认罚从宽制度中构建上诉审查机制，既能够保障有上诉利益的被告人能够及时得到二审的救济，也可以过滤掉没有上诉利益的"技术性上诉"，实现认罪认罚案件优化司法资源、提高诉讼效率的目标。

---

① 陈卫东：《认罪认罚从宽制度研究》，载《中国法学》2016年第2期。
② 王洋：《认罪认罚从宽案件上诉问题研究》，载《中国政法大学学报》2019年第2期。
③ 牟绿叶：《认罪认罚案件的二审程序——从上诉许可制展开分析》，载《中国刑事法杂志》2019年第3期。

1. 上诉审查主体以二审法院为宜

有学者认为，上诉审查的主体应当是一审法院，如果由二审法院来审查很难体现出二审书面审查和上诉审查程序的区别，[①] 通过设立上诉审查机制来提高诉讼效率的最终目的就没有达到。但由一审法院来担当上诉审查的主体很容易出现一系列的问题。现行的法官考评机制中，上诉率、发改率是一个重要的考核指标，在这种考核机制下，由一审法院的原审法官之外的其他员额法官来审查被告人的上诉是否具有上诉利益并不现实。

2. 审查内容是与认罪认罚有关的重点材料

上诉审查程序设立的目的并不是要发现案件的实体真实，而是审查被告人的上诉理由是否有正当的上诉利益。因此在上诉理由审查程序中，主要是进行程序性审查，即只需对与被告人所主张的上诉理由涉及的有关重点案卷材料进行审查。

第一，被告人针对定罪量刑等实体内容提出上诉的案件的审查。被告人对定罪量刑的实体内容进行上诉是最为常见的上诉理由，而对以这种理由上诉的审查也是最为复杂的。在对被告人的上诉理由进行审查时，必须区分是对定罪不服还是对量刑不服。如果是针对一审法院定罪不服的上诉，原则上应当予以驳回，除非被告人或辩护人能够提供新的证据证明被告人不构成该罪或者是在非法手段下作出的非自愿性认罪认罚。如果被告人仅以量刑过重为由进行上诉，则二审法院应当注重审查检察机关的量刑建议、辩护人的辩护词、认罪认罚具结书以及与量刑有关的证据。如果被告人提供了新证据证明自己应当减轻处罚，应准许被告人上诉。因为出现的新证据可能影响最终对被告人的定罪量刑，就需启动二审程序，由二审合议庭判断，这不属于上诉审查的范畴。

第二，被告人针对司法机关程序性违法事由提出上诉的审查。现代刑事诉讼的基本理念是在追求实体公正的同时重视程序正义的价值。在认罪认罚从宽制度中，如果被告人以司法机关存在程序性违法为由上诉，需要上诉方提供司法机关存在程序性违法的相关线索或者材料，即上诉一方需要承担证明司法机关存在程序性违法的初步证明责任。上诉审查机构只需要根据上诉状审查这些线索或者材料即可，一旦这些线索和材料属实，即应当准许被告人上诉，通过二审合议庭对该程序性违法行为进行进一步的调查核实。反之，在上诉审查程序中，如果被告人无法提供相关的证据和线索，则应当对其上诉申请予以驳回。

3. 采用技术手段辅助上诉审查

实践中，认罪认罚案件的二审一般耗时一到两个月。[②] 从笔者调研情况看，从一审法院收到上诉状到二审法院作出判决或裁定，有相当一部分时间都用在卷宗的整理和移送上，一审法院与二审法院光是用在卷宗整理和流转上的时间就远远高于刑事诉讼法规定的三日以内将上诉状连同案卷、证据移送上一级法院的规定。因此，在上诉审查领域，应当重视对人工智能等高新技术的利用，用以解决上诉审查时间浪费的问题。目前法院系统内部早已构建了法院系统交流机制，各级法院之间的审批、电子档案移送都可以通过该系统完成。

除此之外，在上诉审查期间，由于是否启动二审程序尚不确定，二审法院就无权对被告人进行换押，没有换押证看守所也就不会允许会见。从实际需求考虑，在上诉审查过程中，如果能够实现法院、看守所的联动，进行网上换押、远程视频讯问，将会极大方便上

[①] 王洋：《认罪认罚从宽案件上诉问题研究》，载《中国政法大学学报》2019年第2期。
[②] 闵丰锦：《认罪认罚何以上诉：以留所服刑为视角的实证考察》，载《湖北社会科学》2019年第4期。

诉审查机关提审上诉被告人，进而缩短诉讼时间，有利于贯彻诉讼及时原则。

（三）完善相关配套措施

1. 赋予值班律师上诉帮助权

在认罪认罚案件中，大部分的案件并没有辩护律师的参与，而上诉审查机制又要求被告人提出实质性的上诉理由，必定会加重被告人提起上诉的负担和风险，① 在这种情况下，需要赋予值班律师上诉帮助权。在"减程序不减权利"的原则下，虽然我们通过设置上诉审查程序来限制被告人的上诉权，但如果赋予值班律师上诉帮助权，对被告人提起上诉进行法律上的指导，可以让上诉变得更加科学有效。

2. 提高量刑协商的透明化与精准化

导致认罪认罚案件在判后仍然上诉的一个重要原因是在量刑协商过程中，被告人对量刑的相关信息了解度不够。在双方掌握信息不对称的情况下，检察机关作出的量刑建议也就很难具有说服力。因此，让整个量刑协商的过程透明化也能在一定程度上减少上诉率。可以采取的措施有：一是实行一定范围内的证据开示。检察机关应当将与量刑有关的证据向被告人以及值班律师开示，并制作证据开示笔录，详细记录被告人及值班律师对证据的质证内容。二是建立规范化的量刑指导意见。建议"两高"尽快完善有关量刑情节适用的规定，通过司法解释或规范性文件的方式将认罪认罚案件的量刑优惠进行明确化、具体化②。

3. 实行留所服刑申请制

笔者认为，应当设置一审判决后答疑程序中被告人向法官提出留所服刑的意愿和具体理由，法官根据被告人的实际情况向看守所作出司法建议函。看守所在综合考虑被告人留所服刑的原因以及日常表现以后，再作出是否准予被告人留所服刑的批复，并将批复函抄送驻所检察室和一审法院。同时，为了防止司法人员滥用该权力，也应当对申请的范围进行界定。首先，必须是适用认罪认罚从宽制度的案件才允许被告人申请留所服刑。其次，只有剩余刑期在1年以内3个月以上案件的被告人才能申请。再次，只有没有犯罪前科的被告人才能申请。最后，要对被告人制定科学有效的考核标准。

---

① 杨杰辉：《刑事上诉理由研究》，载《法治研究》2017年第6期。
② 左卫民：《认罪认罚何以从宽：误区与正解——反思效率优先的改革主张》，载《法学研究》2017年第3期。

论认罪认罚自愿性的审查及保障机制[*]

谢安平　周　博[**]

一、我国认罪认罚自愿性的构成要素

"自愿"是指已经认识到行为性质但是仍然愿意而不是被强迫去实施该行为。因此，认罪认罚的自愿性由认识要素与意志要素两方面共同构成，是二者相结合的统一体。认罪认罚自愿性的认识构成要素，是指行为人对自己行为的性质以及相关事实的明知。认罪认罚的自愿性必须以明知为前提，被追诉人明确认识到犯罪行为的性质以及认罪认罚的法律效力及后果后才能作出符合自己意志的表示，也就是选择认罪认罚。可见，明知性是自愿性的基础与前提条件。如果缺乏必要的认识要素，就不能成立认罪认罚。认罪认罚自愿性中的明知的认识内容应当包括四个方面：第一，涉嫌的犯罪事实；第二，涉嫌的犯罪的性质；第三，认罪认罚的性质；第四，认罪认罚的法律效力以及可能得到的从宽幅度。刑事诉讼法第173条第2款和《关于适用认罪认罚从宽制度的指导意见》（以下简称《指导意见》）第10条第1款虽然对保障被追诉人的知情权有所规定，但这两条的规定流于形式并且不详细，缺乏具体的操作规范和程序设置。《指导意见》的规定仅达到概括性认识标准，而不是确定性认识标准。对于刑事案件的被追诉人而言，其最关心的问题并不局限于指控的犯罪的性质、法律后果、诉讼权利。指控犯罪的理由以及程序选择的利弊得失，也是其应当知晓的重要内容。倘若被追诉人对案件仅具有概括性认知，对程序背后的潜在利益并不知晓，其很难选择有利的程序并使自己的权益最大化。

认罪认罚自愿性的意志构成要素，是指被追诉人出于本人意志考虑主动选择认罪认罚，并在此基础上支配自己的行为向符合其期望的诉讼结果方向发展的心理过程。意志要素决定被追诉人行为的方向、行为的进程，甚至行为的结果。因此，被追诉人认罪认罚时必须有意志自由。我国刑事诉讼法第174条第2款规定了三种不需要签署认罪认罚具结书的情形。原因在于这三类人缺乏意志自由，即使签署具结书也无法保证其自愿性。认罪认罚自愿性是认识要素和意志要素的有机统一。一方面，意志要素以认识要素的存在为前提和基础，只有对认罪认罚相关事项及法律后果有明确认识，才能谈得上主动选择认罪认罚；另一方面，意志要素是心理结构中更深层次的因素，意志要素对认罪认罚起着决定性、主导性作用。

---

[*] 本课题是教育部人文社科项目《人性观视角下认罪认罚从宽制度研究》的一部分。
[**] 谢安平，北京工商大学教授；周博，北京工商大学硕士研究生。

认罪认罚自愿性包括认罪自愿性和认罚自愿性。《指导意见》规定，"认罪"是指犯罪嫌疑人、被告人自愿如实供述自己的罪行，对指控的犯罪事实没有异议。更加完整地把握认罪自愿性必须从"三个阶段""两个层次"上加以研究。"三个阶段"即为侦查、审查起诉和审判阶段。被追诉人在三个阶段自愿认罪的供述都属于刑事诉讼法中规定的法定证据形式之一，即"犯罪嫌疑人、被告人供述"。在侦查、审查起诉阶段，由于犯罪嫌疑人受到刑讯逼供的可能性高于审判阶段，对认罪自愿性的审查必须同时满足两个原则：第一，供述是由犯罪嫌疑人自愿作出的；第二，供述是排除一切非法手段获取的。被告人在侦查、审查起诉阶段没有认罪的，但当庭认罪的，人民法院仍然应当依法就案件的事实、证据进行调查。在任何阶段认罪，都不能因为犯罪嫌疑人、被告人认罪而降低证据要求和证明标准。因此，办理认罪认罚案件，必须坚持法定的、有罪的证明标准，侦查终结、提起公诉、作出有罪裁判必须做到事实清楚，证据确实、充分。犯罪嫌疑人、被告人无论在哪一个阶段"认罪"，都不能免除侦查、检察、审判人员对于基础事实的审查义务，都应当审查供述是否以自由、理性判断为基础，是否符合事实。

"两个层次"包括供述自愿性层级及供述态度层级。刑事诉讼法规定的"犯罪嫌疑人、被告人自愿如实供述自己的罪行"并不意味着被追诉人必须供述有关犯罪事实的细节等，将自愿认罪由轻到重可以划分为肯定性和排除性三个层级。肯定性层级有二：第一，承认行为事实，即承认自己实施了所指控的行为；第二，承认公安司法机关对该行为的评价，即行为人对所指控的行为是犯罪行为作出知情的意思表示。排除性层级属于第三层级，即自愿认罪不应该包括承认所指控的具体罪名、犯罪形态等关于该行为事实的具体定性，因为具体行为的定性需要经过质证后才可以认定。在我国语境下，认罪认罚自愿性的判定往往与刑讯逼供及其他非法取证方式的审查相联系。但供述自愿性的审查模式不能等于认罪认罚自愿性的审查，更不能转化为对刑讯逼供等非法方式获取证据的审查。这是因为，以二者范畴关系来考察，认罪自愿性与供述自愿性呈现出包含关系，认罪自愿性包含供述自愿性。但是二者又各有侧重，供述自愿性强调被追诉人的主体意志，供述出于理性认识并非外力强迫；认罪自愿性更为强调被追诉人不仅自愿供述，而且对指控的犯罪事实不存在异议，承认公安司法机关对该行为的评价。

"认罚"，是指犯罪嫌疑人、被告人真诚悔罪，愿意接受处罚。因此，"认罚"考察的重点是犯罪嫌疑人、被告人的悔罪态度和悔罪表现。在关于"认罚"的审查方面，公安司法机关审查的重点主要有两个方面：第一个方面是积极方面，审查犯罪嫌疑人、被告人退赃退赔、赔偿损失、赔礼道歉等情况；第二个方面是消极方面，审查犯罪嫌疑人、被告人有无暗中串供，干扰证人作证，毁灭、伪造证据或者隐匿、转移财产以及有赔偿能力而不赔偿损失等现象。如果有上述现象，则不能适用认罪认罚从宽制度。此外，认定犯罪嫌疑人、被告人认罚的外在表现必须同时具备两个方面的条件：第一，同意公诉机关的量刑建议；第二，签署具结书。

认罪自愿性与认罚自愿性的关系呈现出三个方面的特点。第一，前者是后者的基础，后者是前者的延续。只有在被追诉人自愿认罪的前提下，双方才能平等参与量刑协商的过程，才可能出现被追诉人自愿认罚的后续结果。第二，认罪自愿性是无协商条件的、完全认同的；而认罚自愿性则具有合意性，更能体现出双方的博弈较量。无自由则无协商，无协商更无自愿。被追诉人在法定的量刑范围内和司法机关进行协商，量刑建议体现出双方的共同意志,这有助于保障认罚的自愿性。被追诉人如果没有协商的权利,那么对司法机关提出的任何量刑建议都必须无条件接受,这显然违反自愿性的相关要求。第三,认罪自愿性不仅涉及违法事实判断,而且涉及法律性质判断即承认犯罪。认罚自愿性排除事实判断,仅涉及法律判断。被追诉人承认指控的犯罪事实必然包含对违法事实与实体法判断的双重认同,而其认同量刑结果仅代表双方在法律允许的范围内达成了量刑上的一致意见,排除了与违法事实的联系。

二、认罪认罚自愿性的审查标准

《指导意见》明确规定,人民检察院、人民法院重点审查认罪认罚自愿性、合法性的内容,并且二者审查的内容基本相同;不同之处是人民法院在审判阶段对认罪认罚自愿性、合法性的审查具有终局性。然而,《指导意见》虽然明确规定了审查的内容,但是没有规定统一的审查标准。实践中采用被追诉人主观审查模式,法官对审查结果往往具有较大的自由裁量权。由于自愿性审查模式主观化,没有形成对完善取证程序及非法证据排除的倒逼机制,衍生出一些非自愿供述及冤假错案,从而使认罪认罚从宽制度在司法实践中部分背离了立法本意。确立统一的自愿性审查标准,综合评判认罪认罚是否符合自愿性、真实性和明智性,适度限定自由裁量权,让审理者真正做到有法可依、有法必依,这不仅是保障被追诉人权利的必然要求,也是不同地区实现裁判结果一致性的基础条件。依据"自愿性"的构成要素,"认罪认罚"必须建立在犯罪嫌疑人、被告人"自愿""理性"的基础之上。①因此,犯罪嫌疑人、被告人要结合案件事实与控诉机关掌握的现有证据,综合分析"认罪认罚"是否更为有利。显然这一行为超出了普通人的认知范围,难以保障自愿性与理性。认罪认罚自愿性审查的标准包括认识的明知性、认识的明智性和选择的任意性。

(一) 认识的明知性

认罪认罚在本质上是一种价值判断,它需要主体知悉价值判断的客体。在认罪认罚程序中,作为认罪认罚这一价值判断的客体是案件事实,这要求犯罪嫌疑人、被告人在认罪认罚前充分知晓案件事实。② 明知性源于犯罪嫌疑人、被告人享有的知情权。所谓知情权,是指犯罪嫌疑人、被告人有权知悉其在刑事诉讼中的地位、享有的诉讼权利及获得相关信息。信息的不对称将会导致犯罪嫌疑人、被告人作出错误的判断。因此,如果犯罪嫌疑人、被告人的知情权不能得到充分保障,则必然影响认罪认罚自愿性的成立。控辩对等原则的内涵要求犯罪嫌疑人、被告人对信息也能合法占有。公安司法机关的告知义务与犯罪嫌疑人、被告人的知情权相对应存在,其依法履行告知义务是保障犯罪嫌疑人、被告人知情权的基础。《指导意见》规定,犯罪嫌疑人、被告人选择认罪认罚的,公安司法机关应当告知犯罪嫌疑人、被告人享有的诉讼权利和认罪认罚的法律规定。但是《指导意见》仅从抽象性、概括性角度作了规定,缺乏可操作性,实质上反映出的是欠缺对知情权的保护,而刑事诉讼法对此问题亦仅作宣誓性规定。

---

① 熊秋红:《认罪认罚从宽的理论审视与制度完善》,载《法学》2016年第10期。
② 谢登科、周凯东:《被告人认罪认罚自愿性及其实现机制》,载《学术交流》2018年第4期。

明知性应当具备两个方面的基本要求，即指控行为上的明知与指控法律上的明知。指控行为上的明知要求参与认罪认罚程序的司法机关向被追诉方提供被追诉人被指控的犯罪事实行为。指控法律上的明知要求被追诉人对选择认罪认罚后所适用的程序、实体法等相关规定明悉。如果被追诉人不能全面知悉所涉嫌的犯罪的基础事实、证据及法律规定，则价值判断的客体业已丧失，因此就无法保障认罪认罚自愿性。在司法实践中，可以司法机关是否明确告知被追诉人被指控行为、是否全面开示证据、是否履行告知有权获得律师帮助等作为判断标准。因此，完善告知范围应注意以下几方面：第一，告知被追诉人享有的诉讼权利和认罪认罚后有可能放弃的实体性、程序性权利；第二，告知被追诉人被指控的具体犯罪的性质、罪名、刑期、证据；第三，检察机关的量刑建议；第四，从轻、减轻或者免除等从宽处罚的法律规定；第五，适用的诉讼程序。若司法机关未完全履行以上告知内容，应当认定侵犯了被追诉人的知情权，推定认罪认罚不具备自愿性。

（二）认识的明智性

明智性指被追诉人具备完全的判断、控制自己行为的能力。法律上的明智即指"理性"。基于对被追诉人是理性人的假设，被追诉人选择不同的诉讼程序是为了获得最优的程序和实体利益。在综合分析控方掌握的事实和证据的基础上，被追诉人选择认罪认罚的目的是追求自身利益的最大化。只有这样才能认为该认罪认罚行为属于被追诉人明智性的追求结果。在司法实践中，犯罪嫌疑人、被告人没有权利知悉司法机关的具体工作情况，也没有阅卷权，导致其无法综观全局从而作出理性的选择。即便被追诉人作出"自愿"选择，也缺乏明智性的构成要素，实质上是"非自愿"。因此，在具体案件中，可以被追诉人是否实际获得律师的有效帮助、其认罪过程与外在表现是否符合常理、有无互相矛盾的供述等作为具体判断其是否具备"明智性"的标准。

（三）选择的任意性

被追诉人是否享有认罪认罚的任意选择权应当是自愿性审查的一项重要标准。自由选择的前提是认识的"明知性""明智性"得到充分的保障。完善我国认罪认罚从宽制度既要汲取美国辩诉交易制度的合理优势，又必须植根于我们的协商文化和合作型司法的本土文化之中。① 因此，绝对不能舍弃发现真实的诉讼任务，必须坚持以事实为依据、以法律为准绳的定案原则，摒弃美国辩诉交易中一味追求效率，只要被告人认罪即便缺乏证据亦能定罪的不完备之处。② 根据现行认罪认罚从宽制度的要求，认罪是认罚的前提，认罚是认罪的结果，缺乏其一便无法构成真正意义上的认罪认罚，故而我国缺乏"认罚不认罪"的情形。在实践中，犯罪嫌疑人、被告人对于司法机关提出的认罚量刑予以否认后，通常会遭受比该"协商"结果更重的刑罚，迫使其放弃接受普通程序审理的机会而转向认罪认罚程序。量刑从宽的幅度会影响被追诉人认罪认罚的自愿性，在法定刑的标准内如何正确运用量刑优惠激励制度，科学地保障犯罪嫌疑人、被告人的自愿性值得进一步探究，选择一种程序意味着放弃了另一种程序的保护，只有设置科学、明确的从宽幅度才能激活被追诉人

---

① 朱孝清：《认罪认罚从宽制度的几个问题》，载《法治研究》2016年第5期。
② 朱孝清：《认罪认罚从宽制度中的几个理论问题》，载《法学杂志》2017年第9期。

认罪认罚的自愿性。

三、完善认罪认罚自愿性的保障措施

现代法治国家需要将保障人权价值置于刑事诉讼的首要地位。我国刑事诉讼法的任务是既要惩罚犯罪,又要尊重和保障人权。在认罪认罚案件中,为了有效实现刑事诉讼法的任务,必须保障犯罪嫌疑人、被告人认罪认罚的自愿性。为此,笔者认为应该从以下三个方面完善认罪认罚自愿性的保障措施。

(一) 完善保障性规范

1. 以证据开示为基础,充分保障犯罪嫌疑人的知情权

正当程序的要求不只是程序公正,而且程序公正必须有助于引导出实质公正的结果,这种结果的实现仅靠向被告人提供律师帮助是远远无法达到的,而必须借助于广泛的证据开示。[①] 证据开示制度是保证认罪认罚自愿性的关键基础。自愿性以明知性要素为构成条件,证据开示有利于明知性要素的知悉。犯罪嫌疑人、被告人若要理性、自愿地认罪认罚,就必须充分了解控方掌握的证据。在全面开示证据的基础上,犯罪嫌疑人、被告人与控方展开量刑建议的协商,最终达成双方合意。如果犯罪嫌疑人对证据情况一无所知,便无法作出是否选择认罪认罚的决定,这与认罪认罚从宽制度的初衷背道而驰。

信息对等是控辩双方协商的前提,因此刑事诉讼中证据开示的范围应当是全面的,即所有证据都应当开示,尤其要向犯罪嫌疑人开示无罪、罪轻的证据。其旨在营造对等的信息交流、互通平台,使双方的协商结果建立在所有证据信息的基础上,减少"诈欺""刑讯"的成分。证据开示制度,不仅有利于节约司法资源、提高诉讼效率,而且由于保障了犯罪嫌疑人的知情权,因此也极大地提升了犯罪嫌疑人认罪认罚的主动性和自愿性。证据开示的时间应当适时恰当,笔者认为应当在被追诉人与控方就量刑建议协商时进行开示。如果在侦查阶段进行证据开示,可能导致被追诉人之间串供,伙同他人毁灭证据,对后续侦查行为产生不利影响;如果在签署具结书时开示证据,则由于时间仓促,犯罪嫌疑人无充分准备时间而导致知情权的缺失,双方无法进行平等的协商,不能保障认罪认罚的自愿性。

《指导意见》第 29 条规定,人民检察院可以针对案件具体情况,探索证据开示制度,保障犯罪嫌疑人的知情权和认罪认罚的真实性及自愿性。该条规定存在以下五个方面的不足:第一,虽然对证据开示制度作了规定,但是只是原则性的规定,不具备可操作性;第二,该条属于任意性规范,因此人民检察院可以变更、选择适用,也可以不适用;第三,没有对证据开示的范围、时间作出明确规定;第四,证据开示制度只是处于"探索"阶段;第五,没有规定开示的对象。为了充分保障犯罪嫌疑人的知情权和认罪认罚的真实性及自愿性,建议将本条修改为:人民检察院在向犯罪嫌疑人告知量刑建议之前,应当向犯罪嫌疑人及其辩护人或者值班律师全面开示证据。

  孙长永:《当事人主义刑事诉讼与证据开示》,载《法律科学》(《西北政法学院学报》)2000 年第 4 期。

2. 完善认知规范，保障犯罪嫌疑人、被告人获得律师的有效帮助权

在名义上，被追诉人对是否认罪享有绝对权利，但事实结果往往是在没有辩护人的情况下自己根本不享有任何保护。① 被追诉的法律地位衍生出一系列后果，犯罪嫌疑人、被告人永远不能与强大的公权力机关进行有效抗衡，其诉讼利益常常被侵害。公安司法机关虽然具有保障犯罪嫌疑人、被告人权利的职责，但并不具备保障其权利的冲动。在认罪认罚案件中，律师有效帮助的缺位将导致犯罪嫌疑人、被告人"明智性"丧失，自愿性难以保障。在一些案件中，公安司法人员的权利告知往往流于形式，而值班律师或者辩护律师的介入会帮助犯罪嫌疑人、被告人有效地了解指控的罪名、法律后果等实质结果。但是由于值班律师定位为法律帮助者，缺乏辩护人的相应权利，导致实践中值班律师的功能逐渐异化为签署认罪认罚具结书时的"见证人"，会见当事人效果大打折扣。② 值班律师的辩护人化是理论界解决该问题的热点提议之一，究其根源在于阅卷权、调查取证权等权利为保障犯罪嫌疑人、被告人的认识明知性、明智性提供了证据支撑。但是，《指导意见》仅规定值班律师有阅卷权，没有规定值班律师的调查取证权。因此，建议立法或者司法解释赋予值班律师调查取证权，以便有效保障认罪认罚的真实性和自愿性。

（二）完善认罪认罚反悔后的证据排除规范

根据《指导意见》的相关规定，犯罪嫌疑人、被告人认罪认罚的，无论是在审查起诉阶段还是在审判阶段都可以反悔。但是，关于反悔后犯罪嫌疑人、被告人原先认罪的供述要不要排除，《指导意见》没有明确规定。《指导意见》第 51 条和第 52 条仅规定了犯罪嫌疑人、被告人不起诉后反悔和起诉前反悔的两种情况的处理。其中，第 52 条虽然规定起诉前反悔的，认罪认罚具结书失效；但是仍然没有规定因为犯罪嫌疑人需要签署认罪认罚具结书而作出的有罪供述是否需要排除。《指导意见》第 53 条规定，案件审理过程中，被告人反悔不再认罪认罚的，人民法院应当根据审理查明的事实，依法作出裁判。该条对反悔前被告人的认罪供述是否可以采纳为定案的依据也没有明确规定。笔者认为，为了充分保障犯罪嫌疑人、被告人认罪认罚的自愿性，保障刑事诉讼活动的顺利进行，针对被追诉人反悔前认罪的供述能否作为定案的依据，应当区别三种情形做不同处理：第一，如果犯罪嫌疑人、被告人不再认罪，也就是否认指控的犯罪事实，则因签署认罪认罚具结书而作出的有罪供述应当排除，不能作为提起公诉和作出有罪裁判的依据；第二，如果犯罪嫌疑人、被告人认罪但只是不认罚，则犯罪嫌疑人、被告人的有罪供述可以作为提起公诉和作出有罪裁判的依据；第三，如果犯罪嫌疑人、被告人认罪认罚，但是出现《指导意见》第 51 条规定的"不积极履行赔礼道歉、退赃退赔、赔偿损失等义务"的，其有罪供述仍然可以作为定案的依据。

（三）严格遵守上诉不加刑原则，保障被告人的自由选择权

上诉不加刑原则的目的是保障被告人的上诉权。我国刑事诉讼法第 237 条第 1 款规定

---

① ［美］乔治·费希尔：《辩诉交易的胜利——美国辩诉交易史》，郭志媛译，中国政法大学出版社 2012 年版，第 6 页。
② 王迎龙：《值班律师制度研究：实然分析与应然发展》，载《法学杂志》2018 年第 7 期。

了该原则，并且规定了唯一例外的情形，即第二审人民法院发回原审人民法院重新审判的案件，有新的犯罪事实，人民检察院补充起诉的，可以不受该原则的限制。《指导意见》第45条第1项规定，被告人不服适用速裁程序作出的第一审判决提出上诉的案件，如果被告人以事实不清、证据不足为由提出上诉的，应当裁定撤销原判，发回原审人民法院适用普通程序重新审理，不再按认罪认罚案件从宽处罚。"不再按认罪认罚案件从宽处罚"意味着在该种情形下原审人民法院可以加重被告人刑罚。该条规定违背了刑事诉讼法规定的上诉不加刑原则。刑事诉讼法是上位法，《指导意见》等只能在遵守刑事诉讼法的原则的基础上，对刑事诉讼法实施中的一些情况作进一步解释。因此，笔者认为《指导意见》的此项规定应该无效。同时，废除《指导意见》的该项规定，有利于消除被告人的担忧，充分保障被告人认罪认罚的自由选择权，从而保障认罪认罚的自愿性。

认罪认罚从宽制度实施问题研究

谢丽珍　应　俊*

引言

法律制度与司法制度在本质上是一个整体，牵一发而动全身，目前国内对认罪认罚从宽制度的立法仅在刑诉法中有较多的规定，而在其他法律法规中与之相关的规定则是少之又少。因此，在相关法律法规中建立或者完善与认罪认罚从宽制度有关的配套立法值得研究。认罪认罚从宽制度虽然作为一项涉及控辩审三方的制度，但是由于该制度使得刑事诉讼中被诉人通过是否选择认罪从而获得适用何种程序进行审理的选择权，导致被诉人成为了占据主导作用的一方。然而在我国的司法实践中体现出来的是在诉讼过程中犯罪嫌疑人、被告人往往处于比较弱势的一方，因此对于其认罪认罚的自愿性的保障则显得尤为重要。除此之外，在刑事案件中被害人一方本应参与到诉讼过程中去，但是该制度却将重点放在了控辩审三方之间，因此对于被害人如何参与到认罪认罚从宽制度中去维护自己的合法权益也需要得到关注，而不能只考虑被诉方的态度。

一、认罪认罚从宽制度概述

根据2018年修改后的新刑诉法第15条规定，认罪认罚从宽制度的含义是犯罪嫌疑人、被告人自愿如实供述自己的罪行，承认指控的犯罪事实，愿意接受处罚的，可以依法从宽处理。[①] 然而学者们对于认罪认罚从宽的具体概念内涵却存在着不同的理解，始终不能达成统一的学说，若是要对该制度的内涵进行完整的解析，就应该将其进行拆解然后分别从认罪、认罚、从宽三个方面入手。

1. "认罪"的内涵

"认罪"是认罪认罚从宽制度适用的前提。关于其内涵，学界存在着如下三种不同的学说：第一种是认事实说，其认为"认罪"仅仅指的就是犯罪嫌疑人、被告人主动自愿地如实供述自己所犯的罪行。[②] 第二种是认事实+认性质说，该学说指的是在第一种学说的基础

---

* 谢丽珍：温州大学法学院副教授，法学博士，院长事务助理；应俊，温州大学法学院学生。
① 刑诉法第15条规定："犯罪嫌疑人、被告人自愿如实供述自己的罪行，承认指控的犯罪事实，愿意接受处罚的，可以依法从宽处理。"
② 黄京平：《认罪认罚从宽制度的若干实体法问题》，载《中国法学》2017年第5期。

之上添加了犯罪嫌疑人、被告人承认自己的行为属于一种犯罪行为的要求。第三种就是认事实+认性质+认罪名说，该学说实际上是范围最大的，它不仅仅要求犯罪嫌疑人、被告人如实供述自己的罪行，同时它还需要被诉方对控方依据其供述的罪行所指控的罪名也表示认同。而且有学者主张三个之中承认罪名尤为重要。"所谓的认罪应当是犯罪嫌疑人、被告人承认指控的犯罪事实并且还需要认可控方指控的罪名"。① 对于学界中大致划分出来的几种学说，立法者较为支持第二种观点，因为在 2019 年最高人民法院等部门联合制定发布的《关于适用认罪认罚从宽制度的指导意见》（以下简称《指导意见》）中明确地指出：认罪认罚从宽制度中的"认罪"，是指犯罪嫌疑人、被告人自愿如实供述自己的罪行，对指控的犯罪事实没有异议。② 当然还要说明的是这里的犯罪事实指的是主要的犯罪事实，因此对于指控的事实中一些细节提出异议的，在本质上并不影响对其认罪的认定。

2. "认罚"的内涵

"认罚"作为被诉方认罪之后的下一阶段，其具体内涵在学界中也存在着多种争议。有的学者表示认罚应当是指被追诉方在表示认罪之后，其自愿接受由此带来的在实体法上所应承担的刑罚后果，并且还包含对诉讼程序简化的认可以及犯罪嫌疑人对于被害人一方的退赃退赔。③ 有的学者则表示认罚是指被追诉人认识到自己的行为应受惩罚并同意接受惩罚，且该惩罚包括了抽象的和实体的，根据整个诉讼阶段的推进而呈现出不同的表现形式。④ 并且根据《指导意见》中表示的对"认罚"的把握，是指犯罪嫌疑人、被告人真诚悔罪，愿意接受处罚。并且指出了认罚确实应当根据诉讼过程的推进从而具有不同的表现形式。⑤ "认罚"的内涵更多地看重的是被诉方的悔罪态度以及表现，因此关于被诉方是否退赃退赔、是否赔礼道歉等一些行为也应当考虑在内作为衡量因素。

3. "从宽"的内涵

"从宽"是犯罪嫌疑人、被告人认罪认罚之后从而所能够获得的结果。认罪认罚从宽制度的作用是贯穿于整个诉讼过程的，因此"从宽"的概念就可以具体分为认罪量刑从宽和认罚执行从宽。而且前一部分适用于在判决作出过程中的量刑程度问题，后一部分则是在刑罚执行过程中的减刑假释问题。⑥ 当然也可以将从宽的含义从实体和程序两个方面进行分析：在实体上，被追诉人在认罪认罚之后，从宽处理是法定的要求而不再是可有可无，但应当是依法从宽，只能是在法律规定的情形中适度从宽，而不能是法外从宽。⑦ 在程序上，若是以减少被追诉人的诉讼权利为前提来实现程序从简，那就是对于司法机关的从宽而不是对被追诉人的从宽，因此更多的应当是指通过考虑被追诉人的人身危险性来采取非羁押

---

① 周新：《认罪认罚从宽制度立法化的重点问题研究》，载《中国法学》2018 年第 6 期。
② 最高人民法院等部门联合发布的《指导意见》第 6 条规定，认罪认罚从宽制度中的"认罪"，是指犯罪嫌疑人、被告人自愿如实供述自己的罪行，对指控的犯罪事实没有异议。
③ 陈卫东：《认罪认罚从宽制度研究》，载《中国法学》2016 年第 2 期。
④ 汪海燕、付奇艺：《认罪认罚从宽制度的理论研究》，载《人民检察》2016 年第 15 期。
⑤ 最高人民法院等部门联合发布的《指导意见》第 7 条规定：认罪认罚从宽制度中的"认罚"，是指犯罪嫌疑人、被告人真诚悔罪，愿意接受处罚。"认罚"，在侦查阶段表现为愿意接受处罚；在审查起诉阶段表现为接受人民检察院拟作出的起诉或不起诉决定，认可人民检察院的量刑建议，签署认罪认罚具结书；在审判阶段表现为当庭确认自愿签署具结书，愿意接受刑罚处罚。
⑥ 周青莹：《认罪认罚从宽制度的概念辨析》，载《河套学院学报》2016 年第 2 期。
⑦ 杨立新：《认罪认罚从宽制度理解与适用》，载《国家检察官学院学报》2019 年第 1 期。

性措施,从而降低司法机关的羁押率来实现程序上的从宽。① 对此,笔者认为,"从宽"应当是指在实体上遵循罪责刑相适应原则,然后给予相较于如自首、坦白、立功等情形不同的或者是更大的从宽幅度,在程序上考虑被追诉方的人身危险性后对其适用程度相对来说较轻的强制措施,然后适用便利的诉讼程序或简化一定的诉讼程序。

二、认罪认罚从宽制度实施中存在的问题及成因分析

(一) 认罪认罚的自愿性缺乏保障

关于认罪认罚的自愿性问题其实是一直存在着的,当然我国新刑诉法中也有针对此现象的相关规定。但也仅仅提出了法官需要进行审查的要求,并没有明确具体地规定自愿性审查的规则。而且即使法律法规规定认罪认罚从宽制度的适用要以被追诉方的自愿为前提,但在司法实践中无论诉讼的哪一阶段,犯罪嫌疑人、被告人往往都是处于相对比较弱势的一方,因此现实中仍旧存在许多被诉方的自愿性得不到保障的现象。认罪认罚作为刑事诉讼中的一种证据,其在诉讼过程中的不同阶段发挥着不同但不可或缺的作用。② 在刑事侦查阶段,犯罪嫌疑人对于自己的罪行进行如实供述,对其自身来说意味着自首或者坦白,同时也给侦查机关带来了(口供)证据。而在审查起诉和审判阶段,被告人认罪认罚则意味着可以使得控方减少一定程度的证明活动,并且实现诉讼程序在一定程度上的简化。因此犯罪嫌疑人、被告人的如实供述往往会给司法工作人员带来找寻证据的线索,能够大大地减轻控方的工作压力,有利于司法资源的有效利用。然而在如今的社会,贪污腐败不断滋生,产生许多"钱权交易""权权交易"的现象,又或者是某些司法工作人员一味地追求办理案件的效率而全然不顾其他方面的问题。而且我国目前并没有关于讯问犯罪嫌疑人、被告人时要求律师在场的制度,这也就使得被诉方在某些时刻会处于一种孤立无援的地步,而那些司法工作人员可能会因此通过某些非法手段来迫使犯罪嫌疑人、被告人不得不进行认罪认罚,从而导致被诉方"非自愿性"的去认罪认罚。

关于认罪认罚自愿性缺乏保障的问题的成因分析:首先就是对于自愿性的判断标准问题。自愿性的判断标准是自愿性审查的前提条件,对于认罪认罚从宽制度的实施起着十分重要的作用,若是判断标准不清晰就极易造成冤假错案的产生。③ 然而我国当前司法实践中有许多的实务部门对于自愿性的判断标准都不够清晰,呈现出了多种多样的解读,他们往往不会严格地去解析自愿性的真正含义从而导致许多犯罪嫌疑人、被告人属于表面上的"自愿认罪认罚"。其次就是有些司法工作人员本身的专业素质存在问题,专业素养有好有坏,使得司法实践中衍生出太多的贪污腐败现象,那些司法工作人员贪图其个人利益而去损害国家的司法制度,通过某些"威逼利诱"的手段去使犯罪嫌疑人、被告人作出"非自愿性"的认罪认罚,他们虽然追求了效率,但却大大地损害了司法的公正性。

---

① 钱春:《认罪认罚从宽制度的检视与完善》,载《政治与法律》2018年第2期。
② 王敏远:《认罪认罚从宽制度疑难问题研究》,载《中国法学》2017年第1期。
③ 周淑婉:《认罪认罚从宽制度研究以被追诉人的自愿性为切入点》,载《实事求是》2019年第3期。

(二) 忽视被害人的参与

被害人其实是具有独立的诉讼地位，并且享有广泛的诉讼权利的当事人，其需要通过实体和程序两个方面参与到诉讼过程中去。在实体上，一份公正的判决就是对被害人的权益的保障；在程序上，被害人需要以自己看得见的方式见证该实体判决的产生。① 而且认罪认罚从宽制度更是一项主要涉及控辩审三方的制度，导致被害人一方无法很好地参与到该程序中去。其实被害人一方对于整个诉讼过程来说十分重要，首先在侦查阶段被害人其实和犯罪嫌疑人的地位应当是同等重要的，因为其是侦查机关收集证据线索的主要来源；其次在审查起诉和审判阶段，控方以及审判方所作出的活动均是为了作出一份公正的判决来维护被害人的权益。然而在目前认罪认罚从宽制度的相关规定中，并没有十分系统的完善被害人参与到其中的规定，仅仅只是要求控方听取被害人的一方的意见，作为重要的考量因素，而并不是必要的考虑因素。而且控方的任何一个决定其实都影响着被害方的实体权益，但是被害方在侦查阶段却不享有知情权，甚至在少有的参与该制度的地方也仅仅享有提意见的权利，并不享有任何决定权。这毫无疑问对于被害人是不公平的，而且若是被害人对于犯罪嫌疑人、被告人适用认罪认罚从宽制度是持否定态度的，那么将来判决作出之后会导致被害人的不满。其将会选择其他的救济途径，这样就又会造成司法资源的浪费，并且不利于社会关系的恢复。

关于不重视被害人一方的参与程序的成因分析，主要还是因为相关制度的配套立法规定不完善，从而导致了被害人一方往往只是处于该制度的边缘位置，不能有效地参与其中。根据《指导意见》中的相关规定，可以发现被害人一方的态度并不能决定被诉方认罪认罚从宽制度的适用，只是能作为一定的衡量因素而得不到有效的重视。② 由此可见，立法规定对于被害人一方参与程序的权利的保护是十分单调、十分不完善的。

(三) 知情权保障不到位

权利告知是程序正当性的要求，不论是英美法系国家还是大陆法系国家，都注重司法机关对犯罪嫌疑人、被告人的权利告知。③ 在我国，被诉方对于认罪认罚从宽制度表面上占据着主导地位，需要由其自愿进行，而且法律法规明确规定在对其适用认罪认罚从宽制度之前需要告知其享有的诉讼权利，从表面上看似乎是保障了其诉讼权利。然而目前的许多法律法规中对于告知的具体诉讼权利并无明确的规定，而且司法实践中犯罪嫌疑人、被告人往往处于较低的地位。在现实社会中，人们在法律方面的专业知识水平普遍比较低。而刑事案件中的多数犯罪嫌疑人、被告人的文化水平比较低，对于法条规定的实质内涵更是一窍不通，向他们宣读法条内容无异于让其观看"无字天书"。这样的现象存在导致很多被诉人在侦查阶段自愿认罪认罚后，在后续的诉讼过程中了解了自己的诉讼权利，从而推翻了自己的认罪认罚行为，有的甚至在判决书作出之后选择了上诉。由于犯罪嫌疑人、被告

---

① 尹茂国：《认罪认罚视野下被害人诉讼权利保障研究》，载《长白学刊》2019年第3期。
② 最高人民法院等部门联合发布的《指导意见》第18条规定，被害人及其诉讼代理人不同意对认罪认罚的犯罪嫌疑人、被告人从宽处理的，不影响认罪认罚从宽制度的适用。犯罪嫌疑人、被告人认罪认罚，但没有退赃退赔、赔偿损失，未能与被害方达成调解或者和解协议的，从宽时应当予以酌减。
③ 杨立新：《认罪认罚从宽制度理解与适用》，载《国家检察官学院学报》2019年第1期。

人对于自己的诉讼权利无法真正地知悉，从而导致对犯罪嫌疑人、被告人进行权利告知的规定沦为了形式化要求，使得司法资源无法得到有效的利用。

对于犯罪嫌疑人、被告人知悉权的保障问题的成因分析：主要是因为犯罪嫌疑人、被告人对于自身的案件性质、法律法规的具体含义并不是十分理解，从而无法对自己认罪认罚之后会带来的后果有一个准确的评估。① 而在这种背景之下，相对于犯罪嫌疑人、被告人来说具有专业知识的值班律师就能够在很大程度上帮助犯罪嫌疑人、被告人去理解法条的内涵，为其分析其认罪认罚后的利与弊，从而使认罪认罚从宽制度得到有效实施。但是目前在我国司法实践中，那些适用认罪认罚从宽制度的案件中有关于值班律师的介入的相关规定仅仅浮于表面，值班律师很大程度上都只能在短时间内接触到案件情况，不能真正有效地了解案件性质内容，只是进行一些辅助性的工作，从而导致该制度实施中受到了较大的阻碍。

（四）证明标准模糊不清

认罪认罚从宽制度作为一项以节约司法资源为价值基础的新制度，对于其所适用的案件中的证明标准问题就起到了关键性作用。然而在司法实践中更多的实务部门都比较倾向于重视认罪认罚从宽制度的效率价值，他们往往会在办案效率的巨大压力之下选择通过降低案件的证明标准来追求办理案件的效率问题。与此同时也会有部分实务部门仍旧坚持着刑诉法中规定的"犯罪事实清楚，证据确实、充分"这一证明标准去办理案件。司法实践中存在的此种证明标准不统一的现象也使得认罪认罚从宽制度的实施产生了不同的负面效果，过于追求效率价值而使得案件的事实真相不能得到有效的查清，从而导致了更多的冤假错案的产生，造成司法资源的浪费；而对于那些坚持"犯罪事实清楚，证据确实、充分"的证明标准的做法，则可能会导致案件办理的进度达不到该制度的价值追求，不能高效地达到节约司法资源的目的。这两种负面现象都是证明标准模糊不清而造成的，导致认罪认罚从宽制度的实施逐渐地背离其基础要求。

对于证明标准模糊不清的问题的成因分析：主要是由于某些实务部门将证明标准与证明难度问题相混淆。在认罪认罚从宽的制度体系中，证明标准的问题不仅仅涉及案件的繁简分流程序，而且还是该制度设立的基石。② 然而在司法实践中很多实务部门对证明标准的概念与认罪认罚从宽制度的内涵之间的关系没有理解到位，他们过于追求认罪认罚从宽制度带来的效率影响。证明标准问题实际上关乎着一个案件最终实体判决的公正性，而某些实务部门往往会通过降低证明标准来降低自己的证明难度。这样的做法虽然使得案件办理的效率得到大大的提升，但是却没有完全地保证最终判决结果的公正性，从而忽略了认罪认罚从宽制度的基础内涵——在保证公正的基础上实现效率的提升。

---

① 凌萍萍，焦孟颔：《认罪认罚从宽制度的审视与完善》，载《青海社会科学》2019年第1期。
② 汪海燕：《认罪认罚从宽案件证明标准研究》，载《比较法研究》2018年第5期。

三、认罪认罚从宽制度的完善建议

(一) 完善认罪认罚从宽的制度体系

关于认罪认罚从宽制度在实践中所遇见的问题,大多都是由于对该制度的概念内涵没有理解到位而产生,因此首要的解决方案就是应当对认罪认罚从宽的概念进行明确化。而且认罪认罚从宽其实是一个集合性的法律制度,体现的是我国刑事宽严相济政策的宽缓的那一面。① 在顺应司法制度改革的背景之下,目前对于该制度的适用更多地应当是持鼓励的态度,通过不同的方面去找寻并且完善该制度背后的具体内涵。

立法者需要根据认罪认罚从宽制度的改革期待,从多个角度去分析既有的理论观点和实务操作,科学地辨析三要素的构成框架,从而建立起符合司法实践需要的制度体系,以推进我国的司法改革。② 认罪认罚从宽制度其实牵连着刑事实体法与刑事程序法两方面的内容,目前在实体法上虽然存在许多关于认罪认罚的具体规定,但是仍旧属于一种凌乱的状态,因此需要对其进行整合形成一个实体法上的体系;而在程序法中,该制度则是属于一种刚刚萌芽的状态,并不具有很多的具体规定,因此需要将更多的重心放在程序法上对其进行完善,作出更多的有关认罪认罚从宽制度的补充规定。然后结合实体法与程序法的规定找出该制度体系的平衡点,从而构建一个比较全面的制度体系。

对于认罪的概念需要从实体法、程序法和证据法的意义上进行解释,对于认罚的概念则应当具体地包含应当性行为和禁止性行为。③ 而关于从宽的概念解释,则需要区别于刑法中目前所规定的自首、坦白等行为的处理,从而能够有效地激励犯罪嫌疑人、被告人自愿认罪认罚。与此同时,还需要实务部门对认罪、认罚、从宽三个要素的概念进行有针对性的交叉运用,不能机械地套用认罪认罚从宽的公式。否则司法实践中各式各样的刑事案件都运用了相同的诉讼程序进行办理,这显然是不合理的,而且还会造成司法资源的无效使用。

(二) 完善认罪认罚自愿性的审查机制

认罪认罚从宽制度的运转核心是被诉人自愿地认罪认罚,因此对于"自愿"的审查必须建立一个较为明确、统一的认识,从而促进该制度的良好发展。④ 认罪认罚从宽制度虽然贯穿于整个诉讼过程中,但是对于不同阶段的自愿性审查的方式和策略却存在许多不同。⑤

在侦查阶段,控方往往会给犯罪嫌疑人施以强大的指控压力,因此被诉人十分容易受到一些非法手段的影响来迫使其认罪认罚,此时主要审查的就是司法工作人员是否存在通过如刑讯逼供、威逼利诱等非法手段来影响被诉人认罪认罚的问题。

---

① 熊秋红:《认罪认罚从宽的理论审视与制度完善》,载《法学》2016 年第 10 期。
② 赵恒:《"认罪认罚从宽"内涵再辨析》,载《法学评论》2019 年第 4 期。
③ 孙长永:《认罪认罚从宽制度的基本内涵》,载《中国法学》2019 年第 3 期。
④ 杨帆:《认罪自愿性的边界与保障》,载《法学杂志》2019 年第 10 期。
⑤ 顾永忠、肖沛权:《"完善认罪认罚从宽制度"的亲历观察与思考、建议——基于福清市等地刑事速裁程序中认罪认罚从宽制度的调研》,载《法治研究》2017 年第 1 期。

在审查起诉阶段，则是存在被诉人认罪认罚之后本可以不起诉，但控诉机关可能会为了追求工作上的指标业绩而仍旧将案件移送到法院进行处理的情形。此时就需要审查控诉机关是否完全依据规定把好起诉这一关，而不是因为某些形式上的要求使案件移送到法院时是一种表面上表现出被诉方"自愿"认罪认罚的情形，但实际上被诉方完全没有进行过这一方面的行为。

在审判阶段，则主要由法院对被告人认罪认罚的自愿性进行审查。作为自愿性审查的最后一道防线，法院主要还是从客观和主观两个方面进行审查，客观上审查被告人是否已经认罪认罚，主观上则审查被告人是否是在明确地了解认罪认罚所带来的后果的情况后出于自愿作出。并且在审查认罪认罚自愿性的同时还应当赋予被诉方一定的反悔权，否则将来被告方可能通过在判决作出之后又选择上诉等方式进行反悔，这样就会造成司法资源的浪费，不能够将更多的司法资源放在重大疑难案件中去。

（三）加大值班律师的介入程度

在司法实践中，犯罪嫌疑人、被告人往往都是处于一个较弱的地位，因此对于其诉讼权利的保障则显得尤为重要。无论是法律地位的平等还是诉讼过程中信息的对称，被诉方都处于较为弱势的那一方，相较于强大的控诉机关和拥有丰富的法律知识的公诉人来说，被诉人相当于一个法律的"门外汉"。[①] 此时就需要通过值班律师的介入来帮助被诉人了解自己目前的状况，而我国目前并没有规定值班律师可以深层次地介入到诉讼中去，因此就需要加大值班律师的介入程度来更好地保障被诉人的辩护权。

首先可以在被诉人被指控犯罪时就开始介入，由于在侦查阶段控方对于犯罪嫌疑人的态度很容易使其先入为主地认为对方就是"罪犯"。那么犯罪嫌疑人很容易就处于一种弱势的地位。此时若是有值班律师的介入可以让犯罪嫌疑人有更多的时间接触案件了解案情性质，也变相地保障了犯罪嫌疑人认罪认罚的"自愿性问题"，并且可以提供对被诉人最为有利的辩护条件。其次是可以借鉴辩诉交易中由控方与被诉人的辩护律师进行协商的做法，这样可以赋予其更多的权利而不仅仅是进行一些辅助性的帮助。要让值班律师更完整地参与到协商的过程中去，在有律师在场的情况下签署认罪认罚具结书，从而更好地保障协商的自愿、平等、合法和公正。[②] 最后是提高值班律师整体的专业素质，对值班律师进行关于认罪认罚从宽制度的集中培训，建立一支专门针对适用认罪认罚从宽制度案件的值班律师队伍，这样能够更加高效地向被诉人诠释认罪认罚从宽的意义，让被诉人在完全了解自己认罪认罚之后可以获得什么样的好处，从而大大地提高司法工作人员办理案件的效率。

（四）统一实务部门适用的证明标准

证明标准这一要素直接关乎着一个案件最终实体判决的公正性，若是不好好处理这一要素则会很容易产生两种截然不同的负面效果，而实务部门对于适用认罪认罚从宽制度的案件中的证明标准问题却存在着各式各样的理解。认罪认罚从宽制度最基础的内涵就是在

---

① 何秉群：《认罪认罚从宽制度之公正价值考量》，载胡卫列等主编：《认罪认罚从宽制度的理论与实践——第十三届国家高级检察官论坛论文集》，中国检察出版社2017年版，第256~259页。

② 朱孝清：《认罪认罚从宽制度中的几个理论问题》，载《法学杂志》2017年第9期。

公正的基础之上实现更高的效率,而许多的实务部门却往往忽视这一点。有的学者表示在适用认罪认罚从宽制度的案件之中就应当将证明标准从"严格证明"改变为"自由证明",只要裁判者有证据证明被诉人确有所认之罪的事实基础,且其系自愿认罪,那么即可证明该犯罪事实。[①] 这也是有些实务部门采取的做法,他们以此来降低证明难度从而实现提高效率的目的,因此立法者应当统一实务部门在适用认罪认罚从宽制度的案件中的证明标准。

所有的实务部门应当严格按照我国刑诉法中关于证明标准的要求,也即"犯罪事实清楚,证据确实、充分"。虽然认罪认罚从宽制度追求一种效率的目的,但通过降低控方的证明难度来实现这一目的是很不科学的,因为证明标准是证明难度的前提要求,我们不能通过降低证明标准来降低证明难度,这样有损于司法的公正性,甚至可能造成更多的冤假错案的发生。因此在司法实践中,我们的实务部门应当严格地按照"犯罪事实清楚,证据确实、充分"这一证明标准去办理适用认罪认罚从宽的案件,以此首先保证了公正性,这样的做法会减少司法实践中的那些矛盾现象,从而实现司法资源配置的最优化。

结　语

总体而言,认罪认罚从宽制度存在很大的诉讼价值,对提高我国诉讼效率意义重大。针对制度实施中可能出现的问题进行具体研究,可以进一步丰富和完善我国的司法体系,实现司法体制和司法机制改革的最终目标。

---

① 郭志媛:《认罪认罚从宽制度的理论解析与改革前瞻》,载《法律适用》2017 年第 19 期。

认罪认罚从宽中的量刑建议：制度创新与困境破解

谢小剑*

一、认罪认罚从宽中量刑建议制度的新要求

2018年修改后的刑事诉讼法明确规定认罪认罚从宽制度，并在第176条第2款规定："犯罪嫌疑人认罪认罚的，人民检察院应当就主刑、附加刑、是否适用缓刑等提出量刑建议，并随案移送认罪认罚具结书等材料。"从而该规定明确了检察机关提出量刑建议的法定职责。与之前的量刑建议一样，检察院享有的是建议权，法院享有决定权。然而，结合认罪认罚从宽程序，量刑建议制度呈现出如下新要求：

（一）量刑建议的全面性

之前检察机关往往只对主刑提出量刑建议，但在认罪认罚从宽中，要对所有的量刑方面提出建议，包括主刑、附加刑以及适用缓刑等刑法执行方式。从而量刑建议涵盖了量刑的所有方面，具有全面性的特点。该变化会增加检察机关提出量刑建议的难度，比如是否交罚金、罚金多少，传统上是法院的重要权力，检察机关对此提出建议，必然对法院的传统利益造成威胁。再如，之前法院在审判阶段才委托司法行政机关作出是否符合缓刑适用条件的社会调查报告，而现在在审查起诉阶段就要提出量刑建议，如果社会调查报告的制作时间不提前就难以满足办案需要。

（二）量刑建议的普遍性

刑事诉讼法对提出量刑建议使用了"应当"一词，意味着检察机关对认罪认罚从宽案件都必须提出量刑建议。这与之前检察院裁量行使量刑建议的立法明显不同，检察机关应当迅速具备提出量刑建议的能力。同时，检察机关一旦选择适用认罪认罚程序，必然增加自己的工作量。由于我国速裁程序和简易程序区分度不大，简易程序不以认罪认罚为前提，如果不能缩减检察官的工作量，很多检察官可能不愿意适用认罪认罚从宽程序。

（三）量刑建议的前置性

与普通案件中检察院起诉时提出量刑建议不同，认罪认罚从宽中的量刑建议应当在审查起诉阶段提出。这导致提出量刑建议的时间大大提前，检察机关此时可能并未全面掌握

---

* 谢小剑，江西财经大学法学院副院长，教授，博士生导师，法学博士。

案件信息，比如未能充分听取辩方意见，其提出量刑建议的准确性将面临质疑。同时，认罪认罚从宽制度改革之前，被追诉人只有在判决后才清楚具体量刑，如今在审查起诉阶段就能清楚量刑建议，将对犯罪嫌疑人认罪认罚的自愿性和明智性产生较大影响。由于前置到审查起诉阶段，导致量刑建议具有可变性。人民检察院可以依法调整量刑建议，犯罪嫌疑人、被告人也可以不再认罪认罚。同时，在不同阶段认罪认罚，量刑建议应有的差异性也是一个需要解决的问题。

（四）量刑建议的协商性

之前刑事诉讼中量刑由案情决定，不可协商，不可交易。刑事诉讼法并未明文规定认罪认罚从宽程序中，量刑建议建立在控辩协商的基础上，学术界对于从宽是"量刑协商从宽"还是"法定从宽"存在争议[1]，在实践中具结书签署之前，一般认可控辩双方可以对量刑进行协商。2019年《关于适用认罪认罚从宽制度的指导意见》（以下简称《指导意见》）第33条第1款明确规定，人民检察院提出量刑建议前，应当充分听取犯罪嫌疑人、辩护人或者值班律师的意见，尽量协商一致。可见，量刑建议不是单方作出决定，而是控辩双方协商的成果，这是被追诉人的重要程序权利[2]，"量刑协商从宽"是法定程序要求。

（五）量刑建议的高效性

之前量刑建议不具有法律约束力，法院可以不采纳检察机关的量刑建议。认罪认罚从宽中，量刑建议对检察院、法院都产生约束力。一方面，我国刑事诉讼法第201条第1款规定："对于认罪认罚案件，人民法院依法作出判决时，一般应当采纳人民检察院指控的罪名和量刑建议……"这是我国第一次明确量刑建议的法律效力，而且采取了"一般应当采纳"的规定，显然赋予了量刑建议非常高的效力，法院没有充分的理由不能否定检察机关的量刑建议。同时，人民法院拥有量刑决定权，检察院的量刑建议对法院只有有限的约束力，基于法院依法独立审判的权力，其并不完全受制于人民检察院的量刑建议。法院有权审查量刑建议的正确性，认为量刑不当的，有权依法作出判决。另一方面，我国刑事诉讼法第201条第2款规定，量刑建议对控方具有约束力，人民检察院只有在"人民法院经审理认为量刑建议明显不当，或者被告人、辩护人对量刑建议提出异议的"这两种情况下才能改变量刑建议。

（六）量刑建议的精准性

在认罪认罚从宽制度中，检察机关对量刑建议权越来越重视，最高人民检察院提出要精准量刑，甚至要求量刑建议要具体到确定的刑期。《指导意见》第33条第2款规定，办理认罪认罚案件，人民检察院一般应当提出确定刑量刑建议。对新类型、不常见犯罪案件、量刑情节复杂的重罪案件等，也可以提出幅度刑量刑建议。从而要求认罪认罚从宽中以"确定刑量刑建议为主，幅度刑量刑建议为辅"。

---

[1] 熊秋红：《比较法视野下的认罪认罚从宽制度——兼论刑事诉讼"第四范式"》，载《比较法研究》2019年第5期。

[2] 闵春雷：《回归权利：认罪认罚从宽制度的适用困境及理论反思》，载《法学杂志》2019年第12期。

二、认罪认罚从宽中量刑建议的功能定位

在最高人民检察院力推认罪认罚从宽适用率之前,认罪认罚从宽案件的适用比例并不高。不少检察官不愿意适用认罪认罚从宽制度,不愿意提出量刑建议,因为提出量刑建议要增加工作量,比如要完成签署具结书、联系值班律师听取其意见、审查认罪认罚的自愿性等工作,导致办案期限更短,承担责任更重。只有充分认识认罪认罚从宽中量刑建议的特殊功能,才能彻底破除检察官的消极心理。

(一)量刑建议制度的功能目标在于激励犯罪嫌疑人认罪认罚,提高诉讼效率

认罪认罚从宽制度要求在审查起诉阶段,通过控辩协商,提出量刑建议,目的在于激励更多犯罪嫌疑人认罪认罚。这是之前量刑建议制度不具有的功能。一方面,如何避免"坦白从宽、牢底坐穿,抗拒从严、回家过年"的悖论,落实宽严相济刑事政策中的从宽一面,激励犯罪嫌疑人认罪认罚是实践中的难题。立法允许检察机关对认罪认罚的犯罪嫌疑人更早给予更轻的量刑建议,必定能使坦白从宽政策落到实处,发挥量刑建议的引导、激励作用。之前只有在审判之后才确定量刑,如今量刑建议提前,犯罪嫌疑人在认罪认罚具结时已经了解了自己即将被判处的刑罚,从而量刑建议可能更有效地激励犯罪嫌疑人认罪认罚。另一方面,随着诉讼进程的变化,之前认罪的犯罪嫌疑人很多翻供了,其中重要原因之一是量刑的不确定性。相反,一旦量刑确定,被追诉人的心理预期明确,就会激励犯罪嫌疑人继续认罪认罚,大大减少翻供的比例。从实践来看,认罪认罚案件中,犯罪嫌疑人反悔的比例较低,此是重要原因。

(二)量刑建议制度的主要功能在于保障被追诉人的量刑参与权,保障认罪认罚的正当性

解读认罪认罚从宽制度不能仅仅从效率的角度,更要从权利的角度①。认罪认罚从宽中量刑建议的重要发展在于突破性地赋予了被追诉人更大的量刑参与权。一方面,通过前置量刑建议程序,充分保障了犯罪嫌疑人的知情权。知情权是犯罪嫌疑人辩护权的重要内容,犯罪嫌疑人在选择是否认罪认罚时,已经相对确定地了解案件定罪量刑的法律后果,从而有助于确保犯罪嫌疑人认罪认罚的自愿性,保障认罪认罚的明智性。另一方面,量刑建议制度保障了辩方参与量刑协商的权利,量刑建议是凝聚控辩合意的重要载体。同时,其通过认罪认罚具结书固定下来,具有确定性,可以避免量刑建议随意变化,更有利于保障犯罪嫌疑人的权利。此外,量刑建议制度提供了一种量刑激励,从之前"压力式"获取口供,转变成"激励式"获取口供,实现办案模式转型,从而量刑建议制度有助于以保障被追诉人权利的方式获取口供,发现事实真相,正确定罪量刑,保障了认罪认罚从宽的正当性。

(三)量刑建议制度的次要功能在于试图消除量刑抗辩,以量刑协商规范量刑

量刑规范化改革中的量刑建议有形成控辩辩论对象、争点,实现量刑规范化的重要功

---

① 左卫民:《认罪认罚何以从宽:误区与正解——反思效率优先的改革主张》,载《法学研究》2017年第3期。

能。为此，量刑规范化改革需要通过量刑建议确立辩论对象，构建"相对独立量刑程序"。从而，检察机关的量刑建议可以为相对独立的量刑程序提供诉辩对抗的对象。同时，量刑建议通过量刑信息供给的正向引导和反向的量刑纠偏作用能够规范和约束法院的量刑裁判权。① 法院的量刑决定权也会对检察机关的量刑建议权形成制约作用，保障量刑的正确性。

然而，认罪认罚从宽中的量刑建议基本消除了之前形成量刑辩点的功能，以新的方式规范量刑。与普通对抗式诉讼程序不同，认罪认罚案件不体现对抗的特征，认罪认罚从宽庭审程序中并没有相对独立的量刑程序，甚至没有量刑程序，量刑建议无须在法庭上进行诉辩对抗，现行量刑建议不是为了提供诉辩双方辩论的对象，不具有上述争点形成功能。相反，其希望通过保障辩方参与量刑的权利，通过控辩之间的量刑协商，保证量刑的公正合理性，保障辩方对量刑的接受性。并以犯罪嫌疑人签署认罪认罚具结书认可检察机关提出的量刑建议，消除庭审中对量刑的诉辩对抗。

（四）量刑建议制度的附带功能在于导致量刑实施权从法院转移至检察院

为此，最高人民检察院反复强调认罪认罚从宽案件的比例要达到70%以上，并以确定刑作为量刑建议的要求。由于法院"一般应当接受"检察机关的量刑建议，量刑实施权极大地从法院转移至检察院，检察院在诉讼中的主导地位凸显。

三、认罪认罚从宽中的量刑建议：宜以幅度刑为主，确定刑为辅

长期以来，我国量刑采取的是"以幅度刑为主、确定刑为辅"。当前，认罪认罚从宽制度改革中，最高人民检察院要求一般提出确定刑的量刑建议，引起较大争议。笔者也主张，在认罪认罚从宽制度改革中，量刑建议应当以"幅度刑为主，确定刑为辅"。具体理由如下：

（一）检察官尚不具备提出确定刑的能力

量刑是一个非常复杂的问题。法官长期从事量刑工作，尚无法做到准确量刑，检察机关短期内能否掌握确定量刑，令人忧虑。长期以来，都是法院在从事量刑工作，检察院无量刑的具体经验。检察机关不熟悉量刑，很难精准量刑。而且，检察系统没有形成统一量刑的内部机制，更可能造成同案异判。在认罪认罚案件中，要求检察官提出十分精准的确定刑确实勉为其难，可能适得其反。笔者也认为，国家机关之间的权力分配应当考虑可行性，在条件尚不具备时应当暂时缓行。

可能有观点认为，可以通过运用电子量刑系统迅速实现确定刑的合理性。目前，我国部分地方检察院应用量刑建议智能辅助系统，提出确定刑量刑建议。最高人民检察院对此较为肯定，认为其是大数据、智能化与检察工作的结合，有效提升了量刑建议的精准度，要组织研发可以普遍适用的量刑建议辅助系统②。笔者认为目前电子量刑的准确性尚存在争议，刑事司法的量刑最为复杂，数百个罪名、大量的量刑情节，现在无法开发出能容纳如

---

① 董坤：《规范定位下量刑建议的运行机理及其完善》，载《内蒙古社会科学》（汉文版）2012年第3期。
② 陈国庆：《量刑建议的若干问题》，载《中国刑事法杂志》2019年第5期。

此多变量的量刑系统。最高人民法院在量刑规范化改革中也仅是对部分罪名进行规范化而已，对其他的罪名连规范化的标准都没有，即使在已经量刑规范化的罪名中，也存在大量的选择幅度，有的幅度达到30%，比认罪认罚从宽的幅度还要大，根本无法开发合理的量刑系统。即使开发能学习的人工智能系统，向谁学习都是问题，量刑因素在不断变化，向过去的判决书学习并不合理。现在电子量刑系统的宣传很多似乎言过其实，尚需要充分检验。笔者深入实践调查时发现，检察院使用电子量刑系统往往是将许多裁量量刑因素去除，对幅度刑量刑建议采取中间值，并对裁量权机械限制，反而有损个案正义。如果司法系统不能保持冷静，对电子量刑系统过度推崇，量刑难免被商业利益所左右。特别是量刑系统也只是提供参考、帮助，如果检察官尚对量刑事实和量刑情节把握不准，量刑系统更难以发挥实质性作用。

（二）如果以幅度刑为主，法官在其间量刑，有助于形成量刑上的分权机制，正确量刑

认罪认罚从宽制度中被追诉人"概括认罚"放弃量刑对抗，此时必须从职权主义角度保障被追诉人获得适当的量刑，而只有控审分权的量刑机制才能保障被追诉人权利，保障量刑的公正性。

在认罪认罚案件中，被追诉人对量刑法律并不熟悉，虽然确定的量刑对被追诉人而言有助于保障其知情权，但其无能力判断确定刑是否正确合理。特别是被追诉人多数没有辩护律师，本人没有阅卷权，值班律师也没有阅卷，速裁程序中省略了法庭调查、法庭辩论程序，导致量刑证据、量刑事实得不到充分的质辩。同时，"捕诉合一"改革之后，检察官的权力更加集中、强大，容易出问题。从而应当在控审之间形成一定的制衡机制。一旦法院无须具体量刑，必然放松对量刑事实的审查，相反其在检察院建议幅度内量刑，则需要认真审查量刑事实，可以形成一定的分权机制。可见，从之前非常大的幅度刑或者几乎不提量刑建议到所谓确定刑，步子太快，对被追诉人实体权益而言存在重大风险。

（三）检察机关提出幅度刑，有助于吸收法官的量刑经验

不可否认的是，法官在量刑上积累了丰富经验，检察机关提出确定刑，完全将法院法官积累的经验弃之不用并不妥当，也不利于保障被追诉人的权利。如果量刑建议以幅度刑为主，有助于发挥法院的传统优势，将审判机关拉入量刑的讨论之中，凭借其相对丰富的量刑经验，校正检察官量刑的不足[①]。

虽然绝对化要求确定刑不合适，但是基于上述两部分对量刑建议意义、功能的论述，精准化量刑显然更有利于实现其功能。因此在当前阶段，量刑建议应当以幅度刑为主，但是量刑幅度不宜过大，幅度过大会导致量刑的不确定性，影响犯罪嫌疑人、被告人认罪的明智性，导致最终刑与犯罪嫌疑人、被告人的期待相悖。因此，既要兼顾量刑的精准性，也要考虑量刑的幅度，相对较小的幅度是当前合理的选择。

当然，也不排除检察官可以提出确定刑，但前提是检察官已经具备提出确定刑的能力。当前，可以采取分类方式，2019年《人民检察院刑事诉讼规则》第275条规定，对新类型、不常见犯罪案件，量刑情节复杂的重罪案件等，也可以提出幅度刑量刑建议。笔者认

---

① 卞建林、陶加培：《认罪认罚从宽制度中的量刑建议》，载《国家检察官学院学报》2020年第1期。

为，对于已经有量刑规范化的案件，检察院可以提出确定刑，对于其他案件一般提出幅度刑，由法庭具体量刑。对不同刑期档次的案件，提出量刑建议的区间幅度应加以区分，整体而言需要限缩幅度范围，以体现量刑的精准性。

四、认罪认罚从宽中量刑建议的程序困境及出路

目前，认罪认罚从宽中量刑建议程序尚存在一定的困境，需要通过完善制度解决以下问题。

（一）解决罚金刑的阶段性差异，协调主刑与罚金刑的关系

我国普遍根据罚金刑的执行程度确定主刑。实践中当事人交罚金的能力各不相同，为了避免空判，一般先预交罚金再判罚金刑，同时根据已交罚金减少主刑刑罚。在认罪认罚从宽制度中，提前到审查起诉阶段建议罚金刑。由于在审查起诉阶段不能由法院收罚金，检察院也不能收罚金，进而导致罚金无法最终确定，从而导致主刑量刑建议的不确定性。可见，罚金的缴纳情况对主刑影响非常大，如果此时不能确定犯罪嫌疑人罚金刑缴纳程度，必然导致检察机关的主刑量刑建议不准确。从而，检察院在审查起诉阶段建议的罚金刑，如何确保犯罪嫌疑人能履行是个问题。江苏省高级人民法院《关于办理认罪认罚刑事案件的指导意见》第35条提出，建立"财产刑保证金"制度："量刑建议涉及财产刑，被告人认罪认罚，同意量刑建议的，应当在判决前缴纳不少于量刑建议中建议财产刑数额的保证金，确保财产刑能够得到执行，但被告人确无缴纳能力的除外。"这是一种好办法，可以保障罚金刑与主刑之间关系的合理性，笔者认为应当加以推广。

（二）检察机关提出适用缓刑的建议，需要解决社会调查报告形成不及时的问题

在认罪认罚从宽中，检察院应当对刑罚执行方式提出建议，这需要有关部门提交社会调查报告作为判断依据，否则其决定不具有合理性。然而，制定社会调查报告，在实践中存在许多困难，即使到了审判阶段，法院委托司法行政部门做社会调查报告，也很难得到有效配合。检察院委托司法行政部门进行社会调查报告，能否得到后者的充分配合需要观察。同时，由于缓刑的调查报告需要较长时间作出，对于可能适用速裁程序的案件，检察院无法及时提出量刑建议。在调研中，有的检察官提出，一些案件未及时出具社会调查报告，适用认罪认罚从宽程序反而对被追诉人不利，因为认罪认罚后适用速裁程序，一般需要在10日内作出判决，此时法院没有时间委托出具调查报告，结果对本应判处缓刑的案件判处实刑。

笔者认为，公安机关在侦查阶段应当及时委托有关部门制作社会调查报告，否则对于适用速裁程序的案件，检察院、法院根本无法在短暂的审查起诉、审判期限内完成该工作。遗憾的是，《指导意见》并没有规定侦查机关在侦查阶段委托社会调查报告的义务，甚至没有要求检察机关提出缓刑建议必须有社会调查报告，其第37条第2款规定，对没有委托社区矫正机构进行调查评估或者判决前未收到社区矫正机构调查评估报告的认罪认罚案件，人民法院经审理认为被告人符合管制、缓刑适用条件的，可以判处管制、宣告缓刑。问题在于人民法院不调查很难合理判断被告人是否符合管制、缓刑适用条件，如果由法院调查，

则无论从主体能力还是资源分配上都不具有合理性。进一步改革应当明确侦查机关及时完成社会调查报告的义务。

（三）优化量刑建议的诉讼结构

其一，强化检察官的量刑能力和客观公正义务。认罪认罚从宽中的量刑建议制度导致检察机关成为量刑的主导者，如前所述，基于辩方证据知悉的局限性，其难以对控方量刑进行充分有效的制约，因此更应当强调检察官的客观公正义务。当前，必须迅速提高检察官提出精确化量刑的能力。为此，最高人民检察院应当制定统一量刑标准，完善各地检察院之间量刑统一的内部制度建设。各地检察机关也应当采取措施，提高检察官的量刑能力，包括加强提出量刑建议的学习培训，邀请当地法官对检察官的量刑业务进行培训，加快智能辅助量刑建议系统的建设和应用，使其发挥有效的辅助作用。

其二，明确法官的积极审查义务。认罪认罚从宽简化了庭审程序，在速裁程序中庭审甚至出现形式化的现象，但是认罪认罚从宽案件的证明标准并没有降低，刑事诉讼法并未"放弃审判"。法院应当在开庭前通过阅卷实质审查，庭审时要重点审查认罪认罚的自愿性和合法性，审查量刑建议是否合法。在被告人对量刑缺乏判断能力的现状下，这对保障被告人获得正确的刑罚至关重要。在检察官量刑经验不足的背景下，应当肯定法院对量刑建议不能是"照单全收"，法官对量刑建议有积极、实质的审查义务。

其三，强化值班律师的作用，充分保障被追诉人对量刑建议的协商权。目前，我国量刑建议提出时的协商不足，同时我国的量刑协商基本上被塑造成"检察官与嫌疑人的协商"的"公立合作模式"①，犯罪嫌疑人难以获得律师的帮助，很难真正平等协商。未来应当保障被追诉人对量刑建议的协商权，确保量刑建议的合理性。

同时，需要充分发挥值班律师的作用。量刑建议不仅需要听取值班律师或者辩护人的意见，见证具结书过程，还应当赋予值班律师参与协商的机会和权利，从而保障量刑建议的正当性。一方面，各地应当尽快在检察院派驻值班律师。另一方面，实践中充分保障值班律师阅卷。由于值班律师的定位仅是提供法律帮助，而不是辩护，其阅卷权、调查取证权、会见权受限，也不代理某一案件并对该案负责，从而带来其必然对控方量刑建议参与不足的问题。为了发挥值班律师的作用，应当让值班律师更加充分地了解案情、了解量刑因素，保障值班律师的阅卷权是必然的选择。值得赞许的是，《指导意见》第12条对此有了新的规定，值班律师不仅可以会见还可以阅卷，办案机关"应当提供便利"，有助于该制度的合理实施。

---

① 陈瑞华：《刑事诉讼的公力合作模式——量刑协商制度在中国的兴起》，载《法学论坛》2019年第4期。

认罪认罚案件二审制度重塑

徐 阳*

一、现有审级制度回应认罪认罚案件需求乏力

我国审级制度一贯立足于"实事求是、有错必纠"的程序纠错功能,在审查范围上实行全面审查,以实现全面纠错。与此相适应,检察机关抗诉的理由是"本级人民法院第一审的判决、裁定确有错误"。在认罪认罚从宽制度运行中,如果在审查起诉阶段检察机关和犯罪嫌疑人就定罪和量刑已达成一致,法院依据起诉书指控罪名和量刑建议形成判决,检察机关不可能认为判决"确有错误"而提出抗诉。只有在法院没有认可控辩双方达成一致的罪名和量刑建议的情况下,检察机关才可能提出抗诉。如在业界关注的余金平案件中,一审法院未根据量刑建议适用缓刑——作出了重于量刑建议的处理,往往会出现除检察院抗诉之外,被告人同时上诉的情形。这样的认罪认罚案件二审中,抗诉意见与上诉意见同样都要求维护原认罪认罚合意的效力,检察机关与辩护人联手站到了维护被告人权益的阵营,而一审法院成为要求加重追诉的一方。二审中案件的争议对立双方转变成检察院和一审法院,而有更强烈追诉主张的机关不是检察机关,而是一审法院。如此错位分歧的诉讼格局是认罪认罚从宽制度推行之前很少出现而当下二审法院应审慎面对的。我国刑事诉讼法中的审级制度并没有针对认罪认罚案件在二审中的衍生效应进行专门的制度安排。刑事诉讼法第237条规定了上诉不加刑原则,但同时规定"人民检察院提出抗诉的"不受上诉不加刑原则限制。显然,上述规定并未将有利于原审被告人的抗诉加以考虑。

在我国审级制度理念中,二审的救济功能让位于全面纠错功能。最高人民法院《关于适用〈中华人民共和国刑事诉讼法〉的解释》第325条第7项规定:"原判决事实清楚,证据确实、充分,但判处的刑罚畸轻、应当适用附加刑而没有适用的,不得直接加刑罚、适用附加刑,也不得以事实不清、证据不足为由发回第一审人民法院重新审判。必须依法改判的,应当在第二审判决、裁定生效后,依照审判监督程序重新审理。"一旦二审判决受制于上诉不加刑原则不能加重对原一审被告人的处罚,便可以通过审判监督程序来实现纠错的"刚需"。从审级制度整体设置来看,纠错的功能具有压倒性优势。

余金平案件的二审法院显然仅从形式意义上理解刑事诉讼法第237条所规定的上诉不加刑原则的例外。二审判院的逻辑是,之所以可以撤销自首认定、加重处罚,是因为二审中检察机关已经抗诉,这样二审判决可以不受上诉不加刑原则的限制。既然如此,纠正一

---

* 徐阳,辽宁大学法学院教授,博士生导师。

审自首认定的错误便理所应当。然而，在检察机关为原审被告人利益而提出抗诉的前提下，二审法院仍加重刑罚，这无疑使二审的救济功能荡然无存。

从形式意义上理解上诉不加刑原则的例外，检察机关同样可能在认罪认罚案件中滥用抗诉权，以对抗被告人在一审判决后利用上诉不加刑原则获取更多的量刑利益。在有的认罪认罚案件中，一审法院虽然依据量刑建议作出了判决，被告人仍然提出上诉，其目的在于在上诉不加刑原则的保护之下寻求二审判决中更轻缓地处理。既然检察机关认可认罪认罚的效力，而一审法院又依据量刑建议作出了判决，判决中就不存在错误。这种情况是不符合检察机关提出抗诉的条件的。检察机关不提出抗诉，不等于说在二审中不能提出诉讼请求。被告人对依据认罪认罚具结书作出的判决不服提出上诉，等同于其对一审中的具结反悔，具结书归于无效，一审中认罪认罚、选择适用简易程序或速裁程序的刑罚减让均应取消，二审中应视为被告人没有认罪认罚而应适用普通程序进行审理。这样在同样案件事实基础上，被告人有可能被判处更重的刑罚。检察机关可以基于被告人对一审中认罪认罚反悔这一理由，要求二审法院加重对被告人的处罚，而无须通过抗诉达到上述目的。

可见，我国上诉不加刑原则的规范建构并未对认罪认罚程序推行后抗诉、上诉的特殊性加以考虑。被告人的上诉依照认罪认罚从宽制度的基本运行原理，的确可能会合法地产生加重对其处罚的后果，但是在形式上却与上诉不加刑的要求存在冲突。我国上诉不加刑原则在为被告人提供救济和实现刑罚精准性方面还缺少必要的统合。

认罪认罚从宽制度通过控辩双方达成合意，达到实现宽缓化政策目标和节约诉讼成本的目的。如果控辩双方已达成的合意可以随意被推翻，案件仍要转为普通程序进行处理，那么只会造成诉讼的拖延、成本的增加。二审无因上诉增加了认罪认罚效力的不稳定性。无因上诉的制度设计会导致容许认罪认罚案件中被告人随意反悔，只要上诉就可以阻却认罪认罚具结书产生法律效力。上诉不加刑原则对被告人利益倾向性地保护加剧了认罪认罚案件中被告人滥用诉权的动机。可以说，我国二审制度中不论在上诉审查环节还是裁判规则方面，仍然延续原有制度的惯性，没有针对认罪认罚从宽制度的需求作出回应。正是因为缺少制度的规制，控审辩三方在二审中都各行其是，就难免会出现滥用权利（力）、诉讼角色错位等乱象。而案件一旦进入二审，往往意味着控辩双方达成认罪认罚的努力付诸东流，认罪认罚程序无效运行。同时，一审简易程序或速裁程序在案件争点论证不足方面的程序短板在二审中还有可能被放大。如余金平案件中，二审中对与认定自首相关的"是否如实供述案件事实"重新进行了评价。而这一争点在一审中控审辩三方都未关注。如果二审法院并未听取控辩双方的意见就进行了"突袭判决"，即是剥夺了控辩双方的质证和辩论的权力（利），姑且不论二审判法院加重刑罚是否与上诉不加刑原则相违背，仅就这一程序上的瑕疵就足以说明二审改判明显欠缺正当性基础。

上诉不加刑旨在实现二审程序对被追诉人的救济功能。如果法院规避上诉不加刑原则，在二审中过度追求刑罚权的实现，就会导致在效果上得不偿失。最高人民法院关于死缓案件复核程序有明确的"复核不加刑"的规定："高级人民法院复核死刑缓期执行案件，不得加重被告人的刑罚"。可见，对死缓案件复核，以对被告人的权益保护为核心考量，不以刑罚的准确适用为目标，这一特别程序的救济属性得以凸显。二审程序不同于死刑复核程序特殊救济程序的性质，作为一般救济程序，二审程序还应兼具其他功能，对被告人救济的功能应与其他功能相协调。

二、认罪认罚案件的二审制度重塑

(一) 针对认罪认罚案件的有因上诉

无因上诉虽然能最大限度地发挥二审对被告人的救济功能，但却以增加一审判决效力不确定性为代价，当然也会因此增加诉讼成本。我国有学者提出，出于诉讼经济考虑，适用速裁程序的案件应当一审终审，不应赋予被告人上诉权。[①] 也有学者提出，为了保障认罪认罚的自愿性、真实性，不应对上诉权有所限制。[②] 第一种观点能够最大限度地降低诉讼成本，也能最大限度地保持认罪认罚合意的稳定性，但这种牺牲救济权的程序设计会引发被告人失权的正当程序之痛——为追求效率而矫枉过正之嫌。《公民权利与政治权利公约》第14条规定，凡被判定有罪者，应有权由一个较高级别的法庭对其定罪及刑罚依法进行复审。世界各国刑事诉讼制度中设定最简易程序的同时又不附加救济程序的几乎没有先例。诉讼中得到上级法院救济的权利十分重要，以至于不应该允许被告人在审判还未开始之前就放弃这一权利。[③] 认罪认罚一旦形成，不允许上诉，这一以上诉权换诉讼效率的思路是否经得起程序正当性考问呢？回应这一质疑的第一种观点着眼于一审法院对控辩合意的审查是否能够满足对被告人权利保护的需求。我国并未明确赋予被追诉人沉默权，同时接受强制性讯问是被追诉人的义务，实践中被追诉人在侦查中认罪、作出有罪供述非常普遍。强制性讯问合法化与认罪认罚自愿性存在制度上的冲突，如再加之被告人救济权利保障不充分，认罪认罚从宽制度的正当性支撑便岌岌可危。故此，认罪认罚案件一审终审无法满足保护被告人权利的要求，通过二审强化认罪认罚从宽制度正当性基础是必要的制度安排。

第二种观点着眼于强化认罪认罚从宽制度的正当性基础，为被告人提供最充分的制度保护，但问题是不直接针对诉因而对案件进行全面审理是否会与降低诉讼成本的目标大相径庭？无条件的"有"和决绝的"无"对认罪认罚案件上诉权配置都不是最佳的模式，在二审与认罪认罚程序功能衔接上，应设定更精细化的规则。[④]

在推行认罪认罚从宽制度中，如果控辩双方在自愿、合法前提下达成合意，只有体现合意对案件处理最大限度的影响力，合意机制的功能才能得以彰显。目前我国被告人上诉有撤销认罪认罚具结书的效力，只要一经上诉，认罪认罚便归于无效，法院对案件重新进行审理。这意味着一审结束后，二审制度为被告人提供无条件反悔的机会，认罪认罚合意处于效力高度不确定状态。并且无论被告人出于何种目的的上诉，只要提出上诉，其附带的效应即是认罪认罚无效。余金平案件即是如此。余金平通过上诉要求法院根据认罪认罚具结书形成判决，二审法院却在推翻认罪认罚效力的前提下对案件进行重新审理。二审的审

[①] 陈卫东：《认罪认罚从宽制度研究》，载《中国法学》2016年第2期。
[②] 陈瑞华：《认罪认罚从宽制度的若干争议问题》，载《中国法学》2017年第1期。
[③] 2013年德国宪法法院的判决中明确要求，不允许通过协议使被告人放弃上诉权。Regina E. Rauxloh, *Plea Bargaining in Germany: Doctoring the Symptoms without Looking at the Root Causes*, Journal of Criminal Law, Vol. 78: 392. p. 403 (2014).
[④] 对此，陈瑞华教授认为一审终审难以保障认罪认罚自愿性和对程序违法行为的审查。参见陈瑞华：《认罪认罚从宽制度的若干争议问题》，载《中国法学》2017年第1期。

理方向与被告人的诉讼请求南辕北辙。如此看来,二审的启动对认罪认罚效力的作用是单向否定,认可与维护的作用无从谈起。可见,在认罪认罚案件中一审与二审的程序未能有效衔接,系统性抵牾有待解决。

针对认罪认罚案件构建上诉审查制度是当务之急。被告人上诉必须有明确理由,二审法院通过对上诉理由进行审查,在维护认罪认罚合意效力与保护被告人权利之间形成妥当平衡。合理增加被告人上诉成本,要求其履行一定的上诉理由合法性论证义务,以防止滥用诉权对认罪认罚效力稳定性的破坏。

其一,被告人以认罪认罚欠缺自愿性、真实性、合法性为理由——主张认罪认罚无效,提出上诉,法院应当受理。但应当要求有律师签署此上诉意见,并在二审中担任辩护人,否则法院不能受理上诉。

同时,还应当要求对上诉根据的相关事实提出一定的证据或材料。对认罪认罚无效的上诉理由应进行谨慎审查。被告人主张在法定量刑幅度内量刑过重,也可以被涵盖在认罚欠缺合法性事由之中,但被告人必须提出相关案件的判决或其他政策性根据来主张此上诉事由成立,否则上诉不能被受理。

其二,被告人主张认罪认罚的有效性而一审法院没有依据具结书形成判决,以及检察院起诉书中变更了认罪认罚内容,由此提出上诉,二审法院应当受理。① 对此法院经过初步审查,发现判决书、起诉书内容与具结书的指控罪名和量刑建议不符,即应受理。但如果法院判决对认罪认罚内容的调整或起诉书中的变更并未造成对被告人不利影响,二审法院可以不予受理。

其三,禁止一审之后被告人对认罪认罚"反悔",对被告人"反悔"的上诉,二审法院不予受理。在一审认罪认罚自愿、真实、合法的前提下,认罪认罚合意的效力应得到维护,被告人在一审判决作出之后即丧失了反悔权。当然,被告人的反悔可能以经过包装后符合法定诉因的形式呈现在二审法院面前。例如,以供述虚假为由主张认罪认罚不真实;以量刑过重为由主张认罪认罚不合法等。在上诉审查环节,上诉人应提出一定根据支持诉因,如应有证据和材料说明有可能进行了虚假供述等,否则不能受理上诉。即使上诉实质因素经过诉因包装,也并不影响对诉因进行实质性审查。如果没有上诉理由成立的事实和法律根据,就不影响认罪认罚的有效性。

(二) 针对认罪认罚案件的二审裁判规则

1. 认罪认罚案件二审中的有限审查

与有因上诉和上诉审查相适应,二审法院对认罪认罚案件在诉因和抗诉理由范围内进行有限审查,除非在审查时必然对相关问题进行附带性审查,否则不得进行超诉讼请求的审查。但是,在附带审查中可以作出对被告人更有利的变更。例如,被告人主张认罪认罚无效,法院则不能对量刑是否过轻进行审查。二审法院对"错从何起、纠错何来",必须建立在反思合理性的强势论证基础上,并有正当程序加持,否则法院便是自持终局裁判权在诉讼机制之外各行其是。

---

① 当然,在这种情况下,具结书只是被告人单方意思表示,如果与起诉书内容不一致,也可以认为控辩双方认罪认罚合意并没有形成。

2. 法院对认罪认罚的深度审查

这个问题不是二审中特有的，而是从一审到二审一以贯之的主线。检察机关的量刑建议权和法院量刑权的边界正是以法院认罪认罚审查程度的规范性来体现的。认罪认罚有效要件包括自愿性、真实性和合法性三方面。这三方面要件中，以合法性要件的裁量空间最大。从法解释学角度来看，合法性有广义和狭义之分。狭义的合法性是指在法律规定的幅度内适用法律，而广义的合法性在此基础上还要求适用法律的妥当性。申言之，妥当性应包括裁量标的的准确性和裁量政策的统一性。法院在认罪认罚的审查中，特别是如余金平案件中出现的情况，对检察机关的量刑建议应当审查到什么程度，是进行狭义的合法性审查，还是进行广义合法性的深度审查，法院的审查内容及相应的审判责任都有所区别。而这种区别背后最实质的问题是检察机关量刑建议权与法院审查权之间的权力配置关系。法院对量刑建议审查的程度体现着法院对检察机关量刑建议权尊重的程度。狭义的合法性审查体现法院对量刑建议权最大限度的尊重，而合法性审查的范围越广、程度越深，法院对检察机关量刑建议权的司法控制就越严格，量刑建议的权力空间就越有限。

行政诉讼法领域法院对行政行为的司法审查力度理论对刑事诉讼有一定借鉴意义。"法院所具有的制度能力决定法院不会去干预行政机关作出的很难客观判断对错的决定以及具有多中心的决定，也就是政策性裁量"，"若如不然，就会导致再次分权，把立法机关与行政机关的权力分配给司法机关"。① 不同国家司法审查力度的掌握因情势变化会有一定调整。例如，法国的法官会权衡行政行为的灵活性、问题的政治敏感性以及法院对抗干预公民自由的能力等因素后，决定司法干预的深浅。② 法院应努力确定司法审查的明确边界，促成与行政机关达成共识，这样法院和行政机关才能形成良好的互动合作。

法院对行政行为的司法审查应恪守司法权和行政权的边界，过度的司法审查将僭越行政权边界。在司法权和行政权的配置关系中，两种权力在权力系统中并行存在，有相互尊重的明晰边界。在刑事诉讼领域，检察机关量刑建议权和法院审查权的关系显然与行政权和司法权的关系有本质区别。审判机关享有量刑权，法院对检察机关量刑建议的审查权基于自身量刑权产生。在以审判为中心的诉讼格局中，检察机关的量刑建议权是诉讼请求权，而并非裁决权。法院的量刑审查权和检察机关的量刑建议权是上下位阶关系，并非并行关系。这意味着法院为保证量刑准确，应对量刑建议进行全方位深度审查。法院的量刑权能既不会因检察机关量刑建议权而减弱，其权力性质也不会因量刑建议权行使而产生改变。只是由于认罪认罚从宽制度的嵌入，法院在量刑裁量中应给予检察机关量刑建议充分的尊重。

对控辩双方都认可的量刑建议，形式上符合自愿性、真实性、合法性要求，法院虽然仍有权不予采纳，但这一处理应建立在对量刑建议进行深度审查基础上。不论在一审中还是二审中，对量刑建议的深度审查都不应该仅仅停留在法官心证判断层面，而还应该在审理程序上有所体现。法院对"不采纳量刑建议"不能做突袭审判，而应该就此向控辩双方释明，提示争点问题，征求控辩双方意见，使控辩双方有机会就关键问题充分说理论证。以交涉性程序为政策性分歧案件谋求各方达成共识的契机。余金平案件二审程序中，检法

---

① 余凌云：《行政自由裁量论》，中国人民公安大学出版社 2005 年版，第 8 页。
② 余凌云：《行政自由裁量论》，中国人民公安大学出版社 2005 年版，第 9 页。

机关之间的错位分歧已经非常突出，与普通一审程序别无二致的开庭，无法满足审理的需要，因为在此案二审中的控辩双方立场要求一致，依据一审程序相关规定进行二审的庭审，对立意见交锋无法在法官面前展开。二审中更具反思合理性的听证程序，才能适应案件审查的需要。二审庭审中可以要求一审法院派员陈述裁判理由，并接受二审合议庭的询问。但是，不宜安排一审法院与检察院、上诉人之间进行辩论。因为法院与控辩双方并非平等主体，不具备展开辩论的条件。一审法院与二审法院之间可以就案件关键问题进行对话与交流。如果二审法院要在原裁判基础上增加新的裁判要点，如余金平案中撤销一审中认定的自首，也不应进行径行判决。新增裁判要点应当向控辩双方释明，并将心证向双方公开，充分征求控辩双方意见，必要时应延期审理，给控辩双方准备时间，以保证对此争点进行充分审理。

3. 认罪认罚案件中的二审不加刑原则

一般刑事案件，检察机关只有在量刑畸轻、畸重情况下才进行抗诉。但这一限制性条件对认罪认罚案件显然并不适用。如余金平案一审法院没有依据量刑建议量刑，检察机关对此抗诉，则不应受量刑畸重的限制。检察机关为原审被告人利益而抗诉，而法院不应加重对原审被告人的处罚。这不是严格意义上的上诉不加刑原则，但这是针对认罪认罚案件的"二审不加刑"。其核心要义在于通过二审最大限度地维护一审中控辩双方认罪认罚合意的效力。如前文论及的认罪认罚案件中的二审不加刑与诉因制度紧密关联。诉因审查的意义体现在二审不受理对有效认罪认罚的反悔，不给予被告人在二审中反悔的机会。因此那种针对被告人反悔的惩罚性加刑在二审制度中是不存在的。由此认罪认罚从宽制度中的二审不加刑更彻底地体现对被告人的保护。

如果二审中发现认罪认罚无效，则应根据不同情况分别处理：（1）二审中认定一审认罪认罚非自愿，则应当撤销一审判决，发回一审法院重新审理，认罪认罚的机遇应重新向被告人开放，被告人可以重新签署具结书，法院可以再次以速裁程序审理，被告人也可以选择适用普通程序进行诉讼。（2）二审中认定一审认罪认罚不合法，则应当撤销原判，直接改判。但不得加重对被告人的处罚，如果因为受二审不加刑原则所限而不能加刑，在判决中应作出特别说明，作为后续案件中检察院起诉和法院判决的参照。二审法院认为指控犯罪的证据不足而一审法院却作出了有罪判决，二审法院应作出证据不足的无罪判决。（3）二审法院认为一审认罪认罚不真实，可以发回原审法院重新审理，也可以查清事实后改判。如果证据虚假是控诉方过失或故意伪造形成的，则不应因此而加重对原审被告人的处罚；如果证据虚假是被告人伪造或虚假供述所致，则应取消原判中认罪认罚的从宽处理。（4）二审认定一审认罪认罚有效，但对认罪认罚进行深度审查，认为一审法院对认罪认罚从宽的政策标准掌握不当，则应当改判，但不得加重对一审被告人的处罚。

律师参与保障认罪认罚自愿性的困惑与化解

薛颖文 杨 阳[*]

近年来,作为刑事诉讼领域制度创新的认罪认罚从宽制度,不仅是提高刑事诉讼效率、缓解社会矛盾的一剂良方,也是当前全面推进司法改革的重要推动力。"认罪认罚从宽制度"正式入法,不仅可以优化配置有限的司法资源,还可以落实宽严相济刑事政策,从而在更高层次上实现公正与效率相统一的价值目标。被追诉人自愿认罪认罚是适用认罪认罚从宽制度的基础与核心。一旦所设计的程序无法保障被追诉人认罪认罚的自愿性,那么该制度从一开始就偏离了公正的轨道。认罪认罚从宽制度实施一年多来,在我国控辩双方地位不平等、无平等协商制度基础的特定背景下,保障被追诉人认罪认罚自愿性方面呈现出了各种各样的问题。这些问题严重影响了认罪认罚从宽制度的实施,亟待理论阐释和指导。

一、律师参与保障认罪认罚自愿性存在的问题

被追诉人自愿认罪认罚是适用认罪认罚从宽制度的基础与核心。律师参与保障认罪认罚自愿性侧重于保障被追诉人知悉权,以及为其自愿认罪认罚提供法律帮助。不过,律师参与保障认罪认罚自愿性的实践出现了以下一些问题:

(一)强势的认罪认罚"要约"与弱势的"承诺"

控辩双方的协商应当建立在一种平等的控辩关系之上。只有在控辩双方平等协商后,检察机关提出的量刑建议达到被追诉人对可能判处刑罚结果的心理预期才能最大限度地保证其自愿认罪认罚。然而,检察机关天然的强势地位极大地挤压了被追诉人"自愿"认罪认罚的空间,从而使得立法者理想的"平等协商"演变为检察机关单方面的"职权式协商",甚至演变为检察机关单方面"要求"被追诉人同意认罪认罚。与此同时,协商双方拥有大体平衡的信息是协商取得较好效果的前提条件。然而,地位不平等带来信息的不对等,控辩双方的合意也就"未始即终"。在司法实践中,检察机关是适用认罪认罚从宽程序的主导者。有的案件承办人在未告知被追诉人被指控的罪名以及(或者)未提出量刑建议的情况下就要求其决定是否认罪认罚。在这种情况下,被追诉人缺乏对案情及证据等内容的基本了解,保障被追诉人认罪认罚的自愿性也就无从谈起。有的案件承办人往往只给予量刑建议的结果,很少就这个结果的得出过程进行说明,使得协商过程蒙上了"神秘化"色彩,加剧了信息的非对称性。此外,部分案件承办人在提出量刑建议后,一旦被追诉人

---

[*] 薛颖文,西南政法大学法学院副教授;杨阳,西南政法大学法学院刑事诉讼法学硕士。

提出意见或者不同意量刑建议即认为其不认罪认罚。这势必导致被追诉人只能做单项选择题：要么"迫于无奈"同意案件承办人提出的量刑建议，要么不同意适用认罪认罚从宽程序。由此可见，控辩双方地位的不平等使得被追诉人往往并无与检察机关商量或者说是讨价还价的余地。被追诉人基于尽快摆脱诉累以及获得量刑优惠而不得不"自愿"认罪认罚，这也为判决后被告人提出上诉埋下了"伏笔"。

（二）侦查阶段律师介入不足

要想保障犯罪嫌疑人认罪认罚的自愿性，自然离不开律师的有效帮助。认罪认罚从宽制度适用于侦查、审查起诉、审判各阶段，而实践中却出现了侦查阶段律师介入不足以及值班律师甚至基本不介入的怪现象。在侦查阶段，侦查机关工作重心侧重于收集证据，适用认罪认罚从宽制度可能使得侦查机关更倚重口供，而忽视口供外的其他证据的收集。而在讯问中，大约65%的犯罪嫌疑人会在被指控有罪的情况下选择作出有罪供述。如若办案人员在审讯过程中不使用"诱骗""胁迫"等技术性讯问手段，主动自愿"认罪"的被追诉人不到30%。① 很明显，当犯罪嫌疑人独自面对审讯人员的讯问时，被追诉人的意志自由受到极大限制，显然无法保证其认罪是出于自愿。同时，被追诉人在不同的诉讼阶段认罪认罚能够获得不同程度的从宽处理结果。认罪认罚的时间越早，其所获得的量刑优惠越大，这使得部分犯罪嫌疑人基于"量刑诱惑"在侦查阶段就作出认罪认罚的决定，进而作出有罪供述。然而，有的犯罪嫌疑人在侦查阶段既没有委托辩护律师，也未获得法律援助律师的帮助，导致该部分犯罪嫌疑人在辩护权缺位的情况下决定认罪认罚，难以保障其认罪认罚的自愿性与真实性。

（三）值班律师法律帮助形式化

如何有效保障被追诉人认罪认罚的自愿性是认罪认罚从宽制度改革成败的关键。值班律师制度的设立则是其中非常重要的保障措施。然而，值班律师制度发挥的实效与制度出台保障自愿性的目标却相去甚远，值班律师提供的法律帮助形式大于实质。为了保证被追诉人认罪认罚的自愿性，刑事诉讼法赋予了值班律师一项衍生职责，即值班律师见证具结书签署过程的合法性。值班律师见证被追诉人签署认罪认罚具结书，目的在于防止被追诉人在签署具结书时受到欺骗等不正当因素的干扰。可见，值班律师在提供法律帮助的同时也扮演着权力制约者的角色。但实践中值班律师的角色由"法律帮助者"逐渐异化为单纯的"见证人"。一些检察官与犯罪嫌疑人达成认罪认罚的共识后，在签署具结书当天才通知值班律师到场见证并提供法律咨询等帮助，② 在这种情况下，值班律师既不了解案情也没有参与协商，仅"被通知"参与见证具结书的签署。值班律师无法为犯罪嫌疑人提供实质性的法律意见，而只是为被追诉人的认罪认罚进行"背书"而已，③ 根本无法保障被追诉人认罪认罚的自愿性。可见，值班律师对签署认罪认罚具结书的见证功能极易异化为一种

---

① 谢恩芝：《认罪认罚从宽制度视野下权利保障机制研究》，载《南宁师范大学学报》（哲学社会科学版）2020年第1期。
② 陈光中、魏伊慧：《论我国法律援助之完善》，载《浙江工商大学学报》2020年第1期。
③ 韩旭：《认罪认罚从宽制度中的值班律师——现状考察、制度局限以及法律帮助全覆盖》，载《政法学刊》2018年第2期。

"站台效应"。① 即值班律师不需要对案件进行实质性参与，只需在一些比较重大的场合证明办案机关办案程序的合法性。②

二、律师参与保障认罪认罚自愿性存在问题的原因剖析

认罪认罚从宽制度作为一项"技术性"制度引入到我国刑事司法制度中，并未一并营造该制度赖以生存的制度基础。借用中国传统理念来表达，这一"技术性"举措充其量只能是"用"，而非"体"。因此，引入"用"而未引入适合"用"的"体"，或者不相应调整原先的"体"以适应新"用"时，"用"不合"体"或者"体""用"互斥也在所难免。认罪认罚从宽制度全面推行才一年有余，"用"不合"体"或者"体""用"互斥的困境已经显现。剖析这些困境背后的深层原因，方能为消除认罪认罚从宽制度适用中的"用""体"不合或者"体""用"互斥的困境找到行之有效的应对之策。

(一) 控辩双方无平等协商的制度基础

"控辩协商是认罪认罚从宽诉讼程序的本质内核。"③ 就认罪认罚从宽制度的改革路径来看，控辩双方被预设了平等的诉讼地位，以实现双方在认罪认罚从宽案件中的平等协商。然而，我国认罪认罚从宽制度实质上是检察机关主导下的认罪认罚从宽，被追诉人并无同等诉讼地位与检察机关展开所谓的"平等协商"。双方诉讼力量的客观悬殊使得真正意义上的平等协商难以实现，认罪认罚的自愿性亦无法得到有效保障。探其原因，与英美法系国家有罪答辩程序不同，我国认罪认罚从宽制度并没有控辩双方平等协商的制度基础。我国以职权主义为主的诉讼构造以及公安机关、检察机关、审判机关"流水线"作业的特征较为明显，导致公安司法机关以追诉犯罪为主要诉讼目标，也导致认罪认罚案件中，办案机关对犯罪事实的认定以追诉犯罪为主。尤其是2018年刑事诉讼法赋予检察机关提出的量刑建议以法律刚性④，明确人民法院应当采纳人民检察院提出的量刑建议。由此，建立了全世界唯一且明确的检法配合机制，使得法院公正审判的天平"依法"向控诉方倾斜，致使审判机关不自觉地加入了追诉的队伍，从而进一步强化了检察机关在认罪认罚从宽案件中的主导和支配作用。这一立法加剧了控辩双方诉讼地位的失衡，进一步压缩了律师在认罪认罚案件中原本就狭小的辩护空间。这在一定程度上使律师的法律帮助流于形式，也使得律师参与保障被追诉人认罪认罚自愿性的心态更趋消极。

此外，我国认罪认罚从宽制度不允许控辩双方就罪数与罪名展开协商，而仅能进行量刑协商。协商的基本前提是双方协商地位平等，双方对各自的利益有确定的预期。而作为控方的检察机关却并无丰富的量刑经验，加之在立法层面上缺乏关于认罪认罚案件量刑的规范、统一且细致的规定，使得检察机关提出的量刑建议多是幅度刑建议。实践中，一些地方检察机关在听取律师意见甚至签署具结书时，量刑建议幅度过大，甚至直接套用法定

---

① 汪海燕：《三重悖离：认罪认罚从宽程序中值班律师制度的困境》，载《法学杂志》2019年第12期。
② 姚莉：《认罪认罚程序中值班律师的角色与功能》，载《法商研究》2017年第6期。
③ 樊崇义：《认罪认罚从宽协商程序的独立地位与保障机制》，载《国家检察官学院学报》2018年第1期。
④ 北京市朝阳区人民检察院课题组：《刑事速裁程序的实践解读与理性思考》，载《中国检察官》2018年第23期。

刑。尤其是对于能否适用缓刑态度模糊，往往导致犯罪嫌疑人及其律师没有相对明确的量刑预判，影响了量刑协商的进行。此外，检察机关是量刑协商的主导者。在协商环节，由检察机关先提出初步量刑建议，然后听取辩方的意见，辩护律师可针对检察机关的量刑建议表达看法。而"听取意见式"① 的协商模式也导致辩方的意见是否被采纳基本上取决于检察机关。在这种情况下，犯罪嫌疑人及其律师很难与检察官真正进行富有成效的协商。这也势必导致辩护人及值班律师能够发挥的实质作用有限，基本上只能被动接受检察机关提出的量刑建议。总而言之，我国并不具有控辩平等协商的制度基础，部分犯罪嫌疑人无法在意思自治支配下作出自愿认罪认罚的决定，而只能被迫接受或持观望态度，等到明显不利于自己时才"自愿"认罪认罚。这在一定程度上影响犯罪嫌疑人认罪认罚的自愿性。

（二）侦查阶段律师讯问在场权缺失

侦查是刑事诉讼程序的开端，是获取案件证据材料的关键阶段，也是对犯罪嫌疑人的人身安全与意志自由最具威胁的阶段。在保障被追诉人认罪认罚自愿性上，侦查阶段律师参与不足的主要原因是侦查机关讯问犯罪嫌疑人时律师不享有在场权。犯罪嫌疑人的有罪供述在认罪认罚案件的定罪证据中处于核心地位。为了确保有罪供述来源的合法性，除非法证据排除规则外，刑事诉讼法还确立了讯问录音录像制度。在防范非法讯问特别是刑讯逼供的问题上取得了一定的成效。但该制度尚有许多不足之处，如实践中"选择性录音录像""先讯问后录像"的情况时有发生。② 可见，现行制度设计仍无法保证整个讯问过程的合规性，犯罪嫌疑人认罪自愿性亦无法得到保障。归根结底，要制约侦查机关的非法讯问行为，依赖于侦查机关的自我约束完全不够，还需要律师在侦查讯问阶段的有效介入。确立侦查人员讯问时律师在场权必然会与高度依赖口供的侦查现状产生激烈的冲突，然而，律师在场可以防范侦查人员采取刑讯逼供等非法讯问手段获取口供，有效抑制侦查机关滥权。此外，律师在场还可以在心理上安抚犯罪嫌疑人，减少其因高压环境下产生的恐惧、焦虑等非理性的情感因素对认罪认罚自愿性的影响。基于此，绝大部分国家法律均赋予了律师讯问在场权。遗憾的是，我国现行法至今仍未肯定律师的讯问在场权。公安机关获取有罪口供的讯问环节律师在场权的缺失，不仅无法确保犯罪嫌疑人有罪供述的自愿性和合法性，也不利于律师为犯罪嫌疑人及时提供有效的法律帮助。这势必导致辩护（值班）律师在保障侦查阶段犯罪嫌疑人的认罪认罚自愿性上心有余而力不足。

（三）值班律师"失位"

值班律师制度的建立旨在解决我国刑事案件律师辩护率低的问题，为轻罪案件中的被追诉人提供一种基本的法律帮助，③ 保障其认罪认罚的自愿性。然而，值班律师在被追诉人认罪认罚自愿性保障方面"见证人化"凸显。值班律师既是"法律帮助者"，又是"权力配合者"。在角色定位上，立法机关将值班律师定位为"法律帮助者"。无论是赋予值班律

---

① 闫召华：《听取意见式司法的理性建构——以认罪认罚从宽制度为中心》，载《法制与社会发展》2019 年第 4 期。
② 封旭泽、王超：《对选择性录音录像行为加强监督》，载《检察日报》2013 年 11 月 11 日第 3 版。
③ 韩旭：《2018 年刑诉法中认罪认罚从宽制度》，载《法治研究》2019 年第 1 期。

师会见、阅卷的权利，还是规定了值班律师提供法律咨询、向公安司法机关提出意见等职责，其意图均是通过值班律师的参与，为犯罪嫌疑人提供基础性的法律帮助服务，维护其合法权益。同时，值班律师还扮演着权力机关"配合者"的角色。一方面，现行法赋予值班律师制度另一隐含价值，即通过扮演合法见证人的角色确保被追诉人签署认罪认罚具结书的自愿性，[①] 导致值班律师在很大程度上成为公安司法机关诉讼行为合法性的见证者。另一方面，根据2019年10月24日最高人民法院、最高人民检察院会同公安部、国家安全部、司法部发布的《关于适用认罪认罚从宽制度的指导意见》，法律援助机构可以在人民法院、人民检察院、看守所派驻值班律师，公安司法机关应当为派驻值班律师提供必要的办公场所和设施。长此以往，值班律师就容易与办案工作人员形成了天然的亲近关系。在这样一种共同工作的环境中，不可避免会导致值班律师尽力去配合公安司法机关对认罪认罚案件的处理。尤其是在办案时间紧张的情况下，办案人员不希望值班律师提出过多的要求，而值班律师也多"予以配合"，从而与办案机关达成比较友好的协作关系。换句话说，值班律师实际上充当的是公安司法机关"配合者"的角色。可见，值班律师既是"法律帮助者"，又是"权力配合者"，两种角色定位的交织严重限制了值班律师发挥的作用效果，在保障被追诉人认罪认罚自愿性上也不尽如人意。

三、律师参与保障认罪认罚自愿性的完善路径

律师有效参与是被追诉人自愿认罪认罚的必要保障，也是认罪认罚从宽制度良性运转的基石。针对当前存在的问题，探索律师有效参与认罪认罚自愿性保障的完善路径，有助于更好地发挥律师的积极作用。

（一）构建"检律协作"的控辩平等协商机制

鉴于控辩之间缺乏平等的沟通和对话的基础，可以考虑建立"检律协作"的平等协商机制，以便律师能够实质参与到认罪认罚自愿性保障之中。为此，检察机关应当树立控辩双方平等协商理念。对于被追诉人有罪且自愿认罪认罚的案件，辩方与控方看似对立，但实际上都具有追求适用认罪认罚从宽制度这一目标。这也就要求控辩双方之间相互协作，平等协商。根据哈贝马斯的法律商谈理论，"妥协的谈判要确保利益相关者平等参加谈判，为所有利益相关者创造大致平等的机会，这样，所达成的协议才是公平的"。[②] 在刑事诉讼中，被追诉人在面对强大的控方时，协商能力天然处于劣势。在这种制度设计下，被追诉人仅依靠自己的力量根本无法实现与强大的拥有国家强制力作后盾的检察机关平等协商。在刑事诉讼中，意欲提升被追诉人的协商能力，较为现实和可行的做法是借助于具有较强专业辩护能力的律师。律师的有效介入可以提升被追诉人的协商能力，进而为控辩协商、"检律协作"创造条件。"检律协作"的控辩协商机制意味着检察机关不能单方作决定，而需要转变观念，树立控辩平等协商理念。在听取意见时，检察机关"听取意见"的过程就

[①] 汪海燕：《三重悖离：认罪认罚从宽程序中值班律师制度的困境》，载《法学杂志》2019年第12期。
[②] 范春莹：《法律商谈理论对司法权力独断的消解》，载《法律方法》2018年第3期。

是控辩双方协商的过程。① 检察人员应当履行客观义务、守法义务、诉讼关照义务、监督义务以及全面告知义务，既要认真倾听被追诉人及其律师对适用程序、量刑建议等的意见，更要充分尊重被追诉人的诉讼主体地位，尊重被追诉人的自愿选择权。同时，检察人员还应当充分考虑律师于法、于事实有据的意见，尤其是保障被追诉者认罪认罚自愿性的相关意见或者建议。对于辩护律师所提的合理意见应当予以采纳，进而使原来的诉讼建议即指控罪名和量刑建议考虑得更加全面、客观与公正。由此，控辩双方在反复的磋商互动中找到一个双方皆可以接受的"平衡点"，从而达成一致意见。

（二）赋予律师讯问在场权

为了更好地发挥律师在认罪认罚案件侦查阶段中的作用，保障犯罪嫌疑人认罪认罚的自愿性，律师应在侦查机关讯问犯罪嫌疑人时享有在场权。赋予律师讯问在场权，可以从源头上确保被追诉人认罪认罚的自愿性。当然，许多认罪认罚案件的犯罪嫌疑人在第一次讯问时，往往尚未委托辩护律师。值班律师制度的建立与完善，显然有助于律师讯问时在场从设想变为现实。值班律师在场也有利于其更好地了解案情，以便提供及时的法律帮助。即侦查机关讯问时，若犯罪嫌疑人没有辩护律师在场的，可申请值班律师在场。需要强调的是，考虑到部分地区值班律师资源相对短缺，难以满足讯问时值班律师在场的需求，以及部分检察机关采取的是远程讯问的方式，依托科技进步和发展的成果，尝试允许值班律师通过远程视频在场。这样既可以有效解决值班律师在时间与空间上的冲突问题，也可以提高值班律师的办案效率。

（三）明确值班律师"辩护人"地位

现行法将值班律师定位为通过专业知识为被追诉人提供即时性和临时性法律帮助的"法律帮助者"，而不是"辩护人"。尽管值班律师并非现行法意义上的"辩护人"，但值班律师承担的是辩护职能。在认罪认罚案件中，值班律师行使的阅卷、会见以及申请变更强制措施等权利都是现行法赋予辩护人的。"值班"的意思是随时等候通知而介入诉讼之中，一旦介入，值班律师的法律地位就是"辩护人"，不可能有其他身份。② 从刑事诉讼构造原理上来说，明确值班律师的辩护人地位，可以使认罪认罚案件在侦查、审查起诉、审判三阶段的诉讼过程中都呈现出控诉、辩护、审判三方结构，使值班律师不致沦为诉讼权力机关的附庸，从而更好地保障被追诉人认罪认罚的自愿性。同时，将值班律师定位为"辩护人"，也有利于调动值班律师的工作积极性，增强其责任心，使其能够更好地履行职责，从而有效保障被追诉人认罪认罚的自愿性。需要强调的是，值班律师的身份其实是"有限"的辩护人。即与传统的辩护人相比较，在效率优先的追求下，值班律师的权利受到了"限缩"，而不享有调查取证以及出庭辩护的权利。

在案件数量日益增多、司法资源紧张的现实背景下，认罪认罚从宽制度是我国刑事诉讼制度改革中的重大成果，充分体现了我国对效率价值的追求。被追诉人认罪认罚的自愿

---

① 朱孝清：《检察机关在认罪认罚从宽制度中的地位和作用》，载《检察日报》2019年5月13日第3版。
② 顾永忠、肖沛权：《"完善认罪认罚从宽制度"的亲历观察与思考、建议——基于福清市等地刑事速裁程序中认罪认罚从宽制度的调研》，载《法治研究》2017年第1期。

性是所有认罪认罚案件确保司法公正的生命线。被追诉人是否有律师为其提供有效律师帮助是认罪认罚案件的必备条件，也是评价其认罪认罚行为具有自愿性的重要指标，更是确保程序正当性的关键所在。完善律师参与保障被追诉人认罪认罚的自愿性应当建立"检律协作"的控辩平等协商机制，赋予律师侦查阶段讯问在场权，从而确保犯罪嫌疑人有罪供述的自愿性与合法性。进而充分发挥值班律师的作用，尽可能保障犯罪嫌疑人认罪认罚的自愿性。

认罚内涵再辨析

闫召华　邱祖芳*

认罪认罚从宽制度的改革完善是建立在我国已有的认罪从宽制度之上的，可以说，增加要求的认罚要件在一定意义上决定着整个改革的独特思路与要旨。而在对认罚的把握上，通常认为，被追诉人愿意接受检察机关提出的量刑建议是认罚的典型表现。但遗憾的是，综观相关的学术讨论和司法实践，除了在认罚核心要求上这一少有的共识之外，对涉及认罚内涵与外延的诸多重要问题都还是聚讼不已。概言之，这些争论主要集中在以下五个方面：

一、如何理解认罚之"罚"

在理解"罚"的范围时，主要存在四种不同观点，即量刑建议论、刑事处罚论、处罚论和处理论。量刑建议论主要受《关于在部分地区开展刑事案件认罪认罚从宽制度试点工作的办法》（以下简称《试点办法》）中对认罚严格表述的影响，认为认罚仅指被追诉人同意量刑建议，签署具结书。[①] 刑事处罚论则坚持认罚中的"罚"应限于刑事处罚，或者说是"所认之罪在实体法上带来的刑罚后果"。[②] 而在处罚论看来，刑罚的确是"罚"的主体，但"罚"也包括其他性质的处罚。[③] 有立法人员似乎也持这种立场，认为认罚就是"明确表示愿意接受司法机关给予的刑罚等处罚"，一般是指接受刑罚，特别是接受量刑建议。[④] 但"等"字的使用表明被追诉人无须刻意明确愿意所受之"罚"的性质。处理论更进一步，认为"罚"除了刑罚外，还应包括非刑罚乃至非处罚的处理方法，而非刑罚后果的核心是不起诉决定。[⑤] 笔者赞同处罚论的基本思路。刑事诉讼法之所以用"愿意接受处罚"替代了《试点办法》中的"同意量刑建议，签署具结书"，就是以相对动态的要求提高认罚在各个阶段的适用性，克服《试点办法》规定导致的没有量刑建议就无法认罚的窘境。而且，"愿意接受处罚"而非"愿意接受刑罚"的表述显然也是有心之举，意在降低认罚的门槛，提高认罚的灵活性。

---

* 闫召华，西南政法大学法学院副教授，法学博士；邱祖芳，北京尚权（厦门）律师事务所主任。
① 参见黄京平：《认罪认罚从宽制度的若干实体法问题》，载《中国法学》2017年第5期。
② 陈卫东：《认罪认罚从宽制度研究》，载《中国法学》2016年第2期。
③ 参见魏晓娜：《完善认罪认罚从宽制度：中国语境下的关键词展开》，载《法学研究》2016年第4期。
④ 王爱立主编：《中华人民共和国刑事诉讼法修改条文解读》，中国法制出版社2018年版，第6页。
⑤ 参见赵恒：《"认罪认罚从宽"内涵再辨析》，载《法学评论》2019年第4期。

而笔者不赞成处理论不是因为不起诉不可以作为对认罪认罚者的从宽方式,也不是因为不起诉肯定不属于认罚中的"罚",而是源自处理论对"罚"与不起诉之关系的错误定位,特别是对认罪与从宽两个范畴的混淆。

认罪认罚与不起诉之间似乎存在一个明显的逻辑矛盾:如果认罚是被追诉人对司法机关处罚方案的接受,又何谈被追诉人接受不起诉决定?如果检察机关想作出不起诉决定,又有什么必要提出处罚方案?对此,处理论认为,如果坚持处罚论,就会排除认罪认罚后做撤销案件或不起诉处理的可能性,是不合理的。① 合理的做法是对认罚作更为广义的理解,其并不局限于接受处罚,而是指被追诉人接受公安司法机关的处理意见,包括起诉或不起诉决定及具体的量刑建议等所有这些体现控辩合意的表现形式。② 该类主张还得到了《关于适用认罪认罚从宽制度的指导意见》(以下简称《指导意见》)的支持,其在第7条明确规定,认罚在审查起诉阶段的表现之一就是"接受人民检察院拟作出的不起诉决定"。这种认识貌似解决了认罚与不起诉的兼容问题,但其实可能只是以武断的扩大解释回避了问题。

事实上,认罚和不起诉的关系是相对独立的,认罚是被追诉人的积极表现,而不起诉只是基于其积极表现从宽处理的一种方式。尽管认同司法机关的从宽处理意见是认罚的一般形式,但是认罚并不要求被追诉人必须预判并认同最终的从宽处理意见。不排除被追诉人要求更重处罚而司法机关给予较轻处罚的可能性。被追诉人愿意接受刑罚(处罚)也不意味着司法机关必须施加刑罚(处罚),司法机关完全可以依法作出决定不起诉或者免予刑事处罚。

当然,从另一个方面来说,如果不是将不起诉视为一种非处罚的处理,而是将其理解为一种处罚,则将接受不起诉视为认罚的一种表现也未尝不可。因为作为一种酌定不起诉,认罪认罚不起诉的实质是在确认被追诉人应当承担刑事责任基础上的一种宽宥处理,是被追诉人从宽承担刑事责任的方式,带有一定的惩罚性。

二、如何理解认罚之"认"

认罚,按照《现代汉语词典》的解释,就是"同意受罚"。③ 刑事诉讼法第15条将其表述为"愿意接受处罚"。认罚中的"认"意为"愿意接受"。当然,"认"字本身不能直接反映出"认"的背景和原因。被追诉人可能完全主动、没有任何异议地接受司法机关给予的任何处罚,也可能是在与专门机关充分沟通、提出意见之后同意受罚。但不管专门机关与被追诉人对于"罚"有没有一个沟通过程,被追诉人的"认"必须是自愿的。刑事诉讼法第15条中的"自愿"一词限定的不仅仅是"如实供述""没有异议",也同样限定"愿意接受处罚"。因此,同认罪一样,认罚的内涵中也明确融入了自愿性的要求。问题是认罚中的"认"既然有可能基于沟通,是否意味着其包含了协商的意蕴呢?答案是否定的。从刑事诉讼法现有规定看,认罪认罚中的认罚是动态的,以一定的时序存在于两个层面上,

---

① 参见何挺:《附条件不起诉扩大适用于成年人案件的新思考》,载《中国刑事法杂志》2019年第4期。
② 参见史卫忠、王佳:《未成年人刑事案件适用认罪认罚从宽制度的思考》,载《人民检察》2017年第22期。
③ 中国社会科学院语言研究所词典编辑室:《现代汉语词典》(第7版),商务印书馆2016年版,第1101页。

一是被追诉人明确而概括地表示愿意接受处罚（刑事诉讼法第 173 条第 2 款及第 176 条第 2 款中的"认罚"）；二是被追诉人同意或接受司法机关作出的具体处罚或处罚方案（刑事诉讼法第 174 条第 2 款中的"认罚"）。

一方面，被追诉人概括地"认"是单方面的、无附加条件的。刑事诉讼法第 173 条第 2 款规定，"犯罪嫌疑人认罪认罚的"，人民检察院应当听取被追诉人对从宽处罚建议等事项的意见。第 176 条第 2 款又规定，"犯罪嫌疑人认罪认罚的"，人民检察院应当提出量刑建议。这两条规定极易引起困惑：如果审查起诉阶段的认罚就是同意量刑建议，在量刑建议形成之前，或者在检察机关就量刑建议听取被追诉人等的意见之前，怎么可能已经认罚了呢；既然已经认罚，又何必再听取其对量刑建议的意见呢。其实，该困惑源于对认罚内涵的误解。即便在审查起诉阶段，认罚也兼有概括与具体两个层面，只有被追诉人概括地认罚之后，检察机关才会启动认罪认罚从宽制度中的量刑建议及听取意见机制。而第 173 条第 2 款及第 176 条第 2 款中的认罚就是概括层面上的。

另一方面，被追诉人在具体地"认"的过程中，尽管可能有互动，被追诉人可以提出意见，专门机关也应当听取被追诉人的意见，但该机制并不是协商。上文已述及不少学者认为认罚中是存在也是允许控辩协商的。不仅如此，在最高司法机关的文件中也多次提及量刑协商一词。① 而个别立法参与者似乎也认为，检察机关可以就量刑建议与辩方进行"协商"。② 但这些论述中所谓的协商表现在制度层面其实就是检察机关在提出量刑建议时要听取被追诉人及其辩护人的意见，被追诉人及其辩护人可以根据案件情况要求检察机关适当调整量刑建议。事实上，量刑建议形成中的听取意见机制并未改变认罪认罚利益"官方定价"的本性，将听取意见机制称之为协商反而会掩盖我国认罪认罚从宽制度中认罚的特质。检察机关确定量刑建议的最终依据是事实与法律，被追诉人及其辩护人提出的意见要接受事实与法律的考量，而不能相反，将事实与法律作为讨价还价的对象，这同辩诉交易中的控辩协商有本质差异。

三、认罚与悔罪

认罚是愿意接受处罚，而悔罪是后悔、悔恨自己的罪过行为及改恶从善的意愿。那么，认罚中是否包含了悔罪的要求呢？从字面上或者法律的形式要求看，认罚似乎也没有明确要求被追诉人必须悔罪。而且，从实践情况看，认罚与悔罪的联系也是或然性的。一方面，悔罪者不一定认罚。并不是所有的悔罪者都愿意承担自己的罪过责任。有的人悔罪恰恰是出于对惩罚的恐惧，或者是为了免予惩罚。③ 另一方面，认罚者也不一定悔罪。完全有可能存在这种情形：被追诉人虽然接受惩罚，但是内心却并不认可支撑惩罚的裁判逻辑，认罚

---

① 参见周斌：《最高检：探索建立辩护律师参与下的认罪量刑协商制》，https：//www.thepaper.cn/newsDetail_forward_1431844，最后访问时间：2020 年 5 月 10 日。
② 参见王爱立主编：《中华人民共和国刑事诉讼法修改条文解读》，中国法制出版社 2018 年版，第 6 页。
③ See Alexander Chitov, "The Communicative Theory of Punishment and Repentance", Law: Journal of the Higher School of Economics, Vol. 2018, No. 4 (2018), p. 174.

更多只是一个"纸牌游戏中对政府的策略性举措"。①

然而,悔罪的核心要素如"表示悔过和悔恨"和"保证将来不再犯罪",更适合从认罚的行为表示上进行分析和审查。②而且,从立法的精神和相关司法解释的要求看,悔罪已经被赋予了认罚内涵之中。按照立法参与者的解释,认罪认罚从宽制度强调犯罪人的认罪悔罪态度,③而认罚一般就是指被追诉人"对司法机关根据其犯罪事实、情节、认罪、悔罪、赔偿或者和解等情况所给予的刑罚表示明确接受"。④伴随着《指导意见》的出台,认罚的悔罪要求已经由暗含转为明确规定。基于对立法精神的实质理解,《指导意见》第7条将认罚限定为被追诉人"真诚悔罪,愿意接受处罚",并强调认罚考察的重点就是被追诉人的悔罪态度和悔罪表现。如果被追诉人实施了反映其没有悔罪态度的行为,譬如,有赔偿能力而不赔偿被害人,那么,就不能对其适用认罪认罚从宽制度。⑤

与认罚的悔罪内涵相关的一个问题是认罚是否包括"退赃退赔""赔偿损失""赔礼道歉"等内容。有研究者认为,"积极退赃退赔"是认罚具有的"不完全依附于'认罪'的独立的含义"之一。⑥而各地认罪认罚从宽制度的实施细则中一般将这些情节列为选择性内容,有些地方还明确规定了拒不赔偿等相反性质的情节具有否定认罚的效果。其实,这一类论争的核心还是认罚是否有悔罪的要求问题。只要肯定了认罚的悔罪内涵,相关争议也将不复存在。"退赃退赔""赔偿损失"等是悔罪的支撑性表现,而"拒不赔偿""拒不道歉"等则是悔罪的否定性表现,否定性表现对悔罪的认定往往可以产生"一票否决"的效果。公安司法人员必须从悔罪的支撑性表现和否定性表现两大角度全面关注,综合权衡,才能对被追诉人是否真诚悔罪、是否成立认罚作出更加贴近事实的判断。

四、认罚与同意程序适用

根据刑事诉讼法第174条第1款规定,被追诉人签署认罪认罚具结书的前提条件是"自愿认罪,同意量刑建议和程序适用"。对此,有论者认为,应当将同意程序适用解释为同意适用速裁程序、简易程序或者普通程序简化审,并与同意量刑建议一起作为认罚的内容;⑦认罚理应包含同意程序的简化,其实质就是被追诉人"放弃其在普通程序中所具有的部分法定诉讼权利,同意通过适用克减部分如法庭调查与辩论等诉讼环节的诉讼权利来对自己定罪量刑"。⑧但这些论据其实都不足以支撑认罚涵盖同意程序简化。首先,提高诉讼效率需要诉讼程序简化,诉讼程序简化也可能以被追诉人的同意为条件,但同意程序简化完全可以作为一个独立的要素,而不是说只有纳入认罚的内涵才能实现其功能。其次,将

---

① Sherry F. Colb, "Oil and Water: Why Retribution and Repentance Do Not Mix", Quinnipac Law Review, Vol. 22, No. 59 (2003), p. 69.
② 参见董坤:《认罪认罚从宽制度下"认罪"问题的实践分析》,载《内蒙古社会科学》(汉文版)2017年第5期。
③ 参见王爱立:《〈中华人民共和国刑事诉讼法〉修改与适用》,中国民主法制出版社2019年版,第45页。
④ 王爱立主编:《中华人民共和国刑事诉讼法释义》,法律出版社2018年版,第27页。
⑤ 参见闫召华:《虚假的忏悔:技术性认罪认罚的隐忧及其应对》,载《法制与社会发展》2020年第3期。
⑥ 朱孝清:《认罪认罚从宽制度的几个问题》,载《法治研究》2016年第5期。
⑦ 参见孙长永:《认罪认罚从宽制度的基本内涵》,载《中国法学》2019年第3期。
⑧ 陈卫东:《认罪认罚从宽制度研究》,载《中国法学》2016年第2期。

同意程序简化设为独立于同意量刑建议的从宽情节，而不是将二者混在一起，可能更有利于从宽幅度的明确，更有利于发挥从宽的激励作用。最后，被追诉人所认之"罚"确实可能考量了被追诉人对程序适用的态度，但被追诉人认可"罚"不一定必然认可"罚"作出的程序，就像不认可"罚"不一定不认可"罚"作出的程序一样，不应该完全将被追诉人对处罚和程序的态度绑定在一起，否则，不仅不利于认罚的成立，还变相地限制了被追诉人的程序选择权。至于将程序理解为广义上的惩罚和制裁，从而将其解释为认罚之"罚"，则更是牵强。照此思路，被追诉人认可严格的程序和认可简化的程序都是认罚，这一条件实则被架空了。笔者认为，认罚与同意程序适用性质不同，一个是对实体的态度，另一个是程序选择权，适宜分开评价。①

而刑事诉讼法及相关司法解释事实上也是将认罚与同意程序适用区分规定的，《指导意见》更是明确提出，被追诉人享有程序选择权，"不同意适用速裁程序、简易程序的，不影响'认罚'的认定"。虽然刑事诉讼法第 174 条将同意程序适用列为签署具结书的前提条件，但从刑事诉讼法对各类型审判程序适用的具体要求看，仅对适用简易程序要求被告人没有异议，以及对适用速裁程序要求被告人同意，并没有要求适用普通程序需要经过被告人同意。而认罪认罚案件完全可能适用普通程序审理。因此，第 174 条中的同意程序适用主要指的是同意适用简易程序和速裁程序。②

五、认罚与反悔

被追诉人认罚之后能否反悔？对此，绝大多数论者持肯定态度。但也同时认为，从长远来看，考虑到认罪认罚从宽制度的价值取向、控诉意见及处罚结果的合意性、庭审实质化的要求、落实被追诉人主体地位和诉讼诚信的需要以及对域外立法经验的借鉴等，应当对被追诉人上诉权及反悔权进行一定的限制。③ 而且，不少论者引入了"域外认罪协商程序中的主流分析框架"，将具结书定义为"被追诉人与检察官围绕罪刑的实体问题与诉讼程序的适用问题所达成的刑事协议"，并运用合同法的基本原理分析其法律效力特别是对被追诉人的约束力。④ 认为应当赋予具结书双务公法契约的属性，⑤ 被追诉人在享有认罪认罚利益的同时，也应该承担与之相应的义务。从整体上看，这些观点对认罚、反悔的概念及认罪认罚从宽制度的基本定位上存在一些偏差，导致结论都不够准确。笔者认为，认罚后的反悔问题可以从以下三个方面理解。

第一，应当明确反悔是认罪认罚被追诉人的基本诉讼权利。被追诉人既然有自愿认罪认罚的权利，当然也可以自愿作出相反的选择。被追诉人不管是一开始就不认罪不认罚，

---

① 有论者提出类似观点，认为认罚之"罚"属于法定惩罚，而同意程序适用则属于法定权利，应分别具有独立评价意义。参见何秉松、何炜：《认罪认罚从宽制度之公正价值考量》，载胡卫列等主编：《认罪认罚从宽制度的理论与实践》，中国检察出版社 2017 年版，第 20 页。
② 参见王爱立主编：《中华人民共和国刑事诉讼法修改条文解读》，中国法制出版社 2018 年版，第 104 页。
③ 参见孙长永：《比较法视野下认罪认罚案件被告人的上诉权》，载《比较法研究》2019 年第 3 期。
④ 马明亮：《认罪认罚从宽制度中的协议破裂与程序反转研究》，载《法学家》2020 年第 2 期。
⑤ 钱蓉：《认罪认罚从宽制度的检视与完善》，载《政治与法律》2018 年第 2 期。

还是在认罪认罚后反悔，本质上都是在行使辩护权。① 允许被追诉人在认罪认罚后反悔是认罪认罚自愿性的重要保障机制之一。② 这也是刑事诉讼法及《指导意见》等只是规定司法机关在认罪认罚的被追诉人反悔的情况下应依法追诉和裁判，而没有规定制裁或惩戒措施的主要原因。

第二，具结书确实有一定的效力，但具结书不是协议书，具结书的效力也不同于双务合同的拘束力。认罪认罚的具结书是对被追诉人认罪认罚内容和态度的确认，可以在一定程度上表明被追诉人认罪认罚的明知性、自愿性及认罪认罚程序上的合法性，也可以记录和固定专门机关的指控意见特别是从宽处理的方案。所以，对于被追诉人而言，具结书的直接效力是其不能任意否认原来的认罪认罚的明知性、自愿性及程序合法性，而对于专门机关而言，具结书的效力则是除非有正当理由，不能随意改变从宽处理方案。在性质上，具结书只是被追诉人对自愿认罪、接受量刑建议和同意程序适用的书面确认，只是被追诉人的单方承诺书和忏悔书，不具有契约性质。③ 专门机关的从宽处理是针对被追诉人认罪认罚的态度而作出的，如果被追诉人签署了具结书之后又反悔，有可能签署具结书时的认罪认罚是自愿的，而现在的不认罪认罚也是真实自愿的意思表示，虽然具结书的效力要求被追诉人不能随意否认签署具结书时认罪认罚的自愿性，但也不能以签署具结书时自愿的认罪认罚否定现在自愿的不认罪认罚。

第三，确实应该区分情形建立反悔的应对机制，但并非被追诉人所有的态度改变都是反悔，也并非所有态度改变都构成对认罚的否定。被追诉人推翻认罚的情形多种多样，大体可以分为两类：一是基于正当的理由对原先认可的罚提出异议，比如因为出现了可能影响罚的新情况，或者检察机关在未征求被追诉人意见的情况下调整了量刑建议，等等。二是无正当理由的情况下不认可原已认可的罚，比如为了留所服刑或获得更轻处罚而针对量刑提出上诉，或者在得到从宽处理后拒不履行附带的赔偿、赔礼道歉等义务。对于第二种情形，属于典型的认罚后的反悔，而被追诉人反悔或提出上诉的确是他的权利，但被追诉人不认可罚，或者有明显不真诚悔罪的表现，不再符合认罪认罚从宽制度的适用条件，而原来根据其认罪认罚态度确定的从宽处理也必然是不合适的，检察机关可以据此提出抗诉以纠正错误判决，确有必要时，司法机关也可以启动再审程序纠错。对于第一种情形，由于是不应归责于被追诉人的原因导致的，严格说来，不应称之为反悔。被追诉人认罚的基本态度可能并没有改变，专门机关应结合新情况对罚适当调整，被追诉人如果认可调整结果的，可以继续适用认罪认罚从宽制度。前文已述及，认罚是一个动态的过程，从笼统认罚，到认可量刑建议，再到认可法院采纳量刑建议作出的判决。④

综上，认罚是指被追诉人愿意接受处罚的态度。认罚的"罚"指广义上的处罚，认罚的"认"主要是一种单方表态，被追诉人可以在认的过程中提出意见，但并不是协商。真诚悔罪是认罚的核心要求，而是否同意程序适用与认罚没有必然联系。认罚是笼统认罚与具体认罚的统一体，通常要经历从笼统认罚到具体认罚的发展过程。被追诉人认罚后反悔，

---

① 参见王爱立主编：《中华人民共和国刑事诉讼法修改条文解读》，中国法制出版社 2018 年版，第 146 页。
② 参见杨立新：《认罪认罚从宽制度理解与适用》，载《国家检察官学院学报》2019 年第 1 期。
③ 参见闫召华：《听取意见式司法的理性建构——以认罪认罚从宽制度为中心》，载《法制与社会发展》2019 年第 4 期。
④ 参见朱孝清：《认罪认罚从宽制度的几个问题》，载《法治研究》2016 年第 5 期。

特别是不认可法院采纳量刑建议的判罚而提出上诉的，不能认定为认罚。应当注意，在法院裁判采纳量刑建议的情况下，认可量刑建议与认可裁判是一致的，都是具体认罚的表现。但在法院裁判不采纳量刑建议的情况下，比如法院发现量刑建议明显不当，但检察机关拒不调整而法院依法判决时，不管被追诉人是否认可法院的意见，都不应当因为检法的认识冲突影响认罚的认定。如果被追诉人不认可法院的意见，可以通过提出上诉寻求救济，不属于认罚后的反悔；如果被追诉人认可法院的意见，而不再认可原量刑建议，认罚同样成立。

认罪认罚案件中被追诉人的上诉权问题研究

杨建广　谭雨菲[*]

一、问题的提出：公正与效率的博弈

公正与效率是我国刑事司法的两大价值目标。一方面，刑事诉讼解决被追诉人的刑事责任问题，与被追诉人的人身自由、生命财产等密切相关，是最严厉的追责方式，必须坚持司法公正。另一方面，刑事案件的数量日益增加，司法机关"案多人少"的矛盾越来越突出，司法效率的重要性也不断增强，公正也需要效率作为支撑。刑事司法既要实现公正，也要提高效率，公正与效率的关系是相辅相成、对立统一的，二者没有绝对的平衡点。近年来，我国刑事司法一直在探索案件的繁简分流机制，以期实现公正和效率的持续动态平衡。

为了把司法资源集中在复杂、疑难案件上，我国以"公正为本，兼顾效率"的理念建立了认罪认罚从宽制度（以下简称"从宽制度"），在公正这一基础上强调如何提高效率。"从宽制度"试点以来，我国刑事司法效率明显提高，部分刑事案件由于被追诉人认罪认罚得以快速结案，成效显著。最高人民法院、最高人民检察院《关于在部分地区开展刑事案件认罪认罚从宽制度试点工作情况的中期报告》（以下简称《中期报告》）指出，试点地区法院审结的认罪认罚案件的上诉率为3.6%。然而，该制度也存在一些需要进一步关注的问题，如部分地区因怕被追诉人行使上诉权影响了结案率从而加以限制的问题。例如，2017年某地区认罪认罚案件的上诉率为7.3%[①]，甚至有地区超过16%[②]。这便在认罪认罚案件中是否对被追诉人的上诉权进行限制、进行何种程度的限制、如何应对部分被追诉人滥用上诉权等问题上引发了理论界与实务界的热议。

被追诉人的上诉权在"从宽制度"下保留与否，目前主要有三种观点。"全面保留论"认为"从宽制度"还不完善，限制上诉权可能会影响司法公正，且上诉的案件不多，限制上诉权对于提高诉讼效率的作用十分有限，应当全面保留上诉权。[③]"限制保留论"认为要根据上诉理由或者案件适用的程序来对上诉权进行限制。不符合正当理由或案件适用程序

---

[*] 杨建广，中山大学法学院教授、法治社会建设中山大学研究院常务副院长；谭雨菲，中山大学法学院研究生。
[①] 参见周新：《论认罪认罚案件救济程序的改造模式》，载《法学评论》2019年第6期。
[②] 参见臧德胜、杨妮：《论认罪认罚从宽制度中被告人上诉权的设置——以诉讼效益原则为依据》，载《人民司法》2018年第34期。
[③] 参见陈瑞华：《认罪认罚从宽制度的若干争议问题》，载《中国法学》2017年第1期。

要求的被追诉人不能提起上诉。"完全限制论"则主张认罪认罚案件应当一审终审，被追诉人一律不得提起上诉，若案件确有错误，可以通过再审程序予以救济。①

目前司法实践中办案机关针对该制度下被追诉人提起的上诉也采取了不同的应对措施。部分检察院通过抗诉来对被追诉人的上诉进行压制。部分法院对被追诉人"技术性上诉"的案件以最快的速度驳回上诉，使被追诉人通过上诉获得的利益最小化。当然，也有法院则按照普通的上诉程序进行审理，根据案件的实际情况作出二审判决。

"从宽制度"的本意在于鼓励被追诉人认罪认罚，节约司法资源，同时让被追诉人服判息诉，尽快接受改造，回归社会。被追诉人在一审判决后上诉的行为导致程序的反复，造成司法资源的浪费。若被追诉人确实认为一审判决有误，其提出上诉无可厚非。但是，实践中有部分被追诉人在一审法院采纳了控辩双方充分协商一致达成的量刑建议后仍提出上诉，以期实现留所服刑的目的，或者意图利用"上诉不加刑"原则获得更轻刑罚。这种行为加重了司法机关的工作负担，与提高效率的价值追求相背离。

概言之，上诉权是国家赋予被追诉人的法定权利，对实现司法公正、保障被追诉人的合法权益有着重要的作用。在如何对待认罪认罚案件中被追诉人的上诉权这一问题上，公正与效率之间似乎存在着紧张的关系。被追诉人的上诉权是否应当受到限制，如何应对被追诉人上诉带来的诉讼效率拖延问题，我们必须作出选择。

二、立场选择："全面保留论"的主张

"限制保留论"和"完全限制论"的主张在不同程度上剥夺了认罪认罚案件中被追诉人的上诉权，有利于减少"技术性上诉"等现象，提高刑事司法效率。但是，上诉权是被追诉人享有的一项法定的救济性权利，不应因被追诉人认罪认罚而受到限制。在我国刑事诉讼中，被追诉人相对弱势，赋予其上诉权是防止冤假错案、实现司法公正的有效途径，具有实践价值。对被追诉人的上诉权进行限制有违实质正义，在公平与效率发生冲突时，应以公平为先。因此，在认罪认罚案件中，对被追诉人的上诉权不宜作出限制。

（一）诉讼效率需服从于司法公正的目标

公正与效率是司法价值的核心和基础，我们要坚持公正与效率并重，但是当二者处于紧张关系时，效率需让位于公正。公正是社会的首要价值，对于一些法律和制度，即便他们是有效率的，若不符合公正的要求，也需要改造或废除。"从宽制度"强调程序的简化，注重诉讼效益和诉讼诚信原则。但程序简化是建立在司法公正的基础之上的。简程序不应减权利。限制或剥夺被追诉人的上诉权可能会导致一些有错误的认罪认罚案件将错就错。被追诉人本期望通过认罪认罚换来好结果，却要承担司法不公的后果，这与程序公正和实体公正并重的目标存在一定程度的偏离。② 认罪认罚案件应当在一审司法效率普遍提高的情况下容忍少部分案件产生的效率负效应，如果再对被追诉人的上诉权进行限制、剥夺，司

---

① 参见赵树坤、徐艳霞：《认罪认罚从宽制中的"技术性上诉"》，载中国社会科学网，http：//www.cssn.cn/bk/bkpd_qkyw/bkpd_bjtj/201807/t20180711_4500723.shtml？COLLCC=818794309&，最后访问时间：2020年3月1日。

② 参见骆锦勇：《认罪认罚案件的上诉和抗诉问题》，载《人民法院报》2019年8月8日第6版。

法公正将会面临质疑，司法判决在民众心中的说服力就会降低，不利于实现公正与效率的平衡。

(二) 赋予被追诉人上诉权具有实践价值

"从宽制度"从试点至今一直不断完善，成效显著，但在实际运行中还是会遇到一些问题，如冤假错案仍有出现的可能、权利保障不到位等，全面赋予被追诉人上诉权能够为被追诉人提供一个救济途径，作为一审程序运作出现问题的补救措施，具有实践价值。

1. 上诉权具有纠错功能

虽然目前认罪认罚案件一审发生错误的概率不高，但是并不能完全排除一审违反诉讼程序、判决认定事实或适用法律错误、量刑不当等问题的出现。有学者研究发现，2017年某地认罪认罚案件进入二审后改判率超10%。① 只要存在错案的可能，就需要赋予被追诉人救济的权利。认罪认罚案件一审法庭调查和法庭辩论程序简化，开庭时间大大缩短，部分案件庭审流于形式，法官裁判主要靠庭前阅卷，对认罪认罚自愿性、真实性、合法性的实质性审查以及案件事实和法律问题的判断可能会存在疏漏，若控审两方都出于快速结案的考虑，案件的前期准备和庭审审查并不扎实，就有出现错案的可能。也有观点认为，即便被追诉人不享有上诉权，也可以通过审判监督程序来进行救济。对于这种观点，笔者认为二审与再审毕竟存在较大差异，在认罪认罚案件中让再审程序承担二审的功能，会耗费更多的时间和司法资源，还会造成司法秩序的混乱。因此，赋予被追诉人上诉权有助于在一审裁判出现错误时及时纠正，也可以敦促一审办案机关认真对待该类案件，对减少误判误断有重要作用。

2. 上诉权具有维权功能

在认罪认罚案件中，被追诉人让渡了部分权利，其坦白认罪的自愿性以及其他权利受到侵害的可能性均大于普通案件。普通案件中被追诉人的上诉权都受到充分的保障，认罪认罚的被追诉人更应受到此种保护。上诉权使被追诉人拥有修正意思表示的机会，为保障认罪认罚自愿性提供了支撑。当被追诉人发现自身权益在刑事诉讼过程中受到侵害时，行使上诉权便为其提供了救济途径。

被追诉人认罪认罚降低了办案机关的工作负担，办案机关的一些人员可能会为了提高效率而胁迫、诱骗被追诉人认罪认罚。此外，目前很多认罪认罚的被追诉人没有委托辩护人，其往往缺乏必要的法律知识，自己难以充分行使辩护权，而值班律师的法律帮助也十分有限，大都流于形式。被追诉人面对强势的办案机关，为了尽快了结案件，获得从轻处罚，可能在没有充分了解认罪认罚的后果以及案件具体情况时就同意认罪认罚，直到一审判决后才发现结果不符合自身的理想预期或自身合法权益受到侵害。在前述情况中，被追诉人认罪认罚的自愿性、合法性和真实性不足，全面保留上诉权便能为其提供修正意思表示和维护自身合法权益的救济。如果被追诉人不享有上诉权，在一审判决后就基本丧失了纠错的机会，控辩审的科学诉讼构造也难以维系。

---

① 参见周新：《论认罪认罚案件救济程序的改造模式》，载《法学评论》2019年第6期。

（三）完整赋权不会过分拖延司法效率

如前文所述，目前认罪认罚案件的上诉率尚处于较低水平。从这个角度看，限制或剥夺上诉权对进一步降低诉讼成本的意义不大。相反，即便赋予被追诉人上诉权，进入二审程序的案件量还是很少的，不会对司法机关造成过大的压力。① 当然，学界也有部分观点认为，正因为认罪认罚案件上诉率低，对被追诉人的上诉权进行限制也不会造成太大影响。对此，笔者不予认同。我们认为，上诉权是被追诉人最基本的诉讼权利，被追诉人可以自行选择行使与否，被追诉人较少行使上诉权并不能成为对被追诉人上诉权进行限制或剥夺的理由。

上诉权能够在被追诉人认为一审判决有误或者自身权益受到侵害时为被追诉人提供救济的渠道，使被追诉人更容易息诉服判。如果以上诉理由对被追诉人的上诉权加以限制，就将上诉理由的过滤责任附加在被追诉人身上。被追诉人对法定事由的认识是否明确具体有待考究，即使被追诉人明知自己的情况不符合上诉的要求，也可以从法定理由中选择一个进行上诉，这种限制能否真正实现理想的效果是存疑的。若以案件适用的程序区分被追诉人是否享有上诉权，当被追诉人所涉的案件适用的程序不属于有权上诉的程序，被追诉人就基本丧失了上诉权。此外，若对认罪认罚案件实行一审终审，一定程度上违反了我国现有的法律规定，被追诉人的上诉权与检察机关的抗诉权均无法行使，对防范冤假错案以及被追诉人寻求救济会产生较大的负面影响。因此，采取前述方式对待被追诉人的上诉权欠缺正当性。虽然全面赋予被追诉人上诉权会出现少数被追诉人滥用上诉权的情况，但少数的情况不能成为限制或剥夺被追诉人法定权利的理由，这种现象也可以通过其他方式来进行规制。完整赋权会牺牲少部分的司法资源，但在"从宽制度"运行大幅度提高诉讼效率的前提下，容忍轻微负效应的存在来避免产生司法不公符合司法公正与效率的要求。

三、实践应对：加强前期预防和探索后期约束

虽然目前认罪认罚案件上诉率不高，但实践中确实存在部分被追诉人滥用上诉权的情况，在全面保留上诉权的同时还应采取措施减少上诉情况的发生，提高诉讼效率。笔者认为需要从加强前期预防和探索后期约束出发来减少上诉情况的发生，从而最大限度地提高认罪认罚案件的诉讼效率，尽量避免负效应的出现。

（一）加强被追诉人上诉的前期预防手段

对被追诉人上诉的前期预防主要是通过保障被追诉人的权利、给予其充分有效的帮助以及充分表达的机会来使争议尽量在一审结束前得到解决，同时尽量打消被追诉人进行"技术性上诉"等无正当理由上诉的念头。

1. 完善值班律师制度

被追诉人认罪认罚后需要配合司法机关查明案件事实，放弃无罪辩护，其辩护权应受到有力保障。值班律师的有效参与能够为没有委托辩护人的被追诉人提供意见，帮助其了

---

① 参见陈瑞华：《认罪认罚从宽制度的若干争议问题》，载《中国法学》2017年第1期。

解认罪认罚的后果并作出符合其真实想法的选择，有效促进了控辩双方的平等武装，加强了被追诉人与公诉方进行协商的能力，也使公诉方提出的量刑建议更为准确、符合被追诉人的预期。但是，目前值班律师在认罪认罚案件中的参与程度较低，发挥的作用形式化，往往担任"见证者""劝降者"的角色，被追诉人获得有效法律帮助的难度较大。

据此，完善值班律师制度，保障被追诉人充分行使辩护权，使被追诉人在清楚了解后果之后再做决定，对于减少被追诉人上诉有着积极的作用。司法机关在办案时应履行权利告知义务并通知值班律师为被追诉人提供法律帮助，要为值班律师履行职能提供便利，赋予其相应权利，以便其顺利开展工作，为被追诉人行使辩护权提供有力的保障。同时，司法行政机关要采取加大补贴力度、加强对值班律师的考核等手段来推动值班律师积极主动履行职责。在办理案件的过程中，值班律师应在被追诉人提出上诉时为其进行客观理性的分析，说明后果，无正当理由上诉的应进行劝说。

2. 落实控辩协商程序

被追诉人认罪后，控辩双方需要就量刑问题进行协商，被追诉人同意量刑建议和程序适用的需签署认罪认罚具结书。被追诉人将被处以何种刑罚是其最关心的内容，量刑协商是最能体现被追诉人意志的环节。如果被追诉人在量刑协商过程中能充分表达意见并得到回应，被追诉人对于量刑建议和最后判决的接受度就会有所提升。但目前认罪认罚案件的控辩协商尚不充分，一般是被追诉人认罪后，办案人员综合全案情况提出量刑建议，由被追诉人及其辩护人或值班律师进行确认，协商空间有限。而且被追诉人在审查起诉阶段难以全面了解案件情况，与值班律师或辩护人缺乏充分的交流，即便同意了量刑建议，也可能会对最后的判决结果产生疑虑，从而提起上诉。

保障被追诉人充分参与协商，了解案情，发表意见，能够有效降低上诉率。首先，要确定量刑减让规则，作为检察院提出量刑建议的依据。同时，办案人员、辩护人、值班律师等具备法律知识的人员要向被追诉人释明"从宽制度"的定罪和量刑规则，使被追诉人清楚了解其所涉案件的量刑建议是如何作出的，案件将进入什么程序以及最终的可能结果。这对于提升被追诉人对案件处理结果的认同有重要作用。其次，要确立审查起诉阶段的证据开示制度。控辩双方进行协商的重要前提之一是充分保障辩方的知情权，如果控辩双方存在信息不对称，就难以实现平等充分的协商。在被追诉人、辩护人或值班律师在场的情况下，由控辩双方出示案件现有的证据，双方根据案情就量刑建议进行协商，能够增强协商的充分性。最后，要建立对辩方的意见回应机制。若辩方提出的意见得不到回应，被追诉人就很难理解为何检察院不采纳其意见，如果法院的判决与其内心的想法不符，就会引发被追诉人的疑惑，意见回应机制的建立就是为了尽量消除被追诉人的疑惑，使其服判。

3. 发挥一审判决前撤回认罪认罚的过滤功能

"两高三部"颁布的《关于适用认罪认罚从宽制度的指导意见》对认罪认罚的反悔和撤回作出了规定。若被追诉人对案件的处理有异议，应当引导其充分表达，若双方无法达成一致，应在一审前尽早撤回认罪认罚，避免被追诉人在一审时没有提出异议，通过上诉的方式来表达。① 由于被追诉人撤回认罪认罚会导致程序回转或部分工作无效，办案人员往往对此抱有抵触态度，对被追诉人有权撤回认罪认罚避而不谈或予以限制，只是吸引被追

---

① 参见孙卫华：《认罪认罚从宽后又上诉的分析与规制》，载《人民检察》2019 年第 7 期。

诉人尽早认罪认罚，视撤回认罪认罚为认罪态度不好的表现，通过"撤回认罪认罚从重"来加以威胁和制裁。① 前述做法对于被追诉人自愿真诚认罪认罚会产生消极影响，办案人员应当主动向被追诉人释明其享有反悔权，充分听取其意见，让被追诉人在辩护人或值班律师的帮助下作出选择。若被追诉人决定撤回认罪认罚，办案人员也要为其提供程序保障，使有反悔意愿的被追诉人尽早表达，减少通过上诉表达反悔的情况出现，相较于一味回避和限制，这对于提高诉讼效率具有更加积极的作用。

4. 衔接看守所与监狱的监管待遇

根据刑事诉讼法的规定，被交付执行刑罚前剩余刑期在 3 个月以下的罪犯由看守所代为执行。实践中有部分被追诉人的剩余刑期略微超过 3 个月，为了逃避监狱劳动等目的希望留在看守所服刑，于是通过上诉来拖延时间，将剩余刑期压缩至 3 个月以内。针对这种做法，笔者建议衔接看守所与监狱的监管待遇，对在看守所服刑的被追诉人，也参照监狱的方式进行教育，严格管束，加强监规培训、纪律养成，避免出现在看守所服刑比在监狱服刑轻松的情况。② 当被追诉人在看守所服刑和在监狱服刑待遇等同时，被追诉人为了留所服刑而上诉的动力就会大大减弱，在一定程度上也能降低认罪认罚案件的上诉率，避免无端耗费司法资源。

（二）探索被追诉人上诉的后期制约措施

被追诉人上诉后，可以根据被追诉人的上诉理由探索不同的制约措施。被追诉人的上诉可分为有正当理由的上诉以及无正当理由的上诉，正当理由是指依据法律、逻辑和经验法则等，被追诉人如不上诉就可能影响司法公正的事由③，可以参考刑事诉讼法第 201 条的规定。此外，一审法院重于量刑建议判决、一审后出现新的事实或影响定罪量刑的证据等也属于正当理由。无正当理由的上诉主要是指一审法院采纳量刑建议或虽未采纳量刑建议但轻于量刑建议判决后，被追诉人在没有其他可能影响司法公正的事由存在的情况下以罪名不成立、刑罚过重等理由提起的上诉。此处的后期制约措施主要是针对被追诉人无正当理由提起的上诉。

1. 简化二审程序

首先，笔者认为有必要在未来明确何种上诉事由应驳回，何种上诉事由应予以支持，并进行类型化和具体化。被追诉人提起上诉后，上诉受理机关可以对上诉事由进行审核，对于上诉理由明显不正当的，可以直接驳回，其余案件进入二审审理阶段。对于认罪认罚上诉案件，若检察院没有抗诉，二审法院可以围绕上诉理由所指向的内容进行书面审理，简化提讯被追诉人以及听取意见的程序，尽量缩短办案期限，在最短的时间内审结。对于法官认为被追诉人无正当理由上诉的案件，二审法院无须再讯问被告人或听取其他当事人、辩护人、诉讼代理人的意见。若二审法院在审理过程中发现存在正当事由，就需要对案件进行仔细全面的审查，以实现公正与效率的平衡。

---

① 参见孔冠颖：《认罪认罚自愿性判断标准及其保障》，载《国家检察官学院学报》2017 年第 1 期。
② 参见孙卫华：《认罪认罚从宽后又上诉的分析与规制》，载《人民检察》2019 年第 7 期。
③ 参见朱孝清：《如何对待被追诉人签署认罪认罚具结书后反悔》，载《检察日报》2019 年 8 月 28 日第 3 版。

2. 使恶意上诉的上诉人承担不利后果

为了约束被追诉人恶意上诉的行为，防止被追诉人滥用上诉权，二审法院在审理认罪认罚上诉案件的过程中若发现被追诉人故意提起无正当理由的上诉来实现留所服刑、利用"上诉不加刑原则"获取更轻刑罚等非善意目的的，可以在驳回被追诉人上诉的同时对被追诉人进行训诫。此外，还可以尝试将被追诉人恶意上诉的行为记录在案，与监狱管理机关建立犯罪人档案信息共享机制，纳入之后的监所考核，作为决定对其减刑、假释的参考。[①]这种做法能够降低被追诉人恶意上诉的动力，更好地实现对被追诉人的惩罚及教育。

认罪认罚案件中被追诉人的上诉权问题从开展"从宽制度"试点工作至今一直有较大争议。为了有效保障被追诉人的权利，确保司法公正，不宜对被追诉人的上诉权进行限制或剥夺。针对司法实践中出现的被追诉人上诉拖延诉讼效率等问题，可以通过其他途径予以解决。从前期预防着手，在源头上减少被追诉人上诉的情况，结合后期的制约措施，强化上诉事由审核，弱化被追诉人无正当理由提起上诉的动机，能够有效解决前述问题，从而实现公正与效率的平衡。

---

① 参见张弛：《刍议认罪认罚被告人上诉权》，载《江西警察学院学报》2019年第6期。

认罪认罚案件中的辩护意见

杨开湘　张　丽*

一、问题的提出

听取辩护意见是我国刑事诉讼法中辩护方行使辩护权，发挥辩护职能的基本制度布局。辩护人尤其是辩护律师或者值班律师就案件中的有关问题提出辩护意见，其所具有的专业性是刑事诉讼控辩关系合理化的重要制度要素。现行刑事诉讼法第37条关于辩护人责任的基本条款规定："提出犯罪嫌疑人、被告人无罪、罪轻或者减轻、免除其刑事责任的材料和意见"，究其实质，就是辩护意见。一般而言，我们较为熟悉审判程序中辩护方提出或者陈述意见，包括第一审普通程序、第二审程序、死刑复核程序中的辩护意见，但是较少关注刑事诉讼其他程序阶段的辩护意见。例如，我国刑事诉讼法第38条侦查阶段辩护律师权利，第88条人民检察院审查批准逮捕，第161条侦查终结前，第173条人民检察院审查起诉程序中，第195条审判程序中的调查核实有关证据，第224条速裁程序，第280条对未成年犯罪嫌疑人、被告人决定适用逮捕措施等条款均规定了辩护方提出辩护意见的内容。有学者指出，研究、撰写、提出、表达律师辩护意见是发挥辩护作用的实质性方式，我国刑事辩护的改革走向在于律师发表辩护意见方式的进一步强化。① 在认罪认罚从宽制度实施过程中，由于已经引入控辩协商要素，从而提出辩护意见和听取辩护意见在认罪认罚案件处理中变得更为重要。

随着认罪认罚从宽制度在2018年刑事诉讼法修正案中出现，标志着之前在18个城市进行的改革试点工作被立法采纳，换言之，一项类似于"辩诉交易"的中国制度在立法中正式确立。② 新修改的刑事诉讼法不仅在总则中作出认罪认罚从宽的原则性规定，并且在整个刑事诉讼主要程序中增设较为细致的程序规范，使该制度呈现出相当完整的面貌。

我国认罪认罚从宽制度是否类似于域外的辩诉交易制度抑或是刑事协商制度，其中是否包含着控辩协商的成分？理论和实务上依旧存在不同看法。例如，听取辩护意见是否属于控辩协商？解释上仍然存有多种不同见解。结合现行刑事诉讼立法规定来看，对于认罪认罚的案件，人民检察院审查起诉时应当听取辩护意见，未采纳辩护意见的，应当说明理

---

* 杨开湘，中南大学法学院教授，主要研究方向：刑事诉讼法、司法制度；张丽，中南大学2020届诉讼法学专业研究生，现为四川省德阳市纪委监委干部，主要研究方向：刑事诉讼法、监察法。

① 左卫民、马静华：《效果与悖论：中国刑事辩护作用机制实证研究》，载《政法论坛》2012年第2期。

② 参见韩旭：《2018年刑诉法中认罪认罚从宽制度》，载《法治研究》2019年第1期。

由。与此相关，2019年"两高三部"联合发布的《关于适用认罪认罚从宽制度的指导意见》（以下简称《指导意见》）第33条规定量刑建议尽量协商一致的原则。从《指导意见》规定来看，目前在规范层面已经明确，认罪认罚案件中控辩双方在量刑建议上可以进行协商，但是，刑事诉讼法和《指导意见》均没有明确的控辩协商程序设计，检察机关听取辩护意见的规定仍属于一个抽象性的概括规定，表现为一般条款，因此仍需通过合理解释方能有效实施。

二、认罪认罚案件中听取辩护意见之现实困境

（一）控辩协商程序机制缺位

有学者提问，认罪认罚从宽案件中的"从宽"究竟是司法机关单方面对认罪认罚的被追诉人给予从宽处罚，还是通过与辩方进行协商，以从宽处理的结果来交换被追诉人基于自愿的认罪认罚？[①] 从体系解释的角度说，答案或许是后者，因为我国现行刑法规定存在不少"从宽"处理的酌定情节，所以，如果仅仅对刑法已有原则、规则或者刑事政策进行简单重复的适用，那么认罪认罚从宽制度及其实施就丧失其应有之义。而且，综合认罪认罚从宽的价值取向和司法实践的具体操作能够看出，我国认罪认罚从宽试点改革之初，其实已经在检察机关审查起诉阶段植入控辩协商的因素。也有论者认为，认罪认罚从宽制度本身涵盖控辩协商内容，检察机关在审查起诉阶段"听取辩护意见"的过程即为控辩双方就如何处理该案件展开协商的过程，"签署具结书"可以视为双方达成一致意见的结果体现。[②] 但是，在2018年修改的刑事诉讼法立法文本中并未直接规定"控辩协商"，仅在第173条第2款、第3款规定检察机关应当听取辩护意见，且"听取辩护意见"的规定存在一些明显的问题。例如，检察机关在听取完意见后如何进行处理，控辩双方能否交互协商。学者认为，由于新刑事诉讼法中没有控辩双方交互协商等表述，因此尽管在司法实践中存在双方交互协商，也只能视为具体的个体诉讼行为，并非法条中明确规定的一种诉讼机制。[③]

2019年"两高三部"联合发布的《指导意见》对以上部分问题进行了有效回应，对于认罪认罚从宽的有效实施提供了指导，也为量刑协商搭建了一个平台。但是结合《指导意见》第27条和第33条的规定来看，其在立法层面为控辩量刑协商提供了法律基础，但是缺乏明确的控辩协商程序设计，检察机关听取辩护意见的规定仍属于一个抽象性的概括规定。

（二）控辩协商范围模糊

在2018年刑事诉讼法明确规定检察机关对于认罪认罚案件须听取辩护意见的制度框架

---

① 魏晓娜：《结构视角下的认罪认罚从宽制度》，载《法学家》2019年第2期。
② 朱孝清：《认罪认罚从宽制度中的几个理论问题》，载《法学杂志》2017年第9期。
③ 马静华、李科：《新刑事诉讼法背景下认罪认罚从宽的程序模式》，载《四川大学学报》（哲学社会科学版）2019年第2期。

中,"听取意见"的程序是否间接体现了"协商"的意味?对此,理论上存在多种不同声音。例如,有学者指出,无论是试点背景、实践做法,还是立法规定,认罪认罚的制度设计间接包含了"控辩协商"的内容。① 对此,一般认为,在认罪认罚案件中,控辩协商范围仅限于量刑范围,禁止交易罪名和罪数。② 有的学者认为,在认罪认罚案件中,控辩协商的内容除了可能被判处的刑罚外,还包括刑法第 36 条和第 37 条的内容,同时还包括程序上的诉讼权利。③ 还有学者提出,控辩协商的内容还应包括强制措施和案件适用的审判程序,同时禁止对影响定罪的犯罪事实、指控罪名及其罪数进行协商。④

从刑事诉讼法第 173 条第 2 款规定来看,"听取辩护意见"的内容包括四个方面,其一,实体方面包括第 1 项"涉嫌的犯罪事实、罪名及适用的法律规定"和第 2 项"从轻、减轻或者免除处罚等从宽处罚的建议";其二,程序方面即第 3 项"认罪认罚后案件审理适用的程序";其三,作为兜底条款的"其他事项"。这些事项及其内容是较为广泛的,但是却并非控辩双方可以直接协商的内容,因为法条规定是单方面的"听取",没有回应或者协商的成分。2019 年《指导意见》第 27 条可以看作是对刑事诉讼法规定的具体解释,其中规定,人民检察院未采纳辩护意见的情形应当说明理由。对于人民检察院在说明不采纳理由后辩护方能否再与其进行交流协商呢?《指导意见》没有明确的规定。从《指导意见》第 33 条规定可见,对于控辩双方就量刑问题进行协商,在现行规范上是持肯定态度的,但是,除了就量刑问题进行协商之外,该条对于实体上的其他事项和程序上的诉讼权利是否可以协商都未作规定。由此可见,对于认罪认罚中的控辩协商范围立法规定仍然较为模糊。

(三)值班律师角色定位局限

值班律师角色定位存在争议。目前学界关于值班律师角色定位问题主要有三种意见:第一种意见主张将值班律师的角色定位为"辩护人";第二种意见认为值班律师角色应是法律帮助者;第三种意见将值班律师定位为"准辩护人"。2018 年刑事诉讼法第 36 条将值班律师定位为法律帮助者,这意味着在立法上否定值班律师的辩护人地位。立法者在第 173 条检察机关听取意见的规定中使用"辩护人或者值班律师"的表述,这种表述将二者明显进行分隔,表明立法上对于值班律师意见的基本态度。由此看来,值班律师意见不同于辩护意见。但是,如果立法将值班律师定位为法律帮助者,那么在未来认罪认罚从宽的司法实践中,无法保证其为被追诉人提供有效辩护,⑤ 从而与制度设立的初衷背道而驰。2019 年《指导意见》明确规定,当法律援助机构为被追诉人指派值班律师后,后续的工作将都由同一名值班律师一直负责,这里面的工作包括会见被追诉人、查阅相关案卷材料、提出量刑意见以及见证具结书的签署等。但是《指导意见》出台之前的规定似乎表明值班律师仅是提供一次性服务,下次可能不是同一个律师。同时,《指导意见》的规范内涵也表明,

---

① 魏晓娜:《结构视角下的认罪认罚从宽制度》,载《法学家》2019 年第 2 期。
② 陈卫东:《认罪认罚从宽制度研究》,载《中国法学》2016 年第 2 期。
③ 朱孝清:《认罪认罚从宽制度的几个问题》,载《法治研究》2016 年第 5 期。
④ 孙长永:《完善认罪认罚从宽制度的两个重点》,载《人民检察》2018 年第 11 期。
⑤ 陈瑞华:《认罪认罚从宽制度的若干争议问题》,载《中国法学》2017 年第 1 期。

我国值班律师实际上承担的是辩护律师的责任和义务，并非简单提供临时性法律帮助。① 因此，我们可以看到，该制度内在的局限性已经使其在实施过程中出现逻辑背反和相互矛盾，在相当程度上抑制了应有效用的发挥。

值班律师权利受限。《指导意见》第 12 条规定自审查起诉之日起，值班律师可以查阅案卷，可见此规定已经超出刑事诉讼法文本，赋予值班律师阅卷权，然而，在"法律帮助人"的角色定位下，他们并不享有调查取证权，无法直接了解案件相关情况及其证据材料，无法给予被追诉人更加有效的认罪认罚咨询和建议，更无法在量刑协商环节与检察机关"讨价还价"进行协商。退一步讲，对于值班律师而言，即使法律赋予其阅卷权和调查取证权，但由于其临时性轮流坐班的工作性质，再加之缺乏激励机制、风险高等原因，都使得值班律师自身不愿意实质性地深度参与案件。②

（四）听取辩护意见制度虚置

有学者提出，结合 2018 年刑事诉讼法的规定，认罪认罚从宽案件中量刑建议的提出模式实际上为"听取意见模式"，③ 虽然 2019 年《指导意见》第 33 条肯定量刑建议协商模式，但是司法实践中的具体做法却不尽一致，辩护律师和值班律师在协商环节发挥作用的空间非常有限。

学者调研发现，实践中关于值班律师"参与"量刑建议的形成可以总结为三种模式：第一种是检察机关事先听取意见型，即在审查起诉阶段或者在具结书签署前，检察机关通过听取辩护意见并且结合案件具体情况提出量刑建议，这种模式中，由于辩护人通过阅卷了解案件事实和案情，手中缺乏影响量刑的证据材料，故很难做到与检察官进行实质协商，一般都会同意其量刑意见；第二种是事中征求辩护意见型，即当检察官与被追诉人签署具结书时，征求在场的值班律师意见；第三种是事后问询模式，由于实践中值班律师数量的有限性，有的检察官在实践中事先已经与被追诉人完成具结书的签署工作，之后再统一找值班律师签字。④ 此处的第三种模式很显然与 2018 年刑事诉讼法和 2019 年《指导意见》的立法规定和立法精神是背道而驰的，但是在实践中确实存在。

实际上，从控辩协商视角看量刑建议的形成和提出，检察机关的控诉意见占据主导地位，律师辩护意见在与控诉意见进行协商的过程中"议价"空间都明显不足，律师辩护意见受到控诉意见的支配，⑤ 辩护律师发挥的作用极为有限，更遑论值班律师就此提出所谓的"辩护意见"能够真正受到应有的重视。可以说，当前我国认罪认罚案件中的听取辩护意见制度在很大程度上仍然处于虚置状态。

---

① 王敏远、顾永忠、孙长永：《刑事诉讼法三人谈：认罪认罚从宽制度中的刑事辩护》，载《中国法律评论》2020 年第 1 期。
② 汪海燕：《三重悖离：认罪认罚从宽程序中值班律师制度的困境》，载《法学杂志》2019 年第 12 期。
③ 闫召华：《听取意见式司法的理性建构——以认罪认罚从宽制度为中心》，载《法制与社会发展》2019 年第 4 期。
④ 闵春雷：《回归权利：认罪认罚从宽制度的适用困境及理论反思》，载《法学杂志》2019 年第 12 期。
⑤ 秦宗文：《认罪认罚从宽制度的效率实质及其实现机制》，载《华东政法大学学报》2017 年第 4 期。

三、认罪认罚案件中听取辩护意见的有效实施

(一) 确认认罪认罚控辩协商机制

搭建控辩交互协商的平台,让辩护律师或者值班律师充分参与进来,是落实认罪认罚从宽制度的重要途径。① 2018年刑事诉讼法并未直接规定"协商"二字,只有第173条规定的听取意见制度似乎体现了"协商"的意味,但是检察机关听取辩护意见的制度呈现单向性特征。有观点甚至认为"听取辩护意见制度"很可能沦为一种必然的程序流程,甚至与"申请—审批"这样的行政行为类似。② 相反观点则认为,"协商"是认罪认罚从宽制度的生命力,该制度本身就包含了协商的内容。③ 听取意见完整地体现了控辩之间的沟通,理由是检察机关是有目的地"听取辩护意见",对合理的辩护意见予以采纳,对不合理的辩护意见要求其解释说明。这一观点和2019年《指导意见》第27条的规定非常契合,检察机关未采纳辩护意见的,应当说明理由。但是该规定并不能有效解决控辩协商的程序法律机制问题,检察机关"听取辩护意见"的沟通方式并没有强调控辩双方地位的平等,且根据刑事诉讼法第173条第1款规定,所有案件在审查起诉阶段检察机关都要听取辩护意见,检察机关对不适用认罪认罚的其他案件也应当听取辩护意见,因此刑事诉讼法第173条第2款规定和《指导意见》第27条规定并不能完全涵盖控辩协商程序。有鉴于此,根据《指导意见》第27条第2款规定,在当前释法和将来修法时确认认罪认罚控辩协商机制,自有其合理性,检察机关应当听取辩护意见,未采纳辩护意见的,应当说明理由。检察机关主导与辩护律师或者值班律师进行协商,作出起诉意见和量刑建议。

(二) 明确控辩协商的范围

目前学界一般认为,认罪认罚从宽制度中的协商范围仅限于量刑范围,禁止交易罪名和罪数。结合2018年刑事诉讼法第173条第2款规定来看,检察机关听取辩护意见的内容主要包括三个方面:一是关于被追诉人涉嫌的犯罪事实、罪名及其适用的法律;二是关于实体层面从宽处罚的建议;三是关于适用何种审理程序的意见。虽然立法文本可以解释为包括罪名、量刑、程序等各个方面,但是学理和实践中一般理解为,听取辩护意见只包括实体法上关于量刑从宽的具体建议,检察机关在听取辩护意见后作出具体的量刑建议,量刑建议的形成不是一次性完成,而是在控辩双方反复交换意见后形成的。④ 刑事诉讼法第182条规定的撤销案件或者对涉嫌犯罪不起诉是否属于认罪认罚从宽,可否协商,虽有肯定

---

① 樊崇义:《搭建协商平台,把认罪认罚从宽制度做实》,载《人民法治》2019年第21期。
② 马静华、李科:《新刑事诉讼法背景下认罪认罚从宽的程序模式》,载《四川大学学报》(哲学社会科学版) 2019年第2期。
③ 王敏远、顾永忠、孙长永:《刑事诉讼法三人谈:认罪认罚从宽制度中的刑事辩护》,载《中国法律评论》2020年第1期。
④ 马静华、李科:《新刑事诉讼法背景下认罪认罚从宽的程序模式》,载《四川大学学报》(哲学社会科学版) 2019年第2期。

意见认为这种"特殊不起诉"居于认罪认罚从宽的框架之内,①但从总体上说尚可商榷。

基于上述情况,在当前释法和将来立法中明确规定控辩协商范围,确定只限于量刑协商和程序选择协商很有必要。如果坚持认为我国认罪认罚从宽制度不是域外辩诉交易或者刑事协商的直接移植和复制,那么,认罪认罚案件中控辩协商的适用范围就应当坚持"有限协商原则",在现行规定量刑协商和程序选择基础之上,适当将可协商的范围扩展到刑事诉讼法第36条和第37条的内容和程序意义上的诉讼权利。

(三) 完善值班律师角色定位及权利保障

完善值班律师的角色定位,明确赋予其辩护人身份,或许是认罪认罚案件中听取辩护意见、控辩协商有效实施的重要配套措施。2018年刑事诉讼法第36条第1款将值班律师定位为法律帮助者,意味着在立法上否定其辩护人地位。在第173条听取意见的规定中将值班律师和辩护人分隔开来,否定值班律师意见为辩护意见,但理论界对此颇有微词。②实证研究发现,在某试点地区超过一半以上的检察官认为值班律师的功能等同于认罪认罚程序的见证人,其作用十分有限。③在司法实践中,很多案件的被追诉人没有委托辩护律师,也没有指定辩护律师,而值班律师一般仅为其提供法律咨询、见证具结书的签署等,无法有效参与控辩协商。同时,由于值班律师缺乏辩护人身份,无法享有相应的权利,因此了解案件证据较少,无法给予被追诉人更加有效的认罪认罚咨询和建议。④因此,应当明确赋予值班律师辩护人身份,保障其法定的调查取证权,值班律师意见等同于辩护律师意见,这样更有利于值班律师有效参与案件并实现其应有价值,从而契合值班律师制度设立之初衷。

保障值班律师待遇机制。有学者建议可以通过提高值班律师的待遇来调动其参与案件的积极性,对于未对被追诉人提供法律帮助的值班律师的薪酬可按服务时间计费,而对提供法律帮助者按值班律师服务的人次计费;值班律师通过阅卷、参与量刑协商,并最终促成被追诉人认罪认罚的应当增加薪酬;⑤甚至可以允许其转任为委托辩护人或者指派辩护人,如果值班律师在履行法律帮助的过程中发现被追诉人符合无罪情形时,可以主动申请为其提供法律援助。目前部分地区在实践中已经开始试点,有些地方的人民检察院在司法实践中将在审查起诉阶段担任值班律师身份的律师转任为指派辩护律师。这种做法不仅可以使整个刑事诉讼程序得到有效衔接,而且在一定程度上能够保障法律帮助的有效性,符合建立值班律师制度的初衷。

(四) 推进控辩协商实质化

尊重和重视律师辩护意见。在认罪认罚案件中,被追诉人亟须专业的辩护律师参与到

---

① 董坤:《认罪认罚从宽中的特殊不起诉》,载《法学研究》2019年第6期。
② 陈瑞华:《认罪认罚从宽制度的若干争议问题》,载《中国法学》2017年第1期。
③ 胡铭:《律师在认罪认罚从宽制度中的定位及其完善——以Z省H市为例的实证分析》,载《中国刑事法杂志》2018年第5期。
④ 胡铭:《律师在认罪认罚从宽制度中的定位及其完善——以Z省H市为例的实证分析》,载《中国刑事法杂志》2018年第5期。
⑤ 王飞:《论认罪认罚协商机制的构建——对认罪认罚从宽制度试点中的问题的检讨与反思》,载《政治与法律》2018年第9期。

案件当中,通过会见、阅卷、调查等进一步了解案件情况,从而有针对性地提出辩护意见。① 而在目前的司法实践中,委托律师辩护和法律援助律师辩护比例共占全部刑事案件的30%左右,意味着70%左右的刑事案件是没有律师辩护的,而这当中又可能有约3/4的案件是认罪认罚案件,② 由此可见,值班律师制度对于刑事辩护全覆盖具有重大价值,同时也是实现《指导意见》第10条规定"有效法律帮助权"的重要路径。为了落实完善听取辩护意见制度,检察机关应当在审查起诉环节对犯罪嫌疑人、辩护人辩护意见或者值班律师意见予以重视和尊重,量刑建议必须在充分听取辩方提出的辩护意见或者值班律师意见基础上经过沟通、交流、协商后最终形成。

实现控辩协商实质化,可以从以下几个方面着手:第一,控辩协商要强调协作性,注重"平等协商"。结合哈贝马斯的商谈理论,妥协的谈判须保障利益相关者以平等的身份加入,并为其创造一个尽量平等的机会,据此,控辩协商应当是"面对面"地进行对话协商。第二,控辩协商的方式可以交叉进行,控辩协商不能仅表现为单方面地听取意见,而应体现为控辩双方"你来我往"式的交叉对话。第三,辩护律师或者值班律师要主动积极参与控辩量刑协商环节。一方面要按照刑事诉讼立法和《指导意见》规定,认真行使会见权、阅卷权等,全面了解案情及相关证据,形成实质性的辩护意见;另一方面要积极主动地与办案检察官沟通交流,尽职尽责地办好认罪认罚案件。

结 论

2018年刑事诉讼法将认罪认罚从宽置于刑事诉讼基本原则的立法框架之中,但是,刑事诉讼立法的相关条款及其立法用语都是抽象表达,听取辩护意见是立法中明确规定的显性条款,但是由于程序规范的欠缺,致使该显性条款转变为隐性条款。

2018年刑事诉讼法和2019年《指导意见》并没有为认罪认罚控辩协商提供明确的程序规范,从而存在控辩协商程序机制缺位、控辩协商范围不明、值班律师角色定位局限、听取辩护意见制度虚置等现实困境,进而导致听取辩护意见制度沦为一项抽象性的概括规定。研究表明,要保证我国认罪认罚从宽案件中听取辩护意见制度的良好运行,必须建立细则化的认罪认罚控辩协商机制、明确控辩协商范围、完善值班律师角色定位及权利保障、推进控辩协商实质化,这是当前制度适用和将来立法改进的重要场域。

---

① 李奋飞:《论"交涉性辩护"——以认罪认罚从宽作为切入镜像》,载《法学论坛》2019年第4期。
② 王敏远、顾永忠、孙长永:《刑事诉讼法三人谈:认罪认罚从宽制度中的刑事辩护》,载《中国法律评论》2020年第1期。

认罪认罚从宽制度在监察案件中的适用

杨文革*

党的十八届四中全会提出完善刑事诉讼中认罪认罚从宽制度后，全国人大常委会随即于 2016 年 9 月授权"两高"在部分地区开展刑事案件认罪认罚从宽制度试点工作。两年后的 2018 年 10 月 26 日，认罪认罚从宽制度正式写入修订后的刑事诉讼法。此后，刑事法学界关于认罪认罚从宽制度的研究如雨后春笋，方兴未艾。其实，在刑事诉讼法修改 7 个月前，认罪认罚从宽制度已经率先写入同年 3 月 20 日颁布的监察法。相比较之下，学界关于监察法中认罪认罚从宽制度的研究多少显得有些"门前冷落鞍马稀"。鉴于此，加强对于监察法和监察案件中认罪认罚从宽的研究，不仅有利于认罪认罚从宽制度本身的完善，更有利于发挥这一制度在监察案件中的重要作用，促进监察案件的快速、高质量办理。本文拟就认罪认罚从宽制度在监察案件中的适用略陈管见，就教于学界同仁。

一、监察法中认罪认罚从宽制度的特点

虽然监察法和刑事诉讼法先后规定了认罪认罚从宽制度，但细究之下可以发现，监察法中的认罪认罚从宽制度与刑事诉讼法中的认罪认罚从宽制度相比具有一些明显的差别，体现出自身的不同特点。

（一）监察法中被调查人认罪认罚并不要求自愿性

多年前，我国刑事诉讼法学界即有赋予犯罪嫌疑人沉默权的呼声。[①] 时至今日，尽管我国刑事诉讼法历经几次修改，犯罪嫌疑人依然没有沉默权。刑事诉讼法一如既往地要求"犯罪嫌疑人对侦查人员的提问，应当如实回答。"因此，刑事诉讼中犯罪嫌疑人口供并不要求必须在自愿的情况下取得，非自愿性口供也并不会全部被排除。[②] 2018 年新修订的刑事诉讼法第一次将自愿性作为认罪认罚的必要条件，在相关条款中出现了五处"自愿"、一处"愿意"、两处"违背意愿"的表述。说明犯罪嫌疑人的自愿是认罪认罚的必要条件，违背自愿性的认罪认罚是不被允许的。然而，在监察法关于认罪认罚的相关条款中，却找

---

* 杨文革，南开大学法学院教授，博士研究生导师。
① 参见孙长永：《侦查程序与人权——比较法考察》，中国方正出版社 2000 年版，第 370~378 页。
② 根据刑事诉讼法第 56 条的规定，只有采用"刑讯逼供"等非法方法收集的犯罪嫌疑人、被告人供述才应当予以排除。根据 2017 年 6 月发布的《关于办理刑事案件严格排除非法证据若干问题的规定》第 3 条规定，采用以"暴力"或者严重损害本人及其近亲属合法权益等进行"威胁"的方法，使犯罪嫌疑人、被告人遭受难以忍受的痛苦而违背意愿作出的供述，应当予以排除。可见，采用一般性威胁方法，以及欺骗和引诱取得的供述，并不在排除之列。

不到任何对自愿性的要求。相反，根据监察法第 31 条的规定，却要求被调查人"主动"认罪认罚，"自动"投案，"积极"配合调查，"如实"供述，"积极"退赃。这说明相较于刑事诉讼法，监察法对于被调查人的认罪认罚有更严厉的要求，也可以说是将认罪认罚作为被调查人的一项义务。①

（二）被调查人除认罪认罚外还需具备额外的特殊情形

我国刑事诉讼法第 15 条规定："犯罪嫌疑人、被告人自愿如实供述自己的罪行，承认指控的犯罪事实，愿意接受处罚的，可以依法从宽处理。"这说明按照刑事诉讼法的精神，犯罪嫌疑人、被告人只要"自愿如实供述自己的罪行"，并认罪认罚的，即可予以依法从宽处理。但是按照我国监察法第 31 条的规定，职务犯罪的被调查人除主动认罪认罚外，还必须同时具备下列情形之一，才有获得从宽处罚的可能：（1）自动投案，真诚悔罪悔过的；（2）积极配合调查工作，如实供述监察机关还未掌握的违法犯罪行为的；（3）积极退赃，减少损失的；（4）具有重大立功表现或者案件涉及国家重大利益等情形的。由此可见，监察法对于被调查人的认罪认罚设置了更高的适用标准。恰如有学者指出，其"基本逻辑为通过设置'严格'条件审慎适用'从宽'处罚"。②

（三）监察机关对于认罪认罚的被调查人有提出"从宽处罚的建议"的权力

根据刑事诉讼法的规定，公安机关对于认罪认罚从宽制度的运用权力非常有限，仅仅表现为三点：一是告知认罪认罚的法律规定。刑事诉讼法第 120 条第 2 款规定："侦查人员在讯问犯罪嫌疑人的时候，应当告知犯罪嫌疑人享有的诉讼权利，如实供述自己罪行可以从宽处理和认罪认罚的法律规定。"二是将犯罪嫌疑人认罪的情况记录在案。刑事诉讼法第 162 条第 2 款规定："犯罪嫌疑人自愿认罪的，应当记录在案，随案移送，并在起诉意见书中写明有关情况。"三是可以将认罪认罚的情况作为不具有社会危险性，从而不适用逮捕的考虑因素。刑事诉讼法第 81 条第 2 款规定，批准或决定逮捕，应当将犯罪嫌疑人、被告人认罪认罚等情况作为是否可能发生社会危险性的考虑因素。据此，公安机关虽然没有批准逮捕和决定逮捕的权力，却有权将认罪认罚的犯罪嫌疑人不予报捕，或者适用取保候审，或者适用监视居住。③从这三点看，第一点和第二点没有太大的实质意义，第三点也仅仅是程序性从宽，因此在认罪认罚从宽制度的适用上，公安机关对于实体性从宽没有任何权力和操作余地。④但是，根据监察法的规定，监察机关在认罪认罚从宽制度的适用上却享有实

---

① 汪海燕教授认为，"该制度强调被调查人履行服从、配合'义务'，从而实现降低办案难度、提升反腐效率的目的。"汪海燕：《职务犯罪案件认罪认罚从宽制度研究》，载《环球法律评论》2020 年第 2 期。

② 汪海燕：《职务犯罪案件认罪认罚从宽制度研究》，载《环球法律评论》2020 年第 2 期。

③ 根据 2019 年 10 月 24 日发布的最高人民法院、最高人民检察院、公安部、国家安全部、司法部《关于适用认罪认罚从宽制度的指导意见》第 20 条规定，犯罪嫌疑人认罪认罚，公安机关认为罪行较轻、没有社会危险性的，应当不再提请人民检察院审查逮捕。

④ 刑事诉讼法第 182 条第 1 款规定："犯罪嫌疑人自愿如实供述涉嫌犯罪的事实，有重大立功或者案件涉及国家重大利益的，经最高人民检察院核准，公安机关可以撤销案件，人民检察院可以作出不起诉决定，也可以对涉嫌数罪中的一项或者多项不起诉。"可能有人据此认为公安机关对自愿如实供述的犯罪嫌疑人作出撤销案件的处理就是认罪认罚从宽制度中的实体性从宽，但笔者理解此款规定似乎应当属于坦白从宽而不是认罪认罚从宽，认罪认罚从宽并没有完全取代和涵盖坦白从宽。

体性从宽的权力。监察法第 31 条规定，涉嫌职务犯罪的被调查人主动认罪认罚的，监察机关即可在移送人民检察院时"提出从宽处罚的建议"。这是公安机关所不享有的。在认罪认罚从宽制度的运用上，监察机关比公安机关享有更大的权力。正如有学者所指出，"虽然从文本的角度看，监察法和刑事诉讼法并没有规定监察机关所提出的从宽处理建议的效力，以及检察机关应否受监察机关所提出的从宽处理建议的约束。但从实然的角度看，在当前语境下，检察机关往往会谨慎对待这类建议，即监察机关所提出的从宽处理建议会对检察机关产生相当程度的约束力"。①

（四）监察调查阶段的被调查人不享有获得律师协助的权利

律师辩护制度的完善是我国历次刑事诉讼法修改的亮点。2012 年刑事诉讼法修改之后，包括职务犯罪在内的所有犯罪嫌疑人在刑事诉讼的侦查阶段均享有委托律师辩护的权利。2018 年修订的刑事诉讼法在确立认罪认罚从宽制度的同时还确立了值班律师制度，以确保每个认罪认罚的犯罪嫌疑人能够得到律师的协助。然而，随着监察体制改革和监察法的制定，职务犯罪的侦查权转隶于监察机关。检视监察法的规定，监察调查阶段的被调查人不再享有委托律师辩护的权利。即使被调查人认罪认罚，也不享有值班律师和辩护律师协助的权利。因此，被调查人如欲认罪认罚，将得不到律师在认罪认罚从宽制度上的任何指导和建议。

二、监察调查案件中认罪认罚从宽制度的实施状况

职务犯罪案件具有不同于普通刑事案件的性质和特点，这决定了监察调查程序中的认罪认罚从宽实施状况呈现出不同的样貌。根据笔者对来自监察部门同志的调研，可以多少窥见监察调查程序中认罪认罚从宽制度实施的状况。

其一，留置措施对于促使被调查人认罪认罚具有重要作用。根据监察法第 43 条第 2 款的规定，留置时间最长可达 6 个月之久。在这 6 个月的时间里，监察机关完全有充裕的时间对被调查人做思想工作，促使其主动交代问题，认罪认罚。鉴于职务犯罪尤其是占比最高的受贿类案件隐蔽性很强，此类案件的被调查人如果不认罪交代是很难认定的，所以调查人员会想尽办法促使被调查人认罪。因此，实践中此类案件认罪认罚的比例是很高的。在留置过程中，对于那些认罪态度好，主动配合监察调查，如实交代问题，并积极全额退赃的被调查人，一般会即时解除留置措施。这反过来又可促使被留置的被调查人积极主动认罪认罚。留置在促使被调查人认罪认罚中的重要作用可见一斑。当然，在实践中，监察机关也并非仅仅依靠留置"逼迫"被调查人认罪。对于重大复杂案件，监察机关在接触被调查人之前，一般先外围取证，做好充足的准备，找到重要的行贿人来指证被调查人，促使其认罪认罚。另外，留置的采取也并非全部为了促使被调查人认罪认罚。有些留置的采取是为了被调查人的安全。如有案例显示，某涉案金额高达 160 万元的被调查人认罪认罚后，被解除留置措施，结果回到家后自杀身亡。

---

① 詹建红：《认罪认罚从宽制度在职务犯罪案件中的适用困境及其化解》，载《四川大学学报》（哲学社会科学版）2019 年第 2 期。

其二，在贿赂案件中，认罪认罚的行贿人常常作为污点证人，指控和证实受贿人的犯罪事实。监察法的监察对象虽然仅限于公职人员，但是根据该法第 22 条的规定："对涉嫌行贿犯罪或者共同职务犯罪的涉案人员，监察机关可以依照前款规定采取留置措施。"据此，在实践中，监察机关对于那些不配合监察调查的行贿人一般也会采取留置措施。对于那些配合监察机关工作，主动认罪的，一般不会采取留置措施，以鼓励其指证受贿人的犯罪事实。

其三，检察院提前介入监察调查阶段和监检法三机关协调办案的现象非常普遍。按照监察法第 31 条的规定，对于符合法定情形并主动认罪认罚的被调查人，虽然监察机关经过有关程序，在移送人民检察院时可以"提出从宽处罚的建议"，但在实践中，监察机关的"从宽处罚建议"常常表现为一个原则性的"从宽处罚"建议。监察机关既不会提出一个确定刑，也不会提出一个幅度刑。这与检察院对认罪认罚的犯罪嫌疑人，在起诉时"就主刑、附加刑、是否适用缓刑等提出量刑"的建议是有很大区别的。然而，尽管监察机关在法定文书上不会就被调查人的从宽处罚建议提出明确具体的刑罚，但这并不意味着在实践中监察机关自己心目中只能有一个模糊的刑罚。事实上，在监察机关办理的认罪认罚案件中，如果拟移送检察院的，检察院都会提前介入到监察调查阶段，并就从宽的刑罚与检察机关进行协商。甚至会邀请法院一起，进行监检法三机关的协商。相反，凡不拟移送检察院的案件，监察机关则不会邀请检察院提前介入。对于监检法三机关协商过的认罪认罚案件，鉴于监察机关的强势地位，以及照顾监察机关"面子"等因素，后期的审查起诉和审判均会尊重监察机关的从宽处罚建议。

三、监察调查阶段贯彻实施认罪认罚从宽制度需要注意的问题

相较于公安机关来讲，尽管监察机关在认罪认罚从宽制度的运用上拥有更大的权力和灵活性，但与公安机关侦查终结的案件一样，监察机关调查结束的案件最终同样需要经过人民检察院的审查起诉和人民法院审判的检验。监察机关根据监察法对于认罪认罚案件证据的认定，最终也要经过刑事诉讼法的检验。因此，监察机关在对认罪认罚从宽案件证据的运用上，除了要依照监察法外，还应当依照刑事诉讼法的规定。

第一，注意充分收集口供以外的证据，尤其是客观性证据。与公安机关侦查的危害公共安全和社会治安的刑事案件相比，监察机关管辖的职务犯罪案件呈现出自己的鲜明特点：一是职务犯罪案件没有犯罪现场，因此也就没有由犯罪现场所承载的大量痕迹物证；二是职务犯罪案件没有被害人，因此也就缺乏被害人陈述这一类极为重要的直接证据；三是职务犯罪案件没有直接的目击证人。这些特点决定了职务犯罪案件案情上的极端隐蔽性和证明上的极大困难性，也决定了职务犯罪案件中口供所具有的特殊重要性。因此，在被调查人认罪认罚的案件中，很容易导致和形成"口供中心主义"和"罪从供定"的办案思维和做法。虽然监察机关在不少职务犯罪案件中利用污点证人来摆脱此类案件中证据少的困局，但毕竟无论口供还是证人证言都是极不稳定的证据。若被调查人翻供和污点证人翻证，案件将面临十分被动的局面。所以，监察机关在调查过程中，除了使用污点证人外，更应当深挖客观性证据。没有犯罪现场并不意味着绝对没有物证。事实上，在职务犯罪案件中，尽管被调查人费尽心机，极力掩盖犯罪事实，但赃款赃物、银行卡等物证，以及银行转账

记录、交易凭证、交易流水等书证,还有通讯等电子数据证据并不在少数。监察机关在被调查人认罪认罚的同时,不应当仅仅满足于口供的取得,仍应继续讯问,进一步追索被调查人可能提供的口供以外的其他证据,尤其是客观性证据。正如办案人员所说,"办案人员必须高度重视客观性证据的收集与审查,这是夯实证据链条的基础。……因为主观性证据具有不稳定的特点,需要与客观性证据合起来彼此印证。客观性证据若不及时收集,就有被人为破坏或因其他原因失去证明价值的危险"。①

第二,注意保障证据收集的合法性。由于监察调查程序的相对封闭性、监察机关的强势地位以及律师协助的阙如,监察案件在调查过程中更容易产生非法证据,且在后续的程序中更难排除这些非法证据。② 认罪认罚的监察案件也更容易形成虚假的供述。虽说监察调查遵循的是监察法而不是刑事诉讼法,但监察调查收集的证据最终必然要移送起诉和审判,也必然要经过刑事诉讼法的检验。③ 事实上,监察法和刑事诉讼法对包括被调查人认罪认罚的职务犯罪案件的证据的合法性多有规制:一是在监察法第1条规定监察法的制定"根据宪法",并在第5条规定"国家监察工作严格遵照宪法和法律","以法律为准绳"。二是在监察法第33条特别强调"监察机关在收集、固定、审查、运用证据时,应当与刑事审判关于证据的要求和标准相一致。以非法方法收集的证据应当依法予以排除,不得作为案件处置的依据"。三是在监察法第40条第2款规定:"严禁以威胁、引诱、欺骗及其他非法方式收集证据,严禁侮辱、打骂、虐待、体罚或者变相体罚被调查人和涉案人员。"四是在监察法第41条第2款规定:"调查人员进行讯问以及搜查、查封、扣押等重要取证工作,应当对全过程进行录音录像,留存备查。"五是刑事诉讼法关于证据合法性的诸多规定和非法证据排除规则的若干规定均适用于监察调查结束后移送审查起诉和审判的职务犯罪案件。因此,对于被调查人认罪认罚的案件,虽说监察法并不要求被调查人必须"自愿"作出供述,但这并不意味着监察机关在获取被调查人供述时可以为所欲为。

第三,在确保监察机关独立行使职权的同时,尊重人民检察院和人民法院独立行使检察权和审判权。近些年来,公安机关侦查终结但依然证据不足的案件,经过检察院的审查起诉和法院的审判顺利予以定罪,最终却因"死者复活"或者"真凶落网"而被证明属于冤判的案例时有出现。正如学者批评的那样,"即使案件'证据不足',也会作出'留有余地'的处理。鉴于此,党的十八届四中全会通过了《中共中央关于全面推进依法治国若干重大问题的决定》,提出了"推进以审判为中心的诉讼制度改革"的任务,其目标就是要实现"确保侦查、审查起诉的案件事实证据经得起法律的检验"。毋庸讳言,在职务犯罪案件办理过程中形成的监检法三机关的新型关系中,监察机关相对于检法的强势地位较之公安机关在公检法三机关关系中的优势和强势地位有过之而无不及。学界对职务案件办理过

---

① 参见肖俊林:《证人去世,受贿这事儿怎么说》,载《检察日报》2020年5月14日第5版。
② 程雷教授指出:"尽管监察法将调查的性质设置为非刑事司法行为,但理论界对于监察证据应当适用非法证据排除规则几无争议。……不少地方的法院、检察院对监察证据适用非法证据排除规则存在不少困惑,不敢排、不愿排的观念浓重,谨慎排除、先报告后排除等做法在一定范围内存在。"程雷:《刑事诉讼法与监察法的衔接难题与破解之道》,载《中国法学》2019年第2期。
③ 谢登科博士提出,"强化法院和检察院刑事诉讼程序中监察证据合法性的外部审查"。谢登科:《论监察环节的非法证据排除——以〈监察法〉第33条第3款为视角》,载《地方立法研究》2020年第1期。

程中可能出现的新的"监察中心主义"的忧虑并非空穴来风。① 因此,在监察机关办理认罪认罚从宽案件中,除了要强调与践行监察机关依法独立行使监察权外,更应当强调和践行检察院独立行使检察权和人民法院独立行使审判权,以制约监察机关强大权力可能的滥用。② 确保不致出现被调查人在面对监察机关强势地位时被迫违心认罪,进而造成冤假错案的现象发生。

---

① 左卫民教授指出:"要发挥审判在诉讼阶段中的中心作用,防止出现'监察中心'影响审判权的独立行使。"左卫民、莫皓:《政治机关如何打造法治产品——以监察证据为切入点》,载《四川大学学报》(哲学社会科学版)2019年第2期。

② 卞建林教授指出,"审判机关通过庭审对监察调查的结论进行裁判,对监察调查的行为进行评价,对监察调查收集的证据进行审查,对以违法方法收集的证据进行排除,继而实质性地发挥审判对监察调查的制约作用,避免监察调查重新走上'以侦查为中心'的老路。"卞建林:《配合与制约:监察调查与刑事诉讼的衔接》,载《法商研究》2019年第1期。

轻罪刑事政策下认罪认罚从宽制度的司法适用程序问题研究

叶 青 韩东成*

认罪认罚从宽是2018年刑事诉讼法修改时正式确立的一项制度。作为一项贯穿整个刑事诉讼程序的制度,也是刑事诉讼法修改的重点内容之一,认罪认罚从宽制度自试点以来即成为理论界和实务界的研究热点。在各方已经进行了持续而深入研究的当下,选择合适的标准对该项制度进行检视尤为重要。如同对于一块宝石,选择不同的切面,折射出的光谱或许不同。本文拟选取轻罪刑事政策作为检视标准,因为在笔者看来,该项政策与认罪认罚从宽制度有着密切的联系,以该项政策检视之,能够发现有别于其他分析视角下认罪认罚从宽制度的制度价值和存在问题,进而为认罪认罚从宽制度的价值发挥和制度完善增添助益。

一、轻罪刑事政策下认罪认罚从宽制度的司法程序适用检视

如前所述,认罪认罚从宽制度虽已入法,仍存在不少理论和实践问题,如对于其中宽严相济刑事政策、罪责刑相适应原则、证据裁判原则等基本原则的理解,再如对于认罪、认罚、从宽等的把握等。此时,选择一个既能检视出问题又能为问题的解决指明方向的标准尤为重要。本文选择了与认罪认罚从宽制度有较为密切关系的轻罪刑事政策,如此可使得讨论更加聚焦,也更有针对性。以轻罪刑事政策观之,大体而言,侦查阶段存在"能否适用"理论争议造成的"事不关己"实践心理,以及对于"如何适用"不同理解导致的仅为"记录移送"的角色定位等问题;审查起诉阶段存在检察机关"是否当"以及"如何能"提出确定刑量刑建议问题;审判阶段需要以轻罪刑事政策为指引厘清认罪认罚从宽制度的被追诉人的上诉权问题。

(一) 侦查机关在认罪认罚从宽制度中角色定位不清

关于认罪认罚从宽制度,自试点始至现今,侦查阶段讨论比较集中的有两个问题:一是能否适用;二是如何适用。前一个问题伴随着刑事诉讼法修正以及"两高三部"《关于适用认罪认罚从宽制度的指导意见》(以下简称《指导意见》)的出台,似乎已尘埃落定,但也并非毫无争议;后一个问题在刑事诉讼法相关条款中被规定为"程序性告知""记录在案""随案移送"等。这些均成为导致侦查阶段侦查机关产生实践心理偏差和角色定位偏离的问题根源。

---

* 叶青,华东政法大学诉讼法学研究中心教授;韩东成,华东政法大学诉讼法学研究中心2020级刑诉法方向博士研究生。

1. "能否适用"理论争议造成的"事不关己"实践心理

试点期间,有论者在承认认罪认罚从宽制度对侦查机关的侦查活动产生影响的前提下,认为侦查阶段不适用认罪认罚从宽制度。理由是侦查阶段的主要任务是取证而不是认罪协商,若允许侦查机关促成犯罪嫌疑人认罪协商,一则容易导致侦查人员怠于全面收集证据,过于依赖口供;二则侦查人员可能会出于减轻办案压力或其他目的而刑讯逼供,进而诱发错案。① 如果说试点期间是因为规定不明,那么在相关法律修改完成以后,仍有不少论者从不同视角,坚持认为应彻底取消或严格排除认罪认罚从宽制度在侦查阶段的适用,足以说明理论争议之大、影响之深。有实证调研显示,试点期间,不少地方的公安机关选择适用认罪认罚从宽制度的刑事案件比例很低,有的地区几乎束之高阁。② 究其原因,不排除"案多人少"、程序复杂、办案期限缩短等现实因素考量,但思想顾虑、事不关己的实践心理无疑也是很重要的原因。

2. "如何适用"不同理解导致的仅为"记录移送"的角色定位

刑事诉讼法中规定了侦查机关权力告知、听取意见以及在起诉意见书中写明认罪认罚有关情况等义务,《指导意见》在前述规定的基础上进一步规定了侦查机关适用速裁程序建议权,即如果认为案件符合速裁条件,可以在起诉意见书中向检察机关建议适用速裁程序。据此,一般认为,在侦查阶段侦查机关对于认罪认罚案件只能积极鼓励、引导,在程序处理上只能"如实记录""随案移送",充当了"搬运工"的角色。③ 侦查机关"记录移送"的角色定位,从表面上看是因为前述刑事诉讼法第 162 条第 2 款的规定,即只涉及认罪、不涉及认罚,所以侦查机关在侦查阶段的作用十分有限。其深层次的原因或在于,对于一些案件,伴随诉讼进程的发展,案件的关键问题如涉嫌罪名、涉案金额等可能还会发生变化,难言在侦查阶段就已经查清了案情,遑论作出具体承诺和提出相关建议了。对此,笔者认为,前述理由对于一些重大疑难复杂案件或颇为中肯,但对于大部分轻罪案件而言似乎很难成立。

(二)检察机关在落实"少捕慎诉"上存在的滞碍以及提出确定刑量刑建议存在的问题

此前,认罪认罚从宽制度在审查起诉阶段的讨论涉及多个方面,如寄希望于将认罪认罚作为被追诉人是否具有社会危险性的重要考量因素进而提升不捕率;又如鼓励检察机关充分运用不起诉裁量权,逐步扩大相对不起诉在认罪认罚案件中的适用,从而提升不诉率。总之,希望通过认罪认罚从宽制度的适用以及检察机关主导作用的发挥进一步提升不捕不诉率。

1. 检察机关在落实"少捕慎诉"上存在的滞碍

在笔者看来,其中或许存在一些滞碍之处。一方面,众所周知我国的刑事诉讼在纵向上被称为"流水作业式"模式,④ 侦、诉、审之间存在一种司法惯性或者说程序惯性,一旦启动

---

① 参见陈卫东:《认罪认罚从宽制度研究》,载《中国法学》2016 年第 2 期。
② 参见周新:《公安机关办理认罪认罚案件的实证审思——以 G 市、S 市为考察样本》,载《现代法学》2019 年第 5 期。
③ 参见闫召华:《检察主导:认罪认罚从宽程序模式的构建》,载《现代法学》2020 年第 4 期;顾永忠、韩笑:《检察机关贯彻认罪认罚从宽具有"地缘优势"》,载《检察日报》2019 年 1 月 20 日第 3 版。
④ 参见陈瑞华:《从"流水作业"走向"以裁判为中心"——对中国刑事司法改革的一种思考》,载《法学》2000 年第 3 期。

就很难停止。另一方面,检察机关自身限制性规定容易导致检察官倾向于选择"捕"与"诉"。客观而言,检察官也是一个理性社会人,在案件本身没有质量问题的前提下,在检察官权力清单已经明确授权"捕"与"诉"可以自行决定的情况下,如何选择显而易见。

2. 检察机关在提出确定刑量刑建议上存在的问题

当然,这并不意味着审查起诉阶段检察机关在适用认罪认罚从宽制度上作用无处彰显。调研中发现,与"少捕慎诉"相比,检察官更愿意把认罪认罚从宽的制度效果体现在确定刑量刑建议上。故本部分拟重点讨论确定刑量刑建议问题,因为在笔者看来,用轻罪刑事政策能够很好地解决目前对于确定刑量刑建议讨论比较集中的两个问题:一是"是否当"?二是"如何能"?

(1) 检察机关是否应当提出确定刑量刑建议。刑事诉讼法中规定了对于认罪认罚案件,犯罪嫌疑人签署认罪认罚具结书的前提是同意检察机关提出的量刑建议,检察机关应当就主刑、附加刑、是否适用缓刑等提出量刑建议,并且规定了除特殊情形外,法院一般应当采纳检察机关的量刑建议。上述规定赋予检察机关量刑建议权以新的含义,实质上是将法院的量刑裁量权部分让渡给了检察机关。① 这也使得当前检察机关在认罪认罚案件中推行确定刑量刑建议效果显现并逐渐成为主流。② 但对于检察机关是否应当提出确定刑量刑建议却有不同的认识,这一看似并不复杂的问题实质上却反映出检察机关量刑求刑权与法院量刑裁判权之间的关系。③ 虽然从检察机关的角度看,可以说上述规定是为了避免检察人员基于自身能力不足等原因,敷衍塞责、规避法定职责,强化检察机关办案责任和职业担当。④ 但从法院的角度,对此或有不同理解,有的法官就认为,在认罪认罚案件中,检察机关提出确定刑量刑建议,实际上是在代行法院的刑罚裁量权,突破了检察机关的求刑权范围,异化为量刑要求、量刑指令,应当予以反对。⑤

(2) 检察机关是否能够提出确定刑量刑建议。确定刑量刑建议有助于保障认罪认罚从宽制度的稳定性,在认罪认罚从宽制度中起着"压舱石"的作用。但就现实情形而言,虽然《指导意见》中排除了部分特殊案件,但客观而言,检察机关在现阶段很难能够做到不分罪名、无论轻重对于绝大部分案件均提出确定刑量刑建议的要求。一方面,检察官有"重定罪、轻量刑"的传统,在提出确定刑量刑建议能力上存在短板,缺乏足够的经验。一直以来量刑问题被认为是"法官的事",检察官更关心的是犯罪、罪名能否成立,⑥ 即便后来检察机关对量刑建议工作日益重视,但检察官也更为倾向于提出幅度刑量刑建议,因为那样更容易被法官采纳。实践中也有检察人员反映,缺乏确定刑量刑经验,没有系统学习过最高人民法院发布的相关量刑指导意见,对于规范化量刑问题并不了解。⑦ 另一方面,量刑是一项"技术活",这其中法官显然更具优势。量刑时法官要考虑诸多因素的平衡,如罪

---

① 参见孙谦主编:《认罪认罚从宽制度实务指南》,中国检察出版社 2019 年版,第 165~168 页。
② 参见左卫民:《量刑建议的实践机制:实证研究与理论反思》,载《当代法学》2020 年第 4 期。
③ 参见卞建林、陶加培:《认罪认罚从宽制度中的量刑建议》,载《国家检察官学院学报》2020 年第 1 期。
④ 参见孙谦主编:《认罪认罚从宽制度实务指南》,中国检察出版社 2019 年版,第 170 页。
⑤ 参见臧德胜:《科学适用刑事诉讼幅度型量刑建议》,载《人民法院报》2019 年 8 月 29 日第 2 版。
⑥ 参见韩旭:《认罪认罚从宽制度实施检察机关应当避免的几种倾向》,载《法治研究》2020 年第 3 期。
⑦ 参见王飞:《论认罪认罚协商机制的构建——对认罪认罚从宽制度试点中问题的检讨与反思》,载《政治与法律》2018 年第 9 期。

与刑、诉讼各方利益、刑罚的惩罚与教育功能、一般预防与特殊预防功能以及类案间平衡等。① 量刑法律规范除了刑法、司法解释、高级法院的量刑指导意见外，还包括法院系统内部总结的审判指南等规范性文件，一些非正式量刑规范虽然不会作为法律依据写进判决书，但法官裁判时却必须遵守，而这些内部参考文件，可能作为检察官也很难获取。②

（三）法院审判阶段对于能否限制被追诉人的上诉权存在的争议

对于认罪认罚从宽制度在审判阶段的问题讨论，也可谓涉及方方面面，如对于自愿性、合法性的审查与判断、量刑建议的采纳与调整、审理程序的适用与转换，又如围绕证明标准、上诉权的讨论等。有些问题经过讨论已基本得到合理的解说，如对于证明标准，笔者比较赞同在认罪认罚案件中，证明标准并没有降低，降低的是证明难度这样一种观点；③ 而有些问题或因未能选择合适的视角或标准切入之故，即便在相关司法解释中可视为已有相对明确规定的情况下，④ 但其中的机理仍未能得以明晰。

笔者认为，这种对于所有认罪认罚案件不加区分全面肯定其上诉权的观点，与认罪认罚从宽制度初衷有悖，会导致诸多不利后果。实践中也的确出现了许多被追诉人在没有新的事实和证据的情况下以"量刑过重"为由的上诉。当然，不排除其中一部分是单纯为了"留所服刑"拖延时间而采取的"技术性上诉"。⑤ 有论者在中国裁判文书网以"认罪认罚从宽"为关键词进行检索，并对随机出现的前100份法律文书进行统计，居然发现二审裁判文书占比高达62%。⑥ 这显然有悖于认罪认罚从宽制度的设计初衷，会造成有限司法资源的浪费，进而影响检察官适用该项制度的积极性，长久看来也会影响到认罪认罚从宽制度的生命力。

二、轻罪刑事政策指引下认罪认罚从宽制度司法适用程序完善

（一）审查起诉阶段

1. 将重心置于对轻罪案件提出确定刑量刑建议有利于化解矛盾与担忧

首先，要明确检察机关应该提出确定刑量刑建议，这是由量刑建议在认罪认罚从宽制度中"压舱石"的地位所决定的。一般而言，量刑建议越具体，被追诉人及其律师与检察机关协商的动力越大，达成一致的可能性也就越大。⑦ 这或许是《指导意见》中明确对于认罪认罚案件，检察机关一般应当提出确定刑量刑建议的动因所在。

---

① 参见臧德胜：《科学适用刑事诉讼幅度型量刑建议》，载《人民法院报》2019年8月29日第2版。
② 参见左卫民：《量刑建议的实践机制：实证研究与理论反思》，载《当代法学》2020年第4期。
③ 参见谢澍：《认罪认罚从宽制度中的证明标准——推动程序简化之关键所在》，载《东方法学》2017年第5期。
④ 如《指导意见》第45条规定："被告人不服适用速裁程序作出的第一审判决提出上诉的案件，可以不开庭审理。第二审人民法院审查后，按下列情形分别处理：（一）发现被告人以事实不清、证据不足为由提出上诉的，应当裁定撤销原判，发回原审人民法院适用普通程序重新审理，不再按认罪认罚案件从宽处罚；（二）发现被告人以量刑不当为由提出上诉的，原判量刑适当的，应当裁定驳回上诉，维持原判；原判量刑不当的，经审理后依法改判。"可以理解为即便对于适用速裁程序的认罪认罚案件，对于被追诉人的上诉权未作任何限制。
⑤ 参见韩旭：《认罪认罚从宽制度实施检察机关应当避免的几种倾向》，载《法治研究》2020年第3期。
⑥ 参见邱玉香、李贤春：《认罪认罚从宽制度的司法适用与完善》，载《哈尔滨师范大学社会科学学报》2019年第3期。
⑦ 参见陈国庆：《刑事诉讼法修改与刑事检察工作的新发展》，载《国家检察官学院学报》2019年第1期。

其次，要认识到在认罪认罚不分罪名、无论轻重的适用背景下，检察机关在一定程度上通过量刑建议形成的主导地位也是有限度的，而这个限度就在于轻罪案件。有论者借鉴描述大陆法系和英美法系检察权扩张现象的"检察权裁判"理论，认为检察权与审判权在认罪答辩案件中实现新平衡样态的领域集中在轻罪案件上。① 区分轻罪与重罪既保证了检察机关在刑事诉讼中的主导地位，也不至于冲击传统正当程序理念和机制。②

最后，从我国的实际情况来看，一方面，如果检察机关能够在八成左右的轻罪案件中提出确定刑量刑建议并为法院所采纳，其主导作用不可谓没有得到发挥；另一方面，对法院而言，也要转变观念，尽快从不适应转变为制度受益者，将轻罪案件交由检察机关程序主导，可谓大家各得其所，有利于形成"轻罪快判、重罪慎断"的程序分流机制，而这正是以审判为中心的要义所在。

2. 将重心置于对轻罪案件提出确定刑量刑建议对检察机关而言具有可行性

笔者认为，上述基于理论的分析和实践的观察已经说明，检察机关提出确定刑量刑建议的重心应置于轻罪案件上。为了更好地履行该项职能，检察机关未来可能还需要从以下几个方面作出努力。

首先，要加强学习。检察官要学习有形的相关法律、司法解释、指导性案例以及前述法院没有写入判决书的相关文件，还要尽快熟悉无形的法官的裁判思维和量刑思维。形式上可以通过专题研讨、同堂培训等，还可以通过加快法律职业共同体之间的人员流动加以促进。当然，笔者是不赞成在实施认罪认罚从宽制度初期，检察官就具体案件事实和情节事先向法官征询量刑意见，有时甚至是一案一沟通这种做法的，③ 因为这显然违背了控审分离原则。

其次，要多方参与共同制定量刑指引。在参与主体上，不应局限于检察机关和法院，检察机关也不应该只是此前量刑规范化活动的"配角"和"旁观者"，此外还应包括侦查机关，以及作为法律职业共同体的律师也应有一定的参与度。在笔者看来，如此可以形成共赢的局面：一是在一定程度上化解检察权与裁判权之间的紧张关系，因为检察机关提出的量刑建议实质上也包含了法院的意见；二是侦查机关更加了解量刑情况，可以更好地预判案件走向，从而提升前端开展认罪认罚的工作质效；三是可以在一定程度上缓解当前律师对于法院裁判标准不甚透明的质疑，及至弥补当前值班律师制度存在的不足，更好地保障被追诉人权利。

最后，要依靠科技力量。对此已有诸多论述，实践中也有许多有益做法，一些检察机关也在积极探索努力在"智慧检务""智慧诉讼"上作出自己的特色。对此，笔者想说的是，在进行相关研发工作时，不仅是检察系统内部，及至公安司法机关之间，均要尽量避免各自为政，应整合各种资源，尤其是在数据来源上，要避免产生孤岛效应，实现司法资源的最佳配置状态。在笔者看来，在认罪认罚从宽制度入法的时代背景下，政法机关亟须将定罪量刑等数据信息实现共享，形成"以合意形合力、以科技助科学、以公开促公正"的规范化量刑指引。

---

① 参见赵恒：《论检察机关的刑事诉讼主导地位》，载《政治与法律》2020年第1期。
② 参见万毅：《论检察官在刑事程序中的主导地位及其限度》，载《中国刑事法杂志》2019年第6期。
③ 参见左卫民：《量刑建议的实践机制：实证研究与理论反思》，载《当代法学》2020年第4期。

（二）审判阶段

前文所述对于所有认罪认罚案件不加区分全面肯定其上诉权，进而反对对被追诉人的上诉权加以限制的观点，看似是对被追诉人权利的一种保护，实则可能会适得其反，其背后或为一种实质真实发现主义支撑。

首先，权利与程序是有机统一的，权利是程序的重要支撑，程序为了权利保障而存在，权利的减损必然带来程序的简化；① 反之，程序的简化必然带来权利的减损，那种认为"简程序而不减权利"的观点②与事实不符，看似是对被追诉人权利的一种保障，实则反倒对被追诉人权利保障有害，最终会置被追诉人权利保障于不尴不尬之境地。在认罪认罚案件中，被追诉人通过放弃包括上诉权在内的部分公正审判权，从而实现了保障公正前提下的效率追求。而正如有论者言，"公正为本，效率优先"应当是认罪认罚从宽制度改革的核心价值取向，一旦偏离了刑罚的及时性基础，整个制度也将变得毫无意义。③

其次，刑事诉讼法并不是无条件地发现实体真实，而是对于各类刑事案件的处理在必要的限度内努力发现真实。④ 当前，"案多人少"的现实难题在世界范围内不断加剧，快速解决纠纷成为两大法系共同追求的目标，合作型司法模式正受到越来越多的欢迎，客观上形成一种诉讼重心前移的趋势，而这无疑会对刑事诉讼的"真实观"产生深刻影响。⑤ 而认罪认罚从宽制度正是这样一种带有形式真实发现主义特征的诉讼制度，在此场域中，法院所获事实与证据在一定程度上会受到被追诉人的意思拘束也就不难理解了，这种拘束也带来了节约司法资源与提升诉讼效率的双重增益功效。⑥

最后，现有权利保障为限制被追诉人的上诉权提供了一定条件。其一，程序选择权。值班律师为被追诉人提供程序选择建议的法律帮助，签署认罪认罚具结书的前提之一也是被追诉人同意程序适用，法院适用速裁程序也必须征得被追诉人同意。《指导意见》中进一步明确，"犯罪嫌疑人、被告人享有程序选择权，不同意适用速裁程序、简易程序的，不影响'认罚'的认定"。其二，证明标准保障。如前所述，笔者比较赞同在认罪认罚案件中，证明标准并没有降低，降低的是证明难度这样一种观点。在证明难度降低的情况下，后续取证工作也要跟上，必须达到法定证明标准。这一点在《指导意见》中也予以了进一步明确，办理认罪认罚案件，应"坚持法定证明标准，侦查终结、提起公诉、作出有罪裁判应当做到犯罪事实清楚，证据确实、充分，防止因犯罪嫌疑人、被告人认罪而降低证据要求和证明标准。对犯罪嫌疑人、被告人认罪认罚，但证据不足，不能认定其有罪的，依法作出撤销案件、不起诉决定或者宣告无罪"。

---

① 参见闵春雷：《认罪认罚从宽制度中的程序简化》，载《苏州大学学报》（哲学社会科学版）2017年第2期。
② 参见薛应军、战磊：《简程序不减权利——北京市东城区人民检察院"刑事案件速裁"程序实践》，载《民主与法制时报》2015年1月24日第7版。
③ 参见陈卫东：《认罪认罚从宽制度研究》，载《中国法学》2016年第2期。
④ 参见［日］田口守一：《刑事诉讼的目的》，张凌、于秀峰译，中国政法大学出版社2010年版，中文版序言。
⑤ 参见赵恒：《"认罪认罚从宽"内涵再辨析》，载《法学评论》2019年第4期。
⑥ 参见卞建林、陶加培：《认罪认罚从宽制度中的量刑建议》，载《国家检察官学院学报》2020年第1期。

认罪认罚中被害人权利保障视野下的利益冲突与平衡*

尹茂国**

一、被害人在认罪认罚中的利益冲突

（一）与侦查机关之间的利益冲突

就侦查阶段而言，侦查机关的主要任务就是调查取证、缉拿犯罪嫌疑人及采取强制措施，这些职责要求与被害人的诉求并无矛盾。被害人想了解案件进展情况与侦查机关顺利侦查之间虽会发生冲突，但这种冲突并非实质利益冲突。就认罪认罚而言，被害人与侦查机关的冲突主要表现在侦查终结后对撤销案件的态度不同。撤销案件包括两种情形：一是不应当追究刑事责任的情形，具体包括不存在犯罪事实或犯罪嫌疑人的行为不构成犯罪，以及刑事诉讼法第16条所规定的六种不予追究刑事责任的情形。二是根据刑事诉讼法第182条规定："犯罪嫌疑人自愿如实供述涉嫌犯罪的事实，有重大立功或者案件涉及国家重大利益的，经最高人民检察院核准，公安机关可以撤销案件，人民检察院可以作出不起诉决定，也可以对涉嫌数罪中的一项或者多项不起诉。根据前款规定不起诉或者撤销案件的，人民检察院、公安机关应当及时对查封、扣押、冻结的财物及其孳息作出处理。"如果被害人认为犯罪嫌疑人的行为已经构成犯罪，应当追究刑事责任，而侦查机关却认为不构成犯罪或不应当追究刑事责任，那么二者之间就会产生利益冲突。尤其是刑事诉讼法第182条所规定的撤销案件情形，因为该种情形根据法律规定，属于已经构成犯罪应当追究刑事责任的情形，只不过由于认罪认罚且有重大立功或涉及国家重大利益而撤销案件。这完全是站在国家视角所进行的利益权衡，虽然从实质上来说，被害人的利益最终应当契合国家利益，但不可否认的是，就具体个案而言，该种情形极易引发被害人与侦查机关之间的利益冲突。

（二）与审查起诉机关之间的利益冲突

被害人在审查起诉阶段的主要利益就是要求审查起诉机关依法对犯罪嫌疑人提起指控，以实现惩治犯罪进而维护自身合法权益的目的。作为审查起诉机关，其利益追求则呈现多元化。一方面，审查起诉机关经过审查，认为犯罪嫌疑人的行为构成了犯罪且应当追究刑

---

* 本文系吉林省社科基金一般项目"认罪认罚视野下被害人诉讼权利保障研究"（项目号：2019B81）阶段性成果。
** 尹茂国，延边大学法学院，教授。

事责任，则会依法提起公诉。此种情形下，与被害人的利益一致，一般不会产生实质冲突。另一方面，审查起诉机关经过审查，认为不具备起诉条件，则依法作出不起诉决定。此种情形下，便极易引发与被害人之间的利益冲突。不起诉包括法定不起诉、酌定不起诉、证据不足不起诉、附条件不起诉及刑事诉讼法第182条所规定的不起诉情形。就认罪认罚而言，法定不起诉及证据不足不起诉虽然也会引发与被害人的冲突，但可能性相对较小，冲突往往会发生在酌定不起诉和刑事诉讼法第182条所规定的不起诉情形之中。酌定不起诉实质上就是赋予了审查起诉机关法定范围内的自由裁量权，在法律框架下，审查起诉机关有权作出起诉或不起诉的决定。而在诸项考量因素当中，犯罪嫌疑人是否有悔罪表现则是其中的考量因素之一，这就意味着当犯罪嫌疑人认罪认罚后，审查起诉机关可以作出不起诉的决定。面对这种带有不确定性因素的不起诉决定，被害人具有与审查起诉机关发生冲突的可能。刑事诉讼法第182条所规定的不起诉情形总体上应当属于酌定不起诉的情形之一，但由于其必须经过最高人民检察院批准，适用程序较为特殊，不是由办案机关自行决定的，故将其视为特殊不起诉情形。认罪认罚在侦查阶段主要就是指自愿如实供述涉嫌犯罪事实，并不涉及指控问题。审查起诉阶段的认罪认罚不仅包括自愿如实供述涉嫌犯罪的事实，还包括认可对所涉嫌犯罪的指控。但不管是在侦查阶段还是审查起诉阶段，撤销案件或不起诉的前提都是犯罪嫌疑人必须自愿如实供述涉嫌犯罪的事实，也就是只要犯罪嫌疑人认罪认罚且有重大立功或涉及国家重大利益，即使行为已经构成了犯罪，经最高人民检察院批准，审查起诉机关也可以作出不起诉的决定。不管是何种不起诉情形，其性质是一样的，都是无罪的一种认定。在该种不起诉情形之下，国家与犯罪嫌疑人的利益均得到了彰显，但却与被害人在审查起诉阶段的利益追求相背离，由此导致被害人与审查起诉机关之间的利益冲突。

另外，被害人与审查起诉机关之间还存在一种冲突的可能，那就是当犯罪嫌疑人认罪认罚后，本着认罪认罚从宽的精神，审查起诉机关与犯罪嫌疑人就量刑达成了具结书，审查起诉机关与犯罪嫌疑人均从中获取了利益，但在犯罪嫌疑人没有与被害人就附带民事诉讼赔偿事项达成调解或和解协议的情况下，审查起诉机关与被害人之间也极易产生冲突。

（三）与犯罪嫌疑人之间的利益冲突

在侦查阶段，被害人与犯罪嫌疑人之间直接发生冲突的可能性不大，因为无论是被害人还是犯罪嫌疑人，都是案件主要事实的提供者，即使双方所提供的事实不一致，那也只是一个事实认定的问题，虽然认定结果会影响到双方的利益，但这并不足以导致双方之间的直接冲突，被害人与犯罪嫌疑人之间的利益冲突主要还是发生在审查起诉阶段。在审查起诉阶段，被害人与犯罪嫌疑人之间的利益冲突主要发生在附带民事诉讼赔偿事项或和解协议方面。犯罪嫌疑人认罪认罚后，并不必然地导致从宽的后果，是否能够从宽，还需要进行综合评定，而是否与被害人达成附带民事诉讼赔偿或和解协议无疑是一个重要的考量因素。就认罪认罚而言，附带民事诉讼赔偿或和解协议既可能影响到实体从宽，也可能影响到程序从简。根据"两高三部"《关于适用认罪认罚从宽制度的指导意见》第7条第2款规定："'认罚'考察的重点是犯罪嫌疑人、被告人的悔罪态度和悔罪表现，应当结合退赃退赔、赔偿损失、赔礼道歉等因素来考量。犯罪嫌疑人、被告人虽然表示'认罚'，却暗中串供、干扰证人作证、毁灭、伪造证据或者隐匿、转移财产，有赔偿能力而不赔偿损失，则不能适用认罪认罚从宽制度……"如果犯罪嫌疑人有能力而拒赔的话,就会影响到认罚后是否从宽及从宽的幅度。根据刑事诉讼法第223条规定:"有下列情形之一的,不适用速裁程序:(一)被告人是盲、聋、哑人,或者是尚未完全丧失辨认或者控制自己行为能力的精神病人的;(二)被告人是未成年人的;(三)案件有重大社会影响的;(四)共同犯罪案件中部分被告人对指控的犯罪事实、罪名、量刑建议或者适用速裁程序有异议的;(五)被告人与被害人或者其法定代理人没有就附带民事诉讼赔偿等事项达成调解或者和解协议的;(六)其他不宜适用速裁程序审理的。"这里"被告人"应当作扩充解释,可以推及犯罪嫌疑人,在审查起诉阶段,如果犯罪嫌疑人没有与被害人达成调解或和解的,审查起诉机关也不应当建议适用速裁程序。之所以达成调解或和解如此重要,主要是因为这涉及双方的核心利益。对于被害人来说,通过附带民事诉讼赔偿或和解协议,不单纯是为了获得经济赔偿,同时也是犯罪嫌疑人为实施犯罪行为所应付出的一种代价,还是对被害人的一种心理慰藉。既希望犯罪嫌疑人承担刑事责任,也希望犯罪嫌疑人进行必要的经济赔偿,是一种并列式的利益追求路径。而对于犯罪嫌疑人而言,则往往倾向于非此即彼的选择式思维模式,如果承担了刑事责任就不赔偿或少赔偿,如果赔偿了就不承担刑事责任或少承担刑事责任。由于这两种利益取向的不同,容易引发被害人与犯罪嫌疑人之间的利益冲突。

(四) 与审判机关之间的利益冲突

从应然视角而言,被害人与审判机关在审判阶段所追求的利益是一致的,都是要追求实现公正,二者之间之所以会出现冲突,主要是因为对公正的理解不同。对于审判者而言,其利益追求始于被动,这一点不同于指控者与被指控者,指控者与被指控者自始至终都有着积极的利益诉求。正如托克维尔所说:"从性质上来说,司法权自身不是主动的。要想使它能够行动,就得推动它。向它告发一个犯罪案件,它就惩罚犯罪的人;请它纠正一个非法行为,它就加以纠正;让它审查一项法案,它就予以解释。但是,它不能自己去追捕罪犯、调查非法行为和纠察事实。"[①] 但这种被动仅限于审判程序启动时,审判程序一旦启动,审判者就有了明确的利益追求,那就是居中作出一个公正的裁决。这不仅需要审判者从控辩双方举证、质证当中去积极地发现事实,还要主动地去发现与案件事实相适应的法律,并进一步地加以解释和论证。被害人并非中立者,其在审判阶段的利益追求是明确的,就是要依法追究被告人的刑事责任及附带民事赔偿责任。如果法律是明确无误的,审判者依法作出裁决,被害人清楚认识到了裁决的合法性,那么,二者基于合法性的共识,双方不会产生冲突。但如果审判者偏离了法律,或者审判者对法律的解释不够清楚、充分,或者被害人追求法律之外的诉求,或者被害人没有理解裁决的合法性及合理性,或者因为法律不明确而导致审判者与被害人之间理解上的分歧等,都会引发二者之间的冲突和矛盾。在认罪认罚案件中,适用速裁程序的冲突会少一些,毕竟被告人与被害人达成了调解或和解。而适用简易程序或普通程序的情况则会有所不同,无论是发生在被害人与审查起诉机关、被告人还是与审判机关之间的利益冲突,只要是背离了被害人的利益诉求,最终都会指向审判机关所作出的裁决,因为这是最终的认定,只有推翻了这个认定,才能实现自身的利益诉求。

---

① [法]托克维尔:《论美国的民主》(上卷),董良果译,商务印书馆1991年版,第110页。

二、被害人在认罪认罚中的利益平衡

被害人的利益固然需要得到维护,但其他主体的利益也不容忽视,如何在冲突的利益当中作出选择,这实际上是一个利益权衡的问题,权衡则涉及权衡原则与具体权衡手段。

(一)利益平衡原则

1. 合法性原则

利益冲突既包括正当利益冲突,也包括非正当利益冲突,正当与否首先是一个法律评价问题。如果法律本身是公正且体现民众普遍意志的,那么,符合法律规定的可以视为是正当的,不符合法律规定的则视为是非正当的。对于非正当的利益冲突,不存在利益权衡的问题,而是应当消灭非正当的利益诉求,一方非正当则消灭一方,双方或多方都不正当的则都予以消灭,不存在选择问题。只有发生在正当利益之间的冲突才是需要权衡的范围。合法性首先体现在对冲突利益的定性方面,符合法律的视为正当,否则就是非正当的。其次体现在利益选择方面,高位法优于低位法,法律明确的优于未明确的。

2. 合理性原则

如果法律规定明确且有效时,一般不容易引发利益冲突,即使发生了利益冲突,也比较容易作出选择,不太需要过多的利益权衡。冲突往往是发生在法律未规定或者有规定但又不是特别明确时。从应然视角来说,法律应当是民众普遍意志的体现,但并非所有民众普遍意志都会上升为法律。有些普遍意志是有待于上升为法律的,有些普遍意志则是停留在道德等其他社会规范之中的。"理"不过是未被纳入法律的民众普遍意志,或者是虽已被纳入法律,但由于规定不是特别明确,存在诸多选项,那么,此时的"理"只不过是诸多选项中最适合的那一个。需要纳入法律的则涉及立法问题,已纳入法律的则涉及进一步明确的问题。而如何捕捉普遍意志则变成问题的关键所在。对此,卢梭认为:"所有人的意志和普遍意志之间经常存在巨大差别:后者只关注共同利益,前者关注的是私人利益,它只是个别意志的总和。可是,如果从这些个别意志中去掉那些相互抵消的首尾两端的意志,那么普遍意志就是剩余的不同于个别意志的总和。"①

3. 各方利益最大化原则

权衡就意味着不是利益单一化,而是要在诸项利益当中进行选择和摆位,这种选择也不是一种非此即彼的关系,更多的是要在各正当利益之间进行一个合理的摆位。因为冲突的利益均具有正当性,冲突主体都拥有一定的力量为支撑,任何一方都不能通过正当途径消灭对方进而获取全部利益,而持续的冲突又只能导致冲突各方力量的减损,不仅无法达到利益最大化,反而会导致预期利益的损减。因此,最为理性的选择不是追求单方利益的最大化,而是要通过利益权衡,选择一个最为适合的点,通过这个点辐射到各个利益主体,使各个利益主体均获得利益的最大化,将形式上的利益转化为实质利益,将悬而未定的利益转化为确定的利益。

---

① [法]卢梭:《社会契约论》,何兆武译,商务印书馆2003年版,第24页。

4. 合文化原则

梁漱溟先生认为："据我们看，所谓一家文化不过是一个民族生活的种种方面。"① 生活态度的不同导致了不同的文化，而不同的文化又表征了不同的生活样式，不同的生活样式又会影响到今后的选择。在共性文化基础上的普适性制度面前，我们并没有标新立异的必要，而在差异性面前，则涉及以民族思想文化为支撑的自我选择问题。民众的普遍意志为何如此？将哪些普遍意志纳入法律？在法定诸多选项中做何选择？何为合理？这些无一不是与一个民族的文化密切联系在一起，这也是法律制度差异性的关键所在。在冲突的利益当中进行权衡，不仅要遵循普适性的诉讼原理，同时还要符合民族文化，不是因为别人有我们就应当有，而是因为我们需要所以才应当有，只有建立在这种坚实的文化基础之上所作出的选择才能具有持久的生命力。

（二）具体利益权衡

冲突性质不同，其涉及的权衡手段也不同，应区别情况予以对待。就认罪认罚而言，通过对冲突利益的权衡，被害人的利益最终会表现为不同诉讼阶段的诉讼权利或权利性的表述。

1. 被害人在侦查阶段的权利

被害人与侦查机关之间的冲突实质上涉及被害人的知情权、发表意见权、获得法律帮助权及救济权等。知情权主要包括对案件进展情况的了解及对最终撤销案件事实的了解。在案件侦查过程中，被害人的知情权应仅限于对案件进展情况的了解，比如犯罪嫌疑人是否被缉拿、犯罪嫌疑人是否认罪等，至于案件具体情况，侦查机关有不告知的权力，以保证侦查的顺利进行。当案件侦查终结，侦查机关认为不应当追究刑事责任或具备刑事诉讼法第182条规定的情形依法应当撤销案件时，被害人就有了解案件全部事实的权利。正常情况下，被害人及其诉讼代理人只有到审查起诉阶段才有可能了解案件事实。由于撤销案件导致案件止步于侦查阶段，而撤销案件又关乎被害人的切身利益，现行立法中虽然规定了侦查机关应当听取被害人的意见，但如果被害人不了解或未充分了解案件事实，那么，听取意见也只能流于形式。为了保证被害人充分了解案件事实，应当允许被害人聘请诉讼代理人，无能力聘请诉讼代理人的，应当提供必要的法律帮助，符合法律援助条件的，应当积极协助被害人申请法律援助。侦查机关在作出撤销案件前，应当认真听取被害人及其诉讼代理人的意见，不能因为被害人拥有自诉等救济权，进而漠视被害人在诉讼中的知情权及发表意见权。保障被害人的上述权利不仅符合合理性原则，同时也契合中国传统的和合文化，有利于促进和谐社会的生成。

2. 被害人在审查起诉阶段的权利

审查起诉阶段主要涉及被害人与审查起诉机关及犯罪嫌疑人之间的利益冲突，就被害人在认罪认罚中的利益而言，主要涉及知情权、参与权、发表意见权、程序选择权、获得经济赔偿权。虽然在审查起诉阶段，被害人有权聘请诉讼代理人，但诉讼代理人的权利较辩护人有限，主要表现在阅卷权方面。根据刑事诉讼法第40条规定："辩护律师自人民检察院对案件审查起诉之日起，可以查阅、摘抄、复制本案的案卷材料。其他辩护人经人民

---

① 梁漱溟：《东西文化及其哲学》，商务印书馆1999年版，第19页。

法院、人民检察院许可，也可以查阅、摘抄、复制上述材料。"也就是说如果辩护人是律师，那么其阅卷权是受到充分保障的，不需要经过法院或检察院许可。但诉讼代理人则不同，刑事诉讼法中未对诉讼代理人的阅卷权加以明确表述。根据《人民检察院刑事诉讼规则》第56条规定："经人民检察院许可，诉讼代理人查阅、摘抄、复制本案案卷材料的，参照本规则第四十九条的规定办理。律师担任诉讼代理人，需要申请人民检察院收集、调取证据的，参照本规则第五十二条的规定办理。"根据上述规定，不管是律师还是其他诉讼代理人，行使阅卷权都必须经过检察院许可，而在司法实践中，一般都不许可诉讼代理人阅卷，由此导致被害人知情权受损。因此，应当规定律师担任诉讼代理人时，有与辩护律师同等的阅卷权，因为一旦由于犯罪嫌疑人认罪认罚，进而导致了酌定不起诉或刑事诉讼法第182条规定的不起诉，被害人在对案件事实不是特别清楚的情况下，不仅不利于案件的妥善处理，而且还极易引发新的矛盾。另外，认罪认罚中应充分保障被害人的参与权与发表意见权。《关于适用认罪认罚从宽制度的指导意见》第16条规定："办理认罪认罚案件，应当听取被害人及其诉讼代理人的意见，并将犯罪嫌疑人、被告人是否与被害方达成和解协议、调解协议或者赔偿被害方损失，取得被害方谅解，作为从宽处罚的重要考虑因素。人民检察院、公安机关听取意见情况应当记录在案并随案移送。"但在参与方式及听取意见方式等方面则并没有作出具体规定。实际上，无论是审查起诉机关作出不起诉决定，还是就认罪认罚提出具体量刑建议，都涉及犯罪嫌疑人与被害人的核心利益，理应采取诸如听证会等方式，在辩护人及诉讼代理人的共同参与下，充分听取双方意见，然后作出上述决定。至于被害人的程序选择权，现行立法是通过间接方式表述的。根据刑事诉讼法第223条第5项的规定，被告人与被害人或者其法定代理人没有就附带民事诉讼赔偿等事项达成调解或者和解协议的，不适用速裁程序。未达成调解或和解协议并不必然得出被害人不同意适用速裁程序的结论，这是一种推断式的规定。事实上，未达成调解或和解，那只能依法裁断经济赔偿事项，而适用何种程序并不会实质影响最终的结果。在结果不变的情况下，被害人也未必不会同意适用速裁程序。因此，该项规定应当改为"被害人不同意适用速裁程序的"更为合理一些。被害人与犯罪嫌疑人围绕经济赔偿而发生的利益冲突，首先应坚持合法性原则，在法定基础上，允许双方进行调解或和解。如果达成了调解或和解，那么在实体或程序等方面，均可以进行合理的选择。如果在犯罪嫌疑人有能力的情况下，双方未达成调解或和解，可以视为犯罪嫌疑人没有彻底地认罪认罚，因为认罚不仅包括认可刑事责任，还包括认可经济赔偿责任，此种情况可以不从宽或降低从宽幅度。但如果被害人的经济赔偿要求超过了法定范围，那么，对犯罪嫌疑人的处理可以不受此种情况的影响。

3. 被害人在审判阶段的权利

不管是因为何种原因导致被害人与审判机关发生的利益冲突，鉴于审判机关裁判者的地位，被害人最核心的利益就是是否具有救济权的问题，而救济权的核心则是上诉权。正常情况下，我国审查起诉机关具有控告与监督双重职责，从逻辑上来说，其监督者的身份使得被害人并无拥有上诉权的必要。但在认罪认罚案件中，存在检察机关与被告人就认罪认罚达成协议的情况，由此导致其监督者的身份模糊，使被害人不得不进行自行救济，因此，被害人拥有上诉权也就具有了必要性与合理性。这种情况主要是发生在检察机关与犯罪嫌疑人、被告人就认罪认罚达成了协议，而犯罪嫌疑人、被告人未与被害人达成调解或和解协议，由此导致案件不适用速裁程序，通过简易程序或普通程序审理后，被害人不服一审判决。此种情况下，就应当赋予被害人上诉权。因为如果犯罪嫌疑人、被告人认罪认罚，与检察机关形成了具结书，又与被害人达成了调解或和解协议，那么，此时三方的意思表示基本一致，从逻辑上而言，被害人并无拥有上诉权的必要性。如果犯罪嫌疑人、被告人认罪但不认罚，视为检察机关未与犯罪嫌疑人、被告人达成完全一致的意思表示，那么，无论是通过简易程序还是普通程序，检察机关监督者的身份并不模糊，此时被害人也无拥有上诉权的可行性。只有在犯罪嫌疑人、被告人认罪认罚后，与检察机关达成了具结书，但未与被害人达成调解或和解协议，此种情况下，检察机关与犯罪嫌疑人、被告人的意思表示是基本一致的，由此导致检察机关监督者的身份模糊。此种情况下，一旦法院接受了检察机关与犯罪嫌疑人、被告人的具结书，就视为三方形成了一致的意思表示，而被害人如果不同意一审判决，就等于被害人拥有了不同于三方的单独意志。此时，就应当赋予被害人上诉权，否则就是对被害人权益的一种漠视。

认罪认罚量刑建议"合意协商"充分性保障机制

张月满*

认罪认罚从宽制度作为"宽严相济"刑事政策的重要体现，于2018年10月由全国人大常委会在总结刑事速裁程序及认罪认罚从宽制度试点经验的基础上，正式写入修改后的刑事诉讼法。该制度的适用问题，尤其是量刑建议问题成为理论界与实务界共同关注的焦点。刑事诉讼法第201条对量刑建议的效力规定为除法定情形外，人民法院"一般应当"采纳。由此，认罪认罚的"从宽"，由量刑建议作为基础，进而体现在量刑裁判中。量刑建议成为该制度切实履行进而体现立法宗旨的关键所在。

刑事诉讼法第201条对量刑建议的效力规定为除法定情形外，"人民法院'一般应当'采纳，这里的'一般应当'体现了对'合意'的尊重，但不是'照单全收。"[①] "合意"建立在协商基础之上。《关于适用认罪认罚从宽制度的指导意见》（以下简称《指导意见》）第40条第1款明确规定："对于人民检察院提出的量刑建议，人民法院应当依法进行审查。对于事实清楚，证据确实、充分，指控的罪名准确，量刑建议适当的，人民法院应当采纳……"可见，量刑建议"合意"的保障性目标是量刑建议适当，而量刑建议适当与"事实清楚，证据确实、充分，指控的罪名准确"是四位一体的关系，换言之，量刑建议"合意"的保障性应建立在事实清楚，证据确实、充分，指控的罪名准确基础之上，唯此，才应认为量刑建议适当。适当的量刑建议是控辩双方合意的产物，而具有控辩双方"合意"性的量刑建议一定是通过双方协商而成的。通过量刑协商，控方可获取准确的量刑信息，有利于形成合理的量刑建议；而辩方通过协商，有影响诉讼的获得感，并能产生法律对其处罚的合理预期，有利于形成良好的司法效果。

从立法来看，刑事诉讼法第174条规定，犯罪嫌疑人自愿认罪，同意量刑建议和程序适用的，应当在辩护人或者值班律师在场的情况下签署认罪认罚具结书。但是，关于认罪认罚具结书的签署，该条并未明确控辩双方可以协商，加之控方在认罪认罚中具有较为明显的强势地位，因此，量刑建议的提出和犯罪嫌疑人的具结基本上还是以检察机关的单方主导为表现形态。2019年《指导意见》第33条就量刑建议的提出作了进一步的规定，明确了庭前辩诉协商机制，即在检察机关提出量刑建议之前，应当充分听取犯罪嫌疑人、辩护人或者值班律师的意见，尽量协商一致。至于如何"协商"，有待探索。从司法实践看，有学者通过调研发现，认罪认罚从宽制度在适用中普遍存在适用范围狭窄、值班律师法律

---

* 张月满，山东政法学院法学教授。
① 胡云腾：《正确把握认罪认罚从宽保证严格公正高效司法》，载《人民法院报》2019年10月24日第5版。

帮助不到位、量刑协商不充分等问题。[①]"检察机关只是以释法说理、听取意见等方式表达其对被追诉人供述与选择行为的尊重立场,这些做法不属于协商模式的范畴。"[②] 在实践中,已经出现基层检察院因量刑建议未获得采纳而积极寻求抗诉从而造成检法矛盾的现象。与之相对的是,法院系统则非常强调实质审查,实质审查的范围既包括被追诉人认罪认罚的自愿性及认罪认罚具结书内容的真实性、合法性,也包括检察机关所提的量刑建议以及形成量刑建议的协商过程。[③]

立法及司法状况表明,量刑建议"协商"保障机制亟须完善,不仅控方应丰富量刑建议的信息,更应提高辩方"协商"能力,使控辩双方具有相对平等的协商技能。以保障"合意协商"的充分性。

一、明确认罪认罚从宽的权利属性

明确认罪认罚从宽的权利属性是认罪认罚案件量刑建议"合意协商"的要求。在认罪认罚案件中,量刑建议的合意是控辩双方自愿达成的,是基于控辩双方的充分沟通和协商基础之上。其中,应充分保障犯罪嫌疑人、被告人的自愿性与自主性,保障控辩双方的平等性。如果认罪认罚是权力属性,没有犯罪嫌疑人、被追诉人的权利行使及保障,则量刑协商的"合意性"难以保障,控辩双方的平等性欠缺,该制度的公正性即不复存在。从法理角度看,权利与义务互为前提,如果认罪认罚不是犯罪嫌疑人、被告人的权利,则该制度产生的法律后果则缺失理论前提。法律应明确认罪认罚从宽是犯罪嫌疑人、被告人的权利,尤其是认罪认罚后的"从宽"权。首先,"认罪"与否是犯罪嫌疑人、被告人的诉讼权利,认罪取决于其个人的意愿。愿意认罪,则任何机关和个人无权阻止;同样,不愿认罪则任何机关和个人也无权强迫其认罪。否则就违反了犯罪嫌疑人、被告人的个人意愿,使之后的"合意"失去基础。认罪的权利属性对于犯罪嫌疑人、被告人非常必要,权利可以行使,也可以放弃,任何机关或个人无权对其强迫。其次,"认罚"与否同样是犯罪嫌疑人、被告人的诉讼权利。认罚意味着犯罪嫌疑人、被告人真诚悔罪,愿意接受处罚。认罚牵涉悔罪态度、悔罪表现、退赃退赔、赔偿损失、赔礼道歉等因素,这些因素同样基于犯罪嫌疑人、被告人的自主选择,不受外界的强迫或威胁。最后,"从宽"仍然具有权利属性。虽然在犯罪嫌疑人、被告人认罪认罚后,是否从宽由司法机关根据案件的具体情况来确定,但仍然是犯罪嫌疑人、被告人基于认罪认罚行为而应获得的诉讼权利。认罪认罚与从宽有内在的逻辑一致性,如果"从宽"被"权力"俘获,则"认罪认罚"会成为犯罪嫌疑人、被告人的"义务"。由此会失去"认罪认罚"的自愿性,从而动摇整个认罪认罚从宽制度的根基及立法宗旨。可以说,认罪认罚从宽的"权利"属性是该项制度的内核要求,更是量刑建议"合意协商"充分性的基本保障。

相对于定罪问题,犯罪嫌疑人、被告人更关心量刑问题,但实践中,在犯罪嫌疑人与司法机关之间存在较大的量刑信息不对称问题。这就需要解决关键问题,即保障犯罪嫌疑

---

① 闵春雷:《回归权利:认罪认罚从宽制度的适用困境及理论反思》,载《法学杂志》2019年第12期。
② 赵恒:《量刑建议精准化的理论透视》,载《法制与社会发展》2020年第2期。
③ 林喜芬:《论量刑建议制度的规范结构与模式》,载《中国刑事法杂志》2020年第1期。

人的诉讼知悉权。在诉讼中，在概括性告知基础上，应细化认罪认罚案件中犯罪嫌疑人权利的告知程序。具体、明确的告知程序有利于尊重其对认罪认罚的自主选择权，保障其对案件诉讼情况的知悉权、程序选择权、量刑协商等诉讼性权利。同时，在实体方面，应注重针对量刑建议向被追诉人释法说理，做到充分论理、有法有据。程序告知与实体说理的结合对促进被追诉人认罪认罚的自主性与自愿性有重要作用，进一步为量刑建议"合意协商"保障机制助力。

二、完善值班律师制度

在刑事诉讼中，犯罪嫌疑人、被告人权利的行使离不开辩护人的帮助。值班律师制度是认罪认罚从宽制度的配套制度，是犯罪嫌疑人、被告人权利保障的关键所在。根据刑事诉讼法第173条之规定，犯罪嫌疑人认罪认罚的，人民检察院应当告知其享有的诉讼权利和认罪认罚的法律规定，听取犯罪嫌疑人、辩护人或者值班律师、被害人及其诉讼代理人对相关事项的意见，并记录在案。根据刑事诉讼法第174条之规定，犯罪嫌疑人自愿认罪，同意量刑建议和程序适用的，应当在辩护人或者值班律师在场的情况下签署认罪认罚具结书。由此，值班律师应充分了解案件情况，方能提供可资借鉴的相关意见，即有关涉嫌的犯罪事实、罪名及适用的法律规定，从轻、减轻或者免除处罚等从宽处罚的建议，认罪认罚后案件审理适用的程序，其他需要听取意见等事项方面的意见。这样才有资格见证犯罪嫌疑人自愿认罪，在同意量刑建议和程序适用前提下签署认罪认罚具结书。

首先，确定值班律师在认罪认罚案件中的诉讼地位，即赋予其辩护人的诉讼地位。由此可行使阅卷权等在内的辩护人的权利，以与控方就量刑建议充分、有效协商，表达被追诉人的自愿性，真正取得量刑建议的"合意性"，避免量刑协商的单一性及律师参与的形式化，提高量刑判决的采纳性及可预期性。其次，建立相关制度，切实落实"人民检察院依照规定听取值班律师意见的，应当提前为值班律师了解案件有关情况提供必要的便利"的法律规定。"提供必要的便利"需要在程序上细化：包括协商前一定时间的告知，以便值班律师为量刑协商做好充分的准备；为值班律师提供必要的办公场所和设施；对于不履行"提供必要的便利"的行为应承担的法律后果等。

三、加强辩护律师量刑建议的协商技能

在实践中，辩护人在量刑建议协商过程中发挥作用不充分的主要原因在于其通常的理念偏差，只注重对犯罪嫌疑人定罪问题而忽视量刑工作，进而导致不掌握甚或不了解影响量刑的事实和证据，参与量刑建议协商的专业性得不到较好体现，很难做到代表委托人与检察官进行真正协商，基本上只能同意检察人员提出的量刑建议。由此，律师对量刑建议的协商技能亟待加强。首先，应树立定罪与量刑并重的诉讼理念。既注重收集、审查定罪事实与证据，又注重收集、审查量刑事实与证据，为提出科学合理的量刑建议奠定基础。其次，提高律师收集量刑证据的能力和水平。刑事诉讼的不同阶段都可能出现认罪认罚情况，根据刑事诉讼法的规定，刑事诉讼证明标准是案件事实清楚，证据确实、充分。侦查终结移送审查起诉、提起公诉以及作出有罪判决都要求达到事实清楚，证据确实、充分。

而案件事实清楚建立在证据确实、充分基础之上，由此，证据才是事实的基础。量刑建议协商的基础是量刑事实，而量刑证据是量刑事实的基础。为在诉讼中充分维护被追诉人的合法权益，代表辩方与控方进行充分的量刑协商，律师应充分了解量刑事实，这就需要律师具备基本的调查、收集量刑证据的能力。应从以下方面予以提高：其一，围绕量刑证明对象，全面收集量刑证据。根据立法及司法实践，量刑证明对象即量刑情节，包括法定量刑情节及酌定量刑情节。一般而言，侦查人员比较重视收集能证明法定量刑情节的证据，但收集的全面性及收集的角度与律师有所区别。作为诉讼中的辩护律师切忌有依赖思想，应高度重视能证明法定量刑情节的相关证据，做到全面、细致。而证明酌定量刑情节的相关证据是辩护律师调查收集的重点，包括能证明犯罪人的前科劣迹、犯罪原因、性格特征、家庭情况、在校或工作表现、社区评价、再犯可能等方面的量刑证据，这些方面一般会被检察机关忽视，更需律师特别予以关注和收集，争取全面掌握相关量刑证据，以与控方针对量刑建议予以有效协商。其二，关注"准法定"量刑情节证据的取得。近年来，实践中出现了一些新的量刑情节，这些情节从酌定量刑情节中转化而来，可称其为"准法定"量刑情节。例如有的案件，被告人一方与被害人一方达成和解，被告人一方退赔，取得被害人一方谅解，这种情节律师应把握调查的机会，全面、客观收集"准法定"量刑情节的相关证据。其三，应重视程序，依法调查，形成具有证据能力及证明力的量刑证据。律师在证据调查中不仅应重视结果证据的取得，如诉讼双方达成的相关协议书、退赔收条等，也应重视调查的过程并做好相关记录，对所调查的参与人、调查的过程、时间、地点、见证人、调查结果等都应一一客观记录，形成笔录并由被调查人、见证人等签名盖章，以确保量刑证据的客观真实性和合法性，增强量刑证据的证明力，在量刑建议协商的过程中增强说服力。

四、探索设立审查起诉阶段的社会调查报告制度及量刑证据开示制度

控辩双方对量刑建议的"合意协商"依赖于量刑证据来源的充分性。而社会调查报告是量刑证据的重要来源，应充分发挥其对量刑事实的证明作用，与其他量刑证据一起，为量刑建议的形成助力。虽然在实践中，审判阶段有社会调查报告的运用，而审查起诉阶段是控辩双方对量刑建议"合意协商"的重要阶段，此阶段设立社会调查报告制度有利于量刑建议"合意协商"的促成，也有利于增强量刑建议的说服力，进而影响法官的心证，从而实现量刑建议的最终被采纳。但实践中社会调查报告的性质抑或是规范性，如制作形式、记载内容等皆亟须完善。首先，建议在认罪认罚案件的审查起诉阶段即应设立社会调查报告制度，以丰富量刑信息。其次，确立社会调查报告的证据属性。因为社会调查报告在形成主体、形成时间、内容等方面具有其自身特点，应独立成为证据的一种，以便形式与内容都具有法律性，为量刑建议的"合意协商"奠定基础，并最终发挥证明量刑事实的作用。再次，规范社会调查报告的形式并完善如下内容：其一，家庭背景方面；其二，个人特征方面；其三，社会评价方面；其四，工作、学习经历方面；其五，犯罪行为前后的表现方面；其六，居住环境方面；其七，被告人生活状况；其八，帮教条件方面等。由此对可能影响量刑的事实情节都有相应的证据来证明，避免量刑建议协商中量刑证据极度欠缺而没有说服力的尴尬局面，为达成"合意"奠定基础。但应注意的是，社会调查报告内容的范

围应限于有关的社会信息,而不应涉及应由司法人员侦查和调查的关于犯罪事实情节方面的内容。最后,应将社会调查报告制度引入认罪认罚案件中,充分发挥其在量刑建议"合意协商"方面的作用。

另外,在认罪认罚案件的审查起诉阶段,探索设立量刑证据开示程序。即在检察机关主持下,由控辩双方进行量刑证据开示,以保障嫌疑人对于控方量刑证据的知情权,从而提高协商能力,以利于双方达成具有真正"合意性"及协商充分性的量刑建议。量刑证据开示制度的主要内容应包括:其一,量刑证据开示应在审查起诉期间,地点可设在人民检察院。控辩双方相互向对方开示本方的量刑证据。辩方可以查阅、摘抄、复制控方的量刑证据材料,开示时可以发表对量刑证据材料的意见。双方开示后,应制作量刑证据开示纪要,载明量刑证据开示的基本情况及争议焦点,双方各执一份,也可提交法庭一份。其二,开示的范围。量刑证据材料开示的范围应考虑到有利于双方充分沟通认可的量刑事实,从而提出"合意协商"形成的量刑建议。需提及的是,控辩双方双向开示并不等于对等开示。控方应向辩方全面开示量刑证据材料,而辩方只应有限度地向控方开示相关量刑证据,辩方拥有的不利于刑事追诉人的且未被控方所掌握的量刑证据材料不在辩方开示之列。其三,量刑证据开示的启动程序可以由辩方向人民检察院提出,尤其应保证辩护方此项权利的实现;也可以由人民检察院主动提出而启动。启动量刑证据开示程序应设立为人民检察院在认罪认罚案件量刑建议协商中的必经程序。其四,为保证量刑证据开示的有效性,必须建立相应的程序制裁机制,对违反量刑证据开示程序的行为进行制裁。如列为人民法院不予采纳其量刑建议的情形等。

五、建立检察引导侦查获取量刑证据的取证机制

在认罪认罚从宽制度中,量刑建议"合意协商"的主导者是人民检察院,但人民检察院提出恰当量刑建议的前提依据是获取全面的量刑证据,由此,应建立检察引导侦查量刑情节证据的取证机制。引导侦查机关及时、全面获取既能证明法定量刑情节又能证明酌定量刑情节所需要的事实证据。检察机关应根据需要,加强与侦查机关的沟通,对量刑证据的种类、要求达成一致认识,指导侦查,力争在侦查阶段取得有质量的量刑证据,以确保量刑建议的提出建立在确实充分的量刑证据之上。侦查人员在检察人员的指导下,按照认罪认罚案件中量刑建议"合意协商"的实际需要,及时、全面、客观地收集量刑证据,一方面将保障量刑证据的质量及充分性,提高量刑建议的针对性;另一方面也能避免无效证据进入诉讼轨道,进而保障控辩双方量刑建议的说服力。

六、加强检察机关量刑建议说理

在量刑协商过程中,充分的量刑建议说理可以明晰控辩双方的协商争点,检察人员注重对辩方尤其是对刑事被追诉人量刑建议的释法说理,有利于量刑建议的协商,并增强量刑建议的说服力,在应然维度方面缩小量刑建议协商双方对同一案件的量刑可能存在的差异;同时还可以提升对审判人员的心证影响,进而提高审判机关对量刑建议的采纳率。2017 年 7 月 20 日,最高人民检察院《关于加强检察法律文书说理工作的意见》中对于量刑

建议等检察文书的说理明确提出"阐明事实、释明法理、讲明情理、繁简适当、语言规范"等要求。2019年《指导意见》规定提出量刑建议应当说明理由和依据。但从司法实践看，在认罪认罚案件中，量刑建议的说理工作尚待重视。应充分考虑司法的传统和实际，形成针对量刑建议的说理制度。首先法律应明文规定量刑建议的说理制度，使量刑建议的说理有法可依；其次选择合适的模式。笔者认为，针对量刑建议的要求，说理的内容主体结构可分为结论、事实、理由三部分，同时加强事实和证据的论证。方式上首先是结论，即具体量刑建议的结论；其次是事实列举；最后是理由，即符合量刑建议具体结论的理由。这种说理方式的优点在于理由中既包括量刑事实认定的理由即量刑证据分析，也包括为何提出如此量刑建议的分析，便于展开建议者的心证过程，同时一并明析控方或辩方在量刑事实、量刑证据、法律适用方面的意见。当然，也应适当反映量刑建议的不同意见，加大说理的公开性及说服力。量刑建议说理制度一方面会限制检察官的自由裁量权，在说理中充分阐述量刑建议，有理有据、全面系统地展现量刑建议形成的心证过程，并使辩方权利的实现在程序运行中得到保障；另一方面会加强量刑建议的说服力，提高法官对量刑建议的采纳率，实现量刑建议的预期性。

刑事诉讼认罪认罚从宽制度的完善

——辩护律师如何在认罪认罚案件中有效行使辩护权

张云环 侯凤梅[*]

公平正义永远是现代刑事司法追求的终极价值目标。量刑的前提是定罪，刑罚的轻重则要依据犯罪行为的社会危害性和犯罪人的人身危险性确定，做到罪责刑相适应，罚当其罪。"公正优先，兼顾效率"，绝不能以牺牲公正为代价片面追求效率，本末倒置，背离司法改革的目标。认罪认罚从宽制度应运而生，而这项制度的落实离不开辩护律师的实质参与并且有效行使辩护权。

一、认罪认罚从宽制度是"公正兼顾效率"原则的体现

认罪认罚从宽制度是2018年修改刑事诉讼法时确立的一项重要刑事诉讼制度，是落实以"审判为中心"的司法改革的"供给侧"，是全面贯彻宽严相济刑事政策的一项重要举措。

2019年10月24日"两高三部"联合出台了《关于适用认罪认罚从宽制度的指导意见》（以下简称《指导意见》）。2020年5月11日，最高检印发了《人民检察院办理认罪认罚案件监督管理办法》。2020年8月20日"两高三部"又联合印发了《法律援助值班律师工作办法》。至此，认罪认罚从宽制度的落实有了较为充分的法律保障。

公平正义是现代刑事司法追求的终极价值目标。量刑的前提是定罪，而刑罚的轻重则要依据犯罪行为的社会危害性和犯罪人的人身危险性确定，只有科学地定罪和量刑，才能最大限度地做到罪责刑相适应，罚当其罪。另外在追求公平正义的同时也要兼顾效率。认罪认罚从宽制度的设计初衷是提高庭审效率、节约司法资源、实现司法分流。其逻辑是"被告人放弃程序权利，节约国家司法资源，国家给予其惩罚上的从宽"[①]。

---

[*] 张云环，河北侯凤梅律师事务所律师；侯凤梅，河北侯凤梅律师事务所首席合伙人，中华全国律师协会刑事专业委员会副主任。

[①] 门金玲：《认罪认罚，如何自愿？——兼认罪认罚从宽的制度逻辑》，http：//www.king-capital.com/content/details49_15339.html，最后访问时间：2020年9月18日。

二、认罪认罚从宽制度更应当保障被追诉者的程序利益

(一) 国家要保障认罪认罚程序中被追诉者的程序权利

在"不得自证其罪"的规则下,认罪认罚从宽制度的应用原则为"认罪认罚从宽,不认罪认罚依法"。实践中绝不能出现"不认罪认罚从重"的狭隘认知和理解,否则就背离了制度设计的本意。

程序正义是实体正义的保障。公正不仅要实现,而且应当以人们看得见的方式实现,这就是程序的独立价值。美国哈佛大学法学院教授艾伦·德肖维茨说过:"公正不是结果,而是一个过程。"只有维护了程序正义,才能保证实体正义的实现。在认罪认罚案件中,承办机关应当依法保障被追诉者在认罪认罚过程中应当享有的程序权利,保障案件处理结果的公正性。

刑事诉讼是界定公民行为是否构成犯罪及应否给予刑事处罚的活动,这就要求一个理性的国家给予公民严格的程序保障。在认罪认罚案件中,被追诉者自愿认罪认罚,承诺放弃适用普通程序,案件从快从简处理。为了保证案件公正处理,承办机关必须严格遵循认罪认罚所设计的程序,保障其诉讼权利,这样才能实现程序的正当性。

认罪认罚从宽制度适用的核心是"协商"与"自愿"。辩护律师的实质性参与对保障被追诉者认罪认罚的真实性、自愿性与合法性具有重要作用。在实践中,及时为被追诉者提供有效的法律服务,实现法律援助制度与认罪认罚同步同频,符合认罪认罚从宽制度的程序性要求,同时体现了辩护制度的价值。刑事辩护的全覆盖,首先应当保障认罪认罚案件中的刑事辩护全覆盖。

(二) 被追诉者应当对认罪认罚具结书中承诺的内容负责

认罪认罚具结书的签署实际上是被追诉者的一次有罪供述,是其对犯罪事实的认可,也体现了其悔罪的态度。认罪认罚具结书的签署应当是协商的结果,理应符合"契约精神"的要求。一旦被追诉者坚持辩护律师做"无罪辩护",那么其不应该再享受"认罪认罚从宽"的红利。这表明普通程序的红利和认罪认罚从宽的红利不能兼得才是该制度设计的基本逻辑。

三、认罪认罚案件应确保认罪认罚的有效性

在认罪认罚案件中,检察院获得了确定的量刑建议权(也有观点说是法院让渡了部分裁判权),减轻了法院的办案压力。在认罪认罚案件中,律师见证犯罪嫌疑人或被告人签署"认罪认罚具结书",同时检察机关给予"量刑减让"建议。认罪认罚过程既体现了被追诉者的利益保护,也体现了追诉者的严格责任。司法界有一个观点很确切:检察官的责任,被告人的权利。

（一）有罪的真实性，即被追诉者"认真罪"是认罪认罚案件正确处理的前提

世界上没有完全相同的两片树叶，当然也不存在完全相同的两个案件。面对千变万化、纷繁复杂的案情，专业的法律人有时在判断上也会出现分歧、失误，不具备法律专业知识的被追诉者就更难以对自己的行为作出全面、准确的判断，从而作出最有利于自己的选择。下面列举的情形都可能影响被追诉者"认真罪"：

（1）法律认识错误，所谓杀人的"犯罪行为"很可能属于法律规定免责的"正当防卫"；

（2）性质认识错误，把"过失犯罪""意外事件"认作"故意犯罪"。一旦造成人员死亡，当事人往往就认为"杀人偿命，天经地义"；

（3）由于对"规范性法律要素"缺乏基本认识，当事人可能将"贪污、盗窃"自己的财产认为是犯罪；

（4）实践中还存在诸如被胁迫、被诱骗、替人顶包的情况。

承办机关处理刑事案件的证明标准必须是犯罪事实清楚、证据确实充分。保证办案质量必须以事实为基础，以法律为准绳，这是办理认罪认罚案件考虑的首要问题。量刑的前提是定罪，如果没有犯罪事实，就不能定罪，就更谈不上认罪了。从以上列举的这些情况看，唯有刑辩律师提供专业的法律分析才能帮助被追诉者对自己的"罪行"作出准确的判断。

（二）认罪的真实性，即被追诉者"真认罪"是认罪认罚案件正确处理的关键

真实性既包括前述有罪的真实性，也包括认罪的真实性。认罪认罚案件中被追诉者成为积极的诉讼主体，能够参与量刑协商，有程序选择的主动权。认罪必须是其真实的意思表示。

合法性与自愿性是认罪认罚案件真实性的程序保障，是正确处理认罪认罚案件的关键。办案机关严格按照法定的程序办理认罪认罚案件，在事实清楚、证据确实充分的前提下作出有罪判断，只有保证被追诉者认罪认罚的自愿性，才能实现认罪认罚案件的"真认罪"。被追诉者的自愿性与办案机关的合法性在辩护律师实质性参与下才能够真正得到落实，尤其是在与检察机关进行量刑协商环节，辩护律师的作用就显得尤为重要。

（三）明知性与明智性是认罪认罚案件真实性有效落实的基本保障

明知性是指被追诉者能对认罪认罚的含义、法律后果有全面、充分和客观的认识；明智性是指其在明知的前提下，仍然自愿认罪认罚并接受该不利后果。只有当被追诉者对自己的行为及其法律后果等有全面、清晰的认识，进而作出的认罪认罚选择才能反映其真实意思。在这个过程中需要辩护律师运用专业知识对案件进行分析判断，更好地帮助其作出明智的选择。

刑事诉讼制度与理论的新发展

四、认罪认罚从宽制度要求律师进行有效辩护

《指导意见》第四部分"犯罪嫌疑人、被告人辩护权保障"第 10 条规定:"人民法院、人民检察院、公安机关办理认罪认罚案件,应当保障犯罪嫌疑人、被告人获得有效法律帮助,确保其了解认罪认罚的性质和法律后果,自愿认罪认罚。""有效法律帮助"的概念在"两高三部"《关于在部分地区开展刑事案件认罪认罚从宽制度试点工作的办法》中已有述及。刑事诉讼法第 37 条规定了辩护人的责任是根据事实和法律,提出犯罪嫌疑人、被告人无罪、罪轻或者减轻、免除刑事责任的材料和意见,维护犯罪嫌疑人、被告人的诉讼权利和其他合法权益,这个规定与律师法是一致的。

确保认罪认罚具结书签署的自愿性、真实性与合法性,离不开律师对被追诉者提供的专业法律分析和意见。真有罪,真认罪,被追诉者对案件事实的法律认识以及作出的意思表示都依赖于辩护律师真正发挥作用,否则就可能出现认罪不真实、认罪的事实不真实等情况。

如果被追诉者不认罪,律师辩护的意义和价值显而易见;如果其不仅认罪还认罚,律师有什么可辩护的?律师辩护究竟有没有意义?现在很多法律人甚至包括律师本身都对认罪认罚案件中律师辩护工作的必要性和重要性存在认识误区。作为辩护律师,只有认清自身在认罪认罚案件中的职责,才能更好地维护被追诉者的合法权益。认罪认罚案件如果缺失了律师的真正参与,在一定程度上将难以保证案件处理结果的公正,也就难以有效防止冤假错案的发生。

因此,就需要辩护律师提供有效辩护,保障被追诉者平等参与协商的权利。辩护律师充分参与案件处理的全过程,其本身也是对检察机关工作的监督。在现阶段,认罪认罚从宽案件中被追诉者的辩护权实现多依赖于值班律师、法律援助律师提供法律帮助的途径,但是这种法律帮助和委托辩护相比较,在参与程度及辩护力度上还是有一定区别的。

五、刑事辩护在普通刑事案件和认罪认罚案件中的异同

辩护律师的工作在于根据事实和法律,提出证明犯罪嫌疑人、被告人无罪、罪轻或者减轻、免除其刑事责任的材料和意见,维护犯罪嫌疑人、被告人的合法权益。认罪认罚案件与普通刑事案件具有明显不同,这就意味着认罪认罚从宽程序中的辩护工作与一般刑事案件还是有很大区别的。

(一) 辩护律师应为被追诉者提供更为及时、有效、精准的法律服务

任何一个刑事案件,律师辩护是必要的,也是必需的。认罪认罚从宽案件的主导是检察院,这就决定了律师辩护工作重心提前到了审查起诉阶段,甚至更早。法律圈中均认同"黄金辩护期","37 天白金辩护期"也就显得更为重要了。但是很多被追诉者并没有意识到这个变化,还在等审判阶段再委托律师,这样就白白错失了最佳辩护时机。

1. 律师代理认罪认罚案件工作重心前移至审查起诉阶段

在认罪认罚从宽程序中,对于检察院作出的量刑建议,除五种特殊情形外,法院一般

应当采纳。作为辩护律师,只有把工作重点前移至审查起诉阶段,加快工作节奏,精准把握罪与非罪,才能最大限度地为被追诉者争取到合法权益。

2. 律师提供有效专业的法律服务是案件公正处理的保证

对于符合认罪认罚从宽适用条件可能判处 3 年以下有期徒刑刑罚的认罪认罚案件、因民间矛盾引发的犯罪,律师需要及时为被追诉者提供有效的法律分析,积极与检察机关和被害人进行沟通,配合办案机关从简从快从宽处理,最大限度地保护被追诉者的量刑减让利益。

《指导意见》第 39 条规定了辩护律师的各项权利,有利于实现辩护律师深度参与案件。律师的有效辩护是保障认罪认罚案件程序公正的前提,保障被追诉者认罪的自愿性、程序选择的自主性及量刑建议的公正性。在认罪认罚从宽程序中,应强化值班律师制度的落实与完善,明确其辩护人的定位,保障值班律师的阅卷权及量刑协商等权利,保障其充分履行辩护职责。①

(二)辩护律师需要为被追诉者提供更为专业和具有针对性的法律服务

1. 律师辩护对被追诉者"认真罪"能够起到把关和监督作用

被追诉者一般都不具备专业法律知识,对罪与非罪、此罪与彼罪无法作出准确的认知和判断。例如近几年发生的"山东于欢辱母杀人案""昆山'龙哥'被反杀案"等多起案件,在罪与非罪的问题上,连许多知名法学家、法律实务工作者(包括律师)都在认识上产生了很大分歧。立法的初衷是保证认罪认罚的人是确实有罪的人,严格防止无罪的人认罪认罚。辩护律师需要认真阅卷,在充分了解案情的基础上,进行精准的法律分析,为被追诉者对其行为性质以及法律后果进行充分而明确的阐释,对被追诉者"认真罪"起到一定的把关作用。

另外,办案机关在认定被追诉者涉嫌犯罪、指控犯罪以及判决有罪的时候也可能会发生错误。以往发现的多起"无罪被追诉"的冤假错案,都是由于办案机关对证据的收集不充分和对事实的错误认定导致的,这时的"坦白从宽"就没有了事实和法律依据。而被追诉者因为不懂法律,为了获得从宽,尽早重获自由极有可能"认罪"。只有专业的辩护律师才能帮助被追诉者分析判断办案机关的有罪认定是否正确,才能对被追诉者"认真罪"起到监督作用,及时纠错,有效遏制冤假错案的发生。

2. 律师辩护对表示认罪认罚的被追诉者的自愿性具有保障作用

对于实施了犯罪行为的被追诉者,辩护律师的作用在于保障被追诉者认罪的"自愿性",不是被胁迫、被欺骗、被诱惑的。保证他们明知自己行为的性质,在明知认罪认罚的法律后果的基础上自愿主动认罪。被追诉者大多文化水平较低,又缺乏法律认知,经过办案人员的动员或劝说,表面上是认罪的,其实内心并不真正愿意认罪。这就需要辩护律师对其进行充分的法律分析和释明,帮助其了解行为的真正法律意义和法律后果,尤其是对有罪的消极社会评价有全面客观的了解,保障被追诉者认罪的自愿性。

3. 辩护律师可以最大限度地维护自愿认罪认罚的被追诉者的合法权益

(1) 辩护律师可以帮助被追诉者争取到依法应有的诉讼权利和利益。如果被追诉确

---

① 闵春雷:《认罪认罚案件中的有效辩护》,载《当代法学》2017 年第 4 期。

实有罪并自愿认罪认罚,辩护律师要从立案侦查开始,帮助被追诉者争取从宽的机会:积极争取不批准逮捕、符合条件的还可以争取撤销案件。案件移送检察院后,律师要及时与检察官交换意见;对确实有罪又自愿认罪的被追诉者,能够不起诉的就不起诉,需要起诉的要提出量刑建议。在这个过程中认罚与从宽应当是互相作用、互相影响的。

(2) 辩护律师可以帮助被追诉者进行充分协商达成合意,签署认罪认罚具结书。在认罪认罚与从宽的过程中,律师的重要作用之一就是协助被追诉者与办案人员进行充分协商,力求在法律范围内获得最大限度的从宽。而协商的结果在审查起诉阶段就是由犯罪嫌疑人签署认罪认罚具结书。按照刑事诉讼法第201条的规定,除五种特殊情形外,法院对于检察机关起诉的罪名、量刑建议一般应当采纳。

律师的有效辩护对认罪认罚案件的质量有重要的保障作用,目前认罪认罚案件在我国刑事诉讼案件当中已经占到了70%-80%,一旦办成错案,不仅会侵害被追诉者的合法权益,还会影响司法公信力甚至公平正义的社会价值观。

(三) 在不同的诉讼阶段,辩护律师的具体工作要求有所不同

1. 在侦查阶段及时申请变更强制措施,维护被追诉者的合法权益

在侦查阶段,律师除了要了解案件情况、提供法律咨询以外,还要及时为犯罪嫌疑人申请变更强制措施。刑事诉讼法第81条规定,侦查阶段适用逮捕措施要把认罪认罚作为逮捕的社会危险性条件的考虑因素之一。在认罪认罚案件中,公安机关、检察院、法院有可能错误适用逮捕措施,也有可能把逮捕变更为非羁押性的强制措施,律师可以在这个方面发挥积极作用,以减少被追诉者的"牢狱之苦"。

2. 依法在审查起诉阶段和审判阶段为被追诉者争取最大限度的从宽处理结果

认罪认罚的合法性不仅包括程序适用的合法性,还包括从宽处理的合法性。辩护律师要在认罪认罚案件中为被追诉者争取最大限度的从宽处理结果。刑事诉讼法第182条规定,在审查起诉阶段,可以争取不起诉。在审判阶段,可以争取从轻、减轻或者免除处罚。辩护律师能否为被追诉者争取到上述的从宽机会是考量律师是否有效辩护的重要指标。

(四) 辩护律师及时与被害方沟通,达成谅解,为从宽处罚创造有利条件

选择适用速裁程序,要求被追诉者与被害人就涉案刑事附带民事赔偿问题达成和解或者调解协议。对于不属于法定和解范围的案件,也应当争取获得被害人的谅解,让被追诉者获得从宽处理。考虑到各种因素,沟通环节由律师参与效果更佳,尤其是被追诉者被羁押的案件。

(五) 辩护律师对认罪认罚案件的合法性进行有效把控

关于认罪认罚的合法性,一个很重要的方面是认罚问题:是否构成犯罪?指控的罪名是否符合法律规定?检察院的量刑建议是否在法定量刑幅度以内?有没有依法给予从宽等。在认罪认罚案件中,律师辩护的最重要作用就在于保障认罪认罚的合法性。

(六) 辩护律师不应当劝告被追诉者认罪

对有罪案件但被追诉者并不认罪的情形,作为辩护人有责任对被追诉者的行为进行事

实、证据和法律的分析，并有义务告知其自愿认罪认罚的从宽后果，让其在明知的情况下作出明智的选择和决定，但是辩护人不应该做劝告其认罪的工作，以免影响认罪认罚的自愿性。

六、认罪认罚从宽程序适用中的几点思考

认罪认罚从宽制度全面推行以来，在实践中遇到了一些亟待解决的问题，需要我们不断总结经验和教训，健全、完善认罪认罚从宽制度。

（一）被追诉者认罪认罚与律师独立辩护权之间并不矛盾

在司法实践中，有检察官和法官认为，认罪认罚案件中被追诉者认罪但辩护人做无罪辩护是被追诉者借律师之口做无罪辩解，说明被追诉者本质上并不认罪，不应再适用认罪认罚从宽程序，此观点不正确。根据《指导意见》第40条第1款规定，对于"被告人的行为不构成犯罪或者不应当追究刑事责任的，人民法院不予采纳公诉方的量刑建议"。这是法院独立裁判权的体现。

只要被追诉人对实施的行为做如实供述，自愿签署认罪认罚具结书，就应当从宽处理。至于该行为在法律上如何评价，需要经过审判环节作出专业判断，这是审判机关和辩护律师的职责。法院拥有独立的裁判决，律师当然也可以对法律适用提出独立的辩护意见。依据刑法中"被告人对行为性质的辩解不影响自首的认定"的逻辑，律师的"无罪辩护"就是对行为性质的专业判断和表达，不应当成为影响对被告人从宽处理的理由。

（二）共同犯罪案件中有的被追诉者不认罪，有的选择认罪认罚的矛盾的统一

对于不认罪的被追诉者，依法必须适用普通程序进行审理。为了调查清楚事实必须落实同案被告人全面参与审理，结果则按照各自选择进行量刑：认罪认罚的从宽，不认罪认罚的依法。如果出现了审理后"应判刑罚"低于"协商量刑"的情况，享有裁判权的法院可以直接判处较轻的刑罚，这是认罪认罚的同案犯"搭便车"的特例，与认罪认罚从宽制度并不矛盾。

（三）认罪认罚从宽制度落实必须尽快健全完善值班律师制度

认罪认罚案件当中律师的定位是"辩护人"。现阶段"值班律师"所给予的法律帮助是达不到被追诉者"真认罪"和"认真罪"的制度设计要求的，只有尽快完成帮助者到辩护人角色的实质性转变，才能真正解决被追诉者认罪认罚的问题。由于地方配套制度尚不健全，有相当一部分地区对认罪认罚案件实行批量处理，值班律师仅在形式上对被追诉者签署认罪认罚具结书进行见证，很难为被追诉者提供有效的法律意见。可以由地方司法行政机关建立值班律师库，定期开展值班律师专项业务培训，对值班律师的办案质量定期考核，提升律师工作质效。还可以把参与认罪认罚案件作为律师职称评定的一项指标，以此提高律师参与的积极性。

结　语

据不完全统计，2019年12月单月，全国检察机关认罪认罚从宽制度适用率、量刑建议采纳率均超过了80%。[①] 认罪认罚从宽制度是一个全新的制度，是刑事诉讼领域的一场革命，将对司法程序带来巨大的冲击力。在这场冲击波中，每一方诉讼参与者都应及时适应这种变化，调整诉讼策略。对于刑辩律师，理顺制度逻辑，敢于直面制度的应有之义，秉持执业伦理道德和对公平正义追求的情怀，为争取当事人合法利益最大化尽到一个刑辩律师的职责。

[①] 徐日丹：《2019年12月份认罪认罚从宽制度适用率超过80%》，https://www.spp.gov.cn/spp/zdgz/202001/t20200119_453239.shtml，最后访问时间：2020年9月18日。

认罪认罚案件量刑建议研究

陈卫东*

引 言

认罪认罚从宽制度自 2016 年试点实施以来,各试点司法机关积极探索、稳步推进,相关实践取得了一系列经验与实绩。在理论探索与实践发展奠定的基础上,2018 年修改的刑事诉讼法将认罪认罚从宽制度上升为法律,正式纳入了刑事诉讼法律体系,这对于贯彻宽严相济的刑事政策、完善中国特色的诉讼制度有着重要意义。此次修法中,2/3 的内容都与认罪认罚从宽制度相关,既体现了决策者对本制度的关注程度,也反映了其在刑事诉讼中的重要地位。作为一项尚显"年轻"的制度,认罪认罚从宽不论在理论还是实践中仍然存在一系列疑难问题,需要业界予以进一步研究。

就认罪认罚从宽制度自身而言,认罪认罚只是基础,从宽处理才是关键。[1] 事实上,在任何协商性的刑事司法制度中,从宽皆为制度的生命,若不将从宽处理置于前提地位,犯罪嫌疑人、被告人认罪认罚的意愿将大幅降低,从而导致制度目的成为无源之水、无本之木。从宽处理在很大程度上是以实体的量刑减让为手段达成的。[2] 当犯罪嫌疑人、被告人通过认罪认罚能够获得减轻刑罚的预期时,促使其认罪认罚、签署具结书、适用简化程序等制度功能方可得到更好的实现。形塑这种"预期效应"的核心机制,实乃检察机关之量刑建议。为了使审前阶段提出的量刑建议兑现,维持犯罪嫌疑人、被告人对减刑结果的预期,2018 年刑事诉讼法强化了认罪认罚案件中量刑建议的刚性,其第 201 条第 1 款作出了"对于认罪认罚案件,人民法院依法作出判决时,一般应当采纳人民检察院指控的罪名和量刑建议"的规定。

就量刑建议制度而言,理论界成规模的讨论出现在 2000 年前后,探讨的对象是各地零星出现的量刑建议改革试点。到了 2005 年,为因应最高法的"量刑规范化改革",量刑建议工作开始受到最高检重视,其制发了一系列文件,将其"正式确立在我国的司法解释之中,成为未来我国量刑程序的有机组成部分"。[3] 由于量刑建议在当时尚属一项新生制度,学者的研讨重点大致在于制度的理论基础与基本内容方面。比如,量刑建议是否具有正当

---

* 陈卫东,中国人民大学法学院教授,博士生导师。
[1] 参见陈卫东:《认罪认罚从宽制度研究》,载《中国法学》2016 年第 2 期。
[2] 参见熊秋红:《认罪认罚从宽的理论审视与制度完善》,载《法学》2016 年第 10 期。
[3] 陈瑞华:《量刑程序中的理论问题》,北京大学出版社 2011 年版,第 158 页。

性？量刑建议应在何时、以何种方式提出？量刑建议的提出是否有案件范围的限制？量刑建议的内容应当概括还是精确？① 这些问题有些已经部分解决，有些则延续至今。应当承认的是，在量刑建议的首轮讨论中，许多问题并未达成共识，如量刑建议性质及附随其上的效力问题，普遍观点乃落足于检察机关法律监督机关这一模糊的法律定位，而量刑建议的确定刑与幅度刑之争亦未得出一个相对明确的结论。

一、量刑建议的性质及效力

诉讼制度的设计与构建须以一定的理论为基础，而量刑建议的性质及附随于性质的效力乃本文展开讨论需要首先明确的基石性问题。所谓量刑建议，是指人民检察院对提起公诉的被告人，依法就其适用的刑罚种类、幅度及执行方式等向人民法院提出的建议。② 顾名思义，量刑建议是一种"建议"，其似乎不应具有强制性特征。

讨论量刑建议的性质及效力，可以从检察机关在特定刑事诉讼环节的定位切入。较之域外国家或地区，我国检察机关在国家机关中的定位可谓极其复杂。虽然宪法第 134 条规定"人民检察院是国家的法律监督机关"，但迄今为止，"法律监督"的规范内涵仍不确定，未形成一个绝对意义上的通说。在域外，检察机关基本被视为单纯的控诉机关，而法律监督的意涵显然非控诉所能囊括。其实，在不同的诉讼环节或制度场域下，检察机关的定位及其扮演的角色存在显著差异。例如，在履行刑事诉讼法第 19 条规定的侦查职能时，检察机关是侦查机关；在审查逮捕程序中，作为逮捕案件的审查者，检察机关行使的批捕权具有中立的裁断性质，应属司法机关的范畴；在审查起诉与审判阶段，检察机关代表国家行使追诉犯罪之控诉权，定位于公诉机关；而在某些具有中国特色的制度场域，如立案监督、审判监督、刑事执行监督中，检察机关的权能可能就要被解释成"诉讼监督"，此时宜将其视为监督机关。③《人民检察院刑事诉讼规则》第 364 条第 2 款规定："提出量刑建议的，可以制作量刑建议书，与起诉书一并移送人民法院……"可见，量刑建议是在起诉阶段提出的，此时检察机关定位于公诉机关，这从形式上初步标示了量刑建议的性质。

量刑建议权来源于公诉权，或者更明确地说，量刑建议乃公诉权的下位权能。④ 一般认为，公诉权的权能可以分为提起公诉权、不起诉权、抗诉权三项，⑤ 其中，提起公诉权又可以划分为定罪请求权与量刑请求权。在通常情况下，量刑请求权是与定罪请求权绑定的，因为刑事诉讼的目的本为"惩罚犯罪，保护人民"，检察机关的起诉行为必然包含着要求定罪与要求处刑两个方面——仅靠单纯的定罪，难以实现"惩罚犯罪"之目的。从实体法角度看，量刑是定罪的必然后果，刑法分则的各项条款均规定了触犯特定犯罪的法定刑，当检察机关依据刑法条款提出指控时，势必指向求刑的意思。不过，在司法实践中也有极个别的例外情况，即检察机关提出有罪指控的同时，又提出免予刑罚的要求，即便如此，不请求刑罚也应被视为刑罚请求权的应有内涵。刑罚请求权的具体行使方式就是以检察机关

---

① 参见付磊：《量刑建议改革的回顾及展望》，载《国家检察官学院学报》2012 年第 5 期。
② 参见《人民检察院开展量刑建议工作的指导意见（试行）》第 1 条。
③ 参见陈卫东：《中国刑事诉讼权能的变革与发展》，中国人民大学出版社 2018 年版，第 248~251 页。
④ 冀祥德：《构建中国的量刑建议权制度》，载《法商研究》2005 年第 4 期。
⑤ 姜伟：《论检察》，中国检察出版社 2014 年版，第 122 页。

向审判机关提出量刑建议的形式实现的。

与定罪请求权一样,刑罚请求权或量刑建议权仅为一项程序性权力,既不会直接造成任何实体后果,也无涉犯罪嫌疑人、被告人的基本权利干预事项。之所以将量刑建议称为"请求权",其实是相对于审判机关带有"决定权"性质的量刑权而言的。诸如提请逮捕、提起公诉、申请变更强制措施等这类刑事诉讼中请求权的行使也被称作"取效行为",本身不产生实体效果,产生实效的乃直接作用于实体的"予效行为"。① 量刑建议因缺乏实体性,仅具取效性质而无予效属性。众所周知,对犯罪的认定"需要一个作出终极判决的司法官员"②,在我国,人民法院是决定犯罪的唯一机关,法院判决是确定定罪量刑的唯一载体。申言之,量刑权是审判权的固有内涵,量刑建议对人民法院并无拘束力,亦即量刑建议仅供法院量刑时参考,法院是否采纳建议及如何量刑悉由法院依法独立作出决定。③

"一般应当"与"应当"在规范层面的区别究竟何在?从文义来看,"一般应当采纳"的表意似乎仅指"在通常情况下必须采纳,而在特殊情形下可以采纳,也可以不采纳"。不过,就刑事诉讼法第 201 条第 1 款的整体而视,不难发现这种解释的罅漏之处。"对于认罪认罚案件,人民法院依法作出判决时,一般应当采纳人民检察院指控的罪名和量刑建议,但有下列情形的除外:(1)被告人的行为不构成犯罪或者不应当追究其刑事责任的;(2)被告人违背意愿认罪认罚的;(3)被告人否认指控的犯罪事实的;(4)起诉指控的罪名与审理认定的罪名不一致的;(5)其他可能影响公正审判的情形。"本款规定将"一般情形"与"除外情形"进行了 P 与非 P 的绝对性划分,而且,由于"采纳"或"不采纳"具有择一性,并无介于两者之间的方案,两者与"一般情形""除外情形"形成了固定的对应关系,因而,法院只能在量刑建议属于五种法定情形之一时不采纳量刑建议,只要不属于"除外"情形的,人民法院对量刑建议都必须采纳——这里的"一般应当"其实与"应当"具有规范上的等价关系。④

然而,刑事诉讼法第 201 条第 2 款的规定却给上述解释结论造成了新的解释学问题,亦即"量刑建议明显不当"是否属于"一般应当"的新的例外?"人民法院经审理认为量刑建议明显不当,或者被告人、辩护人对量刑建议提出异议的,人民检察院可以调整量刑建议。人民检察院不调整量刑建议或者调整量刑建议后仍然明显不当的,人民法院应当依法作出判决。"虽然立法并未将其专门规定于第 201 条第 1 款的除外情形,但从"人民检察院不调整量刑建议或者调整量刑建议后仍然明显不当的,人民法院应当依法作出判决"的规范意义看,显然立法者从侧面明确了审判机关不采纳"明显不当"量刑建议的权力。若不考虑前款规定,本款文义似乎又对量刑建议的采纳与否作出了 P 与非 P 的划分,即量刑建议"明显不当"与"无明显不当"——审判机关对前者不应采纳,对后者则应当采纳。结合前款规定,由于法律不可能对一个命令性规范给出两种标准,故一种可能的解释方案便仍是从"一般应当"的"一般"切入,将两种标准加以融合,划分量刑建议为一般情形(应当采纳)、特定情形(不应当采纳)以及明显不当(不应当采纳)三类。但是,若立法

---

① 参见聂友伦:《检察机关批捕权配置的三种模式》,载《法学家》2019 年第 3 期。
② [意]贝卡利亚:《论犯罪与刑罚》,黄风译,中国法制出版社 2005 年版,第 13 页。
③ 朱孝清:《论量刑建议》,载《中国法学》2010 年第 3 期。
④ 参见万毅:《认罪认罚从宽程序解释和适用中的若干问题》,载《中国刑事法杂志》2019 年第 3 期。

者在订立条文时的意图果真如此，按照立法技术的基本要求，"量刑建议明显不当"必将会被直接纳入五种除外情形，而不会叠床架屋另设例外，后者除了平添司法者对条文理解与适用之困惑外，无法带来任何额外的规范价值。从刑事诉讼法体系融贯性的角度考量，对"明显不当"的归类，唯一解释方案乃将其理解为除外情形之"其他可能影响公正审判的情形"。

"其他可能影响公正审判的情形"应如何把握？笔者认为，"其他可能影响公正审判的情形"最典型的情形就是"量刑建议明显不当"。首先，解释的前提是明显不当的量刑建议不能得到采纳。法律不能要求法律行为的作出者违反法律，若人民法院已认定量刑建议明显不当，则当然不能采纳，否则不仅是对刑法与刑事诉讼法规范的背离，更违反了"依照法律规定独立行使审判权"的宪法诫命。其次，基于对认罪认罚量刑建议"应当采纳"之强制属性的认识，不能采纳的量刑建议只能属于刑事诉讼法第201条第1款规定的五种情形。因此，量刑建议明显不当即被归入除外情形的兜底一项，即"其他可能影响公正审判的情形"，如量刑建议畸高或畸低这一类的"明显不当"，法院若采纳当然将"影响公正审判"，故得作为"可能"予以排除适用。此外，从立法过程的讨论情况来看，量刑建议明显不当也应当被包摄于兜底条款。在2018年《刑事诉讼法（修正草案）》的一审稿中，"量刑建议明显不当"最初是被作为一种独立的除外情形规定于第201条第1款，在后续的立法讨论中，有观点认为该项情形与第2款有关量刑建议调整的规定存在重复。出于立法技术方面的考虑，立法起草部门经过研究，在文本中删除了"量刑建议明显不当"这一项除外情形，但其规制的实质内容仍然保留在第1款之中，由兜底条款所承接。除了量刑建议明显不当外，"其他可能影响公正审判的情形"主要是指动摇认罪认罚事实基础的其他事项。当出现五种除外情形的前两种情形，即"被告人的行为不构成犯罪或者不应当追究刑事责任""被告人违背意愿认罪认罚"的案件就不应当再被作为认罪认罚案件处理了；而出现五种除外情形的后两者情形，即"被告人否认指控的犯罪事实的""起诉指控的罪名与审理认定的罪名不一致的"，根据被告人承认犯罪事实的内容不同，亦有可能导致认罪认罚案件变为不认罪案件。应予注意的是，前四种情形并未完全穷尽动摇认罪认罚事实基础的事项，如认罪认罚具结书的内容不真实、不合法，就无法完全归入四种情形中。具体来说，当侦查机关、检察机关在案件办理过程中存在严重程序违法，如违反了回避规定、签署具结书时无律师在场等，认罪认罚的真实性、合法性便无法得到保障，此时，审判机关自不应采纳量刑建议。

二、量刑建议的形成机制

认罪认罚从宽制度化以后，量刑建议的形成机制发生了较大的变化。刑事诉讼法第174条规定："犯罪嫌疑人自愿认罪，同意量刑建议和程序适用的，应当在辩护人或者值班律师在场的情况下签署认罪认罚具结书……"可见，认罪认罚从宽制度将"同意量刑建议"作为适用的先决条件,此时的量刑建议就多了某种"协商"或"讨论"的意涵。① 在这种情况下,认罪认罚案件量刑建议的形成机制就多了一个"获得被告人同意"或"与被告人讨论"的流程。申言之,认罪认罚案件量刑建议的形成机制,在前半部分与以往量刑建议的形成机制基本一致,只是在后半部分,经检察机关内部确认后,需要向犯罪嫌疑人提出,征求辩方意见,当然,辩护方也可直接向检察机关表达量刑的意向。经讨论,双方对量刑建议达成合意的,签署认罪认罚具结书。此外,还应注意的是,为了更好地鼓励认罪认罚,实现诉讼分流、节约司法资源等重要价值,《关于适用认罪认罚从宽制度的指导意见》(以下简称《认罪认罚指导意见》)第9条将认罪认罚作为一项独立的量刑情节,② 对其应当在预测宣告刑的阶段予以考量。

在认罪认罚案件中,量刑建议不再仅为公诉机关一方的"请求",而是控辩双方共同提出的"建议",虽然如此,经由上述机制达成的"量刑合意"也未必符合"罪责刑相一致原则"的应然要求。现行认罪认罚案件量刑建议的形成机制仍然存在不少问题。一方面,由于量刑信息的准确性、检察机关的控诉性质、犯罪嫌疑人获得辩护的程度等诸多因素的影响,达成合意的量刑建议容或存在偏误。检察机关据以构建量刑建议的信息来自侦查机关,而后者的主要工作目的仅在于侦破案件,通常忽略对犯罪嫌疑人有利信息的收集,且某些已有的信息亦存在不同程度的模糊性与主观性。检察机关的控诉性质更有放大前述对犯罪嫌疑人不利量刑信息的倾向——往往注重从重情节,对可以从轻的酌定情节则时常忽略,最终可能提出偏高的量刑建议。③ 更为重要的是,在认罪认罚案件中,许多犯罪嫌疑人都未委托辩护律师,而值班律师起到的"提供法律帮助"之实际效果如何也颇值得怀疑,鉴于目前绝大多数犯罪嫌疑人智识水平、认知能力较低的状况,殊难保证其"同意量刑建议"的明智性。另外,因公诉与审判毕竟分属两个阶段,主导机关、办案理念等诸多方面皆有所不同,即便最高人民法院《关于常见犯罪的量刑指导意见》(法发〔2017〕7号)(以下简称《量刑指导意见》)能给检察机关提供一定参考,但裁量空间依旧很大。量刑建议的准确性,或者说检察机关量刑建议与审判机关量刑的一致性如何保障,亦是需要考虑的问题。

事实上,就认罪认罚案件量刑建议的形成机制而言,每一个步骤都存在进一步完善的空间。第一,应当细化目前的量刑规范。在宣告刑预测阶段,因《量刑指导意见》的规范内容仍较为概括,导致不同判断主体在应用时得出的结论可能存在差异。鉴于我国司法人员水平仍参差不齐的现状,宜参考美国《联邦量刑指南》的规制模式,通过制定周延而详细的量表型量刑规则,④ 尽量将量刑的自由裁量权限缩至较小的范围,以统一检察院、法院对量刑事项的认识。第二,应当积极引用人工智能、大数据等辅助量刑的信息手段。虽然过往有地方司法机关开发使用过"电脑量刑系统",但招致了理论界的批评。⑤ 时至今日,

---

① 应当注意的是,虽然实践中认罪认罚从宽的制度适用可能存在"量刑协商",但不应将认罪认罚等同于"量刑协商",其与英美法系国家的辩诉交易存在根本的性质区别,整体宜定位为"法定从宽"制度。参见熊秋红:《比较法视野下的认罪认罚从宽制度——兼论刑事诉讼"第四范式"》,载《比较法研究》2019年第5期。
② 苗生明、周颖:《认罪认罚从宽制度适用的基本问题》,载《中国刑事法杂志》2019年第6期。
③ 参见陈瑞华:《论量刑建议》,载《政法论坛》2011年第2期。
④ 参见虞平:《量刑与刑的量化——兼论"电脑量刑"》,载《法学家》2007年第2期。
⑤ 参见季卫东:《人工智能时代的司法权之变》,载《东方法学》2018年第1期。

信息技术已经发展到"互联网3.0"阶段，再谈电脑量刑，可能已经比较现实。比如，以累积的司法大数据为基础，建立完善的智能辅助量刑建议系统。① 在量刑建议形成的类案参考阶段，可以通过预制的算法，通过比较当地及全国类案判决的情况，辅助检察人员调整量刑建议。第三，应当尊重被害人在认罪认罚量刑建议中的参与权。刑事诉讼法第173条规定，检察机关应当听取被害人对犯罪嫌疑人"从轻、减轻或者免除处罚等从宽处罚的建议"。在此前的司法实践中，出于维稳等因素的考量，一些试点单位将与被害人达成谅解或和解协议作为适用认罪认罚从宽制度的前提条件，这显然属于对规范的理解错误。对此，《认罪认罚指导意见》第16条、第18条专门明确了听取被害方意见与被害方异议的处理之规定。笔者认为，获得被害人谅解或达成和解协议，本身就是单独需要考虑的量刑情节，不影响认罪认罚的成立，也不宜概括纳入认罪认罚的从宽评价。不过，鉴于被害人的诉讼主体地位以及社会关系的恢复，在决定适用认罪认罚从宽制度时，检察机关仍应尊重其提出的意见。第四，应当强化犯罪嫌疑人在认罪认罚案件审前阶段获得辩护的权利。如前所述，由于检察机关的材料与信息来源比较单一，若仅基于侦查机关提供的证据，得出的初步量刑建议极可能有失公允，加之犯罪嫌疑人权利保障意识的缺乏，导致最终提出的量刑建议往往只是侦控机关一方的意见。② 无论检察机关如何倡导"客观义务""法律守夜人"等概念，其控诉机关的定位、惩罚犯罪的倾向都不会改变，而针对犯罪嫌疑人——追诉对象提出的量刑建议，往往也高于判决的实际结果。在认罪认罚案件中，面对量刑建议，缺乏有效辩护的犯罪嫌疑人极有可能完全不清楚量刑建议开出的"价码"是否公平，甚至对自己可能获得的刑罚本就没有一个正确的预期。在这种情况下，若无律师为犯罪嫌疑人提供有效的辩护，犯罪嫌疑人又不明智地同意了量刑建议，则即便量刑建议看上去好像是"合意"的产物，但实质仍仅为公诉机关单方面的意思表示，仍可能造成显失公平的结果。③ 可见，被告人获得律师帮助的权利不可或缺。④ 检察机关提出的量刑建议是否确属精准公正、是否符合罪责刑相一致的要求，必须充分考量辩方的合理诉求。需要澄清的是，认罪认罚是犯罪嫌疑人的权利，从宽处理是权利的应然延伸，不能把是否从宽、如何从宽理解为仅仅是检察机关的权力。作为犯罪嫌疑人的权利，公诉机关有义务保障这一权利的实现，尊重其实现权利的意愿表达，否则作为公诉机关的权力，犯罪嫌疑人只能服从，量刑建议的合意基础不复存在。基于此，检察机关在确定量刑建议时应充分考虑甚至吸纳犯罪嫌疑人及其辩护律师对量刑建议的意见，对符合法律规定、存在事实依据的，应当予以采纳。⑤ 检察机关不得压制辩护一方的意见表达，这才是"法律守夜人"应当坚持的立场。

---

① 李赫男、刘博闻：《运用大数据提升认罪认罚案件量刑建议的精准度》，载《人民检察》2018年第9期。
② 参见熊秋红：《中国量刑改革：理论、规范与经验》，载《法学家》2011年第5期。
③ 参见闵春雷：《认罪认罚从宽制度中的程序简化》，载《苏州大学学报》（哲学社会科学版）2017年第2期。
④ 熊秋红：《助推以审判为中心的诉讼制度改革》，载《人民法院报》2017年2月23日第2版。
⑤ 如何强化辩护律师在认罪认罚案件中的作用，可以考虑借鉴美国的做法，对律师有效辩护的行为标准进行规范。参见熊秋红：《有效辩护、无效辩护的国际标准和本土化思考》，载《中国刑事法杂志》2014年第6期。

三、量刑建议的具体形式

认罪认罚案件量刑建议的具体形式是理论界与实务界争议的一个焦点问题。简言之，量刑建议应当精确化吗？量刑建议是否应当以提出确定刑为原则？[①] 之所以此处会出现争议，乃其与刑事诉讼法第 201 条第 1 款相结合所导致的。基于该条款，人民法院"一般应当"采纳量刑建议，若人民检察院提出的量刑建议为确定刑，难免给人以公诉权侵犯审判权、检察机关决定案件定罪量刑的观感，与"以审判为中心"亦不甚相符。《认罪认罚指导意见》的出台更将这一争议推向风口浪尖，其第 33 条第 2 款规定："办理认罪认罚案件，人民检察院一般应当提出确定刑量刑建议。对新类型、不常见犯罪案件，量刑情节复杂的重罪案件等，也可以提出幅度刑量刑建议。""确定量刑"是指明确而具体的量刑结论，如有期徒刑 8 年；"幅度量刑"是指在一定区间内的选择量刑，如有期徒刑 5 至 7 年，5 年、6 年、7 年均在选择范围内。根据该意见，认罪认罚案件的量刑建议应以确定刑为原则，幅度刑为例外，然而，对于这项规定的合理性可能仍需通盘考虑。

应当承认，对于不同类型的认罪认罚案件，检察机关提出量刑建议的形式亦应有所不同，具体问题仍要具体分析。例如，有学者基于诉讼效率、量刑公正等因素的权衡，提出了以下方案：第一，对适用速裁程序、情节轻微的案件提出确定刑量刑建议，可以促进认罪认罚从宽制度的适用，也有利于案件的快速处理；第二，对适用普通或简易程序、可能判处有期徒刑的案件，因量刑幅度较大，可以在缩小量刑区间的情况下提出幅度刑量刑建议；第三，对适用普通程序审理、可能判处无期徒刑甚至死刑的案件，为了提高犯罪嫌疑人的量刑预期，可以提出最高刑量刑建议，制约量刑的严厉程度。[②] 也有审判机关人士从法院的角度提出意见，认为对于法官独任审判的案件，由于案件情节比较简单，容易权衡，应尽量提出确定刑量刑建议；就法院组成合议庭的案件而言，因案件事实情节繁杂，不易权衡，此时最好提出幅度刑量刑建议。[③] 笔者基本同意前述观点，只有在办理简单、轻微案件的场合，可能的宣告刑在 3 年有期徒刑以下的，出于公正与效率的价值权衡，检察机关才适宜提出确定刑量刑建议，除建议判处死刑、无期徒刑的情况外，其他案件皆需以幅度刑为原则。此外，虽然幅度刑量刑建议存在"幅度"，但不是说这种幅度没有限制，根据《量刑指导意见》以及智能辅助量刑建议系统的运用，绝大部分案件的量刑幅度都能被限制在一个较小的区间内，在未来出台精确细化的"量刑指南"后，量刑的幅度范围将得到进一步限缩，甚至可以逐步走向确定刑量刑建议，这对于明确犯罪嫌疑人、被告人的刑罚预期，促进认罪认罚从宽制度适用的稳定性将起到重要的作用。

[①] 本文所述的"确定刑量刑建议"，按照检察机关的权威理解，应是有关刑期的一个确定的"点"（以及执行方式），如"建议判处有期徒刑三年"，而不包括附加刑的确定。然而，确定刑与幅度刑的界限其实仍不明确，实践中亦出现了所谓"半精确刑、半幅度刑"等提法，这其中涉及一个"确定"与"幅度"的界定问题。受篇幅所限，笔者在此不做讨论，仅以业界的通常认识来理解"确定刑量刑建议"与"幅度刑量刑建议"这两个概念。
[②] 参见吴宏耀：《凝聚控辩审共识优化量刑建议质量》，载《检察日报》2019 年 6 月 10 日第 3 版。
[③] 参见胡云腾：《正确把握认罪认罚从宽　保证严格公正高效司法》，载《人民法院报》2019 年 10 月 24 日。

结　语

认罪认罚从宽制度在某种程度上推动了我国刑事诉讼制度的"跨越式发展",这一过程伴随着大量潜藏的风险。诚如有学者所述,与一些法治发达国家相比,我国的认罪认罚从宽制度改革是在控审分立、直接审理、控辩平等、自由心证等刑事诉讼基本原则尚未完全得到实施的背景下展开的,因而,制度的构建与完善必须被审慎对待。① 认罪认罚案件的量刑建议是目前制度实践中问题突出的领域。随着刑事诉讼法修改将认罪认罚从宽制度纳入,"两高三部"出台《认罪认罚指导意见》,一些实践问题得到了很大程度的缓解。然而,关于量刑建议,仍有许多问题亟待解决,本文的写作可以看作是在该领域的尝试。

若更进一步,我们不难发现,以上探讨的量刑建议若干问题其实并不出在该微观制度本身,而是镶嵌于认罪认罚从宽之宏观制度乃至刑事诉讼之整体制度内部。出于司法效率的考量,检察机关提出审判机关应当接受量刑建议、应当以确定刑量刑建议为原则的要求,本身并不违背协商性司法的内在理路,甚至可以说这本身就是发展协商性司法的应然要求。② 从美国的辩诉交易到德国的量刑协商再到我国的认罪认罚从宽,"放弃审判制度"在大部分程序中取消了以直接言词原则为核心的证据调查,造成了对实质真实原则、罪刑法定原则、无罪推定原则等的动摇,在追求案件实质真实发现方面,"真实符合论"让位于"真实共识论",刑事诉讼制度发生了根本性的变革。③ 质言之,法治发达国家的经验告诉我们,若不调整刑事诉讼既有的权力结构,不适当限缩刑事诉讼原则的作用范围,认罪制度在效率实现方面的有效性将很难得到发挥。认罪认罚从宽制度之所以出现了各类实践与理论交错的复杂问题,根源在于,与法治发达国家相比,刑事诉讼法及相关规范所构建的认罪认罚从宽制度仅具有形式外观而本质核心缺乏。例如,学界对"一般应当采纳人民检察院指控的罪名和量刑建议"规定之批判,④ 其原因大抵就在于协商性司法与"第三范式"下控审分离原则的冲突。由于审判权与公诉权的严格分离,定罪权与量刑权皆归于法院,检察机关作出的任何带有定罪量刑性质的动作都只能被视为"取效行为"。此时,无论在制度设计的细枝末节做任何调试,协商性司法的效果都只能是形式上的程序简化而已,无法触及协商性司法的核心——以控辩双方的合意实质替代审判机关代表的单方国家意志。只有在某种程度上放宽控审分离原则的要求,将认罪案件之审判权的部分内容迁移至检察机关,赋予量刑建议一定的决定权性质,认罪认罚从宽制度的协商性价值才能真正显现,否则,量刑建议永远只能是请求权,以致成为"第四范式"发展的瓶颈。若要构建真正意义上的协商性司法,使认罪认罚从宽制度发挥最大功效,除控审原则外,还需要对实质真实原则、罪刑法定原则、无罪推定原则等重新加以诠释,使制度设计与诉讼理论完美契合。

---

① 参见熊秋红:《比较法视野下的认罪认罚从宽制度——兼论刑事诉讼"第四范式"》,载《比较法研究》2019年第5期。
② 这在法国的庭前认罪协商程序中体现得尤为明显,参见[英]杰奎琳·霍奇森:《法国认罪程序带来的检察官职能演变》,俞亮译,载《国家检察官学院学报》2013年第3期。
③ 熊秋红:《比较法视野下的认罪认罚从宽制度——兼论刑事诉讼"第四范式"》,载《比较法研究》2019年第5期。
④ 参见魏晓娜:《结构视角下的认罪认罚从宽制度》,载《法学家》2019年第2期。

问题在于，在刑事诉讼"第三范式"尚未发育成熟、社会公众仍对控辩协商充满怀疑的当下，法制与社会环境允许决策者对刑事诉讼的权力结构与基本原则进行调整吗？改革应当秉持渐进化的模式，刑事诉讼制度方面的改革尤应如此。虽然笔者承认认罪认罚从宽制度在司法实践中能够且已经发挥了可观的功效，但是，考虑到法治体系的承受能力与社会主体的接受程度，全面推进协商性司法的建设、赋予检察机关定罪量刑的决定权限、调整既有的（甚至还尚未落实的）刑事诉讼原则，未免为时过早。就认罪认罚案件量刑建议的论域而言，也应当贯彻渐进改革的思路，在未来的理论研究与实践探索中，需要通过借鉴域外法治国家的相似制度、总结各地司法机关的办案经验，逐渐完善量刑建议的制度内容与运行机制，稳妥推动认罪认罚从宽制度与刑事诉讼整体制度的共同进步。

认罪认罚案件中选择性不起诉的法律规制

周长军*

选择性不起诉，是指在有确实充分的证据证明犯罪实施者为多人或者存在多个犯罪行为的案件，或者在一定时间内发生的具有相同犯罪构成、相似犯罪情节的案件中，检察机关有选择性地对部分犯罪嫌疑人或者犯罪行为不予起诉的行为。

选择乃现代公诉活动的精髓，检察公诉权的行使必然伴随着裁量的问题。在我国，基于对诉讼规律的把握和刑事政策的考虑，刑事诉讼法关于酌定不起诉、附条件不起诉以及当事人和解的公诉案件诉讼程序的规定就明确赋予了检察机关较大的选择性不起诉权力。

伴随着认罪认罚从宽制度的推行，检察机关选择性不起诉权力的适用突破了传统的轻罪限制，扩展到了重罪案件，在一定程度上改变了我国传统上以起诉法定主义为主、轻罪案件才适当兼采起诉便宜主义的审查起诉原则，进一步强化了检察机关选择性不起诉的权力。

由此，加强对选择性不起诉权力滥用现象的研究，探究其合理的规制路径，在确保检察机关敢于和善于行使不起诉权力的同时防范不起诉权的滥用就显得格外重要。

一、选择性不起诉的滥用之特征与类型

作为法律赋予检察机关的权力，选择性不起诉必须遵循权力法定原则和合理原则。如果检察机关故意超越法律规定或者违背合理原则进行选择性不起诉，则构成权力的滥用。以滥用形态出现的选择性不起诉既不同于法定不起诉或存疑不起诉，也与检察机关在法定起诉裁量权范围内合理作出的不起诉存在本质差异。

选择性不起诉的滥用具有如下几个特征：其一，它是检察机关贯彻宽严相济刑事政策的伴生物，形似不起诉裁量权的正当行使，实则不起诉权力的实践异化。其二，它以案件已具备提起公诉的法定条件为前提。根据我国刑事诉讼法规定，对不具备法定起诉条件的案件，检察机关依法只能作出不起诉的决定。只有对具备法定起诉条件的案件，检察机关才可根据案件性质、犯罪情节的严重程度、社会危害性大小、是否涉及国家重大利益、犯罪人的人身危险性等相关因素有选择地不予起诉。其三，它存在于多人犯罪的案件，或者在一定时间内发生的具有相同犯罪构成、相似犯罪情节的案件。具体包括：（1）共同犯罪案件，包括数人共犯一罪、数人共犯数罪以及连环共同犯罪的案件。（2）对合犯或者同一事件引发多个犯罪行为的案件。前者如贿赂犯罪案件；后者主要指群体性犯罪案件。

---

* 周长军，山东大学法学院院长、教授。

（3）同一类案件，即一定时间内发生的具有相同犯罪构成、相似犯罪情节的案件。从理论上讲，在这几类案件中突出存在着相互比较以及选择是否起诉的问题。其四，检察机关主观上存在故意，即明知选择性不起诉行为超越了法律规定或者违背合理原则而仍然为之。立法赋予检察机关选择性不起诉权力的前提假设是，检察官能够作为公众利益的忠实代理人，依据证据、法律和政策客观公正地决定是否起诉以及如何追诉，但实践中检察官并非总能做到客观公正，有时可能会违背公共利益行使选择性不起诉权力。

从以往的实践看，检察机关选择性不起诉的滥用表现为多种不同的样态。基于其缘由和特征，大致可以概括为以下几种：一是身份优遇型选择性不起诉，即在多人共同犯罪或者在一定时间内发生的具有相同犯罪构成、相似犯罪情节的案件中，检察机关有意或无意地把犯罪嫌疑人的职位等身份性要素作为起诉与否的主要考虑方面，起诉那些在职位、经济或者实力等方面较弱的犯罪嫌疑人，对处于优遇状态的犯罪嫌疑人不予起诉。二是法不责众型选择性不起诉，即对于一定时间内发生的大量类似犯罪案件，或者由同一事实引发的多起类似犯罪案件，受传统"法不责众"思想的影响，检察机关有时只择取其中少量的犯罪嫌疑人提起公诉，对其他犯罪嫌疑人不予起诉。三是稳定大局型选择性不起诉，即在一些职务犯罪"窝案"的查处实践中，出于"防范基层政权运作瘫痪"或者"稳定地方经济和社会秩序"等方面的考虑，检察机关有时会对某些犯罪人的全部或者部分犯罪行为选择性地不予起诉。四是控辩交易型选择性不起诉，即为了实现对重点犯罪、重点犯罪嫌疑人的打击和处理，检察机关在缺乏法律规定或者明确授权的情况下，与特定犯罪嫌疑人或其律师进行协商，以不起诉该犯罪嫌疑人的部分或者全部犯罪事实来换取其主动认罪或者帮助司法机关指证他人。五是教训策略型选择性不起诉，即在多人共同犯罪的案件，或者一定时间内发生的具有相同犯罪构成、相似犯罪情节的案件中，作为一种教训或报复策略，检察机关对所谓的"不配合"办案或者因行使诉讼权利等给办案机关带来麻烦或者风险的犯罪嫌疑人提起公诉，对其他犯罪嫌疑人则恩惠性地不予起诉。六是徇私枉法型选择性不起诉，即在多人共同犯罪的案件，或者在一定时间内发生的具有相同犯罪构成、相似犯罪情节的案件中，检察人员出于人情关照、亲情帮助、利益诱惑、权力干预等因素，对明知是宜于提起公诉的犯罪嫌疑人不当地放纵或者轻纵，选择性地不予追诉其全部或者部分犯罪事实的行为。比较典型的体现是共同犯罪案件中功能异化的"另案处理"。

在这六类情形中，第一类主要是由于检察人员的职业素养不足导致的；第二、三类表现出浓厚的政治性色彩；第四类折射出检察执法的功利性，是检察机关在法无明文规定情况下寻求追诉利益最大化的体现；第五、六类情形下的选择性不起诉则实质上沦为检察机关或检察人员谋取"一己之私"的工具。当然，这些只是基于认识和研究的方便抽象出来的"理想类型"，倘若具体到个案中，则会发现选择性不起诉权力滥用的情形有时可能比较复杂，同时兼具两种或者两种以上的特征。

二、选择性不起诉的滥用之弊害

选择性不起诉制度的设立，旨在更好地贯彻宽严相济的刑事政策，发挥刑事司法的教育感化功能，分化瓦解共同犯罪人，合理配置司法资源，保障法律的实施与时俱进，促进社会公共利益、犯罪嫌疑人利益与被害人利益的均衡保护，但实践中出现的滥用现象妨碍了这些预期目标的实现，弊害甚大。

其一，违背了法律面前一律平等原则。我国宪法、刑事诉讼法均规定了法律面前一律平等原则，赋予公民要求法律平等对待和保护的权利。平等权要求同等情况同等对待，不同事务不可同样对待即应差别对待。① 区别对待必须具有正当的理由，否则就违反了平等原则。有学者明确指出，在法律上得以设定差别对待的事项，其和事实的、实质意义上的差异之关系，只要在社会通常观念看来是合理的，这种差别对待就可认为没有违反平等。② 前述基于差别歧视、教训报复、法不责众、稳定大局、徇私枉法等因素作出的选择性不起诉，显然不属于"在社会通常观念看来是合理的"差别对待。实践中也容易导致"花钱买罪"现象，使得无钱无势无权的犯罪嫌疑人难以享受到平等适用选择性不起诉的权利，进而影响"努力让人民群众在每一个司法案件中感受到公平正义"的司法目标之实现。

其二，阻碍了刑罚预防目的的实现。通过选择性不起诉权力的合理运用，对那些犯罪情节轻微或者人身危险性/再犯可能性不大的犯罪嫌疑人采取非监禁处遇措施，使其得以及时从刑事追诉状态中解脱出来，避免交叉感染的风险，从而实现特别预防的目的。如果检察机关滥用选择性不起诉，则可能会不当地强化犯罪嫌疑人犯罪未必会受到刑事惩治的侥幸心理以及对于法律和规则的蔑视心理，不利于对犯罪之人的特殊预防。同时，由于削减了司法的可预期性，导致刑罚的一般预防目的也难以有效实现。

其三，损害了被害人的合法权益。选择性不起诉的滥用使得部分犯罪嫌疑人或者犯罪行为不再进入审判程序和执行程序，犯罪被害人通常期冀的有罪必罚目标也就无法实现，报复心理得不到充分满足，精神损害得不到有效修复。而在加害人与被害人难以达成赔偿协议的刑事案件中，因加害人没有被提起公诉，被害人的财产损失只能通过另行提起民事诉讼求偿，这不仅会加大被害人的讼累，而且诉讼结果具有较大的不确定性。

其四，加剧了司法腐败。且不说徇私枉法型选择性不起诉和教训策略型选择性不起诉本来就是"以权谋私"的行为，即便是其他形式的滥用选择性不起诉权力的行为，也由于突破了法律界限或者违反了合理原则而不当地扩张了检察机关的起诉裁量空间。同时由于我国检察人员的整体素质还有待提高，社会仍然具有较强的关系社会和人情社会色彩，诉讼的外部环境也不理想，因而增加了检察人员腐败的风险和可能。

其五，消解法律的公众认同。在强调有罪必诉、注重实质真实和报应正义的诉讼文化中，选择性不起诉权力的滥用背离了公众的普遍信念，损害了公众的法律预期，对法律的公众认同产生消极影响。加之我国检察机关独立行使检察权的保障机制尚未完全确立，检察人员的职业伦理素养整体不高，因而选择性不起诉的滥用还容易引发公众对检察权力运行过程中腐败渗透的联想，进而怀疑具体案件中法律适用的公正性。

---

① 陈新民：《德国公法学基础理论》（下册），山东人民出版社2001年版，第681页。
② ［日］芦部信喜：《宪法》（第六版），林来梵等译，清华大学出版社2018年版，第100页。

三、认罪认罚从宽制度的内涵及其对选择性不起诉活动的影响

（一）认罪认罚从宽制度的内涵界定

第一，准确理解认罪认罚从宽制度，除需把握刑事诉讼法第 15 条规定的内容外，还要结合第 182 条的规定，即"犯罪嫌疑人自愿如实供述涉嫌犯罪的事实，有重大立功或者案件涉及国家重大利益的，经最高人民检察院核准，公安机关可以撤销案件，人民检察院可以作出不起诉决定，也可以对涉嫌数罪中的一项或者多项不起诉"。据此，我国认罪认罚从宽制度应当区分为两种情况：一是犯罪嫌疑人、被告人既认罪又认罚的从宽，此为典型样态，一般出现在审查起诉阶段或者审判阶段；二是特殊案件中犯罪嫌疑人的认罪从宽，此为特殊情形，一般出现在侦查阶段或审查起诉阶段。遗憾的是，后一种情形常常为人们所忽略。

第二，认罪认罚从宽制度中的"从宽"既指实体从宽，也包括程序从宽。实体从宽又体现为定罪从宽（刑事诉讼法第 182 条）和量刑从宽两种情况，而不仅仅指量刑从宽；程序从宽则是指程序上从宽对待，尽可能地对犯罪嫌疑人、被告人采取轻缓的非羁押措施和便捷的诉讼程序，在符合法定条件时裁量性地撤销案件或者不起诉。

第三，认罪认罚从宽制度的确立在很大程度上是公安司法机关需求驱动和实践探索的产物。2018 年刑事诉讼法修改之前，尽管最高司法机关禁止辩诉交易的探索，但是囿于刑事案件多发难破与司法资源紧张的双重压力等现实困境，实践中公安司法机关不同程度地进行着侦辩协商、诉辩协商乃至审辩协商的活动。也正是在办案机关的需求推动下，全国人大常委会授权"两高"在部分地区开展刑事案件认罪认罚从宽制度试点工作，直至 2018 年修正刑事诉讼法时正式确立。

第四，认罪认罚从宽制度是刑事诉讼法确立的、具有特定条件和内容的诉讼制度，不能等同于刑法中早已有之的自首、坦白等从宽制度。构成刑法中的自首，需要具备犯罪人自动投案、如实供述自己的罪行且自愿接受审判等条件，同时自首情节的影响只及于量刑，不触及定罪；认罪认罚从宽制度的适用则不要求犯罪嫌疑人、被告人自动投案，从表面上看似乎比自首的条件宽松，但实质上不完全如此，因为典型的认罪认罚从宽制度要求犯罪嫌疑人、被告人在认罪之外还要认罚，而且在法院拟适用速裁程序审理的认罪认罚案件中，被告人还要"认程序"（同意适用速裁程序），这些显然是自首制度所不要求的。此外，认罪认罚从宽制度亦不能等同于坦白制度。坦白从宽贯穿了特殊预防的思想；认罪认罚从宽制度的推行则更多的是基于现实主义的考虑，是为了提高打击犯罪的效能、节约司法资源而给公安司法机关提供的一个用以合法地向诱导犯罪嫌疑人、被告人寻求合作的制度利器，犯罪嫌疑人、被告人只要有认罪认罚的行为，在客观上"表明"悔罪，即可享受被从宽处理的权利。

第五，刑事诉讼法第 182 条规定的特殊的裁量不起诉可以将实践中客观存在的一部分控辩交易型选择性不起诉情形合法化，但由其严格的适用条件和适用程序所决定，此种特殊的裁量不起诉不能被用以处理实践中的大多数控辩交易型选择性不起诉行为，也无法为其提供正当化根据。

（二）认罪认罚从宽制度的推行加大了选择性不起诉的滥用风险

首先，对于认罪认罚的犯罪嫌疑人，检察机关除可以作出酌定不起诉或者附条件不起诉的决定外，还享有一种新的裁量不起诉权，即只要犯罪嫌疑人自愿如实供述涉嫌犯罪的事实，且有重大立功或者案件涉及国家重大利益，那么经最高人民检察院批准，检察机关可以不受犯罪轻重程度的限制，作出不起诉决定，或者对涉嫌数罪中的一项或者多项不起诉。如果考虑到其中可能涵盖的控辩协商情形，则可以说我国立法已经确立了检察机关对于重罪案件的协商权力。此外，何谓"认罪"？何谓"重大立功"？何谓"国家重大利益"？等等，都涉及很强的主观判断和认定问题，因而存在较大的裁量空间。这些无疑大大拓展了检察机关选择性不起诉的领域和空间，增加了选择性不起诉滥用的风险。

其次，伴随着认罪认罚从宽制度的推行，审判机关、公诉机关、辩护方之间的"三方合作"诉讼模式渐次形成。推崇合作式公诉、合作式辩护与合作式审判理念，具有较强的准纠问式司法和流水线式司法色彩，在加快诉讼流程、保障被追诉人通过认罪认罚获得从宽处理方面具有积极效用，但同时也因强化了公、检、法、辩的相互配合，弱化了对侦、控、审权力的制约，而使得公权力的行使更加灵活，也更容易出现滥用的问题。一方面，在委托辩护率极低、法律援助范围相对有限、值班律师常常难以有效提供法律帮助的背景下，检察机关极易利用地位、资源、专业等方面的优势强迫或诱骗犯罪嫌疑人认罪，从而可能出现冤及无辜或者打击过重的现象。另一方面，可能会加剧检察机关滥用选择性不起诉从而违规放纵或者轻纵犯罪嫌疑人的现象，损害司法平等原则。

最后，刑事诉讼法第182条赋予检察机关特殊的裁量不起诉权力，并没有同时赋予公安机关、被害人和被不起诉人对其提出异议和进行制约的权力/利，而完全委诸检察系统内部的自我把关和自我控制，可能难以有效控制选择性不起诉权力的滥用。

四、选择性不起诉的法律规制

为保障认罪认罚从宽制度的合理运行，防范检察机关选择性不起诉权力的滥用，以下将主要从法律层面探讨选择性不起诉的规制问题。

1. 废除"公诉转自诉"制度，构建准起诉程序和法官事前同意制度，完善法院对检察机关选择性不起诉的制约机制

从理论上讲，选择性不起诉的滥用既包括违反起诉法定主义原则的"该诉而不诉"行为，也包括背离起诉便宜主义原则的"宜诉而不诉"行为。在防止和控制检察机关选择性不起诉的滥用方面，各国普遍较为重视法院的介入和功能发挥，并大致呈现三种具有代表性的模式：一是英美法系国家的法官制衡模式。二是大陆法系国家的法官制衡模式。三是日本的法官制衡模式。从我国的情况看，刑事诉讼法第180条也规定了被害人对检察机关的不起诉决定可申请法院救济的程序，即被害人可以向上一级检察机关申诉，然后向法院起诉，或者直接向法院起诉。不过由于被害人收集证据的能力往往存在很大的局限性，因而实践中很少能说服法院立案，更不要说使法院对被告人作出有罪判决。法律赋予被害人的"公诉转自诉"权利在实践中已基本上沦为"镜中花，水中月"，不具现实可行性。鉴于此，应当尽快废除现行的公诉转自诉制度，完善法院对检察机关不起诉的制约机制。

一方面，对于检察机关拟作出的裁量性不起诉决定，通过修法确立由法院事先审查并决定同意与否的制度，以确保不放纵犯罪，维护被害人的合法利益。检察机关在采取刑事诉讼法第182条所规定的特殊的裁量不起诉行为时，也应由法院事先审查同意，即在最高人民检察院批准之后还应征得最高人民法院的同意。此外，检察机关在作出裁量性不起诉决定之前，还必须取得被不起诉人的同意。

另一方面，对于违反起诉法定主义的选择性不起诉行为，可以借鉴日本的经验，构建准起诉程序加以制约。具体而言，对于检察机关违反起诉法定主义的选择性不起诉行为，被害人可以向上一级检察机关申诉，上级检察机关拒绝提起公诉后，可以向该检察机关所在的地方法院递交交付审判的申请书，法院可以作出驳回诉讼请求或者交付审判的裁定。如果法院作出交付审判的裁定，将案件移送管辖法院审判，则视为已向法院提起诉讼，其效力等同于检察机关提起公诉，由法院指定的律师担任公诉检察官，被指定的律师被视为依照法律从事公务的人员，有权向国家领取相应的报酬。由此可以摆脱"公诉转自诉"程序中普遍存在的被害人取证难、举证难和法院受理难等困境，避免"强人所难"地要求检察机关提起公诉所可能导致的消极公诉问题。与此同时，为防止被害人滥用诉权，可以建构诉讼费用制度，规定法院不受理被害人提起的交付审判请求的，可以同时裁定命令被害人负担因与此请求有关的程序所产生费用的全部或者一部分。

2. 完善认罪认罚从宽制度，构建污点证人作证豁免制度，解决控辩协商"良性违法"的问题

其一，完善认罪认罚从宽制度尤其是值班律师制度。为实现认罪认罚从宽制度中被追诉方与检察机关的平等协商，必须改革值班律师制度，提高其法律地位，将值班律师改造成为享有充分的会见、阅卷、调查取证、协商、参与法庭调查辩论等诉讼权利的辩护人，确保被追诉人能够获得律师有效的辩护，强化律师介入对检察官不起诉裁量权行使的制约功能，保证被追诉人认罪认罚的合法性、自愿性和理智性。

其二，将实践中检察机关时常采取的"污点证人作证豁免"的做法法律化、规范化，以解决贪污贿赂犯罪、毒品犯罪、黑社会性质组织犯罪等案件中的取证难问题，提高检察指控成效。

根据法解释学原理，刑事诉讼法第182条关于犯罪嫌疑人有重大立功时可以做撤销案件或者不起诉处理的规定，实质上已经部分包含了污点证人作证豁免的内容，只不过该条规定适用的案件类型和犯罪嫌疑人范围过于宽泛。污点证人作证豁免制度的确立和适用尽管可以帮助司法机关在取证困难情况下成功实现对立法重点打击的严重刑事犯罪行为的有效追诉和惩治，合理配置司法资源，但毕竟是以对某些罪行轻微者放弃惩罚来实现的，因而会不同程度地冲击司法平等、起诉法定主义、罪责刑相适应等刑事法原则，且具有较大的滥用风险，因而基于法益权衡原理，应当对污点证人作证豁免制度作出案件类型等方面的限制。其一，应当将污点证人作证豁免制度的适用范围限定在重大贪污贿赂犯罪、毒品犯罪、黑社会性质组织犯罪、危害国家安全犯罪、恐怖活动犯罪及其他具有严重社会危害性、社会影响较大的团伙犯罪案件，同时一般应当只适用于案件中的罪行轻微者或者在共同犯罪中处于从犯或者胁从犯地位的犯罪嫌疑人，而且其实施应当报经上一级检察院批准。其二，作为少数例外，污点证人作证豁免制度可以适用于上述犯罪案件以外的罪行轻微者或者共同犯罪中的主犯，具体则依据刑事诉讼法第182条的规定处理。

3. 赋予不起诉一定的实质确定力，防止不起诉后的随意再诉

刑事诉讼法对于检察机关不起诉后又重新起诉的，没有规定明确的限制条件，以致实践中一些地方检察机关在不起诉后的重新起诉方面较为随意，其中不排除带有报复性色彩的重新起诉。

要解决不起诉后随意再诉的问题，首先应实现羁押期限与办案期限的分离以及对羁押措施的司法控制。否则，囿于目前的法律规定，在讨论恣意重复追诉的控制时，往往会迷失方向，以致出现有悖法理的观点。当然，在强制措施的司法审查原则确立前，虽不宜赋予检察机关的不起诉决定以一事不再理的实质确定力，但仍应赋予其一定的实质确定力，规定不起诉决定作出以后，检察机关只有在发现新事实或者新证据时才可以再行起诉。因为区别于西方国家，在我国，刑事起诉通常都会伴随着羁押以及因羁押带来的自由限制、精神煎熬、经济损失、亲情疏离等诸多实质性的不利后果和利益丧失，所以赋予不起诉决定一定的实质确定力，防止检察机关恣意重新起诉、不断骚扰和打压被告人的情况发生，可以更好地兼顾实质正义的实现和对被告人的程序安定性利益等合法权益的保护。

完善认罪认罚案件中确定刑量刑建议合理性之措施

——以重新审视该量刑建议性质为视角

左德起　郭沙沙*

引　言

2018年修订的刑事诉讼法及2019年发布的《关于适用认罪认罚从宽制度的指导意见》（以下简称《指导意见》）确立了"以确定刑量刑建议为主，幅度量刑建议为辅"的制度，且法院"一般应当采纳检察机关的量刑建议"。这一系列的改革措施表明检察机关成为认罪认罚从宽制度的主导者，确定刑量刑建议一跃成为认罪认罚从宽制度的核心。因此如何准确理解检察机关的确定刑量刑建议的性质成为该制度有效实施的关键，也为之后如何完善这一量刑建议之形成过程的公正性和结果合理性提供了改革方向。

目前理论上关于检察机关确定刑量刑建议的讨论主要包括两大方面：一是检察机关的这种刚性量刑建议权是否侵害了法官的量刑自由裁量权；二是如何提高检察机关确定刑量刑建议的精准度。但在理论上忽视了认罪认罚从宽制度改革赋予确定刑量刑建议之量刑本质这一现象。因此面对确定刑量刑建议体现出的新内涵，亟须在理论上进一步地进行论证。基于此，本文希望对确定刑量刑建议的本质重新进行深入剖析，并以此为基础提出相应对策来提升检察机关的量刑能力与水平。

一、量刑建议本质之发展历程

（一）幅度量刑建议之求刑权本质

量刑建议制度的确立源于2010年量刑程序规范化改革，随着《关于规范量刑程序若干问题的意见》在全国开始试行，量刑建议制度被正式确立在我国的司法解释之中。2012年修订的刑事诉讼法引进了量刑建议制度，故检察机关的量刑建议正式成为公诉权的有机组成部分。

为了给公诉工作留有余地，同时为了避免受到考核机制的不利影响，检察机关的量刑建议一般都没有提出具体的刑期，而是提出较法定刑更为细化的量刑幅度。此时这种量刑建议仅是检察机关的单方意见，体现了国家有效追诉犯罪、实现公正量刑的意志，因此检察机关的量刑建议与定罪起诉书一同体现出"求刑权"本质。但自2010年量刑建议改革兴

---

*　左德起，深圳大学法学院教授；郭沙沙，深圳大学法学院2017级诉讼法专业研究生。

起以来，法官对检察机关量刑建议的采纳率达到80%，甚至有的地区达到90%。① 理论界对检察机关的量刑建议是否影响法官独立量刑自由裁量权有所争议。②

(二) 确定刑量刑建议之量刑本质

新刑事诉讼法明确在认罪认罚案件中，法院一般应当采纳检察机关的量刑建议，这引发了理论上的争论：检察机关的刚性量刑建议权是否影响法官自由裁量权的行使。有观点认为，这种刚性量刑建议权确实取代了法官的部分自由裁量权，其效力刚性根植于认罪协商制度的价值追求和我国刑事审判制度的既定模式。③ 另有观点认为，这种确定的量刑建议与法官的自由裁量权并不冲突，因为前者仍然具有公诉权属性，后者属于裁判权，法官仍享有审查被告人认罪认罚自愿性、具结书的真实性与合法性的权力。④

但这种确定刑量刑模式确实在一定程度上代替了法官的自由裁量权，使解决量刑活动的主场从审判阶段转移到审查起诉阶段。法官在审判阶段审查的内容不是针对检察机关量刑建议的合理性，⑤ 而是对认罪认罚的自愿性以及具结书内容的真实性、合法性的审查。即便法官仍然保留一定的审查权，也不能否认其在认罪认罚案件中量刑自由裁量权的丧失。

首先，在认罪认罚案件中，检察机关量刑建议的内容包括确定的主刑、附加刑及明确的刑罚执行方式，建议判处财产刑的，一般应当提出确定的数额。⑥ 以往的量刑建议只注重主刑的确定，对附加刑及刑罚执行方式的关注度不够，而现在附加刑成为量刑建议不可或缺的重要内容，这是由附加刑可体现出犯罪嫌疑人的认罪、悔罪态度所决定的。上述规定使得检察机关的量刑建议与法官的量刑活动在内容上完全重合。

其次，《指导意见》中明确检察机关在提出确定刑量刑建议之前不仅要听取辩护意见，而且还应听取被害人意见，并且《指导意见》加强了对被害人权利保障的力度。此外《指导意见》还确定了社会调查评估制度，注重酌定量刑证据之收集，保障量刑信息的全面性。这些内容本来都是法院在审判阶段的量刑过程中应当考虑的因素，现在被提前到审查起诉阶段，由检察机关进行审查。

最后，《指导意见》规定检察机关应参照量刑指导意见提出最终的量刑建议，并对量刑建议进行充分说理论证。这表明本来应当由法院在判决中承担的量刑说理责任转移给了检察机关。综上所述，我国法律实质上已经承认了检察机关提出确定刑量刑建议的活动属于一种量刑活动。

---

① 曹振海、宋敏：《量刑建议制度应当缓行》，载《国家检察官学院学报》2002年第4期。
② 李郁军、马君：《甘肃白银平川：量刑建议采纳率98%》，载《检察日报》2009年6月4日第3版。
③ 皇甫长城、刘强、周健：《认罪认罚从宽制度中量刑建议工作机制研究》，载《上海法学研究》集刊2019年第7卷。
④ 苗生明、周颖：《认罪认罚从宽制度适用的基本问题——〈关于适用认罪认罚从宽制度的指导意见〉的理解和适用》，载《中国刑事法杂志》2019年第6期。
⑤ 法官对明显不当的量刑建议进行审查。
⑥ 《指导意见》第33条。

二、确定刑量刑建议存在的问题

（一）拒绝法官介入控辩协商程序

我国认罪认罚从宽制度之所以拒绝法官介入控辩协商过程，是因为理论界和实务界都认为法官的这种介入与其中立审判职能不符。在试点过程中，一些地方法院主动参与到控辩双方的量刑具结过程中，但在理论上批判这种做法实质上是对量刑建议求刑权的性质没有准确把握，法官介入协商过程的行为替代检察机关行使了求刑权，出现自我审查之悖论。①

上述批判是对刑事诉讼程序中的控辩协商普遍存在一种误解，即控辩协商通常被认为是一种策略，而并非一种司法活动或量刑活动。②但确定刑量刑建议在认罪认罚案件中确实表现出量刑活动这一性质，且相关制度安排也更加偏向于加强量刑建议的确定性。由于法官原本就享有量刑裁量权，因此其参与到量刑协商过程中是不存在理论悖论的。这种拒绝法官介入控辩协商程序的模式忽视了我国法官在刑事案件中积极司法官的身份。在英美法系国家中，法官扮演消极仲裁者的身份，故辩诉交易制度是禁止法官介入的，这与其当事人主义模式是相符的。但是我国的法律传统偏向于大陆法系的职权主义模式，法官扮演"积极的司法调查官"角色。但目前禁止法官介入控辩协商过程的制度没有考虑到我国的这种职权主义审判模式。并且我国的辩护制度、证据开示制度等不像英美法系那样完善，控辩协商中的实质平等很难实现，此时如果不引入法官对量刑的专业判断，确定刑量刑建议的公正性很难得到保障。同时还会产生以下弊端：

首先，不利于提高确定刑量刑建议的准确性。在以往的审判中，量刑裁判权属于法官的专属权，因此法官在司法实践中具备丰富的量刑经验，而检察机关之前通常是对定罪问题进行界定，对量刑问题只是提出幅度量刑模式，其对量刑原则、依据及方法的掌握尚存欠缺，这成为制约确定刑量刑建议制度有效运行的突出问题。如果此时不允许法官对其量刑建议进行指导，那么这种量刑建议可能会违背量刑目的，出现量刑不公问题。即便是法官在审判阶段对于明显不当的量刑建议享有审查权和变更权，但这种"明显不当"与"违法"几乎等同，这也就暗含着法官只能在量刑建议接近违法的情形下才能变更，这无疑不利于提高量刑建议的准确度。

其次，还会出现量刑不公问题。在目前的司法实践中，法庭基本上对认罪认罚案件中的量刑建议只进行形式审查，其纠错能力大为减弱，法官可能不会及时发现和纠正这种不当量刑建议，这反而会造成认罪认罚案件中存在大量的量刑不公问题，削弱了改革效果。

最后，拒绝法官的介入不利于对检察机关自由裁量权进行监督，有可能导致检察权的滥用。虽然法律强调控辩双方的平等对抗，但是由于我国辩护率低及辩护质量差是不争事实，且检察机关的多重诉讼角色使得两者的实质平等很难实现，因此应当加强对检察权的外部监督，避免检察机关因权力扩张而滥用权力。

---

① 杨扬、王平：《对认罪认罚案件量刑建议若干问题的认识与把握》，载《人民司法》2020年第1期。
② "Restructuring the Plea Bargain", Vol. 82, No. 2 (April 1972), pp. 286-312.

(二) 量刑实体性规范存在缺陷

《指导意见》规定检察机关在提出量刑建议时应当参照量刑规范化改革中的量刑指导意见，但我国目前的量刑指导意见在量刑方法与标准等方面仍然存在问题，不利于提升量刑建议的精确性。

一方面，我国实行的量刑方法仍然是经验量刑方法，并未体现出责任主义原则对量刑的约束，所以才会出现对相关刑罚的调节高于最高法定刑的现象。① 被追诉人的认罪认罚主要影响其预防性大小，检察机关基于这种认罪认罚态度对量刑的考量应当限定在预防性的范围内，不能动摇责任刑。但目前实行的认罪认罚从宽制度过于注重被追诉人认罪认罚在提升司法效率、节约诉讼资源等方面的作用，有可能导致量刑建议突破责任刑的界限，给予被追诉人过大的量刑折扣，这又会重新引发量刑不公问题。且"同向相加、逆向相减"模式未充分考虑各种量刑情节的不同功能，量刑情节有从轻、减轻及免除处罚之作用，不可能在同一个量刑幅度内予以考虑，这种模式未对各种量刑情节对量刑的法律影响作出准确评判，同样会导致量刑建议的准确度不高。

另一方面，数量化的量刑标准虽然为检察机关提出量刑建议提供了客观标准，但会导致量刑机械化问题，完全剥夺了检察机关的自由裁量权，使其成为机械司法工具，同样达不到量刑建议合理性的要求。而且这种数量化方式由于其幅度太大，对量刑的指导作用非常有限。

(三) 量刑建议程序欠缺正当性

首先，犯罪嫌疑人不能完全知晓检察机关所收集的证据内容（包括定罪证据与量刑证据），不享有充分的知情权。即便《指导意见》规定"探索建立证据开示制度"，但是检察机关将证据开示给犯罪嫌疑人还是其辩护律师（值班律师）？是否开示所有的定罪证据？这些都是不明确的，因此我国对犯罪嫌疑人知情权与其认罪明智性的保障力度是不充分的。

其次，公正的量刑程序还要求被追诉人享有对量刑证据的知悉权，被追诉人可以对这些量刑事实的准确性及其对量刑的影响进行辩护，以此保障被追诉人的量刑程序参与权。虽然我国引进了社会调查报告制度，② 但《指导意见》并未明确被追诉人是否有权了解社会调查的评估内容。如果被追诉人不能知晓社会调查报告内容，其不能针对这些量刑证据展开有效的量刑答辩，不能围绕该报告的争议点进行陈述和辩论，那么其量刑参与仍是不充分的，量刑的程序公正性仍未得到充分体现。

最后，值班律师并不具备辩护人身份，导致其提供的法律帮助效力是非常有限的。由于值班律师不享有调查权且不能出庭辩护，那么有利于犯罪嫌疑人的量刑证据则不会出现在控辩协商程序中，这对被追诉人的量刑是极为不利的。

---

① 经验量刑方法指的是法官先审理案件，然后参照司法实践经验估量刑罚，最后参照各种量刑情节对之前确立的刑罚进行调整。

② 根据《指导意见》第35、36、37条规定，社会调查评估制度只适用于可能判处管制、缓刑的认罪认罚案件。

三、完善确定刑量刑建议之举措

(一) 法官提前介入控辩协商之正当性分析

首先，从理论上来看，法官在认罪认罚案件中的职权包括审查量刑建议合理性及被告人认罪自愿性，具结书的合法性、真实性。虽然量刑活动提前到审查起诉阶段控辩双方协商过程之中，但法官参与检察机关提出确定刑量刑活动仍然属于其职权范围内的事项，故法官的提前参与是有依据的。

其次，法官在审判阶段的审查内容不再是量刑建议的合理性，而是认罪自愿性、具结书内容的真实性与合法性。① 这表明在审查起诉和审判阶段法官的任务是不相同的，那么法官在法庭审理阶段也就不会存在自我审查这一现象。可能会产生的疑惑是，既然允许法官提前介入，审判程序还有无存在之必要性？本文认为审判程序仍有存在之必要。第一，是否省略审判程序是由不同司法理念所决定的。在英美法系国家中，正式庭审是建立在对抗制的基础上，如果被告人认罪，这种对抗式的庭审就丧失了存在基础，故可以省略正式庭审程序。② 而我国则不具有省略审判程序的基础，因为我国法律不允许只根据被告人的认罪就确定其罪名，法官仍然负有查明案件事实，防止冤假错案发生的职责，而这种职能的发挥只能在公开的审判程序中才能实现。而且这种省略审判程序的观点与我国审判中心主义改革的理念是相违背的，审判职能的实现如果没有一个独立的场域，那么根本不能实现审判中心理念，而且违背了"未经法庭审判，不得确定任何人有罪"原则；并且这一阶段的缺失不利于保障被告人反悔权的有效行使。因此不论是从防止冤假错案还是从保障被告人诉讼权利的角度来看，法庭审理阶段都是有存在之必要的。

再次，法官提前介入可以提高检察机关量刑建议的精准度。为提高检察机关量刑建议的精确度，各地公检法机关采取加强协作配合，细化类案的量刑标准，邀请资深法官讲授量刑经验等措施，③ 这固然有助于提高量刑建议准确性，但制度在应用过程中可能会出现偏差，且实践情况也表明，即便是有规范指引，检察机关的量刑建议与法院的量刑经验也确实存在差异。这种差异仅靠制度是不能完全解决的，因为这涉及自由裁量权和经验等方面的问题，因此只有法官实际介入量刑建议的形成过程，才能更好地减少两者之间的差异。

最后，法官提前介入控辩协商过程有助于规范检察机关的不起诉裁量权。认罪认罚从宽制度改革使得检察机关成为这类案件的审前主导机关，并且根据《指导意见》的相关规定，检察机关可以对轻微刑事案件作出不起诉决定，这使得检察机关在这类认罪认罚案件中享有较大的裁量权，如果没有外部机关制约的话，就有可能会损害国家、社会公共利益，消解国家刑罚权。因此允许法官提前介入制度是可以避免上述现象出现的，符合"审判中心主义"改革的理念。由于检察权向审判权扩张是不争的事实，那么加强对检察权的制约

---

① 即便法官在审查过程中发现量刑建议明显不当的，可以要求检察机关进行更改或者依法作出判决，但是这种"明显不当"其实已经属于不合法的范畴，法官要求更改或作出判决的行为不是对其合理性的审查，而是对其合法性的审查。

② 谢小剑：《比较法视野下的刑事简易程序》，载《江西财经大学报》2008年第1期。

③ 陈国庆：《量刑建议的若干问题》，载《中国刑事法杂志》2019年第5期。

也是有必要的,这也符合宪法所规定的"相互制约"原则。

(二) 法官提前介入之制度安排

我国应当借鉴德国关于"刑事处罚令"的司法实践,允许法官参与到控辩协商的模式当中,当然这种协商的内容只是涉及被告人的量刑及刑罚执行方式。

一方面,应当明确法官提前介入的案件范围。通过上述分析可知,法官提前介入检察机关提出的确定刑量刑建议具有理论正当性,但是也应当看到其介入会对诉讼效率的提升产生一定影响。因此,为了兼顾公正与效率,法官提前介入的范围应当限于被告人可能被判处3年以上刑罚的认罪认罚案件及检察机关决定不起诉案件。之所以以刑罚为界限,是因为在认罪认罚案件中,3年以上的刑罚属于比较重的刑罚,这类案件涉及的量刑证据也比较多,需要对量刑证据影响刑罚的作用进行专业化判断,因此法官介入这类案件可以提升确定刑量刑建议的准确性,且罪刑相适应原则可以得到实现。此外,检察机关的不起诉决定权直接决定着国家刑罚权能否实现,如果不对这种不起诉决定进行有效制约,很可能会招致与"免予起诉"制度一样的非难,故法官应加强对检察机关这种不起诉权的监督。

另一方面,应明确检察机关提前通知法官的义务,保障法官的知情权,这是法官能够顺利介入检察机关量刑建议的前提。具体的制度安排为:在被告人同意认罪的情况下,检察机关决定开始进行量刑协商的3日前,提前通知法院参加,并将案件材料和相关量刑证据移送到法院,确保法院能够提前了解案件情况。只有保障法官的知情权,法官的这种提前介入才具有实际意义,而不至于沦为"见证人"。

(三) 保障确定刑量刑建议之合理性

1. 完善量刑指导意见,纳入责任主义原则、禁止双重评价原则,废除罪刑均衡原则。任何量刑活动都不应当突破责任主义原则。根据"二元主义"理论,报应刑是我国刑罚的本质,① 其主要由被追诉人的犯罪性质及严重程度决定。而认罪认罚只影响预防性,如果从宽折扣过大将导致责任刑与预防刑的混淆,则不符合罪责刑相一致原则。同时量刑指导意见应当确立"点的量刑"方法,使预防性的裁量在责任刑的点之下进行,可以弥补经验量刑方法产生的缺陷,这也是贯彻责任主义原则的体现。

禁止双重评价原则要求定罪证据不得在量刑环节重复评价,这是由立法和司法的分工协同关系所决定的,否则司法有入侵立法之嫌。而且《指导意见》中已经明确"认罪认罚与自首、坦白量刑情节不做重复评价",那么在量刑指导意见当中也应当明确此项原则。同时量刑原则不应当过分强调罪刑均衡原则,这是由量刑之预防性目的所决定的。在不同的案件中,即便被告人所犯之罪相同,但其特殊预防必要性是不完全相同的,因此实践中不可能存在完全相同的案件。如果在整个量刑层面过分追求该原则,会对预防性的裁量产生不利。

同时应取消"同向相加、逆向相减"的规定,充分考虑不同量刑情节对量刑的影响。因为从重量刑情节与减轻量刑情节是在不同的量刑幅度内发挥作用的,因此绝对不能将上述两类量刑情节同等考虑。此外应废除数量化的量刑标准,保障检察机关的自由裁量权,

---

① 张明楷:《刑法学》,法律出版社2016年版,第638~639页。

避免机械司法现象出现。

2. 完善社会调查报告制度。《指导意见》中的社会调查评估制度仅适用于判处管制、缓刑的认罪认罚被告人，这削弱了"完善检察机关确定刑量刑建议之精准性"的改革效果。 因为检察机关的量刑建议针对的是所有认罪认罚的被告人，这种适用范围的限缩会降低检察机关量刑建议的精确度，同时还会造成制度适用不平等问题。因此社会调查评估制度应当适用于所有认罪认罚的被告人，在未来时机成熟时，可以将该制度适用于所有刑事案件，突出量刑公正的重要性地位。

（四）提高量刑建议之程序正当性

1. 完善证据开示制度。应由检察机关向犯罪嫌疑人直接开示相关证据，与英美法系的辩诉交易制度不同，我国的协商主体为检察机关和犯罪嫌疑人、被告人，因此向被追诉者开示证据是符合我国制度安排的，不仅可以保障其知情权，而且可以保障其阅卷权的实现，强化被告人的辩护者角色，有力贯彻"禁止强迫自证其罪原则"。同时检察机关将证据开示给犯罪嫌疑人也可以减少转述带来的麻烦，有利于提高诉讼效率，减少律师的工作负担和风险。此外，证据开示的内容应当包括与定罪、量刑有关的所有证据。定罪证据的开示可以保障被追诉人认罪的自愿性与明智性，防止冤假错案的产生。量刑证据的全面开示可以提高被告人与检察机关协商刑罚的能力，同时其真实性也可以通过辩方质证得到检验，因此检察机关可以避免采纳不真实的量刑证据，确定量刑建议的内容。

2. 赋予律师参与控辩协商过程的权利。律师在场可以保障被告人认罪的自愿性、明智性，防止虚假认罪的发生，同时律师在实践中形成的量刑辩护经验可以完善确定刑量刑建议的准确性。因为律师站在维护被告人合法权益角度所收集的量刑证据以及提出的量刑辩护意见可以弥补检察机关因量刑证据的不全面而产生的偏颇，这也是强调多方参与量刑程序的正当性所在。此外这种制度安排也有利于有效辩护理念的发展，保障律师辩护质量，提高我国律师辩护水平。

结　语

提高检察机关量刑建议的准确性是目前司法改革的核心内容，这直接关系到认罪认罚从宽制度的有效运行。只有从观念层面了解确定刑量刑建议是一种量刑活动，法官介入控辩协商过程才会具有理论正当性，由此才可以达到提高检察机关量刑能力、约束其自由裁量权之目的。此外量刑建议正当性的实现还有赖于程序公正性及实体标准规范性。因此应从多角度提升检察机关的确定刑量刑建议的可接受程度，确保该制度在公正的基础上实现提高效率、保障人权等目的。

---

① 本文探讨的社会调查评估制度的适用阶段不包括审判阶段。

认罪认罚从宽中被害人定位的误区与辨正

李 哲*

一、引言

自认罪认罚从宽制度试点推行以来，对犯罪嫌疑人、被告人在该制度运行中的地位、权利配置等问题一直是理论和实践中的重点和热点，相比较之下，作为刑事诉讼的另一方当事人——被害人，却鲜少受到关注。被害人的合理参与是促进认罪认罚从宽制度稳健运行的重要因素，而被害人的准确定位是确保其在认罪认罚从宽制度中有效参与的前提，是促进相关权利配置等的基点。但是，我们亦应当意识到，立法对被害人参与认罪认罚案件的规定较为粗疏，甚至存在一定的矛盾之处，进而导致了司法实践中被害人参与的两种极端化倾向，代表了理论和实践中对被害人在认罪认罚从宽制度中定位的两大误区：一种是被害人过度主导化，将被害人意见作为制度适用的前提和决定条件，尤其是借助和解制度、速裁程序等内容实现被害人对认罪认罚从宽制度适用的"绝对控制"；另一种是将被害人边缘化，被害人被排斥参与认罪认罚从宽制度的适用，主要表现为其话语权保障不充分、"发声"体系构建不完善、行权空间被进一步压缩，导致实践中被害人的知情权、表达意见权和异议权等均没有得到很好的保障。[①] 上述对被害人参与认罪认罚案件的两大误区，偏离了制度设置的初衷，认罪认罚从宽案件的办理，应注重吸纳被害人的参与，亦应防止被害人的过度参与对制度适用造成阻碍。由此，被害人的准确定位是其参与认罪认罚案件的核心命题，对被害人定位的辨正思考和合理界定是确保制度运行的重要推动力量。

二、认罪认罚从宽中被害人定位误区之表现

（一）误区一：被害人主导化之倾向

客观来说，我国认罪认罚从宽制度的构建主要围绕控辩两方主体，但随着制度逐步向纵深推进，对被害人的关注日益增多，被害人地位及其意见的作用逐渐凸显，"被害人谅解"等影响量刑的要素也有演变为认罪认罚从宽制度适用中决定性作用的嫌疑。尤其是在与刑事和解制度的交汇中，以速裁程序的适用为契点，导致被害人意见具有开启、终结速

---

* 中国政法大学刑事司法学院博士研究生。
① 孙道萃：《认罪认罚从宽制度中的被害人权益保障机制》，载《南都学坛》2018年第3期。

裁程序之门的关键作用，并可能进一步阻滞认罪认罚从宽制度的适用。主要表现为两个方面：

其一，在认罪认罚从宽制度中主要包括普通程序、简易程序和速裁程序三种基本的刑事案件程序类型。对于速裁程序的适用而言，刑事诉讼法第223条规定了"被告人与被害人或者其法定代理人没有就附带民事诉讼赔偿等事项达成调解或者和解协议的"，不能适用速裁程序。可见，加害与被害双方是否达成调解或者和解协议成为速裁程序适用的法定阻却事由之一。申言之，被害人意见在速裁程序的适用上确系发挥着决定性的作用。但这种利益"损失"仅是相对的，对于因未达成和解或者调解协议而不予适用速裁程序的认罪认罚案件来说，立法从未限制其适用其他的诉讼程序，也并未剥夺其相应从宽处遇的获得。也就是说，被害人意见在速裁程序中的决定性作用并不意味着其在整个认罪认罚从宽制度中的主导地位，其所带来的并不是非黑即白的反向处理模式，不能适用速裁程序也并不代表不能适用认罪认罚从宽制度，对于被追诉人而言，仍然可以通过其他制度的适用来获取一定的"优惠"。

而在司法实践中，为有效平复被害人意见所可能导致的缠诉上访等现象，将被害人意见主导化，更进一步说将因未达成和解或者谅解的认罪认罚案件不适用速裁程序进而不予适用认罪认罚从宽制度作为一项铁律，从速裁程序的不予适用上升至对整个认罪认罚从宽制度的排斥，从而事实上剥夺了被追诉人应当享有一系列程序及实体"优惠"。事实上，将被害人意见主导化的根本原因就在于，不能充分认知到速裁程序与认罪认罚从宽制度的内涵与外延并不完全重合，不能适用速裁程序并不意味着不能适用简易、普通等程序，更不意味着被追诉人因此而丧失获取从宽的资格和机会，而这归根结底就是对被害人的不当定位造成的。

其二，以速裁程序为联结点，和解与认罪认罚从宽两制度之间存在着一定的竞合关系，由此也导致了实践中和解制度的异化现象，原因就在于未能厘清被害人在两制度中的根本性不同。详言之，认罪认罚与和解均采侦查、审查起诉和审判全流程适用的模式，二者在一定程度上也都包含着"赔礼道歉""赔偿损失""被害人谅解"（或称"被害人意愿"）等要素。但刑事和解是一种"以被害人—被告人关系为中心的新型司法模式"，[①]"被害人谅解""被害人自愿"等成为制度适用的关键和决定性因素。而认罪认罚从宽制度设立的初衷并未将被害人置于主导地位，被害人意见虽重要但并不占决定性地位。如前所述，实务中的一种错误倾向是将因未达成和解而不能适用速裁程序的案件直接拒之于认罪认罚从宽制度的大门之外，于是这一错误倾向又进一步演变为将和解作为认罪认罚从宽制度的前置程序。认为如若适用速裁程序，则需要被追诉人与被害人达成和解，否则将不能适用速裁程序，并进而无法适用认罪认罚从宽制度。这种理解的偏差事实上导致了将刑事和解作为认罪认罚从宽制度适用的前置条件这一错误做法，矮化了认罪认罚从宽制度所具有的独立量刑价值，[②] 也否定了被追诉人自愿认罪认罚的作用，过分夸大了被害人在认罪认罚从宽制度中的作用。

---

① 陈瑞华：《刑事诉讼的私力合作模式——刑事和解在中国的兴起》，载《中国法学》2006年第5期。
② 赵恒：《认罪及其自愿性审查：内涵辨析、规范评价与制度保障》，载《华东政法大学学报》2017年第4期。

(二) 误区二：被害人边缘化之倾向

与被害人主导化相对的另一倾向是将被害人刻意边缘化，长期以来，被害人都是刑事诉讼中易被忽视的一类群体，这是因为在公诉权占主导地位的司法体制下，个人利益当然让位于国家公权力，被害人诉求表达由公诉机关代为行使，其虽具有当事人身份，却极少能够以此身份正当行使权利。在认罪认罚从宽制度中，被害人"名正"而"言不顺"现象仍旧十分明显，"名正言不顺"表明被害人虽具有刑事诉讼当事人身份，但在行使与其身份相当的权利时却困难重重。被害人被边缘化的现象体现在权利享有、具体行权过程以及对诉讼结果的影响等多个方面。

其一，被害人的权利享有及行权空间十分有限。一方面，立法对被害人权益保障及权利行使多侧重于宣示性的规定，可操作性不强。以听取被害人意见为例，刑事诉讼法第173条虽对此作了规定，但对于如何听取，听取意见的时间、地点以及被害人意见具有多大的影响力等均做模糊处理，为实践操作造成困扰。另一方面，被害人在认罪认罚案件中还面临着行权空间被压缩的风险。综观"两高三部"《关于适用认罪认罚从宽制度的指导意见》（以下简称《指导意见》）中对被害方权益保障的三条规定，较多的笔墨用于促进自愿和解的达成方面，这也就意味着《指导意见》依然延续着速裁程序中对被害人意见较为重视这一思路。而在普通程序和简易程序中，对被害人意见的规定均是概括性规定。而即便是未达成和解或者调解进而不适用速裁程序的案件，检察机关仍可出于诉讼效率的考量，将案件实现从速裁程序到简易程序的转换，被追诉人仍可以获得一定的程序和实体利益，而这一过程被害人无法参与甚至并不知情，这无疑压缩了被害人的行权空间，使得被害人的权利行使并未得到有效保障。

此外，立法并未明确是否应赋予认罪认罚从宽案件中的被害人一定的救济性权利。在我国刑事诉讼中，被害人可以通过申诉等方式行使救济性权利，但是被害人行使申诉权的现实却是"法官对进入再审的申诉案件条件把握比较严格，需达到基本可以确定原判决有较大错误才可能再审"。① 具体到认罪认罚案件中，因被害人对认罪认罚案件可能存在的不满多集中在对被告人的量刑方面，而量刑不可避免带有一定的自由裁量特征，加之我国实行的是幅度刑的立法规定，要证明法官的量刑出现重大错误并非易事，这就相当于事实上封闭了被害人申诉的途径，申诉等救济性权利的行使鲜有结果。

其二，被害人对诉讼结果（主要是量刑）的影响有限。在司法实践中，控辩双方的量刑协商及法官最终的量刑裁判都很少涉及被害人量刑意见表达的问题。被害人参与量刑的角色经历了由"当事人"到"量刑意见提出者"再到"和解协议达成者"及"调节协议协商者"的演变过程。② 可以说，被害人参与量刑的空间越来越狭小，《指导意见》及《人民检察院刑事诉讼规则》第276条等规定也正是对此的体现。更进一步来说，被害人意见对量刑的实质影响往往具化为被害人对于是否和解、谅解等的意见和态度。"两高三部"《关于在部分地区开展刑事案件认罪认罚从宽制度试点工作的办法》（以下简称《试点工作办法》）第7条就明确了是否和解或者赔偿、取得被害人谅解是量刑时的重要参考因素，在

---

① 周新：《刑事申诉制度规范化研究》，载《政法论坛》2017年第2期。
② 孙道萃：《认罪认罚从宽制度中的被害人权益保障机制》，载《南都学坛》2018年第3期。

一定程度上提升了被害人意见对量刑的影响力。但是在2018年刑事诉讼法修改时却删除了"取得被害人谅解是量刑时的重要考虑因素"这一规定，被害人的意见事实上失去了效力，尽管《试点工作办法》中"重要考虑因素"的说法仍存在着较为空泛等弊病，但是的确能在一定程度上引起司法实务部门对被害人意见的重视。虽然其后的《指导意见》又重拾了这一规定，但是效力位阶仍低于刑事诉讼法，在实务操作中的效果无法彰显。

被追诉人对量刑的影响有限还表现在其不能参与量刑协商。据学者的调研显示，"多数法院的被害人没有参与认罪认罚从宽协商过程，甚至协商的结果都未被告知，被害人知道结果的时候往往裁判结果已经作出，即便表达异议也失去了最佳的救济途径和机会"。① 而在刑事诉讼法第201条"一般应当采纳"条款的约束下，我国认罪认罚案件量刑建议采纳率相当高，② 这也就意味着对于认罪认罚案件来说，被追诉人在协商结束后即已知晓可能的结果，而对此被害人却鲜有参与的可能。

事实上，域外不乏杜绝被害人参与量刑协商的相关规定，各国对拒绝被害人参与量刑协商的原因是多元的，但就我国认罪认罚从宽制度来说，是否允许被害人参与量刑协商是一个需要系统阐释和论证的问题，应正视被害人意见对量刑具有一定影响力，并确保被害人对量刑协商结果的及时知悉，否则无疑会加剧其边缘化地位。

三、辨正：被害人在认罪认罚从宽制度中的合理定位

现代刑事诉讼普遍重视对被害人地位的尊重和正当权益的实现，一改既往将其视为边缘化的控告者和证人的做法，改变其"守门人"角色困境。③ 即便是在快速审判机制不断推行的当下，即便是在严格排斥被害人参与辩诉交易制度的美国，联邦和各州也相继出台立法保护被害人在诉讼程序中相关权利的实现，这是因为被害人是犯罪行为的直接侵害者，而"认罪协商的过程无疑会以最深刻和最个人化的方式影响犯罪的受害者"，④ 在我国认罪认罚从宽制度中存在着同样的隐忧，"如果不给予被害人适度的活动空间，可能会导致特定案件被害人的强烈反感"。⑤ 但是，鉴于认罪认罚从宽制度的参与主体之特定性以及公正、效率等价值追求的多元融合，使得被害人在该制度中的定位较为复杂。应明确被害人在认罪认罚从宽制度中"重要的非正式参与者"身份，在尊重其诉讼主体地位的同时，通过权利的赋予与合理规制确保其在认罪认罚从宽制度中的有序、良性参与。

（一）被害人定位的合理向度：重要的非正式参与者

在认罪认罚从宽制度的推进中或将被害人主体化、或将被害人边缘化的两种倾向，一大原因就在于未能在制度推进过程中对被害人进行合理定位。在认罪认罚从宽制度这一大

---

① 张素敏：《被害人参与认罪认罚从宽制度的困境与出路》，载《山东警察学院学报》2020年第1期。
② 根据最高人民检察院对2020年度前七个月的统计显示，刑事案件中认罪认罚从宽制度的适用率为82.8%，量刑建议采纳率为90.7%，《认罪认罚案件检察机关量刑建议采纳率超过90%》，https://www.spp.gov.cn/spp/zdgz/202008/t20200827_478070.shtml，访问时间：2021年4月11日。
③ 陈光中等：《司法改革问题研究》，法律出版社2018年版，第338页。
④ Victim Participation in the Plea Negotiation Process in Canada.
⑤ 陈卫东：《认罪认罚从宽制度试点中的几个问题》，载《国家检察官学院学报》2017年第1期。

前提之下,被害人应作为"重要的非正式参与者",详言之:

其一,尊重被害人诉讼主体地位,保障其对认罪认罚案件的合理参与。具体来说,这种尊重主要包括两个方面:

一是尊重被害人参与或不参与认罪认罚案件的权利。与犯罪嫌疑人、被告人参与刑事诉讼所具有的被动性、必要性不同,被害人参与刑事诉讼往往是其自行选择的结果。也就是说,被害人拥有自行选择是否参与诉讼的权利和自由。被害人的缺席"并不意味着国家无法控制案件并进行追诉,只是限制了被害人影响起诉和案件处理结果的能力"。① 那么,对于认罪认罚案件来说,尊重被害人诉讼主体地位的一大重要内容就是尊重其选择是否参与诉讼的自由和权利。

二是尊重被害人个体间诉求的差异。刑事诉讼中对被害人的"伤害"主要表现为两种形式,一是犯罪行为给被害人带来的直接伤害或称原生伤害;二是诉讼程序及相关人员给被害人带来的二次伤害或称次生伤害。其中,后者所表现出的"再次被害人化"②是任何国家刑事司法程序和制度推进中都极力避免的。虽然刑事公诉多是由国家公诉机关代被害人追究被追诉人的刑事责任,但是被害人与公诉机关利益的差异性决定了后者并非前者的"全权代理",申言之,被害人的关注点往往在于具体的刑事案件上,而公诉机关则会受"有限资源、指控优先性,甚至政治因素的影响",而"经常不得不从更宽广的视角来看待同一案件"。③ 因此,从促进各方公正均衡实现的立场出发,认罪认罚从宽制度应尊重被害人诉求的个体差异性,允许其表达意见。而且,被害人的充分、有序参与也可反过来为认罪认罚案件的合理性、合法性和公正性提供证明,在认罪认罚从宽制度中,应破除将被害人边缘化的局面,不应也不能完全阻绝被害人参与的渠道和机会。

其二,明确被害人作为认罪认罚从宽制度的非正式参与人,贯彻有限参与原则,确保制度的顺利、有效推进。在国家公诉权能充分发挥的时刻,被害人的存在对诉讼程序来说似乎"既不必要也不充分"。④ 现代刑事诉讼基本扭转这一认知,纷纷着力赋予被害人较为充分和广泛的参与权。但是在认罪认罚从宽制度中,有必要明确被害人的"非正式参与人"角色,不应过度抬高被害人的地位和作用,扭转司法实务中被害人利用"不同意刑事和解、谅解"等而事实上主导认罪认罚案件的推进,具体来说:

一是被害人是认罪认罚案件中的"非正式参与人"。认罪认罚从宽制度的目的、诸多程序及实体优惠表明,犯罪嫌疑人、被告人是该制度的直接适用者和直接受益者。认罪认罚案件的核心参与力量是检察机关与被追诉人,核心阶段就在于控辩的协商过程。可以说,该制度的适用并未给被害人的参与预留过多的空间,更进一步来说,被害人并不是认罪认罚从宽制度适用的中心和主体。但是,无论是刑事诉讼法还是《指导意见》也都为被害人

---

① [美]虞平、郭志媛编译:《争鸣与思辨:刑事诉讼模式经典论文选译》,北京大学出版社 2013 年版,第 196 页。
② [美]虞平、郭志媛编译:《争鸣与思辨:刑事诉讼模式经典论文选译》,北京大学出版社 2013 年版,第 204 页。
③ [美]虞平、郭志媛编译:《争鸣与思辨:刑事诉讼模式经典论文选译》,北京大学出版社 2013 年版,第 412 页。
④ A. Hall, 'Where do the advocates stand when the goalposts are moved?', (2010) International Journal of Evidence & Proof, 14: 107, p. 110.

表达意见等作出了相关规定。因而,被害人往往是作为"非正式参与人"的身份参与到认罪认罚从宽制度中。

二是确立被害人有限参与原则。实际上,我们在反对被害人被制度适用所抛弃的同时,也应当意识到被害人的过度参与可能导致的弊害,如果在认罪认罚案件中对被害人的参与不加限制,被害人将会在某些方面事实上掌握主动权和主导权,这在一定程度上可能会影响认罪认罚从宽制度的适用。如遇被害人"漫天要价"的情况,即便是真诚悔过的被告人可能会因无法提供符合被害人预期的补偿、赔偿而不能获得从宽量刑处遇,无法获得公正合理的量刑,这也会衍生认罪认罚从宽制度沦为"花钱赎刑"的风险。因此应进一步明确被害人对该类案件有限参与的原则,确保其在认罪认罚从宽制度适用中的定位不致偏颇。

(二) 被害人定位的合理保障:权利的行使及限度

"在任何一项刑事司法改革中,被害人的诉讼请求都是不容忽略的,也都应被纳入改革的框架之中",[①] 对被害人合理定位及价值的发挥离不开对其所享有的权利进行明晰,定位是前提,权利的赋予和行使则是对定位的巩固和保障。相较于2016年《试点工作办法》中对被害人权益所作的宣示性规定,2018年刑事诉讼法修改以及2019年《指导意见》的出台对被害人权益保障的相关规定初见雏形,但仍存在一定的问题。事实上,被害人权利的赋予应以其在认罪认罚从宽制度中的合理定位为统领,且与被害人在该制度中的地位相匹配,"盲目增加被害人权利会导致诉讼结构失衡"。[②] 总的来说,被害人的权利也主要围绕"过程性权利"与"结果性权利"两大方面。具体来说:

"过程性权利"旨在规范被害人在认罪认罚案件中的参与行为,其中包括两个方面:其一,被害人有权知悉认罪认罚从宽的相关事项,如知悉具结书的内容以及对被追诉人可能判处的刑罚等。目前,学界普遍认同被害人不能阻止认罪认罚从宽制度的启动,尤其是不能参与具结活动。[③] 虽有观点指出可"顺应审前准诉讼化改造的趋势,探索被害人见证的思路",[④] 但这一改造仍存在诸多困境。现下应注重对被害人知情权的维护,案件是否适用认罪认罚从宽制度,以及检察机关在与被追诉人签署具结书之后,应在第一时间将具结书内容书面告知被害人。

其二,被害人有权在认罪认罚从宽过程中表达意见,检察机关应注重对被害人意见的适时听取,如若因惧怕被害人意见表达所可能导致的诉讼拖延等问题就阻塞被害人意见表达的通道,无疑是因噎废食之举。总的来说,被害人在认罪认罚过程中表达意见主要包括犯罪行为对自身造成的损害、对适用认罪认罚从宽的态度、对具结书的态度、对量刑等的看法以及对被追诉人是否表示谅解等方面。《指导意见》第16条明确了应听取被害人及其诉讼代理人的意见,但是对于听取意见的时间、形式等未作规定。事实上,不应局限被害人表达意见的时间和方式,也就是说,被害人可以选择在认罪认罚从宽制度适用中的任何节点表达自身的看法,可以采取书面述写、当面陈述等灵活的方式表达意见。《人民检察院

---

① 陈瑞华:《刑事诉讼的中国模式》,法律出版社2018年版,第210页。
② 胡铭:《审判中心与被害人权利保障中的利益衡量》,载《政法论坛》2018年第1期。
③ 陈卫东:《认罪认罚从宽制度研究》,载《中国法学》2016年第2期。
④ 赵恒:《认罪认罚与刑事和解的衔接适用研究》,载《环球法律评论》2019年第3期。

刑事诉讼规则》第 262 条即规定了对于直接听取辩护人、被害人及其诉讼代理人意见有困难的，可以通过电话、视频等方式听取意见并记录在案。值得注意的是，听取意见的结果包括"听而取之"与"听而不取"两种，但无论是哪一种，检察机关都应当书面说明理由，尤其是听取意见但未采纳的，应书面向被害人阐述不予采纳的原因。

"结果性权利"旨在规制被害人在认罪认罚案件中的影响力及其限度，其中最突出的是对案件最终处理结果提出意见、表达异议的权利。在公诉案件中，面对被告人所施加的犯罪侵害行为，被害人往往只能诉诸刑事诉讼程序，期望最终裁决能够契合自身的要求。虽然检察机关与被害人在追诉犯罪等方面有着共同的目标，但是在具体诉求方面仍存在着较大的差异，尊重被害人"并不是说被害人的利益应当同检察机关等量齐观，而是在影响被害人的某一重要决定作出以前，被害人的利益应当得到理解和考虑"。[①]

就认罪认罚案件来说，被害人最关注的就在于量刑，被害人意见对被追诉人量刑最终能够产生多大的影响，这一问题可以进一步分立为两个方面：一方面，被害人发表的否定意见能否叫停认罪认罚从宽制度的适用，被害人对具结书等相关内容的不认同是否可以起到阻却该制度适用的效果。事实上，立法和司法实践的发展均逐步意识到被害人的重要价值，赋予了被害人在认罪认罚从宽案件中表达意见的权利，但需要明确的是被害人并非制度适用的中心，其可以表达自身的意见和看法，检察机关确实也应当听取其意见，但被害人异议并不能阻却制度的适用。《指导意见》第 18 条的规定表明立法对此的态度，规定对被害人提出异议的处理规定，被害人及其诉讼代理人不同意对被追诉人从宽处理的，原则上不影响认罪认罚从宽制度的适用。另一方面，在明确被害人的否定意见对认罪认罚从宽制度适用有无决定性效力之后，还应明确被害人意见对被告人量刑的影响力体现如何。对于被害人来说，如果其意见表达对诉讼结果并不能产生丝毫影响，那么该表达意见的权利将有沦为形式之嫌。目前，学界和实务界普遍赞同将是否达成和解、谅解协议作为量刑的重要考虑因素。"重要考虑因素"表明虽然被告人选择认罪认罚，但是否具有赔礼道歉、赔偿损失、退赃退赔以及与被害人达成调解或者和解协议等行为，不仅可能如刑事诉讼法第 223 条规定的会影响到速裁程序的适用，也会在考虑从宽幅度时作出区分。[②] 但还应防止司法实践中被害人以不和解、不谅解为由漫天要价、威胁被告人等情形，防止被害人事实上控制认罪认罚从宽制度的适用。对此，有学者提出"行为大于结果"的处理原则，[③] 对于被告人认罪认罚但确系无力赔偿或者无法在一定时间内足额赔偿的情况，被害人即便未与被告人达成和解或者谅解协议的，并不能影响到认罪认罚从宽制度的适用。

---

① ［美］虞平、郭志媛编译：《争鸣与思辨：刑事诉讼模式经典论文选译》，北京大学出版社 2013 年版，第 412 页。
② 胡云腾主编：《认罪认罚从宽制度的理解与适用》，人民法院出版社 2018 年版，第 114 页。
③ 焦俊峰：《认罪认罚从宽制度下被害人权益保障问题研究》，载《法商研究》2021 年第 1 期。

第二部分

信息时代的刑事证据制度

鉴真规则及其借鉴

陈邦达*

近年来我国司法解释确立了物证、电子数据等证据的真实性审查方法。如《关于办理刑事案件收集提取和审查判断电子数据若干问题的规定》确立了电子数据介质收集、移送的规则：电子数据未以封存状态移送的，笔录或者清单上没有侦查人员、电子数据持有人、见证人签名或者盖章的，不能补正或作出合理解释的，不得作为定案的根据。此外，《人民法院办理刑事案件第一审普通程序法庭调查规程（试行）》规定，通过勘验、检查、搜查等方式收集的物证、书证等证据，未通过辨认、鉴定等方式确定其与案件事实有关联的，不得作为定案的根据。上述制度旨在保证刑事涉案物品保管链条的完整性，进而保证证据的真实性。鉴真规则正从英美证据法术语转化为中国证据制度概念，但鉴真规则的法学文献数量有限，对其认识有待加强，我国有无必要建立鉴真规则也存在争议。因此，研究鉴真规则的内容、特征及制度成因，分析我国刑事涉案物品证据保管制度的完善不无裨益。

一、鉴真在美国证据法中的概念

鉴真，在英美证据法中用以证明法庭上出示的某项证据与取自案发现场的证据具有同一性，我国证据法学界对鉴真理论的研究，最初源于对美国证据法术语的翻译，早期有学者将它翻译成"验真"，还有学者将它翻译成"鉴真"，[①] 表达之义相近。《美国联邦证据规则》与其相对应的条款主要包括第901条"证据的鉴真和辨认"、第104条b款"证据的相关性取决于某种事实是否存在"和第601条"有关证人具有资格"。鉴真是指提出证据的一方必须向法庭证明某一证据确属举证方所声称的那份证据，即某一证据就是来源于案发现场的证据，并没有存在调包、污染或篡改之可能性。从这一定义出发，鉴真的要素包括两个方面：一是证明证据的真实性。即法庭上出示的证据就是来源于案发现场的物品，二者具有同一性。例如，检察官在法庭出示的毒品就是被告人贩卖毒品时查获的涉案物品，整个过程不存在替换。二是证明证据的关联性。即证据与案件事实之间、证据与其他同案证据之间存在关联性。例如，由被害人指认枪支就是凶器，枪支的特征与被害人所描述的特征一致。鉴真体现了英美证据法的基础原理——必须首先证明有关证据就是提出证据的人所主张的证据，在此基础上才有该证据的可采性问题可言。鉴真规则广泛适用于实物证据、

---

* 陈邦达，法学博士，华东政法大学刑事法学院副教授。
① ［美］罗纳德·J. 艾伦、理查德·B. 库恩斯、埃莉诺·斯威夫特：《证据法：文本、问题与案例》（第三版），张保生等译，高等教育出版社2006年版，第200页。

书面证据、电子证据及其他证据奠定基础或做铺垫。它要求提供证据方必须证明该项证据源于案发现场。

二、鉴真规则的内容、方法、功能及其局限性

（一）鉴真规则的基本内容

根据《美国联邦证据规则》第901条a款的规定，为满足对证据进行鉴真或辨认的要求，证据提供方必须提出用以支撑的其他证据来证明证据来源于案发现场。鉴真的原理源于：在案件事实发展过程中，证据并非一盘散沙，而是与案件事实证明具有内在、固有的逻辑联系。举证方必须将该证据与案件事实建立起联系，如检控方声称"这是被告人在抢劫过程中使用的手枪"或者"这是被告人在醉驾之前喝过的酒的酒瓶"，这些主张在效果上等同于说服法官和陪审团——法庭上出示的证据就是来源于案发现场的证据。鉴真有助于对实物证据、书面证据，包括鉴定样本的来源是否可靠进行验证。如果辩方认为鉴定样本存在篡改、污染、调包的可能性，而控方无法作出合理解释的，其依据鉴定样本所作出的鉴定报告可靠性就会受到削弱。例如，在辛普森案件中，检控方呈交法庭的一份证据是案发现场发现的血迹，由于警察身上携带的血样在凶杀案现场逗留了数小时之久，并且血样中发现了含有防腐剂成分，导致科学证据不可靠，存在可能被人栽赃的嫌疑。[①] 这实际上就是对鉴定样本来源的真实性提出鉴真的质疑。

经过鉴真或辨认，是实物证据具有可采性的要求，提供证据的一方必须证明证据具有真实性、相关性。美国法学理论界通常将"鉴真"形象地称为"为证据奠定基础"或"做铺垫"。证据提出者主张该证据材料是什么；并提供证据说明该证据材料就是主张者声称的证据。美国鉴真的证明标准和民事诉讼优势证据的标准相类似，"足以支持证明某项事实为真的证据"，这种用来支持的证据，可以连同需要鉴真的证据一并向法庭出示，也可以是同案中已经被采纳的证据。用来支撑的证据本身必须具有可采性，举证方不能使用传闻证据、非法证据等不可采的证据进行鉴真。

（二）鉴真规则的主要方法

《美国联邦证据规则》第901条b款列举了许多方法适用于不同种类证据的鉴真。总体而言，对不同种类的证据鉴真方法可分为有特殊表征之物的鉴真、无特殊表征之物的鉴真。在具体类别的鉴真方法上，又根据常见证据分为笔迹手稿、照片、声像资料、电子邮件和社交网络等特殊鉴真方法。

（1）有特殊表征的物证之鉴真方法。如果证据有自己独特的外部特征，知情人员可以在法庭上辨认该证据。这类鉴真属于"知情者的证言"证明"该证据就是主张者声称的那份证据"。诉讼双方经常通过这种方式进行鉴真。例如，侦查取证人员要证实菜刀是本案的凶器，就可以根据刀柄上的外观特征来识别。（2）无特殊表征的物证通过保管链条来鉴真。保管链条的完整性是鉴真、辨别的常见方法，常用于物证没有明显外部特征的情形。证据

---

① 刘晓丹：《论科学证据》，中国检察出版社2010年版，第127页。

保管链条的完整性是通过签字背书的方式来实现的，即由第一次接触该项证据的侦查人员、移送司法鉴定的办案人员、接受检材的鉴定人等经手人员签字背书。保管链条的完整性保证用于证明司法鉴定的涉案物品没有受到污染或者篡改。保管链条的记录通常包括：（1）侦查取证一开始取得该证据的办案人员；（2）将证据送往实验室检测的过程；（3）物品在实验室里鉴定检测之前的保管；（4）鉴定完毕之后剩的检样。例如，在毒品犯罪中，警察从犯罪嫌疑人身上搜到毒品后封存起来，进行标记签字之后才送交鉴定机构检测。

《美国联邦证据规则》第901条列举的鉴真具体方法还包括以下几种常见类型：

一是笔迹手稿的鉴真方法。法庭有时会要求当事人提供证据证明某份书面材料或记录是他们签字、手写的。《美国联邦证据规则》提供了若干种对笔迹手稿进行鉴真的方法。例如，亲自签字或手写记录的人可辨认该手稿是否是自己所写；看到过作者书写过程的人也可以证实是谁写的；专家证人可通过比对两份笔迹判断是否为同一人书写；法官或陪审团通过对比两份笔迹也可大致判断手稿是否出自同一人；此外，允许与作者关系密切的人在法庭上辨认笔迹，这类人通常包括家庭成员、同事、朋友。

二是照片和声像资料的鉴真方法。诉讼中当事人经常通过照片或声像资料来还原案发现场。当使用这类证据时，检察官必须对这些资料进行鉴真，保证它们的准确性。有时当事人会申请法庭通知拍照或录像的人员出庭对图像进行鉴真。比如，让摄像师证实照片上拍摄的正是被害人的尸体。但在更多的情况下，是由犯罪现场的目击证人就照片、声像资料是否与案发现场的状态相一致进行作证。

三是电子邮件和社交网络载体的鉴真方法。电子邮件的作者可以出庭就自己编辑过的内容对电子邮件进行鉴真。与其相类似，目睹作者发送邮件的证人也有资格鉴真。但如果作者身处异地，或否认编辑过该邮件，法官对电子邮件的鉴别会更加谨慎，因为无法排除电子邮件是否已被篡改的合理怀疑。因此，只凭收件人的证言或提供发件人的邮箱并不足以对电子邮件进行鉴真。当事人通常能根据第901条对电子邮件的特征进行鉴真，包括由发件人的IP地址来证明。同样的，法官如果没有直接证据证明某个人发送了信息，法庭要判断信息内容有无特征可将它与特定主体联系在一起。

（三）鉴真规则的功能与局限性

鉴真规则强调涉案物品从源头到庭审流程保管的严密性，其作用主要有：其一，鉴真是确定某项证据是否具备关联性的必要手段。不具有关联性的证据，即不具备可采性，就不能成为陪审团评议案件事实的依据。英美证据法认为证据的关联性是由法官根据逻辑法则、经验法则进行判断的。关联性包括证据与诉因之间在实体法上的相关性，以及证据与待证事实之间的逻辑联系。鉴真通过由举证方证明证据与待证事实的关联性。例如，向法庭出示的钱包是否具有关联性，只有当举证方证实钱包来源于案发现场，而不是来自与案件无关的其他场所。这样，举证方就会提供必要的信息将钱包与待证事实连接起来，建立起物证的关联性。其二，鉴真为确定某项证据的真实性提供了基本的制度保证。为了识别、辨认一袋白色粉末就是警方从犯罪嫌疑人身上搜查、扣押的，警察在必要的情况下必须作为证人出庭并向法庭宣誓，证实这袋粉末就是被告人非法持有的。毒品样本的鉴真确认对保证司法鉴定意见的真实性、可靠性而言至关重要，因为只有当鉴定样本是来源于涉案物品本身，鉴定人的判断是建立在检材真实性的基础上，鉴定意见的科学客观才能得到基本的保证。通过这一系列看似烦琐的鉴真程序，这些证据在事实裁决者看来便具备相信其真实可靠的基础条件，从而有利于事实认定。

但鉴真仍然存在局限性：首先，鉴真只是为证据进入法庭进行铺垫，证明标准较低，因此一旦对方对鉴真结果提出异议，证据的真实性仍可能留到法庭上继续接受审查。为实现鉴真，诉讼一方想方设法提供信息，以证实某一证据就是他们声称的原物。然而，由于鉴真的标准很低，只是解决证据材料的准入问题，即使在证据通过鉴真并获得可采性之后，对方仍可能质疑该证据的鉴真过程是否有瑕疵。其次，鉴真只是证据可采性的前提，通过鉴真的物证还要受到其他证据规则的筛选。鉴真只是从程序上保证某项证据是举证方声称的那份证据，与此同时，证据的提供方也必须满足其他证据规则的要求。以书面材料为例，如果一份书面材料包含证人在法庭外的陈述，那么要使这样的书面材料成为证据，当事人除了必须对书证进行鉴真之外，还要遵循传闻证据排除规则的要求。

三、健全鉴真规则的几点把握

（一）中国鉴真制度的性质和功能应有别于美国

美国的鉴真规则只是为证据的准入条件设置基本的门槛，只有通过鉴真的证据才具有可采性，但对于满足鉴真基本要求的证据，一旦到了法庭审理阶段控辩一方提出异议，法官仍然要对证据的真实性进行审查，控辩双方仍可以通过交叉询问去伪存真。可见，鉴真规则只是将未达到证据真实性、关联性基本条件的证据材料排除出去，但鉴真的门槛很低，无法保证证据的真实性。因此，美国证据法学理论将鉴真作为证据奠定基础的程序，强调经过鉴真是证据可采性的前置条件，鉴真相当于对举证方施加的责任，无法达到鉴真的证据就不能进入陪审团评议的范围。鉴真设置了不太高的证明标准，举证方只需要证明达到"足以支持证明某项事实为真"的标准，也就是让陪审团合理地认为证据是真实的，证据就具有可采性。但从这个角度看，不太高的证明标准只是解决证据的准入问题，而将证据真实性的审查任务继续保留到法庭审理阶段来实现。因为对于满足鉴真最基本条件的证据，仍然可能存在不属实的情形。因此，鉴真完毕还要接受法庭审理过程控辩双方交叉询问，对方当事人仍然可以提出其他证据，证明经过鉴真的证据并非来源于案件。因此，美国的鉴真规则可以起到较粗糙的筛选作用，剔除绝大多数与案件不相关的证据。

中国式鉴真旨在强调证据的真实性。之所以强调我国刑事诉讼中要健全和完善涉案物品鉴真规则，是因为它对避免不真实、不可靠的证据成为定案依据，防止冤假错案发生具有重要的意义，在推进"以审判为中心"的刑事诉讼制度改革中，庭审对鉴真规则的贯彻将会倒逼侦查取证活动严格遵循鉴真规则所需的合法取证、保管严格、防止篡改等方面的要求。我国刑事诉讼法和司法解释确立的"对物证、书证、检材来源的真实性进行确认的规范"也被学者认为是鉴真规则。然而，必须指出的是，中国式鉴真规则在性质与功能定位上应有别于美国式鉴真规则。这是因为：

第一，我国的法庭结构在性质、功能、运作等方面不同于英美的二元化庭审结构。中国式鉴真规则并非旨在防止陪审员受到误导的风险。我国对证据真实性、关联性、合法性的审查是通过法庭调查进行的，合议庭成员在法庭调查之前已经接触过证据材料。即使在庭前会议环节提出异议的证据,也是留到庭审时重点调查。因此,刑事诉讼法及司法解释确定的鉴真规则主要是在庭审阶段依据证据保管链条、取证时的录音录像来审查证据的真实性。第二,我国没有建立起包含相关性的可采性理论。我国传统证据法理论认为,证据具有三大基本属性,即真实性、合法性和关联性。司法人员对证据的审查判断也大致从这三个方面进行分析。这是因为我国受大陆法系证据法理论的影响更多,主要采取证据能力说来解决证据资格问题,而把关联性作为证明力大小的判断因素。因此,中国式鉴真主要解决证据的证据能力问题,中国证据法并没有采纳将关联性包含于可采性之中的理论,[①] 因此,我国目前的鉴真规则的功能主要是确保证据的真实性,而轻证据的关联性作为鉴真的任务,不同于美国鉴真任务那样既解决证据的真实性,又解决其关联性问题。

(二) 中国鉴真的主体、步骤、范围有特殊性

美国的鉴真制度被视为"为证据奠定基础",因此凡是提供证据的一方,都有义务先向法庭证明其提供的证据是真实的,要达到"足以支持某项证明的证据"源于举证责任的原理。在英美当事人主义诉讼模式下,控辩双方都有权举证、质证和辩论,因此美国式鉴真的义务主体既包括检控方,也包括提出证据的辩护方,这与美国当事人主义平等举证的理念相符。

我国鉴真规则如何确定义务主体?有观点认为,刑事取证主体限于侦查公诉方,犯罪嫌疑人、被告人及其辩护人并不承担举证责任,因此,辩护方不应当成为鉴真规则的义务主体。笔者认为这一观点应当理解为一般情形,但不可推及全部。即在一般情况下,鉴真义务主体应当是公诉机关,但是在特殊的情形下,提出证据的辩护方也会成为鉴真义务主体。辩护律师也享有收集、调取证据的权利,一旦他们向法庭提交由其收集的证据,辩护律师便负有鉴真的义务。最高人民法院《关于适用〈中华人民共和国刑事诉讼法〉的解释》第203条规定:"控辩双方申请证人出庭作证,出示证据,应当说明证据的名称、来源和拟证明的事实……"这一条款表明,辩护方在出示证据的情况下,必须对证据的来源进行说明,也说明辩护方在特定情况下可成为鉴真的义务主体。所以,我国的鉴真义务主体主要是公安、检察等司法机关,特殊情况下也包括提供证据的辩护方。

中国鉴真并不是被视为提供证据的"基础性"或为证据铺垫问题,因此,并不要求举证方对所有证据都要鉴真,而是限于在特定条件下,如双方对证据的真实性存在疑问时,法官才会要求举证方尽到鉴真的义务。根据《关于办理死刑案件审查判断证据若干问题的规定》要求,只有办理死刑案件才涉及相关的鉴真,而并非所有类型的案件中的物证、书证、视听资料都必须进行鉴真。

(三) 我国宜借鉴可操作性的鉴真方法

美国鉴真规则发挥的作用主要是通过具体可操作性的鉴真方法,如对于有明显特征的实物证据,主要通过让知情人出庭作证。通过辨认、交叉询问等方式来证实"该证据就是举证人声称的那份证据"。例如,让熟悉信件作者笔迹的证人出庭,或让鉴定人出庭作证。这些方法是相对传统的做法。在《美国联邦证据规则》起草的年代,这些方法足以满足出

---

① 参见陈光中主编:《证据法学》,法律出版社2019年版,第139~143页。

庭作证来实现鉴真,但它们毕竟也是低效的,这是美国鉴真制度的弱点。

通过证据保管链条的完整性来实现鉴真的功能具有可供借鉴之处,这是法庭对证据可采性的标准,会反过来倒逼侦查取证行为,令侦查人员严格地遵循鉴真规则,即取证保管链条的完整性。具体而言,鉴真的实现方法包括:一是这种方法可以用于缺乏显著外部特征的涉案物品的鉴真,参与制作保管链条的主体包括在犯罪现场发现该证据的警察,也包括审查起诉环节的检察官,以及在诉讼过程接触过该证据的其他承办人员。如果该证据是通过司法鉴定获得鉴定意见的,鉴定人也成为证据链条中的一个环节。如果涉案物品储存在特定的场所,也要证实其保管严密。这就要求规范办案人员收集涉案物品的程序,通过粘贴标签、编排号码等可识别的方法证明涉案物品具有同一性。如果检察官向法庭提交的实物证据是种类物,证人也无法准确地辨认这些种类物是否为涉案物品,在这种情况下,法院会认定这些证据无法满足同一性要求。但如果这些种类物被标记上特殊符号,这样将使该类物证变得独特,从而使证人能够识别。

我国鉴真制度在可操作性方面较多地依据笔录、勘验、检查等书面证据的印证,而轻视对证人出庭的质证。① 由于中国直接言词原则的建立将影响鉴真制度的有效实施,以往的司法解释缺乏可操作性的规则,倚重各种笔录证据的印证作用,仅仅依靠笔录的印证,实物证据的鉴真就不可避免地带有形式化的验证性质。在实物证据的持有人、收集者、制作者、保管者几乎都无法出庭作证的情况下,法庭无奈只能凭借侦查机关提供的一纸笔录去证明证据的保管链条,这样当实物证据的真实性产生争议时,法庭对实物证据的采纳就缺乏贯彻直接言词原则的基础。目前强调的是对勘验笔录、检查笔录等各种笔录证据的印证,但这些笔录本身是侦查人员对其提取实物证据的书面记载,实物证据与书面笔录相互印证,除非能发现通过侦查取得的证据与笔录记载的内容存在明显的矛盾,否则法庭很难对实物证据的鉴真发挥实质性的作用。例如,张玉环案中的关键物证(一段麻绳)被指缺乏鉴真,没有任何指纹、血迹、皮肤组织等证据证实该物就是勒死死者的工具。

美国鉴真规则发挥作用与证人、鉴定人出庭的配套制度有关。比如,对有特殊表征的物证书证,要求证人在法庭上辨认该证据,即使通过保管链条的完整性来鉴真,一旦控辩双方对物证的真实性产生合理怀疑,那么保管链条的证人、保管人、持有人都负有出庭作证的义务。我国推进以"审判为中心"的刑事诉讼制度变革将对证据的审查判断提出更高的要求,重要的证据在法庭上质证,证人、鉴定人出庭作证制度将进一步落实贯彻,侦查人员出庭作证,这些程序性规范将对证据真实性的审查提出更高要求。并且,随着人工智能、区块链技术的应用,证据的防篡改功能将面临前所未有的革新。这些问题都需要我国未来建立可操作性强的鉴真方法。

(四) 不宜设置违反鉴真规则的刚性后果

美国式鉴真被理解为"为证据奠定基础",无法通过鉴真的证据不能进入陪审团评议的视野,不具有证据的可采性。因此,美国鉴真确立了刚性的排除性法律后果。我国鉴真规则能否效仿美国式鉴真规则的刚性法律后果,需结合中国刑事司法现状思考。

我国鉴真带有规范证据能力的特征。《关于办理死刑案件审查判断证据若干问题的规

---

① 刘品新:《电子证据的鉴真问题:基于快播案的反思》,载《中外法学》2017年第1期。

定》《关于办理刑事案件收集提取和审查判断电子数据若干问题的规定》将不符合鉴真规则的法律后果确立为"强制性的排除"和"可补正的排除"两种。有学者认为，对于无法通过鉴真程序的实物证据并不必然属于不真实、不可靠的证据。对因来源不明、收集不规范、保管不完善等原因就将证据材料排除于法庭之外，很可能是不切实际的。 笔者认同并认为在当前我们对刑讯逼供等"非法证据"排除尚且难以做到的情况下，要对未满足鉴真规则的证据采取排除的做法，恐怕会对侦查、公诉工作带来巨大的冲击。在中国现有鉴真规则的法律后果方面，还不宜设置绝对排除的后果，否则会造成打击犯罪不力，会增加我国刑事诉讼中建立鉴真制度的现实阻力。

但不设置刚性的法律后果，如何保证鉴真规则在实践中得以切实执行？可能的解决方案如下：一方面，可以规定特定的案件必须严格遵循鉴真规则，否则法庭不能采纳无法通过鉴真的证据材料。所谓特定案件可限于被告人可能被判处死刑的案件，因为此类案件的证明标准必须是至高无上的，才能防止无辜者被错杀，从而使死刑案件经得起时间的检验。另一方面，规定其他类型的案件对鉴真规则只作出宣示性规定，至于违背鉴真规则是否排除，由法官根据侦查人员的补正和合理解释作出自由裁量的判断。

---

① 陈瑞华：《刑事证据法的理论问题》，法律出版社2018年版，第269页。

区块链司法存证的实践逻辑与法律规制

胡 铭[*]

一、提出问题

信息时代对证据法提出了新问题、新挑战，司法实践的迫切需求和积极探索正在倒逼工业时代的证据法学向信息时代的证据法学转型。区块链司法存证正是在这样的背景下的新课题。2018年6月，全国首例司法区块链存证案件由杭州互联网法院宣判，法院支持了原告采用区块链作为存证方式，并认定了相应侵权事实。2019年7月，全国首例区块链存证刑事案件由绍兴市上虞区人民法院宣判（诈骗罪），首次将区块链存证运用于刑事案件。[①]

刑事案件的取证、认证标准比民事案件更为严格，区块链首次运用于刑事案件标志着区块链存证技术和相关证据规则正日益被司法实践所认可，也预示着区块链存证的适用范围将日益扩大并对司法实践产生重要影响。区块链是一种防篡改、可追溯、共享的分布式账本技术，利用区块链进行加密存证技术处理刑事案件尚属全国首例。该案中，司法机关对于电子证据的效力确认具有标志性意义，推动了电子证据在司法实践中的规范运用。区块链是分布式数据存储、点对点传输、共识机制、加密算法等计算机技术的新型应用模式，这种新技术在司法领域的应用尚缺乏明确的法律依据，也没有成熟的具体规则。我们亟须在经验层面研究区块链存证的实践逻辑，并在此基础上探讨区块链存证的有效法律规制。

二、基于区块链的电子数据存证

司法区块链已经在各个层面开展探索。三大互联网法院都已建成自己的司法区块链，即杭州互联网法院"司法区块链"、广州互联网法院"网通法链"、北京互联网法院"天平链"电子证据平台。各级人民法院则结合区块链技术创建了电子证据平台，如吉林省高级

---

[*] 胡铭，浙江大学光华法学院常务副院长，教授，博士生导师。
[①] 浙江省绍兴市上虞区人民法院刑事判决书（2019）浙0604刑初776号。该案的基本情况如下：2019年7月，绍兴市上虞区人民法院借助区块链加密技术，对全国首例区块链存证刑事案件进行宣判，判决被告人构成诈骗罪。在该案中，被害人众多、分散于全国各地，单笔犯罪数额小但总量大。为防止光盘中数据丢失或被篡改，上虞区司法机关联合互联网企业的区块链团队，以区块链技术对数据进行加密，并通过后期哈希值比对，确保电子证据的真实性，公检机关一致认可本案证据的流转和比对处理过程。参见胡铭：《用区块链技术解决刑事诉讼证明难题》，载《民主与法制时报》2020年5月14日第6版。

人民法院电子证据平台、山东省高级人民法院电子证据平台、郑州市中级人民法院电子证据平台、合肥市蜀山区人民法院电子证据平台、成都市郫都区人民法院电子证据平台等。对于上述探索，我们需要从规范和事实两个层面来解读。

（一）规范层面的依据

三大诉讼法都没有对区块链司法存证作出规定。但从相关法律和司法解释来看，已经有区块链司法存证在规范层面的初步探索。2019年修正的《电子签名法》第5条规定："符合下列条件的数据电文，视为满足法律、法规规定的原件形式要求：（一）能够有效地表现所载内容并可供随时调取查用；（二）能够可靠地保证自最终形成时起，内容保持完整、未被更改。但是，在数据电文上增加背书以及数据交换、储存和显示过程中发生的形式变化不影响数据电文的完整性。"该法第8条规定："审查数据电文作为证据的真实性，应当考虑以下因素：（一）生成、储存或者传递数据电文方法的可靠性；（二）保持内容完整性方法的可靠性；（三）用以鉴别发件人方法的可靠性；（四）其他相关因素。"这里虽然没有直接规定区块链司法存证，但对电子数据的存储、审查等规定却可以为区块链司法存证的法律价值提供依据。

2018年出台的最高人民法院《关于互联网法院审理案件若干问题的规定》第11条明确了"当事人提交的电子数据，通过电子签名、可信时间戳、哈希值校验、区块链等证据收集、固定和防篡改的技术手段或者通过电子取证存证平台认证，能够证明其真实性的，互联网法院应当确认。"这是我国首次在司法解释中明确地确认电子数据可以通过区块链形式得到验证，即区块链存证的电子数据可以在司法中运用。该条还对区块链存证的专家辅助人和司法鉴定制度作了规定，即"当事人可以申请具有专门知识的人就电子数据技术问题提出意见。互联网法院可以根据当事人申请或者依职权，委托鉴定电子数据的真实性或者调取其他相关证据进行核对"。在证据规则层面，2019年修订的最高人民法院《关于民事诉讼证据的若干规定》第94条规定，电子数据存在"由记录和保存电子数据的中立第三方平台提供或者确认的"情形的，人民法院可以确认其真实性，但有足以反驳的相反证据的除外。上述规定为区块链存证在内的中立第三方存证方式的证据效力提供了依据。

（二）事实层面：电子数据的真实性

在我国的司法实践中，法庭对于电子数据的审查判断是以虚拟空间信息的真实性为重点展开的，即对于电子数据的三性（真实性、关联性、合法性），法庭质证最主要围绕真实性展开。通过对裁判文书的分析显示，在刑事审判实践中审查判断规则主要围绕"求真"展开，关联性审查本质上仍是"求真"，合法性审查亦主要为了保障真实性。[①]

随着监控技术的普及和大数据、人工智能等新技术在司法领域的运用，给了公权力机关更强的能力收集包括电子数据在内的各种公民信息，还难以避免地引起人们的担忧。在谈到机器在刑事审判中的应用时，美国学者曾指出："就像贪食者一样，政府会尽其所能收

---

① 参见胡铭：《电子数据在刑事证据体系中的定位与审查判断规则》，载《法学研究》2019年第2期。

集一切；和吝啬鬼一样，它会对数据及其操作过程保密。"① 区块链存证主要解决的就是司法"信任"问题。在当今社会不论是国家治理、企业管理还是人际交往，最大的成本在于"信任"成本。司法亦如此，长期以来，司法公信力不彰已经成为困扰司法裁判的一个突出问题。提升司法公信力需要一种革新和颠覆性的思维理念，区块链技术所具有的去中介化、建立社会信任、实现共享正好契合了这一需求。区块链作为一种去中心化的数据库，是一串使用密码学方法相关联产生的数据块，每一个数据块中包含了一次网络交互的信息，用于验证其信息的有效性（防伪）和生成下一个区块。虽然对于区块链技术仍然有这样或那样的争议，但区块链因其本身所具有的去中心、不可篡改、可追溯等特征，极适合与电子数据存证相结合，上文中绍兴市上虞区对诈骗案作出的裁判也在一定程度上说明区块链存证已经逐渐被司法机关和当事人所认可。

区块链存证的本质是电子数据证据保全的创新。对于电子数据的证据保全，传统上主要是采用将需要保全的电子数据复制、存储在清洁的存储设备上，但这难以保障电子数据的完整性和同一性，极易导致电子数据的真实性在法庭上被质疑，因此司法裁判中电子数据的采信率明显要低于传统的物证书证等。《关于办理刑事案件收集提取和审查判断电子数据若干问题的规定》第5条规定，可以采用计算电子数据完整性校验值等方法来保护电子数据的完整性，这与区块链存证是相契合的。在技术语境下，完整性主要是指电子数据"码流"的完整性，一般采用哈希值等校验算法进行判定；在司法语境下，完整性则主要是通过提供真实性保障来提升证据的可信性。

区块链存证的最大优势在于保障电子数据的真实性。《关于互联网法院审理案件若干问题的规定》第11条已经明确了包括区块链在内的新技术的证据收集、固定和防篡改功能能够在证明电子数据真实性方面发挥重要作用。这里虽然特指互联网法院，但对于其他法院的审判具有一定的参考意义。区块链技术在普通刑事案件审判中的运用正体现了这一点。刑事案件对于真实性的要求是所有案件类型中最高的，区块链存证并不能绝对证明真实性，还需要从存证平台资质审查、电子取证的技术手段可信度审查和区块链电子证据完整性审查三个方面认定区块链存证的证据效力。此外，为确保区块链中的电子数据是真实上传的，还需要公证机构、司法鉴定中心以及第三方电子认证机构提供信用上的保障。

此外，区块链存证在特定类型案件中显著提高了司法效率。区块链存证使得法庭可以更多地聚焦证据的关联性和合法性，避免纠缠于真实性问题，这无疑能够提升庭审效率。同时，鉴于区块链技术运用的高昂成本，对于大量的普通案件来说，并没有采用区块链存证的必要性。在绍兴市上虞区诈骗案中，之所以要引入区块链存证，在于被害人人数众多且分散于全国各地，单笔犯罪数额小但总量大，这就使得如果采用传统方法，无法有效证明电子数据的真实性，诉讼成本也非常高，区块链存证的引入较好地解决了上述问题。

---

① [美] 安德烈亚·罗思：《论机器在刑事审判中的应用》，赖玉强、蒋艳林译，载赵万一、侯东德主编：《法律的人工智能时代》，法律出版社2020年版，第215页。

三、区块链司法存证的三种模式

（一）公有链模式

在公有链中，任何节点都是向任何人开放的，每个人都可以参与到这个区块链中进行计算，而且任何人都可以下载获得完整的区块链数据（全部账本）。比特币就是最典型的公有链。公有链最大的优点就是去中心化和安全性。目前比较出名的数字货币，如比特币、以太币、瑞波币等都是使用公有链来运行的。由此可见，这些数字货币安全性很高，同时也不受他人的控制。尽管公有链很好很安全，但是设想一下，这么多随意出入的节点是很难达成共识的，因为有些节点可能随时死机，黑客也可能伪造很多虚假的节点。所以，公有链有一套很严格的共识机制（公有链最大的问题就是共识问题），共识问题直接导致了公有链处理数据的速度很慢，如比特币转账就需要很长时间。

从形式上来看，公有链是理想的司法存证方式，但从实际操作来看公有链模式却并不适合电子存证。由于各类司法案件发生的随机性，无法预先得知哪些数据在未来可能会成为呈堂证供，这就需要开放让所有生产数据的主体以及数据生产工具（产生数据的软件）主动认可同一种共识机制，参与到区块链中。社会主体认同参与这种共识机制也需要一个漫长的过程，即便所有数据生产主体愿意参与到这种共识机制中来预防未来风险，由于数据和节点数量庞大，所消耗的互联网和计算机资源是当前司法资源所无法承受的，共识的成本也远超想象。更重要的是，完全的去中心化公有链与司法集中判断权相矛盾，"去中心化"的证据意味着脱离法院监管，对于诉讼中的审查判断不利。

（二）私有链模式

在有些区块链的应用场景下，并不希望任何人都可以参与这个系统，任何人都可以查看所有数据，只有被许可的节点才可以参与并且查看所有数据，我们称这种区块链结构为私有链。私有链的优点是完全可以由自己制定策略，因此速度极快，缺点则是相比较而言，私有链不具备真正的去中心化。

在全国首例区块链司法存证案中，华泰一媒公司通过第三方存证平台保全网对道同公司的侵权网页予以取证，并通过区块链储存电子数据的方式证明子数据的完整性及未被篡改。法院从存证平台的资质审查、侵权网页取证的技术手段可信度审查和区块链电子证据保存完整性审查三个方面对案涉电子证据的效力作出认定。这里运用的便是私有链模式。也正是因为私有链并非真正的去中心化，其公信力还是不够的。杭州互联网法院在该裁判中虽然采信了该证据，但在判决中指出：对于采用区块链等技术手段进行存证固定的电子数据，应秉承开放、中立的态度进行个案分析认定。既不能因为区块链等技术本身属于当前新型复杂技术手段而排斥或者提高其认定标准，也不能因该技术具有难以篡改、删除的特点而降低认定标准，而应根据电子数据的相关法律规定综合判断其证据效力；其中应重点审核电子数据来源和内容的完整性、技术手段的安全性、方法的可靠性、形成的合法性，以及与其他证据相互印证的关联度,并由此认定证据效力。①

(三) 联盟链模式

联盟链是指由若干机构或组织共同参与管理的区块链,他们各自运行着一个或多个节点,其中的数据只允许系统内不同的机构进行读取和发送交易,并且共同记录交易数据。联盟链的优点是比公有链处理速度快,因为节点的数量和身份都已经规定好了,所以可以使用相对松散的共识机制,因此数据的处理速度就会比公有链大大提高。缺点是尽管联盟链速度加快,但是相对于公有链来说,联盟链并不是完全去中心化的。因为理论上联盟之间可以联合起来修改区块链数据。

司法领域的联盟链建设建立在私有链的基础上,联盟链本身属于私有链的一种。司法领域联盟链的建设首先由诸如法院、检察院、公安机关、公证机构等首先建立各自的私有链,在此基础上形成共同管理的联盟链,每个机构负责管理其中的一个节点,并且读写数据和发送交易的权限仅交由该机构负责。② 如上海、浙江、江苏、安徽四地法院引入支付宝的蚂蚁区块链技术,成立长三角司法链,推动长三角司法一体化。

对于刑事案件而言,案件的证据和笔录在"公安—检察—法院"之间流转,让证据和笔录在各自系统流转(线上或者线下),各方能够公开访问一个共同的链,各系统通过上链信息,对接收到的电子数据进行验证,还可以把司法鉴定、价格评估、公证等部门涵盖进来。而且,区块链上存储数据的机构越多,则对区块链进行篡改和删除的难度和成本就越大,该区块链的安全性就越高。因为电子数据的上链信息是统一保存的,在区块链共识机制的约束下,所有的增删改行为都需得到各个节点的同意和记录,任何一个机构都无法单独对电子数据进行篡改,从而实现电子数据"分别提取、统一保管"的效果。需要说明的是,区块链上主要保存的是电子数据的哈希值而不是电子数据本身,因为哈希算法具有不可逆的特性,其他非办案机构即使获得区块链副本上的哈希值也无法反向计算出证据原文,从而兼顾了保密性和不可篡改性。③

四、区块链司法存证的局限及其规制

区块链存证的司法运用前景仍有所争议,除了存在成本高昂的问题之外,尚不能完全解决信任问题,且不是所有场景都需要区块链。法官对于区块链存证应秉持开放、中立的态度进行个案分析,既不应盲目引入区块链技术并盲信区块链存证,也不应排斥新技术和提高电子数据的认定标准,应在审核电子数据的来源和内容的完整性、技术的安全性、方法的可靠性、形成的合法性的基础上综合认定电子数据的证据效力。

上链前电子数据的原始性。在"去中心化"的情况下,区块链只对录入以后的数据负

---

① 杭州互联网法院民事判决书(2018)浙0192民初81号。
② 浙江省湖州市中级人民法院课题组:《关于区块链运用热下的冷思考》,载《人民法院报》2020年5月8日第5版。
③ 参见陈平祥:《运用区块链技术提取和审查刑事电子数据》,载《检察日报》2019年10月14日第3版。

责，但是数据由谁录入，这个主体的身份是无法识别的。[①] 数据挂载到区块链之前，这个时间段内数据的真实性和完整性是区块链本身无法证明的，仍要结合取证信息、勘验提取笔录、取证过程录音录像等证据，综合分析、判断电子数据在上链之前是否存在被篡改、污染的可能。对于案发时产生的电子数据，如现场监控、微信聊天记录、电子邮件、转账交易记录等，因为这类电子数据上传到区块链之前的真实性和完整性是区块链本身无法证明的，所以区块链技术还需要同步记录取证过程并和取证结果一起上传至区块链进行完整性校验。所以在数据上链之前，仍有必要采用人工智能等技术对取证过程的合法性进行自动记录和辅助分析，如侦查人员身份识别、对象信息采集、现场经纬度定位、取证时间及流程、过程是否完整，相当于增加了一个"电子见证人"，为之后该电子数据的司法审查提供操作日志、校验方式、环境参数等实质性审查材料。

电子数据收集、提取过程的合法性。应用区块链技术提取的电子数据并不当然具有程序合法性，仍需按照刑事诉讼法的要求对取证主体、取证程序、取证地点等要素是否合法进行审查，防止违法证据成为定案依据。通过侦查行为产生的电子数据，如讯问和搜查的同步录音录像，恢复硬盘、手机中的电子数据等。对于此类电子数据，在电子数据产生的同时，区块链技术就能第一时间自动对该电子数据进行完整性校验，并将哈希值上链保存，防止篡改证据，不再需要由取证人员作笔录、写说明、签名盖章来"自证清白"。

区块链特性可能带来的不利影响。区块链的特征，一是透明、完全公开（以便接受监督），二是不可篡改。基于上述特点，一些取证行为也会存在风险，比如，一些色情的内容如果被存储到区块链中，这些数据不能被删除，会永久存在，那么这种危险行为也将永远存在，尤其是有关儿童的色情内容，将会对这些儿童造成持续性的伤害。对此，处理方式是通过编码的方式进行转化（第三方机构），这样会增加诉讼成本，也会存在一些风险，比如通过编码以后形成的新数据虽然有一种加密的功能，但可能会难以被直接读取，在诉讼举证的时候也会存在困难。同时，因为区块链会存在分叉（fork）的可能，当产生分叉的时候，会选取长的那一条新链条，而舍弃短的链条，那么运用到存证中，就会有这么一种可能，就是存储在短的链条上的数据无法被存证。

区块链数据的鉴真问题。关于区块链数据的鉴真，主要存在以下问题：第一，还是和上面身份问题相类似的一个问题，比如在电子签名中，虽然可以证明某个交易行为和交易主体的独特性，但是对于这个签名和特定主体之间关系的审查是有困难的。第二，关于哈希值的认定问题，如果利用哈希值进行自我鉴真，当哈希值与待证数据共存于同一个设备，那可以鉴真；但是如果它被分离到了另外一个设备上，这个时候就可能存在风险，会被认定为不符合证据规则自我鉴真对同一份证据的形式要求（同一系统），可能就不能自我鉴真了。第三，对于机器的可信度存疑。因为一般认为，区块链也会存在错误，没有完美的软件，如2016年6月，智能合同黑客就暴露过其中的一个易攻击点，并且这只是众多漏洞中的一个。所以在诉讼中，为了防止这种消极影响，还要额外证明区块链数据的精确程度

[①] 在公共的区块链中，涉及4个主体的身份（姓名）：（1）最后用户/交易人员（end-users/transactors）；（2）区块链矿工（miners）；（3）节点（nodes）；（4）开发人员（owners or developers）。但是，对于某个数据来说，这四个核心主体谁出了问题，具有不确定性。也就是说，区块链存储的数据出现了问题，那么这个问题来自哪个主体，其实是很难确定的。

(可引入专家辅助人)。第四,除了机器本身的错误,人的错误也不会被区块链自动修复,如果一开始就输入错误,那么后续是没有办法更正的。证据规则应要求数据的输入要保证是准确的,法官仅对区块链对数据的保管问题作出认定,但无法认定输入数据的同一性。

关于传闻证据规则问题。由于区块链证据的存入需要很多的人为因素,与百度地图这类纯电子的数据存入有所差异,区块链存证会有人为因素介入,要和证据一起加以对质,否则就属于证据法上的传闻。比如在一个交易中,两个交易人发生了交易,但是这个区块链的数据写入不是自动的,是由最后交易完成人写入账本中的,这个时候就有可能加入了人为因素,存在传闻风险。但我们不能因此就认定区块链存证是传闻证据。从美国联邦第九巡回法院作出的判决来看,也没有把区块链证据认定为传闻证据,他们的理由是,传闻证据是庭外由人作出的陈述,区块链证据虽然有人为因素,但是实质上还是由机器来进行运行,不符合传闻证据的主体要求。法院基本上把区块链证据直接认定为机器行为,也就避免了区块链的传闻风险对它定性的影响。①

五、结语

以智能化为特征的第四次工业革命催生了数字法学、智慧司法等新理念、新事物,带来了智能机器伦理、网络隐私防范、生物安全防控等新问题、新挑战。"法律是鲜活的生命,而非僵化的规则。"② 法律必须积极应对这些新问题、新挑战,可以预见,这个时代的法律和司法将比以往任何一个时代面对更大的变革,区块链存证的引入正是这种自我革新的尝试,只是法律尤其是证据法层面还远远没有赶上司法实践的步伐,亟须我们在厘清基础理论问题的基础上革新具体的程序和规则。

---

① Emily Knight, "Blockchain Jenga: The Challenges of Blockchain Discovery and Admissibility under the Federal Rules," Hofstra Law Review 48, No. 2 (Winter 2019), pp. 519-562.

② [美]本杰明·N. 卡多佐:《法律的成长》,李红勃、李璐怡译,北京大学出版社2014年版,第1页。

涉案财产价格认定应当纳入司法鉴定制度

顾永忠*

涉案财产价格认定与刑事案件定罪量刑关系重大,但长期以来并不真正属于司法鉴定范畴,当下更面临严峻挑战。《全国人民代表大会常务委员会关于司法鉴定管理问题的决定》(以下简称《决定》)已颁布15年,是时候将涉案财产价格认定纳入司法鉴定制度了,本文就此展开讨论。

一、问题的提出:"价格认定结论书"是否为鉴定意见证据

2019年安徽省繁昌县人民法院开庭审理谢某某等63人诈骗案,检察机关最重要的指控证据是由当地价格认证中心依据杭州市价格鉴证专家委员会奢侈品价格鉴定中心5位专家的意见出具的两份价格认定结论书。对此辩方律师从多方面提出质疑,其中包括对所涉杭州奢侈品价格鉴定中心的主体资格提出质疑。辩护律师经调查发现该奢侈品价格鉴定中心的主体资格确实存在明显问题,于是向当地有关部门投诉。经杭州市政府有关部门审查,认定该中心并非依法设立的价格认证机构,予以撤销。在此情形下,繁昌县有关司法机关撤销了前述两份价格认定结论书。其后,办案机关又"聘请"该县所属的市级价格认证中心"进行鉴定"。2019年9月市价格认证中心出具价格认定结论书,对该案所涉物品的价格重新作出认定结论。其所陈述的认定方法是"专家咨询法",但在价格认定结论书上既没有所称18名专家的签字,也没有18名专家名单。在庭审中控辩双方就此展开激烈辩论。辩方认为该价格认定结论书不是鉴定意见证据。如果作为鉴定意见证据使用,应当有18名专家的签字,并应当出庭作证。控方则认为其提供的价格认定结论书属于鉴定意见证据,但拒绝提供18名专家名单,也不同意18名专家出庭作证。

其实,这一问题并不是孤立的,据有关人士从最高人民法院裁判文书网检索,由杭州奢侈品价格鉴定中心出具过价格认定结论书的案件并非仅此一案。由该中心出具价格认定结论书而被办案机关作为证据使用的裁判文书多达28份。据了解这只是司法实践中此类问题的冰山一角。

2018年6月,浙江省高级人民法院、省人民检察院、省公安厅和省物价局曾专门召开会议,并形成《关于涉案财产价格认定的会议纪要》(以下简称《纪要》),明确表示根据《决定》、司法部《司法鉴定程序通则》,价格认定机构未纳入司法行政部门登记管理,不属于司法鉴定机构。价格认定非司法鉴定行为,价格认定结论书不属于司法鉴定机构的鉴

---

* 顾永忠,中国政法大学诉讼法学研究院教授。

定意见。但又称"价格认定机构出具的'价格认定结论书'没有价格认定人员签名、不附价格认定机构资质证明和人员资格证书，不影响其证据资格"。

显然，上述情形引申出一个极为尖锐的问题，即由各级人民政府价格主管部门设立的价格认证中心出具的"价格认定结论书"在司法活动中是不是鉴定意见证据？如果不是又是什么证据？这个问题迫切需要研究解决。

二、简要回顾：我国涉案财产价格认定体制及性质的历史演变

我国涉案财产价格认定体制及性质几经变化、反复，大体经历了以下几个阶段：

（1）无专门机构、由多部门组成"赃物估价协调委员会"对涉案财产进行估价的阶段。

据了解，计划经济时期，商品和服务价格实行政府统一定价，并无专门、独立的涉案财产价格鉴定机构和鉴定人员，司法机关办理案件时，一般由当地公、检、法、物价、商业、物资部门组成"赃物估价协调委员会"审定涉案物品价格，以此作为对涉案人员定罪量刑的重要依据。但是，根据1979年刑事诉讼法的有关规定，办案"需要解决案件中某些专门性问题的时候，应当指派、聘请有专门知识的人进行鉴定"，"鉴定人进行鉴定后，应当写出鉴定结论并签名"。据此，估价活动及其结论显然不属于刑事司法上的鉴定结论证据。

（2）设立"价格事务所"，对涉案财产进行估价鉴定阶段。

随着社会主义市场经济的建立和发展，绝大多数商品和服务价格改由市场定价，商业、物资部门逐步转制，原有的组织形式已经不适应涉案物品价格鉴定的需要，司法和行政执法工作遇到了很大困难，影响了办案效率和质量。根据这一情况变化，为适应司法工作的需要，从1990年起，各级政府价格主管部门相继成立了价格事务所，承担起为司法机关办理涉案物品价格的鉴证服务。

1994年最高人民法院、最高人民检察院、国家计委和公安部联合发布《关于统一赃物估价工作的通知》，规定赃物估价工作统一由各级政府价格主管部门所属的价格事务所承担。人民法院、人民检察院、公安机关在办案中需要对赃物进行估价时，应当出具估价委托书，委托案件管辖地的同级物价管理部门设立的价格事务所进行估价。价格事务所对赃物估价后，应当出具统一制作的赃物估价鉴定结论书，由估价工作人员签名并加盖价格事务所印章。委托估价的机关应当对赃物估价鉴定结论书进行审查，如果有异议，可退回价格事务所重新鉴定或者委托上一级价格事务所复核。经审查，只有确认无误的赃物估价鉴定结论才能作为定案的根据。

1997年4月，在总结以往几年赃物估价工作的基础上，国家计委、最高人民法院、最高人民检察院和公安部联合发布《扣押、追缴、没收物品估价管理办法》（以下简称《办法》），系统规定了涉案物品估价的有关事项，包括总则、委托程序、估价程序、估价基本原则、组织管理、法律责任等共7章34条。《办法》强调指出各级政府价格主管部门所属的价格事务所是受执法机关委托进行扣押、追缴、没收物品价格鉴证的唯一机构。公检法机关在办案中对涉案财物的价格需要鉴定的，应委托各级政府价格主管部门设立的价格事务所进行估价，价格事务所估价后应出具扣押、追缴、没收物品估价鉴定结论书，由估价

工作人员签名并加盖公章。其后，根据《办法》的规定，1998年5月国家计委印发配套性的《涉案物品价格鉴定分级管理实施办法》和《涉案物品价格鉴定复核裁定管理办法》。

在解决了机构问题后，1999年6月，国家计委和人事部联合下发《价格鉴证师执业资格制度暂行规定》，明确规定"国家对价格鉴证行业关键岗位的专业人员实行执业资格制度，纳入全国专业技术人员执业资格制度的统一管理"，"本规定所称价格鉴证师是指通过全国统一考试，取得价格鉴证师执业资格证书，经注册登记后，从事涉案标的价格鉴定、认证、评估工作关键岗位上的专业人员"，"凡从事价格鉴证业务的机构，必须配备有一定数量的价格鉴证师"。由此建立了价格鉴证师考试、注册制度。

伴随以上过程，经编制管理部门批准，由各级政府价格主管部门设立、实行事业化管理的价格事务所纷纷成立。截至2000年，全国共有2800家价格事务所，从业人员16000多人。

综上可见，这段时期的价格事务所对涉案财产的估价虽不完备但基本具备司法鉴定的属性：其一，价格事务所与办案机关是委托关系。其二，从事估价关键岗位的人员应当参加国家统一考试，取得执业资格。其三，估价鉴定应当由两名以上估价工作人员共同承办，出具的估价鉴定结论必须经过内部审议。其四，价格事务所出具的扣押、追缴、没收物品估价鉴定结论书应当符合格式要求，包括：（1）估价范围和内容；（2）估价依据；（3）估价方法和过程要述；（4）估价结论；（5）其他需要说明的问题及有关材料；（6）估价工作人员签名。同时必须加盖单位公章。其五，委托机关对扣押、追缴、没收物品估价鉴定结论书有异议的，可以向原估价机构要求补充鉴定或者重新鉴定，也可以直接委托上级价格主管部门设立的价格事务所复核或者重新估价。其六，价格事务所出具的扣押、追缴、没收物品估价鉴定结论，经人民法院、人民检察院、公安机关确认，可以作为办理案件的依据。其七，价格事务所和鉴定人对出具的扣押、追缴、没收物品估价鉴定结论书的内容分别承担相应的法律责任。

（3）以"价格认证中心"取代"价格事务所"，专司涉案物品价格鉴定的阶段。

1999年10月，国务院办公厅《关于清理整顿经济鉴证类社会中介机构的通知》（以下简称《通知》）要求：规范经济鉴证类社会中介机构的资格认定；依据市场规则进行经济鉴证类社会中介机构的脱钩改制，建立自律性运行机制；依法规范政府部门和行业协会对经济鉴证类社会中介机构的监督、指导和管理。根据《通知》要求，2000年9月，国家计委发布《关于规范价格鉴证机构管理意见》，针对价格鉴证工作存在的问题，提出"保留机构、性质不变、退出中介、统一名称、保障生存、强化管理"的规范意见。据此，全国各级价格鉴证机构不再叫"价格事务所"或其他名称，统一规范为"价格认证中心"，但性质不变，仍作为事业单位保留，为国家司法机关指定的涉案物品价格鉴证机构。

2008年6月，国家发展和改革委员会、最高人民法院、最高人民检察院、公安部、财政部印发《关于扣押追缴没收及收缴财物价格鉴定管理的补充通知》，除重申各级政府价格主管部门设立的价格鉴证机构为国家机关指定的涉案财物价格鉴定的机构、"价格事务所"的名称统一改为"价格认证中心"外，还指出原国家计委、最高人民法院、最高人民检察院、公安部制定的《办法》继续有效。

2010年4月国家发改委价格认证中心印发《价格鉴定行为规范（2010年版）》，明确规定经当地编委批准、由各级政府价格主管部门依法设立的价格鉴证机构，对公安机关、检察机关、审判机关和仲裁机构在办理各类案件中涉及的价格不明或价格有争议的涉案财物或其他标的进行价格鉴定。其中,将之前"价格认定"的表述改为"价格鉴定",要求价格鉴证机构在受理价格鉴定后,应指派价格鉴定人员组成小组进行价格鉴定。价格鉴定小组人员应持有相应的价格鉴证人员岗位证书。鉴定完成后应出具价格鉴定结论书。由价格鉴证机构法定代表人或负责人签发,价格鉴定人员可以在价格鉴定结论书上签字。应该说,该文件一方面强化了价格认定行为的价格鉴定性质,另一方面在程序上又有所弱化,主要表现在对于价格鉴定人员在价格鉴定结论书上的签字并没有提出强制要求,而是"可以签字"。

(4) 涉案财产价格认定不再是价格鉴定性质的阶段。

2015 年 10 月国家发改委印发的《价格认定规定》对此前的价格鉴定行为进行了调整,明确指出"本规定所称价格认定,是指经有关国家机关提出,价格认定机构对纪检监察、司法、行政工作中所涉及的价格不明或者价格有争议的,实行市场调节价的有形产品、无形资产和各类有偿服务进行价格确认的行为"。根据该规定,国家发改委价格认证中心于 2016 年 4 月印发《价格认定行为规范》,指出"价格认定机构办理价格认定事项,须由办案机关出具价格认定协助书",价格认定结论书应由认定机构法定代表人签发并加盖公章。不仅如此,2016 年 2 月、6 月,国务院先后下发《关于取消 13 项国务院部门行政许可事项的决定》和《关于取消一批职业资格许可和认定事项的决定》,其中包括取消了价格鉴证师职业资格许可和认定、注册核准。同年,国家发改委价格认证中心先后发文,决定停止办理价格鉴证机构资质证,已发放的机构资质证书不再作为行政证明使用。

可以看出,2015 年《价格认定规定》实施以后,涉案财产的价格认定行为不再是价格鉴定性质:其一,价格认定中心与办案机关不再是"委托关系"而是"协助关系",价格认定机构的独立地位不复存在;其二,价格认定行为不再是价格鉴定行为,而是"价格确认行为";其三,价格认定结论书应由认定机构法定代表人签发并加盖公章,以往价格认定人员在价格认定结论书上"可以签字"的规定被取消。

至此,价格认定机构、价格认定人员及价格认定行为的性质备受质疑。在此背景下,如前所述,浙江省高级人民法院、省人民检察院、省公安厅和省物价局《纪要》明确表示,"根据《全国人民代表大会常务委员会关于司法鉴定管理问题的决定》《司法鉴定程序通则》等规定,价格认定机构未纳入司法行政部门登记管理,不属于司法鉴定机构。价格认定非司法鉴定行为,'价格认定结论书'不属于司法鉴定机构的鉴定意见"。但同时又指出"价格认定机构出具的'价格认定结论书'没有价格认定人员签名、不附价格认定机构资质证明和人员资格证书,不影响其证据资格。至于具体个案中的'价格认定结论书'能否作为定案根据,应结合案件其他情况,综合认定"。在笔者看来,《纪要》的意见实属无奈又自相矛盾,一方面根据有关法律规定,不得不表示价格认定机构及"价格认定结论书"不属于司法鉴定机构的鉴定意见;另一方面又不排除"价格认定结论书"具有"证据资格"并可以作为"定案根据"。但问题是如果"价格认定结论书"不属于"鉴定意见"证据,那它属于什么证据、如何取得证据资格?又何以作为"定案根据"?

三、改革完善：涉案财产价格认定应当纳入司法鉴定制度

根据刑事诉讼法第 50 条的规定，在刑事诉讼中可以用于证明案件事实的证据有八类，其中第六类是"鉴定意见"，其他七类证据依次为：物证，书证，证人证言，被害人陈述，犯罪嫌疑人、被告人供述和辩解，勘验、检查、辨认、侦查实验等笔录，视听资料、电子数据。对照以上证据种类以及各类证据的定义，价格认定结论书显然不属于其他七类证据，与其唯一具有相似性的则是"鉴定意见"，但因其不具备"鉴定意见"的基本特征，因此也不属于"鉴定意见"。即便如此，由于在司法实践中，大量经济类、财产性的刑事案件需要对涉案财产的价格进行鉴定，并对定罪量刑产生直接影响，以致又不能把"价格认定结论书"从刑事诉讼的证据种类中完全排除，这也是前述浙江省有关部门的《纪要》一方面认为"'价格认定结论书'不属于司法鉴定机构的鉴定意见"，另一方面又不否认其具有证据资格甚至可以作为定案根据的根本原因。笔者也认为，不能简单地把"价格认定结论书"从证据种类中排除，而应当按照"鉴定意见"的基本特征对它进行改革完善。

15 年前即 2005 年 2 月，《决定》规定"国家对从事下列司法鉴定业务的鉴定人和鉴定机构实行登记管理制度"，共包括四类，前三类采用列举方式，分别是法医类鉴定、物证类鉴定、声像资料鉴定，最后一类则采用了开放、笼统的立法表达方式，即"根据诉讼需要由国务院司法行政部门商最高人民法院、最高人民检察院确定的其他应当对鉴定人和鉴定机构实行登记管理的鉴定事项"。这意味着随着经济社会的发展和司法工作的需要，还可以将其他事项纳入国家司法鉴定登记管理事项。回顾 15 年来司法鉴定工作走过的历程，应该说在前三类鉴定事项上进步比较大，成绩比较多，而在落实、推进第四类鉴定事项上相对滞后。从司法实践的迫切需要和相关制度的调整变化来看，笔者认为在《决定》颁布 15 年之后，是时候将涉案财产价格认定纳入《决定》所说的"其他应当对鉴定人和鉴定机构实行登记管理的鉴定事项"之中了。提出这一建议主要基于以下原因：

其一，当前涉案财产价格认定制度包括认定主体及认定结论存在的问题相当突出，已经到了非解决不可的地步。这从本文第一部分特别是浙江省有关部门的《纪要》足以看出，不再赘述。

其二，涉案财产价格认定对刑事司法公正的实现影响重大。在司法实践中有大量刑事案件需要对涉案财产进行价格认定，而涉案财产的价格认定又关涉对犯罪嫌疑人、被告人的定罪量刑。一旦价格认定发生错误，势必造成冤错案件。

其三，我国涉案财产价格认定制度已经运行 30 多年，目前已有相当的规模，我们可以在此基础上改革完善。

基于以上理由，笔者认为是时候将涉案财产价格认定纳入司法鉴定登记管理事项了。具体方案可以是：

"一、鉴于涉案财产价格认定的重要性、特殊性和国家价格认定管理体制的特点，现行价格认定机构的隶属关系不变，仍然由政府价格主管部门直接管理，但在涉案财产价格认定业务上应当接受司法行政部门的登记管理。

二、价格认定机构应当具备开展涉案财产价格鉴定工作的相应条件，取得司法行政部门颁发的资质证书并向社会公告。未取得相应的资质证书，不得开展涉案财产价格鉴定

工作。

三、价格认定人员应当具备开展涉案财产价格鉴定工作的相应条件，取得司法行政部门颁发的执业证书并向社会公告。未取得相应的执业证书，不得开展涉案财产价格鉴定工作。

四、价格认定机构及价格认定人员应当按照司法部《司法鉴定程序通则》开展涉案财产价格鉴定工作。价格认定机构出具的价格认定结论应称为价格鉴定意见，价格认定人员应当签字。在诉讼中，当事人对价格鉴定意见提出异议的，经人民法院依法通知，价格认定人员应当以鉴定人的身份出庭作证并接受质证。"

浅析奸淫幼女案件中推定规则的适用*

李传学 孙文红**

近年来，随着公安机关"净网行动"的深入开展，网络淫秽信息的传播受到遏制。但是，值得关注的是，犯罪分子利用网络社交工具，以各种手段诱骗少女，从网上交往走到现实见面，由于未成年人涉世未深，自我保护意识不强，奸淫幼女案件时有发生。当前我国对性侵未成年人犯罪的司法政策是"最低限度容忍"，对性侵犯罪的未成年被害人体现"最高限度保护"。实践中，如果行为人对于幼女年龄的明知缺乏直接证据予以证明，那么就可能以推定的方法认定。如何在刑事政策的指导下正确适用这一司法证明规则，实现准确惩罚犯罪、保障被害人权益，就成为困扰一线司法办案人员的一道难题。2013年，"两高两部"联合发布了《关于依法惩治性侵害未成年人犯罪的意见》（以下简称《性侵意见》），《性侵意见》第19条第3款对于判断被害人是否是已满12周岁不满14周岁的幼女具有极其重要的指导意义。本文通过考察该条规则在司法实践中的运用情况，结合刑法、刑事诉讼法的相关理论，纠正认识误区，破解疑难问题，以期更好地服务司法办案。

一、推定规则在奸淫幼女罪中适用现状的分析

为考察当前《性侵意见》第19条第3款的适用状况，笔者从中国裁判文书网选取了包括山东、浙江、北京、辽宁等地法院裁判文书73件，其中，有罪判决72件，无罪判决1件。这些裁判文书结合《性侵意见》第19条第3款精神原则，进一步细化确立了具体的规则指引，但也暴露出实践中的一些问题。

（一）确立的规则指引

1. 通过审查被害人的学生身份及所处年级来推定是否明知。根据一般社会常识，一般小孩6周岁上一年级，那么初二年级的学生都在14周岁的临界点，这个时候就需要尽到高度谨慎注意义务，行为人通过被害人所穿的校服、被害人同学或者亲自询问等途径了解到被害人是初中二年级学生，即便其辩称不知道被害人的真实年龄，那么也推定其应当知道被害人不满14周岁。

---

* 本文系辽宁省社科规划基金项目《大数据时代下辽宁网络社会治理路径研究》（项目编号：L17BSH009）研究成果。
** 李传学，山东省济南市人民检察院第九检察部四级高级检察官，主要从事刑法学研究；孙文红，沈阳工业大学文法学院院长、三级教授，主要从事犯罪学研究。

2. 通过审查行为人与被害人年龄差距来推定是否明知。一个人的年龄通常能够反映其生活阅历、社会经验和智力水平，如果行为人与幼女之间差距在4岁以上，就可以推定其明知幼女的年龄。之所以这样认定，是因为按照九年义务教育的入学年龄和升学机制，行为人16周岁刚好初中毕业，开始具备完全刑事责任能力，随着身体不断生长发育、教育文化程度加深，对自身行为性质、后果的规范意义有了更加明确的认知，社会阅历、生活经验都远远丰富于幼女。所以，行为人与12至14周岁的幼女交往时，必须尽到应有的注意义务去核实幼女的实际年龄。因此，年龄差距是审查判断明知的重要因素之一。

3. 通过审查行为人与被害人之间的关系及交往情况来推定是否明知。一方面，基于熟人之间的性侵案件，行为人对被害人个人情况的熟识程度更深，对判断行为人是否明知被害人系幼女较为明确。另一方面，当前随着微信等网络交友工具的盛行，行为人基于寻求刺激、"买处"、猎奇等不良动机寻找被害人交往，或者行为人与被害人年龄悬殊却以恋爱名义进行交往，而幼女社会经验缺乏、辨别是非能力较差，很容易成为性侵的对象。

4. 通过审查行为人性接触之前及之中是否观察被害幼女的第二性特征来推定是否明知。随着生活水平的普遍提高，当前少年儿童青春期发育程度较好，一些被害幼女的第二性特征比较突出，这也成为常见的辩解理由之一。尽管如此，第二性特征仍然是判断是否明知为幼女的因素之一，尤其是行为人在得知被害幼女称自己的年龄为15至17周岁时，如果第二性特征不明显，那么明显系被害幼女说谎，在这种情况下行为人继续放任自己的行为，那么就可以推断其主观上明知。除第二性特征外，还要观察被害幼女的身高、衣着等外在特征。

5. 通过审查行为人是否尽到注意谨慎义务来推定是否明知。最高人民法院对《性侵意见》第19条曾这样解释："对于已满十二周岁的幼女实施奸淫等性侵害行为的，如无极其特殊的例外情况，一般均应当认定行为人明知被害人是幼女。这里的极其特殊的例外情况，具体可从以下三个方面进行把握：……二是行为人已经足够谨慎行事，但仍然对幼女年龄产生了误认，即使其他正常人处在行为人的场合，也难以避免这种错误判断；……"[①] 也就是说，确立了行为人的注意谨慎义务，而上面所说的四点是判断行为人是否尽到注意谨慎义务的判断因素。这里还提到了确有证据或者合理依据及正常人的认识等判断标准，主要是指站在一般成年人的立场，面对一个外形样貌较成人化、语言行为成人化、第二性特征成人化以及与他人交往方式成人化的虚报年龄的未成年幼女，足以影响其正常判断。目前，有的地方法院已经将这一原则运用到审判中，并在裁判文书中予以体现。

从以上分析可以看出，不管是《性侵意见》体现的精神，还是国家的刑事政策，都体现了对幼女最严格的保护，上述五点不是单独适用，而是综合运用于行为人对被害人年龄主观明知的判断。从司法实践来看，对明知的把握相对来讲比较宽松。对于身体发育较为成熟的14周岁以下的幼女被害人，要将其置于社会关系、案发环境之中进行全面、实质的考察，从而得出被害人实际年龄的真实判断。

[①] 周峰、薛淑兰、赵俊甫、肖凤：《〈关于依法惩治性侵害未成年人犯罪的意见〉的理解与适用》，载《人民司法（应用）》2014年年第1期。

（二）实践中存在的误区

1. 行为人对幼女年龄的明知要从严把握。即存在这样一种观点：有的12至14周岁幼女身体发育较为成熟，第二性特征明显，要求行为人明知她们的真实年龄过于苛刻，被害幼女自愿与行为人发生性关系，如果没有确切的证据证实行为人明知她们未满14周岁，只要没有引发严重后果，不应追究刑事责任。该观点偏执于"明知"判断的直接证明或者确认，导致对于采用非强制手段与已满12周岁不满14周岁未成年女性发生性关系的案件不能得到妥善处理，有的法院为此作出了无罪判决，如张某强奸案，该案一审判决作出后，从四方面论述了推定张某不明知被害人不满14周岁：一是案发时间是夜间，双方接触时间短，不利于对被害人年龄作出判断；二是被害人身体发育接近14周岁；三是被害人穿着时髦，浓妆艳抹，抽烟，看着像有社会经验，不像不满14周岁；四是张某尽到了注意谨慎义务，询问了被害人年龄，被害人回答17周岁。关于"推定明知"的问题，因每个人对不同事物或者人的感知、认知程度不同，根据被害人周某某的言谈举止、衣着打扮及生活作息规律等特征，在被害人虚报年龄的情况下，仅凭被害人周某某的身体发育程度，没有其他确凿证据，张某是否能够判断出被害人系已满12周岁不满14周岁的幼女事实不清、证据不足，不能达到刑事案件的证明标准，故不能认定被告人张某犯强奸罪。① 对于以上理由，笔者不敢苟同。判断是否尽到了注意谨慎义务，不应该仅以询问被害人年龄，观察被害人衣着外貌、言谈举止为充分条件，而更应该从二人认识交往过程、关系是否正当、行为人主观动机以及是否观察被害人第二性特征，以及别人给出的风险提示来判定。而从本案检察机关提出的抗诉理由来看，被害人第二性特征不明显，别人曾向张某提示被害人年龄较小，并且二人非正常交往，从以上基础事实可以判断出张某应该明知被害人不满14周岁。而判决对"推定明知"的分析显然是用错了标准，应当站在一般正常人的立场来考察，而不是因人而异。总之，笔者认为一、二审法院的判决都值得商榷。

2. 说理平铺直叙。最高人民法院《关于加强和规范裁判文书释法说理的指导意见》第6条规定，采用推定方法认定事实时，应当说明推定启动的原因、反驳的事实和理由，阐释裁断的形成过程。第10条规定，二审或者再审裁判文书应当针对上诉、抗诉、申请再审的主张和理由强化释法说理。② 具体到奸淫幼女案件对行为人主观明知的推定而言，需要结合已经查明的基础事实，然后根据经验法则和逻辑规则，进行充分论证后才能得出妥当结论。针对被告人明确提出其不明知被害人不满14周岁的上诉理由，有的二审法院只是简单地列举证据，说理性不够、不强，有的甚至没有列明理由，直接认定被告人明知，这种做法显然不够严谨。

---

① 参见辽宁省葫芦岛市中级人民法院辽14刑终140号张某强奸案刑事裁定书，http://wenshu.court.gov.cn/website/wenshu/181107ANFZ0BXSK4/index.html? docId=1e45014750d942e08fc6a9a800d444b4，最后访问时间：2020年8月13日。

② 参见《最高人民法院印发〈关于加强和规范裁判文书释法说理的指导意见〉的通知》，http://www.court.gov.cn/fabu-xiangqing-101552.html，最后访问时间：2020年8月13日。

二、司法实践中对"明知"判断认识误区的原因分析

(一) 检法对执法理念认识的差异

在刑事诉讼中,检察机关是以追诉犯罪者的身份出现,法院是中立的裁判机关,不偏不倚,认真听取控辩双方的意见,在反复权衡、缜密论证后得出自己的结论。不同的立场往往决定行为的差异,检察机关出于指控犯罪、证明自己的诉讼主张成立,对审查和采信证据往往是朝着有利于指控犯罪的方向努力,基于客观公正的立场,检察官也会对自己的言行保持谨慎,所谓有几分证据说几分话。在证据标准、证据规则要求越来越高的今天,法院作为刑事审判的最后一道关口,在认定犯罪、适用刑罚的立场上略显保守,因此,在适用推定规则方面也就稍显谨慎。

(二) 对"明知"把握标准的不同

从《性侵意见》第19条规定来看,我国刑法没有采用英美法系的严格责任,而是坚持了责任主义原则,要求行为人明知对方是幼女,其中规定的"应当知道""应当认定",必须从规范意义上来理解和认识,以区别于普通生活意义上的"应当知道""应当认定",这里采用的就是推定,即依照法律规定或者经验法则,基于某一已知、确定的事实(基础事实)而推知、确定另一不明的、无直接证据予以证明的事实,是一种"最重要的司法证明的方法","对于行为人的'明知'要件,在被告人拒不供述,案件也不存在其他直接证据的情况下,经常会出现司法证明的困难问题,但根据检察机关提出的诸多证据,足以从被告人的行为和案件其他情况中作出被告人明知的推定"。[①] 部分办案人员出现对明知的不同认识和把握,在很大程度上是将刑法规范意义上的"应当知道"理解为一般生活意义上的"应当知道"(不知道)。如《刑事审判参考》第98期刊登的何某强奸案:2012年2月中旬,18周岁的被告人何某通过登录其堂妹的QQ号结识被害人徐某(女,案发时未满14周岁)。后何某分别于同年3月3日、3月4日在家中、宾馆与徐某发生性关系。同月5日,何某明知徐某不满14周岁,仍与徐某再次发生性关系。何某辩称其与徐某发生三次性关系均得到其同意,在第二次发生性关系后才知道徐某系不满14周岁。[②] 法院认可何某3月5日的行为构成强奸罪,3月3日、3月4日两次行为因何某不知道徐某系不满14周岁的幼女而没有认定。而本案证据显示,何某在初次认识徐某时,就知道徐某是其堂妹的初中二年级同学,其堂妹比其小5岁(其堂妹13周岁),在与徐某QQ聊天交流时亦发现其个人资料显示为13周岁。从上述证据可以推定以下事实:初中二年级学生可能是14周岁,也可能不到14周岁,徐某与何某的堂妹同岁,且QQ资料上显示徐某13周岁,何某应当知道徐某13周岁,而何某作为一个具备完全刑事责任能力的成年人,能够辨别是非,其未尽到谨慎注意义务,放任自己与徐某发生性关系。对于这种行为人"明知女方可能是幼女,或

---

① 陈瑞华著:《刑事证据法学》,北京大学出版社2012年版,第264~265页。
② 《何某强奸案——奸淫幼女案件中如何判断行为人"应当知道"被害人系幼女》,载最高人民法院刑事审判第一、二、三、四、五庭主编:《刑事审判参考》(总第98期),法律出版社2014年版,第1~6页。

者不管女方是否是幼女，在此基础上决意实施奸淫行为的，就具备奸淫幼女的故意"①。从以上可以看出，一、二审法院缺乏对基础事实的深入分析论证，未能正确运用推定规则，在认定明知是否是幼女这一点上把握过于谨慎，导致部分犯罪事实没有认定。

（三）忽视或不重视微观证据

"犯罪现场有宏观与微观之分，微观现场包含特定的物品和与犯罪实施活动有关的证据，具体包括刀具、咬痕、毛发和纤维、鞋子以及轮胎的立体痕迹、烟头、血迹等。"② 那么，从微观现场提取的证据也可以称之为微观证据，而微观证据在认定案件事实过程中往往起到关键作用。具体到奸淫幼女案而言，恰恰是一些微观证据对证明行为人主观上明知对象为幼女起到了重要作用，但办案机关有时忽视微观证据或者对微观证据重视不够，导致案件陷入僵局。笔者曾与公安机关座谈一起案件，甲女（13周岁）与乙男（23周岁）通过网络认识，2018年10月，甲女告诉乙男从南京到达济南，乙男去接站后，二人在一宾馆内发生了性关系。案发后，乙男不承认明知甲女不满14周岁，并删除了QQ、微信聊天记录等证据，导致案件进展缓慢。笔者建议公安机关按照犯罪重建的方式还原整个案发过程，想尽一切办法寻找能够证实乙男明知甲女年龄的客观证据，比如甲女是乘坐何种交通工具到达济南，现在各种票证上都有个人身份信息，在这一建议下，公安机关让甲女提供了其QQ记录，查到甲女曾将自己的高铁票拍照发给乙男，上面显示甲女出生于2005年，该证据有力证明了乙男知道或应当知道甲女的年龄。

（四）个别办案人员适用法律的能力不强

当前，基层办案人员面临案件压力巨大、节奏紧张的现实情况，囿于传统经验就案办案，缺乏必要的时间研习刑事法和证据法的相关理论，对证据认定和采信规则掌握不系统、不扎实，在办案过程中不能用系统的法学理论指导司法实践，导致一部分案件事实得不到认定，或者认定错误。另外，少数司法办案人员责任心不强，缺乏担当精神，在基础事实证据比较扎实的情况下，不敢大胆适用推定原则，害怕万一不被法院认定，或者上级法院发回重审，导致考核业绩受到影响，也有的害怕因办错案受到司法责任追究。

三、适用推定规则需要注意的几个问题

（一）准确把握刑法总则"明知"和刑法分则"明知"之间的关系

刑法总则规定的"明知"是故意的认识因素，要求行为人对自己的行为性质、对象、结果、因果关系要有明确认识，在诉讼程序上要经过严格证明，而分则的"明知"要求行为人认识行为对象的特殊性，认识的范围比较窄、比较特定，在诉讼程序上可以通过推定来认定，比如奸淫幼女的行为人必须明知其对象为不满14周岁的幼女，要明确二者之间的

---

① 张明楷著：《刑法学》（第5版），法律出版社2016年版，第872页。
② ［美］李昌钰等著：《李昌钰博士犯罪现场勘查手册》（第2版），郝宏魁等译，中国人民公安大学出版社2006年版，第5页。

联系与区别。要正确理解分则"明知"的几种情形,周光权教授对此进行了深入研究,他指出,德国学者认为故意的成立与否取决于对自己行为的效果的认知,这个认知可以呈现各种不同的强度,从对可能性有确定的认知一直到可能的认知,这个可能的认知同样还表示具有充分的操控能力,并据此将明知分为四类:(1)确知,是指犯罪嫌疑人做有罪供述,能够与被害人陈述、证人证言相互印证,有直接证据证实行为人肯定地、确切地知道。(2)实知,是在犯罪嫌疑人拒不供述的情况下,被害人陈述与证人证言、物证、书证或者电子证据就某一项待证事实相互印证,能够推断行为人知道。(3)或知,行为人可能知道。(4)应知,是指行为人"应当知道"。确知、实知、或知是典型的明知,应知是非典型的明知。① 就奸淫幼女而言,可以结合该案的QQ、微信聊天记录,视听资料、证人证言、被害人陈述、被告人关于外貌特征、言谈举止、第二性特征等能够证实其明知年龄的相关供述,推定行为人实际上知道。也有一种情况,行为人可能不知道,如果行为人不履行注意谨慎义务或者履行注意谨慎义务不到位,也推定其应当知道。

(二) 合理吸收严格责任的精神内核

2003年,最高人民法院发布《关于行为人不明知是不满14周岁的幼女双方自愿发生性关系是否构成强奸罪问题的批复》(法释〔2003〕4号,该批复已废止),引起了一场严格责任和责任主义的论战,学界在经过一阵酣战之后,认为我国不承认严格责任,应当严格贯彻责任主义原则,以避免客观归罪。但是,严格责任体现的合理精神内核,我们要认真研究并借鉴使用,苏力教授认为:"从英美国家的法律史上看,支持有关法定强奸之法律有两个基本理由。第一个理由是年轻女性是弱者,需要给予年轻女孩(注意,还不仅仅是幼女)严格的保护。第二个理由是法定强奸的犯意可以从被告人有意实施这些道德上或法律上不当的行为中推断出来,因此无须证明。更进一步看,法定强奸之罪的历史表明,从古代开始,法律就对于那些被认为是年龄太小而不能理解自己行为的女性予以特别的保护。因此,在美国的法律中一直都被视为一种严格责任,尤其是对幼女。"② 从《性侵意见》第19条规定来看,一般认定是原则,只有在个别特殊的情况下才可以作为出罪事由,其严厉程度已经接近于严格责任。任何行为人的主观意图都能通过其客观行为表现出来,尤其是在年龄、经济、权势等方面占有优势地位的成年人与不满14周岁的幼女不当交往,其不道德甚至犯罪意图更加明显,成年人的这一行为本身就制造了风险,在交往过程中再不尽到谨慎注意义务,很可能离犯罪更进一步。

(三) 正确对待被告人的反驳

当犯罪嫌疑人、被告人提出不明知对方为不满14周岁的幼女时,司法办案人员一定要冷静对待、慎重分析,不能想当然地认为其态度不好。要让犯罪嫌疑人提出其理由、依据以及其他线索材料,司法人员再根据其提供的线索材料调查核实,然后再综合证据材料进行审查判断,司法人员的审查判断结论一定要符合常识、常情、常理。一定要认真比较犯

---

① 周光权:《明知与刑事推定》,载《现代法学》2009年第2期。
② 苏力:《司法解释、公共政策和最高法院——从最高法院关于"奸淫幼女"的司法解释切入》,载《法学》2003年第8期。

罪嫌疑人供述与被害人陈述之间关于二人认识交往过程、日常交谈内容、交往方式、有无询问或者回答年龄、日常穿着打扮、外貌特征以及第二性特征等细节内容，一定要重视对通话记录、QQ 及微信聊天记录、监控录像等客观性证据的审查，并注意与言词证据相印证，对证据之间的矛盾一定要作出合理的解释说明。在性侵幼女案件中，要注意品格证据的审查运用，因为品格证据能够反映一个人的人品和诚实度，也有助于审查证据的客观性、真实性，有助于增强内心确信。

（四）慎重对待未成年被害人、证人出庭

有人认为："在奸淫幼女犯罪中，原则上行为人对于检察机关指控其明知对方是不满 14 周岁幼女的事实始终予以否认的，应当属于证人、被害人确有必要出庭的情形。"对此，笔者认为应当慎重对待，理由如下：一是大多数性侵幼女案件发生在熟人之间，关于年龄熟知度的证据材料不在少数，侦查人员只要稍加注意便能收集到位，通过审查在案的其他证据便能够认定行为人"明知"。二是幼女缺乏社会经验和出庭经历，在面对律师、检察官、法官三方询问时，心理紧张在所难免，这会影响到其心理认知和记忆表达，当庭陈述的真实性、客观性容易受到影响。三是被害幼女、证人容易受到被告人及其近亲属的滋扰，从而改变之前不利于被告人的陈述和证言。鉴于此，建议采取庭外核实的方式，同时征求检察官、律师及被告人的意见。

总之，发生在陌生人之间的奸淫幼女犯罪，因为缺乏直接证据来认定行为人明知被害人年龄的问题，这就决定了推定这一司法证明规则在此类犯罪中的大量适用，在证明行为人主观明知这一责任要素时，需要建立在收集大量证据的基础上进行甄别判断，我们不能仅仅以犯罪嫌疑人未尽到谨慎注意义务就推定其明知被害人年龄，要准确理解司法文件的精神，在儿童利益最大化原则的指导下合理运用证据规则，这样才能达到准确惩罚犯罪、保护未成年人合法权益的目的。

深度伪造向司法诉讼领域渗透的法治隐忧与规范路径

李 蓉 黄小龙[*]

自人类进入"双层社会"以降，人们对事实的认知方式便发生了根本性的变革，网络成为人们了解客观世界的重要信息来源。在司法证明中，诚如樊崇义教授所言，电子证据时代已然来临，电子证据在司法证明中扮演着越发重要的角色。然而，随着近年深度伪造技术（简称"深伪技术"）的泛化使用，各种深度伪造的视频、音频等虚假信息使得客观事实真相变得扑朔迷离，"真相与假象混杂不清的困境，造成'真相的终结'，推动人类社会真正进入'后真相时代'"[①]。司法审判以查明案件事实为主要目的，而深伪技术向司法领域的渗透使得司法事实认定的真实性面临巨大挑战。对此新问题，既有立法规范存在严重不足，亟待从理论上探寻新的解决方案或路径。

一、深伪技术的内在机理透视

深度伪造（deepfake）是深度学习（deep-learning）和伪造（fake）的组合词，最初源于一位注册名叫 deepfake 的红迪网（Reddit）用户。2017 年，其利用人工智能合成技术（深伪技术）在网上发布某女明星换脸色情视频。由此，深度伪造引发了广泛的社会关注。深伪技术一开始专指利用人工智能尤其是深度学习的人脸生成技术，而随着该技术的发展，深度伪造已涵盖了视频伪造、声音伪造、文本伪造和微表情合成等多模态视频欺骗技术。[②] 其实质是一种利用人工智能深度学习进行的网络信息伪造。

（一）深伪技术的运作原理

深伪技术的运作主要是基于"生成式对抗网络"（简称 GAN）深度学习模型。相较于传统单向度的深度学习技术，GAN 采用了对抗式学习机制，通过生成器网络和识别器网络对抗学习实现数据高精度伪造。下图即为 GAN 工作原理示意图，从图中可以看出，GAN 模型结构主要由生成器和识别器两个网络系统构成。其中，生成器根据真实样本的潜在变量数据生成伪造样本，识别器则对生成样本进行判断，若识别器能够准确判断生成数据系伪造，则输出数据再返回到生成器系统并优化生成数据，以此在生成器与识别器之间进行反复训练。同时，生成器与识别器在这一过程中自我迭代以提升伪造能力和辨别能力，直至

---

[*] 李蓉，湘潭大学法学院教授；黄小龙，湘潭大学法学院博士生。
[①] 龙坤、马钺、朱启超：《深度伪造对国家安全的挑战及应对》，载《信息安全与通信保密》2019 年第 10 期。
[②] 段伟文：《人工智能时代的价值审度与伦理调适》，载《中国人民大学学报》2017 年第 6 期。

识别器无法判别生成数据是真实或伪造为止,从而实现伪造数据文本对于原真实文本的替换。

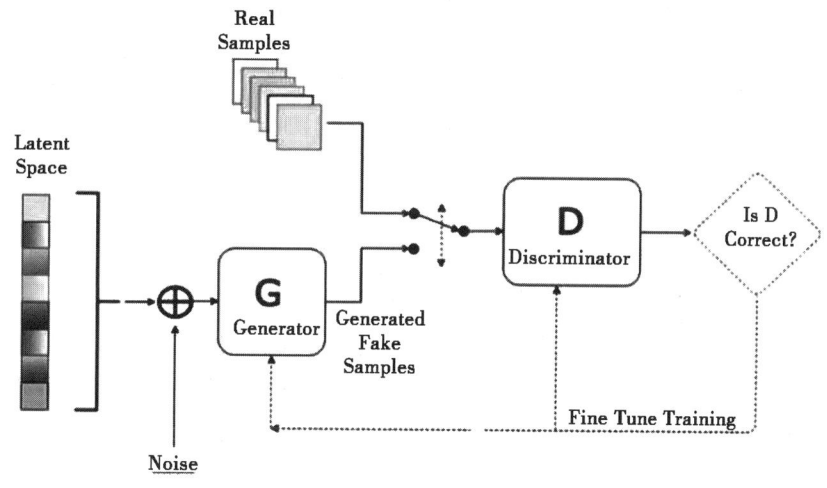

GAN 工作原理示意图

(二) 深伪技术的特征分析

深伪技术是随人工智能发展而生的新兴技术,其具有生成"作品"的高度逼真性、技术使用的快速便捷性以及适用成本的低廉经济性三个重要特征。

首先,深伪技术生成"作品"具有高度逼真性。如前文所言,深伪技术采用了生成式对抗网络学习模型,生成器和识别器通过自我迭代不断优化数据生成和识别能力。有学者将二者形象地比喻为"道高一尺,魔高一丈"的关系,即通过大量的数据训练学习,生成器最终伪造出识别器无法辨别真假的数据文本,能够绘声绘色地描绘出一件某人从未说过或做过的事情。并且,就生成"作品"而言,普通人甚至专业人士也极难判断其真实性。对此,美国布鲁斯学会在《深度造假无法检测时的应对之策》的报告中指出,在未来 10 年内或将出现自动检测技术根本无法检测的"深度制造霸权"。由此足以可见深度伪造"作品"具有高度逼真性特点。

其次,深伪技术具有使用上的快速便捷性。深度伪造运用了人工智能无监督学习技术,相较于以往监督学习或半监督学习技术而言,无监督学习技术的最大特点即在于对训练的源数据不再依赖人为提取、标注,整个过程由其自主实现、完成。使用者只需要通过程序提供目标文本便可快速生成与目标文本高度逼真的伪造文本。

最后,深伪技术还具有适用成本的低廉经济性特点。目前,随着大量各种换脸视频软件的开发,使用者仅需下载一个 App 就可以轻松实现视频伪造,经济成本低廉,甚至可以说是零成本。

二、深度伪造向司法诉讼领域的渗透

目前,深伪技术被广泛运用于通信、交通、金融、医疗、传媒、娱乐等行业,而随着深度伪造在技术上的日趋成熟和实践中的泛化使用，深度伪造向司法诉讼领域渗透便成为历史的必然。从证据学角度来看，深伪技术作品无疑是一种电子数据证据。由此衍生出了深度伪造证据（简称"深伪证据"）司法适用的法治风险问题。

(一) 深伪证据向司法诉讼领域渗透的现实基础

当事人在司法诉讼中使用深伪证据，既有当事人利用深伪证据实现诉求的主观目的需求，也存在其他有助于当事人利用深伪证据的客观条件，如司法人员在事实认定过程中对视频、音频等电子证据的过度依赖性以及成熟的深伪技术保障等。

首先，当事人在诉讼中使用深伪证据实现其诉求的主观目的需求。马克思曾说，"人们为之奋斗的一切，都与他们的利益有关"。这表明追求利益是人类社会活动的目的使然。而司法诉讼活动作为一种特殊的人类活动，自然也离不开对于利益的追求。"当事人之所以千方百计向法院提供虚假证据，不言而喻，是为了诉讼上的利益。"[1] 作为诉讼利益的最终承担者，他们深知诉讼的关键在于证据，为了赢得诉讼或实现诉求，当事人具有使用虚假、伪造证据的强烈内在驱动力。

其次，视频、音频等电子证据在实践中对于案件事实认定的极强证明力。司法案件事实认定不同于普通的事实认知，其所要解决的是过去是否存在某一特定事实的问题，是对"既往案件事实的回溯性建构"[2]，具有回溯性或历时性的特点。由于历史不能重现，司法人员认定案件事实只能借助于大量的证据。而视频、音频等电子证据能够客观地再现事件发生经过，被视为"沉默的现场知情人"，对于案件事实认定具有极强的证明力。有学者甚至主张电子证据在满足特定条件下可以突破孤证禁止定案规则的限制。由此足以可见音频、视频等电子证据在司法诉讼中发挥的重要证明作用及其对于案件事实认定的重要影响。而正是由于司法人员对于视频、音频等电子证据证明力的重视或依赖，为当事人使用深伪视频、音频等电子证据实现不当诉求提供了现实契机。

再次，深伪证据使用的技术保障。深伪技术能够高度逼真地实现证据伪造、篡改，就连现行自动检测技术也难辨真伪，这使得当事人能够有恃无恐地使用深伪证据。此外，加之深伪技术还具有快速便捷性和低廉经济性等亲民、便民特征，这也为当事人使用深伪证据节约了时间成本和经济成本。总而言之，深伪技术提升了证据造假能力，增加了证据鉴别难度，为当事人在司法诉讼中滥用深伪证据提供了技术上的保障。

最后，既有立法规范对深伪证据规制的不足。深伪证据是随深伪技术在司法领域的滥用而出现的新型虚假证据，其属司法取证前端链条证据真实性问题，传统的立法规范难以对其进行有效规制。传统立法对于证据真实性审查偏重于对证据取证及保管过程的规范和强调，如2016年发布的最高人民法院、最高人民检察院、公安部《关于办理刑事案件收集提取和审查判断电子数据若干问题的规定》（以下简称《电子证据规定》）第22条规定，对于电子数据证据是否真实，应当着重审查电子数据原始存储介质是否随案移送，未移送是否附有原因说明；电子数据是否具有特殊标识；电子数据取证过程能否重现；电子

---

[1] 北京市第一中级人民法院民事证据调研课题组：《关于证据真伪审查与伪证追究的调研报告》，载《证据科学》2008年第4期。

[2] 尹洪阳：《事实认定过程中的证据叙事分析》，载《中国政法大学学报》2018年第2期。

数据增删修改是否附有说明以及电子数据是否具有完整性等，都重在确保电子数据在取证或保管过程中的同一性和完整性，忽视了电子数据在取证前端程序中真实性的审查和判断。

（二）深伪证据在司法实践中可能的存在样态

电子证据主要是以其所记载的电文内容来证明案件事实，而根据其承载的电文信息是否有其他证据的印证，深伪证据可区分为"孤证式"和"印证式"两种可能的存在样态。

所谓孤证式样态，是指深伪证据所证明的案件事实得不到其他证据的佐证，或者是与其他证据所证明的案件事实明显不符。对于孤证式的深伪证据，在司法实践中相对较为容易判断其真伪，根据孤证不得定案规则，孤证事实上等于没有证据。印证式样态则是指深伪证据证明的案件事实在一定程度上能够得到案件其他证据的支持、佐证。证据相互印证是我国司法实践中一直以来存在的潜规则，是案件事实认定的重要方法，有学者称之为印证证明模式。因为单一证据本身不能证明任何事实，其证明价值必须借助其他证据的证明才能得以体现。印证式样态由于有其他证据的补强，真假事实相互交织，相较于孤证式样态的真伪判别识别难度更大、更困难。

三、深伪证据司法适用的法治风险

查明事实真相是实现司法公正的重要基础保证，而证据是证明案件事实的唯一合法途径。深伪证据向司法领域的蔓延、渗透，无疑从根本上动摇了案件事实认定的根基，潜藏着巨大的法治风险。

（一）深伪证据司法适用的根本风险：冲击传统司法认知理念

在我国的司法实践中存在着原件即真实的案件事实认定潜规则。如最高人民法院《关于适用〈中华人民共和国刑事诉讼法〉的解释》规定据以定案的物证、书证都当是原物、原件，物证、书证的复制品等传来证据经与原物、原件核对无误，可以作为定案的根据；对视听资料、电子数据的重点审查内容之一即为视听资料是否为原件，电子数据原始存储介质是否随案移送。《电子证据规定》对于电子证据真实性、完整性的审查，首先是审查是否为原始存储介质。最高人民法院《关于民事诉讼证据的若干规定》中亦作了类似规定，"当事人向法院提供证据，应当提供原件或原物"，"当事人以视听资料作为证据的，应当提供原始载体"，"当事人以电子数据作为证据的，应当提供原件"，与电子数据原件一致的传来证据视同电子数据原件等。上述规定充分体现了在我国案件事实认定实践中，原件在一定程度上即代表着案件事实真相。而深伪技术的发展使得电子证据原件也存在伪造的可能，从根本上动摇了传统原件即真实的事实认定理念。

（二）深伪证据司法适用的直接风险：酿成司法错案

深伪证据在司法中适用可能导致的直接后果即为错案的发生。案件事实本身即如水中月镜中花一般具有模糊性，"除非机缘凑巧，人类难以知悉自然事实的全貌。人类只能根据自然事实的一些片鳞半爪的线索,在思维中进行想象性建构,建构一个合情合理的故事"①,但其中难免夹杂不实之事实。因此,任何一种司法制度都不可能完全杜绝错案的发生。而深伪证据的出现使得案件事实更加模糊不清,特别是在深伪证据与案件其他证据相勾连、印证的情形下,极易误导司法人员,增加了错抓、错判、错放的司法错案风险。

(三) 深伪证据司法适用的次生风险:"污名化"电子证据

真实性是证据的基本属性,而在当前深伪证据的真实性鉴别极其困难的情况下,深伪证据有将电子证据"污名化"的危险。随着电子证据法律地位的确立和承认,司法证明进入电子证据时代,电子证据在司法实践中扮演着越发重要的角色,刘品新教授甚至称其为新一代的"证据之王"。笔者通过中国裁判文书网就刑事一审判决案件按照一定条件进行检索,发现电子证据存在于刑事司法中的案件量虽较刑事一审案件总量还有较大差距,但总体而言,电子证据存在于刑事案件中的绝对案件量较为庞大,并且该案件量正在快速增长。这充分证明了电子证据在司法实践中的重要地位。而深伪技术的发展,使得电子证据的真实性严重存疑,司法人员在适用电子证据时难免"心有余悸",甚至可能导致对电子证据的排斥。

(四) 深伪证据司法适用的深层风险:消解司法权威

深伪证据在司法实践中的滥用还具有消解司法权威性的深层次风险。司法权威是司法外在强制力与人们内心自觉遵从的统一。②但就现代法治建设而言,司法权威的树立更加强调当事人及社会公众对司法裁判的自觉遵守、服从,即有学者所言的积极的司法权威。其"建立于社会认同,植根于民众心中"③,依赖"社会各界对法院所作出的判断和裁决给予充分的尊重、认同和支持"④。而深伪技术颠覆了人们"眼见为实"的传统认知,"当社会公众意识到深度伪造被大范围滥用,而个人又无从辨别真假时,将可能形成对任何图像、视频的不信任,这无疑会极大地冲击新闻媒体、政府机构的公信力,引发严重的社会信任危机"⑤。人们对于电子证据真实性的怀疑会导致对基于电子证据作出的司法判决的不信任、不接受,从而消解了司法的权威性。

四、深伪证据司法滥用的规范路径

深伪技术的发展使得任何人都可以轻松地生成虚假的"原件"证据,原件即真实理念受到颠覆性的冲击。因此,对于深伪证据的规范,关键则在于完善电子证据原件真实性审查机制。

---

① 唐丰鹤:《错案是如何生产的?——基于61起刑事错案的认知心理学分析》,载《法学家》2017年第2期。
② 卞建林:《我国司法权威的缺失与树立》,载《法学论坛》2010年第1期。
③ 陈光中、龙宗智:《关于深化司法改革若干问题的思考》,载《中国法学》2013年第4期。
④ 季金华:《司法权威的文化建构机理》,载《法律科学》2013年第6期。
⑤ 张涛:《后真相时代深度伪造的法律风险及其规制》,载《电子政务》2020年第4期。

(一) 电子证据"原件"标准选择

对电子证据原件真实性进行审查，首先应当认识到何为电子证据原件。根据目前立法实践和理论研究来看，存在原始载体说、拟制原件说、电文内容完整说、系统记录完整说、复式原件说、结合打印说、证据分类原件说、当事人认证说等多种判定、识别标准。从我国的立法规定来看，我国立法存在电子证据原件认识差异、标准不一的问题。下表是我国现行有效规范关于电子证据原件的规定。

我国关于电子证据原件的立法规定

识别标准	代表性法律或法规	条文内容
电文内容完整说	2004 年电子签名法	第 5 条 符合下列条件的数据电文，视为满足法律、法规规定的原件形式要求： (一) 能够有效地表现所载内容并可供随时调取查用； (二) 能够可靠地保证自最终形成时起，内容保持完整、未被更改。……
拟制原件说	2019 年最高人民法院《关于民事诉讼证据的若干规定》	第 15 条第 2 款 当事人以电子数据作为证据的，应当提供原件。电子数据的制作者制作的与原件一致的副本，或者直接来源于电子数据的打印件或其他可以显示、识别的输出介质，视为电子数据的原件
原始载体说	2016 年"两高"及公安部《关于办理刑事案件收集提取和审查判断电子数据若干问题的规定》	第 8 条第 1 款 收集、提取电子数据，能够扣押电子数据原始存储介质的，应当扣押、封存原始存储介质，并制作笔录，记录原始存储介质的封存状态

从表中可以看出，目前我国关于电子证据原件的认识至少存在电文内容完整说、拟制原件说和原始载体说三种不同观点。电文内容完整说最早规定在 2004 年我国电子签名法中，主要规范当事人之间电子合同等文书的签名行为。电文内容完整性对于当事人合意一致的书文、信件来说具有一定的现实意义，但其具有严重的局限性，并不能作为其他类型电子证据原件的识别标准。拟制原件说基于电子证据电子化、可复制的特性，将与原本一致的副本、打印件等精准输出物都视为原件。原始载体说以电子数据首次生成依附的介质或载体为原件，但随着电子数据内容与原始载体的分离，加之电子证据的转移是通过计算机内部机理进行的，并不发生物理性的变化，这使得其原始出处难以判断。① 目前，我国学界有较大一部分学者持拟制原件说，2019 年最高人民法院《关于民事诉讼证据的若干规定》也采纳了这一观点。但是，拟制原件说存在致命的缺陷：一是将复制件或打印品等同于电子证据原件，难以保证当事人提交复制件或打印品的真实性或完整性；二是要求复制件或打印品与原件一致，仍然没有解决原件的认定难题。可见，无论上述哪一种观点都没能为准确识别电子证据原件提供行之有效的标准。

---

① 刘品新：《论电子证据的原件理论》，载《法律科学》2009 年第 5 期。

对于电子证据原件的识别,关键在于抓住电子证据的本质。相较于传统证据类型而言,电子证据具有虚拟空间性和数字空间性的特征,即电子证据处在由"0"和"1"两个代码所构成的虚拟空间和数字空间之中。在这个空间系统内,"电子证据的产生、出现、变化等都不是孤立的,而是系统性的,是由若干个元素组成的系统整体"[①]。电子证据由电文内容数据、附属信息数据及关联痕迹数据构成,是集成性的系统证据。意识到电子证据的这一特性,电子证据原件采纳系统记录完整性识别标准则是合理、科学的,即电子证据原件应当满足电文内容数据、附属信息数据、关联痕迹数据的原始性、完整性。事实上,加拿大1998年统一电子证据法即采取了"电子记录系统"作为判断电子证据原件的标准,第1条c款规定:"电子记录系统包括记录或存储数据的计算机系统或其他类似工具及其与记录或存储有关的任何程序。"同时,该法还规定"只要能够证明记录或存储该数据的电子记录系统的完整性",即符合电子证据原件要求。

(二) 电子证据"原件"真实性审查

系统记录完整性作为识别电子证据原件的根本标准,故对于原件真实性的审查,除了电文内容记录的案件事实与其他案件证据外部印证外,还应当重视电子证据系统内部的印证审查,即电子证据原件真实性应当满足"双重印证"要求。所谓双重印证,即电子证据与案件其他证据的外部印证与电子证据系统内部的自身协调、统一。

1. 电子证据与案件其他证据的外部印证

证据相互印证、孤证不得定案是我国司法实践中对于案件事实认定的基本要求。证据相互印证一致是案件事实认定准确的重要有效保证,而得不到其他证据佐证或与案件其他证据所证明之事实相矛盾的证据,显然是不能发挥案件事实认定功能的。但是,深伪技术的发展使得人为伪造与案件其他证据相互印证的电子证据不再是难事。传统单维度的外部印证模式遭遇证据深度伪造的可能性,再难从根本上保证电子证据的真实性。故必须从电子证据内含信息的协调、一致来审查其真实性。

2. 电子证据系统内部的自身协调、统一

如前文所言,电子证据内含电文内容数据、附属信息数据及关联痕迹数据,三种数据有机协调、统一。电子证据与传统证据较大的区别之一即电子证据真实性可以通过其内含信息予以证明,并且较外部证据证明更加可靠。通过对电子证据附属信息及关联痕迹的完整性、规律性审查,能够确定电子证据是否被异常改动,从而确定其原始性。如深伪证据是在原始数据文本基础上进行的篡改,由于深度伪造需要在生成器与识别器之间重复练习,故深伪证据的生成往往不是一次性完成的,其生成痕迹数据存在不规律性,甚至存在紊乱性。并且,从量上来看,深伪证据相关附属信息数据较正常的电子证据数据量更为庞杂。不过,鉴于电子证据专业性、技术性特征,电子证据内含信息协调性、一致性的审查,一般应当借助鉴定人出庭、专家辅助人等制度才能更好地落实。

(三) 电子证据存在系统环境的安全性、可靠性审查

电子证据的存在形式离不开特定的计算机系统硬件或软件环境,因此,对于电子证据

[①] 刘品新:《电子证据的基础理论》,载《国家检察官学院学报》2017年第1期。

生成、存储、传递等系统环境的安全性、可靠性审查,是确保电子证据真实性的又一重要保证。但在我国以往的司法实践中,对此问题并没有太多的关注。2019年最高人民法院《关于民事诉讼证据的若干规定》中对于电子证据所依赖的系统环境的安全性、可靠性作了明确规定,强调法院对于电子数据真实性审查,应当综合判断电子数据存在的系统环境是否安全、可靠,系统运行状态是否正常以及系统是否具备有效的数据监测手段等。在刑事司法实践中,亦当借鉴2019年最高人民法院《关于民事诉讼证据的若干规定》的相关内容,强化对电子证据存在系统的安全性、可靠性审查。如我国关于电子证据取证一般采用一体封存模式,即连同电子证据载体一并封存。若封存载体内存在深伪软件或有其存在的痕迹,则可以直接推定电子证据系伪造。

(四) 其他深伪证据防范措施

深伪证据的鉴别单纯依靠司法审查模式,不仅司法效率低下,还存在效果欠佳的问题。对于深伪证据的识别,还应当注重源头治理,强化技术规制,以解决深伪作品识别难题。一方面,应当加快对于深伪"作品"的自动识别技术研发,利用人工智能解决深度伪造识别难题;另一反面,加强对于深伪软件平台的管理,强制平台在深伪软件系统内嵌入不可删除的深伪标识算法,使得任何深伪作品自带深伪标识,从而降低识别难度。

结　语

技术本是中立的,对于深伪证据的司法滥用规范亦不应当因噎废食。规范深度伪造的合理使用,扬其长而避其短是正确对待深度伪造的基本态度。对于其在司法实践中可能存在的滥用风险,应当引起立法者或司法人员的高度重视,超前部署。对此,文章提出了几点司法应对建议。鉴于笔者专业之局限、能力之不足,文章仅对深度伪造在司法实践中可能存在的滥用风险做了较为浅显的探讨,以期起到抛砖引玉之效。

我国刑事诉讼电子证据的审查

梁雅丽[*]

一、电子证据概念的界定

(一) 电子证据的概念

2012年通过的刑事诉讼法正式将"电子数据"规定为法定证据种类之一，电子证据在刑事诉讼中取得了合法地位。但电子证据同传统证据相比，在证据认定和关联确定等方面都存在着不同。目前，我国的相关法律规定已经针对刑事诉讼中电子证据的收集提取、审查认定等作出了一定程度的规范，特别是2016年9月，最高人民法院、最高人民检察院、公安部出台的《关于办理刑事案件收集提取和审查判断电子数据若干问题的规定》（以下简称《规定》）首次以司法解释的形式对某一特定种类的刑事证据进行规范，这在一定程度上填补了我国长期以来刑事诉讼领域电子证据适用规则的空白。但囿于《规定》作为司法解释不能突破现有法律规定，使得其主要内容仍然延续了刑事诉讼法的很多规定而无法有效适用于电子证据，并且对于电子证据的概念和范围，刑事诉讼法及《规定》都未予以明确，学界一直以来存在着不同的理解。如徐静村教授认为，电子数据证据是在网络犯罪行为实施过程中，计算机或计算机系统运行时产生的，以其记录的内容来证明案件事实的信息数据[①]；刘品新教授认为，电子证据是指以数字的形式保存在计算机存储器或外部存储介质中，能够证明案件真实情况的数据或信息。[②]

从国外立法来看，美国《统一电子交易法》认为"电子记录"是指由电子手段生成、发送、传输、接受或存储的记录。而欧盟《欧洲电子商务提案》就直接将电子数据限定为电子网络信息。

通过以上概念可知，一般认为，电子证据是依托电子网络技术产生，以电子数据的形式存在，存储于电子媒介之中，可以证明一定案件事实的新型证据。根据我国刑事诉讼法规定，一切能够证明案件事实的都是证据。因此，电子证据当然被归入证据行列当中。

---

[*] 梁雅丽，北京市京都律师事务所高级合伙人，京都刑辩研究中心主任。
[①] 徐静村：《电子证据：证据学的一个新领域》，载《重庆邮电学院学报》（社会科学版）2003年第1期。
[②] 刘品新主编：《美国电子证据规则》，中国检察出版社2004年版。

（二）电子证据的种类

电子证据呈现多样化的特征，根据相关规定，电子证据分为四大类。

一是网络平台发布的信息，包括网页、博客、微博、朋友圈、贴吧、网盘等信息；

二是网络应用服务的通信信息，包括手机短信、电子邮件、即时通信、通讯群组等信息；

三是其他网络信息，包括用户注册信息、身份认证信息、电子交易记录、通信记录、登录日志等信息；

四是电子文件，包括文档、图片、音视频、数字证书、计算机程序等文件。①

二、电子证据的特征分析

电子证据和一般证据有很大差别，其最大不同在于电子证据和现代科技之间的联系非常密切，电子介质是其必备因素，内在无形性是其突出特征，同时它也十分脆弱，很容易被损坏和消除。

（一）电子证据具有载体依附性

从电子证据本身的特征分析，电子证据不能独立存在，必须依附在一定的电子载体之上，并通过电子设备的展示和播放功能，才能了解电子证据所承载的内容。从目前电子证据产生和记载的实践来看，电子证据一般存储在光盘、软盘、硬盘及网络空间当中，要作为诉讼过程中的证据使用，一般都固定在可移动存储设备上。在刑事诉讼过程中，司法机关认定电子证据，要进行两个层次的审查，一是电子证据本身内容的真实性；二是承载电子证据载体的合法性，进而实现证据审查认定和司法过程的客观公正性。

（二）电子证据不易保存

众所周知，在计算机存储系统内，一切数据都是以"0"和"1"两个代码的形式进行储存，这是数字化信息的本质特征。不管是实物证据还是书面证据，都具有证据实体，因此证据的保存和收集都没有特别的难度，一般都是存贮在证据室中即可。但是，电子证据十分不利于保存，存贮在硬件中的电子证据十分容易丢失和受损，特别是存在计算机病毒、硬件故障、软件故障、电磁干扰等情况，这些都会对电子证据的真实性和完整性产生影响。因此具有保管上的难度，电子证据保管需要专业的设备和条件。

（三）电子证据具有无形性

在刑事诉讼过程中，电子证据不同于传统证据，具有无形性。从电子证据本身来看，一般都是运用光学、电学原理，将信息以源代码的形式存储于电子设备当中，因此电子证据具有一定的隐形特征，不能被司法工作者直接识别和了解，需要利用特殊的设备和环境才能掌握其中内容。正因为具有这种无形性特征，电子证据在产生和收集的过程当中十分

---

① 陈瑞华：《刑事证据法》（第3版），北京大学出版社2019年版，第270页。

容易被修改和隐藏,同时也比较容易被删除破坏。对于电子证据产生的过程和痕迹,一般司法工作者也难以进行认定,需要懂计算机技术的专业证据认定人员加以认定。

(四) 电子证据存在区域具有广域性

犯罪嫌疑人对网络的使用程度影响了网络犯罪现场的大小,它可以是全球意义上的互联网,也可以是某个办公场所的局域网,由于刑事电子证据存留在不同地方网络服务商的服务器中,因此侦查范围是能够大致确定的。

三、我国刑事诉讼电子证据审查面临的问题

(一) 电子证据的真实性问题

电子证据通常是以电磁或光信号等物理形式存在于各种存储介质上的,并不能够被直接感知,必须借助相应的显示器或打印设备才可以。由此,电子显示器或打印设备所呈现的电子证据是不是真实的证据,则是我们在审查电子证据时需要解决的一个关键问题。由于电子证据具有一定的不稳定性,易被篡改且不容易留痕迹,并且技术越发达,伪造的可能性越大,对其真实性也就更加难以确定,稍不留神,这看似功能强大的电子证据就会被人为地更改为"伪证"。首先,电子证据的主体认定难,电子证据还容易产生与犯罪主体相分离的情形,犯罪嫌疑人经常以"该电脑被人借用""该手机在案发时已丢失"等为由为自己抗辩,使得收集的电子证据更是真伪难分。其次,电子证据的内容可能是多种多样的,这对内容的认定带来了困难。电子证据多数情况下不同于传统的物证、书证等,传统物理鉴定如笔迹、指纹鉴定等对电子证据也无可奈何。

(二) 电子证据的完整性问题

证据的收集要做到全面无遗漏,而不是有选择性地收集或是部分收集,所以是否全面完整地收集证据也是证据审查的重要环节。电子证据的组成部分是信息,而信息本身具有分散性、不可见、不直观、不可捉摸的特点,同时又十分复杂和广博,很难全面触及,因而在电子证据审查过程中,难免出现是否完整的认定问题。目前我国立法中没有关于电子证据完整性的明确规定,参照联合国国际贸易法委员会第85次全体大会通过的《电子商务示范法》第8条第3款之规定,电子证据的完整性是指"数据电文的内容保持完整和未予改动",虽然只有寥寥数字,也给我们在电子证据完整性审查过程中提供了方向。

电子证据的完整性和真实性之间是相辅相成的关系,完整性的缺失直接影响其真实性,因而电子证据完整性认定所面临的困难在本质上也是电子证据背后科技发展的无限性和法律规定的有限性之间的冲突。法律不是科技,但是法律离不开科技。电子证据是以"比特"的形式存在的,该存在形式就是非连续的,即易篡改、增减等①。若某一电子证据在形成后遭受过增加、删减等情况,势必会影响对其完整性的判断,哪怕该证据在真实性认定上已经没有问题,但其完整性的缺失也会进一步影响该证据的证明力。一方面,电子证据和现

---

① 董杜骄:《电子证据的概念、特征及其研究意义》,载《中国当代思想宝库》,中国经济出版社2002年版。

代网络技术的特性使得能够起到证明作用的电子证据容易分散到不同地域的网络犯罪现场;另一方面,电子证据的虚拟性和无形性使得其容易被篡改、删减和伪造又不易被发现。这些都是电子证据在完整性问题上面临的困难和挑战。

(三) 电子证据的合法性问题

电子证据的合法性在刑事诉讼中主要涉及电子证据的搜查、扣押等措施的实施过程中,有没有侵害犯罪嫌疑人或其他第三人等的合法权益,以及对侵犯了他人合法权益收集到的电子证据该如何认定的问题。我国刑事诉讼法第136条规定:"为了收集犯罪证据、查获犯罪人,侦查人员可以对犯罪嫌疑人以及可能隐藏罪犯或者犯罪证据的人的身体、物品、住处和其他有关的地方进行搜查。"虽然《公安机关办理刑事案件程序规定》第222条以及《人民检察院刑事诉讼规则》第203条对该规定进行了重申,但对于电子证据的合法性问题却鲜有提及。由于关于电子证据的相关提取、保存、送检等缺少法律规范,司法实践中,存在大量的电子证据取证过程侵犯相关人员权益的情况。

(四) 电子证据难以确定关联性

在刑事诉讼当中,如何认定电子证据与犯罪事实的关系也具有较高的难度。从我国目前互联网发展进程来看,海量的信息在网络上实现互通互联,很少有信息之间是孤立存在的,或多或少都存在着一定程度的关联。要利用电子证据认定犯罪事实,首先必须认定电子证据与犯罪事实之间存在关联性。在利用电子技术实施的刑事犯罪当中,犯罪嫌疑人一般都具有一定的反侦查意识,在犯罪过程当中,会对犯罪所遗留下的电子证据进行一定的篡改和伪造,进而实现掩盖犯罪事实的目的,这给电子证据在刑事诉讼中的运用带来了很大的困难。另外,在刑事诉讼当中,认定犯罪结果与犯罪行为之间的因果关系本身就是一个司法难题,电子证据本身的复杂性和关联性更加大了这种认定难度。

(五) 电子证据涉及高度价值判断

电子证据的收集和使用需要司法公权力机关的强行介入,其必然侵犯公民的部分合法权益。根据现代社会法治理念和原则,证据的收集和审查不能侵犯公民的合法权利。但是,刑事诉讼承担着维护社会公正、打击犯罪的重要职责。因此,在电子证据的收集和审查过程当中,涉及高度的价值判断,按照法律位阶原则,要对法律所保护的合法权益与所打击的犯罪之间进行平衡,进而实现社会利益的最大化,既达到维护司法权威、打击犯罪的目的,又将对个人合法权益的侵害降到最低。在刑事诉讼中,进行电子证据收集,一般都需要进入被害人、犯罪嫌疑人的网络账号,在很多时候,甚至会采用案件初查、远程取证等措施。因此,要严格规范电子证据运用规则,强化对个人隐私的保护,同时赋予刑事司法机关一定的权力,进而达到打击犯罪的目的。

(六) 电子证据审查缺乏相应的法律法规

电子证据是我国新确立的一种证据种类,虽然此前电子证据在理论界被给予了广泛的关注及讨论,有关电子证据的文章层出不穷。对于电子证据的含义以及采用标准等方面也存在着分歧,但是我国相关的法律规定仍然比较匮乏,并未对电子证据形成统一定论,对于刑事诉讼视野下的电子证据，我国作出规定的只有少量的诉讼规则和司法解释，且就电子证据的部分甚至是少数内容进行了解释和说明，尚无法加强对于电子证据的有效长远理解。

四、刑事诉讼法视野下的电子证据审查探讨

（一）对电子证据的真实性进行审查

根据《规定》第7条、第14条、第18条规定可知：提取电子数据必须由两名以上侦查人员进行，符合相关的技术标准，同时必须制作笔录，并由侦查人员、持有人、见证人签名或盖章；原始存储介质或电子数据应以封存状态移送，备份也应一并移送。同时根据《计算机犯罪现场勘验与电子证据检查规则》第26条、第28条规定，从电子证据中提取电子数据，应当制作《提取电子数据清单》，记录该电子数据的来源和提取方法；办案人员将电子证据移交给检查人员时应同时提供《固定电子证据清单》和《封存电子证据清单》的复印件。依据上述电子证据的真实性规则，围绕原始存储介质的收集、提取过程，应当着重审查以下内容：（1）是否移送原始存储介质；在原始存储介质无法封存、不便移动时，有无说明原因，并注明收集、提取过程及原始存储介质的存放地点或者电子数据的来源等情况；（2）电子数据是否具有数字签名、数字证书等特殊标识；（3）电子数据的收集、提取过程是否可以重现；（4）电子数据如有增加、删除、修改等情形的，是否附有说明；（5）电子数据的完整性是否可以保证。

（二）对电子证据的完整性及合法性进行审查

电子证据的真实性与完整性、合法性相辅相成，要保证电子数据外部载体和内部载体的真实性和同一性，避免电子数据的外部载体发生形态和数量上的变化，防止电子数据所记载的数据、信息、文件遭到破坏、篡改、删除、增加，就需要在电子数据的收集、提取、移送、展示等各个环节，根据相关规定着重审查其完整性。同时，在刑事诉讼电子证据的收集程序审查过程中，既要运用电子证据实现实质正义，也要在收集程序审查上遵循法定程度，保障诉讼中的程序正义。因此，通过审查公安机关侦查行为规范性来审查电子数据收集程序的合法性。在侦查实践中，要求电子数据的调取、搜查、查封、扣押、固定、鉴定等各个环节既要符合技术标准，也要遵循法律规定。这对刑事诉讼电子证据审查判断具有重要意义和程序价值。

1. 对电子数据的扣押与提取

对电子数据的扣押，根据《规定》第8条、第9条可知，能够扣押原始存储介质的，要扣押原始存储介质。已封存的，要在不解除封存状态的情况下进行。对电子数据的提取应以提取电子数据的原始存储介质为原则。只有在法定情形下无法扣押原始存储介质的，才可以直接提取电子数据。作为一种例外情形，由于客观原因无法提取原始存储介质，也无法直接提取电子数据的，才可以采取打印、拍照、录像等方式固定电子数据，并在笔录中说明原因。

所谓"原始存储介质"，是指那些具备数据信息存储功能的电子设备、硬盘、光盘、记

忆棒、存储卡、存储芯片等电子载体。在扣押电子数据的原始存储介质时，应当制作扣押笔录，并记录原始存储介质的封存状态。与此同时，在封存电子数据的原始存储介质时，应当保证在不接触封存状态的情况下，无法增加、删除、修改电子数据。封存后应该拍摄被封存原始存储介质的照片，清晰反映封口或者张贴封条处的状况。封存手机等具有无线通讯功能的存储介质，应当采取信号屏蔽、信号阻断或者切断电源等措施。

刑事证据法在以下三种情况下允许直接提取电子数据，而不必扣押原始存储介质：一是原始存储介质不便封存的；二是提取计算机内存数据，网络传输数据等不是存储在存储介质上的电子数据的；三是原始存储介质位于境外的。直接提取电子数据时，应该在提取笔录上注明无法扣押原始存储介质的原因、原始存储介质的存放地点或者电子数据的来源等情况，并计算电子数据的"完整性校验值"。这里所说的"完整性校验值"，是指为防止电子数据被篡改或者被破坏，使用散列算法等特定算法对电子数据进行计算，得出的用于校验数据完整性的数据值。收集、提取电子数据的过程，应尽量有符合条件的见证人参加，并尽量对收集、提取过程进行录像。同时收集、提取电子证据应当制作笔录。该类笔录应注明以下事项：一是案由，对象，内容，收集提取的时间、地点、方法和过程；二是电子数据清单，包括类别、文件格式、完整性校验值等；三是侦查人员、电子数据持有人签名或者盖章；四是见证人的签名或者盖章。

2. 对电子数据的冻结

在法定情形下，对电子数据可以采取冻结措施：一是电子数据数量较大，无法或不便提取的；二是提取时间长，可能造成电子数据被篡改或者灭失的；三是通过网络应用可以更为直观地展示电子数据的。冻结电子数据的基本方法有：计算电子数据的完整性校验值；锁定网络应用账号；其他防止增加、删除、修改电子数据的措施。

冻结电子数据，应该制作协助冻结通知书，注明冻结电子数据的网络应用账号等信息，送交电子数据持有人、网络服务提供者等协助办理。

3. 对电子数据的检查

对于被扣押的原始存储介质或者被提取的电子数据可以进行检查活动。对电子数据的检查，可以通过恢复、破解、统计、关联、比对等方式进行。必要时可以通过侦查实验的方式进行检查。

对电子数据的检查，应当对电子数据存储介质拆封过程进行录像，并将电子数据存储介质通过"写保护设备"接入检查设备进行检查。有条件的，应制作电子数据备份，对备份进行检查。无法使用"写保护设备"且无法制作备份的，应注明原因，并对相关活动进行录像。

4. 电子数据的移送与展示

在刑事诉讼中，对收集、提取的原始存储介质或者电子数据，应当以封存状态随案移送，并制作电子数据的备份一并移送。

对于被冻结的电子数据，应当移送被冻结电子数据的清单，注明电子数据的类别、文件格式、冻结主体、证据要点、相关网络应用账号，并附上查看工具和方法的说明。

对于那些无法直接展示的电子数据，如侵入、控制计算机系统信息的程序、工具以及计算机病毒等，应当附上电子数据的属性、功能等情况的说明。但是，对于该类电子数据的统计量、数据同一性问题，应当出具说明材料。

控辩双方向法庭提交电子数据的,法庭应通过以下方法进行当庭展示:一是根据电子数据的类型,借助多媒体设备进行出示、播放或者演示;二是聘请具有专门知识的人进行操作,并就相关技术问题作出说明。

如果需要对被告人的网络身份与现实身份的同一性进行认定,可以通过核查相关 IP 地址、网络活动记录、上网终端归属以及其他证据进行综合判断。

5. 电子数据的鉴定

在收集、提取、冻结、移送、展示电子数据过程中,遇有专门性问题难以确定的,应当由司法鉴定机构出具鉴定意见,或者由专门指定的机构出具报告。尤其是对电子数据所记载的信息、数据和文件本身真实性的验证,经常要借助于专家的知识、经验和技术,需要出具鉴定意见。在此情况下,鉴定本身就属于一种专门的鉴真方法。[①]

(三) 对电子证据的关联性进行审查

1. 审查电子证据与案件事实有无客观联系

判断电子证据与案件事实是否具有相关性,主要考虑三个方面:一是电子证据是否能够证明案件某一方面的问题;二是该事实是否为案件的实质问题;三是该电子证据对争议问题的解决是否有实际或实质性的意义。如果三方面的回答都是肯定,该电子证据即与案件事实具有关联性。

2. 审查电子证据与案件事实联系的方式、性质、联系的紧密程度和确定程度

证据的证明力决定于证据同案件事实的客观内在联系及联系的紧密程度。电子证据与案件联系一般表现为两种状况:一是作为电子证据的事实与案件中待证明事实部分或全部重合,这种证据的证明力较大;二是虽与待证明事实不重合,即不是案件的组成部分,但与案件待证明事实有直接或间接的联系,能够为待证明事实提供证明情况。这种证据的证明力则相对较小。[②]

(四) 对电子证据的证明力进行审查

对电子证据的证明力进行审查,具有较高的价值判断性,电子证据作为证据的一种,必须在一定程度上可以反映案件事实,进而才能产生证据法上的效力。在审查过程中,要注重电子证据的完整性和充分性。从电子证据本身的特点来看,由于多数电子证据都无法直接证明犯罪事实的存在,都要通过其他证据的支撑,共同形成完整的证据链条,进而证明犯罪事实和受害结果的存在。在电子证据认定过程中,在无法直接认定的情况下,要充分运用鉴定、间接认定等证据认定方式。同时,要充分注重电子证据的完整性,电子证据往往有一个较长的形成过程,如果孤立地看待证据片段,截取部分证据,往往无法从全局认知案件事实,进而影响对于案件事实的认定。对于电子证据的审查,可以参考相关法律规范,如联合国颁布的《电子商业示范法》,对于各国电子证据认定都具有启发借鉴性,同时也适用于我国司法实务。

---

① 陈瑞华:《刑事证据法》(第 3 版),北京大学出版社 2019 年版,第 275~277 页。
② 王芳芳、高若鸿:《浅谈刑事诉讼中对电子证据的审查》,载《法制沙龙》2015 年第 2 期。

五、结语

综上所述,随着社会经济的迅速发展,通过互联网产生的电子证据被广泛运用到诉讼过程当中。电子证据的形式开始呈现多样化、复杂化、专业化的特征。随着电子证据被广泛运用到现代诉讼当中,电子证据的取证和审查直接关系到诉讼的公正与合理。从目前司法实践来看,在我国刑事诉讼过程中,电子证据的审查还没有统一明确的标准,没有形成规范化的电子证据审查体系。因此,在刑事诉讼立法完善和司法实践过程中,要充分借鉴欧美等先进国家经验,结合我国发展现状和特点,制定具有针对性、可行性、可操作性的电子证据审查规则,顺应社会科技发展潮流,提升司法公正,让公平正义的阳光照进每个人心中。

人工智能技术介入刑事司法研究

——以刑事证据的审查判断为视角

刘少军 王晶晶[*]

人工智能技术是推进社会治理智能化的关键因素,其对法学领域也产生了深刻的影响。作为司法现代化的"车之两轮,鸟之两翼",智慧法院建设与司法体制改革缺一不可。[①] 在智慧法院建设层面,各地法院运用大数据分析等技术,逐步实现智慧审判、智慧执行、智慧管理等业务的开发。以审判为中心的诉讼制度改革则促进了上海"刑事案件智能辅助办案系统"(以下简称"206系统")的研发,这是人工智能与司法改革深度融合应用的开篇之作。[②] 作为刑事审判的核心领域,事实的认定、证据的审查判断至关重要。那么,人工智能技术在刑事证据领域究竟能发挥何种效用?能否在刑事证据领域全面推进智能化改革?本文以人工智能技术在刑事司法中的功能价值为切入点,回应人工智能技术的司法定位,并就目前人工智能技术在刑事证据领域的运用现状进行梳理,划定技术辅助刑事证据审查判断的界限,探析该项技术在刑事证据领域的具体运用。

一、人工智能介入刑事司法的功能价值与未来走向

在讨论人工智能技术的具体运用之前,首先需要明确技术引入司法领域的深层原因,为技术与司法的融合奠定理论基础。而对人工智能的地位界定,则关系到此项技术应用于司法实践的广度与深度。

(一)人工智能介入司法领域的功能价值

司法实践的多元化需求使得人工智能的司法应用具有广阔前景。[③] 在司法领域引入人工智能,短期目标是为司法部门缓解"案多人少"的矛盾,在类型化案件上减少繁杂的重复劳动;长期目标是通过法律与科技的深度融合,寻找实现公正的人工智能途径。[④]

1. 效率面向:缓解"案多人少"的矛盾

自 2014 年《上海法院司法改革试点工作实施方案》设置员额法官改革试点开始,我国

---

[*] 刘少军,安徽大学法学院教授,博士生导师;王晶晶,安徽大学法学院博士研究生。
[①] 参见熊秋红:《人工智能在刑事证明中的应用》,载《当代法学》2020 年第 3 期。
[②] 崔亚东:《司法科技梦:上海刑事案件智能辅助办案系统的实践与思考》,载《人民法治》2018 年第 18 期。
[③] 崔亚东:《司法科技梦:上海刑事案件智能辅助办案系统的实践与思考》,载《人民法治》2018 年第 18 期。
[④] 参见高一飞、高建:《智慧法院的审判管理改革》,载《法律适用》2018 年第 1 期。

逐步推行员额制法官的改革。与此同时,"立案登记制"开始施行。案件量的逐年攀升与法官员额的大幅削减,给法官办案带来极大的挑战。① 人工智能以其智能与高效的特色,可以与司法从业人员独有的创造力融合起来,构建出一种人与科技紧密结合的司法运行模式。② 在司法实践中,将司法信息进行电子数据化处理,极大地减轻了司法机关的负担。此时,刑事司法领域存在对人工智能技术的引进需求——人工智能技术被看作是时代带来的"机遇"。

2. 公正面向:将司法裁判引向"同案同判"

被告人遭受何种刑罚,取决于法官的早餐吃什么,人类决策往往表现出明显的局限性和极端的公共政策偏见。③ 传统的司法活动往往会出现办案质量良莠不齐、审理主体滥用自由裁量权等问题,致使司法腐败、冤假错案层出不穷,甚至出现同案异判等现象,这极大地动摇了公众对人脑判断的信心。④ 鉴于此,以实现公平正义为目标,人工智能技术在司法裁判领域具有极大的推行优势。目前人工智能技术依托客观数据的收集与分析,整个智能化流程较传统司法更具客观公正性,更符合社会大众对裁判结果的心理预期。

(二)人工智能技术介入司法领域的未来走向

智能机器人进入人类职业生存空间是一种挤占行为,还是一种将人类从烦琐事务中解放出来的替代行为,这取决于人类对生存意义的探索。⑤ 在刑事司法领域,对人工智能的地位界定问题,学界已然形成不同的观点。

1. "人工智能辅助司法"理论占据主导位置

"司法辅助"理论的基本立场是正确看待人工智能技术对司法领域产生的正负双重影响。在积极影响层面,人工智能技术所具有的技术优势为其接入司法领域提供可能性,如技术的客观性可有效降低法官直觉判断带来的偏差、改变证实性偏见等⑥。在负面影响方面,人工智能技术存在的先天性缺陷(无法判断价值)⑦ 与后发性弊端(数据资源不足)⑧ 将对现有司法体系造成一定程度的冲击。基于对人工智能技术的利弊权衡,该理论提出,在司法实践中应以法官为主,由人工智能技术进行辅助。

诚如部分学者所言,人工智能法律系统的研发目标旨在代替法官,但其应用界限却是不能独立担任法官,这本身就是悖论。⑨ 在司法审判领域,能否不加限制地将人工智能技术置于辅助地位,需要进一步探讨。晚近几年的法院工作报告中,法官素质低下也是反复强

---

① 参见张青:《员额制改革后基层司法的案件压力及其应对——以Y省三个典型基层法院为例》,载《中国政法大学学报》2019年第1期。
② 参见潘庸鲁:《人工智能介入司法领域路径分析》,载《东方法学》2018年第3期。
③ 参见高学强:《人工智能时代的算法裁判及其规制》,载《陕西师范大学学报》(哲学社会科学版)2019年第3期。
④ 参见季卫东:《人工智能时代的司法权之变》,载《东方法学》2018年第1期。
⑤ 参见周尚君、伍茜:《人工智能司法决策的可能与限度》,载《华东政法大学学报》2019年第1期。
⑥ 参见葛翔:《司法实践中人工智能运用的现实与前瞻——以上海法院行政案件智能辅助办案系统为参照》,载《华东政法大学学报》2018年第5期。
⑦ 参见陈景辉:《人工智能的法律挑战:应该从哪里开始?》,载《比较法研究》2018年第5期。
⑧ 参见冯姣、胡铭:《智慧司法:实现司法公正的新路径及其局限》,载《浙江社会科学》2018年第6期。
⑨ 参见张保生:《人工智能法律系统:两个难题和一个悖论》,载《上海师范大学学报》(哲学社会科学版)2018年第6期。

调的"常识性命题"。① 对处于司法实践一线的法官而言，面对办案能力的质疑与司法智能化的冲击，接受人工智能技术似乎是唯一的正确选择。尽管官方在原则上将人工智能定位为辅助技术，但却无法解决办案人员对技术的依附心理这一难题，此时存在"司法辅助"向"形式辅助，实质主导"转化的风险。有鉴于此，应对人工智能技术的辅助定位进一步明确，避免所有领域的无差别辅助。

2. "人工智能与司法互相补充"理论开辟新路径

针对人工智能辅助司法理论，有学者提出不同的见解：不加区分地将人工智能置于辅助地位，将会限制人工智能的发展潜力。② 基于此，该观点不主张相互取代，而是坚持人工智能与法官互相补充的立场。在不同的案件中，可将法官与人工智能的主作用、辅作用相互置换，共同构成一种全新的司法审判模式。③ 该观点的主要理由是，人工智能作为新兴技术，具有补充传统司法工作人员缺漏的功能。在部分领域，人工智能并不会完全冲淡传统法官的作用。随着技术的日臻完善，对于事实简单的案件，人工智能坐上主审法官的位置是一件水到渠成的事情。

"相互补充"理论作为少数派观点，虽极具开拓性，但同样会面临一些挑战：首先，现有科学技术的发展尚不能支撑人工智能体主导部分裁判程序，如当下人工智能技术本身存在的算法不透明、数据不完善等一系列问题；其次，即使现有的技术条件能够支撑裁判，耗费巨大的人力、物力来开发人工智能技术主导简单案件的裁判功能也非明智之举；最后，进行一个大胆的假设，具备自我认知的人工智能或将否认人类视为"智慧"的审判经验。综上，即使将范围限定为案情较为简单的案件，"替代论"的观点亦存在不可行之处。

(三) 小结：严格限制人工智能技术在刑事司法中的辅助范围

当下司法智能化的实践在一定程度上缓解了司法压力，初步实现了传统司法对技术引入的要求。但是，对于司法公正而言，却存在一种悖论。具言之，人工智能技术与刑事司法的融合旨在促进司法公正，但在具体运用时会引发一种潜在的不公正。例如，在公检法三机关利用智能辅助办案系统实现互联互通时，也存在忽略辩护律师、被告人的情况，这将进一步加深控辩的不平等性。当我们在质疑人类恣意时，也更有理由怀疑算法本身的歧视。"算法歧视"将使得人们对这种由于尖端技术导致的不公正性的救济难度直线上升。④ 无论是人工智能辅助司法理论，还是人工智能与司法互相补充理论，均存在逻辑不能自洽之处。因此，笔者建议对人工智能技术辅助司法实践的范围进行限缩。出于技术困境与公正难题的考量，在相对核心的领域，即需要在运用人类的情感、价值衡量等主观判断性事务上，严格把控人工智能技术的引入。

---

① 参见钱大军：《司法人工智能的中国进程：功能替代与结构强化》，载《法学评论》2018年第5期。
② 参见李傲、王娅：《智慧法院建设中的"战略合作"问题剖判》，载《安徽大学学报》(哲学社会科学版) 2019年第4期。
③ 参见涂永前、于涵：《司法审判中人工智能的介入式演进》，载《西南政法大学学报》2018年第3期。
④ 参见刘艳红：《人工智能法学研究的反智化批判》，载《东方法学》2019年第5期。

二、人工智能技术在刑事证据领域的运用现状

在推进以审判为中心的诉讼制度改革的背景之下，各地法院积极响应，展开司法智能化改革。本文以"206系统"与贵州法院大数据证据分析模式为分析样本，将当下人工智能技术在刑事证据领域的具体运用归纳为证据指引、证据校验与证据分析三个方面。

（一）证据指引

证据指引即对定罪量刑所必须收集的证据进行清单式规定，为证据收集提供明确的依据。"206系统"所具有的证据指引功能主要包括"证据标准指引"与"证据规则指引"两类。"证据标准"是针对不同类型的案件，按照构建完整证据链条的要求所必须收集的证据。以盗窃罪为例，系统开发人员收集并分析各基层法院所审理的盗窃案件，依据证据的种类与数量，归纳出"当场抓获型""重要线索型"和"网络犯罪型"三种类型，力求证据收集的精准。证据规则指引是指针对单一证据所作出的，按照证据的属性要求，在收集、固定、保存中所应遵循的规范。为配合系统研发，上海高院制定了《上海刑事案件证据收集、固定、审查、判断规则》，对刑事诉讼法中的八类证据详细规定了收集程序、规格标准、审查判断要点，对量刑证据、程序证据的收集、固定作了明确规定。

与"206系统"不同，贵州法院研发的证据规则指引更加细化。贵州法院利用大数据分析技术，以刑事案件为突破口，选择故意杀人、故意伤害等四类案由进行建模分析。该系统打破传统证据归类，以犯罪构成理论与办理案件的内在逻辑为主要依据，按照破案过程的要素化、结构化，形成证据指引规则。在不同案件中，证据指引规则不尽相同，但依据共性可分为主要证据与可选证据两种，依据案由的特殊性给出具体的要求。以故意伤害案件为例，此类案件需要的证据材料包括被害人陈述、勘验、检查、搜查证据、鉴定意见、证人证言等。若在案证据显示被告人作案时的衣物提取在案，则要具备该衣物上是否留有被害人血迹或 DNA 的鉴定材料等。

（二）证据校验

证据校验主要是针对案件中的单一证据，目的在于发现证据的瑕疵，把控证据的入口。在单一证据校验方面，贵州法院的辅助办案系统主要是参照证据指引规则所规定的证据要素进行检验分析。具体而言，在立案之初即一开始就对相关证据材料进行校验，当缺乏必要证据材料时，系统会自动拦截案件，使之不能顺利进入下一阶段的检验分析。在案件通过前述阶段的检验之后，系统将会进行更精细的检查，即是否满足具体的要求。以故意伤害案件为例，系统第一步将匹配故意伤害案件的检验规则，依据规则检查立案材料、受案登记表、立案决定书等材料。第二步检验案件的侦破材料、到案说明情况以及勘验检查证据等，在此过程中发现缺乏相关的材料，系统将会给出提示。第三步是依据上述流程，依次校验其他证据，直至完成所有的校验。

"206系统"在单一证据校验层面要求更加严格，主要体现在该系统不仅审查证据的内容，而且会对每一个证据的收集程序、形式等进行校验，生成审查结论，供办案人员参考。系统通过运用深度神经网络模型和图文识别（OCR）技术，基于对1.5万余份卷宗材料的

学习，初步实现了对各种证据的印刷体文字、部分手写体文字、签名、手印、签章、表格、图片等进行识别、定位和信息提取，对单一证据实现了自动校验。例如，对于讯问笔录，系统通过自动审查发现，犯罪嫌疑人送看守所后，讯问的地点仍为派出所，而非规定的办案场所，系统将该证据存在的瑕疵提示给办案人员。①

（三）证据分析

证据分析主要运用于多数证据的关联性判断，这与证据校验的功能定位不同。根据上海高院的初步设想，"证据模型不仅要有证据指引功能，还要有单个证据合法性校验功能，证据和证据间互相印证的功能，以及证据之间逻辑判断的功能"。"206系统"的功能设计有20项，现阶段已完成13项，其中就包括证据链和全案证据审查判断。系统主要是对证据链条的完整性以及证据之间是否存在矛盾进行审查、提示，确保证据确实、充分，排除合理怀疑。

贵州法院系统的证据分析功能主要包括两个模块，案件要素提取和证据间的内在关联分析。在具体案件要素提取方面，系统通过自然语言分析等技术，从相应的证据资料里提取案件要素。对于扫描件，系统通过ORC技术自动识别文字，再进行分析提取。如通过对被告人信息与被告人证明材料的分析，综合量刑标准，提取出被告人年龄这一关键要素。再如，通过人体损伤程度鉴定书、人体伤残鉴定书、被害人基本信息，经过分析，可直接提取被害人的伤害等级与伤残程度，为承办法官提供参考。当下证据分析的研发仅完成了要素提取功能，同时也在积极开发证据逻辑的挖掘功能，通过对证据的分析，可以找到内在关联性。比如找到证言与证物之间的关系，可以实现将控辩双方的证言在一个界面分别展示，方便法官分析案情。

三、人工智能技术在刑事证据审查判断中的具体运用

刑事审判是刑事司法中最核心的环节，证据的认定则是刑事审判的关键一环。在何种领域可以引入人工智能技术，才能符合司法改革期待，何种程度运用人工智能技术，以满足公众对司法的需求，是必须直面的问题。

（一）运用的前提：证据审查判断规则的算法化

人工智能系统主要是对预设算法与规则的执行。以贵州法院系统为例，人工智能系统首先会检索相关规则，其次运用相关技术提取证据相关要素，最后进行校验与分析。从逻辑出发，应先解决证据审查判断规则的输入问题，即规则的算法化问题。

证据审查判断规则算法化的前提是原始规则的详尽。一般而言，对证据进行审查判断时，主要参照刑事诉讼法中关于证据的规定。2010年，最高人民法院、最高人民检察院、公安部等部门《关于办理死刑案件审查判断证据若干问题的规定》（以下简称《规定》）出台，细化了办理死刑案件的规则，对办理死刑案件提出了更为严格的要求。除此之外，在2013年，最高人民法院出台的《关于适用〈中华人民共和国刑事诉讼法〉的解释》（以

---

① 参见熊秋红：《人工智能在刑事证明中的应用》，载《当代法学》2020年第3期。

下简称《解释》）进一步对各类法定证据的审查判断作出规定。

尽管当下人工智能具备深度学习的能力，但仅依据抽象的法律规定绝对无法做到自主学习、深度学习。因而专家经验在自然语言（主要是法律语言）转为算法语言的过程中起到关键作用。如"206系统"即综合法律法规和司法解释等文件中的具体规定，制定《上海刑事案件证据收集、固定、审查、判断规则》，根据刑事诉讼法关于证据种类的规定，分别列出每类证据的收集程序、形式要件和审查判断要点。

综上，人工智能技术适用于证据领域所需要遵循的规则主要是指以《刑事诉讼法》《规定》《解释》等法律规范为蓝本，融合专家经验的，能够真正被算法执行操作的可量化的规则。

（二）运用的禁区：无法算法化的实质领域

有学者指出，当下人工智能技术的运用，其实质仍是通用技术在司法领域的直接复制，并未涉及司法领域的核心。① 事实上，司法领域的核心领域无须人工智能技术的介入，进一步而言，该技术也无法真正介入证据审查判断的核心领域。算法的执行规则需要融合专家经验等内容，以便更好地执行指令。人工智能的类人本质决定了专家经验在证据审查判断领域的前提性作用。但这不等同于人工智能技术可凭借专家经验的幌子，在证据领域不受任何限制。

实际上，在审查判断证据时也存在专家经验束手无策的情形，此处主要包括两类：无法使人工智能理解操作的情形以及当下尚无定论的争议性情形。第一类情形主要是指人类可凭借自身的知识积累、交流学习与经验价值，通过抽象归纳得来的判断规则。但在将自然语言转化为法律语言时，存在输入具体情形无法穷尽所有类型，输入抽象规则又无法被顺利执行的窘境。以证人证言的审查判断为例，在判断证言的内容是否为证人实际感知、证人作证时的生理状态和精神状态是否影响作证等具体情形时，需要结合语境判断是否为实际感知，而非通过系统提取到"我认为""真实"等关键词，进而得出肯定性判断。依据此流程所得出的判断可信度不高，往往需要法官二次检验，以保证结论的合情合理。

第二类情形为判断规则过于抽象，人类经验自身也无法作出归纳适用的情形。以刑事证明为例，刑事证明是一个主客观要素交叉融合的过程，也是一个充满价值判断和选择的过程，人工智能的介入可能带来弱化各种因素综合考量、各种利益综合平衡的风险。② "纵观近几年司法实践，大部分的裁判文书的证据说理部分仍然沿用着'案件事实清楚，证据确实、充分'这一证明标准……很少阐释排除合理怀疑这一标准的实质内涵。"③ 出现此种现象的主要原因就是"排除合理怀疑"的概念缺乏统一解释，法官不会轻易在个案中运用主观判断。因此，在具体实践中将此项证明标准嵌于人工智能辅助系统之中根本不具有可操作性。

---

① 杨焘：《数字化证据标准的合理性及限度分析——以上海"206"智能系统为关注点》，载《四川师范大学学报》（社会科学版）2020年第5期。
② 参见熊秋红：《人工智能在刑事证明中的应用》，载《当代法学》2020年第3期。
③ 储陈城、刘睿：《"只有被告人供述"案件司法证明的谬误与厘清》，载《时代法学》2020年第1期。

(三) 运用的领域：节省人力的形式领域

顺应司法改革的潮流趋势，人工智能在证据审查判断中仍有独特的角色定位。具体而言，人工智能可运用于如下环节：(1) 单个证据收集、固定、程序等方面的形式判断；(2) 多种证据的形式判断。

在传统司法活动中，对刑事证据的审查与认定主要包括单一证据的审查认定与多个证据的审查认定两类。如在《规定》中，第 6 条至第 31 条为证据的分类审查与认定的要求，第 32 条至第 40 条是关于证据的综合审查与运用的规定。需要强调的是，无论是对单一证据的审查还是对多个证据的审查，其审查内容均包括程序性事项（形式判断）与实质性事项（实质判断）。

人工智能对刑事证据的程序性审查内容包括对证据的单独审查认定与综合审查认定。在单一证据的审查判断中又可细分为对瑕疵证据的审查与对非法证据的审查。如对证人证言进行审查判断时，需要审查询问笔录上是否记载询问人有无告知证人应如实提供证言，以及询问笔录上是否填写询问人、记录人等姓名。由于此类事项出现瑕疵不会实质影响犯罪嫌疑人、被告人的基本权利，因而可由系统进行审查判断。若存在上述瑕疵，系统将对办案人员作出提示。相关办案人员对瑕疵证据进行补正或者作出合理的解释后，证据审查流程方能继续进行。另外，基于对被告人基本权利的保障，人工智能可对非法证据的部分事项进行审查，但仍然限定为程序性事项范围，不涉及实质判断的问题。

在证据的综合审查判断层面，程序性事项主要是指不同证据之间的矛盾判断。仍以证人证言为例，系统将会审查询问笔录是否出现在同一时间段内同一询问人员询问不同证人的情形。一方面，人工智能技术在数据筛查方面更具优势，如在证据间有关时间、地点、程序的判断方面明显优于人力判断。另一方面，人工智能对较为烦琐但判断难度不大的事务进行形式判断，可使法官获得相对多的时间对证据进行实质性判断。

"流水不腐，户枢不蠹"，社会的运行是一个不断发展、优胜劣汰的过程。司法效率与公平正义的现实需求为人工智能技术引入刑事司法领域提供了可能。但人工智能技术为司法实践带来便利的同时，也对人类主导地位提出了挑战。当下，应坚持实质的"技术辅助司法"原则，避免走向"形式辅助，实质主导"的实践误区。具体到证据的审查判断方面，应严格把控人工智能的辅助范围，实现技术与司法的完美契合。

论鉴定意见解释与评价中的困境与对策

马秀娟[*]

在认定案件事实的过程中，对于一份鉴定意见证据材料，诉讼中关注的焦点并不止于鉴定实验的结果，而常取决于对这份鉴定意见的解释与评价。由于鉴定意见本身来源于科学原理和专业技术知识，对于不具备该专门知识的案件事实判断者来说，必然需要对该证据作出有法律意义的解释和有证明力强度的评价。在此认知过程中，我们不能忽视可能存在的事实误认的风险。这个判断当然是基于以下考虑：首先是人的认识相对性致使对一些事实存在着认知不能；其次是由于鉴定意见证据自身的确定性程度不同；最后是科学及鉴定技术发展中的当时局限性所致。

一、鉴定意见存在不确定性

（一）鉴定结果本身不具有确定的结论性

司法鉴定常见于以下情形：死亡原因判断，伤残等级判定，人体同一认定，精神智力状态分析，毒物分析，车辆属性、痕迹、状态分析，笔迹同一判别等。鉴定中的判断包含了关系判断、原因判断、状态判断、功能判断、程度判断和真伪判断等。其中，一些鉴定中可以得到确定的意见，而一些只能给出倾向性的意见。比如"损伤程度评为重伤（二级）""检材与样本上印文是（或不是）同一枚印章盖印"都属于确定性的意见；但"目前持续昏迷状态与外伤之间不能排除间接因果关系（促发因素或诱因）"则为不明确的意见。倾向性意见是客观存在的也是符合事实的。比如，在同一认定中，检材和样本特征符合点的质量和数量无法达到肯定或否定同一的程度；在微量物证鉴定中，由于受到各种因素的限制，如检材量过少、鉴定条件不佳等，致使鉴定人无法得出明确的肯定或否定的意见，只能根据现有的检材条件进行一定的倾向性判断；在个体识别中，意见的结果不都是"完全一致"或"不一致"，如果遗传标记的基因数量不足，则不能满足个体识别的要求，无法给出确定的鉴定意见。因此，在客观上，可能性推理是无法避免的。

（二）鉴定意见的概率性特征

概率是对客观存在的不确定性的一种相对确定的表述，是基于特定的信息，对于某种

---

[*] 马秀娟，山西大学法学院副教授，诉讼法学博士。

主张的真实性的可信度进行合理度量。① 从证据的关联性概念可以看出，有关联性的证据是指对一项事实的存在，有此证据比缺乏此证据更有可能或更无可能，也属于概率问题。证据即在某一待证假设为真时比假设为假时更有可能出现的事物。因此，证据是用来区分不同的假设的，是在对比支持度，而非对一个独立的假设进行衡量。而任何科学技术都只是在一定的时空条件下实现较高的精准程度。DNA 检验就是采用遗传学数据进行统计学分析，以评价某一证据支持检材系来源于某个个体的强度，即使累积个体识别率达到了 0.9999999999 以上，也不是完全确定，只能说是极高的概率数据显示。同一认定通常只是说明两个样本具有同一来源的概率有多大的问题，而非绝对的判断。因而 DNA 证据只能是倾向支持，是假设被告人就是某一特定对象时证据出现的概率。如果通过检材得到的 DNA 与某人的分型不一致（不匹配），则可判定该检材不是某人所留；如果二者一致（匹配），则不能排除该检材系某人所留。在亲权鉴定中，"不排除亲权关系" 一般通过一个量值即似然率来反映，也是对某种亲权关系强度的表示。

（三）鉴定意见本身包含了对检验结果的一种推断

鉴定意见是对某一事实的判断，而不是事实本身。"鉴定人转达推论"②。鉴定意见体现了鉴定人在运用专业知识基础上的认知和断定过程。鉴定人根据一定的客观现象进行分析研究，提出这些现象的证明作用，为审判者的法律判断和认定提供依据。因此，鉴定人出庭作证时有必要对其意见的推导过程进行解释，以便使法庭对该证据的价值作出客观的评价。在本质上，司法鉴定意见仍然是一种意见证据。意见是从所知的事实中作出的推论，鉴定人在对相关事项作出检验鉴定的同时，还要加上个人的认识和判断。这种推断建立在不同尺度的心理确信的基础上。即使是作出 "两枚指纹同一" 的意见，也不能说其达到了百分之百的心理确信，而是小于百分之百的一个值。因为概率认定本身存在一定程度的不确定性，鉴定意见往往得不出现场遗留样本与特定人样本绝对来源于同一人，而只能得出相对比的两个样本具有同一来源的概率的大小。受自身的经验、技术素养、心理状态等影响和限制，鉴定人的认知在一定程度上存在不准确性。司法实践中也存在对于同一鉴定事项出现截然不同的鉴定意见，达不到唯一排他的结论。除鉴定技术、鉴定方法、鉴定仪器的误差等因素外，个人认知也是很重要的原因。

二、对鉴定意见解释和评价的困难

（一）解释语言带来的风险

鉴定意见属于言词证据，是通过鉴定意见文书的表述结合鉴定人出庭作证而展示出来的，鉴定意见的文字表述中因程度的把握或可能的歧义存在理解的困难。有的鉴定意见并

---

① 参见［美］伯纳德·罗伯逊、G.A. 维尼奥：《证据解释——庭审过程中科学证据的评价》，王元风译，中国政法大学出版社 2015 年版，第 16 页。
② 参见［日］上野正吉、兼头吉市、庭山英雄等：《刑事鉴定的理论和实践》，徐益初等译，群众出版社 1986 年版，第 11 页。

没有得出一个确定性的结论，而只是一个程度的描述。比如，对"不排除……的可能"的理解，这种"可能性"程度的难以区分使每个人理解不一。在个体识别中，"不排除同一个体来源"只能解释为检材和样本具有来源于同一个体的可能；"不排除亲权关系"可理解为有存在亲权关系的可能。通过鉴定得出的事实判断只能解释到可能的程度。即使是对于"几乎可以肯定""极其可能"的概率特性也无法准确把握。只能说，"与……一致"会被认为是对案件某一待证假设的支持，如果有99.9%的概率则被认为是对该假设的强有力的支持。《中国精神障碍分类与诊断标准第三版（CCMP-3）》关于周期性精神病的症状标准："伴有轻度意识障碍的行为紊乱，明显的情绪高涨或低落。"其中"轻度""明显"这些表示程度的词语在判断上缺乏明显的界限和标准，或者说至少对于临界点的把握非常困难。

（二）如何将事实问题转化为法律判断

司法鉴定意见证明的必须是事实问题。《美国联邦证据规则》第704条中关于最终争点的意见规定：在刑事案件中，专家证人不得就被告是否具有构成被控犯罪或其抗辩要件的精神状况或条件发表意见或推论。因此，在精神状态的鉴定意见中，鉴定人可以解释其进行诊断的依据、描述被告的状况、说明这种状况在多大程度上会影响普通人理解其行为过错的性质与程度或者遵守法律的性质与程度的能力；但是，专家不能以法律要件的术语来表达其意见。① 鉴定人只能得出有关科学技术实验的结果，而不允许得出涉及法律范畴的评价。比如，鉴定人不能作出"被告人是疏忽大意"的判断或证明"死者没有遗嘱能力"。那就存在一个问题，即必须由事实审判者将以上这些意见转化为法律上的判断。而鉴定意见与案件事实之间的关联并不直接，须通过推理才能得出案件争议事实存在与否的结论。比如指纹比对同一只能说明特定对象曾经在特定地点出现过，遗留下自己的指纹，与现场有过接触，因而有作案的机会与可能。但并不能说明其指纹是在什么时间留下的，是在案发前、案发时还是案发后留下的。要得出该人就是实施犯罪的人这样的事实还要经历很长的推理链条，从特定人身份到认定其为犯罪嫌疑人需要结合各方证据才能得出。而且，统计学上的概率与法律上的概率概念还不一样，医学的判断标准也不等同于法律的判断标准。从鉴定意见得出的事实到法律评价需要对证据进行准确合理的解读。

（三）证明标准的模糊性

诉讼中的证明标准虽然可以提供一个衡量证明结果的尺度，使事实裁判者可以依据这一尺度去判断待证事实是已经获得了证明还是仍然处于不明状态，但这一尺度具有相当的模糊性。② 当然，也可以说，模糊性是为了反映复杂的客观情形而采用的高度概括语言的结果，是以字面的模糊为手段，达到使法律规范准确的目的。但证明标准的确不能提供精确的度量值。案件事实认定本身是对心证程度高低的评价。比如，判断被告人是否实施了特定的犯罪行为，需要达到事实清楚、证据确实充分、排除合理怀疑的证明标准。该标准实际上没有清晰的边界，是属于"合理的怀疑"还是仅仅属于"怀疑"只是

---

① 参见王进喜：《美国〈联邦证据规则〉（2011年重塑版）条解》，中国法制出版社2012年版，第227页。
② 参见倪业群、蒋人文：《刑事证据与证明研究》，广西师范大学出版社2006年版，第221页。

程度上的差别，缺乏一定的辨识性标志。甚至在不同的案件中对于这一标准的把握也不相同，会因犯罪性质、刑罚量的轻重不同而有别。即使将证明标准予以适当的量化，仍然难以捕捉其分界点。

（四）对鉴定意见证明价值的评估困难

鉴定意见是司法工作人员认定案件事实的重要手段。由于鉴定人在有关专业领域内相对于非专业人士所具有的知识上的优势地位，使鉴定意见具有较高的权威性。有时鉴定意见能够起到其他证据种类不易或不能证实的证明作用，但对鉴定意见证据的质量、说服力或证明价值易产生评估的困难。常见问题有：一是评估中存在偏见。鉴定人运用其专业知识与技能能够为事实裁判者提供帮助，该意见并无强制效力。但由于鉴定意见自身存在的不确定性，再加上对于科学技术检验结果的解读能力不足，且因为信任科学而缺乏怀疑态度，很容易出现因为难以判断就不加以判断而盲信的情形。二是缺乏有效质证。鉴定意见的功能是就其专业领域内的问题提出意见以协助法庭，事实认定者的有效质证是鉴定意见客观公正性的保障。有一些鉴定意见是信息的集合、分析，但其合理性因专业性难以被质疑。特别是当鉴定意见是以统计的形式展示出来时，可能会无形中夸大其证明价值。受到最终争点规则的限制，鉴定人不能发表含有法律意义的意见。但有时事实裁判者希望由鉴定主体得出确定的具有法律评价的意见，以减轻自己判断中可能误认事实的负担。这种情况的出现是对鉴定意见质证困难而引起的。

三、合理解释与评价鉴定意见的途径

（一）全面审查单个鉴定意见

1. 鉴定过程的依据、标准和方法

首先，应当审查鉴定意见书中是否说明依据的规范性文件，如指纹痕迹鉴定意见书中是否说明其依据"指纹鉴定规范"作出，DNA鉴定意见书中是否引用《法庭科学DNA实验室检验规范》《法医学尸表检验》等。《美国联邦证据规则》第702条规定，专家证言应当……（b）基于充分的事实或者资料，（c）该证言是由可靠的原理或方法推论而来。因此，还需要审查鉴定检验时适用了什么检验标准，使用了什么仪器，采取何种检验方法及检验过程中事物的状态、变化、关系表征等。如指纹同一检验过程中，检材与样本上的指纹分别呈现出何种特征，两者之间的细节特征如形状、大小、位置、距离、角度及相互之间有什么关系等。如果检验当时的环境条件对检验结果有影响也应客观说明。

2. 鉴定意见结果的明确性和合理性

《司法鉴定文书规范》中规定了鉴定意见应当明确、具体、规范、具有针对性和可适用性。在鉴定意见中，鉴定人必须客观作出合理程度的肯定、否定或可能表述，这种判断的结果要求是明确的意思表示，未必是确定性的，也可能是倾向性的，但都符合认知的客观规律。这种判断本身就是对主张在一定程度上的认可或不认可。如DNA检验结果"支持DNA为某人所留"或者"无法给出个体识别的鉴定意见"都属于明确的意见。意见所依据的假设条件是否合理也需要进行判断。

3. 鉴定意见推导过程的适恰性

审查鉴定过程是对鉴定人推断基础上的又一次推断，其目的是判断基于对鉴定过程的观察能否合理地得出最终的意见。《司法鉴定文书规范》中明确规定应进行分析说明，即写明根据鉴定材料和检验结果形成鉴定意见的分析、鉴别和判断的过程。如同一比对的两事物之间根据何种特征来认定构成两者相互同一的特定性，需要判断其推导过程。《美国联邦证据规则》第702条d项要求专家必须将原理和方法可靠地适用于案件的事实。推导过程应当是合乎逻辑和规范的。作为专家证言可信性的基本条件之一，专家证人必须首先叙述清楚作出意见、推论或结论的背景知识，即必须圆满回答一系列的假设性问题。鉴定意见书中分析部分的内容体现了鉴定人的推理过程和心证过程，可重点对此部分内容进行审查。比如论据是否充分，逻辑推理过程是否严密，是否存在故意回避一些潜在问题的情形，在多大程度上支持所得出的结论等。

（二）对鉴定意见与案件中其他证据进行整体评估

同一案件的证据彼此之间存在着内在的联系，对鉴定意见审查不能简单孤立地进行。鉴定意见往往只能解决案件部分事实认定问题，对案件事实的整体认定还有赖于大量其他形式的证据。对单项鉴定意见进行评价后，还应当考虑如何将不同的证据进行整合，将鉴定意见与其他证据及案件事实综合比较分析，相互间是否协调和能否印证，从而为法庭认定案件事实提供依据。《关于民事诉讼证据的若干规定》第88条规定，审判人员对案件的全部证据，应当从各证据与案件事实的关联程度、各证据之间的联系等方面进行综合审查判断。在案件中，与某一争点问题相关的证据可能有多种或多个，它们相互之间发生聚合或冲突的关系。一种证据会在某种程度上被另一种证据所影响，彼此是相互依存的关系。比如，目击者的证言与指纹比对可以相互印证，也可能出现相斥的情形。应当将这些证据结合起来审视，综合考察其证明力。当证据之间有聚合关系时可以互相印证。产生聚合作用的各种证据的力量是积聚的，它们发挥的作用就像一根绳子或一条电缆上不同的节点，每一个独立的点都在增加案件总体的分量。① 如金店被抢劫时，有人看到某人在现场附近出现过，在现场柜台碎玻璃处提取的血迹DNA与该人鉴定同一，这两项证据与待证假设"某人就是犯罪嫌疑人"彼此之间产生倾向支持的作用，其证明价值是同向的。冲突证据指向不同的方向，倾向于得出不同的结论或者为不同的推理提供依据，当证据之间发生冲突处时可能导致作用力相互抵消。如假设现场的指纹比对指向某一特定对象，但该人陈述是在案发后到现场时留下的，则二者存在彼此抵消的作用，因而，在肯定特定人即为犯罪嫌疑人方面，鉴定意见的作用力必然受到削弱。

（三）对鉴定意见证据进行价值判断

鉴定意见应当具有一定的价值才能产生证据效力，具有相应的证明力，不是任何鉴定意见都当然地具有证据价值。证据的证明力就是指该证据能否或在多大程度上提高或降低"某一假设为真"的概率。不确定的结论对控辩双方提出的相互矛盾的假设都有支持性，因

---

① 参见［澳］安德鲁·帕尔玛：《证明：如何进行庭前证据分析》（第2版），林诗蕴、都敏、张雪燃译，中国检察出版社2015年版，第88页。

而很难帮助法官判断结论的真伪。两份笔迹是"非常肯定为同一人所写"还是"可能为同一人所写",后者所得结论评价难度太大,因而只具有一定的参考意义,可以在一定程度上印证其他证据或增强其他证据的证明力。一份鉴定意见不具有确定的结论性,则其证据作用价值就会减小,法官会因此而拒绝采纳该证据。但这并不意味着结论明确的意见就一定被采纳。这还关系到鉴定结果对诉讼是否有效用的问题。证明区分度不高的鉴定意见的证据价值也会受到很大减损。有的鉴定能将识别单元具体到某一个体,但有的只能区分到大类的程度。比如,血型鉴定的区分度就只能比对到类别的程度。一般情况下,同一认定的肯定结论的价值要大于种属认定的肯定结论的价值。如果鉴定意见不能让我们对待证事实的判断不管是在肯定方面还是否定方面在概率意义上产生改变,则是无意义的。《关于民事诉讼证据的若干规定》第40条规定,鉴定人不具有鉴定资格、鉴定程序严重违法的、鉴定意见明显依据不足等情形,不能作为证据使用。鉴定材料真实可靠、提取和保存方法得当、符合鉴定标准和规范、鉴定方法科学、鉴定过程细致、推理符合逻辑是作出准确鉴定意见的基础。每个环节出现问题都会致使鉴定意见成为不可靠的证据。

(四)接受认知上的容错空间

由于鉴定意见形成过程的复杂性、意见的推导性以及解读的困难,不能忽视因而产生的事实误认的风险。这主要是由于:一方面,科学的可验证性和发展性。科学知识虽然是反映自然、社会、思维等客观规律的知识体系,但科学知识的基本特征是可重复性和可验证性。对于之前不能检测的一些痕迹,随着时间的推移和科技的发展,逐步能够被鉴别出来。比如人身识别,曾经使用人体测量法通过人体的骨骼特征进行识别,后逐步发展到指纹和DNA识别,识别率从低到高,到现在DNA检验达到99%以上的高概率识别能力。目前指纹和DNA检验都能实现个体的区分,且还没有研究可以否定这一结论。随着新的检验方法的产生,新的精准度高的仪器的发明,检验会大大超越之前的水平。对于当下的检验情况来说也是如此,将来总有改进的空间。另一方面,科学技术结果具有适用性和局限性。尽管对于事实认定者来说,确定性的结论是所期望的。但不确定性却是客观存在的,且不能因诉讼意愿而改变。比如,由于个体和环境因素的差异,死亡时间、损伤时间的推断不可能完全精确,只能估计一个时间段。科学实验无法完全消除误差的存在,人类认知只能达到相对真理的程度。如许多心理证据以某种"综合征"的形式呈现,因而也易发生错误判断的风险。

对我国电子数据取证规则的反思

奚玮 杨柳*

信息网络技术的广泛运用，不仅改变了人们的日常生活方式，而且带来了诉讼证明方式的深刻变革，电子数据以一种全新的证据种类进入诉讼领域后，对案件待证事实发挥着越来越重要的证明作用。相对于传统证据而言，电子数据证据进入诉讼领域的时间较短，证据规则还在建立和完善之中，笔者试就其中取证原则部分进行分析探讨，为电子数据取证规则的改进与完善建言献策。

一、我国现行的电子数据取证规则

2012年刑事诉讼法修改后，电子数据从实务认可的现实证据进入法定证据序列[①]。2012年最高人民法院《关于适用〈中华人民共和国刑事诉讼法〉的解释》第93条、第94条对电子数据审查判断和排除规则作了规定，形成电子数据证据审查制度的雏形。2016年"两高一部"《关于办理刑事案件收集提取和审查判断电子数据若干问题的规定》（以下简称《电子数据证据规定》）、2019年《公安机关办理刑事案件电子数据取证规则》（以下简称《取证规则》）的颁行，使得我国电子数据证据制度不断完善并形成了一定的规则体系。其中《电子数据证据规定》确立了"以扣押原始存储介质为原则，以提取电子数据为例外，以打印、拍照、录像等方式固定为补充"[②]的取证规则，也被之后的《取证规则》所遵循。

电子数据证据与传统证据的显著差异在于，数据本体的生成、存储、传输需要依赖于计算机系统的硬件、软件环境，这就导致存储数据的原始介质不仅可以证明数据本体的来源，还可以证明数据本体生成、存储、传输中留下的数据痕迹，进而有助于判断数据本体的完整性、真实性，同时还能实现电子数据与特定人的关联性的证明。即原始存储介质有着"双联性"特点，一方面它承载着数据本体；另一方面它又能与介质的持有人形成关联性，实现由物到人的证明。正因为如此，将扣押、封存原始存储介质作为取证原则受到规则制定者的青睐。同时，扣押、封存原始存储介质也是传统最佳证据规则下的必然选择，

---

* 奚玮，安徽师范大学法学院教授，北京盈科（芜湖）律师事务所刑辩中心主任；杨柳，芜湖市人民检察院原高级检察官，现为北京盈科（芜湖）律师事务所刑辩中心专家顾问。

① 2010年6月"两高三部"《关于办理死刑案件审查判断证据若干问题的规定》、2010年8月"两高一部"《关于办理网络赌博犯罪案件适用法律若干问题的意见》已经将电子数据列入诉讼证据范围。

② 喻海松：《刑事电子数据的规制路径与重点问题》，载《环球法律评论》2019年第1期。

依最佳证据规则，书证应当是原件，物证应当是原物，复制件、复制品的证明力受到严格的限制，以避免证据失真风险。扣押、封存原始存储介质正是传统证据法原始证据优先的一种重要体现。

在坚持原始存储介质优先的同时，现行取证规则也从实际出发，规定在无法扣押原始存储介质时，以提取电子数据作为替代方案。即能扣押原始存储介质的，应当扣押原始存储介质，只有在无法扣押原始存储介质时，才能退而求其次，以提取电子数据的方式替代。从某种意义上来说，这也是对以提取方式固定电子数据的限制。至于以打印、拍照、录像等补充固定证据的方式，是针对电子数据可能存在灭失风险或需要及时展示等特定情形的，故而只能作为一种补充形式而存在。

从取证要求看，一是强调数据载体和数据本体必须来源清楚。为此明确以笔录、清单的方式，记明数据载体的特征，尤其是唯一性特征；记明数据本体的特征，尤其是电子数据完整性校验值、数字签名、数字证书等可以识别其唯一性的特征。二是强调获取数据的过程必须清楚，取证的侦查人员、数据的持有人、见证人需要在笔录、清单上签名或盖章，没有见证人的，应当予以录像。根据《取证规则》，除网络在线提取电子数据、冻结电子数据、调取电子数据无须见证人见证外，其他首次获取数据环节，包括扣押、封存原始存储介质、现场提取电子数据、网络远程勘验提取电子数据，均要求有见证人见证。三是强调取证行为既要符合法定程序，又要遵循技术规范。

二、现行电子数据取证规则的弊端

在最佳证据规则的影响下，现行电子数据证据规定过分重视原始存储介质的扣押、封存，与电子数据证据的特点和发展趋势有不适应的一面，在网络运用和云储存较为普及的情况下，可支配的物理存储介质重要性已有所下降，网上购物、网上支付、网上通信等大量数据均由提供服务的第三方存储，若仍将扣押原始存储介质作为原则，不仅难以做到，而且不符合电子数据存储的发展趋势。因此，有必要对其重新加以认识。

（一）"原始存储介质"的概念本身模糊不清，难以识别

《电子数据证据规定》引入"原始存储介质"概念的原因在于：基于保证电子数据真实性和完整性的考虑，有必要使用"电子数据原始存储介质"概念，以表明电子数据是存储在原始的介质之中，而非通过其他存储介质直接从原始介质中提取的电子数据。以此为标准，将电子数据分为两类，即随原始存储介质移送的电子数据和在无法移送原始存储介质的情况下（如大型服务器中的电子数据）通过其他存储介质收集的电子数据[1]。然而，电子数据往往具有生成、修改、存储、传输等多个环节，这些环节也很有可能在多个电子设备或存储空间完成。例如，甲在A电脑上起草一份文档，然后拷贝到U盘，之后又在B电脑上进行修改，又上传到网络云盘分享给乙，乙通过网络下载存储到C手机上，修改后又反馈给甲，在这个过程中，数据有生成、修改、传输、分享的一系列过程，究竟哪一个是原始存储介质实际上已很难界定、很难区分。

---

[1] 喻海松：《刑事电子数据的规制路径与重点问题》，载《环球法律评论》2019年第1期。

（二）对待证事实发挥主要证明作用的是电子数据，而非存储介质，扣押存储介质有时反而会无谓地加重证明负担

不可否认存储介质对待证事实有一定的证明作用，如特定的手机、U盘、电脑等可能与物的所有人、使用人发生关联，其证明价值与传统物证相类似。但电子数据的证明价值绝不仅限于此，依附于存储介质之中的数据本体才是证据的核心。按照最佳证据规则的取证要求，原始存储介质能够保全电子数据依附的硬、软件环境，能够保证电子数据的完整性和真实性，但事实并非都如预想的一般，2016年审理的"快播案"成为此判断的例证。

"快播案"中存储淫秽视频数据的是4台服务器中的硬盘，该4台服务器最初由北京市海淀区文化委员会在行政执法中从北京网联光通技术有限公司处扣押，之后移交北京市版权局进行鉴定，因该案涉嫌刑事犯罪，又由北京市公安局海淀分局从北京市版权局调取该4台服务器，其间北京文创动力信息技术有限公司提供了专业技术服务。截至法院开庭时，共有150人次进入这4台服务器，却没有笔录、人证、录音录像①。一审法院委托国家信息中心电子数据司法鉴定中心对4台服务器及存储内容进行了检验，法院认定，在办案机关扣押、移转、保存服务器的程序环节，文创动力公司为淫秽物品鉴定人提供转码服务等技术支持，没有破坏服务器及其所存储的视频文件的真实性，检材合法有效②。该案从表面上看，若未扣押服务器及其硬盘，当出现证明僵局时，就无法委托鉴定机构进行检验，更遑论通过鉴定解决争议问题，因此，扣押存储介质是有必要的。但在仔细分析证明过程后我们会发现，该案扣押存储介质不仅没有必要，而且加重了证明负担。

案涉4台服务器及服务器内的硬盘并未对案件待证事实起到证明作用。因为存储介质不能建立快播公司与案涉淫秽视频之间的关联性，存储介质虽然被扣押，但因为保管链条缺乏证明，故不能保证电子数据的完整性、真实性，该案真正发挥证明作用的是存储介质中的电子数据。从判决情况看，电子数据的证明作用突出体现为两点：一是硬盘内的数据由快播公司维护，这是通过IP地址为218.17.158.115的远程计算机频繁登录维护服务器，而该IP地址为快播公司专用，由此证明硬盘内的数据与快播公司存在关联性；二是硬盘内的数据在2013年11月18日被扣押后，没有发现从外部拷入或修改qdata文件的痕迹，也就是说，虽然无法通过服务器的保管链条去证明数据没有受到污染，但通过检验硬盘数据在扣押后有无写入或修改的方式，也同样可以证明数据的真实性和完整性。

电子数据是以"数据"形态为表现的证据，在数据中承载了证据信息，而"数据"可以存储或依附于各种类型的电子设备或存储器上（如计算机硬盘、U盘、SD卡等）。并且由于电子数据所具有的"无损再生性"这一特性，电子数据可以实现精确复制，不论在何种电子设备上，复制件与原件可以实现完全一致。因而，基于"复制受损性"、依赖"原始载体"的最佳证据规则在电子数据"复制无损性"面前明显已经失去了适用的必要性③。

---

① 陈瑞华：《辩护律师如何运用证据规则》，来源于微信公众号"办案大全"，https://mp.weixin.qq.com/s/fnty-YP5aZgj9nA2jfTeimg，最后访问时间：2020年9月21日。

② 参见北京市海淀区人民法院（2015）海刑初字第512号刑事判决书，来源于中国裁判文书网，https://wenshu.court.gov.cn/website/wenshu/181107ANFZ0BXSK4/index.html?docId=4b338273f3864e4fabe001b6d2d2a8c5，最后访问时间：2020年9月21日。

③ 赵长江：《刑事电子数据证据规则研究》，法律出版社2018年版，第130~140页。

鉴于电子数据的这一特点以及当下的技术规范①，本案中的数据本体完全可以通过技术方法从原始载体中将数据本体百分之百地完整复制，通过对镜像文件的分析，同样可以固定数据的附属信息以及数据生成、修改、存储、传输等痕迹信息，那么扣押原始存储介质，保证数据本体完整性、真实性的前提已不复存在。

该案中，由于执法机关只登记了服务器接入互联网的IP地址，没有记载服务器的其他特征，而公安机关的淫秽物品审验鉴定人员又错误地记载了硬盘的数量和容量，由此导致对被扣押的存储介质是否为"原物"产生重大争议，控方不得不通过一系列补正、说明的方式，解释存储介质的来源、出现硬盘数量和容量差误的原因、数据没有被污染的理由等，而这些证明并不触及本案的核心事实，无谓的证明耗费了大量的诉讼资源。如果取证之初就摒弃对原始存储介质必须扣押的要求，而将目光转向核心证据即电子数据本体，并通过规范的技术方法加以提取、固定，本案的证明过程会更加简洁明快。

（三）不扣押原始存储介质，仍然可以实现功能同等的证明目的

《电子数据证据规定》②和《取证规则》③虽然确立了以扣押、封存原始存储介质为原则的取证规则，但也规定了在无法扣押、封存原始存储介质情形下，可以通过提取方式固定电子数据证据，或者通过打印、拍照、录像等方式固定电子数据证据，这些规定从正面看，依然强调必须扣押原始存储介质，只有扣押了原始存储介质，电子数据证据的形式要件才齐备，只有在确实无法扣押时，才能退而求其次。但从反面看，这些取证规则也肯定了在原始存储介质缺失的情形下，仍然能通过功能相同的替代方案解决对待证事实的证明。换言之，规则的制定者也认可，没有原始存储介质也同样能满足证明的需求。由此可以推导出即便原始存储介质未被扣押、封存，但所提取的电子数据本体真实性、完整性有证据证明，也完全能够满足诉讼证明的需要。因此，当电子数据本体能百分之百地从原始存储介质中精确复制时，还一味地将扣押、封存原始存储介质作为取证原则就显得过于僵化了。

（四）扣押、封存原始存储介质与公民财产权的保障有内在冲突，可能引发程序正当的争议

无论是手机、电脑，还是U盘、硬盘等，原始存储介质都具有一定的经济价值和物的使用价值，虽然为追查犯罪的需要，司法机关可以对涉案财产采取一定的强制性侦查措施，但也需要遵循比例原则和程序正当原则，即确有必要和依法批准。然而，《电子数据证据规定》和《取证规则》更多地关注追查犯罪，而未能兼顾各方的利益平衡。具体表现在：

---

① 《电子数据存储介质复制工具要求及检测方法》（GA/T 574-2008）中对目标对象的要求是：复制工具应生成镜像文件、柱面对齐备份或柱面非对齐备份。对完整复制的要求是：对于源存储介质所有可见数据扇区和隐藏数据扇区中的任一比特位，复制工具生成的目标对象中都可获得与其相对应的比特位。对准确复制的要求是：如果源存储介质中的比特位可读取，复制工具生成的目标对象中对应的比特位与源存储介质中的比特位数值一致。

② 《电子数据证据规定》第9条规定，如无法扣押原始存储介质的，可以提取电子数据，但应当在笔录中注明不能扣押原始存储介质的原因、原始存储介质的存放地点或者电子数据的来源等情况，并计算电子数据的完整性校验值。无法扣押的情形包括：（1）原始存储介质不便封存的；（2）提取计算机内存数据、网络传输数据等不是存储在存储介质上的电子数据的；（3）原始存储介质位于境外的；（4）其他无法扣押原始存储介质的情形。

③ 《取证规则》第8条规定，对于一些采取打印、拍照或者录像等方式固定证据，在固定证据后能够扣押原始存储介质的，应当扣押原始存储介质；不能扣押原始存储介质但能够提取电子数据的，应当提取电子数据。

一是对扣押存储介质的必要性未做区分，前文已经论及，如果提取电子数据完全能满足诉讼证明要求，扣押存储介质已非必需，在此情形下，比较适宜的做法是遵循比例原则，即以最经济节约的方式，达到同等的证明目的。

二是对扣押存储介质的范围未做区分，对犯罪工具的存储介质和被害方、案件第三方所有或持有的存储介质同等对待，实际已构成对公民合法财产权利的不当限制，同时，只要能证明案件事实的证据材料都予以扣押的取证原则也会造成证据量的无谓重复，如手机即时通信工具中产生的电子数据，甲乙用手机互发微信信息，由于双方既发送信息，又接收对方信息，如果遵循原始存储介质扣押的原则，势必要对甲乙两人的手机都予以扣押，而从实际证明要求上看，扣押一部手机，再提取另一部手机中的电子数据加以印证，也完全能够达到证明要求。

三是对不属于依法应当没收的存储介质是否需要返还、何时返还未做要求，同时对限制公民存储介质财产的权利也未规定适当的补偿，由此也会引发证据持有方不愿意提供证据的制度缺陷。

此外，由于存储介质具有一定的财产属性，而扣押是一项强制性侦查措施，一味地强调扣押原始存储介质，势必会造成立案前排查犯罪线索的障碍，如果不扣押，将会形成该调取的证据没有及时调取，进而对数据本体有无受到污染产生疑问；如果扣押，又会形成强制性侦查措施适用于立案之前的诟病，扣押存储介质的原则反而会贻误办案时机。

反思扣押、封存原始存储介质的取证原则，笔者认为，基于电子数据证据的特点，最佳证据规则已不能简单套用，扣押存储介质并非诉讼证明目的实现的最佳路径。

三、重构电子数据取证规则的设想

在检视扣押原始存储介质的必要性后，笔者认为，将电子数据的取证规则调整为"以提取电子数据为原则，以扣押存储介质为补充，以打印、拍照、录像等方式固定为例外"更为妥当，理由是：

（一）从证明角度而言，数据本体显然比载体重要，以提取数据本体为取证原则，才能明确取证的方向和重心

从取证的实际操作看，与犯罪有关的电子数据基本上都需要在提取后再分析，而分析是禁止在原始存储介质上直接进行的。目前，提取电子数据主要使用的获取方法，分为镜像获取和特定数据获取两种。镜像获取是对源存储介质的逐比特位的复制。镜像获取是一种静态获取，可以提取到所有的数据，包括已被删除或隐藏的文件，实现对原始驱动器每一个比特的精确镜像①。由此可知，即便扣押了原始存储介质，也需要提取电子数据后再进行分析比对，同时镜像获取技术也完全能够做到精准复制，从而保证数据的完整性、真实性。当技术不成为障碍时，电子数据取证的重心应放在依法、规范、及时收集电子数据本体上，而不应固守载体优先的陈旧观念。

当然，舍弃以扣押存储介质为原则，也意味着在部分案件中只有提取的电子数据作为

---

① 李双林、林伟：《侦查中电子数据取证》，知识产权出版社2018年版，第85~86页。

证据，一旦取证的法定程序或技术方法出现失误，会造成证据灭失的风险。为防止风险的发生，一方面，需要完善取证规范。例如，对提取电子数据的源介质的唯一性特征要通过笔录和录像记载，并由数据持有人签名确认；提取过程既要遵循法定要求，又要遵循技术规范，同时以录像或录屏的方式记载取证，确保发生争议时能够证明数据的来源和再现提取过程，确保获取数据的完整性、真实性；对已提取的电子数据在后续的保管、使用过程中要有记录，确保数据不被污染；等等。另一方面，需要完善瑕疵证据补正的范围，对于提取的电子数据，若无提取过程全程录像，或者录像不全面、不完整，应列入瑕疵证据范围。在取证技术层面，若未遵循技术规范，或遵循的技术规范错误，或技术规范已被修改，或遵循的技术规范与实际操作不符，由此对证据完整性、真实性产生疑问的，纳入瑕疵证据范围，以切实提高侦查人员的取证规范意识和取证责任意识。

（二）以提取电子数据为原则，并不排斥对存储介质的扣押、封存，相反，在特定情形下扣押存储介质也是法定要求

现行取证规则使用的"原始存储介质"概念，笔者认为不甚严谨，也与现实情况相悖。"原始存储介质"往往意味着最初存储数据的介质，也往往只有一个，对于复制件、经网络传输后接收的转发件等能否归于"原始存在介质"可能产生认识上的分歧，尤其是网络环境下，多人共同参与完成的电子数据，每个人对数据都有贡献，此时原始存储介质已变得十分模糊。因此，对于存储介质的扣押不宜突出必须是原始的，事实上有时不可能做到对原始性的甄别。

对于是否需要扣押存储介质，笔者认为应坚守法定主义立场，不宜突破现行法律的规定而在证据制度中越界授权。法定扣押存储介质的情形包括：根据刑法第64条规定，违禁品和供犯罪所用的本人财物，应当予以没收。鉴于此，犯罪嫌疑人用于犯罪的相关电子设备，包括设备的存储介质都属于依法应当没收的范围，对此类设备、存储介质予以扣押，既便于判决后依法没收，同时也给诉讼证明提供了双重保障。实践中，电子数据作为核心证据的案件，如网络诈骗、网络非法集资、网络赌博等，犯罪工具必然与数据生成、存储、传输存在关联，因而，即便以提取电子数据为取证原则，在多数案件中也会扣押电子设备及存储介质，不会对诉讼证明产生任何不当的影响。根据刑事诉讼法第141条的规定，在侦查活动中发现的可用以证明犯罪嫌疑人有罪或者无罪的各种财物、文件，应当查封、扣押。此时扣押的对象并不局限于犯罪嫌疑人，被扣押的存储介质也具有双重证据性质，一是物证，二是电子数据的载体。在其作为物证的同时，电子数据载体的性质也不会发生变化。故而即便不以扣押原始存储介质为原则，在该存储介质具有较强证明力时，依然可以依法扣押。

除法定扣押之外，笔者认为，收集电子数据证据不宜任意拓宽扣押存储介质的范围，因为这涉及对公民财产权利的限制，如确有必要，也应当在立案后经批准方可实施，同时还应当明确返还的要求、因物的使用受到限制而合理补偿的要求。

（三）以打印、拍照、录像等方式固定为例外，表明此种情形下已无法获取电子数据，在逻辑关系上，它与提取电子数据是相互排斥的，故作为固定证据的例外方式

现行取证原则将打印、拍照、录像等方式作为补充固定证据的形式，与扣押或提取并

存。但笔者认为，从逻辑关系上看这种形式并不协调，如果有电子数据已经收集在案，那么打印、拍照、录像只是电子数据的一种呈现形式，即使打印、拍照、录像在前，提取电子在后，其本源仍是电子数据，现行电子数据取证规则混淆了证据固定方式与证据呈现方式的界限，这极易造成数据本体取证不到位的后果，因为将打印、拍照、录像作为固定证据的方式，就意味着该电子数据证据已经获取并固定在案，那电子数据本体还取不取，要不要规范地取，可能已不受重视了。事实上，这种呈现方式并不能反映电子数据证据信息的全貌，因而并不是最理想的获取。打印、拍照、录像的固定证据方式，是在极端情形下不得已而采取的取证措施，如电子数据有自毁功能或装置，电子数据在内存或网络传输中的数据等。在这些极端情形下，一旦关闭设备或断网，电子数据就可能灭失，如果不采取打印、拍照、录像的方式，就难以将证据呈现的内容及时固定。因而，当电子数据以打印、拍照、录像的方法呈现时，也就意味着数据本体是无法获取的。

论初查中收集电子数据的证据能力

谢登科*

一、问题与路径

"两高一部"于2016年出台的《关于办理刑事案件收集提取和审查判断电子数据若干问题的规定》（以下简称《电子数据规定》）第6条规定："初查过程中收集、提取的电子数据……可以作为证据使用。"该规定承认了初查中收集电子数据的证据能力，这在我国刑事诉讼制度和刑事证据制度发展中无疑具有标杆性意义。刑事诉讼法主要调整立案及其之后的诉讼阶段和诉讼行为，故未对初查予以明确规定。不过，鉴于初查在司法实践中的合理性和必要性，《人民检察院刑事诉讼规则》（以下简称《刑事诉讼规则》）和《公安机关办理刑事案件程序规定》（以下简称《刑事案件程序规定》）都明确规定侦查机关可以在立案之前对案件进行初查，但二者都没有明确初查中收集证据的证据能力。《电子数据规定》第6条赋予初查电子数据相应的证据能力，不仅意味着可以将初查电子数据直接引入刑事诉讼之中，也简化了侦查机关相关调查取证工作，消除了侦查机关对初查电子数据重新取证中可能存在的障碍和隐患。但是，该条既未阐明初查电子数据在何种情况下具有证据能力，也未明确如何审查认定初查电子数据，因此，在司法实践中可能存在被误读和滥用的风险。因此，为了保障初查电子数据在刑事诉讼中的合理使用，有必要对初查电子数据的证据能力规则进行分析和讨论。

二、初查中电子数据证据能力的理论争议及其梳理

关于初查中收集的证据是否具有证据能力的问题，主要存在"肯定说""否定说"和"相对说"三种观点。"肯定说"主张初查中按照法定程序收集的实物证据和言词证据都具有证据能力，无须经过转化即可在刑事诉讼中直接使用。[1]"否定说"则认为初查中收集的证据材料不属于诉讼证据，其不能在刑事诉讼中使用，而只能作为立案审查所依据的材料。[2] 上述两种观点的相同之处在于都承认初查的必要性与正当性，但对于初查证据的功能

---

* 谢登科，法学博士，吉林大学法学院副教授，博士生导师。研究方向为刑事诉讼法学、证据法学、司法制度、监察制度。

[1] 万毅、陈大鹏：《初查若干法律问题研究》，载《中国刑事法杂志》2008年第4期。

[2] 柳忠卫、滕孝海：《论贪污贿赂犯罪初查证据的转化》，载《中国刑事法杂志》2009年第4期。

定位和法律性质则存在不同认识，由此导致二者对其证据能力截然相反的观点。"否定说"并不符合我国刑事司法实践状况，该观点已基本被理论界和实务界所抛弃。"肯定说"在不同程度上契合我国刑事司法运行状况，但完全承认初查证据的证据能力且对其缺乏审查规则和机制，则很容易导致以初查替代侦查的程序滥用问题。由此，在权衡"否定说"和"肯定说"各自利弊基础上产生了"相对说"的观点，其主张应结合取证行为性质、证据种类等因素来具体分析初查证据是否具有证据能力。不过，在"相对说"内部也存在"证据类型区分说"和"取证行为区分说"两种不同观点。

"证据类型区分说"主张依据证据类型来区分初查证据的证据能力，初查中收集的实物证据可以在刑事诉讼中使用，而言词证据则不能在刑事诉讼中直接使用，需在立案后的侦查程序中重新收集。比如龙宗智教授就认为："初查中依法收集的实物证据可以在立案后的诉讼阶段使用，因为实物证据的证据内容、证据形式、取证方式不会受立案影响；初查中收集的言词证据，由于立案前后其证据形式、作证主体身份都具有不确定性，故在立案后的诉讼阶段不能使用，应重新收集。"① 该观点注意到立案对不同证据类型产生的不同影响，强调初查中只能采取任意性侦查，这些无疑具有合理性。但是，该观点似乎忽视了立案对实物证据收集行为的影响，即忽视了立案前后侦查机关在实物证据收集权限上的差别，也过于夸大立案程序对于言词证据取证的影响。

而"取证行为区分说"则主张依据初查行为的法律性质来判断初查中收集证据的证据能力。对于初查中采取任意性侦查措施所收集的证据，可以在刑事诉讼中使用；而对于初查中采取强制性侦查方式所收集的证据，则不能在刑事诉讼中使用。② 笔者认为，相对于"证据类型区分说"而言，"取证行为区分说"更具科学性和合理性。无论是初查阶段还是侦查阶段，收集案件证据是二者的重要内容，其取证主体都是侦查人员，立案前后相同侦查人员取证能力并无差异，这就决定了在初查阶段和侦查阶段所收集证据材料的证据内容具有同一性。这种同一性既存在于言词证据之中，也存在于实物证据之中。因此，决定初查证据之证据能力的主要因素是取证行为类型而非证据类型。

按照"证据类型区分说"和"取证行为区分说"两种不同观点，初查中收集电子数据是否可以在刑事诉讼中使用则存在细微差别。由于电子数据在理论上通常被归为实物证据，故按照"证据类型区分说"，只要是在初查中依法收集的电子数据都具有证据能力，都可在刑事诉讼中使用，而无须考虑电子数据取证行为具体类型。按照"取证行为区分说"，只有在初查中采取任意性侦查措施所收集的电子数据才能在刑事诉讼中使用；而在初查中采取强制性侦查措施所收集的电子数据则不具有证据能力。由于"取证行为区分说"更具科学性和合理性，因此，本文主要采取"初查行为区分说"来分析初查中收集电子数据的证据能力。刑事证据能力规则可以分为"技术性规则"和"政策性规则"。前者主要是通过相应证据能力规则设置来保障查明案件事实的真实性、可靠性；而后者则主要是通过相应证据能力规则设置来实现保障公民权利、规范政府行为等政策目标。③ 按照"取证行为区分说"的观点，初查电子数据的证据能力规则似乎更多地应归属于证据能力的政策性规则。

---

① 龙宗智：《初查所获证据的采信原则——以渎职侵权犯罪案件初查为中心》，载《人民检察》2009年第13期。
② 万毅、陈大鹏：《初查若干法律问题研究》，载《中国刑事法杂志》2008年第4期。
③ 孙远：《刑事证据能力导论》，人民法院出版社2007年版，第69~113页。

因为其主要是通过限制或者否定初查中采取强制性侦查措施所收集电子数据的证据能力，以防止侦查机关通过初查规避侦查程序和犯罪嫌疑人的诉讼权利，从而实现对侦查机关取证行为的有效规范。

三、初查中电子数据的取证行为类型：强制性侦查与任意性侦查

按照"取证行为区分说"的观点，初查中收集电子数据是否具有证据能力，主要取决于初查行为类型，即初查中采取任意性侦查措施所收集的电子数据，可以在刑事诉讼中使用；而采取强制性侦查措施所收集的电子数据，则不能在刑事诉讼中使用。《电子数据规定》第6条在赋予初查中电子数据的证据能力时，并未明确初查中可以采取哪些调查行为来收集电子数据。

（一）任意性侦查与强制性侦查的区分标准

初查电子数据的证据能力以任意性侦查为前提，这就需要区分电子数据的取证行为中哪些属于任意性侦查，哪些属于强制性侦查。强制性侦查和任意性侦查的区分标准，经历了从早期的"有形强制力说"到现在的"重要利益侵害说"之转变。① 前者以侦查人员实施手段为区分标准，若使用了直接强制的有形力措施就属于强制性侦查，反之则属于任意性侦查。但是，随着现代科学技术的不断发展，非物理性、非接触性干预个人基本权利的取证行为形态大量出现。个人基本权利即便没有受到物理性、接触性侵犯，其所承载的个人信息或者隐私利益仍可能被外界所干预和侵犯。② 现代刑事诉讼中的很多侦查措施并不采取直接物理接触，也不使用直接有形强制力，比如电话监听、定位追踪等技术侦查措施，但这些侦查措施仍然被界定为强制性侦查。"有形强制力说"无法对这种情况进行有效解释，由此产生了"重要利益侵害说"。按照此种观点，强制性侦查与任意性侦查的区别标准不在于是否采取了直接强制的有形力，而在于是否侵害了被调查者的基本权利。在电子数据收集过程中，很多取证行为可能并不采取直接物理接触，也不使用直接强制的有形力，但其取证行为确实会干涉被调查人的财产权、知识产权、隐私权、信息权等合法权益。

（二）允许在初查中使用的调查措施类型

由于电子数据自身具有虚拟性、可复制性等特征，其取证模式和取证行为与传统实物证据存在差异。电子数据收集中衍生了很多新型取证行为类型，比如远程勘验、网络在线提取等。上述新型侦查取证行为属于强制性侦查抑或是任意性侦查，本身就存在较大争议。

1. 电子数据勘验：现场勘验与远程勘验

传统实物证据所承载的证明信息与其实物形态通常融为一体，直接物理接触式的现场勘验就成为取得实物证据的重要途径之一。我国刑事诉讼法将现场勘验界定为任意性侦查，而主要从技术操作层面予以相应的程序性规制，比如勘验主体、持有证件、见证人制度、勘验笔录等。这里的"持有证件"仅要求现场勘验时持有侦查机关的证明文件，主要是对

---

① ［日］田口守一：《刑事诉讼法》，张凌、于秀峰译，法律出版社2019年版，第53~58页。
② 谢登科：《论技术侦查中的隐私权保障》，载《法学论坛》2016年第3期。

其身份和工作的证明。将现场勘验界定为任意性侦查的主要理由在于：犯罪事实发生之后，很多与犯罪有关的物品、痕迹会散落在案件现场，甚至犯罪现场本身就是案件证据，侦查人员借助于"五官"感知就能自然地查找、收集到相关证据，而无须额外使用强制措施。当然，现场勘验通常也会使用诸如现场封锁、警戒之类的强制措施，但这些强制措施的使用主要不是用于直接收集证据，而是为了维持现场秩序、保护证据免予毁坏。① 因此，在传统实物证据收集中，主要将现场勘验界定为任意性侦查。

从逻辑推理角度来看，现场勘验和远程勘验都是勘验的下位概念，作为上位概念的勘验属于任意性侦查，远程勘验则自然也属于任意性侦查。但是，这种简单的逻辑推理仅仅为形式上的自恰性，其在实质上忽视了电子数据自身所承载权益的性质和类型。电子数据的网络远程勘验虽然并未直接接触其原始存储介质，也未对其原始存储介质施加强制的有形力，但其可能会因作为取证对象的电子数据承载了被调查对象的隐私权、信息权等基本权利，而将其归入强制性侦查。网络空间虽然是个开放的公共空间，但网络使用者对于其中的特定部分和内容也具有合理隐私期待，比如电子邮件、手机短信、网络交易和支付记录等；而有些电子数据承载的隐私利益比较低，比如公开发布的微博、网页等信息。上述电子数据都可以成为网络远程勘验的对象，但远程勘验的法律性质可能会有所差别。

2. 电子数据调取：向被追诉人调取和向第三方调取

我国刑事诉讼法第54条第1款规定，法院、检察院和公安机关有权向有关单位和个人收集、调取证据。该条款属于概括性授权规定，即其在刑事诉讼法总则中赋予了三机关收集、调取证据的权力，而三机关收集、调取证据的具体程序和规范则在刑事诉讼法关于侦查、审查起诉和审判中予以具体规定。② 这就意味着刑事诉讼法分则中规定的各种侦查措施、调查措施是对"收集、调取证据"的具体化，"调取证据"并不是与搜查、勘验、询问等相互并列、具有独立地位的侦查措施。

从被调查对象的诉讼身份角度来看，可以将电子数据调取分为向诉讼参与人调取和向第三方调取。向诉讼参与人调取证据通常包括向被害人调取和向犯罪嫌疑人调取。作为遭受犯罪行为侵害的被侵害人，其在面对侦查机关调取证据时，通常会自愿提供所掌握的证据材料。因此，对于向被害人调取电子数据多属于任意性侦查。而犯罪嫌疑人通常不会自愿向侦查机关提供使其归罪的证据材料，此时的证据调取行为就转化为搜查扣押而属于强制侦查范畴。传统实物证据取证多数围绕犯罪嫌疑人展开，向案外第三人取证的概率相对较小，因为犯罪分子实施犯罪后通常不会将相关证据材料或犯罪所得交给他不熟悉的第三方。在网络信息时代，犯罪嫌疑人虽然也自行占有和保管部分电子数据，但大部分电子数据是由作为网络运营商、服务商、系统管理人的案外第三方所保管或持有。因此，在互联网信息时代的背景下，侦查机关向案外第三人收集电子数据就成为常态。在司法实践中，侦查机关常常通过向作为案外人的第三方调取电子数据。

3. 电子数据查询

在我国刑事诉讼法中，查询主要是侦查机关了解犯罪嫌疑人财产状况或财产信息的一种侦查措施。传统财务账目主要是以纸质形式记录，而电子账目、Excel表格等是网络信息

---

① 傅美惠：《侦查法学》，中国检察出版社2016年版，第255~258页。
② 李寿伟：《中华人民共和国刑事诉讼法解读》，中国法制出版社2018年版，第130页。

社会中记载财务账目的重要方式。考虑到查询涉及公民隐私，直接影响当事人合法权益，我国刑事诉讼法要求侦查机关根据侦查犯罪的需要，可以"依照规定查询"，[①] 但并未明确查询的具体条件和运行程序。《刑事案件程序规定》中则要求查询时，须取得县级以上公安机关负责人批准。在我国侦查措施中，搜查需要取得"县级以上公安机关负责人批准"。上述规定就意味着查询的程序性控制和搜查完全相同，故其在法律性质上亦应相同，都应被界定为强制性侦查。

在司法实践运行中，查询的适用范围并没有局限于法律所规定的犯罪嫌疑人存款、汇款、债券、股票等财产信息，还包括车辆信息、身份登记信息、违法犯罪记录、出入境记录等信息的查询。上述信息主要也是以电子数据形式存储于计算机之中，因此，上述信息查询也属于电子数据查询。我国刑事诉讼法对于财产信息以外的其他信息的查询未作任何规定，《刑事案件程序规定》也并未要求查询上述信息时需取得县级以上公安机关负责人批准。侦查机关工作人员在查询上述信息时，仅需持有身份证明和工作证明等证明性文件，而无须取得侦查机关负责人的授权性文书。这就意味着对此类信息查询属于任意性侦查，在初查中侦查机关可以查询此类信息。此种定位一方面源于上述信息的隐私利益要远低于犯罪嫌疑人在金融机构的财产信息；另一方面则源于上述信息多由公安机关负责登记和管理，这些信息本身就允许公安机关掌握和了解，侦查机关可以根据其工作需要来查询上述信息。因此，侦查机关在初查中可以通过查询来收集承载上述信息的电子数据。

四、初查中收集电子数据证据能力的审查与认定

《电子数据规定》第 6 条赋予初查电子数据相应的证据能力，仅意味着其具备进入诉讼程序的资格，并不必然意味着其能够成为定案根据。"可以作为证据使用"意味着初查电子数据具有进入刑事诉讼程序的资格，无须再次履行证据收集程序。但这仅是初查电子数据转化为刑事证据的必要条件而非充分条件，其能否作为定案依据，还需要经过司法机关法定程序审查。

（一）初查中收集电子数据的合法性审查

由于《电子数据规定》第 6 条仅规定初查中收集电子数据可以在刑事诉讼中，而并未明确使用方法及其审查标准和方式，由此导致司法实践中对初查电子数据的证据能力通常不做审查，而直接将其作为定案依据。由于初查中只能采取任意性侦查而不能采取强制性侦查。按照部分学者观点，任意性侦查并不会干涉或侵害被调查对象的基本权利，法律也不对任意性侦查进行规制和调整，故对于任意性侦查中所收集的证据，主要审查其客观性和关联性，对其取证合法性和正当性则无须审查。[②] 初查中只能采取任意性侦查，而任意性侦查中所收集的证据不存在合法性审查的问题，由此似乎很容易得出对初查电子数据亦无须进行合法性审查的结论。但是，此种纯粹的逻辑推理显然忽略了司法实践运行和现有法律规定之间的巨大差异。如果在电子数据取证实践运行之中，司法机关能恪守"初查中仅

[①] 郎胜：《中华人民共和国刑事诉讼法修改与适用》，新华出版社 2012 年版，第 267~268 页。
[②] 傅美惠：《侦查法学》，中国检察出版社 2016 年版，第 260~262 页。

能适用任意性侦查"的基本要求,则自然可依前述观点无须审查初查电子数据的合法性,因为任意性侦查本身不会侵害被调查对象的基本权利,法律通常也不会对任意性侦查予以严格程序性规制。但是,实践运行中可能会出现在初查阶段借由相关强制性侦查措施来收集电子数据,即以所谓的"任意性侦查"来掩盖其强制性侦查的本质,进而通过侵害被调查对象基本权利的方式在初查阶段收集电子数据。若对初查电子数据合法性不做任何审查而全盘承认其证据能力,则无异于激励侦查机关在初查中使用强制性侦查来规避犯罪嫌疑人在侦查阶段中所应享有的程序性保护,这会导致对犯罪嫌疑人诉讼权利的肆意践踏和对正当程序的巨大破坏。因此,虽然《电子数据规定》第6条赋予初查电子数据相应的证据能力,也需要对其合法性进行审查。

对侦查阶段所收集证据的合法性,需主要审查其取证主体合法性、证据形式合法性、取证程序合法性等内容。① 而对初查电子数据合法性的审查,则有其自身独特的标准和方式。对于初查电子数据合法性的审查,不仅需审查其取证主体、证据形式等内容,还需对初查中所使用的调查行为类型进行审查。无论是《刑事诉讼规则》还是《刑事案件程序规定》,在承认初查合法性的同时,也明确划出了其行为底线,即初查中只能使用任意性侦查措施,而不能使用强制性侦查措施。这种区分和限定主要是考虑到强制性侦查会侵犯被调查人财产权、人身权等基本权利,而任意性侦查则不会侵犯被调查人的基本权利。《电子数据规定》第6条在承认初查中收集电子数据的证据能力时未做上述区分和限定,但这并不意味着在初查阶段使用强制性侦查措施收集的电子数据也具有证据能力。如果侦查机关故意在初查中使用强制性侦查措施来收集电子数据从而规避犯罪嫌疑人在侦查阶段享有的诉讼权利,则属于重大程序违法,应通过宣告该电子数据无效来实现对侦查机关违法取证的程序性制裁。

(二) 从对取证行为类型的形式审查转向实质审查

对初查电子数据合法性进行审查,首先需审查其取证行为属于强制性侦查还是任意性侦查。司法机关对初查电子数据取证行为的审查认定不能仅进行形式审查,即不能仅仅因为某电子数据取证行为被冠以查询、勘验或者调取之名,就认定其属于任意性侦查;也不能因为初查中某些电子数据取证行为不属于前述所列调查措施范围,就认定其不属于任意性侦查,比如初查中通过网络在线提取方式收集电子数据。在我国电子数据取证实践运行之中常常存在"借远程勘验之名,行刑事搜查之实"的现象。某些所谓的电子数据"远程勘验"行为已经干预或侵害公民的个人基本权利,而应归为搜查范围。若仅仅因为初查阶段使用的、某些本质上属于强制性侦查的取证行为被冠以"远程勘验"之名,就认为借由该行为所收集的电子数据具有证据能力,则无异于鼓励在初查中"借任意性侦查之名,行强制性侦查之实"的权力滥用现象,对初查电子数据合法性的司法审查就可能会异化为此种权力滥用行为的司法背书。为了避免上述现象产生,则需对初查阶段电子数据取证行为类型进行实质性审查。

对初查阶段电子数据取证行为进行实质审查时,区分其属于任意性侦查还是强制性侦查应采取"重大权益干预"标准,而不应采取"直接强制有形力"标准。在电子数据收集

---

① 何家弘、刘品新:《证据法学》,法律出版社2019年版,第121~122页。

中，很多调查取证行为可能并不涉及直接物理接触，也不会行使直接强制的有形力，但其在取证过程中可能确实会干涉或者侵害被调查人的财产权、隐私权、信息权等基本权利。这实际上就意味着对电子数据取证行为法律性质的界定，需要从对传统证据材料所处物理空间法律性质的关注，转向对电子数据自身所承载利益法律性质和重要程度的关注。对于初查电子数据取证行为法律性质的审查认定，需要结合电子数据自身类型。当然，电子数据所承载的隐私权、信息权等权利也是可以放弃的。只要被调查人表示同意，此时就可以进行任意性侦查。[①] 对于初查电子数据取证行为类型需要遵循"重大权益干预"标准进行实质审查，这一方面可以有效遏制侦查机关在初查阶段"借任意性侦查之名，行强制性侦查之实"的权力滥用现象；另一方面也可以通过事后司法审查来倒逼我国电子数据侦查行为体系规范化、法治化发展。

[①] ［日］田口守一：《刑事诉讼法》，张凌、于秀峰译，法律出版社2019年版，第58页。

信息时代电子数据取证程序的反思与重构
——兼评《公安机关办理刑事案件电子数据取证规则》

徐宗新　陈沛文[*]

一、电子数据：信息时代的新"证据之王"

随着科技的发展，在互联网时代信息网络已经成为人们生活密不可分的一部分，与之相伴的是绝大多数的犯罪行为亦普遍呈现互联网化的特点。对这些网络犯罪的审查与认定均需要以电子数据作为核心的证据支撑，毫无疑问，电子数据已然成为互联网时代的"证据之王"。但由于电子数据天然的易变性、非实物性及高技术性，决定了电子数据的取证与其他传统刑事证据的取证有着极大的差异。因此，刑事诉讼法学界与实务界一直在摸索如何对电子数据的取证行为进行规制。随着2016年"两高一部"《关于办理刑事案件收集提取和审查判断电子数据若干问题的规定》（以下简称《电子数据规定》）及2019年公安部《公安机关办理刑事案件电子数据取证规则》（以下简称《电子数据取证规则》）的相继发布，对于电子数据取证的基本概念，基本原则，收集、提取等基本取证方法有了专门的规范，形成了我国电子数据取证的基本规则。但现行的规则依然未解决电子数据取证与相关权利人合法权益保障之间的冲突，在电子证据提取、远程勘验、网络技术侦查等诸多程序设计上亦存在着重大的缺陷，给侦查人员及司法工作人员留下了很多权力滥用的空间。因此，本文拟从目前最为全面的《电子数据取证规则》的评述入手，进一步探讨电子数据取证程序中需要明确或进一步完善的内容，以期为我国电子数据取证行为的法治化进程提供相应的理论参考。

二、电子数据取证程序中基本概念及法律内涵的厘清

现行的电子数据取证规则对于电子数据取证的相关技术概念及法律概念未能进行有效的界定与界分，以至于大量的核心法律概念被混同和乱用，这是造成现行电子数据取证规则设计存在重大缺陷的根本原因。因此，我们有必要对电子数据取证程序中的基本概念及法律内涵予以厘清。

---

[*] 徐宗新，浙江大学法律硕士，上海靖予霖律师事务所主任；陈沛文，华东政法大学诉讼法学硕士，上海靖予霖律师事务所律师。

(一) 电子数据的基本概念及法律内涵

从信息论角度出发,数据是信息的具体表现形式,是信息的载体,信息需要经过数据化转变成数据才能存储和运输,用公式化的语言表达也就是"数据=信息+数据冗余"。而《电子数据规定》第1条亦从数据的基本概念出发,对于电子数据的法律内涵进行了明确,即认为电子数据系"案件发生过程中形成的,以数字化形式存储、处理、传输的,能够证明案件事实的数据",同时该条规定亦对电子数据的类型进行了明确,即电子数据包括反映各类信息的数据及相关的电子文件。因此,电子数据对于刑事案件的证据意义,并不在于其数字化的记载方式,而更重要的是以数字化方式记载的能够反映案件事实的信息内容。换言之,对于电子数据取证工作的核心,是在法律的框架下,通过技术手段,确保相关反映案件事实的信息能够合法、真实地在刑事案卷中予以记载并在庭审中进行展示。

(二) 提取行为的基本概念及法律内涵

由于电子数据是一种数字化的虚拟信息记载形式,其非实物性的特征,导致我们如果想要将该种证据在刑事案卷中予以记载就需要依赖特定的储存介质。因此,电子数据的提取行为,本质就是通过特定的技术手段和储存介质将原本储存在原始介质中的电子数据迁移至刑事案卷之中。《电子数据取证规则》第二章规定的五种提取方式,即扣押、封存原始存储介质,现场提取电子数据,网络在线提取电子数据,冻结电子数据,调取电子数据,充分反映了前述电子数据提取行为的核心特征。

具体而言,实际上电子数据的提取亦可以分为两大类,即不改变电子数据储存介质的提取方式和跨介质的电子数据提取方式。在不改变电子数据储存介质的提取方式下,电子数据仍然通过原始的储存介质进行保存,核心的取证行为在于确保储存电子数据的原始介质的安全性及不可修改性。而在跨介质的电子数据提取方式下,电子数据将迁移至新的储存介质之中,对于原储存介质的安全性及不可修改性不进行控制。对于该种取证行为,需要确保迁移至新储存介质中的电子数据与原储存介质中的电子数据具有同一性。因此,《电子数据规定》《电子数据取证规则》均规定,收集、提取电子数据应当制作笔录并记录数据的完整性校验值即数据的哈希值。结合通行的国际技术标准 ISO/IEC 27037:2012《信息技术—安全技术—电子证据识别、收集、获取和保存指南》中规定,对于电子数据跨介质迁移的行为,在技术术语中实际上是电子数据的"获取"行为。该标准规定所谓电子数据的"获取(acquisition)",是指"在特定的数据集合中进行数据副本创建的过程(process of creating a copy of data within a defined set)";同时对于该条款的注释亦明确"获取的内容是对于拟获取的数据信息的备份(The product of an acquisition is a potential digital evidence copy)"。因此,对数据跨介质迁移的数据提取过程,实际上是对既有电子数据的副本创建过程。

(三) 网络远程勘验的基本概念及法律内涵

在传统刑事案件中,犯罪分子通常会在犯罪现场留下指纹、足迹、血痕、凶器等痕迹或物品,因此通常刑事勘验的适用对象主要包括场所、人身、物品、尸体。但在网络犯罪中,犯罪分子在使用计算机、手机等智能终端时也会在相关电子设备或网络空间中留下以电子数据形式存在的相关痕迹信息，对于这些痕迹信息，亦可以通过勘验的方式进行收集①。因此，《电子数据规定》《电子数据取证规则》均规定了对于电子数据的网络远程勘验程序。但在上述规定中，网络远程勘验程序均被规定在电子数据的远程提取程序中，这实际上是对勘验行为与电子数据提取行为的错误混同。如前所述，对于电子数据的提取，是将电子数据通过原介质或跨介质固定的取证行为，是以原有电子化的记载方式来反映与案件相关的事实。而勘验行为则是通过侦查人员的亲临查看、了解与检验，以发现和规定犯罪活动所留下的各种痕迹和物品。勘验行为作为一种取证行为，所形成的载体系对于侦查人员客观所见的痕迹信息进行记载的勘验笔录。

三、网络空间中任意性侦查与强制性侦查的界限

现行的电子数据取证规则对于侦查机关取证行为的界限亦未明确，因此，实践中普遍存在滥用侦查权的情形，侦查行为对于被追诉人和第三人的合法权益存在极大程度的侵害。我们有必要进一步明确电子数据取证中侦查行为的界限和侦查行为合法性的基础，方能更妥善地设计电子数据的取证程序。

（一）任意性侦查与强制性侦查措施适用标准

在刑事诉讼中，侦查措施根据是否会影响被调查对象的重大权益，可以被分为任意性侦查和强制性侦查。对于不会影响被调查对象重大权益的侦查属于任意性侦查，侦查机关可以自行采取，并没有严苛的程序性要求；但对于会影响被调查对象重大权益的侦查，则属于强制性侦查的范畴，需要遵循令状主义、法律保留主义、比例原则等程序性限制②。而这两种侦查措施的适用，核心的衔接程序就是刑事搜查程序，但现有的电子数据取证规则中对于刑事诉讼法中规定的搜查程序的适用并未进行规定，实践中亦未能形成有效衔接。计算机搜查是现代各国规范刑事案件中电子数据取证的一个重点，不论是电子数据的调取，还是电子数据的网络远程勘验都会涉及是否要以搜查程序为基础进行"要式侦查"的问题③。

为了获得电子数据证据载体，对实体空间和人员进行搜查，基本上都需采用刑事诉讼法规定的搜查程序，这一点并无争议。但对于在云服务器、特定的网络空间等虚拟空间进行电子数据在线提取和网络远程勘验的，是否需要按照搜查手续和程序实施，则是一个需要明确的问题。这就需要我们回归任意性侦查与强制性侦查措施的适用标准，即是否会影响被调查对象在网络空间中的重大权益，寻找两者适用的界限。

（二）网络空间中被调查对象的权益保障界限

对于网络空间这类虚拟空间中电子数据的取证，需要考虑的核心要素就是取证行为对

---

① 谢登科：《电子数据网络远程勘验规则反思与重构》，载《中国刑事法杂志》2020年第1期。
② 傅美惠：《侦查法学》，中国检察出版社2016年版，第255~258页。
③ 龙宗智：《寻求有效取证与保证权利的平衡——评"两高一部"电子数据证据规定》，载《法学》2016年第11期。

于电子数据所有者的合法权益是否可能造成重大影响,如果存在造成这种重大影响的可能,就需要对侦查行为进行合理的程序和程度的限制。但网络空间不同于传统的物理空间,传统的物理空间的侦查行为的限制主要集中在对于人身权、财产权存在妨碍时,应当进行必要的限制。但由于网络空间的虚拟性,加之电子数据的虚拟性,很难在网络空间中找到能够与物理空间相对应妨害人身权和财产权的情形。因此,对于网络空间中侦查措施的适用,我们需要以网络空间的特性为出发点,寻找其中合理区分任意性侦查与强制性侦查的界限。由于网络空间全球性与公有性的特点,对于网络空间中公开发布的电子数据任何人都具有访问的权限,对于这类电子数据的取证,不会严重影响其他第三人的合法权益,因此对于网络空间公开发布的电子数据的取证可以进行任意性侦查。但同时对于网络空间中很多非公开或者半公开的电子数据,均通过特定的计算机信息系统安全保护措施予以加密或保护,对于该类电子数据,如果不具有特定的访问权限,则无法进行访问。因此,如果想要对于这些存在权限限制的电子数据进行取证,应当按照强制性侦查的要求,进行必要的审查并按照搜查程序出具相应的令状,作为访问权获取和突破的法定事由。这种界分的标准在《电子数据取证规则》第33条中亦有所体现。

四、对当前电子数据取证规则的反思与重构

正是由于当前电子数据取证规则对于部分基本的法律概念、技术概念存在错误的认识,加之没有很好地区分电子数据取证行为中任意性侦查和强制性侦查措施的界限,我们亟须对当前的电子数据取证规则进行充分的反思与重构,方能使电子数据取证在符合刑事诉讼法所要求的尊重与保障人权的基本原则基础上更好地为网络犯罪等刑事案件的正确处理提供助力。

(一) 对电子数据取证规则的反思

1. 电子数据取证程序缺乏与刑事诉讼法的必要衔接

当前的电子数据取证规则,在整个制度涉及的过程中,由于相关的程序缺少与刑事诉讼法的必要衔接,致使侦查机关在电子证据取证过程中缺少必要的前置审查程序,使得当前实务中的电子数据取证行为普遍作为一种任意性侦查行为而进行,这严重侵害了被调查人和电子数据权利人的合法权益。《电子数据取证规则》仅对于电子数据原始介质规定了查封、扣押的相关侦查程序的衔接,但对于电子数据的在线取证和远程勘验等行为,却没有设置相应的前置性审查程序。虽然《电子数据取证规则》第33条规定,电子数据在线提取和远程勘验需要合法地取得相关权利人的自愿配合,在获取相关电子数据的访问权限后方可进行,该规定的本质是将电子数据的在线提取和远程勘验作为了一种需经同意的搜查措施[①]。但这种同意应当以强制性的令状主义作为基础,换言之也就是需要侦查人员出示搜查证后,方可要求权利人交出相应的电子数据访问权限。美国联邦最高法院审理的莱利和伍瑞案件所提出的审查规则可供参考,该案件中美国联邦最高法院最终判决"警察对嫌疑人

---

① 朱桐辉、王玉晴:《电子数据取证的正当程序规制——〈公安电子数据取证规则〉评析》,载《苏州大学学报》(法学版) 2002年第1期。

抓捕过程中,若要搜查其手机上的电子数据或相关信息,必须出示搜查令,否则取证行为违法"①。

2. 网络在线提取程序与网络远程勘验程序混同

对于《电子数据取证规则》所规定的电子数据在线提取和网络远程勘验程序之间的关系,结合相关规则,可以作出如下总结,即网络远程勘验类似于传统刑事侦查中的现场勘验,侧重于侦查人员对于电子数据的分析、判断、发现的过程,是对电子数据所反映信息的客观描述,而在电子数据远程勘验过程中,对于所发现的电子数据需要进行提取的,则该种提取行为类似于传统现场勘验对于痕迹、物品的提取。因此,远程勘验笔录实际上是对侦查人员观察到的电子数据内容和相关信息的直观反映,可以独立作为证据使用;而电子数据在线提取仅仅是一种证据收集功能,制作的在线提取笔录也只是对电子数据的来源进行说明,如果脱离电子数据本体,该笔录不得作为证据单独使用②。

但传统的现场勘验程序对于勘验过程中发现的痕迹、物证的提取行为亦有不同的要求,通常勘验、检查笔录中涵盖了发现的痕迹物证、微量物证与实体物证等多种物证,而在这之中对于痕迹物证和微量物证等可能需要后期进行检查检验方可作为证据使用的物证,通常需要按照相关检查、检验的要求进行提取,而对于实体物证的提取则需要按照扣押的程序规定进行③。由此可以看出,传统的勘验程序与物证提取程序系具有先后关系的两个不同程序,但结合《电子数据取证规则》的规定,提取电子数据,既可以把提取情况记录在在线提取笔录中,也可以把提取情况记录在远程勘验笔录中,这实际上是将两者程序的逻辑结构进行了混同。因此,实践中普遍存在以网络远程勘验替代在线提取程序,不加选择地将勘验过程中所有的电子数据进行提取,然后再以电子数据检查的方式进行筛选。这种"野蛮"的取证方式造成了刑事侦查中大量与案件无关的电子数据被提取并固定在案卷中。

由于电子数据无形化的特征,传统意义上对于证据的扣押程序在电子数据取证过程中很难适用,除了对于电子数据原始储存介质的扣押外,对于电子数据的提取实际上仅仅是创建的数据副本,而并非控制了数据权利人的数据本身。而对于刑事案件中扣押的物品,如经查明与侦查的案件无关,应当予以发还,但由于电子数据本身客观上无法进行发还,错误提取的与案件无关的电子数据应当如何处理亦是一个问题。

3. 网络技术侦查措施的适用前提及审批程序不明

所谓网络技术侦查措施,是指通过技术方式使得侦查人员可以秘密侵入或控制他人计算机信息系统,进而对网络空间进行强制勘验或者对于相应的电子数据进行强制提取的过程④。这种侦查措施虽然为侦查人员提供了极大的便利,但对于数据权利人的权益侵害程度亦是极其严重的。网络技术侦查措施的本质是突破了相关数据权利人对于特定电子数据的计算机信息系统安全保护措施,进而侵入计算机信息系统获得特定数据的访问权限。结合《电子数据取证规则》的规定,对于电子数据的在线提取、远程勘验原则上需要以特定的数

---

① 刘广三:《美国对手机搜查的法律规制及其对我国的启示——基于莱利和伍瑞案件的分析》,载《法律科学》2017年第1期。
② 田虹、翟晓飞等:《〈公安机关办理刑事案件电子数据取证规则〉的理解与适用》,载《派出所工作》2019年第3期。
③ 陈瑞华:《实物证据的鉴真问题》,载《法学研究》2011年第5期。
④ 叶媛博:《论多元化跨境电子取证制度的构建》,载《中国人民公安大学学报》(社会科学版)2020年第4期。

据权利人配合作为基础,即以电子数据权利人提供的访问权限对相关数据进行访问。但当电子数据权利人拒不配合时,对于特定的计算机信息系统的安全保护措施,侦查人员无法通过除技术侵入以外的其他物理方式进行突破。从这个角度而言,在电子数据取证过程中,采取相应的技术侦查措施具有一定的合理性及必要性。但在现行的《电子数据取证规则》中,由于对网络技术侦查措施的适用条件缺少明确的限制,仅规定"采用技术侦查措施收集电子数据的,应当严格依照有关规定办理批准手续"。这导致网络技术侦查措施在实践中被最大限度地滥用,多数的网络在线提取及网络远程勘验均是通过这种侦查方式在未取得数据权利人的配合下秘密进行的,这是对数据权利人合法权益的极其严重的侵害。

(二) 电子数据取证规则的重构

1. 以访问权为导向加强电子数据取证行为与刑事诉讼法的衔接

现行《电子数据取证规则》将对电子数据的取证行为笼统地以收集、提取电子数据进行概括,但实际上收集、提取行为并非刑事诉讼法所规定的侦查行为,而是混杂了搜查、勘验、调取、扣押等具体侦查行为的概括性表达。而这种与刑事诉讼法侦查体系相对独立的电子数据取证规则设置模式缺乏与上位法刑事诉讼法的必要衔接,不符合法治原则的要求。

结合前述分析,我们认为设置以访问权为导向的电子数据取证规则会更好地将电子数据取证纳入刑事诉讼法的范畴。访问权是区分任意性侦查措施与强制性侦查措施的分水岭,对于公开发布的电子数据,由于其无限的访问权,对于这类电子数据的访问,应当作为刑事诉讼中的勘验行为处理,也就是网络远程勘验所涵盖的范围仅针对公开发布的电子数据。而对于非公开发布的电子数据,对其进行访问的前提是要获得特定电子数据的访问权,而这种访问权的获取应当适用刑事诉讼中关于搜查的相关规定,必须以取得搜查证为前提,方可要求电子数据权利人交出相关电子数据的访问权限。

2. 重新划分远程勘验与在线提取程序界限

除了以访问权作为电子数据取证过程中任意性侦查措施和强制性侦查措施的界限外,对于具体的电子数据提取行为,亦应当进行明确的划分。现行的电子数据取证规范将电子数据的提取以远程勘验和在线提取两种方式进行了笼统的规定。但实际上远程勘验的本质还是勘验,是以侦查人员对于其观察到的电子数据所反映的信息的直观展示,这样的取证方式并不需要对电子数据进行提取,其证据主体并非电子数据。而电子数据的在线提取实际上是电子数据副本创建的过程,类似于刑事诉讼法中扣押侦查措施,其作为证据主体的是电子数据本身,而在线提取笔录仅仅是作为相关电子数据取证行为合法性的证明材料。因此,不应将电子数据的提取行为含混地规定在电子数据网络远程勘验程序中,而应将电子数据的提取程序与刑事诉讼法中的扣押程序相匹配。同时,电子数据的提取虽未剥夺原数据所有人的数据控制权,仅仅是创建了特定数据的数据副本,但相应的数据副本亦有泄露或者被滥用的风险,应当赋予电子数据权益人对于被错误提取的电子数据主张消灭的权利。

3. 明确网络技术侦查措施的适用条件及审批程序

在前述行为规则重构的基础上,我们仍需要考虑到电子数据的特殊性,在某些特定的案件中,即便侦查人员向特定电子数据权利人出示了搜查证或相关调取证据文件,但特定数据权利人拒不提供数据副本或者拒绝交出数据访问权限的，对于相关的电子数据，由于特定访问权限背后所设置的计算机信息系统安全保护措施，侦查人员无法通过传统的强制搜查手段进行访问。因此，在这种情形下，采用网络技术侦查措施来取得特定数据的访问权或者电子数据副本是正当且有必要的。但该种网络技术侦查措施的适用是以严重危害网络安全的侵入计算机信息系统的方式实施的，是一种严重侵害数据权利人合法权益的侦查行为。

因此，网络技术侦查措施必须是建立在穷尽其他可能获取电子数据访问权的方式之后，方可经严格批准，且对所适用的案件类型（如仅针对法定刑在3年以上的刑事案件）及所勘验或提取的电子数据的范围（如仅可提取某一特定数据库中的电子数据）亦应当加以限制。这样方可避免当前对于电子数据取证普遍以网络技术侦查方式秘密展开，且取证过程中不加区分地提取电子数据的现状，进一步在技术侦查措施的适用及特定电子数据权利人合法权益保障之间寻找平衡点。

第三部分

民营经济保护与刑事诉讼

迈向回应型刑事扣押制度

——以涉民营企业案件为分析对象

顾亚慧 张品泽*

一、问题的提出

近年来,一系列旨在规范刑事扣押制度的文件①,为公安司法人员依法、审慎、稳妥办理涉民营企业案件提供了参考和指引,直接改善了民营企业财产权保障的司法环境。然而,侦查人员忽视民营企业的主体特殊性,粗放适用扣押措施的现象仍然存在,甚至陷入侦办一起案件拖垮一个企业的怪圈,刑事扣押制度回应民营企业生存、发展的能力尚存不足。

现有研究多采取普遍化进路,泛泛讨论了刑事扣押制度存在的问题,未将涉民营企业案件办理作为关注重点,针对性地考察涉民营企业案件的特性及刑事扣押制度的实际收效,无法为缓解刑事扣押制度与维持民营企业生产经营的矛盾提供理论支撑。一方面,民营企业及民营企业家面临着较高的刑事风险,非法吸收公众存款罪和腐败犯罪更是民营企业刑事风险的高发源头。② 另一方面,相对于国有企业,民营企业又多为小微企业及轻资产行业,规模较小、抗风险能力普遍偏低。③ 融资难、融资贵本就是掣肘民营企业发展的痛点,一旦财物被不当扣押,民营企业将面临资金周转雪上加霜、生产经营全面停滞、销售链断裂等风险,乃至深陷流动性困境而一蹶不振,职工失业、企业信誉受损、交易稳定丧失、资金链断裂等危及社会稳定的问题也将随之迸发。

面对这一迷局,从法社会学视角出发,运用"回应型法"理论进行研究具有积极意义。该理论将社会法制分为"压制型法""自治型法"以及作为改革方向的"回应型法"三种模式。"回应型法"是一种在法律内在框架内灵活掌握司法弹性的法律模式④,摒弃了"压

---

* 顾亚慧,中国人民公安大学法学院 2018 级诉讼法学博士研究生;张品泽,中国人民公安大学法学院教授,博士生导师。

① 例如,2018 年,最高人民检察院提出 11 条服务保障民营经济发展的执法司法标准,强调涉民营企业案件办理,应慎重使用查封、扣押、冻结等强制性措施要求。2019 年,最高人民法院《关于加强刑事审判工作情况的报告》提及依法审慎适用强制措施,禁止超范围查封扣押冻结涉案财物,让企业家专心创业、放心投资、安心经营。

② 参见北京师范大学中国企业家犯罪预防研究中心:《企业家刑事风险分析报告(2014-2018)》,载《河南警察学院学报》2019 年第 4 期。

③ 全国人民代表大会财政经济委员会《关于〈中华人民共和国国民经济和社会发展第十三个五年规划纲要〉实施中期评估的调研报告》指出,大中小企业差距有所拉大。国有和大型企业情况相对较好,一些民营企业和小微企业在生产经营中遇到不少困难。可见,民营企业与国有企业的风险应对能力存在差距且呈扩大趋势。

④ 参见于浩:《迈向回应型法:转型社会与中国观点》,载《东北大学学报》(社会科学版)2015 年第 2 期。

制型法"的权力压制性以及"自治型法"的规范僵化性,对中国刑事司法的指导意义显著①。"回应型法"理论不仅为评判刑事扣押制度的现状及问题提供了新的支点,也为回应型刑事扣押制度的理性建构奠定了基础。

基于上述思考,在涉民营企业案件中,刑事扣押制度应向有力回应民营企业发展需求的方向渐进变迁,将着重讨论三个问题:一是借助涉民营企业典型案例描述刑事扣押制度的现状及问题,经抽象思考得出,当前刑事扣押制度呈"压制型法"模式这一判断;二是通过对压制型刑事扣押制度的反思,提出向回应型刑事扣押制度迈进这一命题,从价值基础、适用理性与主体参与三个方面,论述回应型刑事扣押制度的核心要义,构建相对独立而又完整的回应型刑事扣押制度理论体系;三是在理论指导下,明确回应型刑事扣押制度的建构路径,形塑具有现实回应性和适度回应力的现代化、体系化刑事扣押制度,带动扣押权深层次转型,从而对刑事扣押制度完善作出富有成效的理论回应,为纾解扣押权与民营企业财产权之间的张力提供洞见。

二、压制型刑事扣押与民营企业财产权的背反

在涉民营企业案件办理过程中,扣押措施往往"用力过猛",甚至出现民营企业"一扣就死"的现象,背离了民营企业生存、发展需求。这与"压制型法"模式下权力主体运用强制手段生硬调整事物、放纵裁量、忽视公共福祉的特征相契合,压制型刑事扣押制度远未达至保障民营企业财产权的要求。

(一)违法扣押致民营企业经营困难

刑事扣押制度以存在犯罪事实,需要追究刑事责任为前提。然而,侦查人员对罪与非罪定性失误多有发生。② 民营企业作为市场经济主体的重要组成部分,在从事生产、经营、融资等市场经济活动时,难免遭遇错综复杂的经济纠纷,也确实存在些许不规范行为。但在刑法谦抑原则之下,经济纠纷与经济犯罪、不规范行为与犯罪行为尚存界限,侦查人员混同经济纠纷与经济犯罪,或将不规范行为升格为犯罪行为,都将因扣押措施前提判断错误而带来违法扣押的问题。

民营企业财产权受到不当侵犯并非个案,俨然成为一个严重的法治乃至社会问题。③ 2017 年,最高人民检察院督促各省级检察院围绕涉民营企业产权等 6 类重点案件,甄别出有冤错可能的涉产权重大案件,以省级院名义挂牌督办达 71 件。④ 围绕民营企业开展的错案纠正、"挂案"清除专项行动表明,民营企业财产权保护要求掷地有声,却也折射出不少侦查人员在涉民营企业案件办理中,受到了严重的入罪倾向误导,使罪与非罪认定略显武

---

① 参见〔美〕诺内特、塞尔兹尼克:《转变中的法律与社会》,张志铭译,中国政法大学出版社 1994 年版,第 16 页。
② 参见新乡市中级人民法院:《原审被告单位甘肃省永昌县农牧机械总公司、原审被告人赵守帅犯合同诈骗罪一案今日宣判》,http://hnxxzy.hncourt.gov.cn/public/detail.php?id=8084,最后访问时间:2020 年 8 月 8 日。
③ 参见周振杰:《民营经济刑法平等保护的体系化思考》,载《政法论丛》2019 年第 1 期。
④ 参见张昊:《去年最高检抗诉建议再审案均改判无罪》,http://www.xinhuanet.com/legal/2018-02/07/c_1122379009.htm,最后访问时间:2020 年 8 月 28 日。

断。罪与非罪判断失误尚可通过撤销案件、不起诉、无罪判决予以纠正，但扣押前提把控偏差对民营企业生产经营带来的负面效应往往难以抵消，乃至使民营企业陷入破产、倒闭的衰败局面。在"西部国际公司法定代表人杨岩锡挪用资金罪和骗取贷款罪案"中，虽然案件最终依法不起诉。但该公司的运营和项目建设、开发均陷入瘫痪，西部国际公司最终被强制进入破产重整程序。①

（二）强势扣押易侵害民营企业财产权

在扣押范围认定上，刑事诉讼法及相关司法解释中的规定过于简单，规范和约束裁量权的功能较弱。② 凡是"与案件有关"的财物，皆可囊括至扣押范围内，涵盖所有类型财物，不区分所有权主体，也不存在财物性质合法与非法之别，颇有"一网打尽"的意味。例如，在"袁诚家夫妇案"中，侦查机关扣押了大量由袁诚家控制的企业及个人存款、现金、房屋、车辆及其他物品等。但既有的证据不能证明袁诚家的17家企业及其企业账户资金等用于违法犯罪活动及与黑社会性质组织犯罪具有关联性。③ 不加区分、一律扣押财物的做法与比例原则要求相去甚远，是扣押权不内敛、不谨慎的具体表现，致使民营企业对扣押财物的占有、收益、使用、处分权被搁置一旁。

在扣押措施实施过程中，扣押程序的规范性同样难以保障。以扣押清单记录为例，扣押清单是侦查人员后续返还扣押财物的依据，对民营企业及企业家日后悉数追回财产意义重大。准确记录扣押物的种类、数量、质量、规格及日期，清晰明了地列举扣押财物信息，能够起到抑制扣押权滥用、督促侦查人员妥善保管扣押财物的作用。然而，未能准确列出财物清单，或清单内容过于粗糙，未囊括扣押财物的种类、数量等关键信息，都将给后续返还扣押财物人为添设障碍。

（三）民营企业扣押救济权保障不足

不同于域外司法审查制，我国刑事扣押的决定权、实施权集侦查机关于一身，经办案部门负责人批准，制作扣押决定书即可实施。在侦查机关上命下从的工作方式下，扣押决策的妥当性与上级审查之间存在紧张关系。这是因为审批人员对案件细节、民营企业经营状况等具体情况的获悉往往是片面的、经过包装或裁剪的④，从而对扣押措施的妥当性及对民营企业生产、经营的负面影响一无所知或知之甚少。上下一体的科层式运作程序对外界而言高度封闭，权利主体沟通渠道闭塞，利益诉求难以渗透至决策过程中，民营企业及企业家只能被动服从、接受扣押决定。同时，财物返还程序、返还期限等规范阙如，应该返还的财物却没有返还，甚至提前处置、无从返还的情形多有发生，导致民营企业的救济权

---

① 参见郑荣昌：《温商杨岩锡的汶川大地震援建项目何以折戟？》，http：//www.falvyushenghuo.com/html/2018/dujia_0320/29176.html，最后访问时间：2020年8月28日。
② 参见杨开湘、王静：《新〈刑事诉讼法〉查封、扣押侦查措施的修改及其规范解读》，载《中南大学学报》（社会科学版）2014年第6期。
③ 参见王魏：《"黑老大"袁诚家获6.79亿国家赔偿》，http：//www.bjnews.com.cn/video/2017/09/08/457269.html，最后访问时间：2020年8月28日。
④ 参见［美］米尔伊安·R.达玛什卡：《司法和国家权力的多种面孔》（修订版），郑戈译，中国政法大学出版社2015年版，第26页。

被弱化。"袁诚家夫妇案"中即有所体现,法院判决侦查机关返还的"本溪万豪国际会馆"在判决前早已被转让出去,作为建材城改变了用途,不具备返还可能。① 尽管事后的国家赔偿能够实现财产权救济,但实践表明,奉事后救济为圭臬,运用裁判权弥补扣押权的不足并非万全之策。

三、回应型刑事扣押制度的应然与正当

"回应型法"的基本构思是,在形式正义基础上追寻实质正义,通过缩减中间环节、扩大参与机会等方式,实现社会公共利益。② 深嵌于治理能力现代化大背景下,刑事扣押制度必须对满足民营企业发展的社会需求有所回应。

(一) 目的导向:以民营企业财产权保护为价值基础

侦查人员"重惩治,轻保护""重人身,轻财产"价值错位的体现遮蔽了侦查人员对扣押措施侵犯财产权风险的认知和识别。民营企业是社会主义市场经济发展的重要主体,保护好、发展好民营经济是刑事司法不可回避的问题。就刑事扣押制度的现状来看,侦查人员多以维护权威、秩序为出发点,将适用理性置之不理,不顾及扣押的社会效果、政治效果,使刑事扣押制度呈现出专横、武断的"压制型法"模式。而"回应型法"模式建立在财产权保障这一价值基础上,以回应社会诉求为核心,为平衡扣押权与民营企业生存、发展需求开辟了一条创新之路。为缓解扣押权与财产权保障之间的张力,必须摒弃"压制型法"模式的刑事扣押制度,迈向以财产权保护为目标的"回应型法"模式。

对于民营企业在生产、经营、融资活动中的不规范行为,除法律、行政法规明确禁止外,不以犯罪行为对待,从而坚守刑事司法的谦抑品格,改善民营企业营商环境。此外,如何在追诉犯罪的同时更好地适应民营经济发展壮大的社会背景,最大限度地降低刑事扣押制度对民营企业生产、经营造成的不良影响,无疑是国家治理能力现代化建设进程抛给侦查人员的时代考题。市场经济的立法精神就是要保障各利益主体的利益神圣不可侵犯③,根植于市场经济繁荣发展场景和优化营商环境政策,回应型刑事扣押制度必须服膺于民营企业财产权保障要求,以民营企业合法财产权为边界,从而为民营经济发展营造良好的法治环境,自觉向市场经济发展及民营企业财产权保障的时代背景靠拢。

(二) 立场转变:以回应民营企业发展现实需求为核心

从产业分布来看,民营企业数量占我国规模以上工业企业总量超过了80%,且多从事制造加工业,在轻纺、食品、电子、机械等普通制造业及制成品等行业已占绝对优势。④ 这表明一旦适用扣押措施,民营企业生存发展所需的经营性现金、仪器设备、基础设施、物

---

① 参见王巍:《"黑老大"袁诚家获6.79亿国家赔偿》,http://www.bjnews.com.cn/news/2017/09/08/457313.html,最后访问时间:2020年8月23日。
② 参见杨峰,徐继敏:《论回应型行政的法治维度及其实现路径》,载《安徽大学学报》(哲学社会科学版)2017年第5期。
③ 参见江薇薇:《中国金融体制演进与法治化研究》,中国社会科学出版社2012年版,第230页。
④ 参见曾铮:《民营经济是推动高质量发展的重要主体》,载《光明日报》2018年11月7日。

品物资等生产要素将流转困难，阻碍民营企业生产、经营活动的可持续性。从市场经济运行规律来看，资本以不断实现增值为目的，呈现出无限运动、不断扩张的态势①，无视民营企业发展需要强硬适用扣押措施，只能带来民营企业生产经营陷入绝境的惨烈结果，抹杀民营经济在社会主义市场经济体制中的独特功用。在涉民营企业案件中，侦查人员应重视扣押财物参与市场流转的机会，促进物质生产资料的交换及财富配置最优化②，避免造成生产资源浪费、涉案企业破产等损害民营经济持续发展的事件。例如，面临合同违约、资金断链、生产搁置等紧急情况，侦查人员应依照道德伦理和职业禀赋的指引，动态调整扣押财物范围和扣押期限，使刑事扣押制度与民营企业多元的生产、经营需求相适应，动态调整规范适用的最佳尺度，更好地维护社会公共利益和企业发展福祉。

（三）技术优化：以扩大权利主体参与为途径

"压制型法"重视秩序和权威，却不顾及权利主体提出的异议和意见，仅强调权利主体服从决定的义务，决策程序科层化、封闭化。但"回应型法"模式重视公众参与的途径和成效，倡导通过扩大参与和协商的方式增强法律制度的反思理性，使决策过程成为双向度协商模式。首先，应尊重民营企业的程序参与权，将利益主体引入扣押程序之中，形成有序的程序性参与机制。经济学原理表明，帕累托最优状态的要求之一是尊重实业家以市场参与者身份作出正确选择的能力③。涉案企业对复杂的生产流程、交易渠道更为了解，允许其对扣押财物的投入、产出、交易等事项发表意见，有利于达成更优方案。其次，侦查人员与涉案企业就扣押合法性、适当性问题应进行充分沟通，且涉案企业对扣押的意见应当获得侦查人员的有效回应。侦查人员认可相关意见时，应及时限缩扣押财物范围、调整扣押措施，打破禁锢扣押财物流转的僵局，不采纳意见则应说明理由。最后，侦查人员与涉案企业无法就扣押范围等问题达成共识时，应为涉案企业提供更为有力的救济途径，从而推动刑事扣押制度由犯罪管控向兼顾产权保护及市场经济运行规律的理性之维过渡。

四、回应型刑事扣押制度的建构与完善

回应型刑事扣押制度需联动形式正义与实质正义，使其法律效果、社会效果和政治效果相统一，包括三个方面：一是重整与细化扣押规范，限缩扣押裁量权，平衡规则确定性与灵活性；二是明确救济程序，事后救济与事中救济并举；三是强化涉案财物检察监督，增强刑事扣押制度的理性，从而实现"漏斗式"范围判定、"互动式"事中参与、"全流程"式检察监督。

（一）范围判定从"与案件有关"向"漏斗式"偏移

在扣押范围限定上，为实现民营企业损害最小化、案件办理效率最大化，侦查人员可

---

① 参见董正爱、王璐璐：《迈向回应型环境风险法律规制的变革路径——环境治理多元规范体系的法治重构》，载《社会科学研究》2015年第4期。
② 参见苏力：《法治及其本土资源》，中国政法大学出版社1996年版，第10页。
③ 参见［美］查尔斯·林德布洛姆：《政治与市场：世界的政治—经济制度》，王逸舟译，上海人民出版社、上海三联书店1992年版，第124页。

采取"漏斗式"判定思路，使扣押财物经由合法性、合理性双重标准过滤，逐步缩减扣押范围。首先，应将其限制在"与犯罪有关"序列之中。在待扣押财物与犯罪活动关联性的认定标准上，我国台湾地区采用"直接性"与"专门性"标准；美国判例法中则出现了"实质关联"和"促进说"两种标准。① 结合相关经验，侦查人员提请扣押时，应对扣押财物与犯罪行为的关联性作出说明，为办案部门负责人决定扣押提供审查依据。依此思路，对于专门供犯罪所用、能够直接证明犯罪事实的财物，如违禁品、犯罪成果、通过犯罪方法占有的物品以及旨在用作犯罪或已经用作犯罪工具的物品，办案部门负责人可采取形式化判定标准。对于与犯罪活动关联性不强的财物，侦查人员则应阐明财物与犯罪活动相关联的具体理由，由办案部门负责人对财物用于犯罪的比例和频率进行实质审查。

依据财物的所有权归属，可大致分为个人所有、企业所有和第三人所有三种。在民营企业家、股东、企业经营管理者等自然人涉嫌犯罪的案件中，除非有证据显示存在恶意转移财物等使财物缩水的情形，扣押财物范围应统辖于比例原则要求，而不应扩大至企业所有。同理，如果民营企业涉嫌犯罪，在扣押企业法人财物时，也不应无故扩大至股东、企业经营管理者个人所有的财物。但是，对于权利外观不明的财物，为防止涉案人员转移、隐匿、挥霍财产，侦查人员可先行在法律限度内实施广范围扣押，待权利主体申请后再行审查、返还。

基于维护交易稳定性的需要和财产权保障的要求，刑事扣押制度应以尽可能不伤及民营企业生存为着力点，将扣押财物的用途及功能意义的社会福祉作为考量因素。在扣押财物的用途上，对于与查办案件相关度较低的生产要素、经营性现金，原则上不应扣押，除非有证据证明此类物品用于从事犯罪行为。特别是对于正在投入生产运营或者用于科技创新、产品研发的设备、资金和技术资料等，不应草率扣押，阻碍其生产、使用状态。对于已扣押财物，在面临诸如重大疫情、自然灾害等特殊情形下，出于维护社会福祉的需要，可暂时对从事口罩、医疗用品、救援设备、食品加工等特定行业的民营企业解除扣押措施，及时填补重大疫情防控或抢险救灾需要的物资、设备缺口。这种"先合法性，后合理性"的阶段判别方式契合了由浅入深的侦查规律要求，也不会对民营企业生产经营资料运转产生过分限制。

（二）权利救济由"事后赔偿"转向"事中沟通"

在扣押决定过程中，侦查人员不应撇开企业生存发展需求，而应以社会公共利益最大化为追寻，倾听民营企业家、投资者、经营管理者等关键岗位人员对扣押措施适用的意见和建议，考察涉案企业员工的情绪，综合评判扣押措施对涉案企业经营状况的影响。在扣押实施环节，权利主体可申请返还扣押财物，有权就扣押财物的财产权归属、合法性认定问题进行公开陈述、申辩。在一种商谈环境下，阐明暂时解除扣押措施，将扣押财物投入生产、经营的必要性。侦查人员应主动核实申请内容，筛选、剔除合法财物，并对扣押财物投入生产经营后的可得利益和风险进行评估，弹性调适扣押措施，解除对查清事实必要性微弱或投入产出经济获益较大的扣押财物。侦查人员决定对扣押财物做实质性处置时，必须确保当事人知情权，事先征得当事人同意，书面告知当事人处置财物的理由。对于扣

---

① 参见向燕：《论刑事没收及其保全的对象范围》，载《中国刑事法杂志》2013年第3期。

押清单记录瑕疵等附随义务履行不当且无法弥补的,应给予非法证据排除的否定评价,指引侦查人员向程序正义理念靠拢。有效的交涉、沟通机制将对扣押权形成制约,督促侦查人员结合涉嫌犯罪的性质、严重程度及特定情境,检视民营企业经营、管理主体对扣押财物处置提出的意见,使其同步、动态调整扣押措施,逐步贴合比例原则要求。

(三) 检察监督从"关键节点"式向"全流程"式跨越

强化涉民营企业案件刑事扣押制度的外部监督,检察监督模式必须由"关键节点"式向"全流程"式转变。具体而言:一是各个环节的针对性审查。检察机关应通过查阅案卷材料、查看扣押财物流转记录等方式,对侦查机关扣押措施的合法性、适当性进行针对性审查。为防止侦查人员在民营企业及企业家全然不知的情况下私自处置扣押财物,检察机关应对侦查机关处置扣押财物的行为主动监督,要求侦查人员履行处置通知义务,防止事后财产权主体难以追回财物。二是借助技术手段辅助监督。建立和完善跨部门的地方涉案财物集中管理信息平台,能够为检察机关切实、充分监督扣押措施提供便利。三是构建诉讼化审查格局。当民营企业对扣押财物存在异议时,应采用诉讼化审查格局,使侦查机关与当事人形成双方对抗的局面,由检察机关作为中立第三方,对争议焦点和利益冲突进行审查。侦查人员应对扣押对象、所有权归属、扣押手续完整性及相关法律依据作出说明,权利主体可就此发表反对意见,达到优势证据或高度可能性的程度即可。

审慎采取强制措施：保护民营企业家负责人相关规范解读[*]

陆而启[**]

我们不光要看到优化公平竞争的市场环境，减税、融资等政策扶持的正面支持效应，还要看到民营企业家负责人（包括民营企业投资者、管理者、技术骨干等关键岗位人员）涉刑事犯罪的风险之巨大。民营企业家可能因为经济问题引发人身被限制，又可能因为人身受限而导致企业经营举步维艰。或许民营企业家犯罪有不良法治环境的原因，但是，我们要为对犯罪企业家的查办塑造良好的法治环境。而审慎采取强制措施，在一定程度上可以卸下企业家的思想包袱，在争取其配合的基础上挽救企业，促进社会经济的发展。2016年11月4日出台的中共中央、国务院《关于完善产权保护制度依法保护产权的意见》首次从中央层面对产权保护制度进行顶层设计，明确提出健全以公平为核心原则的产权保护制度，让"有恒产者有恒心"，平等保护各种所有制经济财产权，推进产权保护法治化，增强财产财富安全感，提出"进一步细化涉嫌违法的企业和人员财产处置规则，依法慎重决定是否采取相关强制措施"的要求。从语义来看主要是针对财产的强制性措施。中共中央、国务院在2017年9月8日发布的《关于营造企业家健康成长环境弘扬优秀企业家精神更好发挥企业家作用的意见》中提到，要依法保护企业家财产权、保护企业家创新权益、保护企业家自主经营权，营造依法保护企业家合法权益的法治环境。2018年11月1日习近平总书记在《民营企业家座谈会的讲话》中明确强调"三个没有变"（非公有制经济在我国经济社会发展中的地位和作用没有变，我们毫不动摇鼓励、支持、引导非公有制经济发展的方针政策没有变，我们致力于为非公有制经济发展营造良好环境和提供更多机会的方针政策没有变）。2019年12月22日公布的中共中央、国务院《关于营造更好发展环境支持民营企业改革发展的意见》重申了保护民营企业和民营企业家合法财产。但是总体而言，这些意见虽然并未突出对人身的有关强制措施的问题，法院和检察院为落实这些意见也相应地出台了服务和促进民营经济健康发展的相关文件，其中审慎采取强制措施是检察机关和法院保护民营企业和民营企业家的重要手段。

一、最高人民检察院相关意见中的"不采取拘留、逮捕措施"的规范解读

最高人民检察院2016年2月19日印发《关于充分发挥检察职能依法保障和促进非公有制经济健康发展的意见》（以下简称《非公意见》），2017年1月6日印发《关于充分履

---

[*] 本文系国家社会科学基金一般项目"意见裁判主义研究"（项目批准号：18FX086）资助成果。
[**] 陆而启，厦门大学法学院副教授。

行检察职能加强产权司法保护的意见》(以下简称《产权意见》),2017 年 12 月发布《关于充分发挥职能作用营造保护企业家合法权益的法治环境支持企业家创新创业的通知》(以下简称《创新创业通知》),这三个文件之中都有审慎采用强制措施的相关规定。

(一) 最高人民检察院"三个文件"中审慎采用强制措施的要件比较

由下表可见,将"不采取拘留、逮捕措施"考量条件归纳起来主要有四个方面,一是罪后态度,二是社会危险性,三是对象的配合,四是犯罪情节。具体来看:

法律文件	条　件	后果
2016 年 2 月 19 日《非公意见》第 9 条	对于有自首、立功表现,认罪态度较好,社会危险性不高、积极配合的非公有制企业涉案人员	一般不采取拘留、逮捕措施
2017 年 1 月 6 日《产权意见》第 5 条	对于涉嫌犯罪的各类产权主体主动配合调查,认罪态度好,犯罪情节较轻,且没有社会危险性的	一律不采取拘留、逮捕、指定居所监视居住等强制措施
2017 年 12 月《创新创业通知》	……对主动配合检察机关调查取证,认罪态度好,没有社会危险性的	不采取拘留、逮捕、指定居所监视居住措施

首先,"三个文件"所设定情形皆要求"认罪态度(较)好",这里至少包含了两层含义,一是构成犯罪;二是认罪还有不同的梯次。刑事诉讼法第 81 条规定,构成一般逮捕条件的犯罪行为一般"可能判处徒刑以上刑罚",从后果上感觉就较重。但是,2017 年《产权意见》避开犯罪后果,开辟出了"犯罪情节较轻"的要件,这就将个人罪前行为之情节和罪后态度结合起来了,是在逮捕法定条件内的反向细化。民营企业家意图通过"认罪"主观悔罪的态度来挽回人生的败局,因此也可能获得所谓"程序从宽"的机会。2018 年刑事诉讼法修改时确立了认罪认罚从宽处理的原则,其中就逮捕而言,增加规定,"批准或者决定逮捕,应当将犯罪嫌疑人、被告人涉嫌犯罪的性质、情节、认罪认罚等情况,作为是否可能发生社会危险性的考虑因素"。当然,把"社会危险性"落脚于"犯罪性质、情节""认罪认罚"既非"社会"也非"危险",是从过去推断未来,将不确定的社会危险性连接到确定的"人身危险性"风险评估上来。"积极配合"或者"主动配合"是不逃避义务而不具有"社会危险性"的更积极的表现,也像自首立功一样,也可能比"认罪态度好"更为积极,总体上都体现了一种责任担当。

其次,对核心要件"社会危险性"条件要求不同而影响到采取何种强制措施,2016 年《非公意见》"社会危险性不高"决定了"一般不采取拘留、逮捕措施",这意味着存在采取所有五种强制措施的可能,当然,这说明《非公意见》所着力针对的就是限制执法者自由裁量的问题,而《产权意见》和《创新创业通知》所设定的"没有社会危险性"可以说是法律的重述了。刑事诉讼法第 81 条规定的一般逮捕的三个条件(构罪/徒刑/社会危险性)和绝对逮捕的三种情形(重罪十年/曾经故意犯罪/身份不明),立法对一般逮捕的"社会危险性"条件进行了列举,"(1) 可能实施新的犯罪的;(2) 有危害国家安全、公共安全或者社会秩序的现实危险的;(3) 可能毁灭、伪造证据,干扰证人作证或者串供的;(4) 可能对被害人、举报人、控告人实施打击报复的;(5) 企图自杀或者逃跑的"。由此可见,其中,具有社会危险性的第一种情形和第二种情形的再犯可能和现实危险需要"当下犯罪"本身之外的犯罪嫌疑人相关言行等证据支持,当然,这也可能存在于侦查卷宗之中,必要时可能需要逮捕审查者进行走访、调查,而绝对逮捕之"曾经故意犯罪"要件则是品格证据在审查逮捕制度中的具体运用。笔者认为"曾经故意犯罪"一般是以先前被定罪/被追诉也就是接受过处理的犯罪行为,因为如果是未经处理的犯罪行为则可能合并到当下案件之中一并处理。当然刑事诉讼等运行本身给犯罪嫌疑人施加了一定的义务,犯罪嫌疑人对这种诉讼义务的积极违反(可能对证据和相关人员做手脚)或者消极不履行(企图自杀或者逃跑)也被称为"社会危险性",也展示了刑事诉讼维护公共利益的本质。需要注意的是,企业的经济发展建立在原罪之上,企业犯罪往往官商勾结,积习难改,可能在犯罪的道路上渐行渐远,因此,办案机关本身也要通过公正严明的程序平等保护、不偏袒来构建"亲""清"新型政商关系。

最后,后果存在些微差异。如果刑事诉讼法第81条是适用逮捕的条件,而上述文件规定的是"不采取"强制措施的条件。因为拘留、逮捕和指定居所监视居住主要是剥夺了人身自由的羁押措施,所列情形主要是否定逮捕条件而言,因此下文论述的"不采取"何种强制措施主要以逮捕作为代表。《产权意见》和《创新创业通知》更侧重于"无社会危险性"情形下的严格执法,甚至"一律"不采取具有羁押性质的措施,防止滥用强制措施,可以称为"法定不捕";《创新创业通知》可能采取取保候审措施,而《产权意见》后果之中的"等"字甚至预示了可能不采取任何强制措施。而《非公意见》的上述规定更侧重于对可能符合拘捕条件的案件审慎裁量,细化出对当事人的有利条件,选择更轻缓的强制措施,可以称为"裁量不捕"。《非公意见》第9条还规定了"对于查办非公有制企业经营管理者和关键岗位工作人员的犯罪案件,主动加强与涉案企业或者当地政府有关部门、行业管理部门的沟通协调,合理掌控办案进度,严格慎用拘留、逮捕措施,帮助涉案非公有制企业做好生产经营衔接工作"。在"严格慎用拘留、逮捕措施"过程中强化了办案机关的沟通协调工作。

(二)最高人民检察院"关于可以不批准逮捕的情形"的司法标准解答

随着对民营经济司法保护政策的不断加码,2018年11月最高人民检察院法律政策研究室以问题为导向,梳理和明确了规范办理涉民营企业案件的11个执法司法标准:《充分发挥检察职能为民营企业发展提供司法保障——检察机关办理涉民营企业案件有关法律政策问题解答》(以下简称《民企解答》)。其中明确了"关于可以不批准逮捕的情形"。最高人民检察院强调,检察机关办理涉民营企业案件,要严格审查是否符合法律规定的逮捕条件,防止"构罪即捕""一捕了之"。对不符合逮捕条件,或者具有刑事诉讼法第16条规定情形之一的民营企业经营者,应当依法不批准逮捕;对有自首、立功表现,认罪态度好,没有社会危险性的民营企业经营者,一般不批准逮捕;对符合监视居住条件,不羁押不致发生社会危险性的民营企业经营者,可以不批准逮捕。对已经批准逮捕的民营企业经营者,应当依法履行羁押必要性审查职责。对不需要继续羁押的,应当及时建议公安机关予以释放或者变更强制措施。对已作出的批准逮捕决定发现确有错误的,人民检察院应当撤销原批准逮捕决定,送达公安机关执行。这个2018年的《民企解答》较之前的相关文件内容要更为充实一些,一是在批准环节明确了"不合条件不批捕""无罪不批捕",重申了"裁量不批捕",突出了"监居不批捕"。二是从动态程序审查的角度明确了"无必要变更为不捕"和"确有错误撤销逮捕"。

二、地方规范解析——以"11条取保候审指引"为例

2020年7月21日发布的《广东省高级人民法院关于刑事诉讼中规范民营企业家负责人取保候审指引》(以下简称《指引》)共11条,燃爆了律师界,尽管条文并未在多大程度上突破法律规定,但是法院出台取保候审指引至少表现了在程序运行中应该依情势变更对被羁押人处遇的工作理念和积极回应被告人权利诉求的姿态。

(一)最大亮点是法院作为主体出台了针对"民营企业家负责人"的"取保候审"指引

第一,体现了法院的社会担当。从第1条可见,在民营企业负责人为被告人的刑事案件中,人民法院"准确适用强制措施","综合考虑被告人主观恶性、危害后果、认罪态度、配合监管等因素"并不稀奇,而值得关注的是"最大限度避免对正常生产经营的不利影响",这从表面上看应该是一种准确适用强制措施的后果,但是,这还可能是一种预测因素。如何作出准确预测就需要调动法院自己的积极性,要主动融入发展大局之中,甚至不再是一个被动的角色。

第二,体现了羁押替代的程序从宽功能。可以说,法院保护和支持民营企业发展更多的是在民事纠纷处理上的公平公正,因此,在最高人民法院对民营企业司法保护的相关文件之中很少对人身采取强制措施的有关规定,不容否认的是,民营企业家常常会陷入非法吸收公众存款罪、虚开增值税专用发票罪、职务侵占罪、合同诈骗罪、单位行贿罪等罪名之中。一般而言,强制措施的适用,检察院比法院发挥了更"主导"的作用,案件到法院审理阶段已经经过层层筛选,这个时候考虑取保候审主要是采用轻缓的强制措施替代羁押,大体上属于程序从宽的体现。

第三,体现了侦诉审的有机衔接和法院动态程序审查的职责。法院出台取保候审指引有抢检察院主导责任的嫌疑,并且在实践之中,"民营企业家负责人"的"取保候审"很多时候是应申请而并不具有浓烈的权利属性,这也是法院自身职责所在,甚至是司法审查该有的样态。由于审判处于刑事诉讼程序的终端,因此,在取保的条件之中有《指引》第3条第1款第4项之"检察机关已经取保候审或建议取保候审,经审查不存在妨碍审判的情形,不致发生社会危害的";第3条第2款接续侦诉阶段取保而变更保证措施的规定,"检察机关、公安机关已经对民营企业负责人取保候审,人民法院决定继续取保候审的,可以根据案件具体情况变更保证措施";以及第6条第3款法院审理过程中,依情势重新审查是否变更强制措施的规定,"人民法院根据案件审理情况变化,可以重新对是否变更强制措施进行审查并作出决定"。这些规定都体现了程序之间动态衔接的特征,也考验着审判人员的迅速反应能力。第5条、第6条主要说的是法院变更强制措施的启动主体(依辩方申请/依控方建议/依法院职权)、审查程序(听取办案机关意见)和决策者(院长)、决定说理等,更突出了司法审查"三方组合、兼听则明"的程序公正要求。

(二) 亮点之二是对民营企业负责人取保候审标准从正反两方面进行了细化

第一，在刑事诉讼法规定的徒刑以上不必要羁押而取保的规定之上确定了一个"重罪取保"的条件，"10年以下"跨幅很宽，但是在"徒刑以上"设定一个"10年以下"的上限意图容纳更多的重罪可能。《指引》第3条可能放宽了取保候审的条件，有诸多（律师）的自媒体文章标题突出该指引第3条第1款第3项的"民营企业家涉刑十年以下可取保候审"的"重罪取保"意涵。当然，"可能判处十年以下有期徒刑"并不当然取保候审，还附加了"犯罪事实已经查清，证据确实、充分，认罪态度好，积极赔偿或退赃，采取取保候审能够保证诉讼顺利进行"等条件，一方面是事实已经铁板钉钉、木已成舟，被告人难翻铁案；另一方面还是意图通过被告人"认罪态度好，积极赔偿或退赃"的表现来争取宽大处理。第1款之其他项基本重述了法律设定的条件，可分为两类：一是实体上的无罪取保、轻刑（可能判处管制、拘役或独立适用附加刑）取保；二是程序上的继续取保或者依建议取保；期限届满取保或者司法裁决者裁量取保。

第二，为体现宽严相济刑事政策精神的"宽中有严"之侧面，《指引》第4条规定了"不得取保候审"的八项情形，而其中第1项为"涉嫌实施危害国家安全、严重扰乱社会治安、严重侵犯公民人身权利的故意犯罪的"；第2项为"涉嫌实施走私、洗钱、非法吸收公众存款、集资诈骗、传销等严重经济犯罪的主犯"，根据犯罪严重程度、侵害范围（如危害国家安全犯罪、严重扰乱社会治安犯罪、侵害人身权利犯罪以及涉众型经济犯罪）、主观故意犯罪和被告人为主犯等设定了不得取保候审的规定。这些条件是伴随着案件事实而来的静态特征，对比而言，其他项的条件大都是表现为可能重新犯罪，可能违反诉讼义务妨碍诉讼顺利进行，甚至满足逮捕条件的情形。此外，还有第7项"不能提出保证人，又拒不缴纳保证金的"的情形属于取保候审的客观不能了。

(三) 亮点之三是"有条件附义务放人"，尤其是突出了民营企业家取保候审的经济条件，确立了保证金保证"一般不低于10万元"的底线

《指引》第7条规定了取保候审的两种方式，不论是人保还是财保自然而然地与保证人的"收入"和被取保候审人的"经济状况"等挂起钩来。根据2020年7月20日公布的最新修订的《公安机关办理刑事案件程序规定》第87条规定，犯罪嫌疑人的保证金起点数额为人民币1000元。犯罪嫌疑人为未成年人的，保证金起点数额为人民币500元。也有律师看到在实务中，取保候审一般要求交5000元的保证金，而《指引》为了对被告人起到足够的约束作用，大幅度提高了保证金数额底线。笔者认为这在某种程度上是合适的，一般而言，民营企业家的融资能力毋庸置疑，违反法律义务的惩罚致其几千元的保证金损失或许并不能阻止其心存逃避法律义务的侥幸。企业家对企业事务经营决策上的自由才是"最大限度避免对正常生产经营的不利影响"，该指引第8条第2款规定："取保候审期间，被告人不得离开监管地。确因企业生产经营需要申请离开监管地的，应当经执行机关批准。"当然，提高保证金底线或许并不会加重企业的负担，这个保证金在被告人配合监管和案件审理的情况下还是会"物归原主"的。此外在被告人无力拿出这笔钱的时候还有保证人保证之选择余地。

最后《指引》重申了相关的执行机关、执行程序和被取保人和保证人的义务规定和法律责任等，如第 8 条重申取保候审的执行机关；第 9 条、第 10 条重申了刑事诉讼法第 71 条规定的被取保候审的被告人应当遵守的法律义务与相关限制性措施和被取保候审的被告人违反法定义务的法律后果（人民法院应当向负责执行的公安机关提出没收部分或全部保证金的书面意见）以及对被告人违反规定的区别情形处理。第 11 条重申了保证人的义务和责任。这些是法律规定的基本程序问题。

三、结论：改变"构罪即捕"和"一捕了之"的政策激励和制度创新

从适用强制措施的法、检分权来看，最高人民检察院的规定更突出改变在批捕环节的"构罪即捕"现象，而《指引》则更突出法院积极担负起后续的司法审查职责而改变"一捕了之""一押到底"的现象。然而，正如律师徐昕指出的实践中取保候审制度几乎形同虚设，取保难，难于上青天。笔者认为，这首先与办案人员的消极应付、疲于奔命的司法现状有极大的关系。一是忽视程序正义，司法工作人员认为只要有罪事实搞对了，送交看守所羁押最为省事，形成了"构罪即捕"的羁押常态局面。二是拒绝改变，不能针对案件事实可能从有罪变无罪，从模糊到清楚的情势，以及案件从侦查到起诉再到审判的诉讼流程的变化而证据逐渐被固定在案的情况，积极评估犯罪嫌疑人的社会危险性程度，形成了"一押到底"的局面。而上述最高人民检察院和广东省高级人民法院的规定总体上属于裁量性规范，并且对办案人员缺乏责任机制的约束，因而这种政策激励往往不能真正改变办案方式和司法现状，或许需要一定的制度创新。

（一）以认罪与否为过滤器，细化社会危险性的证据体系

目前的"不采取羁押措施"或者采取取保候审措施的决定往往建立在"认罪态度好"的基础之上，不管是前面所提及的法定不批捕还是裁量不批捕的条件都强调了这一点，甚至还要求"积极主动配合"侦查，这种条件要求往往使得办案机关可能会认为申请取保候审或者申请羁押必要性审查以变更强制措施的当事人认罪态度好不好为基础。因此在采取强制措施时也可能充满了敌对情绪。因此当前取保候审得以成功的最大胜算是无罪取保候审之情形。笔者并不反对以认罪认罚换取程序从宽，并且一般认为不认罪者往往可能会对证人和证据动手脚来掩盖其犯罪事实，但是认罪与否首先要以"有罪可认"为前提，因此，有罪无罪的确成为选择适用何种强制措施的重要理由。尽管"社会危险性"是羁押必要性的前提，但是，刑事诉讼法有"重罪羁押"（10 年以上刑罚）和《指引》的"重罪取保候审"（涉罪 10 年以下）和严重犯罪不得取保候审的规定，所涉罪名的性质、情节和后果严重程度和共犯地位等已然之罪的客观情形本身或许并不是社会危险性的表征，而应该着眼于是否可能再犯罪或者干扰诉讼的顺利进行。对于"再犯可能"更应着眼于其犯罪前心理状态和犯罪后的认罪悔罪意识以及是否累犯、惯犯等要素，而对于"可能干扰诉讼顺利进行"更侧重于其是否有毁灭伪造人证、物证、书证以及干扰证人或者打击报复利害关系人等言行方面的证据，而不是仅凭犯罪事实来判断。

（二）以听证审查程序为平台，提高控辩双方对强制措施决定的参与度

强制措施的决定程序不只建立在控辩某一方的意见或者双方的对立意见之上，而要对

形成各自意见的证据和事实基础进行审查，并且可以通过听证程序提供给控辩双方进行对质和辩论的平台，甚至引入一种办案人员违法责任追究制度和辩护方的自主保证机制。对办案人员的违法责任主要集中于有故意严重程序违法情形或者无罪判决后的倒查机制两个方面。而对辩护方的自主责任保证机制，当然不是官方的施舍，而是当事人自主的责任激发，这种"我要保证"的心态恰恰是"要我保证"的取保候审制度所追求的积极正面的效果。

（三）以绩效考核体系为指挥棒，提高取保候审的适用率

在侦诉审三个阶段分别设定合理的审前羁押率指标，同时也将办案的法律效果和社会效果的有机统一纳入绩效考核机制，形成有效的激励机制。办案机关要宽严相济，打防结合，兼顾依法惩治犯罪与挽回国家损失，坚持罪刑法定、疑罪从无原则，全面综合考虑办案效果，加强羁押必要性审查，依法及时变更强制措施，对确有羁押必要的，要考虑维持企业生产经营需要，可与涉案企业或行业主管部门进行沟通，共同制定方案，在确有必要且条件许可的情形下，保障相关人员在羁押期间能依法行使企业经营、资产处置等权利，在生产经营决策等方面提供必要的便利和支持，帮助企业经营管理平稳过渡，尽快恢复正常的生产秩序。

民营经济保护与刑事诉讼制度

——建立更完备的刑事诉讼制度，为民营企业的健康发展保驾护航

宋维强[*]

中国特色社会主义进入新时代以来，中共中央对于非公有制经济的发展有了更深的认识。经济基础决定上层建筑，而作为上层建筑的法律法规又不可避免地具有一定的滞后性。在实践工作中，必须制定相关的配套法律法规，才能更好地贯彻落实发展壮大民营经济的方针政策。

一、民营经济与刑事诉讼的现状及问题凸显

民营经济是我国社会主义市场经济的重要组成部分，民营企业是推动我国经济发展的重要主体。但是，民营企业在转型发展过程中遇到的产权纠纷、融资困境、刑法保护不平等、司法倾向性等法律问题逐渐构建起阻碍发展的壁垒，使得民营企业遭受不平等对待，在发展过程中举步维艰。[①]

在司法实践中存在大量民营企业及企业家涉嫌刑事犯罪下马破产的案例。一方面，民营企业家自身涉刑风险高。常见的诸如虚开增值税专用发票罪、非法吸收公众存款罪、集资诈骗罪、行贿罪、合同诈骗罪、非法经营罪、职务侵占罪、挪用资金罪、走私罪、串通投标罪、涉黑恶犯罪等。另一方面，司法机关执法、司法制度有待完善。引进投资后经常被不公对待，股东争斗也易引发刑事手段介入，稍有不慎，就会出现冤假错案，加之刑事惩罚性强，后果严重。

二、完善刑事诉讼制度，保障民营经济的几点建议

（一）刑事立案标准须更加严格

为避免民营企业家被无端追究刑事责任，经济犯罪案件是否应该立案往往争议很大，实践中经常出现经济纠纷被错当刑事犯罪立案，需要加强监督。严把经济犯罪案件入门关，即在"立案"环节从严把控、从严监督。

立案、侦查由公安机关负责的一体化模式可能导致很多并非刑事案件的民事纠纷陷入

---

[*] 宋维强，北京中彬律师事务所主任。
[①] 付唯一：《民营企业发展中的法律问题初探》，载《市场周刊》2020年第8期。

刑事程序而无法自拔。可以考虑将"立案"和"侦查"分离，把经济犯罪的立案权从公安机关剥离出来（如交由检察院来决定是否立案），这将会在很大程度上改善公安机关自行立案、自行侦查、自行采取强制措施的一体化工作模式。立案和侦查分离，可以加大对案件立案、侦查各阶段的内部监督力度，特别是对立案秩序的内部执法监督力度加大，弥补了法律的空白，使立案程序规范化、制度化，最终达到法制化。①

如果做不到对公安立案权的剥离，也应当建立一套行之有效的监督机制。目前，虽然检察机关负有法律监督职责，但在实践中对公安机关立案的约束性不大，也不愿插手公安机关的立案环节，多数是等到批捕阶段才发挥一部分控制作用，或者等审查起诉阶段终结时再考虑是否不起诉，而这时当事人已被长时间羁押，造成很大损失甚至无法摆脱本不成立的指控。

所以，从立案环节就加强把关非常重要。

（二）审慎采取刑事强制措施

一方面，以取保候审为原则，以羁押为例外。

根据刑事诉讼法的规定，嫌疑人被刑拘后面临37天的羁押；如果被批捕，后面的侦查羁押期限经过三次延长可达七个月；侦查终结移送检察院审查起诉后，如果退回两次补充侦查，期限可再达六个半月；法院一审审限六个月，二审审限四个月。粗略算下来，一个人从被抓到宣判之间需要长达两年的时间，这还不算其他特殊的延期。

刑事诉讼法第67条规定，采取取保候审不致发生社会危险性的，可以取保候审。刑事诉讼法第81条第1款明确了"社会危险性"的含义。侦查和司法人员认定有社会危险性，应当有确实、充分的证据；犯罪嫌疑人、被告人或辩护人提出异议的，应当进行听证。侦查和司法人员认定有社会危险性，但最终被宣告无罪，或有确实、充分的证据证明不可能具有社会危险性的，侦查和司法人员应依照司法责任终身追究制进行追责。② 法院、检察院和公安机关应当以审前羁押率低作为管理和评优的重要标准。

另一方面，可捕可不捕的，不捕。

"可捕可不捕的，不捕；可诉可不诉的，不诉；可判实刑可判缓刑的，判个缓刑，好不好啊？我们认为是非常需要。因为民营企业把他捕了，把他诉了，这个企业马上就会垮台，几十个人几百个人的就业就没了。"2019年10月，最高人民检察院张军检察长的这段视频在法律圈里刷了屏，这段话回答了检察机关如何为民营企业提供司法保障的问题。

按照法律规定，逮捕只是确保刑事诉讼活动顺利进行的一个强制措施，并非一种惩罚手段。只要不存在犯罪嫌疑人逃跑、毁灭证据、自杀等妨碍刑事诉讼活动顺利进行的风险，就没有必要采取逮捕措施。但是在实践中，出于各种考虑，这项强制措施有过度使用的趋势。为此，最高人民检察院多次强调，并以专项行动的方式督促各地检察机关开展羁押必要性审查，以减少不必要的羁押。

---

① 杨言林、宋智勇、郭传勇：《立案、侦查分离制度的思考》，载《人民公安》2000年第11期。
② 张磊杰等：《羁押必要性审查制度初探》，载《民主与法制时报》2014年10月13日。

（三）建立健全管辖权异议制度

我国刑事诉讼法对刑事案件的管辖进行了明确规定，这对防止地方保护具有积极意义。但是，现在许多司法乱象就体现在管辖权方面，如"资金来源地"本身不是财产犯罪的管辖地，但往往被作为管辖依据。更有甚者，资金来源地的上一级来源地的司法机关也来抓人。如果这样行使管辖权，资金的上家的上家……都有管辖权，都可以抓人，那么法律关于管辖权的规定岂不成了一纸空文？

民事诉讼、行政诉讼中有管辖权异议制度。然而，刑事诉讼涉及公民的自由乃至生命，竟然没有管辖权异议制度，因此必须尽快确立管辖权异议制度。犯罪嫌疑人、被告人或辩护人有权提出管辖权异议，对法院的裁定有权提起上诉。管辖错误的，应在三日内将案件移交有管辖权的法院，并对被告人立即取保候审。

（四）严守非法证据排除规则

刑事诉讼涉及生命、财产等重大利益，也就难免存在为了攫取利益而在诉讼中充斥非法证据的现象，"重惩罚犯罪，轻人权保障"的传统法制观念、非法证据排除相关规则不完善等都是影响非法证据排除规则产生实际效果的阻碍因素，[①] 这也正是导致冤案的重要因素。必须坚守证据三性即真实性、合法性、关联性的底线，严守非法证据排除规则。

刑事证据必须由侦查机关依法收集，鉴定的检材、指控的证据等若系被害人提取、提交，而未经侦查机关依法提取和固定，来源不明，真实性无法确认，应作为非法证据一律排除。

讯问同步录像应当作为证据随案移送。被告人提出排非线索的，若检方不提交讯问同步录像，则口供和证言一律排除。三项规程颁布之后，无论被告人是否提出排非，法庭都应当结合录音录像对被告人供述进行审查。如《人民法院办理刑事案件第一审普通程序法庭调查规程（试行）》第50条第2款规定："法庭应当结合讯问录音录像对讯问笔录进行全面审查。讯问笔录记载的内容与讯问录音录像存在实质性差异的，以讯问录音录像为准。"因此，讯问同步录音录像必须随案移送，而辩护人可以复制，刑事诉讼法对此有必要作出明确的规定。

（五）刑民交叉案件，改变"先刑后民"的审理规则

在我国司法实践中，"先刑后民"是普遍做法。但在司法活动中不管具体案情一律"先刑后民"，对案件的公正处理危害很大，也违背对客观事物的认识规律。其实，与之相反，有很多案件首先需要搞清楚双方的民事法律问题，比如在合同诈骗案中，合同是否有效？合同双方的权利义务是什么？是否履约？是否存在欺诈？这些民事问题是当事人能否构成合同诈骗罪的前提。在这样的案件中就应该"先民后刑"，先审民事问题。

"先刑后民"的结果是实际形成了"以刑代民"，刑事审判完全代替了民事审判。当事人一旦被定罪，所有的民事权益都失去了翻身的机会。所以，为落实刑法的谦抑性原则，避免刑事手段插手民事纠纷，保持同一事实认定的一致性，我们应该改变简单的"先刑后

---

① 盛旖瑾：《论证据的合法性——以非法证据排除规则为中心的研究》，载《法制博览》2020年第19期。

民"做法,应根据案件实际情况选择"先刑后民"还是"先民后刑"或者"刑民并进"。

贯彻违法判断(相对)独立性的"刑民分开"或"刑民并进"模式既尊重了审判的独立性,① 也有助于避免因案件受理顺序的固定而导致因涉嫌刑事而影响民事救济,是更为合理、高效的诉讼处理机制。

(六)刑事二审应以开庭为原则,不开庭审理为例外

2019 年,全国人大代表朱列玉、全国政协委员朱征夫分别就"刑事案件二审"审理方式提出建议。二位代表注意到有些地方审理刑事上诉案件,直接通过书面审理作出判决,开庭审理成了"例外"。朱列玉提出建议:修改刑事诉讼法,二审刑事案件取消书面审理,规定必须开庭,以更好地保障当事人的辩护权,进一步避免冤假错案的发生。朱征夫也建议,"明确规定刑事案件二审应当以开庭审理为原则,严格限制不开庭审理的适用"。

我国司法实践在大多数情况下都采用不开庭的审理方式进行,这种现状极大地阻碍了刑事诉讼实体公正和程序公正的实现。二审开庭审理是世界上许多国家和地区的普遍做法,在我国刑事二审的审理方式上,应结合我国的具体情况,认真贯彻执行我国"以开庭审理为原则,不开庭审理为例外"的立法宗旨。②

(七)明确赋予被告人申请庭审直播的权利

最高人民法院《关于深化人民法院司法体制综合配套改革的意见——人民法院第五个五年改革纲要(2019-2023)》明确要求,"深化庭审活动公开。进一步健全庭审公开的范围、流程和保障机制。完善中国庭审公开网功能,扩大庭审公开范围,以有典型意义、社会关注度高的案件为重点,充分运用网络直播、视频录播、图文直播等形式,实现庭审公开常态化,主动接受社会监督,促进提升司法能力,深入开展法治教育"。庭审直播已成为促进司法公正、提高司法公信力的重要保障。

公开审判并不当然允许对庭审进行直播。刑事案件的庭审直播涉及利益的重大性、复杂性和相互冲突性,这决定了,一方面应将庭审直播的决定权赋予法院;另一方面应将庭审直播的申请权赋予媒体和普通公众,并赋予包括被告人、被害人、证人等在内的利益相关主体提出异议权。庭审直播影响利益的重大性和损害的不可修复性决定了法院对庭审直播申请和异议的审查,应以听证审查为原则,并允许利益相关主体对法院的决定上诉。为了避免庭审直播对相关主体的利益造成不必要的损害,除了完善庭审直播的相关规则外,还应进一步强化媒体和个人的责任和自律意识,尤其应进一步完善有威慑力的制裁体系,切实确保媒体和个人恪守平衡直播和不得进行偏见性评论的底线。③

建议在刑事诉讼法或司法解释中明确规定赋予当事人申请庭审直播的权利。诸如:庭审以直播为原则,不直播的则须说明理由,并经法定程序批准;当事人放弃个人隐私、商业秘密的保护,申请庭审直播的,也应该进行庭审直播。通过立法修改,让庭审直播成为常态。建议法律明确规定,除涉及国家秘密、个人隐私等法定不公开审理的案件以外,其

---

① 简爱:《从刑民实体判断看交叉案件的诉讼处理机制》,载《法学家》2020 年第 1 期。
② 杨德文:《我国刑事二审审理方式的研究》,载《兰州学刊》2011 年第 8 期。
③ 吴纪奎:《论刑事案件庭审直播的规制》,载《中国刑事法杂志》2014 年第 6 期。

他所有案件的开庭审理均应进行庭审直播。

(八) 进入审判阶段,原则上应严格限制检察院补充侦查

审判阶段,法院建议检察院补充侦查,从表面上看是为了更精准地打击犯罪,但实际上是法院已经把"事实不清、证据不足"的案件交由人民检察院重新回炉,违背"控审分离"的原则,审判阶段补充侦查权可能会存在法院利用其"借时间"、检察院利用其规避无罪风险、启动程序随意且过度应用、被告人合法权利难以保障等问题。① 但法院这一积极配合控方的"建议"行为不仅与被动的中立审判属性相悖,客观上也起到了为控方助威的控诉效果,而且相当于已经作出了认定被告人有罪的表态。

刑事诉讼法第 200 条规定:"在被告人最后陈述后,审判长宣布休庭,合议庭进行评议,根据已经查明的事实、证据和有关的法律规定,分别作出以下判决:……(三)证据不足,不能认定被告人有罪的,应当作出证据不足、指控的犯罪不能成立的无罪判决。"与此同时,人民法院组织法中的相对应条款并未作出修改。2018 年 10 月 26 日,修订后的人民法院组织法发布,删除了"人民法院对于人民检察院起诉的案件认为主要事实不清、证据不足,或者有违法情况时,可以退回人民检察院补充侦查,或者通知人民检察院纠正"这一规定,与刑事诉讼法的规定相一致。

(九) 规范"查封、扣押、冻结"措施,建立涉案财物的救济机制

涉案财物容易界定不清,刑事立案后,常常伴随着查封、扣押、冻结犯罪嫌疑人、公司甚至关联人的财产,斩断企业正常生产经营的链条,甚至可能一举导致企业倒闭。案款提留更是刑事手段插手民事纠纷的重要原因,激励了公检法等机关为谋取利益而滥用公权、制造案件,滋生腐败,也对当下冤假错案的平反造成极大的阻碍。

《公安机关涉案财物管理若干规定》《关于进一步规范刑事诉讼涉案财物处置工作的意见》规定了可以投诉、复议、申诉,但没有规定明确的程序和责任,造成实际难以执行。对此,应当建立涉案财物处置的异议制度,当事人、利害关系人提出异议的,公安机关和司法机关应当在十日内举行听证,对处理决定不服的,可以申请复议一次。针对生效裁判,赋予当事人或利害关系人不服财产部分裁判的救济权、处分财产时的在场权以及案外人异议权。

按照我国刑法规定,民营企业家发生刑事犯罪后,其涉案财物会采取查封、扣押或者冻结处理。在判决作出之前,需要审查财物是否与本案有关。其中,与本案无关的财物,所有人或者其他权利人有权申请撤销查封、扣押或解冻,检察机关以及审判机关有权对其进行资产判决解除权利。但实际案例中很多对应的合法财产却长时间不能及时解封、返还。刑事涉案财物处置不仅涉及实体法,而且还涉及程序法。只有在实体法上明确刑事涉案财物处置的内容和方式,并在程序法上规定相应的程序来实现实体法,才能妥善处理刑事涉案财物。②

以审判为中心,未经法院判决不得将涉案财物予以罚没,增设相对独立的涉案财物庭

---

① 杜亨:《审判阶段补充侦查权问题研究——以鄂尔多斯市检察院为例》,内蒙古大学 2017 年硕士论文。
② 何永福:《刑事诉讼涉案财物处置程序研究》,西南政法大学 2017 年博士论文。

审环节进行法庭调查和辩论，控辩双方及利害关系人可就涉案财物的处理充分质证和发表意见，核实涉案财物权属。法院应在判决书中对涉案财物的处理进行专门说明。建立涉案财物信息管理平台，设立独立于公检法的第三方刑事涉案财物托管中心，利用电子信息技术强化监督，对于涉案财物查封、扣押、冻结、保管、处理等关键环节实现全程透明化，公众可通过互联网等方式便捷查询相关信息。

（十）建立健全冤假错案的再审机制

2017 年 12 月，最高人民检察院发布《关于充分发挥职能作用营造保护企业家合法权益的法治环境支持企业家创新创业的通知》，要求各级检察机关综合发挥打击、预防、监督、教育、保护等检察职能，为企业家健康成长和事业发展营造宽松法治环境，切实强化企业家人身财产安全感，增强和激励企业家创新创业信心。2018 年 1 月，最高人民法院发布《关于充分发挥审判职能作用为企业家创新创业营造良好法治环境的通知》，要求进一步加大涉企业家产权冤错案件的甄别纠正工作力度，对于涉企业家产权错案冤案，要依法及时再审，尽快纠正。

从 2006 年 12 月 25 日受理徐辉申诉案，到 2014 年 9 月 15 日徐辉被宣告无罪，在 7 年多的时间里，最高人民检察院刑事申诉检察厅与广东省人民检察院上下联动、相互配合，注重与审判机关的沟通协调，积极主动发挥监督职能，对徐辉案的重新审理及改判起到了极为重要的作用。针对珠海市中级人民法院 2012 年 8 月开庭重新审理但迟迟未判的情况，最高人民检察院与广东省人民检察院共同研究，向珠海市中级人民法院再次发出《纠正违法检察建议书》，对其久拖不决、审而不判的行为进行监督。① 观察该案平反过程，并未有新证据出现。法院再审判决书显示，原审裁判认定徐辉构成犯罪的事实不清，证据不足，不是因真凶出现、亡者归来而改判。其主要依据正是广东省人民检察院检察意见书中列出的几个方面，充分体现了检察机关作为法律监督机关依法维护公平正义的坚定决心。

企业家冤错案件一旦产生，就有了生效的判决作为"依据"，因此，纠正企业家冤错案件的唯一途径就是通过审判监督程序，推翻原有错误判决。目前我国再审机制的启动，尽管可以由当事人及其法定代理人、近亲属提出，但再审的最终决定权依然在法院，实践中存在申诉难、再审"门槛过高"的问题，有必要进行制度性调整。具体来看：首先，应进一步加强审判监督中的外部监督，如发挥人大代表、专家学者、律师的作用，可以考虑设置专门的再审复查委员会，让法律职业共同体形成合力，共同纠正企业家冤错案件。其次，鉴于当前冤错案件的纠正更多集中在特大案件，主要是命案领域，实际上当前命案出现错判概率较小，而经济犯罪领域的错判概率较大，建议司法机关内部建立专门的经济犯罪审判监督机构和机制，加强经济犯罪案件的审判监督力度，推动企业家冤错案件的纠正。

（十一）完善冤假错案的国家赔偿和追责机制

企业家犯罪本身就会对社会造成的巨大损害，而企业家遇到冤假错案导致企业破产、股权被迫转让等严重后果，损失无疑更为巨大，会对企业家个人、相关企业乃至相关的行业造成严重影响。为了加强司法机关对企业家冤假错案的重视，有必要进一步建立健全企

---

① 郑赫南：《解读徐辉申诉改判案：让证据"说话"》，载正义网。

业家冤假错案的国家赔偿机制。特别是对错判企业家造成的冤案，应当适当提升对无罪企业家财产损失的赔偿力度和补偿力度；而对于错判企业家造成的错案，如果企业家已经服刑完毕，应当对多执行的刑罚进行国家赔偿，如果仍在服刑，应当及时纠正，已经执行完应服刑期的应尽快释放，并对超出应服刑的期间进行赔偿，从而使企业家冤假错案纠正能够落到实处，也使侦查机关在对企业家犯罪立案时更为慎重。

与此同时，应当进一步加强企业家冤假错案的追责机制，司法改革之所以强调"让审理者裁判，让裁判者负责"，就是要使审判人员权责一体。当然，目前的企业家冤假错案存在一些历史遗留因素，许多重大案件的裁判中，审判委员会是实际的决定主体，对此应当明确冤假错案的责任分担，给予应有的纪律和行政处分，而对于一些明显的事实认定和法律适用错误，则要调查其背后是否存在徇私枉法的情形，维护司法的尊严，也可以加强对审判人员审理案件的制约。

实行司法过程完全公开，自觉接受公众监督，强化和完善律师辩护制度，建立司法人员违法司法问责法规，健全违法司法终身问责制度。①

三、民营企业及企业家自身需增强法律风险意识

在当前中国特色社会主义法制建设全面推进的情势下，民营企业家在进行市场交易、参与市场竞争的过程中，要增强法律风险防范意识，企业要健全和完善法律风险防范机制。另外，民营企业家及企业工作人员均应积极学习知识产权知识，在内部形成激励创新的良性机制，提高自己的市场竞争力。无企业产权就不会有真正的企业，无法律保护也就无产权。民营企业自主创新的主要障碍来自三个方面，即民营企业家的心理障碍、民营企业的能力障碍和法律与政策环境障碍。针对影响民营企业自主创新的各种障碍，需要从根本上创造有利于民营企业自主创新的外部环境，为民营企业开展自主创新提供各种有力的支持和帮助。

具体来说，可以通过组织法律风险培训或者法制宣传活动等提高企业家及企业员工的法律风险意识。企业更可以建立法务部门或者与律所签订法律顾问合同，进行合同审查、非诉业务等，并可以在出现纠纷的时候及时通过法律途径维护企业及企业家的合法权益。

总而言之，市场经济的健康发展需要企业自身和国家法治的共同努力，民营企业为法制建设提供经济基础，法制建设为民营企业建立规范保护。企业内部制定规范的规章制度，保证企业负责人及工作人员严格在法律的范围内从事各种生产经营与市场交易活动。国家法治健全，尤其是在刑事诉讼、司法制度层面从实体和程序两方面制定规范有效的法律法规，为民营企业的健康发展保驾护航。

---

① 李善山：《完善防范冤假错案制度的研究》，载《法制与社会》2015年第23期。

论涉刑事诉讼民营企业的商业信誉保护

王晓霞　余雁泽[*]

一、受损权益定位与基本保护模式

与民营企业正常经营资产、企业家经营权在刑事诉讼中受到的直接不当限制类似，企业因自身或企业家牵涉刑事诉讼而受到的此种间接性的损害就其本质而言都属于民商事权利与公权力的冲突。因此，需要为这一类特定权益确定一个概念上的锚点，进而在刑事程序中一定程度地引入私法尤其是商事法的思维、原则、理念与规范，通过应有的机制来捍卫私法自治的本来边界，从源头上实现对民营企业及企业家产权的依法平等保护。[①] 为此，应当先明确刑事诉讼会对民营企业产生何种间接性影响，基于此种间接影响的特性定位其所归属的民事权益，进而以此为基础探索能够协调和平衡该种民事权益保护与刑事诉讼目的的具体保护制度模式。

(一) 刑事诉讼对民营企业的间接影响

所谓刑事诉讼的间接影响，是指区别于刑事诉讼程序目的本身所意图达到的对民营企业各方面权利的限制，由该企业或企业家被牵涉刑事诉讼这一事实本身产生的外部效应，其他主体基于这一事实在与涉诉主体接触时调整了相关认识和对策，从而对后者产生的不利影响。主要有以下几种：

第一，直接影响的透射效应——强制措施风险下对涉诉企业经营决策能力预期的下降。刑事强制措施对涉案资产和设备的查封和扣押，以及相关企业家因被羁押丧失对企业的控制能力，都对企业其他正常业务的开展乃至是否能够存续释放了不良的信号，其他商事主体在与涉诉企业开展业务时，必然会对此种风险加以考虑，怀疑涉诉企业是否有能力继续履行合同义务、维持经营状况。商事交易具有高度预期敏感性，且容易引发连锁效应，一次因预期下降而未能达成的交易会在一系列信息传播的过程中被不断放大，最终导致市场对涉诉企业资产状况、经营能力评估的毁灭性打击，这反过来又对其通过正常开展业务冲淡涉诉影响、恢复生产经营能力造成不可逆转的阻碍。

第二，道德评价的辐射影响——刑事诉讼程序的实体化社会评判。无论是民营企业作

---

[*] 王晓霞，浙江省人民检察院法律政策研究室主任，法学博士；余雁泽，浙江省人民检察院法律政策研究室检察官助理，法律硕士。
[①] 李建伟、李晓明：《刑事诉讼中的企业家民商事权利保护》，载《人民司法》2019年第19期。

为法人涉嫌犯罪导致其本身道德评价降低,还是因企业家个人涉嫌犯罪导致对其企业形象的牵连性影响,最终都会使得来自其他市场主体的道德质疑扩展至其从业经营的各个领域。例如,其他商事主体在考虑与涉偷税漏税犯罪企业合作时会考虑重新评估其信用状况,商品购买者、服务接受者也会因企业家纯粹个人的犯罪行为重新审视相关企业所提供商品、服务的质量,长此以往势必对涉诉企业的业务开展造成重大打击。

第三,竞争对手的无端利用——以信息资讯为媒介突破相关法律限制。在市场竞争日趋激烈的背景下,任何可以对竞争者造成负面影响的事件、信息都可能为人所利用。尽管反不正当竞争法以及刑法都对捏造、传播、散布虚假事实损害其他市场主体的行为进行了规制,但竞争对手陷于刑事诉讼这一事实的存在,则为其绕开上述规定进行攻击提供了途径。特别是在互联网行业中,通过对新闻平台的控制,利用信息偏在报道案件相关资讯,并通过新闻评论、专家访谈、操控讨论热点等方式,实现对涉诉企业或企业家的社会舆论审判。即便最后检察院作出不起诉决定或法院作出无罪判决,相关竞争者亦可通过热点再造、阴谋叙事等方式转移大众视线,使得官方结论被埋藏,无法达到对涉诉企业或企业家利益损害的完满补偿和修复。在这一过程中,其所依据的均是业已客观存在的刑事诉讼程序进展,相关的评论和讨论则根本无法归于"事实"名下,因此很难将上述行为归于反不正当竞争法和刑法的规制射程之内,使得刑事诉讼程序在某种程度上沦为侵权行为的工具。

(二) 受损权益的概念归属

如上所述,涉及刑事诉讼对民营企业及企业家所产生的间接影响是多角度、全方位的。随之而来的问题是,如何将其概括于同一个概念之中,进而在刑事诉讼程序中探讨是否能够尝试借鉴或引入相关权益保护的理念和机制。可以作为权益保护锚点性的概念有二:法人名誉权与商业信誉。

学界对于上述两个概念的关系存在一定争议,王利明教授认为商业信誉属于法人名誉权,因而具有人格权的属性。① 对立的观点则认为商业信誉属于财产权或至少具有财产属性,因而与法人名誉权有所区别。② 从比较法视角来看,英美法系中"名誉"是指相关社会群体对主体行为、品质特征的外部评价。③ 大陆法系的界定与此类似,认为"名誉"是指每个人因其自身的品行、德行、名声、信用等,所应该得到的世人的相应评价。④ 而商业信誉概念的提出则正是为了弥补名誉权对法人相关权益保护的不足,在尊严等人格性质的利益之外实现对企业形象受损等因素造成的财产损害加以救济。正因为如此,虽与名誉权同属于社会评价范畴,但商业信誉更加侧重社会评价的实际影响而非评价本身的性质,如相关市场中消费者或潜在消费者对企业商品的风评、意向合作对象对企业经营能力的评估等相对客观的认识。《民法典》第527条将有确实证据证明对方有丧失商业信誉情形作为不安抗辩权行使的条件之一,这正是商业信誉区别于法人名誉权的财产属性的有力例证。当然,商业信誉在外延上也有与名誉权重合的部分,即当对企业行为、品质的外部评价会直

---

① 参见王利明:《民法总论》(第二版),中国人民大学出版社2015年版,第95页。
② 参见吴汉东:《论商誉权》,载《中国法学》2001年第3期;赵万一:《商法基本问题研究》(第二版),法律出版社2013年版,第306页。
③ Dario Milo, *Defamation and Freedom of Speech*, Oxford University Press, 2008, p. 17.
④ [日] 五十岚清:《人格权法》,[日] 铃木贤、葛敏译,北京大学出版社2009年版,第17页。

接影响其经营生产和商事交易时,此种名誉权性质的评价就同时落在名誉权和商业信誉的保护范围之内。

而如前所述,民营企业因刑事诉讼受到的间接影响不仅在于单纯的人格利益受损,更包括其资信能力、产品认识、市场风评等具有财产性价值的社会评价降低。因此,可以认为商业信誉在外延上更加贴合民营企业受刑事诉讼间接影响而受损的权益。因此,可以尝试在刑事诉讼中部分引入商业信誉保护的相关理念和制度,寻求在与刑事诉讼本身目的价值导向相协调前提下对涉诉民营企业合法利益的最大保护。

(三) 基本保护模式的制度借鉴

我国现有的商业信誉保护模式相对单一,可能并不能匹配对受到刑事诉讼影响的民营企业商业信誉的保护。目前商业信誉的保护主要通过反不正当竞争法第11条①、刑法第221条②实现。反不正当竞争法以竞争关系标准界定侵犯商誉的行为性质,将侵权的主体限定在有竞争关系的经营者中;而刑法的相关条文则旨在保护复杂法益,包括市场经济秩序以及个体经营者的权益。但二者在行为构成上采取了类似的结构,要求当行为人行为具备"编造+散布"的接续性性质,而"编造"自然也限定了所涉事实描述必须具备虚假性。但是刑事诉讼对企业商业信誉的损害往往无法具备上述性质,因而不适合直接借鉴或引入上述规定的保护模式。首先,此种情况下企业商业信誉受损并不必然以怀有损害涉诉企业商誉主观心态的特定主体之存在为前提,而是属于正常适法行为本身产生的效应。其次,即使存在此种意图利用刑事诉讼损害涉诉企业商誉的主体(如前文所述扩大事件影响力和讨论度的竞争者),其也并非编造了虚假的信息,而只是利用了社会对企业牵涉于刑事诉讼中这一真实信息的普遍共识,达到了损害竞争对手商誉的效果。最后,从规范旨趣上看,避免刑事诉讼对涉诉民营企业商业信誉产生影响是过程导向的,制度构建的目的主要在于预防而非补偿,在刑事诉讼语境下探讨如何补偿或减少业已产生的负面影响并非问题的关键。而上述两法中的规定则恰恰相反,属于结果导向,其更加关注被商业诋毁所破坏的公平竞争秩序的修复和被害企业利益的补偿。

相对而言域外商业信誉的保护理念和模式则更有借鉴意义。世界知识产权组织(WIPO)《〈反不正当竞争法示范法〉及其注释》扩张了损害商业信誉的行为范围,即"不合理"陈述也可能构成对商业信誉的侵犯;而在行为主体方面,非作为竞争者的消费者团体或新闻媒体也可以实施侵犯商誉的行为。③ 区别于我国现有商业信誉保护制度,侵权行为从虚假陈述向"不合理"陈述扩张,体现了以结果有害性而非行为不法性为导向的基本理念,即"不合理"的判定标准以相关陈述对企业商业信誉的具体作用为基础。因此,"不合理"不仅包括内容层面的不合理,同时亦应包括时间不合理以及对象不合理。基于此,在本文所讨论的语境下,民营企业尚处于刑事诉讼程序中、并未经法院最终判决时,相关权利义务处于未定状态,可以从时间不合理性的角度看待关于刑事诉讼与涉诉企业的陈述;而在

---

① 该条内容为:经营者不得编造、传播虚假信息或者误导性信息,损害竞争对手的商业信誉、商品声誉。
② 该条内容为:捏造并散布虚伪事实,损害他人的商业信誉、商品声誉,给他人造成重大损失或者有其他严重情节的,处二年以下有期徒刑或者拘役,并处或者单处罚金。
③ 详见孔祥俊译:《反不正当竞争示范法及其注释(续)》,载《工商行政管理》1998年第12期。

对象层面,则可以从刑事诉讼中相关司法机关或案外主体是否有义务或权利使外界获知涉诉企业相关情况的角度出发加以审视。基于此,对刑事诉讼中可能损害涉诉企业商业信誉的信息及陈述,即便具备真实性亦可对其作出特定处置。另外,侵权主体向消费者团体、新闻媒体的扩张,则说明了类似于消费者团体维权和新闻媒体传播报道中相关主体的适法行为亦有侵犯商业信誉的可能,从而具备可诉性。因此,刑事诉讼中司法机关的行为即便在没有违反程序或实体规范、具有相当程度的正当性时,亦可能成为商业信誉损害的原因并因此需要通过特定方式加以纠正。

二、涉诉企业商业信誉保护的正当性证成

尽管民营企业的商业信誉确实会在刑事诉讼中受到负面影响,但并不能因此直接得出必须在刑事程序中采取对应措施对其加以保护的结论。司法机关通过刑事诉讼程序保证刑法强制力的实现、维护法律秩序和社会安定,视案件办理的具体情况有时确有必要将此种公权力的行使置于私权利之上,典型的如强制措施对人身自由的限制、查封扣押对财产权的限制。衡量此种对私权的限制是否具有正当性,可以借鉴比例原则加以分析。以逮捕为例,首先应考虑合目的性原则,即是否能够通过对犯罪嫌疑人或被告人人身自由的限制防止其产生新的社会危害风险,阻断其干扰证据调查过程、防止其逃跑自杀以确保诉讼程序的正常进行。其次应进行损害最小原则的衡量,即逮捕是否为能够达到上述目的的所有手段中对犯罪嫌疑人或被告人人身自由限制最少的,若能通过其他更为轻缓的方式达成同样的效果则不应采取逮捕措施。最后应考虑狭义比例原则,即采取逮捕措施后人身自由和刑事诉讼目的之间的损益衡量。而对于涉诉企业的商业信誉,则可以从反面考虑,即如果能够认定刑事诉讼对商业信誉的影响无法符合上述比例原则的诸子原则,就说明刑事诉讼对商业信誉的损害超出了实现刑事诉讼价值目的的合理范围,从而能够证成对涉诉企业商业信誉进行保护的正当性。

(一) 刑事诉讼程序的目的考量

有观点认为,任何人涉嫌犯罪,客观上必须付出代价,这是由刑事诉讼的内容和性质所决定的①。按照此种观点,涉诉民营企业商业信誉所受到的负面影响正是其涉嫌犯罪理应遭致的惩罚和报复,因而无须对其加以保护。此种观点混淆了刑事诉讼的从属性目的和独立性目的。刑事诉讼法在目的层面强调实现惩罚犯罪与保障人权并重、程序正义与实体正义并重②,其中,惩罚犯罪和实体正义属于刑事诉讼的从属性目的,以刑事实体法为依托,经由法定程序实现后者对特定违法行为以及行为主体的评价和惩罚,从正面划定了司法机关能够行使公权力的范围;而保障人权和程序正义则属于刑事诉讼的独立性目的,通过对程序的固化和确定,使得犯罪嫌疑人能够预测自己将会面临何种对待并以此对抗不符合程序规定的司法行为,从反面界定了司法权运行的禁区以及公权力行使的约束。基于对刑事

---

① 《专家激辩是否特殊保护涉罪企业家经营权》,载新浪网,http://news.sina.com.cn/o/2010-06-07/020017618536s.shtml,最后访问时间:2020年9月29日。
② 卞建林、谢澍:《刑事诉讼法治建设七十年回顾与展望》,载《人民检察》2019年第14期。

诉讼程序目的从属性与独立性的二分分析可知，单就刑事诉讼自身而言，所有诉前程序均无意令犯罪嫌疑人或被告人承担对其不法行为的报应，在判决作出前对犯罪嫌疑人或被告人权利的限制只有为追诉犯罪所必需时方具备正当性，而不能将此种限制视为对其的惩罚。

因此，不同于强制措施中受到限制的人身自由和财产性权利，刑事诉讼程序对涉诉民营企业商业信誉的负面影响在任何时候都对追诉犯罪并无助益，即对民营企业商业信誉的负面影响并未落在刑事诉讼惩罚犯罪、实现实体正义的目的范围之内，这进一步确证了商业信誉作为正当民商事权益，可以归属于刑事诉讼权利保障这一独立性目的的涵摄之下。因此刑事诉讼对民营企业商业信誉的负面影响不具备合目的性。

（二）法人人格独立制度下损害的扩大

如前所述，在企业家因其自身的犯罪行为受到刑事追诉的情形中，民营企业的商业信誉同样会受到损害，进而使不利预期对股价、商事合作等各方面产生负面影响。然而，在企业法人的所有权与经营权相分离，企业人格财产与企业家相独立的制度背景下，即便承认有必要以通过刑事诉前程序和强制措施对商业信誉造成负面影响的方式达成一定的刑事诉讼目的——结合前文分析，此种目的也只能是一定程度上对涉嫌犯罪企业家的提前惩戒和报复从而使得涉刑企业家认识到其行为的违法性并真诚悔过——但在实现这一目的的过程中，民营企业、股东、债权人以及员工等无关主体的权益也受到了不同程度的波及，使得对私主体权益损害的范围在内容和主体上都被扩张。同时，此种案件中，为促使涉刑企业家对其行为性质有确切认识、在此基础上悔过并配合司法机关办理案件，完全可以通过只作用于涉刑企业家个人的手段实现，并无必要以损害其企业商业信誉，进而导致更多无辜者利益受损的方式达成对企业家个人的惩戒。基于此，刑事诉讼为商业信誉带来的负面影响也非实现其目的之损害的最小路径。

（三）商誉损害后果的持续性与不确定性

狭义比例原则涉及两种不同利益之间具体损益的衡量，但是在刑事诉讼语境下此种衡量相较于行政法领域而言更为复杂。行政法领域如征地拆迁、行政处罚、行政强制等诸多需要借助比例原则加以衡量行政行为合理性的场合，其行政行为所达成的目的均可以通过一定的物质性价值加以衡量；而其所限制和损害的私权益多为财产权和人身自由，财产权衡量的标准自不必多言，行政法对于人身自由的限制基本上以短期为主，故通过当地平均工资等标准将其加以固化亦不失合理性，所以行政法领域狭义比例原则衡量通常能够将行政行为所达成的目的与其所损害的相对人权益纳入同一标准之下进行比较。但是刑事诉讼所涉及的利益相对复杂，其中包括对类似于公平正义等价值理念的衡量判断，因此难以确定合理的比较标准。

因此，当商业信誉作为被损害的权益时，可以采取另一种分析进路。对财产或人身自由的限制只在特定时间点或时间段产生作用，同时其内容具有确定性，一般而言可以预期其最终产生何种影响，但刑事诉讼所造成的商业信誉损害则恰恰相反。一方面，刑事诉讼引发的商业信誉受损将进一步降低对涉诉企业经营和资信能力的预期，进而形成正反馈循环不断扩大负面影响的作用，此种商业信誉受损客观影响的不断累积，会使得最终即使获得无罪判决亦无从缓解其资信能力和市场评价的雪崩式垮塌。另一方面，商业信誉涉及其他市场主体对涉诉民营企业的风险评估，而此种评估的标准会因相关市场主体类型、资产、经营战略的不同而各异，因而很多情况下无从准确评估预测对企业经营可能造成的具体影响。

据此，在狭义比例原则的衡量中，尽管刑事诉讼的价值无从量化，但能够肯定的是其所达成的价值相对具有固定性。但是商业信誉损害的后果则呈现出持续性和不确定性的特质，故在无从统一标准的前提下，应当在常量和变量的比较中更倾向于后者。即便不能直然推出变量一定会增长至超过常量，也至少能使这一比较处于悬置状态，无法确证刑事诉讼对涉诉民营企业商业信誉的负面影响具有正当性。而比例原则适用的关键在于只有当能够明确论证公权力对私权的损害符合上述三个子原则时，此种公权力的行使方能具有正当性；而非从公权力行使具备或不具备正当性二者中择其一。因此，此种衡量的悬置状态本身即能构成对刑事诉讼造成商业信誉负面影响正当性的否定。

三、涉诉民营企业商业信誉保护的制度构建

可以从以下三个方面入手，对涉诉民营企业商业信誉的保障机制加以构建和完善。

（一）涉诉主体正当民商事权利保障体系的构建

如前所述，牵涉刑事诉讼的民营企业商业信誉受损，有很大一部分来自与其已经成立合作关系的其他商事主体以及潜在合作对象对于该企业因刑事诉讼造成的经营能力贬损的预期和风险评估。此种预期不仅仅基于民营企业涉案财物和人员，而且基于对刑事诉讼影响范围的概括性认知作出的对涉诉企业继续保持经营战略、维持经营能力的总体性负面评价。此种预期的实质是传统"先刑后民"司法理念、被羁押人员会见权范围受限、涉案财产强制措施无序化等司法现实影响下社会一般性认识的体现。因此，商业信誉的保障并不能孤立存在，而应将其纳入涉诉主体正当民商事权利保障体系中加以考虑。通过建立民商事代理律师会见制度①、非羁押手段的常态化应用以及全流程监督前提下的特殊会见制度②，保障涉诉民营企业家在刑事诉讼过程中能够正常行使对企业的经营、决策、管理等权利；规范对财物强制措施的应用，严格区分合法财物与涉案财物，对与企业日常经营活动联系紧密的金融性财产审慎适用强制措施，最大限度地降低刑事诉讼对企业持续经营能力的限制。通过此种体系化的涉诉主体民商事权利保障，在商主体一般性认识层面消解对刑事诉讼负面影响扩大化的风险预期，从而维持其他商事主体对涉诉企业正常经营的资信能力评价，淡化对其正常商业关系的影响。

---

① 即除刑事辩护律师的会见之外，准许涉诉企业家安排民商事代理律师会见权，以专门负责处理与企业家不能间断行使的企业经营管理权、股东权以及与其他相关的民商事权利有关的法律事务，以将企业家羁押对于企业正常运营秩序造成的不利影响降到最低乃至消解。具体可参见李建伟、李晓明：《刑事诉讼中的企业家民商事权利保护》，载《人民司法》2019年第19期。

② 即允许涉诉民营企业家在受到全过程监督等特定条件的前提下，就关乎企业生存发展的重大问题，会见企业高管，对企业紧急的重大经营决策以及日后的日常经营管理事项作出沟通与部署；会见其他企业代表，商洽重大的业务往来和合作战略。

(二) 刑事诉前程序公开的限制

刑事诉讼对民营企业商业信誉的负面影响也有很大一部分是在民营企业或企业家牵涉刑事诉讼这一信息为社会公众所知晓并广泛传播的过程中造成的。但一方面，在判决作出之前就遭受社会评价降低的实体性不利影响，与任何人非经法院判决不得确定为有罪的刑事诉讼原则之间存在龃龉；另一方面，引起社会高度关注的民营企业涉诉信息，若在诉前阶段就引起广泛的倾向性认识，很有可能对法院判决施加较大压力，即担忧因判决结论与社会倾向性认识不同所带来的来自舆论和政府方面的压力，进而作出更加不利于涉诉民营企业的判决，同时也会对司法公正性和公信力造成不利影响。因此，有必要考虑对诉前程序阶段涉案企业及案件相关信息公开的限制，其中关键在于处理好司法与媒体之间的关系。

我国目前制度上未就刑事诉讼的新闻报道作出具体规定，但是就其中所涉及的刑事诉讼价值目的与媒体自由而言，我国在基本理念上与同属于大陆法系的德国有一定类似之处，因此可以在一定程度上借鉴其相关制度。德国《新闻业准则》禁止媒体在对刑事案件新闻报道中发表倾向性意见，即在法院作出判决之前不得事先以犯罪嫌疑人或被告人有罪的基本立场作出报道；同时也对司法机关信息披露进行了限制，要求其不得提供可能威胁公共利益和个人正当权益的信息。为实现前述制度效果，合理甄别能够对外披露的信息，德国各级法院均设"媒体发言人"，负责与媒体进行信息沟通和交流。① 通过建立此种以权益保障为核心、以无罪推定为立足点，由司法机关主导的信息披露和媒体报道模式，能够实现将涉诉民营企业商业信誉损害风险控制在源头，控制商业信誉负面影响的扩大化和持续化。

(三) 司法机关能动参与相关主体利益保护

新时代国家治理体系和治理能力现代化对司法机关履职提出了新的要求，即不再限制于谦抑被动的角色，而是应以更加主动的姿态参与社会治理。对于涉诉民营企业商业信誉的保护，司法机关不仅应在诉前程序中尽可能从源头性上减少或控制对企业商业信誉的损害，也应在对民营企业家刑事判决结果基本注定之时，以法人人格独立为切入点发挥司法能动性，在充分尊重民营企业自主决定权以及涉诉企业家正当财产权益的前提下主动介入，减少企业家所遭受的刑事处罚对企业商业信誉的负面影响，实现对作为案外第三人的民营企业及其股东、职工、债权人的保护。具体而言，可以通过检察建议、司法建议等途径，在确保涉诉企业家合法权益的前提下，对民营企业如何与其及时进行利益切割提供指导；通过召开相关产业联席会议等方式，向相关商事主体阐明案件性质，平复其对涉诉民营企业的不安预期；通过新闻媒体，向社会公众发布权威信息，廓清案件涉及范围，以普法形式阐明民营企业法人与企业家之间的法律关系，避免商业信誉损害的"连坐"。凡此种种，关键在于准确界分企业家个人犯罪行为与企业合法经营，以司法公信力为企业正当商业信誉背书。

---

① 参见施鹏鹏：《论侦查程序中的媒体自由》，载《东南学术》2013年第1期。

在刑事诉讼中加强民营经济保护的思考

熊秋红*

早在我国 2001 年加入世界贸易组织之时,我国刑法学界就开始对民营经济与国有经济同等保护问题进行研究,并提出应当通过立法修改和完善,实现对民营经济的刑法平等保护。[1] 相比较而言,我国刑诉法学界对如何在刑事诉讼中加强对民营经济保护的研究相对滞后。直到 2016 年以来国家决策层相继出台多个文件[2],强调要完善产权保护制度、依法保护产权,该问题才引起刑诉法学界的广泛关注和高度重视,并于 2017 年召开了此方面的专题研讨会。但时至今日,关于该问题的系统研究还较为缺乏,相关研究也有待深入。

一、刑事诉讼中平等保护民营经济观念之确立

刑事诉讼法作为"小宪法",在确立加强对民营经济保护的相关制度时,需要从宪法上寻找依据。我国宪法第 6 条第 2 款规定"国家在社会主义初级阶段,坚持公有制主体、多种所有制经济共同发展的基本经济制度,坚持按劳分配为主体、多种分配方式并存的分配制度。"第 11 条规定"在法律规定范围内的个体经济、私营经济等非公有制经济,是社会主义市场经济的重要组成部分。国家保护个体经济、私营经济等非公有制经济的合法的权利和利益。国家鼓励、支持和引导非公有制经济的发展,并对非公有制经济依法实行监督和管理。"上述规定对公有制经济与非公有制经济做了区分,二者在国家经济制度和社会主义市场经济中的地位存在一定差异,一为"主体"、一为"重要组成部分",这种差异导致了长期以来在刑事司法实践中公有制经济与非公有制经济所受到的差别待遇。[3] 我国宪法虽然强调要"保护个体经济、私营经济等非公有制经济的合法的权利和利益",但缺乏对公有

---

* 熊秋红,中国政法大学诉讼法学研究院教授,博士生导师。
① 参见赵秉志、左坚卫:《刑法平等保护民营经济面临的三大问题》,载《净月学刊》2017 年第 4 期。
② 这些文件包括:中共中央、国务院 2016 年 11 月 27 日发布的《关于完善产权保护制度依法保护产权的意见》,最高人民检察院 2016 年 2 月 19 日发布的《关于充分发挥检察职能依法保障和促进非公有制经济健康发展的意见》(高检法〔2016〕2 号),最高人民法院 2016 年 11 月 28 日发布的《关于充分发挥审判职能作用切实加强产权司法保护的意见》(法发〔2016〕27 号)和《关于依法妥善处理历史形成的产权案件工作实施意见》(法发〔2016〕28 号),最高人民检察院 2017 年 1 月 6 日发布的《关于充分履行检察职能加强产权司法保护的意见》等。此前最高人民法院还于 2014 年 12 月 17 日发布了《关于依法平等保护非公有制经济促进非公有制经济健康发展的意见》(法发〔2014〕27 号)。
③ 相关实证研究显示,2014-2018 年,犯罪的国有企业家人数为 1197 人,约占犯罪企业家总人数的 14.23%;犯罪的民营企业家人数共 7215 人,约占犯罪企业家人数的 85.77%。2018 年私有控股企业与国有和集体控股企业比例约为 28∶1,但民营企业家的犯罪次数与国有企业家犯罪次数比例约为 8∶1。参见北京师范大学中国企业家犯罪预防研究中心:《企业家刑事风险分析报告》(2014-2018),载《河南警察学院学报》2019 年第 4 期。

制经济与非公有制经济给予同等保护的明确规定。

除了宪法之外,我国刑法和刑事诉讼法中也无对民营经济给予平等保护的明确规定。因此,在理论界和实务界,均有一些人士认为,在刑事诉讼中,对公有制经济与非公有制经济实行区别保护,既与宪法所规定的公有制经济的主体或优先地位相符,又反映了对国家利益和社会公共利益的着重保护,符合中国特色社会主义制度的本质特征。①

虽然在我国宪法、刑法和刑事诉讼法中平等保护公有制经济与非公有制经济的原则未能得到确立,但在国家政策层面,越来越强调对民营经济给予平等保护。如 1993 年中共中央《关于建立社会主义市场经济体制若干问题的决定》中指出"国家要为各种所有制经济平等参与市场竞争创造条件,对各类企业一视同仁";2003 年中共中央《关于完善社会主义市场经济体制若干问题的决定》提出要"保障所有市场主体的平等法律地位和发展权利";2005 年国务院《关于鼓励支持和引导个体私营等非公有制经济发展的若干意见》提出要"消除影响民营经济发展的体制性障碍,确立平等的市场主体地位,实现公平竞争";2016 年中共中央、国务院《关于完善产权保护制度依法保护产权的意见》将"坚持平等保护"作为加强产权保护的首要原则,提出要"坚持权利平等、机会平等、规则平等,废除对非公有制经济各种形式的不合理规定,消除各种隐性壁垒,保证各种所有制经济依法平等使用生产要素、公开公平公正参与市场竞争、同等受到法律保护、共同履行社会责任";要"完善平等保护产权的法律制度""清理有违公平的法律法规条款,将平等保护作为规范财产关系的基本原则"。

在国家政策层面强调要对民营经济给予平等保护,主要原因在于:其一,深化市场经济体制改革必然要求对民营经济给予平等保护。改革开放以来,我国逐步建立起市场经济体制的初步框架,但市场经济体制并不完善,突出表现在市场在资源配置中的基础性作用未能得到充分发挥,有时政府取代市场,在资源配置中起了主导作用,存在"市场割据""缺乏竞争性""各类市场的发展参差不齐"等问题。新一轮市场经济体制改革旨在建立统一开放、竞争有序的市场经济体系,这就要求明晰市场体系的产权制度基础,确保不同市场主体的财产权利得到平等保护。我国当前产权保护状况与建立统一开放、竞争有序的现代市场经济体系还有相当大的距离,特别是未能实现对不同所有制经济的平等保护,公权力侵害私有产权和民营企业资产等现象时有发生,一些企业家对自己的财产财富缺乏安全感,对企业前途缺乏稳定的预期,损害了企业家投资兴业的积极性,对经济社会发展造成了负面效应。只有平等保护公有制经济与非公有制经济,才能构建市场经济所必需的公平竞争环境。② 其二,优化营商环境也必然要求对民营经济给予平等保护。良好的营商环境是一个国家经济软实力和综合竞争力的重要体现。法治化、国际化、便利化是我国优化营商环境所欲追求的目标。法治化要求建立一套公平公正透明的法律制度;国际化要求建立符合国际惯例和世贸规则的市场经济运行体制机制;便利化要求重效率、重服务,方便投资和贸易。只有对不同所有制经济实体予以平等保护,体现非歧视原则,才能对标国际惯例和国际规则,解放和发展社会生产力,推动我国经济转型升级。

随着时代的发展,我国的经济体制已经发生了深刻变化并且还将进一步改革发展,我

---

① 参见赵秉志、左坚卫:《刑法平等保护民营经济面临的三大问题》,载《净月学刊》2017 年第 4 期。
② 参见吴敬琏:《完善产权保护制度的行动纲领》,载《人民日报》2016 年 11 月 29 日第 10 版。

国宪法、刑法和刑事诉讼法对此的回应相对滞后，国家政策起了及时调节的作用，弥补了现有法律规定之不足，并为未来完善刑事诉讼中有关民营经济保护的法律规定指明了方向。目前刑诉理论界和实务界需要破除旧有观念的桎梏，跟随时代前进的步伐，树立刑事诉讼中平等保护不同所有制经济的观念，通过完善立法和司法，加强对民营经济的保护。

二、完善立案管辖制度

根据《企业家刑事风险分析报告》（2014-2018）统计，民营企业家被判有罪7578次，共涉及36个具体罪名，高频率罪名依次为：非法吸收公众存款罪，虚开增值税专用发票罪，职务侵占罪，合同诈骗罪，单位行贿罪，挪用资金罪，拒不支付劳动报酬罪，行贿罪，骗取贷款、票据承兑、金融票证罪，非国家工作人员受贿罪，走私普通货物、物品罪，集资诈骗罪，诈骗罪。[①] 民营企业和民营企业家所涉罪名绝大多数是经济犯罪，而经济犯罪案件在司法实践中容易出现地方保护主义、经济利益驱动、将经济纠纷作为经济犯罪案件处理等现象，此外，还存在对民营经济权益受侵害有案不立、推诿搪塞等现象。因此，需要从源头把控该类案件的立案管辖。

根据我国刑事诉讼法及相关司法解释的规定，经济犯罪主要由公安机关立案管辖。2009年，最高人民法院、最高人民检察院、公安部发布了《关于公安部证券犯罪侦查局直属分局办理经济犯罪案件适用刑事诉讼程序若干问题的通知》（以下简称《通知》）；2017年，最高人民检察院、公安部发布了《关于公安机关办理经济犯罪案件的若干规定》（以下简称《规定》）。上述规范性文件对经济犯罪案件的管辖问题作了更为具体的规定。从现行立法规定和司法实践看，关于立案管辖，主要存在以下问题：

第一，犯罪地泛化。根据《规定》第8条第2款规定："犯罪地包括犯罪行为发生地和犯罪结果发生地。犯罪行为发生地，包括犯罪行为的实施地以及预备地、开始地、途经地、结束地等与犯罪行为有关的地点；犯罪行为有连续、持续或者继续状态的，犯罪行为连续、持续或者继续实施的地方都属于犯罪行为发生地。犯罪结果发生地，包括犯罪对象被侵害地、犯罪所得的实际取得地、藏匿地、转移地、使用地、销售地。"据此，只要同犯罪行为存在联结点，均为犯罪地。

第二，将犯罪地与替代地相混同。刑事立案管辖奉行"以犯罪地为主，以居住地为辅"的原则，居住地应处于"替代地"的地位。但是，根据《规定》第8条第4款规定："单位涉嫌经济犯罪的，由犯罪地或者所在地公安机关管辖。所在地是指单位登记的住所地。主要营业地或者主要办事机构所在地与登记的住所地不一致的，主要营业地或者主要办事机构所在地为其所在地"，这里将"犯罪地"与"所在地"（相当于自然人犯罪的居住地）同等看待。另外，根据《规定》第9条规定："非国家工作人员利用职务上的便利实施经济犯罪的，由犯罪嫌疑人工作单位所在地公安机关管辖。如果由犯罪行为实施地或者犯罪嫌疑人居住地的公安机关管辖更为适宜的，也可以由犯罪行为实施地或者犯罪嫌疑人居住地的公安机关管辖。"这里，将"犯罪嫌疑人工作单位所在地"作为首选地，将"犯罪行为

[①] 参见北京师范大学中国企业家犯罪预防研究中心：《企业家刑事风险分析报告》（2014-2018），载《河南警察学院学报》2019年第4期。

实施地"作为替代地,明显违反了"以犯罪地为主,以居住地为辅"的原则。

第三,对"更为适宜的"理解模糊。刑事诉讼法第25条规定:"刑事案件由犯罪地的人民法院管辖。如果由被告人居住地的人民法院审判更为适宜的,可以由被告人居住地的人民法院管辖。"《通知》第6条和《规定》第9条也有类似规定。在司法实践中,由于对"更为适宜的"理解模糊,导致例外冲击原则,由于对立案管辖地的选择过于灵活,加剧了司法实践中"争管辖"或"推管辖"的现象。

针对上述问题,可考虑采取以下对策,以便完善立案管辖制度,更好地贯彻法定管辖原则。第一,根据实害联系原则,对"犯罪地"进行限定,如赃物查获地与实害关系不大,不宜作为犯罪地。第二,明确主要犯罪地的确定原则,在数个犯罪地中将取证更为便利的地区作为主要犯罪地。第三,明确替代地的定位,只有在无法确定犯罪地或者犯罪地不宜管辖的情况下,才能由替代地管辖;替代地的选择应采取实际活动地优先的原则。第四,完善管辖争议制度,规范指定管辖前的协商机制,包括:将协商的适用前提限定为根据最初受理地原则难以解决管辖争议时;协商应在犯罪地之间进行,替代地不能参与;明确协商的期限、程序、次数等;协商结果宜采用书面形式;指定管辖应遵循最适宜原则,不能随意指定。第五,侦查管辖应当服从审判管辖,由于刑事管辖制度以审判管辖为坐标而建立,因此,侦查管辖应当体现"以审判为中心",不能以过于灵活的侦查管辖"反制"审判管辖。第六,完善管辖异议制度,应当对有权提出管辖异议的主体、提出的对象、时间、申请的理由、审查程序及结果等进行规范,以保障当事人获得管辖救济的权利。第七,完善刑民交叉案件的处理机制,"先刑后民"原则不宜适用于所有案件,应以是否有先决关系作为处理刑民交叉案件的主要考虑因素,同时兼顾诉讼效率;当民诉对刑诉具有先决关系时,如果诉讼主体人身自由受到限制,可考虑将民事案件移至刑事审判庭,在同一审判庭实行"先民后刑"的审理。①

三、完善强制措施制度

在民营企业家涉罪案件中,如果对民营企业家采取拘留、逮捕等限制人身自由的强制措施,将会对企业家本人、民营企业以及与该民营企业存在债权债务关系的第三方经济主体甚至民营企业的职工产生重大不利影响。在民营企业家被羁押期间,不仅会直接影响该民营企业家的个人权益,还会殃及企业经营和管理。

联合国《公民权利和政治权利国际公约》第9条规定了"等候审判的人受监禁不应作为一般规则",体现了对公民人身自由的保护。我国于1998年签署了该公约,降低逮捕率成为我国逮捕制度改革的基本方向。在检察机关的努力下,全国普通刑事案件的批捕率从2005年的91%下降至2015年的80%以下。②但是,与其他国家和地区相比,我国的逮捕率和审前羁押率仍然偏高。2019年5月16日,最高人民法院司法案例研究院发布了依法平等保护民营企业家人身财产安全十大典型案例,其中,在顾雏军案中,有6名被告人被判处缓刑,但此前均被拘留、逮捕;在赵明利案中,从被拘留到二审宣判,赵明利被羁押4年

---

① 参见张卫平:《民刑交叉诉讼关系处理的规则与法理》,载《法学研究》2018年第3期。
② 参见李训虎:《逮捕制度再改革的法释义学解读》,载《法学研究》2018年第3期。

多时间。

在 2020 年 1 月 18 日的全国检察长会议上,最高人民检察院检察长张军指出:"要进一步降低逮捕率、审前羁押率。能不捕的不捕,能不羁押的不羁押,有效减少社会对立面";"随着社会的发展尤其是科技的进步,扩大非羁押手段适用完全可行且势在必行"。① 在司法实践中,需要严格把握逮捕条件,将"有证据证明有犯罪事实发生"作为适用强制措施的基础性条件,将罪责条件视为原则上排除可能判处徒刑以下刑罚的人适用逮捕的否定性条件,将社会危险性条件视为适用逮捕的核心要件,并且采用较高的证明标准。② 司法人员的办案理念需要更新,要秉持谦抑、审慎、善意的理念,不能"认为需要"就采取逮捕措施,应当尽量适用取保候审等非羁押性强制措施。检察机关的审查逮捕程序改革应当继续,要防止检察机关内设机构改革和"捕诉合一"改革带来的侦查监督功能的弱化,应当通过构建公开听证程序、保障辩护律师参与、保障被追诉人获得有效救济等举措强化审查逮捕程序和羁押必要性审查制度在控制和降低羁押率方面的制度性功能。

四、完善涉案财物处置制度

在刑事诉讼中,对于涉案财物采取搜查、扣押、查封、冻结、追缴、没收等措施,涉及对公民财产权的限制乃至剥夺。由于民营企业家涉罪案件绝大多数为经济犯罪案件,在此类案件中,对涉案财物采取强制性措施,对民营企业家及民营企业财产安全的影响更大,甚至可能危及民营企业的生存。我国刑法、刑事诉讼法及相关司法解释和规范性文件均对涉案财物的处置作了一些规定,但较为分散,系统性和可操作性不强,缺乏有效的监督和制约,导致司法实践中涉案财物处置工作随意性过大。

在司法实践中,对于涉案财物的处置主要存在以下问题:一是侦查阶段查控和处分涉案财物不受司法审查监督,侦查机关对涉案财物的处置权过大;二是涉案财物的移送和保管不规范;三是审判程序不完善;四是执行程序较为混乱;五是当事人和利害关系人财产权益受损时的救济途径不畅。针对上述问题,可考虑采取以下措施:第一,加强检察机关对侦查机关涉案财物处置的监督,侦查机关采取重大处置措施需经检察机关批准。第二,建立独立的、统一的涉案财物管理中心,对涉案财物进行规范管理,并促进涉案财物的保值增值。第三,由专门机构和人员(第三方)对涉案财物进行管理。第四,原则上判决生效才能处理涉案财物,例外情况下可提前处置,如有明确的被害人,需要审前归还的;难以长久保存的。第五,在涉案财物处置过程中注意保护利害关系人的利益。第六,严格区分违法所得与合法财产,防止扩大涉案财物的范围。第七,完善审判程序和执行程序,对涉案财物问题作出专门处理。第八,对鉴定、估价、拍卖、变卖等制度进行规范,防止对涉案财物的不当处置。

2012 年修改后的刑事诉讼法增设了特别没收程序,即"犯罪嫌疑人、被告人逃匿、死亡案件违法所得的没收程序",此属"未经定罪的财产没收程序",但是,刑事诉讼法却对

---

① 参见王俊:《张军:降低审前羁押率 扩大非羁押手段适用势在必行》,http://www.bjnews.com.cn/news/2020/01/18/676209.html,2020 年 9 月 30 日访问。

② 参见李训虎:《逮捕制度再改革的法释义学解读》,载《法学研究》2018 年第 3 期。

定罪附带的财产没收程序未作规定。在司法实践中，定罪后附带的刑事没收比未经定罪的特别没收更为常见，因而更需要进行严格的程序规制，为当事人和利害关系人的财产权益提供程序性保障。

在审判中心视野下审视涉案财物处置问题，可以看到传统的审判中心着眼于审判机关在对被告人定罪量刑中所起的决定性作用，即传统的刑事诉讼程序是一种"对人之诉程序"。但是，随着刑事诉讼制度的现代发展，刑事司法领域的"对物之诉"日渐活跃，除了公民的人身权保护之外，公民财产权的保护日益成为刑事诉讼中的重要议题，这就需要对刑事涉案财物处置程序进行"法律的正当程序"的洗礼，即在原有的"对人之诉程序"之外构建系统的"对物之诉程序"；如果说对人之诉程序应当以审判为中心，那么，对物之诉程序同样也应当以审判为中心。为了在涉案财物的处置程序中体现以审判为中心，至少需要采取以下措施：第一，公诉机关将涉案财物指控纳入公诉范围，在起诉书中对涉案财物处理问题提出具体的指控意见；第二，对于涉案财物数量较多的案件，公诉机关应当附详细的财物清单；第三，在法庭审理阶段，人民法院应当在控辩双方参与下对涉案财物问题进行相对独立的审理，利害关系人作为第三人参加；第四，在刑事裁判文书中应对涉案财物处置问题作出明确的裁判结论；第五，完善涉案财物裁判的执行程序，统一执行主体，改变执行程序较为混乱的局面。

五、完善涉产权案件申诉和再审制度

2017年12月，最高人民法院依法决定再审三起重大涉产权案件，其中张文中案和顾雏军案均属刑事申诉案件；① 最高人民法院第三、第二巡回法庭还先后启动了耿万喜诈骗案、赵明利诈骗案的再审。张文中案、耿万喜案、赵明利案均经再审宣告原审被告人无罪；② 顾雏军案，再审判决撤销原判对顾雏军犯虚报注册资本罪，违规披露、不披露重要信息罪的定罪量刑部分和挪用资金罪的量刑部分，对顾雏军犯挪用资金罪改判有期徒刑5年。③

与传统的冤错案件不同，涉产权案件与国家经济政策密切相关，往往案情复杂，所涉及的问题处于法律适用的模糊地带，在罪与非罪的认定上较为困难，容易引发争议。涉产权案件多属法定犯，以违反行政法律规范为前提，而前置性的行政法律规范根据情况的变化可能不断进行修改，某些法定犯可能因不再具有社会危害性而非罪化，而某些行为又可能上升为法定犯。涉产权案件与普通刑事案件不同，是否启动再审，须综合考虑历史原因和现实情况，进行价值权衡，而难以将"原审裁判确有错误"作为启动再审的前提条件。

对涉产权刑事案件进行再审需要注意以下问题：一是要充分保障当事人诉讼权利，保障相关当事人参与庭审的机会、保障原审被告人依法行使辩护权；二是落实全面审查、重点审理原则，保障检辩双方对争议证据的质证权；三是实行依法纠错原则，原裁判完全错误的，彻底纠正，部分错误的，部分纠正。在此方面，顾雏军案的再审具有较强的示范意

---

① 参见罗书臻：《人民法院决定依法再审三起重大涉产权案件》，https：//www.chinacourt.org/article/detail/2017/12/id/3141459.shtml，2020年9月20日访问。
② 参见刘文峰：《刑事申诉与再审办案十二讲》，中国检察出版社2019年版，第216页。
③ 参见安健：《顾雏军再审案》，载《人民法院报》2019年9月27日第3版。

义，包括：通过庭前会议处理好相关程序性问题，并且对相关事实及证据的主要争议点进行梳理，确定关于原判证据的争议焦点，从而为庭审奠定基础；法庭调查时只对有争议的证据进行质证，对无争议的证据不再进行质证；按照不同罪名，对同类证据分组进行质证；所有涉案证人以及提供专家意见的人均须到庭参加诉讼，接受各方询问；裁判者当庭听取检辩双方、证人及其他诉讼参与人的口头陈述和法庭辩论。总体而言，涉产权案件再审，需要妥善处理政策法律变动性与司法裁判稳定性之间的关系，确保案件得到公正处理，保障国家政策法律得到实施，保障社会主义市场经济健康稳定发展。

规范对民营企业家刑事立案的制度设置*

张泽涛**

近年来，民营企业家因经济纠纷被错误定罪的案例屡见不鲜，这种现象在一定程度上使得民营企业的生存与发展举步维艰，一些大型民营企业也因此而面临破产。[①] 但是，目前法学界以及最高司法机关主要关注的是如何从刑法、民法等实体法角度区分民营企业的经济纠纷和刑事犯罪，个别刑诉学者虽然对此也进行了探讨，但主要立足于侦查、起诉和审判阶段，以解决民营企业家被错捕、错诉、错判以及如何通过再审平反冤假错案。立案是刑事诉讼的起始阶段，"只有正式立案后，刑事诉讼的程序才正式启动，才可以进行后续的诉讼程序。"[②] 总之，如果没有公安机关的刑事立案，也就不存在后续的侦查、起诉、审判与再审。若考察《刑事诉讼法》、《公安机关办理刑事案件程序规定》（以下简称《公安机关刑事案件规定》）、《公安机关办理行政案件程序规定》（以下简称《公安机关行政案件规定》）、《关于改革完善受案立案制度的意见》、《关于刑事立案监督有关问题的规定（试行）》、《人民检察院刑事诉讼规则》（以下简称《检察院刑事诉讼规则》）、《关于办理非法集资刑事案件适用法律若干问题的意见》（以下简称《非法集资意见》）、《关于公安机关办理经济犯罪案件的若干规定》（以下简称《公安机关经济犯罪案件规定》）可以看出，针对民营企业的经济纠纷与刑事犯罪，公安机关享有较大的立案裁量权与立案管辖权，且缺乏有效的审查与监督机制。涉民营企业家案件往往是民刑交叉案件，大多还是涉众型案件，案情重大、复杂、疑难，公安机关认识上的模糊性与片面性等种种原因容易导致将民营企业的经济纠纷予以刑事立案。有鉴于此，本文拟采用交叉学科的研究方法，结合民法与刑法中的相关规定，探讨公安机关对民营企业家违规立案的动因，查找制度与操作上的漏洞。在此基础上，提出适当调整"先刑后民"原则，完善检察机关的提前介入与立案监督同步机制，规范公安机关的立案裁量权与立案管辖权等系列举措，从源头上防止民营企业家被错误立案。

---

* 本文受2019年中宣部文化名家暨"四个一批"人才工程项目资助；同时受国家社会科学基金一般项目："公安机关刑事侦查与行政执法衔接机制研究"（18BFX071），中国法学会部级研究项目："刑事诉讼数据安全立法研究"（CLS〈2019〉C13），司法部国家法治与法学理论研究项目："审判中心主义视角下刑事涉案财物处理机制研究"（16SFB2025）资助。

** 张泽涛，广州大学法学院教授，博士生导师。

[①] 参见周远征：《重庆"打黑"千亿资产处置问题凸显》，载《中国经营报》2012年12月10日A9版；周远征：《重庆涉黑富豪陈明亮资产"蒸发"记》，载《中国经营报》2012年12月17日A9版；周远征：《重庆"涉黑资产"归途坎坷》，载《中国经营报》2013年10月14日A9版。

[②] 樊崇义主编：《刑事诉讼法学》，法律出版社2004年版，第282页。

在司法实践中,一旦公安机关予以刑事立案,则基本上意味着犯罪嫌疑人、被告人会被定罪。涉民营企业经济纠纷之所以往往被以刑事立案,主要原因是:一方面,这类案件的案情往往较为复杂,基本上属于民刑交叉,在事实认定和法律适用上存在诸多疑难之处。如何正确处理民刑交叉案件,一直是困扰法学界和司法实践部门的难题。民营企业家被定罪的案件大多属于上述类型。这类案件的普遍特点是案情复杂、认定事实和适用法律存在疑难之处,有的还是涉众型案件,往往经过一审、二审甚至再审,在认定事实与适用法律上依然存在较大争议。由于民营企业家被定罪的案件大多属于重大、复杂、疑难案件,在受案之初,往往只是基于受害人的单方控告,这种认识上的模糊性和片面性使得公安机关容易将涉民营企业经济纠纷作为刑事犯罪予以立案。

另一方面,涉民营企业经济纠纷往往属于涉众型,且涉案金额巨大,受害人众多,基于维护社会稳定的需要,公安机关往往倾向于作为刑事案件处理。目前,涉民营企业经济纠纷呈现高发态势,这类案件不但受害人众多,而且加害人往往又是受害人,涉案金额巨大,多数资金的返还比例为10%-30%,这也是此类案件经常出现集体上访的重要原因。① 在这种情形下,如果对这类涉众型集资纠纷作为刑事案件立案,并将相关责任人员一律采取刑事强制措施,既有利于追回涉案财产,也可以给众多涉案被害人一个说法,这样就有利于维护社会稳定,避免群体性事件的发生。

一、公安机关违规对民营企业家刑事立案的制度成因

将涉民营企业经济纠纷作为刑事案件予以立案,不论公安机关基于何种主观动因,在具体操作上必须有制度依据。对此,笔者认为,既有立法、司法解释上的制度成因,公安机关的立案操作流程也存在漏洞。同时,检察监督的手段及其效能相对弱化也是原因之一。

(一)对于涉民营企业的经济纠纷与违法犯罪活动,公安机关享有太大的立案裁量权

《刑事诉讼法》第112条规定的立案条件是:"认为有犯罪事实需要追究刑事责任的时候,应当立案;认为没有犯罪事实,或者犯罪事实显著轻微,不需要追究刑事责任的时候,不予立案,并且将不立案的原因通知控告人"。从该条规定来看,公安机关的刑事立案条件是较为苛刻的,因为在立案时就必须清楚犯罪构成的诸要件,还必须确定犯罪嫌疑人是否达到刑事责任年龄等免责事由。很显然,在立案之时即要求对案情作出以上预判是很难的,这样一来,在是否达到立案条件的问题上,必须赋予公安人员较大的自由裁量权。《公安机关行政案件规定》第51条规定,无法确定为刑事案件或者行政案件的,可以依照行政案件的程序办理。该条规定中的"可以"意味着也可以作为刑事案件立案。对于民营企业的行政违法与刑事犯罪而言,公安机关的裁量权更大。因为民营企业的上述行为大多属于民、行、刑交叉。是否构成犯罪,我国刑法学界一直采取的是"质量差异理论",行政违法行为必须达到"严重的社会危害性"才能构成犯罪,而"'严重的社会危害性'属于主观裁量权极大的范畴,由公安人员独立判断,而'严重的社会危害性'这一标准既不明确,也不

---

① 参见张泽涛:《行政违法行为被犯罪化处理的程序控制》,载《中国法学》2018年第5期。

具体，结果会导致诸多行政违法行为被认定为犯罪"①。

（二）关于涉民营企业纠纷，《公安机关刑事案件规定》《公安机关经济犯罪案件规定》等司法解释中赋予了过多的公安机关享有立案管辖权

刑事诉讼法中没有对公安机关立案管辖权作出规定，该法第 25 条规定刑事案件以犯罪地人民法院管辖为主、被告人居住地人民法院管辖为辅。司法解释中对公安机关的立案管辖以审判管辖为对标：以犯罪地公安机关管辖为主、犯罪嫌疑人居住地管辖为辅。但是在《公安机关刑事案件规定》《公安机关经济犯罪案件规定》中对立案管辖进行了具体化。考察上述规定的内容，可以看出，几乎所有与犯罪行为以及嫌疑人有关联的公安机关均可以立案侦查。

首先，《公安机关刑事案件规定》对犯罪地的解释极为宽泛，几乎所有与犯罪行为有牵连的公安机关均享有管辖权。从该规定第 15 条可以看出，"犯罪地"所包含的范围极为广泛，基本上只要与犯罪有牵连的地方皆为犯罪地，这些地方的公安机关均对案件享有立案管辖权。

其次，《公安机关经济犯罪案件规定》与"以犯罪地为主、居住地为辅"的立案管辖原则存在冲突。其一，《公安机关经济犯罪案件规定》第 8 条将"犯罪地"与"居住地"置于同等位置；其二，将"犯罪嫌疑人工作单位所在地"优先于"犯罪地"。《公安机关经济犯罪案件规定》第 9 条指出："非国家工作人员利用职务上的便利实施经济犯罪的，由犯罪嫌疑人工作单位所在地公安机关管辖。如果由犯罪行为实施地或者犯罪嫌疑人居住地的公安机关管辖更为适宜的，也可以由犯罪行为实施地或者犯罪嫌疑人居住地的公安机关管辖。"很显然，该条规定实质上是违背了"以犯罪地为主、居住地为辅"的原则，将居住地置于犯罪地管辖优先的位置。

再次，"更为适宜"是过于模糊的弹性条款，容易成为各个公安机关争揽或者推诿管辖的理由。《公安机关刑事案件规定》第 15 条、《公安机关经济犯罪案件规定》第 9 条均规定，如果由犯罪嫌疑人居住地公安机关管辖更为适宜的，可以由犯罪嫌疑人居住地公安机关管辖。但是对何种情形属于"更为适宜"，立法和司法解释中均没有作出明确限定。

最后，涉民营企业的经济纠纷往往是跨区域、涉众型，司法解释中赋予了各地公安机关同时享有立案管辖权。民营企业的经济纠纷往往是跨区域、涉众型案件，如果其中有些行为可能构成犯罪，司法解释中要求各地公安机关同时进行立案，只不过由主要犯罪地作为案件主办地。

（三）"先刑后民"原则使得公安机关将民营企业的经济纠纷作为刑事案件立案成为思维惯性

由于"先刑后民"是处理刑民交叉案件的原则，对于涉民营企业的经济纠纷则更是如此。如非法集资案件是目前民营企业高发类经济纠纷，对于此类案件的处理，《非法集资意见》第 7 条中明确规定应该适用"先刑后民"原则。这样一来，公安机关基于不同的主观动机，希望借助刑事立案插手民营企业的经济纠纷就有了司法解释的依据，这样就会"本来可以用民商法、经济法、行政法能够解决的那些所谓刑民交叉类的案件被有意地拔高到先用刑事手段甚至只能用刑事手段加以解决问题的高度就变得顺理成章了"。

---

① 张明楷：《避免将行政违法行为认定为刑事犯罪：理念、方法与路径》，载《中国法学》2017 年第 4 期。

(四) 检察机关的监督手段和权能相对弱化

近年来，最高人民检察院和公安部制定了系列司法解释，以强化对公安机关违规立案的检察监督。但是公安机关借助刑事立案插手民营企业的经济纠纷现象还是很严重的。导致上述现象的主要原因之一是检察机关对公安机关违规立案的监督手段和权能相对弱化。

首先，司法解释缺乏上位法依据。虽然司法解释赋予了检察机关对公安机关违规立案的监督权，但是处于上位法的刑事诉讼法却没有规定，从法律位阶的层级效力这个角度看，检察院似乎就不应该享有对公安机关违规立案的监督权，这样显然不利于检察院充分发挥监督公安机关违规立案的效能。

其次，检察监督信息来源单一、滞后和片面。其一，信息来源单一。公安机关移送审查批捕和审查起诉的材料往往是从有利于追诉犯罪嫌疑人的角度，难以全面反映案情。其二，信息滞后。通常情况下，检察机关只有在批准逮捕阶段才会对案件有所了解，这势必导致信息滞后。其三，信息来源片面。在插手民营企业经济纠纷的案件中，这些公安人员明知无法将此类案件作为刑事犯罪进行侦查，因此既不申请批捕，也不移送审查起诉，而是往往采取取保候审、撤案处理，或者转换为行政执法案件结案。①

最后，检察机关监督的时机和手段存在缺陷。其一，监督时机。2019年修订的《检察院刑事诉讼规则》第559条规定，检察院负责控告和申诉部门受理对公安机关应当立案而不立案或者不应当立案而立案的控告和申诉，应当根据事实、法律进行审查。认为需要公安机关说明不立案或者立案理由的，应当及时将案件移送负责捕诉的部门办理。这就意味着对于控告和申诉违规立案的材料，首先必须由检察院的控告和申诉部门进行实质性审查，确实存在问题的，再由捕诉部门审查后作出决定，这样就会丧失监督时机。其二，监督手段相对乏力。《检察院刑事诉讼规则》第556-566条专门规定了检察院立案监督的程序及其手段，但是总体而言，其手段相对乏力。因为对于违规立案的案件，虽然检察机关可以通知公安机关撤案，但是否撤案，对公安机关没有强制力，检察机关只能发出纠正违法通知书，若公安机关还是不撤销案件，检察机关只得报上一级人民检察院协商同级公安机关处理。同时，公安机关还可以申请复议和复核。因此，缺乏强制力和及时性约束的检察监督势必会影响监督的效果。

二、规范对民营企业家刑事立案的制度构想

下文中，以涉民营企业经济纠纷的共性为立足点，从规范公安机关的立案裁量权、调整"先刑后民"原则、健全检察机关的立案同步监督和提前介入机制、限定公安机关对于涉民营企业经济纠纷的立案管辖权、赋予当事人尤其是犯罪嫌疑人一方立案管辖异议权等方面，有针对性地提出规范对民营企业家刑事立案的制度设置。

(一) 规范公安机关的立案裁量权，堵塞操作上的漏洞

可从以下两个方面着手：其一，从操作层面进一步规范公安机关内部的立案程序。虽

---

① 参见张泽涛：《论公安侦查权与行政权的衔接》，载《中国社会科学》2019年第10期。

然从刑事诉讼的基本法理来看，立法上和实践中对刑事立案的标准规定得过于苛刻，因为这一条件实质上将侦查中该完成的调查取证前置于立案程序中。但是基于涉民营企业家案件自身的复杂性与疑难性，且这类案件相较于普通刑事案件而言，犯罪嫌疑人身份是一目了然的，证据收集往往也不存在急迫性。因此，对于此类案件，有必要按照《刑事案件立案报告书》的要求，在申请表上载明"六要素"、触犯的刑法条款以及犯罪嫌疑人应该承担刑事责任的证据材料，由分管经济犯罪侦查的局领导和主要负责人同时签批，从而堵塞由值班领导签批即可的操作漏洞。其二，加强检察院对违规立案监督的刚性和时效性，进一步健全检察机关对立案与侦查的同步监督机制。对此，可借鉴 S 省 N 县检察院的做法，公安机关对民营企业家准备刑事立案之前，必须征得检察院的同意。同时，负责侦查监督的检察人员还应该同步监督公安机关的侦查活动，如果在后续的监督过程中发现公安机关存在借助刑事手段插手民营企业经济纠纷的，应该依法查处，并通知公安机关撤销案件，公安机关应当立即撤销案件。

（二）适当调整"先刑后民"原则，对于涉民营企业家案件一般宜采取"先民后刑"处理

"先刑后民"原则的弊端之一就是可能成为公安机关借助刑事手段插手民营企业经济纠纷的托词，是导致公安机关基于部门利益、个别公安人员权力寻租以及机械司法的主要原因。有鉴于此，笔者认为，对于涉及民营企业家的案件，原则上应该采取"先民后刑"处理。即对于民营企业的经济纠纷或者违法犯罪行为，"先刑后民"的传统原则必须进行调整。不过，笔者认为，虽然有学者考察了日本、韩国、新加坡以及我国香港等国家和地区的立法与司法实践，均不存在"先刑后民"原则①，但是考虑到我国特有的传统法文化与社会民众对判决的可接受度，如果民事诉讼与刑事诉讼系同一事实，且民事诉讼的审理依赖于刑事判决的事实认定，为了避免刑事判决与民事判决在关键事实上产生冲突，此时应该按照"先刑后民"原则处理。

（三）联通公安机关与检察机关的办案网络平台，使得检察机关能够及时、全面了解公安机关对于民营企业家刑事立案的基本信息

在目前的立案监督实践中存在的主要问题之一是检察机关对立案信息的掌握存在滞后性和片面性。因此，应该联通公安机关与检察机关的办案网络平台。必要的时候，如果公安机关拟对民营企业家刑事立案，检察机关可以提前介入，并进行指导和审查。

（四）规范检察机关的提前介入，健全检察机关对公安机关立案和侦查的同步监督机制

健全检察机关的提前介入以及同步立案和侦查监督机制是防止公安机关违规对涉民营企业经济纠纷刑事立案的最有效的制约方式。分述如下：

第一，修改《刑事诉讼法》第 113 条内容，增设规定："人民检察院认为公安机关不应当立案的，应当通知公安机关，公安机关应当书面说明立案理由，检察机关认为立案理由不成立的，公安机关应该撤销案件。"

---

① 参见李建伟、李晓明：《刑事诉讼中的企业家民商事权利保护》，载《人民司法》2019 年第 19 期。

第二，既是深化检察制度改革的要求，也是最高人民检察院保障民营企业家经营权和财产权的关键，防止其被错误入罪和羁押相一致。涉民营企业家的案件大多属于重大疑难案件，无疑属于检察机关提前介入的案件范围；最高人民检察院要求对民营企业家被羁押每案必审，如果公安机关对民营企业家进行刑事立案时，检察机关即进行同步监督，既是探索检察机关提前介入公安机关立案侦查活动的实施手段，也是落实最高人民检察院对民营企业家被羁押案件每案必查的有效举措。

第三，充分发挥公安机关、检察机关办案网络信息平台的作用，吸收一些地方检察院探索同步立案监督的有益经验。

（五）赋予当事人尤其是犯罪嫌疑人一方的刑事立案管辖异议权

目前立法以及司法解释中没有赋予当事人尤其是犯罪嫌疑人一方的管辖异议权，这样势必导致无法通过权利救济的方式纠正公安机关违规的立案管辖权。对此，笔者认为，应该从以下五个方面予以完善：

第一，对于"以犯罪地为主，居住地为辅"的管辖原则应该调整为"以主要犯罪地为主，其他犯罪地为辅，居住地为例外。"

第二，对"主要犯罪地"明确限定为两类情形：犯罪行为主要侵害地和取证便利地。确定公安机关立案管辖原则的目的在于有利于查明案件事实，惩罚犯罪，保障犯罪嫌疑人和被害人的权利，方便诉讼参与人参加诉讼。因此，将犯罪行为主要侵害地以及取证便利地作为主要犯罪地，与设立侦查管辖原则的立法目的是一致的。

第三，适用"其他犯罪地为辅，居住地为例外"均必须遵循前提条件。

第四，跨区域、涉众型民营企业家犯罪原则上不应采取分案侦查的方式。

第五，赋予当事人尤其是犯罪嫌疑人一方的刑事案件立案管辖异议权。

第四部分

其他理论热点问题

"刑事合议"：基本范畴、实践之维与应然向度

步洋洋[*]

一、引言

由于法律文化传统、诉讼价值观念以及诉讼模式的不同，两大法系国家在审判组织建构的形式和内容上并不完全相同。根据我国刑事诉讼法、人民法院组织法以及相关司法解释的相关规定，我国的审判组织包括独任庭、合议庭和审判委员会三种。然而，作为刑事审判主体组成和运行的基本样态，合议制度在我国当下的刑事司法实践中却呈现出"形合实独""权力运作模式上的行政化倾向"等一系列突出问题，背离了此一制度本源的司法公正、司法民主、权力制衡等价值功能。更为重要的是，刑事合议制度于我国当下的改革，似乎与司法领域甚至其他领域的改革一样，逐渐演变为一个纯粹的中国式问题。肇始于百年前的"陪审之议"，缘何始终没有定论？合议制度的中国价值与坐标到底何在？这些问题的答案似乎只能从合议制度之形成脉络、固有正向功能，以及实践层面的中国样态中进行找寻。

二、刑事合议的基本范畴

在刑事合议制度的论理及实证研究之中，基本范畴这一概念本身涵盖了合议制度的基本界定、运行准则、形成脉络以及本源的正向功能等多个维度，构成此一制度分析、研判的始点和基础。

（一）刑事合议的意涵及运行准则

合议由"合"与"议"两部分组成，具体到刑事诉讼之中，刑事合议用以指代由法官数人或法官与其他人员共同就事实认定及法律适用问题进行协商、讨论，并最终作出判断选择的过程，其本身包含着合议主体、合议客体以及合议阶段三个不同层面。具体来讲，刑事合议的主体即为刑事合议庭，由法官数人或法官与其他人员共同组成，其构成世界范围内最为普遍适用的审判组织形式。刑事合议的客体则是指作为刑事合议主体的合议庭成员对刑事案件进行审理、评议与裁判时的具体指向，包括事实认定和法律适用问题。而刑事合议阶段则是指刑事合议庭形成裁判结论的实际运行过程，主要分为刑事审理、刑事评议与刑事裁判三个不同阶段。

---

[*] 步洋洋，西北政法大学刑事法学院副教授。

作为司法决策中集体决策的一种形式，刑事合议制度的建构和运行遵循多人参与、平等参与、独立判断以及共同决策的基本准则，用以保障合议制度之"合议"功能的实现，最大限度地避免此一制度被"虚置"。其中，多人参与作为刑事合议制度的首要形式要素，构成了合议制与独任制的根本区别；平等参与则集中体现了司法的民主理念，重申合议庭成员的平等法律地位及审判职权；独立判断用以保障合议庭成员的独立人格与自主意志，属于审判独立原则的题中应有之义；共同决策则强调每一位合议参与者的各抒己见、群策群力，以保证合议作出的司法决策能够建立在多方位、多角度、全面地接纳不同分析和判断的基础上，尽量避免或减少个体决策可能产生的失误或错误。

（二）刑事合议的形成脉络及正向功用

刑事合议的制度雏形最早可以追溯至古雅典和古罗马时期的刑事审判，即由多人参与并共同裁决。随着资产阶级革命的爆发，合议制度契合了新兴资产阶级于司法领域的分权制衡要求，由此带来了合议制度于世界范围内的普遍认可。尽管两大法系国家在刑事合议制度的具体建构规范上有所不同，但却普遍将其适用于重大、疑难、复杂以及上诉审案件，并通过细化、完善选任、组成、评议、表决等运行规则保障此一制度的合理运行与制度期许的实现。

而在我国，近现代意义上的中国式合议制度则肇始于清末修律，并通过新中国成立前后的一系列规范性条例得以形成、发展。我国现行三大诉讼法及人民法院组织法都对合议制度作出规定，并通过相关规定对此一制度的运行规范加以完善、细化。

在笔者看来，立法者之所以将合议制度作为我国刑事审判的基本组织形式，其最重要的考量即在于同个体决策的独任制相比，合议制度所具有的独特制度功能优势。如果说庭审制度是整个刑事诉讼的中心，那么合议制度即构成刑事庭审制度的重心。一方面，从查明案件事实的角度来讲，合议制度可以发挥出"众人拾柴火焰高"的积极效能；另一方面，从程序公正的角度来讲，合议制度表现出较为明显的遏制腐败、司法专横的功能。

三、刑事合议的实践之维

日本学者棚濑孝熊曾说："无论怎样的纠纷解决制度，在现实中其解决纠纷的形态和功能总是由社会的各种条件所规定的。"尽管刑事合议制度因其价值优势使之被广泛应用在司法程序中，然而由于制度运行的外部环境与制度本身内在的规范缺陷的多重原因，刑事合议制度在我国当下的司法实践中存在严重异化，呈现出明显的"形合实独"与"司法行政化"倾向。

（一）合议主体泛化，行政化色彩明显

在我国现行法律框架内，只有成为合议庭组成人员的职业法官与人民陪审员才是实质意义上的合议主体。然而，在刑事司法实践中，刑事合议主体却呈现出多元、泛化特征，诸如院长、庭长、承办法官、审判长、审判委员会甚至上级法院都在某种程度上分割、侵占了合议庭的独立审判权，司法权力的运作模式呈现出极为明显的自上而下的行政化色彩。

第一，上下级法院之间的指示、请示制度。所谓案件指示、请示制度，是指在案件审理过程中，上级法院主动就案件的实体处理或程序问题进行指示，或下级法院以口头或书

面的形式向上级法院请示,上级法院予以答复的制度。尽管我国立法对于此一制度并无明文规定,但受"司法一体化"趋向及统揽型国家权力结构之影响,上下级法院之间的指示、请示制度却在司法实践中由来已久,并已固化成法院的一种办案方式和审判惯例。

其实,在我国的审级制度中,上下级法院之间实乃一种司法上的监督关系,各级法院均为独立的审判实体,以审级独立的方式行使审判权。上下级法院之间在审判业务上的监督关系只能通过法定的上诉审程序、死刑复核程序、再审程序来实现。上级法院对下级法院正在审理的案件不能且不应当施加具有影响力的指示。

第二,院长、庭长审批案件的权力。除了上下级法院之间的指示、请示制度,在我国各级法院内部还存在着行政色彩浓厚的院庭长审批案件制度。所谓"院庭长审批案件制度",是指人民法院的院长、主管副院长、庭长、副庭长虽未参与合议庭对具体案件的审理、评议和表决工作,但却通过对合议庭裁判文书进行审核、签发的行政审批机制对合议庭的裁判结论施以影响。在笔者看来,司法权有其自身特点和运行规律,院长、庭长并非基本的审判组织形式,其个人不能利用行政管理职权对主审法官以及合议庭的审判活动"发号施令"。此种做法事实上将庭长、院长的管理、监督权变成了不正当程序的审批权,变成了个人凌驾于审判组织之上的法外特权,违背了司法公开的要求,更削弱甚至架空了合议庭的审判职权,妨碍了程序公正以及司法公信力的形成。①

(二) 合议功能虚置,形合实独问题突出

现行刑事审判中的承办人制度在一定程度上虚置了合议功能,在合议庭全体成员共同参与、集体决策的表象下,实际上是案件承办人独任审判,并在实质意义上决定着案件的裁判结果,"形合实独"据此形成。所谓承办人制度,又称为承办法官制度,是指以单个法官为单位承接案件,并就案件的审理和裁判承担全部或主要责任的一种组织制度。在独任审判中,独任法官即案件的承办人;而在合议审判当中,一个合议庭内部普遍存在着三种角色,即审判长、承办人和其他合议庭成员。合议审判下的案件承办人不仅是合议庭的成员之一,更要对案件的审理与裁判结果承担主要责任,对该案承担主要的"错案追究后果"。客观来讲,承办人制度有其存在的合理性,案件的审理与裁判主体仍是合议庭,承办法官只是在实行合议制的前提下,用以确定扮演合议庭"代理人"的特定角色。② 然而,从此一制度的实践层面来看,承办法官已然超出了制度设计下的固有职权,常态化地包揽了绝大部分实质性的审理活动,导致"形合实独"问题发生。

(三) 审委会越俎代庖,合议项下之审理权、裁判权相分离

审判委员会本质上属于一种间接审理方式,其虚置了直接言词原则、公开审判原则、回避制度等旨在规范法庭审理而设置的诉讼原则及司法制度,由此带来合议制度项下审理权与裁判权的断层、分离,加剧形成了"审者不判、判者不审"的司法运作样态。不仅如此,审判委员会制度在我国当下的司法实践中亦呈现出扩大适用之趋势,以此规避可能因错案而带来的责任风险。笔者主张在尊重司法活动的客观规律,充分运用包括审判方式改

---

① 江必新:《论合议庭职能的强化》,载《法律适用》2000年第1期。
② 左卫民、吴卫军:《形合实独:中国合议制度的困境与出路》,载《法制与社会发展》2002年第2期。

革在内的司法改革成果的基础上，从不同层面对现有的审判委员会制度展开有步骤、有计划、分阶段的改革，以最大限度地减少其弊端。

四、刑事合议的应然向度

立足于当下刑事司法改革，笔者认为，刑事合议制度复归与完善的根本路径即在于：在确保"司法归司法，行政归行政"的"双轨制"运行模式的基础上，细化合议及相关规则，以使合议制度回归其司法审判的制度本质，增加此一制度的实效性与可操作性。

（一）革除司法行政化弊端，建立司法与行政相分离的"双轨制"运行模式

诚如德国法学家沃尔夫甘·许茨所言："行政侵犯司法，在任何时代都是一个问题。"[①] 作为国家权力的不同组成部分，司法和行政在性质、目标以及运作方式上都存在极大的差别。[②] 反观我国当下的刑事司法实践现状，司法权力运作模式上的行政化色彩已经极为严重，使得我国现行刑事司法程序带有了强烈的"科层式"行政特征。因此，合议制度改革作为审判组织改革的关键点，其实质问题即在于变革合议庭裁判权下的各种等级之间的分享状态，将审判组织置于同等结构之中，消除审判组织之间的等级化结构因素。[③]

在笔者看来，"司法归司法，行政归行政"之"双轨制"运行模式的真正确立，必须从问题意识出发，着力理顺如下两种关系：其一，刑事立法应当理顺合议庭同院长、庭长的关系。在现有法院内部组织模式下，业务庭是法院组织结构中最为关键的一环，院长、庭长对于具体案件的审批权需要通过业务庭这一环节加以实现。因此，刑事立法应当取消业务庭建制，建立以合议庭为基本单位的法院组织，并以此为基础逐步废除院庭长审批案件制度。目前如重庆市第四中级人民法院、最高人民法院第一巡回法庭等各级法院都在积极探索扩大主审法官和合议庭的独立审判权，取得了较好的改革成效。[④] 我们完全可以将这些关于主审法官、合议庭办案责任制的经验推广。其二，刑事立法应当理顺合议庭与审判委员会之间的关系。从理论上来讲，合议庭和审判委员会之间应为程序上的递进、功能上的互补关系，然而当下此一制度似乎已经成为司法责任制下责任"寻租"的挡箭牌。因此，刑事立法必须严格限制审判委员会讨论决定个案之功能，通过程序上的科学规范，使审判委员会把主要精力集中到审判管理与业务指导职能上来，以发挥其最高审判组织的司法创造性。一方面，立法上应当将审判委员会讨论决定个案的功能限定在一个可以接受的较小范围内，使合议庭真正承担起审与判的全部责任；另一方面，应当明确审判委员会与合议庭之间的职能分工，审判委员会只讨论法律适用问题，而不讨论事实认定问题。同时，笔者主张同步完善审判委员会的工作程序和工作机制。一方面，应当建立合议庭成员的共同汇报制度，改变过去单独由承办法官向审判委员会汇报案件的做法；另一方面，应当确立

---

① ［德］沃尔夫甘·许茨：《司法独立——一个过去和现在的问题》，载《环球法律评论》1981年第4期。
② 步洋洋：《刑事庭审虚化的若干成因分析》，载《暨南大学学报》（哲学社会科学版）2016年第6期。
③ 张洪涛：《司法之所以为司法的组织结构依据——论中国法院改革的核心问题之所在》，载《现代法学》2010年第1期。
④ 参见最高人民法院第一巡回法庭：《司法改革探秘：深耕"试验田" 做好"先行者"》，载《人民法院报》2015年10月26日。

审判委员会委员旁听案件制度,以使其能够在全面、充分了解案情,把握争议焦点的基础上,作出更为真实、可靠的法律适用裁判。

(二) 细化、完善合议制度本体,强化规范建构的合理性及可操作性

为更好地发挥合议庭的裁判功能,强化刑事合议制度的规范性、合理性及可操作性,笔者认为至少应当在如下两个方面对合议制度本体作出细化与完善。其一,合理配置合议庭成员,改革合议庭内部的现有考核追究机制。如前所述,在我国当下的刑事司法实践中,承办人在合议庭中扮演着十分重要的角色,却因一系列主客观因素之影响,在实践层面常态化地出现承办法官权力不当扩张的从众现象,导致"形合实独"问题发生。在笔者看来,此一问题之解决有赖于合议庭成员的重新配置,以及合议庭内部现有考核机制的改革与完善。一方面,应当在保证合议庭内部成员平等行使审判权的基础上,重新配置合议庭成员。形成审判长+其他审判人员+法官助理的"1+1+1模式"。另一方面,应当改革合议庭内部的考核追究机制,建立符合实际的实绩考核与责任追究机制,强化对于合议庭的整体考核。更为重要的是,当下的法官责任追究机制应当尽早走出"裁判结果中心主义"的怪圈,转变思维方式,将"错误裁判结果"改为"违法裁判结果",即在原审法官所作出的裁判被证明违反了现有法律要求,且造成了法定严重后果的情形下方能追责。① 其二,适当提高我国合议庭成员的人数起点,优化合议庭成员的人数设计规范。从刑事合议制度的运行机制来看,合议庭成员的数量既不可以过少,又不可以过多,过少则无法保证合议裁判的预期公正性与合理性;过多则可能导致决策过程和结论的"无序性",因为"在所有人数众多的议会里,不管由什么人组成,感情必定会夺取理智的至高权威"。尽管依据我国刑事诉讼法的规定,我国现行刑事审判中的合议庭人数分为3人、5人和7人三种②,但无论是从立法的倾向性规定还是从规范的实践运行层面来看,3人合议庭都已经成为最为基本,甚至是几乎唯一的人数建制。而社会心理学的结论表明,合议庭成员的人数设计当以5人至7人为最佳。据此,笔者主张适当提高我国合议庭成员的人数起点,改变现有的以3人作为基本人数建制的规范性框架,区分不同级别法院的人员编制现状、有所差异的审判任务并作出人数略有差异的建制安排,并在刑事被告人是否构成犯罪的认定问题上采用绝对多数决的投票规则,以最大限度地保证决策的独立性、民主性和合理性。

此外,我国现行刑事诉讼法规定"合议庭成员的人数应当是单数"。从立法本身的考量因素出发,此一规定似乎旨在避免简单多数决表决规则下的平局现象发生。合议庭成员人数建制上的单数或双数要求绝非避免此一问题的关键,以单数成员为建制要求的合议庭亦无法避免出现投票表决结果比例相同的局面。据此,笔者主张删除现行刑事立法关于"合议庭成员人数应当是单数"之规定,同时确立禁止弃权原则,明确合议主体投票表决的法定职权,用以防止合议庭成员将本该属于自己裁判之事项通过弃权,进而难以形成多数意

---

① 陈瑞华:《法官责任制度的三种模式》,载《法学研究》2014年第4期。
② 刑事诉讼法第183条规定,基层人民法院、中级人民法院审判第一审案件,应当由审判员三人或者由审判员和人民陪审员共三人或者七人组成合议庭进行;高级人民法院、最高人民法院审判第一审案件,应当由审判员三人至七人或者由审判员和人民陪审员共三人或者七人组成合议庭进行;人民法院审判上诉和抗诉案件,由审判员三人或者五人组成合议庭进行。第249条规定,最高人民法院复核死刑案件,高级人民法院复核死刑缓期执行的案件,应当由审判员三人组成合议庭进行。

见的"随意"方式交由非合议庭成员或其他组织决定。

（三）配套优化合议相关规则、程序，实现制度本体与制度运行的融贯互动

为避免前述合议制度本体细化、完善之虚空，刑事立法尚需就此一制度之具体运行作出配套优化，用以最大限度地消解机制冲突，实现制度本体规范与制度现实运行之双重维度的圆融自洽。一方面，刑事立法应当确立迅速集中评议原则，用以强化合议庭评议、裁判的及时性。最高人民法院《关于人民法院合议庭工作的若干规定》第9条规定："合议庭评议案件应当在庭审结束后五个工作日内进行。"此一规定与迅速集中评议原则所要求的庭审后及时、不间断进行评议的要求相去甚远。笔者认为，应当废除现有的五个工作日内进行评议的规范要求，转为规定"法庭辩论结束后，合议庭应当立即退庭评议，至迟不得超过24小时。评议应当以连续、不中断的方式进行，直至作出评议裁判。遇有特殊情况，经审判长许可的，合议庭成员可以短暂休息"。用以保障合议庭评议、裁判的及时性，落实集中审理原则。另一方面，刑事立法应当以保证合议评议实质性为基本动因，就合议庭成员之评议顺序作出规范。最高人民法院《关于人民法院合议庭工作的若干规定》第10条对此作出了笼统的原则性规定，即"合议庭评议案件时，先由承办法官对认定案件事实、证据是否确实、充分以及适用法律等发表意见，审判长最后发表意见；审判长作为承办法官的，由审判长最后发表意见。对案件的裁判结果进行评议时，由审判长最后发表意见"。在我国当下的承办人制度下，由承办法官首先陈述发言，能够在一定程度上引导评议的大致方向，因而具有某种现实合理性。然而此种立法设计却极易影响后续评议人员的独立意见和独立判断。于是，旨在强化人人评议、平等评议的评议顺序规范就演变成以承办法官个人意见为主导的形式化评议过场。从比较法的视角来看，域外国家和地区对于合议庭评议顺序之规定一般建立在综合考量合议庭成员的年龄、经验、资历等方面的差异基础上，通常是从较年轻的、资历较浅者开始。笔者主张吸收域外国家和地区刑事立法的有益经验，以职务、年龄、资历等因素作为合议庭成员评议发言顺序规范的建构基础，明确评议规则中先由人民陪审员或其他资历浅或职级低、年龄小的法官发表意见，承办法官后发言，审判长最后发表意见，以维持较年轻的、层级较低的或经验较浅的法官在合议表决时的独立性，并合理规范合议的交互方式。

五、结语

刑事合议制度的改革完善事关审判权整体运行机制的调整与健全。在承认刑事合议制度于保障司法公正、彰显司法民主、实现权力制衡等方面的价值功能及制度优势的同时，我们也应当清楚地看到，严格意义上的刑事合议制度由于强调并遵循多人参与、平等参与、独立判断以及共同决策，因而与独任制审判相比，实属一种效率较低的决策方式。在推进案件繁简分流，优化司法资源配置的当下，刑事合议制度的改革完善其实在很大程度上亦有赖于简化审理程序中独任制审判的扩大适用。是故，如何有效地界定、划分合议制审判与独任制审判的案件范围，丰富、完善普通程序之外的简化审理程序，呼应刑事案件本身与利益主体的多样化需求，实现公正、高效、和谐等多元社会价值的动态平衡，就成为后续理论研判的重点之所在。

论司法工作人员相关职务犯罪侦查工作机制之构建

程相鹏*

虽然国家监察体制改革把检察机关查办职务犯罪的工作职能、机构与人员整体转隶至监察机关，但是 2018 年 4 月国家监察委员会制定的《国家监察委员会管辖规定（试行）》第 21 条却规定了"在诉讼监督活动中发现的司法工作人员利用职权实施的侵犯公民权利、损害司法公正的犯罪，由人民检察院管辖更为适宜的可以由人民检察院管辖"，同时该规定第四章"职务犯罪案件管辖范围"明确了公职人员 88 种罪名的职务犯罪由监察委员会负责调查，将司法工作人员侵权渎职务犯罪案件排除在外。相应地，2018 年 10 月全国人大常委会在对刑事诉讼法进行修改时，依然为检察机关保留了部分职务犯罪侦查权。2018 年刑事诉讼法第 19 条第 2 款明确规定："人民检察院在对诉讼活动实行法律监督中发现的司法工作人员利用职权实施的非法拘禁、刑讯逼供、非法搜查等侵犯公民权利、损害司法公正的犯罪，可以由人民检察院立案侦查。对于公安机关管辖的国家机关工作人员利用职权实施的重大犯罪案件，需要由人民检察院直接受理的时候，经省级以上人民检察院决定，可以由人民检察院立案侦查。"这一授权性立法规定明确了检察机关依然享有部分职务犯罪法定侦查权和机动侦查权。修改后的刑事诉讼法给检察机关保留的侦查权虽然有限，所侦查的案件总量也不会很多，但它对于进一步优化办案资源配置、提高反腐败整体效能，坚持检察机关的宪法定位和中国特色，支撑检察机关的诉讼监督，激发检察制度的活力都具有重要意义。① 为此，检察机关应当建立健全司法工作人员相关职务犯罪侦查工作机制，行使好保留的部分职务犯罪侦查权。具体可从案件线索管理、线索调查核实、立案侦查管辖以及侦查一体化四个环节来构建与完善司法工作人员相关职务犯罪侦查工作机制。

一、案件线索管理

巧妇难为无米之炊。没有司法工作人员的相关职务犯罪线索，检察机关就根本不可能立案侦查职务犯罪案件。所以，检察机关立案侦查司法工作人员相关职务犯罪案件的第一步或者说前提显然是对司法工作人员相关职务犯罪线索的发现、收集与管理。关于司法工作人员相关职务犯罪案件线索的管理，2019 年 12 月修订的《人民检察院刑事诉讼规则》（以下简称 2019 年《刑事诉讼规则》）第 166 条第 1 款规定："人民检察院直接受理侦查案

---

* 程相鹏，法律硕士，浙江省湖州市人民检察院驻浙江省南湖监狱检察室主任、四级高级检察官，全国检察机关调研骨干人才，浙江省检察理论研究专家，中国刑事诉讼法学研究会会员。

① 朱孝清：《检察机关如何行使好保留的职务犯罪侦查权》，载《中国刑事法杂志》2019 年第 1 期。

件的线索,由负责侦查的部门统一受理、登记和管理。负责控告申诉检察的部门接受的控告、举报,或者本院其他办案部门发现的案件线索,属于人民检察院直接受理侦查案件线索的,应当在七日以内移送负责侦查的部门。"该条明确规定了职务犯罪案件线索的统一受理、登记和管理由检察机关负责侦查工作的内设机构负责,控告申诉检察部门接受的控告、举报和其他部门发现的案件线索均要在规定时间内移交侦查部门。这一规定改变了职务犯罪侦查权转隶之前的通常做法。2012年修订的《人民检察院刑事诉讼规则(试行)》规定了职务犯罪案件线索由控告检察部门(举报中心)管理与侦查部门自行审查管理的双轨制管理和分级备案管理模式。该规则第161条规定:"人民检察院举报中心负责统一管理举报线索。本院其他部门或者人员对所接受的犯罪案件线索,应当在七日以内移送举报中心。有关机关或者部门移送人民检察院审查是否立案的案件线索和人民检察院侦查部门发现的案件线索,由侦查部门自行审查。"同时第163条规定:"人民检察院对于直接受理的要案线索实行分级备案的管理制度。县、处级干部的要案线索一律报省级人民检察院举报中心备案,其中涉嫌犯罪数额特别巨大或者犯罪后果特别严重的,层报最高人民检察院举报中心备案;厅、局级以上干部的要案线索一律报最高人民检察院举报中心备案。要案线索是指依法由人民检察院直接立案侦查的县、处级以上干部犯罪的案件线索。"第164条规定:"要案线索的备案,应当逐案填写要案线索备案表。备案应当在受理后七日以内办理;情况紧急的,应当在备案之前及时报告。接到备案的上级人民检察院举报中心对于备案材料应当及时审查,如果有不同意见,应当在十日以内将审查意见通知报送备案的下级人民检察院。"2019年《刑事诉讼规则》取消了控告申诉检察部门的职务犯罪案件线索管理权,也没有继续规定职务犯罪案件要案线索的分级备案管理制度。2018年11月24日,最高人民检察院印发的《关于人民检察院立案侦查司法工作人员相关职务犯罪案件若干问题的规定》[①](以下简称2018年《立案侦查规定》)对此也没有作出规定。笔者认为,2018年《立案侦查规定》和2019年《刑事诉讼规则》明确案件线索管理职能部门为负责侦查的内设机构,实行案件线索管理上的单轨制,废除要案线索备案登记制度,总体上来讲比较科学合理。这是因为司法工作人员渎职侵权职务犯罪案件线索相对于贪污贿赂职务犯罪线索比较少,多是办案部门在诉讼监督活动中自行发现,直接交由侦查部门独立管理比较好,既能减少不必要的环节,也有利于线索的保密;之所以没有继续规定要案分级备案管理,除了线索量小的因素以外,大概也有涉嫌侵权渎职犯罪的司法工作人员一般由于办案一线人员比较多,行政职务职级相对比较低,县处级以上领导干部相对较少的原因,所以没有必要设置线索备案制度。

案件线索管理由侦查部门直接负责管理虽然比较妥当,但是这仅仅解决了部门管理权力的归属问题。根据司法解释,案件线索管理还涉及检察机关的级别分工管辖。依照2019年《刑事诉讼规则》第14条规定(人民检察院办理直接受理侦查的案件,由设区的市级人民检察院立案侦查。基层人民检察院发现犯罪线索的,应当报设区的市级人民检察院决定立案侦查),基层检察院没有案件线索管理权,而是报送设区的市级人民检察院予以管理。笔者认为,这种线索管理级别分工不是很妥当,应当赋予基层检察院案件线索管理权。理

---

① 《关于印发〈关于人民检察院立案侦查司法工作人员相关职务犯罪案件若干问题的规定〉的通知》,载《检察日报》2018年11月25日。

由如下：如果案件线索均由地市级以上检察院管理，这就意味着基层检察院自行发现或者接受的控告、举报的职务犯罪案件线索全部要报送地市级检察院管理。这样会严重挫伤基层检察院开展职务犯罪侦查工作的积极性，不利于打击司法工作人员职务犯罪。特别是大量的司法案件是由基层检察院办理的，而相当多的司法工作人员侵权渎职犯罪是在诉讼监督活动中发现的，基层检察院检察人员如果连对犯罪线索的管理权都没有，这些办案人员怎么可能会积极主动地发现职务犯罪线索？此为其一。其二，正是由于许多职务犯罪线索是在诉讼监督活动中被发现的，如果基层检察院再把线索报送地市级检察院，中间的环节可能比较烦琐。基层检察院其他办案部门发现线索，移送本院侦查部门，侦查部门再把线索报送上级检察院侦查部门。所以，建议基层检察院发现犯罪线索的，可以由本院侦查部门自行管理。

二、线索调查核实

在对案件线索审查之后，如果属于本院管辖，继之就是对案件线索的调查核实。2019年《刑事诉讼规则》第八章"立案"第一节"立案审查"对调查核实作出了规制。明确规定了调查核实必须由检察长决定才可以进行；设置了调查核实管辖制度，上下级检察院之间可以移送调查核实，上级检察院可以指定调查核实管辖；作出了调查核实案件线索不得对被调查对象采取限制人身、财产权利措施，不得开展技术侦查，一般不得接触被调查对象的禁止性规定；规定了调查核实终结应当制作审查报告制度。2019年《刑事诉讼规则》规定的"立案审查"实质上就是检察机关职务犯罪侦查职能转隶之前的职务犯罪案件线索"初查"。2012年《人民检察院刑事诉讼规则（试行）》对职务犯罪立案前的"初查"也有专节规定，与2019年《刑事诉讼规则》对"立案审查"的规定基本一致。初查的分工是按照检察机关直接立案侦查案件分级管辖的规定确定。按照2019年《刑事诉讼规则》规定，调查核实一般也是由地市级检察院负责，基层检察院一般无权调查核实司法工作人员相关职务犯罪案件线索。这种调查核实模式，笔者认为十分不妥。建议赋予基层检察院调查核实司法工作人员相关职务犯罪案件线索权力，如同赋予基层检察院案件线索管理权。理由同上，不再赘述。基层检察院享有调查核实权力更有利于司法工作人员相关职务犯罪案件的立案侦查，惩处司法工作人员渎职侵权职务犯罪，促进司法公正。

三、立案侦查管辖

关于司法工作人员相关职务犯罪案件的立案侦查管辖，2018年刑事诉讼法没有明确规定。而是由最高人民检察院通过司法解释予以明确的。2019年《刑事诉讼规则》第14条规定："人民检察院办理直接受理侦查的案件，由设区的市级人民检察院立案侦查。基层人民检察院发现犯罪线索的，应当报设区的市级人民检察院决定立案侦查。设区的市级人民检察院根据案件情况也可以将案件交由基层人民检察院立案侦查，或者要求基层人民检察院协助侦查。对于刑事执行派出检察院辖区内与刑事执行活动有关的犯罪线索，可以交由刑事执行派出检察院立案侦查。"这与2018年《立案侦查规定》相一致，司法工作人员相关职务犯罪案件的立案侦查由地市级检察机关负责。可见，司法解释把司法工作人员涉嫌渎职侵权职务犯罪案件立案侦查的级别管辖原则上确定为地市级检察院立案侦查，可以交办基层检察机关立案侦查。最高人民检察院之所以如此设置侦查级别管辖,可能是"由于这类案件的主体是司法工作人员,由市级院立案侦查,能够确保立案的慎重性,也有利于排除办案中的阻力。而且,检察机关直接受理侦查的案件数量不大,由市级院立案侦查,有利于集中有限的资源,提高办案质量和效率"①。该类案件数量的确不大。据统计,2018年刑事诉讼法授权检察机关可以立案侦查司法工作人员涉嫌渎职侵权职务犯罪案件之后,全国检察机关2019年共依法立案侦查司法工作人员利用职权实施侵犯公民权利、损害司法公正犯罪案件872人。② 平均到全国地市级检察院,案件屈指可数。但是案件数量不大、案件主体特殊,侦查级别管辖是否就应该设置为地市级检察院?正当性是否足够?笔者认为,理由并不充分。2018年刑事诉讼法与2018年《立案侦查规定》明确的14种罪名③的案件由检察机关直接立案侦查,在国家监察体制改革之前,检察机关对此14种罪名职务犯罪案件一直在负责立案侦查,而且基层检察机关也一直有权直接立案侦查。当下,依然由基层检察机关直接立案侦查,从法理上来讲没有任何不可以;从工作实际来看,更是应当如此。因为侦查权是检察机关的一项重要职权,是对诉讼监督顺利开展的强有力的支撑。如果基层检察机关不享有完整的侦查权,而是由地市级检察院交办、授权,可能会影响基层检察机关的诉讼监督职能的行使。另外,大量的司法工作人员涉嫌利用职权实施侵犯公民权利、损害司法公正犯罪案件线索一般存在于基层,国家的司法工作人员、司法案件绝大多数也在基层,而且此类渎职侵权案件量刑一般较轻,多是基层检察院提起公诉、基层法院审判,所以为了便于查办惩处此类职务犯罪,建议设置为基层检察机关负责立案侦查为宜,使基层检察机关拥有完整的司法工作人员涉嫌渎职侵权职务犯罪案件侦查权。另外,从国家立法来看,2018年刑事诉讼法赋予检察机关部分职务犯罪案件侦查权,并不是单纯赋予设区市人民检察院及以上人民检察院享有侦查权,而是包括基层检察院在内的四级检察机关均享有侦查权。最高人民检察院的司法解释实质上是限制了基层检察机关的侦查权,这是不符合立法本意的,可以说是违背了国家立法,并不妥当。

四、侦查一体化

根据宪法法律规定,检察机关上下级之间是领导关系,上级检察院领导下级检察院,最高人民检察院领导全国地方各级检察院。这种领导体制是"检察一体化"的检察体制。"检察一体化"是很多国家和地区,特别是大陆法系国家和地区检察机关用于规范内部权利义务关系,使整个检察系统成为协调统一整体的组织体制。其基本内容主要有三项:一是

---

① 李昊昕:《检察机关直接受理侦查案件的管辖与内部分工》,载《检察日报》2020年1月16日第3版。

② 参见徐日丹:《2019年立案侦查司法人员侵犯公民权利损害司法公正犯罪872人》,载《检察日报》2020年1月20日第1版。

③ 根据现行刑事诉讼法与2018年《立案侦查规定》的规定,人民检察院在对诉讼活动实行法律监督中,发现司法工作人员涉嫌利用职权实施的下列侵犯公民权利、损害司法公正的犯罪案件,可以立案侦查:非法拘禁罪,非法搜查罪,刑讯逼供罪,暴力取证罪,虐待被监管人罪,滥用职权罪,玩忽职守罪,徇私枉法罪,民事、行政枉法裁判罪,执行判决、裁定失职罪,执行判决、裁定滥用职权罪,私放在押人员罪,失职致使在押人员脱逃罪,徇私舞弊减刑、假释、暂予监外执行罪。对于公安机关管辖的国家机关工作人员利用职权实施的重大犯罪案件,需要由人民检察院直接受理的时候,经省级以上人民检察院决定,可以由人民检察院立案侦查。对于该14个罪名案件,可以称之为司法工作人员涉嫌渎职侵权职务犯罪案件。

"上命下从"。即下级检察院和检察官分别服从上级检察院和检察官，检察官服从检察长。二是职能协助。即全国检察机关是执行检察职能的统一整体，当某地检察院执行检察职能需要异地相关检察院协助时，相关检察院应当协助。三是职务收取、移转、承继和代理。职务收取就是上级检察院和检察长可以将下级检察院或下属检察官权限内的事务收归自己处理；职务移转就是上级检察院和检察长可以将下级检察院或下属检察官权限内的事务交所属的其他检察院或检察官处理；职务承继就是在执行职务中需要更换检察官时，原检察官所进行的活动与接任检察官的活动可以前后承继，而不必从头开始、亲力亲为；职务代理就是检察官执行职务时对外代表检察机关，在检察官不能履行职责或缺位时，下属检察官可以根据规定的顺序或首长的指令临时代行职务。

鉴于"'检察一体'有利于检察机关形成纵向指挥有力、横向协作紧密、反应快速灵敏、运转高效有序的工作机制，保证检察机关内部协调统一；有利于排除各种阻力、干扰，形成同违法犯罪作斗争的强大力量；有利于统一法律适用，保证法律实施的统一和正确"①。建议依托"检察一体化"，建立健全职务犯罪侦查一体化机制，形成"侦查一体化"格局。具体可从以下几个方面构建：

一是设立单独的侦查机构。2019 年检察机关内设机构改革之后，国家、省、市、县四级检察机关均没有设立单独的侦查机构，而是将司法工作人员相关职务犯罪侦查职责赋予刑事执行检察机构统一行使。原因主要是从机构的优化、协同、高效的原则考虑，由原来承担部分侦查职责的刑事执行检察机构附带行使比较便利。② 如果从侦查一体化视角来看，还是有必要设立单独的侦查机构。虽然司法工作人员相关职务犯罪案件总量偏小，设立一个单独的内设机构似乎有点浪费有限的司法资源，但是设立一个单独的侦查机构却可以专司侦查，符合"一件事情原则上由一个部门负责"的机构改革原则，③ 有利于查办司法工作人员相关职务犯罪，有利于侦查专业化建设，有利于侦查队伍培养，有利于形成侦查一体化。建议在四级检察机关设立单独的侦查机构。

二是建立健全职务犯罪侦查一体化工作机制。职务犯罪侦查一体化机制主要是在刑事侦查系统中，为实现公平正义的法律价值，以刑事法学为基础，在检察机关执法办案中形成一种相互作用、互相影响的侦查模式。④ 这种侦查模式可以在检察机关内部形成纵向指挥有力、横向协作紧密、反应快速灵敏、运转高效有序的工作机制。第一，可以整合侦查人员。根据"检察一体化"要求，上级检察机关可以指挥、调用下级检察机关检察人员，同级检察机关检察人员之间应当密切协作，所以，国家、省、市三级检察机关可以对本辖区侦查人员整合使用，发挥合力作用，协作互助，集体攻关。第二，为了便于指挥侦查，建议在地市级检察院设立侦查指挥中心，与侦查机构合署办公。第三，以地市级检察院为主导，指导本辖区的司法工作人员相关职务犯罪侦查。第四，建立案件线索、调查核实与立案侦查上报一级备案制度，方便上一级检察机关掌握情况，便于指挥调度。

---

① 朱孝清：《检察官相对独立论》，载《法学研究》2015 年第 1 期。
② 国新办：《最高人民检察院改革内设机构全面履行法律监督职能等情况》，载共产党员网，http://www.12371.cn，最后访问时间：2020 年 5 月 12 日。
③ 参见党的十九届三中全会审议通过的《中共中央关于深化党和国家机构改革的决定》和《深化党和国家机构改革方案》。
④ 李军：《检察机关职务犯罪侦查一体化机制的构建》，载《西南政法大学学报》2014 年第 3 期。

我国证据辩护的实践困境及其完善路径

郜占川 赵延振*

一、我国证据辩护的适用环境

在以审判为中心的诉讼制度改革的背景下，检察机关介入侦查、引导取证、建立以证据为核心的刑事指控体系；审判机关贯彻证据裁判原则、推动证据审查判断去印证化；当前的司法政策、司法体制改革、法律制度改革亦更加契合证据辩护的进一步完善和发展；未来的诉讼焦点是程序搭台、证据唱戏，证据在辩护领域中心化亦是大势所趋。

（一）诉讼制度改革拓展了证据辩护空间

自党的十八届四中全会以来，"推进以审判为中心的诉讼制度改革，确保侦查、审查起诉的案件事实证据经得起法律的检验"[1] 是刑事司法领域改革的核心目标和基本要求。一方面，把庭审作为诉讼的决定性环节[2]，要求事实查明在法庭、证据采纳在法庭、结果形成在法庭，法庭主动引导控辩双方当庭展示、质疑证据，推动控辩双方结合证据发表辩论意见，这为律师进行证据辩护框定了最佳的辩护战场——庭审现场；另一方面，摒弃以前的侦查中心主义，消除侦查结论对法官事实认定的前置性影响，强化了审判官认定事实的主体地位，加强审判活动对侦查活动的制约，侦查取证、证据指控、证据辩护都要符合法庭审理的证明标准和证明程序[3]，程序和标准的统一，为律师实现有效的证据辩护奠定了法制基础，拓宽了证据辩护的程序空间。

（二）司法体制改革为证据辩护提供了动力

司法机关内部人员过问案件记录和责任追究制度、防止领导干部干预司法活动制度、错案责任倒查问责制度等一系列制度的建立就是为了落实"让审理者裁判，让裁判者负责"的改革要求，确保法官办案自主性；审判活动不断贯彻证据裁判原则——案件的事实认定必须依靠证据，证据必须具有证据资格，用于定案的证据必须是在法庭上查证属实的证据，

---

* 郜占川，甘肃政法大学法学院教授，法学博士；赵延振，济南市长清区人民法院法官助理。
[1] 详见 2014 年 10 月 23 日中国共产党第十八届中央委员会第四次全体会议通过的《中共中央关于全面推进依法治国若干重大问题的决定》第四部分。
[2] 张建伟：《审判中心主义的实质内涵与实现途径》，载《中外法学》2015 年第 4 期。
[3] 沈德咏：《论以审判为中心的诉讼制度改革》，载《中国法学》2015 年第 3 期。

使证据的地位不断强化。所以,案件审理者只能通过严格的程序和法定的证明标准来认定事实,那么律师通过提出证据的方式来影响法官心证也就更合时宜。辩护律师可以通过对证据的证明力和证据能力提出质疑来影响裁判者心证并由此影响案件事实认定的最后走向①。或许这就是律师打破法官和检察官垄断事实认定的突破口,抓住控方证据问题、证明漏洞的辩护方式正是证据辩护主要方向之所在。

(三) 证据规则体系完善奠定了法律基础

从"两个证据规定"到"严格排除非法证据规定"再到最高人民法院的"三项规程",我国建立了以证据裁判为原则、以证据审查判断为核心的刑事证据规则体系②,证据辩护的法律规范基础日益扎实,足以支撑辩护律师展开一定的证据辩护活动。2012年刑事诉讼法修改时,进一步明确了检察机关承担指控犯罪成立的证明责任,除了对一些法律专门规定的明知要素和目的要素,检方可以免除部分举证责任,比如毒品犯罪案件中明知要素、非法占有的目的要素等,其余犯罪构成要素的证明责任必须由检方来承担。明确刑事诉讼中的证明责任,为证据辩护活动的进行提供了回旋的余地,保障了辩护律师享有提出证据进行辩护的权利,消弭了被告人被推定有罪的风险。

(四) 三项规程为证据辩护提供了具体程序

在证据裁判的审判形态下,法庭调查环节是证据出现的密集期,同时也是双方争议焦点集中爆发的时刻,法庭调查的核心自然就在于对证据指控权和质证权③的保障,所以控辩与抗辩的核心就是证据问题。法庭调查规程为证据辩护和证据指控提供了具体的时间场域;法庭调查规程还扩大了证人出庭作证范围、压缩了法官在决定证人出庭方面的自由裁量权;侦查人员出庭"说明情况"也不仅仅局限在证据的合法性领域,三项规程将其扩大到了证据来源的真实性以及取证过程的客观性领域;明确强制证人出庭的具体程序和条件,保障了证人强制出庭制度上的可能性。各种"证人"纷纷出庭,有望彻底打破检察机关在言词证据上的垄断地位,为证据辩护开通了一条行之有效的实践路径。

二、我国证据辩护的实践困境

虽然证据辩护的法制土壤已然成熟,但是证据辩护作为一种相对较新的辩护形态,其辩护实践发展还远远不够,一方面,证据辩护在刑事司法实践中的适用率持续低迷;另一方面,律师进行证据辩护时的技术水平参差不齐。

(一) 证据辩护的总体占比不高

凡法治发达之地,必为辩护艺术兴盛之所在。没有量的保证,辩护很难取得质的飞跃。

---

① 吴洪淇:《刑事证据辩护的理论反思》,载《兰州大学学报》(社会科学版) 2017年第1期。
② 吴洪淇:《转型的逻辑:证据法的运行环境与内部结构》,中国政法大学出版 2013 年版,第 183 页。
③ 质证权是指刑事被告人出席法庭审判,对控方出示的证据进行质疑、询问、反驳,它是刑事被告人的一项基本权利。详见施鹏鹏:《庭审实质化改革的核心争议及后续完善——以"三项规程"及其适用报告为主要分析对象》,载《法律适用》2018 年第 1 期。

中国政法大学证据科学研究院出台了一份关于刑事辩护的研究报告，具体情况如下：该报告显示某中院一审审判的 400 个案件中真正帮助被告人摆脱追诉的高质量证据辩护意见数量不高，无罪、罪轻的辩护意见几乎不被采纳；该统计结果还显示出被采纳的辩护意见多是集中在被告人存在自首、坦白、立功认罪态度好等法定、酌定量刑情节，律师似乎也更倾向于提出这种保守的证据来进行辩护，既不针对案件事实，也不针对司法程序，更没有针对证据体系，律师在辩护时对司法官表示出了最大限度的谦恭，完全没有充分发挥出证据辩护的攻击效果。① 由此可见，证据辩护的总体使用率还很低，证据辩护的成功率也不高，辩护权几乎很难和追诉权相抗衡，辩护律师开展辩护活动时会尽可能地避免和控诉权的直接对抗。

(二) 证据辩护技术体系不成熟

辩护制度的建立是人类民主政治文明发展的重要成果，自《十二铜表法》建立辩护制度雏形以来，辩护活动通过提出事实和理由进行申辩的意味至今未失，辩护行为说服裁判的初衷从未动摇。② 然而当下很多刑事辩护活动却偏离了刑事辩护的应然目的，有些律师的辩护策略根本就不是以说服法官为目的，而是以说服当事人认罪为追求——出于各种各样的原因反过来做被告人的工作；有些律师把法庭当作学术讲堂，辩护起来滔滔不绝、慷慨激昂，轻证据重理论，大肆鼓吹自己的学术观点；还有一些律师辩护时不举证、不质证，撰写的辩护词过于简单甚至千篇一律，在庭审中辩护走形式、走过场③；还有些律师思想偏执，针对法律问题在法庭上同主审法官纠缠不休，甚至"死磕"法官④；律师在质证时多热衷于针对证明目的而很少针对证据真实性。律师辩护的行为出现这些现象，归根结底还是因为辩护律师缺乏辩护说理服人的目标引导和有效辩护的技术支持，所以才会出现这些"表演性辩护"和"套路辩"。⑤ 无论辩护形态如何分化，辩护技巧如何精妙，辩护活动追求说服裁判者的初衷不能变，以专业程度高、技术性强的辩护意见说服效果和被接受程度作为评判辩护活动的本质标准不能换⑥。故证据辩护应该是一个目的明确、动静有法的专业化、规范化的技术行为，既不能各自为战，更不能为所欲为。

三、我国证据辩护的技术完善要点

正如习近平总书记所言"科技是第一生产力，技术创新是引领发展的第一动力"。欲提升辩护之效果，实现辩护之目标，促进证据辩护的良性发展，辩护律师必须采用一种技术

---

① 蒋宏敏、田娜西、刘瑶、王达：《刑事案件律师辩护率及辩护意见采纳情况实证研究（下）——以四省（区、市）1203 份判决书为研究对象》，载《中国律师》2016 年第 12 期。
② 李奋飞：《论"表演性辩护"——中国律师法庭辩护功能的异化及其矫正》，载《政法论坛》2015 年第 2 期。
③ 熊秋红：《审判中心视野下的律师有效辩护》，载《当代法学》2017 年第 6 期。
④ 沈德咏：《我们应当如何防范冤假错案》，载《法制资讯》2013 年第 5 期。
⑤ "套路辩"就是一些陈词滥调浮夸无实的辩护词。比如，言必称被告人是初犯、偶犯者，或者大打感情牌称被告人家里上有老下有小只有被告人这么一个赡养人之类的申请从宽量刑者等。https://weibo.com/7131484487/Iy8UPuM1Z？type＝comment。
⑥ 吴纪奎：《从独立辩护观走向最低限度的被告中心主义辩护观——以辩护律师与被告人之间的辩护意见冲突为中心》，载《法学家》2011 年第 6 期。

更专业、论证更精细的方式来辩护——既能针对核心证据，又能利用辅助证据，还能掌握证明过程。

（一）针对证据真实性的证据辩护技术

实物证据、言词证据等实质证据之间彼此印证，该论证模式本质上属于内部证成，我们唯一能保障真实的就是这种印证逻辑的存在，而运用辅助证据证明每个实质证据的合法性、真实性则是一种外部证成，在司法实践中的确需要通过外部证明的证明模式以证明指控证据系真实、合法，具备证据资格，比如侦查机关出具的讯问犯罪嫌疑人时的录音录像以证明讯问过程中没有刑讯逼供的情况，被告人供述可以作为据以定案的证据，比如在美国证据法中对于移送鉴定的实物证据的整个保管链条、运送鉴定过程都必须有详细的记录，参与任何一个环节的司法工作人员均有出庭作证证明证据合法性、真实性的义务①。那么巧妙运用辅助证据质疑实物证据的真实性、言词证据的自愿性往往会取得出奇制胜的辩护效果，就像美国的"豪斯案"采取的是一种典型的外部证伪的辩护模式，具体案情如下：

1985年，田纳西乡村妇女卡洛琳的尸体在离家不远的河边防洪堤上被发现，死者的朋友豪斯（23岁）被指控强奸和谋杀，检方出具的关键科学证据之一就是豪斯牛仔裤上发现的血迹与死者血型相符。豪斯历经5天的庭审被陪审团判处死刑。24年间豪斯在州法院和联邦法院上诉多次均败诉，2006年豪斯的辩护律师提出在用以血迹鉴定的样本送检过程中，犯罪嫌疑人提供的牛仔裤（样本A）和从被害人身上提取的血液标本（样本B）存放在同一收纳盒中，无法排除在十几个小时的运送路程中样本A泄漏污染样本B的可能，检方科学证据的保管链条存在致命的漏洞，据以定罪的血型鉴定依法应该不具有证据能力，最后美国联邦法院以科学证据使用不当为由宣告豪斯无罪，此时的豪斯已经47岁，庆幸的是正义偶尔会迟到但是永远不会缺席。

这种证据辩护方式可以打破实质证据通过印证所形成的封闭式证据链条，同时使质证程度更深入，进而促进实现庭审实质化。刑事庭审实质化是值得努力的改革方向，其主要适配于印证之外的其他证明方法，为此，应当在认同或然真实这种证明标准的前提下，对诉讼证明进行一种"去印证化"的改革。②

（二）以核心证据为重点的证据辩护技术

最高人民检察院在"十三五"规划纲要中提出推进构建以证据为核心的刑事指控体系，推行以客观性证据③为主导的证据审查模式，实行技术性证据专门审查制度，故指控的核心在于证据，证据指控的核心在于客观性和技术性证据。由此可见辩护律师针对核心证据进行辩护就意味着在客观证据、技术证据领域与检方"缠斗"，笔者认为针对核心证据制定辩护的策略应从宏观上把握、微观上突破：第一，辩护的思路应该尽可能地契合司法官审查证据的模式；第二，辩护的知识积累应该尽可能全面，跨学科的知识运用是刑事审判的常

---

① 邢茜茜：《刑事诉讼中的实物证据保管链研究》，载重庆邮电大学2017年硕士论文。
② 周洪波：《刑事庭审实质化视野中的印证证明》，载《当代法学》2018年第4期。
③ 客观性证据即稳定性和可靠性较强的证据，主要包括物证，书证，视听资料，电子数据，鉴定意见，勘验、检查、辨认、侦查实验等笔录。详见樊崇义、李思远：《刑事证据新分类：客观性证据与主观性证据》，载《南华大学学报》（社会科学版）2016年第1期。

态现象，为准确把握核心证据之辩点，辩护律师需跨学科交叉掌握各种知识；具体体现可见 2010 年的一起伤害案：被告人赵某在乘坐地铁时与被害人孟某发生冲突，赵某用随身携带的水果刀扎伤孟某导致其肺破裂。在侦查期间被害人孟某委托某鉴定机构对其伤情进行鉴定，鉴定结果为十级伤残，系重伤。检方主要的证据有：被告人赵某的供述、被害人孟某的陈述、证人李某的证言、北京某鉴定机构出具的重伤鉴定意见、办案民警的办案记录。一审判决赵某故意伤害致人重伤判处有期徒刑三年零六个月，二审判决认定重伤不成立[1]。

在控辩交锋的过程中，被告人承认故意伤害的事实，被害人、证人对被告人供述的事实亦没有太大争议，控方以证明达到重伤程度的鉴定意见为核心证据发起指控。辩护律师一方面主张被告人具有自首、坦白、初犯、偶犯、真诚悔罪的从轻情节；另一方面主张原鉴定意见引用的《人体重伤鉴定标准》中并没有规定关于肺破裂伤情等级鉴定的标准，鉴定机构依照专家建议参照其他脏器伤情鉴定标准作出重伤认定的行为明显违法，因为专家根本无权提出等同于立法的专家建议。此外，公诉人也未向法庭提交证明鉴定人具有鉴定资质的证明材料，故该鉴定意见的真实性、合法性存疑。二审辩护阶段，辩护律师在一审辩护意见的基础上对鉴定的检材提出质疑——该检材系相关病例和专家意见等主观材料，不是适格的检材，严重违反法定鉴定程序和鉴定要求。最后二审法院采纳了辩护意见作出了"认定重伤证据不足"的判决。

一审辩护意见针对辩护意见的科学性提出了涵盖法医学、证据法学、外科学的专业辩护意见；二审辩护完全顺延法官严格审查鉴定意见的思维方向，一步步质疑证据的合法性，不断地帮助法官对该证据产生疑问。

(三) 证据辩护中证据的组织和分析技术

对犯罪事实要件组织证据进行证明、分析证据载体中包含的证据信息并和案件事实建立联系，在一些十分前沿的辩护实务研究中已经取得了十分显著的成果，比如周洪波教授提出的图示法[2]、朱明勇律师的逆向思维法、事实叙述法等，这些方法都是我们证据辩护技术体系的重要构成单元。笔者从思维的层面把证据辩护实践中证据的组织分析方法进行了精细化的梳理：组织证据要抓住重点、打击要害；分析证据要逻辑清晰、陈述清楚。具体情况见下面案例：

在枣庄市市中区城市管理局原局长刘某涉嫌受贿案[3]中，检察机关指控被告人刘某有利用职权为王某等人谋取利益的行为，王某多次向刘某表示酬谢，刘某提出让王某等人借给薛某 30 万元，薛某收到借款后将钱转交给了被告人刘某；辩护律师发现检方指控的关键在于刘某是否接受了薛某的 30 万元，即这 30 万元的实际占有和使用之人到底是谁，是成立受贿罪权钱交易的关键，组织证据证明这一事实不成立即是本案的辩点所在。

辩护律师遂在辩护中提出证明薛某将 30 万元交给刘某的证据既不充分也不清楚：第一，本案中能直接证明该事实的证据只有薛某一个人的证人证言，属于典型的孤证，所以

---

[1] 柳波：《证据的脸谱：刑事辩护证据要点实录》，中国法制出版社 2016 年版，第 105 页。
[2] 周洪波、熊晓彪：《改良版威格摩尔图示法：一种有效的证据认知分析进路——兼评最高人民法院刑事指导案例第 656 号》，载《证据科学》2015 年第 5 期。
[3] 具体案情参见柳波：《证据的脸谱：刑事辩护证据要点实录》，中国法制出版社 2016 年版，第 260 页。

从证据数量的角度上根本谈不上充分。第二，指控证据体系中证人薛某英、高某的证言均系薛某证言的传来证据，来自同一源头，无法进行补强或者印证，对薛某证言的印证是不能成立的。第三，薛某询问录像中的证据信息和案卷笔录中薛某的书面证言内容相差悬殊，该证言真实性存疑。第四，证人高某的证言只能证明薛某确实按照被告人刘某的指示从刘某的卡里取钱并将其交给刘某的事实，这和检方指控的薛某用刘某的卡替刘某收钱的事实完全是两码事，根据一般的语言逻辑，薛、高二人的谈话时间明显是在案发后的2012年8月而不是案卷上记载的案发前的2011年12月。第五，刘某给薛某10万元让其返还给行贿人的事实同样因为只有薛某证言证明而不成立；30万元现金的数目不可谓不大，但是综合全案的证据也无法查明30万元现金的来源，一则在于只有薛某英、薛某的证言而无其他证据佐证，二则在于这么大的数目薛某英不可能不记账，现金出处不清，证人没说出30万元是如何收集的，也没有账册佐证，证人以遗忘为借口，是无法蒙混过关的，账款来源不明是一个不争的事实。第六，检察机关至今也没找出账款，根据案卷记录，这么大的数目流通痕迹清晰，但是检察院并没有给出任何证据，这一点值得怀疑。

在这个案子中，所有的证据均具有证据能力和证据资格，并且在形式上各个单一证据之间似乎都能进行彼此印证，辩护律师把握案件焦点事实从分析证据入手，结合相关法律规定、经验法则深入分析现有证据的证明力，在此基础上组织现有证据论证整个证据体系无法达到排除合理怀疑的程度。

四、结论

以证据问题为核心，逐步提高证据辩护在证据准入、审查、运用、认定等活动中的地位，建立健全质证、举证、推理、证明、论证技术体系，增强辩护活动的科学性，以期实现把查明事实的诉讼活动转化为证据运用活动，以证据辩护推动抗辩实质化，进而实现庭审实质化的改革目标，助力建设法治国家、法治社会。

---

① 侦查卷宗第二卷第85页明确记载：高、薛二人去上海旅行时高某问薛某是否参与了刘某的事情，薛某的回答是其只是替刘某从卡里取钱并且转交给刘某，其他事情没有参与……详见柳波：《证据的脸谱：刑事辩护证据要点实录》，中国法制出版社2016年版，第260、270页。

我国辩护律师伪证罪追诉机制之问题与对策

郭 恒*

我国2012年刑事诉讼法明确了律师伪证罪的异地侦查制度，首次在立法中对律师伪证罪的追诉程序进行了规范，有利于防止侦查机关利用职权对辩护人进行任意追诉。然而，从刑事诉讼法实施后的司法实践来看，侦查机关对律师不当追诉的案件仍有发生。正是这些少数案件时有发生且防不胜防，使得许多律师心生畏惧，不敢甚至不愿从事刑事辩护。这些案件充分暴露出我国律师伪证案件的追诉程序存在的诸多问题。因此，解决无辜的刑事辩护律师不被错误地追究伪证罪的问题，关键在于程序是否完善，而非伪证罪罪名的存废。[①] 建立律师涉嫌伪证罪的追诉机制，保证追诉程序的正当进行，对于我国刑事辩护制度的健康发展具有重大的理论意义和实践价值。

一、建立律师伪证罪特别追诉机制的理论依据

当今刑事诉讼程序发展呈现出一个趋势，就是刑事诉讼程序的日益多元，即针对不同类型犯罪的特点采用不同的追诉程序。律师伪证罪虽然在刑事诉讼程序上和其他犯罪没有太大区别，但由于律师伪证案件诉讼证明之特殊性，牵涉利益之特殊性和我国刑事追诉体制之特殊性，我们应当将其与一般刑事犯罪的追诉程序进行区分，设置一些特别追诉程序加以限制或保障，以起到对控诉职能的制衡作用。

（一）律师伪证罪诉讼证明之特殊性

律师伪证罪的审理顺序违背了关联案件事实认定的基本规律。律师伪证案件证明的一个核心问题就是辩护人提供的证据材料是否为伪造，即律师明知当事人、证人是"违背事实"作证。而这些证据材料是否真实，只能在原案的审理中查明，因此，律师伪证案件具有"案中案"的性质，即控方证明辩护人构成伪证罪的前提是原案法院判决所认定的事实。因此，原案判决对于相关事实的认定直接影响着律师涉嫌伪证罪能否成立。而在实践中，多数律师伪证案件是在原案尚未认定犯罪是否成立的情况下，只是侦查机关单方面认定辩护律师涉嫌伪证罪就立即启动追诉程序，有的案件甚至先于原案判决定罪，存在"未审先定"的嫌疑，违背了关联案件事实认定的基本规律。

侦查机关将未经法庭质证且与律师有利害关系的证人证言或者犯罪嫌疑人、被告人检

---

* 郭恒，太原理工大学文法学院讲师，研究方向：刑事诉讼法学、证据法学、司法制度。
① 陈学权：《完善诉讼程序是伪证罪不被滥用的关键》，载《中国社会科学报》2010年1月26日第10版。

举、揭发的信息作为定案的依据违背了诉讼证明的基本原理。我国刑事诉讼法明确规定证人证言必须经过控辩双方当庭质证，并查证属实才能作为定案根据。而在律师伪证案件中，被告人不认罪的情况下，侦查机关仅凭一个未经法庭质证的证人证言作为认定律师涉嫌伪证罪的证据，便启动律师伪证罪的追诉程序，违背了程序的正当性原理。在实践中，部分被告人为了获得从轻处罚，不惜揭发甚至捏造辩护律师曾经帮助或教唆自己串供。如果仅凭被告人检举、揭发的信息就启动对律师的追诉，将为办案机关进行选择性执法甚至职业报复提供了机会。

（二）律师伪证罪牵涉利益之特殊性

律师伪证罪特别追诉程序的构建是对其牵涉利益综合考量的结果。首先，完善律师伪证罪追诉程序，有助于保障辩护律师的合法权益。为了保护律师的执业特权，除对于律师人身采取强制措施需要进行司法审查外，一些国家对于律师办公场所及住宅的搜查和律师文件资料的扣押规定了更为严格的程序性要求。在我国司法实践中，追究律师伪证罪的程序具有一定的随意性，侦查机关经常是在证据不足时先控制辩护律师人身自由，再去收集补充证据，程序本末倒置。即便律师最终被无罪释放重获自由，由于声誉受损，之后的执业活动也会大受影响。

其次，完善律师伪证罪特别追诉程序有助于保障被追诉人的人权。从律师权利的来源看，其享有权利多数是犯罪嫌疑人、被告人权利的延伸。因此，从这个角度来看，保障辩护律师的权利实际上就是保障犯罪嫌疑人、被告人的人权。同时，获得有效辩护作为被追诉人的一项权利，应当是充分且有效的。如果允许侦查机关在原案进行过程中任意对律师作伪证启动追诉程序，该律师就不能再担任原案的辩护人。使得原案的被追诉人没有辩护人，或者只得另行委托辩护人，严重侵犯了被追诉人的辩护权。因此，建立律师作伪证案件的特别追诉机制，保障律师充分履行辩护职能，其根本目的在于有效地保障犯罪嫌疑人、被告人的人权。

（三）我国刑事追诉体制之特殊性

现代法治国家普遍设立了律师制度，其目的是通过律师全面的诉讼权利和专业知识，帮助被告人更好地行使辩护权，实现与控方的平等对抗。而我国特有的公检法三机关分工负责、相互配合、相互制约的司法体制，使得律师在一定程度上成为司法体制的边缘角色。我国法律职业共同体还远未形成，律师在我国仍然处于权利上的弱势地位，始终无法与强大的公权力机关进行平等的对抗。而我国检察机关控诉职能与法律监督职能合二为一，使得法官无法充当权威的司法裁判者的角色，甚至形成了检法一体，与律师对峙的怪象。

此外，由于思想观念、传统文化等诸多因素的影响，个别侦查机关人员存在着国家强权观念。在中国，律师职业自古就有被歧视的传统。在乡土社会里，一说起"讼师"，大家会联想到"挑拨是非"之类的恶行。[①] 长期以来，为犯罪分子尤其是为刑事犯罪分子辩护，不但许多普通百姓认为是替坏人说话，甚至部分法官、检察官也对律师存在着歧视。新刑事诉讼法虽然扩大了辩护律师的权利，然而控辩双方诉讼地位失衡的状况仍然存在。由于

---

① 费孝通：《乡土中国》，人民出版社2015年版，第66页。

诉讼利益、思维方式和价值观念的不同，在原案控辩双方激烈对抗的过程中，辩护律师可能会与侦查机关产生矛盾，尤其是当控方陷入不利局面时，很可能利用律师伪证罪来达到打击报复律师甚至将其排除于原案辩护之外的目的。

二、我国律师伪证罪追诉程序存在的问题

我国刑事诉讼法对于律师伪证罪的追诉程序并没有特殊规定，由于忽视了律师伪证罪的特殊性，导致律师伪证罪的追诉在司法实践中存在诸多问题，主要表现在以下几个方面：

（一）立案启动存在随意性

立案作为我国刑事诉讼程序中一个独立且必经的程序，其目的在于限制侦查权的滥用。然而，无论在立法上还是司法实践中，对于律师涉嫌伪证罪的立案启动都存在着随意性。一方面，立法规定的模糊助长了立案启动的随意性。立法对于何为"引诱""串供"没有给出明确的界定，致使律师很多带有技巧式的询问被定为"引诱"，甚至只要证人证言与侦查阶段不一致，便会被认定为"违背事实改变证言"，转而追究律师作伪证的责任，即使辩护律师涉嫌伪证罪不成立被无罪释放，但可以达到将辩护律师排除于原案刑事诉讼程序之外的目的。另一方面，在司法实践中，启动律师伪证罪追诉程序所依据的证据来源的正当性不足加剧了立案启动的随意性。律师涉嫌伪证罪的证据通常来自两个方面：一是被告人的举报，即所谓的"龚刚模检举立功模式"，犯罪嫌疑人为了立功获得刑法上的从轻或减轻处罚而举报律师。二是证人翻证后对律师的检举。侦查人员通过询问证人获得证人证言笔录，而这些证言笔录通常对被告人不利，但由于我国证人出庭作证率极低，被告人没有当庭对质的机会。此时，辩护律师只能无奈地去找那些侦查人员询问过的证人了解案件情况。如果证人提供了对被告人有利的证据，侦查人员会以涉嫌作伪证来威胁证人，出于自保的心理，证人会转而指控律师对其进行了威胁和引诱。由于侦查机关对于权力的任性行使，使得很多案件脱离了法治的轨道，严重侵害了辩护律师及被告人的合法权益。

（二）异地管辖存在模糊性

新刑事诉讼法首次规定对律师伪证罪实行异地侦查，这对于保障辩护律师权利具有积极的进步意义。但立法规定较为笼统，存在一定的模糊性，可能影响该制度功能的发挥。对于如何确定"原侦查机关以外的侦查机关"，是由上级侦查机关办理，还是由上级侦查机关指定其他同级侦查机关办理，刑事诉讼法没有给出明确的规定，而《人民检察院刑事诉讼规则》和《公安机关办理刑事案件程序规定》分别作出了具体规定，但是均存在明显的不足。

首先，对于公安机关直接管辖的案件，由上一级公安机关直接立案侦查，或者指定其他公安机关立案侦查，虽然原侦查机关实现了回避，但仍然难以保证案件办理的客观公正。这是因为：第一，由上一级公安机关自行立案侦查，由于其与下级公安机关是领导与被领导的关系，案件直接涉及下属机关或人员的利益，难逃偏袒之嫌；第二，由上级公安机关指定与原侦查机关同级的其他公安机关侦查，由于下级公安机关同属"兄弟机关"，难以保证客观公正。

其次，对于人民检察院直接立案侦查的案件，发现辩护人涉嫌犯罪的，应当属于公安机关管辖的案件，《人民检察院刑事诉讼规则》明确规定应当将辩护人涉嫌犯罪的线索或者证据材料移送同级公安机关按照有关规定处理。按照此规定，如果同级公安机关认为需要追究刑事责任，则需要立案侦查。这就带来一个问题，公安机关提请批准逮捕仍然得向同级检察院申请，而且该案件仍会由同级人民检察院提起公诉，有违程序公正的基本原理。

最后，对于违反异地侦查缺乏程序性制裁后果。对于侦查机关违反异地侦查的规定所获取证据是否适用非法证据排除规则，立法及司法解释均未给出明确规定，使得该制度的实施效果大打折扣。有其法者，贵有其人。任何良法美制，如果落实不到位，也是牵掣难行。由于缺乏程序性制裁后果，导致人们对于其后审判程序的公正性产生了质疑，极大地损害了法律的权威性。

（三）诉讼证明缺乏正当性

证据制度是连接刑事程序法与刑事实体法的纽带，而诉讼证明又是其核心问题。对于律师涉嫌作伪证案件进行立案侦查，应当以"有犯罪事实"为前提。那么，应当由哪一主体、按照什么标准确定"有犯罪事实"，便成为问题的关键，这就涉及律师伪证罪的诉讼证明机制的问题。我国有关律师伪证罪涉及的证明问题，立法上或阙如或模糊不清，导致律师伪证罪缺乏证据制度层面的技术支持而陷入"实践困境"，也是律师伪证罪在司法实践中争议较大的一个重要原因。

律师伪证案与原案事实的证明顺序违背了程序的正当性原理。律师涉嫌伪证罪之追诉具有"案中案"之性质，认定律师构成伪证罪需要事先明确证人所知道的本来事实是什么，律师知道的本来事实又是什么，才能进一步判断当事人和证人是否"违背事实改变证言"。这其中一个大前提便是"事实"到底是什么。这就涉及律师伪证罪与原案事实证明上的顺序。在原案尚未认定犯罪是否成立的情况下，只是律师在原案的代理过程中涉嫌伪证罪就立即启动追诉程序，有的案件甚至先于原案判决定罪，违背了程序的正当性原理。

此外，认定律师构成伪证罪的证据缺乏其他证据的印证与补强。在司法实践中，侦查机关证明律师涉嫌伪证罪的主要证据来源就是犯罪嫌疑人、被告人检举、揭发律师的信息以及证人提供的证言。虽然我国刑事诉讼法对于口供的补强作出了规定，确立了"孤证不能定案"的原则；然而，对于口供以外的其他证据是否需要补强，立法及司法解释并没有规定。如果没有其他证据相互印证或者补强，即对辩护律师发起追诉，在逻辑上也缺乏说服力。

三、我国律师作伪证案件追诉程序的完善

据不完全统计，自刑法增设辩护人妨害作证罪以来，先后已有200多名律师在履行刑事辩护职责中因触犯刑法第306条被指控，并有相当数量的涉案人被判有罪。[①] 刑事诉讼法虽然规定了律师伪证罪的异地侦查制度，在构建律师伪证罪的追诉程序上迈出了积极的一步。然而，律师被不当追诉的案例仍时有发生。为防止刑事辩护律师被错误地追究伪证罪，

---

① 陈兴良：《判例刑法学》（下卷），中国人民大学出版社2009年版，第511页。

完善追诉程序势在必行。律师伪证罪的追诉程序涉及诸多方面，为保障辩护律师的合法权益，实现审判公正，需要从整体上对律师伪证罪的追诉程序进行构建。具体来说，可以从以下几个方面进行完善：

(一) 严格律师作伪证案件程序的启动

律师作伪证案件的立案目前均由公安、检察机关自行决定，违背了"任何人不能担任自己案件的法官"的基本要求。实践中有些侦查机关只要认为律师在诉讼过程中存在作伪证行为即立案侦查，不仅存在职业报复之嫌，还可能损害相关当事人的利益。因此，应当对律师作伪证案件的启动时间和启动条件进行限制。

首先，追究之时间起点应在原案一审法庭调查结束以后。在原案诉讼进行过程中启动律师伪证罪的追诉程序面临着两个问题：一是辩护律师是否存在威胁、引诱证人作伪证，必须以证人在作证的案件中是否作伪证为前提。而原案的事实真相还没有确定，怎能认定辩护律师作伪证？二是在原案结案之前启动对律师作伪证的追诉程序，有利于被告人的证人可能会受到来自办案机关的威胁而拒绝作证。

事实上，证人究竟有无作伪证，最权威的依据应当是法院的生效裁判。

其次，只有法院才有权启动对辩护律师伪证罪的追究程序。这是因为在以审判为中心的诉讼制度下，辩护律师是否存在作伪证嫌疑，应当由法院作出认定。合议庭应当对辩护律师在原案诉讼过程中相关的证据进行综合分析，经过评议之后，作出一个初步的判断。如果认为辩护律师确实存在作伪证嫌疑，则应当将初步审查所依据的证据材料移送侦查机关。侦查机关只有在收到法院移送的通知之后才可以对辩护律师伪证罪展开侦查。

最后，控辩双方向法庭提出追究律师伪证罪的申请应当在法庭调查结束以后。在法院移送相关材料之前，严禁追诉方直接立案追究原案辩护律师、证人伪证罪。这是因为：一方面，如果允许追诉方直接决定追究辩护律师、证人伪证罪的刑事责任，基于职业立场和利害关系，追诉机关容易滥用追诉权，违背了控辩平等对抗的基本原理。另一方面，案件一旦进入审判程序后，法院就有义务保证证人及辩护人的人身安全。在未经法院许可的情况下，追诉方直接对辩护律师和证人采取强制措施，就是对审判权威的践踏。

(二) 完善律师伪证案件异地管辖制度

管辖问题是刑事诉讼程序的核心问题之一，合理确定律师作伪证案件的管辖权，既是程序公正的体现，也直接影响着实体结果的公正。针对我国律师伪证罪追诉管辖权存在的问题，应当从以下几个方面进行完善：

首先，建立追究辩护律师刑事责任的异地管辖制度。由侦查机关的上级机关或者由上级机关指定的其他机关负责办理律师作伪证案件，其公正性令人生疑。为了充分保障辩护律师的合法权益，应当建立追究律师刑事责任异地管辖制度。为了有效地打击职务犯罪，在职务犯罪的办理过程中，异地管辖制度得到广泛应用。近年来，对于省部级以上官员涉嫌职务犯罪的案件，侦查、起诉和审判均都实现了异地管辖，效果良好。

其次，设立管辖权异议制度。从办案机关的角度来看，通过异地管辖制度实现了整体回避。那么，从辩护律师的角度来看，在涉嫌伪证罪被追究刑事责任时，如果认为侦查、起诉或审判机关有不适宜管辖情况时，是否有权提出管辖权异议？我国刑事诉讼法并未赋予被告人提起管辖权异议的权利。刑事诉讼法虽然确立了对律师伪证罪的异地侦查制度,然而,律师被职业报复的事件时有发生。为保证对律师伪证罪追诉的客观公正,笔者建议赋予律师管辖异议权,如果其在诉讼过程中认为存在违法管辖、不当管辖的情况时,有权向办案机关的上级机关提出改变管辖的申请。这样做不仅可以维护自身的合法权益,同时也是对公权力进行监督的一种有效方式。对于申请的时间,不限于审判阶段,在侦查与审查起诉阶段也可提出。申请提出后,上级公检法机关应当进行审查,作出同意与否的裁定并说明理由。

最后,明确违反异地管辖的证据效力。在律师作伪证案中,对于违反异地管辖制度收集到的不利于辩护律师的证据,如果允许其毫无阻碍地进入审判程序,将会严重侵害辩护律师的合法权益。从证据合法性的角度来看,为了防止侦查机关任意启动对律师作伪证案的侦查,立法应当明确违反侦查管辖的程序性制裁后果,即对于违反侦查管辖所取得的证明律师有罪或者罪重的证据,判决时不能直接作为定案的依据,而应当由其他有管辖权限的机关重新侦查,以此消除违法侦查的利益链,防止侦查权的滥用,促进辩护制度健康有序地发展。

(三) 建立符合律师伪证罪事实认定规律的诉讼证明规则

从刑事一体化的角度来看,研究律师涉嫌伪证罪在案件事实证明及认定上的特殊性,构建符合律师作伪证案事实认定规律的诉讼证明机制,有助于完善我国刑法关于律师伪证罪犯罪构成理论,解决律师作伪证案件在实践中的证明难题。

首先,明确律师伪证罪与原案事实证明上的关系。在刑事诉讼中,依据无罪推定原则,所谓"案件的真实情况",既不是侦查机关查明的事实,也不是检察机关审查后认定的事实,而应当是人民法院生效刑事判决所认定的案件事实。因此,我们应当为律师作伪证案件设置合理的追诉时间,即应当在原案审结完成后才能启动对辩护律师的追诉程序。只有人民法院生效刑事判决所认定的案件事实才能成为追究律师伪证罪的依据。

其次,确立伪证罪认定的证言补强证据规则。我国刑事诉讼法第55条对口供的补强作出了明确的规定,而口供以外的其他证据是否需要补强,立法及司法解释并未作出明确规定。从我国目前的立法精神来看,补强证据规则主要适用于可靠性比较薄弱的证据。证人证言由于其言词证据的属性,可靠性相对薄弱,需要用其他证据补强。不仅如此,在律师伪证罪的辩护律师不认罪的情况下,仅凭证人证言即对其定罪处罚,缺乏法理和逻辑的正当性基础。正是基于此,英国1911年伪证法第13条规定:"仅依靠一个证人作出的某一证词是伪造的证词,不能判决某人犯有伪证罪或收买证人作伪证罪。"[1] 因此,我国应当确立律师伪证罪认定的证言补强规则,即仅凭一个人的证言,不能认定辩护律师作伪证或者引诱他人作伪证。

最后,严格贯彻非法证据排除规则。在实践中,侦查机关通常会以"串供"为名认定律师构成伪证罪。对于律师在会见过程中言词串供的证据,侦查机关通常是通过监听和犯罪嫌疑人、被告人的检举、揭发两种方式获得,但这两种方式的合法性均存在争议。一方面,侦查机关通过监听获取的律师言词串供的证据材料应当予以排除。为了保护辩护律师

---

[1] [英]理查德:《刑事证据》,王丽、李贵方等译,法律出版社2007年版,第471页。

与犯罪嫌疑人、被告人之间的秘密交流权,我国刑事诉讼法规定了辩护律师会见犯罪嫌疑人、被告人时不被监听,但对监听取得证据的效力未作规定。如果通过监听方式收集的证据材料不被排除,那么此条规定不仅对于保障律师与当事人之间的秘密交流权毫无意义,而且还有可能成为侦查机关窃听他们之间交流内容或者获知辩方信息包括辩护策略的陷阱。[①] 另一方面,通过检举、揭发获取的律师言词串供的证据材料应当予以排除。我国刑事诉讼法规定了律师的保密义务,就是为了维护辩护律师与当事人之间的信赖关系,从而增强刑事辩护的有效性,然而保密义务的主体并不包括犯罪嫌疑人和被告人。这使得司法实践中部分被告人为获得立功表现而检举、揭发律师,而这些检举、揭发律师的信息也成为侦查机关对律师进行追诉的主要证据来源之一。为了维护律师与当事人之间的信赖关系,解除律师履行辩护职能的后顾之忧,应当确立会见内容保密的双向性,即当事人对律师会见谈话内容也负有保密义务,并且规定程序性制裁后果,如果侦查机关获取的辩护律师言词串供的证据材料是当事人检举、揭发所得,应当予以排除,不得作为追诉律师伪证罪的证据。

---

① 汪海燕:《律师伪证刑事责任问题研究》,载《中国法学》2011 年第 6 期。

我国刑事缺席审判程序中的送达研究
——以被告人在境外为切入点

韩　红　钟达玮[*]

基于刑事诉讼基本理念的应然指向以及基本原则的价值意涵，在现代刑事诉讼的庭审阶段，主要是以对席审判为原则，然而出于满足在某些特殊案件中诉讼效率和利益的目的，缺席审判制度作为刑事司法多元价值综合权衡的产物因应而生。我国刑事诉讼法在2018年修改之际，将刑事缺席审判制度增设在第五编的特别程序当中，并且就这一制度的具体程序和被告人诉讼权利的保障措施予以配套规定，至此，中国式刑事缺席审判制度初具雏形。从某种意义上来说，刑事缺席审判程序对被告人的参加庭审权进行了一定程度的克减，因此基于满足程序正义的需要，送达问题就显得至关重要，在理论上有继续完善的必要性以增进刑事缺席审判程序实践的可行性。

一、检视与省察：我国刑事缺席审判程序中送达的既有问题

顾名思义，缺席审判程序一改传统两造辩论的诉讼格局，人民法院需要在被告人缺席的情况下进行案件审理并作出判决，因此需要通过合理设计缺席审判程序中的送达，使被告人知悉其涉案情况，以保障被告人的合法权益。"罗马—日耳曼法的各国实践证明，尽管被告人出席审判的权利必不可少，但这一权利应该与缺席审判结合在一起考虑，关键不是被告人是否出席了审判，而是被告人是否了解了审判的全过程，特别是其实质内容。"[①] 要确保缺席审判的正当性以及彰显司法公正的公信力，必须事先在合理期间内采取适当方式将传票、起诉书副本等法律文书送达被告人。然而在实践中，逃匿境外的被告人通常会通过频繁更换居住地、提供虚假地址和姓名等方式方法达到规避对其送达法律文书的目的。加之囿于物理距离的巨大差距带来的信息不对称等诸多因素，直接导致送达问题成为缺席审判程序中的难题，乃至送达不能已成为启动缺席审判的最大障碍。在此背景下，从现行规范入手，比较借鉴国际公约和域外其他国家的有关规定，检视我国的送达方式和期限两方面的问题。

---

[*] 韩红，西北政法大学教授，法学博士；钟达玮，西北政法大学硕士研究生。
[①] 李世光、刘大群、凌岩主编：《国际刑事法院罗马规约评释》（下册），北京大学出版社2006年版，第523页。转引自杨雄：《对外逃贪官的缺席审判研究》，载《中国刑事法杂志》2019年第1期。

(一) 送达方式缺乏可行性

梳理我国刑事诉讼法中涉及缺席审判程序送达的相关法条，送达方式包括：一是司法协助方式，具体分为有关国际条约规定的或者通过外交途径提出的两种方式；二是被告人所在地法律允许的其他方式。是故，如果单纯地从刑事诉讼法第 292 条规定出发寻求具有实操性的送达方式，其实是找不到的，因为无论是"司法协助方式"还是"被告人所在地法律允许的其他方式"之表述，不仅本身语义模糊导致可操作性不强，而且依赖域外机关的合作抑或是域外法的规定，致使送达在实践中很难操作。换言之，人民法院期望通过司法协助方式给境外的被告人送达传票和起诉书副本通常是不具有可行性的，因为在域外的很多国家，给被告人送达出庭传票并没有被纳入刑事司法协助的送达范围。并且，有学者对我国外交部网站上公布的 50 多个刑事司法协助条约或协定进行了统计，发现将近 1/3 的条约或协定明确规定"对于要求送达对象作为被告人出庭的文书，被请求方不具有送达义务"①。其实，在给被告人送达传票和起诉书副本这一问题上，纵使被告人所在地国家愿意提供司法协助或者所在地法律允许以其他方式送达，具体送达方式的选择与适用均是有严格限制的。在《公民权利与政治权利国际公约》和《欧洲人权公约》等一些公约的影响下，许多国家对刑事被告人出庭文书的送达进行了严格的限定，《日本刑事诉讼法》第 54 条规定："文书的送达，除法院规则有特别规定的以外，准用关于民事诉讼法令的规定（关于公示送达的规定除外）。"意大利于 2014 年改革刑事缺席审判程序，强调要向被告人亲手送达法律文书，规定如果已经亲手送达告知文书或传唤文书，或者有其他情形能证明被告人确实知晓诉讼程序的事实，以此保障被告人亲身感知诉讼进行的权利，增加被告人参加庭审的机会，有关该被告人的诉讼程序继续进行。② 因此，目前我国现行立法确立的两种送达方式缺乏可行性，需要进一步完善。

(二) 未明确送达期限

我国刑事诉讼法只在普通程序中对法律文书的送达期限有规定，而在构建缺席审判制度时，并未对传票和起诉书副本的送达期限进行明文规定，因此在司法实践中容易出现各地不一的情形，显然不利于司法公正的提升。并且对于被告人在境外这种情形来说，规定在普通程序中的送达期限可适性较低。但就送达期限而言，不论是对于刑事司法机关还是被告人来讲都非常重要。一方面，在刑事诉讼进程中具体程序的有序开展和推进需要刑事司法机关的主持，特别是送达期限直接关涉启动缺席审判程序的具体时间，再者也需要在时间方面给予司法机关工作人员明确指引以完成送达工作；另一方面，需要保证身处境外的被告人能够在庭审前收到传票和起诉书副本等法律文书，以确保其知悉涉诉情况进而保障参加庭审权和辩护权等权利。因此，基于对刑事司法机关和涉案被告人的两方面考虑，规范层面的法律抑或是司法解释应当对适用缺席审判程序的送达期限予以明确。

---

① 参见周长军：《外逃人员缺席审判适用条件的法教义学分析》，载《法学杂志》2019 年第 8 期。
② 参见吴沈括：《意大利刑事缺席审判制度可资借鉴》，载《检察日报》2015 年 10 月 29 日第 3 版。

二、理念与价值：我国刑事缺席审判程序中送达的理论回归

"理念权衡"与"价值冲突"是刑事诉讼程序设计理性选择的基础和前提。从理念层面出发，程序正义本身直接体现出来的民主、法治、人权和文明的精神就是社会正义的一种重要内容。从价值论的角度而言，由于很难找到使刑事诉讼的多元价值同时实现的途径，因此刑事诉讼诸多程序的设置都建立在相互冲突的不同价值之间权衡与抉择的基础上，如我国在普通程序之外设置简易程序和速裁程序。理想状态下刑事诉讼中的多元价值之间互不冲突，但是落位于具体的诉讼进程必须对多元价值进行权衡考量，旨在满足诉讼利益最大化。基于程序正义理念和公正价值的需要，刑事审判活动必然要求被告人出席法庭接受审判，然而在现实的司法实践中被告人可能会因为诸多主客观的原因不到法庭接受审判。故需要在理论上对缺席审判程序应然证成，在"理念权衡"与"价值冲突"的语义下，就送达的理论回归于诉讼基本理念与价值。

（一）送达有利于弥补刑事缺席审判程序中程序正义理念的欠缺

刑事诉讼在法律既定的框架下运行，其实也是实现正义的过程，而正义本身可分为实体正义和程序正义两个方面，从程序正义来讲，在现代法治国家的诉讼活动中，程序的正当性显得尤为举足轻重，正如法谚所云"正义不仅要实现，还要以看得见的方式实现"。表现在刑事诉讼中，最基本要求是：与诉讼结果有利害关系或者可能因该结果蒙受不利影响的人，都有机会参与到诉讼中，并得到提出有利于自己的主张和证据以及反驳对方提出的主张和证据的机会。① 其一，在公约层面，《公民权利和政治权利国际公约》第14条第3款明确表述了被告人应享有出庭受审的权利，② 但联合国人权委员会曾提出，保障及时传唤被告并告知对他的诉讼程序时，缺席审判符合第14条的规定；其二，在我国法语境下，与缺席审判制度直接冲突的是被告人的参加庭审权，参加庭审权作为被告人获得辩护权等权利实现的前提与基础，原则上不得限制。但是，参加庭审权并非不可放弃。基于被告人的意志自由以及出于价值判断与利益权衡的考虑，在特定范围内允许被告人放弃出庭是合理的也是正当的，建立在参加庭审权放弃基础上的缺席审判制度也因此获得了法理上的正当性。③

故此，参加庭审的权利并非受绝对保护，国家基于维护国家利益、公共利益和司法利益的三重目的，可以对某些特殊案件被告人出庭受审的权利和其他权利进行"合理平衡"。在严厉打击贪腐等重大犯罪的背景下，基于及时惩罚犯罪的目的，保证实质送达的前提进而对潜逃境外被告人出庭受审的权利进行限制并快速审判具有现实需求。是故，保障缺席审判的正当性理论证成，即通过实质意义上的送达保障被告人"明知+自愿"弃权。落实于保障措施而言，需要刑事司法机关充分履行对被告人的通知义务，保证实质意义上的送

---

① 宋英辉等：《刑事诉讼原理》，北京大学出版社2014年版，第24页。
② 《公民权利和政治权利国际公约》第14条第3款规定，在判定对他提出的任何刑事指控时，人人完全平等地有资格享受以下的最低限度的保证：出庭受审并亲自替自己辩护或……
③ 参见陈卫东：《论中国特色刑事缺席审判制度》，载《中国刑事法杂志》2018年第3期。

达，使被告人了解到真实全面的涉案信息和诉讼内容，是对被告人自愿放弃出庭权利的基础性保障，也是开启缺席审判的前提。

（二）送达有助于调节刑事缺席审判程序中公正和效率价值的冲突

合理构建刑事缺席审判程序有助于节约诉讼成本，在公正的基础上提高诉讼效率。近年来，我国刑事案件数量总体上呈现下降趋势，但是案件总数仍然较大，2020年最高人民法院工作报告中指出，2019年审结一审刑事案件129.7万件，判处罪犯166万人。通过数据可知现有的司法资源仍然需要承担较大的办案压力，因此在诉讼进程中考量效率价值是现实所需，另外"犯罪现象总是层出不穷，加之现代社会贫富分化加剧、社会关系日趋复杂化等原因，犯罪现象不仅没有呈现减少或消灭的趋向，反而呈现上升的势头"①。单一的审判模式显然不能对复杂的犯罪现象予以有效应对，比如有被告人逃至境外企图逃避审判，法院在面临被告人不出席法庭时就面临两难的选择：一方面，中止审判能够最大限度地维护被告人的程序参与权，保证程序公正的实现，但会以诉讼周期延长、诉讼成本增加和诉讼效率低下为代价；另一方面，在被告人缺席的情况下进行审判，可以最大限度地发挥刑罚的震慑功能，同时可以节约司法资源，提高诉讼效率，但却要在一定程度上牺牲程序公正。基于此，缺席审判程序中公正与效率两大价值在某种意义上存在冲突，这就要求在适用缺席审判程序时必须考虑这两大价值的平衡问题。

毋庸讳言，刑事诉讼所追求的首要价值当属公正，然而由于某些刑事案件的被告人通过潜逃境外以此妨碍诉讼的正常进行，如果一味地要求被告人出庭才能进行审判只会导致这些案件一直处于悬而未决的状态，案件陷于僵局状态进而累积成沉重的讼累，严重影响诉讼效率致使诉讼程序拖延，效率过低的诉讼进程在一定程度上也会影响司法公正的实现，所谓"迟来的正义非正义"。倘若对缺席审判程序中的送达制度加以合理设计，送达则可以成为调节公正与效率价值冲突的一剂良方，最大限度地在保障公正的基础上提升效率。

三、完善与健全：我国刑事缺席审判程序中送达的发展进路

如前所述，作为审判程序前置环节的送达对于开启审判具有至关重要的意义，尤其是在适用缺席审判程序时，送达传票以及起诉书副本等法律文书就显得更为关键。因此，亟须在理论上对既存问题予以回应，在"理念再权衡"和"价值再平衡"的基础上同时立足于发挥实质送达的效用，一方面，应当确立直接送达和受送达人接受的其他方式作为首要方式，公告送达作为重要方式的送达制度；另一方面，基于对刑事司法机关和被告人的两重考量应当明确传票和起诉书副本等法律文书的送达期限。建构合理系统的送达制度以完善与健全缺席审判程序中送达的发展进路，增进缺席审判程序在司法实践中运用的可行性。

---

① 陈光中：《刑事诉讼中的效率价值》，载《陈光中法学文选》（第二卷），中国政法大学出版社2010年版，第316页。

（一）确立直接送达和受送达人接受的其他方式为首要方式，智慧公告送达为重要方式的送达制度

第一，不论在国际公约层面还是在国内法层面，直接送达被告人的合法性和正当性均是不容置疑的。直接送达，其实包括送达方式和送达对象的"直接性"。其一，就送达方式来说，人民法院应当以一种不需要被告人通过其他转介即可接收的方式收到法律文书。具体而言，司法机关为保证境外被告人切实收悉和了解开庭审判的信息及指控内容，一般由我国驻该国使（领）馆或者被告人所在地法律允许的其他方式将传票与起诉书副本直接送交被告人本人。其二，就送达对象而言，人民法院应送达至被告人本人以及与其共同居住的成年家属。对于被告人不在的情形，在不违反刑事司法协助条约或者被告人所在地法律的情况下，也可以直接送给与被告人共同居住的成年家属签收，再由其转交被告人并转告开庭时间、地点以及诉讼权利等信息。应当注意的是，2018年《刑事诉讼法修正案（草案一审稿）》中就缺席审判的条件表述为"被告人收到传票和起诉书副本后未按要求归案"，之后表决稿将之修改为"传票和起诉书副本送达后，被告人未按要求到案的"。这样修改的原因其实是考虑到实践中送达传票和起诉书副本时，可能面临被告人主观逃避意愿下的拒收等情况，作此规定是出于对防止缺席审判程序被虚置的目的考量。由此推知，立法者在某种程度上默认了直接送达以外的送达方式。

第二，在刑事诉讼进程中告知被告人诉讼权利的目的是让被告人知悉涉案的情况以及该案所处的具体诉讼阶段，给予其充足的时间来为行使其他诉讼权利做准备。落位于缺席审判程序中的送达而言，其一，对于司法机关能和身处境外的被告人取得有效联系的情形，当然可以以被告人接受的其他方式送达，如向其本人或者近亲属、辩护律师等通过邮寄、委托诸多方式和途径完成送达。需要注意的是，司法机关工作人员要做好相关的记录工作。其二，对于无法联系到潜逃至境外的被告人，穷尽手段仍然直接送达不能时，基于诉讼基本理念与多元价值的综合考虑，就应当采用公告送达的方式完成送达。

第三，鉴于刑事审判的严肃性，原则上不能使用公告送达，亦不能将公告送达作为送达方式的常态，但是囿于司法实践中存在被告人潜逃至境外主观上企图逃避审判的问题，前文的论述中已经就送达问题在基本理念的应然证成，并且经过公正与效率价值再平衡后的理性选择，特别是在惩治贪腐等严重犯罪外逃人员的现实情境下，需要在缺席审判程序中设立刑事公告送达方式。具体而言，应当将公告送达作为直接送达不能且无法通过受送达人接受的其他方式送达的重要方式。公告送达作为一种司法公开的表现形式，其有向社会大众昭示对于被告人潜逃境外情形依然可以依法进行缺席审判的一种正向宣传作用，并且公告的发布或多或少还会对被告人形成一定的压力，促使其主动回国投案。就公告送达方式考察国外立法例，呈现出两种不同的态度：一种持肯定态度，《德国刑事诉讼法》第288条明确规定，在缺席审判被告人居所不明的情况下，可以在一份或者数份公共报刊上公示要求该缺席人到席或者告知其居所；另一种持否定态度，《法国刑事诉讼法典》在2004年废除了第628条类似公告程序的规定，并且在法典中没有规定在公共平台对被告人进行公示告知。但我国澳门地区对公告送达亦持肯定态度，并且有系统的公告送达制度，《澳门刑事诉讼法》第316条规定了关于告示及公告的通知，具体包括公告送达的启动程序、包含的内容以及发布的地点等。域外国家在刑事诉讼中排除公示送达的适用，理由多在于公示送达难以发挥实质意义上保证送达的效用，因此损害被告人的合法权益。反观持肯定态度的立法例，有系统的公告送达制度予以保障，且将公告送达在送达制度中作为直接送达等方式的"替补"。

在我国的司法实践中，司法机关采用传统公告送达方式往往无法知悉和确认被告人是否收到了传票和起诉书副本，其实被告人收到的可能性较小，难以在实质上起到告知被告人的作用，以至于诸多学者对在刑事诉讼中引入公告送达持反对意见。但是，随着互联网科技的不断提升，结合人工智能技术以及5G技术的快速发展，区块链等诸多新型科技引入司法，人民法院信息化建设经历了内部基础建设的1.0阶段，推动建设外网网站并建设智慧法院的2.0阶段，并正式进入"嵌入式数字化管理"和"互联网+"的3.0阶段。① 并且我国的5G技术在国际社会上处于领先地位，5G技术的商用模式已经进入试用阶段，鉴于我国刑事缺席审判程序适用的案件范围以及日渐成熟的科学技术等多方面因素，与其他国家和地区的情况是不同的，因此在适用缺席审判程序时构建智慧公告送达制度是适时的，也是可行的。在智慧法院建设的3.0时代，智慧法院的智慧审判、智慧执行、智慧服务和智慧管理建设稳步开展，下一阶段可进行重点突破，在构建智慧公告送达时可借鉴智慧审判方面"苏州模式"的经验进而契合智慧法院建设的3.0时代。申言之，在"人工智能+法院"的智慧化模式下，可在最高人民法院网站设立缺席审判程序的智慧公告送达专栏，在这一专栏下建成智能化的送达程序，并且其智能化体现在多个方面，比如查收智能化与记录智能化。第一，查收智能化。首先，最高人民法院需要在智慧公告送达专栏的网页上建立智慧公告送达中心，设置独立的公告送达查收区。其次，通过综合分析被告人的电子设备在大数据网络上的活动踪迹，锁定其使用频次较高的互联网电子设备，利用智能化手段与被告人高频使用的电子设备对接，在法官审核信息准确的前提下，向被告人精准投发公告，告知其在我国的涉案情况。最后，被告人在法定的送达期限内会多次收到司法机关公告送达的提醒信息，一旦查阅公告送达的信息，查阅公告送达的第一次数据将由智慧公告送达系统自动生成已阅水印并详细记录查阅的具体时间。在此之外，委托或者指派的辩护律师亦可通过涉案被告人的公告送达文书二维码智能链接至送达网页查阅信息。第二，记录智能化。一方面，智慧公告送达系统在被告人查阅后会收到已送达的回馈信息，直接记录送达成功，此时视为被告人已"知悉"法律文书的具体内容，并将这一过程自动生成电子数据；另一方面，如果被告人在此期间持续收到我国司法机关公告送达的提醒信息但是没有点击查阅，到达法定的公告送达期间仍然视为已送达，智慧公告送达系统亦将这种情况予以记录。科学记录不仅能保证被告人能有效知悉涉案情况以及开庭时间、地点等信息，而且可以保证送达工作人员严格依法进行诉讼程序。在智慧送达的建设场景内，建立记录智能化管理平台，自动采集工作人员送达的相应数据，并在线生成数据档案，以保证智慧公告送达全流程数据的完整性、科学性和合法性。

（二）明确送达期限

就送达期限问题考察违法所得没收程序的司法解释，最高人民法院、最高人民检察院《关于适用犯罪嫌疑人、被告人逃匿、死亡案件违法所得没收程序若干问题的规定》第14

---

① 最高人民法院：《人民法院信息化建设五年发展规划（2016-2020）》，载《中国审判》2016年第5期。

条第 4 款的规定可供借鉴:"人民法院确定开庭日期后,应当将开庭的时间、地点通知人民检察院、利害关系人……受送达人在境外的,至迟在开庭审理三十日前送达。"换言之,在违法所得没收程序中,司法解释规定庭前送达开庭通知书的送达期限为至迟在开庭审理 30 日前。尽管刑事诉讼法将缺席审判程序中传票和起诉书副本的送达合二为一,但仍然不同于违法所得没收程序中的分批送达。但受送达人在境外的这一点具有相通性,且通知的内容都涉及开庭的具体信息等,缺席审判程序中的传票和起诉书副本的送达期限可以借鉴违法所得没收程序中开庭通知书送达期限的规定。所以笔者认为,最高人民法院可以在即将出台的关于对刑事诉讼法的解释中进行明确,在缺席审判程序中,人民法院将传票和人民检察院的起诉书副本至迟在开庭审理 30 日前送达被告人。

打击"套路贷"与防治"套路借"

胡志风[*]

"套路贷"是缺乏必要规制的民间借贷活动的产物,该行为是可能触及多种罪名的复合型犯罪。"套路借"则是"套路贷"的衍生品,是指借款人利用"扫黑除恶"打击"套路贷"犯罪的刑事政策,提供虚假借贷担保或者借款后不予归还,以利息过高为由拒绝还款并做报警处理,佯装为弱势群体以达到非法占有债权人财物的目的。2019年7月"两高两部"出台的《关于办理非法放贷刑事案件若干问题的意见》明确规定,有组织地非法放贷,同时又有其他违法活动,符合黑社会性质组织或者恶势力、恶势力犯罪集团认定标准,应当分别按照黑社会性质组织或者恶势力、恶势力犯罪集团侦查、起诉、审判。但对于利用该项制度与政策实施违法犯罪的借款人并没有规定如何规制与处罚。为了确保社会经济的有序发展,做到罪责刑相适应,建议在加强打击"套路贷"的同时,亦应做好防治"套路借"工作,本文通过对"套路贷"与"套路借"犯罪本质的揭示与概括,对当前"套路贷"与"套路借"犯罪所涉及的刑法适用问题以及需要关注的问题加以分析和阐释,从而进一步解决司法实践中关于"套路贷"与"套路借"犯罪的认定以及相关规制问题。

一、"套路贷"与"套路借"的几个基本问题

(一)法律规范下的"套路贷"

2019年4月9日,"两高两部"印发了《关于办理"套路贷"刑事案件若干问题的意见》(以下简称《意见》),从最高司法机关的角度对认定和处置"套路贷"作了规范。"套路贷"一般是指违法犯罪分子通过以"低息""无抵押"等各种所谓的"套路"为诱饵,打着"民间借贷"的幌子诱骗借款人签写虚高借款合同或者借条,制造银行流水,并以民事诉讼、行政诉讼、公证或暴力等手段谋取非法利益的违法犯罪行为。根据"套路贷"所涉及的犯罪行为的不同,可能构成虚假诉讼、强迫交易、诈骗、抢劫、敲诈勒索、寻衅滋事、非法拘禁、绑架等多种罪名,根据具体案件事实,区分不同情况,依照刑法及有关司法解释的规定数罪并罚或者择一重处。

(二)什么是"套路借"

什么是"套路借"?直白表意就是恶意借款不还。"套路借"是与"套路贷"相对应的

---

[*] 胡志风,北京政法职业学院教授,法学博士。

一个概念。有学者将"套路借"这个概念解释为：那些以提供虚假借款材料，虚构借款事实，并在借款逾期后通过恶意诉讼、恶意举报、虚假报案或利用政策恶意逃避债务的行为。① 综合来说，这种假借民间借贷之名，通过"虚增抵押资产""签订虚假借款协议""制造资金走账流水"等手段，借助或利用扫黑除恶、严厉打击"套路贷"的刑事政策，以非法占有他人财产为目的，以诈骗、敲诈勒索、虚假诉讼等形式实现非法目的的行为，我们将之称为"套路借"。

（三）"套路贷"与"套路借"产生的背景

"套路贷"犯罪是由"高利贷"逐步演变过来的一类犯罪。"套路贷"是利用民间借贷行为实施的一系列违法犯罪行为的统称，而非一个独立的罪名。由于该类犯罪行为借民间借贷纠纷进行伪装，借贷套路环环相扣，具有一定的欺骗性，使得司法机关无法及时有效地发现隐藏在民间借贷纠纷背后的犯罪行为，导致该类犯罪愈演愈烈。而"套路借"与"套路贷"相对应。"套路借"这一类行为发生在2018年后兴起的互联网金融P2P行业，在国家相关部门对互联网金融P2P行业的强力监管及扫黑除恶打压形势下，"套路借"的行为人刻意利用这一时期特殊的刑事政策，佯装成弱势群体，实则却"扮猪吃老虎"，给很多放贷企业及众多投资人带来了巨大的经济损失。②

二、"套路贷"遇到"套路借"如何处罚

如何处罚与追责"套路贷"犯罪，"两高两部"及有关部门已经给出了指导意见，但对于"套路借"犯罪如何处罚与追责，并没有给出具体的指导意见或者执法规范。当"套路借"嫌疑人报案称遭遇"套路贷"，受到诈骗犯罪的侵害，如果司法机关对此不做应尽的深度研判，只考虑打击"套路贷"犯罪的重要性，那么就可能成为诈骗犯罪分子的庇护者。试想一下，如果贷款人向银行贷款时没有还款能力，但是在虚构事实后获得贷款，当贷款人届时不能偿还贷款时，借款人会被追究贷款诈骗罪或者骗取贷款罪的刑事责任。那么当"套路贷"遇到"套路借"时，要如何处罚与追责就成为不得不研究与关注的问题。

（一）"套路贷"可能涉及的罪名

"两高两部"《关于办理黑恶势力犯罪案件若干问题的指导意见》（以下简称《指导意见》）（法发〔2018〕1号）第20条对于以非法占有为目的，假借民间借贷之名，通过"虚增债务""签订虚假借款协议""制造资金走账流水""肆意认定违约""转单平账""虚假诉讼""收取高额费用"等手段非法占有他人财产，或使用暴力、威胁等手段强立债权、强行索债。根据该指导意见可归纳出"套路贷"犯罪的特征如下：

首先，行为具有非法占有之目的。即犯罪分子实施"套路贷"的主观方面是非法占有

---

① 《笑谈：司法解释"套路贷"VS 行业解释"套路借"》，http://www.sc-rh.com/news/2020/0320/032020_3070.html，最后访问日期：2020年5月15日。
② 《笑谈：司法解释"套路贷"VS 行业解释"套路借"》，http://www.sc-rh.com/news/2020/0320/032020_3070.html，最后访问日期：2020年5月15日。

被害人财物。其次，债权债务关系的虚假性。犯罪分子通过使用各种"套路"、设置"陷阱"引诱被害人签订所谓的"借贷协议"、变相"借贷协议"，或逼迫借款人签订"担保协议""抵押协议"等，并以故意制造违约恶意认定借款人违约、肆意虚增借款数额等多种方式，与借款人之间形成虚假的债权债务关系。最后，"讨债"手段的多样性。在借款人陷入"套路贷"后，一旦无法按要求交付财物或拒绝交付财物时，犯罪分子为达到占有被害人财产的目的，多会采取诉讼、公证或暴力、"软暴力"、威胁等手段强行"讨债"。基于"套路贷"的上述特征，"套路贷"犯罪可能涉及诈骗、强迫交易、敲诈勒索、抢劫、虚假诉讼等罪名。

(二)"套路借"可能涉及的罪名

在实践中，不仅"套路贷"会涉嫌诈骗罪、敲诈勒索罪，"套路借"也会涉嫌诈骗罪、敲诈勒索罪。正常情况下，在民间借贷关系中，借贷双方约定好本金和利息后，约定好借款期限，到期还款即结束借贷关系。如果借款人因为个人问题无法及时还款，双方通过自愿协商或者民事诉讼的形式解决借贷纠纷，那么即使还不上钱，也不构成诈骗，因为借款人没有非法占有出借人本金的目的。但是，如果借款人本来就以非法占有出借人的钱财为目的，恶意向熟人朋友或公司借款，双方最初的法律关系样态是正常的借贷关系，但是到债务人履行还款义务时却威胁出借人，称出借人是"套路贷"，是扫黑除恶的对象。如果出借人坚持让借款人还款，借款人就会去举报出借人是恶势力。从法律角度讲，这种威胁虽然不可能得到法律的支持，但客观上有可能使出借人产生恐惧，担心使自己陷入被错误刑事立案，被"套路贷"的担忧。这种行为涉嫌的犯罪就可能是恶意借款型诈骗罪或者合同诈骗罪，也可能构成敲诈勒索罪，如果通过诉讼的途径来规避真实债权债务关系，也可能构成虚假诉讼罪。

(三)"套路贷"与"套路借"产生交集时可能涉及的罪名

当"套路贷"与"套路借"发生交集时可能涉及刑事犯罪，也可能只是民事纠纷。刑事犯罪可能涉及诈骗、敲诈勒索、虚假诉讼等。而民事纠纷则涉及债权债务关系的确定以及数额与定性等问题。

首先，要对借款人多次向同一或同类"套路贷"或金融公司借款能否被认定为被"套路"或者诈骗或其他与"套路贷"相关的罪名有所区分。在司法实践中，发现在"套路贷"案件中确实存在同一借款人多次向同一或同类"套路贷"或金融公司借款的情况。对于出借人不合理地提高债务数额并采用非法手段威逼借款人还款的情形，将其认定为诈骗或敲诈勒索并无争议。但对借款人在还清借款后，又在明知情形下向同一或同类"套路贷"公司借款，借款后向司法机关报案称被骗。上述情况能否认定为被骗，出借人的行为能否被认定为诈骗，实践中有不同认识或意见。《意见》要求对"套路贷"犯罪要从整体上予以评价。笔者认为，既然《指导意见》要求对"套路贷"犯罪要从整体上进行全面评价，那么对于"套路借"亦应进行全面评价。如果认为之后的借款情形不属于诈骗，也就意味着在个别事实上没有否定，与《意见》全面评价的精神不符。综合全案评价，对同一被害人多次向"套路贷"公司借款的，在法理上其性质仍属诈骗。从诈骗罪的角度分析，行骗者基于非法占有目的，使被害人陷入错误认识并处分自己的财物，满足典型的诈骗罪犯罪构成。当然,被害人在第一次被"套路贷"后,是否意味着其已经认识到被骗?并不能给出"一刀切"的答复。所谓套路有深浅,借款人可能只认识到虚高的利息,但对之后的认定违约、暴力催收等未必明知。对"套路借"的认定要回归从整体上作出评价的轨道。因此,要对"套路贷"与"套路借"分别观察,总体评价,罪罚相适应。

三、打击"套路贷"与防治"套路借"过程中应注意的问题

打击"套路贷"犯罪是扫黑除恶专项斗争的重要工作内容之一,扫黑除恶是具有刑事政策意义的一项专项斗争。扫黑除恶专项斗争要求各级司法机关提高政治站位,严惩各类黑恶势力。对于公诉机关指控的各类黑恶势力犯罪,包括"套路贷"犯罪,审判机关应严把证据关,准确把握此类犯罪的行为特征,做到不偏不倚、不枉不纵。相对于单一的诈骗罪、敲诈勒索罪、非法拘禁罪等罪行而言,"套路贷"犯罪常常依托黑恶势力向借款者形成心理压迫,从而达到"催收"非法债务的目的,进而影响社会秩序的安定、降低人民生活的幸福感,甚至通过虚假诉讼降低司法机关公信力,具有远超于单一类型犯罪的社会危害。所以在对这类案件进行认定时,要对其进行整体性的否定评价。① 在打击"套路贷"犯罪与防治"套路借"犯罪中要注意以下几方面的问题:

(一)不能以"套路贷""套路借"取代某些特定犯罪的构成要件

在打击"套路贷"与防治"套路借"过程中首先应当注意罪与非罪的界限,不能以"套路贷"或"套路借"取代某些特定犯罪的构成要件。在当前的司法实践中,出现了一种以非刑法概念取代刑法规定的现象,"套路贷"便是其典型现象之一。有些司法机关,只要存在"套路",就会将其认定为"套路贷"犯罪,在定罪时就理所当然地将其认定为诈骗罪。但是,在刑法概念范畴中并没有"套路贷"这一概念,同样地,"套路贷"也不是一个犯罪构成或者某个犯罪的构成要件,更不可能是一个独立的罪名。因此,从这个角度讲,从刑法角度定义"套路贷"对认定犯罪没有任何意义。"套路贷"的概念与定义不能成为判断某种行为是否构成犯罪的法律标准。② 认定犯罪应遵循罪刑的犯罪构成,根据是否符合犯罪构成要件的角度来定性,而不需要借助任何中间概念。将刑法规定作为大前提,将刑法规定的犯罪构成作为认定犯罪的法律依据,即符合刑法规定的具体犯罪构成的行为就是犯罪,不符合的就不是犯罪。司法工作人员不能简单粗暴地直接或者变相地用某一个描述性、特征性概念或非刑法概念取代刑法规定的犯罪构成予以定罪。在司法实践中,一个借贷行为是否属于刑事规范的内容,是否满足刑法的犯罪构成,是否应当受到刑事处罚,应当从大前提——刑法规定的"套路贷"涉罪的司法实践中,要注意以下两个问题:

一是关于中介人员是否涉罪的认定问题。在"套路贷"案件中,除了明确的放贷被告人,还有一些其他参与放贷,但没有犯罪故意的介绍放贷的中介人员。这些中介人员可能会被公诉机关指控参与"套路贷"犯罪。在此情况下,审判机关应当注意严格审查证据,注意罪与非罪的界限。如果在案证据仅能证明该中介人员只是介绍嫌疑人或被告人向被害

---

① 参见刘道前、满艺伟:《套路贷的法律性质及侦防对策分析》,载《犯罪研究》2018年第4期。
② 参见张明楷:《不能以"套路贷"概念取代犯罪构成》,载《人民法院报》2019年10月10日。

人放贷，或者其他嫌疑人、被告人、证人否认与该中介人员有诈骗的共同犯罪故意，或者被害人陈述能够证明该中介只是介绍借款业务，收取一些中介费，那么就不能证明该中介人员与其他被告人有诈骗的共谋或犯意联络，相应地就不能对该中介以诈骗罪加以定罪处罚。

二是关于放贷公司普通员工是否涉罪的问题。在案件办理过程中，可能有一部分放贷公司的员工自称对公司领导的犯罪行为并不知情，但又有证据证明该员工可能参与到"套路贷"犯罪的某一阶段性环节。此时，审判机关就有必要针对该情况对全案证据进行审查判断，综合分析认定该员工的行为是否构成诈骗罪。如果是公司高管利用员工的银行账户进行虚增流水，即有银行转账记录表明钱进入员工账户后马上转回高管的账户，其间员工并未获利。那么就不能认定员工对高管的诈骗行为有明确认知，亦不能认定普通员工与高管有诈骗的共同故意，以诈骗罪定罪处罚。

（二）不能因存在"套路贷""套路借"就加重处罚

打击"套路贷"是当前司法工作的重要工作之一，根据扫黑除恶专项斗争的要求要严厉打击"套路贷"犯罪。但是严厉打击并不意味着只要被认定为"套路贷"犯罪就要"一刀切"、从一个标准衡量所有的"套路贷"犯罪。应当根据不同的犯罪情节，触犯的不同罪名，作出不同的处理。第一，若犯罪嫌疑人、被告人在实施"套路贷"犯罪过程中，采用向人民法院提起虚假诉讼的手段占有被害人财物，同时触犯诈骗罪、虚假诉讼罪的，依照处罚较重的规定定罪从重处罚；第二，若犯罪嫌疑人、被告人在实施"套路贷"犯罪过程中，采用暴力、胁迫、威胁、绑架等手段强行索要"债务"，同时构成诈骗罪、抢劫罪、敲诈勒索罪、绑架罪等犯罪的，依照处罚较重的规定定罪处罚；第三，若犯罪嫌疑人、被告人在实施"套路贷"犯罪过程中有组织地采用滋扰、纠缠、哄闹、聚众造势等手段强行索取"债务"，扰乱被害人及其近亲属正常的工作、生活秩序，同时构成诈骗罪、寻衅滋事罪、敲诈勒索罪、强迫交易罪、非法侵入住宅罪等犯罪的，依照处罚较重的规定定罪处罚；第四，若犯罪嫌疑人、被告人在实施"套路贷"犯罪过程中，采用故意杀人、故意伤害、非法拘禁、故意毁坏财物等手段强行索取"债务"，同时构成诈骗罪、故意杀人罪、故意伤害罪、非法拘禁罪、故意毁坏财物罪等犯罪的，依法数罪并罚。①

（三）不能因存在"砍头息"而直接认定为"套路贷"

"砍头息"指的是高利贷或地下钱庄向借款者放贷时先从本金里面扣除一部分钱，这部分钱被称为"砍头息"。②例如，双方约定借款1万元，实际支付只有9800元，没有支付的200元算作第一个月的利息预先支付，这就叫"砍头息"。这种"砍头息"不仅不受法律保护而且是法律禁止的，如果借款人主张本金只有9800元，且能举证，法官会支持借款人的主张。在司法实践中不能因存在"砍头息"而直接被认定为"套路贷"或涉黑涉恶。从理论上讲，这种"砍头息"算不算"套路贷"，主要看合同条款的约定。如果合同以"保证

---

① 重庆市高级人民法院、重庆市人民检察院、重庆市公安局2018年7月4日联合印发的《关于办理"套路贷"犯罪法律适用问题的会议纪要》（渝高发〔2018〕136号）专门针对"套路贷"案件中的不同情形作出了相应的规定。

② https://baike.so.com/doc/3702217-3890550.html，最后访问日期：2020年6月19日。

金""行规"等虚假理由诱使借款人基于错误认识签订金额虚高的"借贷"协议或其他相关协议，即借款人对此不知情，那么就可以划入"套路贷"范畴；但是如果合同对于"砍头息"的约定很明确，双方的意思表达很清晰，那么如果借款人事后认为自己利益受损而不同意约定，那么也只能按照民事纠纷来处理，不能划入"套路贷"范畴予以打击。

从立法层面讲，法律禁止"砍头息"，但是存在"砍头息"并不意味着一定存在"套路贷"。根据有关指导意见的规定，"套路贷"的关键词是"非法占有"，即"套路贷"是对以非法占有他人财物为目的，借用的方式是假借民间借贷之名，采取的手段是诱使或迫使被害人签订"借贷"或变相"借贷""抵押""担保"等相关协议，通过虚增借贷金额、恶意制造违约、肆意认定违约、毁匿还款证据等方式形成虚假债权债务关系，必要时会借助诉讼、仲裁、公证等法律手段来固定债权债务关系，在讨债时多会采用暴力、"软暴力"、威胁或者其他手段非法占有被害人财物的相关违法犯罪活动的概括性称谓。我国有关立法早在1999年就开始对"砍头息"进行规范，随着立法针对性与明确性的不断加强，对"砍头息"的禁止已被周知。1999年公布并施行的合同法第200条规定，借款的利息不得预先在本金中扣除。利息预先在本金中扣除的，应当按照实际借款数额返还借款并计算利息。2011年12月2日发布的《关于依法妥善审理民间借贷纠纷案件促进经济发展维护社会稳定的通知》要求出借人将利息预先在本金中扣除的，应当按照实际借款数额返还借款并计算利息。2017年12月1日发布的《关于规范整顿"现金贷"业务的通知》要求各类机构向借款人收取的综合资金成本应统一折算为年化形式，各项贷款条件以及逾期处理等信息应在事前全面、公开披露，向借款人提示相关风险。2017年12月8日印发的《小额贷款公司网络小额贷款业务风险专项整治实施方案》要求排查综合实际利率是否符合最高人民法院关于民间借贷利率的规定，是否存在从贷款本金中先行扣除利息、手续费、管理费、保证金或设定高额逾期利息、滞纳金、罚息等行为。2019年10月，"两高两部"出台《关于办理非法放贷刑事案件适用法律若干问题的意见》，对特定情形的发放高利贷行为追究非法经营罪的刑事责任。2020年5月审议通过的《民法典》第680条第1款规定："禁止高利放贷，借款的利率不得违反国家有关规定。"2020年8月20日，最高人民法院修订《关于审理民间借贷案件适用法律若干问题的规定》，其中最主要的变化有二：一是大幅度降低了民间借贷利率的司法保护上限，二是明确"未依法取得放贷资格的出借人，以营利为目的向社会不特定对象提供借款的"，该民间借贷合同无效（第14条第3项）。

通过上述分析不难看出，"套路贷"与平等主体之间基于意思自治而形成的民事借贷关系存在本质区别，民间借贷的出借人是为了到期按照协议约定的内容收回本金并获取利息，不具有非法占有他人财物的目的，也不会在签订或者履行借贷协议过程中实施虚增借贷金额、制造虚假给付痕迹、恶意制造违约、肆意认定违约、毁匿还款证据等行为。因此，借贷关系中存在"砍头息"并不必然是"套路贷"，也可能是普通的民间借贷，只是存在违反我国相关法律禁止的"砍头息"。因此，在打击"套路贷"犯罪过程中，不能因存在"砍头息"就直接认定为"套路贷"犯罪，甚至直接贴上"涉黑涉恶"的标签。要根据具体情况，根据刑法及有关指导意见作出全面客观充分的评价，不同情况采取不同的措施，作出相应的处置或处罚。

(四) 不能因"套路贷""套路借"或"涉黑涉恶"标签而被过重处罚

在 S 市 2018-2019 年审理的 43 例"套路贷"案件中,被法院认定为黑恶势力的案件有 37 例,占比约为 86%,未认定涉黑涉恶的案例仅有 6 例。在这 43 起涉"套路贷"案件中,部分被告人利用社会闲散人员有些甚至是刑满释放人员通过言语威胁、暴力或者"软暴力"方式对借款人施压,以达到使借款人偿还欠款、支付各种虚高费用的目的。但有些"套路贷"案件并不符合涉黑涉恶的标准,原则上是不宜认定为黑恶势力或涉黑涉恶案件进行加重处罚的,进行加重处罚客观上造成处罚面的不当扩张,在一定程度上影响法律客观公正性的实现。

以"刑事案由""诈骗""借贷""判决书""缓刑""裁判日期:2019 年"为检索条件的裁判文书数量为 4355 篇;其他检索条件不变,一旦加上"套路贷"这个关键词,裁判文书数量为 344 篇;同样地,其他检索条件不变,加上"涉黑涉恶",裁判文书数量为 62 篇。这一数据直观地表明一旦给诈骗罪贴上"套路贷"或者"涉黑涉恶"的标签,那么进行缓刑处罚的概率是极低的,根据文书搜索结果,整体占比不超过 0.5%。

由此,我们发现在司法实践中各级法院将"两高两部"在《意见》中规定的"依法严惩'套路贷'犯罪"变成了"一律严惩'套路贷'犯罪"的局面。该意见提出的"在坚持依法从严惩处的同时,对于认罪认罚、积极退赃、真诚悔罪或者具有其他法定、酌定从轻处罚情节的被告人,可以依法从宽处罚"的指导意见,各地司法机关在司法实践中并没有很好地贯彻执行,而是一边倒地作出从重处罚甚至是加重处罚。这种人为地将"扫黑除恶"这一刑事政策扩大化、运动化的做法客观上是不利于贯彻依法治国这一基本方略的。

刑事庭前会议制度实施状况实证研究

贾志强[*]

庭前会议成为近几年"以审判为中心"刑事诉讼制度改革、庭审实质化改革的重要内容及切入点,有必要对该制度实施状况及时进行总结和评估。为了集中有限的研究力量,避免问题过于分散,笔者仅对一审刑事案件庭前会议的实施状况进行研究。笔者首先从全国范围和特定地区两个维度,以庭前会议适用数量及适用率为重点内容,展现该制度的总体适用情况。全国范围总体情况的分析依托笔者通过相关裁判文书网站收集的庭前会议宏观数据,主要采用描述性统计方法。作为补充,笔者对几个特定地区的庭前会议总体适用情况做了研究;综合使用了基于相应地区裁判文书的定量数据和来自调查问卷的定性数据。在该部分中,笔者通过全国范围和特定地区的定量数据体现庭前会议的客观总体情况;通过特定地区的定性数据反映法官、检察官、律师对庭前会议适用率的主观评价,进而更加准确地定位庭前会议的总体适用状况。其次,比照《人民法院办理刑事案件庭前会议规程(试行)》(以下简称《庭前会议规程》)的内容,笔者对甲、乙、丙、丁四个城市具体实施状况进行了调查研究,具体包括三大方面的情况:第一,程序构成;第二,内容与功能;第三,效力。由于相关裁判文书无法完整提供上述信息,笔者主要采用了抽样调查的方法,通过调查问卷获取相关数据或信息,并辅以访谈等其他方法作为补充。基于上述内容,笔者最后指出了庭前会议实施过程中存在的问题,并提出相应建议。

一、刑事庭前会议的总体实施状况

(一) 全国总体状况

1. 总体适用率较低,但呈增长趋势

通过从"把手案例"获得的裁判文书分析可知,2014年至2018年所有一审刑事案件总数为3937794件,其中召开庭前会议的为2738件,总体适用率为7.0‰,即1万件一审刑事案件中召开庭前会议的约有7件。庭前会议通常适用于普通程序案件,[①] 依此假设,笔者统计了上述5年普通程序案件的庭前会议适用率,即15.4‰(2650/1725489)。尽管远高于所有案件范围内的总体适用率,但该比例仍然较低。然而从纵向发展角度看,庭前会议

---

[*] 贾志强,吉林大学法学院副教授。

[①] 在2017年《庭前会议规程》出台前,刑事诉讼法及相关司法解释并未对庭前会议是否只适用于普通程序案件作出明确规定。但基于庭前会议本身的制度定位,人们通常认为其多数适用于普通程序案件。

适用案件数及适用率均呈明显上升趋势（见图1）。

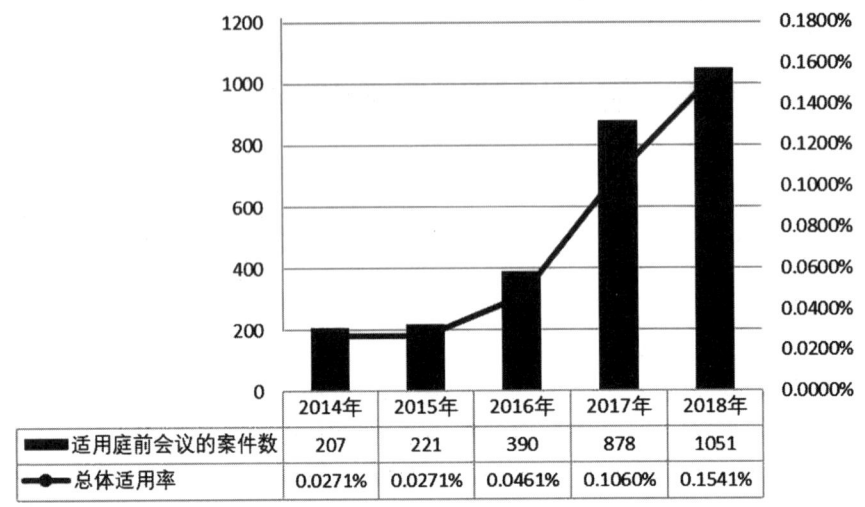

图1　庭前会议总体适用率年度趋势（2014-2018年）

2. 基层人民法院适用数量多于中级人民法院，但后者适用率更高

在适用庭前会议的法院层级分布方面，单从绝对数量上来看，2014-2018年中级人民法院共适用418件，基层人民法院共适用2290件。基层人民法院案件总量原本就远远高于中级人民法院，上述适用数量状况符合预期。然而，若从适用率来看，结论则恰恰相反：中级人民法院适用庭前会议的案件比例（0.80%，418/51974）要远远高于基层人民法院（0.06%，2290/3875775）。尽管如此，中级人民法院0.80%的适用率也是极低的，但也远高于全国0.07%左右的总体适用率。

（二）调查地区总体状况

1. 较高比例办案人员从未参加或主持过庭前会议

该现象在一定程度上表明庭前会议属于一种"小众"程序，同时也与上述裁判文书分析得出的极低适用率形成了印证。笔者在针对三类办案人员问卷的第一部分"基本信息"中均设置了关于"是否参加（或主持）过庭前会议"这一前提性问题。整体而言，在所有答卷法官、检察官、律师中，从未参加（或主持）过庭前会议的人员共96人，比例为35.0%；在非基层法院、检察官办案人员中，该人数为19人，占比27.5%。对于一项从2013年就已开始正式适用的重要制度而言，未参加（或主持）庭前会议的人员比例较高。四个城市中未参加（或主持）过庭前会议的办案人员比例存在一定差异。乙市最高，为44.4%；丁市次之，为37.7%；此两城市均为"三项规程"试点城市，但均高于总体平均水平（35.0%）。甲市、丙市则分别为33.3%和27.0%。

2. 办案人员对庭前会议适用率的评价存在较大差异

应如何评价低适用率？"低"是否等于"不好"或者"不对"？笔者在问卷中设置了办案人员对庭前会议适用率的主观评价题目，办案人员的这种主观认识有利于我们更加客观地理解目前实然层面的低适用率数值。总体来看，办案人员对目前庭前会议适用率的评价存在较大差异:分歧在于适用率"偏低"还是"正常",人员比例分别为53.4%和43.3%。仅有3.4%办案人员认为适用率"偏高"。其次,不同职业人员对庭前会议适用率的态度存在较为明显的差异。超过半数(55.1%)的法官认为目前适用率"正常,已经做到了应开尽开";42.3%的法官则认为适用率"偏低,有些案件应开却未开"。检察官和律师的态度较为一致,均有六成左右(检察官,61.6%;律师,63.0%)认为目前的适用率仍处于"偏低"水平,仅有三成左右的检察官(34.3%)和律师(33.3%)认为"正常"。

二、庭前会议的具体适用状况

(一) 程序构成的实际情况

1. 启动方式

尽管《庭前会议规程》预设了两类启动方式,但司法实践中的适用状况并不均衡。仅从目前数据看,依职权启动的情况远多于依申请启动。问卷题2.2和2.4互为补充和检验,分别对依职权和依申请两类启动方式情况进行了调查。在四个城市所有受访办案人员中,表示法院主动依职权召开比例"极高(90%-100%)"的占比最高,为52.8%;其次为比例"很高(70%-90%)"和"较高(50%-70%)",分别为23.0%和9.0%;此三项共计84.8%。问卷题2.4为矩阵式单选题,从控辩双方两个角度验证依申请启动的情况。无论是"控方申请"还是"辩方申请",法官、检察官、律师三种职业人群选择"极低(0-10%)"的均占比最高。

2. 主持者

四个城市庭前会议的主持者呈现出一定的多元化趋势,但由承办法官主持仍是最为常见的情况。承办法官作为主持者最为常见,占比83.2%。其次为审判长,占比36.5%。笔者在该题目中做了特殊说明:"若审判长与承办法官为同一人,则选择'承办法官'"。因而,该36.5%的"审判长"是在作为非承办法官的情况下专门主持庭前会议。承办法官、审判长以外的其他合议庭成员主持庭前会议的情况最不常见,占比仅为3.4%。由法官助理单独主持庭前会议以及合议庭所有成员集体主持庭前会议的情况在司法实践中都有存在,占比分别为5.6%和13.5%。

3. 参加者

第一,被告人的参加率整体不低。表示被告人参加率"极高"(90%-100%)的办案人员占比最高(36.0%),再加上表示"很高""较高"的办案人员,总计占比64.6%;即在六成左右办案人员参与或主持的庭前会议中,有50%以上都有被告人参加。另外,表示被告人参加率"极高""较高""较低""很低"和"极低"的办案人员比例较为平均,可见在不同办案人员参加或主持的庭前会议当中,被告人的参加情况存在明显差异。第二,被害人较少参与庭前会议。表示被害人参加率"极低"的办案人员比例最高,为33.7%;选项"极高"比例最低,为5.6%;共有70.2%的受访办案人员表示被害人参加庭前会议的比例低于50%。此外,如表1所示,侦查人员、证人、鉴定人、有专门知识的人的庭前会议参加率均处于较低水平,而辩护人参加庭前会议的频率较高。

表 1　其他人员参加庭前会议情况

参加频率 参加人员	总是	经常	有时	很少	从不
侦查人员	5（2.81%）	3（1.69%）	18（10.11%）	70（39.33%）	82（46.07%）
证人	0（0.00%）	7（3.93%）	23（12.92%）	70（39.33%）	78（43.82%）
鉴定人	1（0.56%）	3（1.69%）	25（14.04%）	81（45.51%）	68（38.20%）
有专门知识的人	1（0.56%）	1（0.56%）	22（12.36%）	74（41.57%）	80（44.94%）
辩护人	121（67.98%）	38（21.35%）	10（5.62%）	8（4.49%）	1（0.56%）

（二）庭前会议功能的实现情况

1. 了解程序性事项

《庭前会议规程》第10条第1款规定了8项程序性内容。数据表明，不同法官召开庭前会议时询问的具体程序性内容存在一定差异，但总体具有模式化、趋同化特征，大多数法官采用全面询问模式，少数采用针对性询问模式。受访法官在庭前会议上询问的程序性事项多达20种组合，多数法官（43人，55.1%）将程序性内容完全限定在上述8项。进一步分析单项内容的累积频数可见，在上述8项中，法官询问频率最低的为"是否申请向证人或有关单位、个人收集、调取证据材料"（67人，85.9%），"是否申请有关人员回避"频率最高（74人，96.2%）。另外，有18位法官（23.1%）选择了"不会全面询问一系列问题，而仅就控辩双方申请事项或特定事项进行询问"这一选项。

2. 非法证据排除

"排非"是诸多程序性事项中的重点问题，笔者对此做了专门调查。综合《庭前会议规程》等相关规定以及最高人民法院法官解读来看，① 庭前会议属于"排非"初步调查程序。但具体该如何操作，一直存在争议。问卷数据表明，法官在该问题上并未形成绝对多数的共识。在满足相关法定条件（"依照法律规定提供相关线索或者材料"）时，43.6%的受访法官表示会召开庭前会议并展开"实质性"调查；29.5%的法官"只是听取控辩双方的意见，不对排非问题展开实质性调查"。更值得注意的是，一部分法官并未将辩方"依照法律规定提供相关线索或者材料"作为启动"排非"调查的限定条件：11.5%的法官表示"无论辩方能否依照法律规定提供相关线索或者材料，都会召集控辩双方召开庭前会议，对排非问题展开实质性调查"。

3. 证据展示和争点整理

关于证据展示和争点整理的具体方式，笔者设计了"在庭前会议上，法官如何组织进行证据展示和争点整理"这一问题。"庭审化"或者说"架空庭审"，素来是学界和实务界围绕着庭前会议制度的一个争议，其主要针对的就是证据展示和争点整理环节。受访地区实践情况是，绝大多数办案人员（134人，75.3%）表示庭前会议上进行证据展示和争点整理时，"控辩双方仅对证据发表初步意见，跟正式庭审的举证、质证有所区别"；20.8%的

---

① 参见戴长林、朱晶晶：《人民法院办理刑事案件排除非法证据规程（试行）理解与适用（上）》，载《人民法院报》2018年1月24日第6版。

办案人员则称"控辩双方对证据发表实质性意见,跟正式庭审的举证、质证没有区别",此种做法与庭前会议制度初衷相左。

4. 被告人认罪后的程序选择

《庭前会议规程》第21条规定:"对于被告人在庭前会议前不认罪,在庭前会议中又认罪的案件,人民法院核实被告人认罪的自愿性和真实性后,可以依法适用速裁程序或者简易程序审理。"笔者在问卷中对两个与此相关的前提性问题做了调查。第一,"被告人在庭前会议前不认罪,在庭前会议中又认罪,此种情况出现的频繁程度是?"第二,"对于被告人在庭前会议前不认罪,在庭前会议中又认罪的案件,法院是否会建议控辩双方适用认罪认罚从宽制度(进行量刑协商并签署认罪认罚具结书)?"数据显示,"被告人在庭前会议前不认罪,在庭前会议中又认罪"的这一情况并非常见现象。表示"很少"出现该情况的办案人员比例最高(75人,42.1%);其次是"有时"(69人,38.8%);表示"从未""总是"和"经常"的办案人员比例分别为12.4%、2.8%和3.9%。进一步看,被告人在庭前会议上首次认罪后,法院对建议控辩双方适用认罪认罚从宽制度呈现出一定的积极态度,但具体处理方式较为分散,并未形成较为普遍的多数性做法。有28.1%的办案人员表示法官"有时建议";"总是建议"和"经常建议"的分别为12.4%和15.7%,这三种倾向于积极态度的选择情况共计占比为56.2%。另外,有一部分法官对认罪认罚从宽制度适用问题保持较为中立消极的态度:选择"很少建议"的办案人员比例亦为最高(50人,28.1%),表示"从不建议"的与"经常建议"的持平,同为15.7%。

(三)庭前会议效力的实践情况

从《庭前会议规程》相关规定来看,庭前会议的效力主要表现为程序性事项的可处理性以及庭前会议相关结论对正式庭审的约束性两个主要方面,另对"排非"申请还有时效性方面的要求。基于"排非"问题的相对特殊性和独立性,区别于一般程序性事项,笔者对庭前会议在"排非"问题上的效力设计了专门问题进行调查。

1. 一般程序性事项的效力

《庭前会议规程》第10条第2款前半句规定:"对于前款规定中可能导致庭审中断的事项,人民法院应当依法作出处理,在开庭审理前告知处理决定,并说明理由。"表2数据表明,庭前会议的效力主要集中体现在少数特定事项上;法官对另一部分事项不会在庭前会议上作出处理。法官对是否公开审理、管辖、回避三项内容直接作出处理的比例最高,分别有77.5%、68.5%和62.4%的受访人员在问卷中选择了对应选项;而直接对其他5项直接作出处理的比例相对较低,其中表示法官会在庭前会议上直接处理"申请证人、鉴定人等人员出庭,或者对现有出庭人员名单有异议"事项的办案人员比例仅为24.2%。

表 2　一般程序性事项的效力情况

地区			A. 对案件管辖有异议	B. 申请有关人员回避	C. 申请不公开审理	D. 申请提供新的证据材料	E. 申请重新鉴定或者勘验	F. 申请调取公安机关、人民检察院收集但未随案移送的证明被告人无罪或者罪轻的证据材料	G. 申请向证人或有关单位、个人收集、调取证据材料	H. 申请证人、鉴定人等人员出庭，或者对现有出庭人员名单有异议	I. 其他	总计
		对于下列哪些事项，法官会在庭前会议上直接作出处理？［多选题］a										
地区	甲市	计数	37	37	38	21	13	16	13	11	4	56
		地区内的%	66.1%	66.1%	67.9%	37.5%	23.2%	28.6%	23.2%	19.6%	7.1%	
		总计的%	20.8%	20.8%	21.3%	11.8%	7.3%	9.0%	7.3%	6.2%	2.2%	31.5%
	乙市	计数	20	17	30	12	11	10	10	10	0	35
		地区内的%	57.1%	48.6%	85.7%	34.3%	31.4%	28.6%	28.6%	28.6%	.0%	
		总计的%	11.2%	9.6%	16.9%	6.7%	6.2%	5.6%	5.6%	5.6%	.0%	19.7%
	丙市	计数	42	35	41	28	23	19	18	15	1	54
		地区内的%	77.8%	64.8%	75.9%	51.9%	42.6%	35.2%	33.3%	27.8%	1.9%	
		总计的%	23.6%	19.7%	23.0%	15.7%	12.9%	10.7%	10.1%	8.4%	.6%	30.3%
	丁市	计数	23	22	29	11	10	9	7	7	0	33
		地区内的%	69.7%	66.7%	87.9%	33.3%	30.3%	27.3%	21.2%	21.2%	.0%	
		总计的%	12.9%	12.4%	16.3%	6.2%	5.6%	5.1%	3.9%	3.9%	.0%	18.5%
总计		计数	122	111	138	72	57	54	48	43	5	178
		总计的%	68.5%	62.4%	77.5%	40.4%	32.0%	30.3%	27.0%	24.2%	2.8%	100.0%

笔者进一步调查了庭前会议对一般程序性事项处理结果在正式庭审时的约束效力。《庭前会议规程》第 10 条第 2 款后半句规定："控辩双方没有新的理由，在庭审中再次提出有关申请或者异议的，法庭应当依法予以驳回。"第 25 条第 2 款进一步明确了庭前会议相关决定的约束力："控辩双方在庭前会议中就有关事项达成一致意见，在庭审中反悔的，除有正当理由外，法庭一般不再进行处理。"多数受访人员（93 人，52.2%）表示，在上述条款描述的情形中法官会"直接予以驳回"。但依然有相当比例的办案人员（66 人，37.0%）表示法官并未严格遵守上述规定，即控辩双方没有新的理由，在庭审中再次提出上述一般程序性申请或者异议时，法官依然会进行调查或处理。

2. "排非"问题的效力

一方面，《庭前会议规程》规定庭前会议可将控辩双方达成一致的"排非"意见固定为会议结论，或者说"可以作出合意决定"，① 但对争议情况则须在正式庭审时进一步开展调查。法官卷数据表明，接近半数的法官（37 人，47.4%）并未按照上述规定处理，即无论控辩双方是否就"排非"达成合意，他们在庭前会议中都不会对该事项直接下结论，而一律等到正式庭审时再做决定。严格执行上述条款规定的法官比例稍低，为 38.5%。另有 10.3%的法官对上述规定有所超越，即使控辩双方无法达成一致意见，法官也会在庭前会

---

① 戴长林、鹿素勋：《人民法院办理刑事案件庭前会议规程（试行）理解与适用》，载《人民法院报》2018 年 1 月 31 日第 6 版。

议上对证据合法性作出裁断。

另一方面，我国在相关规范性文件中规定了庭前会议"排非"决定在庭审时的约束力：控辩双方在庭前会议中对证据收集的合法性达成一致意见的，若一方在庭审中反悔，除有正当理由外，法庭一般不再进行审查（《人民法院办理刑事案件排除非法证据规程（试行）》第15条第1款，《庭前会议规程》第14条第2款、第25条第2款等）。大多数受访法官（60.3%，47人）在司法实践中会充分肯定庭前会议针对"排非"事项决定的效力，即正式开庭时如果辩方在没有正当理由情况下再次提出相同的"排非"申请，法官一般不休庭，直接驳回；11.5%的受访法官则一般先休庭再驳回申请。但也有一部分法官（26.9%，21人）在出现上述情形时会再次进行调查，其中一般不休庭直接调查的占比14.1%，先休庭再调查的占比12.8%。

三、存在的问题与建议

（一）庭前会议的适用率问题

问题：个别地区存在刻意追求庭前会议高适用率的情况。全国总体适用率较低，且各地存在一定差异。对于庭前会议来讲，低适用率到底是不是个问题？通过此次调查我们可以发现，大多数办案人员反映目前庭前会议已经达到"应开尽开"的程度。在纸面数据并不可观的情况下，我们更应警惕目前个别地区存在的刻意提高庭前会议适用率的现象。对于庭前会议的适用率，我们需要回归诉讼规律，理性审视。

建议：（1）认清庭前会议的程序属性。庭前会议是以可能存在的复杂庭审为制度前提，并非必需程序，或者说必要时才召开。过度追求高适用率，反而会导致不必要的诉讼资源浪费，本末倒置。（2）明晰庭前会议制度的改革定位。尽管庭前会议制度是"以审判为中心"刑事诉讼制度的重要内容，但庭前会议实为配套性制度，其相关改革亦为配套性改革。只有正式庭审逐渐走向"实质化"，庭审才会"复杂化"，与其配套的庭前会议的适用率才可能提高。

（二）被告人参与问题

问题：对于被告人申请参加庭前会议的情况，部分法官未允许其参加。《庭前会议规程》第3条第2款明确规定，被告人申请参加庭前会议或者申请排除非法证据等情形的，人民法院应当通知被告人到场。课题组在法院卷中专门对此设计了题2.9："对于被告人主动申请参加庭前会议的情况，法院做何种处理？A. 一律允许参加；B. 视案件情况而定；C. 一律不允许参加；D. 不清楚。"选择"视案件情况而定"的占比最高，达到61.54%。这表明有相当比例的法官并未严格按照上述条款处理被告人申请参加庭前会议情况的规定。

建议：（1）重视被告人参加庭前会议的意义。这是保障被告人及时参加庭前会议、行使诉权、确保程序公正的前提。基于辩护人的特殊性质，对于某些事项，尤其是涉及实体方面的问题，辩护人无法完全代替被告人。例如，即使辩护人在参加庭前会议前后可能及时与被告人进行了沟通，但庭前会议上被告人的缺失可能会严重影响诸如证据展示和争点整理的效果。（2）充分利用远程视频通讯技术。课题组通过访谈了解到，法官未通知被告人参加庭前会议,其中一个重要原因是提押被告人到法院需要消耗较多的人力和物力,增加了整个庭前会议的成本和风险。远程视频方式可以有效消除空间和成本上的影响,确保其参加庭前会议。

(三) 辩护人参与问题

问题:仍存在应参加而未参加庭前会议的情况。尽管在所有诉讼参与人范围内,辩护人的庭前会议参加率最高,但仍未达到相关规范的要求。根据《庭前会议规程》第3条第2款"公诉人、辩护人应当参加庭前会议"的规定,可见辩护人属于必须参加庭前会议的人员范围。然而,问卷数据显示,仍有一少部分辩护律师在召开庭前会议时并未参加。

建议:(1) 强化辩护人参加庭前会议意识。在当前审判阶段辩护律师全覆盖的大背景下,被告人在审判阶段能够获得辩护律师的帮助有了一定程度的保障。在此前提条件下,辩护人参加庭前会议"全覆盖"具有制度基础。法院在召开庭前会议时应进一步强调辩护人的参加,如果召开庭前会议时被告人没有辩护人,法院应及时为其指定法律援助律师。(2) 律协加强对辩护律师参加庭前会议情况的考评。庭前会议有效、公正地进行,需要控辩双方在场,尤其是辩护人。在管理方面,律协应加强对律师参加庭前会议情况的考评,对于不参加庭前会议的辩护律师给予一定处罚措施。

(四) 证据展示和争点整理的问题

问题:存在证据展示"质证化"的现象。在问卷调查中,有20.8%的办案人员表示其在司法实践中所主持或参与的庭前会议中的证据展示方式为"控辩双方对证据发表实质性意见,跟正式庭审的举证、质证没有区别"。杜绝庭前会议僭越正式庭审是我们长期强调的一个问题,是事关庭前会议本身的正当性问题。

建议:(1) 法官应明确证据展示的功能定位。证据展示是正式庭审举证、质证的准备活动,而非举证、质证本身。法官在主持庭前会议时,应自觉把握好证据展示与举证、质证的界限。有的地区在相关细则文件中对此作了明确规定。例如,上海市第一中级人民法院《关于刑事庭前会议规则的实施办法》第11条第1款中明确强调:"控辩双方仅就对证据是否有异议作出说明,禁止对证据进行举证、质证。"(2) 法官应把握好证据展示的具体操作规程。在庭前会议展示证据时,控辩双方无须详细宣读证据内容,可采取对证据证明事项予以简要概括说明等方式;法官依次询问对方对证据有无异议,区分并记录有异议证据和无异议证据,从而固定证据展示结果,明确庭审调查重点内容。

(五) 效力问题

问题:效力刚性不足。庭前会议效力是整个制度的"牛鼻子"。《庭前会议规程》对庭前会议的效力作出了较为明确的规定,但在落实方面仍存在问题。仍有43.6%的法官会对庭前会议上已处理的一般程序性事项再次进行调查。若效力不彰,则该制度初衷将无法实现,法官适用该制度的积极性也会因此而下降。

建议:(1) 更新观念,减少对庭审程序的依赖。通过访谈发现,一部分法官在观念上仍未跟上《庭前会议规程》的要求和进步,认为正式庭审才是法院作出相关裁断的场合。法院的裁判分为实体性裁判和程序性裁判,庭前会议是为法院设置的作出程序性裁判的主要场合，从而避免相关程序性问题中断正式庭审的进行。（2）理顺相关法律规范内容，减少规则层面的障碍。刑事诉讼法中的相关内容与《庭前会议规程》并未形成良好衔接，这是导致庭前会议效力落实问题的一个关键因素。例如，刑事诉讼法第190条规定了法院在正式开庭时的权利告知义务。在已经召开过庭前会议且对回避、管辖等问题作出了处理或者达成了一致意见的情况下，开庭时的再次"告权"会在某种程度上对庭前会议效力产生一定冲击。有的受访法官表示，庭前会议上已经处理了回避问题，但庭审时又告知被告人及其辩护人有申请回避的权利，这本身存在前后矛盾，且一旦辩方再次申请回避，亦属于符合刑事诉讼法的行为，法官无法引用《庭前会议规程》驳回。因此，借2018年修法后的司法解释修改时机，《庭前会议规程》中的相关内容应被纳入。

监察证据与刑事诉讼证据的衔接机制

姜保忠　姜新平[*]

一、监察证据作为刑事证据的使用

证据是诉讼的核心,无证据则无诉讼。世界各国和地区的刑事诉讼法普遍确立了"证据裁判原则",[①] 如日本刑事诉讼法第317条规定:"认定事实,必须依据证据。"我国台湾地区"刑事诉讼法"第154条规定:"犯罪事实应依证据认定之,无证据不得推定其犯罪事实。"我国刑事诉讼法也规定了证据裁判原则,其第55条规定:"对一切案件的判处都要重证据,重调查研究,不轻信口供……"最高人民法院《关于适用〈中华人民共和国刑事诉讼法〉的解释》第61条规定:"认定案件事实,必须以证据为根据。"刑事诉讼法中的"无罪推定""疑罪从无""非法证据排除"等原则和制度均体现了证据裁判原则的要求。监察委员会的调查程序集合了党纪、政纪调查和职务犯罪调查,为确保调查程序依法进行,同样必须遵守证据裁判原则。监察法第40条规定:"检监察机关对职务违法和职务犯罪案件,应当进行调查,收集被调查人有无违法犯罪以及情节轻重的证据,查明违反犯罪事实,形成相互印证、完整稳定的证据链。"证据和证明制度的衔接是监察权与检察权,或者说是监察法与刑事诉讼法相互衔接的重要组成部分。"证据作为两法衔接的重要载体,对确保两法衔接成功具有关键性意义。"[②] 笔者认为,监察证据与刑事证据的衔接主要体现在以下方面:

第一,证据概念和证据特征的衔接。监察法规定了监察证据的种类及其与刑事证据的衔接,监察法第33条第1款规定:"监察机关依照本法规定收集的物证、书证、证人证言、被调查人供述和辩解、视听资料、电子数据等证据材料,在刑事诉讼中可以作为证据使用。"在理解这一条文时,应当注意以下问题:首先,关于证据的概念。1996年刑事诉讼法采"事实说",该法第42条规定:"证明案件真实情况的一切事实,都是证据。……证据必须经过查证属实,才能作为定案的根据。"从逻辑角度分析,"事实说"存在自身难以解释的缺陷——既然证据已然是事实,何须再"经过查证属实"?2012年刑事诉讼法对证据

---

[*] 姜保忠,河南财经政法大学刑事司法学院教授,法学博士;姜新平,贵州民族大学法学院博士研究生。

[①] "证据裁判原则",有学者称之为"证据为本"原则。有学者指出:"所谓证据为本,就是说在司法活动中认定案件事实必须以证据为本源,司法证明活动必须以证据为基石。换言之,司法裁判必须建立在证据的基础之上,因此又称为证据裁判主义。"何家弘、刘品新:《证据法学》,法律出版社2015年版,第83页。

[②] 高通:《监察程序中非法证据的法解释学分析》,载《证据科学》2018年第4期。

的概念作了修正，用"材料说"取代"事实说"，其第48条规定："可以用于证明案件事实的材料，都是证据。……证据必须经过查证属实，才能作为定案的根据。"比较以后不难发现，"材料说"更为科学、合理。原因在于，"材料"是中性的，未必是事实，"材料"（证据）必须经过法定程序（出示、辨认、质证）才能作为定案的根据。其次，关于证据的特征。通说认为，证据应当具备三个特征：客观性、关联性和合法性。客观性是指证据所表达的内容或证据事实是客观存在的，不以人的意志为转移；关联性是指证据事实必须与案件事实有内在的联系，能够起到证明作用；合法性是指证据的形式以及证据收集的主体、方法和程序应当符合法律规定，否则可能被当作非法证据加以排除。①

第二，证据种类的衔接。刑事诉讼法（2012年和2018年）规定，证据的种类有八种，包括物证，书证，证人证言，被害人陈述，犯罪嫌疑人、被告人供述和辩解，鉴定意见，勘验、检查、辨认、侦查实验等笔录，视听资料和电子数据。监察法规定的证据种类则有"物证、书证、证人证言、被调查人供述和辩解、视听资料、电子数据等证据材料"，并规定上述证据"在刑事诉讼中可以作为证据使用"（第33条）。由此可见，监察法实际上扩大了刑事诉讼法的证据种类，监察证据与刑事证据在种类上并不完全等同，如监察法中有"被调查人供述和辩解"，而刑事诉讼法中有"犯罪嫌疑人、被告人供述和辩解"。对于监察法和刑事诉讼法在证据种类上存在的差异，有学者主张按照新法优于旧法的原则加以解决，认为监察法相对于刑事诉讼法而言是新法，故应当适用监察法。② 笔者认为，现行刑事诉讼法在监察法（2018年3月）之后，但现行刑事诉讼法中证据种类的规定并没有修改，显然不能用新法优于旧法来解释。笔者主张，监察证据和刑事证据的关系可以理解为普通法与特别法的关系，③ 监察证据相对于刑事证据而言属于特别规定，按照特别法优先于普通法的原则，"被调查人供述和辩解"在刑事诉讼中可以直接作为证据使用。笔者对监察证据的种类做上述理解也与监察法第33条第1款的规定相一致。

第三，证据收集和使用的衔接。监察法第33条第2款规定："监察机关在收集、固定、审查、运用证据时，应当与刑事审判关于证据的要求和标准相一致。"该规定体现了监察证据和刑事证据在证据要求和证明标准方面的衔接，衔接的基本原则是"相一致"。刑事诉讼法和相关司法解释对证据的收集和使用有严格要求。例如，最高人民法院《关于适用〈中华人民共和国刑事诉讼法〉的解释》第62条规定："审判人员应当依照法定程序收集、审查、核实、认定证据。"第63条规定："证据未经当庭出示、辨认、质证等法庭调查程序查证属实，不得作为定案的根据，但法律和本解释另有规定的除外。"并且该司法解释对各种证据的审查与认定作了明确具体的规定，④ 在此不再赘述。

笔者认为，在处理监察证据和刑事证据收集和使用的衔接时应当注意以下方面：

---

① 陈光中主编：《刑事诉讼法》，北京大学出版社、高等教育出版社2009年版，第157页。

② 陈卫东、聂友伦：《职务犯罪监察证据若干问题研究——以〈监察法〉第33条为中心》，载《中国人民大学学报》2018年第4期。

③ 这种情况在检察院对监察机关移送的案件审查起诉时也有体现。根据监察法规定，监察机关移送起诉的案件，检察院作出不起诉决定的，须经上级检察院批准；而根据刑事诉讼法，公安机关移送起诉的案件，检察院作出不起诉决定的，无须上级检察院批准，本院检察长或检委会批准即可。可见，相较于刑事诉讼法的一般规定，监察法对监察机关作出不起诉决定批准程序的规定不完全一致，具有特殊性。

④ 参见最高人民法院《关于适用〈中华人民共和国刑事诉讼法〉的解释》第61-112条。

（1）监察机关在收集证据时应当坚持客观、公正的立场。监察机关应当全面收集各种证据，既要收集对被调查人不利的证据，也要收集对被调查人有利的证据。在这一点上，监察证据和刑事证据的要求是一致的。① （2）监察机关在收集、审查、运用证据时，应当坚持刑事诉讼的证据规则。"证据规则是用来规范证据资格，指导和约束证据的收集、审查判断及证明活动的基本准则。"② 近年来，随着我国"以审判为中心"诉讼制度的改革以及证据立法的完善，加之对外国证据规则的有效借鉴，我国初步形成了刑事诉讼的证据规则体系，包括证据相关性规则（证据必须与待证事实具有客观联系）、最佳证据规则（证据应当尽可能收集原件、原物等原始材料）、意见证据规则（证人只能就亲身感知向法庭佐证，证人的推断性意见应当排除）、补强证据规则（孤证不能定案，证明力弱的证据需要其他证据予以补强）、非法证据排除规则（以非法方法取得的证据不得进入审判程序）等，上述刑事诉讼的证据规则对于监察程序同样适用。（3）监察证据在刑事诉讼中的使用问题。刑事诉讼法规定："行政机关在行政执法和查办案件过程中收集的物证、书证、视听资料、电子数据等证据材料，在刑事诉讼中可以作为证据使用。"（第54条第2款）。据此，刑事诉讼法对行政机关收集的证据采取区别对待的方式：对于行政机关收集的实物证据可以直接使用；对于行政机关收集的言词证据不能直接使用，需要重新进行收集。

关于监察机关收集证据的使用问题，学界有不同的观点。有学者主张，监察证据在刑事诉讼中可以直接使用，无须再经转化；有学者主张，监察证据也应当区分实物证据和言词证据，前者直接用作刑事证据具有合理性，后者不能直接用作刑事证据。③ 笔者认为，一方面，由于我国监察机关并非行政机关，故刑事诉讼法第54条第2款对监察机关不能一概适用；另一方面，将监察机关收集的证据应用于刑事诉讼程序，有利于打击腐败犯罪；况且，监察法对监察调查证据没有进行区分，既有实物证据又有言词证据。综上所述，笔者赞同上述第一种观点，即监察机关依法收集的证据在刑事诉讼中可以直接作为证据使用，无须再经过转化程序。

二、监察调查证明与刑事诉讼证明的衔接

刑事诉讼的证明，是指以公安司法机关及其办案人员为主体，在当事人及其辩护人、代理人的参与下所进行的收集、运用证据以认定案件事实的活动。④ 监察程序中也有证明，证明同样贯穿于监察调查程序的始终，只不过在监察程序中，证明活动的主体是监察委员会及其工作人员。笔者认为，监察调查证明和刑事诉讼证明的衔接主要体现在以下方面。

第一，证据体系的衔接。监察调查证明和刑事诉讼证明对证据体系的要求是一致的，均要求综合全案证据，最终形成完整的证据体系（俗称"证据链"），尤其是在案件缺乏直接证据，只能依靠间接证据定案的情况下。监察法第40条规定："监察机关对职务违法

---

① 监察法第40条规定："监察机关对职务违法和职务犯罪案件，应当进行调查，收集被调查人有无违法犯罪以及情节轻重的证据……"《刑事诉讼法》第52条规定："审判人员、检察人员、侦查人员必须依照法定程序，收集能够证实犯罪嫌疑人、被告人有罪或者无罪、犯罪情节轻重的各种证据……"
② 陈卫东主编：《刑事诉讼法学》，高等教育出版社2019年版，第156页。
③ 参见陈卫东：《职务犯罪监察调查程序若干问题研究》，载《政治与法律》2018年第1期。
④ 参见陈光中主编：《刑事诉讼法》（第三版），北京大学出版社、高等教育出版社2009年版，第165页。

和职务犯罪案件,应当……形成相互印证、完整稳定的证据链。"这是监察法关于证据体系的规定。最高人民法院《关于适用〈中华人民共和国刑事诉讼法〉的解释》第105条规定:"没有直接证据,但间接证据同时符合下列条件的,可以认定被告人有罪:……(三)全案证据已经形成完整的证明体系;……"可见,在证据体系的要求上,监察法和刑事诉讼法以及司法解释的规定是一致的。

第二,证明标准的衔接。证明标准是指办案机关运用证据证明案件事实所要达到的程度。在刑事诉讼中,检察机关提起公诉和人民法院认定被告人有罪的标准是一致的,都是"案件事实清楚,证据确实充分"①。那么,监察机关调查终结的证明标准是否与人民检察院提起公诉和法院刑事审判证明的标准相一致呢?对此,学者有不同的观点。第一种观点认为,刑事诉讼中证明的标准是逐渐提高的,监察机关调查终结的证明标准与刑事审判的证明标准不应当相同,"对于监察机关移送审查起诉的证明标准的理解好把握,应当低于人民法院判决有罪的标准,甚至也要适当低于人民检察院提起公诉的标准"②。第二种观点认为,监察机关调查终结的证明标准与检察院审查起诉、法院认定犯罪事实的证明标准,上述标准几乎是完全一致的。③

笔者同意第二种观点,即监察机关调查终结的证明标准与人民检察院提起公诉、人民法院刑事审判的证明标准应当彼此一致。原因在于:首先,人为降低监察机关调查终结的证明标准可能会放纵职务犯罪,不利于开展反腐败工作,与监察法立法初衷相违背;其次,不同的证明标准会导致监察程序与司法程序无法有效衔接,监察机关调查终结的案件可能被检察机关退回补充调查,监察机关收集的证据甚至被司法机关作为非法证据予以排除,影响定罪量刑;④ 最后,监察法对监察机关调查终结移送审查起诉的证明标准已有明确规定,⑤ 且与刑事诉讼法关于刑事审判证明标准的规定是一致的。因此,主张调查终结的证明标准与审查起诉、刑事审判的证明标准不一致的观点在理论和实践上并不可取。

三、监察非法证据排除规则与刑事非法证据排除规则的衔接

世界各国的刑事诉讼法普遍确立了非法证据排除规则,主要目的在于维护公民的宪法性权利,督促警察严格执法,遏制警察违法取证行为。美国联邦最高法院的判例显示,凡是违反美国宪法第四、第五、第六修正案而取得的证据,不得在刑事诉讼中被采纳用以证明被告人有罪。⑥ 美国宪法第四、第五、第六修正案赋予了公民一系列宪法权利,包括不受无理搜查和扣押的权利;不被强迫自证其罪的权利;未经正当法律程序不得被剥夺自由、

---

① 关于"证据确实、充分"的认定,根据刑事诉讼法第55条的规定,应当同时符合以下条件:"(一)定罪量刑的事实都有证据证明;(二)据以定案的证据均经法定程序查证属实;(三)综合全案证据,对所认定事实已排除合理怀疑。"
② 张中:《论监察案件的证明标准》,载《比较法研究》2019年第1期。
③ 参见陈瑞华:《论国家监察权的性质》,载《比较法研究》2019年第1期。
④ 参见中央纪委国家监委法规室编:《〈中华人民共和国监察法〉释义》,中国方正出版社2018年版,第168页。
⑤ 监察法第45条规定:"监察机关根据监督、调查结果,依法作出如下处置:……(四)对涉嫌职务犯罪的,监察机关经调查认为犯罪事实清楚,证据确实、充分的,制作起诉意见书,连同案卷材料、证据一并移送人民检察院依法审查、提起公诉……"
⑥ 参见陈卫东主编:《刑事诉讼法学》,高等教育出版社2019年版,第158页。

财产和生命的权利；被告人获得律师帮助的权利；等等。警察通过侵害公民上述宪法权利的方式获得的非法证据，无论其是否具有相关性，都应当予以排除。① 我国宪法和刑事诉讼法等法律同样规定"尊重和保障人权"。2010 年，为汲取"赵作海冤案"等刑事错案的教训，规范司法行为，促进司法公正，最高人民法院等五部门联合出台《关于办理刑事案件排除非法证据若干问题的规定》（以下简称《非法证据排除规定》）（法发〔2010〕20号），这是我国首次规定非法证据排除规则。2012 年刑事诉讼法和 2018 年刑事诉讼法吸收了《非法证据排除规定》的主要内容，正式确立了非法证据排除规则。根据刑事诉讼法第 56 条的规定，我国对非法证据排除采取区别对待的方式：对于非法的言词证据（如犯罪嫌疑人、被告人供述）予以强制性排除；对于非法的实物证据（如物证、书证）则予以裁量性排除，即允许补正和作出合理解释。采取区别对待方式的初衷在于提高侦查活动的效率，保证准确、及时地查明犯罪事实，适应刑事诉讼法惩罚犯罪的立法任务。但与此同时，也使得我国的非法证据排除规则与法治发达国家相比存在一定差距。②

为保障当事人的合法权益，特别是被调查人的宪法性权利，监察法第 33 条第 3 款、第 40 条第 2 款也规定了非法证据排除规则，用以规范监察机关的调查程序。为与刑事非法证据排除规则相区别，笔者称之为监察非法证据排除规则。通过对监察非法证据排除规则和刑事非法证据排除规则的规范分析，发现二者内容并非完全相同，监察非法证据排除的范围宽于刑事非法证据排除的范围。表现在：（1）监察非法证据对言词证据和实物证据不加区分，只要认定属于非法证据，一律予以排除。（2）监察非法证据的范围大于刑事非法证据。比较刑事诉讼法第 56 条和监察法第 42 条不难发现，监察非法证据除包括"以刑讯逼供等非法方法收集的证据"以外，还包括"以威胁、引诱、欺骗及其他非法方式收集的证据"。综上，监察非法证据排除规则相较于刑事非法证据排除规则而言，既存在紧密联系，又存在不同之处。联系之处在于证据是监察程序和司法程序相互连接的纽带，"能将监察机关、检察机关和法院衔接起来的就是证据，证据要接受监察机关、检察机关和法院三家的审查。所以监察证据必须满足刑事证据规则的要求"③。不同之处在于，监察非法证据排除规则在内容和具体适用上具有独立性，并不完全依赖于刑事非法证据排除规则而存在。

笔者认为，之所以出现上述区别，究其原因在于：首先，监察法适用对象的范围大于刑事诉讼法，监察证据非法排除规则适用于职务违法和职务犯罪案件，而刑事证据非法排除规则只针对犯罪案件。法律适用对象范围的不同决定了非法证据适用范围的不同。归根结底，监察非法证据排除规则是为监察法立法目的服务的，"监察体制改革的目标是整合反腐败资源力量，加强党对反腐败工作的集中统一领导，构建集中统一、权威高效的中国特色国家监察体制，实现对所有行使公权力的公职人员监察全覆盖"④。其次，在整个案件处理程序中，监察程序和司法程序是前后连续的阶段，监察程序在前，司法程序在后。监察

---

① 参见陈瑞华：《刑事证据法学》，北京大学出版社 2014 年版，第 134 页。
② 在美国，不仅通过刑讯逼供或其他非法手段获得的有罪供述属于非法证据，通过这一有罪供述获取的其他物证、书证等派生证据属于"毒树之果"，也成为非法证据排除规则的适用对象。参见陈瑞华：《刑事证据法的理论问题》，法律出版社 2015 年版，第 141 页。
③ 高通：《监察程序中非法证据的法解释学分析》，载《证据科学》2018 年第 4 期。
④ 李建国：《关于中华人民共和国监察法（草案）的说明》，2018 年 3 月 13 日在第十三届全国人民代表大会第一次会议上。

委员会监察调查在前，检察院审查起诉、法院刑事审判在后，由此决定了监察非法证据的范围必须大于刑事非法证据的范围。如果监察非法证据的范围小于刑事非法证据的范围，则有可能出现以下状况：某一证据在监察调查阶段被认定为合法证据（不属于非法证据）予以采纳，但是在刑事诉讼阶段却被认定为非法证据予以排除，如此一来，将会导致监察法与刑事诉讼法互相矛盾，出现法律衔接上的困难，有违法制统一原则；而且不利于维护监察委员会作为政治机关的威信和地位，影响反腐败工作的深入开展和反腐败工作的成效，故监察法对监察非法证据有上述规定。总而言之，监察证据排除规则与刑事证据排除规则的关系恰恰是监察权与检察权有机衔接的表现。毕竟监察机关收集的所有证据都需要在法庭上出示，经过控辩双方的辨认、质证以后才能作为定案的根据；而按照刑事诉讼法的规定，证明证据合法性的责任由检察机关承担。①

---

① 刑事诉讼法第 59 条第 1 款规定："在对证据收集的合法性进行法庭调查的过程中，人民检察院应当对证据收集的合法性加以证明。"第 60 条规定："对于经过法庭审理，确认或者不能排除存在本法第五十六条规定的以非法方法收集证据情形的，对有关证据应当予以排除。"

监察机关不宜对律师进行监察调查

兰跃军*

监察法没有为律师介入职务犯罪的监察调查程序预留任何空间,相反该法第 22 条第 2 款明确赋予监察机关对涉嫌行贿犯罪或者共同职务犯罪的律师采取留置措施的权力。该款规定在司法实践中被监察机关扩大解释和扩展适用,自监察法生效实施以来,浙江嵊州、山西太原、广西来宾、安徽阜阳、北京市西城区等地监察机关对多名律师进行监察调查,[①] 引起律师界热议,也在一定程度上影响了律师职能的有效履行乃至律师制度的公信力。那么,律师是否属于监察机关的监察对象范围,监察机关对涉嫌行贿犯罪或者共同职务犯罪的律师采取留置措施的法理何在,监察机关确认律师涉嫌行贿犯罪或者共同职务犯罪后应当如何处理,等等。这些都是监察制度与刑事诉讼制度、律师制度衔接亟待研究解决的重要课题。

一、绝大多数律师不属于监察调查的对象范围

马克思、恩格斯指出,一切公职人员必须"在公众监督之下进行工作",这样"能可靠地防止人们去追求升官发财"和"追求自己的特殊利益"。[②] 国家制定监察法,建立国家监察制度,旨在深化国家监察体制改革,实现对所有行使公权力的公职人员国家监察全覆盖,从而深入开展反腐败工作,推进国家治理体系和治理能力现代化。监察法第 15 条规定,监察对象包括六类行使公权力的公职人员:一是公务员和参公管理人员;二是法律、法规授权或者受国家机关依法委托管理公共事务的组织中从事公务的人员;三是国有企业管理人员;四是公办的教育、科研、文化、医疗卫生、体育等单位中从事公务的人员;五是基层群众性自治组织中从事公务的人员;六是其他依法履行公职的人员。该条以国家基本法律形式将监察调查的对象范围固定下来,实现监察管辖法定。监察法所确定的监察对象符合我国的政治体制和文化特征,体现了我国监察制度的针对性和可操作性。[③] 笔者认为,监察法第 15 条规定的监察对象范围直接限定了国家监察权行使的边界,它通过约束公

---

* 兰跃军,上海大学法学院教授。

① 参见《明确监察委可对律师进行监察调查多人已被抓走》,载搜狐网—南大港普法,www.sohu.com/a/334525566_120044552-快照-搜狐,2019-08-18,2020 年 7 月 28 日。

② 中共中央纪律检查委员会、中华人民共和国国家监察委员会法规室编写:《〈中华人民共和国监察法〉释义》,中国方正出版社 2018 年版,第 107 页。

③ 中共中央纪律检查委员会、中华人民共和国国家监察委员会法规室编写:《〈中华人民共和国监察法〉释义》,中国方正出版社 2018 年版,第 108 页。

权力的行使来保护公民的私权利，将公权力关进制度的笼子里，从而加强人权法治保障。

但是，我国律师法第2条将"律师"界定为"依法取得律师执业证书，接受委托或者指定，为当事人提供法律服务的执业人员"。无论在刑事诉讼、民事诉讼、行政诉讼还是非讼事务代理中，律师都是协助当事人行使诉讼权利，维护当事人的合法权益，他们行使的是私权利，而非公权力。因此，除了极少数在公办律师事务所中从事与其职权相联系的管理事务和在非公办律师事务所中从事管理的律师在律师事务所管理中行使公权力，分别属于监察法第15条第4项和第6项规定的监察对象范围，绝大多数律师依法承办业务时，都是"为当事人提供法律服务的执业人员"，不是公职人员。无论在诉讼案件还是非讼案件中，律师行使的都是诉讼权利等私权利，不是公权力，当然不属于监察法第15条规定的监察对象范围。实践中监察机关对监察法第15条进行扩大解释，将涉嫌行贿犯罪或者共同职务犯罪的律师纳入监察对象而立案调查，不符合我国监察制度原理和监察法的立法目的，缺乏法律依据。

二、监察机关对律师采取留置措施的目的是保障监察调查程序的顺利进行

与普通犯罪相比，行贿犯罪或者职务犯罪的重要特点是与公权力行使或履行公务有关，这决定了此类案件的主体具有多元化，至少两方以上，一般都构成共同犯罪，且至少有一方主体手握公权力，智商较高，反侦查能力较强，极易实施毁灭、伪造证据，干扰证人作证或者串供等妨碍案件调查或诉讼的行为。该类案件的证据也以言词证据或主观证据为主，实物证据或客观证据较少。① 这就是国家推进监察体制改革，加强反腐败国家立法，制定监察法，建立符合职务犯罪案件特点的办案体制机制（包括证据收集模式）的原理所在。正是由于监察调查的对象是行使公权力的公职人员，而不是普通的犯罪嫌疑人，调查的内容是职务违法和职务犯罪，而不是一般刑事犯罪行为。"在案件调查过程中，调查人员既要严格依法收集证据，也要用党章党规党纪、理想信仰宗旨做被调查人的思想政治工作，靠组织的关怀感化被调查人，让他们真心认错悔过，深挖思想根源，而不仅仅是收集证据，查明犯罪事实。"② 笔者认为，这为监察调查程序拒绝律师介入提供了正当性根据。为此，监察法第22条规定了留置措施，用留置取代"两规"措施，其主要目的就是将留置这一重要的调查措施确立为监察机关在调查严重职务违法犯罪过程中可以运用的法定权限，解决长期困扰反腐败的法治难题。该条共三款，第一款规定留置的要件，包括涉案要件、证据要件和法定情形；第二款规定其他留置对象，包括律师；第三款规定留置的场所、管理和监督。而且该条放在监察法第四章"监察权限"中，显然只是明确监察机关采取留置措施的对象、适用情形等，而不是监察机关立案调查的条件。这是其一。

---

① 关于监察证据，参见兰跃军：《论监察证据在刑事诉讼中使用》，载《证据科学》2018年第6期。
② 中共中央纪律检查委员会、中华人民共和国国家监察委员会法规室编写：《〈中华人民共和国监察法〉释义》，中国方正出版社2018年版，第63~64页。

其二，监察法第 22 条规定，留置的一般对象是符合该条第 1 款留置要件的被调查人，但是在实践中，对于具有第 1 款法定情形且涉嫌行贿犯罪或者共同职务犯罪的涉案人员（包括律师），如果不将他们一并留置，将严重影响监察机关对严重职务违法犯罪事实的重要问题的进一步调查，有可能造成事实调查不清、证据收集不足，使腐败分子逃脱法律的惩治，影响案件调查工作的客观性、公正性，从而给党和国家的廉政建设和反腐败工作造成损害。因此，该条第 2 款明确赋予监察机关对涉嫌行贿犯罪或者共同职务犯罪的涉案人员（包括律师）采取留置措施的权力。① 笔者认为是合理的。但是，该款并没有明确监察机关对涉嫌行贿犯罪或者共同职务犯罪的涉案人员（包括律师）的立案调查权。根据权力法定原则，监察机关对律师采取留置措施，并对行贿犯罪或者共同职务犯罪事实调查终结后，认为律师涉嫌行贿犯罪或者共同职务犯罪的，应当移交有管辖权的机关处理，而不得立案调查。监察法第 16 条第 1 款规定了监察管辖法定原则，各级监察机关只能按照管理权限管辖本辖区内监察法第 15 条规定的人员所涉监察事项，不得扩大监察对象范围。监察法第 35 条后半句是关于报案或者举报的移送，明确对不属于监察事项，应当由其他主管机关管辖的，监察机关应当移送相应的主管机关处理。

其三，监察法第 22 条第 2 款规定的律师涉嫌犯罪包括行贿犯罪和共同职务犯罪两类，每类犯罪都包括若干种罪名。这里的行贿犯罪应当从广义上理解，对应于受贿犯罪的相对复杂性，即除了刑法第 389 条规定的行贿罪（对应于受贿罪）之外，还包括第 164 条第 1 款规定的对非国家工作人员行贿罪（区别于以国家工作人员为对象的行贿罪），第 164 条第 2 款规定的对外国公职人员、国际公共组织官员行贿罪（区别于以中国公职人员为对象的行贿罪），第 391 条规定的对单位行贿罪（区别于以个人为对象的行贿罪），第 393 条规定的单位行贿罪（区别于个人行贿罪），以及第 390 条之一规定的对有影响力的人行贿罪（对应于利用影响力受贿罪）。这六种犯罪的行为方式或客观方面基本一致，都是为了谋取不正当利益而提供贿赂，侵害单位的正常管理秩序和公职人员职务的廉洁性，因而可以称之为广义上的行贿罪。② 职务犯罪是由"职务"和"犯罪"两个词组合而成的一类特殊犯罪，犯罪的主体是行使公权力、履行公务的公职人员，即监察法第 15 条规定的监察对象。犯罪行为是利用职务的犯罪行为或者亵渎职务的犯罪行为，即将利用职务或者亵渎职务作为犯罪构成必要条件的犯罪。作为一种纯正的职务犯罪，它们分散规定在刑法分则 10 类犯罪之中，包括监察机关管辖的六大类 88 个罪名，涉及刑法 95 条，其中贪污贿赂犯罪 17 个、滥用职权犯罪 15 个、玩忽职守犯罪 11 个、徇私舞弊犯罪 11 个、重大责任事故犯罪 11 个、公职人员其他犯罪 19 个。利用职务的犯罪行为，是利用职权或者职权形成的便利条件进行严重危害社会的犯罪行为，如贪污犯罪、受贿犯罪等，它们都是故意犯罪。而亵渎职务的犯罪行为，即渎职犯罪行为，是滥用职权，超越职权，严重不负责任不履行、不正确履行职务职责给国家和人民的利益造成严重损失的犯罪行为，如滥用职权罪、玩忽职守罪等。此类犯罪行为有的是故意犯罪，有的是过失犯罪。而所有职务犯罪都违反行使公权力或履行公务人员的法定职责规定，给国家和人民利益造成重大损失，包括重大物质损失或重大非

---

① 中共中央纪律检查委员会、中华人民共和国国家监察委员会法规室编写：《〈中华人民共和国监察法〉释义》，中国方正出版社 2018 年版，第 133~136 页。

② 《刑法学》编写组：《刑法学（下册·各论）》，高等教育出版社 2019 年版，第 275 页。

物质损失，如人员伤亡损失、财产经济损失和其他严重情节损失等。① 由此可见，监察机关对律师采取留置措施的涉嫌犯罪范围很广泛，实践中律师犯罪人数和所犯罪名也很多。司法部公布的律师惩戒信息显示，2016年1月1日至2020年7月13日，全国已有76名律师因故意犯罪而被吊销执业证书，涉及80项罪名，其中，行贿罪9人、受贿罪4人、贪污罪2人、徇私枉法罪2人、枉法裁判罪2人，② 占到犯罪律师人数的1/4。这就需要立法对监察机关留置权的行使进行合理规制，并且明确律师涉嫌的这两类犯罪的追诉程序。

三、律师涉嫌行贿犯罪或者共同职务犯罪应当由公安机关立案侦查

律师涉嫌行贿犯罪或者共同职务犯罪，不宜由监察机关立案调查，也不属于刑事诉讼法第210条规定的自诉案件适用范围，不能由法院直接受理。那么，根据刑事诉讼法第19条规定的立案管辖，应当由检察机关还是公安机关立案侦查呢？

刑事诉讼法第19条第2款规定，检察机关立案侦查权包括保留侦查权和机动侦查权，分别是检察机关与监察机关、公安机关共同享有的权力，而并非检察机关专属的侦查权。保留侦查权的适用对象是检察机关在履行诉讼监督职能过程中发现的司法工作人员利用职权实施的非法拘禁、刑讯逼供、非法搜查等14个侵犯公民权利、损害司法公正的犯罪，其犯罪主体必须是司法工作人员，即刑法第94条规定的有侦查、检察、审判、监管职责的工作人员，不包括律师。而机动侦查权的适用对象是公安机关管辖的国家机关工作人员利用职权实施的重大犯罪案件，其犯罪主体必须是国家机关工作人员，当然也不包括律师。因此，律师涉嫌行贿犯罪或者共同职务犯罪也不属于检察机关直接受理的案件范围，不能由检察机关立案侦查。这样，根据刑事诉讼法第19条规定，此类案件只能由公安机关立案侦查。

但是，律师涉嫌行贿犯罪或者共同职务犯罪案件又属于监察机关管辖的职务犯罪案件的关联案件，且犯罪主体是为当事人提供法律服务的律师，具有特殊性，需要构建与之相适应的追诉程序，才能保证案件得到公正处理。笔者认为，这包括三个方面：

第一，职务犯罪案件监察调查优先。从监察法第22条第2款立法本意看，监察机关对涉嫌行贿犯罪或者共同职务犯罪的律师采取留置措施的目的是避免涉案律师实施妨碍监察机关调查严重职务违法犯罪事实，从而保障监察调查程序的顺利进行。只有待监察机关对严重职务违法犯罪案件调查终结后，有证据证明律师涉嫌行贿罪或者共同职务犯罪的，才能由有管辖权的公安机关启动刑事立案程序，追究涉案律师的刑事责任。如果职务犯罪监察调查终结后，没有证据证明律师涉嫌行贿犯罪或者共同职务犯罪，公安机关就不能启动对该律师的追诉程序。为此，笔者认为，此类案件的追诉应当坚持职务犯罪案件监察调查优先原则，只有监察机关对有关公职人员的职务犯罪案件调查终结，有证据证明律师涉嫌行贿犯罪或者共同职务犯罪的，才由监察机关将此类案件移送有管辖权的公安机关立案侦查，相关衔接程序可以参照刑事诉讼法第170条第2款和第91条规定，即对于监察机关移送的已经采取留置措施的律师涉嫌行贿犯罪或者共同职务犯罪案件，公安机关应当立案

---

① 周其华：《职务犯罪的概念、范围和特点》，载《国家检察官学院学报》2005年第6期。
② 参加何嘉敏：《律师犯罪现状与反思——办案不易，且行且珍惜》，载明律师刑事特区微信公众号，2020年7月30日。2020年8月3日访问。

并且对犯罪嫌疑人先行拘留，留置措施自动解除。公安机关对于被拘留的律师，认为需要逮捕的，应当在拘留后的三日以内，提请检察机关审查批准。在特殊情况下，提请审查批准的时间可以延长一日至四日。

第二，原则上实行异地管辖。律师职业的专业性决定了他们涉嫌行贿犯罪或者共同职务犯罪的对象（职务犯罪主体），绝大部分是行使侦查权、检察权、审判权或刑罚执行权的司法工作人员，他们与律师都属于法律职业共同体成员。例如，2018年9月，山西某律师事务所律师郝某某严重违反国家法律法规规定，为谋取不正当利益，给予国家工作人员财物；为帮助服刑人员违法减刑，给予司法工作人员财物，涉嫌行贿罪，被山西省监委进行监察调查，并移送审查起诉。① 2018年10月，安徽某律师事务所律师路某在承办毒品犯罪案件期间，为谋取不正当利益，给予阜阳市中级人民法院刑二庭原工作人员郭某某等人32万元，其行为构成行贿罪。阜阳市监委根据《国家监察委员会管辖规定（试行）》，将路某涉嫌行贿问题指定颍泉区监委管辖。颍泉区监委初核后决定对路某留置调查而案发。② 由于监察法和刑事诉讼法确定的都是级别管辖和地域管辖相结合，且地域管辖与行政区划基本一致的管辖原则，监察机关管辖的地域范围与当地公安司法机关基本一致。随着监察机关对涉案司法工作人员监察调查终结，该司法工作人员所在单位尤其是法院、检察院、公安机关与该案件产生某种利益关系，如果涉案律师仍然由当地公安机关立案侦查，根据刑事诉讼法确定的同级管辖原则，该律师只能由当地检察机关审查起诉和当地法院审判，这就可能影响此类案件的公正处理。为此，笔者认为，如果监察机关监察调查终结，认定公安机关、检察机关、法院工作人员构成受贿罪或职务犯罪，而律师涉嫌行贿犯罪或者共同职务犯罪，原则上应当实行异地管辖，由上一级监察机关商上一级公安机关指定管辖。如果职务犯罪主体是从事监管职责的工作人员，而涉案律师最终被定罪，也不得安排律师进入该监管人员所在的监管机构执行刑罚。

第三，通知律师事务所、律师协会和司法行政机关问题。律师法第25条规定了统一接案制度，律师办案应当由律师事务所统一接受委托并承担法律责任。律师职能的法律服务属性决定了每个律师可能要同时为多个单位或个人提供法律帮助与服务。一旦律师的人身自由受到限制，作为其服务对象的个人或单位的利益可能因此而受到损害。这就需要该律师所在的律师事务所及时另行指派律师为他们提供法律服务。此外，律师尤其是辩护律师在诉讼中为了维护当事人的合法权益，有时不可避免地与其他诉讼参加人尤其是司法工作人员发生冲突，从而遭到他们的职业报复，这就要求该律师所属的律师协会及时"救援"。因为律师法规定，律师只能在一个律师事务所执业，且必须加入所在地的律师协会。律师法第37条第3款规定，律师在参与诉讼活动中涉嫌犯罪的，包括律师涉嫌行贿犯罪或者共同职务犯罪，侦查机关应当及时通知其所在的律师事务所或者所属的律师协会；被依法拘留、逮捕的，侦查机关应当依照刑事诉讼法的规定通知该律师的家属。刑事诉讼法第44条第2款针对涉嫌犯罪的辩护律师作了同样规定。但是，这两条立法规定的通知内容不明确，

---

① 参见《山西一律所主任被移送审查起诉：为帮服刑人员减刑涉嫌行贿》，载中国经济网，baijiahao. baidu. com/s? id=1611450314646...-，2018-09-13，2020年7月29日访问。

② 参见《阜阳首例非国家工作人员行贿案一审开庭 女律师行贿法院工作人员获刑一年半》，载安徽网，www. ahwang. cn/content/2019-04/16/conte...2019-04-16，2020年7月29日访问。

通知对象具有选择性,且缺乏通知期限,在实践中执行效果很不理想。

关于通知内容,刑事诉讼法和律师法只是规定律师涉嫌犯罪的,办案机关应当通知,但通知的内容是什么或通知什么,法律没有明确,《公安机关办理刑事案件程序规定》也没有解释。从该规定的立法宗旨看,通知的目的是及时告知涉案律师所在的律师事务所和其所属的律师协会采取相应的措施,维护当事人和涉案律师的合法权益。因此,通知的内容应当包括该律师涉嫌的罪名,被采取强制措施的原因、种类、时间和羁押地点等。

关于通知对象,刑事诉讼法和律师法都要求通知律师所在的律师事务所或者所属的律师协会,似乎赋予办案机关一个选择权,他们只要通知两个单位中任何一个即可。这样理解显然无法实现该规定的立法目的。因为律师事务所只是"对律师在执业活动中遵守职业道德、执业纪律的情况进行监督",指定律师为当事人提供法律服务,而律师协会才是"保障律师依法执业,维护律师的合法权益",并对涉案律师进行"救援"的专门机构。如果公安机关仅仅通知一个单位,即使被通知单位愿意转告另一个单位,也可能影响对当事人或涉案律师合法权益的保护。因此,这里的"或者"应当改为"和"字,要求公安机关履行双重通知义务,既要通知律师所在的律师事务所,又要通知涉案律师所属的律师协会,并且做好记录,以便他们各自履行自己的职责,分别采取相应的措施维护当事人和涉案律师的合法权益。2019年修改后的《人民检察院刑事诉讼规则》第60条第2款要求检察机关发现辩护律师在刑事诉讼中违反法律、法规或者执业纪律时,必须同时通报其所在的律师事务所、所属的律师协会和司法行政机关,即同时通报三个单位。2020年修改后的《公安机关办理刑事案件程序规定》第56条第2款也明确了这一点,要求立案侦查的公安机关应当及时通知涉案律师所在的律师事务所、所属的律师协会以及司法行政机关,笔者认为更合理,因为司法行政机关对违法的律师有行政处罚权。同时,律师法第37条第3款后半句规定,一旦律师被依法拘留、逮捕或者留置的,公安机关还应当依照刑事诉讼法的规定通知该律师的家属。

关于通知期限,刑事诉讼法、律师法和有关司法解释都只是要求办案机关"及时"通知,并没有明确具体的时间期限,这给办案机关拖延履行甚至不履行通知义务提供了借口。根据律师法第37条第3款后半句和刑事诉讼法、监察法有关拘留、逮捕、留置后通知家属的时间规定,除了无法通知或有碍侦查、调查等情形外,办案机关都应当在采取拘留、逮捕、留置措施后24小时以内通知该律师所在的单位和其家属,以便其单位或家属知悉律师被剥夺或限制人身自由的情况,依法采取相应的保护措施。而且律师事务所或者律师协会都不存在无法通知的情形,通知的目的也是便于两个单位分别采取相应的措施保护当事人或涉案律师的合法权益,是一种加强人权司法保障的措施,也不存在妨碍侦查的情形。因此,笔者认为,这种通知不仅是无条件的,而且要求更加紧迫且需落实到位,公安机关应当在确认律师涉嫌行贿犯罪或者共同职务犯罪后,第一时间同时通知该律师所在的律师事务所、所属的律师协会和律师的家属,至迟不得超过24小时。只有这样才符合联合国《关于律师作用的基本原则》第27条规定的"迅速、公正"处理的要求。①

---

① 该条规定:"对在职律师所提出的指控和控诉按适当程序迅速、公正地加以处理。律师应有受公正审讯的权利,包括有权得到其本人选定的一名律师的协助。"

司法责任制的刑事诉讼制度回应

李 麒 王 玉*

2020 年 8 月 26 日，习总书记在向中国人民警察队伍授旗仪式上指出，要把严格规范公正文明执法落到实处，不断提高执法司法公信力。为认真贯彻习总书记的训词精神，中央召开政法领域全面深化改革推进会，对加快推进执法司法制约监督体系改革和建设作出系统部署。2020 年 9 月 13 日，北京市纪委监委通报"郭文思减刑案"中有关人员涉嫌职务犯罪问题调查情况；2020 年 9 月 16 日，中纪委发布严查"纸面服刑"背后的违纪违法问题，内蒙古处理政法系统 65 名公职人员……司法责任制不再仅仅停留在宣传层面。

正如凯尔逊所指出的，"当我们说某人在法律上负责于某个行为时，或者某人承担该行为的法律责任，我们的意思是说，如果他作相反的行为，他就有被制裁的可能"[①]。我国的司法体制改革以员额制、司法责任制、执业保障和人财物管理制度为主要内容，其中，员额制改革是基石，司法责任制是必须牵住的"牛鼻子"[②]。目前，全国各地各级的司法员额制改革已经全部完成，让"审判者裁判"已经成为司法日常，但是"以权定责"，让"裁判者负责"的"责"如何真正得以落实却始终是司法改革的难题。这一难题的解决还有赖于建立和完善权责明晰、权责统一、监管有力、运转有序的审判运行体系。

一、司法责任制的应有之义和适用范围

（一）应有之义：放权与监督

司法责任制是指司法责任主体基于其所承担的司法职责，因在履行职责时存在违法违纪的行为而应承担的法律上的不利后果。[③] 从学者对司法责任制的定义来看，司法责任制至少包含两层含义：一是司法责任制的前提是司法责任主体承担着一定的司法职责，是司法人员分类管理后，对掌握司法权的法官、检察官严格司法的硬约束。二是追究司法责任的前提是法官、检察官存在违法违纪的行为。根据最高人民法院和最高人民检察院分别发布的《关于完善人民法院司法责任制的若干意见》和《关于完善人民检察院司法责任制的若干意见》，司法责任制坚持主观过错和客观行为相结合的归责原则，法官、检察官只有在故

---

* 李麒，山西大学法学院教授，博士生导师；王玉，山西大学法学院博士研究生。
① ［奥地利］汉斯·凯尔逊：《法律与国家》，雷崧松译，台湾正中书局 1976 年版，第 80 页。
② 《习近平关于全面依法治国论述摘编》，中央文献出版社 2015 年版，第 102 页。
③ 陈光中、王迎龙：《司法责任制若干问题之探讨》，载《中国政法大学学报》2016 年第 3 期。

意违法或者存在重大过失且造成严重后果的情况下，才能被追究司法责任，这也是学界基本达成的一致意见，意在确保司法责任的追究不被任意化和扩大化。从"两高"的意见来看，司法责任不仅包括违法违纪的行为，也包括因重大过失导致的司法错误①的行为。

（二）适用范围：尊重司法权的特殊性

从司法责任的适用范围看，司法责任是一种行为责任而非结果责任，司法责任适用的范围是有限的，并非有冤假错案的结果就一定有责任，司法责任仅仅存在于徇私枉法、刑讯逼供、非法拘禁等故意违法行为或者因重大过失而造成案件出现严重后果的行为。"最审慎的法官也可能把案子搞错"②，司法权具有判断权的特殊属性，是法官、检察官作为个体的人发挥主观能动性的判断，在尽可能地实现法律真实和事实真实一致的过程中，法官、检察官的独立判断和过错豁免是应当的且符合我国的司法实际的。但是，行为本身具有多样性，行为外观也常常无法丝毫不差地反映人的主观想法，判断行为的标准也常常无法固化，那么，那些意图限制司法责任追究不能扩大化、随意化的标准就变成了一纸宣言，或者成为"欲加之罪"的依据，而"重大过失""严重后果"的标准和尺度如何，仅仅存在于学者的讨论中，而没有统一的司法责任规范。

二、司法责任制的推进落实及逻辑思考

（一）推进落实：司法错误的追责难题

党的十八届四中全会审议通过的《中共中央关于全面推进依法治国若干重大问题的决定》中进一步明确，司法办案人员"实行办案质量终身负责制和错案责任倒查问责制度"。员额制改革以来，因司法人员徇私枉法、刑讯逼供等追究相关人员责任的情形屡见不鲜，失责必问成为常态。2020年最高人民法院工作报告披露，2019年最高人民法院查处本院违纪违法干警11人，各级法院查处利用审判执行权违纪违法干警1374人，其中追究刑事责任115人。同样，2020年最高人民检察院工作报告披露，2019年全国检察系统1290名检察人员因违纪违法被立案查处，同比上升66.7%，54人被追究刑事责任，从严查处为黑恶势力站台撑腰的检察人员42人。

司法人员违法违纪的行为已经成为刀刃向内、"零容忍"司法追责的主要内容，但是司法责任包括违法违纪行为和司法错误两方面，对于司法错误的责任追究却始终停留在无法落地的原则层面。一方面，司法错误的概念总是和司法瑕疵、司法权独立、司法责任豁免的概念相冲突，基于司法权作为判断权的独特属性，我们无法找到一个客观的、理性的、唯一的衡量标准去判断哪些司法错误应当被追究司法责任。另一方面，过度强调对司法人员的追责会影响司法人员办案的能动性，影响社会公平正义的高效实现。英国丹宁勋爵曾

---

① 司法错误，是指司法工作人员在司法过程中，违反法定程序，或者错误认定事实，或者错误适用法律，从而对有关公民（或组织）造成司法侵害的行为。

② ［法］勒内·弗洛里奥：《错案》，赵淑美、张洪竹译，法律出版社2013年版，第4页。

言,"绝不能使法官一边颤抖,一边自问:假如我这样做,我会承担责任吗?"① 因此,在实践中,仅仅因为司法错误而追究司法人员责任的十分少见。

(二) 逻辑思考:滋生司法错误的制度缺陷

司法独立并不代表责任虚无和责任豁免,一个冤假错案不能改变世界,但当事人的世界将从此被改变。当我们对这些司法错误的追责问题束手无策时,不妨从反向的角度来思考。"法官裁判认定的事实在实体上始终有产生概率性错误的可能性,这种可能性因为案件叙事建构的偏离、证据体系的缺陷以及逻辑推演的盖然性,而与司法过程相伴而生。"② 然而,事实认定、证据采信、诉讼程序、法律适用方面的司法错误导致的错案究竟只是司法人员的"能力不足""认识有限",还是现有的司法体制、诉讼模式、裁判标准、监督机制为滋生这些"错误"提供了空间,这是本文要重点探讨的内容。本文以刑事诉讼为视角,分析现有刑事司法运行机制的不足,探求防治刑事司法错误的改良路径,确保司法责任制的落实。

三、司法责任落实难的刑事诉讼制度根源

"不论在刑事司法程序的每个阶段如何费尽心机,错误的可能性依然存在。"③ 司法责任制贯穿刑事诉讼的整个过程中,涉及刑事司法运行机制的方方面面。从现有的制度看,存在滋生司法错误的职能分工不明、审判责任不实、监督制约不力、裁判尺度不一等突出问题,司法错误产生后又因为制度本身导致相应的司法责任难以落实,有碍于司法公平正义的实现。

确实、充分的证据是认定案件事实的基础和关键,也是防止冤假错案的核心。在刑事司法实践中,侦查机关掌握着认定犯罪的证据来源,长期以来"以侦查为中心"的模式导致出现"真正决定中国犯罪嫌疑人和被告人命运的程序不是审判,而是侦查"④ 的司法状态。当侦查机关的证据不足或者属于"带病证据"时,检察院、法院对证据的审查仅仅限于"层层顺承"而非"层层审查",造成了冤假错案的发生。轰动一时的1996年安徽蚌埠"区长助理于英生杀妻案"中,侦查机关未将犯罪现场勘验中发现的指纹证据、残留物DNA检测两项无罪证据随卷移送,案件存在的"一个无法排除的合理怀疑"被忽略,最终造成了事实认定错误。于英生的代理律师张跃说曾多次向法庭提交DNA检测这一关键的鉴定报告,并作出无罪辩护,但始终未被法庭采纳,直到于英生蒙冤17年后这两项被忽略的证据才成为抓获真凶的关键证据。

于英生案复查时,我国的司法改革进入全面深入推进阶段,于英生案启动了错案追责程序,但是"马拉松式"的追责结果迟迟未见公开。于英生案不是个案,从佘祥林案、聂树斌案到念斌案、赵作海案,冤假错案不断出现在公众视野,引发了全社会的关注,这些

---

① [英] 丹宁:《法律的正当程序》,李克强、杨百揆、刘庸安译,群众出版社1984年版,第56页。
② 陈爱蓓:《有限认识与合乎理性的错误——刑事司法裁判概率性错误的成因分析》,载《江海学刊》2016年第1期。
③ [英] 克莱夫·沃克:《英国刑事司法程序》,姚永吉等译,法律出版社2003年版,第456页。
④ 孙长永:《侦查程序与人权》,中国方正出版社2007年版,第5页。

案件往往都在"亡者归来"或"真凶浮现"时才能得以纠正。

冤案纠正后随之而来的是司法责任追究，但特殊的时代背景、特定时期的办案理念、司法权力运行体制的不足、责任主体难以确定成为追责的难点，与权力相对应的责任清单和责任标准不明确带来了责任划分的困难。从程序制约上看，刑事诉讼程序侦查、检察、审判横向三道关重配合、轻制约，甚至在协调下搞联合办案，"一锅粥""一错到底"的联合办案造成责任追究时互相扯皮、推诿。从证据审查上看，对认定事实的证据审查层层打折，检察机关被动接受而没有形成有效制约，法院审判对"带病证据"的纠正和排除功能虚置，这种畸形的"依赖前者"的模式造成了冤案责任追究中的责任不明。从证明标准上看，排除合理怀疑的"合理怀疑"以及定罪的关键证据怎样才达到"确实、充分"的程度，这受到司法人员个人的认识能力和判断逻辑的影响，看起来标准是明确的，但具体到案件又难以衡量司法人员是否已经"竭尽所能地尽责"，这也给责任追究带来难度。

四、刑事诉讼改革对司法责任的制度回应

（一）基础体系：完善证据制度

证据是司法公正的基石，司法实践中屡屡出现的刑讯逼供和冤假错案，凸显了我国刑事诉讼证据制度的滞后与不足。作为定罪根据的证据要达到确实、充分的程度，要经过法定程序查证属实，且对所认定的事实已排除合理怀疑。这一证明标准是统一适用于侦查终结、提起公诉、审判定罪各个环节的。证据的审查和适用是认定案件事实的关键，也是法院和检察机关职能的题中应有之义，是以权定责、明晰司法责任主体的关键。

侦查机关在全力寻获案件证据的第一线，决定着一项证据是否具有证据能力和证明力的渊源，侦查机关收集证据的方式、程序必须合法，严禁刑讯逼供和以威胁、引诱、欺骗以及其他非法方法取得证据。在刑事诉讼活动中，检察机关既是公诉机关，也是整个刑事诉讼活动的监督机关。在证据的审查和适用上，检察机关既要在提起公诉前对证据的真实性和证明价值作出判断，又要对整个证据收集过程进行法律监督，排除非法证据，并对证据收集的合法性予以证明。2018年新刑事诉讼法修正案承继了2017年最高人民检察院等五部门联合发布的《关于办理刑事案件严格排除非法证据若干问题的规定》中关于证据裁判、程序法定、证据质证等原则，明确了检察机关在证据审查中的责任，但这些制度是粗疏且缺乏系统性的。

从落实检察机关的责任角度，要进一步细化证据审查和适用规则，以制度形式确定"权力清单"，明确权力权限，使得检察人员能更精准地行使自己的职权，在出现冤假错案时准确锁定责任主体，避免责任的推脱和误判。一方面，要建立完备的审查起诉证据规则，对不同证据类型的收集程序、证据标准、证明力判断依据等规则进行细化，检察机关"照单审查"，逐一进行符合性判断，判断过程留痕记录，一旦发生错案，能很快根据符合性判断的过程记录找到出现错误的证据审查上的根源，对错误出现的原因、背景进行分析，从而判断检察人员出现错误是存在主观故意还是受限于认识能力，是否属于已经穷尽了认识方法、超越经验理性认识的应当豁免的司法错误。另一方面，在检察机关对证据收集、适用以及法院审判的法律监督方面，要细化监督管理制度，明确检察机关在重大案件提前介

入侦查环节、宏观引导侦查、要求侦查人员出庭等方面的权限和程序,借助巡回检察、案件评查、调阅卷宗等制度利器,强化检察机关法律监督职能,在明确权力的同时细化责任,确保司法责任制有效落实。

同样,审判作为刑事诉讼程序的重要关口,也要贯彻权责相结合原则,使"案件将随程序的层层推进接受越来越严格缜密的审查"①,以防范刑事司法错误的发生,谁在职责范围内没有守住关口,导致冤案,谁就应当承担相应的责任。法院在证据审查和适用方面的职权也就是要实现以审判为中心和庭审实质化,在审理阶段落实自身的审判职能,划定责任清单,权责合一。这一点将在下文中从庭审实质化对司法责任制落实的角度予以探讨。

(二)核心内容:以审判为中心

刑事诉讼是侦查、起诉、审判和执行四大阶段前后衔接的案件处理过程,立案侦查从证据源头上影响审判,审查起诉是把守案件审判的"过滤器",执行是对审判结果的兑现,这些诉讼活动都是以审判为核心的。审判机关作为案件的最终裁决者,具有对前置程序审查和排除不当的责任,审判机关的最后把关直接决定着案件在事实认定和法律适用上的走向。但是,从司法责任的角度,法官不可能对刑事诉讼全过程直接进行参与,他的判断总是基于侦查、检察机关确定的证据基础和事实基础,同时,又受到个人认知能力的限制,因此,法官在尽到最大的注意义务仍发生案件错误时并不能追究法官的司法责任。那么,在以审判为中心的模式下,如何建立新型的侦查、控辩、审判关系才能明确法官的责任清单,实现以司法责任制推动公正司法,这是我们要探讨的问题。

在以审判为中心的模式下,要强调对侦查权的规范,"自始以审判中事实认定及法律适用的标准和要求规范侦查行为"②,在证据收集上要强化全面证据收集和移交监督,法官要列清单、明标准,对无罪证据和构成合理怀疑的证据重点审查,如果法官在审查中忽略对这些证据的全面审查,那么因重要证据遗漏造成冤假错案的,法官就要承担相应的司法责任。也就是说,过失造成司法错误的情形是可以通过制度预设来明确的,以此来区分因认识不足造成的案件瑕疵责任豁免和重大过失应当承担的司法责任。

以审判为中心的核心是以庭审为中心,强化庭审,就是要让控辩双方的平等对抗、举证质证和非法证据排除在开庭审理中得以充分展现,法官不再是对控诉方根据卷宗出示的证据进行简单确认,而是要对证据的合法性、真实性和关联性进行全面的实质审查,不能让复制版的侦查结论成为最后判决。从明确法官职责的角度来看,法官要严格按照庭审的阶段和程序要求进行证据审查和事实认定,但从责任追究的角度,就要在刑事诉讼中探索贯彻直接言词原则,提高证人的出庭率,保障辩护方的质证权,细化"实质性审查"的方法、标准和要求,统一裁判标准,科学制定契合证据法律规范、符合司法裁判要求、适应各类案件特点的证据规则,帮助法官厘清思路,这既有利于法官精准审查,也能在错案发生时明确责任主体和责任大小,以制度保障权力行使有章法、责任追究有根源。

---

① 李奋飞:《从"顺承模式"到"层控关系"——"以审判为中心"的诉讼制度改革评析》,载《中外法学》2016年第3期。

② 卞建林、谢澍:《"以审判为中心"视野下的诉讼关系》,载《国家检察官学院学报》2016年第3期。

（三）倒逼机制：强化律师辩护

"一个人，即使最卑微的人的生命也应受到尊重，国家在控诉他的时候，也必定要给他一切可能的手段为自己辩护。"在刑事诉讼过程中，由于被追诉人受到人身自由、知识水平的限制，自我辩护的权利往往交由专业的律师来行使，以审判为中心也只有在律师辩护制度的存在下才是真正完整的。

刑事辩护制度本质上是对认定被追诉人有罪或罪重的"质疑"和"挑错"制度，对于司法错误就有纠错和防错的功能。在刑事诉讼中，长期受到有罪认定的司法惯性思维影响，侦查、检察和审判机关往往侧重对有罪的证据收集和认定，而辩护律师往往穷尽一切程序救济和无罪（罪轻）证据来维护被追诉人的权益。强化律师辩护，充分保障辩护权、提高辩护质量，是对司法权规范行使、落实司法责任制的一个倒逼机制。也就是说，在多大程度上保障律师辩护权，也就在多大程度上限制了司法权。2012年刑事诉讼法修改将辩护制度作为重点内容予以了修改，但律师辩护的权利受限、辩护质量不高等问题仍然存在，律师辩护被"压抑"的空间往往滋生司法错误和司法责任，要通过律师辩护制度的完善倒逼司法权行使的规范化，明确司法人员的职权范围和主体责任。

（四）技术保障：数据智享监督

创新是一个系统工程。科技创新、制度创新要协同发挥作用，两个轮子一起转。近年来，北京、浙江、天津、江苏、贵州等省市的大数据辅助办案系统、案件职能研判系统、大数据全天候监督系统出现在人们的视野中，具备案件督办提醒、证据表单审查、案件量刑参考、案件偏离要素原因分析、出庭情况评估、案件特点及类型统计分析等功能的大数据平台为推动司法责任制改革带来了广阔的空间和技术保障，以"数据铁笼"开创了司法权力监督智能化的新模式。

一方面，统一适用的裁判标准嵌入数据化的程序，能够提高办案效率，增强裁判的稳定性、一致性和可预见性，裁判的依据和结果"晒在阳光下"是对司法人员最好的监督，也是落实司法责任制的有力措施。另一方面，通过大数据深度应用和人工智能分析，全面总结案件特点和类型，总结冤假错案的经验教训，能够让"沉睡的数据"发挥巨大的治理价值，强化司法责任制落实的预警监督和事中监督，推动权力监督和制约常态化、智能化。

五、结语

司法责任制是决定司法体制改革成败的关键环节，是实现司法公正的重要保障。通过对司法责任制内涵要义和推进落实现状的分析，我们从诉讼制度设计和运行机制本身找到了司法责任制落实难的根源。在符合诉讼规律、司法规律、法治规律的基础上，从刑事诉讼基础体系、核心内容、倒逼机制、技术保障四个维度探索性地分析了推动司法责任制落实要改造的基本制度环境和裁判规范，为司法责任制的改革推进提供新的逻辑思考和方向。

---

① ［法］孟德斯鸠：《论法的精神》（上册），张雁深译，商务印书馆1982年版，第75页。

检察机关和监察机关管辖职务犯罪案件适法冲突及解决

刘用军[*]

按照刑事诉讼法第 170 条之规定,检察院对监察机关办理终结移送起诉的案件进行审查起诉时,应按照监察法和刑事诉讼法两部法律进行审查,但当检察机关办理的职务犯罪案件进入审查起诉程序时,就不受上述第 170 条之规定约束,也就是只需遵照刑事诉讼法进行审查,而由于监察法和刑事诉讼法对犯罪在审查起诉阶段处理要求的不同,就必然会产生两种不同的程序和实体处理结果。这种问题如何解决,着实是理论和实践不能回避的,需要认真研究。

一、检察机关管辖职务犯罪案件与监察机关管辖案件适法冲突的表现

监察法和刑事诉讼法两部法律虽然都基于宪法,但两部法律的立法目的不同,其中蕴含的法理也不同,因而其在犯罪查处程序及审查起诉结果处置上均有不同要求,这些要求因为职务犯罪立案管辖机关的不同,也会在具体适法中表现出来。在审查起诉处理结果上的区别主要体现在撤案、认罪认罚从宽和不起诉三项制度上。[①]

(一)在撤案上的差异

刑事诉讼法规定了在三种情形下,处于审查起诉阶段或补充侦查期间的案件,公安机关或人民检察院可以撤案。这三种情形分别是:审查起诉中经鉴定被告人患有完全丧失刑事责任能力的精神病的;经一次或两次补充侦查仍然事实不清、证据不足的;认罪认罚案件,有重大立功或涉及国家重大利益,经最高人民检察院批准的。但是,对于监察机关办理的案件移送起诉后出现上述情形时能否撤案,刑事诉讼法和监察法并无规定。

(二)在认罪认罚从宽上的差异

监察法第 31、32 条规定了五类情形可以在移送审查起诉时向检察机关提出从宽处罚建议:自动投案,真诚悔罪悔过的;积极配合调查工作,如实供述监察机关还未掌握的违法犯罪行为的;积极退赃,减少损失的;具有重大立功表现或者案件涉及国家重大利益等情形的;职务违法犯罪的涉案人员揭发有关被调查人职务违法犯罪行为,查证属实的,或者

---

[*] 刘用军,河南财经政法大学刑事司法学院副教授,法学博士。
[①] 撤案和不起诉并不都是实体制度,但这些程序对实体的影响最为直接、最为明显,或者说就是一种带有实体性的程序制度,因而这里特称其为处理结果的制度。

提供重要线索，有助于调查其他案件的。然而，刑事诉讼法规定，公安机关或检察机关自侦的案件移送审查起诉后，所有的案件都可以适用认罪认罚从宽制度，这就带来两者在适用刑罚上的差异。

（三）在适用不起诉上的区别

根据刑事诉讼法第177条、《人民检察院刑事诉讼规则》第365条和第367条之规定，在如下三种情形下对于监察机关或公安机关移送起诉的案件可以作出不起诉决定：一是没有犯罪事实的案件；二是符合刑事诉讼法第16条规定情形的案件；三是退回补充调查仍然证据不足的案件。对职务犯罪案件作出不起诉决定的须经上一级检察院批准。但是《人民检察院刑事诉讼规则》第366条规定，检察院自侦案件具有《人民检察院刑事诉讼规则》第365条第1款之情形的，应当退回本院侦查部门，建议撤案。所述情形是指没有犯罪事实的案件和符合刑事诉讼法第16条规定情形的案件。可见，监察机关办理的案件需要严格审批后不起诉，而检察院自侦案件则可以撤案，两者处理结果显然不同。

二、两者适法冲突的原因

显然，一个案件，两个办案机关，出现多种程序和实体的待遇与结果，这样的结局看似是两法的冲突，实则是两法背后立法理念的冲突。只要两法的立法目标不同，不同办案机关即使办理相同案件也难以统一。

（一）重点治标的反腐政策

直到监察法出台之前，反腐败主要是抓典型，系统性、长期性尤其是预防性的考量在决策者心中要么是不居于主位，要么是还没有成熟方案。

20世纪50年代初，新中国开展了"三反"运动①，1963年到1966年又在农村开展了"四清"运动②，在城市开展了"五反"运动③，这是中国共产党领导的该时期反腐败斗争的突出表现。④ 改革开放以后，腐败问题趋于严重。随之，中央出台《关于打击经济领域中严重犯罪活动的决定》，与之相关的还有严禁党政机关和党政干部经商办企业的决定。1993年，中共中央和国务院又出台了《关于反腐败斗争近期应抓好几项工作的决定》，与之相关，中央也出台了《加强党的建设几个重大问题的决定》。到1997年，党的十五大提出反腐败要标本兼治的总体思路，反腐败开始强化教育、法制、监督的长效作用。

从上述改革开放前20年的反腐经验中可以看出，主要是靠集中整治、严厉打击的运动式反腐举措来解决腐败问题的。至2005年中央颁布了《建立健全教育、制度、监督并重的惩治和预防腐败体系实施纲要》，意味着中央已经从理念上、思想上认识到预防腐败和制度反腐的重要性，并在2007年成立国家预防腐败局。但是，这一时期的制度反腐机制仍然是

---

① 即"反贪污、反浪费、反官僚主义"运动。
② 即以"清账目、清仓库、清财物、清工分"为内容的运动。
③ 即以"反贪污盗窃、反投机倒把、反铺张浪费、反分散主义、反官僚主义"为主旨的运动。
④ 常保国：《新中国成立70周年以来的重大反腐败斗争》，载《政治学研究》2019年第5期。

不健全的，到了党的十七大后，"标本兼治、综合治理"作为这一时期反腐的纲领写入了党章，但仍然重在治标。

尽管近年来反腐败已经不再是过去的群众运动式反腐，但在更为合理的反腐机制建构出来之前，这种重点打击、形成震慑的思维既是经验的依赖，也是文化的惯性。因而即使监察法作为更为宏观系统的反腐败里程碑式立法，也仍然带有重点惩治、予以威慑的意蕴。正因为如此，就会有对职务犯罪实行更加严格的认罪从宽条件，更加慎重地适用不起诉制度，其主要目的正在于通过治标来治本。

(二) 社会危害性的理念

监察法对职务犯罪实施的有别于刑事诉讼中其他犯罪的程序和结果处理上的限制，也是基于一种该类犯罪社会危害性较大或极大的判断。

社会危害性是我国整个刑法体系的基石，有关犯罪与刑罚的一切问题都应从犯罪的社会危害性来解释。[1] 我国刑法的犯罪概念就是基于社会危害性而规定的，即一切……危害社会的行为，依照法律应当受刑罚处罚的，都是犯罪，但是情节显著轻微危害不大的，不认为是犯罪。同时，社会危害性也是刑事司法不可或缺的标尺。[2]

20世纪末至今近30年来，刑法界在理论上和实践中已经较为普遍地接受了来自德日刑法理论的一个重要概念——法益理论，这种理论认为，评价是否属于犯罪的根本标志不是社会危害性而是刑法所保护的法益。正如早期刑法学者杨春洗教授所言，"法益是刑法中确定犯罪实质概念的基础，是整个刑事立法和刑事司法的根基"[3]。但客观地说，法益保护说并没有在立法和司法实践上真正替代社会危害性理论，和法益理论主要在学术界流行一样，社会危害性观念主要在刑法规范及其实现上得以体现。同时，现代社会进入风险社会这一环境下所诞生的风险刑法理论也为法益理论带来了挑战。但是，不管法益理论的解释力或者批判性机能如何，我国实践中的社会危害性观念在刑事立法和司法中的重要性并没有下降，这是客观的。

监察法对职务犯罪作出严格限制，包括程序上和实体上与普通犯罪的追诉有很大不同，可以说是把职务犯罪这种腐败现象的危害性放在了比普通犯罪更严重的地位上来考量了。从规范上说，审查起诉可以说是一种对监察立法上的遵照，从程序上也可以说是一种职务犯罪处置上的适用，但核心还是一种刑罚运用政策上的考量，即职务犯罪的社会危害性大，因此需要从重或者严格限制从宽。在此，社会危害性是一个可以被主观认识所左右的判断，受特定时代环境的影响而变化，也就是说社会危害性有客观标准，但社会危害性大小却是一个主观认识问题。正是基于这种犯罪本质认识立场，在近十年来，职务犯罪的日趋严重化导致国家认识到其危害性程度明显增大，需要从严惩治。因此，监察法出台之前对职务犯罪人员严格限制减刑假释的相关司法解释出台，以及监察法对职务犯罪在调查后处置上的严格要求也就顺理成章了。就法益理论而言，职务犯罪侵犯的法益并非一定比其他罪名侵犯的法益更加重要，法益的保护按照其重要性是静态分配的，刑罚一经设定，其比例就

---

[1] 陈兴良：《社会危害性——一个反思性检讨》，载《法学研究》2000年第1期。
[2] 赵秉志、陈志军：《社会危害性理论之当代中国命运》，载《法学家》2011年第6期。
[3] 杨春洗、苗生明：《论刑法法益》，载《北京大学学报》（哲学社会科学版）1996年第6期。

已经固定,只有在适用法律时司法者才有量刑轻重的考量。因此,法益概念更为中立客观,不易受时代环境和主观认识的影响,而这正是其不被司法实践所青睐的原因,其无法实现特定的一些政策或政治考量。

因此,在我国国家治理体系现代化的过程中仍然可能保留以社会危害性为犯罪本质而不是以形式上的法益为本质的犯罪概念。因为社会危害性的超法规性是阶级社会评价社会秩序乃至敌我矛盾的重要武器。

(三) 监察机关监督职能的特殊性

监察委员会虽享有职务犯罪案件的调查和处置权,但它不仅是一个犯罪的调查部门,也负责对违反党纪和政纪的行为予以查处。因此,监察机关是一个不同于以往司法机关那样行使相对单一职能的机关,而是一个行使综合职能的机关。这种职能的广泛性与其担负的国家监察监督职责是相符的。

在这种兼有党纪、政纪和犯罪调查处置之复合性功能的国家机构权力行使上,就需要有一个系统性观念和视野,既能实现党纪、政纪和犯罪之间调查处置的相对独立性,也能使三种职能互相支撑,实现三种处罚或结案方式上共同的指向性,共同服务于实现国家监察目标。那么,只有监督职能可以统领三种职能。显然,国家监察机关的监督功能乃其第一位的功能,① 党纪、政纪处分和犯罪处置必须在其统领之下。因而职务犯罪案件的撤案、不起诉和认罪从宽处罚既是一个个案司法的问题,也是国家监察机关实现监督职能的一环。前者可以在个案内审视,后者则需要超出个案层面的整体考量,才会有严格的内部审批制度,以防止司法机关只有个案化处理而无大局性观念。因为真正的司法只是考量个案行为是否是犯罪以及承担何种刑事责任,而监察法则需要考量案件之外的因素,特别是社会影响和威慑效果。

因此,我们不能说职务犯罪侦查权转变为调查权,管辖单位从检察机关转向监察机关,只是简单的案件管辖权的转移,其实质上是两种性质权力和功能的转换。在监察权体系内的职务犯罪调查及处置担负着更为复杂的功能,要受到更多的制约。而职务犯罪案件一旦由检察机关侦查,则回归单纯个案办理的轨道,因而其办案的过程和结果按照刑事诉讼法就会和监察法有很大的不同。

三、两者适法冲突的解决

未来从刑法平等、常态化反腐、法治反腐目标出发,必然需要反思目前的这种职务犯罪在两法面前的"主观性"差异,取消对职务犯罪时代性的社会危害性判断,回归刑法法益的中立化和客观化评价。同时,也要实现监察法和刑事诉讼法的统一。

(一) 惩治犯罪理念的调整

目前,监察法对职务犯罪的惩治采用了立法从重的理念,这类似于 20 世纪 80 年代的

---

① 魏昌东:《监督职能是国家监察委员会的第一职能:理论逻辑与实现路径——兼论中国特色监察监督系统的规范性创建》,载《法学论坛》2019 年第 1 期。

刑事立法，这种立法模式不符合常态社会立法的基本规律，其主要原因正是上述基于社会危害性大的惩治理念，应当将这种并非基于刑法立法的惩治犯罪理念调整到与常态社会刑法保持一致的地步，不在犯罪之间制造因时势变动的社会危害性忽大忽小区分。

立法对某类犯罪从重处罚是有先例的，在1997年刑法修订之前，全国人大常委会通过的刑法解释多数具有这种特征，如1982年《关于严惩严重破坏经济的罪犯的决定》、1983年《关于严惩严重危害社会治安的犯罪分子的决定》、1988年《关于惩治走私罪的补充规定》、1988年《关于惩治贪污罪贿赂罪的补充规定》等。这一时期，立法从重处罚不仅仅是某一类犯罪，实际上是全部犯罪都面临的问题。[1] 这一时期，不仅在立法上，在司法上也是从重的。1983年至2001年三次"严打"，在刑事程序上和实体法遥相呼应，共同承担了从重处罚犯罪理念的落实。1997年刑法修订正式确立罪刑法定原则后，在刑事立法上各种犯罪的刑罚配置变得更为合理、公平，从重的立法趋向得到纠正。随着21世纪初"严打"政策的废除，刑事司法也更为中道，直到2010年宽严相济刑事政策的出台，在刑事立法和刑事司法两个层面都实现了惩治犯罪理念的公道性。尽管在司法领域还存在像"扫黑除恶"这样的类似运动性司法，但刑事立法上已经比较均衡，刑事立法的科学性大大增强。改革开放前20年的刑事立法之所以偏重，主要是因为在彼时刑法不完善，或者说没有系统的刑法。

监察法对职务犯罪偏重从严处罚的设置实际上改变了刑法的配刑要求，不再是司法者机宜性地认定社会危害性大小，而成为一边倒地认定其严重的社会危害性，有些类似于20世纪80年代初的刑事立法模式。这样一种惩治犯罪理念显然是落后的，应该恢复刑法的权威。刑事司法过程中机宜性的刑罚确定也是在刑法范围内，且在所有的犯罪之间保持一种公平对待的态度。即使需要有运动性的社会危害性概念之存在空间，也不能突破刑法和刑事诉讼程序的统一和平等范畴，以保障犯罪惩罚理念的中道性和统一。

(二) 法治反腐机制的建立

新中国成立以来走出了一条靠运动型打击到法治反腐的路子，但这条法治反腐道路至今并没有完全摆脱过去运动型反腐和抓典型产生威慑来治本的影响。在运动型反腐方式上，可以从"三反""五反"运动，整党运动和"严打"运动三方面体现出来。

如上所述，"三反""五反"是20世纪五六十年代构建廉政政府、打击腐败等行为的一种主要途径。同样，整党运动也发挥了反腐败作用。新中国成立后，百废待兴，这要靠各级党组织来带领大家尽快恢复经济和社会建设，而此时的党组织和党员思想还停留在战争年代的低标准要求上，现实的复杂性使党组织和党员不能进行完全适应，因此，亟须进行一次全国范围内的整党。从1951年9月开始，中央决定围绕基层党组织和党员条件标准建设展开整党，其中重要的是提高入党条件和党员思想素质，清除不合格党员。这次整党到1954年9月结束，历时三年，共整顿了22万个基层党支部，总计有65万名不合格党员离开党组织。[2] 由于"文化大革命"给党组织带来极大的破坏，也给人们的思想带来了巨

---

[1] 王鹏祥、陶旭蕾：《70年来我国刑法立法的变迁与未来走向》，载《河南师范大学学报》2019年第6期。
[2] 中共中央文献研究会刘少奇思想生平研究分会：《刘少奇与中国共产党的建设》，中央文献出版社2010年版，第22页。

大的混乱，为和国家中心任务转向相匹配，肃清林彪、江青反革命集团的残余影响，使党组织和党员甩开包袱，轻装上阵，大力进行经济建设，亟须进行一次整党。这次整党从1983年10月到1987年5月结束，历时三年半。这是改革开放之初一次非常有必要和及时的整党，对于全国上下停止内耗，集中精力开展经济建设，防范思想跑偏发挥了巨大意义，可谓一次向新时期迈进的思想号角。自2012年党的十八大以来，中央以反腐败为抓手，严肃党风廉政建设，加强制度建党和从严治党，开始从重点治标转向了重点治本，这也可以说是新时期的一场整党运动。

在打击刑事犯罪上，也经历了1983年、1997年和2001年三次大规模"严打"，其中职务犯罪活动也是"严打"对象。"严打"政策过渡到宽严相济司法政策以后，包括"打黑""扫黑除恶"活动等仍然带有运动型打击犯罪的特点。

与运动型反腐举措并行的也有加强廉政制度和惩治职务犯罪的法制化机制建设。譬如在20世纪50年代的"三反"运动中，就通过了《惩治贪污条例》。在党内制度完善方面，1980年颁布了《关于党内政治生活的若干准则》《关于高级干部生活待遇的若干规定》《关于实行干部考核制度的意见》，1988年中纪委通过了《党员领导干部犯严重官僚主义失职错误党纪处分的暂行规定》，1990年中纪委颁布了《关于共产党员在经济方面违法违纪党纪处分的若干规定》等党内法规。在国家法律和行政法规上，1979年颁布的刑法明确列入贪污罪和受贿罪两个罪名。1982年全国人大常委会颁布了《关于严惩严重破坏经济的犯罪的决定》，1984年至1988年中共中央和国务院先后发布了10个严禁党政机关和领导干部经商办公司规定。① 1990年国务院颁布了《行政监察条例》。1997年通过了行政监察法。1997年刑法进一步细化了贪污贿赂犯罪的规定。1993年起，开始实行纪检部门和行政监察合署办公制度。直到2018年监察法颁布，建立了新型的权威高效、集中统一的监察机关反腐体制。

综上我们不仅可以看出运动型反腐模式并没有彻底退出，其做法还在一定程度上存在，而且新颁布的监察法之中就融入了特定时期从重处罚的运动型反腐的影子，而法治反腐机制的成熟必然是常态化、稳定化的，对腐败行为的惩治应当是均衡如一的，因此，现行"特事特办"风格的监察法应当尽快过渡到中道的反腐立法上来。因为至2018年年底，我们的反腐败已经取得了压倒性胜利，我们在此后秉持一种宽严相济的立法和司法理念是恰当的。在这样的立法和司法理念指导下，进行监察法的修订，也就可以消除现行检察机关管辖职务犯罪案件与监察机关管辖案件在适法上的不同结果之困境。

（三）监察法与刑事诉讼法的统一

任何法治国家所追求的法治目标之一都将包括一套体系化的法制规范系统，这套系统以宪法为根基，以部门法为"树冠"，在各"树枝"之间呈现出区别但不冲突的状态。这种不冲突尤其不应当出现在涉及刑事责任的案件中。

在不起诉制度上，监察法直接对属于刑事诉讼法权力范畴的不起诉条件作出规定，呈现出监察法牵制、制约刑事诉讼法的情形，这显然违背了各部门法调整的法律关系之间的独立性原则。也就是说，监察法调整监察机关对行使公权力的公职人员进行监督、调查和

---

① 常保国：《新中国成立70周年以来的重大反腐败斗争》，载《政治学研究》2019年第5期。

处置过程中的法律关系，刑事诉讼法调整侦查机关和司法机关对犯罪嫌疑人、被告人进行侦查、公诉、审判和执行过程中的法律关系。这两种法律关系具有各自的边界，因此需要不同的立法来调整。尽管两法在移交审查起诉和审判环节存在互相配合、互相制约关系，但不能损害基于两法行使职权的各机关的基本权能。不起诉决定显然是检察机关基于刑事诉讼法的基本权能，而监察法对职务犯罪中的不起诉犯罪嫌疑人作出限制，显然僭越了监察法调整的法律关系。因此，这种立法体例是不符合在宪法之下各部门法之间相对独立的法律体系性原理的。

在认罪认罚从宽制度上，作为调查机关的监察机关，虽然地位不同于行政机关，但履行的仍然是犯罪起诉前的证据和事实查明责任，也应当和侦查机关处于同样的案件起诉前的地位。因此，监察调查处置也应当遵循控审分立这一基本结构。监察法规定监察机关可以提出量刑从宽建议并且该从宽条件和范围与刑事诉讼法不一致，将直接影响检察机关作为量刑建议权提出单位的地位。这显然也是对监察法法律关系的僭越，是不符合监察法和刑事诉讼法之间的统一性原则要求的。这种统一同样应当是谨守分际的一种统一，而不是一个介入另一个的统一。

为维护两法的统一，也是尊重刑事诉讼法的独立性和权威性，以及维护检察机关行使不起诉决定权和量刑建议权的独立性和权威性，需要修改监察法，使相关规范遵循刑事诉讼法的规定。唯有如此，才可以消除职务犯罪案件因为立案管辖机关不同引起的处理后果之差异。

结　语

基于对职务犯罪在当代社会危害性更大的主观认知，监察法延续了近年来对职务犯罪进行严厉处罚的传统，监察法规定的对职务犯罪严于普通刑事犯罪的程序和实体处分制度，体现了"特事特办""非常时期非常刑罚"的法治反腐机制，而真正科学的反腐机制应当是稳定的、以法益本身的价值为基础构建起来的程序和实体处分制度。显然，监察法这一规定也从客观上侵入了刑事诉讼法调整的领域，其实现的刑事诉讼法和监察法的互相配合实质上是一种违背法律之间所调整的社会关系之独立性的做法，带来监察法对刑事诉讼法的主导而产生的法律体系之间的不协调。职务犯罪案件因监察机关和检察机关管辖不同而产生的程序和结果处遇差异正是上述制度设计的反映。未来，我们需要以刑法为根基来构建对职务犯罪惩治的常态化机制，并使监察法回归其应当调整的法律关系，实现监察法与刑事诉讼法的统一，从而彻底消除职务犯罪因管辖带来的适法冲突。

监察法与刑事诉讼法衔接的实践困惑与立法建议

——基于辩护律师职业与责任的理性思考

汪少鹏*

党的十八大以来，以习近平同志为核心的党中央协调推进"四个全面"战略布局，在深化国家监察体制改革、反腐败追逃追赃等方面作出系列重大决策部署，取得了重要成果和重大进展。特别是全国人大常委会于 2016 年 12 月 25 日发布的《关于在北京市、山西省、浙江省开展国家监察体制改革试点方案》，标志着我国监察体制改革正式拉开序幕。在充分总结试点改革经验的基础上，2018 年 3 月 20 日，第十三届全国人大通过了监察法，我国监察体制改革正式进入新时代。与此相适应，第十三届全国人大会常委会于 2018 年 10 月 26 日审议通过了刑事诉讼法修正案，将监察机关调查职务违法犯罪的成果嵌入刑事诉讼法，实现了监察法与刑事诉讼法的"两法"衔接。

一、对"两法"衔接规定的客观比较与结论

根据公开权威观点，"监察委员会是实现党和国家自我监督的政治机关，其性质和地位不同于行政机关、司法机关"[①]，且伴随着同级人民检察院职务犯罪侦查、预防职能划转，纪检监察机关拥有"行纪检"三合一的复合调查权，依法对所有行使公权力的公职人员进行监察，调查职务违法和职务犯罪行为，我国"一府两院"的格局也据此演变为"一府一委两院"的形态。

从最终成果来看，刑事诉讼法与监察法起到了很好的衔接作用，保障了国家监察体制改革的顺利进行，对打击贪污贿赂犯罪、预防腐败起到了至关重要的作用。在监察机关与被调查人的对抗关系中，存在以下需要重视并解决的问题：

一是监察机关调查权得到增强。调查权是国家监察机关依据监察法专门针对公职人员的涉嫌职务违法与职务犯罪情况进行核实了解的一项权力。监察法赋予监察机关"12+3"种调查措施，但除新增谈话、留置措施外，监察法规定的讯问、询问、查询、冻结等 13 种措施与刑事诉讼法规定的侦查机关可以采取的刑事措施完全一致，且监察法规定的留置措施与刑事诉讼法规定的拘留、逮捕措施也具有高度一致性。由此可以看出，监察法将刑事诉讼法的规定内化为监察规范，其调查权不仅与侦查权具有同质性，而且进一步得到增强。

---

* 汪少鹏，湖北省法学会律师法研究会会长，湖北省律师协会刑事法律专业委员会主任，湖北立丰律师事务所主任。

① 闫鸣：《监察委员会是政治机关》，载《中国纪检监察报》2018 年 3 月 8 日。

二是被调查人律师辩护权明显减弱。给予被调查人律师辩护权，是为了充分保障被调查人合法权利、提高刑事诉讼水平而采取的必要、适当措施，如果在法律上以及事实上犯罪嫌疑人处于无权利的状态的话，就会增大毫无事实根据地把犯罪嫌疑人作为真正犯罪人对待的危险；就会出现不问是否存在事实根据，是否为真正的犯罪人，不当侵害人权的危险。① 监察法的颁布增强了监察机关的调查权，而对应的被调查人的辩护权却有所萎缩，监察法没有关于律师辩护与代理的规定，律师不能进入监察调查程序，由此导致被调查人的辩护权被显著减弱，双方的力量失衡愈加明显。

据此，上述客观存在的问题在实践中也形成了诸多适用上的困惑。

二、"两法"衔接的实践困惑

（一）基于监察机关调查权显著增强所形成的困惑

1. 困惑之一：缺乏与留置措施相对应的基本保障程序

留置作为监察法第22条第1款规定的、针对被调查对象行使的人身隔离措施，与刑事诉讼法规定的拘留、逮捕等强制措施一样，均具有剥夺人身自由的属性。实践中，被采取留置措施的人也主要关押在看守所或者自建的标准化留置中心。所以监察法第44条第3款对刑期折抵与刑法第41、44、47条②关于先行羁押期间折抵刑期的计算方式完全一致。监察机关采取留置措施的实际效果与刑事诉讼中的强制措施基本相同。

此外，通过考察监察法相关条文规定，我们会发现留置在适用条件、范围、羁押时间、外部审查制约、对家属的知情权限制等方面都要比刑事拘留、逮捕等强制措施规定得更为严厉。

由此看来，留置不仅具备刑事强制措施的全部功能，而且还是比拘留、逮捕更严厉的一种强制措施。但恰好是在面对如此严厉的强制措施时，被留置人唯一能够与之形成对抗的律师会见权也被完全剥夺了，被调查人一旦被留置，六个月无法接触律师与家属，长期处于与外界隔离孤立无援的境地，身体与心理更容易崩溃。

2. 困惑之二：对监察机关移送案件作出不起诉决定需要报上一级检察机关批准会进一步降低检察机关的不起诉率

依据刑事诉讼法的规定，不起诉是指人民检察院在审查起诉后作出不将案件移送人民法院审判而终止诉讼的决定，其类型主要有法定不起诉、酌定不起诉与存疑不起诉三种，人民检察院根据案件具体情况对这三种不起诉类型享有相对充分的自由裁量权。但囿于司法实践中，检察机关因内部存在不起诉决定备案、定期专项复查等检查制度以及不起诉报批程序相对繁杂耗时等实际情况，承办检察官往往缺乏启动不起诉程序的动力，不起诉率普遍偏低。而监察法第47条第4款规定，检察机关对监察机关移送的案件的不起诉决定需

---

① ［日］松尾浩也：《日本刑事诉讼法》，丁相顺译，中国人民大学出版社2005年版，第126页。

② 刑法第41条规定："管制的刑期，从判决执行之日起计算；判决执行以前先行羁押的，羁押一日折抵刑期二日。"第44条规定："拘役的刑期，从判决执行之日起计算；判决执行以前先行羁押的，羁押一日折抵刑期一日。"第47条规定："有期徒刑的刑期，从判决执行之日起计算；判决执行以前先行羁押的，羁押一日折抵刑期一日。"

要经上一级人民检察院批准才可以作出。这条规定无疑给检察机关的不起诉决定权施加了更为严格的限制，相当于间接剥夺了检察机关不起诉的自由裁量权。

（二）基于被调查人辩护权明显减弱所形成的困惑

1. 困惑之一："两法"均缺失监察机关留置阶段律师辩护与代理的规定

目前，几乎所有国家（地区）的宪法和刑事诉讼法均把犯罪嫌疑人、被告人获得辩护的权利视为其最基本的诉讼权利。① 但我国的监察法对于律师辩护与代理问题未加以规定，而且监察机关并非司法机关，其独立于刑事诉讼程序之外，不适用刑事诉讼法关于"犯罪嫌疑人自被侦查机关第一次讯问或者采取强制措施之日起，有权委托辩护人"的规定。且2018年刑事诉讼法删除了特别重大贿赂犯罪侦查期间的辩护律师会见权，也未将监察委员会作为可以对其派驻值班律师的机构。简言之，"两法"已经排除调查阶段律师介入的可能性。

学界更多的观点则认为，律师应当介入调查阶段并保障其与留置对象的会见权，为留置对象提供法律帮助。其主要观点、理由在于：

第一，留置的法律效果决定。留置措施具有与逮捕相同的严厉效果，是将被调查者"置于一个与外界相对隔离的环境中进行调查"，即在一定期限内限制或剥夺被调查人的人身自由，实质上类似于刑事诉讼法的强制措施，具有与逮捕相同的法律效果。②

第二，调查程序的性质使然。监察机关的调查程序相当于侦查程序，应当允许律师介入。"监察留置措施实施的前提是已经掌握被调查人的部分违法犯罪事实及证据，那么此时留置对象相当于原刑事诉讼侦查阶段的犯罪嫌疑人，不必等到被移送起诉时才允许律师介入。"③ "既然调查活动包含了侦查，并且在程序上与检察院审查起诉阶段相衔接，那么就应当允许辩护律师介入，不能让腐败犯罪案件的调查（侦查）成为例外。"④

第三，平衡对抗关系的迫切需要。"在留置过程中，留置对象处于极度弱势地位，无法与监察机关进行平等对抗……监察阶段收集的证据可以说是审判过程中犯罪指控成立的基础，如果在此阶段隔绝律师的介入，不对等的控辩力量将使个人的辩护权利受到大幅削弱，且在缺乏有力的外部监督的情况下极易造成权力的滥用，律师在监察阶段的介入能够帮助监察对象了解自身法律权利，实现充分平等对抗避免冤假错案的产生。"⑤ "被调查人一般缺乏相应的法律知识，被留置后处于无援的状态，因而应允许被调查人在被留置后聘请律师，以确保他具备必要的防御能力"⑥，"虽然涉嫌职务犯罪的人群可能比普通公民受教育水平会高一些，但这不能证成对该群体赋予较低权利保障的合法性。"⑦

第四，程序正当性的内在要求。"律师介入有助于增强平等对抗形成合理的诉讼结构，

---

① 陈瑞华：《刑事审判原理论》，北京大学出版社2003年版，第231页。
② 杨宇冠、高童非：《论监察机关与审判机关、检察机关、执法部门的互相配合和制约》，载《新疆社会科学》2018年第3期。
③ 包晓彤、黄明涛：《监察委员会留置措施中律师介入问题研究》，载《特区实践与理论》2018年第4期。
④ 陈卫东：《关于我国监察体制改革的几点看法》，载《环球法律评论》2017年第2期。
⑤ 包晓彤、黄明涛：《监察委员会留置措施中律师介入问题研究》，载《特区实践与理论》2018年第4期。
⑥ 陈光中、邵俊：《我国监察体制改革若干问题思考》，载《中国法学》2017年第4期。
⑦ 陈卫东：《职务犯罪监察调查程序若干问题思考》，载《政治与法律》2018年第1期。

能有效保障监察对象的合法权益并对国家权力进行有力的制约监督,律师介入制度的确立是最低限度的司法救济,也是保障人权最基本的底线。"①

第五,权力监督制约的现实需要。留置阶段律师的介入是对涉嫌严重职务违法犯罪的公职人员的尊严的维护,也是通过权利的行使分散和平衡庞大的监察权力。律师的参与在由国家和个人形成的对抗中加入了独立的社会力量,起到了监督制约的作用,不仅是对个人人身权利和其他诉讼权利的尊重,更是对国家所提倡的权力监督的尊重,可以视为监察监督制度的延伸。

第六,与国际接轨的应然之举。联合国制定的《保护所有遭受任何形式拘留或监禁的人的原则》第11项原则中规定:"被拘留人应有权为自己辩护或依法由律师协助辩护。"联合国制定的《关于律师作用的基本原则》第7条要求:"各国政府还应确保,被逮捕或拘留的所有的人,不论是否受到刑事指控,均应迅速得到机会与一名律师联系,不管在何种情况下至迟不得超过自逮捕或拘留之时起的四十八小时。"②

2. 困惑之二:"两法"缺失对监察机关调查证据进行合法性审查的程序规定

非法证据排除规则的确立是我国刑事诉讼发展史上的一次重要飞跃,规定了以非法方法收集证据的法律后果。监察法关于非法证据的规定仅散见于第33条第3款:"以非法方法收集的证据应当依法予以排除,不得作为案件处置的依据。"第40条第2款:"严禁以威胁、引诱、欺骗及其他非法方式收集证据,严禁侮辱、打骂、虐待、体罚或者变相体罚被调查人和涉案人员。"第41条第2款:"调查人员进行讯问以及搜查、查封、扣押等重要取证工作,应当对全过程进行录音录像,留存备查。"可以看出,监察法虽然规定了非法证据排除规则,但相关条款仍然比较笼统,且存在不易操作、非法证据排除申请难等问题亟待解决。

第一,关于证据排除的分级。刑事诉讼法对于非法证据的排除根据侦查机关违法程度的不同,分别设立了"强制性排除规则""自由裁量的排除规则"以及"可补正的排除规则",而监察法对非法证据则缺少层级区分,似乎只要是被认定为"非法证据"的,不论是严重性违法证据,还是轻微违法证据,都一律被排除,这对于监察机关的取证要求似乎过于严苛。但如果将"非法证据"限定在几种严重违法性证据中,对于轻度违法性证据不用排除,这对于监察机关的取证要求似乎又过于宽松。

第二,关于重复性供述排除。重复性供述主要指的是,犯罪嫌疑人、被告人受侦查机关采用刑讯逼供方法作出有罪供述后,仍然因该逼供行为影响而作出的与该供述相同的、重复性的陈述。对于重复性供述,"两高三部"在《关于办理刑事案件严格排除非法证据若干问题的规定》第5条中明确规定应予排除。而监察法对于被调查人的重复性供述的效力问题未予明确。

第三,关于录音录像的"留存备查"。刑事诉讼法对侦查机关的录音录像的规定是随案移送,而监察法对录音录像仅规定"留存备查",无须随案移送。于是,录音录像既不在辩护律师阅卷材料的范围,也不在检察机关与审判机关审查证据的范围。"留存备查"实际上赋予了监察机关以绝对的控制权,这一规定基本排除辩方进行核查的可能,甚至连司法机

---

① 包晓彤、黄明涛:《监察委员会留置措施中律师介入问题研究》,载《特区实践与理论》2018年第4期。
② 杨宇冠等编:《联合国刑事司法准则》,中国人民公安大学出版社2003年版,第237、238页。

关都难以接触予以核实。① "由此带来的问题是辩护方提供非法取证的线索或者材料更加困难，促使法院启动证据合法性调查程序也会异常艰难。"②

第四，关于"被调查人供述与辩解"。刑事诉讼法第 56 条确立的非法证据的种类仅限于犯罪嫌疑人、被告人供述，证人证言，被害人陈述，物证和书证五类证据，并未规定"被调查人供述与辩解"这一法定术语。虽然"被调查人供述与辩解"与"犯罪嫌疑人、被告人供述与辩解"在一般语义上几乎等同，但凭借监察在权力架构的强势地位，极有可能为规避非法证据排除规则的适用提供借口，而在多数情况下，法院通常会以刑事诉讼法没有明确规定或者不属于"排非"的证据范围为由拒绝启动证据合法性的调查程序③。

三、实现"两法"充分有效衔接的立法建议

在刑事诉讼中，侦查阶段是刑事诉讼程序的起点和取证的关键环节，侦查机关收集的所有证据材料，均构成了审查起诉与审判阶段司法认知的事实基础，"侦查中心主义"一度成为冲击我国司法制度的毒瘤。而在监察程序中，监察机关的调查程序实际上就相当于刑事诉讼的侦查阶段，是职务犯罪调查的起点和取证的关键环节，被调查人的所有犯罪证据都将形成于调查阶段，最后以移送案卷的形式移送全部证据至审查起诉部门和人民法院。

（一）建议增加监察机关留置程序中的辩护与代理规定

目前，律师介入留置阶段为被调查人提供法律帮助，学界基本达成共识。但有关律师介入的时点，学界有两种不同观点：一种是建议监察委员会第一次讯问或者采取刑事留置措施之时起，应当允许律师介入，帮助被调查人行使陈述、申辩权。④ 另一种是主张赋予延长留置调查期限的被调查人获得律师、近亲属及其委托代理人帮助的权利。⑤

笔者赞同第一种观点。理由如下：第一，调查程序与侦查程序具有同质性，刑事诉讼中，律师介入侦查阶段的时点是第一次讯问或者采取刑事强制措施时，那么监察程序中律师介入的时间也应当为这一时间。第二，刑事诉讼中，即使是重大贿赂犯罪，需要经批准才能会见的，根据规定，侦查机关移送起诉前律师还有权会见一次犯罪嫌疑人，而调查程序中，无论案件大小，监察机关均完全隔绝了被调查人与律师的会见，被调查人员辩护权无法保障。第三，律师在延长留置调查期限介入调查阶段为时过晚。纵然监察机关认为惩治腐败犯罪需要排除律师这一方的干扰，但是学者将律师介入的时间设定在延长留置调查期限，实际上对被调查人的帮助意义不大，监察机关在三个月留置期限内足以以各种方法固定被调查人的主要口供，如果存在非法取证的行为，三个月后律师介入也为时已晚。

---

① 龙宗智：《监察与司法协调衔接的法规范分析》，载《政治与法律》2018 年第 1 期。
② 韩旭：《监察委员会调查收集的证据材料在刑事诉讼中使用的问题》，载《湖南科技大学学报》（社会科学版）2018 年第 2 期。
③ 韩旭：《监察委员会调查收集的证据材料在刑事诉讼中使用的问题》，载《湖南科技大学学报》（社会科学版）2018 年第 2 期。
④ 汪海燕：《监察制度与〈刑事诉讼法〉的衔接》，载《政法论坛》2017 年第 6 期。
⑤ 徐汉明、张乐：《监察委员会职务犯罪调查与刑事诉讼衔接之探讨——兼论法律监督权的性质》，载《法学杂志》2018 年第 6 期。

律师介入留置阶段还需解决的一个问题是，监察机关不仅仅调查职务犯罪案件，还调查职务违法案件，有学者担心，监察机关同时办理职务犯罪和职务违法案件，当监察机关对被调查人采取留置措施时，还不知道被调查人是否为职务犯罪的犯罪嫌疑人，因此，不能确定律师何时应当介入。笔者认为，该种观点存在一定的合理性，但是忽视了一个问题，如果涉嫌相较更严重的职务犯罪的被调查人都能与律师会见，难道行为危害相对较轻的职务违法被调查人还不能允许与律师会见吗？因此，律师介入留置程序，无须区分被调查人涉嫌的是职务违法还是职务犯罪，都应当在被调查人第一次讯问或采取留置措施时，允许被调查人及其近亲属聘请律师提供会见、咨询、控告、申诉等法律帮助。

（二）建议增加规范监察机关留置与调查取证程序的细节规定

从监察法体量来看，全文69个条文涵盖了调查程序的全部内容，但是从细节性规范来看，它与专门规制程序的刑事诉讼法相比，又缺失了部分可操作性内容，造成实践中调查程序既不受刑事诉讼法规制、监察法又无据可依的局面。因此，当前应以立法或解释的方法明确监察法缺失的细节性规范，进一步明确监察证据中的非法排除规则的非法方法、证据排除分级的认定应当依据刑事诉讼法的非法证据规则的内容；明确调查阶段的重复供述排除问题适用《关于办理刑事案件严格排除非法证据若干问题的规定》；明确被调查人的供述与辩解依据刑事诉讼法中犯罪嫌疑人供述与辩解的排除规定，或者规定为法定证据种类；明确监察机关的录音录像应当随案移送，可供辩护律师查阅，必要时允许当庭播放。

（三）建议增加对监察机关调查案件适用"疑罪从无"原则

司法规律及中外已发生的大量冤案的深刻教训充分表明，刑事冤案主要发生于疑罪案件之中。而且这些冤案主要集中在故意杀人、抢劫等刑事案件中，发现模式主要是"亡者归来"，或是"真凶抓获"。冤案存在的根源在于审判机关及审判人员对疑罪案件尚未真正树立无罪推定、疑罪从无的现代司法观念，相反疑罪从有、从轻的观念还有相当的市场。我国刑事诉讼法中虽未明确规定无罪推定原则，但是无罪推定的主要精神已经得到体现。

监察法在一定程度上降低了检察机关的不起诉率，增加了"疑罪从无"原则不适用的可能性，"调查中心主义"或将比"侦查中心主义"更加"中心"，直接冲击"以审判为中心"诉讼制度。另外，职务犯罪作为无被害人犯罪，没有"亡者归来"和"真凶再现"的可能，冤案平反难度极大。因此，为解决这一困境，必须在监察法中贯彻"疑罪从无"理念，让"疑罪从无"不因程序的烦琐变得更难以实现。如果监察机关担心检察机关存在办理案件过程的徇私枉法问题，认为不起诉决定不正确的，可以向上一级人民检察院申请复议，或者行使监察权进行监督，而无须在程序上直接剥夺对接检察院的不起诉决定权来限制监察案件的不起诉，以免有干涉司法独立之嫌。

四、结语

监察法的颁布实施，不仅严密了我国法治之网，而且彰显了党和国家严厉惩治职务犯罪的决心和力度。但毋庸置疑的是，在"两法"衔接问题上，监察法摆脱了刑事诉讼法的合理规制，监察机关获得了更多不受外部监督制约的权力，削减了被调查对象的对抗力量，权力权利的配比严重失衡，甚至足以冲击"以审判为中心"诉讼制度的科学设计与规定，进而更易侵害被调查对象的合法权益。特别是在当前我国正着力推进法治进程和深化"以审判为中心"的诉讼制度改革背景下，我们更应着眼于公平正义理念与格局，着力将监察机关的权力关进制度的笼子里，并通过赋予律师介入监察程序的权限，切实维护被调查对象的合法权利，从而让监察权在法治轨道上行稳致远，为书写好新时代的法治篇章奠定坚实基础。

刑罚执行若干问题探析

魏 彤*

一、防控监狱危险的意义深远

监狱安全是监狱管理的底线，罪犯自杀是威胁监狱监管安全的极端危险事件之一。本文以监狱罪犯自杀作为切入点，艰难求索刑罚执行的些许路径，试图为我国监狱防控自杀贡献绵薄之力。

自杀是指个体蓄意或自愿采取各种手段结束自己生命的行为，是个人受精神或情绪的困扰严重到难以控制自己而彻底"精神崩溃"的表现，它一般始于心理挫折，发生于正在摆脱抑郁的心理冲突的过程中，这种意念可能延续几天，也可能延续数月或几年。

当一个人遭遇重大生活应激事件，自尊意识低下，没有情感诉求和自我价值感，死亡欲望远远大于生存欲望的时候，这个人往往就会选择自杀。监狱服刑罪犯作为接受刑罚处罚的特殊人群，产生轻生念头的概率显然高于社会正常人群。如何防控监狱罪犯自杀给刑事执行理论与实务、实体与程序研究与矫治专业工作者提出了严峻挑战。

监狱一旦发生罪犯死亡事件，不仅直接影响到监狱正常的工作和监管秩序，而且可能导致罪犯亲友诉诸法律，引发监狱与罪犯家属之间的法律纠纷，有的被媒体登载后，引发国内舆论对监狱的各种揣测。与此同时，刑罚执行上下级各部门必须投入专门的人员，耗费大量精力和资金，妥善处理相关的一系列事务。涉及事件的监狱民警可能会被追究责任，严重打击了监狱民警干事创业的积极性。发生罪犯自杀死亡事件，在一定程度上折射出监狱监管过程中存在着短板和漏洞，监狱罪犯自杀成为衡量监狱监管矫治工作水平和矫正程序正当性的重要指标之一。因此，有效防控监狱罪犯自杀既是维护全社会总体安全的使命所在，又是监狱维护刑罚执行安全稳定的现实担当，更是我国监狱不断提升监管矫正质量水准、实现可持续的健康发展的内在驱动力。

伴随我国监狱系统扎实推进全面贯彻"坚守安全底线"的标准要求，我国监狱脱逃、行凶事件得到有效控制，然而罪犯自杀（未遂或既遂）事件仍时有发生，尽管人数很少占比极低。总结监狱监管中有效防控罪犯自杀难度较大的原因，一是罪犯自杀具有隐蔽性、冲动性、决然性等；二是监狱民警比较缺乏预防罪犯自杀的基本认识储备，缺乏专业系统的学习和实战训练。国内外资料充分证明，对于自杀的正确认识不仅对于监狱民警防控罪犯自杀行之有效，而且对于罪犯自身及其家属的正面教育引导尤其重要，对于广大民众更

---

* 魏彤，司法部预防犯罪研究所。

需要普及珍惜生命的心理辅导帮助。综上，研讨防控监狱罪犯自杀，将其有效控制到更低直至消灭，执着于这一刑罚执行的艰难探索意义深远。

二、中国监狱罪犯自杀成因面面观

罪犯作为一个特殊群体，其应激源不同于社会其他普通的群体，罪犯群体的特殊性决定了罪犯自杀危险的特点。一般而言，罪犯的自杀要比社会正常人群中的人具有更高的可发性。因为入监是人一生中的最低谷，是人一生中的重大挫折，人的自杀心理更容易在这种挫折中萌生。1999年在北京召开的WHO精神卫生高层研讨会上，卫生部首次正式对外公布了中国年自杀率为22.2/10万（1993年），浙江方杨松副研究员经调查监狱同时期罪犯自杀率远高于全国水平，从一定程度上证明了罪犯属于自杀高危人群的事实。心理学家认为，抑郁是导致自杀的一个直接的生物学原因，那么又是什么因素导致了罪犯抑郁？笔者认为，从表面上看，（浅层表述）抑郁是罪犯自杀的一个导火索，然而更为深层的原因还需要从罪犯的特殊身份、监禁环境、家庭、社会等诸方面分析①。

第一，自罪感重，良心受到谴责。自罪感是一种比较主观的感觉，当某个人做了一件自己觉得违反了自己良知的事情（具体的程度与那个人的良心程度有关），在事后自己对自己的行为产生了后悔或罪过的情绪。有些罪犯走上犯罪道路、被判处刑罚，承受不了犯罪和惩罚带来的失落感、悔恨感、羞辱感。特别是一些杀害亲属、恋人的罪犯，或者是同性恋罪犯被人发觉后，常受到良心谴责，精神负担极重，从而产生自杀心理和行为。

第二，刑期漫长，希望渺茫。相关调查资料显示，最容易产生自杀念头的情形是服刑期过长。长刑期罪犯由于服刑时间、回归社会的历程长，比短刑期罪犯更容易产生自杀行为。如果减刑期望值减小，改造希望渺茫，就会产生自杀行为。如自杀未遂的罪犯胡某所说，刑事政策变化后对自己减刑不利，自己年纪较大难以争取更好的减刑机会，改造前途渺茫，因此产生了自杀的想法。

第三，服刑挫折，压力增加。有些罪犯不能正确认识和处理改造中遇到的挫折，骤然增加了心理压力，难以适应目前的环境，从而产生了自杀心理。如难以完成劳动任务、畏惧艰苦的劳动改造、警囚关系紧张、受到监狱处理、对于现实改造政策制度和环境不满、个人的要求和目的难以实现等情形都有可能导致罪犯自杀。

第四，人格缺陷，性格偏执。部分罪犯心理不够健全，并具有消极的人生观和强烈的反社会心理，遇到一点小事就可能走极端，此类罪犯往往同时还有行凶危险性。不少暴力型罪犯性格偏执、环境适应性差，相关调查资料显示，暴力型罪犯比其他类型的罪犯更有自杀倾向，而且暴力型罪犯在自杀危险犯中所占的比例也是最高的。

第五，家庭变故，精神坍塌。部分罪犯一旦失去精神支撑、社会支持，往往产生走上绝路的念头。笔者所在监狱也曾发生过罪犯因妻子提出离婚而发生自杀行为的案例。这类罪犯的自杀心理是随着诱因的出现而产生的，往往会存在一段时期的高度危险性，而这种高发危险期度过之后，这类罪犯的自杀危险会逐渐消除。

第六，精神障碍，身体疾病。如人格分裂、妄想症，又如身体疾病等。调查资料显示，

---

① 方杨松：《罪犯自杀的调查与防治对策——以浙江省某监狱为例》，载《犯罪与改造研究》2019年第9期。

身体疾病，包括因精神障碍而具有自杀倾向的罪犯，自杀危险性比正常在押犯高出了11.8个百分比。历史上精神障碍罪犯发生自杀的案例也比较高。

2019年9月司法部监狱管理局和司法部预防犯罪研究所共同编制的《监狱警察预防罪犯自杀知识小读本》阐述导致罪犯自杀的原因有四个方面：

第一，罪犯自身因素。比如，自责感和愧疚感，身患疾病不堪病痛折磨，思想极端，性格内向孤僻，生活态度消极，等等。即使从监狱获释之后，这一群体的自杀率也高于普通人群。

第二，监禁因素。监禁剥夺了罪犯的人身自由和重要资源，导致监狱成为传统的自杀危险最高的人群聚集地。下列因素的组合可能导致监禁环境中自杀率水平高于社会平均水平：（1）年轻男性、精神病患者以及被剥夺社会权力的人、性格孤僻者、药物滥用者、有企图自杀史的人；（2）被逮捕和监禁而产生的心理影响、有吸毒成瘾者的戒断症状、罪重刑长或与监狱生活相关的日常压力超出普通罪犯应付能力。（3）在一些监禁机构，缺少识别和管理自杀罪犯的程序。（4）在实施了高风险指标筛查的情况下，对罪犯压力程度的监测还不够充分，没有及时发现重大风险。（5）由于监管人员劳累过度、缺乏训练、执行疏忽、麻痹大意、排查不到位、管控不利、监狱内矛盾化解不及时等，他们可能会忽视自杀者的早期危险征兆。（6）监禁机构也许很少参与社会上的心理健康项目，因此很难或者根本得不到心理专家的咨询或者治疗。

其三，社会因素。家庭、社会等外在因素对于罪犯自杀也有较大程度的影响。比如，家庭矛盾冲突、家庭丧失经济来源、子女辍学、亲属死亡等家庭变故，罪犯社会支持下降，会导致罪犯产生轻生念头。

其四，刑事政策调整因素。自刑法修正案（八）、（九）和国家减刑政策实施以来，限制减刑的罪犯日益增多，终身监禁罪犯开始出现，相当一部分罪犯因为财产性判决没有履行而不能减刑，罪犯减刑幅度大幅缩减，导致服刑年限较之前明显延长。有些罪犯待刑释时已进入老年阶段或将老死监狱，这些因素会催生罪犯以自杀方式寻求彻底解脱的心理。

梳理资料，结合调研，个人思考得出，监狱是社会的组成部分，是一个特殊隐秘的组成部分。社会上的自杀率增加，延伸到监狱导致罪犯自杀风险骤增，给我国监狱防控罪犯自杀拉响了警报。

本人从监狱罪犯健康角度展开论证，一是罪犯身体健康指标出现异常。经过发案、侦查、诉讼、判决直到刑罚执行的刑事司法过程，每个罪犯会不同程度地滋生各种生理病症，生理指标出现异常。那些入狱前就有生理疾病的罪犯有相当一部分在入狱后病症加重就是例证。

二是监狱罪犯心理健康指标普遍异常。犯罪嫌疑人被定罪量刑成为罪犯入监服刑，与社会、工作单位和家庭隔离，社会自由人沦为被监禁的罪犯，遭受重创心理失衡（憎恨社会或者悲观自责）。长期监禁与亲人家庭社会隔离，监狱罪犯心理健康指标普遍失常，严重的则可能导致精神疾病。

三是监狱罪犯适应能力差。监狱罪犯应变能力失调，不能适应外界环境的各种变化。罪犯在监狱服刑中出现如下情形：与其他罪犯发生冲突；与民警产生分歧；身体患病残疾或属于老年犯；偏执消极、反社会心理强烈；情感家庭变故（失恋、离异、父母病故、子女失学、家庭经济困难）等。遇有以上单一因素或者因素组合，如果叠加到心理状态失衡罪犯身上，寻求自我解脱的念头就可能出现。

四是监狱罪犯因违背道德自责心重。罪犯因伤害家庭亲人产生的痛楚，因犯罪对单位造成损失而悔恨，因对国家社会造成的后果影响而无法挽回，被开除党籍公职后而羞耻，审判服刑后从内心深处在道德上进行自我谴责，良心上不安，罪恶感强烈，精神痛苦。

身体健康指标失常，心理健康指标失常，适应外界变化能力失衡，道德健康指标失常，综合以上四个方面可能导致监狱罪犯自杀风险加大。

三、防控监狱危险极具挑战性

预防罪犯自杀是一项复杂性高、难度很大的工作。监狱罪犯自杀属于罪犯严重违规行为之一，与罪犯脱逃、行凶行为相比，罪犯自杀行为因具有主动性、隐蔽性、冲动性、决然性等特点，其防范难度更大，给我国监狱管理工作带来巨大挑战。预防罪犯自杀已成为目前监狱工作贯彻落实总体国家安全观、坚守安全底线、建设更加安全监狱的一项重点和难点工作。

监狱民警作为直接管理罪犯、与罪犯面对面打交道的专业工作者，在预防罪犯自杀中责任重大、作用不可替代，这就要求既要考虑到监狱是自杀高风险区、罪犯是自杀高危人群的特点，又应认识到监狱监控面相对狭窄、在押犯相对集中、管控监控有力等有利因素，切实提振精神，增强做好预防控制罪犯自杀工作的信念。抓牢唤醒希望这个至关重要的枢纽，用无私的爱心和真诚的关怀帮助每一名试图自杀的罪犯打消绝望的固执想法，唤醒他们对未来的希望。应强化全员参与、全方位防范意识，及时敏锐充分掌握各方面信息数据，确保罪犯的时间、空间和行动尽在掌控之中。树立科学预防、分工合作理念，监狱普通民警与专业民警相互配合，共同高质量履行预防罪犯自杀、排除危险，维护安全稳定的职责。

四、预防处置监狱罪犯自杀对策

1. 改变"想当然"的思维定式。（1）年轻的与年老的罪犯是自杀重点人群，这并非是说其他年龄段的罪犯不会自杀，现实是自杀涉及各个年龄段。（2）改变短刑犯不会自杀的说法。现实是余刑短的老病残犯以及杀亲案的罪犯面临即将到来的刑满释放后的家庭拒绝接纳、丧失经济来源的自杀风险更大。（3）改变自杀难以预防的说法，实践证明我国监狱有效干预和管控，成功降低了监狱自杀率。（4）排除不能与有自杀倾向的罪犯讨论自杀，否则会促发自杀的思想。现实是通过及时面对问题进行引导，传递关爱，反而感化其打消念头，防止其自杀行为。（5）摒弃对有自杀倾向的罪犯不必采用心理医疗干预的做法。现实是不仅亟须心理疏导，必要时需要采取精神药物治疗。总之，要高度预警，树立全面的防范自杀的思想观念。

2. 监狱民警作为防范罪犯自杀的主体，需要全面接受预防自杀培训。监狱民警不仅需要学习心理矫治专业技能、自杀预防的基础知识，而且需要进行急救治疗培训和实际操作。

3. 筛查与甄别全覆盖。我国监狱普遍科学运用《中国罪犯心理测试个性分测验》量表，数据分析抑郁及其抑郁程度，效果明显。

4. 教育矫治是防范自杀之本。（1）监狱民警要严格公正文明执法，杜绝简单粗暴过激的言行，这既是教育矫治合法措施，也是有效防范罪犯自杀的手段之一。(2) 帮助罪犯构建行之有效的社会支持体系，动员罪犯亲属、社会志愿帮教群体、地方政府部门共同关心关怀服刑矫治人员，做好衔接，助其顺利重返社会。(3) 及时引入生命健康课程、树立生命责任观理念；(4) 引入社会心理专家结合监狱民警心理咨询师携手帮助罪犯度过抑郁至具有自杀倾向心理危险期。

5. 在监管矫治过程中，监狱民警执法应当具有高度责任感和敏锐性，认真观察、详细记录罪犯言行，包括在生活劳动中的各种情形。自杀是在心理异常趋势下产生的非正常行为，这个行为一般都会经过一个发展过程。罪犯在监狱接受封闭监管又身处罪犯群体当中，如有自杀倾向可能提前会流露出一些行为和想法。比如信件和会见中有悲观厌世的情绪，似乎对亲人、物品做了安排；哭泣失眠的行为；偷藏药片、绳索、利刃等器具；隐晦表达遗言，书写遗书；突然馈赠衣服用品给其他犯人。对一些长期病重的罪犯，当出现好转时，更加不能放松警惕，稍有疏忽病犯就可能实施自杀行为。观察一切蛛丝马迹，这样在罪犯从心理到行动的整个过程中才有可能及时施救。

6. 有效消除隐患。导致自杀事件需要具备一定的条件。罪犯除了有强烈的执念，还必然涉及时间地点手段工具等条件。这就需要有效清除违禁品，防止监控盲区，排除死角，加强监舍罪犯之间监督；实行 24 小时监控，尤其是在夜间这个最危险时段。

7. 开通自杀求助专线电话，将社会上已经运用并取得实际效果的危机干预措施引入我国监狱。求助热线与常规心理咨询热线不同，区别于监狱内个别谈话，求助专线是由经过专门训练的专业人员来接听，他们有较强的处理自杀等突发危机事件的专业能力。

8. 面对突发疾病继续存在或者发展的严峻形势，一旦出现局部地区疫情，地方监狱必须继续采取严格联防联控、监狱全员核酸筛查、追踪密切接触者、隔离核酸检测是阳性的无症状患者等措施，并且加强对患者的治疗，密切监控可能导致自杀的各个环节的因素。

9. 继续做好监狱日常防疫工作，严格对监狱罪犯生活学习劳动区域进行消杀，监狱民警和罪犯需戴口罩，保持一米安全距离，勤洗手，勤测温。将流行疾病传染危险降到最低。

10. 将疾病流行蔓延的危险阻隔在监狱之外。严格出入监狱民警、其他工作人员（指导劳动、运送餐饮生活物资）防疫监测，网络视频会见亲属；严控某些传染而加剧罪犯自杀倾向。

五、引发进一步的思考："监狱安全"是什么

为了做好刑罚执行工作防止自杀，监狱做了多层次的探索，坚持"保稳定、谋发展、促改革"的工作基调，坚持"突破思维、创新方法、突出特色"的工作思路，在守住监狱安全底线的同时努力探索新型改造模式。面对社会和人民的更高期待，面对构建改造新格局的更高要求以及当前监管改造工作存在的问题与困惑，监狱创新监管改造工作的新思路尤为迫切和必要。

新型监管改造是以"修心"教育改造为指导，将执法的刚性要求和监管改造的人文关怀相结合，形成系统的新型管理模式。

（一）加强监狱警察对监狱安全的全面认识

就监狱安全来说，包括两个部分：一是罪犯服刑期间，不发生安全事故；其中就包括防自杀事件发生。二是罪犯释放之后不再危害社会，成为合法公民，降低重新犯罪率。

监狱只有将罪犯改造好，改造成为守法公民，改造成为和谐社会的建设者，才能更好地实现监狱"惩罚和改造罪犯，预防和减少犯罪"的社会功能；监狱的职责不仅仅是对监狱负责，更要为全社会的稳定负责。因此基层监狱警察要尽快转变观念，新形势下首要意识不再是根深蒂固的底线安全，而是新时代新形势下的全面安全，要意识到监狱责任不再是"收得下、关得住、跑不了"，而是要"管得服、教得好、不再犯"。不论是底线安全还是全面安全，关键在于落实。

（二）以"监管改造"为中心，进一步创新监管改造制度与措施

无论是底线安全还是全面安全的践行落实，无疑对监狱和监狱警察提出了更高的工作标准、更高的目标任务、更高的价值期许。因此，我们更要以"监管改造"为中心，不断创新监管改造制度。

1. 完善相关制度，深化监管改造制度体系建设。

一是深入基层了解当前罪犯的现状、改造上的难点与盲点、制度上的不合理，建立和完善监管改造制度体系，突出"监管保障改造""劳动服务改造""刑罚同步改造""改造确保安全"，使一切改造手段的出发点和落脚点最终汇聚于促进罪犯改造中，使监管改造真正成为监狱工作的核心和支点。

二是深化职能监区或职能分监区建设。根据现有的犯情与监管条件，无法实现职能监狱，但可以深化职能监区建设，逐步推进分类分押分管，使罪犯在改造中发挥特长、补齐短板，提升自身社会价值；深化监区功能融合与细分，推进监区工作精细化、标准化、规范化建设。

三是进一步完善监管改造工作体系，改进以"减刑"为导向、以"劳动表现"衡量改造成效的粗放型管理模式，全面系统划分监狱各个层级、部门、个人的工作职责和行动准则，确保责任到位、要求到位和落实到位。

四是深化社会化监狱建设，使罪犯改造的前置环节、后置环节与监狱自身环节建立紧密联系并形成合力，发挥与社会的联动作用，不断完善以实现新型监管改造制度体系。

2. 倡导新型监管改造理念。监狱不再是过去"谈狱色变"的阴森孤岛，其与外界的接触越来越多，外界对监狱的关注度、了解度也越来越广。罪犯的维权意识与需求以及对人生与社会的认知度也完全不同以往，无形之中社会对监狱警察的要求与标准也不同于过去，监管上一味地"罚"，一味地强调"这是什么地方？你是什么人？你来这里干什么？"已无法真正将罪犯改造成"合格产品"。监狱警察应改变过去"看住就好"的理念，在管理方式上也不可再简单粗暴，要将"刚性""冷冰冰的"监管制度落实得有人文关怀、人权意识。这对新形势下提高罪犯改造质量，适应社会有着极大的推动作用。所以监狱警察在理念上要转变，在管理方式上要改变，为此还必须定期对监狱警察进行培训，包括政治思想、工作理念的强化，多途径宣传新型监管改造工作理念，在实际工作中加入新的考核指标，以此督促其转变工作理念，更新工作方式，打造一支新型的监狱警察队伍。

3. 如何落实新型监管改造制度的具体措施。我国监狱经历了从"粗放式"管理到"细化式"管理的过程,在这个过程中监管制度与相关措施越来越规范,也越来越人性化。

(1) 依法管理与有情关爱相结合。既要让罪犯明白"法律底线"与"人生底线",也要让罪犯感受到"人间处处有爱"。罪犯触犯法律就得受到法律的惩罚,同理,罪犯在改造过程中违规违纪,就得按制度进行处罚,这是原则也是底线,不过在处罚的过程中我们可以根据违规事件的性质、后果、当事人的态度视情况分别处理,而不是按照处罚条款"一方子到底"或"一棍子打死",要让那些"情有可原"的罪犯感受到关心,对生活依旧有希望。比如对"微违规"可以采取"警醒"改造管理模式,对"大违规"可以采取"临界黄牌警告"改造管理模式,给罪犯及时自省改过的机会。值得一提的是,"有情关爱"的管理模式要建立在公平公正的基础上,不能让这个理念成为理所当然的徇私理由。

(2) 人性化要求和个性化需求相结合。大部分罪犯的三观或多或少都存在问题,要改变罪犯的行为习惯,要让罪犯有一定的自律意识,就要求罪犯学会与现实世界那些看不惯的社会现象和平共处,就需要向罪犯提供有针对性的个性化监管改造制度与措施,要与教育改造相结合。人性化不只是宣传标语,而是能让罪犯感同身受的具体工作。制度的设立、措施的实施都需要考虑人性化与个性化,学生需要"因材施教",其实罪犯在某种程度上来说就是一群顽劣的学生,更需要根据其特质"因材施管",才能真正触及其内心深入,才能真正向社会输出"合格产品"。

(3) "刚性"制度与"暖心"举措相结合。其实不论是监管改造工作还是教育改造工作都是针对罪犯思想意识和行为模式的改造,都是改造罪犯的最根本手段。在改变罪犯的思想意识和行为模式过程中"刚性"的制度是基础,"暖心"的举措是"刚性"制度的升华。比如在推行分级处遇制度时,多想一些"暖心"的举措,让不同级别的罪犯享受不同的待遇,以促进处遇制度落实得更接地气,更有"温度"。如监狱对一些宽管级的管理就很有"温度";如在落实会见制度时,可以采取不同的会见方式,让会见制度多样化,如疾病流行期间实行视频会见、监狱开放日(近距离接见);如计分考核制度,可以根据基层或每个监狱的犯情,细化奖惩规定,不要"一个方子到底"。

社会变迁对监狱提出新挑战,新型监管改造理念的提出为监狱改革发展指明了方向,引领监狱工作者立足更高的起点、更高的层次和更高的水平开展各项工作,以充分发挥监狱刑罚执行、改造罪犯乃至服务社会和谐稳定大局的重要功能和作用。

刑事被告人庭前阅卷权应当得到保障

徐红亮*

一、问题的提出

2020年6月15日，海口市中级人民法院开庭审理由海口市人民检察院提起公诉的王绍章等20人涉黑犯罪一案，指控罪名包括组织、领导、参加黑社会性质组织罪，寻衅滋事罪，故意毁坏财物罪，强迫交易罪，职务侵占罪和窝藏罪等。6月16日，庭审进入举证质证环节，辩护律师要求按法律规定"一证一质"，未获同意后申请审判长回避，后被审判长以"干扰法庭秩序"责令退出法庭。6月19日，海口中院发布通告称：该院认为，主审法官工作作风粗糙、缺乏耐心沟通，对律师不尊重。

《人民法院办理刑事案件第一审普通程序法庭调查规程（试行）》（以下称《规程》）第31条规定，对于可能影响定罪量刑的关键证据和控辩双方存在争议的证据，一般应当单独举证、质证，充分听取质证意见。对于控辩双方无异议的非关键性证据，举证方可以仅就证据的名称及其证明的事项作出说明，对方可以发表质证意见。可见，最高人民法院在起草《规程》时也注意到了这一问题，使用极为审慎的表述方式进行规定，即对单独举证限定于"可能影响定罪量刑的关键证据"和"控辩双方存在争议的证据"，而且又限定于"一般应当"。

辩护人当庭据理力争的"一证一质"说到底是个证据问题，是程序问题，更是实体问题。辩护律师庭前都会阅卷，所以说这种要求进行"一证一质"的方式大多情况下不是辩护律师的"一己私利"，相信大多数辩护律师有能力、有水平、有经验应对公诉人的综合举证、一并出示。那么被告人呢？事实上，辩护律师所争取实现的"一证一质"，往往是满足被告人的质证要求，被告人甚至要看给自己定罪的证据。辩护律师庭前阅卷，但被告人是没有庭前阅卷权的，也就是说按照法律规定，开庭前被告人是无法直接接触公诉机关据以指控被告人有罪的证据材料的。不可否认庭前被告人无法阅卷，才是海口中院发生"辩审冲突"的深层次原因所在。

如果被告人庭前阅卷，对证据有全面、细致的了解，没有要求"一证一质"的情况下，辩护律师完全有能力适用综合举证的庭审方式。关于因举证质证方式所引发的冲突，海口中院不是第一次，但根源上被告人庭前阅卷权的问题如果不能有效解决，这种冲突也肯定不是最后一次。

---

* 徐红亮，北京德和衡律师事务所高级合伙人。

一、我国刑事诉讼中现有的阅卷制度

(一) 现行法律的规定

刑事诉讼法第40条规定:"辩护律师自人民检察院对案件审查起诉之日起,可以查阅、摘抄、复制本案的案卷材料。其他辩护人经人民法院、人民检察院许可,也可以查阅、摘抄、复制上述材料。"最高人民法院《关于适用〈中华人民共和国刑事诉讼法〉的解释》第57条第1款规定:"经人民法院许可,诉讼代理人可以查阅、摘抄、复制本案的案卷材料。"

现行刑事诉讼中,辩护人阅卷权依法得到保障,且近几年司法实践中辩护律师"阅卷难"的问题得到了根本性的改善。除此之外,在刑事诉讼中诉讼代理人的阅卷存在一定的条件限制,即经人民法院、人民检察院的许可方可阅卷,加入了这一前置条件。但是对被告人本人的庭前阅卷权,现行的刑事诉讼法以及相关司法解释未有规定。

(二) 辩护律师可以核实证据

刑事诉讼法第39条第4款规定:"辩护律师会见在押的犯罪嫌疑人、被告人,可以了解案件有关情况,提供法律咨询等;自案件移送审查起诉之日起,可以向犯罪嫌疑人、被告人核实有关证据……"即从案件移送审查起诉之日起,辩护人可以核实证据。在司法实践中,这一渠道成为被告人了解案卷内容的"唯一窗口",即辩护人阅卷之后,就案件证据的内容向被告人进行核实。

然而,从刑事辩护实践来看,辩护律师对这一条款在执行过程中认识不一,有人认为可以将证据给被告人看,毕竟这是核实证据的必要方式;也有人认为不能将证据给被告人看,因极易引发被告人翻供,辩护律师面临极大的法律风险。此外,从证据内容来看,辩护律师向被告人核实证据的前提是辩护律师对证据的筛选,即辩护律师认为需要核实的证据,这一筛选的标准未必与被告人一致,这就存在另一个问题,被告人有异议的证据可能被错过、遗漏或者忽略。因此,无论从内容上还是形式上,这都无法理解为被告人所享有的庭前阅卷权。

二、被告人享有庭前阅卷权的正当性分析

(一) 被告人庭前阅卷权是辩护权的题中应有之义

刑事诉讼法第14条第1款规定:"人民法院、人民检察院和公安机关应当保障犯罪嫌疑人、被告人和其他诉讼参与人依法享有的辩护权和其他诉讼权利。"根据这一规定,以辩护权为核心的被告人防御权利是被告人享有的最重要权利,并在此基础上延伸出多项具体的诉讼权利,如质证权、申请证人出庭、发表辩论意见权等。被告人庭前阅卷权的实现有助于被告人行使辩护权,真正参与法庭审理,与控方进行质证、辩护,以充分发挥诉讼主体的作用,从根本上履行辩护权。证据是控方指控被告人有罪以及罪轻或者罪重的"工

具"，如果这种"工具"无法为被告人所认识并深入理解，则无疑是"盲人摸象"，无法有效实现被告人所享有的辩护权。

（二）被告人庭前阅卷权是以审判为中心的必然要求

2016年6月27日，中央全面深化改革领导小组通过《关于推进以审判为中心的刑事诉讼制度改革的意见》，以审判为中心刑事诉讼改革要求"严格按照法律规定的证据裁判要求，没有证据不得认定犯罪事实""规范法庭调查程序，确保诉讼证据出示在法庭、案件事实查明在法庭。证明被告人有罪或者无罪、罪轻或者罪重的证据，都应当在法庭上出示，依法保障控辩双方的质证权利。"以审判为中心的刑事诉讼改革注重庭审也更重视证据，证据是裁判的基础。被告人享有阅卷权才能够更好地发表对证据的质证意见，有利于法庭以证据为基础查明事实真相。控辩双方在法律上是平等的，但在现实中是不平等的，因为双方这种地位上的悬殊和承担诉讼角色的不同，要想实现以审判为中心的刑事诉讼制度改革目的，则必须让双方在信息获取方面享有平等渠道。如果失去对证据的全面深入掌握，则难以有效实现以审判为中心刑事诉讼制度的目的和初衷。

（三）被告人庭前阅卷能够有效提高庭审效率

庭审中，控辩双方举证、质证是庭审中的最重要内容，也是法庭查明事实的重要途径和方法。特别是重大、复杂、证据繁多的案件，如果不在庭前让被告人知晓法庭上公诉人可能举证的证据内容，庭审将极可能拖延，影响庭审效率。司法实践中，大多数法官不仅不会禁止律师向当事人告知证据信息，有时还会建议辩护律师与被告人沟通证据并提供方便，由此保证庭审中将更多的时间用于质证，控辩各方发表对证据的不同意见。由于公诉机关举证方式多样化，分组举证的较多、一证一质的较少，还有一些案件中公诉机关将其举证提纲交给辩护律师，让辩护律师事先准备，法庭上检察官即可采取列举证据和重点证据说明的方式举证。因此，被告人庭前阅卷能够有效提高庭审效率。

（四）被告人庭前阅卷权是建立司法信任的有效途径

整个刑事诉讼过程都是围绕着被告人罪责展开的，被告人才是刑事诉讼制度的核心，是法律适用后果的责任承担者。当然，法律责任应当由行为者承担，行为者也必须为自己的行为负责，这本身无可厚非。但是，最终要让这个刑事司法的核心被告人信服，从内心真正信服的，往往不仅是结果，而且包括程序，能否保证其平等地接受刑事审判，能否得到公平处理的机会。在这种情况下，如果被告人对认定自己有罪并据以量刑的证据都无从知晓，则难以在被告人内心树立一种可以接受的司法信任。允许被告人阅卷，并对有关自己自由乃至生命的证据有全面了解，可以有效促使被告人建立对司法的信任，并树立司法权威，让被告人真正感受到公平、正义。

三、赋予被告人庭前阅卷权的现实困境

（一）立法的缺失

目前我国法律中并无任何关于被告人庭前阅卷的规定，立法的缺失使得被告人庭前阅卷权无从落实。刑事诉讼法是授权法，法无授权皆为禁止，所以尽管司法实践中有被告人提出阅卷的要求，人民法院往往也不会理会或者予以拒绝（仅有个别法院或法官允许被告人庭前阅卷），其根本原因在于法律对被告人庭前阅卷权没有任何规定。这种情况使得任何人民法院拒绝被告人阅卷，也无任何相应的不利法律后果。所以说，立法上的缺失是致使被告人庭前无从阅卷的根本原因之所在。辩护权是宪法赋予嫌疑人、被告人的基本权利，对这一权利，其可以自行行使，也可以委托辩护律师辅助其行使，如果限制被告人本人行使阅卷权，而以其辩护律师予以代替，则有颠倒权利享有者主辅关系之嫌。

（二）被告人庭前阅卷可能影响其供述的真实性

被告人供述是刑事诉讼的八类证据之一，而且在诸多案件中发挥着重要的作用，传统的刑事侦查中往往将是否供认不讳作为破案的重要标准之一。赋予被告人庭前阅卷权的反对者认为，被告人庭前阅卷之后会影响被告人供述的真实性，其极有可能趋利避害地选择作出不实的供述，影响司法机关对事实的判断。此外，被告人阅卷之后，可能会增加被告人翻供的可能性，且这种翻供不再是盲目的、无方向的，而是被告人对案情和证据全面了解之后，有针对性地找出其中的漏洞，这种顾虑的存在直接影响到立法机关和司法机关对承认被告庭前阅卷权的积极性。

（三）人民法院案多人少的现实状况

2020 年，最高人民法院院长周强在最高人民法院工作报告中指出：2019 年，最高人民法院受理案件 38498 件，审结 34481 件，同比分别上升 10.7%和 8.2%；地方各级法院受理案件 3156.7 万件，审结、执结 2902.2 万件，结案标的额 6.6 万亿元，同比分别上升 12.7%、15.3%和 20.3%。[①] 随着案件数量的不断增长，人民法院案多人少的局面在短时期内仍然难以得到根本性的改变，这是司法改革面临的困境之一。允许被告人阅卷，则必然需要大量的法官或者法官助理去操作，特别是针对羁押的被告人，在看守所内实现庭前阅卷，对法官来讲则必定费时费力。进一步来讲，有些经济犯罪类、涉众型刑事案件，证据繁多，几百册甚至上千册案卷的案件屡见不鲜，被告人阅卷有一定的复杂性。人民法院案多人少，也是被告人庭前阅卷权实现的困境之一。

（四）看守所无法满足被告人阅卷权的实现

看守所是羁押场所，从目前现实来看，看守所的现行管理方式也是被告人实现庭前阅卷权的障碍之一。表现在以下几个方面：（1）看守所管理严格，无法实现被告人自由行动

[①] 参见《2020 年最高人民法院工作报告》。

而自由在庭前阅卷。(2) 大量借助互联网实施的网络犯罪案件，被告人若阅卷则需要借助一定的工具，如电脑、硬盘等，在看守所内被羁押的被告人无法利用这些阅卷工具。(3) 被告人在看守所的阅卷只限于现场阅看，无法实现对证据的复制，而有一些极具技术含量的证据，如电子数据的鉴定意见、司法会计审计意见，需要细读、核对后才能达到庭前阅卷的效果。所以说，现实困境之一是看守所无法满足被告人庭前阅卷权的落实。

四、刑事被告人庭前阅卷制度设立的建议

（一）通过立法确立被告人庭前阅卷权

赋予被告人庭前阅卷权的积极意义和消极影响都不容忽视，是否允许被告人庭前阅卷，说到底是一项制度利益的平衡，但作为被告人辩护权的重要一部分，承认并允许被告人的庭前阅卷权从根本上讲不存在问题。换句话说，被告人委托辩护人进行辩护，辩护人的辩护权基于被告人的委托而产生，是被告人辩护权的衍生和扩展。委托的辩护人享有阅卷的权利，而自己却没有，在理论上讲不通，故应当通过立法确立被告人享有庭前阅卷的权利。

（二）通过分类管理的方式实现被告人庭前阅卷

刑事案件的性质不同，被告人阅卷的积极性不同、方式方法不同，被告人庭前阅卷可能带来的负面影响也不同。因此，建议对被告人庭前阅卷实行分类操作，分类如下：

1. 区分被告人是否认罪认罚。如果被告人自愿认罪认罚，为了实现案件的快捷办理，提升诉讼效率，可以明确告知被告人不再安排其阅卷。被告人选择认罪认罚是对辩护权在一定程度上的放弃或者让度，从逻辑上也完全可以讲得通。对不认罪认罚的被告人，则依据其要求确保其阅卷权，且限定为被告人或者辩护人提出申请的，人民法院安排被告人阅卷。

2. 区分证据的类别。根据刑事诉讼法第50条的规定，刑事诉讼的证据可以分为：(1) 物证；(2) 书证；(3) 证人证言；(4) 被害人陈述；(5) 犯罪嫌疑人、被告人供述和辩解；(6) 鉴定意见；(7) 勘验、检查、辨认、侦查实验等笔录；(8) 视听资料、电子数据。考虑到不同证据的阅卷方式不同，可以根据证据种类采取以下三种阅卷方式：对于视听资料、电子数据则通过庭前会议予以展示、播放；对于物证当庭出示（或者出示物证照片）；对于除上述证据之外的其他证据，则允许被告人庭前阅看，并允许复制、记录。通过对不同种类的证据采取不同的阅卷方式，可以使被告人庭前阅卷实现效率化、便捷化，分类实现。

（三）明确规定被告人庭前阅卷的时间

为了防止刑事案件中被告人恶意借阅卷拖延诉讼，应当明确规定刑事案件被告人庭前阅卷的申请时间要求。民事诉讼中有举证时限制度，即当事人应当在举证期间内提供证据，这一制度的目的在于促使当事人及时行使诉讼权利，避免因权利息于行使而影响诉讼进程。在刑事诉讼中，有必要参照民事诉讼制度，明确规定被告人提出阅卷要求的时间。建议规定：被告人收到起诉状副本之日起十日内有权提出庭前阅卷的要求，人民法院应当在收到

被告人的阅卷申请后七日内安排被告人阅卷。

（四）看守所应制定被告人庭前阅卷的相关落实措施

落实被告人庭前阅卷制度，针对非羁押的被告人相对容易，其可以随传随到。但是，针对被羁押的被告人，则离不开看守所的支持和配合，所以说，看守所应当制定落实被告人阅卷的具体措施，为被告人阅卷提供方便。主要措施应当考虑：（1）在看守所有必要设立专门的被告人阅卷区域，有别于现有的提审和会见区域。（2）在阅卷区域配置计算机等工具，便于被告人实现线上阅卷，目前不少地区已经实现了证据内容全部扫描上传，方便通过电脑终端阅看。（3）制定可行的被告人意见接收、传递制度，即被告人提出阅卷申请的，类似于被告人提出上诉一样，看守所应当及时记录并向办案的人民法院及时反映，防止被告人的阅卷申请无从提出而影响被告人庭前阅卷权的实现。总之，离开看守所的具体制度，被告人庭前阅卷权的实现就是一句空话。

（五）充分保障辩护律师核实证据的权利

刑事诉讼法规定辩护律师可以自案件移交审查起诉之日起向犯罪嫌疑人、被告人核实有关证据。但是，有一种观点认为：辩护律师向嫌疑人、被告人核实证据，只能核实物证类证据，为了防止嫌疑人、被告人翻供，不能将同案嫌疑人、被告人的供述和证人证言在开庭前告知嫌疑人、被告人，予以核实。犯罪嫌疑人、被告人作为刑事诉讼的重要参与者，也是被告人供述的形成者。基于各种理由在案件侦查终结之后，通过阻断信息交流渠道，限制辩护权，妨碍其有效辩护，这种做法显然违背了被告人享有辩护权以及辩护有效性的原则。为了充分保障被告人的合法权利，也使被告人庭前阅卷能够更加有效、有针对性、有目标，应当充分保障律师向犯罪嫌疑人、被告人核实证据的权利，包括犯罪嫌疑人供述、证人证言以及被害人陈述这几类证据。

五、结语

刑事被告人庭前阅卷权，具有现实必要性，亦具有可行性，尽管当下实现被告人庭前阅卷具有诸多困难。回顾刑事诉讼的发展进程，诸如疑罪从无、律师会见、非法证据排除等都曾经面临这样或者那样的困难，但随着司法改革的深入推进，这些制度都从理论走向实践，并在刑事诉讼中发挥着重要作用。相信刑事被告人庭前阅卷权的实现只是一个时间问题。

罪数论与一事不再理原则的关系

杨杰辉 俞泱*

引 言

罪数是刑法中的一个核心问题,是很多刑法制度的交汇点,① 一事不再理是刑事诉讼法的一项基本原则,贯穿于诉讼的整个过程,涉及刑事诉讼法的多项制度。② 罪数是有关行为构成几个犯罪以及如何处罚的问题,一事不再理是有关一个犯罪可以被追诉、处罚多少次的原则,罪数与一事不再理原则均涉及犯罪个数的问题,那么罪数与一事不再理原则中的一事属于什么关系,罪数中的一罪是否就是一事不再理中的一事、罪数中的数罪是否就是一事不再理中的数事呢?这一问题关系到罪数体系的建构、一事不再理原则的设置以及实体法与程序法的关系等问题,因而意义重大。虽然我国有关罪数、一事不再理原则的研究较多,但在这些研究中,罪数主要是从实体法角度、一事不再理原则主要是从程序法角度进行研究的,而从两者关系角度进行的研究较少,③ 鉴于该问题意义重大而研究较为薄弱,本文拟对该问题进行专门研究。

一、罪数论与一事不再理原则的原理

(一)罪数论的原理

1. 罪数的两层含义

罪数是一个既涉及犯罪论又涉及刑罚论的问题,④ 其包含两层含义,一是犯罪论上的罪数,二是刑罚论上的罪数。⑤ 犯罪论上的罪数以犯罪构成要件为判断标准,符合几个犯罪构成要件就构成几个罪,而刑罚论上的罪数以刑罚的个数为判断标准,有几个刑罚就构成几

---

* 杨杰辉,法学博士,浙江工业大学法学院副教授;俞泱,浙江工业大学法学院研究生。
① [意]杜里奥·帕多瓦尼:《意大利刑法学原理》(注评版),陈忠林译,法律出版社1998年版,第407页。
② [美]伟恩·R. 拉费弗、杰罗德·H. 伊斯雷尔、南西·J. 金:《刑事诉讼法》(下册),卞建林等译,中国政法大学出版社2003年版,第1274页。
③ 在罪数论与一事不再理的研究中,也有部分研究涉及两者的关系,但是这些研究要么只有结论而未有论证,要么只是对域外尤其是德国、日本以及我国台湾地区研究的简单重复。
④ 刘宪权:《罪数理论正本清源》,载《法学研究》2009年第4期。
⑤ 张明楷:《犯罪论体系的思考》,载《政法论坛》2003年第6期。

个罪。① 原则上，犯罪的个数与刑罚的个数呈对应关系，一罪一罚，数罪数罚，无论是以犯罪论上的罪数还是以刑罚论上的罪数作为判断标准，罪数的最终判断结果并无不同，因此两者的区分并无实际意义。但是，有时严格按照一罪一罚、数罪数罚这种对应关系，会出现重复评价的问题，但如果不按照这种对应关系，又会出现无法全面评价的问题，这种两难困境导致许多国家和地区对此都无奈地选择了数罪一罚这种方式处理，即在犯罪论上评价为数罪，但在刑罚论上只按一罪处罚。"我们立法上的不可避免的漏洞导致我们在许多情况下找不到从各个方面均适合用于某个行为的条款，根据现行法律只有一条解决途径，但这也是被迫的且也是很难令人满意的。"② 这种无奈的选择造成了犯罪个数与刑罚个数的错位，导致犯罪论上的罪数与刑罚论上的罪数不等同，使得是以犯罪论上的罪数还是以刑罚论上的罪数作为判断标准，罪数的判断结果会不同，因此两者的区分就具有意义。③

2. 罪数在实体法上与程序法上的意义

在实体法上，罪数本质上是一种量刑的制度，其最终是为了合理地量刑，"罪数理论的最终目的是科刑，旨在使刑罚合理化，而不在于罪数评价或认定本身的合理化"④。因此在实体法上起决定作用的是刑罚论上的罪数，而非犯罪论上的罪数。"刑罚裁量的合理性具有决定性的指导意义，而不是一罪与数罪的区分本身具有决定性意义。"⑤ 但是，在程序法上则并非如此，从某些方面甚至可以说，起决定作用的是犯罪论上的罪数，这尤其体现在数罪一罚罪数形态上。数罪一罚虽只有一罚，但该一罚是建立在数罪基础上的，是对数罪中各罪刑罚后果权衡后的一罚，有数个罪参与了对行为的评价与责任的确定，这与数罪数罚一样，不一样的只是前者一罚，后者数罚。因此对其也是按照数罪数罚罪数类型的处理方式处理的，对数罪都要认真地予以认定，对其中的各罪都要作出独立的评价，且各罪均应该在判决书上进行宣告，也应该在起诉书以及程序各环节上予以体现。

由于罪数包括犯罪论上的罪数与刑罚论上的罪数，犯罪论上的罪数与刑罚论上的罪数存在错位，犯罪论上的罪数在程序法上也具有独立意义，因此不仅导致实体法上要面临对哪些数罪要并罚、对哪些数罪只一罚的困境，而且导致程序法上面临是以犯罪论上的罪数作为罪数的判断标准还是以刑罚论上的罪数作为罪数的判断标准的困境。

(二) 一事不再理原理

一事不再理是一项具有普适性的诉讼原则，许多国家和地区以及国际和地区性组织均确立了该原则，但不同国家和地区对该原则的理论阐释与具体适用并不相同，甚至存在较大差异，在此基础上形成了两种不同的一事不再理模式，即大陆法系的一事不再理模式与英美法系的禁止双重危险模式。

1. 一事不再理模式与禁止双重危险模式

在一事不再理模式中，一事不再理被认为是实体判决确定的效力，实体判决一经确定，便产生一事不再理的效力，不得对被告人的同一犯罪事实再次追诉、处罚。在禁止双重危

---

① 陈子平：《刑法总论》，中国人民大学出版社2009年版，第434页。
② [德] 弗兰茨·冯·李斯特：《德国刑法教科书》，徐久生译，法律出版社2000年版，第395页。
③ 陈子平：《刑法总论》，中国人民大学出版社2009年版，第434页。
④ 张明楷：《罪数论与竞合论探究》，载《法商研究》2016年第1期。
⑤ 张明楷：《罪数论与竞合论探究》，载《法商研究》2016年第1期。

险模式中，一事不再理被认为是程序自身的效力，其认为程序本身就构成一种负担与风险，如果被告人已经遭受过一次程序危险，那么就不能使其因为同一犯罪事实而再次遭受程序危险。

一事不再理模式与禁止双重危险模式的理论基础不同，导致两种模式在主要功能、适用范围以及一事的判断依据、具体范围等方面存在显著差异。一事不再理模式以既判力为理论基础，使得其主要功能在于维护生效裁判的权威性、稳定性，使得只有在判决生效后，才会产生一事不再理的效力，如果判决尚未生效，则不会产生该效力，使得一事的判断依据是生效判决，具体范围取决于生效判决所确定的内容。而禁止双重危险模式以程序危险为理论基础，使得其主要功能在于保护被告人免于程序本身所生之危险，使得其可能并非在判决生效后才适用，而是可能在程序进行中就可以适用，使得一事的判断依据是程序，具体范围取决于可能在一个程序中被一并追诉的事实范围。

2. 一事不再理原则与刑事审判对象机制

虽然不同模式中一事的判断依据以及具体范围存在差异，但不管是哪一种模式，一事都必须至少是在前一次程序中可以被追诉的事实，而不可能包括那些在前一次程序中不可能被追诉的事实。而能否在前一次程序中被追诉，则主要取决于刑事审判对象机制。审判对象机制主要由起诉书记载制度、公诉变更制度以及公诉效力制度三部分组成，[①] 其实质上属于可以一次性处理案件范围的程序装置，一事不再理中一事的范围，与刑事审判对象机制关系密切，它必须是在该程序装置中可以一并处理的范围之内。[②] 虽然一事不再理中一事的范围，必须是在审判对象机制可以一并处理的范围之内，但在不同的一事不再理模式中，一事与审判对象的具体关系不同。在一事不再理模式中，由于一事不再理是确定判决的效力，而判决是对指控对象也就是现实审判对象的判决，因此一事的范围与现实审判对象相同，而在禁止双重危险模式中，由于一事不再理是程序自身的效力，危险不仅来自现实的追诉，而且可能来自潜在的追诉，因此一事的范围就可能不限于现实的审判对象，而是可能包括潜在的审判对象。

二、比较法视野下罪数论与一事不再理原则的关系

一事的范围是一事不再理原则的核心内容，确立一事不再理原则，必须解决一事的范围问题。许多国家和地区都确立了一事不再理原则，在确立该原则的过程中，都面临过如何解决一事的范围问题，而在解决这一问题的过程中，都面临过如何处理罪数与一事的关系问题。

德国实行的是一事不再理模式，一事的范围与现实的审判对象相同。"法律效力确定之范围与诉讼标的者同。"[③] 其在审判对象上实行的是公诉事实模式，现实的审判对象是公诉事实，因此一事的范围与公诉事实的范围相同。德国程序法上行为的判断，依据的是自然

---

① 谢进杰：《审判对象的运行规律》，载《法学研究》2007年第4期。
② Anne Bowen Poulin, Double Jeopardy Protection against Successive Prosecutions in Complex Criminal Cases: A Model, Conn. L. Rev., Vol. 25, 1992, p. 96.
③ [德] 克劳思·罗科信：《刑事诉讼法》，吴丽琪译，法律出版社2003年版，第478页。

的、社会的标准，而非规范的标准，其具体是指一先于司法的自然事实整体。① 因此，根据德国判例及主流理论，一事不再理中的一事与罪数并不一定相同，一罪可能是数事，而数罪也可能是一事。但如果进一步分析，则可以发现并非如此，两者实则是一罪原则上就是一事但数罪却并不一定就是数事的关系。

虽然美国一事不再理与罪数模式均不同于德国，但在罪数与一事的关系上，呈现出与德国相似的特征，即一罪就是一事，数罪不一定是数事，也有可能只是一事。

虽然日本一事不再理与审判对象模式在第二次世界大战前后均发生了重大变化，但其在罪数与一事的关系上未有任何变化，一直实行的是一罪等于一事、数罪等于数事模式。

我国台湾地区在一事不再理、审判对象模式上与德国相似，但在罪数与一事的关系上，则与德国存在明显差异，而与日本相同，可以说完全复制了日本的做法，即一罪等于一事、数罪等于数事。

综合上述考察可以看出，在罪数与一事的关系上，上述国家和地区在一罪与一事的关系上呈现共性，即一罪就属于一事，但在数罪与一事的关系上，则呈现明显差异，有的是数罪就属于数事，有的则是数罪也可能只属于一事。而且可以看出，这些差异与实行何种一事不再理、审判对象模式以及罪数规定并无关系，虽然德国与美国在一事不再理、审判对象模式以及罪数规定上均不同，但在罪数与一事的关系上呈现共性，虽然德国与我国台湾地区在一事不再理、审判对象模式上相似，但在罪数与一事的关系上并不相同，虽然日本在一事不再理、审判对象模式上发生了根本改变，但其在罪数与一事的关系上并未有任何改变。

不同罪数、一事不再理、审判对象模式下罪数与一事的关系表

模式/关系＼区域	德国	美国	日本	中国台湾
罪数模式	竞合论	构成要件	罪数论	罪数论
一事不再理模式	一事不再理	禁止双重危险	禁止双重危险	一事不再理
审判对象模式	公诉事实	诉因	公诉事实下的诉因	公诉事实
罪数与一事的关系	一罪＝一事、数罪≠数事	一罪＝一事、数罪≠数事	一罪＝一事、数罪＝数事	一罪＝一事、数罪＝数事

三、罪数论与一事不再理原则关系的两种模式及其评析

从表面上看，在罪数与一事的关系上，上述国家和地区在一罪与一事的关系上并无差异，差异主要在数罪与一事的关系上。但如果进一步分析，则会发现并非如此，上述国家和地区实际上体现了两种截然不同的罪数与一事关系模式，即独立模式与依附模式。

---

① 杨云骅：《刑事诉讼程序的"犯罪事实"概念》，载《月旦法学杂志》2004年第11期。

(一) 独立模式与依附模式

在独立模式中,一事不取决于罪数,而取决于是否属于同一事件,一罪不一定是一事,也有可能是数事,数罪也不一定是数事,也有可能只是一事。而在依附模式中,一事是依附于罪数的,一罪就是一事,不可能是数事,数罪就是数事,不可能是一事。

在罪数与一事的关系上,之所以会形成两种不同的模式,是因为基于不同的理论基础。独立模式是基于实体法上罪数与程序法上犯罪事实的目的不同因而罪数与一事的判断标准不同这一理论基础的,因为罪数与一事不再理的目的不同,因此罪数与一事应该做独立判断,两者的范围并不一定相同。

依附模式是基于刑罚权尤其是其中的刑罚权不可分因而罪数决定一事这一理论基础的。因为刑事诉讼是确定刑罚权有无的活动,因此刑罚权的个数决定犯罪事实的个数,又因为刑罚权具有不可分性,因此在程序中不能分开处理。

(二) 对两种模式的评析

因为刑事诉讼的主要目的在于实现刑罚权,因此依附模式以刑罚权的个数决定程序法中犯罪事实的个数,有其价值。"由于刑事诉讼乃具体实现国家刑罚权之程序,故依实体法上之罪数判断,作为设定审判之范围及诉讼程序之次数,有其概念上之意义及操作价值。"①如有助于实现实体法上罪数的目的,有助于对一事不再理中一事的判断等。但是,这种模式以刑罚权不可分作为理论基础,并不具有说服力。而且以其作为理论基础,会导致出现一些无法克服的弊端,比如会导致一事不再理原则丧失独立价值,会导致放纵犯罪,刑事诉讼惩罚犯罪的目的难以实现,会导致有些程序原理被破坏,侵害当事人的程序权利等。

罪数与一事的判断均属于规范问题,规范问题不是天然存在的,而是源于有目的的设置。② 因此独立模式以罪数与一事不再理原则的目的为基础确定两者之间的关系具有合理性,优点主要有:有助于实现罪数与一事不再理原则的各自目的,有助于防止放纵犯罪。但是,独立模式也有弊端,主要包括:一是由于罪数与一事相互独立,因此可能会出现实体法上只按一罪处罚程序法上却按数罪并罚的情形,从而导致司法推翻立法、罪数目的无法实现、违反罪刑法定原则等问题。二是独立模式不以罪数而以事件作为一事的判断标准,但由于世界的普遍联系性以及事实形态的复杂多样性,难以在事件上找到客观、明确的判断标准,因而事件标准是一个模糊标准,以其为一事的判断标准,难以判断,且易陷于恣意。

四、我国罪数论与一事不再理原则关系的确立

我国至今尚未确立一事不再理原则,虽然在现代刑事诉讼的一系列基本原则中,一事不再理是一个在我国最难以引起共鸣的原则,③ 但在我国的刑事诉讼法中确立这项原则是迟

---

① 陈运财:《论起诉事实之同一性》,载《月旦法学杂志》2000年第7期。
② 庄劲:《机能的思考方法下的罪数论》,载《法学研究》2017年第3期。
③ 王敏远:《论我国检察机关对刑事司法的监督》,载《中外法学》2000年第6期。

早会发生的事情。① 确立一事不再理原则,必须解决一事的范围问题,而要解决这一问题,则必须处理好罪数与一事的关系问题。

(一) 我国对罪数的处理方式

对于这些一罪形态在程序中如何处理,虽然刑事诉讼法没有规定,但刑法有所涉及,如刑法第 70 条关于判决宣告后发现漏罪的并罚规定。关于该条的理解,学界的主流观点是:"对发现的漏罪,不管其罪数如何,也不管是否与原判之罪属于同种性质的犯罪,都应当单独定罪、量刑。"② 我国司法实践正是按照这种方式处理的,也就是说,只要新发现的事实构成犯罪,不管该事实与已判决的事实是构成一罪还是构成数罪,是构成何种形态的一罪,最终都是按照数罪的方式处理的。③ 从立法及司法实践来看,我国对漏罪的处理,在一罪问题上,是按照犯罪论意义上的罪数而非刑罚论意义上的罪数处理的,一罪并无不可分性,而是分别评价、分开处理的,对一罪部分事实的判决,不会阻止对该罪其他事实的判决,在对其他事实判决时,完全不受已有判决的影响,不是将已判决事实与未判决事实综合起来重新评价,而只是对未判决事实进行独立评价。

从表面上看,我国对漏罪的这种处理方式,不同于依附模式而与独立模式相似。但是,我国的处理方式,既不同于依附模式,也不同于独立模式,因为在处理过程中,既不取决于罪数,也不取决于事件,而只取决于新发现的事实是否构成犯罪,至于该新发现的事实与已判决的事实在实体法上是否构成一罪、是否属于同一事件,则完全无关。这种处理方式的显著优点是有助于实现惩罚犯罪的目的,是我国"有罪必究"理念的体现。但是这种处理方式不仅与一事不再理原则相违背,导致被告人被重复追诉,而且也不利于罪数目的的实现,导致罪刑失衡。④

(二) 我国罪数与一事关系模式的选择

罪数与一事不再理原则均包含了犯罪的个数这一概念,根据前述概念的解释原理,犯罪个数这一概念的具体含义应该分别放置在罪数与一事不再理原则的场景中,依据各自的制度目的分别予以界定。"犯罪是一个艺术术语,需要靠政策予以界定。"⑤ 由于罪数的目的在于实现罪刑均衡,因此罪数中罪数的界定必须有助于实现罪刑均衡,而由于一事不再理原则的目的在于防止重复追诉,因此一事不再理中一事的界定必须有助于实现防止重复追诉。由此可见,罪数中的罪数与一事不再理中的一事是两个相互独立的概念,两者的具体含义并不相同,实体法上构成几个犯罪是一回事,程序法上通过几个程序处理又是另一回事,两者并不相同。因此,在罪数与一事的关系上,本文赞同的是独立模式,认为一事不取决于罪数,而取决于事件的个数,只要构成一个事件的,即使在实体法上构成数罪,在程序法上仍属于一事,而不属于一个事件的,即使在实体法上只构成一罪,在程序法上仍不属于一事。

---

① 熊秋红:《错判的纠正与再审》,载《环球法律评论》2006 年第 5 期。
② 高铭暄、马克昌:《刑法学》,北京大学出版社、高等教育出版社 2019 年版,第 298 页。
③ 周光权:《论禁止重复评价——以刑满后发现同种余罪的处理为切入点》,载《人民检察》2012 年第 9 期。
④ 周光权:《论禁止重复评价——以刑满后发现同种余罪的处理为切入点》,载《人民检察》2012 年第 9 期。
⑤ Twice in Jeopardy, Yale L. J., 1965, Vol. 75, p. 262.

(三) 我国选择独立模式必须处理的问题

采取独立模式必须处理以下几个问题：一是如何设置审判对象的问题。独立模式中的同一事件，必须是审判对象机制可以一并处理的事件，而具体如何处理，则取决于一事不再理的模式。具体来说，如果在一事不再理上采用一事不再理模式，那么现实的审判对象必须设置为同一事件，即起诉的效力及于构成同一事件的所有事实，而如果在一事不再理上采用禁止双重危险模式，那么潜在的审判对象的范围至少必须包括同一事件，即在该同一事件范围内，检察机关可以合并起诉、变更起诉等。

二是如何判断是否属于"同一事件"的问题。"有跨度的行为是否构成一个事件取决于我们所问问题的动词。"① 事件标准不像罪数标准有较为明确的参照因而较为客观，在是否属于同一事件上，无法找到完全精确、完整的判断标准，更无法对其高度抽象化到可以对个案进行要件公式化的判断，而只能由法官依个案进行判断，因而事件标准较为主观。事件的判断，只能取决于事实之间的关联性，即事实之间是否具有不可分割、不宜分割的紧密关联性，只有具有这种关系，事实之间才能知其一必知其二，才能一并追诉，才属于同一事件。而判断事实之间是否具有这种关系因而构成同一事件，主要通过比较各行为的时间、地点、侵害对象、侵害目的等要素，在这些要素上交集越多，各行为就越可能属于同一事件。②

三是如何防止出现一罪数事即实体法上只按一罪处罚、程序法上却按数事处理的情形。无论是依附模式还是独立模式，对于一罪与一事关系导致的问题，采取的都是程序法上的问题通过实体法的修改来解决这一思路，通过修改实体法来避免造成程序法上的问题。为了避免出现一罪数事这种情形，为了确保罪数规定的目的能够实现，罪数的规定不能只考虑实体法原理，而应该同时考虑程序法原理，"罪数论应该适应程序中犯罪事实的处理原理与方式"③。具体来说，罪数的规定，必须严格遵守犯罪构成要件的判断标准，符合一个犯罪构成要件的，构成一罪，符合数个犯罪构成要件的，构成数罪，而且必须严格遵守一罪一罚、数罪数罚的原理，只有这样才能保证实体法上罪数与程序法中犯罪事实的判断标准在犯罪构成要件这一判断标准上重叠，才能保证实体法上的一罪就是程序法上的一事。而如果因为考虑到按照一罪一罚、数罪数罚的处罚原理无法实现罪刑均衡而需要设置数罪一罚这种例外的话，为了实现罪数的目的，也必须将这种例外限制为数罪之间必须具有紧密的时空联系因而构成一个事件这一情形，只有这样，数罪才能在一个程序中一并处理因而能够实现其刑法上的目的。

---

① Twice in Jeopardy, Yale L. J., 1965, Vol. 75, p. 262.
② 王兆鹏：《一事不再理》，元照出版有限公司2008年版，第64页。
③ 杨云骅：《"牵连犯"及"连续犯"规定废除后对刑事诉讼法"犯罪事实"概念之影响》，载《月旦法学杂志》2005年第7期。

论监检衔接的三重样态

姚显森*

自 2016 年监察试点改革尤其是 2018 年监察法颁行以来,监察与检察衔接(以下简称监检衔接)成为实务部门与理论界关注的焦点之一,有关衔接内容、衔接方式、衔接程序等方面的研究成果不断涌现。然而,监检衔接实践却具有盲目性与被动性,监检衔接制度建设也存在"法律万能主义"倾向。这些状况出现的根本原因之一,就是监检衔接基础理论研究不足。衔接理论是 20 世纪 90 年代的热门话题,并于 21 世纪初开始逐步成熟。该理论对有关语篇分析、翻译理论、人机对话和文体学研究的发展都起着不可忽视的作用,有关衔接关系、衔接条件、衔接手段、衔接方式、衔接纽带、衔接链、衔接力以及衔接原则等理论学说被运用到语言学、教育学、社会学、管理学等领域。同时,系统论与结构功能主义理论,在解释社会现象方面具有诸多优势。有鉴于此,有必要借鉴衔接理论,结合系统论的整体性、层次性、目的性、开放性原理与结构功能主义 AGIL 理论以及办案实践,深入探讨监检衔接的样态与发展趋势。

一、监检衔接的三重样态检视

衔接理论认为,"衔接是由一条条纵横交错,具有层次性、双向性、情景性等特性的语义纽带形成的。这些衔接纽带的衔接力具有强弱之分"[1]。监检衔接也具有层次性,不同层次的监检衔接属于不同的发展样态,处于不同的发展阶段,具有各自的特点和相对独立性。

(一)监检动态衔接

监检动态衔接具有较明显的政策性。首先,国家政策直接影响监检动态衔接。在经济体制改革时期,为调整经济领域职务犯罪的惩治策略或方式方法,监检动态衔接会相对增加。在食品安全犯罪突出时期,为加大食品安全领域职务犯罪的打击力度,国家会增加监检的动态衔接。在扫黑除恶时期,为调整涉黑"保护伞"的打击力度与手段,国家会丰富监察与检察动态衔接的内容与方式。其次,国家政策可能成为监检动态衔接的直接依据。例如,《国家监察委员会与最高人民检察院办理职务犯罪案件工作的衔接办法》(以下简称《衔接办法》)第 34 条规定,为应对可能出现的突发情况和问题,保证国家监察委员会移送案件的起诉、审判等工作顺利进行,"最高人民检察院公诉部门应当与最高人民法院相关

---

* 姚显森,河南大学法学院副教授,主要研究方向为诉讼法学、证据法学、司法制度。
[1] 张德禄、刘汝山:《语篇连贯与衔接理论的发展及应用》,上海外语教育出版社 2018 年版,第 142 页。

审判庭共同制定审判预案"。同时，为确保案件办理的政治效果、法律效果和社会效果，对案件涉及重大复杂敏感问题的，最高人民检察院"应当及时与国家监察委员会沟通协商""必要时提请中央政法委员会协调"。再次，监检动态衔接的目的具有政策性。作为政治机关，监察机关在办理职务犯罪案件时理应执行国家政策。例如，在特定时期，监察机关会根据需要加大职务犯罪案件办理力度，加快办理速度，简化监检办案流程，缩短办案期限。最后，监检动态衔接的运行与衔接争议的解决具有政策性。例如，黑社会性质有组织犯罪具有诸多特殊性，打击涉黑犯罪"保护伞"就不可避免地遭遇法律概括条款不是完全适合于司法推理，客观上需要国家政策支撑。

监检动态衔接具有灵活性。这种灵活性在监察改革试点实践中更为突出，主要表现为衔接手段更丰富，衔接过程与评价更灵活。为提高职务犯罪案件处置质量和效率，山西省监察机关与公安司法机关，通过召开联席会议和试行检察机关提前介入监察制度等方式和手段，优化党员和公职人员涉嫌违纪违法案件线索通报、移送程序。为解决监察措施执行与移送起诉的衔接实践问题，浙江省明确了公安机关在留置措施执行方面的监管责任。

监检动态衔接具有多样性。在监察改革试点实践中，监检动态衔接的这种差别更加明显。为强化办案协调和工作衔接，北京市监察机关与检察机关在查办违纪违法犯罪案件方面协作配合；为解决监检衔接不畅问题，浙江省的监察证据可以直接运用于审查起诉，既提高证据标准，又严把事实关、程序关和法律适用关，还要满足监察体制改革的政策需要。随着改革试点的不断推进，北京市、浙江省等省市的地方各级检察机关相继设立了职务犯罪检察部门，专门与监察机关进行办案衔接；而山西省的做法是，监察机关对职务犯罪案件调查终结移送后，由检察机关案件管理中心受理与分流案件。从职务犯罪案件逮捕程序看，各试点地区监检动态衔接主要有两种模式。一是由监察机关留置，待案件移送检察机关审查起诉时由公诉部门决定逮捕。二是由监察机关提请检察机关侦查监督部门审查批准逮捕。从职务犯罪案件检察机关提前介入方式看，有的监察机关通过指派人员向检察机关介绍案件基本情况，检察人员随后较直观、简洁地充当"智囊"，指出案件证据与事实以及办理程序存在的问题。有的检察机关提前介入的方式更为全面，诸如提出调查方案的建议，协助确定调查取证的思路方向，列席现场勘验、搜查等活动，提前查阅案卷，指出案卷不足之处，参与讯问与询问，列席监察委员会对于重大案件的讨论，交换意见，提出相关证据要求等。①

（二）监检静态衔接

监检静态衔接具有稳定性。监察法有关监检静态衔接的内容，主要有第3条、第4条第2款、第11条、第31条、第33条第2款、第46条、第47条、第48条等。在修订后的刑事诉讼法中，监检静态衔接主要涉及三大方面。一是保留检察机关部分侦查权，明确检察调查与审查起诉的衔接，以及留置与刑事诉讼强制措施的衔接，赋予检察机关退回补充调查权，明确留置案件应当先行拘留及留置自动解除等制度。二是为办理被追诉人在境外的贪污贿赂犯罪案件，建立刑事缺席审判制度，明确规定缺席审判的适用条件和具体程序，保障缺席审判被追诉人诉讼权利的实现。三是将认罪认罚从宽制度写入法律，为职务犯罪

---

① 参见陈国庆主编：《职务犯罪监察调查与审查起诉衔接工作指引》，中国检察出版社2019年版，第65页。

案件认罪认罚从宽提供了直接法律依据。以上内容，构建了监检衔接的基本框架，为监检衔接提供了程序机制和相对明确的制度性安排。这种衔接以权利（权力）与义务（职责）为主要内容，具有明显的规范性、稳定性、反复适用性。

监检静态衔接具有程式性。为建立权威、高效、流畅的衔接机制，促进监察机关和检察机关在办理职务犯罪案件过程中相互配合、相互制约，国家监察委员会与最高人民检察院先后会签了《衔接办法》《国家监察委员会移送最高人民检察院职务犯罪案件证据收集审查基本要求与案件材料移送清单》等规范性文件，各省市也结合工作实际陆续出台了相关工作细则，不断完善检察机关提前介入、监察机关向检察机关移送案件、检察机关审查起诉、退回补充调查和自行补充侦查等工作的具体衔接程序。例如，现行法明确要求，只有进入监察审理阶段的重大、疑难、复杂职务犯罪案件，监察机关才可以书面商请检察机关派员提前介入，并且要求介入工作小组应在 15 日内审核案件材料，审查是否需要采取强制措施，对证据标准、事实认定、案件定性及法律适用提出书面意见。在指定管辖的案件中，因犯罪事实不清、证据不足需要退回补充调查的，应退回原监察机关补充调查。对于被指定管辖的人民检察院而言，只有经原监察机关同级的人民检察院批准，才能将经审查认为应退回补充调查的案件退回监察机关。对于需要在异地起诉、审判的指定管辖的监察机关调查的职务犯罪案件，要求一般应在移送起诉 20 日前，由检察机关协商法院办理指定管辖，并向监察机关通报。这些有关监检衔接的规范性文件，从不同办案阶段出发，诠释了监检衔接程序规则，具有明显的程式性。

监检静态衔接具有统一性。在监察改革试点实践中，已采取留置措施案件，在移送起诉的审查过程中，是否采取和采取何种强制措施，各地的做法存在很大差异。但是，监察法与现行刑事诉讼法通过"先行拘留"制度，促进和保障监检静态衔接日趋一致。对于监察机关移送起诉的已采取留置措施的案件，人民检察院应当对犯罪嫌疑人先行拘留，留置措施自动解除。人民检察院应当在拘留后的 10 日内作出是否逮捕、取保候审或者监视居住的决定。在特殊情况下，决定的时间可以延长 1 至 4 日。这种监检静态衔接的例子不在少数。对于需要补充核实证据的，法律明确规定应当退回监察机关补充调查，必要时可以自行补充侦查。对于补充调查的案件，应当在一个月内补充调查完毕，且补充调查以二次为限。监察体制改革试点实践在解决是否排除和如何排除非法证据问题时，各地做法存在很大差异。监察法很好地解决了该问题，在第 40 条第 2 款明文规定，严禁以威胁、引诱、欺骗及其他非法方式收集证据，严禁侮辱、打骂、虐待、体罚或者变相体罚被调查人。为保障收集证据的合法性，要求调查人员在进行讯问以及调取、查封、扣押等重要取证工作时，应当对全过程进行录音录像，留存备查。

（三）监检生态衔接

首先，配套机制建设与非法律规范下的衔接活动并举。一方面，生态衔接要求具备完善的监检衔接制度。一是要求监检衔接具有宪法与宪法性法律依据，还要有监检衔接的基本法律与一般法律的制度支撑。二是生态衔接要求监检衔接具有完备的配套制度。这些配套制度既符合宪法与法律规定，又有利于监检衔接实践高效有序进行。《衔接办法》与《国家监察委员会移送最高人民检察院职务犯罪案件证据收集审查基本要求与案件材料移送清单》就属于这种制度。另一方面，非规则下的衔接活动是生态衔接的必然要求。在实践中,这种衔接不在少数,尤其是在监察机关与检察机关内部。当然,非规则下的衔接活动,经总结提炼,再经过法定程序,可以发展为配套制度的核心内容,还可能发展为监检衔接制度,如"先行拘留"制度的产生与发展。

其次,公正价值与效率价值并重。生态意义上的监检衔接要求培养公正与效率并重的价值观,实现公正价值与效率价值的高度统一。在公正价值及其观念培养方面,要求职务犯罪办案人员坚持实体公正与程序公正并重,在处理监检衔接问题时,能够从实现司法公正的角度,决定或者参与监检衔接事务。在监检衔接实践中坚持效益价值,有助于最大限度地优化配置与使用案件办理资源,为正义价值目标提供有益补充,还有利于提高诉讼效率,缩短办案时间,进而促进办案效益价值目标的实现。在效率价值观念培养方面,要求职务犯罪办案人员在追求公正价值的基础上,还应适当考虑效率价值。

最后,廉洁文化与监检衔接文化兼修。在监察与检察生态衔接样态中,廉洁文化更为系统、深刻。廉洁文化能够增强监检衔接的积极性与主动性,有利于提高工作效率,还有利于监察人员与检察人员廉洁自律,依法办案。衔接文化是监察机关与检察机关之间及其内部经过长期的监检衔接实践,逐步形成的相对成熟的文化,这种文化不仅深刻影响着监检衔接实践的发展,还促进了监检衔接文化在整个社会的传播。同时,监检衔接文化来源于职务犯罪案件办理实践,这种实践活动促进了廉洁文化的产生与发展。例如,监察机关在办理职务犯罪案件时,更多地从监检有效衔接的角度收集证据,书面商请检察机关提前介入的做法,久而久之就促进了监检有效衔接文化的形成。

二、监检衔接的三重样态展望

衔接理论认为,实现衔接,既要着力研究衔接因素,又要从整体理论上深入探讨各个因素在衔接中的作用及其在衔接系统中的关系,进而实现衔接的系统化和程序化。

(一)监检动态衔接的展望

在衔接的主体要素方面,应尽量减少非规则下的主体要素衔接,防止监检衔接实践出现相互推诿或者干涉职务犯罪案件办理的情况发生。应加强办案人员能力建设,提升他们的业务素质与品行。办案人员是监检衔接具体实施者,他们的能力建设和道德水平在很大程度上影响着案件办理质量与效果。为提升监检衔接质量与效率,应通过提高招录标准和加强岗位培训等多种方式,提升监察人员与检察人员的业务素质。应培养监察人员与检察人员的廉洁办案、秉公执法的道德品质。监察机关与检察机关的权力属性存在差异,既要考虑二者在权力属性上的差异,更要充分认识到二者在根本上都属于国家权力机关,在国家权力属性上,二者具有高度统一性。因此,在处理监检主体衔接时,应更多地考虑国家政策和国家发展的需要,将监检衔接统一于国家惩治腐败的需要。

在衔接的内容要素方面,应明确动态衔接过程中的权力范围与权力内容,实现衔接内容的系统化。比较而言,立法前的非规则衔接活动更为复杂多样,立法后的规则衔接活动不违背甚至符合规则的基本精神。但是,如果从政策意义上讲,生态意义上的立法后的规则衔接活动符合国家政策,具有必要性与合理性。从发展的角度看,该类衔接还应适时转化为衔接规则,主要有程序性衔接与实体性衔接两方面内容,在规范中主要表述为同级之间的"沟通协商"与上下级之间的"报批"等。从检察机关与监察机关的衔接实践看，根据《人民检察院刑事诉讼规则》的规定，这种衔接主要指人民检察院案件管理部门对监察机关移送的案件进行"统一受理、流程监控、案后评查、统计分析、信息查询、综合考评"以及管理、监督、预警办案期限、办案程序、办案质量等一系列衔接活动。

在衔接的客体要素方面，区分案件类型，分类实现多样化的动态衔接。我国现行法已经对职务犯罪案件分类作出规定。同时，从案件办理实践角度看，依据不同标准可以对职务犯罪作出不同分类。依据犯罪主体的数量，可以将职务犯罪分为单一主体犯罪和共同犯罪。依据犯罪主体实施的犯罪数量，可以分为一人一罪与一人多罪。为完善监检动态衔接，结合以上分类，可以根据案件情况和办案需要，分类实现监检的动态衔接。例如，根据一人多罪或者共同犯罪案件管辖的特殊性与留置程序的特殊性，在现有监察法仅仅规定"以监察为主导"的情况下，通过动态衔接的方式，解决监察管辖与其他机关在牵连案件并案管辖方面的冲突问题。

(二) 监检静态衔接的展望

从衔接"点"的角度看，有必要在找准职务犯罪案件办理过程中人、财、物等衔接点的基础上，合法、合理、合时宜地实现部门、材料、时间的"点点衔接"。在"人"的衔接点方面，留置措施与强制措施的衔接在监检衔接领域具有举足轻重的地位。由于监察措施只存在一个衔接点——"留置"，而强制措施则有若干个，这种单点与多点的衔接显然不是理想的衔接模式。为实现多点与多点的高效有序衔接，理应在留置措施之外增加能够与"拘传""取保候审""监视居住"相互衔接的其他监察措施。同时，在办案人员能力和品行的衔接方面，监察人员与检察人员在专业知识与办案能力方面应当能够大致相当，在服务意识与人品方面也应当相互匹配。当然，从静态衔接的范畴及其功能意义上看，这种有关"人"的衔接，离不开被调查人或者被追诉人参与。在"财"或"物"的衔接点方面，应完善现行规范尤其是有关"赃款""赃物""涉案证据"等的衔接，通过进一步完善查封、扣押、冻结措施以及被追诉人赃款赃物及涉案证据处理程序和财产没收程序制度，实现职务犯罪调查与追诉的有序与有效衔接。

从衔接"线"的角度看，在证据与证明标准方面，应进一步完善证据种类和被调查人涉嫌职务犯罪证据材料的收集、固定、审查制度，细化监察事实证明标准，明确监察事实证明标准与公诉事实证明标准之间的关系。在案件事实认定方面，细化职务犯罪事实认定的客观要素，明确检察人员与监察人员的办案职责，防止反腐败协调小组过多涉足具体案件的办理。有必要健全、完善审判公开制度，全面推行事实认定公开、判决理由和结果公开，进一步健全裁判文书网上公布和信息查询系统，将事实认定活动最大限度地置于当事人和社会各界的监督之下。在法律适用方面，应明确职务犯罪案件程序法与实体法的适用原则尤其是该类案件法律适用争议处理原则，细化职务犯罪案件法律适用主体在权力上的关系。有必要明确规定留置转为拘留或逮捕以及其他强制措施的法律适用争议的处理原则，明确规定发回补充调查的案件在补充调查期间适用监察法而不是刑事诉讼法，明确规定职务犯罪案件在调查阶段和审查起诉阶段尤其是审判阶段乃至执行阶段法律适用争议处理原则，还应细化调查证明与审查起诉证明尤其是判决证明的法律适用标准。

从衔接"面"的角度看，鉴于 2018 年刑事诉讼法修订"具有一定的应急性"，① 可以从案件移送、接收、审查、处理等角度，在纵横两个切面实现监检静态衔接。从横向衔接面看，应充实监察措施，规范案件与证据材料移送程序，在《衔接办法》第 3 条规定的"参照刑事诉讼要求"将"被调查人涉嫌职务犯罪的案卷材料装订成卷""并按照犯罪事实分别组卷"的基础上，进一步列举案卷材料的范围，即全部证据材料，法律手续和文书，被调查人到案经过等材料。从纵向衔接面看，有必要完善案件移送与接收程序制度，明确审查的性质是实质审查还是形式审查，明确案卷材料的范围与要求，完善接收与受理的条件与程序制度。同时，有必要明确规定检察机关提前介入的商请与参与规则，完善审查起诉与退回补充调查制度，明确有关衔接"面"出现争议或者分歧的处理规则。厘清立案的法律主体与法律依据的关系，是以监察机关及其监察权为主导，还是以检察机关及其检察权为主导，以监察法为主导，还是以刑事诉讼法为主导，及时将动态衔接经验转化为静态衔接规则。

（三）监检生态衔接的展望

结构功能主义集大成者帕森斯教授认为，"任何社会系统的行动过程都应当具有'调适（Adaptation）''整合（Integration）''求达目的（Goal-achievement）''模式维持与发展（Latency：Pattern-maintenance）'等既相互区别又密切相关的四项基本功能"，即 AGIL。② 该理论对"社会理论的系统阐释具有决定性意义"③。

监检生态衔接"调适（Adaptation）"功能的实现。为实现监检衔接的"调适"功能，除进行动态衔接与静态衔接建设外，还应当增强监察衔接配套规则建设。在宪法性法律建设方面，应依法明确监察权与检察权的权力属性与权力范围，尤其是二者之间除了国家权力之外的其他共同属性，这样才能系统有效减少监检衔接理论与实践出现的争议与冲突。在基本法律与一般法律领域，为实现监检衔接的合法性与合理性，应根据实践需要与社会发展，建立与监检衔接相适应的审判程序与办案标准，优化职务犯罪案件裁判执行制度等。

监检生态衔接"求达目的（Goal-achievement）"功能的实现。为实现生态衔接，有必要培养公正优先兼顾效益的价值观。可以从政治高度，在深化监察体制综合改革的大背景下进行，努力建立权威高效、衔接顺畅的监检衔接工作机制，坚持证据裁判原则，坚持程序正义原则，全面规范取证程序，确保办案质量。应破除监检衔接的部门、阶段壁垒，拓展、深化和改善监检对话与交往关系，提升监检衔接层次，形成友好、开放的对话和交往机制。

监检生态衔接的"整合（Integration）"功能。在整合监检动态衔接资源与静态衔接资源的基础上开展监检内外系统的廉政文化与衔接文化建设，可以运用文学、艺术等灵活多

---

① 樊崇义：《2018 年〈刑事诉讼法〉最新修改解读》，载《中国法律评论》2018 年第 6 期。
② See （1） Talcott Parsons and Neil J. Smelser： *Economy and Society-A Study in the Integration of Economic and Social Theory*, The Free Press, 1956. p. 16；（2） Talcott Parsons, Robert F. Bales and Edward A. Shils, "Working Papers in the Theory of Action", Talcott Parsons, Robert F. Bales, *the dimensions of action-space*, the Free Press, 1953, pp. 63-109；（3） Talcott Parsons, Robert F. Bales and Edward A. Shils, "Working Papers in the Theory of Action", Talcott Parsons, Robert F. Bales and Edward A. Shils, *phase movement in relation to motivation, symbol role structure*, the Free Press, 1953, pp. 165-268.
③ Robert K. Merton, Social Theory and Social Structure ［M］. The Free Press, 1968：137.

样、丰富多彩的形式,充实人们的精神世界,在全社会宣传、倡导廉政文化,弘扬"以廉为贵""为政以德""见利思义"的传统廉政文化和道德风尚,形成廉洁的政治文化,营造良好的廉政氛围,形成廉洁的职业文化、组织文化。应当开展衔接文化建设,逐步形成"促进衔接为荣,妨碍衔接为耻"的文化氛围。在证据收集、案件材料制作与移送、留置措施与强制措施的衔接,提前介入的执行、补充调查等办案实践中,逐步形成以增强衔接有效性与提高衔接质效的出发点的衔接文化。

监检生态衔接的"模式维持与发展(Latency:Pattern-maintenance)"功能。监检生态衔接的目标具有质量属性。应当正确认识不同类型的职务犯罪案件,或者在不同历史时期的同类职务犯罪案件,办理质量会存在诸多差异。监检生态衔接系统的模式维持与发展功能具有中立性和扩散性。一方面,监检生态衔接具有维持自身处理模式的功能,应相对统一地依法对同类刑事案件作出相同处理。另一方面,应通过对同类案件作出类似处理,"扩散"该类案件的处理模式,使案件处理过程与结果能够有所预期。

问题与出路：刑事案件律师辩护全覆盖*

余为青 桂 林**

一、律师辩护全覆盖的最终目的与双重标准

（一）律师辩护全覆盖的最终目的

首先，从我国刑事案件律师辩护的现状来看，且不论辩护的有效性问题，单就刑事案件律师参与辩护的比率而言，其与发达国家相去甚远。某种程度上可以说，辩护制度的发展并未直接体现在律师辩护率的提升上。也正因我国刑事案件律师辩护的比率较低，律师辩护全覆盖试点工作才得以铺开。所以，推行律师辩护全覆盖的直接动因在于律师辩护率与辩护制度的发展相脱节。其次，推进刑事案件律师辩护全覆盖具备丰富的价值基础，其中最为紧要的在于提升刑事诉讼中的人权保障水平。结合以审判为中心的刑事诉讼改革来看，辩护全覆盖的人权保障价值体现在增强辩方的抗辩能力方面。众所周知，由于刑事诉讼中控辩双方存在"天然的不平等"，限制追诉机关权力与增强辩护方的抗辩实力成为刑事诉讼中提升人权保障水平的两个支点。事实上，这也成为现代刑事诉讼制度所面临的两大难题。而为了破解该难题，现代法治国家几乎将刑事程序的正当化和加强对被告人的权利保障作为刑事诉讼立法所要完成的基本使命①。正是基于此种价值考量与逻辑思辨，本文主张，实行刑事案件律师辩护全覆盖的最终目的在于提升人权保障水平，此种加强人权保障是通过审判为中心下控辩双方的平等对抗来实现的。

（二）律师辩护全覆盖的衡量标准

立足实现控辩平等对抗的目标思维，律师辩护全覆盖的增益在于提升辩护方的辩护实力。应该说，律师参与辩护对辩方实力的增强主要体现为两个方面：一是辩护方专业力量的增强，主要表现为辩护律师的参与②；二是辩护方辩护能力的提升，集中体现为客观上辩护律师能够进行有效辩护。基于此，我们认为律师辩护全覆盖的衡量标准可细化为：律师

---

* 本文受安徽省高校人文社会科学研究重点项目"刑事案件律师辩护全覆盖的困境及其破解"（SK2018A0291）资金资助。

** 余为青，阜阳师范大学法学院副教授，法学博士；桂林，安徽省安庆市人民检察院检察官助理，法律硕士。

① 陈瑞华：《刑事诉讼的中国模式》，法律出版社2010年版，第43页。

② 就对抗制诉讼的当事人来说，获得一位能言善辩的律师，甚至比有力的证据、充分的理由更为重要。参见张建伟：《司法竞技主义——英美诉讼传统与中国庭审方式》，北京大学出版社2005年版，第157页。

参与带来辩方专业力量提升的形式标准和律师在庭审中能够进行有效辩护的实质标准。

应该说，这也是律师辩护全覆盖制度在试点中关注度较高的话题之一，即在诉讼阶段上全覆盖应否局限于审判阶段。我们认为，出于人权保障的最终目的和增强辩方抗辩的有效性考虑，律师辩护全覆盖不应仅仅局限于审判阶段。保障犯罪嫌疑人、被告人在刑事诉讼中从侦查到审判的每个阶段都获得律师的有效辩护，是刑事辩护全覆盖的本意所在①。

二、律师辩护全覆盖的困境分析

（一）律师资源的供需失衡

据相关统计，现阶段刑事案件律师辩护率基本在30%左右，这就意味着全国70%的刑事案件没有律师介入，实现律师辩护全覆盖需要在刑辩律师供给量上满足这70%的刑事案件。以近三年来全国审结的刑事案件平均数为测算基数②，满足70%刑事案件至少需要额外增加刑事辩护1082556人次③。按照2017年平均每名律师要替3.6名被告人提供辩护式法律服务计算④，满足审判阶段辩护全覆盖需要增加300710名刑辩律师。而相关统计数据显示，2017年全国执业律师的总人数只有36.5万余名，这意味着满足审判阶段律师辩护全覆盖对刑辩律师供给总量的要求已几乎与现阶段执业律师的总量持平。可见，满足审判阶段律师辩护全覆盖需要补齐的刑辩律师缺口非常大。

不容忽视的客观事实是，我国律师的地域性分布与案件的发生量之间并没有呈现出一种正相关性。基于社会科学研究的基本原则，研究者应重点研究已经发生的经验事实，尽量不要对尚未实现的改革目标进行主观性判断⑤。中山大学的学者通过分析2011年中国排名前50位的律师事务所总部及其分支机构的空间分布情况，发现80%的法律服务机构集聚在20%的东部沿海地区⑥。客观而言，此种律师资源的地域分布差异进一步加大了律师辩护全覆盖下刑事律师的供需不平衡。

（二）有效辩护的基础不牢

我们认为，仅着眼于审判阶段律师辩护的全覆盖必然导致有效辩护的基础不牢：一是控辩双方武装力量的不平等贯穿于刑事诉讼的整个过程，仅在审判阶段增强辩方的武装力量，不足以解决整个诉讼过程的力量失衡问题。二是审前阶段是律师调查取证、查阅卷宗、

---

① 参见兰跃军：《刑事辩护全覆盖背景下新型侦辩、诉辩和审辩关系》，载《学术界》2018年第6期。
② 笔者经检索中国裁判文书网发现，2016年全国审结的刑事案件数为1617946件，2017年全国审结的刑事案件数为1506314件，2018年全国审结的刑事案件数为1515267件，近三年全国年均审结的刑事案件数为1546509件。http://wenshu.court.gov.cn/website/wenshu/181217BMTKHNT2W0/index.html?pageId=bb3307f4b54bf1c5d5aa70a7581d528d&s8=02，最后访问时间：2019年9月6日。
③ 这只是以每个刑事案件中只有一名被告人为测算基数的，实际情况是需要律师辩护的被告人数量远远大于本文数据。
④ 参见詹建红：《刑事案件律师辩护何以全覆盖》，载《法学论坛》2019年第4期。
⑤ 参见陈瑞华：《论侦查中心主义》，载《政法论坛》2017年第2期。
⑥ 参见邹小华、薛德升、黄颖敏：《等级化、网络化与区域化：基于律师事务所空间分布的中国城市体系研究》，载《华南师范大学学报》（自然科学版）2015年第2期。

熟悉案情以及制定辩护预案的关键阶段,虽然庭审阶段律师娴熟的专业知识和辩护技巧对于保障被告人的合法权益尤为重要,但庭前阶段尤其是在刑事案件的"黄金救援期"① 内,律师的参与并发挥实质作用同样重要,因为再高超的辩护技艺也要建立在对案件事实熟悉掌握的基础上。三是实务中律师在庭审环节的辩护效果难以保障。一方面由于现阶段律师调查权保障不够、证人出庭率较低以及过度批量举证等,致使律师难以对控方提出的证据进行有效质证。另一方面是因为控方对辩护律师提出的辩护意见的回应不理想,辩护律师正确的辩护意见难以被法庭采纳。四是刑辩律师的专业化程度不高,刑辩技艺自我提升的动力不足。刑事诉讼法自制定以来对辩护权的保障越来越严密,应该说,立法对辩护攻防权利的强化会带来刑辩质量的大幅提升。现实的情况是,辩护权的制度性供给与刑辩律师的辩护产品输出之间并未呈现正增长趋势。

(三) 律师队伍的监管不力

首先,司法行政机关对于因法院通知指派律师参与庭审的辩护活动缺乏实时跟进性监管,其大多通过后期的抽样走访等形式来实现对指派律师辩护工作的监管。且不论此种监管方式因滞后性而难以弥补律师无效辩护带来的损害,单就被告人对律师辩护工作的满意度而言,其亦无法实现对辩护工作有效性的科学评测②,甚至可能加剧"表演性辩护"③ 问题。其次,实务中司法行政机关对于律师的辩护工作实施监管的动力不足,各地探索的强化监管的各项举措,因带有落实上级工作要求的被动色彩而效果不佳。最后,客观而言在律师资源本身就严重不足的情况下,司法行政机关对于律师辩护活动惩处手段有限、惩处力度难以把握,这也在一定程度上体现为监管不力。

三、律师辩护全覆盖的困境破解

(一) 协调律师资源的供给矛盾

律师辩护全覆盖首先要解决的便是律师资源的供需失衡问题,我们认为可从以下几个方面着手:

一是增加刑辩律师的供给总量。具体的措施有:其一,进一步吸收社会资源,加大国家资金支持力度,提升法律援助费用。以 2017 年全国法律援助经费支出为基数来计算,全国法律援助经费总额为 25 亿元,人均不足 2 元。而英国只有 6000 万人口,法律援助经费

---

① 陈瑞华:《刑事辩护的艺术》,北京大学出版社 2018 年版,第 159 页。
② 律师再好的服务也不必然带来客户期待的判决结果,在行为心理上,对律师的客观评价也只能从服务外观上获得。因此,只要把服务形式的外观包装好,即可以回应客观的对价。包装追求胜于内容,形式刻画重于结果,这在近年的部分大要案中日益明显。参见刘忠:《未完成的"平等武装"——刑辩律师非知识技艺理性的养成》,载《中外法学》2016 年第 2 期。
③ 关于表演性辩护的相关论述,参见李奋飞:《论"表演性"辩护——中国律师法律辩护功能的异化及其矫正》,载《政法论坛》2015 年第 3 期。

却高达200余亿元①。基于法律援助是"国家为公民提供公共服务"②的理念，加大对法律援助事业的经费支持是政府应尽的职责。同时，仅依靠政府的经费投入短期内难以完成增加到100亿元③的指数，亟须得到社会各界的资金支持。其二，将律师参与法律援助工作情况作为律师执业评价的重要内容之一，吸引优秀刑辩律师参与援助工作。我们认为，吸收优秀刑辩律师参与法律援助仅依靠经济性投入远远不够，还必须明确援助的公益性质，将其纳入律师执业工作考核的重要内容，并以此为中心建立起质和量并重的考核评价体系。其三，加大宣传引领，树立正确的舆论风向标，扭转对刑辩律师"为坏人辩护"的不当偏见。引导社会各界树立起获得律师辩护权，是刑事被追诉人的基本权利的理念。鼓励、支持更多优秀的律师参与到刑事辩护当中，最大限度打消其从事刑辩工作带来的思想上的负担和顾虑。

二是优化刑辩律师的供给结构。在现阶段即使增加刑辩律师供给，也难以满足所有案件全流程式辩护全覆盖的情形下，强化刑辩律师合理化供给具有较强的现实意义。实践中，从事援助工作的律师在庭前不会见、不阅卷、庭审应付了事等现象比较突出，此种形式意义强于实质效果的辩护全覆盖引发诸多争议，其中重要的原因就是援助律师的工作量太大。为避免律师援助压力过大带来的援助形式化问题，确保法律援助案件的办案质效，可优先保障不认罪认罚案件、对证据事实认定存有异议的案件、可能判处三年以上有期徒刑案件的法律援助。认罪认罚案件中，除了适用速裁程序审理的案件以外，其他类型案件通常都是可能判处三年以上有期徒刑的重罪案件，这些案件中，仅仅依靠值班律师提供"法律帮助"而非刑事辩护难以充分保障被追诉人的合法权益。④因此，在可能判处三年以上刑期的案件中，应注重探索法律援助值班律师与一般法律援助律师之间的转化与衔接问题。⑤唯有如此，才真正契合刑事法律援助全覆盖的内核和要求。

三是推进刑辩律师的合理分布。虽然影响律师资源地域分布的因素错综复杂，但律师分布带有明显经济导向性的论点，已经从我国律师的跨地域流动这一"用脚投票"的现象中得到印证。⑥而市场经济条件下，经济发展地区性差异具有一定的必然性。基于此，律师的地区性分布差异也绝非偶然现象。事实上，美国、日本等国家也都存在律师的地域分布不均问题。⑦借鉴域外经验并结合我国具体国情，我们认为可通过以下几种路径推进刑辩律师的合理分布：其一，由中国律师协会设立偏远执业援助基金，基金主要来源于中国律

---

① 参见陈卫东：《法律援助制度的发展需要拓宽思路》，http://legalaid.cupl.edu.cn/info/1063/1114.htm，最后访问时间：2020年9月16日。

② 左卫民：《中国应当构建什么样的刑事法律援助制度》，载《中国法学》2013年第1期。

③ 陈永生：《我国刑事法律援助的历史机遇与现实挑战》，http://news.163.com/18/0122/11/D8OHP3HK00018AOR.html，最后访问时间：2020年9月16日。

④ 参见陈光中：《当前刑事诉讼制度改革面临的几个问题》，载《证据科学》2018年第5期。

⑤ 卞建林、刘华英：《论认罪认罚从宽制度中的律师参与机制》，载《河南社会科学》2019年第2期。

⑥ 北京、上海、广东是律师在省际间迁移的最主要目的地，在中国法律工作环境调查中，表明他们在未来五年内有计划迁移到广东的受访律师中有60%都将深圳作为首选目的城市；经济欠发达地区和西部地区，省内的迁移要更为普遍；而收入和工作机会上的差距是中国律师迁移的根本原因，在经济欠发达地区和北京、上海等发达地区的律师之间存在巨大的收入差距。参见刘思达、梁丽丽、麦宜生：《中国律师的跨地域流动》，载《法律和社会科学》2014年第13卷第1辑，第39~41页。

⑦ 参见向涛：《日本消除律师分布不均的措施及借鉴意义》，载《中国律师》2011年第9期；吴羽：《美国公设辩护人制度运作机制研究》，载《北方法学》2014年第5期。

协会的会费收入，并由其负责管理。该基金主要为在律师分布较少地区法律服务机构提供设立和运营方面的资金援助，并且为代理律师资源稀缺地区案件的辩护律师提供额外补助。其二，在律师资源丰富的经济发达地区，设立公立性质的律师培养机构，免费招收培养刚入行准备去偏远地区执业的律师，并明确一定的服务期限，激励更多的人员去律师稀少地区执业。其三，在刑事案件发案率高的人口稠密地区，探索建立公设辩护人办公室，为贫困被追诉人员设置一个拥有固定受雇律师的辩护办公室，鼓励、吸收执业经验丰富的刑辩律师前往律师稀缺地区长期或轮流执业。①

（二）夯实有效辩护的制度基础

针对前文指出的有效辩护的制度基础不牢问题，本文主张应注重从以下几个方面予以完善：一是确立起刑事案件全流程式的辩护全覆盖，而不仅仅局限于审判阶段，以全面衡平整个诉讼流程中控辩力量的不平等问题。二是强化对以律师调查取证权为核心的系列权利的保障力度，形成以申请调查取证权为主体的取证模式，同时保障律师的阅卷、会见等权利，从而强化辩护律师的庭前准备能力，避免庭审活动流于形式，甚至变成"表演"。三是将辩护律师的庭前会见情况以及庭审中与被告人辩护配合的紧密度作为律师辩护质量的重要考核指标，对于此项考核不合格的律师将强制要求其接受教育培训，并确定一定期限内禁止其代理任何案件，并不得参评任何社会化的荣誉表彰。四是强化对律师庭审辩护权的保障力度，针对现阶段的律师质证难、律师辩护意见难以被采纳的问题，在进一步推进庭审公开强化监督的同时，注重加强裁判文书的说理，尤其需要注意对辩护律师提出意见不予采纳的说理，并将律师没有经过质证而予以认定的情况作为发回重审的情形之一。五是强化刑辩律师的专业化建设。一方面，可通过评选精品辩护案例集体研讨学习等模式，强化实务办案引领；另一方面，吸收更为优秀的律师从事刑辩业务，这不仅要求消除刑辩律师的执业风险，提升刑辩律师的收益，还要求确立其刑事案件律师辩护的公益性质，即律师从事刑辩业务尤其是法律援助业务是其从事具有公益性事业的表现，转变社会各界对其不应有的偏见，以提升刑辩律师的社会地位。我们甚至认为，通过明确刑辩尤其是法律援助业务的公益性质，提升刑辩律师社会地位的作用完全不亚于经济利益的刺激效果，因为社会上优秀的刑辩律师往往经济地位较高，与其应有的社会地位不匹配。

（三）强化律师队伍的监管力度

律师队伍的监管不力问题是阻碍律师辩护全覆盖得以实现的"拦路虎"。我们认为，应从以下几个方面着手：其一，建立起科学化的律师辩护质量考核指标，可探索实行异地同行或异地法官评测模式，避免以被代理人的满意度等外行人的标准简单衡量刑辩业务。刑事案件中，对于重大疑难、影响较大的刑事案件，司法行政机关可随机抽选外地的刑辩业务专家或法官业务专家对参与代理的刑辩律师的庭前准备活动以及庭审表现情况予以实时测评，并于庭审后提出修正和提升意见，在强化监管的同时可有效发挥业务专家的办案指导作用。其二，在强调司法行政机关对律师协会监管的同时，注重发挥律师协会对律师辩

---

① 顾永忠：《以刑事审判为突破口带动刑事案件律师辩护全覆盖试点向纵深发展》，载《中国律师》2019 年第 2 期。

护工作的监管，即司法行政机关不仅要突出对律师个体辩护工作的监管作用，还要通过监管律师自律组织的形式来形成良性的律师管理模式。其三，建立多元化的律师惩戒制度，强化司法行政机关对律师的监管。对于辩护质量不合格的刑辩律师不仅应给予经济上的不利益，还应适当强制其接受业务技能以及职业道德培训。

监察留置与刑事强制措施衔接问题之检视

詹建红 张瑞斌[*]

一、问题的提出

国家监察体制改革作为一项事关全局的重大政治体制改革，涉及政治权力、政治体制和政治关系的重大调整，[①] 其通过设立国家监察机关，集监督、调查、处分职权于一身，型塑出一种区别于行政权、司法权的新型权力——监察权，同时改变了传统的人大监督下的"一府两院"的政治体制格局。权力的集中、职能的整合以及资源的优化配置为国家构建集中统一、权威高效的监察体系，取得反腐败工作压倒性胜利铸就了一把利剑。监察法及相关法律文件的出台被赋予了以"法治思维和法治方式惩治腐败"的重要意义，尤其是留置取代曾经的"双规"被认为是监察调查步入法治轨道的重要标志。但正如上文所提及的，监察体制改革是一把反腐败利剑亦是把双刃剑，其在整合行政监察、预防腐败和查处职务犯罪等工作力量，解决监督范围过窄、工作力量分散、定位不清等问题发挥关键作用的同时，[②] 也面临着程序规则粗疏、权利保障不足、监察权力难以制约等诸多质疑。在职务犯罪侦查权转隶至监察机关后，先前职务犯罪案件侦查过程中多元的强制措施由单一的留置所垄断。后者在审查决定主体、阶段、羁押期限、救济方式上呈现出鲜明的时空间封闭性，因而便产生了与刑事强制措施如何进行衔接的难题。为此，刑事诉讼法创设了先行拘留这一新型的强制措施种类，其不仅在内容上区别于先前的刑事拘留，而且与刑事强制措施的理念、功能不相匹配，表现为一种工具属性。而当案件退回补充调查时，留置和逮捕尽管同属羁押措施，但由于适用主体和适用阶段的不同，强制措施是否应当回转在理论界仍存在着巨大分歧。而且，从制度实施上，羁押必要性审查在留置与刑事强制措施的衔接中也存在着失灵的风险。可以说，上述理论和实践困境均与职务犯罪案件监察程序[③]的运作方式密切相关，而如何理解制度设计所追求的"权威高效"，就直接决定了留置的规则设计并进而影响着与刑事诉讼程序的衔接。

---

[*] 詹建红，广东外语外贸大学"云山杰出学者"特聘教授，博士生导师；张瑞斌，中国海洋大学法学院硕士研究生。

[①] 中共中央纪律检查委员会、中华人民共和国国家监察委员会法规室编：《〈中华人民共和国监察法〉学习问答》，中国方正出版社2018年版，第1页。

[②] 《构建权威高效的国家监察体系》，载《人民日报》2016年12月5日第1版。

[③] 之所以称为监察程序而非调查程序，是因为后文提及的职务犯罪案件的刑事立案程序是独立于调查程序的一个阶段，基于此笔者将职务犯罪案件的立案和调查程序并称为监察程序。

二、监察留置与刑事强制措施衔接的困境

尽管从本质上讲,侦查与调查两者并无二致,但正是制定法上对同质性行为的分野导致了监察调查程序在实践中可以不受刑事诉讼法的规制具备了形式上的正当性,也因而人为割裂了本应融贯于刑事诉讼进程中的强制措施体系。笔者认为,现有规范上的制度调整和程序设计具有现实考量的因素,但在体系考量上却没有做到逻辑自洽,使得监察留置与刑事强制措施的衔接上存在着三重困境。

(一) 先行拘留的工具属性

职务犯罪案件中先前留置的被调查人移送检察机关审查起诉时,是否采取以及采取何种强制措施早在试点时期就一直困扰着检察机关。试想如果不再采取任何强制措施,那么一旦其实施新的犯罪、打击报复被害人抑或是逃跑、自杀的话,不仅会危害社会秩序,影响追诉活动的顺利进行,而且也会极大地损害检察机关的声誉,甚至招致政治责任;如果不加审查径行适用逮捕,那么一旦后续案件作出不起诉决定或者判决宣告无罪的话,检察机关就会因为错误逮捕而面临承担国家赔偿的后果。因此先前留置的被调查人在移送至检察机关时,审查并决定采取相应的强制措施这一环节是必须经历的。审查就意味着核对案卷材料,讯问犯罪嫌疑人,听取辩护律师、被害人等的意见,也就意味着时间成本的投入。而在此期间,同样基于上述因素的考量,犯罪嫌疑人的人身自由就要有所限制。为了解决这一问题,立法者采用了先行拘留的做法。

这种先行拘留实际上是为了适应职务犯罪办案需要而创设出的新型强制措施,其不仅在内容上区别于以往的刑事拘留,而且在性质上也与强制措施的紧急性、必要性、非惩罚性等原则相违背,表现出浓厚的工具色彩。先行拘留的适用条件只有"已采取留置措施"再无其他,而适用主体和阶段也变为检察机关受理案件后。先行拘留的适用无须审查,最低羁押期限就是10日,而且还可延长至14日,俨然是名为"拘留",实为"短期羁押"的另一种新的强制措施。① 其直接服务于检察机关的强制措施审查决定程序,间接配合监察机关的留置措施,使得这一人身控制手段得以顺利延续至起诉阶段,而全然不顾上述强制措施的适用原则和理念,犯罪嫌疑人的人身权利也因此面临着遭受"二次伤害"的危险。

(二) 退回补充调查时强制措施的回转之争

退回补充调查时被羁押人②的强制措施是否需要回转也涉及刑事强制措施与留置这两种措施的衔接问题,只不过这种衔接属于逆向衔接。刑事诉讼法对于这一问题并未作出规定,而根据《国家监察委员会与最高人民检察院办理职务犯罪案件工作衔接办法》《人民检察院刑事诉讼规则》的规定,人民检察院决定退回补充调查的案件,犯罪嫌疑人已被采取强

---

① 左卫民:《一种新程序:审思监检衔接中的强制措施决定机制》,载《当代法学》2019年第3期。
② 鉴于监察实践中已被采取留置措施的被调查人在后续程序中适用逮捕措施的比例明显高于取保候审和监视居住,同时考虑监察调查阶段的被调查人在调查程序与后续审查起诉程序中的称谓不同,为行文方便,此处将其称为被羁押人。

制措施的，应当将退回补充调查情况书面通知强制措施执行机关。监察机关需要讯问的，人民检察院应当予以配合。

而司法实践中的具体做法是，检察机关将退查情况书面通知看守所，监察机关需要讯问被羁押人时，检察机关和看守所予以配合，监察人员一般采取从检察机关借用提讯提解证或者使用监察机关工作证的方式进行提审。① 对于这一做法的态度，理论界呈现出正反鲜明的两派：支持方较有说服力的观点主要有两种：一是案件系属说。② 该观点认为，理论上监察机关将案卷材料移送至检察机关审查起诉后案件即属于后者，尽管案件退回补充调查，但最终处理决定权仍在检察机关。从这一角度出发，退回补充调查后被羁押人就应当沿用之前的强制措施。二是公诉权派生说。③ 该观点认为，职务犯罪的补充侦查权并不依附于侦查权，而是公诉权的派生性权力。同理，补充调查权也应当派生于公诉权，因而尽管补充调查的主体是监察机关，但由于其实施的权力来源于公诉权，案件实际上仍处于审查起诉阶段，强制措施得以沿用。而反对方较为有说服力的观点是诉讼客体说，④ 其认为案件作为诉讼客体或者起诉的对象，应当是案件事实和指控对象的组合体，两者缺一不可。因此在案件退回补充调查后，所退的案件应当同时包含案件事实和被羁押人两个要素。以此来审视"案退人不退"的做法显然有违法理，因而其不应作为衔接选项。

可以说，对于退回补充调查后应否对被羁押人重新采取留置措施这一问题，理论界的分歧较大。笔者认为，办案机关选择"案退人不退"的做法虽然有利于案件的高效处理，却没有考虑诉讼制度的体系要求。而其对被羁押人辩护权的保障也只是基于客观结果而非价值目标上的考量，体现的同样是一种工具思维和实用思维。

（三）羁押必要性审查的失灵

为了解决司法实践中长期存在的未决羁押率畸高、"一押到底，实报实销"等逮捕功能的异化现象，2012年修改的刑事诉讼法确立了羁押必要性审查制度，其既是一种事后审查的救济方式，也是检察机关发挥法律监督职能的重要途径。⑤ 根据刑事诉讼法和《人民检察院刑事诉讼规则》的规定，检察机关进行羁押必要性审查的时间起点是"犯罪嫌疑人、被告人被逮捕后"，不包括职务犯罪被调查人被留置后；而审查的阶段则是侦查、审查起诉以及审判过程，也不包括职务犯罪调查阶段。这就表明职务犯罪案件的调查程序以及相应的留置措施"绝缘"于羁押必要性审查。而笔者认为审查起诉时才进行羁押必要性审查有导致制度失灵的风险，进而为职务犯罪案件中羁押期限的"实报实销"创造条件。具体分析如下：

我国法律规定了管制、拘役以及有期徒刑的折抵规则。我国刑事诉讼中的审前羁押率高、羁押时间长是不争的事实，羁押时间短则几月长则几年，因而就可能造成审前羁押的时间超过最终判处的刑期。法院在判决时就会以审前实际羁押的时间为基准确定刑期，从

---

① 刘擎、张啸远：《监察法与刑事诉讼法衔接管见》，载《中国检察官》2019年第17期。
② 董坤：《法规范视野下监察与司法程序衔接机制——以〈刑事诉讼法〉第170条切入》，载《国家检察官学院学报》2019年第6期。
③ 程龙：《监督抑或共责：监察调查与刑事诉讼衔接中的补充侦查》，载《河北法学》2020年第2期。
④ 程雷：《刑事诉讼法与监察法的衔接难题与破解之道》，载《中国法学》2019年第2期。
⑤ 参见詹建红：《程序性救济的制度模式及改造》，载《中国法学》2015年第2期。

而变相满足了长期羁押并加重了刑罚。在职务犯罪案件中,留置的最长羁押期限可达6个月,这实际上是拘役的顶格刑期,而监察机关只需要在此期间完成调查工作并移送审查起诉即可,显然不会也无须过多关注被调查人的留置期间是否会超过最后可能判处的刑期。此时的捕诉部门实际上变成了"自己案件的法官",在目前的考核和责任机制下,其基于利害关系在审查起诉过程中自然不会过多考虑被追诉人的羁押期间超出可能判处刑期的这种情况,也不能以法律监督者的身份去纠正监察机关的超期羁押行为,只好配合地提出"合理的"量刑建议,从而使法院迫于监察机关和检察机关的双重压力"心照不宣"地作出"实报实销"的判决。如此一来,职务犯罪案件中羁押必要性审查遏制长期羁押、保障被追诉人人身自由权利的功能在很大程度上就被消解了。

三、成因分析:对制度目标的理解存在一定的误区

通过对留置与刑事强制措施衔接困境的分析,不难发现所有的问题都指向了一个方面,即高度封闭化的职务犯罪案件监察程序,这种明显排斥外部权利和权力监督制约的制度模式和程序特点取决于一种"权威高效"的设计初衷。因此如果要对职务犯罪案件监察程序进行深刻的反思和体系化的改进,就应当对这种"权威高效"的制度目标有客观、清晰的认识。

(一) 片面理解"权威"

"权威"意味着"使人信服的力量和威望",[①] 而这种"力量和威望"的来源和本质是"正当化的权力",权力正当化的途径便是权力的法律化。[②] 具体到监察体制改革,其监察权威的直接来源便是监察权。理论上监察权的组成是复杂且复合的,其亲和于行政权,又与立法权和司法权相区别,既包括了代表制民主下的代表责任,又掌握了一定的行政调查处置权,甚至还有一定的司法性权力。[③] 或许正是这种多重权力结构的存在,使得行使监察权的监察机关在职务犯罪案件的监察程序中会强烈地秉持着一种"机关思维",即以机关作为相应关系、程序等设计的中心。这种思维方式本质上是行政逻辑在公权力领域的延伸,其重视以行政权的运作模式和规律为指导,强调行政权在权力结构中的强势地位,并从内部和外部排斥着司法权和社会权利的参与。

从组织特征看,行政逻辑是一种单向度思维。其以官僚组织为载体,通过运作空间封闭化、权力关系层级化以及部门碎片化来构建强大的控制体系。监察机关是上下级领导关系的科层式组织,其权力运行的方向是自上而下的,机关长官本身便是权力的来源。

从边际效应的角度,行政逻辑通过压缩社会的自主空间,将一切不可确定化的不确定性包括私人行动在内的社会参与拒之门外,从而实现降低官僚体系运作环境的复杂性的效果。[④] 在职务犯罪案件中,不仅调查手段和留置措施完全由监察机关自主把控,而且整个调

---

① 中国社会科学院语言研究所词典编辑室编:《现代汉语词典》(第7版),商务印书馆2016年版,第1082页。
② 韩大元:《论宪法权威》,载《法学》2013年第5期。
③ 秦前红:《监察改革中的法治工程》,译林出版社2020年版,第11页。
④ 参见秦前红、叶海波等:《国家监察制度改革研究》,法律出版社2018年版,第84页。

查程序禁止辩护律师的介入，辩护律师既不能会见当事人，为其提供必要及时的法律帮助，也无法就留置措施的运用向监察机关提出意见，更无法向检察机关申请羁押必要性审查。一旦有辩护律师申请介入调查程序，监察机关就可以不区分案件性质一律以有碍调查为由予以拒绝，因为辩护律师提供法律服务作为社会参与的一部分，会增加案件调查的不确定性，至少在程序的流转上会"阻碍"调查的顺利进行。

（二）过分追求"高效"

毋庸置疑，监察体制改革强调以效率为导向。这除了是"高压反腐"的政策要求外，还取决于职务犯罪本身的特殊性。因而职务犯罪案件的调查程序也区别于其他刑事案件的侦查。不仅是中国，在国外对于包括职务犯罪在内的复杂犯罪，为了提高侦查效率和质量，法律也允许侦查机关采取一些限制被追诉人权利的措施。

尽管基于特定的目的，侦查机关可以采取一系列特殊措施，以提高侦查效率来保障侦查活动顺利进行，实现"犯罪控制"的目标。但是，一方面这些措施应具有严格的法定条件；另一方面，虽然被追诉人的诉讼权利有所减损，但仍应受到正当法律程序的保护。从诉讼模式的角度审视，职务犯罪案件的追诉偏向于"犯罪控制模式"。在这一类案件中，刑事诉讼的首要功能是抑制滥用职权、贪污受贿等腐败犯罪，其所保护的首要利益是以安全与秩序为支柱的社会利益，而公民的个人利益则处于次要的位置。从诉讼价值的角度来看，绝对的公平会使得诉讼因过于拖沓而让人觉得不再"公平"，故也有人将效率称为另一种公平。反之绝对的效率就会使被追诉人沦为诉讼客体，退化为封建时期纠问式的行政治罪。

反观职务犯罪调查程序，所有的调查措施都由监察机关内部自主决定适用，而且这些措施甚至适用于涉嫌职务违法的被调查人。作为监察机关目前唯一的一种强制措施——留置的严厉性堪比逮捕，其同样适用于涉嫌职务违法和职务犯罪的被调查人，监察机关采取留置措施不需要向检察机关申请批准，且仅在调查期间就可以将被调查人羁押长达6个月，羁押场所也由监察机关完全控制。不仅如此，被调查人一旦被留置就无法诉诸羁押必要性审查，从而使得任何形式的司法审查和司法控制被排除在外。此外，为了有利于对被调查人的讯问以及证据材料的收集，在整个调查程序中，被调查人无法得到辩护律师任何形式的帮助。这种过于追求"高效"的运作方式同样来自监察机关的"机关思维"，在实用和功利主义的标准下，效率是检验行政逻辑是否功利最大化的重要标志。

综上，"机关思维"下的行政逻辑是对"权威高效"运作方式的片面理解，其在强化打击职务犯罪力度、高效反腐的同时也可能违背权力制约的基本规律，造成机关内部资源的更大损耗，由此塑造的职务犯罪案件监察程序形成了一个隔绝一切外部权力制约和社会参与的封闭空间，进而引发了留置与刑事强制措施衔接上的困境和难题。

四、衔接难题的破解之道——职务犯罪案件监察程序的法治化

（一）职务犯罪案件监察程序法治化的正当性论证

结合上述分析，在职务犯罪案件调查程序中，"机关思维"主导下的"权威高效"的

运作方式存在固有的局限,难以有效遏制冤假错案的发生。为此,就有必要引入"程序思维",① 使监察调查程序符合权力运行的客观规律,体现人权保障、民主参与等法治原则。笔者认为,依据配合式的改良思路创设更多生硬的制度或规则,虽可解近忧却难解远虑。而且,即使在当下,职务犯罪案件监察程序的法治化也是与我国监察体制和诉讼制度改革目标以及监察法立法原则相契合的。

首先,监察体制改革被寄予推动国家治理体系和治理能力现代化的厚望,而国家治理现代化的重要标志之一便是法治化,国家治理法治化是国家治理现代化的必由之路。② 因此,只有将法治化这一要求融入监察体制改革中,才能真正助力于国家宏远目标的实现,而职务犯罪案件监察程序的法治化就是其中亟待关注和实现的主要方面。

其次,以审判为中心的诉讼制度改革的主要目的是解决我国的庭审形式化、庭审走过场的问题,而导致这一问题的关键因素便是"侦查中心主义"。在职务犯罪侦查权转隶至监察机关之后,调查程序中的上述问题更为凸显,因此监察程序的法治化可以使整个调查程序处于司法控制之下,防止调查结论取代裁判结论,从而避免"调查中心主义"的出现。

再次,监察法规定了监察机关办理职务违法和职务犯罪案件,与司法机关互相配合、互相制约的基本原则。而从上文讨论的衔接困境来看,目前检察机关与监察机关在办理职务犯罪案件过程中显然是配合有余而制约不足。因此监察程序的法治化可以为检察机关充分发挥法律监督职能和体现权力制约原则创造空间。

最后,监察法对"反腐败国际合作"作了专门规定,既然涉及国际性的合作,我国对于职务犯罪的调查及司法程序就应当与国际刑事追诉的标准靠近和接轨。

(二) 职务犯罪案件监察程序法治化的具体路径

1. 职务犯罪案件刑事立案的专门化。刑事立案具有防止强制性侦查行为的任意发动,保障人权的重要功能,而在职务犯罪案件监察程序中,刑事立案的专门化也同样重要。对此,笔者并不赞同将检察机关受理案件视为刑事立案的观点,因为这样几乎发挥不了任何实质性的程序制约功能。科学可行的做法应该是,建立违反党纪政纪案件和涉嫌职务犯罪案件的分流机制,将案件线索纳入审查和调查的不同程序,分别进行立案。其中涉嫌职务犯罪案件经刑事立案后的调查程序应严格参照刑事侦查程序,以便于案件移送司法机关时在程序上的"无缝对接"。③

2. 调查程序强制措施的体系化。目前监察机关对于职务犯罪所采取的强制措施只有单一的留置,难以适应具体案件中的复杂情况。考虑到被调查人身体健康状况、涉嫌犯罪的性质、社会危险性等因素,调查程序中也应当建立一种多样性、层次性、梯度式的强制措施体系,以体现不同措施在强制到案、保障诉讼进程、防止危害社会等方面的功能差异,并实现监察程序与后续审查起诉程序的顺利对接。

3. 留置措施的准司法审查。尽管目前留置的决定程序较为严格,但这种内部监督制约

---

① 秦前红、叶海波等:《国家监察制度改革研究》,法律出版社2018年版,第88页。
② 张文显:《法治与国家治理现代化》,载《中国法学》2014年第4期。
③ 参见詹建红、崔玮:《职务犯罪案件监察分流机制探究——现状、问题及前瞻》,载《中国法律评论》2019年第6期。

的方式有其固有的局限性，上下级领导的科层式组织结构共同致力于统一的破案目标，在缺乏外部监督的情况下容易导致审批和备案流于形式，也不利于被调查人的权利救济。因此，赋予检察机关审查批准留置措施的做法在目前的体制框架下具有一定的合理性和可行性。

4. 羁押必要性审查的引入。即使上述的事前审查暂时无法实现，至少作为事后救济的羁押必要性审查应当予以充分考虑，尤其是在其可能出现功能失灵的情况下，将其引入监察程序，可以有效地防止司法实践中"实报实销"现象的出现，同时赋予被调查人申请进行羁押必要性审查的资格，打通其寻求外部救济的合法途径。

5. 值班律师法律帮助的延伸。考虑到认罪认罚从宽可以适用于所有的刑事案件和诉讼阶段，而被追诉人认罪认罚的自愿性和真实性是该制度发挥功能和价值的基础，因此在调查程序中允许值班律师介入为被追诉人提供法律咨询等法律帮助，使其明确认罪认罚的法律规定和后果仍然是十分必要的。在现阶段，律师见证被调查人与监察机关签署具结书，并非律师全面介入监察程序，所面临的阻力相对较小，是当前律师介入监察调查阶段的一种可行性方案。① 当然，立足于监察程序的法治化，如果被调查人自己委托辩护律师，监察机关应当在不影响案件调查的前提下，最大限度地满足被调查人获得法律帮助的需求，允许辩护律师介入监察调查程序。

---

① 参见詹建红：《认罪认罚从宽制度在职务犯罪案件中的适用困境及其化解》，载《四川大学学报》（哲学社会科学版）2019年第2期。

航班延误险"薅羊毛"案件引发的思考

张剑秋　张宏伟　张　晶*

前段时间，一则利用购买航班延误险（以下简称"航延险"）"薅羊毛"赚 300 万元的新闻引爆网络，据报道，涉案当事人李某曾从事航空服务类工作，自 2015 年至案发，其通过购票虚构行程，利用近 900 次航班延误获得理赔金近 300 万元，目前其已被南京当地警方以涉嫌保险诈骗（诈骗）采取强制措施，检察机关也已提前介入，案件在进一步侦办过程中。对于这起一时引起网络热议的案件，笔者也颇有兴趣，尤其是航延险所指向的保险标的、保险利益问题，以及此类案件中罪与非罪、此罪与彼罪问题，下文将逐一进行探讨。

一、关于航延险"薅羊毛"案件本身的思考

在本案中，据警方通报，李某自亲友处得到 20 多个身份证号及护照号，每次以四五个不同身份购买大概率延误航班的机票及延误险，每个身份一次最多购买 30 至 40 份延误险，自 2015 年直至案发，李某以这种方式获得理赔金近 300 万元。南京当地警方是以李某涉嫌保险诈骗对其进行拘留，从刑法条文上看，李某的行为似乎符合一般意义上所理解的保险诈骗罪——投保人故意虚构保险标的，骗取保险金——李某利用其亲友的信息，购买机票及航延险，实际上并没有人乘坐相应的航班，而对同一延误航班购买多份航延险从而获得大量理赔金额的李某，其行为确实是在利用航延险保险合同规则的漏洞进行的不当获利，而如果李某的行为构成保险诈骗（诈骗）罪的情况下，由于具有数额特别巨大的情节，其可能会被判处十年以上有期徒刑。

诚然，李某大量、多次利用亲友信息购买大概率延误航班机票及延误险的行为有违保险合同的诚信原则，是一般意义上的欺骗行为，是民事意义上的欺诈，应当承担民事责任，具有返还收益的责任。但其欺诈行为是否具有刑法上的意义，要承担如此重的刑事责任，是值得商榷的。

在李某案中，根据警方目前的通报内容，其"多次伪造航班延误证明等材料，虚构航班延误事实"，且该案件仍然处于公安机关侦办过程中，笔者不打算仅就本案的情况来考量，而是更加关注这样一种情况：某人通过推测某一航班具有极大延误可能性，然后利用多人身份信息（经过他人同意的情况下）购买机票及延误险，在发生航延险约定的情形后，

---

* 张剑秋，鹤岗市人民检察院党组书记、检察长；张宏伟，鹤岗市人民检察院法律政策研究室主任；张晶，鹤岗市人民检察院第一检察部检察官助理。

向保险公司索赔，经过反复多次获得了巨大收益，这种情形是否构成保险诈骗罪或其他罪名。

二、航延险的保险标的和保险利益

（一）保险标的概念之界定

所谓航延险，是指乘客搭乘的航班因自然灾害、恶劣天气、机械故障等因素，造成的航班延误、取消等情况，保险公司对乘客进行赔偿的一种保险。[1] 转换成学理化的解释就是指，投保人根据航班延误保险合同规定，向保险人支付保险费，当合同约定的航班延误情况发生时，保险人依照约定给付保险金的商业保险。根据保险法第12条的规定，财产保险是以财产及其有关利益为保险标的的保险。航延险是对被保险人所乘坐航班的延误达到相应条件为给付对象的保险合同，保险保障的对象并非被保险人的寿命或身体，而是其财产及其有关利益，航延险属于财产保险。在财产保险中，保险标的是财产及其有关利益，是保险合同中保险的对象，是保险事故发生的客体和保险金赔付所指向的对象。而虚构保险标的的行为是在没有保险标的的存在，依法无保险利益的情况下，实施的诈骗行为。[2]

根据保险诈骗罪的几种法定情形来看，李某的做法似乎是更加符合刑法第198条第1款第1项"投保人故意虚构保险标的，骗取保险金的"或第4项"投保人、被保险人故意造成财产损失的保险事故，骗取保险金的"，而我们一般将第4项中的"财产损失"理解为财产保险中保险标的的损失，但在航延险中，无法明确指出何为保险标的以及保险标的产生了什么样的财产损失，那么通过航延险"薅羊毛"从法律条文的字面意思上似乎更加符合投保人故意虚构保险标的、骗取保险金的情况，那么，接下来，笔者要探讨的是航延险的保险标的及保险利益问题。

（二）航延险的保险标的

学界对航延险的保险标的没有形成统一的认识，有人认为，航延险的保险标的在于被保险人的时间损失，利用航延险"薅羊毛"情形中，被保险人并没有要搭乘航班的意思，没有给被保险人造成损失，因此符合虚构保险标的。这种理解是混淆了保险标的与保险利益在保险合同中的关系。首先，乘客通过购买机票获得乘坐航班的资格，航延险是在机票购买过程中的一项附加型保险合同，是在乘客购买机票的前提下才能购买航延险，航延险是不能单独购买的，因此，航延险的保险标的并不是独立于机票所包含的航行服务之外的，而是乘客购买机票、搭乘航班所享有的航行相关利益，是主合同（机票）所包含的内容延伸出来的事项，因此，只要购买了机票，即享有搭乘相应航班的资格，也就具有航延险的保险标的。其次，对于"时间损失说"，在现实中具有一定的合理性，但仔细推敲，也有其不恰当之处，一般来说，搭乘飞机的乘客并不希望航班延误，但也确实有很多人对于航班延误并不介意，多出来的时间可以喝杯咖啡看看书，那么对于这些没有明确感受到个人时

---

[1] 参见太平洋保险公司网站，http://www.cpic.com.cn/c/2018-04-08/1419604.shtml。
[2] 李忠诚：《论保险诈骗罪》，载《现代法学》1996年第3期。

间因航班延误受到损失的被保险人来说,其航延险的保险标的难道就不存在?就没有索赔的权利?无论是从一般公平正义的理念抑或是实务中都不应做如此理解。

(三) 航延险的保险利益

保险利益又称可保利益,是指投保人对保险标的具有法律上承认的利益,即在保险事故发生时,可能遭受的损失或失去的利益。① 保险法第12条对保险利益的定义为:投保人或者被保险人对保险标的具有的法律上承认的利益。保险利益原则是保险法的基本原则,是决定保险合同生效的重要条件,要成为保险合同的适格当事人,需要对保险标的具有保险利益,同时,保险利益是认定合同有无效力的根据,在财产保险中,保险事故发生时,不具有保险利益的被保险人不享有损害赔偿的请求权。② 在通过购买"航延险"薅羊毛的情形中,投保人利用他人真实身份信息购买机票及航延险,当约定的保险事故发生时,被保险人并未实际乘坐航班,甚至都不知道购买机票行为的存在,因此,当航延险约定的保险事故发生时,被保险人作为航延险约定的机票使用人,实际上在该保险合同中并无保险利益。

此种情况中,被保险人是机票服务所指向的对象,航延险是具有保险标的的,但在保险事故发生时,被保险人因不具有保险利益而丧失要求保险人给付保险金的请求权。但在航延险的实务发展中,得益于机票网络售卖的方便快捷,消费者往往是在机票售卖网站购买机票的过程中,顺便勾选了"航延险"这一选项,在航延险所约定的保险事故发生时,投保人、被保险人向保险公司提出给付保险金的请求,并按照保险公司的要求提供相应的证明材料,保险公司经审核相关材料后,即完成保险金的给付。整个"购买—发生保险事故—理赔"的过程都是在网络上进行的,也即保险公司在承保时尤其是理赔时,对被保险人身份的真实性并不做核实,因此,也就存在诸如新闻中通过大量购买航延险"薅羊毛"的事件。

三、航延险"薅羊毛"可能触及的罪名

(一) 保险诈骗罪

上一部分探讨的航延险"薅羊毛"情形中,因购买机票事实存在,也就相应地具有保险标的,不符合保险诈骗罪的"虚构保险标的",因此,不应构成保险诈骗罪。

(二) 诈骗罪

笔者在查询以往航延险诈骗案例过程中发现,与本文讨论情形相似的案情中有这样一份判决书——由北京市东城区人民法院审理的一审判决书2019京0101刑初951号,基本案

---

① 梁鹏:《保险利益概念立法之探讨——以我国〈保险法〉第12条为中心的研究》,载《中国青年政治学院学报》2006年第5期。

② 参见覃有土:《商法概论》,武汉大学出版社2010年版,第384~385页;方乐华:《保险法论》,立信会计出版社2006年版,第52页。

情为：2018年12月，被告人牛某冬伙同被告人孙某隆利用中国太平洋财产保险股份有限公司航延险自助理赔系统漏洞，通过手机上的民生银行信用卡App，虚构航班延误的保险标的，反复多次以他人名义申请保险标的理赔款，共计骗取人民币227200元。其中，孙某隆明知牛某冬使用其名义反复多次申请理赔款，还为牛某冬提供身份信息、银行账户并协助转账，帮助牛某冬骗取人民币22400元。被抓获后，牛某冬赔偿被害单位损失人民币231200元。法院认为，二人以非法占有为目的，虚构事实，骗取被害单位财产，牛某冬骗取数额巨大，孙某隆骗取数额较大，均构成诈骗罪；牛某冬被判处有期徒刑三年，孙某隆被判处有期徒刑六个月。

对于该判决，笔者认为有值得探讨的空间。首先，判决书中体现出在检察机关向法院提起公诉时是以诈骗罪的罪名，指控内容是"虚构航班延误的保险标的，反复多次以他人名义申请保险标的理赔款"，说明检察机关在认定案件事实的过程中，虽然认为被告人犯罪行为达到了"虚构航班延误的保险标的"的效果，但仍无法认定被告人的行为构成保险诈骗罪，从判决的结果来看，法院也是认可检察机关的这一观点的。

那么，让我们从诈骗罪的构成要件来分析航延险"薅羊毛"是否构成该罪名。一般认为，构成诈骗罪的基本逻辑是这样的：行为人以非法占有为目的实施欺诈行为→欺诈行为使被害人产生了错误认识→被害人基于该错误认识处分财产→行为人取得财产→被害人受到财产上的损失。将航延险"薅羊毛"行为往诈骗罪的模式上套，则会得出这样的逻辑路径：行为人利用自己及亲友信息购买机票及航延险（欺诈行为）→利用他人信息购买机票及航延险使保险人产生了错误认识→保险人基于该错误认识处分财产（给付保险理赔金）→行为人取得保险理赔金→保险人受到财产上的损失。

如果我们认可航延险"薅羊毛"行为构成诈骗，那么说明"行为人利用自己及亲友的信息购买机票及航延险"的行为是诈骗行为，这显然是不合理的。其一，生活中大量存在着替亲友购买机票及航延险的行为，笔者也常常帮家里的长辈购买机票、火车票及相应的保险，考虑到长辈节俭的心理及理赔过程的复杂，往往不会特意将购买航延险的事情告诉对方，在发生理赔的情况下，理赔金也多为笔者所享有，现实生活中大量存在着这种代为购买机票及航延险的现象，笔者认为将这种行为定性为欺诈行为与大量的生活实践相矛盾，是不合理的。其二，保险人受到财产上的损失与航延险"薅羊毛"行为有无因果关系。表面上看，如果行为人没有利用他人信息购买机票及航延险，保险人就不产生理赔，从而不会受到损失，这是误将欺诈行为与结果混淆了。在航延险发生理赔的场合，保险事故是发生了符合条件的航班延误，保险金的给付条件也是基于航班延误的发生，而不是基于投保人与被保险人的身份适格；反过来说，当保险人明知投保人并非被保险人本人时，仍然乐于基于机票所有人出售航延险，因为保险合同是射幸合同，保险事故发生与否的可能性并不能确定，保险人只有通过更多地售出保险合同扩大风险承担的能力，也即航延险"薅羊毛"行为与保险人受到财产损失并无法律上的因果关系，航班延误才是保险人在此种情况下发生损失的真正原因。其三，在航延险"薅羊毛"行为中，仅仅从合同关系指向的对象来说，真正遭受财产上损失的主体应是被保险人，即被行为人冒用身份的亲友，行为人对被保险人的理赔金构成了不当得利。所以，如果非要定罪的话，这可能属于不当得利型的侵占罪；但侵占罪是亲告罪，不告不理，亲友会去告李某吗？这个公安机关说了不算。①

因此，航延险"薅羊毛"行为既不符合刑法上的欺诈行为，行为人利用他人信息购买机票及航延险的行为与保险公司的财产损失也无法律上的因果关系，不应构成诈骗罪。

（三）合同诈骗罪

合同诈骗罪是指在签订、履行合同过程中，骗取对方当事人财物，数额较大的行为。构成合同诈骗罪，具有法定的五种情形，其中，仅仅从法律条文上看，航延险"薅羊毛"行为似乎与"冒用他人名义签订合同"契合。但我们需要明晰的是：合同诈骗罪是行为人利用合同直接骗取对方当事人财物，合同成立行为人通过要求对方当事人完成给付行为即可获利，除当事双方约定外无须其他额外条件。在利用航延险"薅羊毛"行为中，行为人利用他人名义与航空公司订立合同，表现形式为购买机票，获得乘坐相应航班的资格，并基于机票与保险公司订立合同，表现形式为航延险，行为人仅仅通过购买航延险无法直接骗得保险公司财物，而是要在发生约定的航班延误情况下，获得保险金请求权，方可获得财物。

因此，在通过航延险"薅羊毛"情况中，行为人并非通过与保险公司订立航延险合同直接获利，而是在发生了约定的保险事故——航班延误的情况下，才能获利，不符合合同诈骗罪的构成，不应构成合同诈骗罪。

四、其他值得探讨的问题

（一）如何有效规制航延险"薅羊毛"现象

笔者在几个大众常用的综合性机票购买网站"携程""途牛""去哪儿"通过下载对比"航延险"条款，发现目前的"航延险"条款普遍具有一些共性：（1）航班延误达到3个小时以上，方可得到上限为300元的赔付款；（2）同一被保险人同一航段限投一份，多投部分无效；（3）被保险人必须乘坐投保航班，才能获得航班起飞延误/到达延误/返航/备降的赔付。此外，在途牛网《中国平安财产保险股份有限公司平安个人旅行航班延误保险条款（注册号：C00001731912018031402831）》中，责任免除条款中特别列明了"被保险人在预订航班或投保时就已经知道或合理推断应该知道可能发生保险单载明的时间或更长时间延误、或航班取消的情形的"。

从以上各机票售卖网站上的航延险条款可以看出，现在保险公司对于航延险的出售及给付条件都更加严格，很难再出现通过购买一张机票却购买几十份航延险，然后在发生保险事故后获得巨额理赔金的情形。保险公司作为商事主体，面对数以亿计的消费群体，为投保人提供的都是格式合同，普通投保人在面对保险人所提供的格式合同时，都是别无选择的，而随着业务领域的不断发展更新，保险合同也可能落后于时代的发展、人的发展，就需要通过精算不断更新、调整以实现利益最大化。

2006年，美亚保险公司首次推出了航空延误险和行李延误险。该险种承诺："由于恶

---

① 《罗翔说刑法：那些延误的航班》，载澎湃新闻网站，https://www.thepaper.cn/newsDetail_forward_7816288。

劣天气、机械故障、罢工或劫持而导致飞机或轮船延误连续6小时以上，被保险人可获得每6小时延误赔偿300元，最高1800元的赔付。"航延险在我国从诞生到现在也不过短短十几年，而这十几年我们的国人经历了移动端从2G到3G、4G，如今就要迎来5G的变化，购买机票也从代售点、电脑到现在更多的是在手机上完成，那么航延险经历过从一个新兴不为大众所知的概念到一时为大众所热议，再到如今已然有沦为航空意外险附庸之趋势，也是一个事物不断适应社会发展的过程。

在经历过多次航延险"薅羊毛"事件的冲击后，保险公司也在不断地调整航延险的购买限制、给付条件，实现一张机票对应一份航延险的结构，防止恶意投保获利行为，笔者认为，对于航延险"薅羊毛"行为的有效遏制，在目前的情况下只需要保险公司通过进一步完善其格式合同即可实现，而非公权力通过其他手段来加以干涉。

（二）本案引起的对转变刑事司法理念的思考

在司法实践和一些热点事件中，往往会看到一些让笔者觉得"怪异"的案件，如曾经名噪一时的黄静要求对华硕电脑公司进行惩罚性赔偿反被诉敲诈勒索罪，及父亲为遭毒奶粉侵害的5岁女儿维权反被诉敲诈勒索罪坐牢五年最后被改判无罪的"三聚氰胺维权第一案"，这些当事人经历了多年维权后最终改判无罪的案件时刻提醒我们，刑事司法理念的转变任重道远。

法益是入罪的基础，伦理是出罪的依据。刑法是一个社会最严厉的处罚手段，即刑罚的最后手段性——在决定危害社会行为的惩罚措施时，应当优先考虑刑罚以外的其他社会控制手段，只有在刑罚以外的其他控制手段不足以抑制该行为或不足以保护法益时，才考虑动用刑罚。① 诸如以上所提到的几个案件，在通过民事手段、行政处罚等就可以达到所要追求的法律效果和社会效果时，就不宜以犯罪论处。否则，就会回到诸法不分、以刑为主的古代法思维。说到底，这依然是一个对待刑法的立场问题：面对层出不穷的经济现象，刑法是应该无限扩张，还是应该保持适度的谨慎？②

违反道德的行为并不一定违反法律，刑法是对人最低的道德要求，在刑法的适用上不应推行道德完美主义，否则就是对公民的苛求，法不能强人所难。作为司法工作人员，转变刑事司法理念，就是要求我们在面对更加纷繁复杂的社会问题和案件事实时，要摒弃有罪推定理念，这种"先入为主"的破案逻辑是导致错案产生的重要原因，会使司法人员在破案过程中形成刻板印象，如果不加以纠正，防止错案的发生就丧失了观念保障的基础。因此，要切实贯彻无罪推定原则，要摒弃疑罪从轻观念。成立犯罪，证据上要达到"犯罪事实清楚，证据确实充分"，如果证据无法达到相应的标准，则称之为疑案，根据疑罪从无原则，犯罪嫌疑人不构成犯罪。然而在司法实践中，我们离这个观念已经走得太远了，有不少的案件是在证据不足的情况下，犯罪嫌疑人被定罪，然后在量刑上予以从轻处理，这种疑罪从轻、判有余地的做法，严重侵犯了人权，也与法治精神相违背，因此，要坚决贯

---

① 参见李兰英：《契约精神与民刑冲突的法律适用——兼评〈保险法〉第54条与〈刑法〉第198条规定之冲突》，载《政法论坛》（《中国政法大学学报》）2006年第6期。
② 《罗翔说刑法：那些延误的航班》，载澎湃新闻网站，https：//www.thepaper.cn/newsDetail_forward_7816288。

彻疑罪从无的司法理念。① 我们要倡导公正和谐司法理念,让每一名检察人用公正和谐的理念来解读政策、适用法律,不曲解法意,避免做片面的"追诉狂",用内心的善来体现追诉犯罪的适当性、必要性和均衡性,最大限度地兼顾普遍公平与个案公平、形式公平与实质公平,通过规范、透明的司法裁量给予人民群众应得的被社会广泛认可的司法结果。②

结　语

通过本文的探讨,笔者试图梳理出利用他人信息购买航延险"薅羊毛"行为的情况下,航延险保险合同中保险标的、保险利益是否存在,以及该行为是否构成犯罪的问题。当然,以上观点仅为笔者一家之言,鉴于笔者之观点与现有判决之间尚有矛盾之处,以上内容表述也仍然存在不足之处,仅希望以此文引起更多人对于现实生活中法律现象的思考和辨析,尤其是司法工作人员,在面对更加纷繁复杂的经济社会时,转变刑事司法理念,助推法治建设刻不容缓。

---

① 章松涛、张闻捷:《防范错案中刑事司法理念的重塑——以念斌案为视角分析》,载《佳木斯职业学院学报》2015年第7期。

② 肖振猛:《倡导现代刑事司法理念》,载《贵州日报》2018年3月6日第10版。

刑事附带民事公益诉讼若干问题研究

张 曙 施佳美[*]

随着公益诉讼实践的蓬勃开展，检察机关提起公益诉讼制度逐渐为我国立法和司法解释所确立。刑事附带民事公益诉讼是公益诉讼制度的重要组成部分。近年来，检察机关做了积极探索，也积累了部分经验。实践性的议题离不开实证研究。笔者以"公益诉讼"为关键词，在"无讼案例网"搜索2017至2019年三年的一审裁判文书，共检索到符合要求的文书5912份，其中"刑事附带民事公益诉讼"一审裁判文书有3111份，占公益诉讼类案件总量的一半以上。司法实务中刑事附带民事公益诉讼案件大量涌现，其在确立伊始就展现出的蓬勃生命力与发展缓慢的民事公益诉讼产生显著对比。2017年刑事附带民事公益诉讼案件文书数量为48份，2018年刑事附带民事公益诉讼的一审裁判文书共1063份，在公益诉讼类案件中占比55%，而在2019年则达到了2000份，在公益诉讼类案件中占比上升至64%。笔者期望通过对上述文书的整理，了解刑事附带民事公益诉讼程序在审判管辖、诉前程序、调解程序和责任承担等方面的运行现状，分析其在立法或实务领域存在的问题，并对刑事附带民事公益诉讼程序的完善提出若干构想。

一、刑事附带民事公益诉讼的审判管辖

2015年施行的最高人民法院《关于审理环境民事公益诉讼案件适用法律若干问题的解释》第6条第1款规定，第一审环境民事公益诉讼案件原则上由中级以上人民法院管辖，在确有必要情况下，报请高级人民法院批准后可将案件交由基层人民法院管辖。但最高人民法院、最高人民检察院《关于检察公益诉讼案件适用法律若干问题的解释》（以下简称《两高解释》）第20条第2款规定，人民检察院提起的刑事附带民事公益诉讼的审判管辖与刑事案件相同。根据刑事诉讼法关于基层人民法院管辖第一审普通刑事案件的规定，即可推导出人民检察院对于一审普通刑事附带民事公益诉讼受基层人民法院管辖这一结论。不同法律规范对刑事附带民事公益诉讼的一审管辖作出截然不同的规定，其在一定程度上影响了各部门法之间的体系性。

此外，即使最高人民法院《关于审理环境民事公益诉讼案件适用法律若干问题的解释》第6条第2款规定，在中级人民法院认为"确有必要"的前提下，可以突破第6条第1款所确立的管辖原则，将第一审环境民事公益诉讼案件交由基层人民法院审理，该条款或许可以为基层人民法院审理刑事附带民事公益诉讼案件提供合法的解释，但不可否认的是，

---

[*] 张曙，浙江工业大学法学院副教授，博士，硕士生导师；施佳美，浙江工业大学法学院硕士研究生。

其并不能类型化地适用。若每件刑事附带民事公益诉讼案件管辖的处理都需要履行中级人民法院报请高级人民法院的批准程序，则无疑会极大地降低诉讼效率、浪费司法资源。

笔者通过整理 3111 份裁判文书后了解到，虽然规范领域对于刑事附带民事公益诉讼案件的管辖认定上存在冲突，但在司法实务中，刑事附带民事公益诉讼由审理刑事部分的基层人民法院审理已经成为普遍趋势。

在 3111 份文书中，有 2973 份裁判文书由基层人民法院作出，占 2017 至 2019 年刑事附带民事公益诉讼案件总量的 95.6%；在 44 份由中级人民法院作出的裁判文书中，有 32 份是中级人民法院作出的判决书，12 份是中级人民法院作出的裁定书。进一步整理这 44 份由中级人民法院作出的裁判文书，可以得出以下结论：首先，2017 年云南地区中级人民法院作出的 12 份裁定书皆为解决刑事附带民事公益诉讼案件的管辖争议，裁定书①显示，虽然 2017 年尚未存在有关刑事附带民事公益诉讼案件审判管辖的法律规范，但该地在处理附带民事公益诉讼类案件的管辖时已形成与刑事案件管辖相统一的适用标准。其次，在 32 份判决书中，有 22 份是由江苏省徐州铁路运输法院作出，出现该现象的原因可能在于 2016 年徐州中院发布的《关于徐州铁路运输法院集中管辖徐州市环境资源一审案件的公告》②，该公告明确"徐州铁路运输法院集中受理徐州市辖区内的原由各基层人民法院管辖的环境资源类一审案件"。最后，在余下的 10 份判决书中，行政判决书为 1 份，因情节特别严重、数额特别巨大等原因由中级人民法院作出的判决有 4 份，其余判决书所呈现特征尚不明显。由此可见，虽然 2017 至 2019 年存在少量刑事附带民事公益诉讼的一审裁判文书由中级人民法院作出的现象，但其并非对基层人民法管辖一审刑事附带民事公益诉讼案件的挑战，且就刑事附带民事公益诉讼案件而言，其管辖体现的特点具有从属性和同一性。③ 上述数据足以表明，虽然在立法基础上对案件的级别管辖处理存在争议，但实践中司法实务人员对管辖问题已基本达成一致，即由审判刑事部分的基层人民法院同时审理附带民事公益诉讼部分，可以减少程序的重复性，以更好地保护社会公共利益。

笔者认为，应当明确刑事附带民事公益诉讼程序的基础法依据为刑事诉讼法及相关司法解释，并严格遵守附带民事公益诉讼案件的管辖与刑事案件同一的规定。在司法实务中，对案件管辖的适用既遵循附带民事公益诉讼案件的从属性，亦要考虑诉讼效率，尽量避免实务中出现基层人民检察院在处理完案件的刑事部分后，再将同一案件的民事公益诉讼部分转交市人民检察院的现象。

此外，立法需充分考虑刑民领域关于级别管辖的规则。刑事诉讼法规定，中级人民法院审理危害国家安全、恐怖活动和可能判处无期徒刑、死刑的一审刑事案件；而根据民事诉讼法及相关规定，诉讼标的额会对一审民事案件的级别管辖产生重要影响。因此，刑事附带民事公益诉讼案件级别管辖的认定上极易出现以下情形：根据被告人罪名或量刑确定的管辖法院应当是基层人民法院，而根据涉案标的额确定的法院应当是中级人民法院。有学者指出，超过基层法院管辖诉讼标的限额的案件被轻易截留在基层法院审理，这些案件

---

① 参见大理白族自治州中级人民法院（2017）云 29 民初 145 号裁定书、普洱市中级人民法院（2017）云 08 民初 37 号裁定书。

② http://xzzy.chinacourt.gov.cn/article/detail/2016/12/id/2495755.shtml，最后访问时间：2020 年 9 月 21 日。

③ 邵世星：《检察民事公益诉讼的若干重点问题》，载《中国检察官》2018 年第 13 期。

被诉主体的级别管辖利益和地域管辖利益被非法剥夺。① 还有我国刑事诉讼法和民事诉讼法均规定了下级法院在特殊情形下（如案件重大、复杂）可以请求移送上一级法院审判，故刑事附带民事公益诉讼的级别管辖不应做绝对化的界分。因此，在刑事附带民事公益诉讼案件处理管辖问题上，除了要遵循刑事案件的级别管辖规定外，也应将案件标的额或者案件重大、复杂作为级别管辖的影响因素。例如，可以在立法上明确"一审刑事附带民事公益诉讼案件原则上由基层人民法院审理，但如果有涉案金额巨大等其他严重情形的，由中级人民法院进行管辖"。

二、刑事附带民事公益诉讼的诉前公告程序

自《两高解释》规定人民检察院可以提起刑事附带民事公益诉讼时起，刑事附带民事公益诉讼是否需要履行为期 30 日的诉前公告程序的争论便持续至今。《两高解释》第 13 条、第 17 条为保障法律规定的机关和有关组织的民事公益诉讼起诉权，规定人民检察院需履行诉前公告作为前置程序，但对于刑事附带民事公益诉讼是否需要诉前程序则未规定。由于《两高解释》并未设置诉前程序与诉讼程序的具体衔接规则和协调方案，各地检察机关对诉前程序的重视程度及操作模式亦有所不同，这在一定程度上影响了诉前程序之应有功能的最大化实现。②

笔者以"诉前公告"为关键词在 3111 份刑事附带民事公益诉讼一审裁判文书中进行检索，共搜索到符合要求的文书 84 份。进一步整理后发现司法实务中对诉前公告程序的履行情况有以下特点：（1）是否履行诉前公告程序不统一。文书显示大部分人民检察院会主动履行诉前公告程序，并将其作为一项证明诉讼主体合法性的证据材料上交至法院；而审理案件的法院也会对人民检察院履行诉前公告程序进行相应调查，并在文书中对人民检察院的起诉主体资格进行解释与阐明。与此同时，少部分裁判文书显示，对诉前公告程序履行必要性的争论不仅是在理论领域，亦真实存在于司法实务中。在部分案例中③，审理案件的法院认为，《两高解释》第 20 条是对人民检察院无须通过诉前公告程序获得诉讼主体资格的特别规定，进而对诉讼代理人提出的人民检察院无权提起公益诉讼的观点不予采纳。（2）履行诉前公告的方式不统一。通过对 84 份裁判文书中诉前公告程序的履行途径、方式等进行整理，发现存在各区域间人民检察院履行诉前公告程序的方式并不统一的现象。统计显示，大部分人民检察院选择在《检察日报》和正义网（前身是《检察日报》的网络版）平台上履行诉前公告程序，其余履行诉前公告程序的方式则呈现多样化特点，即部分人民检察院选择在其他全国性报纸或网站上发布公告信息，如《人民法院报》《法制日报》、今日头条网站等；部分人民检察院选择在地方性的媒体平台发布公告，如《新法制报》、《汉中日报》《塔城日报》、地方性电视台；部分人民检察院通过检察院的公告栏发布公告信息。

笔者认为，需要明确履行诉前公告程序的必要性，即检察机关不能以影响办案效率等

---

① 刘加良：《刑事附带民事公益诉讼的困局与出路》，载《政治与法律》2019 年第 10 期。
② 韩静茹：《公益诉讼领域民事检察权的运行现状及优化路径》，载《当代法学》2020 年第 1 期。
③ 参见辽源市龙山区人民法院（2018）吉 0402 刑初 220 号判决书、都兰县人民法院（2018）青 2822 刑初 51 号判决书。

理由剥夺社会组织的诉权。①虽然《两高解释》未对刑事附带民事公益诉讼案件的诉前公告作明确规定，但基于民事公益诉讼的诉讼主体资格及检察机关作为后顺位诉讼主体的特点，履行诉前程序有利于维护附带民事公益诉讼的基本结构，②并实现与其他法律规范间的有效衔接。此外，需要明确诉前公告的途径及方式。我国各地可以提起民事公益诉讼的组织尚未实现全覆盖，为增强对地方公共利益的保护，相关法律应明确符合起诉要求的机关或组织可以在全国范围内提起民事公益诉讼。实践中存在部分机构或组织（如中国生物多样性保护与绿色发展基金会、北京市朝阳区自然之友环境研究所等）在全国范围内对侵害公共利益的行为提起民事公益诉讼的现象。但与此同时，另一个影响机关或组织提起民事公益诉讼的因素也随之出现，即各地司法机关不同的公告途径、方式影响了机关或组织对案件信息获取的及时性。因此，有必要对诉前公告程序制定细化的规范标准，如统一全国各地人民检察院对诉前公告程序的履行途径、方式等。

三、刑事附带民事公益诉讼的调解程序

司法实务中适用调解的案件并不罕见，笔者以"调解"为关键词在3111份刑事附带民事公益诉讼一审裁判文书中进行检索，共搜索到符合要求的文书362份。随着以调解形式处理附带民事公益诉讼案件的逐渐增多，理论界和司法实务界掀起了一场关于人民检察院作为调解主体的正当性风波。

一是人民检察院并非侵权行为的"直接利害关系人"而引起的调解主体合法性争议。有学者指出，有资格提起公益诉讼的机关或组织拥有的诉权仅指启动诉讼程序的权利，而在公益诉讼案件的实体问题上并不享有实际处分权。③笔者认为，仅以公共利益的关联性来判断调解主体的合法性并不妥当。一方面，刑事附带民事公益诉讼制度的产生就是为了有效解决日益严峻的社会公共利益损害问题，若执意拘泥于"直接利害关系人"，则不能有效解决社会矛盾，那么诉讼程序将毫无意义可言，因此程序本身赋予人民检察院作为调解主体的合法性基础；另一方面，人民检察院作为调解主体符合现有的法律体系。《关于适用〈中华人民共和国民事诉讼法〉的解释》第289条规定，公益诉讼案件可以和解或调解；刑事诉讼法第101条规定，被害人在刑事诉讼过程中可以提起附带民事诉讼，人民检察院在提起公诉时可以就国家、集体财产受到的损失提起附带民事诉讼；《关于适用〈中华人民共和国刑事诉讼法〉的解释》第153条规定，人民法院审理附带民事诉讼案件，可以根据自愿、合法的原则进行调解。因此，虽然《两高解释》并未对刑事附带民事公益诉讼的调解程序作特别规定，但通过类推适用相关法律规范，亦可以得出刑事附带民事公益诉讼案件中的附带民事公益诉讼部分可以调解这一结论。

二是基于检察机关作为国家公权力机关而产生的调解主体合理性讨论。部分学者指出，人民检察院作为调解主体容易导致对公共利益的维护在讨价还价中大打折扣，并且还可能

---

① 张雪樵：《检察公益诉讼比较研究》，载《国家检察官学院学报》2019年第1期。
② 杨雅妮：《刑事附带民事公益诉讼诉前程序研究》，载《青海社会科学》2019年第6期。
③ 张卫平：《民事公益诉讼原则的制度化及实施研究》，载《清华法学》2013年第4期。

成为权钱交易、滋生腐败的温床，使得对方合法地获得不当利益，产生更大的不公正。① 根据辩证唯物主义观点，对于检察机关作为调解主体是否具有合理性的争议不能一概而论。一方面，人民检察院作为调解主体更有利于司法目的的实现。诉讼程序的意义在于解决矛盾、化解纠纷，但如果当事人胜诉判决的结果迟迟无法兑现，无疑是对司法活动的一种否定。② 执行难问题一直未得到有效破解，而在民事公益诉讼案件中，由于行为人侵犯社会公共利益的行为往往具有范围广、影响大、领域特殊等特点，其需要承担的往往不只是金钱义务，特殊的责任承担方式使得附带民事公益诉讼领域的执行更加困难。此时，人民检察院作为调解主体与被告达成调解协议，既可以促使被告主动履行义务，减少执行上的负担；还可以通过行使职权，及时跟进行为人的履行状况、监督履行质量，以达到对社会公共利益的有效保护。另一方面，以调解方式处理附带民事公益纠纷具有合理性。以调解方式解决纠纷，既可以减少司法资源的浪费，又能够增加行为人对结果的认可度，有利于实现社会持续、稳定的良性发展。

衡量制度的好坏在于其能否有效解决社会问题，在肯定人民检察院作为调解主体价值的同时，也应注意到由于调解程序在刑事附带民事公益领域具有主体特殊性而造成现有规范不足的现象。首先，对人民检察院作为调解主体而享有的调解权进行适当限制。根据现有法规，人民检察院在调解程序中受到的限制基本与普通机关或组织无异。但人民检察院与公益诉讼被告之间的能力失衡是由刑事附带民事公益诉讼中倾斜的诉讼结构导致的，③ 因此在适用调解程序问题上应有更为谨慎的态度，如可以适当缩小调解程序的适用领域、加强人民法院对调解协议的审查等。

其次，调解过程需充分贯彻自愿、合法原则。受人民检察院长期以来形成的威慑力影响，其与公益诉讼被告在调解过程的地位、专业化水平难以做到实质上的平等。可以考虑将法律援助或值班律师制度引入刑事附带民事公益诉讼的调解程序中，如为没有辩护人或诉讼代理人的当事人指派律师，解释调解程序的效力、查阅调解协议；或者将保障附带民事公益诉讼当事人的诉讼权益纳入值班律师的职责中。通过律师的帮助，提高公益诉讼被告在调解程序中的专业程度，以期达到实质意义上的平等。

最后，强化复数公益性诉讼实施权人之间的监督机制。④ 根据现有规定，在法律规定的机关和组织没有提起民事公益诉讼的情形下，人民检察院可以代位取得提起附带民事公益诉讼的权利，但有关机关或组织未进入附带民事公益诉讼程序并不意味着其完全丧失对此案的参与权。法律规定的机关和有关组织大多基于保护某一特定的公益领域而存在，其在鉴定、评估、恢复等工作的处理上更具专业性优势，进而可以为人民检察院的调解过程提供帮助或进行监督。例如，人民检察院在达成调解协议过程中，可以就有关专业性事项听取法律规定的机关和有关组织的建议；而未提起附带民事公益诉讼的机关和组织可以对调解协议进行外部监督，当其认为调解协议有损社会公共利益时，可以以此向人民法院提出异议，并在公告期限内及时递交相应证据材料、情况说明等文件。

---

① 何燕：《检察机关提起民事公益诉讼之权力解析及程序构建》，载《法学论坛》2012年第4期。
② 杨贝：《附带民事诉讼制度研究与实务》，中国政法大学出版社2014年版，第111页。
③ 周浩：《刑事与附带民事公益诉讼事实认定差异的解决及技术考量》，载《中国检察官》2019年第10期。
④ 黄忠顺：《公益性诉讼实施权配置论》，社会科学文献出版社2018年版，第172页。

四、刑事附带民事公益诉讼的责任承担

由于《两高解释》并未对附带民事公益诉讼部分的责任承担问题作特别规定，因此需要通过适用其他法律来解决附带民事公益诉讼被告的责任承担问题。

首先，如何界定附带民事公益诉讼的责任范围问题。2014年施行的消费者权益保护法第49条至第52条对消费者或其他受害人可以主张侵权损害赔偿范围作了相应规定；2015年施行的环境保护法第64条规定，环境及生态领域的损害赔偿应当依照我国侵权责任法予以认定；侵权责任法第15、16条等条款明确了承担侵权责任的具体方式、赔偿范围及精神损害赔偿等内容。但不论是消费者权益保护法还是环境保护法，都仅是对民事公益诉讼领域的责任承担进行规范，而在处理具有刑民双重性的刑事附带民事公益诉讼责任承担问题时，必然要兼顾刑事和民事领域立法。

其次，消费民事公益诉讼领域的惩罚性赔偿数额标准不统一问题。消费者权益保护法第55条规定，经营者提供商品或者服务有欺诈行为的，消费者可以主张惩罚性赔偿。笔者以"惩罚性赔偿"为关键词，在3111份刑事附带民事公益诉讼一审裁判文书中进行检索，共搜索到符合要求的文书128份。通过对文书进行整理，发现各地对于惩罚性赔偿的适用尚未统一：第一，不同罪名间的惩罚赔偿数额不同。在生产、销售有毒、有害食品和生产、销售不符合安全标准的食品案件中，人民法院最后判决的惩罚性赔偿基本为销售金额的十倍；而在生产、销售假药案件中，法院最后判决的惩罚性赔偿金大都为销售金额的三倍。第二，各地法院对惩罚性赔偿请求的处理也存在不同。法院在裁判时会对惩罚性赔偿金的数额进行调整或者拒绝人民检察院提出的惩罚性赔偿请求。

最后，如何处理履行民事责任影响刑事量刑的问题。民法典于2020年正式通过，该法第187条规定，民事主体因同一行为应当承担多种责任的，彼此间的责任承担互不影响。因此，既要求附带民事公益诉讼被告履行民事赔偿责任，又对其进行刑罚处罚的责任方式虽不构成"重复处罚"，但高额的民事赔偿在一定程度上也招致了"过罚不当"的质疑。此外，根据《关于适用〈中华人民共和国刑事诉讼法〉的解释》第157条的规定，被告人的赔偿情况可以作为人民法院在量刑时的酌定考虑因素。基于民事赔偿的情况可以作为刑事量刑的依据，被告人为减轻刑罚能够积极地履行民事责任，有利于民事责任的承担。[①] 但是民事赔偿作为刑事量刑的酌定量刑情节，其受法官自由裁判权的影响，可能在一定程度上引发公权力危机。

针对上述问题，笔者认为：首先，需要加快刑事附带民事公益诉讼针对责任承担问题的立法，从法律法规层面解决民事公益诉讼与附带民事公益诉讼之间的责任冲突问题。如对刑事附带民事公益诉讼是否可以主张精神损害赔偿、对"物质损失"是否包括间接物质损失等问题通过法规作出处理。

其次，应当进一步细化惩罚性赔偿金的数额标准。如赔偿金数额应当充分考虑案件性质、被告人主观恶性、行为的社会危害性等因素，而不是简单地适用销售额的三倍或十倍等标准。"过罚适当"的金钱义务既能发挥惩罚作用又有利于行为人的改造，避免其为履行

---

① 龙婧婧：《检察机关提起刑事附带民事公益诉讼的探索与发展》，载《河南财经政法大学学报》2019年第2期。

高额赔偿而再次进行违法行为,① 因此,解决刑事附带民事公益诉讼案件中刑事罚金与惩罚性赔偿金应如何适用的问题同样迫在眉睫。

最后,由于现阶段附带民事公益诉讼中的责任承担只是酌定量刑情节,其既可能降低被告人民事责任承担的积极性,也可能在法官自由裁量权的影响下出现同案不同判的困境。将附带民事公益诉讼的民事责任承担作为法定量刑情节予以规定,不仅可以增强被害人、被告人以及公众对判决的信任,也使法官量刑时有了统一的标准和权威、确定的依据。② 因此,可以将被告人积极履行民事赔偿的行为作为法定量刑情节,并从立法上对从轻、减轻或免除处罚的适用幅度作数字化规定等。

---

① 刘艺:《刑事附带民事公益诉讼的协同问题研究》,载《中国刑事法杂志》2019 年第 5 期。
② 陈立斌主编:《刑事附带民事诉讼案件审理精要》,人民出版社 2018 年版,第 113 页。

审判中心主义视野下监察法与刑事诉讼法证据衔接制度研究*

张永进 范亚龙**

引 言

党的十八大以来，我国监察体制改革不断深化，从地方试点到立法实施，确保反腐败工作始终依法推进。2018 年 3 月，全国人大出台了监察法，首次以基本法律的形式明确了各级监察委员会的工作职责，使得监察机关集监督、调查、处置于一体[①]。在此背景下，监察法与刑事诉讼法在证据方面衔接什么、如何衔接，成为推进"以审判为中心"诉讼制度改革和反腐败工作法治化的"双重"核心内容。

一、证据衔接的"两种模式"

（一）监察体制改革前的"证据转化"模式

刑事诉讼证据是指能够证明刑事案件事实的材料。刑事诉讼活动的特点决定了刑事诉讼证据要求应严格于行政违法证据。具体而言就是：一方面，对于言词证据通过转化方式获得准入资格，即无论是行政执法还是查办案件过程中的言词证据都不能直接作为刑事司法活动的立案证据，还需要司法机关通过侦查讯问或询问来重新获取或固定相关言词证据另行取得[②]。另一方面，对于实物证据通过准入方式获得证据资格。

（二）监察体制改革后的"证据准入"模式

伴随国家监察体制改革，监察程序不再具有行政执法的性质，检察机关亦不承担收集监察案件证据的职责，因而产生了证据转化的问题。根据监察法第 33 条第 1 款的规定："监察机关依照本法规定收集的物证、书证、证人证言、被调查人供述和辩解、视听资料、

---

* 本文系河北经贸大学 2019 年度廉政建设研究中心研究课题阶段性成果。
** 张永进，河北经贸大学法学院副教授，法学博士，主要研究方向：诉讼法学、司法制度；范亚龙，河北经贸大学法学院硕士，主要研究方向：诉讼制度。
① 陈瑞华：《论监察委员会的调查权》，载《中国人民大学学报》2018 年第 4 期。
② 《人民检察院刑事诉讼规则（试行）》（2012）第 64 条规定，人民检察院办理直接受理立案侦查的案件，对于有关机关在行政执法和查办案件过程中收集的涉案人员供述或者相关人员的证言、陈述，应当重新收集。

电子数据等证据材料,在刑事诉讼中可以作为证据使用。"该条款中"在刑事诉讼中可以作为证据使用"的表述应是证据只要"可以用于证明案件事实"且符合法定的证据形式,即"在刑事诉讼中可以作为证据使用"。根据《监察法(释义)》的规定,"可以作为证据使用"应解释为"证据具有进入刑事诉讼的资格,不需要刑事侦查机关再次履行取证手续",而这些证据能否作为定案的根据,还需要根据刑事诉讼法的其他规定进行审查判断。

二、监察法与刑事诉讼法证据衔接的现状

(一)样本选取

本研究从中国裁判文书网检索"监察委调查的刑事案件",时间段选取为2018年4月1日至2020年6月1日,随机抽选了2000份一审法院判决书,从而保证样本选取具有代表性、真实性和广泛性。从地域上看,以上2000份裁判文书分布于我国大陆31个省、自治区、直辖市以及新疆生产建设兵团。其中湖南、山东、河南、云南、湖北和安徽位列前六名。经监察委调查的职务犯罪案件数量基本上同人口的密集程度成正相关,案件分布也较为均匀,数据样本的可信度较高。

(二)初步分析

1. 罪名分布

在经过监察委调查取证的案件中,贪污贿赂型犯罪占绝大多数,挪用公款罪、职务侵占罪的案件数量相较于贪污贿赂型犯罪稍微少些。在2000份判决书样本中,受贿罪数目最多,达到了616件,贪污罪有426件,挪用公款罪和行贿罪的数量分别是154件和131件。这些职务犯罪案件都有着隐蔽性强、定罪过程更多依赖言词证据的特点。由此可以看出,贪污贿赂类案件仍是职务犯罪案件的重头,并且该类犯罪行为隐蔽、证据较为单一、供述易变,导致案件侦查过程中不利于证据收集。

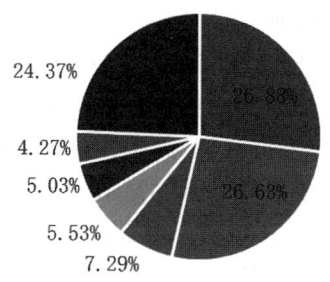

职务犯罪样本罪名分布图

2. 辩护情况

据统计,我国刑事案件的辩护率约为30%,这就意味着近70%的刑事被告人没有辩护

律师。① 在此次研究的 2000 份样本数据中，有律师参与案件审判工作的有 1621 件，占总数的 79.49%。律师参与案件又分为委托辩护和指定辩护，其中委托辩护的有 1485 件，占总样本数目的 72.82%；自行辩护的有 418 件，占总数的 20.5%。这主要是由于职务犯罪案件中的被告人大多数具有较高的文化程度，能够清楚认识到需要委托律师以维护自身合法权益。此外，这也与职务犯罪案件中被告人大多经济条件较好，在一定程度上可以负担得起律师费等因素有关。

职务犯罪样本辩护情况

辩护种类 案件分类	委托辩护		指定辩护		自行辩护	
	人数	占比	人数	占比	人数	占比
受贿罪	560	37.70%	50	36.76%	283	67.70%
贪污罪	424	28.55%	27	19.85%	101	24.16%
挪用公款罪	136	9.16%	14	10.29%	12	2.87%
行贿罪	113	7.60%	8	5.88%	7	1.67%
职务侵占罪	77	5.19%	7	5.14%	5	1.19%
其他犯罪	175	11.80%	30	22.08%	10	2.41%
总计	1485	100%	136	100%	418	100%

全部案件中仅有 1 名代理律师的案件有 938 件，有 2 名代理律师的案件有 548 件，由此可见，在此类型案件中以 1-2 名代理律师为主，在个别复杂案件中有 3 名及以上律师代理案件。在案件辩护的过程中，主要以量刑辩护为主，对于程序辩护和无罪辩护涉及情形较少。这与长期以来的辩护理念密切相关，认为辩护时对犯罪嫌疑人应进行无罪或者是罪轻的辩护，因此在审判过程中更加注重实体层面的辩护，而会忽略程序方面的辩护。

3. 证据情况

关于证据种类，刑事诉讼法采取法定列举方式明确证据种类，而监察法则采取"列举+等"的概括方式确定证据种类，并且在其他条款明确了鉴定意见、笔录类证据材料可以作为证据使用。首先，"等"之外的证据广泛存在。从办案实践看，这种方式更具有灵活性，在 2000 份数据样本中，证据的种类范围在"等"之外进行探索，包括了"讯问、询问、留置、搜查、调取、查封、扣押、勘验检查等笔录或者报告"。其次，言词证据、书证占比较大。以"证人证言、被告人供述"为关键词搜索到 1924 篇裁判文书。书证等间接证据也是重要的证据种类，且种类比较多，主要包括监察机关立案、留置文书、搜查、查封扣押、谈话记录等相关材料；公司销售单、银行交易记录、物品清单及照片；行政机关档案；被告人签订的合同等文书。最后，侧重言词证据的审查。从样本裁判文书来看法庭对于证据的审查，绝大多数案件都对证人证言、被告人供述等言词类证据进行了较为充分的举证、质证，其他证据种类则并未进行实质审查。

---

① 李贵方：《为刑事案件律师辩护全覆盖点赞》，载《中国司法》2017 年第 11 期。

4. 非法证据排除情况

非法证据排除规则旨在规范取证行为，保障被调查人合法权益，促进司法公正。通过对上述2000份裁判文书的分析，以"非法证据排除"为关键词，仅搜索到5份裁判文书，占比为0.25%。然而在仅有的5份裁判文书中，1份是被告人未申请非法证据排除的，1份为申请非法证据排除后又撤回的，只有3份提起了非法证据排除申请。[①] 从实际判例可以看到，在2000份裁判文书中，没有一起案件有非法证据被排除的情形，辩护方提出的非法证据排除申请无一不被驳回，存在质疑的证据最终成了定罪量刑的合法证据。由此我们也可以印证非法证据排除在我国刑事诉讼中的难度，尤其是在职务犯罪案件中，面对监察机关的"位高权重"，辩护人、被告人是否敢于提出非法证据排除的申请，以及检察机关、法院作为审判机关是否依据申请进而启动非法证据排除程序都需要我们去关注，而且在非法证据排除的案件中，大多数也是针对讯问笔录、被告人供述等言词类证据提出，对于实物类证据鲜有非法证据排除的申请。

5. 监察人员出庭作证情况

关于监察人员是否应当出庭作证的问题，监察法对此并没有明确规定。但当辩护方对监察机关调查的证据合法性提出质疑的时候，检察机关需要承担合法性证明责任。证明的方式除了出示监察委员会的讯问笔录、讯问录音录像外，最直接的方法就是监察机关的调查人员出庭说明情况，因此"调查人员出庭显然是在庭审实践中难以回避的问题"[②]。从样本数据来看，调查人员的出庭分为三类：一是由辩方申请；二是由公诉方提出；三是由审判组织决定。在这三类情形下，辩方申请的为475起，公诉方主动提出的为32起，审判人员依据职权主动要求调查人员出庭的为0。然而，辩方申请的案件，仅有30起案件调查人员出庭，占所有申请案件的6.3%。

三、监察法与刑事诉讼法证据衔接存在的主要问题

（一）证据衔接的一般规则缺失

一是证据衔接案件范围有待明确。监察法第33条第1款规定："监察机关依照本法规定收集的物证、书证、证人证言、被调查人供述和辩解、视听资料、电子数据等证据材料，在刑事诉讼中可以作为证据使用。"而根据刑事诉讼法第54条规定，行政机关在行政执法和查办案件过程中收集的物证、书证、视听资料、电子数据等证据材料，可以在刑事诉讼中作为证据使用。这就意味着刑事诉讼法规定的可以进入司法程序的证据范围明显小于监

[①] 在（2018）吉01刑初113号判决书中，"法院认为被告人及其辩护人未能提供侦查机关有刑讯逼供等非法方法收集被告人供述的任何线索和材料，依法不应启动非法证据排除程序"。仅有2份裁判文书中法院启动了非法证据排除程序。在（2018）皖1202刑初252号判决书中，"法院根据被告人李某某及其辩护人在诉讼中提出非法证据排除申请，召开庭前会议，并启动非法证据排除程序……最终决定驳回被告人李某某及其辩护人对本案的非法证据排除申请"；同样在（2018）川1124刑初96号判决书中，"法院认为，被告人谢某某及其辩护人提出的非法证据排除申请不符合法律规定，相关证据不应排除"。

[②] 程衍：《中国特色独立监察程序下非法证据排除规则的制度建构》，载《南京大学学报》（哲学·人文科学·社会科学）2019年第2期。

察法第 33 条规定的证据。① 由于监察机关的监察包括"调查职务违法和职务犯罪",对于"调查职务违法"的证据是否属于刑事诉讼的"准入"范围存在较大争议。

二是关于监察法第 33 条第 1 款中"等"的理解。对于立法中的"等"字,有"等之外"和"等之内"的不同理解。"等之内"是种类罗列完毕的意思,而"等之外"则是罗列之后还有其他尚未列明的种类。故此,对于监察法第 33 条第 1 款的"等"字就存在上述两种解释:一种认为监察机关收集的在刑事诉讼中可以作为证据使用的仅限于"物证、书证、证人证言、被调查人供述和辩解、视听资料、电子数据";另一种认为除了上述法律已经明确列举的之外,还包括其他种类。如果不包括,监察办案实践中能否进行证据材料范围的突破,如果包括,如何与刑事诉讼法第 50 条法定的证据种类进行衔接,这些都需要立法进行明确界定。

(二) 证据审查存在制度盲点

监察程序中收集的证据在经过证据转化后,只是意味着获得刑事诉讼的证据资格,而不代表拥有相应的证据能力。当前监察法与刑事诉讼法均未对证据转化后如何进行审查加以规定,转化后的证据缺乏相应的审查程序。同时,现有规范似乎也并没有给转化后证据的审查创设制度条件。

一是案件性质不明确加大了审查压力。监察机关立足于调查打击违纪违法案件,自身虽然具有调查程序二元性的属性,但是监察机关的调查不以刑事立案为前提,即在监察委员会调查的初期并不会区分是职务违法行为还是职务犯罪行为,监察案件不具有先验性,监察机关的工作人员在对案件性质进行判断的时候常常会出现分歧。②

二是分辨纪检监察证据加大了审查压力。监察体制改革之后,纪检部门和监察机关同时办公,纪律检查过程中收集的证据难免会自然而然随着监察机关流入检察机关。然而,纪检证据与刑事证据不具有统一性,如果直接将纪律检查活动中获取的证据当作刑事的立案证据,③ 显然是有失偏颇的。这无疑增加了检察机关审查分辨纪检监察证据的难度。

三是言词证据合法性审查难度增大。基于职务犯罪案件在很大程度上依赖于言词证据,而言词证据又有主观性强、容易变动、易受外界影响等特征,同时获取言词类证据往往伴随限制人身自由的过程,④ 监察机关对职务犯罪的调查过程以及证据收集的过程更为封闭,对于调查取证更多地依赖于监察机关的内部监督,即便检察机关提前介入也无权干涉具体的调查活动。此外,在监察机关调查取证阶段也不允许律师介入,上述内容都增大了职务犯罪言词证据非法获取的可能性和倾向性。

四是录音录像资料留存备查程序不明。根据监察法的规定,录音录像的范围涵盖了"调查人员进行讯问以及搜查、查封、扣押等重要取证工作",不仅范围广,而且程序严格。但是监察法对同步录音录像资料的调取、使用等只规定了"留存备查",并没有进行细化,

---

① 卞建林:《配合与制约:监察调查与刑事诉讼的衔接》,载《社会科学文摘》2019 年第 2 期。
② 陈卫东、聂友伦:《职务犯罪监察证据若干问题研究——以〈监察法〉第 33 条为中心》,载《中国人民大学学报》2018 年第 4 期。
③ 董坤:《法规范视野下监察与司法程序衔接机制——以〈刑事诉讼法〉第 170 条切入》,载《国家检察官学院学报》2019 年第 6 期。
④ 纵博:《监察体制改革中的证据制度问题探讨》,载《法学》2018 年第 2 期。

从而导致实践中认识不一。在 2000 份裁判文书中，以"录音录像"为关键词共搜索到 80 份裁判文书涉及"录音录像"的调查与使用，占比仅为 4%。因此，我们需要明确规定录音录像资料是否应该"随案移送"而非"留存备查"，哪些主体可以申请调取以及如何调取、审查录音录像资料，辩护方是否可以申请查阅等具体操作性措施。

（三）非法证据排除规则存在程序空转

一是两法对非法证据排除的规定并不一致。刑事诉讼法把非法证据排除规则分为三种模式：强制性排除、裁量性排除以及瑕疵证据的补正。对于言词类证据，采用的是强制性排除规则，对于实物证据，则采取裁量性排除和瑕疵补正规则①。

二是证据合法性调查启动程序难。在 2000 份样本数据中，仅有 19 件涉及非法证据排除的申请。无论是审查起诉还是审判环节，司法机关对监察机关的证据排非都秉持非常谨慎的态度。对于供述类证据合法性审查，更多依赖于作出供述时的录音录像，但是存在困难。一方面，监察机关调查取证的录音录像并不会随案件一起进入检察机关，而是"留存备查"，②当事人申请排除非法证据时也会因为缺少关键的材料、线索而面临难以启动的尴尬局面，检察机关的合法性审查工作也一并受到牵制。另一方面，为了确保非法证据排除规则得以准确、全面严格适用，在 2017 年确立了值班律师制度、收押体检制度等规定保障排除非法证据的顺利推进，③但是否可以在监察机关的调查程序中适用尚不明确。如果不能适用这些制度，取证的合法性就无法得到保障，证据的证明能力也会随之大打折扣。

三是监察法中缺少对重复性供述排除规则的规定。刑事诉讼案件需要遵循《关于办理刑事案件严格排除非法证据若干问题的规定》等司法解释中关于重复性供述的排除规则，即犯罪嫌疑人受到了刑讯逼供而作出的有罪供述和在此情形下作出的重复性供述都要一并排除④。但是在监察调查活动中没有明确是否适用重复性供述排除规则，在受到刑讯之后是仅对刑讯当次的供述予以排除还是之后受其影响的供述全部予以排除，目前实务中认识不一、处理方式也各有不同。

四、刑事诉讼法与监察法证据衔接的未来改革

（一）完善证据衔接的一般规则

一是明确证据衔接的范围。由于刑事诉讼关涉被追诉人的基本人权，对其证据收集、审查、判断均采取较为严格的标准。故此，在证据衔接的范围上，应当区分职务违法和职

---

① 张永进：《法律文本与司法实践：瑕疵证据问题研究》，载《衡阳师范学院学报》2015 年第 1 期。
② 韩旭：《监察委员会调查收集的证据材料在刑事诉讼中的适用问题》，载《湖南科技大学学报》（社会科学版）2018 年第 3 期。
③ 2017 年 6 月 27 日，最高人民法院、最高人民检察院、公安部、国家安全部、司法部联合发布《关于办理刑事案件严格排除非法证据若干问题的规定》。
④ 《关于办理刑事案件严格排除非法证据若干问题的规定》同样规定了重复性排除规则的例外情况，即在侦查、审查逮捕、审查起诉和审判期间，在刑讯逼供行为发生后更换讯问主体再次讯问犯罪嫌疑人、被告人时，在保证犯罪嫌疑人、被告人的知情权和自愿性的前提下所作的重复性供述具有证据能力。

务犯罪，对于职务违法调查中获取的证据应当采取转化模式，而在职务犯罪调查中获取的证据则采取准入模式。如此区分，也符合刑事诉讼法中关于行政机关执法办案证据的衔接要求，从而在体系上形成闭环。

二是对监察法第33条第1款关于证据范围的"等"字作"等之外"解释，即只要可以证明案件事实的材料都可纳入证据的范畴。一方面，从监察法整体立法看，监察调查的证据材料范围不限于"等之内"的种类，还包括"留置、搜查、调取、查封、扣押、勘验检查等调查笔录和报告，以及鉴定意见"；另一方面，从监察办案实践看，证据资料的范围也不限于"等之内"的种类。故此，无论是立法规定还是办案实践均应当对"等"字进行"等之外"解释。

（二）推进监察调查证据的实质化审查

一是检察阶段证据审查的实质化。根据刑事诉讼法第170条第1款的规定，"人民检察院对于监察机关移送起诉的案件，依照本法和监察法的有关规定进行审查"，而证据的审查则是重点。检察阶段证据审查的实质化包括审查逮捕和审查起诉两个环节。在审查逮捕环节，对于经审查认定存在非法取证行为的，对该证据应当予以排除，不得作为批准逮捕的证据。同时，检察机关认为有必要的，可以派员介入监察机关办理的职务犯罪案件，需要调取有关录音录像的，可以要求监察机关调取。

二是审判阶段证据审查的实质化。一方面，要完善证人出庭制度。基于职务犯罪言词证据占比较大，为贯彻直接言词原则，应当确保证人到庭说明情况。另一方面，完善监察人员出庭作证制度。当被告人或辩护人对证据提出合理怀疑时，监察调查人员应当出庭说明情况，并就这一问题接受控辩双方的质证。只有经过法庭审查认为证据能力无异议的证据，方可作为定案根据，否则便需要排除。① 只有这样才能更好地坚持审判中心主义，推进庭审实质化改革。

（三）完善录音录像资料留存备查制度

一方面，明确录音录像资料备查的情形。基于诉讼的对抗性，应当明确当被告人或辩护人对讯问、取证过程提出质疑或提出非法证据排除申请时，检察机关在审查起诉阶段对监察机关移送的证据合法性存在合理怀疑的，都属于需要调取录音录像资料的情形。如此才能发挥录音录像证明调查人员取证工作合法性的作用，消除被告人、辩护人以及检察机关的怀疑，也同时解决了调查阶段因律师无法介入而产生的被告人人权保障弱化的问题，防止非法取证。

另一方面，基于"审判中心主义"的要求，证据应当在法庭出示，当检察机关依法调取录音录像资料后，则该证据已经进入刑事诉讼程序，检察机关如果基于该证据提起公诉，也应将录音录像资料提交法院审查，若检察机关未予移送，人民法院在进行非法证据排除审查时，认为确有必要的，应当通知检察机关调取并移送同步录音录像，以保证法院公正作出裁判。

---

① 王瑞剑：《监察与司法程序证据衔接的规范性考察》，载《北京警察学院学报》2018年第4期。

（四）健全职务犯罪领域非法证据排除规则

一是完善监察程序中非法证据排除规则。对于非法证据排除规则，刑事诉讼法及相关司法解释已经进行了较长时间的实践和发展，在监察体制改革前，这些非法证据排除规则一并适用职务犯罪侦查。国家监察体制改革后，虽然改变了职务犯罪的调查主体，但是证据规则具有中立性的独立价值，在此不易废弃，需进行重新立法或者解释。一方面，推倒重来进行立法或者解释会带来法律体系的混乱，并不符合审判中心主义的证据制度要求；另一方面，重新进行立法或者解释将带来司法的不经济，立法成本的提升。另外，监察调查程序的行为规范相较于刑事诉讼法，强调录音录像全覆盖，相对于刑事诉讼法而言，要求更严，标准更高。故此，在监察程序中非法证据排除规则适用上，应当参照适用刑事诉讼程序的有关规定。

二是明确监察调查活动中应当适用重复性供述排除规则。因为监察机关调查违纪（抑或是犯罪）的供述大多是在留置的状态下取得，限制人身自由的同时，对非法取证的行为更加难以发现。出于对犯罪嫌疑人基本权利的保护，应当采用更严格的非法证据排除规则。监察机关没有进行自行排除的情况，检察机关发现犯罪嫌疑人、被告人出现重复性供述，而其中某次供述是通过非法方法获得的，应当将与此相同的供述一并排除，不得作为起诉依据。

刑事远程视频庭审及其界限

郑未媚*

问题的提出

新冠肺炎疫情是新中国成立以来在我国发生的传播速度最快、感染范围最广、防控难度最大的一次重大突发公共卫生事件。疫情防控期间，刑事案件可能采取延期审理、中止审理和改变开庭方式，前两者有法定的理由，且毕竟属于审判中断，一旦障碍事项消除，法官还要面临累积的案件压力，而且也不利于对处于羁押状态的被告人的权益的保障（可能面临超期问题）。另外，疫情防控期间，为了及时打击妨害疫情防控的违法犯罪，也不宜中止或者延期。因此，在保障安全的前提下，如何创新庭审方式，探索视频开庭就必然提到了议事日程上。[①]

通过知网资料的搜索，发现在以往的研究中很少有重量级的文章关注这个方面。随着法院信息化建设的不断推进，尤其是自从互联网法院出现后，围绕民事案件的互联网诉讼出现了相当一批研究成果，主要集中在实务层面的探索。可以说，实践走在理论的前面，民事走在刑事的前面。

因此，在疫情防控背景下，最高人民法院《关于新冠肺炎疫情防控期间加强和规范在线诉讼工作的通知》（以下简称《通知》）发布后，在线诉讼成了热点，如何开庭审理成了大家关注的焦点，也产生了不少疑问。例如：视频庭审是否违背司法的亲历性，法官如何进行视频庭审实践，证据展示、质证等如何进行，等等。

针对上述实务问题，笔者拟就刑事远程视频庭审合法性依据、前期司法实践、防疫期间庭审样态以及视频庭审的界限展开思考。

一、远程视频庭审概念辨析以及远程视频的合法性依据

什么是远程视频庭审呢？目前没有统一的界定，按照一般的理解，可以理解为以数字化法庭和视频会议技术为支撑，通过远程异地实时传送声音和图像的方式进行的开庭活动

---

* 郑未媚，国家法官学院刑事审判教研部副主任，教授。

[①] 2020年2月最高人民法院、最高人民检察院、公安部、司法部联合制定了《关于依法惩治妨害新型冠状病毒感染肺炎疫情防控违法犯罪的意见》（以下简称《意见》），共涉及9大类行为33个罪名。《意见》主要针对妨害疫情防控违法犯罪行为的实体处理。2020年2月14日出台的《通知》则在程序方面提供了指导，明确在线诉讼的基本要求。

或者方式。首先要弄清楚在线诉讼、视频庭审、庭审直播、视频提讯等概念的相互关系。在线诉讼是个大范围，包括后面所有内容。视频庭审专门针对庭审方式而言，而视频提讯（远程视频方式）则限于提讯被告人的情形。比较容易混淆的是视频庭审和庭审直播，两者都与庭审有关，前者强调以远程视频方式进行开庭，而不论是否直播，后者强调庭审直播以及公众公开性。

疫情防控期间出台的《意见》《通知》提出了在线诉讼（视频庭审等方式）。《意见》指出，人民法院在疫情防控期间审理相关案件的，在坚持依法公开审理的同时，要最大限度减少人员聚集，切实维护诉讼参与人、旁听群众、法院干警的安全和健康。详言之，"两高两部"联合出台的《意见》强调，除依法必须当面接触的情形外，可以尽量采取书面审查方式，必要时可以采取视频等方式讯问；最高人民检察院出台的《关于在防控新型冠状病毒肺炎期间刑事案件办理有关问题的指导意见》也指出，在疫情防控期间……可以采取电话或者视频等方式进行，以减少人员流动、聚集、见面交谈。上述规范性文件所要求的"书面方式""视频方式"，不仅是疫情防控要求的必然选择，在客观上也是司法便民原则的内在体现。

《通知》则明确指出，刑事案件可以采取远程视频方式讯问被告人，宣告判决，审理减刑、假释案件等。对适用简易程序、速裁程序的简单刑事案件、认罪认罚从宽案件，以及妨害疫情防控的刑事案件，可以探索采取远程视频方式开庭。

那么，疫情防控之前，我们有无关于刑事远程视频庭审的法律规定呢？目前我国立法上并无关于刑事远程视频审判的专门性法规，远程视频审判的规定散见于各类政策、解释等文件中，如2012年最高人民法院《关于适用〈中华人民共和国刑事诉讼法〉的解释》第544条规定："人民法院讯问被告人，宣告判决，审理减刑、假释案件，根据案件情况，可以采取视频方式进行。"第206条规定证人不能出庭作证及第468条规定未成年被害人、证人出庭时可以采用视频的方式。2014年最高人民法院《关于减刑、假释案件审理程序的规定》①（以下简称《减刑、假释规定》）中规定，法院可根据自身条件采用视频方式开庭。

在有关司法改革的文件中，视频庭审逐步被提上日程。最高人民法院《2010年人民法院工作要点》的通知中再次强调，"推进远程视频提讯和开庭等工作，确保办案质量和效率"。最高人民法院和公安部2012年联合发布的《关于在看守所建设远程视频讯问室的通知》第3条规定，远程视频讯问室主要用于人民法院审讯，亦可用于人民法院开庭。2016年最高人民法院颁布的《关于进一步推进案件繁简分流优化司法资源配置的若干意见》中提到适用简易程序审理的刑事案件，经当事人同意，可采用远程视频审理。② 全国各省法院亦出台相关意见或实施细则加以规范，如青海省2016年颁布《青海省高级人民法院远程视频审理案件指导性操作规程（试行）》，大力在省内推进刑事远程视频审判的适用，在全

---

① 最高人民法院《减刑、假释规定》第8条第1款规定："开庭审理应当在罪犯刑罚执行场所或者人民法院确定的场所进行。有条件的人民法院可以采取视频开庭的方式进行。"
② 最高人民法院《关于进一步推进案件繁简分流优化司法资源配置的若干意见》第10条"创新开庭方式"中规定："对于适用简易程序审理的民事、刑事案件，经当事人同意，可以采用远程视频方式开庭。证人、鉴定人、被害人可以使用视听传输技术或者同步视频作证室等作证。"

省 7 个监狱部署了数字法庭设施设备,在全省 25 个看守所建设远程视频讯问系统。①

综合上述规定,运用远程视频方式处理的刑事案件的问题包括减刑、假释案件,讯问被告人,宣告判决,特定的证人和被害人,适用速裁程序、简易程序审理的案件,妨害疫情防控案件。

二、刑事远程视频庭审的实践样态

(一) 前期相关探索

在司法实践层面,远程提讯尝试较早,运用也比较广泛。最高人民法院统一收回死刑复核后,去羁押地提讯被告人耗时耗力,开始尝试视频提讯。2009 年 3 月,最高人民法院向全国高级人民法院下发了《关于开展远程视频提讯工作前期准备事项的通知》,对这项工作专门做了部署,要求以后最高人民法院提讯被告人原则上以视频提讯为基础,其他形式为补充。最高人民法院明确,远程视频提讯案件一般是事实清楚、证据确实、充分,案情相对简单,被告人羁押地与具备远程视频提讯条件的法院距离较近,能够确保提押安全的案件。特定证人和被害人视频作证是具体案件中符合条件才采纳。

而减刑、假释案件采用远程视频开庭在案件比例上占据大部分。笔者以"远程视频"为搜索词在中国裁判文书网搜索,并限定搜索案件类别为"刑事案件",限定截止时间为 2020 年 3 月 29 日,初步搜索出 3688 个刑事文书,初步统计 1637 份是减刑的,2257 份是由中院适用。大量的案件是适用远程视频方式解决刑罚变更,因为审理减刑、假释案件用远程视频开庭的方式依据最为明确,依据的位阶最高。2012 年刑事诉讼法、2014 年《减刑、假释规定》中都加以明确。

适用速裁程序和简易程序审理的案件进行视频庭审的探索要解决的问题则更多。在实践层面,综合媒体报道和裁判文书网案件情况,沿海和经济发达地区的尝试比较早,试行刑事远程视频庭审的地方包括北京、上海、浙江、重庆、江西、福建、河北、广东等多个省市。如广州市越秀区法院自 2012 年以来将远程视频庭审作为刑事速裁的一种手段,认为是解决"案多人少"问题的手段之一,其过半刑事案件采用该模式审理。② 2014 年之后,我国开始试点速裁程序,尝试探索视频庭审也是提升效率的有力手段之一。至此,基层法院在视频庭审中开始迈出自己的步伐。可以说,各地对视频庭审进行了有益的探索,开展的刑事远程视频庭审基本上都是以数字化法庭和视频会议技术为支撑,通过远程异地实时传送声音和图像的方式完成开庭审理。这归功于法院系统近年卓有成效的信息化建设。③

笔者认为,最高人民法院和高级人民法院的探索主要在于远程提讯,中级人民法院的实践主要在于审理减刑、假释案件,这些运用视频处理案件的方式的合法性和正当性依据争议相对较小。真正需要进一步研究的则是随着速裁程序及简易程序、认罪认罚从宽制度改革的落地,在特定的疫情防控背景下提升了热度的远程视频庭审,涉及一审案件的审理

---

① 杨海云:《省高级法院采用远程视频方式审理案件》,http://qhfy.chinacourt.org/public/detail.php?id=17859。
② 《逾半刑案远程视频庭审》,载《南方日报》2012 年 10 月 17 日 A7 版。
③ 北京、上海、广州互联网法院则是法院信息化建设的集中体现,但是不受理刑事案件。

方式的新探索。

(二) 疫情防控期间的庭审样态

关于疫情防控期间的庭审样态，最高人民法院发布疫情防控典型案例时，刑一庭负责人的答记者问清楚表明了涉疫情防控案件的庭审情况，即简单案件快审、复杂案件适用普通程序，探索视频庭审。详言之，对于时效性较强的涉疫情等案件，在确保安全的前提下，优先考虑，重点安排，依法及时审判。这对及时惩治相关犯罪、保障疫情防控顺利开展起到了积极作用。对于符合事实清楚、证据充分，被告人承认自己罪行等法定条件的案件采取速裁程序或者简易程序审理，实现了"快立、快审、快判"。截至2020年3月4日，采用速裁程序、简易程序审理的妨害疫情防控刑事案件分别达51.66%、40.53%。当然，对案件相对复杂，当事人对事实证据或者定罪量刑有异议的，还是要按照普通程序进行。值得一提的是，为有效防控新冠肺炎疫情，最大限度减少人员流动和聚集，各地法院充分运用信息化建设和智慧法院成果有效开展在线诉讼活动，在确保合法、公正效果的前提下，创新工作方式，通过视频、短信等非接触方式完成文书送达、指定辩护等工作，其中59.3%的案件采取视频开庭审理，效果很好。既防止了羁押场所的病毒输入风险，又确保了刑事审判工作平稳有序运行。①

综上，采用速裁简易程序的案件合计占92.19%，超过半数的案件采取视频开庭审理。各地的报道中也提到了很多具体的实例。比如北京发布的首批涉疫情典型案例都采取视频开庭。

通过收集整理媒体报道和查看庭审公开网站，笔者总结现阶段庭审样态如下：

第一，一方（尤其是被告人）不在法庭进行的视频庭审。比如笔者2020年3月10日在中国庭审公开网看到一个案件，被告人在看守所远程视频庭审。另外一个案件则是被告人在庭审现场，而公诉人在检察机关，当然旁听席都没有人员。根据笔者的观察和推测，被告人不在庭审现场的案件比例会大些，因为在疫情防控期间，被告人在被羁押于看守所的情况下，来到庭审现场不如公诉人或者辩护人方便。②

第二，四方隔空开庭。比如全国首例口罩诈骗案（江苏南通港闸张某诈骗案）、最高人民法院第一批疫情典型案例第一例之山东成武田某某妨害传染病防治案件。2020年2月7日，江苏省南通市港闸区人民法院通过远程视频依法公开开庭审理了一起防疫物资网络诈骗案。此案在庭审时，依法向社会公开，吸引了国内数十家主流媒体关注，约1400万网友在线观看。该案件充分运用信息化手段，法院、检察院、辩护人、被告人分散各地的"四点连线"，完全"隔空"开庭的情形，这在国内尚属首例。③ 另外，山东田某某妨害传染病防治案也是四地连线，该案由成武法院院长担任审判长，指定辩护，独任法官、公诉人、

---

① 《最高人民法院刑一庭负责人就依法惩处妨害疫情防控犯罪典型案例答记者问》，http://www.court.gov.cn/zix-un-xiangqing-222491.html，最后访问时间：2020年3月10日。
② 当然，无论被告人是否属于羁押状态，为了防控疫情，都应尽量避免直接接触。
③ 《江苏南通港闸法院通过远程视频审判一起防疫物资网络诈骗案》，http://xyjj.comnews.cn/article/cj/202002/20200200034581.shtml。

辩护人、被告人在四地通过远程视频完成庭审。①

第三,实践中也存在不少做好防护直接开庭的案件,有涉疫情防控案件,也有其他类型的案件。比如山东省济南市莱芜区人民法院公开开庭审理并当庭宣判该省首例涉疫情妨害公务案就是直接开庭审理的。还有 2020 年 3 月 10 日海南审理的一起涉黑案件,也是做好精心防护后直接开庭。

三、远程视频庭审的界限

综上,随着信息技术和互联网的发展,刑事远程视频审判作为一类新兴审判方式,其将科技融入刑事案件诉讼活动中,借助电子设备实现审判人员、公诉人、被告人、证人等诉讼参与人在异地同步参与庭审。远程视频审判是传统审判方式的继承和延续,隔空开审,通过实时影像将传统法庭有限空间进行延伸,实现"面对面"庭审。自从在实践中出现以来,远程视频庭审就存在正当性的争论,即是否符合司法亲历性,是否符合直接言词原则?笔者认为,这种新的庭审方式同样要遵循司法亲历性要求,要限定视频庭审的案件范围,要注意保护被告人的权益,要以成熟的技术作为保障,通过构建完善的具体的操作规则来达到公正的目的。具体阐述如下:

第一,明确无论哪种审判方式,都需要遵循公正审判要求,亲历性就是其中之意。司法亲历性,是指司法人员(主要指法官,且这里的"法官"包括参审的陪审员,下同)应当亲身经历案件审理的全过程,直接接触和审查各种证据,特别是直接听取诉讼双方的主张、理由、依据和质辩,直接听取其他诉讼参与人的言词陈述,并对案件作出裁判,以实现司法公正。② 笔者认为亲历性不必然要求物理接触,最重要的就是我们经常谈到的直接言词原则的遵循,庭审实质化的坚持。直接原则包括在场原则和直接采证,言词原则强调以言词方式进行审判。③ 视频庭审方式异地同步庭审,试图运用科技手段实现庭审同步,创造面对面的庭审。在这个场景下,就裁判者视角而言,能够做到亲自审理、言词审理,因此可以得出初步结论,远程视频庭审并不违背司法亲历性。学术界有学者也是持这个观点。④

另外,从比较法视角,我们也可以得到一些启示。比如德国刑事诉讼法第 58 条 b 规定证人可以进行远程视频作证;第 118 条规定羁押审查应在"言词审理后作出裁定",第 118 条 a 进一步规定,对被告人放弃出庭审理、路途遥远、被指控人患病或有其他不可排除的

---

① 《山东首例! 成武田某某犯妨害传染病防治罪,被判有期徒刑十个月!》,https://www.sohu.com/a/376907683_120139960。

② 朱孝清:《司法的亲历性》,载中国法学网,http://www.iolaw.org.cn/showNews.aspx?id=45967。

③ 陈瑞华:《刑事证据法》(第三版),北京大学出版社 2018 年版,第 66 页。

④ 如张建伟教授在 2020 年 3 月 11 日接受《检察日报》采访时谈到,远程视频打破了空间障碍,使办案人员和诉讼当事人可以在同一时间、不同空间进行互动交流,有声有影,及时反应,可以说同样具有办理案件亲历性特征。我国刑事诉讼法本身没有规定这种办案形式,但是司法实践中的这些做法为司法手段的多样化积累了经验,也符合当前特殊时期的特殊要求,并且使刑事诉讼原则能够通过这种智能司法的方式加以实现,其程序正当性可以得到认可。随着科学技术手段的发展,科技应用的前景更加广泛,许多事实清楚、证据确实充分、当事人认罪认罚的案件,可以适用智能司法的办法提高办案的效率,极大地节约司法资源,也可以避免当事人和其他诉讼参与人陷入讼累。刑事诉讼法对此可以及时作出修订,对于远程视频办案等智能司法方式作出规范。参见《以程序法治保障实体正义 依法从快从严办理涉疫刑事案件》,载《检察日报》2020 年 3 月 13 日第 1 版。

障碍，审理可以以远程视频的方式进行，并认为这种方式也是言词审理的方式；第 233 条规定，如果被告人预期的刑罚在六个月自由刑以下或单处罚金等，可以依被告人申请而免除其到场参加庭审的义务，但必须就公诉接受法官的询问，这种询问可以以远程视频的方式进行。而且德国刑事诉讼法中关于远程视频审理、作证、询问的界定，是指被指控人处于与法院不同的地点，诉讼活动同时以音像传递到被指控人所在地和审判庭，这一界定与我国司法实践中的做法基本一致。① 目前，法院电子网络化庭审已经成为世界流行趋势，许多国家和地区为提高审判效率，纷纷进行电子法庭建设，虽然各国、各地区所采用的名称不同，但实际上均是以网络视频技术为终端采用异地同步开庭审理刑事案件。

但是，我们必须看到传统庭审和视频庭审的不同特点。一是交流方式不同。传统庭审中人与人是直接交流，而视频庭审中不在一个场域的人之间的交流变成了人—机器—人的交流。传统的庭审通过直观感受被告人的表情、声音、体态等细节，可以帮助法官判断其当庭供述的真实性，证据法上称之为情况证据。旁听群众可以通过听审感受到法庭的威严。相比较而言，远程视频庭审可能受信息技术的限制，庭审各方相互之间的语言交流可能存在一定障碍，冰冷的屏幕，加之受到单一拍摄角度和清晰度的影响，有时还会遇到传输延迟、画质音质欠佳的情况，控辩双方对抗的仪式感减弱，当事人的表达效果、感知效果可能受到影响。二是两种方式的举证不同。远程视频庭审的举证方式与传统庭审有一定不同，不是每个人都习惯通过操作仪器来举示证据。当事人对远程视频的接受与否、熟悉程度及操作技巧，均会对其举示证据的能力与效果造成影响。当需要辨认相关证据时，通过远程视频进行观察、辨认较为困难，比如对书证或物证的新旧程度等外观特征难以辨识。

第二，远程视频庭审应当限定范围，目前宜适用于事实清楚、没有争议的案件。基于上述对两种方式不同特点的分析，也考虑到视频庭审还处于探索阶段，笔者认为目前宜限于事实清楚的案件，即认罪认罚从宽的简易和速裁案件是主体。如果事实存在争议，庭审调查的重点就在于举证质证，运用远程视频方式，证据要借助设备展示和传输，能否清晰、如实传输是关键。从不同证据种类看，物证和书证的举证、质证障碍大，而视听资料、电子数据、证人证言等言词证据受影响小或者没有。另外，在事实存在争议的情况下，庭审必然要充分展开，时间可能比较长。总之，复杂案件的证据调查视频庭审方式存在难度，如果适用可能影响公正。故宜在没有事实争议的简单案件中先行探索。

第三，视频庭审方式由法院根据具体情况决定，但是要以被告人同意为前提。被告人不同意，不能采用这种方式。《通知》也表明了这个立场。从权利保障出发，被告人对于适用何种程序有选择权。视频庭审有可能限制被告人权利形式，因此要赋予被告人一票否决权。换位思考，被告人在看守所羁押，在特定的视频室参加庭审，其身心还处于看守所监管的状态，在司法工作人员没有强调处于庭审场景下，被告人还可能受到监管人员潜在的影响，被告人调整心态，适应隔空开庭需要制度保障，也需要观念的调整和心态的适应。

那么，是否需要限制一些特定被告人采取视频庭审呢？笔者认为未成年人以及盲聋哑人和尚未丧失完全控制能力的精神病人不宜采用远程视频庭审，考虑到这些人本身受审能力和自我权利保障能力就比较弱，如果再用视频庭审，对其会更加不利。

第四，视频庭审要以成熟的信息技术为保障，能够真正做到声音、图像同步，且同步

---

① 宗玉琨译注：《德国刑事诉讼法典》，知识产权出版社 2013 年版，第 31、107、108、190 页。

没有死角,关键是安全要有保障。在科技法庭建设、身份认证、视频传输、证据展示等方面都要有强大的技术保障。

第五,视频庭审如何做到符合直接言词原则是需要构建完备的程序规则和技术规则的,这一方面需要实践探索和积累;另一方面也需要顶层设计。这些规则至少包含程序启动方式、庭前准备工作、规范庭审诉讼活动、明确庭审效力和救济渠道及建立相应的技术标准等,通过一系列规则来确保刑事远程视频庭审活动的公正、高效、规范。总之,完善的程序规则如身份认证、技术设备调适、质证、笔录问题等对于推广远程视频庭审,实现公正和效率的双提升具有重要价值。

余 论

随着远程视频庭审的进一步探索和经验积累,刑事司法理念必然发生调整,以适应高速发展的信息化社会,比如如何理解和把握司法公正、如何理解面对面庭审等。我们每个人都不能禁锢思想,要勇于创新。同时,刑事庭审方式伴随着案件的繁简分流必将走向多元化,远程视频庭审应该有其立足之地和用武之地。不同案件难易程度不一样,特点不一样,应该有不同的程序架构。未来刑事案件必须关注电子数据以及关注智能辅助办案(工作机制)。技术给我们提供了很大的便利,人工智能与法院业务的结合必然带来很多惊喜,我们不能抗拒技术进步,同时也不能被技术裹挟。

刑事远程视频庭审的研究必将随着各位法官的实践探索而进一步深化。笔者相信,司法作为维护社会公平正义的最后一道防线,必将在这个特定的历史时刻留下自己独特的烙印,也必将引起我们对很多问题的深入思考,指引我们迈向更加公正、高效、权威的社会主义司法制度。

信息时代重大刑事案件追诉时效的若干思考
——以"皋陶方案"展开

周凯东[*]

近年来,随着侦查机关技术智能化、生物化学勘查勘验水平的提升以及侦查大数据运用的迅速发展,大量20世纪八九十年代发生的重大刑事案件得以侦破,犯罪嫌疑人被抓获,如福建连福某被害案、浙江杭州杭钢宿舍杀人案、贵州凯里连环杀人灭门案以及最近的南京南医大女生被害案等重大案件。此类案件跨越新旧刑法,均涉及刑事案件追诉时效问题。在此类重大刑事案件的审查中,我们注意到,由于司法机关对追诉时效相关司法解释中"超过追诉期限的"等个别语句的不同理解,导致判罚迥异,进而在全国范围内出现了多起"同案不同罚"的诉讼困局。

"同案不同罚"中的"同案"不是具体个案,而是类案。由于主观理解适用方面的"失之毫厘",导致命案审理客观上"差之千里",这不能不引起我们深刻思考。重大刑事案件尤其是命案的办理历来是社会公众高度关注的热点、焦点,是体现司法公信力的"天王山"和"压舱石"。最高人民检察院张军检察长始终强调我们要"提升检察监督能力,适应新时代更高更严要求"。因此,应抓紧契机进一步明确追诉时效统一适用规则,对焦点疑难问题予以回应。守住重大刑事案件办理的"天王山"和"压舱石",对于社会主义法治理念的统一贯彻和社会秩序的安宁稳定,以及司法资源的合理配置都有重大意义。

基于对追诉时效跨法适用统一性的追求,我们建立了"皋陶课题小组",从2018年以来持续关注此课题,经过密集调研与长期的个案跟踪,并会同吉林大学法学院、吉林大学刑事辩护研究中心、公安机关法制部门等共同研讨,交换意见。2019年3月,课题组提交了"皋陶方案"[①],并及时报送上级机关以及有关部门。下文仅就"皋陶方案"作一概述以供参考。

一、"超过追诉期限"如何理解——"两高"指导性案例对
《关于适用刑法时间效力规定若干问题的解释》
(1997年10月1日施行)(以下简称《解释》)的不同解读

1997年刑法修订时,考虑到新旧刑法关于追诉时效存在不同规定,1997年9月25日,

---

[*] 周凯东,吉林省人民检察院三级高级检察官,法学博士。

① 考虑到此时效问题较为复杂且拗口,为便于将来的研究推进,课题组以"皋陶方案"作为一揽子解决以上焦点问题的方案简称。

最高人民法院颁布了《解释》。《解释》发挥了指导效力，有效解决了新旧刑法衔接的诸多问题。但是，在对《解释》理解适用中也出现了新的情况。其中最突出的，即对于《解释》第 1 条当中"超过追诉期限的"等个别语句，最高人民法院与最高人民检察院有不同的解读，并分别以最高人民法院第 945 号指导性案例与最高人民检察院第六批指导性案例公开发布。鲜见的是，出现了检察机关在追诉时效方面的理解把握比审判机关更为严格的情况。意即对于个别案件，检察机关认为已过追诉期，且不应予追诉，而审判机关则认为不受追诉时效限制，仍应依法起诉审判。

以上各种情形，归根结底是因为"两高"的指导性案例存在重大分歧。因此，有必要对此作简要分析。

由于新旧刑法关于追诉时效存在不同的规定，《解释》第 1 条再次明确："对于行为人 1997 年 9 月 30 日以前实施的犯罪行为，在人民检察院、公安机关、国家安全机关立案侦查或者在人民法院受理案件以后，行为人逃避侦查或者审判，超过追诉期限或者被害人在追诉期限内提出控告，人民法院、人民检察院、公安机关应当立案而不予立案，超过追诉期限的，是否追究行为人的刑事责任，适用修订前的刑法第七十七条的规定。"而 1979 年刑法第 77 条规定，在人民法院、人民检察院、公安机关采取强制措施以后，逃避侦查或者审判的，不受追诉期限的限制。1997 年刑法对追诉时效制度做了重大修改，最核心的修改内容是将不受追诉时效限制的情形由"采取强制措施"修改为侦查机关"立案侦查"和人民法院"受理案件"。也就是说，如果适用 1997 年刑法第 88 条，只要公安机关在案发后追诉时效届满前立案侦查了，即使超过追诉时效后将犯罪嫌疑人抓获归案，也应追究其刑事责任。但如果适用 1979 年刑法，仅有犯罪嫌疑人逃避侦查和公安机关立案侦查的条件还不够，还需要公安机关对犯罪嫌疑人采取了强制措施，未采取强制措施就不满足 1979 年刑法第 77 条的规定，不能对犯罪嫌疑人进行追诉。

（一）最高人民检察院公诉要旨

2015 年 2 月，最高人民检察院发布第六批指导性案例，对各级检察机关办理核准追诉案件作出具体规定。其中包括杨某云（故意杀人）不核准追诉案（检例第 22 号）。

1989 年 9 月 2 日晚，杨某云与丈夫吴某禄因琐事发生口角，用剥菜尖刀将吴某禄杀死。案发后杨某云携带儿子吴某（当时不满 1 岁）逃离简阳。公安机关接到报案后随即开展了尸体检验、现场勘查等调查工作，并于 9 月 26 日立案侦查，但未对杨某云采取强制措施。2013 年 4 月 22 日，简阳市及资阳市公安局在安徽省凤阳县公安机关的协助下将杨某云抓获，后依法对其刑事拘留、逮捕，并通过简阳市人民检察院层报最高人民检察院核准追诉。最高人民检察院审查认为：本案不属于必须追诉的情形，依据 1979 年刑法第 76 条第 4 项规定，决定对杨某云不予核准追诉。2013 年 7 月 19 日，最高人民检察院作出对杨某云不予核准追诉决定。2013 年 7 月 29 日，简阳市公安局对杨某云予以释放。

（二）最高人民法院裁判观点

2014 年，最高人民法院发布了刑事指导案件第 945 号"林某波故意伤害案"。

1998 年 5 月 10 日 3 时许，被告人林某波在饶平县钱东镇钱东车站附近其经营的冷饮摊，与到其冷饮摊消费的黄某勇等人因消费产生的收费问题发生纠纷，黄某勇掀翻桌子打碎桌上的杯子和碟子,双方遂发生冲突。被害人黄某填闻讯来到冷饮摊,后因与林某波言语不和,继而引发双方推搡打架。林某波从其冷饮摊内拿起一把水果刀,持刀砍中黄某填的右小腿,致其受伤,后被在场群众劝止。案发后,林某波即潜逃。黄某填向公安机关报案,要求追究林某波的刑事责任,但公安机关一直未予立案,黄某填为此多次向有关部门上访、控告。2012年8月,公安机关对黄某填进行司法鉴定,结论为黄某填的伤情属轻伤,构成十级伤残。公安机关于同年9月10日立案,同年12月28日将林某波抓获。

此案的焦点问题在于本案是否属于1997年刑法第88条第2款规定的"被害人在追诉期限内提出控告,公安机关应当立案而不立案"的情形,不受诉讼时效的限制,该焦点属于另一问题,因此本文不再赘述。但是,最高人民法院为了明确完整的裁判观点,对《解释》中"超过追诉期限的"这个问题专门进行了说明:

1997年刑法在1979年刑法基础上对追诉时效问题做了修改,此后我国接连出台了多个刑法修正案,但对于追诉时效未再作改动。刑事诉讼法于2012年修订时对立案部分(包括被害人控告方面)也没有进行任何修改。由于本案发生于1998年,追诉时效的适用问题相对容易把握,但对于发生在1997年9月30日之前、诉讼延续到1997年刑法生效以后的案件,如何确定新旧刑法的适用则较为复杂。鉴于该问题比较重要,故在此顺便论及。

1997年刑法第12条第1款规定:"中华人民共和国成立以后本法施行以前的行为,如果当时的法律不认为是犯罪的,适用当时的法律;如果当时的法律认为是犯罪的,依照本法总则第四章第八节的规定应当追诉的,按照当时的法律追究刑事责任,但是如果本法不认为是犯罪或者处刑较轻的,适用本法。"该条规定对定罪量刑适用的是有利于被告人的从旧兼从轻原则,但在旧法认为是犯罪的前提下,对追诉时效则适用的是从新原则,即在确定是否追诉时,应当适用1997年刑法总则第四章第八节的规定,而不适用1979年刑法的规定。关于适用刑法溯及力与追诉时效的先后顺序问题,如果1979年刑法没有认为行为无罪,那么应当先按照1997年刑法总则第四章第八节规定的追诉时效制度判断是否已过追诉时效,如果超过,则没有再进行判断的必要;如果仍在追诉时效内,则再比较新旧刑法的轻重,适用从旧兼从轻的原则。

因《解释》第1条是从1997年刑法颁布之际的定位来论述的,对于其中"超过追诉时效的"这句话,应当理解为仅包括在1997年刑法颁布前已经超过追诉时效的情形。也就是说,对在此之前的行为超过追诉时效的,包括存在被害人控告而司法机关未予立案导致诉讼时效丧失,适用1979年刑法的规定;如果1997年刑法颁布之际尚未超过追诉时效则不适用该司法解释,即该法条未对此时尚未丧失追诉时效的情形进行规定的,应当适用1997年刑法的规定。

也就是说,按照此裁判观点,杨某云故意杀人案在1997年刑法颁布之际尚未超过追诉期限,因此不适用该司法解释,应当适用1997年刑法的规定,无须任何核准程序即可追诉。近日有文章在中国裁判文书网中检索的陕西高院董某福故意伤害案、桂林中院蒋某华故意伤害案、茂名中院陈某炎故意伤害案等案件均援引了第945号案例的裁判理由,认定此类案件均未超过追诉期限。此观点近来被称为"适用新法说"。

二、"同案不同罚"——重大刑法案件跨法衔接办理的梳理分析

从 20 世纪 90 年代开始，公安机关陆续开展了"1999 年全国追逃专项行动""2004 年公安部侦破命案积案专项行动""2011 清网行动"等专项追逃活动。此类案件进入诉讼程序后，由于司法机关上述的理解分歧，各地具体办案的法官和检察官在审查案件或提交检委会（审委会）审议时又存在诸多主观判断因素或其他客观因素，导致案件办理结果大相径庭，进而产生类案的"同案不同罚"之情况。

第一种结果：检察机关认为案件已超过追诉时效，启动核准追诉并交付审判。

因公安机关未对犯罪嫌疑人采取强制措施，检察机关依法报请最高人民检察院核准追诉，被告人符合"涉嫌犯罪情节恶劣、后果严重，并且犯罪后积极逃避侦查，经过二十年追诉期限，犯罪嫌疑人没有明显悔罪表现，也未通过赔礼道歉、赔偿损失等获得被害方谅解，犯罪造成的社会影响没有消失，不追诉可能影响社会稳定或者产生其他严重后果的，对犯罪嫌疑人应当追诉"之情形，经过四级检察机关最终得以核准，提起公诉后人民法院依法予以审判。此结果检法两家均无异议，犯罪嫌疑人被依法追究刑事责任。

第二种结果：检察机关认为案件已超过追诉时效，启动核准追诉但未予核准。

检察机关认为公安机关未对犯罪嫌疑人采取强制措施，应依法报请最高人民检察院核准追诉。在核准环节中，须经检察机关层层报请。检察机关在审查过程中认为犯罪嫌疑人有明显悔罪表现或社会影响已经消失，不符合核准条件，则检察机关将不予核准追诉。在这种情况下，虽然审判机关认为案件未过追诉期限应予追诉，但"无起诉则无审判"，案件无法进入刑事诉讼程序，犯罪嫌疑人被释放，未被追究刑事责任。

第三种结果：检察机关、审判机关均认为未超过追诉时效，案件得以起诉审判。

检察机关认同最高人民法院第 945 号案例裁判观点，认定司法机关已对犯罪嫌疑人立案，虽无强制措施，但无须核准追诉，直接进入刑事诉讼程序提起公诉，交付审判。审判机关与检察机关观点一致，犯罪嫌疑人被依法追究刑事责任。

第四种结果：检察机关认为未过追诉时效，提起公诉后审判机关认为已过追诉时效，案件终止审理。

检察机关认为已对犯罪嫌疑人立案，无须核准追诉，直接进入刑事诉讼程序，提起公诉。但由于各种主、客观因素，办案法官并不认同最高人民法院第 945 号案例观点，反而持检察机关指导性案例观点，认为未对犯罪嫌疑人采取强制措施，已过追诉期限且未启动核准追诉，进而对案件终止审理，犯罪嫌疑人未被追究刑事责任。

以上四种结果中，第一、三种结果法检意见一致，犯罪嫌疑人被依法追究了刑事责任；而第二、四种结果法检意见相左，且犯罪嫌疑人未被追究刑事责任。被害人家属通常很难接受由于司法机关对时效问题主观认识的差异而产生的"同案不同罚"，往往会继续申诉上访，极易引发新的社会矛盾。本文还注意到，在案件侦破过程中，公安机关侦查部门、法制部门对时效问题把握不准，难以确定突破方向时，往往口头咨询法检机关寻求引导意见。但恰恰由于以上理解分歧，法检机关对侦查机关的引导既无法统一，更无法明确。从而使得此类重大刑事案件在侦查阶段就可能放弃或更改侦查方向，进而产生了更多不确定性。

三、"皋陶方案"的提出——一揽子解决方案

基于对追诉时效跨法适用统一性的追求，我们在长春建立了"皋陶课题小组"，会同公安机关、吉林大学法学院、吉林大学刑事辩护研究中心等刑事法学同仁交换意见并深入研讨，经过长期的密集调研与个案跟踪，我们认为：或可提出"皋陶方案"之构想，以期系统地、完整地解决刑事案件追诉时效衍生出来的焦点疑难问题。

"皋陶方案"第一步：由检察机关详细调研分析近年来此类案件终审判决或核准追诉结果，开展集中研判。最高人民检察院张军检察长始终强调检察机关应当发挥刑事诉讼的"主导作用"。检察机关身兼宪法赋予的法律监督和提起公诉之双重职责，理所应当在这项战略性课题任务中承担核心主持作用。一个基本的判断是，此问题的根源出自公安机关在办理积案过程中，由于受到当年侦查机关主客观条件以及其他方面的制约因素，或因为无法确定犯罪嫌疑人，或在锁定犯罪嫌疑人之后，未及时办理法定强制措施，继而引发后续问题。因此，检察机关可会同公安机关法制部门、刑侦部门系统地梳理近年来积案破获情况，详细分析案发当年"已立案，无强制措施"情况的成因；获得完整数据后，通过检察机关案管系统再度分析，梳理出案件的最终诉讼结果并分类汇总统计。

"皋陶方案"第二步：由最高人民检察院牵头，商最高人民法院组成专门工作小组，积极听取公安司法部门、刑事法学理论界等法律职业共同体意见，寻求立法原意，提出可行方案。

在何谓"超过追诉期限的"这个焦点问题上，"皋陶课题小组"意见认为，"适用新法说"更接近立法原意。

在旧法认为是犯罪的前提下，对追诉时效应适用从新原则，即在确定是否追诉时，应当适用1997年刑法总则第四章第八节的规定，而不适用1979年刑法的规定。从解释的目的性来看，1997年刑法对追诉时效制度进行了修改，由"采取强制措施"改为"立案"，扩大了追诉时效中断的适用范围，从而强调了追诉时效的正面效用，强化了对被害人权益的保护，兼顾了程序正义与实体正义。既然1997年刑法已经颁布，而此时按照1979年刑法也并没有丧失追诉时效，此时应同时保障犯罪嫌疑人诉讼权利和被害方的实体权益，因此适用1997年刑法的新规定才更加符合立法原意，并可有效保证新刑法实施后刑事案件处罚的确定性。

"皋陶方案"第三步：集思广益，广泛调研，将新旧刑法追诉时效拓展派生的其他焦点疑难问题进行"一揽子"会商研究，拓展研究成果，形成共识。

拓展问题1：何谓刑事案件追诉语境下的"立案侦查"？是专门对人立案还是既对人立案又对事立案。

"皋陶课题小组"认为，设立追诉时效制度是出于促使公权与私权（权力与权利）的及时行使，确保刑事案件及时办理，维护刑事法律的权威和社会秩序的稳定。基于合目的性解释，特殊语境下的"立案侦查"应当仅限于对本人立案，亦即锁定犯罪嫌疑人的情形。

我们以最高人民检察院指导性案例中"蔡某星、陈某辉等（抢劫）不核准追诉案（检例第23号）"为例，文中提及："最高人民检察院审查认为，本案发生在1991年3月12日，案发后公安机关只发现了犯罪嫌疑人李某忠、蔡某文、陈某城，在追诉期限内没有发

现犯罪嫌疑人蔡某星、陈某辉，二人在案发后也没有再犯罪，因此已超过二十年追诉期限。"

在此案公诉要旨中，最高人民检察院再次强调："1997年9月30日以前实施的共同犯罪，已被司法机关采取强制措施的犯罪嫌疑人逃避侦查或者审判的，不受追诉期限限制。司法机关在追诉期限内未发现或者未采取强制措施的犯罪嫌疑人，应当受追诉期限限制；涉嫌犯罪应当适用的法定量刑幅度的最高刑为无期徒刑、死刑，犯罪行为发生二十年以后认为必须追诉的，须报请最高人民检察院核准。"

以南医大女生被害案为例，南京警方虽然已经刑事立案，但28年来从未对犯罪嫌疑人麻某钢本人立案，因此即便在时间要素上适用1997年新刑法"未超过追诉期限"，但从媒体披露内容来看，在立案要素上因司法机关在追诉期限内未发现麻某钢更未对其采取强制措施，应当受追诉期限限制。

拓展问题2：对犯罪嫌疑人采取有刑事诉讼法意义之侦查行动的强制措施如何界定？

实践中的主要问题包括：一是已经签发未经送达的强制措施文书是否具有效力？比较典型的如2020年3月5日南宁警方成功侦破一起1996年的诈骗案件，警方在官媒发布快讯"诈骗百万！潜逃24年嫌疑人终落网！"南宁警方在文中附上当年公安机关负责人签发的拘留文书，提及"这张1996年就开好的拘留证，终于能签上执行日期，哪怕已经是2020年！"① 在实践中，个别审判机关认为强制措施文书须送达方认定生效，如南宁此案则不予认定已经采取强制措施。二是20世纪八九十年代确有刑事案件办理不规范，导致犯罪嫌疑人已被锁定并上网追逃，却未办理强制措施文书入卷。"上网通缉"并非法定强制措施，此种情况如何认定？三是个别案件有重名刑事拘留情况，即侦查机关刑事拘留的非犯罪嫌疑人本人，系相同名字的他人，此种情况能否认定已采取强制措施等。目前没有相关司法解释或规范性文件予以回应上述问题，应当予以密切关注并着力解决。

拓展问题3：逃避侦查或审判是否须明确主观方面的故意，如何界定？

1997年刑法第88条中"逃避侦查或者审判"的认定是一个长期困扰司法实践的问题，理论界也一直很有争议。有文章认为，从法律规定而言，未将"逃避侦查"在客观上限于积极行为，对明知自己犯罪，应被列为犯罪嫌疑人，但消极不到案、毁灭证据、串供或到案后不供述等行为，可认定属客观上的"逃避侦查"行为。更重要的是，刑法中的"逃避侦查"体现的是犯罪嫌疑人主观心态。对犯罪嫌疑人客观上"逃避侦查与审判"做扩大解释时，需考虑保障人权和追诉犯罪的价值平衡。②

我们认为，虽然刑法该条款过于概括，但我们仿佛可从相关规范性文件中寻求解释与参考。2017年1月4日，最高人民法院、最高人民检察院联合发布了《关于适用犯罪嫌疑人、被告人逃匿、死亡案件违法所得没收程序若干问题的规定》（以下简称《规定》），其中第3条对"逃匿"作出了详细的解释，即"犯罪嫌疑人、被告人为逃避侦查和刑事追究潜逃、隐匿，或者在刑事诉讼过程中脱逃的，应当认定为刑事诉讼法第二百八十条第一款规定的'逃匿'"。最高人民法院指出，对于"逃匿"行为，《规定》第3条从客观和主观两个方面进行了界定，客观方面是"犯罪嫌疑人、被告人潜逃、隐匿"，主观方面则是

---

① 南宁警方微博，2020年3月5日。
② 王勇：《从南医大女生被害案看追诉时效之运用》，载2020年2月27日"法律读库"公众号。

"为逃避侦查和刑事追究"。此外,《规定》明确了下述"逃匿"认定标准:犯罪嫌疑人、被告人离开居住地、工作地,逃避侦查和刑事追究的,属于最典型的"逃匿"情形;犯罪嫌疑人、被告人未离开居住地、工作地,在原地隐匿起来逃避侦查和刑事追究的,亦属于"逃匿"情形;犯罪嫌疑人、被告人为逃避侦查和刑事追究逃匿境外,因各种原因不愿回国受审的,亦应视为"逃匿"情形。①

仍以南医大女生被害案为例,应当根据主客观相一致之原则,针对此案中犯罪嫌疑人麻某钢是否存在"逃避侦查"行为,可参考《规定》,由办案单位根据案件的证据情况进行综合判断,动议启动核准追诉程序。

"皋陶方案"第四步:经会商形成明确意见后,由最高人民法院、最高人民检察院联合发布司法解释或规范性文件,对此类案件予以明确指导。需要特别注意的是,对判决、裁定或检察机关决定已发生效力的尤其是年代久远的案件,在考虑是否提起审判监督程序时,要区分各种情况,充分考量"法、理、情"诸多因素,既要强调法治统一和权威,又要强调社会安定秩序,依法审慎处理。

"作为解释者,心中当永远充满正义,目光得不断往返于规范与事实之间。"我们注意到,最高人民检察院近年来在此领域予以重点关注并持续发力,做了大量卓有成效的研究工作。在充分调研的基础上,最高人民检察院检察委员会于 2019 年下半年审议通过了关于刑法第 12 条第 1 款规定有关问题的批复。批复在追诉时效问题上做了相关释疑解答,并提出了下一步会商相关部门的工作安排。出于诸多考量,决策机关并未公布批复的详细内容与下一步方略,但从其公布的要旨来看,本文的"皋陶方案"与其应是极为接近的。

---

① 最高人民法院刑二庭庭长裴显鼎解读《关于适用犯罪嫌疑人、被告人逃匿、死亡案件违法所得没收程序若干问题的规定》,载中国法院网,2017 年 1 月 5 日。